Hermann von Barth
Aus den nördlichen Kalkalpen

Bavarica Reprint
im Süddeutschen Verlag
München

Aus den

Nördlichen Kalkalpen.

Nachwort von Albert von Schirnding

Gestaltung des Schutzumschlages durch Design Team
unter Verwendung einer Photographie Hermann von Barths
aus den »Gesammelten Schriften«, 1926.
Als Vorlage für den Reprint diente die 1874 in Gera
erschienene Erstausgabe
(Anordnung der Profilzeichnungen leicht verändert).

ISBN 3-7991-6217-8

Reproduktion: Kirmair Offsetdruck, München.
Druck und Bindung: May & Co., Darmstadt

Aus den

Nördlichen Kalkalpen.

Ersteigungen und Erlebnisse

in den

Gebirgen Berchtesgadens, des Algäu, des Innthales,

des

Isar-Quellengebietes und des Wetterstein.

Mit erläuternden Beiträgen

zur

Orographie und Hypsometrie der Nördlichen Kalkalpen

geschildert

von

Hermann von Barth.

Mit lithographirten Gebirgsprofilen und Horizontalprojectionen, nach Original-Skizzen des Verfassers.

GERA

Eduard Amthor.

1874.

Vorwort.

Es war im Februar 1873, als die Verlagshandlung Eduard Amthor in Gera, welcher die alpine Literatur schon mannigfache Bereicherung auf ihren verschiedensten Gebieten verdankt, an mich die Aufforderung richtete, die Resultate meiner seit mehreren Jahren systematisch betriebenen Bergwanderungen der Oeffentlichkeit zu übergeben. Zur Kenntniss unserer Alpen beizutragen, war von jeher ein Lieblingsgedanke von mir gewesen, die früheren Versuche jedoch, ihn zu verwirklichen, hatten nur Misserfolge ergeben, und ich hatte mich zu jener Zeit bereits völlig von aller alpinen Thätigkeit zurückgezogen. Die Anregung, welche von Seiten der genannten Verlagshandlung mir wurde, bewog mich nun, neuerdings zum Bergstocke zu greifen, und nachdem die Lücken ausgefüllt waren, welche in meiner Kenntniss des Alpengebietes, das ich mir erwählt hatte, sich noch fühlbar machten, auf neuer Grundlage einen letzten Versuch zu wagen, wenigsten Einiges aus diesen Gebirgen der Kenntniss der Alpenfreunde zu übermitteln. Den früher gehegten Gedanken, das abstrakte Resultat meiner Wanderungen und Forschungen in rein orographischer und touristischer Form, d. i. in Form eines genauen und vollständigen Wegweisers der alpinen Welt zu bieten und von ihr angenommen zu sehen, nothgedrungen als eine Chimäre fallen lassend, glaubte ich der Richtschnur der in reicher Fülle bereits vorhandenen Alpen-Reiseliteratur mich anpassen und die Schilderung der Ersteigung eines Gipfels jeweils in die Schilderung m e i n e r Ersteigung dieses Gipfels und der dieselbe begleitenden, nothwendigen oder zufälligen Erlebnisse, kleiden zu sollen. Wenn auf diesem Wege eine Vollständigkeit, eine Erschöpfung des Themas, wie eine Orographie oder ein Wegweiser sie gestattet hätte, auch keineswegs zu erreichen war, so war ich doch wenigstens darauf bedacht, sowohl in Auswahl der zur Beschreibung kommenden Touren, als auch in Einflechtung gelegentlicher Nebenbemerkungen und orographischer Abschweifungen ein thunlichst übersichtliches Bild der ganzen Gebirgs-Gruppe zu entwerfen.

Eine besondere Nachsicht von Seiten meiner verehrten Leser muss ich für die Gebirgs-Ansichten, welche dieses Buch begleiten, in Anspruch nehmen. Dieselben, ohne jede Prätension zeichnerischer Vollendung zum Zwecke der möglichst getreuen Wiedergabe der Gipfelformen und der genauen Darlegung der Wege als Behelf der Beschreibungen entworfen, waren ursprünglich zur Ausführung in der Grösse bestimmt, wie meine gleichartige, im Alpenfreund, Bd. VII, H. 1, enthaltene Skizze: „Kamm zwischen dem oberen Walser- und Rappenalpenthale". Es erwies sich jedoch in der Folge, dass deren Herstellung in diesem Formate so bedeutende Kosten verursachen würde, dass die dankbar anzuerkennende Opferwilligkeit der Verlagshandlung dadurch über Gebühr müsste in Anspruch genommen werden. Es wurde daher zu einer sehr bedeutenden Verkleinerung (über 3fach in linearer Ausdehnung) der Originalskizzen geschritten, so dass dieselben in ihrer gegenwärtigen Gestalt vielleicht nur den einen Zweck noch erfüllen können, in unmittelbarer Vergleichung mit der Natur einen Hinweis auf die seinerzeit von mir verfolgten Pfade zu gewähren. —

Was die Horizontalprofile anbelangt, so machen dieselben keinerlei Anspruch auf kartographische Genauigkeit, sondern sind lediglich bestimmt, der allgemeinen orographischen Orientirung zu dienen. Es sind flüchtige à-la-vue-Aufnahmen, wie der Alpenwanderer auf der erstiegenen Spitze sie entwirft, die Gliederung des einzelnen Gebirgs-Abschnittes seinem Gedächtnisse einzuprägen. Und dem gleichen Zwecke sollen sie, wie ich hoffe, auch bei Beschreibung dieser Ersteigungen genügen.

Aus diesen Gesichtspunkten bitte ich, das Werk zu betrachten, welches ich allen Freunden der Berge zur gütigen Beurtheilung und soferne mir diess gelungen sein sollte, zu einer kleinen Bereicherung der Kenntniss unserer schönen Nördlichen Kalkalpen hiermit übergebe.

München, August 1874.

Der Verfasser.

Inhalts-Uebersicht.

Kunst-Beilagen.

A. Vertikalprofile.

1. Der Grosse Watzmann (von Süd-West).
2. Die Schönfeldspitze auf dem Steinernen Meere (von S.).
3. Die Göllkette (von S.).
4. Das Ewige Schneegebirge mit dem Hoch-König (von S.).
5. Die Gipfel auf dem Südrande der Reitalm (von N.).
6. Die Kammerlinghorn-Hocheisspitz-Gruppe (von W.).
7. Der Thannthalstock auf dem Haagen-Gebirge (von N.-W.).
8. Das Thannheimer Gebirge (von S.).
9. Der Hochvogel (von W.).
10. Die Trettachspitze an der Mädelegabel (von N.).
11. Das Hohe Licht und die benachbarten Gipfel im Hauptkamme der Algäuer Alpen (von S.).
12. Die Krotenköpfe (von N.-W.).
13. Die Hornbacher Kette, östliche Hälfte. Glimm-, Schwellen-, Fallerkar-, Urbeleskar- und Pretterspitz (von N.).
14. Die Brandjoch-Solstein-Gruppe in der Innthaler Kette (von S.).
15. Die Hallthaler Kette östlich des Lafatscher Jochs (Kleine Lafatscher und Speckkarspitzen) (von S.).
16. Die Vomperkette: Schafkarspitz, Lamsenspitze, Hoch-Nissel (von S.).
17. Die Obere Platte und die Hoch-Wand in der Mieminger Kette (von S.).
18. Die beiden Falken (von S.).
19. Die Karwendelkette östlich der Bärnalpel-Scharte (Schlichtenkar-, Vogelkar-, Karwendel- und Grubenkarspitz) (von S.).
20. Die Vomper Kette: Lamsen-, Schafkarspitz, Hoch-Glück, Eiskarl- und Spritzkarspitz (von N.).
21. Spritzkar-, Eiskarlspitz und Hoch-Glück in der Vomper Kette (von S.).
22. Der Katzenkopf und die Jägerkarspitzen in der Gleirschthaler Kette (von S.).
23. Die Kaltwasserspitze in der Hinterauthaler Kette (von S.-O.).
24. Rand-Kette des Plattacher Ferners gegen Westen und Süden.
25. Der Waxenstein-Kamm (von S.-O.).
26. Der Hoch-Blassen im Rainthaler Kamme (von S.-W.).
27. Der Ofelespitz im Berglenthal (von N.).
28. Die Höllenthalspitzen (von S.).

B. Horizontalprofile.

1. Die Watzmann-Gruppe.
2. Das Steinerne Meer.
3. Die Göll-Kette.
4. Die Uebergossene Alp.
5. Die Hörnerkette der Reitalm.
6. Die Kammerlinghorn-Hocheisspitz-Gruppe.
7. Das Südöstliche Haagen-Gebirge.
8. Das Thannheimer Gebirge.
9. Der Hochvogel.
10. Die Mädelegabel-Gruppe.
11. Die Haupt-Kette der Algäuer Alpen.
12. Die Krotenköpfe.
13. Die Hornbacher Kette (östliche Hälfte).
14. Die Brandjoch-Solstein-Gruppe.
15. Die Hallthaler Kette.

16. 20. u. 21. Die Vomper Kette vom Spritzkarspitz bis zum Hoch-Nissel.

17. Mittelstock der Mieminger Kette.
18. Die Falken.
19. Die Karwendelkette (östliche Hälfte).

22. Die Gleirschthaler Kette (westlicher Theil).
23. Die Hinterauthaler Kette (mittlerer Theil).
24. Umrandung des Plattacher Ferners.
25. Der Waxenstein-Kamm.
26. Der Hoch-Blassen.
27. Das Dreithorspitz-Plattach.
28. Die Höllenthalspitzen.

Einleitung.

Jung, wie fast Alles, was unsere Zeit bewegt, ist auch die Erforschung, Durchwanderung der Alpen. Wenige Jahrzehnte haben dazu hingereicht, ein Stück Natur, das langen Jahrhunderten als etwas Schreckhaftes, Unschönes, der Betrachtung in keiner Hinsicht Werthes gegolten hatte, zu dem begehrtesten Ziele eines jeden Naturfreundes zu gestalten. Wenige Jahre nur haben Hunderte von stolzen Zinnen, deren Unzugänglichkeit von Generation zu Generation war überliefert worden, dem kühnen Angriffe der Bergsteiger zum Opfer fallen sehen. Licht trugen ihre Schritte in die verborgensten Winkel der Gebirge; bald war kein Thal, kein Kamm, kein Berg mehr unbekannt, namenlos; die Entdeckung, zu Anfang solchen Strebens noch auf geographisch wesentliche Objekte gerichtet, fand bald keine andere Ausbeute mehr, als die Correktur geringfügiger Fehler auf den vorhandenen Karten, — den Nachweis eines unrichtig bezeichneten Abzweigungspunktes, — der falschen Lage oder Ausdehnung eines Kars, eines Ferners; und auch dieser Ertrag wird von Jahr zu Jahr zusehends geringer. Die Gipfelersteigung, einer der wesentlichsten, am wenigsten den Einflüssen der Täuschung unterworfener Behelf alpiner Kartographie, nicht minder aber auch ein mächtig reizender und treibender Moment des alpinen Sports, steht heutigen Tages im Vordergrund. Als Herr der Natur will der Mensch sich fühlen, auf allem und jedem Gebiete; — er brauchte das Gebiet der Alpen nur zu betreten, um auf den Gewinn seiner höchsten Ziele den Willen zu richten. Und jeder Sommer sieht sie fallen, die Firnen- und Felshäupter, die Jahrtausende lang auf's Thal und seine Bewohner niederschauten, unberührt von ihrem Fuss. Die noch des Siegers harren, stolz auf ihre

Unbezwingbarkeit, sie sind in Aller Munde, und wohl nicht lange mehr — so wird ein und der Andere sich finden, der das unmöglich Scheinende möglich zu machen weiss. Und nicht viele Jahre mehr, so werden alpine Neuigkeiten aus unsern Alpen nur dürftig mehr erbracht werden können.

Inmitten dieser regen Thätigkeit, dieses mehr oder weniger von planmässiger Forschung geleiteten Suchens und Strebens bleibt ein Alpenrevier vergessen, — vergessen vielleicht nicht, aber gemieden, wie ehedem die Berge im Allgemeinen gemieden worden sind. Nicht ferne liegt es, abgeschieden von den Gebieten der Cultur, nicht weiter Reise bedarf's, in seine Centren zu gelangen. Ein grosser Theil des Contingentes, das allsommerlich vom Flachland in die Alpenthäler entsendet wird, durchkreuzt sogar diese unbekannten Wüsteneien. Inseln gleich liegen sie inmitten der besuchtesten, vom Touristenvolke überschwemmten Gebirgsgegenden. Doch trennen oft nur wenig Stunden den Tummelplatz der Sommerfrischler in städtischer Eleganz von den Oeden der Hochalpenwelt, wo der Pfad sich verliert, wo kümmerlich nur Pflanze wie Thier sein Dasein fristet, wo die nackten Felsen ihre Ketten verschlingen oder meilenweite Hochflächen überdecken und die Gipfel in's Himmelsblau sich thürmen, die man im Thal, im Lande, nicht kennt, noch nennt. Drängt's Dich, hineinzutreten in jenen wilden Reigen, die Werkstätten der Zerstörung zu erschauen in der schaffenden Natur? — Zieht's Dich hinauf zu jenen schartigen Graten, über welche mit leichtem Huf die Gemse wegsetzt, hinauf auf's Horn, auf die Felsennadel so schlank, als sollte sie brechen unter dem blossen Gewichte eines Ersteigers?! — Frage das einheimische Volk! frage sie, die seit ihrer ersten Jugend emporgesehen zu jenen Zinnen, die ihnen nahe getreten sind hunderte von Malen, in ihrem Rahmen alljährlich den Alpensommer verbringen! Was Du von ihnen erfährst, ist Nichts, — nicht Namen noch Weg weiss man Dir zu nennen. Und wenn je zünftige Führer an einem und dem andern Orte sich befinden, so sind diese eingelernt auf einige althergebrachte, schon oft ausgeführte Alpenwanderungen. Sie entdecken nichts Neues, — der Entdecker in den Bergen findet an ihnen keinen Behelf. —

Die Nördlichen Kalkalpen, den deutschen Landen am nächsten gelegen, in ihrem Gesammtverlaufe die Mark des wiedererstandenen Reiches bezeichnend, sie sind jenes unbestellte Feld alpiner Forschung, sie sind es, welche die alpine Welt nicht kennt, — zu ihrem grösseren Theile auch nicht kennen will. — Wer Felsengebirge und Gletscher überwandert hat, der weiss den Vorrang der letzteren, was touristische Interessen anlangt, zu würdigen. Da geht es stundenlange dahin über die geebnete Fläche in einer Steigung, die kaum fühlbarer, als die einer gewöhnlichen Strasse sich macht; da liegen Thal und Gipfel offen, frei, allüberall kann der geübte Blick den Weg erspähen nach dem Ziele — er könnte es wenigstens, doch braucht er's nicht, leitet den Bergreisenden ja doch des Führers sicherer Fuss, gleich bewährt auf bekannten und unbekannten Firnen. Und wächst die Steile, heben die Eisplanken sich gegen den Grat, brechen die Schrofen aus der Schneedecke heraus, — müht sich der Fuss auf seiner Bahn, so geschieht's, ein hohes und meistens dann schon nahes Ziel zu gewinnen. Fassbar ist der Grund der Plage und ihr winkt gar bald ein herrlicher Lohn. Wie anders im Felsgebirge — in Kalkbergen vor Allen! — Tief im Walde beginnt die Wanderung, verborgen kreuzen sich die Pfade, verlieren sich an struppigen Gehängen der Thäler und Schluchten. Glücklich schon preist sich der Wanderer, sieht keinen Baumwipfel mehr er über sich emporragen, zehnfach glücklich, hat er der Legföhren schwarzgrüne Dickung unter sich und hat diese Zone durchschritten, ohne im undurchdringlichen Gefilze von rechter Fährte abzukommen. Stundenlange wohl währt der Marsch, bis dass die Freie der Bergeshöhen die Brust weitet, Ausblicke in schöne Fernen den Sinn erheitern, die ermatteten Kräfte spornen, noch Schöneres sich zu erringen. Das Pflanzenkleid erstirbt, die Oede des Hochgebirges breitet sich umher, die Gipfel recken sich aus ihren Kämmen. Kein Gletscherstrom nimmt den Ankömmling auf, mit seinen funkelnden, starren Wogen, mit seinen Seracs und azurschimmernden Eisgrotten; kalkweiss dehnt sich der Schotter des Kars an den Fuss der Mauern, von seinem Boden strahlt sengend das Sonnenlicht zurück, in seinen Geröllen versiegen die Gewässer; mühselig arbeitet der Tritt sich aufwärts im weichenden Geschiebe, bis endlich, endlich er den Felsen fasst, den Gipfel berührt, und rascher empordringt, auf festem Boden, — nach langen Umschweifen geradenwegs zum Ziel. — Und wer hilft ihm diess Ziel gewinnen? Wer sichert den Bergwanderer an engstufiger Wand, auf abschüssiger Platte? Schlingt das Seil sich ihm um den Leib, angelegt dort, wo es sein soll und beibehalten dort, wo es nicht mehr sein sollte? — Vermag er, vermag sein Führer den Pickel in den Fels zu schmettern, Halt zu finden oder zu schaffen da, wo Natur ihn versagt?

Nicht mag es Wunder nehmen, dass unsere Kalkalpen den Gletschergebirgen gegenüber zurückgesetzt erscheinen; bieten sie ja doch des Schönen um so viel weniger, verlangen der Mühe um so vieles mehr, als jene. Und endlich ist ihr Rang in den Alpen ein geringerer; zwei bis dreitausend Fuss durchschnittliche Höhendifferenz geben immerhin einen für die Touristenwelt bedeutsamen Ausschlag. Sie ist wohl überhaupt geneigt, unsere Kalkgebirge als blosse Vorberge ihrer Alpen, der centralen Salzburger und Tiroler Gletscherwelt zu betrachten, sie möchte ihnen den gleichen Rang neben jenen anweisen, wie das Vorgebirge am Saume der bayerisch-schwäbischen Hochebene den Ketten gegenüber, deren Südfuss der Inn bespült. — Doch gemach! — Betrachtet Euch diese „Vorgebirge“ in ihrem Innern! Tretet ein in die Plattenwüsten eines Steinernen Meeres und Haagengebirges, thut einen Blick in die unermesslichen Steinöden eines Karwendel-Gebirges — zieht eine Querlinie, nicht mit dem Stift, sondern mit eisengewaffnetem Fusse, von Partenkirchen bis an den Strand des Inn! — Betrachtet, wenn Luft und Licht Euch günstig, von den Firnscheiteln der Tauern oder der Oetzthaler Ferner aus Euch diese „Vorgebirge“! — Nie habe ich meiner Wanderungen an den Kalkketten mich mehr gefreut, als an dem herrlichen Septembertage, der bei wolkenlosem Himmel auf dem Gipfel der Oetzthaler Wildspitze mich sah. Da standen sie draussen, fern im Norden, die kühnen Zacken, die Mieminger, das Wettersteingebirge, die hohen Wächter an den Quellen der Isar; blassgelb leuchteten sie herüber über die Welt von Eis mit ihren violettbraunen Klippenrändern. Füllten Gletscher ihre Kare, — ein Höhenunterschied möchte dem Augenscheine kaum fühlbar werden. Mit hohem Interesse vernahmen die tüchtigen Venter Führer von mir die Namen jener Kalkzinnen, deren Erscheinen sie jedesmal als einen besonderen Vorzug des Aussichtsbildes preisen, nicht weniger als jenes der duftigen Schneelinie über dem Bernina, die von ihnen für die Monte Rosagruppe angesehen wird. Ein anderes, ein neues Gebirge ist es, das dort im Norden emportaucht, ein Vorgebirge ist es nicht!

Werth der Beachtung, werth des Besuches der Bergfreunde sind sie in der That, diese Kalkalpen. Und einen Vorzug besitzen sie vor den begletscherten Gebirgen, — ein Vorzug freilich, der in den Augen der alpinen Welt wohl eher als das Gegentheil eines solchen angesehen werden möchte: auf sein eigenes Können allein gestützt, vermag der Alpenwanderer ihren Firsten zu nahen, und nur dem, der dies vermag, öffnet sich das Allerheiligste ihres Tempels. Preiset nicht das begeisterte Wort kühner Hochgebirgsdurchforscher das Ersteigen seiner Gipfel als die Bethätigung der Ueberlegenheit menschlicher Kunst, menschlicher Kraft, gelenkt von selbstbewusstem Willen, über den starren Widerstand der Materie, — als Besiegelung der Herrschaft des Menschen im ganzen Reiche der Natur? — Wo möchte diese Ueberlegenheit schärfer zum Ausdrucke gelangen, wo möchte Siegesfreude und Siegeszuversicht gewaltiger emporlodern als da, wo der einzelne Mensch für sich allein den Kampf besteht, — kein Mehr kein Weniger, — das Ganze des Erfolges durch eigenes Thun errungen hat? — Wo möchte reinere Befriedigung solcher Thätigkeit ihm erwachsen, als in Gebirgen, die nur durch sie erforscht, bekannt werden können?

Ich trat vor Jahren an die Berge heran, ein Neuling aus der Ebene, behaftet mit allen Vorurtheilen des Volkes im Flachlande, — des Volkes in den Bergen selbst, über die Alpenwelt. Ich sah und entdeckte, — ich suchte und fand, — zögernd wagte ich eins um das Andere, — weil das, was ich vorher gewagt, ein Wagniss nicht gewesen war. — Ich sah die Bäume und Büsche verschwinden, die grüne Decke vom Felsenboden sich streifen, ich sah den Fels, — die Wand nicht, die Thalbewohner in ihm sehen. Ich sah den Weg, der „ohne Führer nicht zu finden“, offen vor mir liegen, — ich sah die Pfade und Gänge eng an den steilen Hängen, — die zollbreiten Leisten nicht, an glatter Mauer, wie Buch und Bild sie weisen. Ich stieg hinauf zur Scheitelhöhe des Grats, zum zackigen Firste und überkletterte seine Zähne, — die bretterdünne Schneide sah ich nicht, über welche nach Seiltänzer-Art der Bergsteiger balanciren solle. Und ich stand auf der Gipfelzinne, auf die allein zu gehen für Wahnsinn galt, — einige Stunden lang war ich aufwärts gestiegen, hatte jeweils einige hundert Schritte weit meine Weglinie überlegt im Voraus bestimmt, — sonst Nichts .... Das also war des Pudels Kern! — Das sind die Berge, das ist Bergsteigerei! — — Und rasch entwickelte sich das neue Treiben; brauchte ich anfänglich keine Führer auf Hochgebirgsfahrten, zu welchen andere solcher bedürfen*), so ging ich bald auch auf Höhen,

*) Ich verkenne keineswegs den Nutzen eines Führers, wenn man einen solchen findet für einen Gipfel, welchen aus eigener Wahl man betreten will. Aber das Verhältniss liegt in unseren Nördlichen Kalkalpen regelmässig so, dass man nur für jene Gipfel Führer erhält, welche häufig besucht werden, auf welche daher ein geübter Steiger keinen

welche die Führer, die zünftigen wenigstens, nicht zu betreten wagen. Ich durchstreifte Gebirge, in welchen man vergeblich nach Führern fragt, — ich erstieg Gipfel, deren Namen man in den umliegenden Thälern nicht kennt. Den Eingeborenen der Alpen, den Jägern und Hirten, mochte ich neue Pfade lehren und von dem Gemswild liess ich die meinigen mir weisen. —

Ein reiches Material von Erfahrungen in den uns nächstgelegenen und in vielen Beziehungen am wenigsten gekannten Alpen hat dadurch sich mir angesammelt. Der Wunsch, auch Andere dieser Erfahrungen theilhaftig werden zu lassen, war von Anfang an in mir rege gewesen — und es war nicht der Wunsch, dass die alpine Welt verwundert höre, was ich gethan, was mir geglückt — ich wünschte zu bewirken, dass Andere das Gleiche leisten und erreichen könnten. Wie ich gesehen, verstanden, geübt, wie ich in Kurzem ungeahnte Erfolge erzielt hatte, so konnte das ein Jeder, der von der Natur die Fähigkeiten eines Alpenwanderers erhalten — und deren sind nicht allzu Wenige. Und leichter konnten es Jene als ich; die wichtigsten Vorfragen, die bei einer neuen Bergtour zu erledigen sind, die Wahl des Ausgangspunktes, der Anstiegsseite, eine minutiöse Beschreibung aller Momente, die für die Pfadfindung von Bedeutung sein konnten — ein Wegweiser im vollen Sinne des Wortes war geboten Dem, der die Wege gehen wollte**). — Dass jene Wegweiser keinen Anklang fanden in der alpinen Welt, bewies mir, dass ich

braucht; und für die selten oder gar nicht betretenen Zinnen finden sich auch keine Führer. Wer die Seiten dieses Buches durchblättert, wird finden, dass, wenn von mir die Rede geht, ich nähme nie einen Führer, diess cum grano salis zu verstehen sei. Ich will auf jeden Gipfel gehen, halte sehr viele von meinen Zielen für ohne jegliche Begleitung erreichbar, und wo ich eine solche wünschte, da finde ich meistens keinen Führer und gehe desshalb allein. Zweck der Alpendurchwanderung und thatsächlicher Nothstand hat mich zum selbstständigen Bergsteiger weit mehr herangebildet, als die Sucht nach dem Rufe „Ich brauche keinen Führer".

**) Ich berufe mich in dieser Beziehung auf mein zu Berchtesgaden deponirtes Manuscript: Wegweiser in den Voralpen; Gruppe zwischen Salzach und Saalach; meine von der Section Algäu des Deutschen Alpen-Vereins in Autographie herausgegebene Arbeit „Wegweiser in den Voralpen; Gruppe zwischen Bregenzer Ache und Lech (Algäu); — mein an die Sectionen des Deutschen Alpen-Vereins im Frühjahr 1871 gerichtetes Circular, betreffend die Subscription auf einen Wegweiser durch die Karwendel-Gruppe, dessen Drucklegung infolge der äusserst geringen Anzahl von Subscribenten unterblieb.

allein stehe in einer Art des Alpenbesuches, die Jahr für Jahr die genaue Kenntniss einer fest umgrenzten Gruppe mir eingetragen hatte; dass, soweit menschliche Voraussicht reicht, die Kenntniss unserer Nördlichen Kalkalpen, ihrer grossen, führerlosen Gebiete namentlich, von der Zukunft der Alpenvereine und ihrer Thätigkeit nur wenig zu hoffen habe; dass auch in den bekannteren Gruppen der Strom der Bergsteiger von den gewohnten Zielen nur schwer sich werde ablenken lassen. Fehlt doch zum Aufsuchen neuer das wesentlichste Erforderniss, — der Führer, dem sie bereits bekannt seien. —

Wenn ich nach solchen Erfahrungen bei einem neuerlichen Versuche, etwas Licht über die Nördlichen Kalkalpen zu werfen, in die Fussstapfen meiner Vorgänger in alpiner Literatur trete, — wenn ich einzelne meiner eigenen Bergfahrten in jenen unbekannten Gebirgen zur Beschreibung bringe, so möchte ich dabei den ursprünglichen Zweck, welchen ich in meinen Gipfelersteigungen verfolgte, gleichwohl nicht völlig ausser Augen lassen. Eine vollständige Beschreibung aller meiner Touren wird, nachdem der Gesichtspunkt eines Wegweisers aufgegeben werden musste, von mir nicht mehr verlangt werden; sie würde Bände füllen und den geduldigsten Leser ermüden. — Doch habe ich versucht, die wenigen geschilderten Ersteigungen in solcher Art auszuwählen, dass in ihnen zugleich der Gruppe, in welcher sie sich abspielen, eine Bereicherung ihrer Orographie und der Kunde von ihren touristischen Verhältnissen zu Theil werde. In beiden Beziehungen wird meinen mehrjährigen Erfahrungen zufolge ein Gebirge nur bekannt durch den Besuch möglichst zahlreicher, womöglich aller bedeutenden Culminationspunkte. Ein einziger Gipfel eröffnet mehr Relief der Bergkämme, bringt deren Plastik in bestimmteren und nachhaltigeren Zügen zum Bewusstsein, als tagelange Thal- und Jochwanderungen. Ebenso ist zur wahren orographischen Durchforschung, zur Uebung einer sichtenden Kritik über das widerspruchsvolle Material kartographischer und hypsometrischer Daten die enge Begrenzung solcher Thätigkeit auf ein bestimmtes Gebiet und ihre nachhaltige Dauer unbedingt erforderlich. Unterhaltend mag es sein, in einer Ferienreise von einigen Wochen den Dachstein, den Watzmann und die Zugspitze, die Wildspitze im Oetzthal — den Ortler — einen Dolomiten Süd-Tirols zu besuchen und vielleicht mit dem Gross-Glockner zu schliessen, und wer in solcher Art die Alpen bereist, der mag in kurzer Zeit eine Summe klangvoller Namen aufzuweisen haben, mit welcher Andere schwer in Concurrenz zu treten vermöchten. Ich habe Jahr für Jahr eine einzelne, naturgemäss umgrenzte Gruppe der Nördlichen Kalkalpen mir erlesen und durchwandert. Ich kenne wenig in den Alpen; aber was ich davon kenne, das ist mir bekannt im vollen Sinne des Wortes. Und wenn ich aus diesen wenigen und kleinen Gebieten dem Leser dieser Zeilen einige ausgewählte Gipfelersteigungen vorführe, und mit meinen Erlebnissen einige Hinweise auf die Struktur und Verkettung jener Gebirge, auf ihre Höhen und Benennungen, auf touristisch beachtenswerthe Objekte oder auf Wege und Wanderungen, welche einem künftigen Besucher erspriesslich sein möchten, verbinde, so erhält er damit das summirte Resultat unzähliger eigener Wahrnehmungen und der auf dieselben gegründeten Schlüsse, nicht den mit unzuverlässigen, da und dort erhaschten Angaben geschwellten Inhalt eines Notizbuches. Ich darf mich der Hoffnung hingeben, dass auch derjenige, welcher lediglich nach orographischem und touristischem Materiale sucht, mein Buch nicht gänzlich unbefriedigt aus der Hand legen werde

Dem Besteiger aber, welcher selten erreichte Ziele zu gewinnen, welcher Licht dorthin zu tragen strebt, wo tiefes Dunkel noch herrscht, ihm möchte dieses Buch ein Leitfaden sein der Kunst, mit starren Felsgestalten zurecht-, — mit den Nördlichen Kalkalpen in's Reine zu kommen. Er mag die Skizzen der erstiegenen Gipfel, er mag die Weglinien, die auf ihnen eingezeichnet sind, an Ort und Stelle mit der Natur vergleichen und sich fragen: „Weisen mir diess nicht meine eigenen Augen?“ — er mag bei Durchlesen der einzelnen Schilderungen an manches selbst Erlebte sich erinnern und sich fragen: „War dabei der Führer nöthig?“ — Und dann erst, wenn die Alpenwanderer beginnen, mündig zu werden vor dem Volke der Berge, wenn sie anfangen, der eigenen Kraft mehr zu vertrauen, als der Hilfe eines Unbekannten, — wenn sie die Tage des Suchens nach dem Führer einmal zum Suchen nach dem Gipfel verwenden, wird eine schönere Zukunft unsern Nördlichen Kalkalpen erblühen.

Die Gruppen, in welche meine Beschreibungen den Leser führen sollen, zerfallen in zwei Einzelgruppen grösserer Kalkalpen-Reviere einerseits, andererseits in das Gesammtgebiet der Hochgebirge an der Grenze Bayerns und Tirols, welche ich als die centralen Nordtiroler Kalkalpen bezeichnen möchte. — Behandeln die ersten beiden Abschnitte dieses Buches Gebiete, welche als Ganzes nicht völlig unbekannt mehr sind, liegt in ihnen der Schwerpunkt in der Schilderung selten ausgeführter oder doch noch nicht beschriebener Besteigungen, so leiten dagegen die drei letzten den Leser in eine fast völlige terra incognita. Das Wetterstein-Gebirge allein macht hiervon eine Ausnahme; und auch in ihm ist keineswegs Alles so klar gestellt, wie der geradezu zur Mode gewordene Zugspitzbesuch das vermuthen lassen möchte. In die Thäler und Kare des Karwendel, an den massiven Stöcken der Mieminger Berge hinauf dringt wohl selten nur der touristische Schritt. Die drei genannten Gruppen zusammen, einander nahe benachbart, von gleichem geologischen Alter (Wettersteinkalk, d. i. unterer Keuper der Alpen) und unverkennbarer Gleichförmigkeit der Struktur vereinigen sich zu einem natürlichen Ganzen; sie bildeten drei Jahre lang mein specielles Excursionsgebiet, in welchem ich über allzugrosse Concurrenz mich nicht zu beklagen hatte. Sie sind es namentlich, deren Mangel an Führern, an Gebirgskenntniss der Eingeborenen überhaupt, dem Alpenreisenden, der nicht auf eigenen Füssen zu stehen und zu gehen weiss, unerbittlich ihre Pforten verschliessen.

Die beiden ersten Gruppen hingegen, das Berchtesgadener Land und das Algäu, könnten mit Recht ausgedehnteren Gebieten der Nördlichen Kalkalpen zugetheilt werden. Man könnte mit ersterer die Loferer Steinberge vereinigen und sie als letztes Glied in der Reihe der Plateaustöcke nördlich der Enns (Warscheneck, Todtes Gebirge, Dachstein-Gruppe, Tennen-Gebirge, Haagen-Gebirge und Steinernes Meer) betrachten, — letztere aber mit den Tiroler Lech-Alpen und allenfalls noch mit der Rhätikon-Gruppe (mit welcher die Nördlichen Kalkalpen allerdings mehr einen geologischen als einen orographischen Zusammenhang zeigen) unter dem Namen Nordwestliche Kalkalpen vereinigen.

Es zeigt diese Aufzählung, wie wenig auch aus dem engeren Rahmen der Nördlichen Kalkalpen — auch durch die mehrjährigen Bergwanderungen eines Einzelnen, der ausschliesslich ihnen sich widmete, entdeckt und bekannt werden konnte. — Aber „Eines schickt sich nicht für Alle“ — und Alles schickt sich nicht für Einen. So lange nicht eine Mehrzahl strebsamer Alpenjünger von der Jagd nach klangvollen Namen, nach unerstiegenen — und als unerstiegen berufenen — Gipfeln auf das Feld der Specialforschungen abgelenkt wird, so lange wird Stückwerk all' unser Wissen von den uns nächstgelegenen Gebirgen bleiben. Eine schwache Hoffnung nur lebt mir, dass solches in naher Zeit zum Besseren sich wende; aber in dieser schwachen Hoffnung auch lade ich den Leser ein, mich zu begleiten auf einsamen Pfaden in ungekannte Felswüsten, auf ungenannte Zinnen. Vielleicht dass Einer doch sich findet, der in künftigen Sommern ein Gleiches thut, — thun will, — es könnten es Viele. Und findet dieser Eine sich nur, so will ich nicht unbefriedigt zurückblicken auf des Bergstocks und des Eisens Werk, — auf die Thätigkeit der Feder.

Glück auf!

I.

Aus den Berchtesgadener Alpen.

I. Die Südliche Watzmannspitze.

(Hierzu Vertikal- und Horizontalprofil No. 1.)

Scharf ist die Grenze, scharf der Unterschied zwischen Osten und Westen der nördlichen Kalkalpen. Sobald der Inn, der von Landeck herab ihren Südfuss bespült, von dem krystallinischen Urgebirge sie geschieden, ihre Mauer durchbrochen hat, sich hinaus wendet aus den Alpen in die weite, flache Ebene, ändert sich auch die Struktur der Gebirge, die er begleitete. Das Kaisergebirge allein erhebt sich noch, ein Rest des Kettenbaues, wie er im Westen des Inndurchbruches Regel, an seinem östlichen Ufer; in ihm kommt noch die west-östliche Streichrichtung der Hauptkämme, die vorwiegende Bildung von Längsthälern, ihre Scheidung durch tief eingesattelte Joche von immerhin beträchtlicher Höhe, zur Geltung. Und doch zeigt schon das eine Glied dieser Gruppe, das nördlich gegen das Flachland hin vorgelagerte, eine entschiedene Neigung zur Hochplateaustruktur. Das nächste bedeutende Kalkgebirge, welchem im Osten wir begegnen, die Loferer Steinberge, sind bereits völlig in diesen Charakter übergegangen. Noch unterscheidet man sie als Kämme, aber so breit und flach dehnen sich die Hügelkare zwischen den Ausläufern, so gleichmässig fällt der Steilabbruch der ersteren mit den Enden der letzteren zusammen, dass das ganze Gebirge mehr den Eindruck eines breitscheiteligen Stockes mit vereinzelt auf ihm sich erhebenden Gipfeln, als den einer verästelten Kette hervorruft. Und nur ein Schritt weiter nach Osten, über die Thalung der Saalach hinüber, da stehen wir mitten im typischen Charakter der Ostalpen; da stehen wir im Gebiete der gliederlos, prall aus der Ebene und aus den Thälern aufsteigenden Gebirge, im Gebiete der verworrenen Hügelflächen, vom zähen Krummholze überfilzt, von spärlichen Alpenrasen überzogen, oder nackt und kahl die blendenden Platten auf Meilenweite hin erstreckend, das Karrenfeld, das Steinerne Meer. Weit über die Grenzen der Berchtesgadener Alpen hinaus erstreckt sich diese Hochplateaubildung; das Tennengebirge, der Dachsteinstock, das Höllengebirge bieten weitere, zum Theile noch ausgeprägtere Beispiele derselben. Bleiben wir indessen bei der Berchtesgadener Gruppe, bleiben wir innerhalb der Grenzen der Salzach, Saalach, des Urschlauer und des Mühlbaches. — Drei vereinzelte Hochplateau-Stöcke sehen wir im Nordwesten der Hauptgruppe vorgelagert: den Untersberg, das Lattengebirge und die Reitalm. Die Hauptgruppe aber zieht sich in weitem Bogen von Ost nach Süden, Südwest und Westen. Sie beginnt mit einem ausgeprägten Kettengebirge, dem Göll; es steht wie fremd in dieser Alpenwelt, schon in seiner nächsten Nachbarschaft, jenseits des Torrener Jochs, beginnt die Hochfläche, das Karrenfeld. Da dehnt sich das Haagengebirge bis zu den Randgipfeln hoch über dem Blühnbachthal. Dann folgt eine flache Thalung, aber ebenfalls terrassirt, hügelwellig, das Gebiet der Röth am Fusse der Teufelshörner. Gen Süden schwillt es höher an zu den öden Revieren der Wildalm, an welche mit dem schwachen Kettengliede der Urschlauer Scharte noch ein gewaltiger Bergstock östlich sich anhängt, mit stundenlangem, firnglänzendem Scheitel, den Culminationspunkt der ganzen Gruppe tragend: die Uebergossene Alp mit dem Hochkönig. Westwärts aber verlaufen seine Plattenwellen in jenes bekannteste Hochplateau der Ostalpen, das Steinerne Meer. Es endet im Süden mit gewaltigen Gipfelhäuptern, mit Wänden von mehr als tausend Fuss Höhe über dem Urschlauer Thale und über dem Mitterpinzgau. Gegen Westen sendet es Ausläufer das Diessbach- und Weissbachthal entlang und seinen Hauptkamm, nunmehr zum Kettengebirge eingeschränkt, hinaus zur Hocheisspitze, zum Kammerlinghorn, auf dem Pass Hirschbichel mit den Vorläufern der Reitalm sich zu verknüpfen. Ein Bergwanderer, der von den Königsbergalpen am Torrener Joch ausginge, könnte in drei starken Tagemärschen kaum die ganze Länge dieses riesigen Karrenfeldgebirges bis nach seinem entgegengesetzten Ende, der Weissbachscharte, der Hollermaisscharte oder dem Rothen Wasser am Hundstod, durchmessen.

Inmitten dieses weiten Kreises von theils zusammenhängenden, theils getrennten Plateaustöcken, strecken zwei Felsenketten schärfsten Gipfelbaues von Süden sich nach Nord: ans Steinerne Meer, an den Pass Trischübel knüpft der Watzmann sich an — ihm stehen östlich gegenüber die Randgipfel des Haagengebirges und ihre Vorstufen. Die tiefe Thalspalte zwischen beiden birgt den Königssee, diesen wahren König unter den Seen der Alpen. Der zweite Querkamm stellt als die unmittelbare Fortsetzung der Kette sich dar, welche vom

Nordwestende des Steinernen Meeres ausstrahlt; von der Hocheisspitze nördlich umbiegend, erhebt sie sich zum Hochkalter, dem Watzmann gegenüber. Ungewöhnlich rasch senken die beiden mächtigen Gebirgskämme sich gegen Norden ab; ihren Fuss umrandet das Thal der Ramsauer Ache. Zwischen sich schliessen sie den Schuttstrom des Wimbachthals; im Westen der Hochkalterkette liegt, vom Reitalmgebirge andererseits begleitet, das Klausbach- und Hinterseeerthal. Der Watzmann, das höchste, selbstständig erhobene Gebirge, das seiner ganzen Erstreckung nach*) innerhalb deutscher Reichsmarken liegt, bildet den Ausgangspunkt meiner Beschreibungen.

Nur um wenige Jahre liegt die Zeit hinter uns zurück, da der Watzmann mit seinen drei Spitzen in aller Bergsteiger Munde war, freilich nur um eine derselben, und zwar eben die imaginäre, zu ersteigen und von ihrer Ersteigung zu erzählen. Der sogenannten Mittleren Spitze wurde so nebenher erwähnt mit der Bemerkung, dass man auf diese nicht gelangen könne, und endlich wussten manche Leute noch von einer Hinteren Spitze allerlei Abenteuerliches zu berichten. Einen kleinen Fortschritt in naturwahrer Schilderung der Gebirge und in dem Abstreifen althergebrachter Vorurtheile gerne anerkennend, kann ich sagen, dass bezüglich des Watzmanngebirges ein solcher Fortschritt zu vernünftiger Auffassung in den alpinen Schriften der letzten Jahre sich fühlbar macht. Das Hirngespinnst einer Vorderen Watzmannspitze wurde durch Einführung der sachgemässen Benennung Nordeck für den Standpunkt des trigonometrischen Signals (8256′ 2682 m. Keil) verbannt, die beiden übrig bleibenden, wahren Watzmanngipfel fangen an in ihre Rechte einzutreten und durch die Benennung Nördliche — Südliche Spitze jeden dritten in ihrem Bunde auszuschliessen. Ein Watzmannbesteiger, der es sein will, sieht sich allmälig auf einen dieser beiden Gipfel verwiesen; die sagenhafte Unbesteigbarkeit des Nördlichen ist durch mehrfache, in den letzten Jahren sogar ziemlich zahlreiche Besuche, die ihm abgestattet wurden, widerlegt, seine Ersteigung dem Bergfreunde, der fremde Erfahrung der eigenen vorzieht, in anschaulicher

*) Höhere, als der Watzmanngipfel, werden auch von der Reichsgrenze nur im Wettersteingebirge berührt; es sind Schneefernerkopf und Zugspitze; der Hochwanner steht dem Watzmann nahe gleich. Sieht man vom östlichen Zugspitzgipfel ab, welcher als selbstständiger Gipfel indess kaum in Betracht kommt, so ist der höchste Punkt innerhalb der Reichsgrenze die nördliche Watzmannspitze.

Weise bereits geschildert. Zwei felsentüchtige Bergsöhne Berchtesgadens, die Holzknechte *Breisen* und *Kederbacher* von der Ramsau, haben sogar den Gratübergang von der nördlichen zur südlichen Spitze bewerkstelligt*) und der zu frühe dahin geschiedene *Karl Hofmann* hat mit seinen Begleitern zwar nicht diesen Uebergang, der von ihm ursprünglich beabsichtigt war, dafür aber den kaum minder abenteuerlichen direkten Abstieg vom Watzmannscheitel ins Wimbachthal zur Ausführung gebracht**), und damit die gerade Ersteigbarkeit der Westseite des Grossen Watzmann dokumentirt. Lediglich eine Lücke in den Beschreibungen des Grossen Watzmann also ist es, welche ein Bericht über eine Ersteigung seiner südlichen Spitze (auch Hintere- oder Schönfeldspitze genannt), auszufüllen bestimmt ist.

Es war eine unruhige Nacht, die ich vom 11. auf den 12. Juli 1868 in der Heustube des Jagdhauses im Wimbachthal verbrachte; schwere Träume drückten meinen Schlaf, Träume von wackelnden Mauerzinnen, vom Fusse wegbrechenden Stufen, überkippenden Schneefeldern, vom Sturze hinaus in die freie Luft, die mich schwimmend dahin trug, bis dass der weichende Alpdruck mich wieder das Heu an meiner Seite fühlen liess. Und es war wohl etwas daran an diesen Träumen; gestern in den Gräben des Palfenhorns hatte ich einen Sturz gethan über ein paar hundert Fuss hartgefrorene Schneelehne, und, was das Schlimmere war, einen Sturz in Compagnie. Einer meiner Berchtesgadener Collegen wollte mit mir aufs Palfenhorn, wir hatten in einer Firnschlucht an zwei Stunden lang Fussstapfen getreten, bis mein Begleiter plötzlich hinter mir verschwunden war, und im Versuche, zurückzusteigen, ich alsbald ihm nachfolgte. Mit dem Gesicht gegen den Schnee gehalten und die Hände so fest wie möglich eingekrallt, blieb ich in gerader Lage und nahm keinen Schaden, als die rasende Fahrt, eben noch bevor sie zwischen die Felszacken hineinging, in der Randkluft ihr Ende erreichte; aber mit grosser Mühe spedirte ich meinen Gefährten, der bereits ins Ueberschlagen gekommen war und ziemlich übel sich zugerichtet hatte, den Rest des Firnfelds hinunter und zum Wimbachthale hinaus. Das Palfenhorn, vorher mit Nebeln umhüllt, schaute mit seiner scharfen Spitze

---

*) Derselbe wurde, wie ich im Jahre 1873 in Erfahrung brachte, seither noch mehrmals ausgeführt, u. a. auch von dem Jäger *Kurz* auf Trischübel.

**) Siehe Amthor's Alpenfreund Bd. I. S. 81.

recht höhnisch uns nach und gab uns noch weitere Gelegenheit, über unsere Tollheit nachzudenken; denn die Schlucht, die wir angestiegen, erreichte gar nicht den Grat, sondern lief senkrecht unter dem Gipfel in den Steilwänden aus. — Auf der Landstrasse trafen wir zum Glück ein Fuhrwerk, welches den Blessirten nach Berchtesgaden zurück brachte. Dort war heller Aufruhr; die Kunde: „zwei Praktikanten sind am Palfenhorn abgefallen“ war uns, oder vielmehr meinem Unglücksgenossen, wie ein Lauffeuer schon vorausgeeilt. Denn was mich anbelangt, so fiel mirs nicht entfernt ein, nach Berchtesgaden zurückzukehren. Der Abend versprach einen herrlichen Morgen, der Berggipfel, der von mir noch unbetreten, standen mehr als genug im weiten Kreise um mich herum. Ich hatte den kommenden Tag besser zu nützen, als Predigten über wagehalsiges Bergsteigen anzuhören, und retirirte, sobald ich meinen Gefährten versorgt wusste, wieder ins Wimbachthal hinein, im Jagdhause zu übernachten. Und als die Sterne vor dem grauenden Morgen erblichen, spazierte ich, einen Fuss etwas schleppend, wieder dem hinteren Wimbachgries entgegen. Meine erste Absicht, das Palfenhorn sofort von Neuem anzupacken, war aufgegeben; dass seine künftige Ersteigung nicht in Frage stehe, sobald der Grat erreicht, lag klar vor Augen, und der Weg nach letzterem war in der breiten, gewundenen Schneestrasse des Seilergrabens, westlich vom Gipfel, klar genug vorgezeichnet. Der vielversprechende Tag sollte vielmehr auf eine Spitze von höherem Range verwendet werden, und dazu war die Südliche Watzmannspitze ausersehen.

Ich suche gerne nach dem unbekannten Pfad in der Höhe, auf der Grenze des Grünen, am freien Felsen umher, das Gipfelziel vor Augen; bin aber keineswegs ein Freund des Wegespürens im Thalboden, auf dem bewachsenen Gehänge. Und doch musste ich diesmal von der Thalsohle am Fusse meines Berges bis zur höchsten Zinne empor Schritt für Schritt mir suchen. Gesehen hatte ich die Südliche Watzmannspitze von ihrer Südwestseite noch niemals; die gestern misslungene Ersteigung des Palfenhorns hätte Aufschluss bieten können, ebenso eine frühere Partie, welche auf den Hundstod mich führte; aber dort hatte dichter Nebel mich umfangen gehalten und nur die zerhackte Schönfeldschneid, die zum Pass Trischübel herabzieht, war mir noch in Erinnerung. Der Jäger im Wimbachschloss (so lautet die etwas hochtrabende Benennung des einfachen Jagdhauses) hatte mir einige Rathschläge mitgegeben; ob sie verlässig sein würden, musste die Folge erst ausweisen.

So schlenderte ich denn im kühlen Morgengrau thalein, der Dinge gewärtig, die da kommen sollten. Die Strasse verliert sich im breiten, trocken liegenden Geröllstrome des Wimbachs, dessen Gewässer nur bei aussergewöhnlicher Schwellung durch Regenwetter und dergl. zu Tage treten; im Schutte aufgerichtete Stangen bezeichnen den Verlauf des Weges, bis dass er, noch immer fahrbar, wieder auf buschiges Terrain am östlichen Thalsaume übertritt. Ernst schauen die blassen Mauern des Watzmann, des Hochkalter, in den öden Grund herein; das gelichtete Gebüsche, die letzten, vom Wege überstiegenen Hügelabsätze des flachen Thalbodens, das Zurücktreten des vom Watzmann hereingeschobenen Bergriegels eröffnen allmälig den ganzen, weiten Felsencircus, mit welchem das Wimbachthal im Süden sich schliesst. Der Hauptdolomit der Alpen, im Berchtesgadener Gebirge nur ausnahmsweise am Aufbaue der hohen Gipfel betheiligt, die fast durchweg dem jüngeren Dachsteinkalke angehören, gefällt sich hier in der Bildung einer Reihe der bizarrsten Felsgestaltungen auf dem Grat, dessen Centrum die Gruppe der Palfenhörner (Grosses Palfenhorn 7090′ 2303 m Keil) einnimmt, zierlich wie das Schaustück eines Zuckerbäckerladens aus feinster Zerspaltung der schroffen, düster gefärbten Wand geschnitten, seine Rippen und Seitenthürme aus den zartesten Zäckchen, aus Reihen nadelscharfer Mauerspitzen zusammengefügt. — Das Kleine Palfenhorn, vom Eingange des Wimbachthales gesehen, tief unter dem Grossen stehend, drängt letzteres nunmehr ganz in den Hintergrund, da es, dem Seitenkamme desselben angehörend, weit in die Thalmitte sich vordrängt; und noch ein drittes, kleinstes Palfenhorn legt sich davor, als äusserster Posten in den Schuttwüsten des Wimbachgries. Westlich an die Palfenhörner reiht sich der flachrunde Seilerkopf (6500′ 2144 m Keil), das schnörkelartig aufgebogene Alpelhorn (6954′ 2259 m Keil); ein zerhackter Grat verbindet dieses mit den durchklüfteten Nordwänden der Hocheisspitz; eine ebenso scharfe Schneide streckt von den Palfenhörnern gegen Osten sich hinüber zu den Gipfeln der Rothleiten, die einen Theil des Hofstaates des mächtigen Herrschers Hundstod ausmachen. Der tiefe, schwärzliche Ton der Dolomitfelsen geht an der Rothleite fast plötzlich in ein flammendes Gelbroth über; es werfen ihre Wände dem Alpenwanderer die Glut des nahenden Tages in grellen Spiegeln entgegen. — Aufgerissen bis in seine innersten Eingeweide umfängt der Mauerkranz das amphitheatralisch an seinem Fusse hingebreitete Trümmermeer. Hoch oben in den Mauerspalten hängt der Firn, aus den verbreiterten Schluchten zwischen klippigen Aesten brechen die Zuflüsse an Geröll und losgerissenen Felsblöcken hervor. Nur wenige Inseln ragen aus der wüsten Fläche auf, umrandet von der Schuttflut, die sie bisher noch verschont und Jahr für Jahr enger ihre Grenzen zieht; dunkles Grün der Legföhre sticht auf ihnen scharf ab vom weissen Gestein, das sie umsäumt; und doppelt zauberhaft erglüht in diesem Rahmen der Purpur üppig wuchernder Alpenrosen. Auch das Wimbachthal bietet ein Stückchen Touristenwelt; sie wandern hinein, die feuchten Stege der Wimbachklamm — grossartig, unvergleichbar romantisch! — hinaus, wo das Tageslicht wieder winkt, da schliesst das Wimbachthal sich auf, die Schrofengabel der Palfenhörner blickt von ihrer Grathöhe herunter — ach wie herrlich! — Das Gewässer des Wimbachs verrauscht unter den Geröllen, dafür knallen am Wimbachschloss die Flaschenbier-Stöpsel. Jetzt adieu, Wimbachthal! — Geht nur wieder zur Landstrasse zurück, dort warten die Equipagen! —

Eine Stunde nach Aufbruch von meinem Nachtquartiere war ich an der letzten, nahrungspendenden Station, der Griesalpe im hinteren Wimbach (4125′ 1340 m) angelangt, am südwestlichen Fusse des Zirbeneck; es ist diess einer der drei Bergrücken, in welche zum Wimbachthale herab die Griesspitze sich theilt, die ihrerseits wieder mit der Südlichen Watzmannspitze in direktem, ost-westlichem Gratzusammenhange steht. Die Alpe liegt auf dem grasreichen, aber beschränkten Boden einer über die Sohle der Wimbachschuttfelder etwas erhabenen, hügeligen Fläche; aus dem rauchigen Kaser trat eben die Sennin, die Kühe zur Frühmelke rufend; ich liess mir eine Schüssel Milch geben und hielt Frühstücksrast, im Anblicke der zerrissenen Schönfeldschneid, die vom Watzmanngipfel gen Süden sich senkt; — der Wände, die zum Pass Trischübel, der nordwestlichen Eingangspforte des Steinernen Meeres, sich hinaufbauen; — der Rothleiten und der Palfenhörner. Die Sonne war herauf, frische Morgenluft strich von den Höhen herab ins Thal, durchsichtig blau wölbte der Himmel sich über den Felsenhöhen. Nach wenigen Minuten wanderte ich wieder von dannen, nun in östlicher Richtung, dem Abschlusse des Wimbachthales zu.

Noch hatte ich bequemen, breiten Weg, sogar noch fahrbar, meist im hohen, vom Alpenrosengesträuche unterwucherten Krummholze sich haltend. Das Wimbachgries, von dem Gehänge der Griesspitz und der Schönfeldschneid enge umsäumt, blieb mir zur Linken. Ein schöner Zickzackpfad zeigt sich an seinen Geröllhalden, bis unter die Wände des Zirbeneck hinein; er führt zu einem königlichen Jagdstande, ist daher meinen Zwecken nicht dienlich. Abermals war eine halbe Stunde ebener Thalwanderung verflossen, ich begann ungeduldig zu werden und spähte um so eifriger an den Watzmannflanken umher, wo etwa der Steig zum alten Schönfeld hinauf sich zeigen möchte. An einer Stelle schien das Krummholz weiter und zusammenhängender herabzureichen, als anderwärts; ein sandiger Abrutsch mochte den Beginn des Steiges dort verbergen; zudem war ich der Stelle bereits nahe gekommen, an welcher der Fahrweg des Wimbachhthals in einen Fusspfad übergeht, der alsdann über den Steilabsturz am Hundstodzaun hinauf den Pass Trischübel ersteigt; und der Anweisung des Jägers zufolge sollte hier vom gebahnten Wege abgewichen werden. Ich kreuzte also das Gebüsche des Thalgrundes, das trocken liegende Trümmerbett, fand darin in der That eine kleine, aus der Entfernung kaum bemerkbare Richtungsstange aufgesteckt und an der abgerissenen Stelle des Uferrandes schwache Spuren eines Steiges, die im Krummholze bald deutlicher hervortraten; und somit war für den Anfang der Bergpartie wenigstens gesorgt. Im Dickicht der Legföhren ausgehauen, führte die Pfadspur in kurzen Windungen der Schönfeldschneid ziemlich parallel aufwärts, querte im Halbkreise mehrere Gräben des zerfurchten Gehänges, liess jedoch den tiefen, trümmerführenden Banngraben, der unmittelbar längs der Schönfeldschneid sich herunterzieht, zur Rechten. Bald eröffnete sich ein erweiterter Ueberblick der Schuttwüste, deren Grund ich verlassen, ihrer öden Buchten im Gemäuer der Rothleiten und der Palfenhörner; „in der Kirche“ heisst der Volksmund dieses abgeschiedene Stück Welt, und in der That erinnern die gezackten Strebepfeiler dieser Mauern ein wenig an die Säulen gothischer Dome, und eine andächtige Stille umfangen sie in ihrem düsteren Kreise. In mässiger Höhe bereits, und lange bevor das Krummholz verschwunden oder auch nur lichter geworden wäre, verlor ich bereits den Pfad; eine steile Graslehne streckte zur Rechten sich empor, ich suchte im Gebüsche weiter, wurde von trügerischen Fährten hin und her genarrt und kletterte eine gute Weile im zähen Gestrüppe über die Schrofen weg. Von einem mächtigen Steilabsturze gegen den Schönfeldgraben aus der schrägen Anstiegsrichtung abgedrängt, traf ich in etwas grösserer Höhe plötzlich wieder auf den Pfad und gewahrte nun, dass ich die Gasse, welche die Graslehne mir eröffnet hatte, in gerader Linie aufwärts hätte verfolgen sollen; eine Ausnahme von der Regel, dass auf solche Durchrisse (gewöhnlich sind es Lawinenstriche) nicht viel Verlass ist. Den Steig hatte ich nun wieder gewonnen, doch wurde mir durch denselben nur die Gewissheit zu Theil, auf rechter Spur mich zu befinden, sonst nicht gerade bedeutende Erleichterung; er befand sich in höchst ruinosem Zustande; über das hereinwuchernde Krummholz war augenscheinlich seit Langem keine bahnbrechende Axt mehr gekommen, und in den Gräben, deren nach wie vor eine beträchtliche Anzahl die Bergflanke durchschnitten, war er meist völlig abgerissen, und musste ein tauglicher Uebergang gesucht werden, als ob es überhaupt keinen Pfad hier gäbe. Dieser Uebelstand machte sich besonders fühlbar, als zuletzt in links gehaltener Anstiegsrichtung die Fährten gegen den tiefen, in starken Steilstufen fallenden Schönfeldgraben sich hineinzogen; sie liefen gerade auf einen hübschen Wasserfall zu und liessen oberhalb desselben zwar Spuren einer ehemaligen Weganlage, zugleich aber auch die Unpassirbarkeit dieser Stelle ohne solche künstliche Vorrichtung erkennen. Ich musste hier vom Wege völlig abgehen, im Geschröfe aufkletternd den Rand des Schönfeldgrabens verfolgen und erlangte denn auch in einiger Höhe die Möglichkeit, seine enge Sohle zu kreuzen. Damit war die Steile der unteren Watzmannstufe überwunden, und der Anschluss an breite, flach aufgewölbte Hügelflächen gewonnen, welche auf der Terrasse des alten Schönfelds ihre obere Grenze finden. In einer grasreichen Einsenkung, mit kurzem Krummholze bewachsen, gewann ich rasch den Höhenrand. Eine weite Kesselfläche steiniger, schwach begrünter Hügelwellen dehnte vor meinem Fusse sich hin, nordwärts gehoben und in ein kahles Geröllkar übergehend, von einem niedrigen Bergwalle abgeschlossen; gegen Westen erhebt sich derselbe zur Griesspitze, die als wenig bedeutender Schrofenkegel nun völlig auf meine linke Seite getreten ist; gegen Osten schliesst er mit hochgeschwungenem Zackengrate an's Hauptmassiv des Watzmann sich an. Dort im Osten stehen in langer Reihe die Zinnen der Schönfeldschneid, eine Felspyramide unter ihnen tritt besonders augenfällig hervor — sollte es die Schönfeldspitze sein? Zwar steht weit im Nordosten ein anderer, gewaltiger Gipfelthurm auf dem Grate, aber so entfernt liegt derselbe zurück, dass ich mich gerne mit dem Gedanken tröste, das müsse die Nördliche Spitze sein, zudem die Gestalt völlig mit jener übereinstimmt. Wenn das die Südliche Spitze wäre — welch unabsehbar langer

Weg stünde mir dann noch bevor! — aber Geduld, er steht mir bevor!

Zunächst also nahm ich meine Richtung auf die hervortretende Pyramide in der Schönfeldschneid, hoffend, in ihr mein Tagesziel zu finden; vom alten Schönfeld, das noch die Ruinen der ehemals hier vorhandenen Alphütte zeigt, ostwärts gewendet, wanderte ich die sanftgehobenen Hügelwellen hinan, dem Fusse einer kahlen, die Bergflanke ihrer ganzen Breite nach einsäumenden Mauerstufe zu; oberhalb derselben befinden sich, wie leicht ersichtlich, wieder gangbare Plätze von weit beträchtlicherer Ausdehnung, als man in der Tiefe des Kars es ahnt; der Aufgang nach denselben über die sperrenden Wände von 400—600′ Höhe muss jedoch erst gesucht werden; Schutt umlagert in breiten Halden ihren Fuss und zeigt gelegentlich eine Ausspitzung in's Massiv des geschlossenen Felsenwalles. Den anscheinend breitesten und tiefsten dieser Einschnitte, der überdiess fast genau in der Richtungslinie nach meinem vermeintlichen Gipfel gelegen war, beschloss ich näher zu untersuchen; dort mochte wohl der lange Kamin sich öffnen, von welchem ich in Berchtesgaden hatte erzählen hören*). Die breiten Gerölllehnen hinansteigend, sah ich mich linkerseits durch vortretende, steil abgestufte Schrofenmassen von der Hauptweite des Kars bald abgesperrt, hatte dagegen ihrem Fusse entlang noch bequeme Bahn auf den Geröllen, und endlich auf Schneebedeckung, deren Spitze im Gewände sich verlor; bei unmittelbarer Annäherung jedoch schoben die einzelnen Felspartieen sich auseinander und liessen eine enge, dunkle Kluft wahrnehmen, deren scharfe Ausprägung ein plötzliches Auskeilen in der Wand zunächst nicht besorgen liess. Ohne Bedenken trat ich daher durchs Zackenthor ein in den klaffenden Schlund und begann seine stark gehobene Sohle aufwärts zu verfolgen. Anfangs hatte ich noch ein paar Schritte breiten Schneeboden, über welchen ich stufentretend leicht mich emporarbeitete; bald aber drängten die Mauern sich enger zusammen, und die Schneeausfüllung, in einzelne Trümmer zerrissen, durch tiefe Spalten vom Felsen getrennt, wurde nun mehr zum Hindernisse als zum Behelf. Eine kurze Strecke weit hielt ich mich zur linken Seite der Kluft

*) Zufällig traf hier der Befund mit einer, im Uebrigen völlig aus der Luft gegriffenen Erzählung zusammen; denn wie mir später gesagt wurde, führt ein weit besserer Anstieg, als ich ihn wählte, aus dem innersten Kar des alten Schönfelds nach dem Grat und der Spitze.

in der Rinne zwischen Fels und Schnee; dort vertrieben mich die immer steileren und zuletzt beinahe überhängigen Mauern, ich kletterte über den Schneewulst wieder hinüber, erzwang den Aufstieg über einen plattigen Absturz und fand oberhalb desselben die Verhältnisse im Grunde des Spaltes noch ungünstiger als vorher; seine Schneeausfüllung hing zum Theile in losen Fetzen zwischen den Wänden, diese zu betreten, wäre mehr als bedenklich gewesen. Ich verliess deshalb die Kluft nach der rechten Seite, erklomm nicht ohne Mühe die schwachgestuften Seitenmauern und lenkte, nachdem ich wieder etwas an Höhe gewonnen hatte, an passender Stelle in die Kluft zurück. Auf kurze Strecke ging es nun wieder in ihrem Innern, dann wiederholten sich die gleichen Hindernisse und das gleiche ausweichende Manöver. Als ich dann zum zweiten Male von der Seitenwandung weg in die Kaminspalte mich zurückwandte, fand ich ihre Enge sowohl als ihre Steile sehr gemindert, und sah ihre Fortsetzung als gut gangbaren Graben zur Höhe sich strecken; ohne den ungünstigen Zustand ihres Schneebodens wäre diese schwierigste Stelle meiner Tour auf die Südliche Watzmannspitze wohl weit leichter und schneller zu bewältigen gewesen; am günstigsten wäre derselben wohl die spätere Jahreszeit, zu welcher die Kluft wahrscheinlich ganz und gar schneefrei ist.

In der Höhe über mir wurde es nun bald freier und heller; die Zackenränder zu beiden Seiten verloren an schroffer Erhebung, die Sohle verflachte sich zu einer seichten Geröllsinke und verlor sich auf hügelig gestufte, grüne Plätze. Rechtzeitig besann ich mich noch, dass der Ausgang zwar sehr leicht, der Eingang zur Kluft im Rückwege aber um so schwerer zu finden sein möchte, und legte bei Verlassen der Sinke ein paar weithin sichtbare „Dauben“ (kleine Steinpyramiden) als Wegzeiger auf.

Der Ausblick hatte sich frei geöffnet; Geröllfelder deckten zur Höhe hinauf die Bergflanke, je weiter nördlich, um so ausgedehnter; ziemlich nahe stand ich nun dem Fusse der Mauerzacken der Schönfeldschneid; auch dem pyramidalen Felsgipfel, in welchem ich die Südliche Watzmannspitze zu erkennen geglaubt, war nicht mehr weit entfernt von meinem Standpunkte, dagegen hatte das erhabene Haupt im Nordosten seine Gestalt, wie seine scheinbare Entfernung fast um Nichts verändert. Ich erkannte nun wohl, dass ich dort meinen Gipfel zu suchen habe, und noch manche Stunde verfliessen werde, bevor ich auf seinem Scheitel zur Ruhe gelange. Ueber 3 Stunden war ich bereits in Marsch, 1 Stunde hatte die Thalwanderung vom Wimbachschloss zur Griesalpe in Anspruch genommen, gegen 1½ Stunde die Ersteigung des alten Schönfelds und eine weitere Stunde der Anstieg zu den oberen Grasplätzen und Schuttfeldern. Etwas herabgestimmt, das Gefühl der gestrigen Katastrophe noch in den Beinen und schon einigermassen ermattet, lenkte ich seufzend gegen Nordosten ab in die leidigen Geröllflächen; wie es oben im Geschröf gehen würde, war mir noch ziemlich unklar und wurde vorerst auch noch nicht ernstlich in Berechnung gezogen; ich verwünschte den rollenden Boden, welcher die Anstrengung des Steigens verdoppelnd den Gewinn an Terrain auf kaum die Hälfte reducirte, zählte jeweils hundert Schritte ab und hielt dann keuchend inne, den Blick auf die Felsmassen in der Höhe gerichtet, die in gleichem Grade mit meinem Vordringen vor mir zurückzuweichen schienen. In meinem Rücken sank die Schönfeldschneid zum Pass Trischübel; bald war ich über das Niveau der Zinne hinaus, die so gross und erhaben ins alte Schönfeld herabgesehen, die über die wahre Lage des Gipfels mich getäuscht, aber den Weg nach demselben mir gewiesen hatte. In der Höhe sprang ein alter Gemsbock einsam umher und verschwand im Geklippe des Watzmann, aus welchem er auf einzelnen Zacken wieder auftauchte. Er sah sich offenbar die ungewohnte Erscheinung an in einem Gebiete, welches ihn vor solchen Begegnungen in der Regel verschont hielt. Hätte ich doch nur seine leichten Füsse und spitzen Hufe besessen, wie lustig wollte ich bald auf der Südlichen Watzmannspitze angekommen sein! Aber das Schlimme wurde noch schlimmer, der Schuttboden deckte in wachsender Höhe sich mit Schnee, in dessen harte Kruste bei ziemlich beträchtlicher Neigung eine Unzahl von Stufen getreten werden mussten; eine unliebe Reminiscenz an die gestrige Bergtour und ihren Ausgang, um so unlieber, als die schräge Anstiegslinie mich wieder in einen Längengürtel der Bergflanke geführt hatte, in welchem die Schneelehnen fast unmittelbar an den Wänden ausliefen. Von der rechten Seite drängten die Körper der Schönfeldschneidzinnen in die Fläche herein, längs ihres Fusses stieg ich in unausgesetztem Stapfenschlagen, unverändert schräge zum Grate hinan und stiess endlich, nach beinahe einstündiger Schneewanderung, an die Mauern des Grates.

Nun dachte ich erst den bedeutendsten Schwierigkeiten zu begegnen, auf jene Hindernisse zu treffen, welche die Ersteigung der Südlichen Watzmannspitze zu einer so übelberufenen und selten ausgeführten machen; und auch der leichte

Aufgang, der vom Schneesaume weg in die ersten Schrofenetagen sich bot, benahm mir noch keineswegs diesen Glauben; setzt doch oft ein starres Felsmassiv mit solchen zertheilten Fussstaffeln auf die Bergflanke nieder, um in der Höhe dann um so wilder und trotziger sich zu gestalten. Aber ein Mauerwall um den andern, Riffe über Riffe lösten in vereinzelte, durch Spalten und Geröllrisse getrennte Stöcke und Klippen sich auf, zwischen denen hindurch, theils kreuzend, theils lavirend ein geübter Bergwanderer ganz ungehemmt die ins Auge gefasste Pfadlinie verfolgen mochte. Ich machte mit jedem Schritte vorwärts mehr die Wahrnehmung, dass ich es hier mit einem geradezu harmlosen Felsgehänge zu thun hatte; und die gegebene Gewissheit, mein Ziel doch noch, wenngleich viel später, als ich gerechnet hatte, zu erreichen, schürte frisches Feuer in den halb erlahmten Gliedern. Schräg laufen die Felsbänke, die Klippenreihen und die Runsen zwischen ihnen zur Schönfeldschneid hinan; ich hielt mich zumeist in diesen trümmerführenden Rissen, in jedem derselben aber nur so lange, bis er den Zacken der Schneide selbst sich näherte, und damit ein baldiges Ende des gangbaren Terrains verrieth; denn der gezahnte Grat starrte noch immer wild genug auf mich herunter. Ich bog dann auf dem nächst sich darbietenden Felsgesimse um die Ecke der vorgerückten Schrofen, und konnte mit Gewissheit darauf rechnen, jenseits derselben eine gleiche und in gleicher Weise sich ausspinnende Runse zu treffen. Durch die Steilmauern fortwährend vom Grate abgedrängt, aber immer nahe der Schneide gehalten, gewann ich zuletzt einen breiteren und tieferen Felsgraben, der den Körper des südlichen Watzmanngipfels und den zackigen Kamm, welchen dieser zur Griesspitze hinunter entsendet, von der gerippten Westflanke der Schönfeldschneid abtrennt. In leicht gangbaren, geröllbedeckten Stufen mündet dieser Graben aus zum Hauptgrate und senkt sich andererseits tief hinunter in den Hintergrund des Kars des alten Schönfelds. Auf weite Strecke hinab ist seine Gangbarkeit durch blossen Anblick zu beurtheilen; wenn nicht ein letzter Steilabsturz seine Sohle von den Schuttfeldern jenes Kars trennt, so würde sich hier zweifellos ein weit leichterer und kürzerer Weg auf die Südliche Watzmannspitze bieten, als der von mir eingeschlagene. Wie oben bereits bemerkt, erfuhr ich in der Folge, dass in der That jener erstere Weg der bessere sei und der Augenschein mich nicht getäuscht hatte; freilich hörte ich dies erst vom Jäger auf Trischübel, während die ungenauen Erzählungen früherer Ersteiger der Südlichen Watzmannspitze eher auf das umgekehrte Verhältniss konnten schliessen lassen. — Längs der Grabensohle, im rauhen Geschröf ihrer rechten Seite gehalten, stieg ich nun empor zum Grat; der letzte Zackenthurm der Schönfeldschneid drängte mit seinem Mauerfusse mich völlig in den Graben hinein; noch wenige Absätze waren zu bewältigen, und ich trat auf die breite Geröllwanne am Gratscheitel aus. Tiefes Blau tränkt die Tiefe, in welche jenseits der Blick hinunter fällt; Königssee und Obersee liegen dem Auge gleichzeitig offen, von ersterem der obere Theil zwischen St. Bartholomä, der Kaunerwand und der Sagereckalpe, und durch grüne Alpwiesen von ihm getrennt, im Dunkel seines Felsenrahmens der Obersee, in seinem Hintergrunde die Röthswand, mit den Silberbändern des Landthal- und Röthsbachfalles. Und von der Gratkante weg stürzen die Wände mehrere tausend Fuss tief in ein ödes, schneeerfülltes Thal; dort sammelt der kleine Gletscher des Watzmann seine Firne aus zwei getrennten Felsenmulden, den Eisstellen, unmittelbar am Eusse seiner Südspitze, und dem Hocheis, das zwischen die Schönfeldschneid und die Hachelwand sich einschiebt. Dieser niedrige, aber äusserst schroffe Bergzug, welcher eine der schönsten Gebirgslinien in der Umrandung des Königssees bildet, löst von der Watzmannkette und von der äussersten nordwestlichen Ecke des steinernen Meeres am Pass Trischübel gleichzeitig sich ab und scheidet das Bartholomäer Eisthal von dem einsamen Alpenthale der „Hachel“, aus welchem man von der Unterlahneralpe durch die oft genannte Saugasse zum Steinernen Meere emporsteigt*).

Eine kurze Gratstrecke noch trennte mich vom Gipfel; die Zerrissenheit, welche die Schönfeldschneid bis hierher mir gewiesen hatte, erschien nun bedeutend gemässigt, der mässig breite Scheitel konnte von einem Felshöcker zum anderen ohne sonderliche Schwierigkeit überklommen werden. Ein einziges Mal noch stellte ein steiler Schrofen sich mir in den Weg, er war auf seiner Westseite leicht zu umgehen, noch einige Gratstufen, durchfurcht und zerbröckelnd, folgten auf ihn, dann löste Alles in wirres Getrümmer sich auf, und ein flachgewölbter Gipfelscheitel nahe vor mir, einen starken Signalpfahl tragend, verkündete die Erreichung des Zieles. Im Augenblicke, da ich dasselbe betrat, tauchte jenseits einer

*) In diesem Zweigkamme liegt, nahe am Pass Trischübel und von diesem aus leicht in kurzer Zeit zu ersteigen, die Hirschwiese, wegen ihrer schönen Aussicht auf Hundstod, Hochkalter und Watzmann viel genannt und häufig besucht.

wild zerrissenen Gratstrecke, eine gewaltige, eckig unregelmässige Pyramidengestalt empor, die Nördliche Watzmannspitze; ihr war früher bereits ein Besuch abgestattet worden, und grüsste ich sie als alte Bekannte.

Jetzt endlich, nach mehr als sechsstündigem Marsche, legte ich Gepäck und Bergstock zu Boden und streckte mich behaglich auf's Getrümmer hin. Tief, tief unten im Westen sah ich nun vom waldgrünen Ufersaume des Wimbachschuttes das weisse Jagdhäuschen heraufblinken, das ich noch im Dunkel der Nacht verlassen hatte. Ein weiter Weg fürwahr, betrachtet man auch in Luftlinie seinen Ausgangspunkt von dem gewonnenen Ziele aus. Drüben Hochkalter, Hocheisspitze mit ihren unvergleichlich düsteren, scharfgezeichneten Wänden; und noch einen Schritt weiter rückwärts im Aussichtsbilde die Wellenfläche der Reitalm mit den kühnen Hörnergruppen an ihrem südlichen Rande. Rasch wurde noch das südliche, östliche und nördliche Panorama gemustert, denn glücklich hatte bis jetzt, in den hohen Vormittag hinein, der Himmel klar sich erhalten, aber allseits flogen schon die Nebelballen aus den Thälern herauf. Die Grenzmauern des Wimbachthals, Alpelhorn, Palfenhorn und Rothleiten, zeigten sich nun als die schroffe Kehrseite eines fast durchweg begrünten Gebirges, das von ihren Zackenscheiteln gegen Süden sich abdacht. Ueber ihm steigen, schon halb mit Nebeln verhüllt, die kalkweissen Gipfel der Loferer Steinberge auf. Mir gerade gegenüber der hochgeschwungene Kegel des Hundstod im Kreise seiner felsenkahlen Trabanten, welche Teppiche von Schutt und Schnee um seinen Fuss herumbreiten; weiter südöstlich die endlosen Hügelebenen des Steinernen Meers, vom buschigen Grün in todtes Steingrau und winterliches Weiss verschwimmend; über dem Obersee die Teufelshörner, und höher noch die Uebergossene Alp; im eintönigen Königsseeer Gebirge die breiten Rücken des Kahlersbergs und Schneibsteins; als Schlussstein des Felsenrundes der Hohe Göll; gerne kehrt das Auge wieder zurück zum blauen Spiegel des Königssee's, von welchem ein Theil durch den Kleinen Watzmann und die Zacken der Watzmannscharte abgeschnitten wird. Dagegen liegt das grüne, reichbelebte Thal der Berchtesgadener Ache dem Auge wieder offen, Berchtesgaden selbst ist durch die nördliche Spitze verdeckt; ich sollte wohl den Ort gar nicht sehen, wo jetzt jedenfalls schlimm über mich losgezogen wurde. Bald hüllte sich das herrliche Bild in Wolken. Von der weiteren Aussicht auf die Tauern sowie in's Flachland hatte ich ohnehin nichts zu sehen bekommen. Erstere muss bedeutend sein, jedoch vom Hundstod übertroffen werden, da diesem im geraden Süden überhaupt kein Gipfel mehr, und im Südosten das Steinerne Meer mit seiner Randkette weniger hinderlich ist, als der Südlichen Watzmannspitze; letztere wird hinter der Flachlandsaussicht der Nördlichen Spitze zurückstehen, jedoch ebenfalls nach vielen Richtungen hin die bedeutendsten Weiten erreichen. München muss hart rechts neben dem Hochkaltergipfel sich zeigen.

Bald sass ich im dichten Grau, und wenn diese Art von Aussicht unerfreulich genug — im Sommer 1868 allerdings nicht ungewohnt — war, so gewährte es andererseits eine unterhaltende Abwechselung, das stellenweise Lichten des Wolkenschleiers zu beobachten, wie hier oder dort ein dunklerer Fleck sich zeigte und an dunkler Intensität immer zunahm, als zöge von dorther ein besonders schweres Gewölke heran, dann plötzlich aus dem zerrissenen Vorhang das Blau des See's oder ein Stück Steinernes Meer hervorschwankte. Im Uebrigen war ich auf die Betrachtung meiner näheren Umgebung angewiesen, und in dieser erregte vor Allem der Anblick der Watzmannscharte und des Kleinen Watzmann von der Kehrseite mein Interesse. Man sieht zu Berchtesgaden die Watzmanngruppe — Grosser und Kleiner Watzmann — als ein Aelternpaar an, und nennt die Zacken, die den oberen Rand der Firnmulde zwischen beiden (der sogenannten Watzmannscharte) umkränzen, die „Watzmannkinder"; ein Vergleich, der für die Ansicht, welche der Watzmann nach Berchtesgaden hin bietet, als ganz zutreffend erscheint, einige Enttäuschung aber hervorruft, wenn man die ganze Gesellschaft in der entgegengesetzten Richtung sich betrachtet. Dann, und noch mehr bei einer Ersteigung des Kleinen Watzmann selbst, wird man zu seinem Erstaunen gewahr, wie hübsch gross diese Kinderchen schon geworden sind, und wie der mittlere Zacken seiner Mutter „Klein-Watzmann" an Höhe nicht sehr viel nachgibt; er mag etwa 150′ unter dem Scheitel des letzteren liegen. Es ist ein schroffer, thurmartig steil fundamentirter Zahn. Ob er bereits erstiegen worden, ist mir nicht bekannt, man sagt es in Berchtesgaden, doch halte ich nicht viel auf derlei unbestimmte Erzählungen. Vielleicht findet sich einmal ein Liebhaber für ihn; Interesse bietet er für denjenigen, der auf den beiden Spitzen des Grossen und auf dem Kleinen Watzmann gewesen, wohl nicht. — Die übrigen Zacken, welche aus dem Firnrande der Watzmannscharte nur als unbedeutende Felshöcker hervortreten, stellen von ihrer Südseite sich als stattliche, bis tief in die Wände des Eisthals hinab ihre Körper getrennt haltende Obelisken dar; der Kleine Watzmann tritt als primus inter pares in ähnlicher Gestaltung an's östliche Ende dieser Kette, die aus dem Steilmassive des Gross-Watzmann ziemlich genau unter der Nördlichen Spitze desselben sich ablöst. —

Der Watzmann zählt mit zu den gruppenbeherrschenden Bergen unserer nördlichen Kalkalpen, deren höchster Scheitel in zwei rivalisirende Spitzen sich theilt: so die Zugspitze, so die Mädelegabel im Algäu. Die Vermessungsangaben entscheiden sich für einen Vorrang der Nördlichen Spitze um ca. 30′ und weisen der Südlichen Spitze die Höhe von 8398′ 2728 m. (Keil) zu. Leider hatte ich zur Zeit meiner Berchtesgadener Bergwanderungen den Klinometer noch nicht unter die Zahl meiner Ausrüstungsgegenstände aufgenommen. Das verlässige, durch die zahlreichsten Controlbeobachtungen erprobte Instrument, welches ich gegenwärtig besitze und welches u. A. auch die lange schwebende Streitfrage bezüglich der Zugspitzgipfel zu Gunsten des Zugspitzkreuzes entschieden hat, würde auch den Vorrang der einen oder andern Watzmannspitze leicht herausstellen. Für das blosse Augenmass ist das Ergebniss das gewohnte, dass nämlich jeweils der jenseitige, durch eine lufterfüllte Tiefe von dem eigenen Standpunkte getrennte Gipfel als der unzweifelhaft höhere erscheint. —

Gegen 2 Uhr Nachmittags begann ich die Hoffnung aufzugeben, dass lichterer Himmel mich noch begünstigen würde; ich wandte mich zum Rückzuge, einigermassen unbefriedigt über das Ergebniss meiner Partie, und doch wieder zufrieden, dachte ich an die misslungene Geschichte von gestern zurück. Keinen Führer brauchen — und keiner sein wollen, das ist und bleibt das Beste, und auch die Misslichkeit des Letzteren habe ich nachmals noch wiederholt erfahren. Mit der gewohnten unbesorgten Leichtigkeit, die das Gefühl, den Weg zu kennen, und schliesslich nur für seine eigenen Knochen verantwortlich zu sein, hervorruft, sprang ich den schartigen Gipfelgrat, die schütteren Felsstufen der Watzmannflanke hinunter. Von den letzten, hohen Terrassenabsätzen herabklimmend, berührte ich wieder den Saum des Schneefeldes, über welches in den Morgenstunden so langsam und ermüdend mein Weg mich heraufgeführt hatte. Sein harter Panzer war jetzt von den Sonnenstrahlen erweicht und trotz der starken, etwa 40° betragenden Neigung schien ein Abfahren immerhin zu wagen. Etwas problematisch mochte das Unternehmen immerhin erscheinen, wusste ich doch, dass ich mich nicht in gerader Linie über den gangbaren Gehängen befand, dass die Schneelehne vielmehr ziemlich nahe an jähe Abstürze auslaufe; indess ich dachte — oder vielmehr ich dachte nicht viel, lehnte mich in den Bergstock, drückte die Absätze in den Schnee und liess das Vehikel laufen. Der Firnstaub zischte mir unter den Füssen weg; die Nebelschleier flogen mir am Gesichte vorüber wie Eisenbahndampf am Waggonfenster. Aber die weiche Decke, in der ich dahinfuhr, liess mich die aufrechte Stellung bewahren, und nachdem die erste Steile sich verlaufen, fühlte ich mich auch bald im Stande, die Schnelligkeit der Fahrt nach Belieben zu temperiren und eventuell anzuhalten, sobald es nöthig wäre. Nun war es in der That eine genussreiche Schlittage; dünner und durchscheinender zog um mich herum der Wolkendunst, und aus den Nebelregionen schoss ich heraus in's Freie; zu meinen Füssen das grüne Schönfeld, tiefer in der Tiefe noch das Wimbachgries mit seinen düstern Gebüschinseln; und drüber der Dolomitkranz seiner Umrandung, dessen Zacken fühlbar über mich emporwachsen. — Felsklippen im Schneefeld — gebremst — halt! Zu Ende ist die Fahrt, die mich in ein paar Minuten Zeit um etwa 600′ der Thalsohle näher gebracht hat. Quer durch die Gerölle, auf denen kümmerliches Gras nun wieder spriesst, suche ich nach der Mündung des Kamins, der mich über die Wände des Kars zur Schönfeldalpe wieder hinuntergeleiten soll. Wie verändert zeigt sich seine ganze Umgebung! Die zackigen Riffe, die sein Ausgangsthor bezeichneten, sie sind verschwunden, über ihre schwach ausgeprägten Scheitel hinweg gleitet das Auge und wird der Spalte nicht gewahr, die ihre Körper trennt. Aber ich habe sicherere Wegzeiger, über die einförmige Fläche hin schweift der geübte Blick — und dort erspäht er das Steinhäufchen, das früh am Tage aufgerichtet worden — und zehn Schritte weiter ein zweites — drittes — und jetzt nehmen die Felsen ihre bekannten Gestaltungen wieder an, und gefunden ist der Pfad. —

Im Kamine zwängte ich mich und klomm an seinen Seitenwandungen hinab, noch etwas schwieriger, als ich heraufgekommen, aber mit unvergleichlich grösserem Sicherheitsgefühle; welche Zweifel hatten mich bewegt, als ich diese Kluft emporkletterte, deren feuchtes Dunkel eine verzagte Stimmung nur zu sehr begünstigte! Jetzt aber liegt Gewissheit vor mir, und einen Stein vom Haupte der zweiten Watzmannspitze trage ich in der Tasche. — Ohne irgendwelche Unregelmässigkeit erreichte ich denn auch das Schneefeld wieder, welches den untern Theil der Schlucht ausfüllt, verlegte mich, durch den ersten gelungenen Versuch keck gemacht, sogleich wieder aufs Abfahren und sauste zwischen den Felscoulissen hinunter, durch's enge Thor der nahe zusammenrückenden Mauerpfeiler und hinaus auf die Sandreissen des Schönfelds. —

An den Ruinen des Alpkasers vorüber, die begrünte Sinke hinab, den geschlängelten Pfad im zackigen Gewände verfolgend, betrat ich am späten Nachmittage den Geröllboden des Wimbachthales wieder; bei sinkender Sonne war ich am Wimbachschloss zurück, wo ich noch einen wohlverdienten Imbiss zu mir nahm. Auch der Watzmann blickte von seiner schimmernden Höhe wieder klar ins Thal herunter, — eine verspätete Gunst, für welche ich ihm wenig Dank wusste. Im Schatten hereinbrechender Dämmerung überschritt ich die Stege der Wimbachklamm, und zog nächtlicher Weile die Ramsauer Landstrasse dahin, Berchtesgaden entgegen. Ein „Fremdenführer", wie er mit Nachdruck sich nannte, gesellte sich zu mir und perorirte über den Watzmann, zumal über den Kleinen Watzmann, wie dieser so ganz und gar unersteiglich sei und schon mehrere Führer, bei dem Versuche, einen Steig hinauf zu finden, herabgestürzt wären. (Ein solch heroischer Barrikadensturm sähe dem Führervolke wirklich gleich!) Ich liess ihn eine Zeitlang schwätzen und versetzte ihn sodann mit der kühlen Bemerkung, ich sei bereits dreimal oben gewesen, in einige Verlegenheit.*) Um die zehnte Nachtstunde langte ich zu Hause wieder an; den theils angstbesorgten, theils neidischen Bedenken gegen meine führerlosen Bergwanderunngen, die vom ersten Nachmittagsspaziergange auf den Göllstein angefangen sich immer breiter gemacht und infolge der Palfenhornkatastrophe zum allgemeinen Verdammungsurtheil sich gesteigert hatten, vermochte ich bereits wieder ein gelungenes Resultat entgegen zu setzen. Und die vordem die Hintere Watzmannspitze erstiegen und Jahre lang von ihr erzählt hatten, sie waren dessen nicht froh, was ich von ihr erzählte. —

*) Es befindet sich übrigens auch ein trigonometrisches Signal auf dem Kleinen Watzmann. —

II. Die Schönfeldspitze auf dem Steinernen Meere.

(Hierzu Vertikal- und Horizontalprofil No. 2.)

Ist's wohl ein unbekannter, selten besuchter Gipfel, der diesen Namen trägt? ist seine Ersteigung verwehrt durch Hindernisse aussergewöhnlicher Art und den Besten unter den Alpenklimmern allein gestattet? — Unbekannt ist er gewiss nicht; die schlanke Spitzpyramide aus dem Rahmen des Königsseegebirges entfernt — und einen Hauptcharakterzug hätten die Berge Berchtesgadens in ihr verloren, fremd, mangelhaft, würde ihre Gruppe dem künftigen Besucher entgegenblicken. Die Mauerschranke des Königssees wäre ihres Hauptes, das Steinerne Meer seines Gipfels beraubt. Und sind deren so wenige, die diess schlanke Felsengerüste bis zur letzten Zinne hinauf erklettert, von seiner Höhe in den blauen Königssee zurückgeschaut haben, der an die Hügelwellen des Steinernen Meeres hinreicht, dort seine Ufergrenze zu finden scheint? Keineswegs selten wird man in Berchtesgaden von der Schönfeldspitze erzählen hören, gar manchen ihrer Besucher genannt erhalten. Aber eine gewisse Scheu ist es, die um ihren Gipfel sich webt, dunkle Sage geht von schweren Gefahren, die an ihr der Bergwanderer zu bestehen habe. In ängstlicher Spannung mag der Neuling, der selbst zu sehen sich entschlossen hat, vom schwerfälligen Kahne dem Südufer des Königssees, der Sagerecker Wand sich zutragen lassen; dort verschwindet die scharfgezeichnete Spitze hinter den breiten Vorstufen des Steinernen Meeres. Viele Stunden werden vergehen, bis er sie wieder erblickt; und in welcher Gestalt mag sie dann ihm entgegen treten? — Wer aber zurückgekehrt ist nach glücklich bestandener Prüfung, er besitzt in dem Namen „Schönfeldspitze" das Attest seiner hervorragenden Qualifikation als Bergsteiger, seine Stimme hat Geltung, wenn im Gesellschaftskreise Erzählungen aus den Bergen in der Runde gehen; und die Berchtesgadener sprechen gerne von ihren Bergen. Ob Diana, den Bergen verschwistert, eine gewisse üble Gewöhnung ihrer Verehrer auf jene Bergfreunde und ihre Erzählungen übertrage, darüber soll eine eingehendere Untersuchung hier nicht angestellt werden. Für die Schönfeldspitze, diesen Brennpunkt der Berchtesgadener Bergsage, thut vieldeutiges Schweigen mehr, als das unglaublich klingende Wort. Und desswegen will ich dem Leser sie beschreiben — eine Spitze hervorragend an Höhe wie an beherrschender Stellung — im Uebrigen wenig ausgezeichnet vor ihren Genossinnen.

Ins Mittelpinzgau, ins Urschlauerthal und auf die Weidegründe von Hinterthal und Berg-Dienten fällt der Gebirgsstock, dessen meilenbreiter öder Scheitel den Namen des Steinernen Meeres trägt, mit geschlossenen Mauern nieder. Wenige Zweiggrate lösen sich aus ihrem Massive heraus und meist nur in tieferer Zone; hier treten sie als langgestreckte Rücken in die Thalebene hinaus, Alpenthäler bergen sie zwischen ihren Gehängen, einzelne von diesen berühren die Gratkante, Uebergangspässe nach dem Berchtesgadener Lande eröffnend. Aus den Mauern heraus heben sich die Gipfel des Steinernen Meeres, gen Süden über seinem Steilabsturze thronend, freien Ausblick gewährend über die breite Zone grünen Mittelgebirges, welche die Kalkalpen von der begletscherten Taurenkette scheidet; gegen Norden stellen sie ihren Fuss auf die plattenhügelige Hochfläche, brechen entweder plötzlich auf dieselbe herab oder setzen als unbeträchtliche Bergrücken, als niedrige Terrainwellen auf ihr sich fort. Zwei grössere Gebirgsmassen, ohne Zusammenhang mit den Randgipfeln der Felsenwüste aus ihrer Mitte sich emporschwingend, stören das Einerlei ihrer Oede: der Funtenseetauren im Osten, dessen Zweiggrate gegen Osten und Südosten in's Gebiet der Röth und der Wildalm hinübergreifen, im Westen aber der Hundstod, aus einer durchbrochenen Kreisumwallung spitzer Hörner als isolirter Kegel aufsteigend, in seinem Baue beinahe an ein vulkanisches Gebilde erinnernd, — im Gebiete unserer nördlichen Kalkalpen freilich eine mehr als phantastische Vorstellung. Er vermittelt den Anschluss des Steinernen Meeres an die zerrissenen Dolomitkämme, welche den Hintergrund des Wimbachthales in unvergleichlicher Grossartigkeit umsäumen. — Dagegen reiht Gipfel sich an Gipfel auf dem West- und Südrande des Steinernen Meeres. Ein zerhackter Grat säumt im Südwesten das weite Hügelplateau, begleitet seinen Rand bis hinaus zum südwestlichsten Eckpunkte, wo das Breithorn als Eckpfeiler des gewaltigen Felsenbaues frei vortritt, herrschend über die Thäler des Zellersees, von Saalfelden und Leogang; seltsam nimmt sie sich aus, diese lange Reihe unbekannter

Hörner, sieht der Wanderer sie in weiter Ferne aus dem Meere von Stein sich erheben; schwärzliche Wandstufen an ihrem Fusse, an den Zacken ihrer Scheitel silbergraues Geplätt und Geschiebe, mit weissen Schneedächern untermischt, über ihre Flanken hingebreitet; unansehnlich mit Rücksicht auf ihre relative Höhe im Hochplateau, locken sie doch mächtig hinan zu ihren Gipfelzinnen, wohl lässt der blosse Augenschein beurtheilen, wie hoch sie stehen mögen über den grünenden Tiefen — und jenseits ihrer Kette liegt kein Steinernes Meer. — Anders im Osten: da ziehen nach dem Höhenrande des Gebirgsstockes erhabene Felsrücken hinan, tiefe und weite Thalungen, flachgerundete Plattenkare zwischen sich einschliessend, mit vorgestossenen Kegelhäuptern die Steilwände des Südens überschauend; Selbhorn, Brandhorn, Althaus stellen da einer Ueberwanderung der Hügelflächen in der Richtung auf die Uebergossene Alp als hohe Querriegel sich entgegen. Inmitten des Südrandes steht unsere Schönfeldspitze; ein kühner und dabei ungemein zierlich schlanker Gipfelbau, von welcher Seite immer sie betrachtet werden mag, aber wechselnd in ihren Gestaltungen mit dem Wechsel des Standpunktes ihres Beobachters; als fast regelmässige Pyramide erscheint sie ihm von Norden, so wie sie hinunter schaut auf den Königssee, hinaus nach Berchtesgaden und weithin ins Salzachland; ihre Grundmauern, steil, klüftig, schwarz und rothgelb gestreift, fussen in einem weiten, tief ausgehöhlten Kare des Steinernen Meeres; selten mag ein Sommer die Schneemassen dieses Felsenkellers aufzuzehren im Stande sein, bevor die weisse Decke von Neuem über ihn gebreitet wird. — Ein aufgekrümmter, nordwestlich vorgeneigter Kegel entwickelt sich aus dieser Pyramide, zieht der Bergwanderer östlich an ihr vorüber, der Buchauer Scharte zu, welche den Uebertritt über den Gebirgsrand gegen Süden ihm ermöglicht, auf gebahnten Steige ihn hinunter leitet zum Wallfahrtsorte Alm am Urschlauer Bache; unschwer wird ein berggeübtes Auge die Schwächen der sonst unnahbar erscheinenden Zinne von dieser Seite her erspähen, wird die Linie ihrer Ersteigung vorzuzeichnen im Stande sein. Und im Thale angelangt, welches die Bergstrasse von Hinterthal nach Saalfelden durchzieht, sieht er die Schönfeldspitze wieder als geradlinig gezeichnete Pyramide, nun aber entschieden vorgeneigt nach Westen, sanft von der Ostseite sich erhebend; kein Wunder, dass dem Pinzgauer ihre Ersteigbarkeit besser einleuchtet, als dem Berchtesgadener Alpenvolke. In den westlichen Strichen des

Steinernen Meeres, auf den Gipfeln der südwestlichen Randkette, auf dem Pfade zur Weissscharte, dem zweiten Uebergangspunkte der Gebirgskante, zeigt die Schönfeldspitze sich als gebogenes, dünnes Horn, thurmsteil, unvermittelt durch seitliche Ausstrahlung aus dem Grate hervorspringend; ein Riff im Meere, dessen Wellen in sanftem Schlage seinen Fuss umspülen; aber Täuschung ist das Schaukeln dieser Wogen; sie sind starr, unbeweglich, es sind Wellen von Stein.

Die Terrassenstufen des Steinernen Meeres, die Alphütten, welche ihre kümmerlichen Weideplätze bevölkern, dienen dem Bergwanderer zum Nachtquartiere, wenn er von Berchtesgaden, vom Königssee heraufgestiegen kam, und sein Trachten auf den Culminationspunkt des Steinernen Meeres gerichtet ist. Geradenwegs vom bewohnten Thalgrunde aus könnte man auch wohl von der Südseite, von Alm oder Saalfelden aus steigen, doch sind Fälle derart äusserst selten; der Tourist, der einmal den Pinzgau gewonnen hat, kehrt nicht gerne mehr zurück nach einer Zinne der Kalkalpen, die er im Rücken gelassen; ihn zieht es beflügelten Schrittes hinein nach Fusch oder Kaprun, in die Firnzone, zu Höhen empor, gegen welche ein Steinernes Meer in bescheidenen Hintergrund tritt. Wer dagegen an den Gipfeln des Felsengebirges seine Höhengrenze vor sich sieht, an ihren luftigen Spitzen das Ziel seiner Wanderung erblickt, das eine ferne, fremde Welt seinem Auge erschliessen soll, der steigt vom Ufer des Königssees empor, sei's vom Grünseebrunn längs des Schrainbachs, durch's enge Waldthal der Hachel und durch die Mauerspalte der Saugasse hinauf nach Oberlahner, oder geradenwegs den Zickzackpfad der Sagereckerwand zur Halsalpe empor. Noch einen Blick vom Höhenrande zurückgewendet auf die Tiefe des verlassenen engen Thales, erfüllt vom tiefen Blau des Seespiegels, das keinen Raum lässt zwischen sich und den Wänden des Gebirges für einen grünen Ufersaum. Dann gegen Süden zwischen buschigen Hügeln, über gerundete Wellenrücken, verzweigte Thälchen, flach eingesenkte Mulden, höher, und höher; verlorene Pfadspuren schlüpfen hier und dort zwischen den Legföhren hindurch; eine weite Einförmigkeit bietet dem Auge sich dar, wenn eine gewonnene Hügelhöhe die Umgebung in der Runde zu mustern gestattet; der Wanderer hält seinen Einzug in's Steinerne Meer, und rasch hinter ihm schliesst die Felsenwüste ihre Pforten.

Am Schwarzensee vorüber, der seinen schilfumkränzten Wasserspiegel im Dunkel der Bergtannen und Krummholzkiefern birgt, zum Scheitel des Bergrückens hinauf, welcher das Thal der Grünseeau gegen Norden begrenzt, leitet der Pfad dem Abschlusse der ersten, tiefst gelegenen Terrassenstufe des Steinernen Meeres zu*). Ein grosser Alpenkaser steht vereinsamt im Grunde eines schmalen Wiesenthals, das westwärts sich senkt, mit düster-grünem Hügelrahmen den Grünsee umfängt. Ein hoher, massiver Bergwall legt gegen Süden dem Ausblicke sich vor, ein Theil seines Fusses taucht in den Wasserspiegel des Grünsees, von ihm entlehnt er seinen Namen Grünseetauren; im Osten schliesst er ans mächtige Bergmassiv des Funtenseetauren, das mit der Stuhlwand schroff und kahl zu seiner Scheitelhöhe sich aufschwingt. In Felsen ausgehauen erklimmt ein enger Zickzackpfad den Kamm des Grünseetauren, eine breite, steinhügelige Wiesenfläche, von Schutthalden umgränzt, die an die Strebepfeiler der Stuhlwand sich lehnen; zwei niedrige, aus einiger Entfernung kaum bemerkbare Alphütten haben auf dieser Höhe (das Feld, 5674′ 1843 m. Keil) sich angesiedelt, um für wenige Wochen im Jahre die kärgliche Weide zu benutzen. In dämmernder Tiefe liegt vor dem Wanderer der Funtensee**); ein breiter Kranz von Alpenmatten umsäumt sein seichtes Gewässer, nur der Grünseetauren streckt einige Felsschrofen bis an sein Ufer vor, aus ihrem Innern schallt dumpfes Rauschen, zweifellos ein unterirdischer Abfluss des Sees, vielleicht zum Grünsee, vielleicht wohl auch geradenwegs zum Königssee hinunter. Der Volksglaube aber hält's für eine Werkstätte des Höllenfürsten, der sich dort Gold auspräge zum Seelenkauf. Zahllos wie der Sand am Meere möchte man die Alphütten nennen, die den Funtensee umlagern; wohl sind ihrer nicht mehr als acht, aber im Verhältniss zur nahrungbietenden Fläche muss eben diese Zahl als eine übertrieben grosse, für Denjenigen, der Alpenwirthschaft anderwärts kennen gelernt hat, geradezu unglaubliche bezeichnet werden; niedlich sieht das Gewimmel sich an, blickt man von der Höhe des „Felds", oder vom Haupte des Viehkogl herunter auf den Funtensee, ein trauriges Bild aber ist es dem Kenner wirthschaftlicher Zustände eines Alpenvolkes. Faktische Unzulänglichkeit des von der Natur und von den socialen Besitzverhältnissen gebotenen

*) Von der Salletalpe am Königssee (1872′ 608 m. Keil) zur Sagereckalpe (4094′ 1330 m. Keil) 1 starke St., von da zur Halsalpe (4839′ 1572 m. Keil) 3/4 St. — 1/2 St. nach dem Schwarzensee, weitere 3/4 St. nach dem Grünseekaser; der Grünsee selbst liegt ziemlich weit gegen NW. ab und auch bedeutend tiefer (4227′ 1373 m. Keil) als die Alpe.

**) 4922′ 1599 m. Keil; vom Grünseekaser aus wird das Feld in 3/4 St. erstiegen, von dort erreicht man in 20 Minuten den Funtensee.

Nährkapitales — träges Unbenütztlassen des wenigen Gebotenen reichen hier sich brüderlich die Hand. Blicke man herab von irgend welchem Berggipfel in's Ländchen Berchtesgaden, vom Felsenrahmen des Hochgebirges ohnedies enge genug umgrenzt, ein wolliges Kleid tiefgrüner Farbe deckt alles pflanzennährende Gebiet, schmaleckige Stückchen lichten Wiesengrüns sind daraus geschnitten, und wo ein solches Stückchen nur sich blicken lässt, drängen sich der Häuschen ein viertel oder halbes Dutzend aufeinander; fast vor dem Hofthore wieder zieht der Staat seine Forstgrenze. — Andererseits der Funtensee: Auf diesem Alpengrunde könnte das Vieh einer ganzen Gemeinde gesömmert werden und dieser Gemeinde ein jährliches Einkommen abwerfen, das schwer wiegen würde in der Bilanz ihres Haushaltes. Statt dessen nisten acht Einzelwirthschaften um den Funtensee herum; die Produkte der Alpwirthschaft, soweit sie überhaupt als solche in Betracht kommen — denn die Käserei ist dort kaum als wirkliche Produktion anzusehen — werden auf der Alpe selbst verzehrt, von ihren Inwohnern oder ihrer Freundschaft, die an gelegentlichen Besuchen es nicht mangeln lässt. Für Verwendung des schweren Geldes, das für eine Schüssel Milch oder ein Pfännchen Schmarrn dem Touristen abgenommen wird, ist ebenfalls bestens gesorgt durch eine Branntweinhütte, deren Enzianausrottungsgeschäft wohl die grösste Rentabilität der landwirthschaftlichen Thätigkeit am Funtensee aufweisen mag. Hier wäre ein Feld für die Thätigkeit landwirthschaftlicher Vereine — so mag gesagt werden; ich denke aber, dass es den Kulturbestrebungen der ganzen Welt nicht gelingen dürfte, aus dem Pinzgauer einen Algäuer herauszumodeln, und dass pinzgauerische Stupidität und pinzgauerisches Elend auch auf ferne Jahrhunderte hinaus das Wahrzeichen des Berchtesgadener Ländchens bleiben wird.

Einer breiten Steinkatarakte gleich fallen die gerundeten Terrassenstufen vom Rande des höchstgelegenen Steinernen Meer-Plateaus herab zur Thaltiefe des Funtensee's, die gegen Westen über die Schönbichelalpen und das Rothwasser am Südfusse des Hundstod sich fortsetzt und mit der Hochfläche selbst, in welche sie eingeschnitten ist, am Rande des oberen Diessbachthales ihr Ende erreicht. Die Umwallung des Funtensees erscheint gewissermaassen als der Knotenpunkt der Gebirgserhebungen, die inmitten des Steinernen Meeres auftreten; von hier aus steigt der mächtige Rücken des Funtenseetauren auf, seine ziegelroth gefleckten Kämme verzweigend gegen Osten in's Gebiet der Wildalm, gegen Süden in scharfem Grate zum Ledererkopf, und als ausgeprägte Terrainwelle im Hügelplateau bis an den Fuss der Schönfeldspitze, auf dem Südrande des Steinernen Meeres; getrennt von seinem Massive krümmt das Schottmalhorn seinen Felsenrücken von Südosten gegen Nordwesten herab und weist dem Funtensee seine Scharfseite in Gestalt eines schlanken Obelisken; im Süden tritt aus der Hügelfläche der breite Höcker des Viehkogl heraus, seine schroffpyramidale Nordostflanke gesellt sich dem Schottmalhorn und Funtenseetauren bei, den letzten Wohnplatz des Steinernen Meeres mit einem Kranze grossartiger Berggestalten zu umgeben; im Westen reiht würdig der Hundstod sich an, welcher als spitzes Dreieck durch die Thalöffnung hereinblickt. Schottmalhorn und Viehkogl drängen ihre Massive nahe aneinander, bezeichnen das Eingangsthor zur Hochgebirgszone.

Steil windet vom Funtensee der Steig sich aufwärts gegen Süden, anfänglich noch längs des Stuhlgrabens, der vom Schottmalhorn herunterkommt, dann von ihm abgewendet Stufe um Stufe empor zum Hügelwalle, welcher Schottmalhorn und Viehkogl mit einander verbindet. Bald lässt der Wanderer den letzten Baumwuchs hinter sich zurück; noch decken starke Krüppelföhren die Steinwellen, aber bleicher zeigen diese sich in naher Höhe, welche auch den äussersten Vorposten des Bergwaldes die Bedingungen der Existenz versagt. Das Rauschen der Bäche verstummt, ein letzter Blick fällt auf den Funtensee zurück, den bald der Felskörper des Viehkogl verdeckt. Stark gehobene Terrassenabsätze folgen rasch aufeinander; der kahlgewaschene Boden zeigt seine klüftigen, blanken Steinplatten, ihr hohler Klang begleitet den Tritt. Der Viehkogl bleibt allmählig zurück, sein flachgerundeter Rücken hebt sich schwachbegrünt aus der wogenden Fläche heraus als weithin sichtbarer Meilenzeiger. Wechselnd und doch einförmig verschieben zur Seite sich die Hügel, tauchen neue Wellenkämme im hohen Süden auf. Eine Stunde Marsches vom Funtensee herauf ist verflossen; da steigt über den getheilten Hügeldämmen, am Ufersaume des Meeres von Stein, in wohlbekannter Gestalt die Schönfeldspitze wieder empor.

Sie hat auf's genaueste sich die Form bewahrt, in welcher sie auf dem Königssee hinter dem Höhenrande der Sagerecker Wand versank: ein Pyramidenbau von schöner Regelmässigkeit, gegen seine Spitze hin etwas schlanker aufgeschwungen, als an seiner Basis. Beträchtlich ist ihr Grössenzuwachs, erinnert der Bergwanderer sich an ihre Erscheinung im Berchtesgadener Thale und auf dem Königssee; aber den Eindruck wirklicher Grösse vermag sie nicht zu erwecken; dazu ist ihre relative Erhebung zu gering, die Entfernung, in welcher sie sich zeigt, auch in der bereits gewonnenen Höhe noch zu bedeutend; und, was am schwersten in's Gewicht fällt, ihre Umgebung trägt einen nicht minder hochalpinen Charakter, als ihre Zinne; in weitem Umkreise um ihren Fuss schon ist die Vegetation, spärliche Grasbüschelchen ausgenommen, erstorben, und eben der Kontrast zwischen lebendigem Grün und starrem Gestein ist es, welcher das kühne Emporragen eines Felsengipfels erst in ein wirksames Licht zu setzen vermag. Das Wiedererscheinen der Schönfeldspitze ist dem Wanderer auf dem Steinernen Meere zugleich ein wichtiger Wegzeiger. Sie selbst winkt ihn zu sich heran, sei es, dass ihr Haupt das Ziel seiner Reise bilde, oder, dass er auf kürzester Linie Thalboden und Menschenwohnung zu erreichen strebe. Manch' kleine Karawane zieht des Sommers von Berchtesgaden oder Salzburg hinüber, wallfahrend über die Bergwüste; die Sennen und Senninnen auf den Alpen des Steinernen Meeres lassen nicht gerne den Alpensommer vorübergehen, ohne das wunderthätige Bild' in Alm zu besuchen; gibt sich dabei ja doch auch allerlei Gelegenheit zu gesellschaftlicher Unterhaltung und Kurzweil in den Dorfschenken des Pinzgau. Wer aber Saalfelden und den Zellersee zum Reiseziele sich gewählt hat, dem bedeutet das Auftauchen der Schönfeldspitze, dass er fortan in südwestlicher Richtung, nach der Weissscharte am Fusse des Breithorns, seinen Pfad zu suchen habe. Von gebahntem Steige ist weder auf der einen noch auf der anderen Weglinie irgend die Rede, kleine Steinhäufchen, aus Plattenscherben künstlich zusammengelegt, weisen von Strecke zu Strecke den Pfad; manch' neues Wahrzeichen legt jeder, der diese Wege geht, an Punkten auf, wo ihm ein solches erforderlich erscheint, und so hat sich mit der Zeit auf den Hauptwegen, welche das Steinerne Meer durchkreuzen, eine förmlich vorgezeichnete Marschroute ausgebildet; bei gehöriger Aufmerksamkeit auf diese sogenannten „Dauben" wäre das Durchkreuzen der stundenweiten, einförmigen Wellenfläche sogar bei Nebel und Unwetter möglich; doch läge alsdann die Gefahr nicht allzuferne, dass man auf ebenfalls mit Dauben bezeichnete Seitenwege geriethe, und der einmal verlassene Pfad unwiederbringlich verloren wäre. Auch die Einheimischen gehen nicht gerne bei drohendem Witterungswechsel in's Steinerne Meer.

Langsam nur rückt der Wanderer, der zahllose Hügelwellen zu übersteigen, ebenso viele Mulden zu kreuzen oder im Bogen zu umgehen hat, dem Südrande des grossen Hochplateaus näher; häufig begegnet er auf seinem Wege Heerden halbverwilderter Schafe, die im Frühsommer von den Pinzgauern aufgetrieben, die ganze, warme Jahreszeit hindurch ohne weitere Pflege und Aufsicht gelassen werden, höchstens, dass ein oder das andere Mal der Hirte auf dem Steinernen Meere umherwandelt, die verschiedenen Schafheerden an sich heranlockt, und, erkennt er an dem Röthelzeichen die seinigen, mit Salz sie „letzt“. Dafür ist der Sinn dieser Thiere für eine ihnen seltene menschliche Erscheinung auch ausserordentlich geschärft, aus weiter Ferne schon begrüsst ihr widriges Blöcken den Ankömmling auf den einsamen Felsenhöhen, und truppweise kommen sie an ihn herangaloppirt; er mag dann zusehen, wie er der zudringlichen Gesellschaft sich wieder entledigt. Ohne die Anwendung von Gewaltmassregeln wird dies ihm schwerlich gelingen. — Tief ausgehöhlte Mulden und Kesselthäler, Schneemassen in den Karen und in den geschützten Furchen der Hügelkämme bezeichnen die Nähe des kulminirenden Plateaurandes; im Osten sperrt ein ein hoher, breitgerundeter Felsscheitel den Ausblick, es ist dies der letzte Ausläufer der Funtensee-Tauren-Gruppe, welcher seinem Charakter nach der Hügelfläche, die er durchstreicht, völlig ähnlich geworden, durch eine bedeutendere Erhebung gleichwol in derselben sich ausspricht; gegen den Südrand hin gestaltet er sich wieder zur kurzen Felskette, die einen wenig beträchtlichen Eckgipfel auf der Kante bildet; der weit höhere, östlich zurückliegende Selbhornkamm, wird durch diese Zwischenerhebung verdeckt und zeigt sich über derselben erst bei Beginn des Aufsteigens zur Schönfeldspitze.

Stark zwei Stunden nach Verlassen des Funtensees wird über die letzten Hügel, über breit hingelagerte Schuttfelder weg das schmale Thor der Buchauer Scharte erreicht (7028′ 2283 m. Keil); über dem zackigen Felsenrande blinken silberhell die Taurengipfel auf, und unmittelbar nachfolgend erquickt weithin eine saftiggrüne Welt das Auge, ermüdet vom Schauen auf Stein und Schnee. Zu Füssen liegt die bevölkerte Thalebene der Urschlau, hier ihrer Ausmündung ins Saalachthal nahe und den Ausblick auf die Gegend von Saalfelden gestattend; jenseits wieder Berge, aber weichgeformt, mit Waldungen und üppigen Alpenmatten überkleidet; sie umkränzen den freundlichen Zellersee, sie scheiden die Umgebung Saalfeldens von der traurigen Sumpföde des Salzachthales. So anmuthig frisch sehen diese Höhen sich an, im Vergleiche mit den starren Felszinnen des Steinernen

Meeres, man möchte in ihnen den lebensfrohen Jüngling erblicken gegenüber dem altersgrauen Greise mit sorgengefurchter Stirn. Ihr wahrer Taufschein aber belehrt uns eines ganz Anderen: ungezählte Jahresmillionen liegen zwischen dem Entstehen jenes Hügellandes aus den Thonschieferniederschlägen seines silurischen Meeres und der Zeit, da unser Steinernes Meer noch wahres Meer gewesen, auf seinem Grunde die Plattschichten übereinanderhäufte, die jetzt der Fuss des Bergsteigers überschreitet. Und blicken wir jetzt zurück auf's Taurengebirge des Steinernen Meeres: da steht es gross vor unsern Augen, aus dem silbergrauen Plattenfels des Hochplateaus emporgetrieben und von ziegelrothen Gesteinsschichten wie mit einem zerfetzten Kleide behangen; der Mantel, den ein jüngeres Zeitalter (Lias) hier über den Dachsteinkalk gebreitet, vermochte nur in Trümmern der Nachwelt sich zu erhalten. — Drüben aber, über den Bergen des Zellersees, lagern sich breit hin die Ausläufer der Centralalpen, dort baut im tiefinnersten Grunde des Fuscherthals das Chloritschiefermassiv des Grossglockner sich zusammen und erinnert uns an eine Zeit, die weit noch hinter jener zurückliegt, aus welcher die Spuren des ersten Lebens auf der Erde in seltsam geformten Gesteinsabdrücken unserer Kenntniss überliefert sind; eine Zeit, in welcher das Meer, aus welchem unsere Berge nachmals emporstiegen, noch an den Saum des centralen Alpenlandes grenzte, und seine jenseitige Schranke erst am Schwarzwald, an den Gebirgen Mitteldeutschlands und Westböhmens fand.

Doch zurück zu unserer Schönfeldspitze; sie hat, allmählig auf unsere rechte Seite getreten, zugleich ihre Gestalt wesentlich verändert; steil, doch nicht übermässig schroff, krümmt von Südosten her ihr Rücken sich auf, die Möglichkeit, ja beinahe Leichtigkeit einer Ersteigung von dieser Seite her steht ausser Frage. Doch stösst das Massiv der Spitze nicht unmittelbar an die Buchauer Scharte; es schiebt zwischen beide noch ein Mittelglied sich ein in Gestalt eines niedrigen, flachgewölbten, ziemlich schartigen Felsrückens; die Mauern seines Fundamentes stellen sich schroff in die äussersten Kare des Steinernen Meeres, weit steiler, zerklüfteter und tiefer noch stürzt seine Südflanke ab auf das schuttbedeckte, theilweise wieder mit Vegetation überzogene Gehänge, welches allmählig zur Thalschlucht des Krallerwinklerbaches sich zusammenschnürt. In beträchtlicher Tiefe erst wäre eine völlige Ueberquerung dieser starkgeneigten Abdachung bis an den Fuss der Schönfeldspitze möglich, welche ihrerseits wieder in dieser tieferen Zone mit Steilwänden auf der Gebirgsflanke aufsetzt. Es erscheint daher in jeder Beziehung als gerathen, die möglichst grösste Höhe inne zu halten und so lange, als dies überhaupt ausführbar ist, die Gratschneide selbst zu verfolgen. Der plattige Hügelabfall westlich der Buchauer Scharte ist rasch erstiegen, der Grat selbst, obwol schmal, und stellenweise durchrissen, ohne bedeutendes Hinderniss zu verfolgen; näher und näher rückt die Schönfeldspitze an den Bergwanderer heran, gewaltig schwingen ihre Strebepfeiler aus den Gratmauern sich empor, nahe an die kahlen, schroffen Felsen aber grenzen die gangbaren Plätze, die geneigte Stufenleiter der südöstlichen Kante. Schon glaubt er mit wenigen Schritten auf jenes einladende Terrain übertreten zu können, da plötzlich reisst vor ihm der verbindende Grat, eine scharfe Schneide schiesst jäh hinab zu enger, ummauerter Scharte; das wilde Gezacke, mit welchem aus ihr die Schönfeldspitze sich erhebt, verspricht wenig Erfolg auch für den Fall, dass der Abstieg in die Scharte erzwungen würde. Es ist nicht zu läugnen, dass diese plötzliche Unterbrechung des Weges, der scheinbar so sicher vor Augen gelegen, einigermassen überraschend wirkt, die Aussichten, welche für die Fortsetzung der Schönfeldspitzersteigung sich eröffnen, einige Entmuthigung hervorzurufen vermögen. Doch fehlen solche Momente kaum bei irgend welcher grösseren Bergfahrt und nicht zu den geringsten Reizen einer solchen zählt es eben, diese Momente zu überwinden; die anscheinend unmögliche Aufgabe sich vorurtheilsfrei zu besehen und auf eine, oft unvermuthet leichte Art, zu lösen. Er liegt übrigens an der Schönfeldspitze die Lösung klar genug vor Augen; eine abgestufte, mit etwas Gerölle ausgefüllte Kluft zieht sich vom Grate gegen Süden hinunter, und im jähen Plattenhange, der an die Mauern des Grates einige Klafter tief unter der Scharte sich anfügt, laufen mehrere ununterbrochene Bänder quer hinüber nach der Südostflanke des Gipfels. Schmal allerdings sind diese Bänder, nahe genug dem Tritt, der auf ihnen eben vollen Raum findet, der Absturz nach der Tiefe. Aber bei völlig sicherem Boden, bei einem Neigungswinkel des Felsgehänges, welcher, ohne das Gleichgewicht des Körpers im Mindesten zu stören, der Hand in bequemster Weise ihre Anhaltspunkte bietet, wird ein einigermassen geübter Bergsteiger, der nur der unerlässlichen Anforderung völliger Schwindelfreiheit genügt, kopfschüttelnd sich an die Schauerdinge erinnern, die er zu Berchtesgaden von der

Schönfeldspitze vernommen, die Scheu, mit welcher er selbst noch, bevor er mit eigenen Augen gesehen, diese schlanke Pyramide betrachtet haben mochte. — Und mit acht bis zehn vorsichtigen Schritten ist Alles geschehen; dann geht's geradlinig hinan das stufige Geschröf, mit halbverdorrten Grasschöpfchen bewachsen, verwittertes Geröll, und zuletzt ein gerundeter, ziemlich geräumiger Trümmerscheitel, auf ihm ein trigonometrisches Signal. Das ist die Schönfeldspitze, der höchste Gipfel des Steinernen Meeres (8160′ 2651 m. Keil.). Vergleichen wir mit dieser Höhe jene der Buchauer Scharte, so ergibt sich für den Gipfelkörper, wie er sich auf der Gebirgskante erhebt, eine Höhe von 1140′ 370 m. Sein Scheitel senkt sich mässig gegen Südosten und Osten, bricht dagegen vom Rande weg in senkrechter Wand gegen Süden und Westen hinunter; nordwärts setzt er als Grat sich fort und bildet zwei scharfzackige Nebengipfel; Steinpyramiden, auf ihnen errichtet, locken auch auf jene vorgeschobenen Zinnen hinüber. Ein kurzer Abstieg an der Ostseite des Gipfels gestattet die Durchkreuzung der Runse, die von der Einschartung unter dem Hauptgipfel sich hinabzieht; unterhaltlich ist das Umherklettern auf den überstürzten Felsklötzen, den zerborstenen Schrofen des Gipfelgrates, doch wird die Erwartung, von seinen äussersten Posten einen noch freieren Ueberblick des Steinernen Meeres zu gewinnen, getäuscht. Der Körper der Schönfeldspitze senkt vielmehr auch nach dieser Seite hin ganz allmählig sich ab, erst tief unten an seinem Fusse folgen Steilabstürze auf die gangbaren Schrofenhänge. Unnahbar aber wäre die Schönfeldspitze von jener Seite eben nicht; und aus späteren Jahren als die meiner Berchtesgadener Bergwanderungen sind mir auch in der That einzelne auf diese Weise ausgeführte Ersteigungen der Schönfeldspitze bekannt.

In wenig mehr als drei Stunden wird von den Alpen am Funtensee aus die Schönfeldspitze erstiegen; eine einzige Stunde genügt, von der Buchauer Scharte aus ihren Gipfel zu gewinnen; ihre hervorragende Stellung im Steinernen Meere, die reiche Aussicht, welche sie ihrem Besucher eröffnet und die verhältnissmässig in der That geringe Schwierigkeit, welche mit ihrer Ersteigung verbunden ist, — das wären Momente, wohl geeignet, dieser Spitze die Alpenwanderer, namentlich solche ferner Gegenden, in grösserer Zahl zuzuführen, als dies bis in die jüngste Zeit geschehen; wird von ihnen doch die Reise in die Tauren gern mit einer kurzen Tour durch das Berchtesgadener Ländchen eingeleitet, und nicht selten nehmen sie sogar ihre Austrittsroute aus demselben gerade über das Steinerne Meer. Ein etwas früherer Aufbruch vom Funtensee, ein Abstecher von der Buchauer Scharte weg, einschlüssig der Rast auf dem Gipfel eine Verlängerung des Tagemarsches von etwa drei Stunden verursachend, würde sie von der Kalkgebirgsgruppe Berchtesgadens auf deren dritthöchstem Gipfel Abschied nehmen lassen und zugleich die Ziele ihrer Weiterreise in dem umfassendsten Panorama vor ihren Augen entrollen. Häufiger jedoch, als der Weg über die Buchauer Scharte, wird von den Bergwanderern jener über die Weisscharte (Ramseiten Scharte, 6745′ 2191 m. Keil) eingeschlagen, welcher in geradester Linie sie nach Saalfelden und an den Zellersee hinunter führt. Er lässt die Schönfeldspitze weit im Osten liegen; unter den gelben senkrechten Wänden des Sommerstein (eines kleinen, schiefen Kegels auf dem Südrande des Steinernen Meeres) sich hinabwindend, beginnt er den Abstieg nach den Fluren des Pinzgau. Ihm zur Rechten steht ein breit viereckiger Felsgipfel, niedriger zwar als die Schönfeldspitze, und an kühner Gestaltung mit ihr in keiner Weise vergleichbar, aber aussichtreich wie kein zweiter auf dem Grenzwalle der Berchtesgadener Alpen; auf breitem, flachen Schuttgehänge so leicht ersteigbar, so bald erreicht, wie irgend welcher aussichtreiche Hügelberg im flachen Lande: aber unbesucht und unbekannt, weil sein Name eines Klanges in der alpinen Welt entbehrt. Es ist das Breithorn (7760′ 2521 m. Keil), der Eckthurm des Steinernen Meeres*). Die ganze Thalebene des Mittelpinzgau, vom Zellersee über Saalfelden bis gegen Weissbach liegt hier dem Blicke offen, tief dringt das Auge durch's Leogangthal in die Kitzbichler Alpengruppe und hinein in's Innerste der Loferer Steinberge. Gegen Osten aber dehnt die wogende Felswüste des Steinernen Meeres sich hin, so ausgebreitet, wie sie vielleicht von keinem anderen Culminationspunkte aus gesehen im Rundbilde ihren Platz einnimmt. Ueber den Parallelrücken des Selbhorn, Brandhorn und Marterl erhebt die Uebergossene Alp ihren silberglänzenden Scheitel. In beiden Beziehungen vermag die Aussicht der Schönfeldspitze mit jenem Panorama nicht in Concurrenz zu treten; ihre Zinne überblickt zwar die Berge in der Umrandung des Zellersees, doch bleibt dieser selbst ihr verborgen und von dem Städtchen Saalfelden ist eines in die Thalsohle vorgeschobenen Höhen-

*) Näheres über das Breithorn und die südwestliche Randkette des Steinernen Meeres siehe Zeitschrift des D. A.-V., I. Bd., 3. H., S. 335 ff.

zuges wegen nur das abseits gelegene Schloss Farnach sichtbar. Nicht minder ist durch die hohen Bergkämme im östlichen Theile des Steinernen Meers, wenngleich diese von der Schönfeldspitze an Höhe überboten werden, ihrer nahegerückten Stellung wegen der Ausblick in erheblicherem Grade beschränkt, als auf dem Breithorn dies der Fall ist. Ersatz hierfür und einen theilweisen Vorzug der Aussicht auf der Schönfeldspitze bietet das nordwärts sich öffnende Thal des Königssees, von Berchtesgaden, und sein Aufschluss gegen das flache Land: da liegt, vom Watzmann und von den Vor-Terrassen des Kahlersbergs und Fagsteins eingerahmt, der blaue Königssee in dämmernder Tiefe, die Schüsse, welche zum Vergnügen der bunten, auf seinem Spiegel sich tummelnden Welt von den Schiffern abgefeuert werden, rollen ihr Echo über das Steinerne Meer herauf, und brechen ihren letzten, schwachen Schall an den starren Zacken seiner Umwallung. Weit hinaus durch's grüne Thal schlingt die Ache ihr Silberband, an sonniger Bergstufe ihres Ufers liegt die gedrängte Häusermasse Berchtesgadens, drüber erhebt der Untersberg sein breiteckiges, sagenumkränztes Haupt: weiter noch, wo die letzten Höhenzüge sich verlaufen, kommt die weisse Wasserstrasse der Salzach, deren Ursprungsgletscher im fernen Süden glänzen, aus ihrem Bergthale herausgezogen und verschwimmt im Nebeldufte mit den Landstrichen, die sie durcheilt; eine klare Atmosphäre aber mag wohl noch den Donaustrand und die dunkeln Wellenlinien des Böhmerwaldes erkennen lassen.

Ein schöner, kühner, hoher Felsengipfel ist sie, diese Schönfeldspitze, werth von vielen, werth von jedem Alpenfreunde besucht zu werden, der auf den Höhen des Berchtesgadener Ländchens umherwandert; ihr Ruf als Prüfstein eines Bergsteigers aber ist ungerechtfertigt. Ich kann in dieser Beziehung an die Schönfeldspitze nur die Erinnerung einer lebhaften Enttäuschung knüpfen. Noch immer etwas Neuling, noch immer nicht ungläubig genug in den Bergen, — obgleich ich bereits einige Erfolge zu verzeichnen gehabt hatte — stieg ich eines schönen Juli Nachmittags *) zum Funtensee hinauf und schätzte mich glücklich, auf der Passhöhe „Am Feld" einen Pinzgauer Schafhirten zu treffen, der nach meinem Ziele mich führen zu wollen sich bereit erklärte; denn ohne Führer an der Schönfeldspitze meine Sporen verdienen zu wollen, das kam mir damals doch noch nicht in den Sinn. Und wir wan-

*) Am 17. Juli 1868.

derten anderen Morgens über das Steinerne Meer und stiegen hinauf zur Zinne, nach welcher ich verlangt, und mein Führer war des Lobes voll, über den „Herrn“, mit welchem er sich so leicht gethan, wie nie zuvor auf der Schönfeldspitze; ich aber war unzufrieden in dem Gedanken: das hätte ich allein auch gekonnt! — Und die Schönfeldspitze trug das Ihrige, und in gewichtigem Masse das Ihrige dazu bei, die Selbstständigkeit des Bergsteigers in mir zur Reife zu bringen. Lass doch die Welt reden von ihren Bergspitzen, und am Biertische sie ausmalen, als könne die Mauerschwalbe kaum auf ihre Scheitel sich hinaufschwingen! Lass sie doch faseln von der unerfindlichen Verborgenheit der Pfade, als wären sie in Hieroglyphen auf den Stein geschrieben, die nur der Führer zu lesen verstünde. Geh doch erst hin, selbst zu sehen und urtheile nach dem, was der eigene Augenschein dir sagt! Wage doch zu suchen und siehe zu, ob du dann nicht finden werdest! — Und ich habe viel gesucht in späteren Tagen; und viel habe ich gefunden.

III. Die Göllkette.

(Hierzu Vertikal- und Horizontalprofil No. 3.)

Ungewohnt mag es dem Ohre klingen, wenn der vielgenannte Name des Hohen Göll, dessen Träger als Musterbild eines in sich abgeschlossenen Gebirgsstockes den zu Berchtesgaden anlangenden Reisenden begrüsst, — als breitschulteriger Grenzwall des Ramsauerthales sein kahles, dem Wiederscheine der Abendgluth so günstig gelegenes Haupt im blauen Hintersee abspiegelt, mit der Benennung „Kette“ in Verbindung gebracht wird. Betrachtet man aber vom Salzachufer aus das Göllgebirge in seiner wahren Ausdehnung und Erstreckung: ist es nicht eine lange Kette, welche dann vor dem Blicke sich entrollt, gipfelschroff und zackenreich, wie der zerrissensten eine im Gebiete unserer Nördlichen Kalkalpen, eine Kette, welche den Hohen Göll Berchtesgadens lediglich als den Abschluss eines weitreichenden Hochgebirgskammes erscheinen lässt, der unbekannt und unbenannt nichts desto weniger in selbstbewusster Hoheit weithin die Lande überschaut? Fremdartig klingt dem Leser wol der Ausdruck Göllkette; ein fremdes Bergland auch ist es, in welches meine Göllfahrt seine Gedanken führt.

Tiefdunkle, sternenhelle Nacht sah mich am 26. Juli 1868 Morgens um $^1/_2$3 Uhr die Hauptstrasse Berchtesgadens dahinziehen und die steinernen Stufen zur Saline hinabsteigen; bis zu später Nachtstunde hatte ein fröhlicher Kreis mich festgehalten, der sternenklare Himmel hatte den Gedanken in mir geweckt, den morgigen Tag auf dem Göll zu verbringen; und dem Entschlusse folgte die Ausführung nach wenigen Stunden der Ruhe. Zu häufig schon hatten meine Schritte, auf neue Abenteuer ausgehend, mich die Pfade am Westgehänge des Königsseegebirges hinangetragen, als dass ich nicht in nächtlichem Dunkel auch meine Bahn dort hinauf unbeirrt hätte verfolgen können; über die thaunassen Wiesen, durch die Gehölze und tiefen Gräben, an den zerstreuten, kleinen Berglehen vorüber wanderte ich der Höhe zu, die frische Morgenluft begünstigte einen raschen Vormarsch; grau liegt zu meinen Füssen das Thal, verschwommen seine düsteren

Umrisse; mächtigen Inseln gleich steigen aus der dämmernden Tiefe die stolzen Bauten des Watzmann, Hochkalter, der Reitalm empor; ihre felsenkahlen Häupter beginnen bereits im Halblichte des nahenden Morgens zu erbleichen, während am dunklen Himmelsblau des Westens noch hell die Sterne funkeln. Eine starke Stunde bereits bin ich unterwegs, das erste Tausend Fuss liegt hinter mir; tiefes Walddunkel umfängt mich, ich lenke in den Graben des Alpelbaches ein und verlasse hier den breiten, zum Vorderbrandlehen hinaufführenden Weg; ich bin an den Eingang des Alpelthals getreten, dessen Senkung mich hinauf zum Göll geleiten soll.

Einen schmalen, holperigen, in der Finsterniss kaum ausfindbaren Steig verfolgte ich längs des rauschenden Baches hinauf, allmählig begann es zu dämmern, und etwas Tageslicht wurde nun auch höchst nothwendig, da die enge Schlucht allmählig sich weitete und der Pfad in ihr zuweilen gänzlich verschwand; eine kleine, waldumschlossene Alpwiese birgt sie in ihrem Hintergrunde, abgesperrt von schroffer, krummholzüberhangener Mauerstufe; in die Höhe ragen zur Rechten die Felsenabstürze des Hochbrett, zur Linken die Zacken des Thiereckberges, welcher die Südseite des Scharitzkehlthales begleitet. Ein schmaler Zickzackpfad leitet den steilen Absatz hinan zu den höhergelegenen Terrassen, auf deren breitem, allerwärts gangbaren Boden ich die Spuren des gebahnten Pfades bald wieder verloren hatte; durch Hochwald, mit Legföhren untermischt, stieg ich in möglichst gerader Richtung von einem Hügeldamme zum anderen empor, jetzt erst brach völlig der Morgen heran, seine Gluthstrahlen über den zackigen Watzmann ergiessend, während tiefe Schatten noch im Inneren des Endsthales, an der Nordflanke des Göll lagerten. In den krummholzreichen, flachen Mulden der oberen Thalterrassen fand mein rasches Vorwärtsdringen unwillkommene Hindernisse an dem zähen Gestrüppe, welches Thalung wie Bergrücken gleichmässig mit seinen lästigen Ranken überzieht; ich suchte den dichtesten Partieen des Krummholzes durch einen nördlich, bis nahe an den Randgrat des Thierecker Berges gezogenen Bogen auszuweichen, doch nur mit theilweisem Erfolge. Mehrere, zum Theil ziemlich schroffe Querdämme stellten sich mir in den Weg; verflachte sich der Boden, so deckte er sich wieder mit undurchdringlichem Gefilze. Auch das reine Kettengebirge des Göll hat sein Stückchen beschränktes, aber ausgeprägtes „Steinernes Meer“; und es schloss diese unerfreuliche Periode meiner

Bergwanderung auch nicht eher, als bis ich die Höhengrenze der Legföhre überhaupt überschritten hatte. Es folgten allmählig die kärglich berasten Steinhügel, welche die äusserste Vegetationszone auf dem Hochplateau des Karrenfeldes bezeichnen; ein breitgerundeter Längenrücken leitete zwischen ihnen hindurch meinen Weg einem nahen, anscheinend scharf abgegrenzten Bergscheitel entgegen. Obwol von einer eigentlich kulminirenden Höhe hier nicht die Rede sein konnte, fand ich mich nach Ersteigung dieser letzten Strecke dennoch an eine merkwürdige Grenzlinie gestellt: vor mir eine mässige Senkung des Terrains, dann weithin neuerliche, sehr mässige Hebung desselben seiner ganzen Breite nach; jeglicher Busch- und Graswuchs wie abgeschnitten; Plattenhügel über Plattenhügel geschoben, tausendfach zerspalten und zerklüftet; ich war in's oberste Alpelthal, in's Steinerne Meer des Göllgebirges getreten. Die Zacken des Thiereckberggrates, welche bisher meine Weglinie, zuletzt nur als niedrige Wellenhebungen linkerseits begleitet hatten, sind verschwunden; allmählig senkt das Plateau der Steinwellen seinen nördlichen Saum dem Endsthale zu, Steilwände von mehr als 1000′ Höhe stürzen von seinem Rande hinunter; in seinem Hintergrunde, den Rahmen des engbegrenzten Bildes gegen Osten schliessend, thront das breite Haupt des Göll. Zu meiner Rechten steigen vom Rande der Plattenwellen die Mauern des Hochbrett (7216′ 2344 m. Keil), und des Brettriedel (7225′ 2347 m. Keil) auf; zwei gewaltige, abgerundete Felsthürme treten aus ihrer Masse ins Hügelplateau vor, mit dem Namen des Grossen und Kleinen Umgangs belegt; im östlichen Hintergrunde schliesst der Brettkamm an den Körper des Göll sich an, heben sich die letzten Plattenmulden und Schutthügel zum breiten Verbindungssattel beider empor; dies die vorgezeichnete Bahn.

Den äussersten Zielpunkt in's Auge fassend, steuerte ich möglichst geradlinig in die todte Felsenwüste hinein, hatte dabei anfänglich auf ziemlich lange Strecke von der letztgewonnenen Kammhöhe herabzusteigen, dann längere Zeit hindurch fast ebene Bahn, welche jedoch, aus einer endlosen Reihe von Hügelchen und zwischen ihnen eingedrückten Gruben bestehend, zur Erholung beizutragen keineswegs geeignet war. Kein Schritt konnte ohne sorgfältige Auswahl seines Platzes gethan werden, wollte ich eine unangenehme Berührung mit den messerscharfen Felskanten, oder eine Klemmung in einer der zahllosen Runsen vermeiden. In trägem Zuge sah ich die breiten Kegel des Grossen und Kleinen Umgangs hinter mir verschwinden, mein Gegenüber jenseits des Endsthales wechseln, vom Schwarzort zum Göllstein, von diesem zu den Zacken der Salzwand mit dem Rauchfang*), und endlich den massigen Mauerkörper des Hohen Göll an ihre Stelle treten. Auch zu meiner Rechten hatte die Scenerie sich allmählig etwas geändert; die etwas zurücktretende Kette des Brettriedel lässt hinter dem Kleinen Umgang eine weite und tiefe Einbuchtung frei, in welcher Schutt- und Schneekare zum Gratscheitel sich emporziehen; ihre tiefste Sohle verschmilzt zu einer zusammenhängenden, hügeligen Terrasse, ein paar hundert Fuss über der breiten Fläche der Plattenwellen gelegen. Abgerundete, von geräumigen Zinken durchbrochene Felsdämme grenzen diese höhere Etage gegen das Steinmeer an ihrem Fusse ab. Ich vermuthete nicht ohne Grund dort oben etwas bequemeren Weg als bisher, schwenkte daher rechts ab und stieg längs einer ausgenagten Wasserrunse zum oberen Terrassenboden auf; sein in der That besser gangbarer Boden liess mich die gerade Marschrichtung gegen Osten wieder aufnehmen und ohne Hinderniss weiter verfolgen. Ich näherte mich endlich fühlbar dem Abschlusse des Hochthales, noch einige Schutt- und Schneefelder am Fusse des Gamsarchen hin waren zu übersteigen, und auf den Verbindungssattel des letzteren mit der Göllkuppe austretend, sah ich zu meinen Füssen das sonnige Salzachthal sich ausbreiten — die grünen Berge des Salzkammergutes mit dem keck aus ihnen vorspringenden Schafberg, — im fernen Osten die bleichen Zacken der Dachsteingruppe. Vier Stunden war ich bereits in Marsch, dem Ziele nahe. Ich erwartete mit einiger Bestimmtheit Gesellschaft auf dem Gipfel des Göll; Freund V., der einen Tag früher als ich, von Berchtesgaden ausgezogen war, das Königsseegebirge zu überwandern, gedachte den zweiten Tag seiner Tour zur Ersteigung des Göll von der Königsbergalpe aus zu benutzen. Verschläft er nicht, seiner guten Gewohnheit zufolge, so müssen wir ziemlich zu

*) Durch diesen Kamin wurde vordem der Göll nicht selten von Nordwesten her, über den Göllstein erstiegen. Vor 6—8 Jahren jedoch wurden an der engsten Stelle desselben Sprengungen vorgenommen, welche diesen, auch von Wildschützen häufig benutzten Zugang abschneiden sollten. Derselbe ist jetzt bedeutend erschwert, doch einem guten Bergsteiger keineswegs unpassirbar. Gleicherweise verhält es sich mit dem Aufstieg durch den sogenannten Pflug, aus dem Hintergrunde des Endsthales in Südostrichtung zu den „Göllsanden" empor; auch hier wurde durch Sprengungen der Anstieg etwas erschwert, aber keineswegs unmöglich gemacht.

gleicher Zeit dort anlangen. Voraus ist er mir nicht; ich hätte sonst längst ihn hören und sehen müssen. So mag er einigermassen erstaunen, bei Ankunft die Spitze schon besetzt zu finden. — Nun nordwärts gewendet über Geröll, Trümmerwerk, verwitterte Schrofen, hinauf zu neuer Abstufung, von welcher erst der zahnige Grat sich ablöst, der östlich zum Kuchlergöll hinüberzieht; eine prächtige Pyramide fürwahr, dieser zweite Göll! Ein Besuch meinerseits ist ihm seit lange sicher, wann aber, von welcher Seite, das liegt noch im weiten Feld; dass von einem Uebersteigen des Göllgrates in keinem Falle die Rede sein könne, hatte ich in Berchtesgaden von Führern und Bergfreunden oft genug gehört, und wenn auch manch' eigene Erfahrung schon gegen die Unfehlbarkeit solcher Behauptungen sprach, so war ich doch dazumal noch nicht hartgesotten genug um jede derartige Angabe einfach zur ungläubigen Kenntniss zu nehmen. — Eine Viertelstunde später sah mich auf dem breiten, doppelkuppigen Scheitel des Göll (7755' 2519 m. Keil); ich hatte $4^1/_2$ Stunden von Berchtesgaden herauf benöthigt; es war 7 Uhr Morgens, und ein Morgen, so sonnenhell und klar, wie er auf diesem Aussichtsberge par excellence nur immer gewünscht werden konnte. Von den dunklen Wellenlinien des bayerischen Waldes bis zur glitzernden Silberkette der Tauren — von den Kalkzinnen der Kaiser bis zu den Gebirgen der Oberenns jeder Gipfel scharf gezeichnet am wolkenlosen Gesichtskreise; ein zarter blauer Duft von etwas tieferer Färbung, welcher die unteren Luftschichten bis etwa 5000' Höhe erfüllte, vermehrte die Plastizität des herrlichen Aussichtsbildes, liess namentlich in den Bergen des Salzkammergutes die Lage eines jeden seiner Seen auf das Genaueste bestimmen. Im Süden, jenseits des Blüntauthales, die Steinwüste, die Wellen des Haagengebirges, mit seinen einsamen Hochalpenthälern, seinen öden, schneegefleckten Karen; südwestlich scheinen sie unmerklich in's Steinerne Meer zu verlaufen, gen Osten trennt die enge Thalspalte des Pass Lueg sie von der Scheitelfläche des Tännengebirges, ein noch weit ausgedehnteres Felsenhügelland. — Nicht neu mehr war mir dies Panorama, viele der stolzen Felshäupter, die in weitem Umkreise mich umstanden, hatten mir ein ähnliches oder doch Theile davon bereits gezeigt, manche aus ihnen auch, in Nebel sich hüllend, solchen Genuss mir neidisch versagt. Auch den Göll betrat ich heute nicht zum ersten Male; noch keine volle Woche war verflossen, seitdem ich von Osten her, über den Eckerfürst herauf seinen aussichtreichen Scheitel gewonnen hatte; und doch hielt er mich nahe an drei Stunden wieder auf seiner Höhe fest. Bald sass ich auf der höchsten Kuppe mit dem verfallenden Signale, bald spazierte ich über das kleine Firnbecken seines Scheitels abwärts zum eisernen Kreuze, wo der Ausblick in's Berchtesgadener und Ramsauerthal sich öffnet; bald wieder hockte ich auf dem äussersten, östlichen Schrofen und fuhr mit dem Fernglase die Zackenreihe entlang, an deren Schluss der Kuchlergöll seine schöngeformte Pyramide stellt, und fing allmählig an, mir einzubilden, es möchte dies Geschröf doch nicht so gar schwer zu überklettern sein; wahrscheinlich, so lautete der beschwichtigende Folgesatz, ist durch die tiefe Einschartung, welche den Anfangspunkt dieses Grates vom Massive des Göll trennt, die Verbindung zu allererst unterbrochen. Aber immer mächtiger drängt es sich auf: wenn keine solch' anfängliche Unterbrechung besteht, — eine Unmöglichkeit, auf dem Kamme selbst vorzudringen sehe ich nicht. Und Zeit genug ist ja übrig, einmal nachzusehen dort unten, — das könnte noch ein gelungener Tag werden! — Der flüchtige Gedanke war rasch zum festbewussten Vorsatze gereift; ich packte meine Siebensachen in den Bergsack zusammen und sprang den Nordabhang des Göll wieder hinunter. — Nach wenigen Minuten war ich an der Stelle angelangt, wo die östliche Kette vom Körper des Hohen Göll sich abscheidet; als mächtiger, kegelförmiger Felshöcker stand ihre erste Aufgipfelung mir gegenüber, durch eine tiefe Scharte von meinem Standpunkte getrennt; aber hinunter zu gelangen in ihren Boden war wol möglich, und jenseits wieder hinauf augenscheinlich auch. Als ich eben mich anschickte, in solch' ungewöhnlicher Richtung vom Hohen Göll mich zu verabschieden, vernahm ich Jauchzer in der Ferne. Siehe da, Freund V. war auf dem Brettriedel aufgetaucht und marschirte wohlgemuth dem Hohen Göll zu. Der muss wieder frühe aufgestanden sein! Auf Wiedersehen, aber von Weitem, wir kommen heute wohl nicht mehr zusammen!

Ueber rauhes, stufiges Geschröf stieg ich zur Scharte hinab, jenseits empor, wieder etwas hinunter und einen zweiten, steileren Zacken hinan; der leichte Anfang hatte mich ziemlich vertrauensselig gemacht, ich sah mich bereits drüben auf dem Kuchler Göll. Aber solche Grate, in gerader Gesichtslinie ganz harmlos zu überblicken, entfalten ihre Längenausdehnung, enthüllen ihre Hindernisse erst dem Eindringling gegenüber und häufig erst dann, wenn dieser weit genug sich eingelassen hat, um nicht gerne mehr umzukehren; auch ich sollte bald genug diese späterhin noch oft erprobte Wahrheit erfahren. Kaum, dass ich an den zweiten, höheren Felsthurm herangetreten, schnürt schon der Gratscheitel auf Schrittbreite sich zusammen, Steilwand gegen Süden schneidet die bisher so bequem gebotenen Umgehungen nach jener Seite hin ab, ein finsterer Brunnenschacht, nordwärts zum wüsten Trümmerkessel des Wilden Freidhof abschiessend, durchreisst das Gewände und seinen Grat, und sperrt in bedenklicher Weise den Weg; — ich wollte ja eigentlich nur nachsehen, wo das Hinderniss liege?! — Das war lange vergessen, zwei Schritte noch können gethan werden, also zwei Schritte noch vorwärts, am engen Mauerbande hin in's Innere der Kluft hinein, — drüben sehe ich wieder eine Stufe, — ein langer Tritt frei durch die Luft, den gähnenden Schacht zwischen den Füssen, suche ich an der jenseitigen Felsenrippe einen verlässigen Haltpunkt für die linke Hand; diese gefunden, trägt ein leichter Schwung über die Kluft mich weg, ein rasches Aufklimmen bringt sicheren Boden unter den Fuss, der Wilde Freidhof ist um seine Beute geprellt. Aber zurück? — — Jetzt hatte ich mich mit meinem Gegner verbissen.

Den gekrümmten Rücken des Zackens hinan bewegte ich mich auf schrittbreitem, kahlem Plattenboden; ein tiefer, finsterer Längsspalt begleitete meinen Weg; ein arges Zerstörungswerk nimmt hier seinen Anfang, das völlige Zerreissen dieses Felsenkörpers, das Hinabstürzen seiner nach Millionen von Centnern zählenden Last zur einen Hälfte in die Blüntau, zur anderen in den Wilden Freidhof, ist nur noch eine Frage der Zeit; wer vom Hohen Göll aus Zeuge sein könnte dieses Höllenspektakels! — Für jetzt noch steht hoch sein zahniger Scheitel und verbirgt dem kecken Störenfried in seiner vielleicht noch nie beunruhigten Einsamkeit die Dinge, die hinter diesem ersten Mauerwerke seiner noch warten. Und als ich die Höhe betrat, und in unveränderter Weite die Pyramide des Kuchler Göll wieder vor mir auftauchte, kein erfreulicher Anblick war es, welchen die Zwischenstrecke zwischen jenem erhabenen Ziele und mir dem spähenden Auge darbot; Zacken an Zacken geschoben, zerschartet der Grat, durchklüftet seine Flanken, nicht auf 10 Schritte weit im Voraus zu bestimmen, wohin der Fuss zu lenken, wo endlich er auf eine letzte unüberwindliche Schranke treffen werde. Ich stand auf der hohen, von Salzburg aus so auffällig hervortretenden Zackengruppe, aus zwei gegen einander geneigten höheren und einem mittleren etwas niedrigeren Zahne bestehend, eine

Configuration, die mir allerdings hier oben, wo die kleinen Details so völlig die Aufmerksamkeit für sich allein in Anspruch nahmen, nur schwach zum Bewusstsein gelangte; am östlichen Abschlusse dieser Gruppe hatte ich dann die tiefe Einsenkung der Hochscharte und weiterhin die neuerliche Gebirgshebung und noch eine Strecke weit Zackengrat nach meinem Gipfel zu gewärtigen. Die Keil'sche Karte*) lässt die Kette des Kuchler Göll am Gamsarchen vom Hohen Göll sich ablösen, zunächst zur Grünwand sich erheben und im südlich ausgebogenen Halbkreise zum Freieck (dem Kuchler Göll) herüberziehen. Doch scheint mir diese Struktur nicht in voller Richtigkeit zu bestehen; die Kuchler Göllkette verläuft fast geradlinig gegen Osten, die Grünwand dagegen ist ein kurzer, in die Blüntau vortretender Seitenzweig, der seinen Ursprung an den Aichenköpfen nimmt und den Kessel „Im Aichen" vom grossen Kar an der Hochscharte trennt. Zwischen dem Gamsarchen und der Hochscharte gehören die Aichenköpfe aufgeführt, eben jene dreifache Zackengruppe, welche so augenfällig aus dem Profile der Göllkette sich heraushebt und auch eine nicht unbeträchtliche Höhe, mindestens 7200′ 2339 m. besitzen mag. — Hierbei kommt noch zu bemerken, dass bayerischer Seits unter den Aichenköpfen nicht selten die Erhebungen im Brettriedel verstanden werden; jedoch unrichtiger Weise; die wahren Aichenköpfe liegen eben in der Kette östlich des Hohen Göll. — Ueber diese Zähne also führte mein Weg gegen Osten, bald auf ihren ausgenagten Scheiteln, über dem Wilden Freidhof, welcher in unabsehbarer Tiefe fast senkrecht zu meinen Füssen lag, bald von dem allzu schroff durchrissenen Grate abweichend quer über die Mauerrippen, durch die Runsen und kleinen Trümmereinlagerungen der südlichen Gebirgsflanke, welche, wenn auch schlecht genug, doch zur Noth gangbar sich zeigte. — Langsam gewann ich an Boden, fast eine Stunde währte es, bis ich über alle drei Zacken hinweg war und auf dem äussersten derselben stehend in das breite, gerundete Trümmerkar der Hochscharte hinunter sah. — Treppenförmig abgestuftes Geschröf gestattete trotz des beträchtlichen Neigungswinkels einen ziemlich unschwierigen Abstieg; über gehäufte Plattenhügel wanderte ich die letzte Strecke zum Kesselboden hinunter, welcher sodann in gerader Linie, nahe dem aussichtreichen, gegen Norden schroff abbrechenden Rande überquert wurde. Die Höhe dieses starken

*) Begleitkarten zur Reliefkarte der Deutschen Alpen von F. X. Keil.

Gebirgseinschnittes schätze ich zu etwa 500′ unter dem Niveau des östlichsten der Aichenköpfe gelegen, sohin auf etwa 6700′ 2167 m.*)

Das Schwierigste lag nun wohl hinter mir und mit besonderem Wohlgefallen nahm ich die Veränderung wahr, welche von der Hochscharte ab an der südlichen Gebirgsflanke sich geltend machte; statt des zerrissenen und doch als breites Ganzes vortretenden Felsmassives, das ich verlassen, welches jeder Entfernung aus der Grat-Zone unübersteigliche Mauerschranken entgegenstellte, zeigten sich hier einzelne, vom Hauptkamme abgelöste Zweigrücken, schmale, langgestreckte Thalmulden zwischen sich lassend, deren schwach begraster Boden die Möglichkeit eines Abstieges zum Blüntauthale in ziemlich sichere Aussicht stellte; ein Rückweg über den Grat und in specie über den schlimmen Kamin am Beginne desselben blieb mir nun jedenfalls erspart. Dass in der Thalung, welche von der Hochscharte weg sich hinabsenkt**), ein Abweg zur Blüntau bestehe, davon erhielt ich alsbald ein greifbares Wahrzeichen bei Ersteigung des nächstöstlich sich erhebenden Gratgipfels, welche auf steilem, aber mit Graspäckchen reichlich besetzten Boden rasch und angenehm von Statten ging. Sein Scheitel wies mir eine aufgerichtete Signalstange, und nahe stand mir nun der gleichfalls mit einem trigonometrischen Signale versehene Kuchler Göll; aber immer noch hielt er kleine Schreckmittelchen für mich in Bereitschaft, der ich von so ungewohnter Seite her ihm nahe zu treten unternommen. Kaum hatte ich die Signalkuppe verlassen und wanderte die folgende Gratstrecke entlang, als diese plötzlich wieder bis auf Fussbreite sich verengte, jähe Wand zu beiden Seiten ein Ausweichen verwehrte und ein senkrechter Abriss von etwa 5′ Tiefe mich zwang, auf den einzelnen Felsbrocken, welcher

*) Als ich fünf Jahre später das Haagengebirge besuchte, theilte der Blühnbacher Jäger, welcher dort mein Begleiter war (vgl. Cap. 7 dieses Abschnittes), mir mit, dass die Hochscharte nicht allein aus der Blüntau, sondern auch aus dem Wilden Freidhof zugänglich sei, trotz ihres anscheinend schroffen Absturzes nach jener Seite; sie bildet daher einen Pass aus der Blüntau in's Salzachthal. Freilich wird die Benützung desselben weder mit Bequemlichkeit, noch mit Zeitersparniss verbunden sein, da in nicht gar weiter Entfernung die Göllkette überhaupt ihr östliches Ende erreicht. — Von dem gleichen Jäger erfuhr ich auch, dass aus dem Wilden Freidhof noch ein anderer, wiewohl sehr schlechter Steig zum Göllgrat hinauf, sowie ein anderer direct auf den Hohen Göll führe.

**) Der Blühnbacher Jäger benannte dieselbe als die Hochschartrinne.

in dieser Scharte die Gratlinie bezeichnete, behutsam mich hinunter zu lassen; jenseits folgte wieder ein kurzes Aufklettern über eine nicht minder schroffe Abstufung und eine weitere Strecke sehr luftigen Grates; endlich eine letzte Kluft, welche der ersten, die meiner abenteuerlichen Wanderung sich entgegengestellt, ziemlich ähnlich, doch nicht ganz so schwierig zu passiren war, da einzelne Rasenschöpfe einen kurzen Abstieg gegen den Wilden Freidhof und das Gewinnen eines praktikabeln Ueberganges gestatteten. Jetzt erst durfte ich das Ziel als gewonnen betrachten, konnte mir jetzt auch wohl erklären, dass das Problem eines directen Ueberganges von einem Gipfel der Göllkette zum anderen so lange ungelöst geblieben sei; wer immer daran sich gewagt, mochte er seine Wanderung vom Hohen oder vom Kuchler Göll aus angetreten haben, — in jedem Falle traf er schon nach den ersten Schritten auf eine höchst unangenehme Passage — vor sich den langen Zackengrat, welcher auch nach Ueberwindung der ersten Schwierigkeit einen endlichen Erfolg als fraglich erscheinen lassen musste — da mochte er wohl lieber umgekehrt sein. — Auf schütterem, schwach begrünten Gehänge hatte ich nun nach wenig Minuten meinen wohlverdienten Zielpunkt erreicht; dem Hohen Göll auffallend ähnlich, besteht auch der Scheitel des Kuchler Göll (7300′ 2371 m. Keil) aus zwei flachen, durch ein schneeerfülltes Becken getrennten Kuppen; die nördliche, etwas niedrigere, vom Salzachthale aus allein sichtbare, trägt das Signal. — Ueber 3 Stunden hatte mein Uebergang vom Hohen Göll her gewährt; auf seinem im Osten mächtig emporragenden Rundgipfel gewahrte mein Fernglas jetzt Freund V., der fast zu gleicher Zeit, wie ich auf dem Kuchler Göll, dort angelangt war; im Einschreibbuche am Kreuze mochte er nun meine Aufzeichnung des heutigen Morgens lesen, mit der beigefügten Bemerkung, dass ich den Rückweg über den Brettriedel zu nehmen gedenke; das war seither anders gekommen, als ich gedacht.

Nach der Anstrengung des Gratüberganges vergönnte ich mir nun ein paar Stunden Ruhe in stiller Beschaulichkeit; der Rückweg kümmerte mich vorerst nicht viel, ich sah zwar gelegentlich zur Blüntau hinab, auf die grünen Matten und ihre Alphütten, die in gewaltiger Tiefe zu meinen Füssen lagen, der grössere Theil meiner Aufmerksamkeit aber lenkte sich den Gebirgen des Südens und Ostens zu, den meilenweiten Hügelflächen des Haagengebirges mit den Schlummthälern, deren innerste Kare dem Einblicke nun geöffnet lagen, dem massigen Plateau des Tännengebirges, den wunder lich geformten Zackenthürmen seiner Umrandung, welchen ich hier näher stand, als jemals früher auf meinen Wanderungen durch die Berchtesgadener Alpen. Leicht entschädigten diese Detailbilder für die Abschwächung, welche die Gesammtaussicht zufolge der geringeren Höhe des Kuchler Göll erfahren hatte; uud doch wies auch diese weitere Rundschau ein Moment von hervorragender Schönheit auf, welches der Hohe Göll nicht in gleichem Maasse zu bieten vermag: den Ausblick gegen Norden über das Salzachthal, die breite, reichbelebte Thalebene, von den grünen Salzkammergutsbergen in anmuthigen Wellenlinien begleitet — weit gegen das Flachland vorgeschoben der hochgeschwungene Rundkegel des Geisbergs, an seinem Fusse das lebensfrohe Salzburg mit seiner uralten Veste; näher heran die gedrängten Häusermassen, die rauchenden Salinen von Hall, die bevölkerten Orte Kuchel und Golling. Dann schliesst das Thal mit dunklen Waldhügeln; das breite Schuttband des Salzachbettes verengt sich zusehends und verschwindet in den Eingeweiden der Gebirge, die der wilde Strom durchwühlt, aus der Enge des Pass Lueg den Austritt in's Freie durch die Klamm der Salzachöfen sich erzwungen hat. Dumpf dringt das Rauschen und Brausen von dort herauf zur Höhe; und unter diesem Brausen fühlt das gespannte Ohr noch einen andern in intermittirenden Schlägen sich kundgebenden Wasserton, dessen Quelle näher liegt, als jenes Ausbruchsthor der Salzach: am Fusse des Gebirges, auf dessen Häuptern ich heute umhergeklettert bin, bricht die räthselhafte Wassermasse hervor, der hypothetische Abfluss des Königssees, stürzt der Golling er Wasserfall seine Schaumfluth über zertrümmerte Mauern hinab, der Salzach zu.

Ich hätte auf meinem luftigen Sitze, am Rande der Steilwände des Wilden Freidhofs mich sehr behaglich befunden und wahrscheinlich noch längere Zeit hindurch nicht an den Aufbruch gedacht, wenn nicht ein schlimmes Uebel, Durst genannt, zu immer unangenehmerer Geltung gelangt wäre; das Schneeessen wollte allgemach nicht mehr genügen, die Flasche, welche schon auf manchem hohen Gange getreulich mich begleitet hatte, war heute Morgen im Aufstiege durch das Alpelthal ganz unmotivirt im Rucksacke zerbrochen, dessen Inhalt zwar seitdem wieder trocken geworden war, mein Inner-Innerstes aber in nicht geringerem Masse. Eine Citrone besass ich noch, die ich von Berchtesgaden mit auf den Weg genommen, um Limonade zu bereiten; in diesen Höhen aber „ist die Cultur verschwommen", — ich verschlang sie inclusive ihrer Schale.

Und wo nun hinunter? Auf den Hohen Göll zurück gewiss nicht; der Weg ist mir, von seinen gelegentlichen Hindernissen auch abgesehen, zu lang und zu trocken; auf dem Grate über das Grubenhorn, den Völmbachkogel und den Schönbachkopf gegen Osten weiter, um nach Golling zu gelangen? — Ebenfalls sehr weit, problematisch und nichts Flüssiges in Aussicht*). Direct zu Thal? unter den gegebenen Umständen jedenfalls allem Anderen vorzuziehen; bleibt nur noch die Wahl der Thalung, durch welche der Abstieg zu bewerkstelligen. Eine ziemlich viel versprechende Einsenkung der Gebirgsflanke habe ich bereits an der Hochscharte wahrgenommen, eine zweite vom ersten Signalgipfel des Grates, und eine dritte endlich zieht sich von meinem Gipfel selbst in gerader Linie zur Blüntau hinunter**). Ihre Ausmündung zeigt eine rauchende Alphütte, das lockende Phantasiebild einer gefüllten Milchschüssel zieht als kräftiger Magnet mich dort hinunter. Ein letzter Jauchzer hinüber zum Hohen Göll; der hochgeschwungene Arm zeigt dem drüben weilenden Freunde meine künftige Wegesrichtung an und gibt ihm zu verstehen, dass wir im Thale erst uns wieder begegnen werden.

Das Gehänge, in der Nähe der Gipfelkuppe noch mässig geneigt, nahm an Steile rasch zu, doch zeigte es sich auf weite Strecken hinunter gangbar, kleine Rasenschöpfe haften allerwärts am Felsen, sie bieten festen, sicheren Tritt, der freilich jedesmal genau eingesetzt werden muss. Die Seitenrippen des Gebirges, welche das schmale Kar begrenzen, nehmen an Höhe und an Schroffheit rasch zu und schneiden bald jede Hoffnung ab auf die Möglichkeit des Uebergangs in ein Nebenthal, falls das zum Abstiege gewählte sich als ungangbar ausweisen würde. Letzteres hatte vorerst noch gute Wege, endlos dehnte das schwach begrünte Gehänge vor meinen

*) Wie der Anblick der Göllkette vom Haagengebirge aus mich lehrte, wäre der Weg auch mit nicht geringen Schwierigkeiten verbunden gewesen.

**) Auch dieser Hochthäler Namen erfuhr ich erst fünf Jahre später vom Blühnbacher Jäger, mit dem ich das Haagengebirge durchwanderte. Die Thalung, welche ich zum Abstiege wählte, heisst „In der Hachel“; meine Wahl war, wie der Jäger mir sagte, schlecht getroffen, ich hätte weit besseren Weg durch die Hochschartrinne gehabt. — Oestlich der Hachel folgt eine begrünte, breite Scheitelfläche eines Zweigkammes, die Grubenleiten, dann ein ziemlich ausgedehnter Geröllkessel, die Gruben; noch weiter östlich der Völmbachsand, ebenfalls ein Geröllkar. Den Kuchler Göll benannte jener Jäger als Freieck, wie er auch auf der Keil'schen Karte sich befindet.

Füssen sich hinab; manch' weisser Stern der edelsten Alpenblume wurde hier erbeutet und zierte den Hut. Aber die scheinbar endlose Fläche gangbaren Bodens nahm schliesslich doch ein Ende und leider um ein gutes Stück früher, als das Hochthal selbst, welchem sie angehörte; $1^1/_2$ Stunden Abstiegs vom Gipfel des Kuchler Göll entfernt, sah ich plattenkahlen Fels in jähen Absätzen vor mir, durchspalten von tiefen, schneeerfüllten Klüften. Eine Strecke weit klomm ich auch da noch hinunter und befand mich endlich vor einer senkrechten Stufe von etwa 12 Fuss Höhe, unter mir ein Firngraben, der in's Dunkel der zusammendrängenden Wände sich verlor; ich hatte nicht übel Lust, hinunterzuspringen und mein Heil dort weiter zu versuchen, besann mich aber noch zu rechter Zeit, dass dies eigentlich ein tolles Wagestück sei und ich immerhin vorerst noch anderwärts mich umsehen könne. Mein Abstieg hatte mich zuletzt völlig an die linke (östliche) Thalseite gedrängt, ich kletterte über die Plattschrofen zurück, bis ich wieder die begrünten Lagen erreicht hatte und querte nun die Sohle nach der entgegengesetzten Seite hinüber; als ersten Vortheil dieses klügeren Verfahrens erntete ich das Auffinden eines kleinen Wässerchens, welches, einem Schneeflecke entquellend, in einer Plattenrunse zu Thal floss. Diesen dringendsten Punkt einmal erledigt, war es mir einigermassen gleichgiltig geworden, ob ich überhaupt einen Ausweg aus dem Hochthale finden würde; lässt der eigensinnige Berggeist mich zu diesem Loche nicht hinaus, so muss er mich eben über Nacht behalten, morgen steige ich ihm dann über den Göllgrat wieder davon. — Doch sagt das Sprüchwort: „ein Unglück kommt nie allein" und es gilt in nicht geringerem Masse sein Gegentheil; nachdem ich den Durst gestillt und etwas gerastet hatte, fand ich die westliche Thalseite gar nicht so übel zum weiteren Abstiege, allerwärts steil, doch nirgends besonders bedenklich, bot sie dem Fusse auf abgestuften, theilweise bewachsenen Schrofen, sichere Bahn zu Thal. Die Bergrippe, welche die Westseite meiner Sinke eingrenzt, streckte sich mit einer letzten Ausspitzung gegen das Blüntauthal vor; schwache Spuren eines schmalen, sogenannten Gamssteig'ls leiteten auf ihre begraste, aber ausserordentlich steile Flanke hinaus; ich stand nun bereits über den vom Hauptthale heraufreichenden Schuttböden des Alpwinkels, nur etwa 100 Fuss hoch über ihnen, doch waren sie in gerader Linie noch nicht erreichbar; jetzt überblickte ich auch die zerrissenen Felsabstürze der Mitte des Kars und mochte mich glücklich schätzen, in dieses Labyrinth von

Hindernissen mich nicht eingelassen zu haben. Eine sorgfältig ausgewählte Zickzacklinie brachte in vorsichtigem Gange dem breiten Geröllboden mich langsam näher; enge Grasbänder vermittelten die nothwendigen Kreuz- und Querzüge, schräge Furchen des Felshanges liessen Stufe um Stufe mich gewinnen, und endlich sprang ich vom letzten Schrofen weg auf's Geröll, — ich hatte mein Spiel wieder einmal gewonnen. —

Eine Viertelstunde später langte ich an der Alphütte an und vertiefte mich in deren materielle Genüsse; zeitweilig das Auge zurückwendend nach dem verlassenen Gipfel, die langgestreckte Sinke bleichen Felsbodens betrachtend, die mich zu Thal geführt. Die Alpe, bis zu welcher mein Abstieg etwas über zwei Stunden gewährt hatte, nennt sich Alpwinkel und liegt am linken Ufer des Torrenerbaches*), mit welchem die Wasserläufe aus der Südflanke der Göllkette durch tiefe Schluchten sich vereinigen. Ein paar Abendstunden hatte ich noch übrig und war trotz des grossen Tagemarsches nicht sehr bedeutend ermüdet, beschloss daher die Höhe des Torrenerjoches zu gewinnen und auf den Königsbergalpen zu übernachten; um so zeitiger konnte ich des nächsten Tages in Berchtesgaden zurück sein. Bequeme Alpenpfade führten mich thalaufwärts, jenseits der Tiefe des Torrenerbaches sah ich auf breiter Wiesenterrasse die Unteren Jochbergalpen liegen, eine Viertelstunde später führte mein Weg mich durch die Obere Alpe gleichen Namens; dann ging's über hügeligen, theilweise bewaldeten und buschbewachsenen Boden zur Passhöhe empor. Schon hatte Dämmerung sich in's Thal gesenkt, die Rothe Wand des Schneibsteins, die zerrissenen Mauern des Göllgrates, die Steilwände des Brettriedels sahen bleich in seine Tiefe nieder; ein seltsamer Schimmer spielte um die Wipfel der Wettertannen. Rasch das Freie gewinnend wandte ich den Blick thalaus: da stand das Tennengebirge im Feuer. Glut des Eisens in der Esse, brennendes Rosenroth ergiesst in raschem Wechsel sich über seine zackige Mauerkrone, dunstige Schleier vom zartesten Carmin und Violet umhüllen leuchtend seine starren Wände und streichen durch ihre Klüfte hinauf zu den Zinnen, als schürten sie dort den Brand; sie ziehen nach sich die Nebel des Thals, in röthliche, blaue, graue Farbentöne getränkt: ihnen folgt auf dem Fusse das Dunkel der Nacht. Wenige Minuten später ist es düster geworden. Ueber der Scheitelhöhe des Torrenerjochs steigt mächtig gross der Watzmann auf, eine schwarze Zackenlinie

*) In diesem seinem oberen Laufe wohl auch Fischbach genannt.

am Abendhimmel; in den nahen Hütten*) knistern die Abendfeuer; ich bin am Ziele. Ob ich nun etwa doch noch mit Freund V. zusammentreffe? Möglich, dass er über den Brettriedel zurückgestiegen ist und hier verweilt. Doch nein, er ist nicht da; so wird er wohl durch's Alpelthal abgestiegen sein und schon in Berchtesgaden sich befinden. Abermals nein; auf dem Hohen Göll liegt er oben, den Weg über den Eckerfürst hinab wollte er sich suchen und hat in den Wänden des Wilden Freidhof sich verstiegen; und froh, vor Dunkel wieder den Göllgipfel zu erreichen, hat er dort ein wenig comfortables Nachtquartier bezogen!

Heisst Alles Wege suchen, aber wie! Wäre er nur rechtzeitig angelangt und mit mir gegangen; aber das kommt vom Verschlafen!

---

*) Königsbergalpe, 4922′ 1599 m. Keil.

IV. Der Hochkönig auf dem Ewigen Schnee.

(Hierzu Vertikal- und Horizontalprofil No. 4.)

Am schwülen Mittage des 10. August 1868 stand ich auf dem Sattelboden der Vorderen Urschlauer Scharte (6465' 2100 m. Keil) nördlich zur Linken die Tiefe des Blühnbachthals, vor mir die 2000 Fuss hohen Steilwände des Seilerkopfes (8395' 2727 m. Keil), des westlichsten Eckgipfels der Uebergossenen Alp; 6 Stunden Marsches vom Funtensee herüber lagen hinter mir, durch den wüsten Thaleinschnitt Todtes Weib genannt, am Südfusse des Funtenseetauren in die öden Thäler der Wildalm, über den Blassen Hund (7438' 2416 m. Keil) quer durch die Ursprungskare des Blühnbachthals, hinauf zum Marterl (6616' 2149 m. Keil) auf schartigem Felsrücken und wieder hinunter in den Bergsattel, welcher den schmalen Zusammenhang zwischen dem Hochplateau des Steinernen Meeres und dem erhabenen, wenn auch minder ausgedehnten Stocke der Uebergossenen Alp vermittelt.*) Zwei weitere Stunden war ich in den Plattwänden herumgeklettert, die nordwärts zum Schuttkessel des Dennbodens, einer Abzweigung des Blühnbachthals, niederstürzen, an denen die Sickerwasser des weiten Firnfeldes herabrieseln; den Durchgang wollte ich finden nach der blendenden Schneedecke und das ferne winkende Kapellchen auf dem Hochkönig gewinnen. Ich hatte wieder einmal vertrauensselig den Worten eines biederen Alpensohnes, seines Zeichens Kühbube am Funtensee, Glauben geschenkt, der da behauptete, den geraden Uebergang vom Steinernen Meere auf den Ewigen Schnee, von welchem die Jäger des Blühnbachthales zu erzählen wissen**), genau

*) Näher beschrieben findet sich diese Tour im I. Bd., 3. H. der Zeitschr. des D. A.-V., S. 355 ff.

**) Ich zweifelte lange daran, ob hier nicht etwas Latein obwalte, habe mich jedoch im Jahre 1873 positiv des Gegentheiles überzeugt. Der Blühnbacher Jäger, welcher auf das Haagengebirge mich begleitete, bestätigte mir nicht allein diese Möglichkeit, sondern wies mir auch am Ewigen Schneegebirge, das jenseits des Blühnbachthals unmittelbar uns gegenüber stand, genau die Stelle, welche den Durchgang erlaube (vgl zu kennen und oft schon diesen Weg gemacht zu haben. Da war er planlos hineingestiegen in die wirklich schlimmen Felsenabstürze und schliesslich stecken geblieben vor unüberwindlichen Schranken und ich mit ihm. Hätte ich nur erst die Nordseite des Gebirgsstockes von günstigem Punkte, etwa von den Teufelshörnern aus, zu sehen bekommen, ich wollte wohl einen besseren Plan entworfen haben; aber unbekannt mit allen lokalen Verhältnissen und bereits in eine Sackgasse des Gewändes verrannt, die wahrscheinlich weit ablag von der richtigen Linie*), blieb auch mir keine weitere Wahl, als umzukehren und von der Urschlauer Scharte meinen vorzüglichen Führer nicht allein in Ungnaden, sondern auch unter erheblicher Reduction des verheissenen Lohnes zu entlassen. Scheltend trat er den Rückzug an nach seiner Alpe; und in gleichem Aerger wandte ich mich zum Abstiege gegen Süden, wo tief im grünen Thale das Kirchlein von Hinterthal am Urschlauerbache winkte.

Schwach nur zeichnet eine Pfadspur im kümmerlich begrasten Gehänge sich ab; von der Gebirgsschneide mich entfernend, sah ich deren starre Häupter bald in weitem Halbkreise mich überragen, düstere, zerklüftete Gestalten, gelb, roth und braungefleckt und geflammt, lichte Scharten zwischen ihren Zacken und dunkle Schlünde, von zahnigen Riffen eingerahmt; aus steilen, engen Trümmerkaren sammelt in diesem Kessel der Urschlauerbach die Wasseradern seines Ursprungs. Zur Linken hatte ich die Westfront der Uebergossenen Alp, ein zackiges und doch compakt-steiles Gemäuer; in bedeutender Tiefe erst löst aus seinem kahlen Felsmassive der rasch sinkende Zweigkamm der Lausköpfe sich ab, der mit den weichgeformten Höhen des jenseitigen Thonschiefergebirges den äussersten und zugleich mächtigsten Vertreter der Kalkalpenwelt verbindet; seine tiefste Depression, der Filzsattel, östlich von Hinterthal, scheidet die Bäche der Urschlau und des Dientenerthales und mit ihnen die Wassergebiete der Saalach und der Salzach. Breite Terrassenscheitel, welche aus der Bergflanke sich hinausflachen und mit Wandstufen zu grösserer Tiefe abbrechen, sperren an der oberen Grenze des Krummholzes fast die ganze Quere des Thalkessels an

das im 7. Cap. hierüber Bemerkte); ihre genaue Betrachtung mit dem Fernglase liess steigbaren Fels dort auch sehr wohl erkennen. — Es wurde, soviel mir bekannt, dieser Uebergang in neuerer Zeit auch touristisch ausgeführt.

*) Es war, wie ich im Jahre 1873 vom Haagengebirge aus sah, in der That so.

der Urschlauer Scharte; ich hatte diese Unterbrechung des Terrains seit längerer Zeit bereits wahrgenommen, und wurde es mir daher auch nicht schwer, die richtige Weglinie im Voraus zu bestimmen, auf welcher ich dann auch sehr bald auf wohlgebahnten Pfad traf; er wendet sich in ziemlich weitem Bogen nach der rechten Seite, wo die tiefsten Wasserrunsen des Urschlauer Baches herabkommen, breite Schuttlehnen die Krummholzbetten durchziehen; in kleinen Zickzacks leitet er über starkgeneigtes, vielfach geripptes Gehänge hinunter zum Thalboden; rückwärtsblickend sehe ich über mir in stolzer Reihe die Randgipfel der östlichen Hälfte des Steinernen Meeres, über dessen Hochfläche ich in den Vormittagsstunden dahingewandert bin; die Zinnen nächst der Urschlauer Scharte, westlich davon das enge Felsenthor der Hinteren Urschlauer Scharte (wahrscheinlich ungangbar) — Althaus (6846′ 2224 m.), Brandhorn (7539′ 2449 m.), Wildalmer Kirche (vermuthlich identisch mit „Scheere" der Keil'schen Karte), Poneck 7890′ 2563 m., Hochstreif 7921′ 2573 m., Selbhorn 7942′ 2580 m. Keil*) und im äussersten Westen über den Ausläufer des Selbhorns herüberblickend, ein schlankes Horn, die Schönfeldspitze (8163′ 2652 m.) oder vielmehr, da wir jetzt im Pinzgau uns befinden, pinzgauerischer Benennung nach, der Hochzinken oder Freidhofzinken. Schwere Wetterwolken ballten um diese Felsenpyramiden sich zusammen und hingen sich fest in ihren Scharten; es war für mich hoch an der Zeit, ein schützendes Obdach zu erreichen, bevor das regelmässige Nachmittagsgewitter jener Tage zum Ausbruche kam. Auch der gewonnene Thalgrund zeigte noch ziemlich beträchtliche Senkung und weitere Erstreckung, als ich von der Bergeshöhe aus ihm zugemuthet hatte; an den leerstehenden Hütten der Kühalpe (3857′ 1253 m. Keil) vorüber erreichte ich die freien Thalwiesen, eine Brücke leitete den Weg auf das linke Ufer des Urschlauer Baches über, der seine bereits vereinigten Gewässer in ziemlich tief eingerissenem Graben dahinführt; bald darauf begrüssten mich die ersten Häuser von Hinterthal und zwei Stunden nach Verlassen des Gebirgskammes war ich am Wirthshause, im oberen Theile des ziemlich zerstreut liegenden Ortes angelangt (3155′ 1025 m. Keil). Wenige Minuten später war der Platzregen auch zur Stelle.

---

*) Die Scharte zwischen beiden, von der Keil'schen Karte zu 7108′ 2309 m. angegeben, scheint einen gangbaren Pass nach dem Steinernen Meere (zunächst der Hinteren Wildalm) zu eröffnen.

Den einzigen Vortheil, welchen der unerwünschte Verlauf meines Wanderungstages mir bot, nach mehrtägiger Alpenkost wieder etwas konsistentere Nahrung zu mir zu nehmen, nützte ich, so gut es eben gehen wollte; auch ein paar Glas saueren Bieres wurden mit grossem Wohlbehagen vertilgt. Ueber das Ewige Schneegebirge und die Ersteigung seines Gipfels aber wusste Niemand Bescheid. Dass von dieser Seite keine Aussicht auf Erfolg sich biete, sagte mir übrigens der eigene Blick; der Aufgang von Süden her, von welchem ich gelegentlich hatte erzählen hören, und welcher nun, nach dem ersten Misserfolge, meinen festen Plan bildete, mochte wohl mehr in der Mitte des Gebirgsstockes, also weiter gegen Osten gelegen sein. Ich nahm daher gegen 4 Uhr Nachmittags, als das Gewitter sich verzogen hatte, den Marsch wieder auf und verfolgte die schlecht fahrbare Strasse zur Wasserscheide des Filzsattels hinan. Fast eine Stunde lang zieht dieselbe in fühlbarer Steigung sich bergan*), fast unausgesetzt durch Hochwald, selten eröffnet sich ein Rückblick gegen das Urschlauer und Saalachthal, auf die Gipfelreihe des Steinernen Meeres, die nun als scharfe Felskette keine Ahnung gibt von den meilenweiten Hügelflächen, die hinter diesen Häuptern in wenig geringerer Höhe sich hindehnen. Waldberge zur Rechten, welche breit und flachgerundet zum Scheideck und weiterhin zur Klingspitz, dem Grenzwalle gegen das Salzachthal hinaufziehen; Wald zur Linken, an den Flanken des Filzkogel hinauf, durch seine Lichtungen blicken in wechselnden Gestalten die Kalkzinnen des Ewigen Schnee herunter. Die Wasserscheide des Filzsattels (3710' 1205 m. Keil) eröffnet einen weiten Ausblick gegen Osten, über die Hochthäler der Dientener Alpen, ein breiter, grüner, welliger Teppich. Ueber dem flachen Sattel der Dientener (oder Mühlbach-) Alpen zeigen in der Ferne sich die Radstädter Tauern. In kürzerer Strecke, aber steiler, geht es jenseits der Wasserscheide hinunter in's Quellengebiet des Dientener Baches; zur Rechten öffnet sich das Dientener Thal, weithin breiten sich grüne, hügelige Weidematten, mit zahllosen Alphütten übersäet. Dem Hauptwasserlaufe abwärts

*) Die Thonglimmerschiefer von häufig auffallend blutrother Färbung, welche dieselbe begleiten, gehören den tiefsten Lagen der alpinen Trias, den sogenannten Werfener Schichten (Buntsandsteinformation) an. Das etwas südlicher gelegene Schiefergebirge von Dienten, welches der Urschlauerbach in kurzem Bogen durchbricht, ist das einzige Gebiet der Alpen, in welchem die silurische Formation aus Petrefaktenfunden nachgewiesen werden konnte.

folgend, wendet die Strasse sich südwärts, nach Dienten; Alpwege verzweigen sich von ihr nach allen Richtungen, zunächst gegen Osten, eine breite, langgestreckte Thalterrasse entlang. Dort steigen neue, anmuthig gerundete, üppig begrünte Bergrücken empor; unter ihnen dominiren Kollmannseck (5353' 1739 m.) und Schneeberg (5904' 1918 m. Keil). Im Norden aber ist ein Theil des Ewigen Schneegebirges wieder sichtbar geworden. — Eine Reihe scharfgezeichneter Felsgipfel schliesst mit einer grossentheils bewachsenen, breit in's Thal hineintretenden Bergpyramide: es ist der südliche Ausläufer des Hauptmassivs, der Kamm der Hohen Köpfe, des Kranalkogls und der Taghaube, die westliche Abgrenzung des Birgkars.

Eine dürftige Schenke steht an der Wegtheilung; ich hielt hier eine kleine Rast und erfuhr auf Nachfragen wenigstens soviel, dass von den Mühlbachalpen aus zuweilen Leute auf den Hochkönig gingen; ich sollte nur die Alpwege thalein gehen und dann etwas bergan, so werde ich in anderthalb Stunden die Mühlbachalpen erreichen. Ich wanderte also die holperige Karrenstrasse weiter gegen Osten, sie kreuzte erst den Pichlgraben und verzweigte sich dann auf die Alpwiesen; bergan sollte ich die Mühlbachalpen suchen, die Flanken des Ewigen Schneegebirges zeigen sich hier bereits weniger mauerschroff, ich dachte mein Ziel an den Grasmatten zu finden, welche an ihren Fuss sich hinlehnen, begann also auf dem nächstbesten Pfad emporzusteigen, längs des Filzengrabens, durch gelichteten Wald und über Grasplätze und gelangte nach einer starken halben Stunde an zwei kleine, niedrige Hütten. Eine Pinzgauer Hexe, deren Taufschein aus dem vergangenen Jahrhundert lauten mochte, that mir auf. Ob hier die Mühlbachalpen seien? — Nein! — Wo diese zu finden seien? — Weiss nicht. — Danke. — Weiter aufwärts liegt wieder solch' eine Barake; gleiche Frage nach den Mühlbachalpen; gleichen Bescheid „Weiss nicht." — Drüben auf grünem Bergvorsprunge zeigen sich abermals Hütten. Ich kreuze den ziemlich verflachten Filzengraben und bin in einer halben Stunde zur Stelle. Die Schweine strecken durch die halboffene Thür ihre Rüssel grunzend mir entgegen, und der ihnen in jeder Beziehung ähnliche Besitzer grunzt sein verzweifeltes „Weiss nicht." — Wie die Alpe heisse, die jenseits des tiefen Schönberggraben liege? „Weiss nicht." Wo der Weg durch den Graben gehe? „Weiss nicht." — Wenn der Gletscher der Uebergossenen Alp nicht in der folgenden Nacht schon seine eisigen Arme über das ganze Weideland an seinem

Fusse breitet, — an meinen Verwünschungen liegt die Schuld sicher nicht! — Ich suche mir den Abstieg in den Graben, so gut es eben gehen will, schlage mich eine halbe Stunde lang im Krummholz herum, finde die Bachsohle als Klamm und, nach einer Stelle spähend, die den Uebergang ermögliche, den schönsten Pfad, der direct nach der verlassenen Alpe hinaufzeigt. Jetzt kann er mir nichts mehr nützen, denn er läuft längs des Grabens abwärts, und ich will quer hinüber; steige also das struppige Felsgehänge jenseits wieder empor, sehe mich auf einem dicht mit Gebüsch überwucherten Bergwulste und zu meinen Füssen einen zweiten Graben, den eigentlichen Schönbergbach, während ich vorher eine Abzweigung desselben überschritten hatte (von der Keil'schen Karte Moosbach benannt). Wieder tief hinunter zur Sohle, im engen Bette des rauschenden Baches ein Stück abwärts und dann im Walde steil, langwierig hinauf. Endlich lichtet sich die Dickung; vor mir liegen weithingestreckte, sanft abdachende Wiesen, sie ziehen sich hoch hinauf zum Bergsattel zwischen der äussersten Gipfelpyramide und dem nächstfolgenden Felszacken des Bergkammes, den ich vor mir sehe — der Taghaube und des Kranalkogls. Ein Wink viel leicht, auf dieser Bahn den Aufstieg zum grossen Firnplateau zu suchen. Dass ich es aber hier mit einem blossen Ausläufer des Hauptgebirgsstockes zu thun habe, sagen mir leichtverständlich die Vegetationsverhältnisse jener Höhen. Nach ein paar hundert Schritten war ich an der Alphütte angelangt und fand hier, — ein Wunderding in den Bergen und in den Bergen Pinzgaus vor Allem — einen Menschen, der ein vernünftiges Wort zu verstehen und ein solches zu reden vermochte. Ich erfuhr nun, dass die Mühlbachalpen auf dem Thalboden selbst liegen, und ich vom Bergabhange nur wieder zu Thal zu steigen habe, um an dieselben zu gelangen; ich erfuhr, dass ich auf der Rohrmoos- und Pichelalp gewesen — der Name der dritten Alp, von welcher ich in den Schönberggraben hineingesprengt worden war, ist mir entfallen, und ich finde auf der Keil'schen Karte an der entsprechenden Stelle keine solche angegeben; — dass ich mich nunmehr an der Schönbergalpe befinde und $\frac{3}{4}$ Stunde Weges über freien Wiesengrund nach den Mühlbachalpen hinunter habe. Ich erfuhr weiter, dass von diesen Alpen ein nicht gar schwieriger Aufstieg zum Ewigen Schneegebirge führe, dass ich einen solchen jedoch von Seite der Schönbergalpe nicht suchen dürfe; ich würde mich auf den Höhen des Grates, den ich vor mir erblicke, vor die Steilabstürze des

Birgkars gestellt sehen und den Hochkönig noch weit zurückliegend erblicken; ja es wurde mir sogar dieser ersehnte Gipfel selbst gezeigt, welcher als unscheinbarer Felshöcker durch eine Scharte des nahen Kammes hindurchlugt. — Mit diesen unschätzbaren Kenntnissen ausgerüstet begann ich den Abstieg nach den Mühlbachalpen; bald erblickte ich sie, am Fusse des grünen Gehänges, am Höhenrande einer breiten, hügeligen Thalebene, welche die Wasserscheide zwischen dem Dientener und dem Mühlbache und zugleich die politische Grenze zwischen dem Pinzgau und dem Pongau bezeichnet*). Es bilden die Mühlbachalpen eine kleine Gruppe, drei nahe zusammengebaute Hütten, unter einer grossen Anzahl anderer Alpen, mit welchen diess Thalplateau übersäet ist, und welche die Keil'sche Karte ganz allgemein mit dem Namen Dientener Alpen (4233' 1377 m.) bezeichnet. Eben bei Sonnenuntergang erreichte ich nach weiter Irrfahrt mein Ziel; das zertheilte Wettergewölke des Himmels begann in durchsichtige Dünste sich aufzulösen, das Abendlicht vergoldete die Wiesenmatten auf dem sanftgerundeten Scheitel des Schneebergs. Im Osten war die Taghaube zurückgewichen, und der Hauptstock des Ewigen Schneegebirges begann hinter seinem Zweigkamme wieder hervorzutreten; starre, silbergraue Mauern bauen sich stufenlos hinauf zu zackengekrönter, unermesslicher Höhe, glänzende kleine Schneelager hängen aus den Scharten herunter und lassen hinter jenem Rande die stundenweite Firnebene vermuthen. Aber wie jenen Rand erreichen, der mit Steilwänden umschanzt ist, welchen die Gemse selbst ausweichen würde? — Ich verlegte mich wieder auf's Fragen und erhielt wenig tröstlichen Bescheid. Das Gebirge sehe hier nirgends anders aus, so hiess es, — man sage wohl, es seien da gelegentlich Leute hinaufgestiegen, es thue

*) Ich habe den gleichen Weg von Hinterthal nach den Mühlbachalpen im Jahre 1873 wieder gemacht und mich dabei überzeugt, dass die richtige Spur nicht leicht zu finden sei. Natürlich liess ich mich ein zweitesmal nicht in die Höhen des Ewigen Schneegebirges ein, sondern blieb in der Thaltiefe; so flach und eben diese jedoch von Weitem sich ansieht, so zerschnitten ist sie in Wirklichkeit, da in dem weichen Schiefergestein jeder Wasserlauf eine tiefe, enge Schlucht bildet. Doch sind der Häuschen und Alpen viele auf diesen Wiesengründen, es fehlt daher auch nicht an Verbindungspfaden. Der sicherste — allerdings nicht nächste Weg — nach den Alpen und der Passhöhe verfolgt die Dientener Strasse selbst bis nahe an Dienten, woselbst sie erst den Hauptgraben überschreitet, und steigt von da über Dachegg aufwärts zu den Mühlbachalpen. — Hinterthal — Filzensattel 1 St., zur Schenke hinab 10 Min., von hier nach den Mühlbachalpen 1½ St., nach Dienten ½ St.

das aber nicht leicht Einer nach — und im Uebrigen das verzweifelte „weiss nicht, weiss nicht“ — wenn es wahr ist, dass im gesetzmässigen Entwicklungsgange der Organismen einzelne Organe durch Nichtgebrauch verkümmern, so muss eine künftige Generation den Pinzgauer mit rudimentären Augen zu sehen bekommen — das rudimentäre Hirn ist schon da, oder vielleicht nicht einmal mehr Rudimente davon.

Ich verzehrte meinen Abendschmarrn und legte mich sehr ärgerlich auf's Heu; schlief auch bis in den lichten Morgen und kam mit Noth gegen 6 Uhr von der Alpe weg. Was war auch von diesem Tage wieder zu erwarten? Mühseliges Herumklettern und Rückzug, wenn überhaupt noch, mit Misserfolg. Der Alpenpfad führte mich am untersten Gehänge der Taghaube in nordöstlicher Richtung um ihren Kegel herum, meist über stark geneigte Grashänge, einem kleinen Gehölze zu, das er durchkreuzte. — Eine neue Alpenterrasse begann sich vor mir zu öffnen, hoch über der Schlucht des Mühlbaches, dessen Ursprungsgräben vom Plateau der Dientener Alpen herab rasch in die Tiefe sich einschneiden. Da drüben sollte ein Schafhirt hausen, der sollte Alles wissen, so war mir auf den Mühlbachalpen gesagt worden; ich hatte aber alle Lust zum Fragen und alles Vertrauen verloren; spekulirte im Vormarsche nach den Wiedersbergalpen hinauf, die hoch auf grünem Bergrücken gelegen von den Mauern des Ewigen Schneegebirges umgrenzt werden. Dort konnte ich noch am meisten Höhe gegen den Scheitel des Gebirgsmassives hin gewinnen, dessen Abstürze aber dann um so schroffer und unersteiglicher mir entgegentreten mussten. Mittlerweile aber kam ich allgemach auf die Ostseite der Taghaube herum und plötzlich begann es wie Leben in den starren Felsenhöhen sich zu regen; da rückt erst der Kranalkogl zurück und lässt die Hohen Köpfe sehen, abenteuerliche Kegel und Zinken, aber um ihren Fuss herum lagern sich Schuttplätze, von welchen gangbare Bänder schräg in's Gewände sich hineinziehen, — ob es wohl möglich wäre, von der Höhe der Wiedersbergalpe aus im Quergange eine solche Lage zu gewinnen? — Aber weiter zurück noch tritt zu meiner Linken die Taghaube, und tiefer hinein dringt das Auge in den Mauerwinkel, den der Zweigkamm mit seinem Hauptmassive bildet — und da reiht sich Schuttstreif an Schuttstreif, Schrofen an Schrofen, gezackt, gestuft, in offenkundig gangbarer Neigung; inmitten des ganzen Gehänges ein stärkerer Felsensturz, aber Steilwand ist das auch nicht, dafür bürgt mir der blosse Anblick und weiter herunter wieder endlose Geröll- und Trümmerfelder, in den innersten Grund der Thalbucht sich ausgiessend — da liegt das Birgkar ja leibhaftig vor mir! und vom zahnigen Höhenrande hängen einige Lappen schimmernden Firns herunter, — wohl ist mir bekannt, wessen Anwesenheit sie dort oben verrathen! Links ab und auf die ersten Schuttkegel los; einen Schafhirten brauche ich weiter nicht mehr! Und die Insassen der Mühlbachalpen, von denen ich noch keine halbe Stunde entfernt bin, denen sieht das ganze Gebirge hier herum „gleich“ aus! — ja freilich, wer gar Nichts sieht, der sieht auch Alles gleichartig.

Unterbrochene Spuren eines Pfades leiteten noch quer durch die Krummholzfelder, welche den verflachten Saum der Schuttkegel überkleiden; noch eine Strecke weit fand ich den Boden mit kümmerlichem Rasen bewachsen, dann behielt das wüste Getrümmer die unbestrittene Oberhand, unter diesen Geröllasten, die jeden Frühsommer, ja nach jeder Regenperiode neu sich herabwälzen, muss jedes pflanzliche Leben ersticken. Tiefe Wasserrunsen durchschneiden den lose aufgeschütteten Boden, ein starker Graben zieht an seinem Saume sich herunter längs der hohen, düstern Mauern des Kranalkogls, der nun völlig auf meine linke Seite getreten ist; in seinem Schatten geborgen, haben schmutzig graue Schneefelder bis in den hohen Sommer sich erhalten und werden wohl hier liegen bleiben, bis der erste Schnee des kommenden Winters sie wieder bedeckt. Vor mir die vielfach durchklüftete Mauerschranke, der Steilabsturz des Karbodens, und höher wieder Grieslehnen der Hochzone, schneegefleckt, in verzweigten Buchten an die seltsam gestalteten Felsthürme sich schmiegend, die massigrund ihren Fuss in die abschüssige Fläche hereinsetzen. Ein auffälliger, grell gelbroth gefärbter, plumper Kegel bezeichnete mein nächstes Ziel dort oben und zugleich den Wendepunkt der künftigen Anstiegsrichtung; sie ist bis dorthin dem Hochkönig geradezu abgekehrt und muss in schräger Querlinie zurücklaufen zu den ersteigbaren Sätteln im Rande des Firnplateaus, auf welchem ich mich dann in unmittelbarer Nähe des Gipfels befinden werde. So der Plan in seinen grossen Grundzügen; die nächste Aufgabe der Detailausführung bildet das Erklettern der zwischengeschobenen Steilstufe, welche von jenen hohen Regionen mich noch trennt. Und auch bis dahin hat es noch gute Weile; die Schuttfelder dehnen sich endlos lange, immer steiler und haltloser gegen ihren Fuss hinan; jede Schätzung der Zeit und der Länge des Weges wird an diesen einförmigen Flächen zu Schanden; und hatte ich auch stellenweise Gelegenheit, vom rollenden Schotterboden weg auf die hartgefrorenen Wellenstufen der Schneelehnen überzutreten, so gewann ich gleichwohl nur langsam an Terrain. Drei Tage anstrengender Bergmärsche lagen bereits hinter mir, Alpenlager und Alpenkost tragen nicht sonderlich zur Hebung der Kräfte bei. So begann ich schon nach der ersten Stunde Marsches Ermüdung zu fühlen, und das Ansteigen über die eintönigen Geröllfelder, jeder Tritt im losen Geschiebe zurückgleitend, war wenig geeignet zur Weckung der Lebensgeister. Endlich kam ich am Fusse des Schrofengehänges an, einige vorgeschobene Abstufungen waren bereits hinter mir zurückgeblieben, von ihren ebenen Scheiteln weg spitzten die letzten Schuttstreifen in's Geklüfte sich aus. Ohne eigentlich genau zu wissen warum, war ich ziemlich genau auf die Mitte der sperrenden Mauer losgegangen, sah sie zwar recht kahl und schroff vor mir aufsteigen, aber ihre Höhe schien nicht mehr bedeutend, ich hoffte bald auf besseren Boden zu gelangen; packte in der nächsten Kaminspalte an und begann mich hinaufzuarbeiten. Das ging ein Stückchen weit ganz leidlich, dann enger und schlechter und zuletzt gar nicht mehr; ich stand vor einem fast senkrechten, glattwandig geschlossenen Felsriss, stufenlos, nur etwa nach Kaminfegerart zu erklimmen; während ich mich noch besinne, ob diess zu wagen und mit welcher Aussicht auf weiteren Erfolg, gleitet der rechte Fuss von der Gesteinsstufe ab, auf die er halb gesetzt worden war, und im Nu bin ich wieder unten im minder abschüssigen Theile des Kamins, wo ich mit Ellenbogen und Knieen mich sperre. Recke die Glieder und finde, dass die Maschine noch in Ordnung, allerdings etwas zerkratzt; weiss aber nun genau, was ich zu thun habe, nämlich einen besseren Aufgang mir zu suchen. Wieder hinunter auf die Schuttfelder und quer hinüber nach der linken Seite, wo ich mich erinnerte, einige grüne Plätze und Streifen am Fels gesehen zu haben — freilich auch keine vollständige Verbindung vermittelnd. Ein paar tiefe, trocken liegende Furchen der Sturzwässer hatte ich dabei zu kreuzen; ihre Scheiderücken, mit schwachem grünen Kleide überzogen, zeigten sich gegen die Höhe bald versperrt durch vortretende Strebepfeiler des Gewändes. Durch solche Hindernisse immer wieder seitlich abgedrängt, aber gleichwohl von Rippe zu Rippe an Höhe gewinnend und daher nicht ohne Hoffnung, gelangte ich allmählig bis an den Saum des tiefen Grabens, welcher aus den oberen Karen längs des Fusses der Hohen Köpfe und des

Kranalkogls herunterzieht. Und längs dieses Saumes endlich zeigte das Geschröf sich gangbar; steil genug immerhin, aber mit Grasschöpfen bewachsen, von einzelnen engen Gesimsen durchstrichen, ermöglichte es den Aufstieg in umsichtig ausgewählter Linie, bald leitergerade empor, bald wieder eine Strecke in die Quere, um neuerspähte Treppen zu gewinnen. Dabei zeigte die Steilabstufung sich als viel beträchtlicher, als ich ursprünglich sie veranschlagt hatte, und häufig boten vorspringende Ecken mir Gelegenheit, die wilden Felsstürze ihrer Mitte mir zu betrachten, in welche ich beinahe mich verwickelt hätte. Gut, dass ich rechtzeitig herunter gefallen; von dieser Höhe herab hat es noch nichts geschadet; im Gegentheile, ich fühlte eine fast wohlthätige Nachwirkung davon auf meine körperliche Elastizität; es war ein kleines Correktiv gegen die Trägheit dieses Morgens gewesen.

Stufe um Stufe wurde gewonnen, in der Höhe wurde es freier und lichter, die Zackenthürme der Hohen Köpfe tauchten vor mir wieder auf und mächtig in's Kar herein drängend der schroffe Felskegel, den ich zum ersten Zielpunkte mir ausersehen. Gerundete, hügelige Absätze weisen nochmals hochalpine Vegetation in ihren äussersten Ueberresten; dann erstirbt auch diese letzte Spur des Lebens. Felder fein zerriebenen Schuttes dehnen sich zu neuen Höhen; ab und zu tritt aus ihnen ein verwettertes Riff, eine Lage welliger Platten hervor. Der eigentliche Kessel des Birgkars schliesst sich auf; Gipfel ohne Zahl und Namen umstehen ihn im weiten Halbkreise, senden ihre Zweige in sein Inneres hinein, deren Enden in schroffen Kegelpyramiden auf seine Sohle herabbrechen. Schwer hält es, in ihrem Gewirre sich zurecht zu finden; wohl mag die Mehrzahl von ihnen noch den Hohen Köpfen, also dem Seitengrate des Ewigen Schneegebirges angehören, und eine der zwischen ihren Körpern eingeschnittenen Klüfte mag es sein, durch welche, wie gestern der Senne der Schönbergalpe mir erzählte, auch von der Westseite der Taghaube herauf das Birgkar und mittelbar der Hochkönig gewonnen werden könne. Die innersten dieser Zähne und Felsklötze stehen aber wohl bereits im Randgrate des grossen Firnfeldes, eine Vermuthung, über welche freilich nur ein Besuch dieser Kante an geeignetem Punkte völlige Gewissheit verschaffen könnte. Vielleicht dürfte wohl auch diese selbst aus dem innersten Birgkar erstiegen werden; einladend zu einem solchen Unternehmen, das vom Hochkönig zudem weit abführen würde, ist seine Mauerumwallung nicht eben zu nennen, doch liegt die Möglichkeit nahe genug, dass zwischen diesen verschobenen

Kegeln Einsenkungen und Schuttgräben sich aufthun könnten, nicht weniger unerwartet als das ganze Birgkar selbst. Meiner Wegerichtung lag dieser innere Kessel des Birgkars überhaupt ferne; sie hielt sich jetzt geradlinig auf den prallen Felskegel zu, um am Fusse seiner gelben Mauern sich zurück zu wenden nach dem eingesunkenen Gratscheitel, wo der Firn herunterwallt und die breite Kuppe thront, der König der Höhen in den Kalkalpen Berchtesgadens.

Allerdings nicht völlig frei von Zweifeln blickte ich zu ihr empor; schon stand sie mir ziemlich nahe, und noch zeigte sich von der Kapelle, welche die Knappen von Mitterberg dort erbauten, nicht eine Spur; und eben so wenig wollte durch die vielfachen Scharten des Felsenrandes sich irgend ein Einblick bieten auf das Firnplateau; sollte ich doch in meiner Voraussetzung mich getäuscht haben? sollten die Schneeflecke, die ich dort wahrnahm, isolirt in den Wänden hängen, der ewige Schnee noch höher gelegen und vielleicht durch unersteigliche Abstürze von ihnen getrennt sein? Es wollte mich wohl auch bedünken, dass meine bisher gewonnene Höhe für einen Gipfel des Ranges, wie er mein Ziel bildete, noch keineswegs genügen könne; glaubte ich ja doch in nahezu gleicher Höhe schon mit jener Kante mich zu befinden, der ich in schrägem Quergange nunmehr zusteuerte. In Letzterem eben lag die Täuschung; ich unterschätzte gewaltig die Höhe, welche ich bis dorthin noch zu bewältigen haben würde.

Immer umfassender und grossartiger gestaltete sich mir im Rücken das Aussichtsbild; über die Zackenscheitel der Taghaube und des Kranalkogls blickte ich bereits hinweg, die grünen Schieferberge des linken Salzachufers waren längst in die Tiefe zurückgesunken. Darüber stiegen die Radstädter Tauren, die Berge des Lungau herauf, die dunklen Gebirgskämme der Thäler von Rauris und Hofgastein, und hoch über ihnen die Eispyramiden des Ankogl und Hohen Aar, so nahe, so gewaltig, wie ich noch niemals sie gesehen. Noch umsäumen sie klar, wolkenfrei den Horizont; aber schon steigen die weissen Rauchsäulen aus den Thalgründen auf und drohen das herrliche Bild in Bälde zu verwischen; Eile thut noth, will ich auf meinem Gipfel anlangen, bevor sie Alles in ihren neidischen Schleier hüllen. Und emsig geht's aufwärts längs eines zernagten Felsriffs, welches vom Fusse des Kegels ausstrahlt, der bis dahin mein Leitstern gewesen; jenseits liegt ein langes, steiles Schneefeld von mässiger Breite, welches überquert werden muss, um die Schuttflächen, die höher noch sich hinaufziehen, zu gewinnen. Ich hielt mich auf Felsboden, so lange als thunlich, schwenkte von der Stelle, an welcher ich das Schneefeld am schmalsten fand, rechts auf dasselbe ab und begann die mühsame Arbeit des Stufentretens. Sie musste um so sorgfältiger ausgeführt werden, als das Schneefeld ziemlich nahe am Rande der Steilwände auslief und die Besorgniss nahe lag, eine Abfahrt über die jähe Fläche (von etwa 45° Neigungswinkel) möchte auf dem Schrofensaum, der vom Absturze mich dann noch trennte, kaum mehr zum Halten kommen. So verbrachte ich reichlich eine Viertelstunde mit dem Passiren einer Strecke von kaum zweihundert Schritten, und war herzlich froh, als ich das jenseitige Ufer gewonnen hatte und der Fuss wieder festes Gestein unter sich fühlte. Sonderlich angenehm war auch hier der Weg nicht; das Geröll und Getrümmer ging mit zunehmender Höhe allmählig in völlig flüssigen Schutt über, und zeitweise schien es geradezu unmöglich, noch vorwärts zu kommen in diesen aufgelockerten Massen, die wie Dünensand unter jedem Tritte zurückwichen. Die Nebel zogen immer bedenklicher sich um die Gipfel zusammen, aber nur äusserst langsam näherte ich mich den unterbrochenen, vielfach durchklüfteten Mauern, hinter welchen ich das Schneefeld vermuthete. Die Mattigkeit der Morgenstunden begann wiederholt sich fühlbar zu machen und Zweifel über Zweifel kamen in ihrem Gefolge. Was ich bisher für den Hochkönig gehalten, der breite Felskopf mit seiner senkrecht niederstürzenden Nordwand, stand nun ganz nahe zu meiner Rechten; seine Gestalt hatte sich nur wenig verändert, der Scheitel, den ich erblickte, konnte nichts anderes sein, als sein wirklicher Gipfel. Aber das Häuschen wollte sich nicht zeigen; und es hätte doch jetzt gross genug vor meinen Augen stehen müssen! Zur Linken hatte ich eine breite Einsenkung des Randes, ein Schneemantel wallt über die Kante herab, aber ohne die geringste Andeutung einer jenseitigen Fortsetzung. Wenn ich geirrt hätte, wenn ich einen Seitengrat erstiegen, das Firnfeld und seinen Gipfel durch Abgründe getrennt mir gegenüber erblicken sollte! Dann wieder ein verlorener Tag! — Sorgenvoll langte ich am Fusse der letzten Schranke an; die Wahl des Anstieges war rasch getroffen, den breiten Schneesattel links lassend, kletterte ich die nächst gelegenen Plattstufen hinauf in eine Trümmerrunse, welche zwei massive Zacken von einander spaltet. Das Dunkel der Felsgruft nimmt mich auf, hohl klappern die losbröckelnden Steine hinter mir hinunter. Staffel um Staffel fasst der Fuss, die Hände, an die Seitenwandungen gestemmt, helfen dem raschen Aufschwunge nach;

und nicht von der Anstrengung des Steigens allein erregt, schlagen fieberhaft alle Pulse. Heller wird die Höhe; es naht der Augenblick, der, hundertmale erlebt, in seinem grossartigen Eindrucke der nivellirenden Macht der Gewohnheit widersteht: das ruckweise Heben des ganzen Himmelsgewölbes, das erste Auftauchen eines fernen-Horizontes, das blitzschnelle Erscheinen all' der Einzelheiten einer geöffneten Welt in überwältigender Masse. Aber wie oft auch wird die gespannte Erwartung getäuscht, wie oft naht sich im Hochgefühle der Erreichung seines Zieles der Bergwanderer der Höhengrenze, die er vor sich erblickt, und wenn er sie zu fassen vermeint, da taucht statt der vermeinten Welt eine neue Schranke vor ihm auf, — oder gar sein eigenes Ziel ist es, welches als Grenzlinie des Gesichtskreises aufsteigt vor ihm, der im Augenblicke selbst es zu betreten dachte, — Schluchttiefen zwischen ihm und der erkorenen Spitze — ein andermal, mein Freund! — Hinauf, wo die Zacken sich auseinanderbiegen, wo Licht und Himmelsblau in breiten Strömen sich herein giesst in's Düster der Mauern; dort bleibt es frei, kein finstergrauer, in harten Linien gezeichneter Fels will eine beherrschende Nähe für sich geltend machen. Die Helle nur weitet sich und füllt den unermesslichen Raum — und jetzt — jetzt blinkt es auf! die bleichen Zinnen des Haagengebirges — die Berge der Röth, des Königssees — das Steinerne Meer wälzt seine Felsenwogen in den Gesichtskreis herein und noch ein Sprung — da verwandelt im Zauberschlage das Dunkel der Gruft sich in blendenden Schimmer, auf Meilenweite ein Teppich spiegelnden Glanzes, Lichtfülle strahlt von ihm aus, als wäre er selbst die Leuchte für die Bergwelt, die er beherrscht; an's matte Mauergrau reiht sich der funkelnde Krystall, an's Meer von Stein das Meer von Eis — die Uebergossene Alp der Sage, — der Ewige Schnee. —

Und wo steht nunmehr der Hochkönig? Gleichviel, wo immer, jetzt ist er in meiner Gewalt! — Doch siehe, da zeigt er sich ja ganz nahe zur Rechten! ich hatte ganz richtig ihn in der breiten Felsenkuppe vermuthet, die so massig aus dem Scheitel der Wände sich heraushob, ihre Doppelgestalt aber hatte das Häuschen auf dem Gipfel hinter einem etwas niedrigeren Vorbau desselben verdeckt gehalten. Jetzt stand es gross genug vor mir, und der Hochkönig selbst als kaum noch 150′ hoher, flachgewölbter Tafelrücken im Schneefelde. Gemächlich schlenderte ich die ebene Bahn entlang, seinem Fusse zu. Ich traf wenig blankes Eis, und auch diese wenigen Stellen zeigten sich rauh und rissig, ein Gegenstand der Verwunderung für mich, der ich noch niemals einen Gletscher gesehen und vermeint hatte, man müsse auf seinem Eise Schlittschuhe laufen können und bei 5° Neigungswinkel bereits der Steigeisen bedürfen. Der Gletscher legt sich auf seinem Südrande sehr flach auf, an den Sätteln und Scharten der Randkante läuft seine Firndecke unmittelbar auf dem Schutte aus; von der tiefen Bergkluft, welche den Ersteigern des Hochkönig auf dem gewöhnlichen Wege, von Osten her, zuweilen hinderlich sein soll, war hier nichts zu erblicken. Eine grosse Ausbuchtung der Randkante wird von einem ziemlich tiefen Firnbecken ausgefüllt, dessen enge Mündung einen der Schneelappen in die Südwände hinunter hängen lässt, welche im Thale der Dientener Alpen sichtbar werden. Jenseits dieses Kessels schliesst die Firndecke sehr bald an den Felskörper des Hochkönigs sich an. Die gerundeten Schrofenstufen hinan gewann ich nach wenigen Minuten den Scheitel seines breiten Rückens und mit ihm den vollen Ueberblick der östlichen Hälfte des Gletschers; ein neuer Gegenstand der Bewunderung, tiefgrün im blendenden Schneefelde ein kleiner See, hielt noch einen Augenblick mich fest. Dann ging's raschen Schrittes hinan zum Gipfel; eine starke Viertelstunde, nachdem ich den Gletscher betreten, war ich am letzten Ziele. Ueber 5 Stunden hatte der Aufstieg von den Mühlbachalpen gewährt; doch kommt ein guter Theil dieser Zeit auf Rechnung meines ziemlich matten Ganges und einzelner unproductiver Recognoscirungsabstecher. Ich denke, dass bei frischen Kräften ein geübter Alpenwanderer in 4—4½ Stunde durch das Birgkar herauf den Hochkönig wird erreichen können (Hochkönig 9048′ 2939 m. Keil).

Auf dem breiten Scheitelplateau, welches einer Gesellschaft von 30—40 Personen bequemen Raum gewähren könnte, legte ich mein Gepäck neben dem Häuschen nieder und trat in dieses ein. Eine Capelle sollte nach Absicht der Bergleute von Mitterberg auf dem erhabensten Gipfel der Salzburger Kalkalpen errichtet werden, doch zeigte das Gebäude, wie es im Spätsommer 1868 fertig dastand, weder in seiner äusseren Erscheinung, noch in seiner inneren Einrichtung irgend Etwas, das dieser seiner ursprünglichen Bestimmung entspräche. Das Bauwerk selbst bildet ein solid gemauertes Rechteck, etwa doppelt so lang als breit, von einem stark geneigten Schindeldache überdeckt; das Innere stellt ein eben solches Rechteck dar, eben breit und kaum lang genug, dass ein einzelner Mann ausgestreckt auf dem Boden liegen könnte. Es würde daher die sogenannte Capelle zwar für den einzelnen Bergwanderer, nicht aber für eine, wenn auch noch so kleine

Gesellschaft die Rolle einer Schutzhütte übernehmen können. Sie besitzt kein Fenster, ihre Thüre öffnet sich auf deren Schmalseite gegen Süden; eine Nische im Mauerwerk, worin vielleicht seither ein Heiligenbild Platz gefunden hat, bildete zur Zeit meines Besuches die gesammte Meublirung. Als Fremdenbuch figurirte die Thüre, doch musste ich Mangels eigenen, vor zwei Tagen auf dem Achselhorn verloren gegangenen Schreibmateriales auf die Verewigung meines Namens verzichten. Mein Aufenthalt im unwirthlichen Raume war daher nur von kürzester Dauer, ich trat wieder hinaus in's Freie, wo dichter und trüber die Nebel heraufrauchten und binnen Kurzem das ganze Aussichtsbild umzogen. Einem uferlosen Meere gleich dehnte gegen Norden die Schneefläche in ihre Schleier sich hinaus. Wie bereute ich nun, zwei kostbare Morgenstunden verschlafen zu haben, wie bereute ich jede Rast, die ich unterwegs, der Ermüdung nachgebend, gehalten hatte; dann hätte ich noch ein Viertelstündchen freien Ausblickes erhaschen können, während jetzt, wo die Wolkenbildung der Mittagsstunden begonnen hatte, und die Nebel bereits fest an den Wänden zu kleben anfingen, wenig Hoffnung vorhanden war, ihren Vorhang noch einmal gelüftet zu sehen. Und dennoch konnte ich mich schwerer Schuld kaum zeihen, blickte ich auf die vergangenen Tage zurück, zurück auf den fernen Westen, wo mit dem Betreten des Firnrandes die Zacken der Hocheisspitz-Gruppe mir gewinkt hatten, nun versunken in feuchtes Grau Dort hatte meine Wanderung begonnen, hoffnungslos wie der heutige Tag, mit einem schwarz umwölkten Morgen. Am nebelbekappten Kammerlinghorn vorüber, dessen beabsichtigte Ersteigung unter solchen Umständen keinen Zweck mehr haben konnte, war ich auf unbekannten Pfaden vorgedrungen gegen Osten, von Kar zu Kar, die ich noch nie gesehen; der gelichtete Himmel hatte mich auf dem bretterdünnen Gipfel des Alpenhorns, auf dem Dolomitzahn des Palfenhorns geschaut, hoch über seinen Firngrüften mich gemahnend an einen früheren, tollen Versuch, an jähen Sturz und wunderbare Rettung. Vom aussichtreichen Seehorn hatte ich mein Nachtquartier im oberen Diessbachthale mir erspäht, nächtliche Gewitterschauer hatten auf Mitterkaser mich in Schlummer gewiegt und mir klare Luft bereitet für den kommenden Tag. Und dann war die westliche Randkette des Steinernen Meeres überklommen*), waren am dritten Tage

*) Die Beschreibung dieser Tour siehe Zeitschr. des D. A.-V., Bd. I., H. 3, S. 355 ff.: „Das Steinerne Meer."

die öden Thäler seiner Osthälfte durchwandert, dreimal trennende Bergschranken überstiegen worden, folgte der misslungene Angriff von der Urschlauer Scharte aus auf den Ewigen Schnee, Abstieg nach Hinterthal, über den Filzsattel in's Dientener Alpengebiet und noch mehrstündiger Irrgang in den Gräben des Schönbergs — was Wunder, wenn endlich bei schlechtem Nachtlager und wenig nahrhafter Kost die Körperkräfte den Dienst versagten? — Sie mussten wohl Gewicht haben, die Entschuldigungsgründe, die ich da mir vorbrachte, denn auch die Mächte des Luftkreises schienen ungewohnter Weise auf Gründe der Billigkeit zu hören; noch einmal kam Bewegung in die trägen Dunstmassen, ruckweise schob bald hier, bald dort, eine Schicht vom Felsen sich weg und urplötzlich stieg das ganze Wolkenmeer um etwa 500′ in die Höhe; mit einem Schlage war das Aussichtsbild wieder freigegeben, ein Nachmittagsgewitter aufgeschoben und ein um so heftigeres Abendgewitter besiegelt. Ich mochte mich für's Erste vollständig zufrieden geben. — Wieder lag die Bergwelt Berchtesgadens vor mir; die Wellen des Haagengebirges, von der Göllkette im Norden begrenzt; zwischen jenem zweiten Steinernen Meere und der Firndecke, die sanft zu ihrem Südrande herauf sich wölbt, die Tiefe des Blühnbachthales, unsichtbar, nur durch verschwimmenden Duft und den Wechsel des Lichttones gekennzeichnet; die nördlichen Ausläufer der Uebergossenen Alp treten als abgerundete, theilweise begrünte Felsrücken zwischen seitlichen Engthälern hervor, die in den Lauf des Blühnbaches münden. Hoch über dem Abschlusse jenes Thales zeigt im Nordwesten sich das Zwillingspaar der Teufelshörner, das selten erstiegene Grosse als flachgerundeter Rücken vom Sattel zwischen beiden Spitzen sich aufkrümmend, was behufs Lösung einer bereits einmal misslungenen Aufgabe ad notam genommen wird. Weiter hinaus die zähnestarrenden Gruppen eines Watzmann-, Hochkalter-, Hocheisspitzgebirges und näher heran das Steinerne Meer mit seinen zahllosen Gipfeln; in etwa stundenweiter Entfernung der Seilerkopf*), eine Felsenkuppe ähnlich dem Hochkönig; vom Firnfelde aus leicht zu gewinnen und wohlfeile Beute einer Ersteigung, die vielleicht gleichwohl als eine erste sich betrachten liesse. — Weiter noch, und des Neuen für mich

*) 8395′ 2727 m. Keil. Als eigentlichen südwestlichen Eckpunkt des Ewigen Schnee, welchen ich möglicherweise mit dem wahren Seilerkopf verwechselt haben könnte, gibt die Keil'sche Karte einen namenlosen Gipfel mit 8438′ 2741 m. an. Dieser ist auch der Ausgangspunkt des Zweigkammes der Lausköpfe.

noch mehr bietend, gestaltete sich der Ausblick gegen Osten. Da lagerte mir zunächst das Tennengebirge, ein riesiges Plateau, doch ziemlich arm an ausgeprägten Gipfeln; in doppelter Weite ungefähr die scharfgezeichneten Formen der Dachsteingruppe, und darüber hinaus die Bergrücken des Salzkammerguts, mehr südöstlich die Radstädter Tauren, die Steyerer Berge, ein unentwirrbares Labyrinth von Kämmen und Spitzen. Die eisbelasteten Tauren wurden in ihrer Erscheinung durch die aufgestiegenen Nebel noch am meisten beeinträchtigt; doch blieben die Gasteiner und Rauriser Berge fast beständig in Sicht und nicht selten zeigte auch der Glockner seine spitze Gabel, der Venediger seine flachgeschwungenen Firnzelte. Bei völlig reiner Luft sollen, wie mir nachmals in Mühlbach erzählt wurde, im Südwesten noch die Stubayer und Oetzthaler Ferner, über ihnen der Ortler zum Vorschein kommen, und unter ganz besonders günstigen Verhältnissen noch über die Ortlerkuppe hinaus ein weisser Spitzensaum sich zeigen, wahrscheinlich die Gletscher des Bernina.

Der südöstliche und östliche Rand des grossen Firnfeldes selbst zeigt ähnliche, niedrige Felsengipfel, wie der südliche und westliche, ein ziemlich schroffer Kegel, der Pratschenkopf (8632′ 2804 m. Keil) entspricht als Wartthurm der südöstlichen Ecke dem Seilerkopf im Westen. Von ihm läuft östlich die zerspaltene Zackenreihe der Manndelwand und noch weiter gen Osten der niedrige Bergrücken aus, auf dessen Scheitel die Mitterbergalpen, an dessen Südgehänge das Kupferbergwerk Mitterberg gelegen ist; von hier aus wird mit weiter, nordöstlicher Umgehung der Hochkönig in der Regel bestiegen, wobei die halbe Längenerstreckung des Firnfeldes überwandert werden muss. Noch zwei weitere Seitenkämme entsendet das Ewige Schneegebirge gegen Osten: die Polesköpfe, im Anschlusse daran die Kampfwand, und das niedrige, grüne Imelau Gebirge, welches den unteren Lauf des Blühnbachthales begleitet.

Meine nächste Umgebung nun auch im Süden zu mustern und an den saftig grünen Alpwiesen dort unten einen wohlthuenden Contrast dem schneegeblendeten Auge zu gewinnen, stieg ich längs des Felsenrückens etwas hinunter bis zu seinem, unmittelbar an den Rand des Steilabsturzes vorgeschobenen Endpunkte, dem Standorte einer kleinen, trigonometrischen Signalstange; schaute hinab auf die Ursprungsschluchten des Mühlbaches, den Fellerbach, Trockenbach, Wiedersberger- und Schrammbach, wie sie tief in die Bergesflanken hereinschneiden und die Schuttmassen, welche sie von dort hinwegführen, verwüstend ausgiessen auf's Weideland; und blickte zurück auf den Weg, den ich heraufgeklommen, der bald meine Schritte zurückleiten sollte zu Thal; zurück auf die Trümmerriesen und Schneelehnen, das kahle Geklipp und Gewände und auf die enge, künstlich geschlungene Bahn, die zwischendurch mich verknüpft hielt mit den Stätten der Menschen. Hier in der Höhe ist das Leben erstorben; auch nicht die dürren Hälmchen, die Flechten am Gestein, die auf andern, minder hohen Kalkgipfeln allenfalls noch angetroffen werden, gedeihen auf dem Haupte des Schneekönigs; nur die Bergdohle fährt kreischend aus den Mauerklüften heraus, umkreist mit schwankendem Fittich wie verwundert den ungewohnten Gast und schiesst kopfüber hinab in die Tiefe.

Mehrere Stunden meines Aufenthalts waren fast unmerklich dahin geschwunden, und wohl lange noch hätte Ueberdruss am Schauen gesäumt, mich von meinem Luftsitze zu vertreiben. Doch stand die Sonne schon stark im Südwesten und in dem Masse, als sie in jener Richtung ihre Tagesbahn durchlief, zog schwarzes Gewölke von dorther ihr entgegen. Ein Lebewohl dem königlichen Haupt, das wenige Minuten später als hoher Felsenwall hinter mir aufragt, und nochmals Lebewohl dem schimmernden Firnmeere, da ich von seinem Ufer weggewendet in die finstere Kaminspalte wieder hinabtauche. Die Schuttlehnen im Sprunge hinab, der rollende Gries vor meinen Füssen, zu meinen Seiten und mir nachdrängend, das ganze Feld in Bewegung, hinabfliessend nach seinem nahen Steilrande, über welchen es in prasselndem Gusse seinen Ueberschuss entleert. Quer über das steile Schneeband, in welchem meine Fussspuren vom Morgen kaum mehr zu erkennen sind, vom Sonnenbrande weggeschmolzen, und nun das endlose Schrofengehänge von Terrasse zu Terrasse hinunter auf die ersten grünen Plätze, auf die mächtigen Schuttkegel und die Firnreste in den Gräben im Schatten der Wände des Kranalkogls. Lustig geht's jetzt hinab über die Trümmerlehnen, die in den ersten Morgenstunden so mühsam mich hinaufkeuchen sahen, und auf den verzweigten Pfaden um den grasreichen Rundfuss der Taghaube herum zu den Mühlbachalpen zurück, wo ich den Leuten, ersichtlich mit wenig Erfolg, vordemonstrire, dass es hinter'm Berge denn doch nicht so ganz „gleich“ aussehe an den Wänden des Ewigen Schnees. Dann bei umdüstertem Himmel fort, hinunter gen Osten, auf Alpwegen erst und dann auf holperig fahrbarer Strasse, hoch über der Schlucht des Trockenbachs dahin, und kurz vor seiner Einmündung in den Fellerbach quer durch den Graben zu den einsam auf waldumsäumten Wiesen-Vorsprüngen stehenden Gehöften der Ellmau*). Tiefer und tiefer noch schlingt die Strasse sich von der Berghöhe herab, es weitet sich das Thal, seine grünen Seitenbuchten in's Schiefergebirge der Salzach schliessen eine um die andere sich auf, ihre Alpengründe und braunen Hütten zeigend. Lautes Pochen übertönt das Rauschen des kräftig dahinschiessenden Mühlbaches; Halden goldglänzenden Gesteins liegen am Wege; es ist Kupferkies, der in den Schachten von Mitterberg gewonnen und in Mühlbach verhüttet wird. Eine Stunde nach Verlassen der Alpen, 4 Stunden nach Aufbruch vom Hochkönig, sehe ich über einem Hügelvorsprunge des Thalrandes die ersten Dächer von Mühlbach vor mir auftauchen; eben noch zu rechter Zeit, denn der Wirbelwind des drohend heraufgestiegenen Gewitters fegt bereits hinter mir drein. Ein kleiner Sonnenbrand im Gesichte, den der Ewige Schnee auf kaum viertelstundenlangem Marsche mir anzuhängen gewusst, wird über dem lange entbehrten Genusse eines Abendbratens und obligaten Gerstensaftes bald vergessen; im angenehmen Gesellschaftskreise einiger, wahrscheinlich bei dem Hüttenwerke angestellter Herren werden noch ein paar vergnügte Stunden verlebt. Sie wundern sich über den Touristen, der, wie hereingeschneit in's Mühlbachthal, durch das Birgkar auf den Ewigen Schnee hinaufläuft. Und ich lege mich endlich zur Ruhe mit dem frohen Bewusstsein, meine abenteuerliche Irrfahrt von einem Ende der Berchtesgadener Gruppe zum anderen würdig abgeschlossen und das augenscheinlich einem Wechsel sich zuneigende Schönwetter gründlich ausgenützt zu haben. — Mit dem schmalen Geldreste, den die völlig improvisirte Tour in meiner Tasche zurückgelassen, mich noch bis Berchtesgaden durchzulaviren, — diess Kunststück verbleibt dem morgigen Tage.

*) Ein sehr lohnender und bequemer Weg, den ich im Jahre 1873 kennen lernte, führt, statt in's Mühlbachthal hinunter, quer an der Bergflanke hin nach Mitterberg. Der Seitenpfad verlässt den Fahrweg etwa ½ St. von den Mühlbachalpen entfernt, kurz nach Ueberschreitung des ersten breiten Trümmerbettes; von hier gelangt man auf aussichtsreichen Alpenpfaden zum unteren Pochwerke von Mitterberg (1 St.). Gute Strasse hinauf bis zu den obersten Werken (½ St.). — Im kleinen Wirthshäuschen bei den Mitterbergalpen, fast auf der Passhöhe gelegen (4655′ 1512 m. Keil), gute Unterkunft. Der Hohe Kail (5477′ 1779 m. Keil) hier nahe und leicht zu ersteigen; vermuthlich aussichtsreich. Von Mitterberg über die Passhöhe, durch den Bocksrollbach nach Bischofshofen (2 St.), oder über die Kohlstatt und durch die Hölle (Eisenbergbau) nach Werfen (3 St.). Letzterer Weg stellenweise grossartig, schöner Rückblick auf das Ewige Schneegebirge mit der Doossäule.

V. Auf den Gipfeln der Reitalm*).

(Hierzu Vertikal- und Horizontalprofil No. 5.)

Im äussersten Westen der Berchtesgadener Gruppe erhebt sich isolirt ein Tafelgebirge, wetteifernd mit dem Steinernen Meere, wenn nicht an Ausdehnung, so doch an Oede und Zerrissenheit. Als Wahrzeichen des Ramsauer Thales tritt es dem Wanderer entgegen, das breite, wellengipfelige Bergmassiv, dessen Häupter im Hintersee sich abspiegeln. In einem felsenkahlen Rundklumpen zusammengedrängt, erscheinen seine Zinnen; nur ihrer eine, das W a g e n d r i s c h e l h o r n, in seltsam regelmässiger Glockengestalt, erhebt sich vereinsamt auf seinem Sockel von Stein. Wand überall, wo immer man nach diesen Höhen emporblickt. Wand gegen den Hintersee, Wände mit mächtig vortretenden Eckpfeilern den Schwarzbach entlang, zu Seiten der Ramsau-Reichenhaller Strasse, die eine Fülle der grossartigsten Alpenbilder auch der Touristenwelt, die nicht auf eigenen Füssen geht und steht, vor Augen führt. Wand gegen Westen, in's Thal der Saalach; ihre silbergraue Fläche, ihre fast senkrecht gezogene Absturzlinie bildet einen der schönsten Züge im südlichen Panorama R e i c h e n h a l l s. Wen aber sein Weg in entgegengesetzter Richtung, gegen Süden um das Reitalmgebirge herumführt, der sieht, nicht lange nachdem er den Hintersee verlassen, die starre Felsenwand zu seinen Häupten sich theilen, spalten und formen. Zwei Nadelspitzen, unbegreiflich schlank und schmal, wie Phantasie kaum

*) Ich glaube diesen Namen, dessen Schreibart noch zu den unentschiedenen Streitfragen zählt, am richtigsten von „Reiten" abzuleiten. Noch heutzutage werden auf die Alpen des R e i t e r t r e t t s auch Pferde aufgetrieben, und früher weideten die jungen Füllen sogar auf den Höhen des R e i t e r s t e i n b e r g s; der Aufgang von den Reiteralpen nach letzterem führt davon noch jetzt den Namen R o s s g a s s e. Die Gewohnheit, auch Pferde zur Bergweide zu treiben, war früher allgemeiner als gegenwärtig; so fand ich im Jahre 1873 ein altes Hufeisen sogar zwischen den zerspaltenen Plattenhügeln des W a g e n d r i s c h e l k a r s — gewiss kein sehr geeigneter Tummelplatz für Pferde.

ähnliche hervorzuzaubern vermöchte, schauen aus lichtem Blau herab in einen Thalkessel, erfüllt vom Greuel der Verwüstung. Durchklüftete Felsen, stürzende Mauern, zerfressene Grate erfüllen den Umkreis der Höhe, und den Boden, welchen der Mensch mit seiner Strasse durchzog, bedecken die Scherben eines zerfallenden Gebirges. Die Grundübelau, so nennt der Berchtesgadener diesen Schauplatz der Zerstörung; und wenige Namen im Alpengebiete behaupten für sich eine grössere Berechtigung. Die Grundübelhörner, so heissen jene schlanken Spitzen, welche die Todesöde überwachen, die Verwüstung schüren aus ihren eigenen Eingeweiden, bis dass sie selbst zusammenbrechen, das Klausthal sich verriegelt, und dort, wo jetzt der Schlag der Steinlawinen dröhnt, vielleicht die Stille eines Alpensees sich breitet.

Und windet endlich die Strasse sich hinauf zum Pass Hirschbichl, bis dass der Hohe Kranz über der Bergschranke auftaucht und die Loferer Steinberge ihre kalkweissen Gipfel jenseits des Saalachthales erscheinen lassen, da lohnt es auch, das Auge zurückzuwenden auf die Reitalm. Da hat sie sich entwickelt in den mannigfaltigsten Formen, die spitzenstarrende Kette, mit welcher die Hochfläche gegen Süden schliesst, hinter denen sie sich birgt, gleichwie das Steinerne Meer hinter seinem Rande: das sind die Mühlsturzhörner, das sind die Gipfel der Reitalm.

Es war am 15. August 1868, als ich meine zweite Wanderung nach dem Scheitel der Reitalm antrat; diesmal auf der Strasse von Ramsau nach Schwarzbachwacht. Meine Excursionen in der Berchtesgadener Alpengruppe waren bereits zu einer leidlichen Vollständigkeit gediehen, nur Lücken blieben hier und dort noch auszufüllen Unter die letzteren zählte auch der Gipfel der Reitalm. Zwei Wochen vorher war ich ebenfalls auf der Reitalm, und zwar auf den Mühlsturzhörnern gewesen*); man betrachtet diese gewöhnlich als die höchsten

*) Die Mühlsturzhörner sind in Berchtesgaden ausserordentlich verrufen, man hört meist die Unersteiglichkeit, wenigstens eines derselben und zwar des höchsten, behaupten. Bei meiner damaligen Tour bediente ich mich der Führung eines gewissen *Joseph Berger* (vulgo der Seppel oder der Sagschneider genannt), dazumal Knecht beim Demirlingerwirth in der Ramsau, welcher sämmtliche Mühlsturzhörner zu kennen behauptete und sich in der That als vorzüglicher Steiger sowohl wie als Gebirgskundiger bewährte. Das Grosse Mühlsturz- oder Stadelhorn verursacht wenig, und das Mittlere nicht sehr bedeutende Schwierigkeiten. Dagegen zählen die beiden Grundübelhörner zu den schärfsten Klettertouren, die aus den Nördlichen Kalkalpen überhaupt mir bekannt sind. Sie dürften damals auch wohl zum erstenmale betreten worden

Gipfel der Reitalm. Mit nicht geringem Erstaunen hatte ich daher, auf dem Grossen Mühlsturzhorne stehend, im Osten einen entschiedenen höheren Gipfel wahrgenommen und war darüber belehrt worden, diess sei das Grosse Häuselhorn. Dieses zu ersteigen war nunmehr mein Ziel und bei dieser Gelegenheit gedachte ich auch dem Wagendrischelhorne einen Besuch abzustatten, welches, wenngleich etwas herabgedrückt gegen seine Nachbarn, eines Besuches immerhin als werth erschien. — Mit dieser Gipfelersteigung sollte zugleich eine Ueberwanderung des Reitalm-Plateaus verbunden werden, welches ich auf jener ersten Excursion nur von seinem Südostrande, — dem Edelweisslanner, Kleinen und Grossen Schottmalhorn aus, kennen gelernt hatte**); daher wählte ich Schwarzbachwacht zum Ausgangspunkt. Zwei Thalungen sind es, welche die Ostkante des Gebirges durchbrechen; sie werden geschieden durch die vortretende Felsmasse des Zirbeneck (5249′ 1705 m. Keil); die südliche derselben ist in ihrer Mitte durch einen Steilabsturz unterbrochen, über welchen an geeigneter Stelle der Aufstieg durch ein paar hölzerne Leitern vermittelt wird; der ganze Thaleinschnitt hat davon den Namen Am Leiterl erhalten; seine Südschranke bildet der Eisberg (5248′ 1705 m. Keil), der am weitesten östlich vorgeschobene Eckpunkt des Reitalm-Plateaus. — Durch die nördliche Thalung dagegen führt ein guter Alpweg auf die Hochfläche, zur Schwegelalpe hinauf. Ich wählte den letzteren, da dieser in geraderer Richtung meinem Abendziele, den Alpen am Reitertrett mich entgegen führte.

Nachmittägige Sommerschwüle geleitete meine Wanderung von Schwarzbachwacht in die tiefe Einbuchtung, welche den Ursprungskessel des Schwarzbaches unter der Passhöhe bildet. Schmale Wiesenplätze im Walddunkel beherbergen in ihm die oberen und unteren Schwarzbachalpen. Ein steiniger Viehtriebweg führt aus seinem Hintergrunde durch Wald und

sein, es sei denn, dass genannter Joseph Berger selbst sie früher erstiegen hätte, was ich jedoch aus verschiedenen Gründen bezweifle. Die Ersteigung geht aus dem Wagendrischelkar in der Rinne vor sich, welche die Körper des Spitzenpaares von einander spaltet. Ich habe bei meinem späteren Besuche der Reitalm i. J. 1873 behufs Skizzirung der Mühlsturzhörner mir diese Felsen wieder betrachtet und muss gestehen, dass eine Wiederholung dieser Tour nicht eben zu meinen Privatvergnügungen zählen würde.

*) Ich stieg damals mit meinem Führer aus der Ramsau direct durch die Einsenkung zwischen dem Eisberg und dem Edelweisslanner an, ein schlechter, schwer zu findender Pfad.

Buschwerk aufwärts zum ersten Absatze des ersten Berggehänges; sein vorspringender Rand erschien bis dahin als Ziel des Anstieges; nun aber eröffnet sich der Ausblick auf eine neue Bergstufe, an die rechte Seite tritt allmählig der kurz vorspringende Kamm des Bärenkareck, welcher in die Ostkante des Reitalm-Plateaus sich fortsetzt; links verschwindet, durch den Körper des Zirbeneck gedeckt, die buschige Thalung „Am Leiterl.“ Ein querer Seitenpfad führt durch dieses Gestrüppe hinüber, unmittelbar an die künstlich ersteigbar gemachte Stelle der Wandstufe. — Auf enger Lichtung des Waldes, ein Grasplätzchen von grossen Steinblöcken überworfen, zeigt sich eine kleine Hütte, die Untere Schwegelalpe; wieder einmal das typische Bild einer Berchtesgadener Alpe, deren Nichtrentabilität man sehr leicht, weniger leicht aber begreift, wie auf ihr das Vieh überhaupt sich zu nähren vermöge.

Weiter geht's durch Wald und Busch, über häufige Felsabsätze auf holperigem, zuweilen aus eingehauenen Stufen hergestellten Steige. Noch einigemale täuscht sein Verlauf die Erwartung, den Rand der Hochfläche bereits erreicht zu haben. Eine starke Stunde lang zieht er von der Unteren Schwegelalpe sich noch aufwärts, welche selbst eine Stunde weit vom Passe Schwarzbachwacht entfernt liegt. Das Zirbeneck ist bereits weit im Rücken geblieben, gegen Nordost schweift frei der Blick über die niedrigere Fläche auf dem Scheitel des Lattengebirges; da endlich tritt der Pfad durch eine ausgeflachte Gras-Sinke auf den Höhenrand des Reitalmstockes aus. Einem heranwogenden Meere gleich reiht ein Hügelwall sich an den anderen, Alles in das einförmige Wollkleid der schwärzlichgrünen Legföhren gehüllt. Wenig charakteristische Bergformen, die Randerhebungen des Gebirges, begleiten in beträchtlicher Entfernnng die Wellenfläche zu ihren beiden Seiten; einzelne Lücken zwischen den Hügelkuppen zeigen im fernen Süden die silbergrauen Gestalten der Mühlsturzhörner.

Einmal auf dem Hochplateau angelangt, verfiel ich sehr bald in meinen gewöhnlichen Fehler bei Ueberwanderung solch' weiter, hügeliger Strecken, den nämlich, die Theorie des Berganstieges auch auf letztere in Anwendung zu bringen, und gebahnte Pfade zwar als Behelf im Verfolgen der Hauptrichtung, niemals aber als eigentlichen Leitfaden zu betrachten. Ich war auf diese Weise von dem Steige, der im weiten, gegen Nordwesten sich auskrümmenden Bogen zur Oberen Schwegel- und zur Bodenrainalpe mich geführt hätte, bald abgekommen und hatte meine Uebereilung in einem mehr als zweistündigen Kampfe mit dem zähen, dicht verfilzten Gitterwerk der Krummkiefern zu büssen, in glühend heisser, mit Harzstaub geschwängerter Luft, Hügel auf, Hügel ab, Felsspalten durchsetzend und steile Mauerstufen erklimmend, und bei gelegentlicher Befreiung aus den struppigen Ranken keine andere Aussicht als wogendes Hügelland, wuchernde Legföhrendickung nach allen Seiten. Mit nicht geringer Freude begrüsste ich daher den Anblick der weiten Alpenmulde des Reitertretts, am Fusse eines ziemlich hoch gehobenen Wellendammes, welcher, unter gleichen Hindernissen wie alle seine Vorgänger gewonnen, sich endlich als die letzte Schranke erwies; rasch brachte mich ein breiter Trümmergraben in's weidereiche Becken hinunter, auf welchem über 20 Alpkaser zerstreut liegen. Der nächsten Gruppe derselben, den Rabenthalalpen zusteuernd, sass ich bald vor einer mächtigen Milchschüssel, deren Inhalt die Erinnerung der eben überstandenen Strapazen rasch verwischte. Die Reitalpen (4809′ 1562 m. Keil) bezeichnen gewissermassen eine Grenzscheide auf dem Hochplateau der Reitalm; vergisst man, dass die Hügelfläche selbst, die man erstiegen und durchwandert, einige Tausend Fuss hoch über der Sohle der Thäler liegt, so kann man den Alpboden als das Thal und seinen Saum erst als das Gebirge betrachten. Dort erheben sich nun die Terrassenstufen, noch krummholzbehangen, bald aber in kahles Gefels übergehend, zu den Höhenrücken, zu den Plattenkaren und den Gipfeln. Im Süden grenzen an die Hochfläche unmittelbar die Häuselhörner und das Wagendrischelhorn. Im Südosten schwillt das Terrain zu den Karrenfeldern des Reiter Steinbergs empor mit dem Prünzelkopf und Brettstein, aber jenseits einer neuen Thaltiefung, jenseits des Wagendrischelkars erst, erheben sich die Mühlsturzhörner. Diese haben sich abgelöst aus dem Plateau-Stocke und bilden eine Kette; und ebenso verlaufen die Häuselhörner als Kette gegen das Saalachthal. (Hifel Wand, 5550′ 1803 m. Keil.) Eine tiefe Einsattelung durchbricht längs ihres Nordfusses den Gebirgsrand, die Weitscharte, durch welche der gerade Steig über die Alpa-Alpen und durch den Donnersbach an die Strasse zwischen Unken und Lofer hinunter führt. Nördlich der Reitalpen befindet sich im Westrande des Gebirgsstockes eine 4972′ 1615 m. (Keil) hoch gelegene Scharte, durch welche aus dem Thale des Aschaubaches die Schlucht der Schreck heraufmündet. Ihrem wenig einladenden Namen und dem wirklich gegebenen Steilabfalle des ganzen Gebirges nach jener Seite hin zum Trotz führt gerade hier der beste und bequemste Weg auf die Höhe der Reitalm, und dieser ist es auch, welcher von den Salzburger und Reichenhaller Touristen dorthin eingeschlagen zu werden pflegt; doch erstrecken sich ihre Ziele selten höher, als auf das Hochplateau selbst, seine Alpen und lustigen Sennerinnen.

Die Sonne begann zwar bereits dem Horizonte sich zuzuneigen, doch blieben immerhin noch ein paar Stunden verfügbar, und sie sollten zum Besuche des nächstgelegenen Gipfels im Westrande der Reitalm, des Weitschartenkopfs (6123′ 1989 m. Keil) verwendet werden. Ein einstündiger Anstieg über kahles, schwach bewachsenes Berggehänge brachte mich auf den Grat, von welchem steil die Felswände auf grüne Vorstufen des Gebirgsstockes gegen das Saalachthal niederbrechen; das Krummholz, welches der absoluten Höhe des Berges zufolge hier immerhin seine lästige Zudringlichbkeit hätte wiederholen können, war längs der ganzen Flanke theils ausgerodet, theils weggebrannt und unbekümmert um alle forstwirthschaftlichen Theorien pries und segnete ich diesen Zustand der Dinge und wünschte dem ganzen Reitalmgebirge die gleiche Verwüstung. Eine kurze Strecke gut gangbaren Grates war noch bis zum Gipfel zurückzulegen, dessen Scheitel mir den vollen Ausblick gegen Westen und Südwesten eröffnete. Im Dämmergrau lag bereits das breite Saalachthal, Wolkenschichten erfüllten den westlichen Horizont, vom niedersinkenden Sonnenball feurig gerändert; aus scharf abgeschnittener Lage von Nebeldunst stiegen im Westen die zackigen Massive der Kaiser bei Kufstein empor; im Osten reihen sich die bleichen Kalkstöcke des Göll, Kahlersberg, Watzmann und Hochkalter aneinander, nordöstlich scheint das wellige Gebirgs-Plateau, welches ich vor wenigen Stunden durchwandert habe, mit den gleichgearteten Hochflächen des Lattengebirges und des Untersberg zu verschmelzen, als scharf abgerissene, gelbliche Felspyramide springt aus letzterem der Bayerische Hochthron gegen das Berchtesgadener Land vor; im Südosten bauen die Terrassenstufen des Reiter Steinbergs sich auf, von düsteren Legföhren an ihrem Fusse umkleidet, nach der Höhe in die lichteren Flächen kärglich begraster Schafweiden, zu oberst in völlig kahle, hellschimmernde Karrenfelder übergehend. Im Süden öffnen sich die Kare, erheben sich die Gipfel der Häuselhörnerkette. Das Wagendrischelhorn, sonst so isolirt erscheinend, stellt sich als erstes in ihre Reihe, ihm folgt gen Westen, mächtig emporgeschwungen, das Grosse Häuselhorn. Noch zweimal gipfelt der Grat; eine flache

Schuttpyramide, dann einen rundlichen, schroff aufgemauerten Felshöcker treibt er auf seinem Scheitel empor. Seine nordwestliche Abbiegung stellt diese Gipfel mir näher, als den höchsten ihrer Reihe, und ich muss es unentschieden lassen, ob ich morgen statt des einen nicht alle drei Häuselhörner zu besuchen haben werde. Vergebens sehe ich mich nach den Drei Brüdern um; sie stehen im gleichen Kamme, dessen Haupt ich einnehme, aber die starke Senkung des Grates gegen Südwest verbirgt mir diese Zackengruppe*).

Zu meinen Füssen liegt, bereits dunkelnd, das Reitertrett, mit tiefem Einschnitte des westlichen Gebirgsrandes (Weitscharte) gegen das Thal von Lofer sich öffnend; heiteres Alpleben tummelt sich in ausgelassener Lust dort unten in den zahlreichen Hütten, Jauchzer um Jauchzer dringt aus dem Thalgrunde herauf, und sogar eine Trompete schmettert ihre Klänge hinaus in die erhabene Gebirgseinsamkeit und weckt an den Wänden der Mühlsturzhörner das Echo eines etwas verstümmelten Motives aus Rossini's Tell.

Das lärmende Treiben hatte sich bereits unter die Hüttendächer zurückgezogen, die Heerdfeuer sandten ihren Glutschein durch die Thüröffnungen, als meine raschen Sprünge den steinigen Bergabhang hinunter durch nächtliches Dnnkel klangen, und ich in den Rabenthalalpen mein Nachtquartier bezog; die ermüdende Tageswanderung liess es an festem Schlafe, der bald nach dem frugalen Abend-Imbiss sich einstellte, nicht fehlen. Bei grauendem Tage schritt ich bereits wieder über das thaunasse Gras der Alpwiese dahin, dem Fusse der krummholzbehangenen Terrassen zu, welche als breites Fundament der südlichen Gipfelkette vom Reitertrett sich aufbauen, und über welche ich zu den oberen Karen aufzusteigen gedachte. Aus der geöffneten Thüre eines Nachbar-Kasers trat gleichzeitig eine Gesellschaft von Bergwanderern, zwei Touristen in Begleitung einer drallen Sennerin und eines Hüterbuben. Auf die Frage wohin? — erfolgte die Antwort:

*) Die Drei Brüder bilden eine kurze Kette dreier Pyramiden, welche aus dem Westrande des Reitalm-Plateaus sich ablösend gegen Westen vortritt. Gegen Norden stürzt ihre Wand geschlossen fast lothrecht ab; von Süden ist der erste und höchste der Drei Brüder (5767' 1870 m. Keil) auf berastem Abhange leicht zu ersteigen, der zweite, nach der Keil'schen Karte um mehr als 100 Fuss (?) niedrigere, zeigt an schroffen Flanken nur einzelne Krummholzflecke, soll jedoch mit Schwierigkeit zugänglich sein. Der dritte, noch niedrigere, sieht sich an wie ein aus Felsmasse gegossener Spitzkegel. Joseph Berger, mein Führer auf die Grundübelhörner, erklärte denselben als unersteiglich, und ich habe Grund, diesem seinem Ausspruche Glauben zu schenken.

„auf das Grosse Mühlsturzhorn, wohin die alpine Schöne, die bereits oft oben gewesen sei, sie führen wolle.“ Kopfschüttelnd sah ich sie ihres Weges ziehen; sie schlugen, nachdem wir die erste Abstufung am Südostrande des Reitertretts gemeinsam erstiegen hatten, den Schafsteig ein, welcher durch die Rossgasse zur Höhe des Reiter Steinbergs führt; mein Ziel lenkte mich alsbald rechts ab, geradlinig gegen Süden, dem grossen Kare entgegen, welches vom Häusel- und vom Wagendrischelhorne umschlossen wird. Durch ein schmales Alpenthälchen, an dessen Seitengehängen noch Zirben-Bestand, in unsern Alpen bereits so selten geworden, sich findet, leitete mich noch auf kurze Strecke gebahnter Steig. Dann verloren sich alle weiteren Spuren in die breit übereinander gehäuften, buschigen Bergterrassen. Ein mehr als stundenlanger, beschwerlicher Anstieg, meist in der Sohle eines zwischen Hügelanschwellungen eingeschnittenen Grabens und vom leidigen Krummholze wieder auf Schritt und Tritt beengt und behindert, brachte mich hinauf in freiere Zone, langsam schloss eine ausgedehnte Hochmulde vor meinen Blicken sich auf; öde Schuttfelder und Schneeflecke decken ihre höchstgelegenen, unmittelbar an die Gratzacken sich lehnenden Kessel; zur Rechten hatte ich den starken Zweiggrat, welcher vom Grossen Häuselhorne ausstrahlt und letzteres meinen Augen noch verbarg. Zur Linken stand mir die glockenförmige Kuppe des Wagendrischelhorns, weiter nordöstlich zeigten sich die kahlen, sanftgerundeten Hügelwellen des Reiter Steinbergs. Nahezu eine weitere Stunde verging, bis dass ich über stark zerrissenen Felsboden, dessen Wellen nicht selten zu hohen, schroff abgesetzten Dämmen sich zusammenhäufen und tiefe Gruben und Schneekessel zwischen sich lassen, den innersten Hintergrund des Kars erreichte. Ich befand mich nunmehr nahe dem Randgrate der Reitalm, welcher in niedrigen, aber äusserst spitz geschnittenen Zacken vom Fusse des Wagendrischel- zu dem des Häuselhornes sich hinüber spannt. Letzteres wies mir steile, allerwärts jedoch mit Grün gesprenkelte Felsflanken; aus dem Karboden rechts ablenkend begann ich den Anstieg, und bald stand ich mitten in der hochstufigen, luftigen Treppe. Der Neigungswinkel war ein stärkerer, als ich gedacht; nur die günstige Beschaffenheit des Terrains, die grosse Zahl und Festigkeit der Rasenpolster hielt grössere Bedenklichkeiten ausgeschlossen. Aber die Hand stützte sich bequem auf den Absatz, der für die nächste Sekunde dem Fusse bestimmt war, und hart neben dem Tritte schoss jäh das Gehänge hinab zur Tiefe. Rasch gewann ich an Höhe und ein Rückblick auf den nunmehr in seiner vollen Ausdehnung mir erschlossenen Reiter Steinberg zeigte mir die an den Alpen verlassene Berggesellschaft wieder, vier winzige dunkle Püppchen, über die weissen Geröllfelder dahin schreitend, aber noch weit, weit zurück, noch nicht einmal über den Spähkopf hinaus — die können lange warten, bis sie auf's Grosse Mühlsturzhorn kommen! — Ich dagegen näherte mich fühlbar der culminirenden Höhe, bald hatte ich den Anschluss an die Gratschneide bewerkstelligt und verfolgte den schmalen Kammscheitel, welcher bereits den vollen Ausblick gegen Süden wie gegen Osten eröffnete, ohne sonderliche Schwierigkeit, bis dass in nächster Nähe des Gipfels eine scharfe Durchschartung mir Halt gebot. Ich stand auf dem südöstlichen Nebengipfel, mir gegenüber das Grosse Häuselhorn, Wandkluft zwischen mir und meinem Ziele. Ich hatte diese Spaltung des Gipfels vom Grossen Mühlsturzhorn aus nicht beobachten können, da für dieses beide Köpfe in gerade Gesichtslinie zu liegen kommen. Zu allem Glücke jedoch war das im Plane nicht vorgesehene Hinderniss nicht von unüberwindlicher Art; ein kurzer Abstieg gegen Nord liess mich einen praktikablen Uebergang über die rothplattige Runse entdecken, noch ein paar Minuten über spärlich begrasten Trümmerboden hinan und der Gipfel des Grossen Häuselhorn, der Culminationspunkt des Reitalm-Stockes war gewonnen (ca. 7100′ 2306 m.)*). Drei Stunden hatte der Anstieg vom Reitertrett herauf gewährt.

Ein schallender Jauchzer flog von meiner Gipfelhöhe hinüber zur welligen Hochfläche des Reiter Steinbergs, und das Fernglas richtete sich auf die dort wandelnde Berggesellschaft; sie standen still, und mehrstimmig tönte der Antwortsruf herüber, aber so sehnsuchtsvoll matt war sein Klang, dass der Wunsch „Ach, wären wir doch auch schon oben!“ dadurch nur zu deutlichen Ausdruck fand. Die Mühlsturzhornbesucher ihrem Schicksale vorläufig überlassend, beschäftigte ich mich mit dem gewaltigen Rundbilde, welches, im Westen und theilweise auch im Osten nach der gestrigen Besteigung des Weitschartenkopfs mir nicht mehr neu, nun auch im Süden bis an die fernsten Grenzen der Sichtbarkeit sich entwickelt hatte. Ueber den

*) Die Keil'sche Karte bestimmt das Häuselhorn zu 7013′ 2278 m., das Grosse Mühlsturzhorn zu 7059′ 2293 m. Die relative Unrichtigkeit dieser beiden Angaben dürfte kaum in Zweifel gezogen werden können. Ich glaube den Fehler am wahrscheinlichsten in der Messung des Häuselhornes suchen zu müssen und lege daher meiner approximativen Schätzung die Messung des Grossen Mühlsturzhornes als die richtig angenommene zu Grunde.

grünen Bergwellen von Lofer und Weissbach, über den dunklen, weichgeformten Glimmerschiefergebirgen des Ober-Pinzgau steigt eisglänzend die Taurenkette auf mit der wohlbekannten Flachpyramide des Venediger, dem Doppelzacken des Grossglockner, der scharfgezeichneten Dreiecksspitze des Wiesbachhorn, an dessen Fusse der Blick bis in die innersten Thalgründe der Fusch hineindringt; im fernen Südwesten die Zillerthaler und Duxer Ferner, näher heran die Loferer Steinberge, und zwischen ihnen und meinem Gipfel die alpenreichen Vorstufen des Reitalmgebirges gegen das Saalachthal, von mannigfach verzweigten Thälern und Schluchten durchschnitten. Westlich liegt das zweite Häuselhorn tief unter mir, sein Besuch erscheint nicht mehr als geboten; doch würde er augenscheinlich keine Schwierigkeiten bieten, und möchte auch vielleicht das Grosse Häuselhorn von jener Seite her mit geringerer Anstrengung zu gewinnen sein, als mein Weg mich gekostet. Im Osten die mächtigsten Felsriesen des Berchtesgadener Landes, Göll, Watzmann, Hochkalter und Kammerlinghorn-Hocheisspitzgruppe mit ihrem von düstern, zerspaltenen Mauern umfangenen, gewaltigen Trümmerkessel, dem Hocheis; die tiefen Einschnitte zwischen diesen kahlen Bergcolossen ausfüllend die noch öderen, welligen Flächen des Steinernen Meeres und Haagengebirges, kühngeformte Zinnen aus ihren einförmigen Tafelscheiteln emportreibend, Kahlersberg, Teufelshörner, Funtenseetauren in seinem rothscheckigen Gewande, Schönfeldspitze mit dreizinkiger Krone, Hundstod, der breitschulterige, rundköpfige Bau. Mir zunächst im Südosten die aufeinandergedrängten, schroffen Kegel der Mühlsturzhörner, aus jüngstvergangenen Tagen mir wohlbekannt, an sie gereiht das sanftgeschwungene Wagendrischelhorn, an seinem nördlichen Fusse hingebreitet die Karrenfelder und Geröllhügel des Reiter Steinbergs.

Doch sieh! da bewegen sich schon die vier zwerghaften Gestalten die abschüssige Fläche des Brettstein herunter, jetzt sind sie am Höhenrande des Wagendrischelkars angelangt, in dessen tiefem Kessel sie in der nächsten Minute verschwinden müssen — bin wohl neugierig, ob ich sie auf der Spitze des Grossen Mühlsturzhorns wieder werde auftauchen sehen! — Aber was treiben sie denn, diese Mühlsturzhorn-Besteiger? Da spaziert die ganze Gesellschaft gemächlich auf dem Höhenrande weiter, als ginge das Plattenkar dort unten so wenig sie an, als mich — wahrhaftig, sie sind über die Stelle des Abstieges schon hinaus — ho, ho, — halt! — hinunter, hinunter! — quer durch's Kar, — von der Scharte weg ansteigen!!

— — — verstanden wurde ich freilich nicht, aber meine gellenden Rufe hatten doch ihre Aufmerksamkeit erregt und die sie begleitenden Geberden mochten ebenfalls leicht errathen lassen, dass sie sich auf falscher Fährte befanden. Wieder hielten sie an und traten zum Kriegsrathe zusammen; das Ergebniss musste ein negatives gewesen sein, denn die eingeschlagene Marschrichtung wurde wieder aufgenommen. Ich erwartete, sie einen, jedenfalls fehlschlagenden Versuch zur Umgehung der Südseite des Wagendrischelhorns machen zu sehen. Aber nein, sie begannen am nördlichen Abhange desselben hübsch langsam emporzusteigen. Ah, das ist also euer Grosses Mühlsturzhorn! — auf Wiedersehen denn da drüben, da soll euch Aufklärung werden — und rasch hatte ich meine Siebensachen zusammengerafft, wenige Minuten später war die Plattenrunse unterhalb des Gipfels wieder überschritten, so schnell, als die Steile es gestattete, ging's das Gehänge hinunter in's Kar; ich querte seinen Kessel, um möglichst wenig Zeit zu verlieren, in höchster Zone, ganz nahe dem zahnigen Gratrande, hatte dabei zwar manche von diesem ausstrahlende Felsrippe zu überklettern, gelangte aber doch sehr bald in die letzte breite Schuttmulde, von welcher ich den neuerlichen Anstieg an den sanft sich aufwölbenden Rundkegel des Wagendrischelhorns begann*). Die jenseitige Gesellschaft, welche bald nach Verlassen des Häuselhorngipfels sich meinen Blicken entzogen hatte, erwartete ich mit Sicherheit bereits oben zu treffen, hatte sie ja den Anstieg schon angetreten, als ich vom Grossen Häuselhorn aufbrach. — Als ich jedoch nach viertelstündigem Anstiege über die Gerölle und Schrofenstufen auf dem breiten Bergscheitel anlangte, fand ich diesen noch leer; und noch eine geraume Weile hatte ich zu warten, bis das Klappern des losen Felsgebröckels das Nahen der Anderen verrieth. Voran der untersetzte, gelenkige und feurige Bergtourist, von welchem ich schon am Morgen dieses Tages dachte, wär' er für sich allein, er möchte wohl an's Ziel kommen, — und welcher, als er mich oben erblickte, mit den ärgerlichen Worten an seine Gefährten sich zurückwandte: „Habe ich es euch

*) Wagendrischelhorn, auf der Keil'schen Karte unter dem Namen Spitzhörndl, 6794' 2207 m. Die Angabe erscheint mir im Vergleiche gegen das Grosse Mühlsturzhorn als entschieden zu niedrig. Weit richtiger scheint Sendtner's Messung mit 6959' 2261 m. zu sein. — Das gewaltige Aufragen dieses Gipfels in der Skizze leitet sich allerdings zunächst davon her, dass derselbe dem Aufnahmspunkte ungemein nahe steht. Seine schlanke, scheinbar steile Spitzgestalt besitzt er auch nur von dieser Seite gesehen.

nicht gesagt, dass der Herr auch hier oben noch vor uns ankommt?" — dann alsbald die weitere Frage an mich richtete: „Nicht wahr, wir sind nicht auf dem Mühlsturzhorn?" — Als Antwort wies ich auf unseren nahen Nachbar im Südosten hinüber und in der That, höhnisch-gewaltiger als hier der blanke Kegel des Grossen Mühlsturzhorns kann nicht leicht eine Bergzinne auf einen zurückgewiesenen Angreifer herabschauen. — Aus jenem Bergtouristen entpuppte sich nun aber zu meinem freudigsten Erstaunen Herr *Ludwig Doppler* aus Salzburg, dessen Namen ich schon auf Dutzenden von Berchtesgadener Berggipfeln gelesen hatte; und nun war mir auch wohl begreiflich, dass ein Bergsteiger, wie er, sich nur mit der Erreichung des Zieles seiner Wanderung zufrieden geben und keinen zufälligen Ersatz dafür annehmen, — dass er nur mit Missmuth auf einen Gebirgsausflug zurückblicken kann, welcher, auf das Grosse Mühlsturzhorn gerichtet, ihn nicht auf das Grosse Mühlsturzhorn geführt hatte; nun waren aber mit den Worten „Da drüben steht Ihr Ziel, in anderthalb Stunden sind wir oben!" alle Lebensgeister mit einem Schlage wieder geweckt. Nach kurzem Aufenthalte verliessen wir in Gesellschaft das Wagendrischelhorn, nach dem nördlichen Fusse seines Kegels hinabsteigend; und hier angelangt, trat ich mit Herrn Doppler allein den Abstieg in's Wagendrischelkar an, als erste unabweisbare Bedingung eines erfolgreichen Angriffes auf das Mühlsturzhorn. — Sein Gefährte blieb zurück und verlegte sich auf's Zusehen; die Pseudo-Führer von der Reitalm wurden, als von nun an — eigentlich von Anfang an — überflüssig, entlassen.

Ein paar Hundert Fuss geht es über steile, doch stark gestufte Schrofen hinunter zum Plattenboden des Kars; unter den hohen Steilwänden der Ostseite des Wagendrischelhorns hin überschritten wir in gerader Querlinie die oft klaftergrossen Tafeln der Kesselsohle, welche durch tiefe und oft ziemlich breite Spalten von einander getrennt, derselben das Ansehen eines in Stein umgewandelten, zerschründeten Gletscherfeldes verleihen. Ueber mässig gehobene Flächen alten Schnees und Streifen rauhen Getrümmers hinansteigend erreichten wir die zwischen Mühlsturz- und Wagendrischelhorn eingeschnittene Scharte (6291' 2044 m. Sendtner). Ueberraschend ist der Anblick, welcher eng umrahmt, sich hier gegen Süden eröffnet; die Grundübelau liegt plötzlich hart vor dem Fusse, das dunkle Klausbachthal zieht sich hinan zur grünen Höhe des Hirschbichel und drüber winken die Berge des Zellersees, die Firnen der Tauren. In der Nähe aber starrt es wild und düster.

Die Zackenreihe des südlichen Ausläufers der Reitalm, Ameisennockkopf, Drei Jäger, Gernhorn (5895′ 1916 m.), Leimbichelhorn (5739′ 1864 m.), Sulzstein (5338′ 1734 m. Keil) sind hier in den Vordergrund getreten*); in ihnen schliesst der Dolomit an's Dachsteinkalkgebirge sich an, und für das Auge ist der Effect ein gleicher, wie tief innen, im Wimbachgries. Finster, fast schwarz erscheint der Fels, scharfzackig seine Gräte. Die ganze Ostwand ist von den abstürzenden Regenwassern fast blank gewaschen, rundrippig senkt sie sich in's Thal, ohne Stufe, ohne Absatz, wie aus der Form gegossen erscheint das ganze Gebirge. Kaum dass an wenig Stellen spärliches Krummholz die grauen Wände fleckt. Dort findet keines Menschen Fuss, vielleicht der Gemse Huf nicht einmal mehr genügend Halt. Aber zwischen jenen Dolomitzinnen und dem Hauptmassive der Reitalm zieht eine schmale, an den Felsen entlang sichtbare Pfadspur von der Scharte hinaus in's Schoberweissbachthal. — Wir standen nun hart am nordwestlichen Fusse des Hornes und hatten dasselbe in gerader Linie längs seines steil sich aufkrümmenden Rückens in Angriff zu nehmen. Es gestaltet sich dieser Anstieg, der aus der Ferne betrachtet ziemlich bedenklich erscheinen mag, weit leichter, als man glaubte. Die treppenförmig über einander gelagerten Felsschichten erleichtern überall theils das gerade Aufklimmen, theils ein seitliches Ausweichen, wenn eine oder die andere Stufe allzu schroff und hoch sich emporbaut; nur zwei grössere Steilabsätze sind zu überwinden, und auch an diesen findet sich in eingerissenen, etwas abgestuften Spalten, nicht zu enge und doch gerade enge genug um die Arme wirksam gebrauchen zu können, willkommene Hilfe. So kamen nicht allein wir beide ohne grosse Schwierigkeit unserem Ziele näher, sondern es wurde auch Herrn Dopplers Dachshund über die Felstreppen glücklich hinaufbugsirt, bis er auf günstigerem

*) Nach der Darstellung der Keil'schen Karte wäre es unmöglich, dass man aus der Scharte zwischen dem Grossen Mühlsturz- und dem Wagendrischelhorn auf die Ostseite dieser Zweigkette hinabsehen könnte, da diese erst am Stadelhorn (= Mittleres Mühlsturzhorn) vom Hauptkamme sich ablösen soll. Ihr Anschlusspunkt an die Hörnerkette der Reitalm muss daher weiter westlich, wahrscheinlich unter dem Grossen Häuselhorne liegen. Leider besitze ich aus der Zeit meiner Berchtesgadener Bergwanderungen keine kartographischen Aufzeichnungen, und muss mich in dem angeregten Punkte lediglich auf die im Jahre 1873 aufgenommenen Vertikalprofile stützen. Auf die Gipfel im Südrande der Reitalm, welche allein volle Gewissheit bieten könnten, brachten die jüngsten Excursionen mich nicht. Ich hoffe, diese Lücke bei einer späteren Gelegenheit befriedigend ausfüllen zu können.

Terrain sich wieder der eigenen Füsse bedienen konnte. Rauhzackiges Geschröfe, zuletzt sogar wieder schwach begrünter Steinboden deckt den sich abflachenden Kegel in hoher Zone; noch eine kurze Strecke, und wir standen, genau zu der von mir angegebenen Zeit, an der Signalstange des Gipfels (7059′ 2293 m. Keil).

Obwohl bereits Mittag vorüber und der Fernblick durch aufsteigende Nebel längst getrübt war, blieb unser Verweilen dortselbst doch nicht völlig aussichtslos, namentlich fesselten die nähergerückten Felsmassive des Hochkalter und der Hocheisspitz das Auge, und am zeitweilig sichtbaren Gasthause auf dem Hirschbühl erkannten wir mit dem Fernglase deutlich die zechende Schaar der Landstrassenwanderer, welche den weissen Niederösterreicher sich dort wohlschmecken liess. Aus unmittelbarer Nachbarschaft grüsste ich zum jüngstbesuchten Zinkenpaar der Grundübelhörner hinüber nicht ohne die Versicherung, dass ich immerhin lieber die Ersteigung des Grossen Mühlsturzhorns, als die jener schlimmen Gesellen zur wiederholten Ausführung gebracht habe*).

Nach halbstündigem Aufenthalte wandten wir uns zum Abstiege**), welcher ziemlich rasch von Statten gegangen wäre, hätte nicht der dritte in unserem Bunde, der Hund, vor jeder Steilstufe winselnd innegehalten und über dieselbe mit besonderer Nachhilfe heruntergeholt werden müssen. Im Wagendrischelkar trafen wir mit Herrn Dopplers Reisegefährten wieder zusammen, der uns versicherte, unsere Steigerei habe sich zuweilen ganz grauslich angesehen — wie denn der Zuschauer aus der Ferne, welcher die Steigungswinkel, namentlich der in gerader Fortsetzung der Gesichtslinie liegenden Felspartieen, immer weit überschätzt, solch ein Emporklimmen regelmässig von Gefahren umwoben sieht, von denen der an Ort und Stelle Befindliche wenig merkt.

---

*) Die Höhe der Grundübelhörner ist eine geringe, niedriger noch als der Brettstein (6249′ 2030 m. Keil), sohin ca. 6100′ 1950 m. Auch die Höhe des Mittleren Mühlsturzhornes ist nicht bedeutend, die Keil'sche Angabe unter „Stadelhorn“ 6995′ 2270 m. sicherlich zu hoch für dasselbe. Der Name „Stadel“ wird unter den Einheimischen schwankend zwischen dem Grossen und dem Mittleren Mühlsturzhorne gebraucht, für den Stock der Grundübelhörner besteht auch der ganz passende Localname „Der Knittel.“

**) Bei meiner ersten Tour auf die Reitalm war ich mit Joseph Berger bis an das östlichste Eck des Grossen Mühlsturzhorn-Stockes vorgegangen und hatte sodann den directen Abstieg in's Wagendrischelkar genommen, wie auf der Skizze eingezeichnet.

Rath wurde nun gehalten, wohin sich wenden; die Herren wären am liebsten durch das Wagendrischelkar und die Halsgrube zum nahen Hintersee abgestiegen, was ich jedoch mit Rücksicht auf unseren dritten Begleiter entschieden widerrathen musste; ich hatte diesen Abstieg bei meiner jüngsten Reitalmtour zur Genüge kennen gelernt.*) Ich brachte statt dessen eine Rückzugslinie über den Ostrand des Reitalm-Plateaus und den Abstieg nach Schwarzbachwacht in Vorschlag, und fand nach längerer Debatte auch Zustimmung. Steil ging es nun wieder eine halbe Stunde lang bergauf zum Brettstein (6249′ 2030 m. Keil), zur kahlen Scheitelfläche des Reiter-Steinberges. Allseits wurde über Durst geklagt; ich hatte bereits im Wagendrischelkar die Vorsicht gebraucht, meine Flasche mit Schnee zu füllen; da aber der letzte Rest von Flüssigkeit aus ihr bereits verschwunden gewesen war, so dauerte es entsetzlich lange, bis derselbe zu trinkbarem Stoffe sich umwandeln wollte. Dem nahezu völlig stockenden Vormarsche neuen Impuls zu geben, kreuzte ich in der Wüste der Karrenfelder umher, kleine Felskuppen ersteigend und hatte dann auch bald gefunden, was ich suchte, eine Plattengrube, auf der einen Seite stark abfallend, im Innern mit Schnee gefüllt; das sind die Oasen auf diesen wasserarmen Hochflächen. Der Schnee schmilzt vom Rande ab, an seiner Unterfläche stärker als auf der Oberfläche und bildet da, wo der Boden der Grube stark genug sich senkt, ein den letzteren überhängendes Schneedach; und in dem Maasse, als von oben

*) Wie ich nachmals in Erfahrung brachte, hatte mein damaliger Führer (der bereits genannte Joseph Berger) den richtigen Weg, welcher unter dem Namen Böser Steig bekannt ist, nicht gewusst und war über den Wandabsturz des Wagendrischelkars an einer Seite herabgestiegen, die man in ganz Hintersee und Ramsau für unglaublich hielt, und die mir selbst, als ich im Jahre 1873 die gleiche Oertlichkeit wieder besuchte, wundersam genug vorkam; er hielt sich im Abstiege fortwährend rechts und passirte die letzte, schlechteste Stelle hart an der Wand der Grundübelhörner. — Der richtige Steig, welchen ich im Jahre 1873 ging, läuft an der Verbindungsstelle der unteren und der oberen gangbaren Plätze fast genau in der Mitte der ganzen Wandbreite; man erkennt von der Hinterseeer Strasse und auch von der Halsgrube aus an dieser Stelle sehr genau den Zusammenhang der Krummholz-Stränge. Aus der Halsgrube steigt man inmitten des absperrenden Gehänges an bis auf die freien Grasplätze unter den Wandstufen; quert dieselben nach der rechten Seite hinüber, und wird, indem man sich fleissig umsieht, den Beginn des Steiges plötzlich in seinem Rücken erblicken. Es ist eine Leiter, aus starken, in eine Felsspalte gesperrten Holzriegeln bestehend. Oberhalb derselben folgen einige Stufen, in Fels gehauen; dann windet sich die Spur enge, aber sehr deutlich, durch Krummholz. Dieser richtige Steig ist nicht so „böse" wie sein Name.

die Mittagssonne auf die Schneedecke brennt und dieselbe wegschmilzt, rinnen von der Innenwölbung der Höhle ergiebige Wasserstrahlen zum Felsengrunde nieder. Wir lagerten uns im kühlen, feuchten Dunkel, tranken nach Herzenslust, sprachen nun auch gerne dem Proviant wieder zu, füllten endlich die Flaschen und setzten gestärkt und erfrischt unsere Wanderung fort. Aber das schnellere Tempo, welches für einen Flachmarsch über eine so ausgedehnte Strecke gewünscht und bei meinem Plane auch in Rechnung gestellt worden war, wollte sich trotz alledem nicht einstellen, wir konnten kaum erwarten, vor Anbruch der Nacht an den Nordrand des Hochplateaus zu gelangen, und wie alsdann auf schmalem Steige über steiles Gehänge nach Schwarzbachwacht hinunter finden? — Als sodann im weiteren Vordringen die zahllosen Wellendämme des Reitalm-Plateaus, die endlosen Flächen der Karrenfelder, der felsigen Schafweiden und weiterhin gar düstergrünen Krummholzes, des Schreckens aller Bergwanderer, immer unabsehbarer vor dem Auge sich entwickelten, fand ich wenig Widerspruch mehr in dem Vorschlage, jetzt, da es noch Zeit sei, links abzuschwenken und auf geradestem Wege nach den Reitalpen zurückzukehren. Die Abzweigung des richtigen Pfades, durch die Rossgasse hinunter, hatten wir nun freilich bereits im Rücken, doch suchten wir uns, so gut es eben gehen wollte, mitten durch das stark fallende Hügel-Plateau unseren Weg zu bahnen, was auch leidlich gelang; allerdings nicht ohne manch' harten Kampf mit dem verwünschten Legföhrengestrüppe — für die Salzburger Herren eine kleine Probe dessen, was in den stundenweiten Krummholzfeldern unser geharrt haben würde. Ein tief eingerissener Graben brachte uns endlich in gerader Linie und rascher Senkung dem Thalgrunde näher; seine häufigen, aber unbedeutenden Steilabsätze boten keine Schwierigkeit, und wäre der Hund etwas geschickter gewesen und hätte sein Winseln nicht jeden Augenblick uns zurückgerufen, so wären wir bald am Ziele unserer Tagwanderung gewesen. Der Aufschluss des Grabens brachte uns endlich an den Fuss des Zirbenhügels, an welchem des Morgens unsere Wege sich getrennt hatten; noch wenige Minuten, und wir standen wieder auf dem Alpboden des Reitertrett's und wanderten den Hütten zu, welche in vergangener Nacht uns beherbergt hatten.

Bis zu später Stunde noch sassen wir plaudernd am Heerdfeuer, und als wir den Heuschober aufsuchten, hatten die Salzburger Herren nur kurze Zeit mehr übrig zur Ruhe; denn in tiefer Nacht wollten sie durch die „Schreck" hinab nach Jettenberg und Reichenhall, um mit dem Frühzuge nach ihrer Heimathstadt zurückzukehren. Ich verschlief sanft ihren Aufbruch und auch noch ein paar Morgenstunden; durch die Rossgasse hinauf stieg ich dann wieder zum Reiter-Steinberg empor, überwanderte den Ostrand des Reitalmgebirges, schlug mich ein paar Stunden lang durch Krummholz zur Eisbergalpe hinunter, suchte dann auf der Ostseite des Zirbeneck den Weg über das sogenannte „Leiterl" hinab zur Unteren Schwegelalpe*) und langte Nachmittags 3 Uhr, von den Donnerschlägen eines drohend herüberziehenden Berggewitters begleitet, in Schwarzbachwacht wieder an. —

*) Der Steig senkt sich von den Eisberg-Alpen durch eine mässig breite, von Wänden eingeschlossene Thalung hinab, und ist, so lange der Boden derselben mit Krummholz bewachsen sich zeigt, gut erkennbar. Weiter abwärts jedoch folgt Wiesenboden und der Pfad verliert sich am Fusse der linkseitigen Mauerschranke. Man hat hier geradlinig abzusteigen, im Buschwerke, das tiefer unten sich wieder einstellt, sich links zu halten und allmählig völlig an die Wand zur Linken sich anzuschliessen. Hier trifft man auf das Leiterl, welches aus mehreren Abstufungen besteht und theils durch wirkliche Leitern, theils durch eingesetzte und quer übergelegte Stangen gangbar gemacht ist. Es erfordert diese Stelle Schwindelfreiheit und einige Uebung, namentlich wenn die künstlichen Behelfe in etwas ruinosem Zustande sich befinden. Unterhalb des Leiterl führt sodann der Weg quer hinüber zur Unteren Schwegelalpe.

VI. Die Hocheisspitze.

(Hierzu Vertikal- und Horizontalprofil No. 6.)

Am südwestlichsten Eckpunkte der Berchtesgadener Gebirgsgruppe, wo der Pass Hirschbühl die Fahrstrasse in steilem Zuge hinüberleitet in's Saalachthal, wo funkelnder Wein, dem Gaste am Zollhause kredenzt, den Austritt aus dem bierbrauenden Bayerlande verkündet, da steht noch ein hoher, weitverzweigter Felsenbau, so dunkel unbekannt und unbenannt in seinen innersten Centren, als zahllos das Völkchen der Touristen um seinen leicht zugänglichen Endpunkt herumwimmelt. Wer kennt nicht den Namen Kammerlinghorn? In flachem Dreieck dacht seine Westflanke sich ab zum Hirschbühl, der Zickzackpfad leitet den bergunkundigen Fuss leicht empor über Alpenweiden, durch buschiges Gehänge. Drunten in der Tiefe liegen auf saftgrünem, wellig gefalteten Weideteppich die Kammerlingalpen, jenseits des Weissbachs ragt die isolirte Pyramide des Hochkranz empor, umschürzt mit Alpenmatten. Im fernen Süden blinken die Gletscher der Tauren. An den Zackenthürmen der Mooswand vorüber, über Getrümmer zur Stufe des Karlbodens und mit langwierigem Anstiege über zwei schräge Terrassenabsätze, wird das Karlhorn und das Kammerlinghorn gewonnen — der Gipfel. Ja, der Gipfel; aber wieder ein Gipfel im Genre der „Vorderen Watzmannspitze.“ Die constante Steigung des Bergrückens ist zu Ende, sein erster Scheitelpunkt ist erreicht, aber der Scheitel selbst setzt höckerig gegen Osten sich fort. Etwa 20′ unter dem Kammerlinghorn bildet er eine etwas geneigte, klüftige Plattenfläche; auf dieser fusst mächtig gross ein zuckerhutartiger Felskegel, jäh abgerissen von allen Seiten. Hier steht der Gipfel; dem Besucher des Kammerlinghorns weist er die ausgenagten Schrofenzähne, ruft ihm ein stumm-allmächtiges „bis hieher und nicht weiter“ entgegen. Und wendet jener fragend sich an seinen Führer, was des wilden Gesellen Name sei, der so überraschend, trotzig ihm hier in den Weg tritt, so zeigt er ihm das Signalstängelchen auf dem anscheinend unnahbaren Felsenhaupte und zeigt ihm auf dem Grate und an den Nordwänden stellenweise eine Daube; erzählt ihm, dass vor wenigen Jahren erst der Uebergang vom Kammerlinghorn auf die Hocheisspitze sei ausgefunden worden*), und stellt ihm den übergewaltigen Nachbar in bester Form als die Hocheisspitze vor. Aber gemach! nicht als hervorragender Gipfel allein, sondern auch orographisch hat die Hocheisspitze ihre Bedeutung: von ihr als Eckpfeiler strahlen der Wimbachkamm gegen Osten, der Hochkalterkamm gegen Norden, der Kamm des Kammerlinghorn gegen Westen aus. Von Berchtesgaden aus erblickt man zwischen den massigen Stöcken des Watzmann und Hochkalter noch einen kleinen Zackengipfel, von lichter Schartenenge durchbrochen; ein berggeübtes Auge wird in ihm alsbald einen weit zurückstehenden, daher trotz seiner anscheinenden Niedrigkeit wahrscheinlich ansehnlichen Gipfel erkennen. Hat aber ein oder der andere kühne Felsenklimmer den schwindelnden Gang quer durch die Wände, die zum Hocheise niederstürzen, zurückgelegt, über die kurze noch übrige Strecke zahnigen Grats, die stellenweise so schmal sich zusammenzieht, dass sie überritten werden kann, zur Gipfelkuppe sich hinaufgearbeitet, deren Haupt aus einem einzigen, glattgescheuerten Felsklotze besteht, — dann steht er auf einer mächtig erhabenen, dominirenden Spitze allerdings, — aber mitten in der schroffen Kette, die weit gegen Osten noch sich fortzieht, zu neuen Gipfelgestalten sich emporbäumt. Zur Linken in der Tiefe das Hocheis — düstere Kessel, mit grauen, schuttüberronnenen Firnplanken; zur Rechten, tief unten am Fusse

*) Seine Entdecker sind die gleichen Männer, *Breisen* und *Kederbacher*, Holzknechte aus der Ramsau, welche auch von der Nördlichen auf die Südliche Watzmannspitze den ersten Uebergang wagten. Kurze Zeit darauf besuchte ich ebenfalls das Hochkammerlinghorn, wobei die Dauben, welche meine Vorgänger gelegt hatten, mir bei Aussuchen des Pfades gar wohl zu Statten kamen. Es ist eine in jeder Beziehung schwierige Tour. — Bei meinem Besuche der Eiblscharte im Jahre 1873 sah ich zu meinem nicht geringen Erstaunen Gestalten auf dem Hochkammerlinghorn, und mit noch grösserer Verwunderung hörte ich Abends in Hirschbichl, dass es ein fremder Tourist gewesen sei, welcher die Besteigung unternommen. Ob sie seit dem Jahre 1868 öfter in Ausführung gebracht wurde, ist mir nicht bekannt, ich erfuhr bei meinem jüngsten Besuche nur, dass Breisen und Kederbacher von Ramsau noch immer die Einzigen seien, die auf jenen Gipfel — sie gehen nicht davon ab, ihn Hocheisspitze zu nennen — zu führen wüssten. Diese Beiden hatten auch den genannten Touristen geleitet.

der Wände, die steinigen Bergweiden des Eiblbodens. Im Nordosten biegt der Hauptgebirgskamm sich herum, dort zieht er hinauf zu seiner höchsten Spitze, von welcher ein Meer von Schutt und Gries in's öde Hocheisthal hinunterfliesst; hinter dieser Zackenlinie liegt das Wimbachthal, jene Felskörper decken dem Auge Berchtesgaden und seine grünende Umgebung. Dort liegt die Hocheisspitze. — Der Gipfel aber, der das Kammerlinghorn beherrscht, der als zweiter Culminationspunkt in dieser Gruppe der Berchtesgadener Alpen auftritt und den Besuch Seitens des Bergwanderers in hohem Grade herausfordert, ist das Hochkammerlinghorn — so selten gleichwohl erreicht von den Gästen des Kammerlinghorns, als Watzmann-Besteiger den Gipfel des Grossen Watzmann betreten.

Das gegen Westen offene Halboval, in dessen Inneren die Firnen des Hocheises ruhen, zu vollenden, strahlt von der wahren Hocheisspitze gegen Nordwesten ein niedrigerer, äusserst scharfschneidiger Grat aus, eine dünne, dem Einbruche scheinbar nahe Felsenmauer, die gegen Norden in's Thal des Sulzenbachs niederstürzt; dann folgt als nächster Querkamm gegen Norden die Flammelschneid, auf diese das Steinthal, die Ofenthalschneid und das Ofenthal, und endlich das langgefurchte Gipfelmassiv des Hochkalter. Letzterer steht mit der Hocheisspitze in direktem Gratzusammenhange und begrenzt mit ihr gemeinschaftlich das Wimbachthal im Westen; die genannten Seitenkämme bilden auf dem Hauptgrate zwei niedrige, aber scharfgezeichnete Gipfel; näher an der Hocheisspitze ist dieser Hauptgrat arg zerspalten und führt hier den Namen Wimbachschneid. Die engen, von den Zweigrücken seiner Westseite eingeschlossenen Thäler münden in's Thal des Hirschbichler Klausbaches und mit diesem gegen den Hintersee aus; sie bergen wenig Wald und Weide, aber Schutt und wüstes Trümmerwerk genug. An der Ostseite findet kein Relief der Gebirgsflanke Raum in den jäh abstürzenden Wänden, deren Fuss in die Geröllfluthen des Hinteren Wimbach taucht.

Die Hocheisspitze war bestimmt, den Schlussstein meiner Berchtesgadener Bergfahrten zu bilden; sie allein stand noch unberührt von mir, nachdem die anderen hohen Häupter alle bereits gefallen waren. Am 5. September 1868 erschien ich wieder auf dem Hirschbühl (3655′ 1187 m. Keil). Im Kreise einiger Bekannten aus Berchtesgaden, welche für den morgigen Tag eine Tour auf das Kammerlinghorn beabsichtigten, wurde an Wein und Schlafenszeit etwas mehr consumirt, als den beiderseitigen Plänen eben zuträglich war. Die Nacht verlief unruhig, Fuhrwerke kamen und gingen; ich war um 3 Uhr bereits wieder wach und es zeigte sich in der Folge, dass auch die andere Gesellschaft nicht viel später an der Zeit war. Auch in der Küche war es bereits lebendig; ich bekam noch Kaffee, bemühte mich aber vergebens, eine Flasche zu erhalten, um Wasser darin zu fassen; die Leute hatten es offenbar darauf abgesehen, mich zur Abnahme einer weingefüllten Flasche zu nöthigen, und eigensinnig, wie ich nun einmal bin, ging ich infolge dessen ohne jegliche Flasche. Noch dämmerte über den Bergspitzen im Osten kein Morgenlicht; ich hatte Mühe, den mir bereits bekannten Weg zu den Mittereisalpen durch das tiefe Walddunkel hinauf zu verfolgen; derselbe zweigt etwas nördlich vom Mauthhause von der Landstrasse ab, geht daher zunächst in entgegengesetzter Richtung von jener aus, welche die Kammerlinghorn-Besteiger einschlagen. Zwischen mir und der Gesellschaft, welche dorthin zielte, lag für die ganze Länge unseres Weges der Rücken der Mooswand, des Karl- und Kammerlinghorns, beziehungsweise des von letzterem ausstrahlenden Zweigkammes, welcher mit dem Kleineishorn in's Hocheisthal niedersetzt. Erst auf den Gipfeln sollten wir uns wieder zu Gesichte bekommen, nahe genug, um Rufe hin- und herüber zu senden, aber getrennt durch unergründliche Tiefen.

Nach $^3/_4$ Stunden war die erste Terrassenabstufung des Gebirges, der Eingang in's Hocheisthal, erreicht. Kaum unterscheidbar zeichneten aus dem Düster der Nacht die kleinen Hütten der Mittereisalpen*) sich ab; durch's feuchte Gras der Alpenwiese verfolgte ich meinen unsichtbaren Pfad. Zur Rechten an der Hügelböschung rauscht das Wässerchen, welches die in fünf Etagen übereinander gelegenen Viehtränken füllt; dort zieht der Steig durch Wald und Gebüsche hinauf in's Kleineisthal; durch's Krummholz seiner hohen Terrassenstufen, über die Graslehnen und Geröllschütten des Kleineis gelangt man dort hinauf zum Karlboden — eine veränderte Anstiegsrichtung auf das Kammerlinghorn. Ich hatte sie bei meiner Tour auf dieses und das Hohe Kammerlinghorn im Rückwege kennen gelernt; meiner damaligen Wanderung verdankte ich auch die Kenntniss des Weges, der mich bisher geleitet; weiter hinein in's

*) Auf der Keil'schen Karte als Mittereckalpen bezeichnet.

Hocheisthal war mir derselbe unbekannt, und daher mehr als zweifelhaft, ob ich im Dunkeln ihn würde zu finden vermögen. Noch zögerte aber die Helle; wohl mochte der erste Dämmerschein bereits heranbrechen, aber eben im Osten, woher das Licht mir.kommen sollte, starrte der Felsenwall beschattend mir entgegen. Ich versuchte gleichwohl einen Aufenthalt zu vermeiden und den Pfad auch im Dunklen zu finden; nach kurzem Suchen am jenseitigen Saume der Alpwiese schimmerte auch wirklich ein in's Krummholz sich hineinziehender, lichter Streif mir entgegen und wenige Schritte in dieser Richtung weiter belehrten mich, dass ich auf rechter Fährte sei. Von Legföhren umrankt schlängelt der Steig sich eine neue, ziemlich stark gehobene Abstufung des Thalbodens hinan; in schräg links gezogener Richtung gewinnt er die höher gelegene Terrasse. Zur Rechten strebt das Kleineishorn als plumper Mauerkegel mitten in den Thalgrund herein; zur Linken ragt zerklüftetes Gewände empor, es gehört dem Zweiggrate der Hocheisspitze an. Im Hintergrunde beginnt der Felsencircus sich aufzuthun, dessen scharfgeschnittener Höhenrand die Gipfel des Gebirges trägt. Der obere Thalboden selbst stellt ein steiniges, hügeliges Plateau dar, auf welchem der Krummholzwuchs mehr und mehr verschwindet. Auf engbegrenztem Wiesenplatze stehen die Hocheisalpen, vier niedrige Hüttchen.

Auch jetzt verliess der Pfad mich nicht völlig, obwohl er nicht mehr so ausgeprägt erschien, wie vorher; meist im Krummholze dahinziehend, unausgesetzt steigend, hielt er sich anfänglich noch in der Mitte des Thales, eher etwas nach der rechten Seite hinüber, den Wänden des Kammerlinghorns sich nähernd, wendete aber bald um und verfolgte eine constant gegen Links weisende Richtung, in welcher er bis unmittelbar unter die Mauern des Zweigkammes der Hocheisspitze hinein sich fortsetzte. Seitdem ich an den Mittereisalpen vorübergekommen, war eine zweite Stunde verflossen und meine Umgebung begann sich zu lichten. In kalten, scharfen Umrissen zeichnete sich Busch und Fels aus dem Dämmergrau heraus. Der Höhenrand der letzten Thalstufe, die ich erstieg, sank allmählig herab und öffnete dem Blicke die innerste Tiefe der öden Kare, aus deren firngefüllten Kesseln eisiger Hauch dem Ankömmling entgegendrang. Das Gebüsche war vollständig zurückgeblieben, die weichen Polster des hochalpinen Rasens deckten den plattenhügeligen Boden und gewährten einen leichten, angenehmen Weg; von einem ausgetretenen Pfade war kaum die Spur mehr zu erblicken; er hatte seinen Zweck auch bereits erfüllt; hier in der Höhe lag das ganze Terrain dem Wanderer frei und offen. — Die eigentliche Thalsohle, mit Geröllfeldern und Blockwerk erfüllt, war zu meiner Rechten geblieben; ich bewegte mich längs der sanft abdachenden Böschungen, welche an den Fuss der nördlichen Thalwände stossen, in querer Linie thalein. Eine letzte Anschwellung des Hügelbodens verwehrte noch den Einblick in's Innerste; gespannt, welche Aussichten dort sich mir eröffnen würden, schritt ich rascher voran, als plötzlich lautes Geprassel in der Höhe meine Aufmerksamkeit erregte und dem Schritte Halt gebot. Hoch oben in den Sandreissen, die von den Felsmauern sich heruntergiessen, war es lebendig geworden, — die Gemsen, durch den unerwarteten Besuch in ihrer Morgenäsung gestört, eilten flüchtig über die Schuttlehnen dahin, eine lange, lange Reihe, eins hinter dem anderen, 25 Stück zählte ich ab; doch ehe ich mir's versah, kam von der anderen Seite ein zweiter, noch weit stärkerer Rudel dem ersten entgegen, sie kreuzen und mengen sich, schwarz wie von Ameisen wimmelt das ganze Geröllfeld, und wasserfallähnlich rauscht der Steinschotter, den sie zu Thal senden. Dann geht's auseinander, in wilder Hast hinein in's Hocheis. Bald ist die letzte verschwunden, noch klappert ein und das andere nachrollende Steinchen, und Grabesstille liegt wieder über der Felseneinsamkeit. Ich dachte die scheuen Thiere im inneren Thalkessel wohl nochmals zu Gesichte zu bekommen, täuschte mich aber; sie hielten sich unbeweglich in ihren Schlupfwinkeln; im Felsencircus, von Steilwänden fast allseits umfangen, mit kahlem Gesteine ausgekleidet, dass nicht ein Mäuschen dem Blicke verborgen bleiben konnte, — bei all' dem Spektakel, den ich nachmals in dieser geschlossenen Rotunde vollführte, zeigte sich doch nicht ein einziges mehr.

Die letzten spärlich begrünten Hügel hinan überschritt ich die Grenze der Vegetation gegen das aufgewitterte, den letzten Keim des Lebens erstickende Gestein; gleichzeitig tauchte im nahen Osten der absperrende Kamm, der Grat empor, auf welchem ich mein Ziel, die Hocheisspitze zu suchen hatte. Ich stand stille und blickte verwundert um mich. Alle Terrainverhältnisse, wie ich sie aus früherer Ansicht, namentlich vom Kammerlinghorn aus, theils gesehen, theils schlussfolgernd sie mir vorgestellt hatte, wurden in Richtigkeit befunden; die Steilwand-Umrahmung des Kars — die eisgrauen Firnplanken, welche in die Felsenkeller des Gebirgsfusses sich einlagern — mauerschroff seine Seiten vom Kammerlinghorn nnd Hochkammerlinghorn herüber bis an sein östliches Ende und dort die breiten, endlos langen Geröllflächen, die zum Grate hinaufziehen — nur die Hauptsache, die Hocheisspitze selbst, fehlte. Nahezu geradlinig streicht der Gebirgsscheitel in unansehnlichen Schrofenhöckern über die Schuttlehnen weg, um dann wieder nordwärts gewendet in schartiger Mauer die Nordseite des Hocheisthales zu bilden. Im südöstlichen Winkel aber, nicht gar weit vom Hochkammerlinghorn entfernt, da thront jetzt auf dem Grad eine massige, etwas aufgewölbte Pyramide, so trotzig starr, als sollte nur das Volk der Lüfte ein Recht haben, auf ihrem Scheitel sich niederzulassen. Also abermals, wie vor Wochen auf dem Kammerlinghorn, die Hocheisspitze gesucht und einen andern, den Besuch des Menschen unwirsch zurückweisenden Gipfel gefunden! Wer du auch seist, mit dir habe ich zu schaffen! Einer von uns ist dem Andern verfallen!

Den Fuss der Mauern entlang drang ich am Nordsaume des Hocheisthales zu seinem letzten Abschlusse vor; die höckerige, stellenweise von Klüften durchschnittene Sohle blieb wie bisher zu meiner Rechten, ich hielt mich an der Randböschung. Tief sank ich bei jedem Tritte in's lose Gerölle ein, nur die zuweilen in's Gehänge herabreichenden Strebepfeiler der Wände gewährten bei ihrer Uebersteigung und Umgehung einen etwas festeren Tritt. In seiner ganzen Breite hebt der Thalschluss sich zur Grathöhe empor, zu unterst in unterbrochenen Mauergürteln, welchem Schuttterrassen und sodann im südöstlichen Winkel, wo mein nächster Gegner stand, die klüftigen Mauern folgen; während im Nordosten, wo die Hocheisspitze stehen sollte und sich nicht fand, die endlosen Sandreissen sich hinaufziehen. Ein abgestufter, stellenweise etwas enger Felsgraben brachte mich über die unteren Steilstufen rasch hinweg auf's Gerölle; und nun begann ich, rechts abschwenkend, in schräger Anstiegsrichtung auf mein Ziel loszugehen. — Noch war ich im Zweifel, ob ich den wildgeformten Kegel unmittelbar an seinen nordwestlichen Wänden packen oder ob ich eine Umgehung versuchen sollte, und ich war für's Erste auch noch gar nicht veranlasst, eine entscheidende Wahl darüber zu treffen; im langsamen Queren der Geröllflächen, auf welchen jeder Zoll an Höhe mit unverhältnissmässiger Anstrengung gewonnen werden musste, hatte ich noch Zeit genug, darüber nachzudenken. Freilich gestalteten sich, je näher ich den zum Hocheis niederstürzenden Wänden kam, die Aussichten für ein Unternehmen von dieser Seite her immer ungünstiger: unveränderlich starr blickten sie von ihrer Höhe auf mich herunter, keine scheinbare Verkürzung und Erniedrigung vor den Anrückenden verrieth eine geminderte Steigung ihrer Höhenzone. Die eisgrauen, schuttgestreiften Firnlager ihrer dunklen Grüfte vermehrten noch das Abschreckende des gewaltigen Felsgerüstes. Unter solchen Umständen war kaum eine andere Wahl zu treffen, als die, eine Umgehung nach der Gegenseite zu versuchen; immerhin kein sonderlich preiswürdiges Auskunftsmittel, wenn man letztere nicht genau kennt, und davon just genug gesehen hat, um zu wissen, dass ihr allgemeiner Charakter keineswegs ein friedfertiger zu nennen sei. Ich gab also die den Felshang kreuzende Marschrichtung auf, und wandte mich wieder zum geraden Anstiege; eine Gratscharte am nordöstlichen Fusse der breiten Gipfelpyramide bildete nun mein nächstes Ziel, sie sollte mir die Terrainverhältnisse der jenseitigen Gebirgsflanke enthüllen. Massig übereinander gehäufte, röthlich gefärbte Schrofenstufen verlegten mir am Saume des Geröllfeldes den Weg und nöthigten zu einem steilen und stellenweise nicht ganz unbedenklichen Aufklettern; dann folgte wieder der lose Schutt, Haufwerk von grossen und kleinen Trümmern, Zackenriffe aus ihnen emporragend und meinen Weg zum Durchbruche des Gebirgsscheitels begleitend. Der Kegel, dessen Haupt ich zu gewinnen strebte, veränderte während all' dem kaum merklich seine Gestalt, nur dass seine mir zugewendete Nordostkante allmählig sich verkrümmte, als blickte er über die Achsel weg auf das Geziefer, das ihm zu Füssen da herumkrabbelte. Mir aber war es ein gutes Zeichen.

Hoch aufathmend trat ich in's Felsenthor hinauf, das nahe und ferne Gebirge, grünes Land in der Tiefe, nacktes Gestein in ebenbürtiger Höhe, blinkendes Eis am fernen Horizont dem Auge erschloss; einen Schritt noch vorwärts, und vor mir senkt sich der Boden jäh abwärts zu den Karen des Weissbachthals. Die Gratkante entlang aber, die zum Gipfel sich emporschwingt, zieht sich schrofig rauhes, leicht gangbares Terrain, etwas schmal mitunter, aber mehr als ausreichend für den engen Pfad des Bergsteigers. Stufe um Stufe hinan, die zerspaltenen Höcker des Grates zur Rechten, hinter denen das Hocheisthal verschwunden ist, dafür den freien, vollen Ausblick gegen Süden. Schon wölbt sich die Kuppe in die helle Luft empor, wenige Minuten noch, so ist die letzte Höhe gewonnen; aus unförmlichen Felsquadern zusammengefügt, streckt enge geschnürt die Schneide ihrem culminirenden Endpunkte sich zu; im Galopp von Block zu Block, über die Spalten und Klüfte dahin, wo der höchste Felsklotz wie balancirend auf dem Grate ruht, wo der Scheitel des Gebirges sich wieder herabbeugt, um bald von thurmtiefer Spalte verschlungen zu werden. Von dort herüber weist das Hochkammerlinghorn, ein schlanker Obelisk, mir grinsend die zerspaltenen Wände, über denen ich vor ein paar Wochen geschwebt, zweifelhaften Halt auf handbreitem Gesimse suchend; und nebenan zur Rechten sieht der flache Scheitel des zahmeren Kammerlinghorns herüber, und mit einem Schlage wird's dort lebendig, die Berchtesgadener sind schon oben — meine Jauchzer fliegen hinüber und „Bravo, Bravo!“ schallt es von drüben wieder, während ich in kurzer Wendung meinen Umkreis beherrschend mustern will — — ja, bravo, bravo.... siehst du wohl, wo der Gipfel steht? — siehst du sie jetzt, die Hocheisspitze, riesengross dort im Nordosten! — Auf einem Zwischengipfel, mitten auf dem Grat steh' ich — nur immerzu umgekehrt, — der Gipfel, den ich verlangt, hat mich ein zweites Mal genarrt! — Hätte ich doch von meinen topographischen Reminiscenzen allein mich leiten lassen, hätte ich nur das Geröllfeld angestiegen, welches — ich wusste es ja! — an der Westflanke des Gipfels liegen musste, ich würde diesen selbst schon gefunden haben; gefunden in eben dem Grate, dessen anscheinend gerade Linie mich irre gemacht und auf solche Abwege geführt hatte. In der Sohle des Kars gleichen die allmählige Erhebung des Grates und dessen weitere Entfernung vom Standpunkte des Beobachters sich nämlich so vollständig aus, dass der ganze Gebirgsscheitel dadurch wie eben erscheint. — Nachdem übrigens der erste Aerger über die erfahrene Täuschung sich verlaufen, die ruhigere Erwägung Platz gegriffen hatte, dass meine Ersteigung der Pseudo-Hocheisspitze mich an einer nachfolgenden Ersteigung der wirklichen Hocheisspitze ja nicht zu hindern brauche, fing ich an, über meinen Irrgang mich zu trösten und sogar eine gewisse Befriedigung über denselben zu empfinden. War es auch kein Gipfel ersten Ranges, ein selbstständiger Gipfel war es immerhin, auf welchen ich gelangt war; ich konnte mich aus dem Bilde der Kammerlinghornkette, wie ich dasselbe aus Südosten, von den Randgipfeln des Steinernen Meeres aus zu sehen bekommen, auf den Punkt gar wohl besinnen, welchen ich in diesem Bilde gegenwärtig einnehmen mochte. Ein rundlicher Felsenkopf, vom Hochkammerlinghorn durch eine enge und unverhältnissmässig tiefe Durchspaltung des ganzen Gebirgskammes getrennt, noch ziemlich im geraden Verlaufe des letzteren, nahe an seinen Wendepunkt gegen Nordosten, zur wahren Hocheisspitze hin, gestellt. Es lag aller Grund vor, anzunehmen, dass dieser abgelegene Gipfel seinen ersten Besuch von mir erfahren haben mochte, so wie mir auch niemals Namen und Höhenangabe für denselben bekannt wurde; die Keil'sche Karte verzeichnet an seiner Stelle nicht einmal einen Culminationspunkt im fortlaufenden Grate, was immerhin als ein Mangel bezeichnet werden muss. Seiner Stellung unmittelbar über den Karen des Hocheises und seinem der Hocheisspitze gegenüber untergeordneten Range entsprechend gab ich ihm den Namen Hocheiskopf und schätzte im Vergleiche mit der nahen Hocheisspitze seine Höhe zu etwa 7680′ 2495 m. Der Anstieg von Hirschbühl auf diesen ersten Gipfel hatte etwas über 4 Stunden gewährt; meines Bleibens auf demselben war natürlich nicht lange, nachdem das eigentliche Ziel meiner Wanderung sich auf einen neuen Punkt verlegt hatte. Nach wenigen Minuten schon gaben neue Rufe der Gesellschaft auf dem Kammerlinghorn drüben meinen Abmarsch bekannt. Ob sie meine Worte und Geberden verstanden, welche auf das neue Ziel hinüberwiesen, weiss ich nicht, in der Folge erfuhren sie jedenfalls, was von mir beabsichtigt und erreicht wurde.

Ueber das Blockwerk des Grates stieg ich zurück zur Scharte, etwas gemessenerer Schrittes und nüchterneren Sinnes, als ich heraufgekommen war; dort wieder angelangt, rathschlagte ich, was weiter zu beginnen. Ein Rückweg über die Schrofenstufen, die ich heraufgeklommen und ein neuerlicher Anstieg über die ganze Länge des Geröllfeldes war mir nicht lieb, andererseits hatte mir der Grat vom Hocheiskopf zur Hocheisspitze hinüber ziemlich ununterbrochen und gangbar geschienen. Ein Versuch war jedenfalls des Anstellens werth, und gelang er, so mochte er viel Zeit und Mühe mir ersparen. Auf der Südostseite, welche ziemlich steil zu den Geröllkaren des Eiblbodens sich abdacht und zu unterst in Steilwände übergeht, leiteten mich streifige, geröllbedeckte Bänder leicht und geradlinig quer durch, an den mitunter abenteuerlich genug gestalteten Mauerzacken des Grates vorüber; ich war bereits ziemlich weit gegen Nordosten vorgedrungen, als plötzlich einer dieser Zacken mit seinem schroff abgerissenen Felskörper mir in den Weg trat und auf dem Grate sowohl als neben demselben die Bahn völlig versperrte. Die Bänder, um seine Flanke sich herumschlingend, liefen alle an einer senkrechten Längsstufe von ca. 12′ Höhe aus und ein Hinabspringen war bei der Abschüssigkeit des tiefer liegenden Bodens ebensowenig rathsam, als irgendwelche Sicherheit sich bot dafür, dass die eingeschlagene Richtung über diese Schranke hinaus noch weiter würde verfolgt werden können. Nach mehrmaligem Hin- und Hersuchen entschloss ich mich auch zum Rückzug — nicht von der Hocheisspitze, die lediglich eine Stunde länger dann auf mich zu warten hatte, sondern von der eingeschlagenen Angriffslinie. Schon waren die ersten Schritte rückwärts gethan, als mir noch eine durch's Geschröf sich hinunterziehende Furche in's Auge fiel. Mit sehr geringem Vertrauen entschloss ich mich gleichwohl, auch diess letzte Auskunftsmittel noch in Anwendung zu bringen, wurde dadurch zunächst weiter, als zuvor, vom Grate abgeführt, und als ich eine günstige Stelle benutzte, wieder links auszubiegen, wo die sperrende Steilstufe sich hinunterzog, fand ich mit Leichtigkeit den gewünschten Uebergang auf's jenseitige Gehänge. Noch war es, wie gesagt, höchst ungewiss, ob ich im weiteren Verfolgen meines Weges nicht auf neue Hindernisse treffen würde, da die Längsrippen der Bergflanke nur ein geringes Stück Terrain jeweils zu überblicken gestatteten; doch war ich dieser Besorgniss bald überhoben, je weiter ich vorwärts kam, um so schwächer ausgeprägt erschienen diese seitlichen Grate, um so mehr verflachte sich der Boden, allmählig nur mehr mit zertrümmerten Plattenschollen überdeckt; es war mir sodann auch wieder gestattet, die Schneide selbst zu betreten, obwohl der bequemere Weg meist auf der Ostseite, unterhalb derselben sich bot. Rasch gewann ich nun an Höhe; über den Zacken des Grates stieg der verlassene Hocheiskopf wieder auf, ich befand mich bereits nahezu wieder in seinem Niveau, und hoch vor mir baute noch immer das Gipfelmassiv der Hocheisspitze sich zusammen. Von Osten her schliesst der zahnige Wimbachgrat an sie heran, aus welchem das Alpelhorn, das Palfenhorn sich aufschwingt, durch dessen Scharten die Griesfelder des Wimbachthales heraufschimmern. Zur Linken bricht der Grat in Steilwänden von unbeträchtlicher Höhe hinab auf die Schuttlehnen des Hocheis. Verwitterte Trümmerstufen bahnen mir den Weg zur letzten Höhe; den mässig breiten Gipfelscheitel betretend sende ich abermals einen hellen Jauchzer hinüber zum Kammerlinghorn und wieder antwortet der Ruf von drüben, und wenn sie *jetzt* Bravo rufen, so bin ich's zufrieden. Während des ganzen Ueberganges vom Hocheiskopf auf die Hocheisspitze, welcher nahe an $1\frac{1}{2}$ Stunden gewährt hatte, war ich der Gesellschaft am Kammerlinghorn unsichtbar geblieben; in den kurzen Momenten, in welchen ich hie und da den Grat betrat, konnte ich kaum von ihnen bemerkt werden; mit um so grösserer Ueberraschung sahen sie mich auf diesem vom ersterstiegenen Gipfel so weit entfernten Punkte plötzlich wieder auftauchen.

Nachdem ich mein Gepäck abgelegt und das Fernrohr zurecht gerichtet, suchte ich mir ein Sitzplätzchen aus, eine wohl verdiente Stunde lang zu rasten. Der Gipfel verläuft gegen Norden alsbald in eine kaum fussbreite Schneide, welche senkrecht gegen Osten abstürzt, mit stark geneigtem Platt gegen Westen, den Sandreissen des Hocheis zu, sich abdacht; dort fand ich so meine volle Behaglichkeit; — auf dem engen Grate sitzend, die gekreuzten Füsse an den schrägen Platten hinunter streckend und über die Achsel weg in lothrechte Tiefe blickend, hatte ich die freie Luft in gewünschtem Ueberflusse. Eigenthümlich ausgeprägt erscheint die Stellung der Hocheisspitze als Eck- und Wendepunkt ihres Kammes. Schon die allernächste Fortsetzung des Gipfels wendet sich mit Entschiedenheit gegen Westen. In dieser Richtung sinkt der Grat hinab zu einem engen Sattel und steigt sodann neuerdings empor zu einem schmalschneidigen, schartigen Felsenrücken, welcher der Höhe des Hocheiskopfs ziemlich gleichkommen und das gewöhnlich erstiegene Kammerlinghorn noch überragen mag. Ein Name wurde mir für diese langgestreckte Zackenmauer, deren Scheitel in westlicher Richtung, den Verbindungsgrat von der Hocheisspitze herüber verfolgend, wohl zu gewinnen wäre, nicht bekannt; die Keil'sche Karte verzeichnet an ungefähr dieser Stelle ein „Hochfeld“ — eine Benennung, welche auf das in Rede stehende Object sicherlich keine Anwendung finden kann. Von Osten und Südosten herauf schliesst der Kamm, welcher den Süden des Wimbachthals begrenzt, mit seinen Dolomitnadeln an's Massiv der Hocheisspitze sich an. Ich mochte damals der Vermuthung mich zuneigen, dass sie auch von dieser Seite erstiegen werden könnte, wenigstens sah ich das gangbare Terrain sehr weit hinunter gegen den Eiblboden sich erstrecken; als ich jedoch fünf Jahre später zum zweiten Male an den Ostfuss der Hocheisspitze gelangte, und nicht, wie das erste Mal, im dunklen Nebel zu ihrer Höhe emporblickte, überzeugte ich mich von der geringen Hoffnung auf Erfolg, welche ein derartiges Unternehmen hätte. In nördlicher Richtung verbindet die zerrissene Wimbachschneid die Hocheisspitze mit dem ersten Gipfel des Hochkalter-Kammes, dem Endpunkte der Flammelschneid auf dem Hauptgrate, einem theilweise begrünten, pyramidalen Bergkegel*). Hinter ihm

*) Die Keil'sche Karte bezeichnet ihn als Hinterbergkopf, ohne Höhenangabe.

ragt der Endpunkt der *Ofenthalschneid* als zerhackter Block auf dem Grate empor. Vor ein paar Jahren wurde die Uebersteigung der ganzen Kette von der Hocheisspitze bis auf den Hochkalter in Ausführung gebracht, eine in hohem Grade merkwürdige Partie.

Die weitere Aussicht von der Hocheisspitze, deren Gipfel eine Reihe höchst interessanter Detailbilder erschliesst, ist von keiner sonderlichen Bedeutung und steht derjenigen des Kammerlinghorns, welchem der freie Ausblick gegen Süden und Südwesten eröffnet ist, weit nach. Im Osten zieht namentlich der *Watzmann* mit seinen breiten, gestriemten Mauerflanken die Aufmerksamkeit auf sich, etwas südlicher die Gruppe des *Hundstod* und einige Partieen des südwestlichen Steinernen Meeres. Die tiefe Senkung des Passes *Trischübel* lässt die *Teufelshörner* erscheinen, ein nadelscharfes Spitzenpaar. Ostwärts fällt der Blick in die Tiefe des *Wimbachthales*, und seinem Laufe folgend trifft er auf's grüne Thal der Achen und auf Berchtesgaden, enge eingerahmt von den Felsstöcken des Watzmann und Hochkalter. Den Norden erfüllen die dunklen Hochplateaus des *Lattengebirges* und des *Unterbergs*, den Nordwesten die *Reitalm* mit der stattlichen Hörnergruppe ihrer südlichen Randkante. Im Westen, wo breit das Hocheisthal sich öffnet, dominiren die *Loferer Steinberge*; südlich decken die düstern, eisumlagerten Wände des Kammerlinghorn-Kammes fast die ganze Aussicht, nur die fernen Schiefergebirge des Salzachthales und über diesen die Tauren steigen über die schroffen Häupter dieser nahen Kette empor. — Das Hochkammerlinghorn, obgleich fühlbar tiefer gelegen, als die Hocheisspitze, scheint dieser gleichwohl an Höhe ziemlich nahe zu kommen. Ich habe für die Hocheisspitze die Angabe der Keil'schen Karte mit 7748′ 2517 m. adoptirt, und glaube die Messung der gleichen Karte für das Kammerlinghorn mit 7644′ 2483 m., mit welcher auch andere, z. B. von Sendtner, übereinstimmen, auf das *gewöhnlich erstiegene* Kammerlinghorn beziehen zu müssen. Die Differenz zwischen diesem und der Hocheisspitze mit nur 104′ erscheint allerdings als etwas gering, doch gestalten sich die relativen Resultate auf dieser Basis doch richtiger, als wenn man die Höhe von 7644′ auf das Hochkammerlinghorn bezöge*). Eine von Gümbel (Geognost. Beschreibung des Bayer. Alpen-

*) Bezieht sich aber die angegebene Höhe auf das gewöhnlich erstiegene Kammerlinghorn, so fehlt auf der Keil'schen Karte auch jede Verzeichnung des *Hohen* als eines Culminationspunktes.

gebirges) aufgeführte Messung von Senoner für „Kammerlinghorn, Hohes“ mit 7878′ 2559 m. scheint auf das Letztere sich zu beziehen, doch wäre im Falle ihrer Richtigkeit die Höhe der Hocheisspitze im gleichen Verhältnisse zu vergrössern. Es ist am Ende kein Wunder, wenn mancher dunkle Punkt sich noch findet in einer so wenig bekannten und besuchten Gebirgsgruppe. Ist doch die Hocheisspitze selbst, ihr Culminationspunkt und Centrum, so verlassen und vergessen, dass ich nicht einmal ein Steinhäufchen, geschweige denn ein trigonometrisches Signal, auf ihrem Gipfel vorfand.

Mittag war vorüber und ich begann an den Abstieg zu denken; natürlich suchte ich mir für denselben eine andere, kürzere Weglinie, hatte daher zunächst die enge, auch von Berchtesgaden aus im Gipfelgrate der Hocheisspitze sichtbare Scharte zu gewinnen, um von dieser aus unmittelbar an das grosse Geröllfeld zu gelangen. Nachdem die schmale Plattenschneide des Gipfelhauptes völlig überschritten worden war, bewegte ich mich längs des Grates abwärts gegen Nordwesten, ziemlich enge und steil, namentlich erforderte der jähe Abriss desselben gegen die Scharte noch ein kurzes, behutsames Abklettern. In dem kaum schrittbreiten Felsenthore stehend besann ich mich noch einen Augenblick, ob ich nicht lieber gegen Norden mich wenden solle, in welcher Richtung ich über das starkgeneigte, jedoch gangbare Geschröf unzweifelhaft leicht in den nahegelegenen oberen Thalboden des S u l e n- (oder Sieders-) Baches gekommen wäre. Die Erwägung jedoch, dass ich, den Pfad dieses letzteren Thales verfolgend, halbwegs zwischen Hirschbühl und Hintersee die Strasse erreichen, und, da ich einige Gepäckstücke in Hirschbühl zurückgelassen, dorthin würde zurückkehren müssen, bewog mich, von diesem Plane abzustehen und das Hocheisthal wieder aufzusuchen. Aus der dunklen, schmalen Gasse austretend, welche die auseinandergespaltenen Zacken zwischen sich lassen, sah ich mich vor die einförmige, endlos lang hinabgestreckte Sandreisse gestellt, so steil abschiessend (in einem Winkel von etwa 50 bis 55°), dass ich nicht ohne einiges Bedenken die ersten Schritte auf dieselbe that. Doch schnell genug schwand jede Zaghaftigkeit. In einen wahren Sumpf von Stein war ich gerathen, und konnte es auch keineswegs angenehm genannt werden, bis tief über die Knöchel im eckigen Schotter zu waten, so war dadurch doch die Gefahr, auszugleiten und haltlos die jähe Fläche hinabzufahren, in beruhigendster Weise ausgeschlossen. Selbstverständlich ging dieser Abstieg mit grösster Geschwindigkeit von Statten, ich lief mehr, als ich ging und aus dem Laufen wurde gelegentlich ein lustiges Dahinfahren, gleich als befände ich mich auf einem Schneefelde; aber so mächtig drängte alsdann die Masse des fliessenden Gerölles mir nach, dass ich mich immer bald genöthigt sah, durch ein paar Seitensprünge dem Gewaltbereiche des Stromes mich zu entziehen, um nicht schliesslich von ihm niedergerissen zu werden. Das Rauschen und Prasseln der entfesselten Gesteinslasten erfüllte den ganzen, so selten in seiner tiefen Ruhe gestörten Felsencirkus. Wenn irgend je, so erwartete ich jetzt einige der Gemsen, die des Morgens in diesen Wänden sich verloren hatten, aufgescheucht daraus wieder hervorspringen zu sehen. Aber umsonst, ausser meiner eigenen Wenigkeit und dem grossen Lärmen, welches dieselbe anstellte, blieb alles still und öde. Am Graben wieder angelangt, welcher durch die unteren Steilstufen in den Boden des Hocheisthales mich zurückbringen sollte, hatte ich geraume Zeit zu warten, bis der wasserfallartige Schutterguss in letzteren nachgelassen und ich von etwa mitgeführten grösseren Blöcken keine Unzukömmlichkeiten mehr zu besorgen hatte. Dann stieg ich die Mauertreppe hinunter in's Kar. Noch einmal zurückgewendet grüsste ich die wieder verschwundene, richtiger gesagt, wieder unkenntlich gewordene Hocheisspitze, und grüsste den prallen Kegel, der mich irregeleitet und so weit von meinem Ziele abgeführt hatte: verdankte ich ihm doch eine besonders ausführliche und genaue Kenntniss dieser Gruppe, einer der wenigst bekannten des Berchtesgadener Alpengebietes. Durch's Getrümmer des Hocheis, über die Gras- und Buschhügel des Thales, das von seinen Felsenkämmen eingeschlossen in lautloser Ruhe liegt, gelangte ich an den Hocheis- und Mittereisalpen vorüber in $2^1/_2$ Stunden wieder zur Zollstation und zum Wirthshause Hirschbühl.

Es war dies der Schluss meiner Bergtouren im Berchtesgadener Lande im Sommer des Jahres 1868; wenige Monate hatten mir ausgereicht, mehr davon zu sehen und kennen zu lernen, als die gesammte Welt der Alpenfreunde sich rühmen durfte davon zu wissen — damals wenigstens, und ich glaube, trotz Alpenvereinen und Jahrbüchern in vieler Beziehung auch noch heute. Warum? Weil meine eigenen Augen gesehen, die eigenen Schritte mich dorthin geleitet haben, wo der eigene, überlegte Wille ihnen ihr Ziel bestimmte. Selbst ist der Mann, — auch, oder vielmehr vor Allem, in den Bergen. Wie zart und doch wie herrlich kühn zeichnen die Linien der Berchtesgadener Alpen am blassblauen Osthimmel der bayerischen Flachlandsaussicht sich ab!

Voran der Untersberg, der Göll mit seiner breiten, einseitigen Schulter Hochbrett, der Kahlersberg; dann schneiden die östlichen Königsseeer Berge ab, die drei mächtigen Gebirgsstöcke im Westen der Gruppe treten in ihren Rang ein. Der Watzmann mit seinen beiden Spitzen, an die südliche ganz nahe angedrängt, dem Unkundigen kaum wahrnehmbar, das Gipfelhorn des Hochkalter. Weiter zur Rechten noch baut ein isolirtes Bergmassiv sich auf, ein tiefgehöhltes Halbrund, von schwarzen Zacken umrandet, eine weisse, spiegelnde Fläche in seinem Inneren bergend. Ein auffälliges Object im Panorama; aber bezeichnet habe ich es noch auf keinem Panorama gefunden. Gruss euch, unbenannte, vergessene Wächter über den Wänden, über den Karen und Firnen im Hocheis! Mir seid ihr vertraut, auf euren starren Zacken habe ich den Gemsenpfad mir ausgespäht, bald schaudernd an die Wand gekrallt, ein Tritt für jede Minute und bald wieder vorstürmend im triumphirenden Erfolg! Dort auf jener äussersten Zinne habe ich Abschied genommen vom grossen, hehren Kranz des Berglandes, des ersten das ich kennen gelernt, und das ich nun kannte. Und heim wandte ich mich von dort dem geselligen Treiben der Menschen wieder zu, in deren Kreisen so viel von Bergen gesprochen, erzählt wird, was Neues in ihnen gefunden worden. Und ich kehrte zurück aus wohlbekannten Gebirgen, und doch so schwer beladen mit einer erschöpfenden Kenntniss einer ihrer Gruppen — sollte sie nicht einem reissenden Strome gleich dorthin sich ergiessen, wo so viele Lückenhaftigkeit, solch' grausige Leere noch zu erblicken war? Mit der Wucht der Geröllawine, die ich von der Hocheisspitze scheidend mit mir hinuntergerissen, dachte ich in's alpine Leben zu treten: ja, in der That, es war genau so, wie an der Hocheisspitze; bald war das letzte Steinchen verprasselt. — Die Erinnerung allein ist zurückgeblieben; und blicke ich jetzt an einem klaren Morgen die Ketten der bayerisch-tirolischen Alpen entlang und sehe dort Spitze an Spitze gereiht, sehe sie gruppenweise zusammengedrängt, deren Namen nie die Zunge des Touristen mit fremdartigen Lauten quälen — dann grüsse ich sie wohl aus vergangenen Jahren; mag die Welt ihrer vergessen — auch ich habe auf ihren Häuptern der Welt vergessen, und ich zähle diese Stunden des Vergessens zu den schönsten in meinem Leben.

VII. Das Haagengebirge.

(Hierzu Vertikal- und Horizontalprofil No. 7.)

Das Berchtesgadener Alpenland, umgrenzt von Salzach und Saalach, zählte ich nach Beendigung meiner Exkursionen des Jahres 1868 unter die Gruppen, welche mit jener Genauigkeit mir bekannt waren, die ich von alpiner Kenntniss verlangen, von der Thätigkeit des bereits bestehenden Oesterreichischen, des kurz nachher in's Leben gerufenen Deutschen Alpen-Vereins erwarten zu dürfen glaubte; eine Kenntniss, die sich auf Alles erstreckt, was in der betreffenden Gruppe von orographischer Bedeutung; eine Kenntniss, die zwar der Ausbildung in einzelnen Details noch fähig ist, nicht aber der Hinzufügung wesentlich Neuen. — Nicht mit vollem Rechte nahm ich eine solche Kunde des Berchtesgadener Berggebietes für mich in Anspruch; dort hatte ich in der That noch wesentliche Lücken gelassen; theils Zeitmangel, theils ungenügende Erfahrung im Abschätzen der Wichtigkeit einzelner Excursionsziele hatten mich verhindert, sie auszufüllen. Verwiesen hat auf diese Lücken mich Niemand, als ich selbst. Mir aber waren sie in Erinnerung geblieben, und als nach manchen Jahren unverhofft ein anderer Zweck als der meiner Erstlingstouren mich wieder in die Alpen führte, als all' die Gruppen, deren zahlreiche Gipfel ich erstiegen, und zuletzt auch das Berchtesgadener Land, von Neuem mit mir in Berührung traten, da war der Zeitpunkt gekommen, jenem lange gefühlten Mangel abzuhelfen. Im Osten der Berchtesgadener Berge, hoch über'm Königssee, liegt noch ein Felsgebiet, in welches nur selten des Touristen Fuss hineindringt; von der Umrandungskette der Königsseeer Thalspalte, vom Schneibstein, Kahlersberg, von den Teufelshörnern aus hatte ich Blicke geworfen in die weite Wüste da draussen — ein zweites Steinernes Meer. Nur unbedeutende Gipfel erheben sich aus seiner Wogenfläche; aber die Gesammterhebung des ganzen Gebirgsstockes ist eine beträchtliche; und wer aus fernem Westen die Berchtesgadener Gruppe überblickt, und sieht über die tiefe Thalung der Röth hinweg, zwischen Kahlersberg und Funtenseetauren ein neues Gebirge aufsteigen, flachwellig zu seinem Culminationspunkte sich zusammenbauend, der wisse, dass er in's Haagengebirge hineingesehen.

Das wankelmüthige Wetter des September 1873 hatte lange mich herumgenarrt, bis es die Bergtour mir gestattete, mit welcher ich meine diessjährigen Wanderungen zu schliessen gedachte. Nach Westen zog ich aus, das mächtige Felsmassiv zu umkreisen — von Osten wollte ich zurückkehren, nachdem ich die Gipfel des Haagengebirges besucht. Hirschbühl — die schauerliche Saalachenge zwischen Frohnwies und dem Pinzgau, — Saalfelden — Alm — Hinterthal, die Mühlbach-Alpen besuchte ich wieder; in zusammenhängender Weglinie diessmal, während vor fünf Jahren ich nur von den Gipfelhöhen kommend, einzelne dieser Punkte berührt, manche von ihnen nur gesehen hatte. Watzmann, Hochkalter, Hocheisspitze, — das Steinerne Meer und der Hochkönig auf der Uebergossenen Alp zogen wieder an meinen Augen vorbei. Sie kannte ich bereits, zu ihren Scheiteln zog mich's nicht hinauf, wäre es gleich schön gewesen dort oben an jenen schönen Tagen. Dringenderes hatte ich an ihrem Fusse, an den Gehängen der Dientner Schieferberge zu schaffen. Die kühnen Formen jener Kalkgebirge, dem Gedächtnisse wohl frisch lebendig noch, aus diesem aber nicht übertragbar, sollten greifbare Gestalt gewinnen, auch Anderen gegenwärtig zu werden; der dritte und der vierte Band der Notizbücher von 1873 füllte sich mit ihren Profilskizzen, von denen manche die Beschreibungen in diesem Buche illustriren. Am 27. September übernachtete ich im kleinen Wirthshause auf der Höhe des Kupferbergwerks Mitterberg (4655' 1512 m. Keil) und wanderte am andern Vormittage durch die sogenannte Hölle hinab nach Werfen; ein äusserst genussreicher Weg mit prachtvollen Rückblicken auf's Ewige Schneegebirge und seine Vorläufer, die Manndelwand und Doossäule. Auf der moorigen Hochfläche der Grünmaisalpen erscheint das südwestliche Tennengebirge, ein vielgipfeliges Plateau; ich hielt es anfänglich für das Haagengebirge und skizzirte seine Ansicht, wurde jedoch im Weitermarsche bald meines Irrthums gewahr. Im Absteigen gegen die Hölle gewahrte ich über den bewaldeten Rücken des Hirschkopfs und Imelaugebirges ein schönes, felsiges Gipfelpaar, eine breite Kuppe und ein schlankeres, gegen Osten geneigtes Horn. Das war ein Stück Haagengebirge — der Keil-schen Karte zufolge dachte ich Hochg'schier und Riffelkopf vor mir zu sehen, und der Befund an Ort und Stelle wies nach, dass ich mich nicht getäuscht. Um die Mittagsstunde war ich in Werfen.

Wo und wie ich zum Haagengebirge ansteigen sollte, darüber war ich noch sehr unschlüssig; kannte ich in seinem Inneren ja weder Berg noch Thal. Das Hochg'schier sollte der Keil'schen Karte zufolge der höchste Punkt auf dem Gebirgsstocke sein, und dieser an seinem Südrande liegen. Das Blühnbachthal war sonach der nächste Thalboden, welcher als Ausgangspunkt nach meinem Ziele dienen konnte, es blieb jedoch in Frage, wie es mit der Ersteigbarkeit des Plateaurandes von dort aus bestellt sei, dessen Absturz ich nach Analogie des Steinernen Meeres und Ewigen Schnees als einen sehr steilen voraussetzen zu müssen glaubte. Mir selbst überlassen, wäre ich vermuthlich nach Golling marschirt und hätte des anderen Morgens die Ueberwanderung des ganzen Hochplateaus angetreten — ein ungeheurer Umweg, welcher durch einen günstigen Zufall mir erspart blieb. Auf der Post zu Werfen wurde mir mitgetheilt, dass der Herr Oberjäger von Blühnbach sich eben hier befinde, und von ihm erhielt ich bereitwilligsten und genauesten Aufschluss. Er rieth mir an, im Jagdschlosse Blühnbach zu übernachten, und von dort aus zum Hochg'schier anzusteigen. Der Wege von Süden her auf's Haagengebirge gebe es genug und einer davon führe hart am Hochg'schier vorbei und nach Golling hinunter; für meine Kenntniss des Haagengebirges würde diess der förderlichste sein. Auf meine Frage, ob das Hochg'schier in der That der höchste Punkt des Haagengebirges sei, konnte ich jedoch keinen genügenden Bescheid erhalten; der Herr Oberjäger meinte, es seien alle diese Kuppen ziemlich gleichhoch und gleichgiltig, welche davon man besteige.

Ich nahm Nachmittags 2 Uhr meinen Marsch wieder auf, der erhaltenen Anweisung zufolge in's Blühnbachthal hinein. Auch diesen Winkel des Berchtesgadener Landes hatte ich zwar früher schon gesehen, nicht aber betreten. 20 Minuten weit leitete mich noch die Poststrasse, über den Hügel, auf dessen Scheitel die Burg Werfen thront, ehedem ein Schlüssel des oberen Salzachthals. Tief unten in der Schlucht des rauschenden Bergstroms, so einsam und verlassen sonst, herrscht rege, lebendige Thätigkeit: Berge werden dort abgetragen, Berge an anderen Stellen wieder aufgeführt. Bald wird der schrille Pfiff der Lokomotive von diesen Felsenwänden wiedergellen und eine Schienenstrasse mehr die Alpenfreunde aus der Ebene mit Zauberschlag in's Herz der Gebirge versetzen.

Bei dem Eisenwerke Sulzau biegt ein schlechter Fahrweg links von der Landstrasse ab und zieht alsbald ziemlich steil in die Höhe; an mehreren Gehöften vorüber leitet er von der Wiesenterrasse in Hochwald ein, die Sohle des Blühnbachthales, vom schäumenden Bache erfüllt und eingenommen, bleibt tief zur Linken; zu wiederholtenmalen kreuzt der Weg Lichtungen des Waldgehänges und begegnet auf ihnen vereinzelten Häusern. Die Gebirgsansicht trägt wenig bei, die Eintönigkeit dieser Wanderung zu mindern. Vom rechtsseitigen Haagengebirge erblickt man nichts, als die untersten Waldböschungen und Geröllschütten, zur Linken begleitet das Thal der geradlinige Kamm des Imelaugebirges, den Ewigen Schnee hinter sich verbergend. Nach nahe zweistündigem Marsche erst öffnet sich der Thalhintergrund, und in ihm erhält die Landschaft einen Rahmen von seltener Schönheit und Grösse. Vom Ewigen Schneegebirge, dessen Scheitel noch immer sich verborgen hält, herunter ziehen dichtbuschige, breite Bergkegel in's Thal herein, rechts ragen die Felsenabstürze der Tannthalköpfe und des Hochg'schier herein. Zwischen beiden spannt sich das Gipfelpanorama des Wildalm- und Röthgebietes. Der Doppelzacken des Marterl — über dessen Höhe der Uebergang nach der Urschlauer Scharte, nach Hinterthal im Dientner Gebiete führt; rechts davon das spitz erhobene Reisshorn — der gedehnte Rücken des Langeck, von schneegefleckten Trümmerkaren umlagert; das breit dreieckige Alpriedhorn und der noch flacher gestreckte Rücken, von welchem der Neuhütter in die Röth hinein sich abzweigt; zwischen beiden die Mauerscharte oder das Grosse Wildthor. Noch weiter gegen Norden der schrofige Höcker des Schlossköpfels, das Blühnbachthörl — der Pass nach dem Ober- und Königssee — und endlich ein prachtvolles, ungleiches Spitzenpaar, drohend dem, der seinen Scheiteln sich naht, herzerhebend für jenen, der auf ihnen bereits gestanden. Und ich kenne sie wohl, die Teufelshörner.

Nur 20 Minuten später, als dieses Aussichtsbild sich eröffnet, langt der Wanderer am Jagdschlosse Blühnbach an (2483′ 806 m. Keil); ein gewaltig grosses Gebäude, wie man in der Einsamkeit der Berge wohl schwerlich ein solches erwartet. Eigenthum des österreichischen Staatsärars, steht es schon seit vielen Jahren im Pacht einer grossen Jagdgesellschaft meist österreichischer Fürsten und Cavaliere; auf den Ewigen Schnee, über die Wildalm und das Steinerne Meer und über das Haagengebirge bis an die bayerische Grenze, an die Blüntau und die Salzach erstrecken sich deren wildreiche Reviere, von einem zahlreichen Jagdpersonale beaufsichtigt; sechs Jäger hausen allein in Blühnbach, ihre kleinen Wohngebäude umlagern das Schloss. Ueber die steinerne Treppe des nördlichen Schlossthores eintretend sieht der Besucher sich in einer endlos weiten Halle, viel Hunderte von Hirsch- und Gemsgeweihen, alten und neuen Datums, zieren die Wände. In den Ecken lehnen himmellange Bergstöcke, gegen welche der meine, von immerhin nicht zu verachtender Grösse, ebenso zwerghaft erschien, wie die in Nordtirol und auch im Algäu üblichen armseligen Stumpen gegen ihn. — Von der Frau Oberjägerin, die hier eine vortreffliche Wirthschaft führt, geleitet, besichtigte ich die verschiedenen Cabinete der Jagdherren, zuletzt auch den prächtig eingerichteten Speisesaal in der nordwestlichen Ecke des Schlosses, Alles im reinsten Waidmannsstyle und doch luxuriös und comfortable zugleich. Der Tourist findet im Blühnbachschlosse stets gastliche Aufnahme und vortreffliche Unterkunft. Die Lage dieses alpinen point de repaire gibt ihm Gelegenheit zu den verschiedenartigsten und bedeutendsten Hochtouren; nach der Urschlau wie nach dem Steinernen Meere, nach der Röth und dem Königssee wie nach dem Blüntau- und Salzachthale können dieselben zielen — der Ewige Schnee — die Teufelshörner — die Gipfel des Haagengebirges sind von hier aus zugänglich. Die Plateauhöhe des letzteren ist in zwei Stunden vom Schlosse aus bereits erreicht, auf die Pässe im westlichen Hintergrunde des Thales jedoch werden 4—5, auf die Urschlauer Scharte sogar 6 Stunden gerechnet. $1\frac{1}{2}$—2 Stunden davon entfallen jeweils auf den Thalmarsch, welcher bis zum wirklichen Abschlusse des Thales, wo unter den Wänden des Sailerkopfes am Ewigen Schnee der öde Dennboden sich weitet, noch länger sich dehnt, als man dem ersten Anblicke nach vermuthen möchte.

Nachdem ich die Abendhelle noch zur Skizzirung des Thalhintergrundes verwendet, erfreute ich mich an einer Schüssel blaugesottener Forellen aus dem frischen Blühnbache und begab mich bei Zeiten zur Ruhe; vorher hatte die Frau Oberjägerin mir noch mitgetheilt, dass ich meinen morgigen Aufstieg zum Haagengebirge in Begleitung eines Jägers antreten könne, der gleichzeitig nach seinem Posten auf dem Gebirge abgehe; es war mir dies ganz erwünscht, bei meinem voraussichtlich nur kurzen Aufenthalte auf dem grossen Hochplateau konnten die Ortsangaben eines der Gegend Kundigen mir von grossem Nutzen sein. — Was es mit dieser Begleitung eigentlich für eine Bewandtniss hatte, das sollte ich freilich erst später in Erfahrung bringen.

In der Nacht erhob sich Sturm — nicht allein drüben in der Schenkstube, wo der verflossene Sonntag einige Wirkung äusserte — sondern, was mich näher berührte, auch draussen in der Natur. Wolken flogen über die Teufelshörner herein, und als der Morgen dämmerte, da war der Himmel grau und schwer hingen die Nebel über den Bergen. In der Thalschlucht des Blühnbachs erschienen hier und dort graue Dunstbänke, wie hingezaubert an den Wald und ebenso plötzlich wieder verschwunden; ein fast untrügliches Anzeichen baldigen Regens. Kupferroth schimmerten die Wolkenränder im Osten, und über das Tennengebirge herüber warf die Morgensonne blassgelbe, von häufigen Schatten unterbrochene Strahlen. Der Abmarsch wurde unter solchen Verhältnissen natürlich nicht beschleunigt, ich dachte sogar daran, unmittelbar nach Werfen zurückzukehren, — verdriesslich genug, zumal der gestrige Abend auch nicht die Spur eines Verdachtes bezüglich der Witterung hatte erwecken können. Bei allzu weit vorgerückter Jahreszeit war es jedoch voraussichtlich die letzte Gelegenheit, das Haagengebirge zu besuchen und mehr auf den Herbst und seine Wetterbeständigkeit, als auf die günstigen Prophezeiungen der Einheimischen Blühnbachs mein Vertrauen setzend, beschloss ich, den Anstieg dennoch zu wagen — auf die Gefahr hin, nach wenig Stunden durchnässt und unverrichteter Dinge wieder in's Thal zurückzukehren.

Der Jäger, der mich begleiten sollte, hatte zeitig sich eingestellt. *Johann Bauer* war sein Name, sein Geburtsland Berchtesgaden; hoch und kräftig seine Statur, so recht geeigenschaftet, der Gemse auf ihrem Wechsel zu folgen ebensowohl, als nöthigenfalls im Handgemenge mit dem Wildschützen zu bestehen. Den Bergsack hatte er schwer bepackt mit Proviant — Mehl, Schmalz, etwas gedörrtes Fleisch und Brod für eine ganze Woche. Droben auf den einsamen Felsenhügeln steht ein Jägerhüttchen, ein nie verlassener Wachtposten; abwechselnd wird er von den Blühnbacher Jägern bezogen, jeder je eine Woche. Am Montag Morgens zieht der Jäger, den die Reihe trifft, dort auf — am nächsten Sonntag erst kehrt er zurück. Die Zeit über streift er auf dem Haagengebirge umher, oder sitzt spähend auf einem aussichtreichen Punkte. Er beobachtet mit dem Fernrohre die Gemsen, die rudelweise auf ihren beliebten, ihm wohlbekannten Weideplätzen sich äsen oder im Schatten der Wände vor den heissen Sonnenstrahlen sich bergen. Wehe, wenn unter ihnen verdächtige Unruhe, aufgestörte Flucht sich bemerkbar macht, oder gar, wenn der Frevel frevelhaftester, wenn ein Schuss durch die Felsenwüsten hallt! — dann geht's dahin im Sprung und Lauf, dorthin,. wo die Gemsenflucht den Ort, den Gang des Wilderers und seine Richtung ihm anzeigt; dorthin, wo er den gewohnten Pass der „Lumpen" kennt, hinter der Klippe geborgen der arglos Nahenden lauert und plötzlich vorspringend mit gespannter Doppelbüchse ein schreckliches Halt ihnen entgegendonnert. Und gelingt es ihm nicht, sie hinunterzuliefern in's Thal zur gesetzlichen Bestrafung, so sprengt er sie doch unter Verlust des geschossenen Wildes, der Büchsen und Stöcke hinab über die Wände — einem andern Jäger vielleicht entgegen — denn der Schuss macht jedesmal das ganze Revier und seine Angrenzungen lebendig.

Um 6 Uhr 30 Min. Morgens des 29. September verliessen wir beide das Schloss Blühnbach, gen Norden ansteigend. Am nahen Wildfutterstadel vorbei leitete uns ein gewundener Reitweg durch den Wald aufwärts; nach einer Viertelstunde traten wir auf eine Lichtung aus, und befanden uns auf dem untersten Boden des Hundskars. Steil hebt sich sein Hintergrund in felsdurchbrochenen Krummholzgehängen; darüber breiten Schutthalden sich hin, und noch höher schneidet ihr Rand geradlinig ab. Dort liegt das Hochplateau. Ein thurmartiger Zacken fusst oben auf dem Gehänge, der Jäger bezeichnete ihn mir als den Kirchstein; nebenan steckte Alles im Nebel, doch riss hier und dort der Schleier und stückweise wurden die Gegenstände der Höhe uns sichtbar. Links vom Kirchstein zeigte sich eine grüne Thalung, von felsigen Köpfen umrandet: das Tannthal und die Tannthalköpfe. Rechts brach zuweilen eine starre, breitscheitelige Klippe durch die Wolken, — der Klammkopf, der südlichste Vorposten des Hochg'schierstockes. In unserem Rücken entfaltete sich das mächtige Gebirge des Ewigen Schnees, und entstand nach dieser Richtung hin eine Wolkenlücke, so füllte sie blendendes Weiss. Die Zinnen der Manndelwand kämpften sich dort zuweilen aus dem Nebeldampf, Alpeck und Denneck, die Vorläufer des gletschertragenden Hochplateaus spreizen sich in's Blühnbachthal herein; zwischen beiden die tiefe Thalung des Wasserkars. Etwas zurückgeschoben erhebt sich wandsteil der westliche Pfeiler des Ewigen Schnees, der Sailerkopf — rechts von ihm die Urschlauer Scharte, Marterl, Reisshorn, Langeck, die Hundsschädel. Ueber diese schneeigen Kare her kam ich vor fünf Jahren mit dem Schafhirten vom Funtensee gezogen, der in den Wänden der Uebergossenen Alp so schön mich in die Irre führte*). Mein heutiger Führer bestätigte mir die Möglichkeit eines direkten Ueberganges von der Urschlauer Scharte auf den Ewigen Schnee, erklärte denselben auch für gar nicht sonderlich schwierig, sofern man die gangbare Linie genau kenne. Als das Gewölk mehr und mehr sich lichtete und hob, zeigte er mir auch genau die Stelle, an welcher das Haupthinderniss, die nordöstliche Eckkante des Sailerkopfes überschritten wird; sie liegt im Verhältnisse zur anfänglichen Querlinie ziemlich hoch. Mein Schafhirt war im Gegentheile, als die Schwierigkeiten sich mehrten, immer tiefer gegangen; so musste er natürlich zuletzt stecken bleiben.

Mit Beginn des Niederholzes trat unser Weg erst deutlich in breiterer Anlage hervor. Die Steile des Thalbodens vermeidend — (es führt ein schlechter Pfad auch mitten durch's Hundskar an dessen Ostseite hinauf) — zieht er eine weite Serpentine nach der rechten Seite hinüber und schlängelt sich einen kahl abgetriebenen Berghang hinauf. In ziemlich beträchtlicher Höhe bereits tritt er in Hochwald ein, beschreibt hier lange, übermässig flache und daher zeitraubende Windungen und nähert sich stellenweise einer tiefen Felsschlucht zur Rechten, in welcher des Klammkopfs unterste Strebepfeiler fussen. Die Höhe links zeigt bereits ziemlich nahe die Geröllfelder am Fusse des Hochg'schiers. Eine starke Stunde nach Beginn unseres Anstiegs hatten wir das Ende des Reitweges erreicht. Ein guter Fusspfad trat an dessen Stelle, die Steigung wurde stärker, und wir kamen rascher in höhere Regionen. Bald fand sich nun mehr Krummholz in unserer Umgebung; der Steig bog links ein, dem Hundskar sich wieder nähernd, und hart an den Mauern hin, welche seine Nordostseite umsäumen, stellenweise künstlich angelegt, leitete er den Schuttfeldern der hochgelegenen Mulde entgegen. Steile, felsige Gräben durchfurchen das Gehänge und sammeln sich in der Mittelschlucht des Hundskars. Nachdem noch eine längere, steinige Grasböschung erstiegen worden, wandten wir uns völlig links in die Quere, kreuzten einige plattige Trockenrunsen, 8 Uhr 30 Minuten rasteten wir unter einem

*) Vgl. das 4. Kapitel.

grossen Steinblock, nahe am Höhenrande des Gebirges. Die Witterungsaussichten gestalteten sich immer günstiger; die drohenden Wolken lösten lichter und lichter sich auf, nicht selten liessen sie bereits ein Stück blauen Himmel hindurchblicken. Die Kuppen des Hochg'schier traten allmählig frei aus dem Nebel hervor, und auf ihren Felsenkanten zeigten sich bald die zierlichen Gestalten der Gemsen. Nicht ferne von unserem Ruhepunkte sahen wir ein zottiges Murmelthier behaglich vor dem Baue sitzen — es freute sich der langen Dauer der warmen Jahreszeit, und gedachte sicherlich mit philosophischer Verachtung seiner Genossen, die, altväterischer Gewohnheit gedankenlos nachkommend, bereits in den Winterschlaf sich eingelullt hatten.

Nach kurzem Aufenthalte setzten wir die Wanderung fort, zunächst nach dem Jägerhüttchen an der Hochwiese, dem Zielpunkte meines Begleiters. Ich selbst entfernte mich dabei allerdings von meinem nächsten Ziele, dem Hochg'schier, nach welchem ich den Anstieg alsbald hätte beginnen können. Doch hatte ich von einem solchen Umwege einen mehrfachen Vortheil: erstlich erhielt ich am Jägerhüttchen Wasser, das ich vom Blühnbachschloss mitzunehmen versäumt hatte, im Hundskar nicht mehr erhielt und auf der trockenen Wüste des Hochplateaus noch weniger erwarten durfte. Ausserdem meinte der Jäger, er wolle, wenn er nur erst seinen schweren Proviant abgeladen, mit mir auf's Hochg'schier gehen, da ihm doch nichts darauf ankomme, seinen Jagdgang in diese oder jene Gegend zu machen. Auch damit war ich gerne einverstanden, sowohl mit Rücksicht auf die Lokalangaben, die ich von ihm erwarten durfte, als auf den Charakter der Witterung, welche vielleicht doch nicht hinreichend sich klären mochte, um auf dem Hochplateau, das ich als völlig Unbekannter betrat, eine sichere Orientirung zu gewinnen. Endlich gedachte auch ich einen Theil meiner Bürde im Jägerhüttchen zurückzulassen, denn meinen ursprünglichen Plan, nach Golling zu wandern, hatte ich aufgegeben. Fand ich ein so geeignetes Nachtquartier auf der Höhe des Gebirges, wie die Wohnung des Jägers mir es bot, so konnte ich meine Rückwanderung nach Berchtesgaden, statt durch die Blüntau und über das Torrener Joch, weit vortheilhafter über das Haagengebirge selbst nehmen, welches ich auf solcher Kreuzlinie weit genauer kennen lernte, als mit blosser Streifung seines Randes.

Nach einer halben Viertelstunde war die Höhe erreicht, welche bisher den Norden unseren Blicken verborgen gehalten hatte. Wäre klarer Himmel gewesen, so hätte ich erwartet, die zackige Göllkette dort aufsteigen zu sehen — aber bei den massenhaft umherziehenden Nebeln war davon keine Rede. Um so mehr war ich überrascht, bei Betreten des Höhenrandes in der That abgetrenntes Gebirge vor uns zu erblicken, — mein Begleiter belehrte mich darüber, dass wir dort die Hirschwiese vor uns hätten. Diess, fügte er bei, sei der günstigste Aussichtspunkt für das ganze Haagengebirge. — Durch ein mässig breites Thal von hügeligem durchspaltenen Boden, so recht der Charakter der Hochplateaus der östlichen Kalkalpen, schritten wir gegen Norden vor. Wir befanden uns im Tiefenbach — eine sehr pseudonyme Bezeichnung, nicht ein Tropfen Wasser lässt sich erspähen. Rechts stand uns das Hochg'schier, links ein mächtiger Gebirgsstock, in Nebel halb versteckt, und meine Frage nach seiner Benennung erhielt wieder die Antwort: „Die Tannthalköpfe.“ Seine nordöstliche Ecke spreizt sich als breiter, massiger Kegel vor; der Jäger nannte ihn mir als den Pilzkogel, und darin begegnete ich zum erstenmale einer Bezeichnung im östlichen Haagengebirge, die aus der Keil'schen Karte mir bekannt war. — Unser Weg führte die Hügelanschwellungen des Tiefenbachthals hinan und drehte sich allmählig nach der linken Seite. Rechts in der Tiefe erschien neuerdings ein grüner Grund — auf ihm ein paar Alphütten — die Schönbichelalpen. Mit allmähligem Zurükweichen des Hochg'schierstockes zeigten sich weitere, flachwellige Gipfelmassen — die Oberschottwiese mit ihren mehrfachen Köpfen. Vor uns im Norden war die Hirschwiese völlig frei hervorgetreten, ebenfalls ein isolirtes Massiv; auf seinem breiten Scheitel zeigt sich eine Signalstange und ein Kreuz, die Stelle bezeichnend, an welcher vor Jahren ein Schafhirte vom Blitze erschlagen wurde. Meine Erwartungen vom Haagengebirge waren gründlich getäuscht. Eine felsige Hochfläche, dem Steinernen Meere vergleichbar, hatte ich zu finden geglaubt, und erkannte in ihm ein Agglomerat vereinzelter, ziemlich selbstständig erhobener Gebirgsstöcke.

Wir stiegen in's Thal hinab, das von den Schönbichelalpen ziemlich stark gegen West sich hebt. Die Hirschwiese war auf unsere rechte Seite, das Tannthalgebirge, zunächst der Pilzkogel, auf unsere linke getreten; der Pfad führte am Saume eines ebenen, flachen Beckens dahin, offenbar ein altes Seebecken. Man nennt es die „Pitzen“*); weiter

*) Es wäre wohl möglich, dass der „Pilzkogel“, für welchen ich die Schreibart der Keil'schen Karte adoptirt habe, seinen Namen von

westwärts schnürt das Thal sich wieder zusammen und hebt sich in zerspaltenen Plattenhügeln zu einer neuen Terrasse. Wir standen unmittelbar am Nordfusse der Tannthalköpfe, nahe dem westlichen Abfalle der Hirschwiese; ein ausgesprochener Bergrücken zieht sich von dort weiter gegen West. In südwestlicher Richtung setzt das Thal als ziemlich breiter Boden sich fort; dorthin verlief nun auch die Hauptpfadspur, wir bogen rechts ab nach der Höhe des Bergrückens, wo ein grosses, aus Steinblöcken aufgerichtetes Signal die Lage des Jäger-hüttchens uns anzeigte. Nach etwas steilem, aber kurzem Aufsteigen, zuletzt durch eine enge Felsspalte, war der Scheitel erreicht, das kleine Holzhäuschen, verborgen in einer Mulde und nur aus unmittelbarer Nähe seiner Umgebung sichtbar, stand vor uns (9 Uhr 30 Minuten). Gleichzeitig hatte im Norden und Westen der Ausblick sich geöffnet. — Welche Weiten! — jetzt erst ermass ich die ganze Ausdehnung des Berggebietes, in welches ich noch keinen Fuss gesetzt hatte — eine schwere Lücke einer Kenntniss der Alpengruppe „zwischen Salzach und Saalach“ — einer Gebirgskenntniss wenigstens, wie ich sie verlange. Die Göllkette, kaum durch einige Zacken verrathen, lag noch im Nebel; näher aber als sie, ein flachgezogener Dreiecksgipfel — links davon eine Doppelwelle und weiter links noch ein krummer, gedehnter Rücken. Alte Bekannte! Schneibstein, Reinersberg und Fagstein — und dort im Westen zeigt sich auch, noch halb in Wolken, eine schöne Pyramide, der Kahlersberg zwischen dem Seelein, dem Landthal und dem Bärensunk. — Gegen Südwesten zieht sich das Thal, aus dem wir emporgestiegen, als grüner Boden fort, das Rossfeld genannt. Hoch thürmen sich die Felsmassen an seinem Saume. Gegenüber dem Jägerhüttchen im Süden der mächtige Tannthalstock, ein kahles Haupt in seiner Mitte, welches man für den Gipfel halten möchte — doch ist dieser nicht sichtbar und liegt viel weiter zurück. Rechts des Thales die Stangenköpfe, die Paradiesköpfe, und mitten in der Hochfläche, bereits wieder nahe dem Kahlersberg, das flachgezogene, abgestumpfte Dreieck der Lengthalschneid; im südwestlichen Abschlusse des Thals die geradlinig abgeschnittenen Rücken des Blühnbachkopfs und der Sulzenkarhöh', jenseits deren die Eisgräben und die Röth liegen. Und über ihre Scheitel

diesem Kessel herleitete und recte „Pitzenkogel“ genannt werden sollte. Der Jäger vermochte mir darüber keinen bestimmten Aufschluss zu geben.

steigt wieder und wieder in viel weiterer Ferne als geahnt, ein Bekannter empor: dort erhebt seinen schlanken Bau das Grosse Teufelshorn, der Wächter des Blühnbachthals.

Hier bereits begannen die kartographischen Bedenken. Die sonst so vortreffliche und genaue Keil'sche Karte hatte augenscheinlich ebenfalls unter der unwirthlichen Oede dieses Gebietes sowie unter der Verworrenheit seiner Struktur zu leiden. Auch will ich mich durchaus nicht vermessen, nach anderthalbtägigem flüchtigem Besuche des Haagengebirges als Correktor dieses mit so viel Mühe und Sorgfalt ausgeführten Kartenwerkes aufzutreten, zumal im östlichen Theile des Gebietes, wo starke Nebelverhüllung die Genauigkeit meiner Beobachtungen sehr in Frage stellen möchte. Ich werde im Folgenden lediglich auf jene Punkte hinweisen, welche in der Keil'schen Karte mir zweifelhaft und einer Verbesserung bedürftig erscheinen.

In erster Linie zählt hieher das völlige Fehlen des Namens Tannthal, des bedeutendsten, wie wir in der Folge sehen werden, im ganzen Haagengebirge. Von diesem Gebirgsstocke ist lediglich der Pilzkogel verzeichnet, und dieser steht jedenfalls zu weit nördlich; der Paradieskogel, der jenseits des Rossfelds dem Tannthalgebirge gegenübersteht, erschiene jenen Angaben zufolge als südlich, im Tannthalgebirge selbst gelegen. Auch sollte der Name Paradieskogel meiner Meinung nach weiter westlich stehen. Die beiden unbenannten Gipfelpunkte in der scharfen süd-nördlichen Umbiegung der Lengthalschneid sind augenscheinlich nichts Anderes als die Hirschwiese, die angezeigte Scharte westlich davon ist jene, an welcher das Jägerhüttchen steht und wurde mir vom Jäger als das Lengthalthörl bezeichnet (Auf der Keil'schen Karte „Grosser Umgang"). Der nämliche Gewährsmann widersprach meiner auf die Keil'sche Karte gestützten Anschauung, dass es von hier nordwärts in's Vorderschlummthal hinabgehe, auf's Entschiedenste und bezeichnete mir dieses Thal als das Hintere Lengthal, während ihm zufolge beide Schlummthäler erst weiter westlich folgen sollten. Das Rossfeld endlich, von der Keil'schen Karte weit im Westen, bei der Bärenwies angegeben, gehörte in nähere südwestliche Nachbarschaft des Lengthalthörls und zwar zwischen den Namen Paradieskogel und den Südrand des ganzen Haagengebirges (hier der Tannthalstock).

So viel über diesen Punkt. Ich gehe zur Beschreibung unserer Wanderungen im östlichen Haagengebirge über. Hier glaubte ich den Culminationspunkt suchen zu müssen, da die bedeutendste von der Keil'schen Karte angegebene Höhe mit 6951' = 2258 m. sich auf das „Grossg'schierhorn" bezog. Kannte auch der Jäger ein solches nicht, sondern nur ein „Hochg'schier", so war an der Identität beider doch kaum zu zweifeln, zumal im Südosten, über dem Tiefenbache, sich der Nebel hob und mir dort einen stattlichen Gipfel in Gestalt einer flach eingesattelten Doppelwelle zeigte. Um 10 Uhr 15 Minuten verliessen der Jäger und ich gemeinsam das Hüttchen und gingen den alten Weg zurück nach dem Tiefenbachthale; die Schönbichelalpe blieb, wie vorher, zu unserer Linken. Wir überschritten diessmal die Sinke und standen (10 Uhr 45 Minuten) am Fusse des Hochg'schier. Mehrere Steige kreuzen sich an seinen mit kurzem Krummholze bewachsenen Flanken; wir achteten nicht viel darauf, sondern stiegen in kürzester Linie zur nördlichen Schulter des Berges empor. Mit grossen, stufenförmig übereinandergelagerten Rasenpäcken bewachsener Boden machte sogar an steilen Orten den Anstieg sicher und bequem. Ich erkannte in ihm alsbald den Charakter des Gefelses wieder, wie er auf meinen Erstlingstouren mir entgegengetreten war, diese frühesten Versuche so erfolgreich gemacht, mit so starkem Selbstvertrauen für schwierigere Unternehmungen mich beseelt hatte. Zwischen jenen ersten Bergwanderungen und meinem Besuche des Haagengebirges lagen die Schrofen und Lahnen des Algäu — die Platten des Karwendel — die brüchigen Mauerfirste des Wettersteingebirges — die wandumpanzerten Colosse der Mieminger Kette. Und ich beschloss den grossen Kreislauf, wo vor fünf Jahren ich ihn begonnen, auf dem gleichen Boden, den meine ersten Tritte in unbekannten Regionen unter sich gefühlt.

Nach 20 Minuten bereits hatten wir die Bergschulter erreicht, eine kleine Schuttsinke mündet auf eine breite, flache Scheitelwelle aus, jenseits senkt sich das Gehänge. Wohin, das war nicht zu sehen. Das Gewölk hatte wieder dichter sich zusammengezogen und legte sich schwer über die Berghäupter. „Dort liegt die Riffel — dort die Oberschottwiese — hier unten das Dotter Manndl — noch weiter unten die Schönbichelalpe — da drüben die Hirschwiese", sagte mein Führer, aber Alles war grau, nur etliche fünfzig Schritte steiniger Grasboden, in die ungewisse Trübe sich hineinziehend, war erkennbar. Wir stiegen in südlicher Richtung aufwärts, erreichten nach 10 Minuten den ersten Gipfelkopf, kreuzten eine sehr flache Mulde und standen um 11 Uhr 20 Minuten beim Signal Hochg'schier (6951'

2258 m. Keil). Schwarzes Gewölk qualmte ringsum aus den Kesseln empor; kaum dass wir zuweilen den vor uns liegenden Klammkopf erkennen konnten, dessen ebener, grasbewachsener Scheitel sich noch 200—300 Schritte weit gegen Süden vorstreckt. Auch er trägt ein Signal; da er jedoch entschieden niedriger ist, als das Hochg'schier, so verzichtete ich auf seinen Besuch.

Dagegen brachte ich alsbaldigen Abmarsch nach einem anderen Gipfel in Vorschlag; einmal hatte die schwarze Klippe der Riffel durch die Nebel geblickt; sie schien gleichhoch mit unserem Standpunkte, eine genauere Beobachtung mittelst Klinometervisur ergab nur einen geringen Ausschlag zu Gunsten des letzteren. Die Zeit, bis es dem Nebelmeer gefallen würde, sich zu heben, konnten wir füglich zur Hinüberwanderung benutzen.

11 Uhr 40 Min. setzten wir uns wieder in Marsch und stiegen in nordöstlicher Richtung ein mässig steiles, begrastes Felsgehänge hinunter. Im Sattelboden erst, welchen wir nach einiger Zeit erreichten, trafen wir mehr kahles Gestein und arg zerspaltene und ausgewaschene Platten, flachwellige Hügelgruppen zusammensetzend. Wir befanden uns in einer neuen, den Rand des Haagengebirges durchbrechenden Thalung; gegen Norden stürzt sie ziemlich steil zum Thale der Schönbichelalpe ab, gegen Süden gabelt sie in zwei, zum Blühnbachthale ausmündende Einschnitte. Durch beide führen gangbare Wege; der sie trennende, gegen Süden rasch abbrechende Felskamm heisst der Saurucken. Im Westen schränkt dieses Thal der Klammkopf und das Hochg'schier ein, im Osten die weit vorspringende Riffel, welche in die Oberschottwiesenköpfe sich fortsetzt.

Eine Schrofenmasse zeichnete verschwommen aus dem Nebel sich heraus, ich glaubte am Fusse der Riffel zu stehen, doch befanden wir uns erst am Saurucken, und eine neue Thaltiefe öffnete sich vor unseren Schritten. Bald waren wir bei einer grossen, in einen Steinsockel eingefügten Signalstange angelangt, welche mein Begleiter mir als das „Dottermanndl“ bezeichnete. Orientirte ich mich richtig, was bei der argen Nebelverhüllung allerdings nicht über jeden Zweifel erhaben ist, so steht das Signal da, wo die Terrainwellen, von denen die eine den Fuss des Hochg'schier mit jenem der Riffel verbindet, die andere den Ursprung des Sauruckens im welligen Plateauboden bezeichnet, sich kreuzen. Gewiss ist, dass dieses Signal den höchsten Punkt jenes Steiges bezeichnet, welcher durch den südöstlichen Arm der Thalung, die sogenannte Lengthalgrub', aus dem Blühnbachthale herauf und zur Schönbichelalpe hinunter führt. — Es ist diess ein sehr gebräuchlicher Weg der Hirten; auch jetzt sahen wir ihrer einen mit schwer beladener Kraxe von Süden herauf- kommen.

Unser Weg führte uns in nordöstlicher Richtung weiter, über zerhackten Plattenboden, dann ging's wieder aufwärts. Das Gewölk fing neuerdings an sich zu heben und zu hellen, wir erkannten zu unserer Linken die regelmässig geformten Kegelgipfel der Oberschottwiesenköpfe, zur Rechten die Riffel. Den Scheitel ihres ziemlich lange gestreckten Rückens deckt eine ebene Wiese, der Jäger theilte mir jedoch mit, dass wir vor Betreten des Gipfels noch unerwartet einen kleinen Strauss zu bestehen haben würden. So war es auch in der That; als wir bis gegen das Südende des Rückens vorgedrungen waren und die Signalstange auf dem Gipfel bereits mit Händen zu fassen vermeinten, klaffte urplötzlich vor unseren Füssen die Erde auf und ein tiefer, schroffer Spalt trennte uns vom nahen Ziele. Indessen war das Hinderniss, wenngleich überraschend genug, doch nicht unüberwindlich. Hinunter in den Spalt ging es ziemlich bequem und eine kurze Umgehung des Gipfels nach der Ostseite über steilen, doch gut gestuften Fels brachte uns schnell wieder auf Grasboden. 12 Uhr 30 Min. betraten wir den Signalpunkt der Riffel 6936' 2253 m. Keil. Noch immer zogen die Nebel umher, und was eine gelegentliche Hebung ihrer Massen vom Haagengebirge sehen liess, das war ein formloses Gewirre von Bergrücken und flachen Gipfelkuppen; der dicke Dampf, der sie von einander trennte, verrieth das Vorhandensein tiefer Thalungen zwischen ihnen. Zu beiden Seiten hatten wir nahen Steilabsturz: südwestlich in die Lengthalgrub, nordöstlich in ein weites, tiefes Kar, von der Keil'schen Karte als Bergalmgraben bezeichnet. Zwischen beiden senkt die Fortsetzung unseres Gipfels als scharfzackige, in tieferer Zone gegen Osten gewendete Rippe sich hinunter.

Das Nebelwetter, welches vom Jägerhüttchen bis auf diesen zweiten Gipfelscheitel uns geleitet hatte, war hoffnunggebend und ärgerlich zugleich; denn so schwarz und schwer auch die Wolken zogen, handelte es sich doch keineswegs um Regen, — die seltenen Aufrisse zeigten uns in geringer Ferne sonnenbeleuchtete Berge und heiteren blauen Himmel. Nur von unserem Haagengebirge wollte die Dunstmasse, die sich nächtlicher Weile nun einmal dort festgesetzt hatte, nicht wanken noch weichen. Auch auf der Riffel sahen wir längere

Zeit hindurch nicht viel mehr, als die nächste Felsumgebung, — zuweilen das Hochg'schier und im Norden den höchsten der Schottwiesenköpfe, welcher sich als höher erwies, als unser eigener Standpunkt, und als gleich hoch mit dem Hochg'schier. Der Besuch dieses dritten Gipfels war damit beschlossen und ich war schon bereit, sofort wieder aufzubrechen und die Aussichtshoffnungen auf jenen letzten Culminationspunkt zu bauen, als mit wunderbarer Plötzlichkeit die Riffel selbst das lang Ersehnte bot. Im üppigsten Grün lag zu unseren Füssen das Salzachthal, aus der Enge des Pass Lueg, wo der Bahnbau seine weissen Schuttbänder am Gebirgsfusse hinzieht, windet es sich heraus in die fruchtbare Ebene von Werfen; — weit gegen Süden dringt der Blick, über Bischofshofen und St. Johann hinein in's Gasteinerthal, wo die dunklen Vorgebirge der Tauren sich erheben, der Ankogl und Hohenaar ihre Firnen ausbreiten. Im Osten das gewaltige Tennengebirge, eine wogende Felsenwüste, der unseren gleich; im Südwesten die meilenweite Schneefläche der Uebergossenen Alp.

Das Kar, das im Nordosten zu unsern Füssen lag, zeigte sich nun umgränzt von hohen, prallen Felsmauern, in spitzen Ecken gegen den Pass Lueg vorspringend; andererseits spreizt ein auffällig erhobener, gen Nordwesten fast senkrecht abstürzender Felsgipfel weit in's Hochplateau sich hinein, es ist der Tristkopf (6480′ 2105 m Keil), ebenfalls in der Randkette des Haagengebirges gelegen. Die Namen Brunnkarwand und Pfeiferkogl, welche einzelnen Erhebungen dieser Randkette der Keil'schen Karte nach zukommen, waren meinem Begleiter bekannt, von einem „Wasserstein", der in nächster Nähe der Riffel die verhältnissmässig beträchtliche Höhe von 6923′ 2249 m erreichen sollte, wusste er jedoch Nichts. Hier waren unsere einzig bedeutenden Nachbarn offenbar die Oberschottwiesenköpfe und diesen steuerten wir nach ³/₄ stündigem Aufenthalte auf der Riffel entgegen.

Wir übersetzten wieder die Kluft und verfolgten den Bergscheitel bis zur Stelle seiner tiefsten Einsattelung. Flach hebt er sich von dort wieder zur Oberschottwiese, auf welcher er in mehrere einzelne Köpfe sich theilt. Die Thalung des Dottermanndl's war uns zur Linken geblieben; ein niedriger Rücken begrenzt eine Terrassenstufe westlich unterhalb der Oberschottwiese und verdeckt dem Auge das noch weit tiefer liegende Thal der Schönbichelalpe. Wir gingen bald auf dem Bergscheitel, bald an den Abhängen der Felsenhügel hin; einmal querten wir die Böschung eines ziemlich tiefen, nach allen

Seiten rund geschlossenen Kessels — nichts Seltenes in diesen Kalkgebirgsplateaus, deren siebartige Zertheilung und Durchlöcherung beinahe den Vergleich mit einer Mondlandschaft aufdrängt. Eine halbe Stunde nach Verlassen der Riffel bereits, um 1 Uhr 45 Min. hatten wir den höchsten der Oberschottwiesenköpfe (ca. 6950′ 2258 m.)*) erreicht und befanden uns damit wieder auf dem Randgrate. Die Wolken begannen nun vorzugsweise im Westen sich zu heben, während es im Salzach- und Blüntauthale wieder dampfte. Um doch nicht ganz resultatlos von dieser Tour heimzukehren, machte ich mich an die Aufnahme eines Hemioramas des Haagengebirges, bei der steten Nebelunterbrechung eine mühsame und langwierige, auch keineswegs auf das Beste gelungene Arbeit, in welcher manche Gipfelgestalt nur hypothetischer Weise ihren Platz ausfüllt. Die Göllkette, deren südliches Profil eine Hauptnothwendigkeit für mich bildete, blieb allem Hinwarten zum Trotz in ihrem Nebelmantel. Ein Moment jedoch war es, welchen ich während dieses Abpassens und dieser Steeple-Chase artigen Panoramaaufnahme glücklich erhaschte und welcher für den schliesslichen Erfolg meiner Haagengebirgstour von wesentlichster Bedeutung sein sollte. Die Gipfelkuppen, auf denen ich heute herumgestiegen war, gehörten weder dem Centrum, noch der culminirenden Gruppe des Haagengebirges an; weit draussen im Westen breitete erst das Hochplateau sich aus, es war wohl dort ein Steinernes Meer, wie ich vom Haagengebirge es erwartet hatte, und im Südwesten hatte jetzt der Tannthalstock sich frei gemacht und aus dem Gewirre seiner Kuppen und Hügel sah ein welliges Haupt ganz besonders hoch heraus. Das entsprach meiner Erinnerung, die an ferne Aussichtsbilder sich knüpfte; das war jener höchste Punkt im Südrande des Haagengebirges, auf den ich zu kommen wünschte. Allzusehr bereuen jedoch mochte ich den Fehlgang von heute nicht; die nebelige Witterung wäre dem Besuch der höheren Tannthalköpfe noch ungünstiger gewesen, als dem der heutigen Ziele und der Charakter der östlichen Partieen des Haagengebirges ist von dem des centralen Plateaus ein so gründlich verschiedener, dass er wohl eines Tagemarsches, ihn kennen zu lernen, werth gewesen. Ich sprach aber sofort den Entschluss aus, des andern Morgens jenem höheren Punkte einen Besuch abzustatten und liess es noch unentschieden, ob ich dann in nordöstlicher Richtung

*) Ueber die Abweichung dieser Angabe von der Keil'schen siehe weiter unten.

nach Golling oder in nordwestlicher, mitten durch das Haagengebirge, nach Berchtesgaden meinen Weg nehmen würde. Der Jäger begann die mannigfachsten Bedenken gegen dieses Project zu äussern; er meinte, wenn ich auf den höchsten Punkt des Haagengebirges gehen wolle, so müsse ich diesen, in der Lengthalschneid', mitten im Hochplateau suchen; ich bezweifelte dieses, jedenfalls konnte es nur dazu beitragen, den Ausschlag für die Wahl eines Rückweges nach Berchtesgaden zu geben. Dann brachte er wieder vor, auf den Tannthalköpfen wäre ich auch noch nicht auf dem höchsten Gipfel des Südrandes, es käme dann das Raucheck, der Blühnbachkopf und das Teufelshorn — alle höher. Für das letztere, welches dem Haagengebirge nicht mehr angehört, wusste ich dies ganz genau. Für zwischenliegende Gipfel bestritt ich es entschieden und brachte mit dem Hinweise darauf, dass wir solche alsdann über dem Tannthalstocke sehen müssten, den Jäger auch zur Erkenntniss seines Irrthums. Ueber längeres Hin- und Herreden verlief die Zeit, der Nebel fiel wieder an, ich war froh, wenigstens ein halbleidliches Profil des Haagengebirges fertig gebracht zu haben. 3 Uhr 20 Min. verliessen wir den Oberschottwiesenkopf in nördlicher Richtung. Wir wollten auf verändertem Wege zur Schönbichlalp absteigen; in gerader Linie ging dies der abstürzenden Wände wegen nicht an; wir mussten die Thalung zwischen der Randkette und dem Stocke der Hirschwiese, welch' letztere uns stets im Westen begleitete, an tieferer, nördlicher gelegener Stelle zu gewinnen trachten. Wir überschritten mehrere niedrige Kuppen, und entfernten uns allmählig vom Rande des Gebirges. Seichte, gerundete Gruben und Mulden lagen uns zur Rechten und Linken, in letzterer Richtung zeigten sich häufig weit hinunterziehende Grasplätze, doch ist auf diesen der Thalboden nicht völlig zu erreichen. Hier, in diesem Hügelwerke, heisst eine Stelle „Am Wasserstein"; dies ist jedoch durchaus kein hervorragender Gipfelpunkt. Der kahlen Felspyramide des Tristkopfes waren wir, indem unser Weg sich immer mehr gegen Nordosten kehrte, bereits ziemlich nahe gekommen, ein einziger Krummholzrücken noch trennte uns von dem Tristkar an seinem westlichen Fusse. Der Jäger belehrte mich noch darüber, dass ich, im Falle mein Rückweg nach Golling gehe, von diesem Kar aus zum Südostgrat des Tristkopfes anzusteigen, nicht, wie der natürliche Anschein es vermuthen liesse, sein Massiv am Nordfusse zu umgehen habe. Da, wie bereits erwähnt, der Tristkopf einen einspringenden Winkel im Rande des Gebirges bildet, so gelangt man dadurch auf die Seite des Pass Lueg, tritt jedoch (wahrscheinlich durch die Thorscharten 5412′ 1758 m. Keil) bald wieder auf die Westseite über und erreicht über die Fielinger-, Rennanger-, Höllriegel- und Kratzeralp das Ufer der Salzach unfern Golling.

Wir wandten uns links und stiegen über reissigen, nordwärts von niedrigen Felsmauern geschlossenen Boden ziemlich steil hinab. Zuletzt kamen wir auf einen etwas engstufigen Plattenabsatz, jedoch von unbedeutender Höhe. Um 4 Uhr betraten wir die buschigen Hügel am Fusse der Gipfelkuppen, die man gemeinsam als den Oberschottwiesenstock bezeichnen könnte. Die Thalsohle lag noch etwas tiefer im Westen; ein schmaler Pfad führte uns am buschigen Gehänge quer dahin und mündete, nachdem er noch eine schmale Stelle unter einem Wandabsatze passirt hatte, in den Thalgrund ein. Dieser hebt sich in mässiger Steigung, gelegentlich kleine Felsstufen bildend, gegen Südwesten; zur Linken zeigten sich nun die Wände am Fusse der Schottwiese, die einen geraden Abstieg von dort nicht erlaubt hatten. Ob ein solcher wirklich unmöglich, müsste indess doch erst ein Experiment lehren; das Gestein des Haagengebirges ist steilem Steigen etwas günstiger als die griesigen Platten des Wetterstein- und Karwendelgebirges.

4 Uhr 15 Min. erreichten wir die niedrige Hütte der Schönbichlalp, wo wir kurze Zeit rasteten und uns erfrischten. Ich erstaunte nicht wenig, diese hochgelegenen Alpen zu so später Jahreszeit noch bezogen zu finden. Das Milchertrâgniss mag gering genug ausfallen, wenn das Weidevieh nur abgedorrtes Gras erhält, die langen, eisigkalten Nächte im Freien zubringen muss. Aber was fragt der Salzburger Aelpler nach Milchproduction! wenn nur das Vieh den Sommer — und einen möglichst langen Sommer — über umsonst frisst und er von dem Vieh umsonst lebt, dann ist er mit dem Nutzen seines Berggutes zufrieden. Was würde der Algäuer sagen zu einem Melkvieh, das Ende September noch auf der Hochalpe steht!

Das Thal erweitert an der Schönbichlalpe sich bedeutend, und biegt in völlig westliche Richtung um. Im Süden erhebt sich das Massiv des Hochg'schier; rechts davon, zwischen ihm und dem Tannthalstock, liegt die Einsattelung des Tiefenbachs, links die des Dottermanndl's. Steile Gehänge heben sich gegen letzteres hinan, doch führt ein guter Pfad an ihnen empor zur Passhöhe. Beladene Leute kamen eben von dort herunter in's Alpenthal und ihre Jauchzer hallten am Hochg'schier und an den Wänden der Hirschwiese wieder. Wir verliessen um 5 Uhr die Alphütte und wanderten dem Jägerhüttchen zu. Der Pfad zieht am Fusse der Hirschwiese hin durch einige trocken liegende Thalbecken und erreicht endlich wieder die Pitzen, die Terrasse am Eingange des Rossfeldes und, $^3/_4$ Stunden von Schönbichl entfernt, das Lengthalthörl, wo das Häuschen steht. Je tiefer die Sonne am Horizonte hinabsank, um so lichter wurden die Nebel, bald schimmerten die Berggipfel und der blaue Himmel durch ihre Schleier. Es war im höchsten Grade wahrscheinlich, dass die Kälte der Nacht die ganze Hülle zerstreuen und ein schöner Morgen meine Beharrlichkeit lohnen würde. Ich deliberirte viel über meine Pläne auf's Tannthal, welche Linie ich nach dem Gipfel hin wohl am besten einschlagen würde, und wo dieser wohl sich befinden möge; denn das ganze Gebirge hatte wieder zu einem unentwirrbaren Klumpen sich zusammengeschoben. Je mehr ich davon sprach, um so einsilbiger wurde der Jäger; er wiederholte nur stets, gewiss zu wissen, dass die Lengthalschneid der höchste Punkt sei, und meinte weiter, dass ich den Göll, von dem ja eine Zeichnung mir nothwendig sei, vom Tannthal aus der vorlagernden Hirschwiese wegen nicht würde sehen können. Ich begann bereits zu vermuthen, dass ihm an der Tannthalersteigung überhaupt Etwas nicht recht sei, und wirklich, als wir oben am Hüttchen angelangt waren, und ich mit überzeugendster Beredsamkeit ihm begreiflich zu machen suchte, dass Ersteigung des Culminationspunktes das erste Erforderniss alpiner Wanderungen sei, da platzte es heraus: „Auf's Tannthal könne ich nun einmal nicht gehen, das sei gehegtes Gemsrevier.“ — —

Das also war des Pudels Kern Wieder einmal ein Jagdbann auf freiem Gebirge, — im Berchtesgadener Alpenlande ein zweites Hinterauthal. Einen Unterschied freilich zwischen beiden anzuerkennen, konnte ich nicht umhin; es handelte sich hier um eine Absperrung weit geringeren Umfanges als dort, an den Quellen der Isar; nach Analogie des *Fürsten Hohenlohe* müsste die Jagdgesellschaft Blühnbach das ganze hintere Blühnbachthal absperren und am Jagdschlosse jeden Wanderer zurückweisen. Aber unglücklicherweise liegt eben der Gipfel des Gebirges in jenem kleineren Umkreise. — Auch berief sich der Blühnbacher Jäger in seiner entschiedenen Weigerung auf seine Instruction und die Verpflichtung seines Dienstes — nicht auf die Gewalt seiner Büchse; ebenfalls ein bemerkenswerther Abstand gegen die Gepflogenheit im *fürstlich Hohenlohe'schen* Revier. Eine mir ertheilte Erlaubniss seines vorgesetzten Oberjägers zum Besuche des Tannthalgebirges wäre vermuthlich nicht auf die Hinterauthaler Erwiderung gestossen „Sie gehn mir doch nicht hinein". — Unser gegenseitiges Verhältniss war infolge dessen auch ein wesentlich anderes, als jenes, wie es im Hinterauthale sich gestaltet hatte. Ich musste dem Jäger unumwunden einräumen, dass er den gegebenen Verhältnissen zufolge nicht wohl anders handeln könne; machte ihn jedoch andererseits auf die Unbilligkeit derartiger Vorschriften, sowie darauf aufmerksam, dass die Schrift und ihre Oeffentlichkeit Wege biete, den Erlassern solcher Willkürgesetze grössere Verdriesslichkeiten zu bereiten, als ein versprengtes Rudel Gemsen; — und dass ich schliesslich, wenn nicht in diesem Jahre, so doch in einem nächsten, meinen Weg auf's Tannthal eben so gut finden würde, wie ich in's Rossloch meine Wege gehen kann, ohne nach Fürst noch Jäger zu fragen. Nur etwas befremden werde es die Welt, wenn man zu Zwecken, wie ich sie verfolge, den Deckmantel der Nacht aufsuchen, — die Pfade des Wilddiebes wandeln müsse. — Wir discutirten längere Zeit auf diesem Felde; der Jäger zeigte sich meinen Ausführungen zugänglicher, als ich zu hoffen gewagt; und endlich sagte er treuherzig „Sie kommen jetzt so weit her und sollen unverrichteter Sache fortgehen müssen; ich will Ihnen wohl ein Zugeständniss machen, wenn Sie mir auch eines machen. Wir gehen morgen geradenwegs und so ruhig als möglich auf den höchsten Tannthalkopf, und auf dem nämlichen Weg wieder herunter; aber auf allen Köpfen herumlaufen, wie heute, dürfen Sie mir nicht." — Eingeschlagen! — Das nenne ich eine vernünftige Proposition. Gegenseitige Rücksicht, wo die Interessen sich begegnen, ist auf der ganzen Welt, ist überall im Leben erforderlich, warum nicht auch auf den Höhen der Alpengipfel? Wo ein überwiegendes Interesse des einen Theiles besteht, soll ein untergeordnetes des anderen Theiles weichen; läge das gehegte Revier des Blühnbacher Jagdgebietes in der Bärwies, im Wildalpl und über die Grauen Köpfe hin, so wäre es nur billig, dass der Tourist diese für ihn wenig bedeutsame Gegend miede, andere, als die sie durchkreuzenden Pfade über das Haagengebirge einschlüge*). Nun aber der

*) Ein ganz analoger Fall findet an der Nordseite des Ewigen Schneegebirges statt: der geradeste Aufstieg nach dem Firnfelde und zum Hochkönig ginge durch die Thalung des Wasserkars, zwischen Alpeck und Denneck hinauf; diess ist ebenfalls gehegtes Revier. Man kann jedoch ebensowohl mit östlicher Umgehung des Alpecks zum Ziele gelangen. Es wäre sicher unbillig von den Alpenwanderern, eine

Gipfel des ganzen Gebirges just im gehegten Reviere liegt, ist es auch billig, dass die Jagdherren von Blühnbach wenigstens einen Weg dorthin dem Alpenwanderer eröffnen. Ueber die Wahl dieses Weges, zunächst mit Berücksichtigung der Jagdinteressen — denn der Tannthalstock ist von Norden und Osten her fast überall zugänglich, — werde ich in der Folge Gelegenheit haben, mich auszusprechen. — Ich darf vielleicht hoffen, dass die Jagdgesellschaft Blühnbach dem vorgeschlagenen Pacte beitritt und ihr Jagdpersonal dem entsprechend instruirt. Gegenseitige Rücksicht, ich wiederhole es, ist nothwendig in allen Fällen entgegenstehender Interessen. Nicht des Jägers, nicht des Bergsteigers Eigenthum ist das Gebirge. In seiner freien Natur sucht ein Jeder seine reinsten Freuden, seine höchsten, edelsten Ziele. Und wo der Mensch genug des Kampfes mit den Elementen hat, da sollten Menschen sich vertragen.

Bald nachdem der Abendschmarrn verzehrt war, streckten wir uns auf's Strohlager. Der Tages über bewölkte Himmel hatte sich geklärt, die Sterne funkelten über den Bergen, bald auch stieg der Mond herauf und bleicher Schein ergoss sich über die Felsenhügel. Ich lag neben dem kleinen, kaum einen Quadratfuss messenden Fensterchen und blickte nicht selten hinaus, nach den Aspekten des Wetters zu spähen. Bis nach Mitternacht blieb es hell und rein, gegen Morgen aber wurde es trübe, der Mond barg sich hinter Wolken und nur ein ungewisser Schimmer noch verrieth seine Anwesenheit. Als wir um 5 Uhr uns erhoben und vor die Hütte traten, da war der ganze Himmel grau, die Berggipfel jedoch noch frei. Auch die Göllkette im Norden, die wir gestern nie zu sehen bekommen, zeichnete scharf ihre bleifarbenen Zacken vom Firmamente ab. Ich befürchtete das Schlimmste; um wenigstens einen Zweck meiner Haagengebirgstour in Erfüllung zu bringen, stieg ich rasch ein Stück weit gegen die Hirschwiese an, bis der ganze Göllgrat vom Hochbrett bis zum Freieck frei vor mir stand und nahm sein Profil auf. Es war bitter kalt und kaum vermochten die starren Finger den Stift gehörig zu führen. Während ich an der Arbeit war, ging die Sonne auf, die vergoldeten Wolkenränder verriethen ihre Ankunft. Das Erscheinen des Tageslichtes brachte rasch einen Wechsel in die Himmelsscenerie und einen Wechsel der günstigsten Art. Nicht jene momentanen Hellen, jene blauen

Eröffnung des Weges durch's Wasserkar zu fordern, oder diesen Weg, soferne es unbeachtet gelingen würde, zu gehen.

Schimmer waren es, welche der Sonnenaufgang an geballtes Gewölke malt, um es wenige Minuten darauf noch schwärzer und schwerer erscheinen zu lassen, als vordem; — nein, es war wirklich loses, gebrochenes Wolkengekräusel, das so trüb und regendrohend im Dämmerschein sich ausgenommen hatte. Im fernen West, über dem Teufelshorn und den Felsrücken der Wildalm, über dem Kahlersberg und Watzmann, lag bereits klares Himmelsblau und immer breiter und zahlreicher wurden die Lücken am Horizont wie im Zenith. Nachdem ich meine Skizze beendet, kehrte ich zum Jägerhüttchen zurück und traf meinen Schlafgenossen bereits mit Zurichtung des Frühstücks beschäftigt; auch ihn hatte der plötzliche Umschlag des Wetters nicht wenig überrascht, und er freute sich gleich mir auf den Besuch des Grossen Tannthalkopfes, den er selbst noch gar nicht betreten. Denn mit Ausnahme der Treibjagden, welche nur alle zwei Jahre stattfinden, gehen auch die Jäger nicht in's gehegte Revier — es sei denn, dass sie eine unbefugte Störung darin wahrnähmen. Breit steht im Süden der Tannthalstock dem Jägerhüttchen gegenüber. Dasjenige Becken seiner Hochfläche, in welches zunächst der Blick fällt, ist vom Pilzkogel und von einem breitköpfigen Ausläufer der Tannthalköpfe westlich des ersteren umfangen. Einen flachgezogenen, felsigen Höcker, ziemlich genau in der Mitte des ganzen sichtbaren Stockes, betrachteten wir beide als den wahrscheinlich höchsten Punkt. Um 8 Uhr 40 Min. verliessen wir das Hüttchen, zunächst über das Felsengehänge zum Rossfeld absteigend; wir kreuzten den mit kurzem Krummholze bewachsenen Hügelboden und begannen den Anstieg an's Tannthalgebirge.

Die erste Viertelstunde ging steil über grasigen Fels; der Frost der Nacht machte sich an den schattigen Plätzen fühlbar, der Rasenboden war steinhart, das Gestein von dünnen Eiskrusten überglast. Mit Erreichung der ersten Höhengrenze breitete eine sanftgehobene, wellige Fläche sich vor uns hin, links stand der Pilzkogel mit seinen Nebenköpfen, deren Scheitel eine grüne Wiesenfläche bekleidet, rechts ein flachgerundeter Bergrücken. Den Kopf, welchem wir zusteuerten, bekamen wir bald wieder in Sicht; er zeigte noch immer keinen Rivalen.

Wir gingen leise, fast stumm, die Bergstöcke möglichst sparsam gebrauchend; man hätte uns selber für Wildschützen halten mögen. Auf allen Hügeln, auf allen Graten wurde es lebendig; die flüchtigen Gazellen der Alpenwelt kamen aus ihren verborgenen Schlupfwinkeln hervor, bald standen sie, spähend nach dem unerwarteten Besuche, bald jagten sie windschnell über die Felsen dahin. Mehr als einen feisten, schwarzen Einsiedler beguckte der Jäger mit dem Fernglase und bemerkte mit leiser Stimme: „Das wär' ein guter Bock!“ In der Höhe des Kars wurde der Boden im Allgemeinen immer flacher, seine Zerspaltung und Durchlöcherung im kleinen Detail immer schärfer, verworrener. Riesige Plattentafeln dehnen sich dort in die Breite, mit ihren gezahnten, unterwaschenen Rändern über einander greifend, hier zu tiefem Rundkessel einsinkend, dort eine schwarze Spalte zwischen sich lassend. Mit aufmerksamer Spähe bestimmten wir unseren Weg voraus, wo die Kessel zu umgehen, die Schründe am besten zu übersetzen sein möchten; und doch sahen wir uns mitunter vor einem unerwarteten Hindernisse; auf hartem Felsen gehend fanden wir auf dem Tannthal alle Einzelheiten einer Gletscherwanderung. Und welch' ein Revier für Gemsen! mitten im meilenweiten Plateau des Haagengebirges steht dieser Stock, selbst ein stundenlanges Hochplateau auf seinem Scheitel tragend, abgeschlossen, isolirt nach allen Seiten. Dort oben findet das Alpenwild Alles, wonach sein Herz begehrt; flache, sonnige Weiden und Tummelplätze, grasreiche Böschungen der Mittagssonne zugewendet, welche hier die Schneedecke rasch zu schmelzen, den nährenden Boden blosszulegen vermag, während ringsum Alles unter Eis erstarrt; luftige Grate und Bergkuppen, verborgene, windgeschützte Grüfte, in den Plattenspalten und Höhlen im heissesten Sommer noch ein Restchen erfrischenden Schnee's; Deckung vor dem Sonnenbrand im kühlen Schatten überhängender Mauern, Wärmung bei kaltem Wetter an den Gehängen strahlenspiegelnder Felstafeln. Was ihre Genossen in anderen Alpenrevieren auf stundenweiten Wegen, hohe Gebirgskämme tagtäglich übersteigend, sich aufsuchen müssen, das finden die glücklichen Gemsen des Tannthalstockes auf einem Raume von wenigen hundert Schritten beisammen.

Dem Fusse des Kopfes, den wir zu ersteigen gedachten, waren wir bereits völlig nahe gekommen, in fünf Minuten konnten wir am Ziele sein; ein Seitenblick auf den Pilzkogel, der noch immer eine ansehnliche Ueberhöhung behauptete, liess mich vermuthen, dass dieses Ziel das rechte nicht sein werde. Wir hielten uns daher, statt gerade anzusteigen, längs seiner Ostflanke und sahen alsbald in einiger Entfernung eine höhere Kuppe auftauchen mit einer bereits sehr windschief stehenden Signalstange; ein niedriger Rücken verbindet sie mit jener, die wir bisher für den Gipfel gehalten hatten.

Kaum aber hatten wir diesen Scheitel betreten, so sahen wir rechts, im Westen, eine entschieden höhere Kuppe und in ihr erkannte ich sofort jene, die gestern durch Nebel mir entgegen geschimmert hatte. Eine neue, weite und tiefe, völlig kreisrund geschlossene Mulde that sich vor uns auf; auch hier erschienen alsbald flüchtige Gemsen. Hier aussen, nahe dem Südrande des Tannthalstockes und des ganzen Haagengebirges, war der Boden wieder reicher begrünt, minder plattenkahl, als in den Karen; von den grasbewachsenen Kuppen aus den Gruben und Thälchen zwischen ihnen stäubten die Gemsen auf, hinunter gegen das Blühnbachthal. Die gute Laune meines Gefährten begann sich merklich zu verdüstern. „Seh'n Sie, Alles geht dahin! — Ja, wenn ein Mensch nur auf dem Tannthal sich sehen lässt, ist alles Andere draussen. Wenn jetzt in ein paar Wochen Jagd stattfände, dann wär' der Trieb leer.“ — — Wir wandten uns, dem neu erschienenen Gipfel entgegen, rechts, querten das Felsgehänge der Mulde und stiegen zum Grate wieder auf; über Rasenboden erreichten wir den Bergscheitel — es war abermals eine blosse Schulter des Gipfels, doch nahe stand dieser nun vor uns, wenige Minuten genügten zu seiner Ersteigung. „Sind Sie jetzt zufrieden?“ fragte der Jäger, halb in Sorge, dass abermals ein ferneres Ziel angestrebt werden würde. Ich hatte keine Veranlassung dazu. Wir standen auf dem zweifellos höchsten Punkte des Tannthalstocks und des ganzen Haagengebirges.

Nur eine Stunde hatte vom Jägerhüttchen aus unser Anstieg gewährt. Der Gipfel, auf welchem auffälliger Weise nicht, wie auf mehreren anderen der Tannthalköpfe, ein Signal steht, bietet einen ebenen, 15—30 Schritte breiten Platz, meist grasbewachsen, an einigen Stellen bricht die kahle Platte durch die Bedeckung. Der Steilabsturz des ganzen Bergmassivs gegen Süden ist ziemlich nahe; der Boden des Blühnbachthales wird nicht sichtbar. Gegen Norden und Westen dehnt die vielfach getheilte Hochfläche des Tannthalstockes breit und flach sich hinab. Im Osten überblickt man Theile des Plateaus bis an den Pilzkogel hinaus. Auch letzterer scheint eine nicht unbeträchtliche Höhe einzunehmen. Die Messung der Keil'schen Karte für denselben mit 6825′ 2217 m. dürfte zu niedrig gegriffen sein. Den höchsten der Tannthalköpfe selbst, auf welchem wir uns befanden, visirte ich mit dem Klinometer höher als den Schneibstein, was vollständig damit übereinstimmt, dass der Keil'schen Karte zufolge schon dem Hochg'schier nahe die gleiche Höhe wie dem Schneibstein zukommt; der Culminationspunkt des Tannthalstockes dürfte sonach ca. 7000′ 2274 m.*) Höhe besitzen. Die Lengthalschneid, für welche der Jäger gestern eine Lanze eingelegt und welche in der That ziemlich auffällig aus dem Haagengebirge sich erhebt, erwies sich als entschieden niedriger.

Fast überall an den grünen Plätzen und Köpfen in näherer und fernerer Umgebung entdeckten wir Gemsen. Sobald unser Marsch aufgehört hatte, war auch ihre Unruhe zu Ende, sie nahmen ihre Aesung wieder auf, zogen friedlich hin und her, näherten sich uns sogar, obwohl manche ihrer Bewegungen darauf schliessen liessen, dass sie uns gar wohl beachteten. Auf der sonnigen Wiesenabdachung des westlichsten der Tannthalköpfe (vielleicht das Klein Raucheck der Keilschen Karte) weideten ihrer an 50 Stück, meist junges Volk, die harmlos scherzten und sich jagten. Auch östlich von uns erschienen die zierlichen Thiere wieder, auf eben den Köpfen, von welchen wir vor einer halben Stunde sie vertrieben hatten. Der Jäger begann sich zu beruhigen und meiner Ansicht, dass es mit der Gemsenversprengung durch eine einfache, geradlinige Bergersteigung nicht gar so gefährlich sei, halb und halb zuzustimmen. Vermuthlich war nach wenig Tagen, vielleicht am gleichen Abende schon, die ganze Gesellschaft wieder oben auf dem Tannthal.

Die Aussicht, welche wir bei günstigster Witterung auf dieser Höhe genossen, war nicht weniger genussvoll als lehrreich für mich. Das ganze Haagengebirge lag zu meinen Füssen hingebreitet, ein wogender Teppich von Stein. Ueber das tief heruntergedrückte Raucheck hinweg traf das Auge auf die flachen Rücken des Blühnbachkopfs oder Jägerbrunntrogs und der Sulzenkarhöh'. Darüber erhebt das Grosse Teufelshorn seine schlanke Kegelgestalt. Dann folgt im Südwesten formloses, felsenkahles Gewoge, aus welchem nur die Hohe Sail als steil abgehackter Rundhöcker hervortritt. Hinter diesem öden, gipfelarmen Gebirge, das mit den Grauen Köpfen an den Kahlersberg anschliesst, liegt das Wildalpl, das Hanauer Laabl, die Laubgasse und der Bärensunk. Das weitere südwestliche Panorama erfüllt das Steinerne Meer mit seinen Gipfeln, unter welchen besonders der Hundstod, von hier gesehen eine prachtvoll regelmässig aufgespitzte Pyramide, in

*) Woher die jüngst erschienene dritte Auflage des Handbuches der Erdkunde von G. A. v. Klöden ihre Höhenangabe „Haagengebirge 7590′ 2465 m.“ schöpft, ist mir unverständlich. Eine solche Höhe kommt weder dem eigentlichen Haagengebirge noch auch seinen Nachbargipfeln, dem Kahlersberg und Grossen Teufelshorn zu.

die Augen fällt. Dann folgt im Westen der Kahlersberg, ein hoher, sanft geschwungener Dreiecksgipfel; vor ihn hingelagert die Lengthalschneid; im Nordwesten die Königseer Berge, Fagstein, Reinersberg und Schneibstein, nah am Kahlersberge der Grosse Watzmann. Gen Norden dehnt das ganze Hochplateau in flachen, mit Krummholz und Walddunkel gefleckten Felsenwellen sich hinunter zur Rothen Wand im östlichen Ausläufer des Schneibsteins. Ueber die nahe, doch tief zu unsern Füssen liegende Hirschwiese sieht jenseits der Blüntau die zackige Göllkette herüber. Im Nordost die grünen Berge des Salzburger Landes und Salzkammerguts; im Osten die Felswüste des Tennengebirges. Im Süden der Juwel der Aussicht, die Uebergossene Alp, und ein Juwel von Riesengrösse; den halben Himmel füllt er an mit Demantglanz, nicht lange vermag das Auge ungeblendet auf seiner Fläche zu verweilen, aber immer wieder kehrt es zurück zu diesem Bilde reinster, makelloser Pracht.

Und nun ich die Rundschau von diesem unbekanntesten Gipfel eines unbekannten Gebirges geschildert und in dem einen oder anderen meiner Leser vielleicht den Wunsch wachgerufen habe, ihn ebenfalls zu besuchen, möchte ein kurzer Vorschlag über den zu wählenden Weg am Platze sein. Mit Rücksicht darauf, dass die Gemsen möglichst wenig aus dem gehegten Reviere hinaus in unruhigere Gegenden versprengt werden sollen, wäre der Weg von Osten her, vom Tiefenbach aus, als der geeignetste zu bezeichnen. Doch ist von dort nach dem Gipfel mehr als das halbe Tannthalgebirge zu überwandern, und da das Wild, einmal aufgestört, keineswegs in gerader Linie von dem Punkte der Störung sich entfernt, es also überhaupt mehr auf Beschränkung der Ausdehnung und Dauer der Störung, als auf deren Richtung ankommt, so wäre einem geraden Anstieg vom Jägerhüttchen aus der Vorzug zu geben. Dieser Anstieg sollte jedoch bedeutend westlicher, aus dem Innern des Rossfeldes angetreten werden, als wir, in Unkenntniss der Lage des eigentlichen Gipfels, ihn bewerkstelligten. Die ganze Mulde westlich des Pilzkogels bliebe dabei vermieden und eine einzige Thalung des ganzen Gebirges überhaupt wäre es, aus welcher die Gemsen aufgestört würden; zudem würden sie dadurch nach solchen Stellen des Randgrates gesprengt, von welchen sie der Steilwände wegen in's Blühnbachthal nicht hinunter können, sie wären daher genöthigt, östlich oder westlich in Nachbarmulden des Tannthalgebirges auszubrechen, und würden dort, wo sie keine Störung mehr wahrnehmen, aller Wahrscheinlichkeit nach sich wieder halten. Dieser westlichere Anstieg wäre vermuthlich Anfangs etwas steil, doch keineswegs unausführbar oder auch nur schwierig*).

Wir verliessen den Grossen Tannthalkopf, nachdem ich ein flüchtiges Profil des Haagengebirges aufgenommen hatte, um 10 Uhr 45 Minuten. Nach $^3/_4$ Stunden waren wir an's Jägerhüttchen zurückgelangt. Der theilweise erleichterte Bergsack wurde wieder vollgepackt, die Zeit der Alpenwanderungen war zu Ende, die Aufgabe des heurigen Sommers gelöst. Von den Gebirgen des Blühnbachthals, vom einsamen Jägerhaus an der Hirschwiese ging's geradenwegs hinaus zur Ebene, der Heimat zu. Heute noch nach Berchtesgaden! öfter als noth-

---

*) Nur für den Fall, dass meine Vereinbarungs-Vorschläge Seitens der Jagdherren kein Gehör fänden, will ich dem Alpenwanderer mit einem Rathe an die Hand gehen, den Grossen Tannthalkopf nöthigenfalls auch auf eigene Faust zu besuchen. Es bietet sich ihm dazu eine doppelte Möglichkeit, obwohl er selbstverständlich im Blühnbachthale sich vorher nicht blicken lassen dürfte. Er hätte von Golling aus unter dem Vorgeben, über das Torrener Joch zu gehen, anfangs im Blüntauthale, aus diesem aber ablenkend zur Rifl-Alpe, Rennanger- und Fielinger-Alpe aufzusteigen und hier zu übernachten (nicht auf der Schönbichl-Alp, wo er dem Jägerposten zu nahe wäre). Anderen Morgens nun, unter der Angabe, über den Tiefenbachsattel nach Blühnbachschloss zu gehen, über den Tristkopf und die Schönbichl-Alp in den Tiefenbach zu wandern, und, ist er unbeachtet bis dorthin gekommen, westwärts hinauf auf's Tannthal. Bei Verfolgen des Weges nach dem Gipfel hätte er sich immer möglichst nahe dem Südrande zu halten, so dass weder er, noch auch die Gemsenflucht, die er verursacht, unten bei der Jägerhütte besonders auffielen. — Zweiter Weg: Von den Röth-Alpen durch die Eisgräben auf den Wildpalfen und über den Blühnbachkopf herüber in's Sulzenkar; zwischen Raucheck und den Paradieskögeln, immer der tiefsten Thalung nach, bis an den Nordwestfuss des Tannthalstockes. Hier Bivouak, anderen Morgens mit dem Frühesten in Ost-Richtung auf den Gipfel. In beiden Fällen wäre der Abstieg möglichst rasch nach dem Tiefenbache und in's Blühnbachthal zu nehmen; auf allenfallsiges Befragen die Angabe, man komme von Golling über die Fielinger- und Schönbichl-Alp. — Der zweitgenannte Weg wäre der Jagd am schädlichsten, da er seiner ganzen Länge nach, vom Blühnbachkopf her bereits, gehegtes Revier durchzieht, und das Tannthalgebirge in seiner ganzen Ausdehnung und just in der Richtung auf unruhige Reviere hin durchstört. — Ich betone auch wiederholt, dass diese Rathschläge nur für den Fall gelten sollen, dass von jägerischer Seite auf touristische Interessen gar keine Rücksicht genommen werden wollte, dass namentlich das Anerbieten, eine etwa nahe bevorstehende Treibjagd abzuwarten, oder in Begleitung eines Jägers den angewiesenen Weg zu gehen, auf einfache Zurückweisung stiesse; und ich hoffe von der wohlwollenden Einsicht der Blühnbacher Jagdherren, dass sie nicht in praktische Anwendung zu treten brauchen.

wendig schlafe ich nicht gern auf Heu und Stroh, lieber ein paar Stunden länger Marsch. Um 11 Uhr 45 Min. wurde aufgebrochen; auch auf dieser letzten Wanderung hatte ich die ebenso angenehme als nützliche Gesellschaft des Jägers; er gedachte des Abends nicht nach seiner Hütte zurückzukehren, sondern auf einer Alpe jenseits der Grenze zu übernachten. Früh des andern Morgens konnte er dann wieder an den äussersten westlichen Marken des Blühnbacher Reviers stehen und auf verändertem Wege, über den Bärensunk und die Bärwiese, seinem Posten wieder zusteuern.

Wir gingen nun vom Jägerhüttchen in westlicher Richtung aus; der Kahlersberg war der grosse Wegzeiger, der unsere Schritte lenkte. An seinem nördlichen Fusse sollten wir auf Berchtesgadener Gebiet übertreten, an den Alpgründen des Königsseer Gebirges hin altbekannte Wege zu Thal verfolgen. Damit auch die Schlusstour des ganzen Sommers ihren Nutzen für meine Gebirgskenntniss abwerfe, wurde nicht der kürzere und bequemere Weg durch die obersten Kessel des Lengthals und der Schlummthäler nach der Seeleinscharte eingeschlagen, sondern auf der aussichtreichen Höhe des Haagengebirgsplateaus eine Richtung genommen, welche über die Scheitel der Lengthalschneid dem Ziele uns entgegenführen sollte. Von der Hütte weg ging's erst ein Stück abwärts, dann ziemlich constant steigend dem ersten, mit einer Signalstange bezeichneten Kopfe zu, welcher, näher dem Anscheine als der Wirklichkeit nach, vor uns im Westen stand. Es war so recht eine Wanderung, wie sie die Hochflächen der östlichen Kalkalpen charakterisirt; ein ewiger Wechsel von aufwärts und abwärts, bald nur die allernächste Umgebung vor Augen und eine Minute später wieder die weitgreifendste, umfassendste Aussicht. Wie im Beginne einer Fahrt auf weiter Wasserfläche scheinen die Objecte des Zieles unverrückt ihre Distanzen inne zu halten, während im Rückblick die Oertlichkeiten, von denen man ausgegangen, bereits in weiter Entfernung liegen. Sind endlich die letzteren ebenfalls weit genug gerückt, um eine Vergrösserung des Abstandes dem Auge nicht mehr fühlbar zu machen, so vermag man nur durch den Anblick des Bodens, der unmittelbar vor den Füssen liegt, sich zu überzeugen, dass man überhaupt noch sich vom Platze bewege.

Eine Stunde nach Abmarsch war der erste Signalkopf erreicht; wir befanden uns in ziemlich gleicher Höhe mit der Hirschwiese, etwa 6600′ 2144 m. hoch. Der Ewige Schnee war hinter dem Tannthalstocke hervorgetreten, die Teufelshörner, die Kämme und Gipfel im östlichen Steinernen Meere waren sichtbar geworden. In näherer südlicher Nachbarschaft zeigte sich zwischen den kahlen Felsenhügeln, von den Paradieskögeln und den Vorläufern des Wildalpriegels umschlossen, ein grüner Fleck, die Bärwiese. Hier entdeckte das scharfe Auge des Jägers wieder einen Mankei (Murmelthier), der vor dem Bau behaglich sich sonnte; seinem Gesinnungsgenossen im Tiefenbach gleich wollte auch er seinen Winterschlaf nicht nach dem Kalender, sondern nach der Witterung beginnen. Auf allen Hügeln, in allen Thälern wimmelte es von Gemsen; bald erschienen sie fern, als schwarze Punkte an den Platten, bald so nahe, als hätten wir in einem Thiergarten sie vor uns.

Ein directer Gratzusammenhang zwischen dem Signalkopfe, den wir eben erreicht und der Lengthalschneid besteht nicht; eine ziemlich weite und tiefe Thalung that sich im Westen vor uns auf, sie musste durchkreuzt werden, um nach dem jenseitigen Bergscheitel zu gelangen. Im Absteigen passirten wir ein schräges Grasband über einer 30—40′ hohen Steilwandstufe. Kaum hatten wir es betreten, da rasselten auch wieder neun Stück Gemsen uns, so zu sagen, unter den Füssen hervor; sie hatten dort im Schatten sich geborgen gehalten und waren durch die Steine, die über ihre Köpfe wegflogen, plötzlich unangenehm überrascht worden. So ging es fort auf dem ganzen Wege; kaum eine neue Hügelwelle wurde betreten, kaum eine neue Thalung schloss vor unsern Tritten sich auf, in welcher nicht flüchtiges Wild sich zeigte. Ich darf die Anzahl der Gemsen, die ich an diesem Tage in Sicht bekommen, getrost auf 300 Stück schätzen. Und doch gehört die Strecke unserer Nachmittagswanderung keineswegs mehr zum gehegten Revier.

Der Thalboden, welchen wir nun durchkreuzten, zeigte noch ärgere Zerspaltung und Zerrissenheit, als wir bis dahin wahrgenommen. Schwarze Klüfte mit ausgezahnten Rändern, tiefe Schachte und Trichter, Höhlen mit überhängender Felsendachung begegneten uns fast auf jedem Schritte. Höchst ergötzlich war der Anblick der kleinen Miniaturgebirge auf den Platten. Wo ein Knoten, eine Ader etwas härteren Materials sich im Gesteine fand, da hat das Wasser sie umspült und sie umgebildet und geformt in gleicher Art und nach den gleichen Gesetzen, wie die Felskolosse selbst, über deren Scheitel wir dahin wandern. Da erheben sich auf den glattgeschliffenen Tafeln gefurchte und gezackte Gestalten, bald inselartige Kegel und Pyramiden, bald Ketten und complicirte Gruppen, ein ganzes Gebirge mit Längen- und Querthälern, mit Gipfeln, Graten und Pässen — Alles nur wenige Zoll hoch. Könnte man sie wegheben von ihrer Unterlage, es wären die zierlichsten Reliefkarten. Dann trifft man wieder auf Platten, die in Zimmergrösse von den verästelten Zweigen einer fossilen Coralle überzogen sind; auch die Dachsteinbivalve (Megalodus triqueter) weist fast aus jedem Felsen dem Wanderer ihre herzförmigen Durchschnitte. Aber all' dies muss er liegen lassen; aus dem eisenharten Plattenstein ist Nichts herauszubekommen, oder doch nur in formlosen Trümmern.

Steil ging's zur Lengthalschneid empor, die ausgezackten Felsenkanten boten jedoch überall so vortreffliche und sichere Stufen, dass auch bei stärksten Neigungswinkeln von Schwierigkeit kaum die Rede sein konnte. Auf dem Firste der Lengthalschneid endlich erhielten wir etwas minder coupirtes Terrain und auch die Hebung nahm zusehends ab. Wir befanden uns wieder auf einem ziemlich ausgedehnten Hochplateau, eine eigentliche Gipfelhöhe machte sich auf demselben kaum bemerklich. Unbedeutende Köpfe springen hier und dort auf und fast ein jeder von ihnen trägt ein Signal. Auf einem fanden wir sogar ein schriftliches Dokument; Bleistiftschrift auf einem Brettchen benachrichtigte uns, dass hier ein Blühnbacher und ein Gollinger Jäger zusammengetroffen, eine Stunde verweilt und sich sehr gut unterhalten hätten.

1 $^{3}/_{4}$ Stunden waren seit unserem Aufbruche vom Jägerhüttchen verflossen; da machte ich auf einem der vordersten Köpfe der Lengthalschneid Halt. Das Tannthalgebirge, dessen Haupt ich diesen Vormittag erstiegen, das breitgedehnt nun im Südosten sich vor uns erhob, musste noch abkonterfeit werden, bevor ich das Haagengebirge verliess*). Neben ihm war nunmehr auch das Raucheck hervorgetreten; eine seltsame Gestalt, kastenförmig, mauersteil nach allen Seiten, nur gegen Nordwest senkt Grasboden sich von seinem Scheitel herab; auch er trägt eine Signalstange.

Nach $^{3}/_{4}$ Stunden war das Geschäft beendet, um 2 Uhr setzten wir uns wieder in Marsch; 10 Minuten darauf befanden wir uns auf dem höchsten Punkte der Lengthalschneid — ca. 6900′ 2211 m. hoch. Es dürfte dies der gleiche Gipfel sein, der auf der Keil'schen Karte als Bärenkopf bezeichnet ist. Der von letzterem nördlich auslaufende Grat, auf der Karte Lengthalgebirge benannt, tritt wenig augenfällig aus der sinkenden Hochfläche hervor. Der Name Bärenwies scheint mir zu weit westlich zu stehen. Die in dieser Gegend

*) Siehe die Skizze.

verzeichneten Kragenköpfe sollten Graue Köpfe heissen, der Irrthum leitet sich vermuthlich von der harten Localaussprache, „die Graaben Köpf" her*).

Der Ausblick gegen Westen hatte sich nun weiter, als bisher geöffnet, mächtig gross stand vor uns der Kahlersberg; er wäre von dieser Seite leicht zu ersteigen, und begänne man die Ueberwanderung des Haagengebirges früh Morgens am Jägerhüttchen, so könnte man ohne gar grosse Anstrengung über diesen aussichtsreichen Gipfel seinen Weg nach dem Königssee nehmen. Ein weites, felsenkahles Thal, in seiner Rippung und Durchfurchung wie ein riesengrosses Reibeisen anzusehen, lagert um den Nordwestfuss der Lengthalschneid und streckt sich zur Seeleinscharte am Nordfusse des Kahlersberges hinauf. Ich schätzte, dass wir in einer starken Stunde etwa den Pass betreten würden. Wir benöthigten ihrer mehr als zwei.

Die südwestliche Richtung, welche wir für kurze Zeit über die Köpfe der Lengthalschneid hin eingehalten hatten, änderte sich nun wieder in eine rein westliche; wir verliessen die Höhe, welche in mehrfachen, zertheilten Scheiteln in's Haagengebirge sich hineinbreitet. Nach kurzem Abstiege begann der Quergang über all' die zahllosen Wellendämme und zahnigen Rippen, welche von den Grauen Köpfen, vom Fundamente des Kahlersbergs gegen die weiten Abschlussbecken der Schlummthäler sich herabsenken. Die Zerklüftung des Plattenbodens erreichte hier ihren höchsten Grad, Strecken zusammenhängenden Bodens von 10 bis 20 Schritten Länge waren geradezu Seltenheiten. In den abschüssigen Runsen bewegten wir uns häufig über völlig blanke Steintafeln hin; der Jäger bewies einen merkwürdig sicheren Tritt auf diesem Terrain, ich litt etwas an der Gewohnheit ungebundenen, gleitenden Gehens, die ich aus den schuttbedeckten Nordtiroler Bergen mit herüber genommen, und machte mit dem Gestein nicht selten nähere Bekanntschaft, als nothwendig und angenehm war. Nach einer Stunde erst befanden wir uns unter den Grauen Köpfen, nahe dem Fusse des Kahlersberges. Dieser hatte uns bisher als Ziel vor Augen gestanden, aber des Zieles letztes Ziel lag noch unvermuthet ferne, die Nordostflanke des mächtigen Felsmassives dehnte sich ungebührlich in die Breite. Immer höher wurden die

---

*) Auf manchen Karten findet man auch „Graue Köpfe" und „Kragenköpfe" neben einander verzeichnet, was ebenso unrichtig ist. Es gibt hier nur die „Grauen Köpfe".

Felsrücken, immer tiefer und steiler die trennenden Furchen. Starke Plattwandstufen bauten zu unserer Linken sich empor, dort, wo die Scheitelhöhe des Kahlersberges entschwand. Es war die vollkommenste, abgeschlossenste Oede, nur die Gemsen, die allerwärts an den Felsen umhersprangen, verliehen diesem Bilde ein fremdartiges Leben. Auch die Lengthalschneid war wieder in die Ferne zurückgetreten, und weit draussen im Osten grüsste noch die wohlbekannte Gestalt der Hirschwiese. Unserer Steinwüste aber war noch kein Ende abzusehen.

Da plötzlich blieb der Jäger stehen und betrachtete prüfend einen Gegenstand auf dem Boden — ein kleines Steinhäufchen. „Jetzt kenn' ich mich aus", bemerkte er, — „jetzt werden wir bald besseren Weg haben." — Unsere Richtung ging, am Südostfusse des Kahlersberges hinlavirend, fast gerade gegen Nord. Auf einzelnen Köpfen im Hügelgewoge zeigten sich Pyramiden, aus grossen Blöcken zusammengehäuft; sie bezeichnen die Grenzlinie des Blühnbacher und Gollinger Revieres. Auch zu unserer Linken zeigte sich nun, für kurze Strecke, absinkende Thalung; dort geht's zum Bärensunk hinunter, über den Eisenpfad in's Landthal oder am Laubsee und Hanauer Laabl vorbei in die Röth.

Unsere gespannteste Aufmerksamkeit war von nun ab auf das Erspähen der Wegmarken, der Dauben, gerichtet; eine Strecke weit gelang uns diess auch, einmal sogar gingen wir volle zwölf Schritte weit über ein Wiesplätzchen auf deutlichen Spuren eines Pfades, — sie erschienen uns wie verschwemmte Gegenstände des Festlandes dem Seefahrer auf hohem Meere. Aber noch einmal verloren wir alle und jede Fährte und verwickelten uns in's verzackteste Felsengewirr. Die Scheitel der Rippen, welche wir erstiegen, eröffneten keine besseren Aussichten für die nächste Zukunft. Da nahmen wir die nächste Plattenrunse an, durch hohe Mauern verlief ihre gewundene Gasse nach der Tiefe. „Jetzt ist's gewonnen!" rief der Jäger aus, als wir unten angelangt waren, auf eine grosse Daube zeigend; „diesen Weg habe ich selbst voriges Jahr ausgedaubt, den kann man bei Nacht und Nebel finden." — Und diessmal bewahrheitete sich sein Ausspruch.

Eine ununterbrochene Reihe der naturwüchsigen Wegmarken leitete uns von nun an durch das Hügelland; einzelne Lücken, die uns gelegentliche Zweifel erregten, wurden sorgsam durch Errichtung weiterer Zeichen ausgefüllt; so entstehen die Pfade auf diesen Meeren von Stein. Und fühlbar wurde es nunmehr auch, dass wir dem Ufer des Meeres uns nahten; Krummholz begann die Hügelscheitel zu überdecken, häufiger und breiter wurden die Grasthälchen zwischen ihnen. Um 4 Uhr standen wir in einem steinigen Alpboden, am Fusse des letzten Bergriegels. Der Viehsteig, welcher die Hochseeleinalp im Schlummthale mit der Seeleinalp auf bayerischem Boden verbindet, führt uns auf die Passhöhe — eine Viertelstunde darauf sahen wir die gewaltige Masse des Watzmann, die Pyramide des Hundstod vor uns emporsteigen. Tief unten im dämmernden Schatten eines gerundeten Bergkessels ruht das Seelein mit den zwei winzigen Alphüttchen an seinem Ufer (5615′ 1824 m. Keil; die Höhe des Passes ca. 6100′ 1950 m.).

Und nun ging's rasch zu Thal, auf gebahntem Pfad, auf freiem Boden. Steile Sandreissen hinunter und das nördliche Gehänge des Kessels entlang führt der Steig; rechts öffnet sich ein enges Schuttthal, eine Wegspur in demselben weist nach der Reinersbergalpe hinauf; wenige Minuten darauf schliesst es sich wieder, der Fagstein ist an unsere Seite getreten. An den Nordwänden des Kahlersbergs vollführen die Gemsen, die wir zuletzt rudelweise dort hinaufgesprengt, ein entsetzliches Gelärm und Gepolter; ganze Centnerlasten müssen unter ihrem flüchtigen Hufe weichen und stürzen. Wer jetzt gerade unter der Hochg'stellwand sich befände, der möchte seine geraden Glieder wahren! — Wo sie jetzt ihr Unwesen treiben, dort steht auch eine Erinnerung für mich am Felsen eingegraben; dort habe ich zum ersten Male mit eigenem Fusse das versucht, was ich mit eigenem Auge für ausführbar gehalten. Ein Führer hatte auf den Kahlersberg ein erstes Mal mich begleitet, mit tiefem Umweg in's Landthal hinab hatten wir ihn erstiegen; ich hatte sofort vom Geröllsattel über dem Seelein ansteigen wollen, er aber erklärte das für unmöglich. Acht Tage darauf kam ich über die Gotzenthalwand daher spaziert und stieg geraden Weges in den Sattel hinunter und jenseits ebenso geraden Weges auf den Kahlersberg hinauf. — Jetzt sah ich wieder hin nach der Stelle jenes ersten Erfolges. Hübsch steil ist es hüben wie drüben. Was ein guter Haken werden will, krümmt sich bei Zeiten! — Fünf Jahre sind seitdem verflossen. Sie haben manches Unmögliche möglich werden sehen.

Noch eine kurze Strecke weit ging's holperig durch buschiges Hügelland; dann schlenderten wir gemächlich den Alppfad am Westgehänge des Fagsteins dahin; links in der

Tiefe erschienen die Rossfeldalpen, die grünen Waldwiesen Im Kammerl. Wieder senkt der Weg sich um eine mächtige Bergstufe, während im Nordwesten die Aussicht sich aufthut auf's Lattengebirge und auf den Untersberg. Der Abwärtsgraben wird gekreuzt, über die Weidegründe der Priesbergalpe (4501′ 1462 m. Keil) geht der Weg durch die sumpfige Thalung am Sillerkopf zur Branntweinhütte und nach den Königsbachalpen (3608′ 1172 m. Keil.).

5 Uhr 45 Min. Abends kamen wir dort an; heiteres Leben herrschte in den zahlreichen Hütten und Häuschen, die eine auf Alpen ungewohnte Wohnlichkeit und Sauberkeit aufweisen. Hier gedachte der Jäger, der bis hieher mich geleitet hatte, die Nacht zu verbringen; dagegen war meines Bleibens keine Minute, die Zeit drängte, sollten noch vor Einbruch der Nacht die Bergpfade mit der ebenen Strasse vertauscht werden. Herzlichen Abschied nahm ich von dem wackern Manne. Unterhaltung wie Bereicherung meiner alpinen Kenntnisse dankte ich in reichem Masse seiner zweitägigen Begleitung. Und erhält er später, wie ich ihm zugesagt, im Drucke diese Zeilen, so erinnert er sich vielleicht auch gerne des Bergwanderers, der durchaus den Tannthalkopf ersteigen musste.

Der letzte Abendschein vergoldete die Wände des Hochbretts, während ich den Lauf des Königsbaches abwärts und bei Beginn seiner Schluchtenge und seines gewaltigen Sturzes von ihm abgewendet, die Hohe Bahn verfolgte. Das Dämmerlicht des Thales reichte eben noch hin, mir durch die Waldlücken den tiefblauen Spiegel des Königssee's zu zeigen — das erste und das einzige Mal, dass ich auf meinen Wanderungen des Jahres 1873 ihn erblickte. Dann wurde es dunkler und dunkler, die zerspaltenen Plattenstellen des Weges hemmten und verlangsamten den Schritt; herzlich froh war ich, endlich auf den Holzfahrweg zu gelangen, der geradenwegs nach Königssee hinabführt. 6 Uhr 30 Min. sah ich das Walddunkel sich lichten und Feuerschein durch die Ahornbäume glänzen; die Thalsohle war erreicht. 10 Minuten später befand ich mich auf der Königsseeer Strasse und zog dem Hafen der Ruhe, Berchtesgaden, entgegen. Mir nach blickt aus silbergewobenen Schleiern, mondhell, die Alpenwelt.

Das war meine letzte Bergfahrt des verflossenen Jahres, die letzte, bevor ich diese Blätter geschlossen: vom Hochrande des Blühnbachthals nach Berchtesgaden in fast linealgerader Linie. Die gleiche Strasse zog ich wieder ein, die vor fünf Jahren so oft mich hatte heimkehren sehen, abgerissen und beschmutzt von Alpenlagern und Alpensteigerei, — aber wieder ein gutes Stück Erfahrung, Entdeckung in der Tasche däucht' ich mich mehr und besser als all' die eleganten Equipagen und ihr Inhalt, die auf diesem Corso des Sommers dahergerollt kamen. Ich hoffte damals, mit den Ergebnissen meiner Kreuz- und Querzüge die Alpenkunde bereichert, ich hoffte mehr als bloss interessantes Vergnügen als Resultat des Sommers verzeichnen zu können. Ich hoffte in späteren Jahren das nicht mehr. Ich hoffte es wieder, als auf dem Haagengebirge das Skizzen- und Notizbuch zum letzten Male zuklappte, und als ich heimwärts mich wandte, den Bergstock mit der Feder zu vertauschen; — ob abermals Täuschung der Erfolg? — die Zukunft dieses Buches muss es lehren.

II.

Aus den Algäuer Alpen.

VIII. Das Thannheimer Gebirge.

(Hierzu Vertikal- und Horizontalprofil No. 8.)

Das grüne Thal von Wald umfangen, der hoch in die Schluchten des Gebirges sich hinaufzieht; — lachende Weidematten hingebreitet über die gewölbten Bergrücken, durch die Thalsinken hinauf bis zur Grenze der Vegetation, die weiten, flachen Kare der Gebirgshöhen auskleidend. Drüber der starre, zackige Fels, als Rahmen des Bildes, in welches nur selten ein störender Eingriff ihm gestattet wird; seine Gipfelhäupter spiegeln sich im azurblauen See, welcher den Grund des Alpenbeckens erfüllt. Stattlich grüsst die Sennhütte den ankommenden Wanderer; statt des Loches um's Heerdfeuer herum empfängt ihn eine saubere Alpstube mit Tisch und Bank. In langen Zügen kommen die schweren, Gesundheit und Fülle strotzenden Kühe zur Abendmelke und vollauf haben der Senn und seine Untergebenen zu thun, den centnerschweren Käse des Morgens unter die Presse zurecht zu richten, bevor neuer Vorrath anlangt zu dem geschätzten Nährstoffe, der im folgenden Jahre durch die Hand des kundigen Agenten nach Norddeutschland, Holland, Russland, Frankreich, vielleicht nach England und Amerika zu wandern bestimmt ist. Ein ausgedehntes Weidegebiet, meist ein ganzes Bergthal für sich allein, dient einer einzigen Alpe und ihrer Bevölkerung von wenigen Menschen und zahlreichem Nutzvieh. Je nach der Jahreszeit ist die Residenz tief unten in der Sohle des Hauptthales am Ufer des Bergbaches, oder in höherer Waldzone an den Weiden des Gehänges, am Rande des tiefen Tobels, welcher die Wassergüsse des schmelzenden Hochschnees brausend zu Thal führt; — oder die höchstgelegene Hütte im grünen, felsumrandeten Kar, am Gestade des stillen Alpensees ist für wenige Wochen des Jahres zur Wohnung erkoren. Dort haust ein fröhliches, thätiges, gewecktes Bergvolk, mit seinen Bergen verbunden seit uralten Zeiten; seit Jahrhunderten darauf eingelernt, der Alpennatur den grösstmöglichen Nutzen für das eigene leibliche Wohl abzuringen, den Kampf um's Dasein keck aufzunehmen mit der feindlichen Gewalt der Elemente ebensowohl, als mit seinen Mitconcurrenten am sparsam gedeckten Tische, im schlauen, gewinnbringenden Verkehre mit seinen Nachbarn. Ein neues Bild dem eintretenden Alpenwanderer, wenn er von Osten her, von Berchtesgaden, Altbayern, oder von Tirol herüber kommt; neu die Berge und neu die Leute; — diess Bild heisst Algäu.

Auch dem professionirten Bergsteiger sind die Berge und ihre Eigenschaften ungewohnt. Grün bis hoch hinauf und mit zackigen, oft isolirten Mauerruinen gekrönt, machen sie demjenigen, welcher längere Zeit in den erdrückenden Felsenmassen der Salzburger oder Tiroler Berge umhergewandert ist, einen gewissermassen unbedeutenden Eindruck. Doch immer hinauf, auf diese unansehnlichen Hügelchen! Stundenlang schon ist das Thal verlassen, und noch immer endlos dehnen sich die grünen Flächen bergan; die Zone, welche in anderen Berggruppen längst schon unter wüstem Getrümmer liegt, bildet hier noch nahrhafte, üppige Weide. Die mürben Schiefer des Flysch sind es, welche ganze Bergzüge zusammensetzen, — die leicht verwitternden Schichten des Alpen-Lias (Algäuschiefer) kleiden die Thäler und Kare der Hochalpen aus und erzeugen eine reiche Vegetation am Fusse der starren, das Leben ertödtenden Dolomitzacken. Und wer die Ersteigung über Grün gering zu schätzen gewohnt ist — verirre er sich nur einmal in solch' eine grüne Fläche! versteige er sich in ein grün durchsprenkeltes Felsengehänge, in die durchrissenen Schranken eines Alpentobels! Da wird er eine Steile kennen lernen, die vorher ihm fremd gewesen, da wird er auf der stufenlos abschiessender Planke bald unbeweglich stehen, fühlend, wie die genagelte Schuhsohle, die er sonst so sicher in's Geschröf zu setzen gewohnt war, langsam an Boden verliert, mit den Händen vergeblich im kurzen Grase nach einem Anhaltspunkte greifend. Wohl ihm, wenn es dann noch gelingt, aufwärts klimmend auf's flache Terrain sich wieder zu salviren und die Füsse mit den Eisen zu bewaffnen, die allein Halt zu geben im Stande sind, an der trügerischen „Lahne.“ Wer auf eigene Faust das Algäuer Gebirge durchstreift, der lasse die Steigeisen ja niemals zu Hause, und nicht soll es ihn verdriessen, sie manchen Tag am Bergsacke spazieren getragen zu haben. Ein einziger Graben, — eine Abstufung von geringer Höhe, ein Grasstreif von einigen Schritten Breite, könnte die treuen Gehilfen ihn schwer vermissen lassen.

So hatte auch ich in dieser mir neuen Alpen-Gegend, in welche der Sommer 1869 mich führte, erst meine mannigfachen Erfahrungen zu machen und manchen Strauss zu bestehen, bis dass ich mich wieder vollkommen sicher und im Stande fühlte, wie das Jahr vorher in Berchtesgaden, so auch im Algäu, den Berggipfel, den ich gesehen, auch nach eigenem Gutdünken und Plane zu ersteigen. Gleich bei meinem ersten Ausfluge auf den harmlosen Stuiben hatte ich mich im Anstiege von der Südseite herauf, nach der im Algäu nicht geltenden Theorie „ein Fels der grün durchsprenkelt ist, ist gut ersteigbar“ in bedenklichster Weise in die Lahnen verwickelt. Die folgenden Touren auf Nebelhorn, Daumen, Gaishorn, hatten mir wieder das gewohnte, rauhe Geschröf vorgeführt, in welchem ich mich ungehindert und vertrauensvoll umher bewegte; doch fehlte es niemals ganz an Unterbrechungen durch die leidigen Grasflächen, die Abrisse mürben, schieferigen und doch kompakt zusammenhaltenden Geschiebes, namentlich in der Nähe der Thalsohlen und in den Gräben, welche ich pfadsuchend meistens ohne Pfad zu überschreiten hatte.

Schon auf den ersten Gipfeln, die ich erstieg, war mir im fernen Nordosten eine seltsame, zangenartige Berggestalt aufgefallen, ein paar auseinander geneigte, abgeschnittene Kegelthürme, ihre Gestalt verändernd, so wie der Standpunkt sich änderte, von welchem aus ich sie erblickte. Ich hatte sie anfänglich auf den Säuling bei Hohenschwangau bezogen, überzeugte mich aber bald, dass sie diesseits des Lech sich befänden und meinem Excursionsgebiete sohin zufallen mussten. Vom Gaishorn zum Vilsalpsee heruntersteigend und thalaus nach Thannheim wandernd, hatte ich dort zuerst nähere Kunde von diesen Bergen bekommen; es war die „Rothe Flüh“, die ich gesehen und die mir jetzt auf ein paar Stunden Entfernung in unveränderter Gestalt gegenüber stand. Ihre gegen Westen völlig senkrechten Felsthürme, die Rothe Flüh nördlich, der niedrigere Haldenspitz südwärts geneigt, bilden nur das westliche Ende eines längeren, sehr schroffen Gebirgszuges, welcher den Norden des Thannheimer Thales vom Haldensee bis zum Pass Gacht begleitet, und dessen südlich sich auskrümmende Fortsetzung (Hahnekamm und Gachtspitze) die Felsenschlucht einengt, durch welche die Strasse nach Weissenbach und Reutte sich hinunterschlingt. Ist der Anblick des Westendes des Gebirges, welches im Allgemeinen auch wohl mit dem weniger bekannten Namen des „Gimpel“ bezeichnet wird, schon überraschend genug für Denjenigen, welcher nach Ersteigung des Ober-Jochs bei Hindelang und nach Ueberwanderung der öden Hochmoorfläche am Fusse des Eiseler, aus dessen Schluchten die Wertach ihren Ursprung herleitet, an den Rand des Plateaus oberhalb Schattwald tritt und dieses seltsame Fels-Gebäude isolirt aus grünen Bergzügen emporsteigen sieht, so ist der Eindruck, welchen das Erscheinen des Kammes auf den in umgekehrter Richtung Reisenden hervorbringt, wenn er aus der düstern Schlucht des Weissbaches auftauchend in's wiesenreiche Thannheimer Thal eintritt, noch ungleich grossartiger. Massig breit und doch bis in's kleinste Detail zerrissen und verzackt spreitet sich da der mittlere und höchste Gipfel des Gebirges, der Kellerschrofen*) auf dem Grat, ihm zur Rechten schwingt die nahezu gleich hohe Gernspitze**) sich hinaus, zur Linken weitet sich ein kahles Trümmerkar, in welchem der Doppel-Gipfel Rothe Flüh-Haldenspitz***) fusst. Dünne, zahnige Klippenreihen laufen an den Bergflanken herunter, deren Becken das frische Grün der Alpenweiden erfüllt. Schmale Geröllriesen, aus den Schluchten der Wände hervorbrechend, durchstreifen die Wiesengründe; Waldung bekleidet den Fuss des Gebirges, in welchen ein paar tiefe Tobel, Wasserfälle bildend, sich einschneiden. Gewaltiger noch entfaltet sich die isolirte, hohe Stellung des Gebirges und seine symmetrische Dreitheilung, betrachtet man dasselbe von mässiger Berghöhe aus, die südlich ihm gegenüber steht. Man fühlt sich dann versucht, seinen Bau mit einem in Ruinen zerfallenden Riesenschlosse zu vergleichen, dessen Eckthürme, von einem Mittelthurme überragt, diesem gleichwohl als ebenbürtige Genossen an die Seite treten.

Im Norden des Hauptkammes des Thannheimer Gebirges lagert noch ein niedrigerer, geradliniger Bergrücken gegen das flache Land sich vor, gemeiniglich mit dem Namen „die Flüh" bezeichnet. Zwischen beiden eingeschlossen liegt das

*) 6901′ 2242 m. Lamont (unter dem Namen „Gimpelberg").

**) ca. 6850′ 2225 m.; eine „Gernspitze bei Nesselwängle" findet sich bei Gümbel mit 6667′ angegeben, was entschieden zu niedrig ist.

***) Rothe Flüh ca. 6800′ 2209 m.; auch für diesen Gipfel konnte ich keine irgendwie verlässige Messung in Erfahrung bringen. — Pechmann, Notizen zur Höhen- und Profilkarte Tirols, gibt eine, wahrscheinlich hieher bezügliche Höhe nnter dem Namen „Gimpel" mit 6692′ 2174 m. an, eine unglaublich starke Differenz gegen den Mittelgipfel des Thannheimer Gebirges.

dichtbewaldete Reinthal, welches unterhalb des Knie-Passes in den Lech ausmündet. Vom Knotenpunkt beider löst in nordwestlicher Richtung der Kamm der Vilser Berge mit dem Rossberg und Aggenstein sich ab und verbindet die Kette der Thannheimer Gipfel mit der niedrigen Gruppe der Pfrontener Berge. Mit seiner ganzen, durch die bereits erwähnte südliche Ausbiegung des Hauptkammes beträchtlich verlängerten Ostseite grenzt das Thannheimer Gebirge an das linke Lechufer und begleitet dessen Lauf von Weissenbach nach Reutte mit grünen, zackengezierten Bergwellen, über welche die weisse Kalksäule der Gernspitze in's reich bevölkerte Thal herunterschaut.

Ich hatte im Beginne meiner Algäuer Excursionen es auf die mehr isolirten Gebirgstöcke im Nordosten dieser Gruppe abgesehen, bevor ich in's Herz des ganzen Gebirges, in die Quellenthäler der Iller, einzudringen gedachte. Sobald ich daher vom Gaishorne aus die seltsamen Felsgestalten im Thannheimer Thal als innerhalb meiner Grenzen gelegen erkannt, die ersten Erkundigungen über sie im Thale eingezogen hatte, waren sie auch zum Ziele der nächsten Bergfahrt bestimmt; und gewohntermassen währte es nicht lange, bis der gefasste Plan zur Ausführung gelangte. Am 4. Juni Nachmittags verliess ich, wieder in Bergausrüstung, die Strassen von Sonthofen. Ich hatte einen weiten Weg vor mir, denn Nesselwängle, nahe dem Eingange zum Pass Gacht, war mir zum Nachtquartier bestimmt, auf dass mit dem Frühesten die Ersteigung angetreten werden könne. 5 Uhr Abends erfolgte der Abmarsch von Hindelang, und über das Joch ging's die Landstrasse entlang nach Schattwald, woselbst am Grenzhause noch einiger Aufenthalt entstand, indem der biedere Zollwächter den Inhalt meines ziemlich geschwollenen Bergsackes zu sehen wünschte. Fand sich denn etwas Wäsche, eine Woll-Jacke, Fernrohr, Gucker, Messer, Notizbuch, Kaffeemaschine, ein Tabaksbeutel mit gemahlenem Kaffee gefüllt, Spiritusfläschchen, Zündholzschachtel und eine grosse Champagnerflasche, aber leer; Wasser hatte ich im Thale noch genug. Schliesslich noch ein paar Reserve-Stöpsel. Lauter zollfreie Gegenstände! — Passirt! —

Gegen 8 Uhr war ich in Thannheim, nahm dort einen Abendimbiss zu mir und marschirte bei einbrechender Nacht wieder ab. Bald deckte tiefes Dunkel meinen Weg, hier und dort schimmerte Licht aus dem Fenster eines Häuschens. Links hinüber bog sich die Strasse an den Fuss des Berggehänges und bald begleitete das eintönige Plätschern der

Wellen des Haldensees meine Schritte. Tiefschwarz lag sein zitternder Spiegel hart am Saume des Weges, und schwärzer noch stiegen vom jenseitigen Ufer die Berge empor zum sternübersäeten Himmel.

10 Uhr 30 Min. Nachts kam ich in Nesselwängle an; Alles war still und finster. Die unbestimmt in's Dunkel verschwimmenden Umrisse eines Aushängeschildes verriethen mir das Gesuchte, — ein Wirthshaus. Auf mein Pochen und mein Verlangen um Einlass erfolgte von Innen die Frage, woher ich komme, und die weitere, warum ich nicht in Thannheim geblieben sei. — Sehr naiv! — Weil ich eben nach Nesselwängle gegangen bin. — Endlich wurde doch, wiewohl zögernd, aufgethan, und verwunderte Blicke der Wirthin musterten den Ankommenden und seinen eigenthümlichen Aufzug, ein mixtum compositum, — man möchte sagen, eine urweltliche Stammform von Tourist, Jäger und Handwerksbursch; von ersterem kaum mehr, als die Brille. — Wir hatten uns indess bald verständigt, es wurden mir sogar noch Eier gekocht, und ich erhielt Zimmer und Bett, von welchem ich freilich nur wenige Stunden mehr Gebrauch machen konnte.

Kaum graute der Morgen, so befand ich mich schon im Anmarsche gegen das Gebirge, welches unmittelbar hinter Nesselwängle sich aufbaut; die Ersteigung seines Gipfels sollte meine heurige Geburtstagsfeier bilden, ich ahnte zu früher Stunde noch nichts von all' den Umständlichkeiten, die just an diesem Tage meiner warteten. — Längs eines eingemauerten Canales führte der Weg aus Nesselwängle hinaus dem Gebirge zu; tief aufgerissen weist es das Innerste seiner Flanken, dunkel braunrothe Felsmassen, durch deren Kluft ein Bergwasser weissschäumend sich herunterstürzt. Kaum eine Viertelstunde hinter dem Dorfe beginnt der Anstieg, auf anfangs sehr schwach ausgeprägtem, steil durch Fichtenköppchen sich hinaufwindendem Wege, welcher nach etwa 20 Minuten auf ein freies Wiesenplätzchen und von diesem weg in den Hochwald eintritt. Hier gestaltet sich derselbe alsbald zum breiten Alpenpfade, welcher in zahlreichen Krümmungen die Höhe des steilen Berggehänges zu gewinnen strebt. Gelegentliche Lichtungen des Gehölzes eröffnen den bei jedem Schritte sich weitenden Ausblick auf's Thannheimer Thal mit seinen grünen Weiden und seinen häuserreichen Ortschaften; hat man das Niveau der nächstwestlich sich erhebenden Bergrippe gewonnen, so erscheint auch der lichtblaue Spiegel des Haldensee's wieder, welcher dem ganzen, reichen Bilde der Tiefe neuen Glanz und neues Leben verleiht. Im Rücken des Wanderers steigt über dem Scheitel des Grünspitz und Sitnisschrofen die zackige Gestalt des Lailach empor. Von der Höhe herunter schauen graue, aus der Waldung sich aufthürmende Felsbastionen, der Kamm des Gebirges und seine Gipfel aber bleiben dem Auge verborgen. Zuweilen drängt der Weg sich ziemlich nahe an die Schlucht heran, welche bereits im Thale so augenfällig hervortritt, und welche dem Pfade zur Rechten bleibt; mit allmähliger Erhebung sieht man diesen Einriss am jäh abgebrochenen Rande einer flachen Wiesenmulde seinen Ursprung nehmen. Bald darauf verlässt der Weg die obere Grenze des Waldes und, auf theilweise krummholzbewachsenes, übrigens ziemlich freies Terrain austretend erreicht er die Bergterrasse der Nesselwängler Alpen, 1 Stunde nach Beginn des Anstieges von Nesselwängle.

Dicht zusammengedrängt stehen auf welligem Wiesengrunde einige niedrige, kleine Hütten. Zur Rechten dehnt eine mässig tiefe, grüne Bergmulde sich aus, an deren jenseitigem Gehänge abermals eine kleine Alpengruppe sichtbar ist. Noch war kein Leben auf diesen Höhen; kärglich erst sprosste das Gras aus dem kalten Boden hervor, welchen noch zahlreiche Schneeflecke überdeckten. Durch die Krummholzhügel führte der Steig mich noch eine Strecke weit aufwärts, um dann nach der rechten Seite gewendet das Alpenkar zu durchqueren und mir allmählig den vollen Ueberblick des Gebirgsgrates und namentlich seines westlichen Theiles zu eröffnen. Dort, wo die Rothe Flüh stehen musste, suchte ich meinen Gipfel. — Mit einiger Ueberraschung sah ich das Panorama in dieser Richtung sich entwickeln; der buschbehangene Schrofenkamm, dessen Fuss auf die Terrasse der Nesselwängler Alpen sich stellt, trat allmählig zurück und gab dem Blicke Raum, in das Innere eines weiten und tiefen, mit Schuttmassen und Schneefeldern erfüllten Bergkessels zu dringen, in dessen Hintergrunde die starre Säule der Rothen Flüh und der von ihr südwärts abgeneigte Haldenspitz alsbald wieder erkannt wurden. Von letzterem herab senkt gegen Osten sich der Schrofengrat, der an den Nesselwängler Alpen sein Ende erreicht, von ersterem dagegen zieht in gleicher Richtung der Hauptgrat fort, eine endlose Reihe zerhackter Felszähne. Mit zerklüfteten Steilwänden von ein paar hundert Fuss Höhe setzt er auf die Geröllflächen nieder, welche die oberste Zone des Berggehänges bedecken. Im Osten schliesst er an ein zerrissenes Gemäuer, ziemlich massig basirt auf dem Scheitel einer grünen Bergrippe, welche meinen weiteren Ausblick verhindert und mich über die Bedeutung dieses Felsenbaues ziemlich im Unklaren lässt; mir ahnte aber bereits, dass derselbe etwas mehr zu sagen haben mochte, als es hier unten erschien, und dass ich, am vorgesetzten Zielpunkte angelangt, möglicherweise gar nicht das erwünschte Ziel, den Gipfel der Gruppe, erreicht haben könne. Schon diese Vermuthung brachte eine gewisse Unsicherheit in meine weiteren Pläne und deren Ausführung; gesteigert wurde diese Unsicherheit noch durch die Verhältnisse, welche das offen gelegte Schlusskar der Gebirgskette mir vorführte. Wäre ich in den Algäuer Bergen nicht bereits so mancher Negation früher gewonnener Erfahrungssätze begegnet, hätte ich in der Behandlung von Kettengebirgen überhaupt bereits grössere Erfahrung besessen, es hätte mir keinen Augenblick zweifelhaft sein können, dass ich den Anstieg an meinen Gipfel aus diesem Kar zu suchen habe, und nirgends anders, als in diesem Kar vernünftiger Weise ihn zu finden erwarten könne. Mochte das Gewände dort auch noch so steil und plattig aussehen, — es war dann eben ein schwieriger Anstieg, aber jedenfalls nur auf kurze Strecke; im Kar aufwärts gehend, drang ich jedenfalls am weitesten in's Herz des Gebirges vor, und gewann an absoluter Höhe am meisten. Wie gesagt, es waren diese Erfahrungssätze mir zwar nicht fremd, aber doch noch nicht genügend festgestellt, nicht hinlänglich in Fleisch und Blut übergegangen, wie diess nach den Wanderungen des folgenden Jahres, in den Ketten des Karwendel, bald genug geschehen war. Ich schwankte, — der Anstieg aus dem Kar, obwohl ich eine Linie, wo die Ersteigung vielleicht möglich, schon wahrnahm, erschien mir zu schlecht, halb und halb zog mich's überhaupt gegen Osten, wo ich einen neuen, mir noch ganz unbekannten Gipfel witterte — andererseits wollte ich doch von dem ersten Ziele nicht ablassen; und so wählte ich denn einen goldenen Mittelweg — im Gebirge das Allerschlechteste.

Ich suchte eine Scharte im Gebirgsgrate zu gewinnen, und mir vorerst die jenseitigen Abhänge zu betrachten. Die einzige Möglichkeit hiezu bot sich mir nahe dem Fusse des Mauerstockes, der meine Aufmerksamkeit bereits erregt hatte. Die steilen, vom abgeronnenen Schneewasser schlüpfrig gemachten Grashalden ersteigend, gelangte ich an die Schuttlager des Fusses der Wände, längs derselben in einen trümmererfüllten Graben, von steilem Geschröf eingeengt; es zeigten sich hier noch Spuren eines Steiges, und ohne Mühe gewann ich, $2^1/_2$ Stunden nach dem Aufbruche von Nesselwängle, die Scharte.*) — Drüben verworrenes Gezacke, Schneegräben sich hinunterstreckend zwischen Klippenreihen, in der Tiefe sich weitend und zu breiten Strömen von Gerölle zusammenfliessend; von einer Uebersichtlichkeit der Gebirgsflanke keine Spur, ihre Gangbarkeit durch den abgerissenen Steilwandkörper der nächsten Spitze auf dem Grat bereits sehr in Frage gestellt. Zu meinen Füssen dunkelten die Waldgründe · des Reinthales, kein Wiesenfleck, keine Alphütte war dort zu erspähen; sein Hintergrund schliesst weitgespannt, in öde Schuttkare ausstrahlend, von zahnigem Grate umrandet, im Westen. Jenseits lagert der eintönige Rücken der Flüh, Krummholz und einige Alpweiden bekleiden seine Abhänge. Im Osten ragen mir zunächst einige Zackenthürme auf, und was dahinter steckt, weiss der Himmel.

Es ist mir nicht mehr ganz erklärlich, an was ich eigentlich dachte, als ich in westlicher Richtung auf dem Grate fortzugehen, d. h. den nächsten Spitz anzusteigen begann; dass auf der Schneide nicht durchzudringen sei, konnte ich ja im Vorneherein wissen. Anfangs ging es über Rasenstufen ziemlich gemächlich aufwärts, ich lugte gelegentlich rechts hinüber, ob sich keine Aussicht auf eine gangbare Bergflanke eröffne, aber davon war keine Rede. Dann zog der Grat sich enge zusammen, leitersteil ging's über die Schrofen empor, Steilwände zu beiden Seiten; gleich darauf war ich denn richtig auf dem „Gipfel", einem Grätchen von ein paar Schritten Länge und nicht ganz Einem Schritte Breite, senkrechter Absturz vor mir. Da stand sie nun recht hübsch im Westen, die Rothe Flüh. Und gar im Osten, — Himmel, da war aus dem ruinenartigen Gemäuer ein Felskegel herausgewachsen, so wildschroff und zähnestarrend, wie ich kaum jemals noch einen gesehen; dacht' ich's doch, dass dort erst der Rechte stecke! und von welcher Seite ihn fassen? Von derjenigen, die ich sehe, gewiss nicht. — Die besten Morgenstunden verbraucht, der blaue Horizont fängt bereits an mit Dunstballen sich zu füllen, ein Gewitter wird heute nicht lange mehr auf sich warten lassen. Der gesuchte Gipfel unerreichbar vor mir, ein neuer gefunden, an welchem ich mich erst recht nicht auskenne — gratulire zum Geburtstag! — Meine Eroberung zweifelhaften Werthes verlassend, stieg ich wieder

*) Dieselbe bildet einen nicht ungebräuchlichen Uebergang von Nesselwängle in's Reinthal. In letzterem wird sie als die „Nesselwängler Scharte" benannt. Ihre absolute Höhe mag 6000′ 1950 m. betragen.

herab zur Scharte; höchst unbehaglich auf der engen, jäh abschiessenden Gratkante, auf welcher überdiess Alles wackelig ist. Wenn einer dieser Blöcke zur Unzeit überkippt, so weiss ich wenigstens ganz genau, wie alt ich geworden bin.

Indess erreichte ich glücklich wieder den Fuss des Zackens; es fragte sich nun, was weiter zu beginnen sei. Zurück, von wo ich gekommen, und in's westliche Kar, um einen rationellen Anstieg zu versuchen — das wäre entschieden das Vernünftigste gewesen. Aber nun zog der neuentdeckte Gipfel kräftiger mich an, ich beschloss, an ihm mein Heil zu versuchen, beziehungsweise mit einer Umgehung seines Fusses irgend welche Schwäche ihm abzulauschen. Das wäre nun auch vollständig in der Ordnung gewesen, hätte ich nur sicher gewusst, dass ich mit einem isolirten Kegel es zu thun habe. So war er mir, von einem einzelnen Standpunkte aus, erschienen, — wusste ich auch, ob er in anderer Richtung nicht mit langgestrecktem Grate sich fortsetze? — Meine spätere Theorie und Praxis, geradlinig anzupacken, wo man nun einmal steht, anstatt mit ungewissen Umgehungen zu experimentiren, wäre hier am rechten Platze gewesen.

Ich wandte mich nach Süden zurück und, nachdem ich den Trümmergraben, der mich herauf geleitet, wieder im Rücken und freies Terrain vor mir hatte, gegen Osten. Bald hatte ich den grasbewachsenen Bergkamm, auf welchen die am weitesten vorgestreckte Mauerrippe niedersetzt, erreicht, sah vor mir einen neuen tiefgründigen Thalkessel, steile Grasflächen an seiner Umrandung, eine Alphütte in der Mitte seines Beckens. Ostwärts dehnten sich die Steilwände meines Gipfels fort, immer abschreckender und unnahbarer, von wüsten Schutthalden umlagert; eine herabgesenkte Zackenrippe nöthigte zu neuer Umgehung und zu weiterem Verluste an gewonnener Höhe.

Die Geröllhalden durchquerend, die steilen Graslahnen des jenseitigen Abhanges im Zickzack ansteigend, näherte ich mich dem Bergscheitel, welcher bislang die Grenze des Ausblickes gegen Osten mir gebildet hatte. Noch war er nicht völlig erreicht, als über seiner grünen Kammlinie ein blanker, hochgeschwungener Felsthurm emportauchte, noch gewaltiger scheinbar und noch unangreifbarer als der, mit welchem ich eben mir zu schaffen machte. Vor meinen Füssen lag, in die Nordseite des Gebirges eingebettet, ein ziemlich tiefer und weiter Alpenkessel, einige Hütten in seinem Grunde; südwärts ausgebogen zog der Grat als Steilmauer von geringer Höhe hinüber, an jenen neuen Gipfel im Osten sich anzuschliessen. Ich war mit meiner Orientirung so zu sagen banquerott. Diessmal blieb ich aber doch bei dem Gipfel, dessen Anstieg beabsichtigt war, ohne durch das neue Bild zu noch weiterem Jagen mich verleiten zu lassen; kam ich mir ja doch nachgerade vor wie der Knabe, welcher dem Regenbogen nachläuft. Ein ungünstiger Stern waltete über jenem Tage — diessmal wäre ich mit dem Weiterjagen zu einem Resultate gelangt, das Gelingen der erstbeabsichtigten Ersteigung war dagegen längst schon verpasst. Ich stieg in's Alpenkar hinab, hielt mich aber an seinen Gehängen möglichst hoch zur Linken, hoffend, irgendwo in den Wänden auf eine ersteigbare Stelle zu treffen. Umsonst, nur steile Mauern und zackige Absenker starrten mir vom Rande der Geröllfelder entgegen. So gelangte ich bis an den Fuss des am weitesten nördlich vorgerückten Eckpunktes jenes Seitenkammes hinaus, wo endlich etwas Krummholz seine jähen Flanken überzog. Aufkletternd gewann ich rasch einen niedrigen, kahlen Gipfelscheitel und mit ihm den Rückblick gegen Westen. Eine weite Gebirgsbucht hatte dort sich geöffnet. Mächtige, zerklüftete Wände, von scharfgeschnittenen Zinnen gekrönt, bilden ihre Umrahmung, Trümmerkessel und schuttüberronnene Schneelehnen ihren ummauerten Grund. Als gewaltiger Schlussstein dieses Felsenkranzes thront im Osten auf dem Grat der Gipfel, den ich mir zum Ziele gesetzt und den ich, wähnend, seinen Körper unmittelbar zu umgehen, nun weit im Osten hinter mir gelassen hatte. Noch versuchte ich, von dieser Seite mich ihm zu nahen, auf den schmalen Grasbändern und längs der Gesimse der Wand in's Innere des wilden Amphitheaters vordringend, bis dass die letzte umgangene Felsenecke vor den Steilabsturz mich stellte und die Unmöglichkeit eines Unternehmens nachwies, das bereits in verschiedene unangenehme Situationen mich verwickelt hatte. Zurück musste ich nach der vorgestossenen Bergschulter, von welcher ich ausgegangen, und von dieser wieder hinab auf den Alpengrund. Auch diese Hütten (die Kelleralpen) standen leer; ohne weiteren Plan, im niederdrückenden Bewusstsein eines totalen Misserfolges, begann ich den Abstieg gegen das Reinthal; um das Mass voll zu machen, suchte ich den Weg links des Grabens, welcher an diesen Alpen beginnend tief in den Fuss des Gebirges hinabschneidet, während derselbe rechts dieser Schlucht zu finden gewesen wäre. Das brachte zwar keine Gefahr mit sich, aber Mühe genug im holperigen Boden des Urwaldes und im verworrenen Gestrüppe. Nach nahezu 8stündigem Marsche von Nesselwängle her betrat ich, ohne irgendwelches Resultat erzielt zu haben, die Sohle des Reinthales und überschritt den kleinen Bach, welchen dasselbe zum Lech hinaus sendet. Meine Wanderung ging thalein — ich wusste ebenfalls nicht, warum; vielleicht im Hintergrunde wieder ansteigen und mit dem ersten der angestrebten Gipfel, mit der Rothen Flüh, einen neuen Versuch beginnen. Da plötzlich tönten Axtschläge mir entgegen. Also doch ein menschliches Wesen in dieser Waldeinsamkeit! Ich lenkte den beschleunigten Schritt nach jener Richtung. Der Wald lichtete sich, ich gewahrte eine niedrige Rindenhütte, wie die Holzarbeiter im Gebirge für zeitweiligen Aufenthalt sie sich zu bauen pflegen und ein paar hundert Schritte weiter traf ich die Leute selbst, einen älteren und einen noch jungen Mann, beide Tiroler. Meine Frage nach dem Gebirge und seinen Gipfeln fand unerwartet befriedigende Antworten; ich erfuhr, dass es in der That der höchste Gipfel des Gebirges sei, um welchen ich herum gegangen, dass von einer Ersteigung desselben von Osten keine Rede sein könne, dass dagegen die Scharte, auf welche ich von Nesselwängle geradesten Weges heraufgekommen, eben der Punkt sei, von dem aus der scheinbar unersteigliche Kegel gefasst werden müsse. Sein Name ist Kellerschrofen oder wohl auch eine andere, höchst unästhetische Benennung, welche gewöhnlich auf den Karten figurirt; ich substituire ihr die erstere, um etwaigen Leserinnen gegenüber nicht in Verlegenheit zu kommen mit der Erzählung meiner Bergpartie. Der ältere der beiden Tiroler war auf dem Kellerschrofen oft bereits gewesen und bestätigte mir, dass wenn man den richtigen „Schluf“ nicht finde, allerdings schwer hinauf zu kommen sei. Des Experimentirens ziemlich müde, fragte ich ihn, ob er mich führen wolle und erhielt bereitwillig zusagende Antwort. Am liebsten wäre ich sofort wieder abmarschirt, die Nesselwängler Scharte zu gewinnen und die neue Besteigung anzutreten. Aber mein Gewährsmann prophezeite mit aller Bestimmtheit den baldigen Ausbruch eines Gewitters und rieth, zu warten. Er hatte Recht; kaum eine Stunde später lag das einsame Waldthal im Dunkel, vom Leuchten der Blitze nur auf Momente grell erhellt, die wolkenumhüllten Felsen gaben das Donnerrollen in hundertfachem Echo wieder, und in Strömen stürzte der Gewitterregen herab. Wir sassen selbander im Rindenhüttchen und verzehrten den Mittagsschmarrn. Als aber gegen 3 Uhr Nachmittags das Wetter vertobt, der Regen nachgelassen hatte, schon hier und dort die Wolken zu brechen anfingen, da drängte ich mit aller Entschiedenheit zum Aufbruche. Mein Tiroler sprach zu wiederholtenmalen seine Verwunderung aus über meine „Courage", womit er übrigens nicht den Muth, es mit einem gefährlichen Berge aufzunehmen, sondern die Ausdauer meinte, nach so langen Irrgängen unermüdet von Neuem zu beginnen; eine kleine Bereicherung des alpinen Conversationslexikons.

Durch niedrige Gebüsche gingen wir noch eine Viertelstunde weit thalein, den stark vortretenden Körper des Kellerschrofen auf unsere linke Seite zu bekommen. Vor uns öffnete sich der Thalschluss, das weite Kar, mit seinem Zackenrande, in seiner südwestlichen Ecke die Rothe Flüh. Spärliche, oft unterbrochene Grasstreifen durchstreichen ihre steilen Nordflanken. Mein Führer sagte mir, dass eine Ersteigung in dieser Richtung wohl möglich, aber schwierig auszuführen und namentlich auszufinden sei; weit besser sei es, von Süden her aus dem Kar der Nesselwängler Alpen anzusteigen. Erste Unterlassungssünde dieses Morgens! — Zu unserer Linken hatte eine weite, steil hinanziehende Bergmulde sich aufgethan, an der Scharte culminirend, welche den Uebergang nach Nesselwängle gestattet. Langgestreckte Schneelehnen füllten ihren Grund und breite Geröllhügel lagerten an ihrer Ausmündung. Wir wendeten uns und begannen den Anstieg. Erst über Schutt, dann über Schnee, — in der Mitte des Gehänges einen steileren, jedoch auf Rasenstufen gut gangbaren Absatz hinan und dann wieder starkgeneigte Schneefelder stufentretend hinauf, erreichten wir nach $1^1/_2$ Stunden den hügeligen Boden an der Nesselwängler Scharte wieder. 12 Stunden vorher war ich an der gleichen Stelle gewesen. Und nun wurde in östlicher Richtung der gerade Angriff unternommen. Einen kleinen Vorgeschmack dessen, was dort sich bieten würde, hatte bereits die Wanderung durch das Kar und über die Schneelehnen herauf mir gegeben; das Massiv des Kellerschrofen, welches diesen unseren Weg an der linken Seite begleitete, hatte in unausgesetzter Folge alle seine Kaminklüfte, die Zackenrippen, welche dieselben trennen, vor unseren Augen entwickelt und namentlich waren es die letzteren, welche, meist nur ihr scharf abgerissenes Ende weisend, in den abenteuerlichsten Gestaltungen sich gefielen. Von der Scharte selbst aus sahen wir wieder nichts, als die scheinbar zusammenhangslosen Schrofenhöcker auf dem Grat, welche von dem mächtigen, hinter ihnen verborgenen Gipfel nur eine höchst schwache Ahnung gaben. — Der erste Anstieg gestaltete sich noch ziemlich natürlich längs der Grasplätze in der Nordflanke des

Grates; die ausstrahlenden Klippenreihen fortwährend nach der Tiefe umgehend, befanden wir uns bald am Rande einer breiten, von Steilmauern eingefassten Geröllschlucht, ein kurzer, aber scharfer Abstieg brachte uns auf deren Sohle hinab. Wir hatten damit bereits eine der grossen Klüfte im Körper unseres Gipfels gewonnen, welche in grosser Zahl denselben durchschneiden, gegen das Reinthal jedoch, beziehungsweise gegen die breite Bergmulde, welche uns zum ersten Anstiege gedient, mit Wandabstürzen ausmünden. Von diesen grossen Einschnitten ab beginnt die Zerklüftung und Zertheilung der Felsmassen in's kleine und kleinste Detail. Einen bezeichnenden Charakterzug, welcher die Ersteigungslinie im Voraus bestimmen lässt, würde man an diesem Gebirge vergebens suchen. Geschlossen starrt die Wand dem Ankömmling entgegen, mag er von dieser oder jener Seite dem Gipfel sich nahen. Tritt er aber erst unmittelbar an's Felsengerüste heran, da lockert und verschiebt sich sein Bau, von senkrechten, oft überhängigen Zacken bedroht, arbeitet er sich gleichsam in's Eingeweide des Berges hinein und leitet genaue Ortskenntniss oder glückliches Errathen seine Schritte, so arbeitet er sich aus diesem Labyrinthe auch wieder hinaus, in's Freie, auf den Gipfel. Grösser allerdings ist die Wahrscheinlichkeit, dass er in eine unrichtige Ader sich versteigen und wo dieselbe als senkrechte Spalte in die Wand verläuft, stecken bleiben werde.

So zeigten sich denn auch in der Steilwand jenseits des Geröllbodens der Spalten und Kamine gar mannigfache; mein Führer wählte eine, unserer Abstiegsstelle ziemlich gerade gegenüber gelegene zum Eintritt in's Gemäuer, äussernd, dass wir den Rückweg „auf der andern Seite" nehmen würden. Die Kluft ging nicht gerade aufwärts, sondern wand sich um die vortretenden Schrofenecken hin und her und bot bei jedem Schritte fast ein neues Bild. Die düsteren Nebel, welche noch immer um die Zacken hingen, vermehrten das seltsam Fremdartige unserer ganzen Umgebung. Noch heute tauchen mir oft Bilder verworrener, phantastisch geformter Klippengruppen auf, die ich irgendwo gesehen haben muss — aber ich kann sie nicht mehr einreihen an den gehörigen Ort. Ich habe Grund zu glauben, dass die Mehrzahl derselben auf den Kellerschrofen sich zurückführen liesse. Eine Gabelung der Schlucht, an welcher wir uns links wandten, dann eine Versperrung dieses Astes durch einen mächtigen, heruntergestürzten Felsblock, bereitete unserem Aufsteigen die bedeutendsten Schwierigkeiten. Oberhalb dieser Stelle ging es bald besser, der Graben weitete sich aus und bröcklige Stufen bildeten seine Sohle. Bald war jede Spur einer Einsenkung verschwunden. Breit und trümmerbedeckt wölbte der Gipfelscheitel sich zusammen; wenige Minuten noch und wir betraten sein Haupt, auf welchem ein halbverfallenes trigonometrisches Signal steht (6901′ 2242 m. Lamont). Gegen Süden stürzen vom Gipfelplateau weg unmittelbar die Wände zur Tiefe nieder; nordwärts streckt sich ein kurzer Grat gegen das Reinthal vor; von Westen her schliesst die Zackenschneide der Rothen Flüh, von Osten ein gangbarer Geröllrücken an den Gipfel. Letzterer würde das Absteigen von demselben gegen Osten ohne Schwierigkeit gestatten bis zur nächsten Gratscharte, von welcher wieder ein minder bedeutender Felsspitz sich erhebt. Jeder Weiterweg von dort wäre jedoch abgeschnitten. — Wir hatten von der Nesselwängler Scharte nicht ganz 1 Stunde bis auf den Gipfel des Kellerschrofen benöthigt. Seine Besteigung ist, wenn auch auf richtiger Anstiegslinie nicht von übermässiger Schwierigkeit, doch denjenigen Touren beizuzählen, welche eine höhere, als die den Bergtouristen gewöhnliche bergsteigerische Gewandtheit erfordern. Es war mir nicht eben sehr verwunderlich, dass mein Tiroler mir erzählte, er habe schon mehrmals Herren auf den Kellerschrofen geführt; mit nicht geringem Erstaunen aber hörte ich von einer Ersteigerin, die, ebenfalls unter seiner Führung, dies schroffe Felsenhaupt betreten: diese Ersteigerin ist Königin Marie von Bayern.

Es war $^1/_2$6 Uhr Abends; die Regenschauer, die als Nachzügler dem ersten Gewitter noch gefolgt waren, hatten aufgehört, aber dichtes Gewölke umhing den Gesichtskreis und verhüllte die Gebirge in unserer näheren und ferneren Umgebung, oft auch unseren Gipfel selbst, der dann wie eine Felseninsel im grauen Meere dahinzutreiben schien. Auf Augenblicke aber zerriss der Wolkenschleier und zeigte bald im Osten die Gernspitze, bald im Westen die Doppelgestalt der Rothen Flüh mit dem Haldenspitz, beide unverkennbar unter unserem Niveau gelegen. Offener war der Ausblick gegen Norden, in's Reinthal und auf den Bergkamm jenseits desselben, weiter hinaus aber, in's flache Land, reichte auch diese nicht. Noch seltener war im Süden von den Gebirgen des Birkthals und der Vilsalper Gruppe etwas zu erblicken. Ein lichter Schein im fernen Westen gab Hoffnung auf Klärung des Horizontes bei Sonnenuntergang, so lange aber konnten wir nicht warten. Nach halbstündigem Aufenthalte verliessen wir den Gipfel. Gleich darauf umringte uns wieder das Düster eines schroff ummauerten Felsengrabens.

Es war in der That ein anderer, als jener, durch welchen wir heraufgekommen; nur wollte mir die Richtung, welche derselbe nahm, von Anfang an nicht recht einleuchten, da dieselbe gerade gegen Norden, eher gegen Nordwesten zeigte, während wir, wollten wir auf eine andere Seite herabkommen, augenscheinlich gegen Osten zu gehen hatten. Doch war die Orientirung bald sehr schwierig geworden, da auch dieser Graben zahlreiche Windungen beschrieb und dichter die Nebel auf die Felsgestaltungen sich herabsenkten; seltsame Gebilde von Zinnen und Thürmen, Nadeln und Obelisken begleiteten wieder, halb verschleiert, unseren Weg, er krümmte sich, gleich wie durch enge Gassen fremdartiger Bauwerke, einer Stadt, die von Menschen nicht erbaut noch bewohnt ist. Nach einiger Zeit verliessen wir die Kluft, kletterten an einer breiten Schrofenrippe vorbei und befanden uns bald in einem neuen Einrisse, der uns wieder ein Stück weit thalwärts führte. Von seiner steilfallenden Ausmündung weg kamen wir auf eine breite Geröllschlucht, in welcher wir etwas aufwärts zu steigen hatten, um jenseits einen gangbaren Ausweg zu finden. Mit einigem Erstaunen erkannte ich in dieser Schlucht die gleiche, von welcher aus unser Anstieg begonnen hatte, und nun erst wurde mir klar, dass lediglich von einem veränderten Abstiege nach der nämlichen Seite hinunter die Rede gewesen sei. — Bald waren wir auf der Nesselwängler Scharte zurück und eine Fahrt über die Schneefelder brachte uns rasch zum Reinthale hinunter. Es dämmerte bereits stark, als wir bei der Hütte anlangten; wie ich vorausgesehen, hatte sich der Himmel völlig geklärt und über den bleichen Gipfelmauern erglänzte da und dort ein freundlicher Stern.

Frostig war die Nacht, und es kostete wenig Ueberwindung, das kalte Lager zu verlassen, als die Holzer des andern Morgens frühe das prasselnde Feuer schürten. Kaum noch hatte das nächtliche Dunkel sich gelichtet, als wir die Rindenhütte verliessen und thalaus wanderten. Nur kurze Zeit sollten unsere Wege die gleichen bleiben. Der Aeltere der beiden Holzer ging nach Musau am Lech hinaus und verfolgte daher den Thalweg des Reinthales. Der Jüngere wollte nach Reutte zur Kirche; sein Weg führte ihn nahe an der Gernspitze vorüber, welche ich zunächst zu besuchen gedachte, er wollte mir bei dieser Gelegenheit die Stelle zeigen, von welcher aus ich am besten ansteigen würde. Beide hatten zur Morgenwanderung ihre Gewehre mit sich genommen; sie waren ihrer Aussage zufolge Pächter der Jagd in diesem Thale — ob es mit diesem „Pacht“ so ganz richtig war, weiss ich nicht zu sagen. Aus dunklem Hochwalde führte der Pfad uns auf eine Wiesenlichtung, der Aeltere, welcher uns ein paar Schritte voraus war, blieb plötzlich wie gebannt stehen und bedeutete uns durch Zeichen, ein Gleiches zu thun. Kaum sichtbar im Dämmergrau zeichnete die Gestalt eines stattlichen Hirsches vom jenseitigen Waldsaume sich ab. Der Holzer liess sich auf ein Knie nieder, nahm lautlos die Büchse von der Schulter und zielte. Das Gewehr versagte, und der Hirsch empfahl sich; grosses Bedauern der ganzen Gesellschaft. — Gleich darauf theilten sich unsere Wege. Mit herzlichem Händedruck nahm ich Abschied von meinem Führer auf den Kellerschrofen und stieg mit seinem Gefährten zur Terrasse der Kelleralpen hinauf; ein allenfalls dort grasendes Wild nicht zu verscheuchen, gebrauchten wir auf dem holperigen Wege die Bergstöcke nach Jägersitte verkehrt, die Eisenspitze nach oben gerichtet. Aber nichts Lebendiges war auf der Alpwiese zu erblicken. Wir hätten nun in südöstlicher Richtung den Grat zu übersteigen und die Südflanke des Gebirges zu queren gehabt, von wo dann mein Begleiter nach Reutte hinab, ich zur Gernspitze hinaufsteigen wollte. Statt dessen machte jener mir den Vorschlag, über die Gernspitze selbst wegzugehen, indem wir ihre gewaltig steile West-Wand anstiegen „wenn ich mir getraue“. Natürlich ging ich bereitwilligst auf dieses interessante Project ein, und wir begannen von den Kelleralpen unmittelbar in westlicher Richtung den Anstieg. Erst hatten wir ein langgestrecktes Gehänge, mit Gestrüpp und Legföhren bewachsen, von einigen Geröllschütten durchzogen, zu überwinden, um bis an den Fuss der Felsmauern zu gelangen: während wir dort emporstiegen, knallte es wieder im Thale. Mein Begleiter jammerte, der andere habe nun gewiss einen Hirsch geschossen, und da er nicht dabei gewesen, werde jener seine Beute verleugnen und den Gewinn allein einstecken. Auch das stille Gebirgsthal ist nicht frei von Selbstsucht und Eigennutz, so wenig wie die grosse Welt da draussen!

So drohend die Felsen auf uns auch niederblickten, so war die Erscheinung derselben doch genau die gleiche, wie am Kellerschrofen; sie rückten aus einander und lösten sich auf in ein Gewirre von Zacken, Zinnen und Thürmchen, von tiefen, engen Klüften durchzogen, welche hundertfach gespalten in's Gewände hinauf sich verzweigten. Es galt eben wieder in diesem Wirrwarr die richtige Linie zu finden in's Freie hinauf. Die Grasplätze, über welche unser Weg emporführte, zogen sich bald schmal zusammen, nur einzelne Bänder und endlich blos zerstreute Rasenpolster noch am Felsen zurücklassend, der immer luftiger vor uns sich aufthürmte, immer jäher von unseren Füssen weg zur Tiefe sank. Der Rückblick gegen Westen zeigte uns die nadelstarrende Kegelgestalt des Kellerschrofen, von der Morgensonne grell erleuchtet. — Von Ecke zu Ecke drängten wir uns am Steilhange vorüber, wunderliche Klippen überragten und überhingen uns von Oben, von der rechten wie von der linken Seite. Wo immer ein Rasenplätzchen in den kahlen Fels sich einlagerte, erblühte zu Tausenden die prächtige Frühlingsblume der Berge — Primula auricula — Gamsblümchen; „Alpenrosen" nannte sie mein Begleiter. Um ein besonders scharf vorspringendes Riff auf schuhbreitem Grasbande biegend, forderte der Tiroler mich auf, das Gesicht gegen die Wand zu kehren und nicht nach der rechten Seite hinunter zu schauen. Natürlich that ich das Gegentheil, und was ich dort erblickte, war in der That der Betrachtung werth: ein völlig mauergeschlossener, trichterförmig sich verengender Felsenschlund, von den abenteuerlichsten Klippengestalten umrandet, die jemals mir vorgekommen, in senkrechter Tiefe, über welcher das schmale Gesimse unseres Weges, stellenweise sogar unterhöhlt, sich hinwegzog. Im geraden Anstiege längs einer Bergrippe, dann wieder nach der linken Seite einlenkend, gelangten wir in die eigentliche Region der Gräben, in deren Sohle wir fortan uns bewegten. Sie waren denen am Kellerschrofen sehr ähnlich, jedenfalls eben so steil, enthielten jedoch weniger Gerölle und Trümmerwerk, dafür etwas mehr Graswuchs. Herrlich war der Ausblick aus diesen eingekasteten Schluchten gegen West, namentlich dann, wenn in den greifbar nahen Felsenrahmen des schmalen Bildes die imponirende Gestalt des Kellerschrofen trat, ebenfalls felsenkahl, aber im Lichtglanze scharf abstechend von dem Schatten, der sie begrenzte. Wir stiegen fortan fast geradlinig aufwärts, bald zur rechten, bald zur linken Seite in einen Zweiggraben uns wendend. Mein vorausgehender Führer trug nach Jägerart sein Gewehr quer über die Achsel, den Lauf nach hinten gekehrt, dessen Mündung solchergestalt fortwährend vor mir herumbaumelte; ich war zu sehr Fatalist, um ein Wort darüber zu verlieren. Als wir wieder eine Bergrippe überschritten, kauerte mein Vormann plötzlich nieder, nahm die Flinte zur Hand, der Schuss krachte, und ein Schneehuhn — flog davon. Ich vergönnte dies dem Letzteren von Herzen und hatte meine Freude an dem Echo, das durch die Schluchten rollte und fern am Kellerschrofen sich zurückbrach.

Wir kamen nun allmählig auf freieres Terrain; die Gräben

weiteten und flachten sich aus, spärlich begrastes Gerölle deckte den Boden. Vor uns erhob sich in senkrechter Mauer ein gewaltiger Felsbau, links davon, weiter zurückliegend, zeigten sich einige grüne Plätze, welche von mir sofort als die gerade unter dem Gipfel der Gernspitze gelegenen wieder erkannt wurden. Ich hatte bereits höher zu stehen geglaubt. Quer an der Nordseite des Gebirges hin leiteten uns Schuttbänder und enge Gesimse; der Durchgang, auf den ersten Blick ziemlich übel aussehend, zeigte sich in der wirklichen Ausführung weit zahmer, als ich gedacht. Dann ging's schräg über die grünen Plätze, noch ein Stück weit Schrofenstufen hinan, zum Hauptgrat; wenige Schritte weiter östlich schwingt letzterer zum Gipfel sich empor (ca. 6850′ 2225 m.). Die Gestaltung des letzteren ist äusserst seltsam: eine halboval von Süden nach Osten und Norden sich herumbiegende, etwa 15 Schritte lange Felskante stürzt mit senkrechten Mauern zu einer brunnenartig umschlossenen Tiefe nieder, man möchte an einen eingebrochenen vulkanischen Krater denken und im Geiste das Bild der Feuerfluten sich ausmalen, die gen Reutte sich hinabgiessen, der Pinie, welche über das Lechthal ihren Aschenregen niedersendet; schade, dass ein Stückchen Wettersteinkalk, vom Boden aufgelesen, dies Phantasiebild von Grund aus zerstört.

Wir hatten von der Hütte im Reinthale 3 Stunden zur Ersteigung benöthigt und langten daher noch vor 7 Uhr Morgens auf dem Gipfel an. Die Aussicht war von unvergleichlicher Klarheit. Im Osten die spitzenreiche Gruppe der Trauchgauer Gebirge, rechts davon die isolirten, grünen Rücken des Taurenberges am Plansee, des Thaneller bei Heiterwang. In weiter Ferne die erhabenen Gipfelgrate der Wetterwand, mit der nordwärts vorgeschwungenen Zugspitze, die aneinandergereihten Kegelthürme der Munde-Mieminger Kette. Im Südosten die Hörner der Lechthaler Alpen in den Gebieten des Rothlech- und Berwang-Thales; im Süden dreifach übereinandergeschobene, zackige Felskämme: zunächst der Lailach und Luche Spitz, dahinter die Kette der Rosskarspitzen und diese wieder überragend die charakteristisch gezeichneten Gipfel der Hornbacher Kette; etwas westlich abgerückt die majestätische Pyramide des Hochvogel. — Zu unsern Füssen das reichbevölkerte Lechthal, vom breiten, weissen Schuttbette des Lech durchschlungen, Reutte mit seinen Häusern und Kirchen, die prächtigen Kunststrassen, die von dieser Stadt über die Gebirgspässe, nach dem Plansee einer-, nach Lermos andererseits hinüberführen.

Am Fusse unseres Berges eine breite, dunkelbewaldete Hügelvorlage, ein tiefblauer See im Tannenrahmen und nicht weit davon auf sonnigem Wiesplatze ein einsames Häuschen: „dort,“ sagte der Tiroler, „ist mein Heim.“

Aus dem Thale herauf drang der Schall der Glocken, sie erinnerten meinen Führer, dass er um 10 Uhr zur Kirche müsse, und wir brachen um 8 Uhr wieder auf. Eine Strecke weit wanderten wir in östlicher Richtung den Grat entlang, welcher mässig steil fällt und ziemlich ausgiebig bewachsen ist. Dann stiegen wir in einem der vielen Einrisse, welche die Südflanke des Gebirges durchschneiden, in's grüne Becken der Gernalpen nieder. Der Graben war steil, stellenweise deckten glatte Lahnen seinen Boden; zu unterst engten Felsmauern seine Sohle ein, über die letzten, scharf abgebrochenen Mauerstufen kamen wir auf die Schuttfelder herab und bald darauf betraten wir die Alpwiese. Im nahen Westen löst der Grat des Hahnekamm (5960′ 1936 m. Pechmann Not. z. Höhen- und Profilkarte Tirols) vom Hauptzuge des Gebirges sich ab, ein breitwelliger, grüner Bergrücken, mit wenigen, lichten Gehölzen besetzt. Sein äusserster südlicher Vorsprung, die Gachtspitze (6108′ 1984 m. Pechmann), scheint mit den Gebirgen des Birkenthales zu verwachsen, während thatsächlich die tiefe Schlucht des Weissenbaches, der Pass Gacht, beide Gruppen trennt. Hier schied ich von meinem Führer, der ostwärts nach Reutte hinunterstieg; ich hatte dagegen in westlicher Richtung die ganze Gebirgsflanke zu queren, um, wie in den Morgenstunden den östlichen, so zur Mittagszeit den westlichen Eckgipfel des Gebirges zu gewinnen und damit meine Aufgabe einem befriedigenden Abschlusse entgegenzuführen.

Ein gebahnter Alpenpfad leitete mich über das theils begraste, theils schuttdurchstrichene Seitengehänge der Bergmulde, ich hatte vorerst die Gernspitze zu umgehen und den Gratübergang an ihrem westlichen Fusse in's Kar der Kelleralpen hinüber zu gewinnen; letzterer lag ziemlich hoch über mir, ich konnte aber von der horizontalen Querlinie vorerst noch nicht abweichen, da die schroffen Absenker des Steilwandmassivs der Gernspitze zu tief in's Gehänge herabgriffen. Vom westlichen Rande der Mulde begann ein halbstündiger ermüdender Anstieg über steile Grashalden und Erdrutsche hinauf zum Grat. Dieser wurde überschritten und hart am Fusse der Mauern, welche seine westliche Forterstreckung auf die Weidegründe der Kelleralpen niedersetzt, die Mulde der letzteren gekreuzt. Ein paar hundert Schritte Anstieg brachten mich neuerdings auf den Grat, an den Fuss des Kellerschrofen. Nun hielt sich mein Weg wieder an der Südflanke des Gebirges, Kar ein, Kar aus, in umgekehrter Richtung, wie Tags vorher, aber mit etwas klarerer Formulirung meiner Absichten. 3 Stunden nach Verlassen des Gipfels der Gernspitze trat ich auf den Höhenrand des Beckens der Nesselwängler Alpen wieder aus, und in schrägem Abstiege, die Nesselwängler Scharte zur Rechten, den grünen Alpenboden zur Linken lassend, wanderte ich in's Kar herunter, dessen weit gegen Westen sich dehnende und hebende Einbuchtung bis an den Fuss des neuen Zieles mich geleiten sollte.

Ueber die krummholzbewachsenen Trümmer, über die schwachbegrünten Wellenhügel drang ich in mässiger Steigung gegen das Innere vor; bald war der Schrofenkamm, der über den Nesselwängler Alpen abbricht, auf meine linke Seite getreten, verschlossener war mir wieder die Welt, einsamer die Felsenöde um mich herum. Endlose Schutthalden streckten sich empor zur letzten Höhe des Kars, zur enge eingeschnittenen Scharte zwischen dem Haldenspitz und der Rothen Flüh. Mein Weg führte nicht bis dort hinauf; denn beide Kegel, namentlich aber der nördliche, höhere, setzten unnahbar steil auf dieselbe nieder. Seitlich am Abhange der Geröllfelder mich haltend, verfolgte ich die schwache Spur eines Schafsteiges, der wenigstens theilweise das Abgleiten im losen Schutte verhinderte und spähte nach der Möglichkeit eines Anstieges gegen Norden. Lange begleiteten dort nur pralle, jede Annäherung zurückweisende Mauern meinen Weg. Schon befand ich mich in mehr als halber Höhe des Kars, als nach Umgehung einer massigen, glattgerundeten Felsenecke der Einblick in eine enge, schräg gegen rechts hinaufziehende Kluft sich öffnete, deren Gangbarkeit zwar keineswegs gesichert, aber immerhin nicht ausserhalb des Bereiches der Wahrscheinlichkeit gelegen schien. Die Steigung war eine beträchtliche, der Felsboden stark abschüssig und nur geringe, schmale Haltpunkte bot er an Graspäckchen und abgebrochenen Gesimsen. Erstere zeigten sich durchweg fest und verlässig, während die Abstufungen und Vorsprünge des Gesteins selbst nur mit grösstem Misstrauen benutzt werden durften, — ein unangenehmer Charakterzug des ganzen Thannheimer Gebirges, in welchem es seinen geologischen Verwandten, der Karwendel- und Wettersteingruppe, vollkommen ähnelt. Man kann oft mehrere Felstrümmer nacheinander mit den Händen loslösen und in die Tiefe befördern, bevor man auf eine darunter liegende, feste Masse trifft. Indess hatte ich mich über diese untersten Steilstufen rasch emporgearbeitet, die Runse zog allmählig geradliniger und flacher in's Gehänge hinein, und verlor sich auf breite, schüttere Plätze; noch etwas weiter aufwärts fand sich sogar wieder ziemlich reichlicher Graswuchs, auf dessen stufenförmigen Polstern die Grathöhe mit aller Bequemlichkeit gewonnen wurde. Westlich vor mir lag nun deren Erhebung zum Gipfel; all' die starren Mauerzacken, deren lange Reihe mit dem Kellerschrofen sie verbindet, hatte ich bereits im Rücken. Meinem letzten Anstiege stand kein nennenswerthes Hinderniss mehr entgegen; fast geradlinig streckt der Grat sich hinan, wenige, unbeträchtliche Höcker bildend. Nach 10 Minuten stand ich auf der Rothen Flüh (ca. 6800′ 2209 m.), und richtete auf ihrem mässig breiten, trümmerbedeckten Scheitelplateau die umgestürzte Signalstange wieder auf. Ich war etwas über 4 Stunden von der Gernspitze unterwegs gewesen; Mittag war eben vorüber. Die eigentliche Ersteigung des Gipfels vom Geröllboden des Kars herauf hatte nur $^1/_2$ Stunde in Anspruch genommen.

Die Aussicht war, bei theilweise bewölktem Himmel, doch ziemlich klar geblieben. Wie auf der Gernspitze gegen Osten, so erstreckte sie hier sich vornehmlich gegen Westen, auf das Nordalgäuer Gebirge. Die dreifach aneinandergereihten Pyramiden des Kugelhorn, Rauhhorn und Gaishorn über der dunklen Tiefe des Vilsalpsee's — weiterhin das breitgedrückte Haupt des Daumen im Südwesten, die grünen Pfrontener Berge, aus denen die glattgeschorene Gestalt des Aggenstein emporstrebt, im Nordwesten; am fernen westlichen Horizont die Wellenlinien der Gunzesrieder Berge, der Stuiben-Rindalphornkette, etwas rechts davon der wohlbekannte Grünten. Zu Füssen das Thannheimer Thal mit seinen weithin zerstreuten, weissglänzenden Häusern, und mitten in seinem üppigen Grunde der schimmernde Spiegel des Haldensees. Vom Gipfel weg senkrechter Absturz auf tiefe, öde Trümmerhalden. Ich schleuderte Steine über den Rand hinaus und zählte 5 Sekunden, bis sie unten aufschlugen. Im Osten thronte jetzt wieder in wilder Majestät der Kellerschrofen auf dem scharfen Grat, hart an ihn gedrängt zeigt sich zu seiner Linken die Gernspitze. Der Haldenspitz, im nahen Süden stehend, liegt tief unter mir; aus dem Hintergrunde des Kars, durch welches ich heraufgekommen, wäre auch er, wenngleich nicht ohne Schwierigkeit, zu ersteigen.

Noch einen Blick und Abschiedsgruss sendete ich zurück in's walddunkle Reinthal und wandte mich nach einstündiger

Rast zurück nach Süden, dem Nesselwängler Thale zu. Von den Felsen herab in's Kar, über seine losen Schuttflächen, seine Plattenhügel zu den Nesselwängler Alpen hinunter, und den gebahnten Zickzackpfad rasch abwärts zu den Häusern, den Menschen, und, was im vorliegenden Falle mir das Wichtigste war, zum gedeckten Tische. Um 2 Uhr 30 Min. langte ich dort an, eine Stunde genügte zur Befriedigung der dringendsten. leiblichen Bedürfnisse; der lange, langweilige Heimmarsch wurde angetreten. Eine neue Rast wurde in Thannheim, und abermals eine in Hindelang gehalten; die tiefe Nacht deckte meine Rückkehr nach Sonthofen. Ein neues, noch wenig bekanntes Gebirge nannte ich mein; und heimgekehrt reihte ich die drei Steine, welche den Gipfeln der Thannheimerkette waren abgenommen worden, der bereits begonnenen Algäuer Sammlung an, in der Hoffnung auf deren baldige, weitere Vermehrung.

IX. Eine Nacht auf dem Hochvogel.

Oft schon hatte ich von beherrschender Gipfelhöhe sie erblickt, die unvergleichlich grossartige Pyramide, mit ihrem schlanken Haupte, ihren regelmässig gebauten Schultern, den Namen rechtfertigend, den sie seit alten Zeiten führt; taucht sie empor vor dem Wanderer inmitten des Kreises ihrer Felsentrabanten, so luftig klar, so kühn in den Himmel hineinstrebend, wohl möchte man besorgen, dass im nächsten Augenblicke der Riesenvogel seine Fittiche entfalten und sich aufschwingen werde in den blauen Aether. Und nur auf den freien Höhen der Berge wird der Besucher der Algäuer Alpen dieses Anblickes gewürdigt; hartnäckig entzieht dieses ihr erhabenstes Bild sich den Augen des bequemen, an die Thalstrasse sich haltenden Touristen.*) Lange Wochen war der Hochvogel das Ziel meines Sinnens und Trachtens gewesen; lange hielt mich schlechte Witterung von ihm zurück. Auf die Regen- und Schneetage der zweiten Hälfte des Juni folgte Anfangs Juli trockenes Wetter mit dem eigenthümlichen Höhenrauche, der viele Tage hinter einander den Himmel bleigrau überzog und kaum die nächsten Gebirge in unbestimmten Linien durchschimmern liess; einen Aussichtspunkt von dem Range des Hochvogel mochte ich unter diesen Umständen doch nicht besuchen, kam ihm während dieser Tage aber einmal sehr nahe; der 11. Juli sah mich im hintersten Oythale, auf dem Grossen Wilden, dem Schnecken, dessen vielberufene Gefährlichkeit sich auf eine einfache Schwindelpassage reduzirte,

*) Dem Thalwanderer am nächsten bietet das Bild des Hochvogel sich auf der Strasse von Hindelang nach Ober-Joch; man hat vom Austritte der Strasse auf die Wiesen von Ober-Joch nur etwa 10 Minuten lang am linkseitigen Berghange aufzusteigen, um durch den Einschnitt des Ostrachthals die schlanke Pyramide zu erblicken.

worauf ich durch's Berggündle- und Ostrachthal hinauswanderte, am gleichen Abende noch zur oberen Taufersalpe am Wildsee emporstieg, am 12. früh das Kugelhorn und Rauhhorn besuchte und Mittags in Sonthofen wieder eintraf. Eine Woche später hatten die atmosphärischen Zustände sich noch keineswegs gebessert; am 18. wanderte ich in's Gunzesrieder Thal, stieg mit geringem Erfolge an Aussicht auf das Rindalpenhorn und den Fanach und kehrte über die Balderschwanger Berge nach Sonthofen zurück. Schwere Wolken hatten sich den Tag über längs des Hochgebirges zusammengeballt, nach Sonnenuntergang aber lüftete eine Schicht derselben nach der anderen sich zu immer zarteren, rosigen Flöckchen, und mit Eintritt völliger Dunkelheit spannte der herrlichste Sternenhimmel sein Zelt über das bergumschlossene Illerthal.

Mit reinstem blauen Himmel brach der folgende Tag heran, die fernsten Gebirgsketten standen klar und scharf vor Augen, wie mit einem Zauberschlage war der bleierne Höhenrauch aus dem Thale verschwunden. Das war Hochvogel-Wetter; ich säumte auch nicht lange, die genagelten Schuhe und den Bergstock hervorzuholen, den Rucksack zu packen und die erst neu erhaltenen Steigeisen daran zu schnüren. Im schnellsten Marschtempo ging's in's Ostrachthal hinein über Hindelang nach Hinterstein, wo kurze Mittagsrast gehalten wurde. Bis hieher hatte lediglich die Ungeduld mich getrieben; ich konnte es kaum erwarten, dem vielgenannten Gipfel nahe zu kommen, von dessen gefährlichen Absonderlichkeiten die Leute draussen so viel zu erzählen wussten. Die Scharte „am Balken", wo man auf die Schwarzwasserseite übertreten sollte, ein Weg, der mir in der pythischen Ausdrucksweise beschrieben worden war „man muss ihn eben genau kennen" — das Eisfeld, über welches man Stufen hauen müsse (ich glaubte es zwar nicht, hatte aber Vorsichtshalber doch eine Hacke bei mir) — die Kluft, welche das Felsenmassiv des Gipfels mitten durchreisse, und welche nur an einer einzigen Stelle durch einen gewagten Sprung übersetzt werden könne, — das waren lauter Dinge, die meine Neugierde in hohem Grade anregten und mit ungewohnter Hast meine Schritte vorwärts trieben. — Während des frugalen Mittagessens zu Hinterstein nun begann erst ruhigere Ueberlegung Platz zu greifen und aus dem bunten Wirrwarr der Gedanken, die im Kopfe hin und her schossen, ein fester Plan sich herauszukrystallisiren. Wollte ich in ordnungsgemässer Weise die Tour auf den Hochvogel in Ausführung bringen, d. h. auf der Berggündele-Alpe übernachten, wozu dann die Eile? Dorthin hatte ich von Hinterstein aus noch 3 Stunden Weges, weiterhin gab es überhaupt keine Alpe mehr, wo ich hätte übernachten können. Aber ein Bivouak unter freiem Himmel? das liesse sich hören, und wenn's denn unter freiem Himmel sein soll, je näher dem Gipfel, um so lieber. Ich erinnerte mich, gehört zu haben, dass die österreichischen Ingenieure während der Gebirgsvermessungen ein paar Tage lang auf dem Hochvogel campirten, eine Höhle unterhalb des Gipfels habe ihnen Zuflucht geboten. Nun, das konnte ich ebenfalls versuchen, und für eine Nacht liess es sich wohl auch ohne Brennholz und sonstigen Apparat aushalten. Ich ging also auf nichts Geringeres aus, als noch am gleichen Tage, dessen späte Vormittagsstunden mich von Sonthofen hatten abziehen sehen, den Gipfel des Hochvogel zu erreichen; und der Zeitberechnung nach — 3 Stunden von Hinterstein zur Berggündele-Alp, von dort auf den Hochvogel 5 Stunden, von welchen ich eine abzustreichen mir erlaubte —, lag diess in der That nicht ausserhalb des Möglichkeitsbereiches. So brach ich denn kurz nach 12 Uhr von Hinterstein (2650′ 861 m. Sendtner) wieder auf, marschirte an den Aueliswänden und der Eisenbreche vorüber, die Wiesengründe und Wälder des hinteren Ostrachthales entlang. An den grünen Flanken des „Giebel“ hin, welcher die beiden Ursprungsthäler der Ostrach — Berggündele und Oberthalbach — scheidet, führte der Alpenweg mich hoch über der Klamm des Berggündele-Baches thalein zur Bachalpe hinauf, in deren Nähe der 3000jährige Eibenbaum sich befindet, dann über das Gewässer hinüber und schräg aufwärts zur unteren Hütte von Berggündele; sie war verschlossen. Ich hoffte, auf der oberen Hütte Leute zu treffen und eine letzte Erfrischung zu erhalten. Steil windet der Pfad über krummholzbehangene Felsen sich empor; nach 20 Minuten hatte ich die Höhe der nächsten Terrassenstufe gewonnen, auf breitem, grünen Gehänge lag vor mir das ziemlich lückenhafte Zimmerwerk der Oberen Berggündele-Alpe (4404′ 1431 m. Sendtner.). Leute traf ich dort an, auf Milch aber hatte ich vergebens gehofft, sie war bereits sammt und sonders in den Käsekessel gewandert, und wollte ich mich nicht bis zur Abendmelke gedulden, so blieb weiter nichts übrig, als unter Verzicht auf Restauration den Weg nach dem Hochvogel fortzusetzen. Ich entschied mich denn auch für Letzteres.

Mit der Unteren und Oberen Berggündele-Alpe hatte ich bereits zwei Stufen der grossen, in mehrfachen Terrassen sich aufbauenden Thalmulde erstiegen, welche im Südosten des

Berggündele-Thales bis in's Herz des Gebirges, an den Fuss der unmittelbarsten Nachbarn des Hochvogel, sich hineinzieht. Der Hauptgrat des Gebirges, umschliesst ihre innersten Kare; von der Lerchwand (6973' 2265 m. Grenzkarte), an deren Westflanken die Weidegründe der Berggündele-Alp sich hinbreiten, zieht derselbe über den Kessel- oder Schwarzwasserspitz (7012' 2278 m. Gr.-K.) und Fuchskarspitz (7087' 2302 m. Gr.-K.) gegen Süden zum Kreuzspitz (7267' 2361 m. Gr.-K.), dann ostwärts gewendet zum Kreuzkopfe (7000' 2274 m. Gr.-K.), um sodann als zackige Schneide über den Vorderen Wilden die Wilden-Gruppe zwischen Berggündele- und Oythal zu erreichen. Der Hochvogel zählt nicht unter die Gipfel des Hauptkammes. Vom Kreuzspitz mit kurzem Grate südöstlich sich abzweigend, steht er völlig im Wassergebiete des Lech, und die, im östlichen Algäu sonst ganz naturgemässe bayerisch-tirolische Grenze berührt diesen althergebrachten Grenzpunkt nur mit einer höchst unnatürlichen Ausspitzung.

Von der Berggündeleshütte gehen nach der linken wie nach der rechten Seite deutlich sichtbare Pfade auseinander; der erstere führt nach den oberen Weideplätzen, dem sogenannten Glasfelde, an der Lerchwand, der letztere quer an der Bergflanke hin nach den innern Alpenwiesen von Berggündele; der Anweisung des Sennen entsprechend ging ich mitten zwischen beiden Steigen hindurch, anfangs pfadlos, bald aber auf schwache Spuren von Fusstritten stossend, welche im Krummholze zu einem schmalen, aber wohl ausgeprägten Steiglein sich sammelten. Ein neuer Terrassenrand wurde erstiegen; meine Hoffnung, hier bereits im oberen Kar und an dem kleinen See mich zu befinden, welcher bei der Hochvogel-Ersteigung berührt wird, fand sich getäuscht, eine neue, starke Bergstufe krummholzüberhangener Schrofen baute vor mir sich auf, aus ihrem eingeschnittenen Rande stürzt der Abfluss des Sees mit kräftigem Wasserfalle hervor. Ein Rückblick über das Berggündele-Thal zeigte mir die grünen Steilhänge seines westlichen Begrenzungskammes, Giebel und Rothtenne, den fingerhutartigen Gipfel des Schnecken, den Wilden mit Schneefeldern in seinem rauhen Geschröf. Ueber dem Himmeleck, der tiefen Einsattelung zwischen den beiden letztgenannten Gipfeln blieb ein Stück des westlichen Horizontes frei. Die Witterungsaussichten, welche dort sich eröffneten, waren nicht eben die günstigsten zu nennen; verdächtige weisse Streifen zogen in unablässiger Folge von dort heran, und wenn sie auch in der reineren Luft des Illerthales sofort zu Flöckchen sich auflösten und verschwanden, so erhielten sie doch immer neuen Succurs und begannen allmählig den Westhimmel ganz und gar für sich in Anspruch zu nehmen. Die Aussicht der Möglichkeit einer Witterungsänderung für den folgenden Tag aber trieb nur mit um so grösserer Entschiedenheit und Eile mich dazu, noch am gleichen Abende den Gipfel zu gewinnen. Fast ohne Pfad stieg ich die folgende, grossentheils mit lichtem Krummholze bewachsene Stufe hinan. An die rechte Seite trat mir allmählig der Wiedemer, ein dünner, vom Kreuzkopfe ausstrahlender Felsgrat, dessen kahle Mauerflanken die wunderbarste Schichtenfaltung zeigen; von einer durch eine Kluft bezeichneten Mittellinie, längs welcher die Schichten senkrecht emporsteigen, biegen sie sich nach beiden Seiten hin fächerpalmenartig zu horizontalem Streichen auseinander; auch der unaufmerksamste Bergläufer muss von diesem eigenthümlichen Anblicke betroffen und zu einigem Nachdenken über den Grund dieser Erscheinung angeregt werden.

Etwas rechts gehalten, um den steilen Abstürzen auszuweichen, gewann ich die Terrassenhöhe. In geringer Tiefe vor mir lag eine weite Trümmermulde, in ihrem Grunde ein kleiner, stiller See, schwärzlichgrün, klar und von geringer Tiefe. Ein schwacher Felsdamm nur begrenzt sein Ufer gegen die Seite des Bergabfalles; in ihn hat der Abfluss eine enge Spalte sich eingeschnitten, die bereits ziemlich tief ist und natürlich im Laufe der Zeit fortwährend sich vergrössert. Ursprünglich, als noch kein tiefer Spalt hier existirte, mag der See wohl das ganze Kar mit seinen Gewässern erfüllt haben; nach einer langen Reihe von Jahren, wann das abfliessende Gewässer die Felsschranke bis auf das Niveau des Seegrundes durchsägt haben wird, dann wird der See verschwunden sein und ein trockenes Schuttkar statt seiner sich hier oben ausbreiten.

Im Süden waren neue Berggestalten vor mir aufgetaucht, ein zackiger Kranz unbekannter Felsengipfel, augenscheinlich noch weit zurückstehend, den höchstgelegenen, noch nicht völlig sichtbaren Schnee- und Trümmerbecken des Kars Raum gebend. Zur Linken stand mir der Fuchskarspitz, eine schroffe Pyramide, an deren Südseite die weitere Felsenumrahmung des Bergkessels unmittelbar sich anzuschliessen schien. Ich war einigermassen in Verlegenheit, wo ich den Gratübergang „Am Balken“ zu suchen haben würde, denn hier zeigte sich noch nichts, was einem Uebergangspunkte auch nur entfernt ähnlich sah. Jedenfalls musste ich behufs der Orientirung noch weiter in's Innere vordringen. Ich stieg daher zum Seeufer hinab und hätte ich hier gewusst, was ich später wahrnahm, so hätte ich mein Ziel, den Hochvogel, bereits ein erstes Mal erblicken können; hart über den Zacken des Umrandungsgrates zeigt sich sein Gipfel mit dem Kreuze; der Unerfahrene wird, wenn er letzteres überhaupt bemerkt, dasselbe jedenfalls für auf dem Grate stehend ansehen.

Längs des plätschernden Wässerchens, das in den Seespiegel sich verliert, stieg ich das schwachbegrünte Gehänge gegen Süden hinan; nach einer Viertelstunde öffneten sich weitere Aussichten. Die volle Entwickelung des abgrenzenden Hauptgrates stand mir vor Augen; sein weiter Bogen vom Fuchskarspitz bis an den Ablösungspunkt des Wiedemer wird durch eine mittlere, kürzere Gratverzweigung in zwei Becken geschieden, beide kahl und öde, mit zahlreichen, theilweise vielleicht perennirenden Schneefeldern: rechts das „Obere Thal", links das „Kalte Kar". Die Wände dieses Zwischenkammes waren es gewesen, welche in unmittelbarem Anschlusse an den Fuchskarspitz dort jeden Weiterweg zu versperren schienen. Nun waren sie zurückgetreten, eine neue Einbuchtung öffnete sich gegen Osten, und wenige Schritte noch über das Getrümmer ihres Bodens, da zeigte sich ihr naher Abschluss auf dem Hauptgrate; mit Rasenpäckchen besetzte Geröllhänge ziehen zu flachem Sattel sich hinan, auf welchem kirchthurmartig eine isolirte, etwa 60′ hohe Felssäule sich erhebt — der Balken. Und von dieser scharf ausgeprägten Uebergangsstelle hatte ich von früheren Besuchern des Hochvogel keine bessere Beschreibung erhalten können, als die einer „Scharte im Grat, der aber noch viele andere Scharten habe." Ist's doch, als ob die Leute bezüglich ihrer Gebirgsorientirung mit Blindheit geschlagen wären. Hier findet das typische „Führer unbedingt nöthig" der Reisehandbücher seine rechtfertigende Illustration!

Zwischen dem Fuchskarspitz, der so recht den zerhackten und durchklüfteten Charakter des Dolomitgebirges zeigt und der niedrigen Klippenreihe, welche vom Fusse des Balken ausstrahlt, stieg ich in einer Viertelstunde zur Grathöhe empor (6541′ 2125 m. Sendtner) und berührte damit die Wasserscheide zwischen Iller und Lech. Der Ausblick auf's Illerthalgebirge hatte sich seit der letzten Schwenkung gegen Osten fast gänzlich verschlossen, dafür eröffnete sich nunmehr eine neue, bisher nur ihren allgemeinsten Umrissen nach mir bekannte Welt. In dunkler Tiefe lag mir zu Füssen das walderfüllte Schwarzwasserthal, im Norden vom zackigen Lailach, im Süden von der zerrissenen Kette der Rosskarspitzen begrenzt. Im Osten erschienen bereits einzelne Gipfel der Tiroler Lechalpen und über sie emporragend entfaltete das Wettersteingebirge seine breite, imponirende Masse. Grelle Sonnenlichter wechselten mit tiefen Wolkenschatten an den starren, gelblich kahlen Mauergestalten. Ich war von Berggündele $1^1/_2$ Stunden unterwegs; es war nahezu 5 Uhr Abends. Mein Ziel war noch immer nicht zu erblicken; in der Richtung auf dasselbe zeigte sich die Bergflanke mit endlosen Schutthalden bedeckt, welche in die höchstgelegenen Kare des Schwarzwasserthales sich verlieren. Niedrige Längsriffe durchstreichen dies Gehänge und ein höherer Zacken-Grat schliesst im Süden dasselbe völlig ab. Ich nahm die Querlinien über die Gerölllehnen möglichst hoch, fand auch den rauhen Fels allerwärts gut gangbar und auch die letzte Mauerschranke gestattete auf gebrochenen Gesimsen der schräge gelagerten Plattschichten eine leichte Ersteigung. Im Augenblicke, da ich über den schmalen Grat das Haupt erhob — „Am Sätteli" nennt der Algäuer diese Stelle — tauchte vor mir riesengross der Hochvogel empor, in seiner altbekannten Pyramidengestalt, nur etwas südöstlich vorgekrümmt; nördlich an ihn gereiht der abgesprengte Seitengipfel, einer verfallenden Thurmruine nicht unähnlich. Zu meinen Füssen lag nun das Schneefeld, der gefüchtete Firnanstieg nach dem Hochvogel; sein blendendes Weiss erfüllt die breite Gasse zwischen den düster gestreiften Mauern des Hochvogel und den zahnigen Strebepfeilern des Sätteli und des Kreuzspitzes. Trichterförmig verengt sie sich nach oben in immer steilerer Hebung; an schmaler, lichter Scharte berührt die Schneedecke den Horizont. Geschützt gegen Süden und Westen, nur den Strahlen der Morgensonne offen, besitzt sie in ihrem oberen Theile permanente Existenz; diese eng ummauerte Felsenbucht führt den bezeichnenden Namen Kalter Winkel. — Lediglich der üble Ruf dieses Schneefeldes veranlasste mich, etwas genauer dasselbe zu betrachten, als ich unter anderen Umständen gethan haben würde; denn ungewohnt, wie manchem Touristen, der den Hochvogel besucht, waren mir derartige Erscheinungen keineswegs; war es ja doch bereits im zweiten Jahre, dass ich meine Bergwanderungen mit dem Monate Mai begann und halbe Tage lang auf Schnee, an der steilen Böschung die Fussstapfen austretend, umhergestiegen war, wo ein paar Monate später trockener Boden zu finden gewesen wäre. Nun hatte ich einmal ein unvergängliches Schneefeld vor mir, das machte jedoch in seiner Behandlung natürlich keinen Unterschied.

Ich stieg vom Grate des Sätteli hinunter, querte noch ein paar Trümmerfelder unter den Mauern des Kreuzspitzes und trat von diesen auf den Schnee über. Lange Strecken konnte ich ohne jedes Stufentreten zurücklegen, hatte auch noch einige Geröllschütten mitten im Schneefelde zu meiner Verfügung, welche ich jedoch des unangenehmen Steigens im zurückweichenden Schotter wegen bald wieder verliess. Allmählich begann die Steile sich zu mehren, Stufe um Stufe musste sorgfältig ausgestossen werden, was im aufgeweichten Schnee ohne allzu grosse Mühe bewerkstelligt werden konnte; ich hielt mich, anstatt in der üblichen Weise eine zweifache schräge Querlinie durch das Schneefeld zu beschreiben, fortwährend nahe den Wänden des Hochvogel, wo die mit Neuschnee erfüllte Bergkluft mir ein rascheres Aufwärtsdringen verstattete. Als ich aber einige Löcher und Unterhöhlungen in dieser Ausfüllung bemerkte, schien mir die Lage nicht mehr geheuer und ich kehrte lieber auf die Schneelehne selbst zurück. Von den Mauern des Hochvogel, beziehungsweise seines nördlichen Nebengipfels einer- und den zackigen Schrofenwänden des Kreuzspitzes andererseits auf 50—60 Schritte Breite eingeengt, besitzt die Gasse hier ihre beträchtlichste Steigung, die sich auf durchschnittlich 40°, gegen ihr Ende vielleicht auf 45° belaufen mag; die Länge dieser steilen Strecke mag etwa 100 Schritte betragen. Dies ist auch der einzige Theil des Schneefeldes, welcher in seiner Ummauerung vor den Sonnenstrahlen genügend geborgen liegt, um einen wirklichen Gletscher zu bilden, der in besonders heissen Sommern, wenn aller Schnee weggeschmolzen, als blaue Eismasse erscheint. Dann mag die Ersteigung schwierig und nur mittelst Stufenhauens zu bewerkstelligen sein, auch wäre ein Abgleiten auf der, wenngleich kurzen, Eislehne, wohl von schlimmen Folgen begleitet. Ich sah im Herbste 1869 den Hochvogelgletscher in diesem Zustande von Lailach aus, müsste mich aber sehr täuschen, wenn nicht der eine Saum desselben sich damals vom Fusse der Felsmauern ganz zurückgezogen gehabt hätte und man sonach zu jener Zeit auf trockenem Boden zum Gratsattel hätte emporsteigen können. Immerhin bleibt es rathsam, zur Hochvogelbesteigung die frühere Sommerszeit zu wählen, wo man sicher ist, das Firnfeld noch schneebedeckt zu treffen. Die Touristen im Algäu und ihre Führer thun aber das gerade Gegentheil. Den Fall einer schneefreien Gletscherfläche ausgenommen, ist Alles was über die Gefährlichkeit des „Kalten Winkels“ erzählt wird, in's Reich der Dichtungen zu verweisen. Ein Abgleiten auf dem Schneefelde kann Keinem, der sich ruhig verhält, und der Fahrt ihren Lauf lässt, den geringsten Schaden zufügen, da das Schneefeld in einer ganz ebenen Mulde ausläuft; von einer Wand, die als Sensationsmoment gewöhnlich mit in die Beschreibung gezogen wird, ist keine Rede. Anfangs September 1871 kam ich aus meinem damaligen Excursionsgebiete im Wettersteingebirge auf ein paar Tage in's Algäu herüber, um einen Freund auf den Hochvogel zu führen. Wir trafen den Kalten Winkel noch schneebedeckt und beschlossen im Rückwege über denselben abzufahren. Ich vermuthete im Voraus, dass die Sache nicht zum Besten ausfallen werde, konnte aber in einem allenfalsigen Misslingen ganz und gar keine Gefahr erblicken und fuhr, nachdem ich Freund H. angewiesen, wenn er niedergerissen werde, nur ruhig liegen zu bleiben und nicht viel zu zappeln, voran. Es ging dahin, dass mir die Luft um die Ohren pfiff und während der ersten Sekunden glaubte ich in der That nicht auf den Füssen bleiben zu können; während ich aber im besten Schusse war, flog ein Bergstock und hintennach Freund H. auf dem Rücken liegend an mir vorüber; der Hut tanzte boshafter Weise schräg über das Schneefeld und verschwand in der Bergkluft am Kreuzspitz, aus welcher ich ihn übrigens wieder hervorholen konnte. Ausser einigen Defecten an Kleidungsstücken, schneegefüllten Aermeln u. dergl. war kein Unheil geschehen. Dies zur Beruhigung künftiger Hochvogelbesucher. —

Nach einer halben Stunde hatte ich die Höhe des Schneefeldes erstiegen und trat auf den ziemlich breiten, 8 bis 10 Schritte langen, hügeligen Sattel aus, mit welchem dasselbe auf dem Gebirgsgrate culminirt (ca. 7000′ 2275 m.). Zur Linken wie zur Rechten thürmt sich rauhes Geschröf steil in die Höhe; hier der Seitengipfel des Hochvogel, dort der Kreuzspitz. Im Westen öffnet sich der Ausblick auf die hügeligen Plattenflächen des Wildenfeld, abschliessend mit dem Scheitelgrate der Wilden, die hier viel zahmer sich ansehen, als drüben im Oythale. In der Tiefe liegen die Trümmerfelder und spärlichen Grasplätze des Weitthals, welches in's Jochbachthal und durch dieses mittelbar in den Hornbach ausmündet; eine steile, geröllerfüllte Kluft senkt von der Scharte des Kalten Winkels dort sich hinab, es wäre hier wohl ein Abstieg oder umgekehrt von den Jochbachalpen aus eine Ersteigung des Hochvogel möglich. Die Uhr zeigte nahezu 6 Uhr Abends, ich durfte hoffen um 7 Uhr auf dem Gipfel zu sein und noch eine Stunde lang die Abend-Aussicht zu geniessen; ein besonders glänzender Sonnenuntergang war freilich nicht zu erwarten, fast der ganze westliche Horizont war überwölkt. Von dem letzten Hindernisse der Ersteigung, der tiefen Felsenspalte, welche den Gipfelkörper des Hochvogel durchreisst (im Algäuer Sprachgebrauche „die Schnur“ genannt) erwartete ich mir sehr wenig, nachdem das gefürchtete Firnfeld so ganz und gar unbedenklich befunden worden war; doch sollte mir da noch etwas zu rathen aufgegeben werden. Das Aufsteigen über die breiten, trümmerbedeckten Felsterrassen des Vorbaues, welchen ich zunächst vor mir hatte, ging leicht und rasch von Statten; bald richteten die Mauern steiler vor mir sich auf, während bequem gangbare Schutt- und Grasbänder um die Westflanke des Bergmassivs sich herumbogen; natürlich folgte ich den letzteren, in der Meinung, dass ich in solcher Richtung auch auf die Uebergangsstelle der „Schnur“ treffen würde, fand aber all' diese Gesimse in Steilwände ausgespitzt und durch eine wirklich unüberschreitbare Schlucht den Weg verlegt. Immer tiefer und tiefer hinabsteigend suchte und entdeckte ich denn auch schliesslich einen praktikabeln Eingang; auf schrittbreitem, geröllbedecktem Balkone stand ich im düstern Grunde des engen Grabens, dessen Sohle von da ab wieder jäh zur Tiefe stürzte, während schwarze Seitenmauern nur einen schmalen Streif Himmelslichtes über meinem Scheitel übrig liessen. Das Plätschern eines Wässerchens unterbrach allein die Todesstille; noch einmal wurde die brennende Kehle genetzt, die Flasche ihres Schneewasserinhaltes entleert und mit dem glücklich entdeckten, besseren Nass gefüllt. Auf dem Hochvogel gab's kein Wasser mehr. — Aufsteigend aus der Schlucht hatte ich erst ein enges, von ausgebauchten Felsstufen überhangenes Geröllband kriechend zu passiren, fand mich dann wieder auf freierem Terrain am Westabhange des Hochvogelgipfels selbst, der mir aber jetzt eine Reihe von Steilabbrüchen entgegenwies; von seiner gangbaren, oberen Lage hatte ich mit dem langen Abstiege diesseits der „Schnur“ mich zu sehr entfernt und erst nach halbstündigem, ziemlich schwierigen Aufklettern sah ich die starren, enggestuften Felsbänke und Zackenrippen wieder sich lösen, in allgemeiner vertheilten Schutt verlaufen und war endlich der steten Sorge um den nächsten Schritt und Tritt überhoben. Die auf die Ersteigung des Gipfels in Rechnung gesetzte Stunde war längst verflossen, und ich stand erst am Fusse der Gipfelpyramide. Dass ich den Weg über die „Schnur“ gründlich verfehlt hatte, war mir natürlich klar und für das Nachtquartier war nun auch übel gesorgt, da ich die Höhle, welche den Ingenieuren zum Unterschluf gedient, auf diesem verkehrten Wege nicht antreffen konnte. — Wie ich bereits erwähnt habe, gehört der Hochvogel mit zu den wenigen Berggipfeln, welche einen zweimaligen Besuch meinerseits erfuhren; dieses zweite Mal, im Jahre 1871, fand ich mit Leichtigkeit die richtige Fährte. Man hat sich nämlich im Ansteigen von der Scharte des Kalten Winkel weg, ohne Rücksicht auf die lockenden Gras- und Geröllplätze zur rechten Seite, stets möglichst stark aufwärts zu halten, bis hart an den Fuss der senkrechten Wände des thurmartigen Aufbaues der Hochvogelschulter; hier trifft man auf ein mehrere Schritte breites, etwas abschüssiges, geröllbedecktes Gesimse, welches in horizontaler Linie um die Bergecke sich herumschlingt und wenige Fuss unterhalb der Scharte zwischen Haupt- und Nebengipfel, über die Kluft, die hier ihren Ursprung nimmt, hinüberführt. Der Sprung über die Kluft gehört in's Fabelreich gleich der Steilwand, welche den am Schneefelde Abgleitenden zu verschlingen droht; es gibt an dieser Stelle nicht eines Zolles Breite, wohin nicht in voller Sicherheit der Fuss gesetzt werden könnte. Wo die Leute nur ihre Augen haben mögen, wenn sie den Berg ersteigen? — oder ihr Gedächtniss, wenn sie davon zurückgekehrt sind?!

Zu wirrem Getrümmer aufgelöst, breitet die nordwestliche Flanke der Hochvogelpyramide sich aus nnd strebt in starkem Steigungswinkel ihrer Gipfelhöhe zu; immer lockerer und haltloser decken zerschlagene Plattenschollen den Boden, je weiter aufwärts der ermüdende Schritt den Wanderer trägt. Das häufig sich zeigende Gipfelkreuz scheint unveränderlich gleiche Entfernung zu bewahren. Bei völlig frischen Kräften, welche in den seltensten Fällen der Hochvogelbesteiger bis in die unmittelbare Nachbarschaft seines Zieles mitbringen wird, wäre auf diese letzte Strecke der Ersteigung wohl eine starke halbe Stunde zu rechnen; gewöhnlich wird nahezu eine Stunde dabei zugebracht, und auch ich, durch die fast unausgesetzte Wanderung von Sonthofen bis auf den Hochvogel bereits ziemlich erschöpft, verbrauchte nicht viel weniger Zeit dabei. So verdankte ich es nur der Tageslänge des Monats Juli, dass nicht noch während der Ersteigung die Nacht mich überfiel, und dass noch spannenweit der Sonnenball über dem Horizonte stand, als die Verschmälerung des gangbaren Bodens mich völlig auf die Gipfelkante hinausdrängte und, den Schlusspunkt einer Reihe klotziger Felsenhöcker bildend, in greifbarer Nähe das Kreuz vor meinen Augen wieder emportauchte. Mit raschen Sätzen über die zerspaltenen, massigen Blöcke eilte ich der Gipfelhöhe entgegen, am Kreuze vorüber den Schutthaufen hinan, aus welchem die Ruinen der einstigen Signalpyramide aufragen, — der höchste Punkt auf dem Scheitel des Hochvogel. Die Hornbacher Berge steigen im Süden vor mir auf, eine lange Reihe ernster, dunkler Gestalten; ein gellender Jauchzer, den ich zu ihnen hinübersende, stört die dämmernde Stille, die in die Thäler, in die Felsenöde rings umher sich gelagert hat. — Noch wenige Minuten blieben mir zur Ueberschau der wild-grossartigen, räthselhaften Welt meiner Umgebung; Dunkel lag in der Tiefe, weder im Schwarzwasser- noch im Hornbachthale konnte ich mehr die einzelnen Gegenstände, nicht Wald noch Wiesen unterscheiden. Die hohen Felsengipfel aber, zumal die Rosskarspitzen in meiner nächsten, östlichen Umgebung ragten im bleichen Scheine der Abenddämmerung inselgleich im Schattenmeere auf, Nebelstreifen und geballte Wolkenmassen zogen zwischen ihnen hin und wieder. — Der ganze westliche Horizont und ein Theil des südlichen war mit grauer Nebelwand überdeckt, deren Spalten und Abschichtungen die scheidende Sonne erleuchtete. Im fernen Westen erglänzte der Spiegel des Bodensees wie rothflüssiges Gold inmitten seiner düster verschleierten Umgebung. — Von Bank zu Bank der feurig geränderten Wolken hinabsinkend verschwand das Tagesgestirn hinter den Höhenzügen des Bregenzer Waldes.

Es war 8 Uhr Abends; ich hatte zur directen Ersteigung des Hochvogel (7968′ 2588 m. Sendtner) von Sonthofen aus nahezu 10 Stunden gebraucht. Das Tagewerk war vollbracht und ich begann nach einem Nachtlager mich umzusehen. Die Höhle, in welcher seinerzeit die Ingenieure campirt hatten, war mir entgangen und ich hatte wenig Ursache dies zu bedauern; bei meiner zweiten Hochvogelpartie auf dem richtigen Wege sah ich dieses elende, kaum 2 Schritte tiefe Felsenloch, überdies gegen Südwesten, nach der Wind- und Wetterseite hin geöffnet und daher einen höchst mangelhaften Schutz gegen beides bietend. Viel besser zeigte sich der Hochvogelgipfel selbst eingerichtet. Hart neben dem trigonometrischen Signale hat er auf der Ostseite eine tiefe, vollkommen geschlossene Grube, in welcher mittelst Beseitigung und Zurechtlegung einiger Felstrümmer, geeigneter Verwendung der umherliegenden Brettchen, Ueberbleibsel des trigonometrischen Signals, und endlich mittelst des eigenen Bergsackes bald ein ganz erträgliches Lager zurecht gerichtet war. Was an Reservekleidungsstücken und Wäsche vorhanden war — nicht viel natürlich — wurde übergezogen, der Proviantvorrath gewissenhaft zwischen heute und morgen getheilt; noch eine kurze

Weile sass ich still beschaulich auf dem Gipfel, während Alles rings umher im Dunkel versank, und der Bergwind in kalten Stössen aus den Karen heraufbrauste; die Helle des Mondes begann sich geltend zu machen und warf durch Lücken des Gewölkes hier und dort ihre grellen Lichter auf die Felsenriesen. Die zunehmende Kälte aber trieb mich bald in meinen Schlupfwinkel zurück; ich streckte mich, so gut es gehen wollte, über den holperigen Boden, richtete den Bergsack zurecht, legte mich auf's Ohr und sagte dem Hochvogel Gute Nacht.

Die Ermüdung des verflossenen Tages liess mich anfänglich in einen Halbschlummer fallen, ohne dass mir jedoch zu irgend einer Zeit das Bewusstsein meines Aufenthaltsortes völlig geschwunden wäre; bald war es auch mit dem halben Schlafe vorüber, die Lagerstätte war zu ungewohnt und die Kühle der Nacht zu empfindlich. Ich lag nun meist mit offenen Augen in meinem Felsengrabe, betrachtete die aneinandergereihten, vom untergehenden Monde grell beleuchteten Wolkenballen, die greifbar nahe über mich hinwegflogen, den Sternenhimmel, den ihre Lücken sichtbar werden liessen, und an welchem ich in der Ortsveränderung der Gestirne das allzu langsame Vorrücken der Nacht ermass. Der Sturmwind, immer mächtiger sich erhebend, heulte und pfiff dazu gar wundersame Melodien, bald durch die Felsenklüfte streichend klingt seine Stimme wie Aeolsharfen in die Leere, bald donnert er in wildem Prall gegen die Wände, als gälte es den Berg in seinen Grundfesten zu erschüttern. Dann wieder Stille, — und leises Flüstern zittert durch den weiten Raum; der Mond bricht durch die Wolken, umflorte Nebelgestalten schweben durch Sterngefunkel dahin, durch's Schwarzwasserthal zum Lech hinaus, dem flachen Lande zu, — dort in der Heimat mögen sie erzählen, wen auf dem Hochvogel sie gesehen. Aus ihrem schimmernden Reigen taucht im Silberglanz ein Zauberbild hervor von lockender Gewalt — ich kenne es wohl, der Lailach ist's, mit seinen zackigen Wänden — aber dahin gestreckt liegt an seiner Stelle nun im Wolkenbette unter dem schwarzblauen Himmelsgezelt eine Feenerscheinung mit lang herabwallendem Schleier. Sie winkt mich hinüber in ihren blendenden Lichtkreis, weg über das Schattenmeer, dessen Abgrund vor meinen Füssen gähnt. Da erwachen wieder die finstern Mächte, aus den unsichtbaren Tiefen brechen ihre Wirbel hervor, näher und näher rückt der brausende Schwall; das Zauberbild verlischt in Nacht. Vorbei, Vorbei! heults durch den Sturm — und da rasen sie wieder heran an die

Mauern und fahren pfeifend durch ihre Klüfte, dass die gewaltige Pyramide in ihren Fugen ächzt. Reisst doch den Hochvogel selbst in den Grund, wenn ihr könnt! Fegt mich weg von der Zinne, die ich mit Aug' und Eisen mir gewonnen, wie ihr die Lichtgestalt des nächtlichen Zaubers zerstört! — Da ist die Grenze eurer Macht. — — —

Wohl hab' ich noch oft in spätern Tagen der Nacht auf dem Hochvogel mich erinnert. — —

Der Mond sinkt unter den Horizont, dichteres Dunkel umfängt meine Felseninsel im Luftocean, schwärzer noch als die Nacht zeichnet der Umkreis des Gebirges am Himmel sich ab; über die massigen Thürme der Hornbacher Kette leuchtet Gewitterschein, ferne im Süden. Mit dickem Frühnebel füllen sich die Thäler; bald fliegen sie herauf, die Berghäupter einhüllend, bald wieder sinken sie bleiern zurück in die Tiefe. Durch ihre Lichtungen zeigt sich ein heller Streif im Osten, es naht der Tag, der Sonnenball, den ich hinter den Schweizer Bergen niedergehen sah, schickt sich an, über die Zackengipfel der Rothen Flüh wieder emporzusteigen. Nebelgrau ist dort der Himmel und nebliger Dunst umfängt mich von allen Seiten, selten nur einen Blick auf die benachbarten Berge gestattend. In senkrechter Höhe über mir aber ist der Schleier durchsichtig und an dem Verbleichen der hellleuchtendsten Gestirne erkenne ich den Anbruch des Morgens. Ich verlasse mein hartes Lager mit steifen und erstarrten Gliedern und setze mich auf einen grossen Block am Rande der Grube. Noch immer fliegen die Nebel aus dem Berggündlesthale über den Kreuzspitz herüber und wandern in langen Zügen das Hornbach- und Schwarzwasserthal hinaus zum Lech; auseinanderbrechend zeigen sie den Morgenhimmel in wachsender Helle und langsam erscheint dort die glutrothe Sonnenscheibe, auf dem zahnigen Haupte des Kellerschrofen sich wiegend. Höher und höher steigt sie im Nebeldamme auf, bald treffen ihre glänzenden Strahlen auf die Dunstmassen, die ringsumher die Thäler erfüllen. Da entspinnt sich der Kampf des wiedererschienenen Lichtes und der Wärme, die es mit sich bringt, gegen die feuchten Nebel, welche ihr Gebiet Schritt für Schritt vertheidigen, von den Höhen in die Thäler, in diesen bis zu ihren verborgensten Winkeln zurückweichen, während einzelne Schichten und Ballen aus ihnen wie im verzweifelten Widerstande an den Schattenseiten der Gebirge sich emporbäumen um in der Höhe des Grates, von den lebendigen Strahlen getroffen, um so schneller zu zerstieben. In Kurzem waren die Thäler des Hornbachs und Schwarzwassers von ihren Dünsten gesäubert, über dem Berggündlesthale lag noch ein milchweisses Nebelmeer, aus welchem nur der Schnecken neugierig sein blätterdünnes Felsenhaupt hervorstreckte. Licht war's geworden, in klarer Helle lag das weite Aussichtsbild vor mir, das Tags zuvor in räthselhaftem Düster zu meinen Füssen sich hingebreitet hatte.

Die Hornbacher Kette, deren Gipfel ich so oft schon über den Grenzgrat des Algäu hatte herüberwinken sehen, ohne noch recht zu wissen, wohin ich diese eigenthümlichen Formen stellen sollte, stand mir jetzt gerade gegenüber, nur durch das enge Hornbachthal getrennt, vom Fusse bis zu ihren Häuptern dem forschenden Auge enthüllt. Weite, kesselförmige Kare lagern über waldreichen, mauerdurchstrichenen Bergflanken und aus ihnen steigen die Gipfel auf, starr und kahl, zackengekrönte Wände. In ihrer Mitte dominirt ein steilaufstrebendes Trapez, der Urbeleskarspitz; eine Kegelpyramide weiter im Westen, der Ilfenspitz, rivalisirt mit ihm an Höhe; beide überragen den Hochvogel. Nahe am Ilfenspitze vereinigt der Hornbacher Kamm sich mit dem wasserscheidenden Zuge der Algäuer Alpen; dort drängen die Krotenköpfe sich aufeinander, das sattelverbundene Paar Oefnerspitze-Krotenspitze, und über ihm der mächtige Zuckerhut, der Grosse Krotenkopf mit seinem schmalen, steilen Firnfelde, das nordwärts herabschiesst und doch hinter dem Gebirgsgrate, durch welchen Ilfen- und Oefnerspitze zusammenhängen, verschwindet. An die Krotenköpfe schliesst sich der grüne Wellenrücken Kreuzeck-Rauheck, über ihm thront die dreizackige Krone der Mädelegabel, keck vorspringend die Trettachspitze wie ein drohend erhobener Finger. Aus dem grünen Gewirre der Bergrücken, welche die Zuflüsse der Trettach, den Sperrbach, Trauchbach, Dietersbach und Oybach von einander scheiden, sticht scharfkantig die röthliche Säule des Höfats heraus. Im Westen erscheinen über dem welligen Steinfelde des Wilden die einförmigen Gebirgszüge des Bregenzer Waldes, die mauergegürtete Gruppe der Gottesackerwände und obenauf das schiefe Dach des Hohen Ifen. Noch ferner, an den Grenzen des Gesichtskreises, der schneeglänzende Säntis und die dunklere Zackenkuppe des Altmann. Im Nordwesten der breite Daumenstock, im Norden Rauhhorn und Gaishorn, im Nordosten die Birkenthaler Berge mit ihrem Haupte, dem Lailach. Vor diesen augenfälligsten Gipfeln ist der Raum erfüllt mit wenig ausgeprägten, theils kahlen, theils krummholzbewachsenen Rücken und Kuppen; nebelverschwommene Striche des flachen Landes verlieren sich in die Ferne. Im Osten starren, zu einem unförmlichen Klumpen geballt, die Rosskarspitzen zwischen Schwarzwasser- und Hornbachthal; ihre Scheitel liegen nahe an 1000′ unter dem Gipfel des Hochvogel. Ueber ihnen und zu ihren beiden Seiten streben die Lechthaler Berge auf, hohe Kämme, grüne Alpenkare, dunkelschrofige Gipfel. Die Grenze der Sichtbarkeit bilden das Wettersteingebirge und die hohen Kalkmassive am Pass Fern; einzelne, durch die Lücke des Leutaschthales sich zeigende, noch fernerstehende Zacken, gehören dem Quellengebiete der Isar an. Die nächste Umgebung des Hochvogel endlich — sie besteht aus Fels, aus Schutt und Firn. Dreikantig baut seine Pyramide sich zusammen und trennt mit steilfallenden Zackenrippen die Kare, in welche sie den Fuss ihrer Wände setzt. Am bedeutendsten ist ihr Absturz gegen Nordosten; hier breitet unter den Steilmauern, die fast vom Gipfelgrate weg bis auf die Sohle ohne bedeutendere Unterbrechung in einer Flucht hinabsetzen, das Fuchskar seine Schuttfelder aus, welchem als besondere, abgetrennte Ausbuchtung auch der Kalte Winkel angehört; ein Theil des weissen Firnmantels ist auch von der Scheitelhöhe des Hochvogel wieder sichtbar. Die ostwärts sich absenkende Pyramidenkante, die zerrissenste von allen, setzt den Gebirgsgrat vom Hochvogel nach den Rosskarspitzen hin fort; sie bildet am östlichen Fusse des ersteren einen breiten, flachen Geröllsattel, den Uebergangspunkt aus dem Fuchskar in's Kühkar auf der Hornbacher Seite*), und daher sowohl aus dem Schwarzwasser- als auch aus dem Berggündlesthale nach Hinterhornbach. Die westliche Breitseite des Hochvogel fällt anfangs schräg, zu unterst aber in gewaltigen Steilwänden in's Weitthal; die südwestliche Kante, welche die zweite der beiden ausgesprochenen Bergschultern, der „Flügel" des Hochvogel, enthält, tritt erst unterhalb des Gipfels aus dem Felsmassive heraus; im Allgemeinen zeigt sich gegen Süden der Abfall des Hochvogel ziemlich gemässigt und ist auf weite Strecken abwärts zu überblicken. In der Tiefe, und augenscheinlich nicht in direktem Zusammenhange mit jenen dem Blicken geöffneten, gangbaren Plätzen, lagern die Trümmerhalden des Rosskars; noch tiefer hinab

*) Die Verbindungslinie des Fuchskars mit diesem Sattel führt etwas enge und steil unter einem Absenker des Ostgrates des Hochvogel hindurch; eine Umgehung ist der nahe herandrängenden Abstürze zum Schwarzwasserthale wegen nicht wohl thunlich. Wer vom Hornbachthale herüber kommt, hüte sich, an der Nordseite des Gebirges zu tief zu gehen. Das Hinderniss ist jedoch nur von geringer Bedeutung.

bekleiden Buschwerk und Grasflächen die Gebirgsflanke, auf vorspringendem Endpunkte eines niedrigen Bergwulstes, welcher das Rosskar vom östlicher gelegenen Kühkar trennt, zeigen sich die Hütten der Eckalpe. Und noch eine gewaltige Stufe tiefer erreicht das Auge den Thalgrund; da liegen über die saftig grünen Matten des Hornbachthales und seiner nächsten Hügelanschwellungen hin zerstreut die Häuschen und Alphütten von Hinter-Hornbach, da windet der Hornbach sich vernehmlich rauschend durch sein schmal eingemauertes Bett, da leuchtet ein azurfarbener kleiner See am Zusammenflusse des jungen, aus dem Petersalpenthale hervorkommenden Hornbaches mit seinem stärksten Zuflusse, dem Jochbache, der von den Wilden und vom Hochvogel die Schneegewässer sammelt.

Ein paar Stunden noch verweilte ich auf dem Gipfel, bald auf dem Trümmerhaufen der einstmaligen Signalpyramide, im Anblicke des Hornbachthals und der südlichen Gebirgsketten, bald wieder am Kreuze, welches etwa 15 Schritte weit tiefer stehend, aus runden, mit Weissblech beschlagenen Balken ca. 12′ hoch aufgezimmert, das Schwarzwasser und das Ostrachquellengebiet beherrscht. Die Sonnenwärme von Aussen, ein Frühkaffee von Innen hatten bereits eine behaglichere Verfassung in's leibliche Dasein gebracht, die Steifigkeit der Glieder war geschwunden, und ich begann allmählig an die Rückkehr zu denken. Wohin? das war noch die Frage; mancherlei Wegerichtungen standen mir zum Versuche offen. Ich konnte nach der Berggündle-Alp zurückkehren, wie ich von dort gekommen, ich konnte auch im Kalten Winkel weiter absteigen, das Schwarzwasserthal*) zu gewinnen suchen, und über's Lailachgebirge nach Nesselwängle, oder aber den Traualpsee berührend nach Thannheim gelangen. Ich konnte

*) Man kann aus dem Fuchskar, anfangs rechts gehalten, dann das Steilgehänge nach der linken Seite überquerend und endlich längs einer Felsrunse absteigend, direkt das hinterste Schwarzwasserthal gewinnen, jedoch nicht ohne einige Schwierigkeit. Man thut besser daran, die Sohlen der Kare am Fusse des Fuchskarspitzes bis gegen die Lerchwand hin zu queren und weit im Nordosten erst den Abstieg nach der Lichtalpe im Schwarzwasserthal zu suchen. Von hier gelangt man in 2 St. zur Thalmündung gegen den Lech; der Weg hält sich zuletzt hoch an der rechten Thalseite. Ein anderer, guter und sehr genussreicher Gebirgsweg führt von der Lichtalpe, den nächstnördlichen Graben übersetzend, am Berggehänge schräg aufwärts, sodann nach längerem Anstiege durch die höchstgelegenen, flachen Kessel der Seitenthäler des Schwarzwasser über den Pass zwischen Kasten- und Lahnerkopf zur Taufersalpe am Wildsee (3 St.). Von hier 2 St. nach Hinterstein.

drittens vom Kalten Winkel und Fuchskar weg südlich mich wenden und den Kühkarsattel überschreiten und konnte viertens den Kalten Winkel ganz beiseite lassen und durch die bereits gestern beobachtete Schlucht den Abstieg in's Weitthal und Jochbachthal versuchen; beide Wege führten mich dann nach Hinter-Hornbach. Und endlich erinnerte ich mich ja, gehört zu haben, dass der Hochvogel, freilich nur als Rarität, auch von seiner Südseite direkt bestiegen worden, und fasste ich den grünen Boden des Hornbachthals, die Weidematten der Eckalpe und die Schutthalden des Rosskars in's Auge und in's Feld des Fernrohrs und liess den gewaffneten Blick dann über die Felswände heraufgleiten bis vor die eigenen Füsse, so vermeinte ich, das Gefüge jedes einzelnen Steines in unmittelbarem Zusammenhange mit dem des nächsten zu sehen; je häufiger ich hinunter blickte, um so fester wurde meine Ueberzeugung, dass ein Versuch gelingen müsse. Auf dem Hochvogel übernachten und dann auf der Hornbachseite hinuntersteigen! — Das war in der That der Rede werth. Der Entschluss zu wagen, war gefasst.

Ich packte die Ausrüstungsgegenstände, die über den ganzen Gipfelraum zerstreut lagen, zusammen, legte noch einen Stein vom Gipfel bei und schulterte den Bergsack. In einem breiten Felseinrisse begann der Abstieg, erst lustig durch die Gerölle hinunterspringend, allgemach behutsamer, Tritt vor Tritt gesetzt, bald wurde aus dem Gehen ein Klettern, fest griff die eine Hand am Felsen an, während die andere mit weit vorgestrecktem Bergstocke nach einem Stützpunkt in der Tiefe suchte. Eine starke Viertelstunde mochte ich abwärts gegangen sein, als aus der breiten Bergseite der Grat, die südwestliche Pyramidenkante, als eine Reihe schrofiger Höcker bestimmter hervorzutreten begann; ich hatte sie zur Linken, und da ich vor mir noch gangbares Terrain sah, keine Veranlassung, sie zu ersteigen und zu überschreiten. Noch einige Stufen ging's steil hinab; links thürmten sich wilde Zacken auf, vor mir lag, unterhalb einer steilfallenden Gürtelstufe, ein abschüssiger Platz kompakten Schuttes, dessen naher Rand in verdächtiger Weise abgeschnitten erschien. Der stufenlose Boden gewährte unsicheren Halt, ich wünschte nun in's rauhe Geschröfe zur Linken zu gelangen; hatte dabei ein enges Gesimse zu passiren, und um mit beiden Händen zugreifen zu können, lehnte ich den Bergstock an die Mauer, etwas unachtsam, er glitt aus, fuhr langsam über den Schuttplatz hinunter und an seinem Rande überkippend verschwand er lautlos in der Tiefe. Ein böses Zeichen! — Ich suchte meinen

Weg wieder etwas zurück aufwärts, und strebte der Gratkante zu, die mir weiteren Ausblick eröffnen sollte. Eine enge Klamm zwischen dem Bergkörper und einer haushohen, davon abgespaltenen Felsmasse gestattete einen schwierigen Durchgang; in einer schmalen, mit etwas feuchtem Sande ausgefüllten Plattenrinne arbeitete ich mich zum Grate hinauf, übersprang einige Schrofen und blickte hinunter in die Tiefe, die vor mir sich aufthat. Eine gewaltige Schlucht durchschneidet die ganze westliche Flanke der Hochvogel-Pyramide bis zur Kante herauf, über ihre senkrechte Randmauer, die bereits in nächster Nachbarschaft der oberen Ausmündung eine Höhe von 100' und darüber erreicht, war mein Stock hinuntergestürzt; wie weit er dann in der Sohle noch hinuntergeschossen sein mochte, war kaum abzusehen; vielleicht bis auf die Schuttfelder, zu welchen der Graben tief gegen das Weitthal hinab sich verflachte. Ich stand etwas verdutzt auf dem schartigen Grate und rathschlagte, was zu thun sei; genau genommen, sass ich in einer richtigen Mausefalle. Der Stock verloren, der weitere Abstieg in's Hornbachthal fast hoffnungslos, der Rückweg über den Kalten Winkel versperrt, weil ich auf dem Firnfelde des Stockes unbedingt nothwendig bedurfte. Ich liess die verschiedenen Möglichkeiten Revue passiren und stellte dann folgenden Operationsplan fest: Ein Abstieg ohne Stock ist in jedem Falle ein übel Ding; in der Schlucht, die vor mir aufgähnt, muss mein Stock doch schliesslich sich befinden, also zunächst d i e s e n gesucht. Findet er sich nicht, dann zurück auf den Gipfel des Hochvogel, wo ich mich an den Trümmern der Signalpyramide wenigstens mit einem Surrogat eines Stockes versehen kann, sei's auch nur ein kurzer Span, um im sitzenden Abfahren über den Kalten Winkel mich darauf zu stemmen. Die Untersuchung der Kluft, die von der Scharte des Kalten Winkels gegen das Weitthal sich abtieft, blieb ebenfalls noch vorbehalten.

Zunächst also begann ich in den wüsten Tobel, der vor mir lag, hinabzusteigen; eckige Schrofenmassen, an welchen die Hände noch Halt fanden, während freilich das Hinablassen von Stufe zu Stufe mit grösster Vorsicht bewerkstelligt werden musste, bildeten Rand und Sohle der Schlucht in ihrem oberen Theile; tiefer folgten die Schuttfelder, nicht lose Geröllmassen, sondern stark abschüssiger, kompakter Gries, mit dünner, rollender Schuttlage bedeckt; hier, wo die Hände eines fassbaren Gegenstandes entbehrten, war das Absteigen ohne Stock womöglich noch unangenehmer. Und der Stock wollte sich nicht zeigen, obwohl ich nun das ganze Trümmerfeld überblickte. Ich stieg hin und her, links und rechts auslugend, und war beinahe schon entschlossen, den Versuch aufzugeben. Da plötzlich bemerkte ich den Aussreisser in einer Seitenrinne, deren Blockwerk seine weitere Fahrt aufgehalten hatte. Behutsam, um nicht durch ein abrollendes Felsstück eine Fortsetzung derselben zu veranlassen, näherte ich mich ihm von der Seite und fasste ihn mit dem Gefühle höchster Befriedigung wieder auf. Er war schlimm mitgenommen. Die Spitze war hakenförmig umgebogen und musste erst wieder leidlich gerade geklopft werden, sein oberes Ende hatte einen mehr als fusslangen Splitter verloren. Immerhin besser, dein Kopf gespalten, als der meinige! — Trotz seines Defektes habe ich ihn doch noch den ganzen Sommer über geführt, ja sogar im folgenden Jahre machte er wieder die meisten meiner Besteigungen in der Karwendelgruppe mit. An den Jägerkarspitzen war dem treuen Begleiter sein Ende beschieden. Er liegt, wahrscheinlich zertrümmert, in einer Felsengruft des Riegelkars.

Beinahe hätte nochmals der Experimentirteufel die Oberhand gewonnen und hätte ich, einmal so tief in dieser Schlucht, den weiteren geraden Abstieg in's Weitthal versucht, der an den Steilwänden seiner Umfassung dann gründlich gescheitert wäre. Ich besann mich aber doch eines Besseren und stieg, so rasch als möglich, aus dem schattenkalten Felsgraben zur sonnigen Grathöhe wieder auf. Wieder im Besitze des unentbehrlichsten Hülfsmittels, gedachte ich noch die letzte Möglichkeit des Abstiegs nach Hinterhornbach zu erproben. Die Gratkante, die ich anfänglich verfolgte, blieb nur auf kurze Strecke gangbar; zu scharfen Klippen zerspalten wendet sie sich gegen Westen und stürzt von vorspringender Ecke um mehrere hundert Fuss steil ab; dann folgen wieder Zacken und Höcker, die gleichen, welche ich vom Hochvogel-Gipfel aus in unmittelbarem Zusammenhange mit den ersteren zu sehen geglaubt hatte. Ein tiefer Einriss leitete meine Schritte gegen Links, in gerader südlicher Richtung, auf die Terrassengürtel über dem Rosskar hinab. Das Steigen wurde mit jedem Schritte heikler. 4—6′ breite, schuttbedeckte, etwas abschüssige Gesimse durchstreichen in fast horizontalen Linien die Bergflanke, durch senkrecht absetzende Steilstufen von einander getrennt; kaum ist über einen solchen Absturz mit vielem Hin- und Hersuchen ein tauglicher Hinunterweg gefunden, so legt auch schon eine neue Wand dem Schritte sich entgegen und das Querlaufen beginnt von Neuem; dabei hat man in nächster Nähe den abgerissenen Rand, welcher die Schuttfelder des Rosskars in sehr geringer horizontaler und sehr bedeutender vertikaler Entfernung sehen lässt und mit solch' unbehaglicher Demonstration daran erinnert, dass man über gewaltigen Steilwänden sich umherbewege. — Langsam nur gewann ich an Tiefe und lange währte es, bis die Terrainverhältnisse etwas günstiger sich gestalteten, breitere Schutt-Terrassen, niedrigere und häufiger unterbrochene Mauergürtel ein geraderes und rascheres Absteigen ermöglichten. Ich schloss mich hier wieder hart an die Schrofenzacken der Gratkante an, ihrer neuerlichen Wendung gegen Süden folgend, wo sie zu einem flachen Geröllsattel sich herabdrücken und dann in zerfahrenen Klippen wieder etwas sich erheben. Noch einmal schnürte der gangbare Boden sich enge zusammen, die aufragenden Mauern des Grates zur Rechten, sah ich wieder hart an meiner Linken die Schuttfelder des Rosskars, zu welchen hinab das Auge noch eine beträchtliche Tiefe mass. Dann trat ich in den Geröllsattel ein, erwartungsvoll gespannt, welch' weitere Aussichten dort sich mir eröffnen würden; denn die Ostflanke des Felsenrückens war über diesen Sattel hinaus gänzlich ungangbar und auf der Schneide selbst vorzudringen, war ebenfalls ein höchst problematisches Unternehmen. Um so angenehmer war ich überrascht, auf der Weitthal-Seite nunmehr gut gangbaren Boden zu finden, zertheilte Schrofenrippen, mit Schuttplätzen und Grasstreifen untermischt; schnell war die südliche Endrundung des Bergrückens gewonnen, auch hier zeigten sich mässig geneigte, etwas begrünte Felshänge, noch war der volle Zusammenhang dieser Plätze nicht zu übersehen, aber mit jedem Schritte weiter abwärts ergaben sich neue Verbindungslinien, und bald sprang ich den letzten, von niedrigen Zackenmauern eingeschlossenen Schuttstreifen mit einer Eile hinab, als könne jetzt noch der glücklich gefundene Ausweg mir plötzlich unter den Füssen wieder verschwinden. Drei Stunden nach Aufbruch vom Hochvogel-Gipfel berührte ich den wellenförmigen Hügelboden des Rosskars, — terra firma. Mit einem gewissen vergnügten Schauder blickte ich an den schwarzen Riesenwänden hinauf, über denen ich vor kurzer Weile noch herumgeklettert war.

Den gebahnten Pfad, welcher quer durch die obere Ausmuldung des Rosskar-Grabens nach den Eckalpen hinüberführt, hatte ich bereits vom Gipfel des Hochvogel aus wahrgenommen; nach einer weiteren halben Stunde langte ich bei den Eckalpen an, die ich zu meinem Vergnügen bewohnt antraf; ein Napf Milch wurde gierig verschlungen. Die Leute machten grosse Augen, als ich ihnen erzählte, dass ich auf dem Hochvogel über Nacht gewesen und geradesweges von seinem Gipfel herunter komme. Nach kurzer Rast brach ich wieder auf und wanderte den breiten Alpweg durch Krummholz und Wald hinunter nach Hinter-Hornbach (3332′ 1082 m. Gümbel.). Das Dörfchen bietet ein typisches Bild abgeschiedener Tiroler Bergeinsamkeit, wie man es nur auf den Terrassen der hohen Zweigthäler in den Centralalpen wieder antrifft. Kirche, Pfarrwohnung und Wirthshaus stehen hart neben einander; noch einige aus Holz gezimmerte Häuser liegen in ihrer näheren Umgebung, die übrigen zerstreut an den untersten Berggehängen. Der Hornbach fliesst verborgen in seiner Klamm, die in der Nähe des Dorfes nicht sonderlich tief, aber äusserst enge und mauerschroff umschlossen ist; ein paar hundert Schritte vom Wirthshause thaleinwärts führt eine gedeckte Holzbrücke über die Klamm des Jochbaches, der in unmittelbarer Nähe von Hinter-Hornbach erst mit dem Hornbache sich vereinigt. Breit kegelförmig tritt der Abfall des „Lechlerkanz“, der am Jochspitz vom wasserscheidenden Kamme abzweigt, in's Thal herein. Als tiefe, enge Schlucht setzt dieses gegen Westen in's Herz des Gebirges hinein sich fort, zum Hüttendörfchen der Petersalpen, und noch eine Strecke weiter, bis zerspaltene, schwärzliche Wände von über 1000′ Höhe seinen Hintergrund absperren. In zerstäubenden Wasserstrahlen stürzen durch diese Klüfte die Quellen des Hornbachs vom Hochplateau der March und vom Bergsattel des Märzle herunter. Hoch über dem engen Thalschlunde thronen die Krotenköpfe, in Hinter-Hornbach unter dem Namen Marchspitzen bekannt, und der Ilfenspitz, der schlimmste Gipfel in der Hornbacher Kette. Kaum 100 Schritte südwärts vom Dörflein entfernt, setzt sich der Fuss des Gebirges in's Thal; riesig streben seine Häupter Urbeleskarspitz, Fallerkarspitz, Pretterspitz, in den Himmel hinein; früh am Nachmittage ist Sonnenuntergang in Hinter-Hornbach. Fällt das gelbe Laub von den Bäumen, füllen die Hochkare sich wieder mit Schnee, dann beschreibt das Tagesgestirn immer kürzere Bogen über den Felsenspitzen; deckt das erste Winterkleid den grünen Thalboden, so fällt der Sonnenstrahl nur durch die Scharten noch herab und endlich bleibt er ganz aus. 8 Wochen lang sieht dann das einsame Thal keine Sonne mehr. Einen Monat nach der Sonnenwende erst endet für dasselbe die Periode arktischer Dämmerung.

Im Wirthshause, das ich gegen 11 Uhr Vormittags erreichte, ging meine erste Frage natürlich nach Speise und

Trank. Für letzteren war gesorgt. Rother Tiroler aus dem Etschlande verirrt sich auch bis in's Hornbachthal. Um so schlimmer war es um consistentere Nahrung bestellt. Von Fleisch natürlich keine Rede, so hoch hatten meine Phantasieen sich auch gar nicht verstiegen. Aber Brod dachte ich doch erhalten zu können; eitle Täuschung! der aus dem Lechthale bezogene Vorrath war ausgegangen und in Hinter-Hornbach selbst wird keines gebacken. — Käse, — Butter — ebensowenig; das Vieh ist auf den Alpen. Ausser dem Mehlkasten war in der That kein geniessbarer Vorrath im Hause. Und als ich weiter frug, mit was sie denn das Mehl kochten, wurde mir die tröstliche Antwort „diemeist mit Wasser.“ — Schliesslich kam doch eine ganz leidliche Schüssel Kücheln, oder was es sonst vorstellen mochte, zu Stande; sie hatten von Seiten meines ausgehungerten inneren Menschen ohnehin keine sonderlich strenge Recension zu besorgen. Ziemlich erfrischt und gestärkt setzte ich mich Nachmittags 2 Uhr wieder in Marsch und erreichte auf dem breiten Saumwege des Hornbachthales, der meist hoch über dem schäumenden Bache dahinführt, um 4 Uhr den Ort Vorder-Hornbach am Lech. Hier suchte ich den Zimmermann Bacheles auf, dessen Gebirgskenntniss mir gerühmt worden war und wünschte von ihm einige Erkundigungen über die gänzlich unbekannte Hornbacher Kette einzuziehen; traf aber auch bei ihm auf eine bedauerliche Unwissenheit und sah mich auf spätere eigene Nachforschung angewiesen. — In den Abendstunden gedachte ich noch Weissenbach am Lech zu erreichen, wurde aber halbwegs durch plötzliche Müdigkeit und Schlafsucht, theilweise wahrscheinlich auf Rechnung des Hinter-Hornbacher Weines zu setzen, genöthigt, in einer verlassenen Alphütte an der Ausmündung des Schwarzwasserthales zu übernachten. — Andern Morgens dann wanderte ich über Weissenbach und den Pass Gacht nach Nesselwängle hinauf, nützte den Tag noch mit einer Besteigung des Aggenstein, war spät Abends in Schattwald und in der Frühe des folgenden Tages in Sonthofen zurück. Infolge des improvisirten Abstieges nach Hinter-Hornbach war ich einen Tag länger ausgeblieben als geplant gewesen, — und schon hatte wieder das Gerücht sich verbreitet, dass ich diessmal „verfallen“ sei; ein Gerücht, das um so bereitwilligeren Glauben fand, als, den Hochvogel ohne Führer ersteigen zu wollen, den Leuten geradezu als Wahnsinn galt. Meine persönliche leibhaftige Erscheinung zerstreute bald genug jedwede Besorgniss; und für den Hochvogel, gleichwie im Jahre vorher für manchen Berchtesgadener Gipfel, hatte ich manche festgewurzelte Anschauung und Sage zu corrigiren, in nüchterner Darstellung der thatsächlichen Verhältnisse, welche verschiedene frühere Ersteiger dieses Gipfels lieber vermieden gesehen haben würden. — Mir war's ein Erfolg unter vielen; ein neuer, grösserer, schwebte fortan mir vor Augen, ein steilerer Fels, ein schlankeres Horn, als der Hochvogel, erfüllte meine Phantasie. Ueber den Eisgrüften der Hohen Trettach wollte ich thronen auf jener Felsensäule, die des Touristen Schritt, naht er der höchsten Zinne der Algäuer Alpen, in starrem Erstaunen bannt; die, einmal von kecken Geisbuben aus Einödsbach erklommen, seither — man sagt es — von keinem Wagehals mehr betreten worden. Den Hochvogel nannte ich mein; die Trettachspitze stand jetzt auf erster Linie des Programms.

X. Die Trettachspitze an der Mädelegabel.

(Hierzu Vertikal- und Horizontalprofil No. 10.)

Wenn eine Spitze unbesteigbar ist, so muss es diese sein! — so möchte wohl ein Jeder ausrufen, der vom Mädelejoch der Südseite des Kratzer entlang dem Gipfel der Mädelegabel zuwandert und auf dem Höhenrande der Schwarzen Milz urplötzlich des Obelisken ansichtig wird, der als Vorposten der centralen Gebirgsmasse auf dem Scheidekamme zwischen Trettach und Einödsbach thront. Mag er als gewiegterer Kenner der Berge noch Zweifel hegen an der reellen Wahrheit dieser Gipfelgestalt, mag er sie sich betrachten von Süden, Westen oder Norden — immer der gleiche, abgerissene, isolirte, schlañke Bau; bald Säule und bald schiefes Horn, einem aufgereckten Riesenfinger gleich gen Himmel weisend; — im günstigsten Falle ein aufgekrümmter, zuckerhutartiger Kegel. Herausfordernd einen Jeden, in dessen Adern etwas Gemsenblut rollt, von allen Seiten drohend, unangreifbar ihn zurückweisend — so rechtfertigt die Trettachspitze, wo immer man sie beschauen mag, jenes erstgefällte Urtheil: Wenn eine Spitze unbesteigbar ist, so muss es diese sein!

Aber die Neuzeit macht, wie auf jedem Gebiete, so auch auf dem des Bergsteigens ihre gewaltigen, unaufhaltsamen Fortschritte. Geradezu staunen muss man, liesst man in älteren Werken und Schriften Bergersteigungen als entsetzlich schwierig und gefährlich geschildert, die heutzutage als kinderleicht und für den grossen Touristenschwarm so recht eigentlich gemacht gelten; dagegen fallen Jahr für Jahr stolze Gipfel, die allen früheren Generationen einen unbesiegbaren Trotz boten. Auch die Jungfräulichkeit der Trettachspitze ist längst dahin, sie ist entschwunden zu einer Zeit, wo der Alpenbesuch noch fast in Kinderschuhen steckte, wo kaum anderwärts eine Spitze von so gefährlichem Ansehen wäre angegriffen worden. Nicht ein fremder Alpensteiger, der einen

Namen sich zu schaffen oder den er bereits besass, mit neuem Glanze zu umgeben strebte, hat in den Quellenthälern der Iller die Werbetrommel gerührt nach den verwegensten Söhnen des Gebirges und hat mit schwerem Aufwande an Zeit und Geld endlich sein Ziel erreicht — schlichte Hirten selbst sind es, welche begehrend ihre Blicke nach der scharfgespitzten Zinne emporrichteten, und, als die Gemsen ihnen den Weg dorthin gezeigt, ihren Spuren folgend die luftige Warte betraten. Sennen und Wildheuer waren lange Jahre hindurch die Einzigen, welche das einmal gelungene Wagstück nachahmten. Scheint es doch, als ob die gesteigerte Intelligenz des Algäuers, die allerdings zunächst in Bezug auf sein materielles Wohl sich geltend macht und eifriger mit dem Düngerwagen und Drainirpfluge, als mit dem Kreuzgange die Felder durchzieht, auch einen höheren Sinn für die ihn umgebende Natur in sich schliesse; welchem Tiroler oder Altbayer wäre es eingefallen, mit einer kühnen Felsenspitze in gefahrdrohender Weise sich zu schaffen zu machen, bloss desswegen, weil sie Jahr ein, Jahr aus ihm zum Fenster hereinschaut. Weiss er doch oft nicht einmal ihren Namen, beantwortet die Frage nach demselben mit dem lakonischen Ausspruche „da geht kein Vieh mehr hin.“ Ganz richtig! — Die eingeborene Bevölkerung geht da nicht hin.

Die Trettachspitze hat ihre Geschichte, wie ihre Sage. Das Historische ist Folgendes: die Brüder Jochum, deren Anwesen in der Birgsau liegt und zum grössten Theil in Bergwiesen besteht, deren Heu auf Steigeisen gemäht und auf den Schultern herabgetragen werden muss, waren die ersten, welche, im Jahre 1855, die Trettachspitze betraten. Einer derselben beobachtete eines Nachmittages ein Rudel Gemsen, das die schlanke Dolomitsäule hinaufsprang und bis auf den Gipfel derselben gelangte. Er begann sogleich auf der vorgezeichneten Spur nachzuklettern und kam bis etwa zur halben Höhe der Spitze; anfallender Nebel verhinderte ihn an der völligen Ausführung. Andern Tages unternahmen die drei Brüder gemeinsam die Ersteigung und erreichten auch glücklich den Gipfel. — *Baptist Schraudolph* von Einödsbach, ein naher Verwandter der Jochum, bewerkstelligte wenige Tage später die zweite Ersteigung und pflanzte die hohe Kreuzstange auf dem Gipfel auf, die viele Jahre lang dort Wind und Wettern Trotz geboten hat.*) Eine dritte Ersteigung

*) Bei meinem Besuche des Jahres 1869 stand sie noch unerschüttert. Im Winter 1871/72 zeigte sie sich bereits bedenklich schief und als ich

erfolgte noch im Herbste des nämlichen Jahres, abermals von Baptist Schraudolph und einer Schwester der Jochum und wurde ebenfalls glücklich zu Ende geführt. — In der Folgezeit versuchten sich noch einige Sennen der benachbarten Alpen, als verwegene Steiger und Wildheuer bekannt, an der Trettachspitze; unter denen, welche auf dieselbe gelangten, nannte Schraudolph mir zwei Brüder *Dannheimer*. Anfangs der Sechziger Jahre rühmte sich ein aus der Schweiz gebürtiger, auf den Alpen des Taufersbergs (am Fusse der Schafalpenköpfe im Rappenalpenthale) verdingter Senne dem Schraudolph gegenüber, auch er sei auf der Trettachspitze gewesen. Diess veranlasste den letzteren zu einer dritten Ersteigung, und der Befund bewahrheitete die Aussage des Schweizers, es zeigten sich frische Einschnitte an der Kreuzstange. Es mögen sohin bis zum Jahre 1869 etwa 8—10 Personen auf der Trettachspitze gewesen sein; ich kann in Bezug auf dieselbe jenes Prädikat in Anspruch nehmen, welches als herzstärkendes Mittel für die alpenruhmsdürstende Menschheit in so genialer Weise von der Neuzeit erfunden worden: das einer „ersten touristischen Ersteigung."

Diess ist das Geschichtliche über die Trettachspitze. Man erzählt wohl auch, die ersten Ersteiger hätten auf ihrem Gipfel die Gerippe und die verrosteten Büchsen von Wilderern aufgefunden, die früher ihn erklommen und vom Unwetter überrascht, nicht mehr herunter gekonnt; diese Erzählung entbehrt jeder wahrheitsgemässen Grundlage. Ebenso gehört die gewöhnliche Schilderung der ersten Ersteigung, dass die Schwester der Jochum an dieser theilgenommen, dass die Gesellschaft von den auf dem Gipfel weilenden Gemsen überrannt worden sei, dem Gebiete der Sage an; man wird unschwer die geschichtlich wahren Momente ersehen, aus welchen dieser sagenhafte Bericht sich zusammenkrystallisirte.

Dem Hauptkamme der Algäuer Alpen, welcher vom Biberkopfe über die Rappenköpfe und das Wild-Männle zum Doppelgipfel der Mädelegabel, dann weiter über den Kratzer und das Mädelejoch zu den Krotenköpfen zieht, gehört die Trettachspitze nicht an; sie steht, dem nordöstlichen (gemeiniglich bestiegenen) Gipfel der Mädelegabèl hart gegenüber, bereits auf dem Seitengrat, der weit gegen Norden hinausziehend die Thäler der Stillach und der Trettach von einander scheidet und mit dem pyramidalen Himmelschrofen (5284′ 1716 m.

im Jahre 1873 die Trettachspitze skizzirte, sah ich sie gar nicht mehr. Sie ist auf der Skizze verzeichnet, wie sie ehemals stand.

Sendtner) in die Oberstdorfer Thalebene abfällt. Die rauhen Dolomitzacken, welche thaleinwärts bis zu 5772' 1875 m. Sendtner (Hinterer Himmelschrofen) sich erheben, machen eine weite Strecke vor Anschluss dieses Kammes an das Centralmassiv der Mädelegabel den begrünten, geradlinigen Bergrücken mit steil abdachenden Seitenflächen Platz, welche aus den Schiefern des oberen Alpen-Lias (Algäuschiefer) aufgebaut, dem Algäuer Gebirge sein charakteristisches Gepräge verleihen. Ueber den Rücken des Einödsbergs (5695' 1850 m. Sendtner) streicht die Kammlinie gegen Süden zum Spätengund- oder Einödsbergkopfe (6193' 2012 m. Sendtner), welcher weniger einen Gipfel, als eine vortretende Ecke des um eine starke Stufe höher gehobenen Grates darstellt. Den letzteren krönt nun bald wieder Dolomitfels, zerborstene Zacken reihen in wachsender Höhe sich aneinander, die Wildengundköpfe, auf deren höchsten sich die von Sendtner unter „Wildegundkopf" angeführte Messung 6930' 2251 m. beziehen mag; doch erscheinen diese Spitzen wie Zwerge nur gegen den Riesen, der ihre Reihe schliesst. In Einem Aufschwunge gewinnt die Trettachspitze die Höhe von 7956' 2584 m. Sendtner, stürzt auf der Gegenseite fast ebenso tief, als ihr Nordfuss gelegen, zu enger Scharte senkrecht ab und schliesst an die nordöstliche Mädelegabelspitze (8124' 2639 m. Grenzk.) des Centralkammes an. Sie beherrscht die innersten Schluchtenwinkel der beiden Thäler, welche der Kamm des Himmelschrofen von einander scheidet: die Wilden Gräben mit dem Firnstreif der Hohen Trettach im Osten, das Bacherloch und die Schneeflucht im Westen. — Die relative Höhe der Felsspitze, wie sie auf dem Grate und in dem letzten kleinen Kare auf der Westseite des letzteren fusst, darf auf ca. 1000' angeschlagen werden. Der Grundzug ihres Baues ist der eines gegen Süden vorgeneigten Obelisken; als abgehackte, in zwei gewaltigen Wandstufen niederstürzende Säule erscheint sie von Süden, vom Gipfel der Mädelegabel aus gesehen; als gekrümmter Finger von Westen; als spitzes, rechtwinkeliges Dreieck, dessen Hypothenuse mit der Basis einen Winkel von ca 60° bildet, von Osten, vom Rande der Schwarzen Milz und des Trettachferners herüber; als ziemlich regelmässiger Zuckerhut endlich von Norden. In dieser Gestalt würde sie sich denn auch dem Illerthale und flachen Lande zeigen, wenn nicht der breite Hintergrund der nordöstlichen Mädelegabelspitze, an welche sie sich anlehnt, es verhinderte, dass sie, selbst mit gut bewaffnetem Auge, unterschieden werden könne. Nur wenn zertheilte Wolkenschichten zwischen den Gipfeln des Hochgebirges hin- und herziehen, lässt wohl ein Augenblick sich erhaschen, wo die Trettachspitze am Wolkenhintergrunde, von ihrer Nachbarin getrennt, sich abzeichnet. Um so imponirender erscheint sie den Thälern an ihrem Fusse — der Spielmannsau, deren Hintergrund sie ganz allein beherrscht, und der Birgsau, welcher sie im Reigen der drei Mädelegabelspitzen als ebenbürtige Genossin derselben, ja beinahe als die gebietende unter ihnen sich zeigt. —

Wohl auf mich mochte die Trettachspitze warten, sollte sie einmal von einem Kinde der Ebene betreten werden; und mochte in Sonthofener Kreisen auch noch so Entsetzliches von der Trettachspitze erzählt, ihre Ersteigung als noch so tolles Wagstück verurtheilt werden, — der Entschluss stand nun einmal unwiderruflich fest. Zunächst galt es, die früheren Ersteiger dieser Spitze ausfindig zu machen — mir war damals nur von der ersten Ersteigung durch die *Jochum's* etwas bekannt — im Algäu aber einen „Jochum“ suchen, will viel heissen. Ich spazierte denn eines Abends über Oberstdorf in die Birgsau hinein, erfrug daselbst ein Anwesen, welches einer Familie Jochum gehört und erkundigte mich dort, ob sie die Ersteiger der Trettachspitze unter ihre Glieder zähle. Die Antwort lautete insoweit befriedigend, als ich in der That an die rechte Quelle gekommen war; aber die Leute selbst, die ich brauchte, bekam ich nicht zu sehen, sie waren, wie zur Sommerszeit ganz Algäu, bei der Heuernte auf dem Gebirge beschäftigt. Man gab mir den Rath, nach Einödsbach hinaufzusteigen, dort werde ich einen oder den anderen der *Jochum's* oder *Schraudolph's* treffen und weitere Auskunft erhalten. Ich wanderte weiter, den Bergpfad hinauf; tief bleibt die Thalsohle zur Rechten; durch eine schauerlich enge Klamm, die Bacherzwing*), brechen die Gewässer des Rappenalpenthales und des Bacher Lochs vereinigt hervor. Bevor der Weg auf die Terrassenstufe von Einödsbach austritt, zeigt sich rechts desselben eine, zwischen mächtige Buchenstämme eingezimmerte Kanzel, von welcher man in den tobenden Abgrund hinunterblicken kann, durch ein sicheres Geländer geschützt. Heutzutage ist die Kanzel wieder in diesem Stande hergestellt, damals aber lag sie, von den Schneemassen des Winters erdrückt, in Trümmern, nur die beiden äussern Balken ihres Bodens waren übrig geblieben.

*) Nicht zu verwechseln mit dem Zwingsteg an der Walserschanze; dieser führt über die Klamm der Breitach.

Da brauchte es einen schwindelfreien Kopf, wollte man die Bacherzwing zu sehen bekommen, und nie verfehlte ich, im Vorübergehen den kleinen Abstecher da hinaus zu machen; nicht ohne ein gewisses boshaftes Vergnügen, den bequemen Apparat für den befrackten und bekrinolinten Touristenschwarm zersplittert zu sehen und den Genuss des wildgrossartigen Naturschauspiels auf jene beschränkt zu wissen, die seinen Anblick ohne Balken-Barrière zu ertragen vermögen.

Bei Sonnenuntergang erreichte ich Einödsbach, den höchstgelegenen, ständig bewohnten Ort Algäus (3516′ 1142 m. Sendtner.) An der schmalen, grünen Bergstufe liegen die braunen Holzhäuschen traulich beisammen, eine Kapelle dabei, welche ihren Glockenklang in's Thal hinunter sendet zum Abendsegen, und Sturm läutet, wenn die „Lahn“ (Lawine) einen Heuer oder Holzarbeiter begraben hat. Tief und düster öffnet gegen Südosten sich das Bacher Loch, in lichter Höhe über den Bergweiden ragen die kahlen, zackigen Wände empor, die breite Doppelpyramide der Mädelegabel, die Trettachspitze, hier eine nadelscharf gespitzte Zinne. Im Westen spreitet dunkelgrau der Griesgundkopf seine buschbehangenen Wände in's Thal, gen Norden öffnet sich, die grünen Flanken des Einödsbergs und der Walser Berge entlang, der Ausblick in die Illerebene, im Südwesten grenzt die Kammlinie des Schrofenpasses an den lichten Abendhimmel, an welchem ein hohes Felsenhaupt des Thammberges, wahrscheinlich die Mohnenfluh, sich abzeichnet. Die scheidende Sonne erhellte eben noch die Mauerkronen des Bacher Lochs, tiefe Schattenstreifen in dieser Beleuchtung liessen jedoch darauf schliessen, dass der Westhimmel keineswegs so rein und wolkenfrei sei, wie jene Lücke über dem Schrofenpass zu hoffen gab. Die Heuer kehrten von ihrer Tagesarbeit zurück, einer hinter dem andern auf dem engen Pfade am jähen Berggehänge, hoch über dem brausenden Einödsbach. Tief gebückt gingen sie unter der Bürde Heu, die centnerschwer, in Gestalt eines viereckigen Ballens, auf Schultern und Kopf ihnen lastete und das Gesicht verhing, dass eben noch die Augen unter dem Fransenschleier hervorblickten. Ich fragte den ersten derselben, ob er Jochum heisse und auf der Trettachspitze gewesen sei. Auf Beides erfolgte bejahende Antwort; er erklärte sich gerne bereit, mich auf die Trettachspitze zu führen — zu meiner grossen Verwunderung, ohne sich auch nur um die persönlichen Fähigkeiten und Antecedentien Desjenigen zu bekümmern, mit dem er eine solche Tour unternehmen wollte; ja, er bemerkte sogar, dass er schon öfters Herren auf die Trettachspitze geleitet habe. Das war mir zu rund. Auf näheres Befragen ergab sich denn auch, dass er unter der Trettachspitze die Mädelegabel selbst verstehe, und dass die eigentliche Trettachspitze im Einödsthale den Namen Geiskopf (spr. Giiskopf) führe. — „Ja, der Giiskopf, das ist freilich etwas anderes! der ist „hoch!“ (d. i. steil).“ — Er wies mich an seinen Hintermann, den *Baptist Schraudolph*, eine untersetzte, sehnige Gestalt, mit rothem Barte und hellen, blauen Augen. Ich trug mein Anliegen unter der richtigen Rubrik „Giiskopf“ vor. Er meinte, wir wollten das erst besprechen, da hinauf zu steigen, sei noch nie einem „Herrn“ eingefallen. Nachdem er sein Heu abgeladen, lud er mich ein, in's Haus zu treten, welches auf der äussersten Südwestecke der Einödsbacher Thalterrasse steht. Dort begrüsste uns ein munteres Weib mit ein paar frischen, gesunden Jungen. Ueberall Ordnung und Sauberkeit; Alles zeugte von einem gewissen, durch Fleiss und Intelligenz erworbenen Wohlstande, und weniger, als in anderen dergleichen Fällen, mochte es hier Wunder nehmen, dass einer Bauernfamilie ein hochberühmter Mann, wie Professor Schraudolph, entsprossen sei. — Ein naher Verwandter, wenn ich nicht irre, ein Neffe von ihm, war es, der mich auf die Trettachspitze geleiten sollte.

Während Schmarrn und harte Eier zum Abendmahle bereitet wurden, besprach ich mich mit Baptist Schraudolph; er mochte aus meinen Reden entnehmen, dass ich mich bezüglich der Schwierigkeit des Unternehmens in keinen Illusionen bewege, und dass die Bergtouren, die ich früher bereits in Ausführung gebracht, mich dazu als fähig erscheinen liessen. Ich erhielt von ihm die Notizen über die Geschichte der Trettachspitze, wie ich sie angeführt, über seine drei vorhergegangenen Ersteigungen, denen er am kommenden Morgen mit mir eine vierte hinzuzufügen gedachte. Bald nach dem Abendessen legten wir uns zur Ruhe; ein reinliches Bett, freilich aus Laubsäcken aufgerichtet, versprach bessere nächtliche Stärkung als das Heulager der Alpen. Unter meinen Fenstern schäumte der Einödsbach durch seine Enge. In sein Rauschen mischten sich bald heulende Windstösse; je öfter ich vom Bette aufsprang und in's Freie hinausblickte, um so schwärzer zeigte der Himmel sich umwölkt, spärlicher jedesmal die monderhellten Stellen. — Tiefgrau brach der Morgen an, die Wolken hingen dick über den Bergen, zähe Nebelstreifen schlichen durch die Thäler und Schluchten hinauf. Kein Trettachspitzwetter! „Aber ein Wetter zum Weinholen“, meinte Baptist, packte die Kraxe mit dem Fässchen auf und wanderte dem Rappenalpenthale zu, über den Schrofenpass in's Oesterreichische zu gehen; ich nach Sonthofen zurück — ein andermal! — —

Wenige Tage später aber — es war der 28. Juli, — lachte wieder die Sonne, meine Begierde, mit der Trettachspitze anzubinden, liess sich nicht länger mehr zügeln, in knapp 4 Stunden hatte ich die ganze Thalstrecke von Sonthofen bis Einödsbach zurückgelegt. Bei Birgsau begegnete ich einem Wagen mit fröhlicher Jagdgesellschaft, Bekannte aus Sonthofen; ein paar erlegte Gemsen streckten die scharfen Krickeln unter der Wagendecke hervor. „Morgen wird der Hals gebrochen!“ rief ich übermüthig ihnen nach. Um 8 Uhr war ich am Bestimmungsorte, wo ich Baptist Schraudolph wieder antraf. Die Vorbereitungen zur morgigen Ersteigung waren bald getroffen, das Abendbrod verzehrt und unter günstigeren Auspicien, als das erstemal, suchte ich mein Nachtlager auf.

Um 3 Uhr Morgens weckte Baptist; es war noch tief dunkel, die Sterne funkelten über den schwarzen Hörnern der Mädelegabel. Noch stärkten wir uns an einer Milchsuppe und packten dann die Bergsäcke auf; Baptist fügte dem sonstigen Steig-Apparate noch ein tüchtiges Heuseil hinzu, zum Gebrauche an den gefährlichen Stellen. Ich liess ihn gewähren, immerhin fest entschlossen, unter keinen Umständen dieses Hülfsmittels mich zu bedienen, das an steiler Wand nie einen andern, als einen moralischen Halt gewähren könnte. Fällt Einer, so ist's an dem Einen gerade genug. — Mit herzlichem Abschiedsgrusse an Schraudolph's Weib, verliess ich das gastliche Dach; „Gebt wohl Obacht!“ rief sie beim Scheiden uns nach, und es klang wohl etwas wie ängstliche Besorgniss durch ihre Worte. Mit starken Schritten wanderten wir den schmalen Pfad am Thalgehänge entlang, unter uns der dumpf brausende Einödsbach. Etwa 10 Minuten vom Hause entfernt bogen wir um eine vortretende Bergecke und begannen links gewendet den Anstieg. Die Geröllschütte, welche den einspringenden Winkel des Bergfusses ausfüllt, und welche nach der Höhe rasch zu einer schmäleren Rinne sich zusammenzieht, wurde überquert und ein enger Zickzackpfad, im Dunkel der Tannen oft kaum wahrnehmbar, leitete uns zur ersten Terrassenhöhe. Hier lichtete sich der Wald, auf leicht geneigtem Grasboden zeigten sich ein paar niedrige Heustädel. Schraudolph öffnete die Thüre des einen, in welchem zwei Heuarbeiter noch der nächtlichen Ruhe pflegten.

Sein Weckruf „Ich gehe mit einem Herrn auf den Giiskopf“ wurde nicht ohne Verwunderung, jedoch mit dem dem Algäuer eigenthümlichen Phlegma aufgenommen. Wir stiegen weiter.

Ziemlich geradlinig ging's nunmehr die grüne Bergflanke hinan, der Grathöhe zu. Das lichte Buschwerk, welches sie bedeckt, schwand mehr und mehr und mit ihm der Steig, der überflüssig zu werden anfing. Der Tag war heraufgezogen und scharf zeichneten die abschreckenden Felsgestalten des Bacher Lochs am Morgenhimmel sich ab. Tiefes Düster brütete noch in seinem eisigen Grunde. Zur Linken hatten wir eine flache, grüne Thalmulde, in welcher die Untere Einödsbergalpe liegt, zur Rechten grenzte das Wiesenterrain an tiefe, zertheilte Schluchten, die in den Einödsbach hinunter münden; ein Zaun begleitet die Grenze des Absturzes, zum Schutze für das weidende Vieh. Die vor uns sichtbare Höhengrenze wechselte fortwährend, je nach der grösseren oder geringeren Steigung des Berghanges, und der anfangs nahe geglaubte Gratscheitel wich fühlbar vor unseren Schritten zurück. Hoch oben, auf grünem Bergvorsprunge zeigten sich die kleinen Hütten der oberen Einödsbergalpe, eine flache Längswelle der Abdachung hinan schlängelten sich die Spuren unseres Pfades, um an dem erreichten Ziele eine neue, einförmige Grasfläche dem Blicke zu eröffnen. Abermals eine lange Strecke aufwärts, nach dem Höhenrande, der an den Himmel angrenzt, und welcher diessmal wirklich als der Gratscheitel sich erwies (Spätengundrücken, 5695′ 1850 m. Sendtner); reich begrünt zieht der Kamm gegen Norden, wo die rauhen Dolomitmassen des Himmelschrofen ihm entsteigen; geradlinig streckt er gegen Süden sich empor zum Spätengundkopf, über die Wildgundköpfe und die Trettachspitze den Anschluss an die Mädelegabel zu gewinnen. Ostwärts senken sich üppige Weiden zur Untermädelealpe und in's Thal von Spielmannsau hinab, und jenseits dieser Tiefe baut das Quellengebiet der Trettach aus grünen, scharfgezeichneten Gebirgen und kahlen, weissgrauen Felskolossen, von tiefen Thalschluchten durchfurcht, in anmuthig-grossartigem Wechsel sich zusammen.

1½ Stunden waren wir von Einödsbach unterwegs; eine starke halbe Stunde noch erforderte die Ersteigung des Spätengundkopfs (6193′ 2012 m. Sendtner), dessen geradflächige Böschung vor uns im Süden sich empor hob und jeden Ausblick in dieser Richtung verwehrte. Das plattige, lehmverkittete Schuttgehänge hinan, leiteten uns noch Spuren eines Pfades; auf der Scheitelhöhe zeigte sich wieder Gras, wir liessen den eigentlichen Culminationspunkt zur Linken und nahmen unsern Uebergang über einen flach eingedrückten Sattel. Erwartungsvoll, gespannt, betrat ich die Höhe; wohl erwartete ich nun Angesicht in Angesicht dem wilden Gegner gegenüber zu stehen. Und nicht hatte ich mich getäuscht: da fusste sie auf dem Grat, riesengross, wie ich noch niemals sie gesehen, ein jäher Rundkegel, das starre Haupt mit überhängender Stufe gen Osten geneigt; mauerglatt der ganze Bau — nicht eine Fingerspitze scheint Halt gewinnen zu können an solchen Felsen. Zu Füssen liegt ein ödes, hügeliges, schutterfülltes Kar, so ausgedehnt, wie ich in dieser Gegend eines zu finden nimmermehr vermuthet hätte; ein paar hundert Fuss tiefer bricht es ab und seine Rinnsale schnüren sich ein zu den klüftigen Seitengräben des Bacher Lochs; seinen Ostrand bilden die Wildengundköpfe. Hoch streckt der Firn des obersten Kessels sich hinauf bis unter die Wände der Trettachspitze; sein Glanz ist es, der allein sie dem Flachlande, dem nahen Illerthale, erkennbar macht, man glaubt dort diesen Schnee am nordöstlichen Mädelegabel-Gipfel suchen zu müssen. Und er auch sollte unsere Schritte bis zu grösstmöglicher Höhe dem Felsenhaupte entgegentragen.

Auch gegen Norden wie gegen Osten, auf das Trettachthal und seine Gebirge hat der Ausblick beträchtlich sich erweitert. Jedem, der mit grösseren Gipfelbesteigungen nicht gerne sich befasst und gleichwohl einen tiefen Blick in die ernste Gebirgswelt an der Wiege des Illerflusses zu thun wünscht, wäre der Besuch des Spätengundkopfes, verbunden mit dem Uebergange von Einödsbach nach Spielmannsau oder umgekehrt, auf's Wärmste zu empfehlen.

Unser Weg ging nach kurzem Aufenthalte weiter, geradlinig auf den Fuss der Trettachspitze zu. Die ausgeschartete Gratschneide links lassend, überquerten wir die felsige Gebirgsflanke an gut gangbaren Grasbändern und Schrofengesimsen, durchsetzten einige kleine, eingelagerte Trümmermulden und gelangten nach einer Viertelstunde in's grosse, innerste Kar. Zur Linken standen uns die theilweise abenteuerlich geformten Spitzzacken der Wildengundköpfe, deren spärliche Grasplätze zwischen den Schrofenriffen Schafheerden kärgliche Nahrung geben; auch von der rechten Seite herüber, vom nordwestlichen Fusse der Trettachspitze sich ablösend, zieht eine Reihe scharfgezahnter Klippen aus und schliesst nahezu völlig den weiten, felsenkahlen Kessel, in dessen Trümmerboden wir auf leicht geneigtem, noch etwas begrünten Gehänge herabstiegen. Seine Sohle hebt sich in hügeligen Plattenwellen bald wieder empor und geht in das ausgedehnte, glänzende Firnfeld über, welches in kellerartigem Ausbruche der Nordflanke der Trettachspitze lagert und von dem nordöstlichen und nordwestlichen Strebepfeiler gleich zweien riesigen Armen umfangen wird; während der letztere unmittelbar in die Klippenreihe übergeht, die gegen das Bacher Loch den Felsencircus schliesst, setzt der erstere auf einen mässig breiten Geröllsattel herab, von welchem nördlich der höchste der Wildgundköpfe (wahrscheinlich derjenige, auf welchen die Sendtner'sche Messung 6930' 2251 m. sich bezieht) schroff emporsteigt. Wir querten den Boden des Kars und bewegten uns über die zusammengeschobenen Plattenhügel, über einzelne, schwach geneigte Schneestreifen bequem aufwärts; unsere Richtung ging anfangs etwas gegen Rechts, später gerade auf das Firnfeld zu, um schliesslich links gehalten die Scharte zwischen Trettachspitze und Wildgundkopf zu erreichen. An einem Wässerchen, dem Abflusse des grossen Firnfeldes, machten wir Halt und revidirten das Gepäck. Ich steckte das Fernrohr in die Tasche und schnürte die Steigeisen, einen der langen Riemen auslösend, um den Leib. Schraudolph bestand darauf, einen Bergsack mitzunehmen mit seinem Stück Käse, dem unvermeidlichen Seil, welches doch in keinem Falle zur Anwendung kommen durfte, und — dem gesammten Kaffeebereitungs-Apparate. Die Erzählung, dass ich mein Frühstück auf den Felsengipfeln zu bereiten pflege, hatte seinen Beifall in so hohem Grade gefunden, dass er durchaus auch auf der Trettachspitze Kaffee kochen wollte. Wir liessen also den einen Bergsack mit dem Ueberflüssigen zurück und setzten uns wieder in Marsch; es ging nun scharf gegen Links, dem Geröllsattel zu, noch immer auf gut gangbarem, wenn auch etwas steilerem Fels. Um die Mauerecke des vortretenden Pfeilers biegend sahen wir den Boden vor unsern Füssen mit Einem Male abgerissen, 1000' tiefer und nahezu senkrecht unter uns lagen die Wilden Gräben, zerrissene, schwarzlettige Bergschluchten. Schmutziggrau zieht durch ihre längste, tiefste Furche der Eisstreif der Hohen Trettach hinauf zur Scharte am Fusse der Mädelegabel, wo er den eigentlichen Gletscher, den Trettachferner, auf der Südseite des Gebirges, mit seinem Haupte berührt, während seinem Fusse die junge Trettach in schäumenden Sätzen entquillt. Jenseits des Abgrundes zieht der schneidige Schwarzmilzgrat zum Kratzer hinüber, an ihn schliessen sich die Hügelwellen des Mädelejochs, über welchem wieder die Krotenköpfe aufsteigen, breite, schroffe, ausgezahnte Felsenkörper; zur Trettach hinab öffnet der Sperrbach seinen nächtig dunklen Schlund und aus der Felsengasse zwischen Sperrbachhütte und Ober-Mädelealp schimmert die weisse Schneedecke seines Lawinenthores. —

„Sie können wohl in die Helle sehen“ — sagte Schraudolph, als er meinen ungetheilten Beifall an diesem gewaltigen Aussichtsbilde und meine gänzliche Unempfindlichkeit für die Tiefe des Abgrundes wahrnahm, der hart vor unsern Füssen gähnte. — Wir wandten uns wieder rechts, in's Kar hinein. Der Körper der Trettachspitze, senkrecht auf den Geröllsattel niederbrechend, ist hier noch nicht zu fassen. Wieder ging's über die gerundeten Plattenstufen, steiler als bisher, aber immer noch bequem bergauf. Wir befanden uns im Niveau der halben Höhe des grossen Firnfeldes, als am Fusse eines mächtigen, schräg emporsteigenden Platts Schraudolph Halt machte und erklärte, dass der Angriff beginne. Hier mussten denn auch die Stöcke zurückbleiben, man bedurfte fortan beider Hände zum Felsenklimmen. Schraudolph legte die Eisen an, ich aber huldigte damals noch der Theorie, dass Eisen nur auf einem Boden, der das Eindringen der Spitzen gestatte, als Gras, Letten, Schnee oder Eis zu brauchen seien, auf hartem Fels dagegen die Schuhsohle ebenso guten Halt und ein feineres Gefühl für den Punkt des Auftretens gewähren müsse. Diese Theorie liess sich durchführen auf den stufigen Dolomitschrofen des Algäu; ich habe in der That, zu grösster Verwunderung Schraudolph's, die Trettachspitze sowohl auf- als abwärts gestiegen, ohne die Eisen, welche auf seinen dringenden Rath ich gleichwohl mitnahm, an den Fuss zu bringen. Bei meiner ersten Bergtour in den Centralstöcken des Nordinnthaler Gebirges (es war am Hohen Brandjoch bei Innsbruck) wurde ich sofort gründlich eines Besseren belehrt, und stellte sich mir die eminente Brauchbarkeit der Eisen auch auf dem härtesten Felsen, der Halt den sie finden, wo das Auge keine Stufe mehr wahrnimmt, die zarte Empfindung, welche der Fuss bei aller Wucht des Einschlagens für die unbedeutendste Ritze im Gestein bewahrt, sofort zur zweifellosen Gewissheit heraus. Auf den Platten-Gipfeln des Karwendel, auf den Mauerzinken des Wetterstein, auf den starren Klötzen des Mieminger Kammes, bin ich seither mit meinen Eisen verwachsen; heutzutage vermöchte ich nicht die Trettachspitze, noch manchen andern minder jähen Gipfelbau, den ich in früheren Jahren unbewaffneten Fusses erstiegen, ohne Eisen mehr zu gewinnen. Mit den achtzinkigen

Oberstdorfer Gliedeisen aber (eine Construktion, wie ich sie in keiner Gegend, auch in den grossen Gletschergruppen Tirols nicht, wieder fand) fasse ich auch das wildeste Schrofengezack, den blankesten Felskegel getrost in seiner kahlen Flanke, und noch habe ich Keinen gefunden, der ihnen widerstand.

In der Plattenstufe, welche wir zu erklettern hatten, um auf eine kleine Schulter der nordöstlichen Gipfelkante zu gelangen, hatte das abrinnende Wasser mehrfach schmale Rinnen und Gruben ausgehöhlt, vorspringende Steinnasen gaben sicheren Halt, bald auch minderte sich die allgemeine Steile; abgesetzte Schrofen leiteten unsere Schritte rasch und sicher zur nahen Scheitelhöhe; wir hatten damit weitere 100′ Höhe an der Trettachspitze gewonnen, das Firnfeld, welches zu unserer Rechten geblieben war, lag bereits unter unserem Niveau. Wieder eröffnete sich gegen Osten der Hinunterblick in den Abgrund der Wilden Gräben. Vor uns stieg der Grat auf, Zacken über Zacken, seiner Steile halber nur auf kurze Strecke sichtbar. Er bezeichnete fortan unseren Weg; erinnert man sich, dass es die gleiche Linie ist, welche die Gestalt der Trettachspitze, vom Hochrande der Schwarzen Milz gesehen, zur rechten Seite begrenzt, so darf man sich auf eine gewaltige Steigung gefasst machen, die selten unter 60° bleibt, häufig dieses Mass übersteigt; auf Schneefeldern und überhaupt auf abschüssigen Flächen kaum mehr zu bewältigen, bietet dieser Neigungswinkel auf rauhem, gestuftem Fels noch keine unüberwindlichen Hindernisse. Ich habe bei andern Gelegenheiten in analogen Fällen bis zu 72° gemessen, auf Schnee in den bedenklichsten Steilen nie mehr als 50°.*) — Schraudolph ging voran und suchte die Linie seiner früheren Ersteigungen; er fand den Grat, trotz seiner starken Verwitterung, seinen allgemeinen Grundzügen nach nicht beträchtlich verändert. Stufen gab es in Ueberzahl; die jähen Abbrüche der Schneide waren selten mehr als mannshoch und nicht allzu schwierig zu erklettern. Die Schärfe des Grates zeigte sich als sehr beträchtlich; in zahlreichen Fällen konnte auf seinem Scheitel der Fuss nicht mehr Platz finden, und obwohl man ganz correkt sagen kann, dass die Trettachspitze auf der nordöstlichen Gratkante erstiegen wird, so steht man doch meist nicht auf dem Grate, sondern abwechselnd auf der Südost-

*) Ein einzigesmal 60°, und dort nur in einer Spalte, auf ca. 25′ Höhe. Vgl. Alpenfreund, VI. Bd., 4. Heft „Auf den Graten des Hallthales.“

oder Nordwestseite desselben, die Schneide selbst in Brusthöhe neben sich; nicht selten auch hat man sie zwischen den gespreizten Beinen, der eine Fuss steht über den Wänden der Wilden Gräben, der andere über dem Firnfeld im Abschlusse des Kars. — Grosse Vorsicht erheischen die zahlreichen losen Blöcke und halb abgewitterten Felsenzacken; scharf aufspringend bieten sie lockenden Anhaltspunkt dem Emporkletternden, ertragen sogar eine erste unsanfte Berührung, gerathen aber unter dem vollen Gewichte des Körpers in's Wanken und stürzen in die Tiefe, den Unklugen, der anders als prüfend an ihnen gerüttelt hätte, unfehlbar mit sich hinabreissend. Schraudolph und ich säuberten damals soviel als möglich den Grat von diesen tückischen Gesellen, die seither jedenfalls wieder in grosser Zahl sich regenerirt haben; manch centnerschwerer Block wurde von seiner unsicheren Grundlage erst völlig losgerissen, bis dass er über die Kante hinaus sich neigte und mit grauenhaftem Gepolter, an den Wänden zu Trümmern zerstiebend, in die Hohe Trettach hinuntertanzte. Mehrmals machte Schraudolph, vor besonders steilen oder engen Gratstellen angekommen, den Vorschlag, mich zu grösserer Sicherheit an's Seil zu nehmen, — eine, man kann nicht anders sagen, als t o l l e Opferwilligkeit. Das Gewicht eines stürzenden Menschenkörpers würde den durch Seil mit ihm Verbundenen unter allen Umständen ebenfalls von seinem engen Standpunkte reissen und eine Compagnie-Catastrophe à la Matterhorn wäre die unvermeidliche Folge.*)

Höher und luftiger klommen wir empor; der Grat blieb an Schärfe und Steile sich gleich, doch lag die schlimmste Strecke mit den jähen Abstürzen und den vielen losen Blöcken ziemlich bald nach Beginn des Gratanstieges hinter uns. Näher rückten uns die gelblich gefärbten, überhängenden Felsmassen des Gipfels; an ihrem Fusse angekommen, lenkte Baptist nach der rechten Seite, in die Nordflanke der Trettachspitze ab. Er meinte, eine Umgehung könne wahrscheinlich auch in entgegengesetzter Richtung, über die Abgründe der

---

*) Im Führer-Verzeichnisse der Zeitschr. des D. A.-V., Bd. I, Heft 4 findet sich auch die T r e t t a c h s p i t z e mit Führer Bapt. Schraudolph aufgeführt. — Da es nicht undenkbar wäre, dass ein nicht hinlänglich geübter Bergtourist an der Trettachspitze sich ein Renommé zu begründen wünschte und das Seil, welches Baptist Schraudolph allzu opferwillig anbietet, dann wirklich zur Verwendung käme, so will ich diese Gelegenheit nicht vorübergehen lassen, ohne vor solch' unverantwortlichem Leichtsinne eindringlichst zu warnen.

Wilden Gräben hinweg, bewerkstelligt werden, doch habe er sich davon noch nicht durch eigenen Versuch überzeugt und wolle lieber die Linie seiner früheren Ersteigungen einhalten. Wir querten einige Schrofenmassen und hatten dann eine schmale, stark abschüssige Schutteinlagerung zu passiren, die an den Wänden über dem Firnkeller ihr Ende erreicht. Ihr nicht loses, sondern compaktes Gerölle machte die wenigen Schritte, die hinüber nach dem jenseitigen Felsenrande zu thun waren, sehr unangenehm, umsomehr, als diese Schritte in horizontaler Querlinie, an einer Stelle sogar etwas absteigend, zu thun waren. Würde man im Geschröfe diesseits einen tieferen Durchgang suchen, so dass der Schuttplatz aufsteigend zu überschreiten wäre, so würden die Schwierigkeiten sich unzweifelhaft bedeutend mindern. — Drüben hatten wir wieder massig übereinander gehäufte Felsbänke, Einrisse und querlaufende Gesimse gaben allerwärts Haltpunkte, die Anstiegslinie war freierer Wahl, als vorher überlassen; eine schräg gegen Rechts hinanziehende Schuttrinne vermittelte den letzten Anstieg nach dem Gipfel; aus ihr emportauchend fassten wir den Grat, welcher, entgegen der anscheinenden Schärfe der Gipfelspitze, einen horizontalen, 10—12 Schritte langen, von Süd nach Ost gekrümmten Bogen beschreibt, breit genug, um bequem darauf umherzuspazieren. An seiner westlichen Ausbiegung steht, von breiter Steinpyramide gestützt, die ca. 12′ hohe Kreuzstange. Vor uns im Süden stieg riesengross in düstergrauen Wänden der Gipfel der Mädelegabel empor, und im Moment, da wir den Grat betraten, erhoben sich mit lautem Halloh zwei menschliche Gestalten drüben auf seinem Scheitel. In der einen erkannte Schraudolph sofort den einarmigen Führer *Hipp* von Oberstdorf, die andere war ein junger Tourist, von ihm auf die Mädelegabel geleitet. Wer je auf diesem Gipfel geweilt, kann die Ueberraschung wohl zu schätzen wissen, wenn die nachbarliche Trettachspitze, die dort von ihrer wildschroffesten Seite sich darstellt, plötzlich ebenfalls von menschlichen Wesen bevölkert erscheint. Ein regeres Leben entwickelte sich nun auf beiden Felsenhäuptern; Rufe, auf die geringe Luftdistanz gar wohl verständlich, flogen hinüber und herüber, und als endlich gar zu Schraudolph's unbeschreiblichem Ergötzen die Kaffeemaschine, in geeigneter Steinumwallung vor dem Windzuge geschützt, ihre Schuldigkeit gethan und die schwarze Mokkabrühe zum Genusse bereit war, strengte ich die Lungen an und lud die Herren jenseits zu einer Tasse herüber auf unsern Adlersitz. Von drüben erfolgte das Offert eines vorzüglichen Kirschgeistes, von welchem ich, zu meinem grossen Bedauern, ebensowenig Gebrauch zu machen mich im Stande sah. —

Ein Jahr verging und einige Monde dazu; dann traf den fröhlichen Ersteiger der Mädelegabel die feindliche Kugel auf den blutgetränkten Gefilden von Champigny. — —

Wild und wüst ist die Umgebung der Trettachspitze, todtstarr die Bergwelt, welche sie beherrscht; vom Norden abgekehrt, wo allein der Blick auf grünen Bergen und Landstrichen, auf belebten Ortschaften ruht, sieht ihr Ersteiger sich umfangen von den gewaltigsten und abschreckendsten Felsenbauten der Algäuer Alpen. Der ferne Hochvogel, die Krotenköpfe, der Kratzer und das schluchtenreiche Gehänge der Wilden Gräben; — die Doppelpyramide der Mädelegabel, Bockskarkopf und Wilde Mann mit den öden Schutthalden des Bockskar, und der schmutzigen Schneestrasse der Schneeflucht — über ihr in lichter Scharte die Koboldgestalt des Wild-Männle; — die Rappenköpfe und weiter hinaus im Süden der massige Rundkegel des Biberkopfs, sie alle schliessen sich zu einem schaurig düstern Halbkreise zusammen, welche nur an wenig eingebrochenen Stellen die Gebirge des Lechthales, die Gletscher des Verwall hindurchblicken lässt, mehr Räthsel als Aufklärung. In jäher Tiefe zu beiden Seiten die Spielmannsau hier, und dort, im Westen, die Wiesenstufe über der finstern Schlucht, das Kapellchen und die braunen Häuser von Einödsbach. Das Fernrohr zeigt uns die Leute vor der Hausthüre, auch Schraudolph's Weib, das zu uns heraufblickt und auf glückliche Heimkehr ihres Gatten hofft. —

4 Stunden hatte von Einödsbach unser Aufstieg zur Trettachspitze gewährt; das eigentliche Felsenklettern nicht ganz eine Stunde. — Ueber eine Stunde verweilten wir auf dem Gipfel, der wohl manches Jahr nachher der ungestörten Ruhe wieder geniessen sollte. Gegen 9 Uhr erfolgte, nachdem wir unserem Vis-à-vis auf der Mädelegabel einen letzten Abschiedsruf zugesendet, der Aufbruch. Da wir keine Stöcke hatten, so musste der Abstieg fast durchweg sitzend zurückgelegt werden, wobei die Rollen der Glieder tauschten, die Hände zu festen Stützen und die Füsse zu voraus tastenden Fühlern wurden; die Beinkleider freilich wurden dabei in höchst bedenklicher Weise mitgenommen und erschienen nicht mehr gar geeignet, unter der haute volée der Sommergäste Oberstdorfs zu paradiren. Immerhin kamen wir solcherart zwar langsam, aber in voller Sicherheit abwärts, der steile

Grat, welchen wir bereits im Aufsteigen von seinen trügerischen Felsklötzen grössentheils gesäubert hatten, bot auch nicht allzu grosse Schwierigkeiten, der Plattenhang zum Kare hinab war im Abstiege, zumal wir der Stöcke entbehrten, das Unangenehmste. Ueber die Felsenhügel des Kars ging's dann schnellen Schrittes hinunter zu unserem Gepäcke; dann weiter durch die kleinen Trümmerkessel und über die Schrofenrippen der Wildengundköpfe auf die Bergecke des Spätengundkopfs und die schräge Abdachung seiner Nordseite hinab auf den Gratsattel des Einödsbergs, welchen wir $1\frac{1}{2}$ Stunden nach Verlassen der Trettachspitze erreichten. Hier trennten wir uns; mit herzlichem Danke verabschiedete ich mich von dem wackern Schraudolph, der nach seiner Heimat zurückkehrte, und wandte mich ostwärts, zur Spielmannsau hinunter. Ueber grasreiche Wiesen erreichte ich bald eine hochgelegene, zu den Einödsbergalpen gehörige Hütte, gerieth dann, damit diesem Tage ein kleiner Irrgang nicht erspart bleibe, statt den Wegspuren nach der rechten Seite zu folgen*), auf falsche Fährte in entgegengesetzter Richtung und in's Gewirre der tief eingerissenen, dicht mit Buschwerk überwucherten Gräben. Ziemlich mühsam und arg durchnässt erreichte ich die tiefer gelegene Terrasse, wo ich den gebahnten Steig wieder antraf; er führte nun nach der linken Seite, kreuzte ein paar starke Giessbäche, welche mich erkennen liessen, dass ich noch immer die relativ beste Abstiegslinie im pfadlosen Terrain mir gewählt, und leitete schliesslich zur Unter-Mädelealp (3906' 1269 m. Sendtner), einer grossen, nicht hoch über der Thalsohle gelegenen Hütte. Ein rauher Karrenweg endlich zieht sich von hier durch Wald und Busch hinab auf die Schuttfelder des Trettachbettes. $1\frac{1}{2}$ Stunden nach Verlassen des Einödsbergkammes war Spielmannsau erreicht und zufriedener als ehedem, sah ich nun zur schlanken Spitze empor, die vom Trettachthale, das sie beherrscht, ihren Namen hat.

Es möchte der Leser zum Schlusse vielleicht nach einer allgemeinen Qualifikation der Ersteigung der Trettachspitze fragen. Dass dieselbe nicht anders als schwierig, ja sogar als von hervorragender Schwierigkeit, beurtheilt werden könne,

*) Es ist dieser Weg, wie ich im Jahre 1873 bei Gelegenheit der Skizzenaufnahme mich überzeugte, überhaupt nicht sehr ausgeprägt, und verschwindet in der Wiese östlich der Alphütte völlig. Man gehe übrigens unbeirrt in gerader östlicher Richtung hinab, alle Gräben zur Linken lassend, bis zum äussersten Vorsprunge der Alpweide, wo die Stangen eines Heuschobers sich zeigen. Von dort führt gebahnter Pfad gegen links hinunter, quer über die Gräben und Bäche.

darüber wird ihm nach der vorhergehenden Beschreibung wohl kaum ein Zweifel bestehen und bin ich auch weit entfernt in Abrede zu stellen, dass ich als eine solche auch für mich, nicht blos in Rücksicht auf Andere, sie beurtheile. Gleichwohl ist diese Schwierigkeit nicht als eine so hochgradige aufzufassen, dass die Trettachspitze überhaupt Jedem unzugänglich wäre, der aus dem Riskiren des Halsbrechens nicht ein specielles Vergnügen sich macht. Eben das Algäuer Gebirge, welchem die Trettachspitze angehört, bietet mir die Analogie eines Gipfels, welcher von berggeübten Touristen mehrfach besucht wird, und welchem ich die Trettachspitze gleichzustellen kein Bedenken trage. Es ist die Höfats im Gerstruberer (Dietersbach-) Thale. Steilheit des Gehänges (wenn auch die behaupteten 80—82° sich kaum in Richtigkeit verhalten dürften), — Gefahr und unfehlbare Verderblichkeit des Absturzes bei geringstem Mangel an Vorsicht, stehen für beide Gipfel sich völlig gleich; nur der Charakter der Ersteigung ist ein verschiedener. Was an der Höfats steile, haltlose Grasplanke, das ist an der Trettachspitze nackter, aber gestufter Fels. Ist es an der Höfats ziemlich gleichgiltig, wohin das Eisen gesetzt wird, wenn es nur richtig eingesetzt wird, so erfordert die Trettachspitze ein umsichtiges Auswählen der Tritte. Und was speciell die Schwindelfreiheit anlangt, die freilich auch von der Höfats in nicht geringem Grade gefordert wird, so stellt in dieser Hinsicht die Trettachspitze noch höhere Ansprüche, indem sie die Abgründe von beiden Seiten dem Blicke vorführt, während an der Höfats, deren Gipfel ausgenommen, das Auge stets einen Ruhepunkt an der zur Seite aufstrebenden Wand hat. Im Wesentlichen besteht sohin der Unterschied zwischen Ersteigung der Höfats und der Trettachspitze weniger in quantitativen, als in qualitativen Momenten der Kletterkunst, und trage ich kein Bedenken für denjenigen, der an der Höfats sich erprobt und ausserdem noch einige grössere Touren auf kahlen Felsengipfeln zur Ausführung gebracht hat, auch einen Versuch mit der Trettachspitze als erlaubt zu bezeichnen.

XI. Das Hohe Licht.

(Hierzu Vertikal- und Horizontalprofil No. 11.)

Einer der unbekanntesten, seiner Struktur nach verwickeltsten Winkel der Algäuer Alpen ist es, welchem als Culminations- und in gewisser Beziehung auch als Knotenpunkt das Hohe Licht angehört. Leicht ersteigbar und doch fast nie besucht, ist sein Name, wenn je man ihn zu hören bekommt, überhaupt in ziemlich schwankender Bedeutung gebraucht und wird, namentlich von österreichischer Seite, häufiger fast auf den Biberkopf als auf jenen Gipfel bezogen*), von dessen Besteigung und orographischen Verhältnissen die nachfolgende Beschreibung handeln soll. Ein dominirender — wahrscheinlich der vierthöchste — Gipfel im Hauptzuge der Algäuer Alpen, — ein kleiner, aber augenscheinlich wahrer Gletscher an demselben — ein Gebirgspass, über welchen man von Kar zu Kar fast ebenen Fusses hinüberschreitet, ohne zu merken, dass man die Wasserscheide zwischen Iller und Lech passirt — das wären sicherlich Momente von hinlänglichem Gewichte, um wenigsten Einige unter den vielen Hunderten von Bergtouristen, welche alljährlich das Algäu besuchen, zu einer Excursion in jener Richtung zu veranlassen. Doch geht es hier wie allerwärts in unseren Alpen: Was unbekannt, was ungenannt — das ist auch unbesucht. Wohl manches Dutzend Alpenwanderer mag seit dem Jahre 1869 den Daumen, das Gaishorn, die Mädelegabel, wohl auch den Hochvogel erstiegen und an der Erinnerung jener Hochtouren sich erfreut haben; nennt Einer solch' einen Namen, so weiss die Welt doch, wie und wo. Wer merkt auf einen fremden Namen, er leite denn aus den Gletschergebieten seinen Ursprung her? — „Hohes Licht? — davon haben wir nie gehört!" — Drum

*) Im Jahre 1873 hörte ich ihn im Lechthale mit dem Namen Stellwänder bezeichnen.

geizt der Bergtourist auch nicht darnach, sagen zu können: „Ich war auf dem Hohen Licht.“

Einem neckischen Kobold gleich verfolgt dieser Gipfel den Bergwanderer; breit scheint er, vom Illerthale aus gesehen, auf dem Hauptgrate zu ruhen, als viertes Felsenhaupt der Mädelegabelgruppe westlich angereiht. An seinem Westfusse zeigt sich in lichter Gratscharte das Zäckchen des Wildmännle. Rückt man dem Hochgebirge näher, in's Birgsauerthal und bis nach Einödsbach vor, so bleibt das Wildmännle stehen, ihm zur Seite aber krümmt sich ein zernagter, gestaltloser Grat empor, der mit dem Bockskarkopf und mit der Mädelegabel sich verbindet. Ist die letztere selbst erstiegen, so steht ihr im Südwesten ein hoher, fast ebenbürtiger Kegelgipfel gegenüber, welchen ein ungeübtes Auge leicht als mit dem nahen Bockskarkopfe direkt verbunden ansieht; verlässt der Ersteiger die Mädelegabel und wandert auf der weissen Decke des Trettachferners vorwärts in der Richtung auf jenen Gipfel hin, so erblickt er den pyramidalen Bockskarkopf alsbald allein wieder vor sich und neben ihm, augenscheinlich weit zurückgerückt, den Kegel von vorhin, nun mit dreizackiger Schrofengabel gekrönt. Ersteigt er dagegen den Hauptgrat und einen seiner Gipfel im westlichen Theile des Illerquellengebietes, den Biberskopf oder einen der Rappenköpfe, dann steht ihm jenseits tiefer Thalschlucht eine gewaltige, mit blendendem Schuttkleide überzogene Pyramide gegenüber, in weitgeschweiftem Zackenbogen ein eisiges Hochkar umspannend und mit dem Hauptgrate westlich der Mädelegabel sich vereinigend; — gen Süden entsendet ihr Fuss einen Sattelgrat mit jähen, durchschluchteten Abhängen, der abermals an Felsengipfel stösst, unter welchen der westliche Eckpfeiler eines gegen das Lechthal vorgeschobenen Parallelzuges, die Ellebognerspitze aufragt. Hier erst vermag er die orographischen Verhältnisse richtig zu beurtheilen.

Bekanntlich streicht der Hauptkamm der Algäuer Alpen von der M ä d e l e g a b e l bis zu seiner starken Depression am R a u h g e r n r ü c k e n und S c h r o f e n p a s s in ausgeprägt südwestlicher Richtung; er bildet nahe der Mädelegabel noch den zu deren Gruppe gehörigen B o c k s k a r k o p f (7950′ 2580 m.), in weiterer Folge den zahnigen Grat des W i l d e n M a n n (7902′ 2567 m Grenzk.), welcher zur Scharte absinkt, in welcher das bereits genannte W i l d m ä n n l e (7359′ 2390 m. G. K.) steht; weiter gegen Südwesten reihen R o t h g u n d s p i t z e (7627′ 2478 m. G. K.), H o c h g u n d s p i t z e (7563′ 2457 m.), die R a p p e n k ö p f e (7615′ 2474 m. und 7438′ 2416 m. G. K.)

und endlich als mächtiger Schlusspfeiler der Biberskopf (8014′ 2603 m. Sendter), sich an. Vom Scheitel des Felsrückens, welchen die bayerisch-tirolische Grenzbeschreibungskarte als den Wilden Mann bezeichnet, löst südwärts ein steilschrofiger, mehrfach zerspaltener Grat sich ab, welcher, an Höhe fortwährend zunehmend und schliesslich seinen Hauptgrat beträchtlich überbietend, gegen Westen sich herumbiegt und zu einem ca. 8000′ 2600 m. hohen, zackigen Gipfel sich emporschwingt, welcher der Scharte des Wildmännle wieder fast genau gegenübersteht. Nordwärts stürzt derselbe ziemlich steilwandig in den weiten, gegen Westen offenen Mauercircus nieder, dessen innerste, stark abschüssige Partieen von den Eismassen des Hochalpferners bedeckt werden; gegen Westen und Süden dagegen decken endlose Schuttfelder die stark sich ausbreitenden Flanken der Pyramide; diess ist das Hohe Licht. Der Grat, der von seinem Fusse gegen Süden ausgeht, trennt das Kesselthal der Tiroler Hochalpe vom Schachenbach, der im Süden der Mädelegabel und des Hochplateau's, welches den Trettachferner trägt, dem Höchbach und durch diesen dem Lech zufliesst; eine kleine, hochgelegene Thalebene des ersteren beherbergt die Rossgumpenalpe. Gen Süden schliesst dieser Grat an einen kegelförmigen, nicht sonderlich hohen Felsgipfel an, und dieser wieder verbindet sich einerseits mit der Ellebognerspitze (7835′ 2545 m. Kataster), die südwärts mit breiter Abdachung zum Lech niederfällt, andererseits mit dem Parallelkamme, welcher, der Hauptkette der Algäuer Alpen vorgelagert, zwischen Ellebogen (Stög) und Holzgau das Lechthal begleitet. Der Unterbau des Hohen Licht, die Wandabstürze der Terrasse, auf welcher die Hochalpe liegt und endlich das Felsgehänge der Ellebogner Spitze von der einen — der mehrfach durchschluchtete Steilabfall des gesammten, abschüssigen Hochplateau's, welches am Fusse der Rappenköpfe und des Biberskopfes sich hinlagert, von der andern Seite schliessen zwischen sich die tiefe Thalenge des Bibersbaches, welche im Kare des Hochalpferners und südlich des Wildmännle ihren Anfang nimmt und oberhalb Ellebogen in die Lechschlucht ausmündet.

Nahe einer kleinen, einzelnstehenden Alphütte in ungefähr der halben Höhe dieser Thalschlucht kreuzte ich am gewitterschwülen Nachmittage des 5. August 1869 die Sohle und den rauschenden Bibersbach, um auf enge gewundenem Pfade, die Wände der Ellebogner Spitze zur Rechten, alsbald zur Tiroler Hochalpe wieder emporzusteigen. Vom Biberskopf kam ich herüber, den ich nach siebenstündigem Marsche gewonnen, von der Linkersalpe über die Rappenalpe nach der oberen Bibersalpe, deren Gräben mich gräulich in die Irre geführt, dann über den Grat am Rappenköpfle auf die Südseite des Gebirges, um die Felsrippen des Biberskopfes herum, die, eine abschreckender als die andere, mir entgegenstarrten, bis ich die äusserste, gerade gegen Süden ausstrahlende, fasste und in verzweifeltem Aufklettern das Haupt des Riesen auch glücklich erreichte*); wo ich dann hinausblickte auf den Bodensee und die dunklen Hügelzüge des Schwarzwaldes, tief hinein in die schneegefleckten Kare der Lechalpenthäler, von schwarzen Mauerzacken umrandet, auf die funkelnden Gletscherkämme der Oetzthaler und Ortlergruppe, des Unterengadin und der Bernina. Nach kurzer Rast und Erfrischung an der kleinen Alphütte „Am Berg" südlich des Biberskopfes, war ich dann hinabgestiegen in die Thalschlucht, über welche die Hochalpe und die weisse Pyramide des Hohen Licht mir herüberwinkte; wieder hatten im Wirrsale der Gräben die Eisen meinen Weg an den schlüpfrigen, lettigen Lahnen, an den unsicheren Gras- und Moospolstern der Felsenabstürze hin mir bahnen müssen, und nun endlich stand ich am Ufer des thalabwärts eilenden Baches, um jenseits die gleiche Höhe, von welcher ich mühsam herabgekommen, wieder zu erobern. Der Pfad war rasch gefunden; in tausend kleinen Serpentinen, vielfach getheilt und wieder vereinigt, klomm er hinan, bis das letzte Krummholz am spärlich begrünten Boden schwand; auf abhängiger Wiesenterrasse zog er alsdann quer durch, dem Inneren des Thals und seiner Kare zu; die von ihrer Südwestseite sich darstellende, völlig regelmässige und blendend schuttweisse Pyramide des Hohen Licht bot nun einen besonders grossartigen Anblick und nicht minder gewaltig schaute der Biberskopf, den ich vor wenig Stunden erst verlassen, über die Tiefe des Thales zu mir herüber. Um die Felsecke eines niedrigen, vom Verbindungsgrate zwischen Hohen Licht und Ellebognerspitze ausstrahlenden Zweigkammes bog ich, den absteigenden Pfad verfolgend, in's Kar der Hochalpe ein; eine ausgedehnte, sanftgehobene, stark hügelige Weidefläche, im Hintergrunde geschlossen von gelblettigen Steilhängen, in welche scharfgezeichnete Gräben sich einschneiden, welche zu einem fast geradlinig gegen Süden gezogenen Grate emporsteigen. Jenseits dieser Wasserscheide liegen die Felshügel

*) Der Biberskopf wird wohl am besten von der Westseite, vom Rauhgern-Rücken aus, vielleicht auch von der Nordseite, direkt von der Bibersalpe her, erstiegen werden.

und Firnflecke im innersten Winkel des ausgedehnten Gebietes des Trettachferners, dort nimmt der Schachenbach seinen Ursprung, um seine anfangs enge Thalfurche zur Rossgumpenalpe hinunter zu verfolgen; der Uebergang über diesen Grat wäre wohl nur vermittelst Gebrauches der Eisen, nicht ohne Schwierigkeit, ausführbar. Vom westlichen offenen Rande des Kessels der Hochalpe stürzen senkrechte Wände in die unzugängliche Kluft hinab, welche die Gewässer des Bibersbaches zu Thal führt; von Norden setzt das Hohe Licht seinen Fuss herein, in steilfallenden, noch ziemlich reich begrünten Terrassenstufen. Auf einem etwas hervorragenden Hügel inmitten des Thalbodens steht einzeln die grosse Hütte der Tiroler Hochalpe (ca. 6000′ 1950 m.)

Die Kreuzung der Bibersbachschlucht von der „Alpe am Berg“ herüber hatte mehr als zwei Stunden in Anspruch genommen; es war vier Uhr Nachmittags, als ich an der Hochalpe anlangte. Trotz des anstrengenden Marsches den Tag hindurch hatte ich noch keine rechte Lust, das Werk von heute zu beschliessen, und Angesichts der allmähligen Umwölkung des vorher unvergleichlich klaren Himmels, der nahen Möglichkeit einer Witterungsänderung für den morgenden Tag, schien es mir nicht unvortheilhaft, mit einem letzten Appell an die körperliche Elasticität noch am gleichen Abende das Hohe Licht zu ersteigen und damit meine Geschäfte in diesem Gebirgsabschnitte ein- für allemale zu erledigen. Gegen diess abenteuerliche Unterfangen legte indess der Himmel selbst rechtzeitigen Protest ein; ich war noch keine halbe Stunde lang an den starkgeneigten, stufigen Grashängen des Bergfusses aufwärts gestiegen, als mit überraschender Geschwindigkeit Veränderungen bedenklichster Art im Luftkreise sich geltend machten. Da und dort ballten die vereinzelten Haufwolken zu langgestreckten, dunklen Schichten sich zusammen, der Dunstschleier des westlichen Himmels, der wenige Minuten zuvor im Sonnenglanze noch wie leichtes Geflocke aussah, trat in den Schatten und zeigte seine wahre Natur als pechschwarze Wolkenwand. Noch beschloss ich abzuwarten, nahm auf einem vorspringenden Felsbalkone Platz und verfolgte beobachtend die weitere Entwickelung des Gewölkes. Die Würfel waren in der That gefallen. Dichter und schwärzer zog sich's zusammen und breitete seine düstern Schatten über die Hörner der Lechalpen, über die Hochfläche des Thannberges herüber; jetzt hob sich auch die Wolkenmasse im Westen empor und grünlichgraue, zerfetzte Nebelstreifen mischten sich in den tiefdunklen Gewittervorhang. Für heute musste ich allen weiteren Plänen wohl entsagen; schnell war ich wieder in der Tiefe des Alpenbodens und wanderte der Hütte zu, wo mir gastliche Aufnahme zu Theil wurde. Alles lag bereits in tiefem Düster, näher rückte das Grollen des Donners, vom Lechthale herauf erklang Wetterläuten aus dem Kirchlein von Stög. Vor der Thüre sitzend sah ich die Wettermasse heranziehen, sah sie die Gipfel der Lechalpen in ihre schwarzen Schleier hüllen, aus dem Grabach und Bodenthale hervorbrechen und ihre Schauer in's Lechthal niedersenden. Kaum bemerkbar, ein fahler, gelbröthlicher Schein, fuhren die Blitze hin und wieder;. dem matten Aufzucken folgte unmittelbar der Donnerschlag, mit erschütternder Gewalt an den Felswänden sich brechend und aus ihren Klüften hundertfach zurückgeworfen. Und nun steigt's auch schwarz und drohend herauf über den Biberskopf, die Rappenköpfe und das Hohe Licht, qualmt aus dem Schachenbach empor und streift die Mauern der Ellebognerspitze. Einen Augenblick noch staut sich der Wolkenschwall vor der Tiefe, die ihm entgegengähnt; dann rollt's wie Ströme von Blei herunter in die Kare, verschwunden sind die Gipfel im Nebelmeere, das Prasseln des Wolkenbruchs, das Toben der angeschwollenen Bäche und das unausgesetzte Donnerrollen mischen sich zu unentwirrbarem Getöse. In ihre dickwollenen Wettermäntel gehüllt, den festgeschnürten Hut tief in's Gesicht gezogen, eilen die Hirten hinaus in den rasenden Aufruhr der Elemente, das entsetzt, besinnungslos umherrennende Vieh von den gefährlichen Stellen zurückzuhalten. Sie kehren, regentriefend, erst zurück, nachdem der ärgste Gewittersturm sich gelegt, die Wolken fester sich gelagert, und die seltener und ferner ertönenden Donnerschläge verkünden, dass die Spannung der Elektricitäten ihren Ausgleich gefunden hat. Endlose Regenfluten stürzen als Nachspiel des Gewitters auf die Berge, von den Bergen in die Bäche und Schluchten nieder; die dichtgezogenen Schleier beschleunigen den Hereinbruch der Nacht.

Nebelschwer brach der folgende Morgen heran; durch's kleine Fenster der Hüttenkammer, in welcher ich ein auf den Alpen ungewohnt gutes Nachtlager gefunden hatte, sah ich über die Schlucht des Bibersbaches weg auf den Biberskopf und in's obere Lechthal. Bleigrau zeigten sich die Felsen, ein düsterer Ton breitete sich über die Wiesen und Wälder der tiefen Gebirgszone. In den nassen Thalgründen zogen weissliche Wolkenschichten hin und her, die unbeliebten „Katzen" schlichen an den Berghängen und in den Karen hinauf. Die Vermuthung, dass binnen Kurzem sämmtliche

Gipfel verhüllt sein würden, erschien als ziemlich gegründet und war für mich um so unerfreulicher, als ich, auf der Südseite des Gebirges befindlich, gar nicht wusste, wie wieder nach Hause gelangen, es sei denn mittelst des colossalen Umweges über Lechleiten und den Schrofenpass. Die Angabe der Hirten, man komme nahe am Wildmännle über den Grat nach der Rappenalpe hinüber, es sei dieser Pfad in früheren Zeiten von Schwärzern viel begangen worden, hätte an und für sich ganz befriedigend gelautet, wäre nicht bei der naheliegenden Möglichkeit einer baldigen Nebelverhüllung der ganzen Hochzone die Auffindung des richtigen Ueberganges eine ziemlich problematische gewesen. Zurückkehren musste ich nun aber doch, verloren war der heutige Tag unter allen Umständen, ich konnte vor später Nachmittagsstunde keinenfalls in Sonthofen wieder eintreffen. Und da der Nebel, sollte das Geschick mir günstig sein, ebensowohl nach zwei, als erst nach vier oder fünf Stunden anfallen konnte, so war das schliessliche Resultat meiner Selbstberathung allen ungünstigen Auspicien zum Trotz dennoch das Hohe Licht anzusteigen, und abzuwarten, was weiter sich ergebe. Ich nahm daher Abschied von den freundlichen Hirten der Hochalpe und setzte mich um $^1/_2$5 Uhr Morgens in Marsch. Wie am Nachmittage vorher übersetzte ich den, noch ziemlich angeschwollenen Bach, welcher aus den Wasserrinnen im Hintergrunde des Kar's sich sammelnd zum Bibersbache hinabstürzt, und stieg das grüne Gehänge am Fusse des Hohen Licht Stufe um Stufe hinauf. Die Anstrengung des vorhergegangenen Tages lag mir in den Gliedern und ich kam ziemlich langsam vorwärts. Allerwärts schützen Zäune die Weideplätze gegen die abstürzenden Wände, die von allen Seiten sie umgeben; auch die Grasflächen, die von der Hochalpe weiter thaleinwärts sich erstrecken, sind längs der Bibersbachschlucht hin mit Gehegen eingesäumt. Den untersten, steilen Grashängen folgen mässiger geneigte, ziemlich allgemein begrünte Plätze, die einförmig zur Höhe sich empordehnen, und an welchen das Vegetationskleid nur langsam sich verliert und endlich ganz erstirbt. Die breiten Schutthänge der Gipfelpyramide erscheinen nun, wenn sie überhaupt einmal dem Blicke sich zeigen, beträchtlich eingeschrumpft und nur die Erinnerung an das Bild, welches sie aus grösserer Ferne darbieten, lässt die Länge des Weges ermessen, welcher noch zurückzulegen bleibt. Die Passhöhe des Grates, welcher das Hohe Licht mit der Ellebognerspitze verbindet, steht nun zur Rechten in ziemlich gleichem Niveau; der erstere Gipfel, welcher auch in dieser Richtung, gegen Süden, mit breiten Geröllehnen abdacht, fusst auf ihm mit einem ca. 50′ hohen Steilabsturze, der weder zu ersteigen, noch zu umgehen sein dürfte; auch von der Gegenseite, von Osten her, habe ich mir diese Stelle betrachtet und bin zu dem gleichen Resultate gelangt.

Ziemlich an der Höhengrenze der Vegetation, wo das Gras nur mehr in einzelnen Bändern und Päcken am Felsgehänge haftet, breitet eine hügelige Terrassenstufe sich hin. Zwischen den mächtigen Blöcken und Trümmern, die ihren Boden überlagern, ist eine kleine Schäferhütte erbaut, niedrig, von rauhem, grauen Aussehen, wie der Fels, der sie umgibt, kaum erkennbar dem ungeübten Auge. Bald darauf ist die Kante gewonnen, welche vom Scheitel des Hohen Licht herabziehend die Gratscheide zwischen der Hochalpe und dem Kessel des Hochalpferner bildet. Gedrückte Schrofenrücken, von Geröll umlagert, bezeichnen ihre Scheitellinie; nach der Höhe zu verliert sie sich in die Schuttfelder der Gipfelpyramide. Als ich die Terrasse der Schäferhütte und den Grat erreichte, war die erste Stunde des Anstieges reichlich bereits verflossen. In das einförmige, nasse Weissgrau des ganzen Horizontes mischten sich bereits wieder die scharfgezeichneten, schwarzen Gestalten heranziehender Regenwolken, die Nebelschichten in den Thälern begannen sich zu heben, da und dort hüllte ein Theil der Rundsicht sich in den grauen Schleier herabstürzender Regengüsse. Der Biberskopf, im Zackenkreise seiner Trabanten, starrte noch frei, eine tiefdunkle Riesensäule, in den trüben Morgenhimmel, während schon die schweren Gewölke um seinen Fuss sich herumlagerten; höher und höher strichen sie durch die Schluchten hinauf, in denen ich gestern umhergeklettert war, wie eine Insel schwamm endlich der gewaltige Felsenbau im grauen Gewoge dahin; da zog ihm noch die obere Wolkenschicht eine Kappe über den Kopf und in Dunst löste sich, verschwand die starre Gestalt. Nicht lange währte es nun, so waren die Wolken auch bei mir; die tiefe Bibersbachschlucht, die am gestrigen Nachmittage zwei volle Stunden mir gekostet, war ihnen leider kein so zeitraubendes Hinderniss. Bald wies das Gestein vor meinen Füssen die unheilverkündenden grauen Flecken, und ein tüchtiger Platzregen, mit Graupeln untermischt, prasselte auf mich nieder. Ich hatte eben die Gratkante erreicht; drüben war Alles Qualm und Rauch; vom weiten Gebirgskessel, der dort vor mir liegen musste, nicht eine Spur zu erblicken. Die schräg gegen Norden aufgerichteten Felsschichten bildeten auf der Kante stellenweise schützende Dächer, und unter solch eine Höhlung verkroch ich mich, Besserung des Wetters abwartend. Der ärgste Guss ging denn auch bald vorüber, und ein längerer Aufenthalt erschien, da eine radikale Wendung der Witterungsverhältnisse für diesen Tag und wohl auch für etliche nachfolgende kaum zu hoffen war, eben so unnütz als die bei Nachlassen der starken Bewegung höchst empfindliche Kälte einen solchen unangenehm gemacht haben würde. Ich nahm daher nach kaum einer Viertelstunde den Anstieg wieder auf.

Die Gratkante bot noch eine Strecke weit gestuften Fels und damit einen bequem gangbaren Boden; allmählig aber verschwanden ihre festen Schrofen im Schuttmeere der Gipfelflanke und das leidige Steigen im Gerölle mit obligatem Zurückgleiten bei jedem Schritte nahm seinen Anfang. Ist solch' eine Wanderung eintönig und unerfreulich genug bei klarem, hellem Himmel, so wird sie bei Nebelverhüllung zu einem der widerlichsten, dem bittersten Missmuth Nahrung gebenden Momente einer Bergtour. Im trüben Schleier, der eine nahe Grenze der Sichtbarkeit nach Aufwärts sowohl wie nach Abwärts zieht, bei unabänderlich gleich bleibenden Terrainverhältnissen, und dem steten Zurückweichen des Bodens unter dem Fusstritte, kommt man sich nicht anders vor, als der Esel, welcher in der Tretmühle arbeitet; man vermeint bei aller Anstrengung doch immer auf dem gleichen Flecke zu bleiben. Und nicht in geringem Grade vermehrte es meinen Aerger, dass solches Wetter bei einer Partie auf den wichtigen Knotenpunkt zwischen dem centralen und dem westlichen Abschnitte des Algäuer Hauptkammes mich treffen musste. — Gelegentlich brach nun doch der Nebel auf und zeigte mir gegenüber, im Süden, schwarze, zerrissene Wände; es war die Nordflanke der Ellebogner Spitze oder ihres nördlichen Nebengipfels und der von letzterem ausstrahlenden Parallelkette, und wurde einmal einer der gerundeten Gipfelscheitel frei, so mochte ich daran die Höhe ermessen, die zu bewältigen mir noch übrig blieb. Ich erinnerte mich an mein Projekt des Nachmittages vorher und musste mir sagen, dass das Hereinbrechen des Gewitters doch auch sein Gutes gehabt habe*). — Nordwärts blickte ich durch Lichtungen des Wolken-

*) Ein rüstiger Steiger wird gleichwohl, wenn seiner Ersteigung des Biberskopfes nicht die Irrgänge, wie ich sie machte, vorhergehen, am gleichen Tage noch das Hohe Licht besteigen können. Er wird zu diesem Zwecke auf der Oberen Bibersalpe übernachten müssen; von hier ersteigt man in ca. 3 St. den Biberskopf, umgeht seine Südseite (incl. Abstieg etwa 2—2½ St.), steigt nicht in die Bibersbachschlucht ab,

schleiers hinunter in ein weites, kahles, schneegefleckte Kar, von zahnigen Graten umschlossen, die ein tiefes, enges Durchbruchsthor zwischen sich lassen; in dieser Lücke steht als Wächter das Wild-Männle, nun ein ganz ansehnlicher Felsenzacken, vergleicht man damit die Miniatur-Gestalt, welche in's Thal von Einödsbach herunterschaut. Tiefer noch gegen Osten buchtet der Kessel in's Innerste des Hochgebirges sich ein; der vortretende Gipfelkörper des Hohen Licht verwehrte mir noch den Einblick in seinen letzten Hintergrund.

Die zweite Stunde seit Aufbruch vom Nachtquartiere war verflossen, aber von einer Erreichung des Zieles, die ich in dieser Zeit zu bewerkstelligen gedacht hatte, war noch nicht die Rede; noch nicht einmal eine Verschmälerung der Bergflanke, auf die Nähe eines Culminationspunktes hindeutend, war zu bemerken. Nur zur Linken traten die Abstürze des Gipfels in eine nebelverhüllte Tiefe allmählig bestimmt hervor und durch den dicken Wolkenvorhang im Süden dunkelte gelegentlich wieder die Ellebogener Spitze, einen merkbaren Gewinn an Höhe meinerseits nachweisend. Aus dem Schutte des Berggehänges traten hier und dort Bänke festen Gesteines hervor, die natürlich eifrigst aufgesucht und benutzt wurden, um ausnahmsweise wieder einmal ein paar sichere, nicht gleitende Tritte zu thun. Jetzt begann auch die Gipfelflanke langsam sich zu runden; die Zickzacklinien, die ich im Anstiege beschrieb, brachten mich in rascherem Wechsel von der westlichen auf die südliche Seite der Pyramide und umgekehrt. Grobstückiges Getrümmer deckte den Boden; einzelne Schrofenrippen traten aus der verwitterten Gesteindecke hervor; näher und schärfer abgerissen erschien zur Linken die Steilwand. Dicker Wolkendampf lagerte und kochte umher im Osten; er deutete auf einen tiefen Bergkessel in jener Gegend, ich mochte nun wohl über der Sattelhöhe des querlaufenden Kammes, über den innersten Becken des Schachenthales mich befinden. Da endlich zeichnet im Nebeldunste eine feine, gerade Linie sich ab; einige Schritte weiter, und meine Hand fasst die trigonometrische Signalstange; das Ziel ist erreicht, nahezu 2½ Stunden hat die Ersteigung in Anspruch genommen. (Höhe ca. 8000′ 2600 m.)

Ich legte den Bergsack nieder und streckte mich auf den nasskalten Felsboden hin; zu sehen war Nichts, anfangs sogar

---

sondern geht quer am Fusse der Rappenköpfe hin in's Kar des Wild-Männle und des Hochalpferners (ca. 2 St.), von hier (2—2½ St.) auf das Hohe Licht, 1 St. Abstieg auf die Hochalpe.

nicht das Allernächste; ich wartete auf gelegentliche Lichtungen und meditirte einstweilen über die Ursache, welche dieser reingeformten Pyramide ihr mehrzackiges Ansehen verleihen möge, wenn man vom Trettachferner aus sie erblickt. Nicht lange hatte ich zu warten, da kam wieder etwas Bewegung in's Wolkenmeer, seine Massen schoben sich gegen einander, da und dort gab's einen Riss; vor mir im Osten entwickelte sich der Grat — ein zackiges Geschröf von meinem Gipfel absinkend, — dann wieder ein Zacken, nahezu gleich hoch mit mir — und noch weiter ein dritter, recht verdächtig aussehender, abgehackter Klotz — der ist ja wahrhaftig höher als mein Standpunkt! — Im Nu war ich wieder auf den Beinen, hatte den Bergstock zur Hand und kletterte auf dem Grate weiter, dem neuerschienenen Gipfel zu, der alsbald im Nebel wieder verschwand. Die Wolkenverhüllung veranlasst bezüglich der Entfernungen die allergewaltigsten Täuschungen, jedoch von solcher Art, dass sie dem Bergwanderer nur erfreulich sind, — hat er durch sie sich nicht bewegen lassen, sein Unternehmen überhaupt aufzugeben. Ich dachte eine halbstündige, vielleicht noch längere Gratstrecke vor mir zu haben und war in 10 Minuten am Ziele. Allerdings eine ziemlich üble Kletterei; der Zwischenzacken bricht auf die Scharte, die ihn vom rivalisirenden Gipfel trennt, fast senkrecht nieder, der ganze Grat ist äusserst enge, schroff und schartig. Er hat einige Aehnlichkeit mit jenem, welcher die beiden Zugspitzgipfel mit einander verbindet, doch stürzt seine Nordseite nicht ganz so fürchterlich steil ab, wie dort; man geht sogar eine Strecke von wenigen Schritten unter den überhängenden Wandstufen des Grates auf nördlicher Seite hin. Der östliche Gipfel wird in geradem Anstiege von Westen her gewonnen; ebenfalls sehr steil, des abbröckelnden Felsens wegen Vorsicht heischend, aber doch etwas leichter als die Gratstrecke zwischen ihm und dem westlichen. Da sass ich nun auf dem trümmerbedeckten, engen Scheitel meiner Klippe, sah nach der Signalstange zurück und bemerkte nicht ohne Ueberraschung, dass sie mich nun entschieden überragte; ich war wieder einmal in die bekannte Augentäuschung verfallen, den Nachbarpunkt auf einem Grate stets für höher zu halten, als den eigenen; eine Täuschung, welche nur bei Besuch beider Punkte, und wenn ein solcher nicht in unmittelbarer Folge auszuführen, gar nicht sich hebt. Das Führen eines guten Visir-Klinometers hat mich in den folgenden Jahren meiner Bergreisen vor manchen ähnlichen Missgriffen bewahrt.

Indess ärgerte mein Fehlgang mich durchaus nicht; es sass sich gar gemüthlich auf dem engen Plätzchen, steil aufgemauert von allen Seiten und oft gleich einer Felsenscholle in der Wolkenfluth dahintreibend; zudem hatte ich auf diesem Punkte einen bedeutend erweiterten Ueberblick der Kammstrecke gewonnen, welche das Hohe Licht mit dem Hauptgrate in Verbindung setzt. — Sie biegt im Halboval sich herum und scheint aus einer Reihe sehr schroffer und schmaler Felsblätter zu bestehen; ausser dem schartigen Rücken des Wilden Mann, an welchem sie mit dem Hauptzuge der Algäuer Alpen sich vereinigt, treten in ihr noch zwei bedeutendere Gipfelerhebungen auf; sie dürften den ersteren bereits an Höhe übertreffen und werden ihrerseits wieder vom Hohen Licht bedeutend überragt. Die Höhe des Wilden Mann wird von der bayerisch-tirolischen Grenzbeschreibungskarte zu 7902' 2567 m. angegeben; es ist ein äusserst scharfer und zernagter Mauergrat, so schneidig, dass noch unterhalb seines Scheitels Löcher in der Felsmasse sich zeigen, durch welche der lichte Himmel oder das Grün der Illerebene hindurchblickt. Seine Ersteigung steht etwas sehr in Frage; sie hätte übrigens auch wenig Werth*). Im Vergleiche mit der angegebenen Höhe darf jene des Hohen Licht reichlich zu 8000' 2600 m. angeschlagen werden; obwohl dieser Gipfel ein Vermessungssignal trägt, ist es mir doch nicht gelungen, eine bestimmte Höhenangabe für ihn, oder auch nur eine solche aufzufinden, die sich wahrscheinlicher Weise auf ihn beziehen liesse. Dunkle, zerklüftete Mauern umspannen den Hintergrund des Kessels, in welchem steil geneigt, von fast runder Gestalt, das Eisfeld des Hochalpferners ruht. Ich sah dasselbe zum grössten Theile schneefrei, von tiefgrauer Farbe, mit weissen Längsstreifen gezeichnet, auch glaube ich einige, wiewohl unbedeutende Risse in demselben wahrgenommen zu haben. Im Norden und Westen besserte sich allmählig der Ausblick, zuweilen trat sogar der mächtige Biberskopf aus dem trüben Gewölke wieder hervor, häufiger zeigten sich die Rappenköpfe, wenig charakteristische Felspyramiden, tief unter meinem Standpunkte gelegen; durch die Scharte des Wild-Männle blickte ein Stück grünes Illerthal und das vordere Walserthalgebirge herein. Ueber den gezahnten Grat des Wilden Mann hinweg sah ich in lichten Momenten nach Sonthofen hinaus und überzeugte mich dadurch vollends, dass die hohe Berg-

*) Eine Ersteigung würde am besten von Nordost, aus dem Bockskar zu unternehmen sein.

gestalt, welche von dort gesehen, die Mädelegabel-Gruppe zu schliessen scheint, mit zackigem Gipfelgrat und regelmässig abdachender Westlinie keine andere sei, als das hinter dem Hauptkamme stehende Hohe Licht. Schlimmer war es mit den Aussichten im Süden bestellt, wo selten nur die schwärzlichen Mauern der nahen Parallelkette durch die Wolken schienen, noch seltener ihre Gipfel enthüllten; sie sind von dieser Seite kaum zugänglich, auch gegen Süden fallen sie ziemlich steil ab, mit Ausnahme der Ellebognerspitze, des höchsten unter ihnen, welche vom Lechthale aus leicht zugänglich ist und einen sehr lohnenden Ueberblick der Südseite des Algäuer Hauptkammes gewährt. Doch tragen auch ihre Nachbargipfel Signale. — Im Osten vollends schoben die Wolkenmassen im Schachenthale sich zusammen, dass es qualmte und brodelte wie in einem riesigen Hexenkessel; weder von der Mädelegabel, noch von den Krotenköpfen und dem von ihnen südwärts ausstrahlenden Karrerjoch-Kamme bekam ich das Geringste zu sehen. Tief unten in den Schafweiden des Schachenthals johlte ein Hirt, und aus den Wolken herab antwortete ihm eine Stimme in schelmischen Weisen. Was er sich wohl dabei gedacht haben mag?

Ich kletterte endlich den schneidigen Grat wieder zurück nach dem Signale, welches als der Hauptgipfel des Hohen Licht sich herausgestellt hatte; baute dort in üblicher Weise einen schützenden Verschlag für die Kaffeemaschine und kochte ein Frühstück, dessen Wärme bei dem nassen und kalten Wetter einen äusserst wohlthätigen Einfluss übte; hier und da erhaschte ich noch einen günstigen Moment der Aussicht. Als auch dieses Geschäft beendigt, das Blechgeschirr mit Schnee geputzt und wieder im Bergsack verpackt war, plante ich den Rückweg — eigentlich weniger Rückweg als Weiterweg, da ich diesen Abend oder aber äussersten Falles in aller Frühe des nächsten Tages Sonthofen wieder erreichen musste. Es handelte sich daher um Auffindung des Gebirgsüberganges westlich vom Wildmännle, und in erster Linie um den Abstieg vom Hohen Licht in's Kar an seinem nördlichen Fusse. Nun wäre zu diesem Behufe allerdings das Einfachste gewesen, an der Westseite des Gipfels nach der Terrasse der Schäferhütte über der Hochalpe zurück, und auf dem gebahnten Steige um das Hohe Licht herum in's Kar wieder aufzusteigen, — ein langer und langweiliger Weg. Dagegen lag der Kessel des Hochalpferners in lockender Nähe vor mir, der Körper meines Gipfels zeigte in dieser Richtung eine langgestreckte Schuttabdachung, etwas tiefer eine zweite Schuttterrasse und diese schien gar nicht so weit mehr von dem Hügelboden des Kar's abzustehen. Kurz entschlossen begann ich dort hinunterzusteigen. Die Geröllhalden gaben anfänglich gut gangbaren Boden, weiterhin wurden sie steiler und plattiger, abbrechende Felsbänke traten hier und dort aus der verwitterten Ueberdeckung hervor; zuletzt stand ich vor der Steilstufe, die von der tiefer gelegenen Terrasse mich trennte. Sie war zu schroff und haltlos, um hinabzuklettern; ein ziemlich weiter Quergang nach Links brachte mich an mässiger geneigte Absätze, an zerspaltene Partieen der trennenden Mauergürtel, und endlich auf die unteren Schuttfelder. Ihrer natürlichen Senkung folgend wandte ich mich nun nach der rechten Seite zurück; zur Höhe wieder aufblickend gewahrte ich jetzt erst, welch' bedeutender Wandabsturz zwischen jenen oberen Geröllhängen und der unteren Terrasse gelegen hatte und von mir, als ich vom Gipfel aus das ganze Terrain übersah, als geringfügige Abstufung taxirt worden war. In noch bedeutenderem Masse erfuhr ich solche Täuschung bezüglich der tieferen Partieen, mit welchen das Gipfelmassiv im Kare des Hochalpferners fusst. An den Rand der Geröllterrasse vortretend, soweit die rasch zunehmende Steile des Bodens es zulassen wollte, sah ich mich über Wänden von mehreren hundert Fussen Höhe, an denen kein Gedanke eines Hinabkommens. Indess die Sohle des Kars hob sich ebenfalls in beträchtlichem Neigungswinkel und, obwohl in gerader Linie des Abstiegs noch mehrfach thurmtief unter mir, lag sie weiter zur Rechten bereits nahezu in meinem Niveau. Es handelte sich um die Ausmittelung eines Querganges nach jener Seite. Die Schuttterrasse verlief in einzelne Bänder und diese in schmale Galerieen und Gesimse an der Wand, welche von tiefen, senkrechten Klüften durchrissen, dem Durchdringen sehr ernstliche Hindernisse bereiten zu wollen schien. Indess der sichere Boden, breite, theilweise schneebedeckte Schuttkegel vom Fusse der Gebirgsmauern herabgegossen, lag jenseits so nahe vor mir, dass ich unbedenklich in den gewagten Strauss mich einliess. Stufe um Stufe gings vorsichtig hinab, und wo immer möglich, der Quere nach wieder gegen Rechts; schmale Absätze des Gesteins, ausgehöhlte Grübchen und vorspringende Zacken in den Wasserrunsen gaben erwünschte Anhaltspunkte, doch hätte mein Vertrauen auf die Festigkeit des Algäuer Dolomitgesteins — (an der Wand und der Bergflanke, nicht auf dem Grat) — beinahe eine schlimme Enttäuschung erfahren; ein solcher Zacken, an welchem festgeklammert ich mich bis zur völligen Streckung des Arms hinunterlassen musste, um einen tieferen Tritt zu gewinnen, brach eben in dem Momente ab, als mein Fuss Boden fasste; eine Zehntelsekunde früher, und der Sturz wäre unvermeidlich gewesen. Nachdem noch einige Rippen und Rillen quer durchstiegen waren, sah ich mich vor der Hauptkluft, durch welche ein ziemlich starkes Gewässer zum Kar sich hinabgoss; ein enger und unsicherer Durchgang an den glattgewaschenen Platten brachte mich, etwas getauft von der Cascade, nach der entgegengesetzten Seite. Hier fanden sich wieder gut gangbare Querbänder durch das Geschröf, wenige Minuten später hatte ich die Trümmerhänge am Rande des Kars gewonnen, nahm sofort das nächste Schneefeld an und fuhr im Saus auf die hügelige Sohle des Beckens hinab. Nun sah ich auf die Wände des Hohen Licht zurück. Hätte ich vom Gipfel aus diesen Anblick gehabt, ich wäre wohl kaum so zuversichtlich da herabgestiegen; indess gereichte mir das gelungene Unternehmen zu einiger Befriedigung, nicht eben seiner Abenteuerlichkeit wegen, sondern infolge der Wahrnehmung, dass ich mit unbegreiflich richtigem Instinkte wieder die einzig mögliche Linie der Gangbarkeit in diesem steilen Gefelse herausgespürt hatte, mit allen ihren, von der geraden Richtung so weit sich entfernenden Abschweifungen.

Bequem und schnell ging's nun durch das schwachgeneigte Kar hinauf, seinem culminirenden Rande am Wildmännle zu; der Boden besteht aus einer Unzahl regellos zerstreuter, und zusammengehäufter Felshügelchen, zwischen welchen zahlreiche Wässerchen hervorquellen, nach kurzem, unterirdischen Laufe vom nahen Rande des Hochalpferners herunter; wo die Steindämme ihnen einen augenblicklichen Durchgang versagen, stauen sie wohl auch zu Miniaturseen sich an. Der Rundung des Kessels folgend bog ich von der Nordrichtung allmählig gegen Nordwesten und Westen um; von einem etwas höheren, mit kleinen Rasenpäckchen besetzten Mauerwalle stieg ich in die höchstgelegene Schuttmulde hinab, der Hochalpferner blieb mir im Rücken, ich befand mich auf geringe Distanz — sie mochte 300—400 Schritte betragen — dem Wildmännle*) gegenüber. Fürwahr, ein seltsames Felsgebilde! Das Zäckchen, welches, vom Illerthale gesehen, in der Helle der Gebirgsscharte steht und dort wohl mit einem Wildschützen, die Büchse im Arm, verglichen wird, ist nun zur Grösse einer

*) Seine absolute Gipfelhöhe wird von der Grenzkarte zu 7359′ 2391 m. angegeben; die Höhe der Scharte, in welcher es fusst, berechnet sich demnach auf ca. 7200′ 2339 m.

ansehnlichen Dorfkirche emporgewachsen; es fusst mauersteil unmittelbar auf dem Grat und auf den nächst daran stossenden Schuttfeldern des Hochalpkars. Sein Fundament, ein grosser viereckiger Felsklotz, erscheint ziemlich solid gebaut, der Oberkörper und Kopf aber auf der östlichen Ecke desselben ruht auf bedenklich schwacher Grundlage; es ist ein länglich keulenförmiges Gebilde, dessen Höhe zu 50—60′ angeschlagen werden darf; seine Basis ist schwächer als die Mitte seines Körpers und wohl mag der Zeitpunkt nicht ferne mehr sein, da der letzte Haft sich löst und mit Donnergetöse die Felsenbombe hinunterstürzt zum Bacher Loch und die uralte Firndecke der Schneeflucht krachend durchschlägt. Es soll dieses künftige Ereigniss seinen Vorläufer bereits gehabt haben. Alte Leute der Gegend wollen sich erinnern, dass der Felsbau in der Scharte vor Zeiten auf beiden Ecken solche Thürmchen getragen, deren eines seinem Schicksale bereits erlegen sei.

Die letzte Mulde des Kars im Bogen ausgehend kam ich, wie bereits erwähnt, auf wenige hundert Schritte Entfernung an diesem seltsamen Baue vorüber; gerne wäre ich nach seinem Fusse emporgestiegen, um von der abbrechenden Gratkante einen Blick in die schaurig dunkle Tiefe des Bacher Loch zu thun, doch hätte ich dort wohl nichts zu sehen bekommen als Nebelqualm, und eine eben eintretende, sogar von einigen Sonnenstrahlen begleitete Lichtung des Gewölkes mahnte im Gegentheile, den günstigen Moment nicht zu versäumen zur Aufsuchung des Gratüberganges, der westlich vom Wildmännle sich finden musste.

Ueber schwach berasten Felsboden stieg ich längs des Südostfusses der Rothgundspitze (7627′ 2478 m. Gr. K.) in schräger Richtung hinan; eine tiefe Bucht that zwischen ihrem Körper und dem westlich gegenüber stehenden der Hochgundspitze (7563′ 2457 m. Gr. K.) sich auf, ihr Ende und Abschluss war noch nicht mit Sicherheit zu erkennen, zudem die Nebel dichter und dunkler über die Gipfel sich herabsenkten. Nach kurzem Anstiege trat ich in eine breite, muldenförmig ausgetiefte Gasse ein, Schuttlehnen begrenzen ihre Seiten und stossen an den Fuss schwärzlicher Steilwände; ich musste mich bereits zwischen den Gipfeln des Hauptgrates befinden und erwartete jeden Augenblick an die Wand oder doch an ein Steilgehänge zu treffen, das zu ihrem Verbindungskamme sich erhebe. Aber weiter und geradliniger öffnete sich der hohle Weg; ein Steiglein schleicht an den Geröll-lehnen zur Rechten dahin und führt mich sanft, kaum merkbar, aufwärts; dann plötzlich tritt eine ebenso mässige Senkung ein, der Felsboden zu meinen Füssen überzieht sich allmählig wieder mit Gras, hügelige, grüne Terrassen breiten vor mir sich aus; rückgewendet sehe ich die düstern, zerklüfteten Mauern im Nebelschleier sich verlieren. — Ich konnte momentan mich kaum darauf besinnen, was diese Erscheinungen zu bedeuten haben mochten; aber das immer entschiedener sinkende, immer breiter und grüner sich ausdehnende Terrain, endlich das Erscheinen der wohlbekannten, schrägen Grasplanken des Linkerskopfs*) liessen bald keinen Zweifel mehr, dass ich das Gebiet der Rappenalpe betreten, und somit ebenen Weges den Algäuer Hauptkamm überschritten hatte. Ein Name für diesen merkwürdigen Gebirgsübergang, dessen genaue Ausprägung ich auch in Waltenbergers trefflicher „Orographie der Algäuer Alpen"**) vermisse, ist mir nicht bekannt geworden; die bayerisch-tirolische Grenzbeschreibungskarte gibt eine „Rothscharte 7136′ 2318 m." zwischen den beiden Rappenköpfen an, diese ist jedoch jedenfalls nur mit einiger Schwierigkeit übersteigbar. Ich schätze die Höhe dieses Passes jener der Scharte des Wildmännle ungefähr gleich, sohin auf etwa 7200′ 2340 m.

So war ich denn, ungefähr 2 Stunden nach Verlassen des Hohen Licht, in's Revier der Rappenalpe und damit in's eigentliche Algäu wieder übergetreten; von der nächsten, vorspringenden Terrassenecke, die ich erreichte, schimmerte mir auch schon der blaue Rappensee (6495′ 2100 m. Partsch), in freundlich grünem Wiesenrahmen gefasst, entgegen. Die blauen Himmelsaugen dieser kleinen Hochseen, deren man im Algäu fast auf jedem Gipfel einen oder mehrere erblickt und welche den Aussichtsbildern und Gebirgswanderungen einen so unbeschreibbaren Reiz verleihen, büssen durch trübe Witterung, durch schwer herniederhängende Wolken Nichts von ihrem azurnen Glanze ein, ja sie scheinen im Gegentheile an Farbenschmelz zu gewinnen, je düsterer der Horizont in ihre Tiefen hineinschaut. Und vollends der Austritt aus dem Wolkenmeere, der auch das regenverschleierte grüne Thal in eigenthümlicher Helle und Frische erscheinen lässt, verleiht diesen stillen Wasserspiegeln einen Reichthum an Farbe und Schimmer, welcher in ihrem eigenen Schoosse die Quelle der Lichtstrahlen

*) 7420′ 2420 m. Dieser in NW.-Richtung streichende Seitenkamm entspringt an der Rothgundspitze im Hauptgrat und begleitet die Westseite des Bacherloch und Einödsbachthales.

**) Augsburg 1872, Verlag von Lampart & Comp.

vermuthen lassen möchte. Auf dem begrasten Ufer des Sees lagerten die Hirten der Rappenalpe, um sie herum das weidende Vieh. In wenig Minuten war ich bei ihnen und erkannte in den schmutzig braunen, gebückten Gestalten mit dem lauernden Blicke, ächter Tiroler Typus, augenblicklich jene, die mir Tags zuvor am Wege von der Linkersalpe herüber begegnet waren, auf deren Anweisung ich die Wegspur, auf der ich mich befand, weiter verfolgt und mich in den Gräben zwischen der Rappen- und Bibersalpe gefährlich verstiegen hatte; der richtige Weg kreuzt das Gehänge und seine Schluchten mehrere hundert Fuss tiefer. Als ich ihnen vorstellte, wie arg ich auf ihre ungenauen Angaben hin in die Irre gegangen, warfen sie sich schadenfroh lächelnde Blicke zu und erwiderten: „Hättet Ihr 'nen Wiise (Wegweiser) genommen!“ — Biederes Bergvolk. —

Es war noch ziemlich früh am Tage, kaum 10 Uhr Vormittags. Nicht recht wissend, was anfangen, ging ich an's Rappenköpfle hinüber, Edelweiss zu suchen. Dieser scharf zugespitzte, ostwärts fast senkrecht niederstürzende, an seiner Westflanke mit steiler Graslahne bekleidete Gipfel gehört einem kurzen Seitenkamme an, der vom westlichen Rappenkopfe abzweigt und zwischen sich und dem nach dem Biberskopfe sich fortsetzenden Hauptgrate die wildesten Felsschluchten einschliesst, welche in tieferem Verlaufe die Gräben bilden, die das Gebiet der Rappen- von der Bibersalpe trennen. Eine lange und steile Grasflanke stieg ich vom Westufer des Rappensees hinauf nach dem Sattel, auf welchem die östliche Wand des Rappenköpfle wurzelt; auf den Grat tretend, sah ich vom Fusse weg die Mauer niederbrechen in nächtliche Tiefe; schwarze Wolken kochten in diesem Kessel herum und wo sie aufrissen, traf das Auge in noch schwärzere Felsenklüfte, als ging's von dort geradenwegs in den Abgrund der Hölle. Ich schnallte die Eisen an, und stieg in die Wände des Rappenköpfle hinauf, so weit ihre Steile irgend es zuliess; fand auch einige hübsche Sterne, das meiste Edelweiss war aber bereits verblüht, und zudem erfuhr ich später, dass der weit reichere Fundort der geschätzten Blume auf der grünen Westseite des Rappenköpfle sich befinde. Die Meinung, dass Edelweiss nur wachse und gefunden werden könne, wo kahler Fels keinem Gräschen mehr Raum und Nahrung biete, gehört zu den vielen unbegründeten Vorurtheilen bezüglich der Gebirge. Während ich, auf den handbreiten Graspäcken fussend, an den Mauern herumkletterte und nach den weissen Blümchen haschte, zog das Wettergewölk sich dichter wieder um die Gipfel, fernes Rollen mischte sich in's Rauschen des Regens und der Bergströme und rasch rückte es näher. Nacht wurde es über und unter mir; in Bächen stürzte die Wolkenflut herab und plätscherte in schmutzigen Cascaden die Wände herunter; von Sekunde zu Sekunde leuchtete eine unbestimmte Helle durch die Finsterniss und Knall und Schlag mit ihr zugleich machte Luft und Berg erzittern. Es war sehr gerathen, oder eigentlich etwas zu spät, den Rückzug anzutreten; langsamer als hinauf, ging's das steile, schlüpfrige Gehänge hinunter zum Rappensee, und längs seines hochgeschwollenen Ausflusses bergab zur obersten Hütte der Rappenalpe (5451′ 1771 m. Sendtner). Rasch, wie es gekommen, hatte das Vormittagsgewitter sich verzogen; die Sonne brach wieder durch die Wolken und sandte ihre grellen Strahlen in die Thäler, die alsbald mit neuen, emporgesendeten Dunstmassen darauf antworteten. Eine kurze Weile jedoch war die jenseits des Rappenalpenthales mir gegenüberstehende Gebirgskette wolkenfrei und prächtig zeichneten die starren Zacken der „Walser Kerle“, Geishorn, Liechlkopf, Angererkopf, Kempterköpfle, die Schafalpenköpfe endlich vom dunkeln Horizonte sich ab. Ich verfolgte mit dem Blicke wieder die Schlangenlinie, die ich vor Monatsfrist durch ihre öden Schuttkare beschrieben*) und grüsste die felsenkahlen Gipfel, deren Häupter ich betreten hatte; bedenklich aber betrachtete ich mir den nördlichsten, höchsten der Schafalpenköpfe, der schon einmal mich zurückgewiesen hatte, und nun einem aufgereckten Daumen gleich auf mich herüberschaute. Das könnte auch so eine Trettachspitze werden!

Den Weg, der von der Rappenalpe quer am Steilhange hin und, häufig durch Zäune gegen den nahen Wandabsturz geschützt, in nördlicher Richtung hinabzieht, verfolgte ich bis in die Nähe der tiefen Schlucht, die zwischen Rappen- und Linkersalpe in die Gebirgsflanke einschneidet. Letztere wieder zu durchsteigen, wie im Morgengrauen des vorhergehenden Tages, hatte ich keine Lust, verfolgte daher die nächst sich darbietende Wegspur direct zu Thal. Sie führte mich zur untern Hütte der Rappenalpe und verlor sich dann im Walde. Eine Strecke weit ging ich pfadlos, instinktiv links gehalten, bis ich wieder in die Nähe der mir bereits mehrfach unvortheilhaft bekannt gewordenen Schlucht zwischen der Bibers- und Rappenalpe traf; hier fand ich aber glücklich den Steig wieder auf, der, steil hinabgeschlängelt, mich auf die sichere

*) Eine Schilderung dieser Tour siehe Alpenfreund, Bd. VII, Heft 1.

Thalsohle brachte, $1^1/_2$ Stunde nachdem ich den Rappensee verlassen.

Das Rappenalpenthal ist eines der einförmigsten, reizlosesten Thäler des Algäu, wie der nördlichen Kalkalpen überhaupt. Abwechslungslos zieht seine schwachgekrümmte, mässig breite Sohle sich dahin, unbehindert in seinem Laufe murmelt der Bach durch die Alpwiesen. Wald und Buschhänge, von grauen Wänden durchbrochen, begleiten beiderseits das Thal; das steile Gefäll der unteren Bergstufen verhindert fast jeden Anblick der Felsenzone und ihrer Gipfel. Im Rücken des thalaus Wandernden erscheint die gerade Kammlinie des Schrofenpasses und Haldenwangrückens, an ihren grünen, von einer starken Mauerstufe gegürteten Flanken schlingt sich das helle Wegband des Schrofenpasssteiges hinan. Im Norden scheint das Thal abgeschlossen durch den niedrigen, bewaldeten Querriegel, welcher vom Rappenalpenbache, der unmittelbar vorher den Einödsbach aufgenommen hat und fortan Stillach heisst, durchbrochen wird. — Die dunkel aufgähnende Felsenspalte, mit welcher die Schlucht zwischen Rappen- und Linkersalpe in's Rappenalpenthal mündet und einen kräftigen Wassersturz auf dasselbe herabsendet, brachte die einzige Abwechslung in die Scenerie der einstündigen Thalwanderung; als endlich der Weg zur Buchenrainalpe sich emporhob, verliess ich ihn, um im jenseitigen Einödsbach bei Baptist Schraudolph wieder einzukehren. Der Bach wurde überschritten, ein Steiglein führte mich die Uferhänge entlang zu einer schmalen, gestreckten Wiesenterrasse, und vom Ende derselben durch Wald hinab an den Einödsbach. Einzelne Balken, von Block zu Block über das schäumende Wasser gelegt, das tobend in seine Felsenklamm einschiesst, bilden den Steg; eine enge Pfadspur schlängelt jenseits an der steilen Grasböschung sich empor, geradehin zu Schraudolph's Hause. Mit grossem Interesse vernahm mein Führer auf die Trettachspitze von der Ersteigung des Biberskopf, der ihm noch fremd war, und den er, wie ich, für viel leichter und allgemeiner zugänglich gehalten hatte, als er sich in der That erwies.

Nach einiger Rast und Erfrischung trat ich den letzten Marsch nach Oberstdorf an; entsetzlich lang wurde mir die schon so oft durchwanderte Thalstrecke der Birgsau, zumal diesen Abend, bei tiefer Wolkenverhüllung der Berge und unaufhörlich herabgiessendem Regen. Es begann zu dunkeln, als ich am Ziele anlangte und in der „Sonne" Quartier bezog, um nächsten Morgens in aller Frühe den Omnibus nach Sonthofen zu benützen. Im Speisesalon, der für die Sommergäste eingerichtet und Leute in meinem Aufzuge nicht innerhalb seiner Wände zu sehen gewohnt ist, befand sich eine, ihrem Accent nach unzweifelhaft ausländische Familie, die halb verwundert, halb ärgerlich zusah, wie der durchnässte, schmutzige, abgerissene Kerl den Bergstock in die Ecke lehnte, den Rucksack zu Boden warf, dass die Eisen rasselten, den regenschweren Hut darauf, den ein paar Ranken gelben und blauen Eisenhuts von der Rappenalpe zierten und sans façon an der Tafel Platz nahm. — Notizbuch und Karten, die alsdann zum Vorschein kamen und als Zeitvertreib dienten bis zum Erscheinen des ersehnten Abendessens, mochten indess doch einiges günstigere Licht auf die Natur des Ankömmlings werfen, das Fremdenbuch, welches mir zur Ausfüllung vorgelegt worden war, wanderte bei guter Gelegenheit hinüber und zeigte in der Rubrik „Woher“ die Bemerkung „Vom Biberskopf und Hohen Licht.“ Schliesslich wurde ein Gespräch angeknüpft. Die Fremden wollten Näheres über das Oberstdorfer Gebirge wissen, und ich vermochte ziemlich befriedigende Auskunft zu geben. Sie erkundigten sich nach Ziel und Zweck meiner Bergwanderungen, und ich erzählte ihnen von meinen heutigen Erlebnissen und von denen früherer Tage und Nächte. Sie schienen Interesse daran zu finden; und die Dame richtete endlich etwas besorgt die Frage an mich: „Waren Sie schon einmal in Lebensgefahr?“ ....

XII. Die Krotenköpfe.

(Hierzu Vertikalprofil No. 12, Horizontalprofil No. 10 u. 12.)

„Welches ist der Culminationspunkt der Algäuer Alpen?" — „Die Mädelegabel" — so mochte die Antwort auf jene Frage bis in die neueste Zeit lauten, obwohl bereits in Dr. Ruthners Beschreibung seiner Mädelegabelersteigung*) eine gegentheilige Andeutung sich findet. Im oberen Illerthale freilich wird der Augenschein jener Annahme Recht geben; der Rahmen, der für Sonthofen und seine Umgebung das Quellengebirge der Iller abschliesst, in dessen Mitte die Doppelspitze der Mädelegabel thront, ist zu enge geschlossen, dass die rivalisirende Gebirgsgruppe im Osten zur erfolgreichen Geltung gelangen könnte; wohl zeigen sich ihre eigenthümlich geformten Spitzen über den Bergrücken des Fürschiesser und der Kegelköpfe, sie verändern ihren Standort und wechseln in ihrer Gruppirung, während die Strasse nach Oberstdorf den Wanderer dem Fusse des Hochgebirges näher bringt. Jenseits Fischen sind sie bereits völlig verschwunden; sie erscheinen dem Ersteiger des Mädelejochs wieder über der Ausmündung des Sperrbachtobels, ein starres, trotziges Spitzenpaar, verbunden unter sich durch flache Sattellinie und damit gleichsam den Bergsteiger höhnend, der eben in diese bequeme Verbindungsstrasse nicht gelangen kann, er hätte denn zuvor die eine oder andere der zacken- und mauerumpanzerten Spitzen erstiegen. Noch fehlt der Dritte im Bunde; er zeigt sich erst jenseits des Grates am Mädelejoch, ein gewaltiger Felsenrücken, und hoch blickt er den Besuchern der Mädelegabel nach und behauptet sein Uebergewicht über sie auch dann noch, wenn die letzte Gipfelhöhe erklommen. Betrachte dir aber einmal die Algäuer Gebirgskette dort, wo sie in weiterem Umkreise, gegen Osten namentlich, sich erschliesst,

*) Jahrbuch des Oesterr. Alpen-Vereins, Bd. V. 150.

von der Iller unterhalb Immenstadt aus, wo die zweimalige Biegung des Thales Raum für einen erweiterten und umfassenderen Ausblick geschaffen hat. Da wird es wohl aller Unerschütterlichkeit des dogmatischen Herrscherranges der Mädelegabel bedürfen, um nicht aufmerksam zu werden auf die Gipfelgruppe östlich von ihr, aus welcher ein zuckerhutförmiger Felskegel zu überraschender Höhe emporspringt und einen blendend weissen, hinter dem Grate sich verlierenden Firnstreifen an seiner Nordseite weist. Das sind die Krotenköpfe, an den Knotenpunkt des Iller- und Hornbachgebietes gestellt und in ihrer Gesammtheit diesen Knotenpunkt ausmachend, obwohl keines der Gipfelhäupter ihn für sich allein beanspruchen kann. Mit der Namenskenntniss dieser Gruppe im Allgemeinen ist die Bekanntschaft des Algäuers und des Algäuer Bergtouristen mit ihr auch ziemlich abgeschlossen; sobald sie als auffällige zusammengehörende Gruppe zu erscheinen aufgehört, hält es schwer, den Leuten, welche man über sie ausfragt, auch nur über die Stellung und die Bedeutung der Spitzen zu verständigen, welche man im Sinne hat; auf der Obermädelealp, wo sie wieder gross und gewaltig vor Augen stehen, erfährt man gar Nichts. Man hört wohl auch oberflächlich erzählen, „Einer“ der Krotenköpfe sei unersteigbar, welcher dieses sei, darüber empfängt man selbstverständlich keine nähere Aufklärung; es ist dies auch vollendeter Unsinn. Um den Hauptgipfel für unersteigbar zu halten, muss man ihn überhaupt von der einzigen Nordseite und auch von dieser nicht nahe genug gesehen haben, um das trigonometrische Signal auf seinem Scheitel zu erblicken. Die anderen, durch den Sattel verbundenen Spitzen sind entweder beide unbesteigbar, oder beide besteigbar und natürlich ist das letztere der Fall. Dass ich eines schönen Nachmittages an der Obermädelealp vorbeispazierte, in den Abendstunden den einen und am folgenden Morgen die beiden andern Spitzen abkappte, dann auf Nimmerwiedersehen über den Trettachferner weg in's Bacher Loch verschwand, war leicht begreiflicher Weise nicht geeignet, seinem Resultate nach in der Erinnerung der Leute haften zu bleiben; erst seit den epochemachenden Arbeiten Waltenbergers über das Algäuer Gebirge, beginnen die Krotenköpfe dem grossen Publikum etwas mundgerechter zu werden und allmählig langsam in den ihnen gebührenden Rang einzutreten. Immer aber zieht es noch die Bergsteiger vom Mädelepass westlich, immer noch bildet die Mädelegabel den Magnetberg, von welchem abzulenken ihnen geradezu unmöglich zu sein scheint. Und doch bedürfte es weiter Nichts, als links zu gehen vom Mädelepass, statt rechts, so befände man sich in gleicher Zeit, ohne irgend grössere Schwierigkeit, ja sogar ohne die Hindernisse, wie z. B. die Steilhänge und der scharfe Grat der Schwarzmilz sie bieten, statt auf der Mädelegabel auf dem Culminationspunkte der Algäuer Alpen. Ich war so frei und ging einmal links.

Einige orographische Notizen über die Stellung der Krotenköpfe und ihre Benennungen möchten als Einleitung am Platze sein. Bekanntlich sinkt von der Mädelegabel der Hauptkamm des Algäuer Gebirges in östlicher Richtung herab über das Kratzer Joch und den Kratzer zum Mädelejoch (6058′ 1968 m. Gr. K.). In neuerlicher Hebung gegen Nordosten schliesst sich der Felsrücken des Muttlerkopfes (7281′ 2365 m. Gr. K.) an einen zackigen Schrofengrat und dieser in wachsender Steigung an die Südwestkante der Oefnerspitze (7905′ 2568 m. Gr. K.) Von ihrem Gipfel sinkt nordwärts eine Kante ab, welche durch einen flachen Sattel mit der Krotenspitze (7832′ 2544 m. Gr. K.) sich verbindet; der Körper der letzteren kehrt sich bereits gegen Nordwesten und stürzt in dieser Richtung fast senkrecht auf den Scheidekamm zwischen Sperrbach- und Trauchbachthal ab, der, anfangs noch zackig, bald in die gerade Scheitellinie des Fürschiesser (7006′ 2276 m. Sendtn.) übergeht. Die südöstliche Kante der Oefnerspitze dagegen verläuft in einen hohen, gegen Nord und Nordost steilwandig abstürzenden, von Westen her von den Schuttfeldern eines in südwestlicher Richtung aufgeschlossenen Kars fast erreichten Felsgrates, der einen weiten Halbkreis von Nord nach Ost und Süd beschreibt. Eine minder beträchtliche Erhebung in der Mitte dieses Bogens bezeichnet den Ablösungspunkt der Hornbacher Kette, die nicht weit von den Krotenköpfen zu ihrem ersten bedeutenden Gipfel, dem Ilfenspitz, auch Marchspitz genannt (8025′ 2607 m. Kat.) sich erhebt. An das südliche Ende des Bogens, der Oefnerspitze wieder gerade gegenüber, tritt mit senkrechter Wand von ca. 1000′ Höhe der Hauptgipfel der Krotenköpfe, vom Kataster unter dem Namen Hermannskarspitz (8167′ 2653 m.) aufgeführt. Er steht, wie der Hochvogel, ausserhalb des wasserscheidenden Kammes, als erster Gipfel auf dem Seitenaste, welcher über den Felsrücken des Karrerjochpitzes und des Strahlkopfes zur Pyramide des Rothhorn gegen Süden hinauszieht, dann umgebogen gegen Osten das Bernhardsthal bis zu seiner Ausmündung gegen den Lech, bei Elbigenalp begleitet. Eine breite Schulter setzt der gewaltige Kegel gegen Osten, in's höchstgelegene Kar dieses Thales nieder und von der Einsattelung, welche dieser Seitenbau gegen das Gipfelhaupt hin bildet, schiesst das bereits erwähnte Firnfeld in nördlicher Richtung herab; durch den Grat der Hornbacherkette erscheint es, vom Illerthale und den nördlich gelegenen Gebirgen ausgesehen, in seiner untern Hälfte abgeschnitten. Die Benennung des höchsten der Krotenköpfe ist eine äusserst schwankende und ich bleibe bei dem Namen Grosser Krotenkopf, welcher auch von Waltenberger adoptirt wurde; von den Jägern wird er wohl auch Petersspitze genannt, da er die Petersalpe, (das hinterste Hornbachthal) beherrscht; im Hornbachthale werden die Krotenköpfe insgesammt als Marchspitzen bezeichnet. Den vom Kataster gebrauchten Namen Hermannskarspitz bekam ich, so lange ich Bergtouren im Algäuer Gebirge machte, niemals zu hören, was mich veranlasste, ihn aufzugeben; ich erfuhr jedoch in der Folge, dass in Elbigenalp und einigen anderen Ortschaften des Oberlechthales diese Benennung allerdings gebräuchlich sei.

In den Morgenstunden des 24. August trug mich der schwerfällige Postomnibus die Illerthalstrasse über Fischen hinauf nach Oberstdorf. Obwohl es etwas spät war für eine Bergersteigung, die an den Grenzen des Illerquellengebietes unternommen werden sollte, dachte ich immerhin noch das eine und bedeutendste Haupt der Gipfelgruppe, auf welche es diessmal abgesehen war, in Einem Zuge von Sonthofen her zu gewinnen, um mit den beiden andern Tags darauf um so schneller fertig zu werden und womöglich noch irgend welches Nebengeschäft abmachen zu können. Um $^1/_2$9 Uhr verliess ich Oberstdorf und wanderte in's Trettachthal hinein; nach $1^1/_2$ St. war die Spielmannsau erreicht und hier hielt ich noch kurze Erfrischungsrast. Die Erkundigungen über den Zustand des Sperrbachtobels, für dessen Passirung die Jahreszeit schon etwas vorgerückt war, ergaben kein sonderlich günstiges Resultat. Es hiess, die Lawinenschnee-Brücke sei nicht mehr passirbar, theilweise bereits eingebrochen, erst vor wenigen Tagen sei beim Betreten derselben Jemand in den Bach hinabgefallen; wie gewöhnlich, ohne weitere schlimme Folgen, da ihrer mehrere waren und der Verunglückte wieder heraufgezogen werden konnte. Allein hindurchzugehen, wurde mir entschieden missrathen. Ich gedachte übrigens doch, erst selbst nachzusehen; war die Brücke vor einigen Tagen bereits eingebrochen, so stand nach der Hitze und den Gewitterregen der jüngsten Zeit von ihr wohl nur wenig mehr; zweimal bereits war ich auf dem Schneegewölbe durch den Sperrbachtobel gegangen, das drittemal konnte ich der Abwechslung halber etwa unter seinen Ruinen hinweggehen. — So setzte ich denn um ½11 Uhr den Marsch fort, über die Thalwiesen zum Unteren Knie (3297′ 1017 m. Sendtner), dann thalein den herrlichen Waldweg hoch über der Trettach bis zur Ausmündung der Sperrbachschlucht; weiterhin den Zickzackpfad über die steilen Grashänge hinauf zur kleinen Kapelle des Oberen Knie (4228′ 1373 m. Sendtner). Hier sah ich unterhalb des Weges Leute mit der Heuernte beschäftigt. Alle hatten Eisen an den Füssen, denn ihre Arbeit führte sie an den jähen Lahnen umher, die wenig Schritte weiter von den Wänden der Sperrbachschlucht abgeschnitten werden; mit den Rechen ziehen sie das abgemähte Gras in kleinen Partieen nach gesicherteren Plätzen, um es von diesen in schweren Lasten auf dem Kopfe wegzutragen. Ich stieg etwas zu ihnen hinunter und befragte sie nach dem Sperrbachtobel. Der Schnee, hiess es, sei völlig eingebrochen, das Passiren ganz und gar unmöglich. Ersteres hörte ich gar nicht ungern und erlaubte mir die daran geknüpfte Schlussfolgerung umsomehr zu bezweifeln, als derselben die Bemerkung beigefügt wurde „wenn ich einen Führer nähme, ginge es vielleicht“ — vielleicht geht es auch ohne Führer. — Ueber die Wiesen der Sperrbachalpe wanderte ich thalein, überschritt den Bach, der hier für kurze Strecke freies, flaches Bett hat, und stieg die steinigen Grashänge zur Sperrbachhütte (4408′ 1432 m. Sendtner) hinan. Unerwartet traf ich hier Gesellschaft. Ein älterer Herr und seine Ehehälfte, augenscheinlich botanisirend, streiften am Ufer des Sperrbaches herum, holten stellenweise das rothe Reisehandbuch hervor und lugten offenbar unbefriedigt herum. Ich erfuhr bald, dass sie den Sperrbachtobel zu sehen wünschten, aber vorerst die Sperrbachhütte gar nicht finden könnten, an welcher der Weg doch vorbeiführen solle. Das glaubte ich ihnen gerne, denn diess niedrige, alte Bretterwerk mitten in Stein- und Felsgetrümmer kann dem ungeübten Auge auf 20 Schritte Entfernung unbemerkbar bleiben. Etwas emporsteigend und die kreuz und quer laufenden Viehpfade unberücksichtigt lassend, bis wir den Hauptsteig wieder gewonnen hatten, bekamen wir rasch die halb verfallene Baracke in Sicht und auch bereits die Steilwände, welche vom Fürschiesser einerseits, vom Mädelekopf andererseits abstürzend den Thallauf einengen und den Sperrbachtobel bilden; alljährlich füllen die Lawinen des Winters seinen Grund bis zu beträchtlicher Höhe aus, die erwachenden Gewässer des Sommers müssen ihren Lauf durch sie sich erst bahnen und brechen am untern Ende der Schneemasse aus dunklem Thore hervor Eine vorspringende Bergecke hinderte noch den Einblick auf die Lawine selbst, auf ihr Gewölbe und seinen dermaligen Zustand. Gespannt schritten wir den schmalen Bergpfad, der wieder ziemlich hoch über dem Bache sich hält, dahin, die Fremden begierig, den vielgerühmten Sperrbachtobel und sein Lawinenthor zu schauen, ich, über die Möglichkeit der Fortsetzung meines Weges mich zu vergewissern. Die sperrende Bergrippe trat zurück und öffnete die Felsschlucht unserm Blicke; ich wusste, was ich zu wissen brauchte, dass nämlich von Unpassirbarkeit keine Rede sei, und meine beiden Begleiter waren entzückt über den wildgrossartigen Anblick, der ihnen sich darbot. Das Schneegewölbe, das sonst in schmutzig-grauer Decke, von düstern Wänden umrahmt, mit pechschwarzem Thorbogen dem Ankömmling entgegen gähnt, war gebrochen, Licht war in die selten erhellte Tiefe der Schlucht gedrungen und zeigte das wirre Getrümmer der Felsblöcke und zusammengestürzten Eisschollen, braungrau auf ihrer alten Oberfläche und hell bläulichweiss auf dem frischen Bruche; zwischendurch schäumte der Bach in milchigen Cascaden herunter. Zwei Ueberreste des Gewölbes, mächtige Thore von 20—25′ Höhe und einigen 40′ Spannweite waren hinter einander stehen geblieben und erhöhten den gewaltigen Eindruck dieses Bildes der Zerstörung. Die Fremden zeigten zwar einiges Bedenken meinem Vorhaben gegenüber, durch dieses Chaos hindurch zu marschiren, und meinten, die beiden letzten Brücken könnten wohl ebenfalls noch einbrechen; ich war damit freilich einverstanden, dachte jedoch, sie würden damit auch warten können, bis ich hindurch sei. Wir drangen gemeinsam über die Trümmer der Thalsohle bis an's erste Gewölbe vor, dann aber kehrten meine Begleiter um; ich ging mit ihnen noch zurück, so weit das pfadlose Blockwerk und der enge Weg am Berggehänge gegen die Sperrbachhütte reichte; eilte dann im Laufschritte zurück zum Sperrbach und bevor jenen der Sperrbachtobel aus dem Gesichte entschwand, war ich schon unter der ersten Brücke durch und aus den Eisklippen heraus schallten ihnen ein paar helle Jauchzer nach in's Freie. Wieder öffnete sich vor mir eine dunkle Wölbung; den Vorschriften folgend, welche den Nordpolfahrer in gefahrdrohender Nähe der Eisberge leiten, schritt ich, ebenso wie unter der ersten, möglichst lautlos hindurch und empfing, wie das erstemal, von der abschmelzenden Decke herab einen Platzregen, der den Besitz eines Parapluie für diese wenigen Schritte sehr wünschenswerth gemacht hätte. Dann öffnete und weitete sich der Tobel; näher rückte die prachtvoll kahle Kegelgestalt des Muttlerkopfs, die so überraschend grossartig, so unnahbar isolirt in die obere Lichtung des Sperrbachtobels sich hineinstellt, dass ich bei ihrem ersten Anblicke, als ich Mitte Juni die Mädelegabel besuchte, in ihr sofort den „unbesteigbaren" Krotenkopf zu erkennen glaubte. Die Täuschung währte allerdings nur bis zum Betreten des Alpbeckens von Ober-Mädele; dann bekam ich wohl die rechten Krotenköpfe zu Gesicht.

Das endlose Getrümmer, die kothigen Geschiebe des Grabens blieben hinter mir, am Wasserfalle vorüber, der vom Fusse der Fürschiesser-Abhänge hervorbricht, trat ich auf die grünen Becken der Ober-Mädelealp aus. Hoch winkte von der Weideterrasse herab die geräumige Hütte (5652′ 1868 m. Sendtner), ich gedachte jedoch erst bei sinkendem Tage dort zuzusprechen und für jetzt die geradeste Linie nach meinem Ziele, zunächst nach dem Mädelejoch einzuhalten. Durch hohes Gras, durch Gebüsche blauen Eisenhutes schlängelt der Pfad sich hinauf zur Passhöhe; die innern Schuttfelder des weiten Alpenkessels, an den Fuss der Wände gelehnt, die von der Kroten-, der Oefnerspitze und von ihrer Sattelverbindung niederstürzen, bleiben zur Linken, die Alphütte und die hohe Felsgestalt des Kratzer, der ihre Wiesengründe beherrscht, zur Rechten zurück. Heran treten die welligen Kuppen des Kammscheitels, durch eine breite Geröllgasse leitet der Steig zu ihrer tiefsten Depression empor, die Lechthaler Alpen heben ihre grauen Hörner in den Himmel hinein und vor den Füssen breitet sich ein wogendes Meer von Stein dahin, den Südfuss des Kratzer als mächtig breite, etwas eingedrückte Bergstufe umsäumend. Links steht der Grosse Krotenkopf, zu gewaltiger Höhe aufgekrümmt; das Vermessungssignal auf seinem Gipfel ist bereits mit freiem Auge zu erkennen. Südlich an ihn reiht sich ein zweiter, gewölbter Felsrücken, der auf grünem Bergsattel, dem Karrerjoch, fusst; er darf demnach als Karrerjochspitz bezeichnet werden. Noch südlicher folgt ein kleiner, scharfer, nordwärts vorgeneigter Zacken, welcher in einen langgestreckten, grasbewachsenen Scheitel sich fortsetzt, der Strahlkopf, und endlich eine, obwohl noch hohe, doch ziemlich vegetationsreiche Bergpyramide, das Rothhorn; von hier wendet dieser Seitenzweig sich gegen Osten, das Bernhardsthal vom Lechthale zwischen Holzgau und Elbingenalp scheidend. Zwischen dem Grossen Krotenkopf und dem Karrerjochspitz und ebenso an der Südflanke des letzteren liegen ausgedehnte Schuttkare, die nach der Tiefe auf sehr breite, sanft abgedachte, wellig hügelige Bergterrassen von reichem Graswuchse sich verlieren. Vom Mädele-Pass und dem Steinmeere an der Südseite des Kratzer sind dieselben durch die tiefe Thalschlucht des Heck- oder Höch-Baches getrennt, welcher im dritten grossen Kare, im Norden des Grossen Krotenkopfs, seinen Ursprung nimmt. Die Umrandung dieses weitgespannten, öden Bergkessels wurde bereits als die Kammverbindung zwischen dem Hauptgipfel der Krotenköpfe und der Oefnerspitze und als die Ablösungsstelle der Hornbacherkette erwähnt. Sie, sowie das Kar, welches sie umschliesst, liegen dem Bergwanderer, der den Mädele-Pass überschreitet, ziemlich offen vor Augen; nicht so die Kammverbindung von letzterem selbst nach der Oefnerspitze und die Abhänge, welche sie den Anfängen der Höchbachschlucht zukehrt. Auch im weiteren Verfolge des Touristenweges nach der Mädelegabel gelangen die dortigen Verhältnisse nicht zu völlig klarer Anschauung, was einen mühevollen und zeitraubenden Irrgang mir verursachte, als ich, dem Grossen Krotenkopfe zuwandernd, in's Kar an seinem westlichen Fusse einzulenken beabsichtigte.

Gegen 1 Uhr überschritt ich auf dem gemeiniglich begangenen Jochwege bei Grenzstein No. 132 die Wasserscheide und zugleich die Grenze zwischen Bayern und Tirol (6058′ 1968 m. G. K.); der Pfad zieht alsbald steil hinunter zum Höchbache, ich dagegen dachte in horizontalem Quergange in's jenseitige Kar zu gelangen. Kaum aber war ich an den gras- und krummholzbewachsenen Bergstufen einige hundert Schritte weit gegen Osten vorgedrungen, so sperrten mir Steilabstürze den Weg, ich suchte eine neue Verbindungslinie in grösserer Tiefe, fand sie bald und hatte sie noch schneller wieder verloren, ging wieder abwärts, um ein zweites- und drittesmal die gleiche Täuschung zu erfahren und kam endlich tief unter der Passhöhe an den Höchbach. Anstatt der bescheidenen Anfänge eines Bergwässerchens, die ich zu treffen gedachte, fand ich an ihm bereits einen ganz ansehnlichen Sturzbach, der kellertief in die Felswände sein Bett sich eingerissen hat; erst nach abermaligem, längeren Absteigen gelang es mir, eine überschreitbare Stelle ausfindig zu machen und auf's jenseitige Ufer zu gelangen. Wechselnde Schutt- und Grasplätze dehnten sich vor mir zur Höhe; eine gewaltige Strecke war bis an den Fuss meines Gipfels hin zu bewältigen und eine voraussichtlich noch längere, jedenfalls anstrengendere, bis zum Schuttsattel zwischen ihm und dem Karrerjochspitz hinauf, von welchem die Ersteigung selbst erst zu beginnen hatte. Betrübten Sinnes blickte ich zur verlassenen Jochhöhe hinan und ermass die Höhe, die verloren und erst wieder zu ersetzen war, bevor an weiteren Gewinn gedacht werden konnte. — Langsam ging's zwischen den Legföhrengebüschen der Wiesenstreifen, über die Schuttriesen und quer durch die Furchen trocken liegender, in den Höchbach einmündender Wasserrunsen wieder bergan. Langsam hob sich zu meiner Rechten das Terrain und gestattete allmählig wieder den Ueberblick der hügelreichen, grünen Terrassen, über welche ein deutlich ausgeprägter Pfad dahinzieht, wahrscheinlich der Höhe des Karrerjochs zu und über dessen begrasten Rücken hinüber zu den Alpen am Südgehänge des Bernhardsthals; langsamer noch rückten die starren Wände des Grossen Krotenkopfs und Karrerjochspitzes mir näher und wies ein Rückblick auf den Mädelepass den zunehmenden Ersatz des Höhenverlustes nach. Jetzt lag auch die Kammstrecke vom Joche bis zum Anschlusse an die Krotenköpfe entfaltet vor meinen Augen. Ich erkannte, dass an ein Durchdringen in gerader Querlinie kaum zu denken war, und dass ich, um das innerste Kar des Höchbaches zu gewinnen, weit besser daran gethan hätte, vom Joche weg den Kammscheitel zu verfolgen und erst in der Nähe des Muttlerkopfes die Südflanke des Gebirges zu betreten. Damit war es nun freilich zu spät. — Spärlicher wurde der Graswuchs unter meinen Tritten, der Schotter begann sein Vorrecht in der Hoch-Zone geltend zu machen. Von Rechts und Links traten die vorgerückten Strebepfeiler der Gipfelmassive an meine Seiten und das Kar, dessen culminirenden Sattel ich zu ersteigen hatte, nahm seinen Anfang. In einer Breite von mehreren hundert Schritten zieht es sich zwischen dem Grossen Krotenkopf und dem Karrerjochspitz hinan, und namentlich der Letztere kehrt ihm Steilwände von eindrucksvoller Wildheit und Zerklüftung entgegen. Aus den schroffen Flanken des Grossen Krotenkopfs dagegen münden mehrere Trümmerschluchten herab und vermischen ihre trockenen Fluten mit denen der Hauptmulde. In etwa der Mitte ihrer Höhe ist die allmählige Hebung des Bodens durch eine ziemlich enggeschlossene Reihenfolge steiler Absätze unterbrochen. Es gelang mir ohne Mühe einen geräumigen, durch dieselben hinaufleitenden Einschnitt zu entdecken, um so mehr Mühe aber kostete seine Ersteigung; sei es, dass sein loser Trümmerboden wirklich ausnahmsweise ungünstige Verhältnisse bot, sei es, was wahrscheinlicher auzunehmen, dass der weite Weg, der vor Beginn der eigentlichen Ersteigung zurückzulegen war, die Körperkräfte bereits allzu stark in Anspruch genommen hatte, kurz, ich erinnere mich kaum jemals so mühselig, in so elendiglichem Schneckentempo, und mit so keuchender Anstrengung einen Gipfel hinauf gekrochen zu sein, wie den Grossen Krotenkopf; zuweilen blieb ich im zurückfliessenden Schutte wohl gar minutenlang stecken und glaubte überhaupt nicht mehr vorwärts kommen zu können. Aber alles nimmt ein Ende und so öffnete sich denn schliesslich auch der Graben in jenem verwünschten Kar.

Die Sattelhöhe stand mir nun zwar nicht nahe, aber doch in abschätzbarer Entfernung vor Augen. Feinkiesiger, fester Boden, mit fast verdorrtem, kurzen Rasen bewachsen, gab bessere Bahn und gestattete ein sicheres und rascheres Auftreten; aber die Elasticität des Ansteigens war nun einmal gründlich weg und auch das drohend im Westen sich ballende und heraufziehende Gewölk vermochte den Schritt nicht zu beschleunigen. Um 3 Uhr Nachmittags betrat ich den Sattel: vor mir ein tiefer, steiniger Bergkessel, in welchen von der Kammhöhe weg jähes Geschröf, mittendurch ein breiter, wohl gangbarer Schutteinriss sich absenkt; sein innerster Winkel, unter den Mauern der beginnenden Hornbacher Kette gelegen, ist mir durch den zur Linken stehenden Körper des Grossen Krotenkopfes gedeckt. Abwärts verliert er sich, um einige starke Terrassenstufen fallend, in südöstlicher Wendung zur Tiefe des Bernhardsthales. Jenseits dieser Mulde steht eine Riesengestalt von regelmässig kühnem Baue mir gegenüber: eine steile Pyramide mit schmal gerundetem Haupt, südwärts einige Zweigrippen in's Kar, und einen langen Seitenkamm als nordöstliche Schranke des Bernhardsthales entsendend; alles nackte Felsmasse, prächtig gezeichnet von den Parallelbändern stark aufgerichteter Schichten, deren Enden auf der Gratschneide gleich Sägezähnen emporstarren. Zackig und zerrissen zieht ihre Westkante zum Hauptgrate herab; jäh fällt ihre Nordflanke, an welcher ein paar Schneefelder glänzen, gegen die March. Es ist der Ilfenspitz, der hier so abschreckend diejenige Seite mir zuwendet, von welcher er seinerzeit wird erstiegen werden müssen; denn auch aus andern Weltgegenden habe ich ihn beobachtet und weiss, dass er gegen Westen, seiner Gratkante nach, allein einen gangbaren Neigungswinkel zeigt.

Links gewendet ging's nun am Grossen Krotenkopfe selbst hinan, einen breiten, mässig gehobenen Felsrücken, Schutt und Getrümmer in seltener Abwechselung mit kleinen Plätzen ersterbenden Rasens; zur Linken blieb mir ein ziemlich tiefer, auf das Kar, das ich vorher durchstiegen, ausmündender Geröllgraben. Der Karrerjochspitz, der auf dem Sattel noch mit gewaltigen Steinmauern mich überragt hatte, verlor zusehends an Höhe und stand bald in gleichem Niveau mit mir; der Gipfel dagegen, welchen ich anstieg, wollte noch lange keine Nähe des Zieles verrathen; er liess überhaupt nur eine kurze Strecke seiner Abhänge jeweils überblicken, Felsstufen und gehäuftes Blockwerk in regellosem Durcheinander und so sehr in die Breite gedehnt, dass die Linie des Bergrückens mitunter kaum bemerkbar daraus hervortrat. Endlich schien das Gipfelmassiv nach der Höhe sich zu theilen, ein flach eingedrückter Sattel wurde sichtbar, links davon Schrofenzacken, scheinbar auslaufend und absinkend, rechts eine mächtig aufgewölbte, kahle Felskuppe. Eine kurze Weile glaubte ich in der That, den Gipfel in dieser Richtung vor mir zu haben, nahm aber den Irrthum, als ich der Höhengrenze näher kam, bald genug wahr: ich hatte weiter nichts, als die östliche Schulter des Grossen Krotenkopfes vor Augen, deren Scheitel von der Einsattelung weg in wenig Minuten hätte erstiegen werden können, während eben links, wo unbedeutendes Schrofengezack sich zu verlieren schien, das wahre Haupt zu einer noch immer nicht ermessbaren Höhe sich aufbaute. Ich trat in den Geröllsattel ein, durchschritt eine kleine, seinen Boden ausfüllende Schneemulde und blickte über deren wellig erhabene, nördliche Randkante hinaus; da lag vor mir das Firnfeld, das zum innersten Kar des Bernhardsthales*) hinunterschiesst. Oft schon hatte ich aus der Ferne diesen glänzenden Streifen im dunklen Gewände des Grossen Krotenkopfs mir betrachtet; bevor ich ihn vom Mädelejoch zu sehen bekommen und seine leichte Ersteigbarkeit von der Südseite wahrgenommen hatte, war es sogar mein Plan gewesen, über diesen Firn hinauf den gewaltigen Kegel, in welchem ich den „unbesteigbaren Krotenkopf“ zu erkennen dachte, zu bezwingen, in ähnlicher Weise, wie ja auch der Zugang zum Hochvogel durch solch ein steiles, von einer Felsenscharte herabhängendes Schneefeld vermittelt wird. Nun stand ich auf seinem Höhenrande und blickte die jähe Fläche hinunter, die zwischen finstere Mauern eingezwängt, mit ihrem Ende die Schutthalden des Ilfenkars berührt; und nun mochte ich's wohl zufrieden sein, einen andern Weg nach dem

*) Im Hornbachthale wird dieses Thal, vielleicht blos sein oberer, ausgebuchteter Theil, mit dem Namen Ilfenthal belegt.

Grossen Krotenkopfe gefunden zu haben, als jenen. Enger als der Kalte Winkel am Hochvogel, von mindestens doppelter Länge und einem weit beträchtlicheren Neigungswinkel, der bis gegen 60° sich belaufen mag, lag vor mir ein Spiegel grauen Eises; unmöglich wäre das Unternehmen nicht zu nennen, mittels eines guten Pickels da herauf zu klettern, aber Schwierigkeit und Gefahr wäre mit ihm verbunden in einem Grade, welchem man nicht ungerne aus dem Wege geht. — Düster schliessen die klüftigen Mauern der Eisgasse sich auf nach der Tiefe; düster steht eine Reihe zerspaltener Zacken, echte Algäuer Dolomitgebilde, ihnen im Norden gegenüber; Geröllhalden, ohne eines Gräschens Grün giessen von ihren Fundamenten sich herab und strahlen nach der Mitte des todesstarren Kessels zusammen. Und dieses Centrum erfüllt — ein See; ein kleiner, runder Wasserspiegel, grün durch alle Schattirungen dieser Farbe, vom hellen Tone der aufkeimenden Pflanze bis zum tiefsten, schwärzesten Alizarin; — nicht ein leiser Anflug von Blau in dieser Wasserfärbung. — Ein unvergleichliches Bild! Wer mag ihn schon erblickt haben, diesen Smaragd in seiner Fassung von Stein! Ein Hüter der March vielleicht, der zum Zeitvertreib auf eine Scharte des Grates hinaufkletterte, der Gemsenjäger, der bis in diese letzten Schlupfwinkel das scheue Wild verfolgte, die Arbeiter, welche auf dem Grossen Krotenkopfe das Signal errichteten — sonst wohl Niemand. Die Kare, aus welchen das Bernhardsthal sich abtieft, werden, wie bereits erwähnt, im Hornbach-Gebiete Ilfenthal genannt; und so nannte ich denn das kleine, grüne Gewässer, in welchem Krotenkopf und Ilfenspitz sich spiegeln, den Ilfensee.

Nordöstlich gewendet begann ich den letzten Anstieg an's Gipfelhaupt; einige hohe Felsabsätze stellten sich mir noch entgegen, breite, schuttbedeckte Bänder leiteten an der südlichen Bergflanke in die Quere, das Aufsuchen gangbarer Verbindungstreppen und kleiner Einrisse gestattend. Nachdem die untersten Steilstufen überwunden waren, zeigte die Gratkante selbst den weiteren Weg; über die zertrümmerte, stellenweise etwas engstufige Felstreppe ging's höher und luftiger empor; es war hohe Zeit, dass ein Abschluss wurde; ich hatte des Steigens gerade genug, mühsam Athem holend stolperte ich erschöpft und kraftlos die Schrofen hinauf; sie weiten sich endlich zu einem schuttbedeckten Plätzchen, auf ihm steht, in einen massiven Steinsockel eingefügt, der Signalpfahl. (Grosser Krotenkopf = Hermannskarspitz 8167′ 2653 m. Kataster.) Einige Schritte noch und das Ziel des Tages ist erreicht; der Jauchzer aber, der über die Kare weg zur Mädele-Alp hinüberfliegen sollte, blieb mir in der Kehle stecken. —

Die seit langer Zeit nothwendige und in der Hoffnung auf baldige Erreichung des Zieles immer wieder verschobene Rast, ein warmer, schwarzer Kaffee als Verdauungsbehelf für ein nicht eingenommenes Mittagessen hatten mich jedoch bald wieder hergestellt und weder der Aussichtsgenuss wurde beeinträchtigt, noch brauchte ich Sorgen mich hinzugeben bezüglich des Rückweges nach der Mädele-Alp. An und für sich ist auch der Grosse Krotenkopf durchaus keine anstrengende Partie, am allerwenigsten, wenn man diese Ersteigung von der Ober-Mädele-Alp antritt, auf welcher ja auch die Mädelegabel-Besteiger zu übernachten pflegen; ich glaube alsdann kaum mehr als $2^1/_2$ Stunden für dieselbe in Rechnung bringen zu dürfen. Meine Ersteigung währte allerdings eine Stunde länger, wobei eben der Irrgang in die Tiefe der Höchbachschlucht und das langsame Vordringen im schlecht gangbaren Kar bei bereits eingetretener Ermüdung in Anschlag kommt. — Obwohl ich erst zu später Nachmittagszeit auf meinem Gipfel anlangte (gegen $^1/_2$5 Uhr), war doch die Aussicht, zur Hälfte des Rundkreises wenigstens, ungetrübt geblieben. Im Westen freilich hatte Alles in Wolkenballen sich gehüllt, eine schwarze Wand stand dort in nächster Nachbarschaft mir gegenüber und nicht für einen Moment trat die Mädelegabel-Gruppe aus ihrer Verhüllung hervor, was ich in mehrfacher Hinsicht bedauerte. Die anfängliche Besorgniss jedoch, das Gewölke möchte bald auch meinen eigenen Gipfel umfangen und dann jeder Ausblick verschlossen sein, erwies sich als ungegründet. Aus dem Ober-Lechthale zog eine entschiedene Ostströmung reiner, trockener Luft jenem Wolkenheere entgegen, und so oft seine Corps gegen die Oefnerspitze, gegen das Karrerjoch heranstürmten und in's Hornbach- und Bernhardsthal vorzudringen versuchten, wurden sie, kaum dass sie die ersten Vortheile errungen, einige zerstreute Vorposten in's jenseitige Gebiet entsendet hatten, von der feindlichen Strömung gefasst und im wahren Sinne des Wortes „in Auflösung zurückgeworfen“. So hatte ich denn, während im Westen selbst die nächste Umgebung mir verborgen blieb, gegen Osten vollkommen freie Aussicht und übersah den Gletscherrand des südöstlichen Horizontes, all' die Firnpyramiden und Eisdome der Oetzthaler und Stubayer, wahrscheinlich auch noch der Duxer und Zillerthaler Ferner um so schärfer und klarer, als bei sinkender Sonne mein Beobachtungspunkt gar bald in den

Schatten der Wolken sich hüllte, während das entferntere Panorama in hellem Sonnenglanze strahlte. Näher standen mir die Lechalpen, andere Gipfel, andere Thäler, als ich am Biberskopf und Hohen Licht mir gegenüber gesehen; — im Norden das Lechgebiet der Algäuer Alpen, gewaltig beherrscht vom Hochvogel, dem alten Bekannten. Im Osten drängen sich die Hornbacher Gipfel aufeinander, schwer lassen sich in diesem grauen, zackenstarrenden Klumpen die einzelnen Gestalten unterscheiden, nur der Urbeleskarspitz, an den scheinbaren Schluss dieser Reihe gestellt, erhebt mächtig sein spitzes Dreieck, und der Ilfenspitz weist seine zahnige Schneide herüber und die mauergetrennten Schneeplanken seiner Nordseite. Mein südlicher Nachbar, der Karrerjochspitz, liegt tief unter mir, seine Höhe mag kaum 7800′ 2534 m. betragen; er deckt einen Theil des gegen das Lechthal auslaufenden Kammes, welcher infolge seiner östlichen Umbiegung alsbald an der linken Seite des ersteren wieder erscheint; auf dem grünen Rücken fällt ein Haufen enge zusammengebauter Heuhütten in die Augen, an seiner Seite ist ein quer durchlaufender Pfad bemerkbar, wahrscheinlich der gleiche, welcher über das Karrerjoch herüberführt. — Im Norden sehe ich zu meinen Füssen das weite, in seinen oberen, flachen Becken völlig vegetationslose Kar, aus welchem der Höchbach seinen Ursprung nimmt und dessen Umrandung, vom Fusse des Grossen Krotenkopfs zur Oefnerspitze hinüberziehend, den Anschlusspunkt der Hornbacherkette in sich fasst. Der Grosse Krotenkopf selbst stürzt in jener Richtung vom Gipfel weg nicht augenblicks so mauersteil ab, als die Ansicht, welche er von Norden her bietet, diess etwa vermuthen lassen möchte. Ich ging den Schrofengrat 40—50 Schritte weit nördlich hinab, ohne noch auf die eigentliche Steilwand zu treffen.

Eine Stunde Aufenthalts war verflossen, und es schien an der Zeit, den Rückweg anzutreten, wollte ich nicht, wie auf dem Hochvogel, auch auf dem Krotenkopfe übernachten; das Heulager der Mädele-Alp schien immerhin wünschenswerther und so stieg ich denn die Felsstufen der Gipfelkante wieder hinab zum Sattel, warf einen Abschiedsblick zurück auf das graue Firnfeld und den tiefgrünen Ilfensee, und wandte mich alsdann, anstatt auf dem Bergrücken zu bleiben, dem Trümmergraben zu, der im Anstiege zu meiner Linken gelegen hatte. Ich kam in demselben rasch und ohne sonderliche Schwierigkeit in's grosse Kar zurück, verfolgte dasselbe abwärts, aber natürlich nicht mehr bis an den Höchbach hinunter, sondern nur bis an den Fuss des Steilabfalles des Grossen Krotenkopfes, an dessen auslaufenden Schrofenrippen ich alsbald den Quergang nach dem nördlich gelegenen Bergkessel — zwischen dem Grossen Krotenkopfe und der Oefnerspitze — begann.

Eine Steilwand von einigen hundert Fuss Tiefe im Fundamente des ersteren hätte immerhin noch einen kleinen, abwärts greifenden Umweg erfordert, ich hielt mich statt dessen auf Grasplätzen, die quer in die Wand hineinweisen und als schmales, eine Strecke weit kaum fussbreites Band, überdiess im Zickzack auf- und absteigend, über dem Absturze wegleiten; auf bald wieder verbreitertem gangbaren Boden erreichte ich das jenseitige Kar und durchmass in weitem Halbbogen seine wellige Mulde, zwischen deren Steinhügeln hie und da der Ursprung eines Wässerchens — eine Quelle des Höchbaches — sprudelt. In sehr sanftem Anstiege kam ich am Fusse des Kammes an, der vom Mädelejoch nach der Oefnerspitze hinzieht, und wäre es Morgen gewesen, ich hätte den Besuch der Krotenköpfe mit der Besteigung der letzteren alsbald fortsetzen können; denn eben hier musste eine Stelle sich finden, über den Grat auf die schrofige Nordwestseite dieses Gipfels überzutreten. Statt dessen eilte ich dem Nachtlager zu; an den Grasplätzen, auf Spuren betretener Wege kam ich rasch am Muttlerkopfe vorüber und überschritt, nachdem ich noch eine lange und steile Wiesenböschung hinabgestiegen, auf breitem, grünem Sattel den Grat; auch dieser Gebirgsübergang ist nicht ungebräuchlich, namentlich benützen ihn jene Leute, die über das Karrerjoch in's Bernhardsthal abzusteigen gedenken; er führt im Gegensatze zum gewöhnlich begangenen Mädele-Pass den Namen Ober-Mädele-Pass oder -Joch (Grenzstein No. 130, 6425′ 2087 m.). Ueber die Hügelkuppen des Kammes wanderte ich dann weiter, der Alphütte zu; verweilte noch einige Minuten auf einem den Bergkessel beherrschenden Eckpunkte, die Abendlichter mir zu betrachten, welche durch Zwischenräume der schwer und schwarz hernieder hängenden Wolken grell auf die Wände der Krotenköpfe, auf die Steilhänge des Fürschiesser fielen und mit Sicherheit auf einen günstigen Morgen schliessen liessen. Als der letzte Schein erloschen war, stieg ich hinab zur Hütte, erfreute mich an einem Abend-Schmarrn und suchte baldigst das Heulager auf. Die Alpe war nahe daran, verlassen zu werden und der Vorrath an Futter daher nur gering, eben genug, um nicht auf den Brettern zu liegen; die Nacht sehr kalt und infolge dessen höchst unbehaglich; herzlich vergnügt sah ich die erste Morgenhelle durch die Ritzen des

Stadels blicken, und verlor denn auch keine Zeit, aufzubrechen. — Mehr im Scherze, als in der Erwartung, etwas Brauchbares zu erfahren, fragte ich die Hirten, wie wohl auf jenes sattelverbundene Spitzenpaar zu gelangen wäre, das hoch im Osten auf ihre Hütte herabschaut? — und erhielt natürlich die Antwort: „Da komme man gewiss gar nicht hinauf!“

Im frischen Morgengrau stieg ich wieder hinan zum Mädelejoch; durch die Erfahrungen des vorhergehenden Tages gewitzigt, verliess ich bereits vor völliger Erreichung der Passhöhe den begangenen Weg und hielt mich in schrägem Quergange links, an den grünen, häufig durch Felsabsätze unterbrochenen Gehängen des Hügelkammes. Nach $^1/_2$ St. war ich am Ober-Mädele-Pass, erstieg wieder die steile Graslahne, die von ihm in östlicher Richtung sich emporhebt, und überschritt am Fusse des Muttlerkopfes die Wasserscheide. Leicht wäre nun dieser Felsenrücken, der so imposant und unnahbar steil in den Sperrbachtobel hineinschaut, zu ersteigen, er hat aber, sobald seine wahre Gestalt und Stellung erkannt, auch allen weiteren Reiz verloren. Ich liess ihn ruhig zur Linken, ebenso einen zweiten, bereits etwas höheren und schärferen Höcker, der östlich auf ihn im Grate folgt. Die weiten, weissen Schuttfelder des Ursprungskars des Höchbaches kamen mir allmählig wieder in Sicht und der Zackenkreis ihrer Umrandung; zur Rechten stand mir der Grosse Krotenkopf, zu immer schlankerer Säulengestalt sich zusammenziehend, je mehr ich von der Nordseite ihn zu sehen bekam. Im Osten trat die Oefnerspitze wieder hervor, augenblicklich erkennbar an ihrer unvergleichlich fein und scharf zersägten Westkante, hinter deren Thürmchen der eigentliche Gipfel sich bereits zurückgezogen hatte. Wie ich den letzteren gewinnen sollte, darüber wusste ich nun freilich nicht viel mehr, als die Hirten der Obermädelealp, das obere, den unmittelbaren Gipfelbau zusammensetzende Geschröfe hatte ich auf der dem Alpenkessel zugekehrten Nordwestflanke mit Hülfe des Fernrohrs als ziemlich sicher gangbar beurtheilen können, wie aber auf jene Plätze zu gelangen sei, die mit gewaltigen Steilwänden gegen die Tiefe abstürzen, das lag noch sehr im Ungewissen. Ich war zuletzt bei dem Plane stehen geblieben, von der Südseite her möglichst nahe an die Oefnerspitze heranzutreten und von hier aus einen Gratübergang zu versuchen; und dieser Plan war eben in Ausführung begriffen.

Die Weglinie, welche ich am Abende vorher quer durch

das Kar verfolgt hatte, blieb mir allmählig zur Rechten; enger schloss ich mich an die Erhebungen des Grates an, die in schroffen, schwärzlichen Mauern aus den Schuttfeldern sich erhoben, welche die Richtung meines Pfades durchkreuzten; mit zerborstenem Gezacke, klotzige Thürmchen und zierlich geschärfte Nadeln tragend, hob vor mir die Kante der Oefnerspitze an. Es war Zeit, die Bergflanke zu wechseln; die Schuttlehnen hinauf, aus welchen nur wenige plattige Felsbänke vorragten, sah ich mich in eine düstere, immer mehr sich verengende Gasse geleitet, von abenteuerlich gebildeten Schrofen überhangen; doch reichte der Schutt bis zum Grate hinan, der von thorartiger Scharte durchbrochen wird. Mit ängstlicher Spannung trat ich, nachdem der ermüdende Anstieg vollendet, in diesen Mauerdurchlass ein; ein Schritt auf die Scheitelkante — und steilfallendes Geschröf, keineswegs die gefürchtete Wand, tieft nach der Gegenseite sich ab; ein zweiter Schritt um die vorspringende Ecke zur Rechten — und schuttbedeckte Gesimse zeigen sich im Felsengehänge. Ich hatte genug gesehen. Da ich jedoch immerhin auf eine sehr scharfe Klettertour gefasst war, liess ich in der Scharte alles entbehrliche Gepäck zurück, und verzichtete sogar auf einen Morgenkaffee auf dem zu erhoffenden Gipfel. Der weitere Verlauf der Ersteigung erwies diese Vorsicht und Entsagung als höchst überflüssig.

Die gangbaren Bänder leiteten anfänglich etwas abwärts, ein vortretendes Steilmassiv umgehend, längs seiner schwarzen, stellenweise etwas überhängenden Mauern dahin. Bald eröffnete sich mir ein erweiterter Ueberblick des Terrains, es trug den ächten Charakter des günstig geneigten, schrofigen Felsgehänges an sich und ein Gelingen des Unternehmens war jetzt bereits so gut wie sichergestellt. In der Sohle schuttbedeckter Rinnen bewegte ich mich meist eine Strecke weit gerade aufwärts, und wandte mich alsdann an den Gesimsen und Absätzen der rauhen Schrofen wieder quer durch nach neuen Einrissen; im Allgemeinen verfolgte ich eine schräg gegen Links ansteigende Linie. Bald sah ich mich dem geröllbedeckten, breiten Sattel, welcher die Oefner- und Krotenspitze verbindet, gerade gegenüber, vermochte aber einer tiefen, in den Körper der ersteren einschneidenden Kluft wegen noch nicht auf denselben auszutreten; erst in beträchtlich grösserer Höhe liess die ausgeflachte Plattensohle auf schmalen Bändern sich kreuzen. Längs der nördlichen Pyramidenkante eilte ich nun der Spitze zu; noch war ein kleiner Abfall gerundeter Felsstufen zu bewältigen, oben folgten wieder gebrochene Schrofentreppen, in zackigen Thürmchen kommt von der rechten Seite die Westkante heraufgezogen, und vereinigt sich mit der nördlichen zum schmalen, aus zerspaltenen Klippen zusammengebauten Gipfelraume. Rascher und leichter, als ich erwartet, war ich am ersten Ziele (Oefnerspitze 7905′ 2568 m. Gr.-K.) angelangt. Kaum $2^1/_2$ Stunden waren seit Aufbruch von der Alpe verflossen und nur 1 Stunde hatte die Ersteigung selbst, von der Scharte her, gewährt. Mit der vollen Behaglichkeit, die eine so baldige Sicherung des Erfolges des Tagewerkes verleiht — denn die Erreichung der Krotenspitze stand jetzt ausser Frage, — überliess ich mich dem Genusse der Aussicht, welche in ungetrübter Morgenfrische vor mir ausgebreitet lag.

Den Hauptmoment derselben bildet das Hornbachthal, in dessen verlängerter Achse die Oefnerspitze eben gelegen ist. Dunkelbewaldet zieht es zwischen seinen hohen Umfassungsmauern hinaus zum Lech. Auf saftig grünen Wiesenterrassen liegen zerstreut die Häuser von Hinterhornbach; in's Innere des Gebirges, an den Fuss der Krotenköpfe heran, verliert das Thal als enge Spalte sich zwischen unnahbaren, finsteren Wänden; einsam im düstern Grunde birgt sie das Hüttendörfchen der Petersalpen. Ein paar tausend Fuss höher liegt unmittelbar unter den Steilmauern der Oefnerspitze, ihrer Gratverbindung mit der Krotenspitze und dem Anschlusse der Hornbacher Kette*), das Hochplateau der March, ein welliges Hügelland mit ziemlich reichlichem Graswuchse, umrandet von Schutthalden und Trümmerkesseln, in seiner Mitte durchschnitten von der Thalspalte der Petersalpe. Im Westen dagegen fällt der Blick auf die prachtvoll gezeichneten Gipfelformen der Mädelegabelgruppe, voran der Obelisk der Trettachspitze, — das Pyramidenpaar der Hauptgipfel, an ihrem Fusse die blendend weisse Decke des Trettachferners. Ueber seinen scharf gegen den Horizont abgeschnittenen Höhenrand lugt zuckerhutförmig der Bockskarkopf herüber — eine hübsche Strecke dorthin, wenn ich heute dieses „Nebengeschäft" noch abmachen soll, und etwas derart liegt mir in der That im Sinne. Zu Füssen die Mädelealp, mit dem Fernglase erkenne ich die Sennen, um die Hütte

*) Wie bereits erwähnt, erfolgt dieser Anschluss inmitten des Bogens, welcher von der Oefnerspitze zum Grossen Krotenkopfe sich hinüberzieht. Der Anschlusspunkt ist durch einen (meines Wissens namenlosen) Gipfel zweiten Ranges, ca. 7700′ 2500 m. hoch, bezeichnet, welcher von Westen, aus dem Kar des Höchbaches leicht zu ersteigen wäre. —

herum beschäftigt, sie hören auf meine Jauchzer und antworten aus der Tiefe empor — wenn sie scharfe Augen haben, so mögen sie nun wissen, dass man auf die starren Wächter ihres Alpenkessels gar wohl hinaufkommen könne. — Ein Gegenstand in meiner nächsten Nachbarschaft erregte noch meine Aufmerksamkeit, eine im Getrümmer der Südseite etwa 20′ tief unter dem Gipfel liegende Signalstange, die ich herauf holte und so gut als möglich wieder aufpflanzte. Nach einstündigem Aufenthalte verliess ich die Oefnerspitze, um ihrer Nachbarin meinen Besuch abzustatten.

Die Schrofenschneide hinunter hielt ich mich anfänglich auf der Linie meines Anstieges, liess aber die Kluft nunmehr zur Linken und steuerte geradenwegs auf der Gratkante weiter, dem Sattel zu. Eine tiefe Durchschartung, charakteristisch in der Zeichnung des Spitzenpaares wie es, von West oder Ost gesehen, sich darstellt, war auf den Schuttbändern der Westseite leicht umgangen, wenige Minuten später stand ich im Sattel. Er bildet einen mit feinem Kiese, stellenweise sogar mit Sand bedeckten, mit schwachem Graswuchse bekleideten, flachgewölbten Raum von etwa 50 Schritten Länge und 12—15 Schritten Breite. Beiderseits, zum Kessel von Obermädele im Westen, wie auf die March im Osten, stürzen Steilwände zu bedeutender Tiefe ab. Es ähnelt dieser Sattel und das Spitzenpaar, das er verbindet, überhaupt in vielen Charakterzügen merkwürdig der Gruppe der Teufelshörner im Berchtesgadener Lande; nur fehlt der scharfe Abbruch des einen Gipfels auf den Verbindungssattel, wie das Kleine Teufelshorn ihn bietet.

Der Grat der Krotenspitze hebt sich vom Boden des Sattels in mässiger Steigung empor, einen ziemlich breiten, mit feinem Geröll und sogar noch etwas Graswuchs bedeckten Rücken bildend; weiter aufwärts geht derselbe in gut gangbare Felsstufen über, die erst in der Nähe des Gipfels etwas steiler sich auf einander thürmen. In seinen obersten Partieen wendet sich der Kamm von der nördlichen plötzlich in eine westliche Streichrichtung, und zieht als scharfe Schneide, aus wild zerklüfteten, oft mitten durchspaltenen Felsblöcken zusammengesetzt, seinem westlichen Culminationspunkte zu. Eigentlich bedeutende Schwierigkeiten traf ich jedoch auch hier nicht an, und nach Durchsteigung einer ziemlich tiefen Einschartung betrat ich den schmalen Scheitel der Krotenspitze. Steilwände fallen nach beiden Seiten, links in den Kessel von Ober-Mädele, rechts gegen das Trauchbachthal; vorwärts, dem Sperrbache zu, setzt der Grat noch eine

Strecke weit in mässiger Senkung sich fort, um alsdann ebenfalls mit senkrechten Mauern in den Abschluss des Sperrbachthales niederzustürzen. Der Uebergang von der Oefnerspitze hatte nur 3/4 St. in Anspruch genommen; ich befand mich nun auf dem niedrigsten der drei Krotenköpfe, immerhin noch in einer Höhe von 7832′ 2544 m. (G.-K.), während Sendtner eine „Krotenspitze" mit 7620′ angibt; der blosse Vergleich meiner Gipfelhöhe dem Augenmasse nach mit den benachbarten, ihrer Höhe nach mir bekannten Bergspitzen, dem Hochvogel, den Hornbachern, der Mädelegabel u. s. w. erwies mir die Unrichtigkeit dieser letzteren Angabe, welche man übrigens der Collectivbezeichnung „Krotenköpfe" in der Regel beigesetzt findet. Auf welche andere Spitze in dieser Gegend sich die bezeichnete Messung allenfalls beziehen könnte, wüsste ich nicht zu deuten.

Von besonderem Interesse auf dem neugewonnenen Gipfel war mir der Anblick des Trauchbachthales, das auf allen meinen bisherigen Bergwanderungen mir verschlossen geblieben war; ein freundliches, grünes Thälchen, besäet mit Alpenhütten in seinem Grunde und an den reich begrasten Flanken des Bergrückens der Kegelköpfe (6105′ 1984 m. Sendtner) hinan, welcher nördlich seinen Lauf begleitet; steil, aber durchweg mit Vegetation bekleidet, hebt sich sein Abschluss zum Sattel des Märzle, welcher auf's Hochplateau der March und in's Hornbach-Gebiet hinüber leitet; nur in seinen südöstlichen Winkel stellt der mächtige Bau der Krotenköpfe seine furchtbar schroffen Wände. Gegen Westen lag tief unter mir das Gewirre von Zacken und Thürmchen, welche den Gebirgsgrat nach dem Fürschiesser hin fortsetzen.

Ich verweilte nur kurze Zeit auf dem Gipfel und trat sodann den Rückweg an, in den Sattel hinab, von hier wieder ein Drittheil der Oefnerspitze aufwärts, um die grosse Kluft zu umgehen, und, wie ich gekommen, quer durch's Geschröf nach der Scharte im Hauptgrat zurück. Es war noch eine Stunde bis Mittag, und ich hätte nun in voller Musse und Bequemlichkeit Abends in Sonthofen zurück sein können. Das wäre mir jedoch als gewaltige Zeitverschwendung erschienen, und ein Plan, die noch übrigen Tagesstunden in ergiebigerer Weise auszunützen, lag auch schon bereit. Ursprünglich hatte ich daran gedacht, das obere Ilfenthal zu kreuzen und mit dem Ilfenspitz anzubinden. Da jedoch ein Uebergang erst südlich des Grossen Krotenkopfes möglich erschien, so musste dieses Project als zu mühsam und zeitraubend aufgegeben und ein Besuch dieses respectablen Nachbars der Krotenköpfe auf die Wanderungen im Hornbachthale verschoben werden. Dafür gedachte ich die ganze Südflanke des Gebirges hinter der Mädelegabel zu queren, den Bockskarkopf, der als südwestlicher Vorposten jener Gruppe ebenfalls eines Besuches mir werth erschien, zu ersteigen und meinen Abstieg in's Bacher Loch und nach Einödsbach zu suchen. Ein weiter Weg, aber viel versprechend.

Punkt 12 Uhr war ich am Mädelejoch zurück, wo ich zwei Grenzjägern begegnete, die den Vormittag über in der Umgebung des Mädele-Passes umhergestreift waren und mit nicht geringer Verwunderung erst auf der Oefnerspitze und kurze Zeit darauf auf der Krotenspitze eine Gestalt wahrgenommen und ihre Rufe gehört hatten. Den gewöhnlich zur Ersteigung eingeschlagenen Weg verfolgend durchwanderte ich das wellige Hügelland im Süden des Kratzer, bog über seinen Westrand hinweg in die Steilhänge und Gräben der Schwarzen Milz ein und anstatt nun, der gewohnten Fährte folgend, zum engen Grat über den Wildgräben wieder aufzusteigen, schnallte ich die Eisen an und kreuzte die ganze Gebirgsflanke mit all' ihren Lahnen, Rissen und Schluchten in gerader Linie nach dem Kratzer Joch hinüber. Ich könnte diese Modifikation des Mädelegabel-Weges allen künftigen Ersteigern nur empfehlen; die Schwierigkeiten sind auf dieser Linie nicht grösser als auf dem schmalen Grat, nur Eisen sind erforderlich, um an den schlüpfrigen Flächen genügenden Halt zu finden. Der minder anstrengende Durchgang und die Zeitersparniss von nahe einer halben Stunde dürften das Mitnehmen solcher immerhin lohnen.

Zum dritten Male in diesem Sommer kam ich am Hochsee des Kratzer Joches (6814′ 2213 m. Sendtner) vorüber, der vom Schmelzwasser des Trettachferners sich nährt. Als ich das erstemal — Mitte Juni — die Mädelegabel bestieg, bemerkte ich nichts von seiner Existenz; Schneemassen deckten mit einförmig weisser Decke die ganze Mulde. Das zweite Mal — Ende Juli — erblickte ich den See als lichtblauen, verschwommenen Ring im Schneefelde; nun, da ich in später Jahreszeit zum drittenmale jene Gegenden betrat, lag der grell himmelblaue Wasserspiegel schnee- und eisfrei in seiner Uferumwallung, von tiefbraunen Hügeln der lettigen Algäu-Schiefer umrandet, auf welchen nur das grosse Alpenveilchen in Päcken sammetvioletter Blüthen noch gedeiht — wo aus dem dunklen, lehmigen Boden die Diamanten der Mädelegabel, kleine, vollständig ausgebildete Bergkrystalle von Stecknadelkopfs- bis zur Erbsengrösse, im Sonnenschein ihre Blitze hervorsenden,

Neuerdings hebt der Dolomitstock des Gebirges sich um eine steile Stufe gegen Westen, dort zum kahlen Felsplateau sich auszubreiten, dessen flacher Scheitel den Trettachferner trägt. Die gerade Wegerichtung nach der Mädelegabel, welche die längs des Hauptgrates ansteigende Schutteinsenkung verfolgt, wurde hier von mir verlassen; links abschwenkend bog ich in eine mässig breite Trümmergasse ein, welche mich auf kürzestem Wege an den Trettachferner und quer über denselben zur Bockskarscharte*) bringen sollte. Bald war der Steilabsturz der oberen Terrasse umgangen, über plattige Hügelwellen hin näherte ich mich dem Saume des Firnfeldes. Nicht ohne einige Spannung betrat ich die weisse, sanft gegen Nordwest sich aufwölbende Fläche. Hatte ich doch zu wiederholten Malen schon von den gefährlichen Spalten gehört, welche der Trettachferner berge, welche den Ersteiger der Mädelegabel bedrohen sollten und in deren einer ein österreichischer Ingenieur, mit Vermessungen beschäftigt, sogar seinen Tod gefunden haben soll. Bei meinen beiden früheren Besuchen der Mädelegabel hatte ich nun dergleichen allerdings nicht gesehen; aber der erste derselben, der auch auf die rivalisirende südwestliche Spitze sich erstreckt hatte, war in die frühe Jahreszeit gefallen, der zweite ging auf die nordöstliche Spitze allein und daher nur am Saume des Ferners hin. Diessmal sollte ich, im Spätsommer bereits, den ganzen unteren Abfall des Firnfeldes queren und durfte daher wohl eher auf dergleichen unliebsame Begegnungen gefasst sein. Ich traf die Firnmasse nun in der That in voller Auflösung; von allen Seiten rauschte, zischte, sprudelte es; Bäche von Schmelzwasser schossen in 3—4′ tiefen Eisspalten dahin, um nach kurzem Laufe in dunkle Löcher sich wieder zu verlieren, an andern Stellen eben so plötzlich, oft fontainenartig hervorbrechend, wieder an's Tageslicht zu treten**). Aber von einem eigentlichen Schrund sah ich Nichts; sei es, dass solche nur vereinzelt in den höchsten Partieen der Gletschermasse sich vorfinden, sei es, dass ihr Bestehen überhaupt Fabel sei, wie das Vorrücken des Trettachferners auf die Weidegründe

*) Scharte südwestlich der Mädelegabel, durch welche man vom Bacher Loch herauf auf den Trettachferner übertritt. Ein Name für diesen wichtigen Gratübergang wurde mir nicht bekannt, ich gebe den hier in Anwendung gebrachten, welcher mir passend erscheint, aus eigener Competenz.

**) Vgl. hiemit die Notiz über die Spalten des Plattacher Ferners an der Zugspitze, V. Abschn., 1. Cap., mit welchem der Trettachferner die grösste Aehnlichkeit besitzt.

der Rossgumpenalpe, „welche durch ihn schon manches Joch kulturfähigen Bodens verloren habe“ *) — ich kann in diesem Falle eben nur wieder constatiren, dass ich eine vielberufene Gefahr einer Bergbesteigung nicht gesehen habe, während ich sonst doch allerlei zu sehen pflege, das andern Bergwanderern verschlossen blieb.

Da ich nahezu genau in der Quere des Trettachferners mich bewegte, in welcher Richtung derselbe die weitaus grösste Ausdehnung besitzt, so verbrachte ich beinahe eine Stunde mit dessen Ueberwanderung; die beiden Pyramiden der Mädelegabel, dunkle Massengestalten aus dem schimmernden Schneemantel emportauchend, zogen langsam an meiner rechten Seite vorüber; ich hätte in kurzer Zeit ihre wohlbekannten Felsenscheitel ersteigen können, aber mein Ziel lag weiter, gegen Westen. Eine niedrige Reihe zackiger Felsschrofen, vom Südwestfusse der Hochfrotspitze**) ausstrahlend, bezeichnet das jenseitige Ufer des Firnfeldes. Diese Grenze überschreitend sah ich vor mir ein neues, kleines Kar, sein naher Höhenrand auf dem Grate wies einen Steinmann, das Wahrzeichen der Uebergangsstelle in's Bacher Loch. Weiter noch ging's gegen Westen. Auf schuttbedeckten Plattenlagen umging ich einen Vorbau des Bockskarkopfs, eine starke Steilstufe tiefer, als mein Weg lief, gewahrte ich wieder einen trümmerbedeckten Kessel, nnd noch eine Terrasse tiefer ein grünes Plätzchen — wahrscheinlich eine vereinzelte Einlagerung der vegetationsgünstigen Liasschiefer im Dolomitfelsen. Im tiefen Geröll einer zur Klemme sich einschnürenden Mauergasse arbeitete ich mich wieder zur Kammhöhe des Gebirges empor und erstieg von da in 20 Minuten die schneidige, jedoch günstig gestufte Ostkante des Bockskarkopfs (4 Uhr Nachmittags).

Das innerste Schachenthal, welches die Nebel auf dem Hohen Licht hartnäckig mir verborgen hatten, lag nun offen meinen Augen; spärliche Vegetation zeigte noch seine Sohle, die Terrassen aber, die zu seinem Abschlusskessel in mehrfachen Stockwerken sich hinaufbauen, weisen den kahlen, düster grauen Dolomitfels, da und dort bergen seine Mulden einen alten Schneerest und nicht selten verräth durchblicken-

---

*) Der Trettachferner darf auf seinem Steinhügel-Plateau mindestens dreimal so gross werden, als er ist, ohne für einen Pfennig Schaden anzurichten.

**) Diese Benennung gebraucht die Grenzbeschreibungskarte für die südwestliche Mädelegabelspitze, welche ihr zufolge auch die höhere ist.

des Eis deren perennirenden Charakter. Es erscheint mir bemerkenswerth, dass der Algäuer Dolomit der Firnbildung offenbar viel günstigere Bedingungen bietet, als diess anderwärts in unseren Kalkalpen der Fall ist; zieht man mit den Terrassen-Plateaus im Schachenthal die weit ausgedehnten, und um Vieles höher gelegenen Hügelflächen der Berchtesgadener Gebirge in Vergleich, so sollte man von ihnen eine weit continuirlichere Firnbedeckung erwarten, als sie in der That aufweisen. — Den abschliessenden Grat des Schachenthals bildet der uns bereits bekannte Verbindungskamm zwischen der Ellebogener Spitze und dem Hohen Licht; letzteres steht dem Bockskarkopf im Südwesten als gigantische Pyramide gegenüber und verkettet sich durch die Zackenreihe, welche den Hochalp-Ferner umspannt, mit dem Wilden Mann im Hauptgrate; gegen diesen senkt der Bockskarkopf sich mit mässig geneigter, aber arg zerrissener, kaum gangbarer Schneide. — Der Gipfel, dessen Höhe ich im Vergleiche mit benachbarten Culminationspunkten auf 7950′ 2580 m. taxire, trägt kein Vermessungssignal, wohl aber einen Steinhaufen, und auf einem Blocke desselben eine verwitterte, nicht mehr lesbare Namensaufschrift. Das Massiv des Bergkörpers stürzt gegen Süden steil auf die Kare des Schachenthals nieder, senkt sich dagegen nordwärts in mässigerem Grade, wiewohl mehrfach durch Wandabsätze unterbrochen, auf weite Geröllfelder, die in zwei getrennte Kare sich theilen: das eine derselben öffnet sich westwärts gegen das Wilde Männle, das andere in nordwestlicher Richtung gegen das Bacher Loch. Welchem von beiden der Name „Bockskar“ eigentlich, oder ob er beiden gleichmässig zukomme, gelang mir nicht, zu ermitteln.

Nach halbstündigem Aufenthalte wandte ich mich zum Abstiege, die enge Schneide gen Osten zurück, im Angesichte die gewaltige Pyramide des südwestlichen Mädelegabelgipfels, zu seiner Linken der schlanke Thurm der Trettachspitze. 5 Uhr Nachmittags stand ich auf der Scharte (ca. 7600′ 2469 m.) und trat auf die Nordwestseite des Gebirges über. 200—300′ tief ging's über stufiges Geschröf steil hinab, dann folgten die Schuttfelder, in unabsehbarer Länge zur Tiefe sich hinunterdehnend; wohl Dem, der im lustigen Sprunge diese flüssige Bahn abwärts verfolgt, von dem unablässigen Gleiten und Fahren in seinem Vordringen nur gefördert, seinem Ziele um so rascher näher gebracht; wehe ihm, wenn er emporsteigend den haltlosen Schutt unter die ermattenden Tritte stampfen muss!

Zur Linken trat der Körper des Bockskarkopfes

zurück und eröffnete den Einblick in die innerste Trümmermulde des Bockskars, auf das schwarze Gemäuer des Wilden Mann, endlich auch auf's Wildmännle nnd den breiten Lawinenstrom der Schneeflucht; zur Rechten entwickelten sich die Gipfel des begrenzenden Ausläufers der Mädelegabel, seltsame Zacken und Kegelgestalten, die vordem ich nie geschaut. Breit vor mir, die Oeffnung des Kars verschliessend, stand der Linkerskopf mit seinen steilen, grünen Flanken; — in der Tiefe lag ungewisses, dämmerndes Dunkel; — die Thalsohle blieb dem Blicke verschlossen. — Es endete das lose Geröll, spärlicher Graswuchs begann den Boden zu überziehen, eine murmelnde Quelle begleitete mit moosigem Felsrinnsale auf kurze Strecke meinen Weg; eine willkommene Entdeckung, für den Fall, dass ich in's Bacher Loch mich nicht hinabfände, im Kar übernachten müsste, um andern Tages über den Trettachferner, die Obermädelealp und den Sperrbachtobel heimzukehren. Terrasse um Terrasse der Wiesengehänge blieb hinter mir; steiler dachte das Gehänge sich ab, auch der Zweiggrat der Mädelegabel erreichte sein Ende und zeigte die wanddurchsetzten, zerschluchteten Thalflanken des Einödsbachs. Immer massiger, dunkler, näher drängte der Linkerskopf heran, es schien, als sollte ich in Bälde unmittelbar von meinem Berggehänge weg auf diese Graslehnen hinüberspringen können; und doch wusste ich zwischen beiden die Tiefe des Bacher Lochs. Diese Erscheinungen mahnten zur Vorsicht. Behutsamer stieg ich die letzten Grasböschungen hinab, schon zeigten sich einzelne Felsstufen in der grünen Decke, ein letztes Wiesenplätzchen auf vorspringender Kanzel — und allseits vor mir stürzen die Wände zur Tiefe, in welcher schmal das Weideland der Bacheralpe sich hinzieht, vom Silberfaden des Einödsbaches durchschlungen. Dass hier an ein Hinabkommen nicht zu denken, konnte mir überzeugend genug einleuchten, die einzige Möglichkeit blieb übrig, einen Durchgang nach dem Innern des Thales zu suchen, in welcher Richtung ich, der starken Hebung der Thalsohle wegen, bald auf dieselbe treffen musste. Ich stieg eine Strecke weit zur Höhe zurück und begann sodann die Bergflanke gegen links zu queren. Nachdem einige kleinere Einrisse übersetzt waren, fand ich mich vor einem steilen, enggeschlossenen Graben, jenseits von einem Zackenriff überragt, dessen nahes Ende auf die schmutzige Schneedecke der Schneeflucht hinabzusehen gestattete. Das grüne Terrain längs des Grabens abwärts verfolgend gelangte ich wieder auf einen von Steilabbrüchen umgebenen Vorsprung, doch schien es mir möglich, an den Rasenpolstern der Felsen bis in den Graben hinunter und durch dessen Vermittelung auf die Schneeflucht zu gelangen. Ich schnallte die Eisen an, und wollte eben in's Gehänge mich einlassen, als gellender Ruf von jenseits des Thales erscholl. Ich horchte auf — es folgten einige ebenso gellend gesprochene, aber unverständliche Worte. Das war Abmahnung. Aber was mag mir's helfen? Ich muss meinen Weg wohl suchen, und werde zeitig genug sehen, ob er wirklich unmöglich. Ich lasse mich also die nächste Stufe hinab — wieder der gellende Mahnruf! — ich ging auf die Wiesenterrasse zurück und prüfte vom Rande des Grabens nochmals die Sachlage; gelangte wiederholt zur Ueberzeugung, dass von unmittelbarer Gefahr nicht die Rede sei und ein anderer Ausweg, als der hier wahrscheinliche, sich überhaupt nicht eröffne. Packe nun, fest entschlossen, wieder an, hinunter gegen den Graben — aber heftiger und eindringlicher als vorher schallen die Rufe von drüben und ein längerer Sermon wird von der unsichtbaren Stimme mir gehalten, von welchem ich kein Wort zu verstehen vermag. Es ist unbeschreiblich, welch' ein Hinderniss dem Bergsteiger in bedenklicher Situation solcher Zuruf ist; hat er doch oft all' seine Energie aufzubieten, die eigene innere Stimme zum Schweigen zu bringen, die ihm sagen will, er befinde sich in Gefahr — nun erst der Zuspruch eines Andern, der eben Das ihm in's Gedächtniss ruft, an was er nun und nimmer denken d a r f. Ich wüsste mir mehr als e i n Dutzend Fälle, in welchen solch' ein unberufener Mahner den Ausschlag zur Umkehr gegeben oder, wenn diese bereits unmöglich geworden, die nothwendige kalte Entschlossenheit mir benommen hätte, zu thun, was allein noch retten konnte. Ich gehe also wieder ein paar Schritte vorwärts, die Eisen haften gut an den Grasschöpfen, ich sehe absolut keine Gefahr bei der Sache, nur Vorsicht ist vonnöthen; da fällt mein ärgerlicher Blick hinüber auf den Linkerskopf, woher es unablässig schreit und abmahnt, und jetzt vermeine ich, ich sähe an den grünen Hängen sich's regen. Das Fernglas heraus — wirklich, ein Bursche springt, so schnell seine Füsse ihn tragen, die Lahnen herunter, der Schneeflucht zu. Nun dachte ich freilich „Gut ist gut, besser ist besser“ — setzte mich auf's Grasgesimse und wartete seine Ankunft ab. Mit dem Rufer von drüben war ich nun ausgesöhnt, es wäre mir nicht eingefallen, dass ein Hirt oder Heuer Hals über Kopf von seinem Berge herunterlaufen würde, um einem Fremden beizuspringen, den er in die Irre gehen sieht; ich zog unwillkürlich auch die Parallele mit dem Tiroler oder Altbayer, der wahrscheinlich in gleichem Falle ruhig zugesehen, und, wenn der Andere abgestürzt, ein Vaterunser für seine arme Seele gebetet hätte.

Bald sah ich die Gestalt die Schneeflucht überschreiten, ging nun auf's Wiesenplateau und an den Rand des Grabens zurück, um zu sehen, welche Anstiegslinie zu mir herauf sie wählen würde — richtig, es war die gleiche, die ich zu meinem Abstiege bestimmt hatte. Wusste ich's ja doch! — Jetzt hob der Ankömmling den Kopf über den Rand der Terrasse empor und wir standen uns Angesicht in Angesicht gegenüber. Grosse gegenseitige Ueberraschung! ich erkannte den jüngsten der Brüder Jochum und er den „Herrn, der auf dem Gaiskopf gewesen.“ — „Ja das wenn ich gewusst hätte, Sie wären freilich allein heruntergekommen“ — nun, er war nun einmal da, und so stiegen wir gemeinsam zur Schneeflucht hinab; es ging steil, ähnlich wie an der Höfats; doch bot sich keine allzu grosse Schwierigkeit. In einer halben Viertelstunde waren wir unten; die Schneeflucht ist in gleicher Weise, wie der Sperrbachtobel, die Lawinenausfüllung einer engen Felsschlucht, unterhalb welcher die Gewässer sich sammeln und durch ein Thor an ihrem Ende als der Einödsbach zu Tage treten; sie besitzt augenscheinlich weit grössere Consistenz als die Lawinenbrücke des Sperrbachtobels, da wir über ihre Decke fest und sicher wegschritten, während im Sperrbachtobel nur Trümmer seiner Ueberwölbung mehr standen. Eine Unmasse Schutt und Schmutz ist auf ihr abgelagert, und oft bemerkt man vor der kothigen Ueberdeckung gar nicht, dass man auf Schnee geht. Von den Seiten rieseln die Gewässer in kleinen Cascaden herab und verschwinden unter der Decke, in ihren dunklen Gewölben sich zu sammeln. Nach 20 Minuten waren wir am Ende der Schneeflucht und traten auf das rechtseitige Steilufer des Einödsbaches über; ein Rückblick zeigte uns den schwarzen Thorbogen, aus welchem das bereits ziemlich ansehnliche Gewässer hervorrauscht. Eine Viertelstunde weiter langten wir bei der einsamen Hütte der Bacheralpe an, bei welcher erst der gebahnte Weg beginnt. Hier verliess mich mein improvisirter Führer, seinem Geschäfte, das er meinetwegen verlassen, wieder nachzugehen, nämlich ein paar auf dem Linkerskopf verstiegene Geissen aufzusuchen; ich verabschiedete mich von ihm mit herzlichem Danke für seine gute Absicht und nicht ohne eine Entlohnung seiner Leistung, wenn ich ihrer auch eigentlich nicht bedurft hätte.

Der goldene Abendhimmel sah in's Thal des Einödsbaches

herein und die Sonne war bereits unter den Horizont gesunken, als ich in Einödsbach ankam und, wie gewohnt, bei Baptist Schraudolph vorsprach. Ich bedurfte der Stärkung und Ruhe, ass dort zu Nacht und streckte mich auf das Laubbett; um 2 Uhr Nachts aber brach ich wieder auf, um den Morgens 4 Uhr von Oberstdorf abgehenden Stellwagen zu erreichen und zeitig in Sonthofen einzutreffen. Heller Mondschein goss sein Licht über die Berge, in die Thalebene der Birgsau; ich trat wieder hinaus auf die einzelnen Balken der Bühne über der Bacher Zwing und blickte hinab in den tobenden Schlund, wo Licht und Schatten einander jagten und der aufsprühende Gischt in funkelnder Helle gegen die schwarzen Wände schlug. Von ihrer Höhe herunter grüssen die Zinken der Mädelegabel, der Bockskarkopf inmitten seiner weissen Schuttfelder, das Wildmännle über der Lawinenschlucht mir nach; der Morgenstern zieht über den Himmelschrofen herauf und die Wellenlinie des Grünten zeichnet im Grau des nordöstlichen Horizontes sich ab. Hinaus, in's Land!

XIII. Der Urbeleskarspitz i. d. Hornbacherkette.

(Hierzu Vertikal- und Horizontalprofil No. 13.)

Man pflegt zu sagen, dass der Hauptzug der Algäuer Alpen im Halbkreise um das Quellengebiet der Iller sich herumziehe, und diess ist richtig, insofern der wasserscheidende Kamm darunter verstanden wird; betrachtet man jedoch die Gebirgsmassen in Bezug auf Mächtigkeit ihrer Struktur und Innigkeit ihres Zusammenhanges, betrachtet man sie in ihrem geologischen Baue, so kommt man zu einer wesentlich verschiedenen Auffassung. Das Algäuer Gebirge zerfällt aus diesem Gesichtspunkte in Parallelketten gleicher Art, wie das östlicher folgende Nordinnthaler Gebirge; und zwar sind es vier parallele Kämme, welche orographisch die beträchtlichsten Erhebungen in ihren bezüglichen Gruppen, geologisch die älteren Formationen darstellen, gegenüber den zwischenliegenden, gleich hohen Sätteln der diese Parallelketten unter sich verbindenden Gebirgsglieder. Die erste, nördlichste dieser Parallelkette tritt uns in den Thannheimer Bergen entgegen; nur auf kurze Strecke entwickelt sich aus dem Gewirre der niedrigen, grünen Vilser Gebirge ein ausgeprägter Kamm, von dominirender Höhe, hohem geologischen Alter (Wettersteinkalk, zum unteren Keuper gehörig), und ausgesprochener westöstlicher Streichrichtung. Die zweite Parallelkette begrenzt das Schwarzwasserthal im Norden, während gegen das Thannheimer Thal eine Gruppe niedrigerer Gebirgszüge, mannigfach zertheilt, ihr vorlagert; sie beginnt am Wildsee mit dem Rauhhorn, welches das höhere Gaishorn als Ausläufer gegen Norden entsendet, während seine Kammfortsetzung, ihrem Hauptmateriale nach aus Hauptdolomit der Alpen (zum mittleren Keuper zählend) aufgebaut, gegen Südosten über das Kugelhorn und den Knappenkopf zum Kirchendach und Kalbeleseckspitz, dann gegen Osten zum Luchespitz und Lailach sich wendet, und mit dem Fireberg über dem Lechthale schliesst. Der Zusammenhang dieser Parallelkette ist nicht sehr auffällig und erscheint auf die lange Strecke zwischen dem Kalbeleseck- und dem Luchespitz sogar völlig unterbrochen; das plötzliche Auftreten so hoher und schroffer Dolomitberge wie Luchespitz und Lailach weit im Osten und inmitten einer Gruppe niedriger, auslaufender Bergzüge, ihre unerkennbare westöstliche Streichrichtung ist das Moment, welches auch hier die Spuren des zu Grunde liegenden Bauplanes nachweisen lässt. — Verhältnissmässig niedrige Gipfel ziehen von dem Halbcircus, der die Taufersalpe umgibt, als Wasserscheide gegen Süden; jüngere geologische Altersstufen, Gebilde des alpinen Lias und Jura, herrschen vor, und breiten sich im Westen der Ostrach zu einer vielverzweigten Gebirgsgruppe aus, deren Centrum wieder ein dolomitischer Kamm — Breitenberg, Daumen, Wengenköpfe, Nebelhorn — einnimmt. Ueber die Nothländ, den Schwarzwasserspitz, die Lerchwand, den Fuchskarspitz, erreicht der wasserscheidende Gebirgszug in wachsender Höhe die dritte Parallelkette, mit welcher er am Kreuzspitz sich verbindet. Diese nimmt ihren Anfang an der Gruppe der Wilden im Oythal, streicht vom Kleinen zum Grossen Wilden anfangs nordöstlich, dann über das Wildenfeld, den Vorder-Wilden und den Kreuzkopf ausgesprochen östlich zum Kreuzspitz, biegt von diesem südöstlich zum Hochvogel aus, sinkt von seiner Höhe herunter zum Sattel zwischen Fuchskar und Kühkar und läuft nun über die Rosskarspitzen in streng östlicher Richtung zu ihrem Endpfeiler, dem Hochmahdspitz über Vorder-Hornbach. Sie trennt die Thäler Schwarzwasser und Hornbach; der Haupt-Dolomit erfährt in ihr eine Reihe bedeutender Erhebungen, im Hochvogel erreicht er einen seiner hervorragendsten Culminationspunkte in den Algäuer Alpen. Im Westen dieser dritten Parallelkette und ihrer Kammverbindung mit der vierten breitet das Quellengebiet der Trettach sich aus, scharfgeschnittene, ebenflächige, grüne, aber gleichwohl hohe Gebirgskämme, durch die Steile und Glätte ihrer Grasflanken (z. B. Höfats) berüchtigt. Sie gehören durchweg der jurassischen Formation an, die Algäuschiefer (oberer Alpen-Lias) spielen die Hauptrolle in ihrem Aufbaue. Auch der wasserscheidende Grat in seinen hohen Gipfeln Rauheck und Kreuzeck wird von diesen jüngeren Formationsgliedern eingenommen und bis auf die Einsattelung des Märzle von ihnen überdeckt; hier stösst er an die Dolomitwand der Krotenköpfe und verbindet sich mit der vierten Parallelkette. Von dieser ist die westliche Hälfte als Hauptkamm der Algäuer Alpen bekannt; der gewaltige Kamm des Hauptdolomits, welcher vom Biberskopf über den Wilden Mann, die Mädelegabel herüberzieht, am Kratzer Joch und an der Schwarzen Milz vom Ober-Lias durchbrochen sich wieder zur Dolomitruine des Kratzer erhebt, und von ihr zum Mädele-Joch herabsinkt, welcher dann über den Muttlerkopf zur Oefnerspitze sich aufschwingt, und südlich den Grossen Krotenkopf, nördlich die Krotenspitze vorstösst, — er setzt ununterbrochen als mächtiges Kettengebirge gegen Osten im Hornbacher Kamme sich fort, dessen zackige Gipfel die grünen Bergrücken, welche die Wasser zwischen Iller und Lech theilen, weit überragen. Ueberschaut der Bergwanderer von einem dieser Felsenhäupter das Gewoge der Algäuer Gebirgsgruppe, wie es nördlich vor ihm sich ausbreitet, drei scharf markirte Kammlinien sind es immer, die seinem Auge einen Ruhepunkt gewähren und ihm die Staffagen des Aussichtbildes auseinander halten: Rosskarspitzen — Hochvogel — Wilde, Lailach — Luchespitz — Rauhhorn, und die kahlen Kegel des Thannheimer Gebirges. Steht umgekehrt er auf dem Kellerschrofen oder der Rothen Flüh, wieder sind es drei Gipfelreihen, die über einander aufgebaut im Süden ihm erscheinen: Lailach — Luchespitz — Rauhhorn, die Rosskarspitzen mit dem Hochvogel, und die Hornbacherkette, anschliessend an die Krotenköpfe, die ihrerseits wieder mit der Mädelegabel sich verbinden. Die Sättel nur, welche den Zusammenhang der einzelnen Ketten vermitteln, sind länger gezogen und bilden begipfelte Kämme, statt wahrer Sättel; die Zwischenlagen zwischen den Ketten sind zu niedrigeren Gebirgsgruppen verbreitert, anstatt scharf eingeschnittene Thäler zu bilden. Die Anordnung und Streichrichtung der dominirenden Grate aber ist im Algäuer Gebirge wesentlich die gleiche wie in den Parallelketten des Wetterstein und des Karwendel.

Oft schon hatte ich von den Gipfeln der Algäuer Gruppe aus jene lange Reihe seltsam geformter Felsengipfel mir betrachtet, welche den gemeinsamen Namen der Hornbacher Berge führen; am Hochvogel waren sie zum erstenmale unmittelbar, nur durch die Thaltiefe von meinem Standorte getrennt, mir gegenüber gestanden, und hatte ich in ihnen eine ebenbürtige Fortsetzung des Algäuer Centralkammes, Rivalen seiner erhabensten Gipfel erkannt. Auf sie waren meine letzten Excursionen im Algäuer Gebirge gerichtet, langwierige und mühsame Wanderungen. War doch ein voller Tag auf den Uebergang über das „Joch" zu verwenden, um nur an den Fuss jener Berge zu gelangen, deren Ersteigung beabsichtigt war. Am 2. September fuhr ich mit dem Morgen-Omnibus von Sonthofen nach Oberstdorf, und wanderte über die Trettachbrücke dem Oythale zu. Wasserleer lag nun seine weite Thalebene, die grünen Wiesen der Guten Alpe (3427′ 1113 m. Sendtner) von trockenem Schuttbette durchzogen. Die gewaltigen Seewände zeigten nur noch einen befeuchteten Strich, wo ich vor ein paar Monaten einen mächtigen Wasserfall hatte herabstürzen sehen. Nur die weisse Schaummasse des Stuibenfalles im Hintergrunde des Thales war geblieben, doch auch sie hatte in grossem Masse abgenommen. Als ich auf dem schmalen Pfade von der Guten- zur Käseralpe (4220′ 1371 m. Sendtner) emporstieg und an das Brückchen, welches den Bach übersetzt, gelangte, ersah ich die Möglichkeit, am Felsenufer des Gewässers entlang zu gehen und einzutreten in den donnernden, dunstsprühenden Kessel. Das minder Grossartige des Stuibenfalles war durch diese Gelegenheit, sich ihm völlig zu nähern, gewissermassen ausgeglichen. Nach 2stündiger Wanderung trat ich auf die Terrassenstufe der Käseralpe hinaus; an ihren bereits verlassenen Hütten vorüber leitete ein enges, kaum sichtbares Steiglein über die beiden buschüberhangenen Steilwandabsätze zum Wildenfeld mich hinauf*), das schuttumlagerte Felsgerüste der Wilden blieb mir zur Linken, quer über die oberen Weideplätze lief mein Weg der Ausmündung der Schlucht entgegen, welche vom Joche sich herabsenkt. Zur Rechten in der Tiefe breitet das reichbegrünte Thalbecken der Käseralpe sich aus, im Westen steht greifbar nahe die Riesensäule der Höfats, ihre bräunlich-rothe, tief ausgehöhlte Ostseite weisend; gegen Süden trifft der Blick auf die Weidegründe des „Aelpele" auf dem Uebergangssattel zum Dietersbachthal, auf die grasigen Gehänge des Rauheck und die Terrasse an seiner Abdachung, welche einen kleinen, lichtblauen Hochsee birgt und mit dunklen, zerklüfteten Steilmauern von einigen hundert Fussen Höhe auf die tiefer liegende Käseralpe niederbricht, den Ueberschuss

---

*) Es ist diess ein schlechter, schwer aufzufindender Pfad, in umgekehrter Wegerichtung kaum zu entdecken. Man thut besser daran, sich von der Käseralpe links zu halten und auf den guten Pfaden, meist längs eines Grabeneinschnittes im Terrassenabfalle gehalten, zur Höhe des Wildenfelds emporzusteigen.

ihres Wasserbeckens in glänzend weissem Strahle über diese Wände hinabsendend. — Wüstes Getrümmer umlagert den Eingang der Schlucht, welche, beiderseits von Felsen geschlossen, bald ziemlich enge sich zusammenzieht und nur dem Wässerchen und dem häufig abgerissenen Wege noch Raum gibt. Nach halbstündigem Anstiege weitet sie sich wieder zu hügeligem, schwach begrünten Boden, links öffnet sich der Ausblick auf die Wilden, zunächst den Kleinen Wilden, dessen Massiv in gewaltiger Steile niederstürzt und endlose Massen von Schutt vom Fusse seiner Grundmauern weg zu Thal führt. Näher dem Joche gelegen, streckt sich vom Wildenfeld bis an den Fuss der Höllhörner ein jähes, berastes Gehänge herauf, von bergtiefen Schluchten durchschnitten, welche unter der grünen Decke das tiefe Grauschwarz der lettigen „Algäuschiefer" weisen. 3½ Stunden nach Aufbruch von Oberstdorf, genau zur Mittagsstunde, erreichte ich die breite, hügelige Passhöhe, auf welcher ein Markstein (No. 126) die Landesgrenze bezeichnet (6206′ 2016 m. Gr.-K.); zur Rechten hebt sich das Geschröf des Jochspitzes (6850′ 2225 m.), welcher den Lechler Kanz als Scheidekamm des Jochbach- und Petersalpen- [Hintersten Hornbach-] Thales entsendet und in Südwest-Richtung an das Rauheck (7308′ 2374 m.) anschliesst; zur Linken stehen die Höllhörner, zwei ungemein schroffe, Trettachspitz-ähnliche Felszacken, deren Höhe die Grenzbeschreibungskarte zu 6562′ (südl.) und 6563′ (nördl. = 2123 m.) angibt, welche demnach eine relative Höhe von ca. 300′ besitzen. An sie schliesst der Kleine Wilde mit 7078′ 2299 m. und der Grosse Wilde mit 7292′ 2369 m. Der gewaltigste Gegenstand im Aussichtsbilde, welches das Betreten der Passhöhe im Osten eröffnet, ist der Hochvogel, dessen Pyramide nun frei von allen Vorlagen, blos durch die Tiefe des Jochbaches vom Standorte des Beobachters geschieden, sich darstellt. Ich verfolgte mit dem Auge wieder die zahnige Kante, die ich vor Wochen herabgeklommen, die tiefe Felsenschlucht, in welche der Stock mir hinuntergestürzt war, und aus der ich ihn glücklich wieder erbeutet hatte. An den Hochvogel schliesst der zerrissene Grat der Rosskarspitzen, an sein Ende tritt eine schöne, dem Hochvogel nicht unähnliche, doch breiter angelegte Pyramide, der Hochmahdspitz (7287′ 2367 m. Kataster?). Gegen Osten verläuft vom Fusse des Gebirgs weg das Jochbachthal, eine enge, felsumschlossene Schlucht, nur an wenig Stellen etwas erweitert und Wiesenplätzen Raum gebend. Im Südosten erscheinen die Häupter der östlichen

Hälfte der Hornbacher Kette: Glimspitz (7579′ 2462 m.), Fallerkarspitz (7868′ 2556 m.), Urbeleskarspitz (8118′ 2637 m.) und Pretterspitz (8016′ 2604 m.) über der grünen Kammhöhe des Lechler Kanzes, welche in allmähliger Hebung die westlicher gelegenen Spitzen dem Blicke entzieht. Eine allgemeine Orientirung über das Bergrevier zu gewinnen, in welches ich als Neuling einzutreten mich anschickte, machte ich vom Joche weg einen kurzen Abstecher quer durch eine Schuttmulde in der Nordostflanke des Jochspitzes nach der jenseitigen Kammhöhe hinüber und erhielt hier in der That nicht allein den gewünschten Ueberblick sondern auch ein grossartiges Aussichtsbild, dessen Genuss ich Jedem, welcher die Tour über das Joch in's Hornbach macht, angelegentlichst empfehlen möchte. Die ganze Hornbacher Kette liegt einem Panorama gleich aufgerollt vor Augen, nicht allein ihre Gipfelreihe, sondern das ganze Gebirge vom Scheitel seiner kahlen Schrofen bis zum waldbekleideten Fusse herab, den es in's dunkle Hornbachthal hereinstellt. An den Pretterspitz, dessen nördliche Ausbiegung den weiten Kessel des Urbeleskars theilweise verdeckt, reiht sich das Zackenpaar der Kreuzkarlköpfe (ca. 7800′ 2534 m.), auf sie folgt eine breite und tiefe Depression des Gebirgskammes, wohl die Palschte Scharte der Karten, welche auch einen leichten und gebräuchlichen Gebirgsübergang von der Petersalpe in's Lechthal bildet. Im Westen derselben erhebt sich zunächst eine ziemlich ausgedehnte und stark zertheilte Gipfelgruppe und unmittelbar dieselbe dominirend der Ilfenspitz (8025′ 2607 m.), welcher seinerseits wieder mit den Krotenköpfen sich verkettet. Letztere erscheinen in der bekannten Gestalt, die sie dem nördlich gelegenen Gebirge zeigen, aus solch' unmittelbarer Nähe jedoch von ungewohnter Mächtigkeit; das sattelverbundene Zwillingspaar der Oefner- und Krotenspitze mit seinen fein zersägten Gratkanten schwingt gegen Nordwesten sich hinaus und stellt schroff seinen Fuss auf den grünen Bergrücken des Märzle; hinter dem Zackengrate ragt der einschulterige Kegel des Grossen Krotenkopfes empor mit seinem weisslich-grauen Firnfelde. In naher Tiefe unter den scharf abbrechenden Felswänden der Südseite des Kanz breitet die March ihren welligen Weideboden bis hinüber an den Fuss der Krotenköpfe und des Ilfenspitz; ihre Mitte durchschneidet die düstere Hornbachschlucht. Ein Abstieg von der Grathöhe des Kanz auf dieses Wiesen-Plateau liesse sich wahrscheinlich ohne gar grosse Schwierigkeit ausfindig machen, der weitere Hinabweg nach den Petersalpen würde jedoch dem der Gegend Unkundigen wohl kaum gelingen.

Nachdem ich die nöthige Orientirung mir erholt, kehrte ich zum Joche zurück und verfolgte den Pfad, welcher unmittelbar neben dem Grenzsteine seinen Anfang nimmt, zu Thal.*) In zahllosen kurzen Windungen zieht er abwechselnd über Schrofen, kleine Grasplätze und Gebüsche hinab und eröffnet gegen Rechts den Einblick in eine enge Felskluft, durch welche die stärkste Quellader des Jochbaches in mächtigen Cascaden herabstürzt. Die vielberufene Gefährlichkeit dieses Weges reducirt sich auf einige schwindelerregende, übrigens gut gangbare Stellen; auch ist seine Spur gut ausgeprägt und ein Abirren von derselben nicht wohl denkbar. Ungefähr 2000′ unter der Passhöhe erreicht er die Sohle des Jochbachthales, einen schuttbedeckten, ziemlich umfangreichen Kessel, dessen Ausmündung jedoch bald enger sich zusammenschnürt, daher die Pfadfortsetzung in einiger Höhe über dem linken Ufer des Baches hinläuft; doch senkt sie sich bald wieder herab zum Geröllstrande und leitet an diesem entlang in etwa einer halben Stunde, nachdem die Thalsohle betreten worden, zur Wiesenebene der Jochbachalpen, welche ein enge zusammengebautes, kleines Dorf von Alphütten bilden. Von Norden herab mündet das Weitthal, welches tief in's Gebirgsmassiv hineinschneidet und den breiten Stock des Grossen Wilden vom Fundamente der Hochvogel-Pyramide trennt; über die nächstsichtbaren Bergrücken schaut die höchste Spitze der letzteren auf den einsamen Thalgrund herab. Eine Strecke unterhalb der Jochbachalpen überschreitet der Weg

*) Wer den oben erwähnten Aussichtspunkt besucht hat, könnte, anstatt zum Joche zurückzukehren, auch den Grat des Kanz gegen Osten verfolgen und über denselben den Weg direct nach Hinter-Hornbach nehmen. Um den Steig zu finden, hätte man den Scheitel des Kammes so lange zu verfolgen, bis dass die Hügel desselben bereits ziemlich starke Krummholzüberwucherung zeigen und man sich dem Weitthal gerade gegenüber befindet. Von hier beginnt der Abstieg gegen Norden, anfangs über steile, durchfurchte Schutt- und Grasplätze von beträchtlicher Breite, hierauf über noch ausgedehntere Wiesenhänge. Zwischen den buschigen Hügeln der tiefer gelegenen Terrasse wird man den querlaufenden Pfad antreffen, welcher, indem man ihn in östlicher Richtung verfolgt, sich bald sehr entschieden, und auf längere Strecke hin abwärts schlängelt, als wollte er zu den Jochbachalpen hinabführen. Später jedoch kehrt er sich wieder in die Quere und führt, stellenweise unter Wandstufen hin, meist aber durch Hochwald, am Berggehänge gegen Ost, mündet mit einer linksseitigen Verzweigung auf den Jochbacher Thalweg und mit einer rechtsseitigen direct auf die Wiesen von Hinter-Hornbach aus.

den Bach und steigt an dessen rechtem Ufer ziemlich hoch bergan, die Klamm, mit welcher der Jochbach zum Hornbache hinausbricht, dadurch umgehend. Er läuft sodann horizontal durch Hochwald, die wilde, rauschende Thalenge tief zur Linken, und tritt endlich auf die grünen Hügelgehänge von Hinter-Hornbach aus. Weithin zerstreut liegen die braunen Häuschen, noch eine halbe Viertelstunde entfernt zeigt sich die kleine Gruppe von Kirche, Wirthshaus und Caplanswohnung. Auf einer gedeckten, hölzernen Brücke überschreitet der Weg die Klamm des Jochbaches, welche gleich darauf mit dem ebenso schroff ummauerten Hornbache zusammenstösst. Im Hintergrunde des Thales tauchen die wohlbekannten Gestalten der Krotenköpfe auf; das erste Ziel der Wanderung ist erreicht.

Einschlüssig meines Abstechers nach dem Kanz und meines Aufenthaltes dortselbst hatte ich $6^1/_2$ Stunden zum Uebergange von Oberstdorf nach Hinter-Hornbach (3332′ 1082 m. Gümbel) benöthigt; es war 4 Uhr Nachmittags, als ich anlangte. Der alte Wirth erkannte mich Augenblicks wieder und hiess mich freundlichst willkommen; wir plauderten bei einem Glase Wein von den mehrfachen Bergtouren, die auf jene abenteuerliche Hochvogel-Partie gefolgt waren und von denen, welche die nächsten Tage bringen sollten, deren Zielpunkte mächtig gross auf uns niederschauten. Ich wünschte Einiges über Namen und Ersteigbarkeit dieser starren Gipfelthürme zu erfahren, konnte aber über die letztere gar keine und über erstere nur sehr unbrauchbare Notizen erhalten. Hinter-Hornbach hat, wie so manche Orte im Hochgebirge, an den Bergen seiner Umgebung eine Uhr und benennt ihre Häupter je nach der Zeit, zu welcher die Sonne über ihnen steht, beziehungsweise hinter ihnen verschwindet; so führt der Urbeleskarspitz, dessen gewaltiges Trapez übrigens sehr zusammengeschrumpft erscheint, im Hornbachthale den Namen „Eilferkopf". — Mein Wirth wies mich an einen Bauern, der in seinen jungen Jahren berüchtigter Wilderer gewesen und auf allen Schrofen herumgekommen sei; ich liess mir sein Haus, das eine Terrasse höher am Berghange lag, beschreiben und spazierte, nachdem ich etwas Rast gehalten hatte, hinauf; fand in dem weiland kühnen Felsenklimmer ein eisgraues, gebücktes, an allen Gliedern zitterndes Männlein, stocktaub, dass ich jede Frage ihm in die Ohren schreien musste. Soviel ich aus seinem Kauderwälsch auf meine halb oder gar nicht verstandenen Fragen herauszubuchstabiren vermochte, war es um seine Gebirgs-, — wenigstens Gipfelkenntniss nicht gar gut bestellt; als wir uns mit Mühe über den „Elferkopf", auf den ich ja zunächst es absah, verständigt hatten, sagte er kurzweg, da komme man gar nicht hinauf, wenigstens wisse er nie, dass Jemand hinaufgegangen. Als ich ihn dann auf die Schräge der östlichen Gratkante aufmerksam machte und die Ansicht aussprach, in dieser Richtung müsse es doch wohl hinaufgehen, meinte er freilich „Ja, wo eine „Lage" (d. i. schiefe Linie oder Fläche) ist, da kann man überall hinsteigen, wenn Einem nicht graust." Kurz, ich ging nach Hinter-Hornbach hinab so klug, wie ich herauf gekommen und hatte abzuwarten, was ich morgen mit eigenen Augen sehen würde. Die Sonne war längst hinter der March hinabgezogen, während ihre Strahlen noch an den weissgrauen, kahlen Felsmassen sich spiegelten; jetzt verglommen sie auch hier an den höchsten Spitzen, aber heller, zarter Schimmer spielte noch fortwährend um die erbleichenden Wände, und eh' ich mir's versah, goss neues Licht sich in die dunstigen Schleier und steigerte sich mit Gedankenschnelle zur intensivsten Glut. Wie feuersprühende Essen standen die Mauerkolosse in Einer Reihe auf dem Grat, während der Fuss des Gebirges in seinem schwärzlich-grünen Waldkleide das dämmernde Dunkel der Tiefe in noch schärferen Contrast gegen den lodernden Feuerschein stellte. Noch einige Sekunden und sie starrten wieder kalt und grau.

Ich suchte das Nachtlager im oberen Stockwerke des Hauses auf; laubgefüllte Betten versprachen eine angenehmere Ruhe als der mangelhaft gefüllte Heuschober der Ober-Mädelealp. Das Rauschen des Hornbachs wiegte mich in Schlummer, der übrigens nicht ganz ununterbrochen verlief; Besorgniss wegen des Wetters war kaum irgendwo gerechtfertigter als hier, wo ein fataler Umschlag den Verlust von zwei Wanderungstagen unvermeidlich nach sich ziehen musste. So oft ich aber an's Fenster trat, strich kühler Bergwind mir entgegen, scharf zeichneten die Gipfelcontouren vom Nachthimmel sich ab und hell funkelten die Sterne über dem schwarzen Vierecke des Urbeleskarspitz.

Früh $^1/_2$5 Uhr polterte der Wirth die Treppe herauf und weckte mich zur Bergfahrt. Kaffee war auch schon gekocht, und so verliess ich bereits 20 Minuten später das Haus. Die Morgendämmerung verbreitete ihr unbestimmtes Licht über den Thalgrund und seine düstern Waldgehänge. „Fallt nicht ab!" grüsste der Wirth mir nach. Durch's bethaute Gras schritt ich hinunter, dem Hornbache zu; ein Steg brachte mich über die hier nicht sehr tiefe Felsspalte seines Bettes auf's jenseitige Ufer, sumpfige Wiesplätze entlang führte eine schwache Pfadspur noch einige hundert Schritte weit thalein und endete am Fusse einer steil anstrebenden, gelichteten Gasse in der Waldung des Berghanges. Der Anstieg begann; im Zickzack ging's über die Felsstufen eine Viertelstunde lang steil bergan, ohne Spur eines Pfades, der kaum erkennbare Steig tritt etwas weiter rechts in den Wald ein und kreuzt die Rinne, oberhalb der Stufe, mit welcher sie an's Ufer des Hornbaches herabsetzt. Von hier ab ist der Steig gut ausgeprägt und leitet in mehr oder minder langen Serpentinen consequent der Höhe zu. Zum Unglücke gerieth ich, wenige Schritte bevor ich die Kreuzung des richtigen Pfades erreicht hätte, auf eine falsche Fährte, welche in schwacher Steigung nach der linken Seite mich hinüberführte und am Rande der tiefen Schlucht, welche vom Urbeleskar sich herabsenkt, ihr Ende erreichte. Nun hatte ich pfadlos im Walde aufzusteigen, durch Buschwerk und Unterholz, über ein Gewirre umgestürzter, halbvermoderter Baumstämme — ein anstrengendes Stück Arbeit zum Beginne des Tages. Mehrmals kreuzte ich dabei gebahnte Wege, von denen jedoch keiner mir in die Richtung passen wollte. Erst an der Grenze der Krummholzregion gewann ich die rechte Bahn wieder, eben zeitig genug, um von ihr über die Felsstufen des steiler anstrebenden Berggehänges mich geleiten zu lassen. An den engen, galerieenförmig übereinander gelagerten Grasbändern klimmt das gut angelegte Steiglein im Zickzack empor, neigt stetig etwas nach der linken Seite und gewinnt in dieser Richtung denn auch schliesslich den Hochrand des Urbeleskar-Grabens, wo sich zum erstenmale eine etwas freiere Aussicht eröffnet. Die Nordwände des Urbeleskar- und Fallerkarspitzes erscheinen wieder, merkbar näher gerückt, in der Höhe des Grates; vom Fusse des letzteren weg breitet eine ausgedehnte, geneigte Terrassenfläche sich aus, deren Steilabstürze den Urbeleskar-Graben nach der einen, — nach der andern Seite dagegen den Lauf des Hornbaches begrenzen. Der Urbeleskar-Graben selbst, welcher als wenig bedeutende Rinne aus der Umwallung und dem Hügelboden des Urbeleskars austritt, sich aber rasch und beträchtlich vertieft, mündet der Kirche von Hinter-Hornbach gerade gegenüber auf sein Hauptthal aus und treibt hier eine, in ziemlich ruinosem Zustande befindliche Sägemühle. In meinem Rücken waren über den grünen Thalgeländen die Rosskarspitzen und die prächtige Pyramide des Hochvogel aufgetaucht, letztere so schlank und fein zugespitzt, wie ich noch nirgends sie gesehen; hätte ich diese schwarzen, gelbgestriemten Dolomitwände ein paar Monate früher zu Gesichte bekommen, — mir wäre es sicher nicht eingefallen, da herabzusteigen. Aber so geht es beim Bergsteigen: ein steter Wechsel in den Geschicken, in den Erfolgen und auch in den Ursachen, die sie bedingen. Bald wird das Spiel gewonnen, weil klug der Plan geschmiedet war, bald wird ein Spiel gewagt, obwohl oder vielmehr weil man seine Tragweite gar nicht kennt — und auch gewonnen. — Der Urbeleskarspitz soll unbesteigbar sein? — Na, warte! —

Noch hatte ich keinen Einblick in's Urbeleskar, dessen Höhenrand noch eine beträchtliche Strecke über mir lag. Der Steig bog in's Krummholz ein, der tiefbraune Moorboden des Waldes, welcher bisher seine Fährte bezeichnete, wich dem weisslichen, eckigen Bergschotter; bald laufen die Windungen auf Vorsprünge und Galerieen hinaus, welche den Ausblick über das obere Hornbachthal mit den Krotenköpfen eröffnen, bald wieder wird der Rand des Urbeleskar-Grabens berührt und öffnet sich weiter und immer weiter der hügelige Kessel am Fusse des angestrebten Gipfels. Nach mehrmals wiederholter optischer Täuschung bezüglich des eigentlich abgrenzenden Höhenrandes weicht endlich der Steig der letzten, schroffer als bisher aufgerichteten Wandstufe entschieden aus; im Krummholze über einige Steintreppen hinauf nach der linken Seite sich wendend, durchzieht er eine kleine Mulde, biegt um die Ecke, und läuft fortan fast ohne Steigung quer an den Geröllhalden hin. Zur Rechten herrschen kahle Steilwände; sie gehören dem Zweigkamme an, welcher westlich der Pretterspitze sich ablöst und das Urbeleskar von den am Fusse der Kreuzkarlköpfe hingelagerten Trümmerkesseln scheidet. Wenige Minuten später erreicht der Weg die schäumenden Cascaden des unmittelbar aus dem moosigen Felsgestein hervorquellenden Urbeleskarbaches — das letzte Wasser auf dem Wege zum Gipfel.

Das Urbeleskar, welches ich 2 St. nach Aufbruch von Hinter-Hornbach betrat, dehnt sich als breite, noch ziemlich vegetationsreiche Hügelanschwellung in's Herz der Felsmassen hinein. Die endlosen Schuttströme seiner innersten Tiefe berühren eine schmale Mauerscharte zwischen dem westlichen Absturze des Urbeleskarspitzes und der schwach gehobenen Ostkante der Pretterspitze. Eine massige, in mehreren schwarzgrauen Felsstockwerken aufgethürmte Pyramide beherrscht den Südwesten; sie scheint einem Ausläufer der Pretterspitze anzugehören, steht jedoch thatsächlich im Hauptgrate, der hier eine starke Ausbiegung gegen Norden macht,

Im Südosten erhebt sich, gewaltig gross, doch seiner bekannten Gestalt nach so gut wie unverändert, der Urbeleskarspitz. — Mit geneigtem, durch eine auffällige Horizontalstufe unterbrochenem Ostgrate erhebt sich das Gipfeltrapez zu seinem breiten, sehr sanft gegen Westen geneigten Scheitel, und stürzt von dessen Eckpunkte äusserst schroff auf die Gratscharte zwischen ihm und der Pretterspitze nieder. Zerklüftete Felsflanken wendet es dem Urbeleskar zu, das ihren Fuss mit hohen Schuttwällen umlagert. Der Gestaltung des Gipfelbaues entsprechend war mein ursprünglicher Plan gewesen, das Urbeleskar nach Südosten zu kreuzen, und quer durch das Felsgehänge, in welchem ich gangbare Plätze in wenig unterbrochenem Zusammenhange wahrnahm, die Gratscharte am östlichen Fusse des Gipfels und damit den Anschluss an seine, offenbar zum Ziele führende Ostkante zu gewinnen. Als ich vom Urbeleskar aus wiederholt meine Beobachtungen anstellte, ergaben dieselben zwar die wahrscheinliche Richtigkeit des ursprünglich gefassten Planes, wiesen aber zugleich auf eine andere, möglicherweise eben so sichere und dann jedenfalls viel kürzere Angriffslinie hin. Leicht wird vom Urbeleskar aus ein tiefer, die Felsmasse bis weit hinauf spaltender Riss im Körper des Urbeleskarspitzes bemerkt, welcher meist noch einige Schneereste zwischen seinen Wänden birgt. Etwas mehr Uebung im Beurtheilen kahler Felsmassen gehört dazu, um links von dieser Kluft einen an das Hauptmassiv gelehnten Mauerrücken wahrzunehmen, dessen gangbares Geschröf sich einerseits bis an die geneigte, östliche Gipfelkante erstreckt und dieselbe an der geebneten Stufe, welche sie in ungefähr der Mitte ihrer Höhe zeigt, erreicht; andererseits an der nördlichen Bergflanke herab sich ausbreitet, in geringer Höhe über dem Boden des Urbeleskars sogar in kleine, mit schwachem Grün überflogene Schuttplätze übergeht. Von diesen fällt nun allerdings die letzte Stufe in Steilwänden auf die Sohle der Hochmulde herab; eine noch genauere Beobachtung zeigt jedoch, dass auch sie den Weg nach der Höhe nicht völlig abschneiden, indem rechts von den Grasplätzen noch eine Reihe von Schrofenabsätzen gegen die Geröllehnen des Kars sich vorschieben, deren äusserste Ecke in ersteigbaren Stufen bis auf den Schuttboden sich herabsenkt. Durch diese Momente ist die einzuhaltende Anstiegsrichtung mit genügender Bestimmtheit und mit aller nur wünschenswerthen Aussicht auf Erfolg festgestellt.

Die grasigen Hügelwellen des Urbeleskars waren bald

überstiegen, ich betrat eine Einsenkung des Querdammes, welcher bisher noch den innersten Kessel mir verborgen hatte, und sah vor mir, von den hohen Schuttablagerungen der Felsgipfel umrandet, einen kreisrunden, eingetieften, völlig ebenen Boden, dessen Configuration wohl die Vermuthung erlaubte, dass vor nicht allzu langer Zeit auch dieses Kar einen kleinen Hochsee barg. Am jenseitigen Geröllhange ging's dann in schräger Linie empor, dem Punkte der Wand entgegen, welchen ich zum Angriffe mir ausersehen hatte. Nicht ohne grosse Mühe arbeitete ich mein Eigengewicht im rollenden Schotter aufwärts und war herzlich froh, als ich endlich die feste Mauer fasste und in weiterem Verfolge meines Weges zwar enge, vielleicht bedenkliche Bahn, aber doch sicheren Tritt auf derselben zu erwarten hatte. Ueber die ersten, mit kleinen Graspäckchen bewachsenen Schrofenstufen gelangte ich auf breit gebaute Felsgalerieen, die Steigung des ganzen Gehänges gestaltete sich alsbald unvermuthet steil, ich zweifelte sogar einen Augenblick, ob ich nicht doch etwa falsch gesehen. Eine ziemlich gerade aufsteigende Kaminspalte bot willkommene Hilfe, um ein Stockwerk höher zu kommen; aus seinen Randklippen nach der linken Seite ausbiegend sah ich mich auf mässiger geneigtem, allmählig in Getrümmer sich auflösenden Schrofenhange, die schwärzlichen Steilwände, die ihren Fuss in's Urbeleskar stellen, unter mir; wenige Minuten später trat ich auf die grünen Plätze aus. Ein erstes Fragezeichen der Besteigung hatte damit seine befriedigende Lösung gefunden.

Der bequeme Boden dieser Zwischenlage des Gipfelbaues geleitete nur auf kurze Zeit meine Schritte; bald thürmten sich wieder Schrofen über Schrofen, nun aber weit zertheilter, rauher und daher allgemeiner gangbar, als ich die Stufen des Fundamentes gefunden hatte. Das wirre Chaos von Felsrippen und Zackenreihen, welches sie anfänglich noch darstellen, drängt bald in den einzelnen, vom Hauptmassive abgetrennten Rücken sich zusammen, der vom Boden des Urbeleskars aus beobachtet wurde, die Zusammenfügung des Berggerüstes beginnt in mehr charakteristischen Zügen hervorzutreten. Zur Rechten liegt die grosse Kluft mit ihren Schneeresten; von glatten Wänden geschlossen, in starken Steilabsätzen ihre enge Sohle emporhebend, bietet sie keine geeignete Bahn nach der Gipfelhöhe; von vorspringenden Mauerecken aus fällt hie und da der Blick hinab in ihren dunklen Schlund, in seine ausgehöhlten Kessel. Links liegt eine kleinere, minder tiefe und minder schroff eingemauerte Schlucht; nachdem ich den schrofigen Rippenscheitel zwischen beiden eine Strecke weit aufwärts verfolgt, ersah ich eine günstige Gelegenheit, in jene Rinne abzusteigen und ihre Sohle zu verfolgen; als diese wieder steiler sich hob und enger sich zusammenschnürte, bog ich nach der linken Seite aus, wo massige Felsstufen einen mühsamen, aber sicheren und durch keine bedeutenden Hindernisse unterbrochenen Anstieg vermittelten. Nahe an eine Stunde währte bereits das Aufklimmen vom Urbeleskar; indess gewann ich auch fühlbar an Höhe. Ueber den Gebirgskranz, der im Norden und Westen mich umspannte, hoben immer fernere und fernere Ketten ihre Häupter empor, und am fernsten Horizont hin zogen sich die Linien des Flachlandes, nicht gerade abgeschnitten, oder vielmehr im Dunste sich verlierend wie sonst, sondern in markirten, wenngleich schwachen Wellenhebungen und Senkungen. Eine ausgesprochene Anschwellung zeigte der Gesichtskreis im geraden Norden — die schwäbische Alp. Im Nordwesten aber lagerte eine schwarze Masse, in rundlichen Ballen gegen den Himmel aufgewölbt; ein schweres Gewölke, dachte ich, baldigen Umschlag des Wetters drohend, vielleicht in wenigen Stunden schon als Gewitter unsere Berge überziehend. Als ich aber länger und höher stieg und das vermeintliche Wolkenmeer noch immer keine Spur einer Bewegung, einer Ablösung einzelner Theile zeigen wollte, keine Linie seiner Contouren veränderte, da erkannte ich freilich, mit eben so grosser Freude als Ueberraschung, dass ich es mit Wolken überhaupt nicht zu thun hatte; der Schwarzwald war es, welcher dort mir erschien, und dessen tannendunkle Höhenzüge noch nie in solcher Schärfe und Klarheit sich mir gezeigt hatten, als eben hier, wo ich am weitesten von ihnen entfernt stand. Und nicht lange, so hob sich's auch vor mir, im Süden; die hohen Zinnen der Lechthaler Alpen, die grünen Tiefen ihrer weit eingreifenden Thäler erschienen über den Trümmern der erstiegenen Gratkante; zu meinen Füssen breitete ein wüster Geröllkessel, das Fallerkar, sich aus. Links senkt sich die Kante meines Gipfels, rechts steigt sie in hochstufiger Treppe zu noch unbekannter Höhe empor; ich stehe auf der Horizontalstufe zwischen beiden.

Westwärts gewendet setzte ich meinen Weg nach dem Culminationspunkte fort; die Breite der Stiege, die vor mir sich aufbaute, stand allerdings nicht ganz im richtigen Verhältnisse zur Höhe ihrer Stufen. Auch traf ich hier bereits auf einige scharf gebrochene Absätze, welche nach der rechten Seite umgangen werden mussten. In seitlichen Einrissen, über kleine Felsvorsprünge, gewann ich dann jedesmal wieder die Grathöhe, die jedoch immer stärkere Abbrüche und zuletzt einen steilwandigen Thurm mir entgegenstellte, der keine Umgehung mehr zuzulassen schien. In einer fast senkrechten Spalte, mit Knieen und Ellenbogen gegen die Seitenwandungen gestemmt und auf den Trümmerblöcken Fuss fassend, die oft nur durch ihre gegenseitige Verklemmung in der jäh abschüssigen Sohle festgehalten wurden, erzwang ich den Aufstieg; hätte ich auf gleicher Linie wieder herabklettern müssen, so wäre der Erfolg möglicherweise ein gleicher gewesen, wie zwei Jahre später unter ganz ähnlichen Verhältnissen am Ofelekopf im Wettersteingebirge. Zum Glück war es in diesem Falle nicht nothwendig, und auf der mühselig errungenen, oberen Stufe angelangt, gewahrte ich, dass ich sehr unnöthiger Weise mich geplagt hatte und ein kurz entschlossenes „Gerade durch“, nicht selten ein gutes Mittel, hier am unrechten Platze gewesen war. Lediglich eine kleine Ausbiegung der Gratkante gegen Südost veranlasst das Entgegentreten dieser Steilwand; verfolgt man den Zackenscheitel Schritt für Schritt, so hat man auf ihm steiles, aber ganz erträglich gangbares Terrain. — Wieder ging's eine Strecke geradlinig hinauf über Schrofen und Klippen, immerzu auf der Kante; dann traten aus ihr in mehreren Etagen übereinander breite Mauerbastionen hervor, als hohe Wandgürtel in die Nordwestflanke des Gipfelkörpers sich hineinziehend. Die schmalen Geröllbänder, die ihren ausgehöhlten Fuss umsäumen, zu betreten, hielt ich für nicht gerathen, zog es vor, nach der linken, südöstlichen Seite mich zu wenden, und hatte diessmal auch das Richtige getroffen. Nachdem einige schmale Felsgesimse passirt waren, gelangte ich auf breite, abschüssige Schuttlager, von deren Rand die Wände zum Fallerkar niederstürzen. An den wild übereinander gethürmten Felswürfeln der Kammhöhe hin, jede Stufenfolge derselben zum Gewinnen einer höher gelegenen Terrasse benützend, umging ich den Steilabfall; ein enger, dunkler Spalt brachte mich endlich auf den Scheitel zurück, der nun als gutmüthiger Schrofenrücken offen vor mir lag. Von der linken Seite her schliesst der Ausläufer des Urbeleskarspitzes, welcher zwischen Fallerkar und Pretterkar die Schranke bildet, an's Gipfelmassiv mit ziemlich geradlinigem Grate an, wenige Schritte weiter westlich liegt der eigentliche Culminationspunkt, ein ebener Scheitel von einigen Schritten Länge, der alsbald nach der westlichen, ziemlich weit entfernten Ecke des grossen Trapezes sich absenkt. Die Trümmer, welche den Boden rings bedecken, zeigten keine

Spur einer Verrückung, eines künstlichen Zusammenlegens durch Menschenhand; ich fand darin eine Bestätigung dessen, was der Alte in Hinter-Hornbach mir gesagt.

$1^1/_2$ Stunden hatte der Anstieg vom Urbeleskar, $3^1/_2$ St. der gesammte Heraufweg von Hinter-Hornbach gewährt. Die Aussicht war von unvergleichlicher Reinheit. Den nördlichen Horizont säumen die Wellenlinien der Schwäbischen Alp, die dunklen Bergmassen des Schwarzwaldes, unter diesen hin breitet im fernen Nordwesten der Bodensee seinen blauen Spiegel aus, das Fernrohr unterscheidet auf ihm die Dampfschiffe, welche von Ufer zu Ufer kreuzen. Weit hinaus dehnt gegen Norden sich das ebene Land; in seine hellschimmernde Fläche, in das Gewoge der Berge, die in immer sanfteren Wellenschlägen dort hinaus sich verlieren, sticht scharf das nahe Horn des Hochvogel hinein, schlank und spitz, er deckt, wäre selbst er der höhere, dem Urbeleskarspitz weit weniger an Aussicht, als seinem Besucher durch eben den Urbeleskarspitz und dessen Gesellen in der Hornbacherkette verschlossen wird. Im Osten die breite Masse des Wetterstein mit der Zugspitze; zu ihren Seiten ferne Zacken aus dem Karwendel- und dem Mieminger Gebirge. Im Westen die dreifache Staffage des verketteten Algäuer Gebirges mit seinen wohlbekannten Gipfelgestalten, — des Bregenzer Waldes mit seinen langgestreckten, dunklen Höhenzügen und des Rheinthaler und Vorarlberger Gebirges mit den weisslichen Kalkstöcken des Säntis und Altmann, dem glänzenden Schneescheitel der Scesaplana. Im Süden ein funkelnder Gletscherkranz von den Berner Alpen bis zu den Tauren; die flachen Firnzelte des Venediger glaube ich deutlich erkannt zu haben. Tief zu Füssen liegt das grüne Lechthal mit den Ortschaften Elbigenalp, Griesau, Heselgehr und Elmen; aus den Lechalpen heraus münden die langen, geradlinig gezogenen Thäler, Madan-, Griesau-, Gramaisthal, mit ihrem unschätzbaren Waldreichthume, der wie grünes Wollkleid die niedrigen Ausläufer des Gebirges umhüllt. Doch hat auch in diese Thalwinkel der Holzspekulant aus Norddeutschland, aus Holland, seinen Weg bereits gefunden, und manch' kahl geschorene, braune Bergflanke beweist, dass er sein Geschäft gemacht. Tief hinein dringt der Blick, die Wege und Giessbäche entlang zu den Weitungen, den Terrassen und Alpwiesen dieser Thäler, zählt ihre Häuser und Hüttchen und findet seine Schranke in ihren innersten, weit geöffneten Kesseln, mit Schutt und Schnee erfüllt, am Fusse der mächtigen Felsengipfel. Im Südosten zieht namentlich das freundlich grüne Pfaflarthal die Aufmerksamkeit auf sich, mit dem Kirchdorfe Bschlaps, dessen Häuschen auf wiesenreichen Bergstufen über der engen Thalschlucht zerstreut hin liegen; es zeigt dem Auge den Weg nach einem der hervorragendsten Gipfel der Lechalpen, dem Muttekopf, welcher jedoch in seiner formlosen, breitkuppigen Gestalt die Erwartungen, die man von ihm hegen mochte, gewaltig enttäuscht. Und der nähern Umgebung wieder zugewendet, ruht der Blick auf den Rasenflanken, den geradlinigen Graten und dachförmigen Gipfeln des Kreuzjoch bei Elmen, — noch einen Sprung in die Nähe, und er misst den schroffen Bau des Fallerkarspitzes — in ein paar Stunden, guter Freund! — und an den Nordwänden der Kette hinabgleitend, fällt er wieder zurück in's einsame Hornbachthal. Geheimnissvoll rauschen die Gewässer von dort herauf; vertraut lässt sich dazwischen das Summen der Kaffeemaschine vernehmen, deren Inhalt in Bälde reif ist zum herzstärkenden Genusse. Doch horch! — da mischt sich noch ein drittes, nahes und bestimmtes Geräusch in das Gespräch ohne Worte. Ein leises Rasseln und Prasseln, wie niedergetretenes und ablaufendes Gerölle kommt von Süden herauf, bald tönt's wie behutsames Schleichen, bald wie rascher Sprung — jetzt kommt's unter den Schrofen des Gratscheitels daher gezogen — beim Himmel, ich bekomme Besuch, Besuch von den Gemsen, deren ahnungslos ein ganzes Rudel dort heraufwechselt. Schlaue Thiere! Um den Gebirgsgrat nach der bessern Weide des Urbeleskars zu überschreiten, wählen sie sich nicht eine Scharte, nein, einen unbesuchten Spitz; aber wartet, euch blüht eine Ueberraschung! — Jetzt erreicht die Gesellschaft den Grat, etwa 60 Schritte von mir entfernt, und springt lustig darauf herum; hier oben sind sie ja die alleinigen Herren, unbedroht vom Menschen, dessen Fuss ihnen nicht mehr folgt .... und nun kommen sie gemächlich, eilf Stück, eines hinter dem andern, den Gipfelscheitel daher gezogen. Nicht wahr, ihr wisst ganz genau, wo's in's Urbeleskar hinunter geht — merkwürdig, ein Anderer hat auch gewusst, wie's auf den Urbeleskarspitz heraufgeht — Halloh!! — auf Zimmerlänge waren sie herangekommen, als ich vom Steinhügel emporschnellte und ihnen entgegen auf die nächste Schrofenecke vorsprang. Wie Wettersaus ging's zurück, den Gipfel hinunter, durch die Trümmerrunse gerade unter meinem Standpunkte vorüber, Buckel an Buckel gedrängt, mehr fahrend als springend, von einem Pelotonfeuer abspringender Steine verfolgt — sie verschwinden hinter den Schrofen — erscheinen wieder an der Abstufung des südlichen Zweigkammes, wo eine tiefe Kluft vom Pretterkar heraufschneidet; wie ein Gedanke rasseln sie über die Platten hinab in den Schlund; eine halbe Minute später erscheinen sie auf den Schuttfeldern des Pretterkars, sammeln sich und sehen sich um. — Eine misslungene Urbeleskarspitz-Besteigung.

Während dieses Intermezzo's war der Kaffee fertig geworden, ich streckte mich wieder auf dem Felsenlager zurecht und schlürfte behaglich die duftende Mokkabrühe; stellte meine Betrachtungen an über die Strukturverhältnisse des angeblich unbesteigbaren Gipfels, an dem ich eine Ersteigungslinie bereits erprobt, eine zweite von den Gemsen gesehen hatte, eine dritte alsbald selbst wieder versuchen wollte und eine vierte, die ausserhalb des Bereiches meiner Wanderung lag, für wahrscheinlich ausführbar hielt (längs des südlichen Zweigkammes herauf, eine Ansicht, welche durch Beobachtung vom gegenüber stehenden Fallerkarspitze aus auch ihre Bestätigung erfuhr.). Ich kannte damals noch keine genaue Höhenbestimmung für die Gipfel des Hornbachs, musste dieselben jedoch dem blossen Anblicke nach für nahe Rivalen der Culminationspunkte der Algäuer Centralkette halten. E. Pechmann's „Notizen zur Höhen- und Profilkarte Tirols" führen die meisten der Hornbacher Gipfel mit ihren bekannten Namen auf, geben jedoch dem „Urbeleskarspitz" eine Höhe von nur 7979′ 2592 m. (der Pretterspitze dagegen 8016′ 2604 m., welches Verhältniss ein unmögliches ist), dagegen einem, sonst weiter nicht bekannten „Daiserspitz" die Höhe von 8118′ 2637 m. Ich trage kein Bedenken, diese Angabe auf unsern Urbeleskarspitz zu beziehen und unter dem „Urbeleskarspitz" Pechmann's den sekundären, durch nördliche Ausbiegung des Hauptgrates von der Pretterspitze weg weit in's Urbeleskar vortretenden Felsgipfel zu verstehen.

Nach 1½ Stunden genussreichen Aufenthaltes wandte ich mich zum Abstiege; ich gedachte die lange Tageszeit, die noch vor mir lag, zur Besteigung eines zweiten Gipfels zu nützen, und ersah hiezu den östlich mir gegenüberstehenden Fallerkarspitz. Es war keine glückliche Wahl; ich hätte weit besser daran gethan, in's Urbeleskar zurückzukehren und die Pretterspitze zu ersteigen, einen besonderen Tag dagegen auf den Fallerkarspitz zu verwenden, mit welchem der Glimspitz, der Endpunkt der Hornbacher Kette, leicht sich hätte verbinden lassen. Indem ich Urbeleskar- und Fallerkarspitz zusammenfasste, hatte ich auf die Pretterspitze wie auf den Glimspitz je einen besonderen Tag zu verwenden, der jedesmal nicht gehörig ausgefüllt war. Aber man gelangt eben zur Kenntniss der praktischen und zeitsparenden Ersteigungslinien, zumal, wenn dieselben mehrere Culminationspunkte verbinden sollen, nur durch eigene Erfahrung; die Nachbarn des Urbeleskarspitzes kann übrigens Jeder, der nicht auf das Ersteigen einzelner Gipfel besonders erpicht ist, ruhig bei Seite lassen.

Ich verfolgte die östliche Gipfelkante zurück bis zur Horizontalstufe, an welcher ich vom Urbeleskar aufsteigend sie erreicht hatte, und ging auf ihr in östlicher Richtung weiter, anstatt gegen Norden in's Kar zurückzukehren. Ich begegnete hier scharfen Abstufungen in Menge, doch, wie sich aus der im Allgemeinen günstigen Neigung im Voraus erwarten liess, nicht eben bedeutenden Hindernissen. Erst in den untersten Partieen wurde die Sache schwieriger; die Umfassungsmauern des Fallerkars drängten immer näher an den Grat heran, tiefe Klüfte unterbrachen seine nördliche Flanke, die Schneide spaltete sich in schmale und scharfe Klippen. Ueber eine mannshohe Mauerstufe war ich bereits herabgesprungen, der Geröllboden des Fallerkars lag nur noch etwa 100′ tief unter mir, aber es währte ziemlich lange, bis dass ich, dem kaum mehr gangbaren Zackenscheitel des Grates entlang, eine geeignete Stelle zum letzten Abstieg und damit den Ausweg fand. Lange Schutthänge dehnten sich vor mir hinab, einen kleinen Rundkessel einschliessend. Die steilen Seitenwände des Fallerkarspitzes begleiten sie auf nicht völlig sicher bestimmbare Entfernung hinab, der Vorbau des letzteren, ein ruinenartiger, schwarzer Felskopf, ragt östlich auf dem Grate empor, gestufte Schrofenmassen umlagern seinen Fuss und reichen in den obersten Kessel des Fallerkars ziemlich tief hinab. Bequemlichkeitsrücksichten veranlassten mich, den Anschluss an die schräge Südflanke des Fallerkarspitzes vom Fallerkar aus suchen zu wollen, anstatt unmittelbar querdurch an diesen Schrofen meinen Weg fortzusetzen; ein Fehler, der mit viel Mühe und Schweiss gebüsst werden musste.

Nach ziemlich langem Abstiege über unangenehm steile und zu compakter Masse verkittete Schuttfelder wurde der Kesselboden des Fallerkars erreicht, dessen südlicher Rand von einem niedrigen Hügelwalle geschlossen wird; zur Linken zeigen die schroffen Seitenmauern des Fallerkarspitzes eine etwas günstigere Neigung, die bauchigen Platten mit Rasenpäckchen besetzt, eine Rinne durchschneidet das steilste

Gehänge. Nach einer halben Stunde scharfen Steigens war die Südflanke des Fallerkarspitzes gewonnen. Von einem directen Anstiege nach der Gipfelhöhe war aber hier noch keine Rede, Steilwände von beträchtlicher Mächtigkeit standen in dieser Richtung mir noch entgegen, und ihr allmählig zurückweichender Fuss drängte meine schräg gehobene Weglinie weit hinaus nach Nordosten. Ich trat in eine neue Mulde ein, ödes Getrümmer, von zerfurchten Felsgehängen umschlossen; einen der Schuttgräben aufwärts verfolgend erreichte ich den Höhenrand eine Stunde nach Beginn des Anstiegs aus dem Fallerkar. Ein neues, flaches Kar öffnete hier sich dem Blicke; im Nordosten stand ein hoher Grat mit wellenförmigen Gipfeln — ich glaubte anfangs den Hauptgrat der Hornbacherkette vor Augen zu haben und suchte in ihm vergeblich nach den bekannten Gestalten des Fallerkar-, Schwellen- und Glimspitzes. Ich musste mich zu meinem Leidwesen schliesslich überzeugen, dass ich wieder nur einen Ausläufer vor mir hatte, und konnte nun den Verlust an Höhe, welchen das voreilige, durch kein directes Hinderniss gebotene Verlassen der Gratnähe mir eingetragen, erst seinem vollen Umfange nach ermessen. Eine weitere Stunde verlief, bis dass ich über die widerwärtigen Lehnen zusammengebackenen Grieses hinauf jenen Zweigkamm erreichte; jetzt erst stieg vor mir der Hauptgrat des Hornbach empor, mit schwarzen Mauerstockwerken und zahnigem Scheitel, im Osten der Glimspitz in prachtvoller Regelmässigkeit, seine südliche Flanke mit riesengrossen, grauen Plattentafeln gepanzert. Zu meinen Füssen ein weites, welliges Kar; ein Abstieg in dasselbe wäre unschwierig zu finden, und wäre es nicht bereits Nachmittag, und lägen mir nicht zwei Gipfel bereits in den Knieen, so könnte ich nichts Besseres thun, als unmittelbar nach Besuch des Fallerkarspitzes auf den Glimspitz überzugehen. Nordwestlich öffnete sich eine flache, trümmerbedeckte Mulde; als senkrechter Bau erhebt sich aus ihr der Fallerkarspitz. Ich lenkte gegen Westen ab, gewann über wellige Platten hinauf den Rücken der Karabgrenzung und blickte wieder in's Fallerkar hinab; ersah auch die fast zweifellose Möglichkeit, von der Gratscharte am östlichen Fusse des Urbeleskarspitzes durch einen directen Quergang im Schrofengehänge den Punkt zu erreichen, auf welchem ich hier, nach 2 Stunden langem Umwege mich befand. Eine kleine, schuttbedeckte Hochmulde lag zu meiner Linken; jenseits erhebt sich der vom Fallerkarspitze nordwestlich vorgeschobene Kopf, eine wilde Felsgestalt, in ihrer Erscheinung stark an den nördlichen Seitenthurm des Hochvogel erinnernd. Eine Treppe gewaltiger Blöcke leitete mich ohne weiteres Hinderniss zur Gipfelhöhe hinan (Fallerkarspitz = Wasserfallspitz des Katasters 7868′ 2556 m.); auf dem geräumigen, schuttbedeckten Scheitel fand ich die umgestürzte Signalstange, und richtete nach guter Gewohnheit dieselbe wieder auf. Steht dieselbe, so kennzeichnet sie dem von der Südseite Ansteigenden die senkrechte Mauer im Norden der letzten Mulde unzweifelhaft als den Gipfel; ich war über diesen Punkt mir nicht eher völlig klar geworden, als bis ich die Höhengrenze gegen das Fallerkar betreten hatte. — Der Grat biegt von diesem Culminationspunkte nordöstlich aus und zieht über eine flache Satteleinsenkung zum Schwellenspitz (7696′ 2500 m. Kataster); ein Uebergang längs der Schneide mit zeitweiligen Ausweichungen nach der Hornbacher Seite wäre allem Anscheine nach wohl ausführbar.

An Stelle des Mittagsessens wurde zum zweitenmale Kaffee gekocht, und eine Stunde Rast in Betrachtung des Aussichtsbildes verträumt, das gegen jenes des Urbeleskarspitzes wenig Veränderung, jedoch manche Abschwächung zeigt. Gewaltig gross beherrscht dieser selbst, als spitze, nördlich vorgeneigte Pyramide, den nahen Westen.

Den Abstieg nahm ich in gerader Linie gegen Süden; verwickelte mich am Fusse des Gipfelmassivs abermals in ziemlich übles Gewände, eine enge, gewundene Kluft zeigte mir endlich den Ausweg auf die Geröllfelder und in die Sohle des Fallerkars. Imposant war der Rückblick auf die breite, leicht gebogene Schuttstrasse, welche in mehrfachen Terrassen zu ihrer ausgeweiteten, zackenumkränzten Höhe sich hebt, Urbeleskar- und Fallerkarspitz als Wartthürme zu ihren beiden Seiten. Eine kurze Strecke abwärts verfolgte ich den, allmählig wieder mit Grün sich überziehenden Thalboden, schwache, unzuverlässige Wegspuren erschienen an seiner rechten Seite, ein ausgeprägter Steig wies gegen Links in die Quere. Ueber den nahen Rand der Sohle leuchtete das Wiesengrün des Lechthales in verdächtiger Klarheit herauf — der Bach führt den Namen „Wasserfallbach“ — es waren diess immerhin einige Gründe, welche meinen Entschluss, den Thalboden zu verlassen, rechtfertigen mochten. Doch ging ich dabei abermals in die Irre. Der Steig, welcher meinen Wunsch, den Ortschaften am Lechufer mich zu nähern, völlig zu ignoriren schien, lief quer durch die Bergflanke und nach einer Viertelstunde war es überhaupt mit ihm zu Ende. Zur Umkehr hatte ich wenig Lust, überdiess zeigte sich bereits Hochwald in meiner Umgebung, und so begann ich pfadlos abwärts zu gehen. Ueber den Erfolg hatte ich nicht sonderlich zu klagen; das Gehänge war durchweg steil; doch ein einzigesmal traf ich dabei auf einen unbedeutenden, leicht zu umgehen- Wandabsturz. Allmählig senkte der Boden sich nach meiner linken Seite, durch Waldlichtungen erkannte ich in dieser Richtung eine tiefe Schlucht und erreichte, nachdem ich mich etwas im Gebüsche herumgeschlagen hatte, deren Sohle. Auch diese musste ich noch ziemlich weit abwärts verfolgen, bevor ich auf einen sie kreuzenden Pfad traf; dieser führte mich bald auf einen breiteren Karrenweg und letzterer in mässiger Senkung endlich zum Lechthale hinaus, welches ich der Ausmündung des Pfaflarthales ziemlich genau gegenüber erreichte. Nun hatte ich ebenen Weg über Wiesenmatten nach dem Weiler Glim, überschritt die Lechbrücke und langte, 3 Stunden nach Aufbruch vom Fallerkarspitz, in Elmen an (2982' 969 m. Sendtner.).

Der ziemlich häuserreiche Ort liegt genau an der Umbiegung des Lechthales von seinem nordöstlichen zum streng nördlichen Laufe und man geniesst von ihm einen ebenso weiten Blick über die sich verengenden Thalgründe des Ober-Lech, als über die schuttverwüstete Ausbreitung des Lechbettes bis gegen Weissenbach hinab. Hell leuchtete die Abendsonne vom Thammberg herüber in's wiesenreiche Thal und spiegelte sich an den weissen Kalkgipfeln, die aus gewaltiger Höhe es beherrschen. Im Wirthshause war zahlreiche, fröhliche Gesellschaft, die Zeit des „Ohmad", der zweiten Heuernte, war angebrochen und setzte bei der günstigen Witterung alle arbeitsfähigen Hände in Thätigkeit; und hat der Tag wieder manch' schwer geladenes Fuder in's sichere Scheuerdach verschwinden sehen, so leidet es des Abends wohl ein und die andere Halbe Wein dafür. — Man fragte, woher ich komme mit dem langen, abgeriebenen Stocke und den schweren Eisen am Bergsacke und ich nannte meine Höhenziele dieses Tages. Den Urbeleskarspitz kannten die Leute wohl, doch dauerte es längere Zeit, bis wir uns über die Identität des von mir bestiegenen Gipfels mit jenem, dessen Namen den Leuten bekannt war, verständigt hatten, und diess aus keinem andern Grunde, als dass sie auch hier, gleichwie in Hinter-Hornbach, von der Voraussetzung ausgingen: auf den Urbeleskarspitz kommt ja doch Niemand. Glücklicherweise war über den bewaldeten Ausläufern des Glim- und Fallerkarspitzes das Gipfeldreieck des verrufenen Berges ganz gut sichtbar und so gelang es denn doch schliesslich, die Zweifel zu heben. Darob war nun grosse Verwunderung; die einen behaupteten, er sei überhaupt nie erstiegen worden, die andern, ein Wildschütze habe einmal ihn erklommen, der sei aber wohl schon lange todt, wieder andere, jener Wildschütze sei zwar hinauf, aber nicht mehr herunter gekommen, — und so weiter. Ein graues Männchen aber schüttelte dazu bedenklich den Kopf und sagte: „Herr, Herr, das heisst 's Leben g'wagt, und 's Leben wagen is a Todsünd'." — Bist Du in Deinen jungen Jahren nicht manchmal auf verbotenen Wegen den Gemsen nachgestiegen, skrupulöser Alter? —

Am folgenden Morgen besuchte ich den Glimspitz (7579' 2462 m. Kataster), war Mittags bereits in Elmen zurück, Nachmittags 4 Uhr im Wirthshäuschen zu Hinter-Hornbach. Natürlich hatte ich nichts Eiligeres zu thun, als den Wirth und die etlichen anwesenden Bürger von Hinter-Hornbach bezüglich der Besteigbarkeits-Verhältnisse ihres „Elferkopfes" gehörig aufzuklären und ihnen diesen Gipfel als ein sehr begehrenswerthes Object für künftige Besucher zu bezeichnen. An der Tischecke sass bei seinem Glase Wein ein untersetzter, bärtiger Mann, von robustem, wetterharten Aussehen; er schien für den „Elferkopf" mehr Interesse zu besitzen als die gaffenden Andern, richtete mehrfache Fragen an mich über die Wegerichtung, welche ich nach seinem Gipfel eingeschlagen; und als ich darauf ihm Bescheid gegeben, erwiderte er: „Glauben thu' ich's Ihnen jetzt, dass Sie oben waren, aber der Erste sind Sie nicht, ich war schon öfter als einmal auf dem Elferkopf; sonst weiss ich freilich Niemanden, der den Weg kennt." — — Das wäre eine kalte Douche gewesen für einen Erstlings-Touren-Fänger vom rechten Schrot und Korn, zumal der weitere Verlauf des Gespräches ergab, dass ich keineswegs einen blossen Prahler, sondern in der That einen gründlichen Kenner der Hornbacher Berge vor mir hatte.*) Nun besitze ich leider, wie es scheint, nicht das rechte Zeug zu solcher Art von Gipfelstürmerei; denn ich hatte kaum ein anderes Gefühl als das der Verwunderung, vermischt mit der

*) Es war der Müller *Lechleitner* von Hinter-Hornbach; das Anwesen desselben liegt hart am Wege, einige hundert Schritte thalaufwärts von der Kirche. Er wies mich auf den Ilfenspitz und meinte, wenn ich den einmal gezwungen, so dürfe ich mich im ganzen Gebirge herumwagen; der sei schon zäher noch, als der Elferkopf. Es erwies sich diese Beurtheilung auch in der That als zutreffend. Er erzählte mir ferner, dass zur Zeit der Vermessungen sämmtliche Signalstangen auf den Hornbacher Gipfeln und auch die auf dem Ilfenspitz von ihm aufgesteckt worden seien; eine Differenz wegen des Tagelohnes habe ihn veranlasst, schliesslich zu striken und so sei der Urbeleskarspitz signallos geblieben. Arme Vermessungs-Commission! —

Befriedigung, durch einen Zufall vor dem Irrthume bewahrt worden zu sein, mich als den ersten Besteiger des Urbeleskarspitzes auszugeben; ein Irrthum entschuldbarer Art, in welchem ich vielleicht noch bezüglich manchen andern Gipfels mich befinde, und dessen allenfallsige Berichtigung mich sicher ebensowenig verdriessen soll. Est modus in rebus — Unwahrheit wäre es von mir, zu behaupten, dass ausschliesslich streng topographische, wissenschaftliche Interessen meine Schritte über die Felseninseln im Luftmeere dahinleiten — auch mich fordert die schlanke Spitze, der plattengepanzerte Gipfelklotz, der zahnige Grat heraus, die letzte Höhe zu gewinnen, sei's auch mit tollem Wagen zu gewinnen und zu keinem andern Zwecke, als dem, oben gewesen zu sein. Doch mein Verlangen ist befriedigt, sobald der starre Fels mein Können gefühlt; hat der als seinem Herrn mir gehuldigt — Bewunderung der Menschen entbehre ich leicht. An seinem Trotze messe ich meine Kraft; und ist nicht diese und diese allein an ihm gemessen, so schätze ich solche Ersteigung als eine Ersteigung gering. Hat sie sich aber erprobt im hartnäckig erbitterten Streite, was mag mich's anfechten ob es das erstemal gewesen, dass Menschenwille und Menschenhand den Widerstand der Materie brach? — Hab' ich's erreicht, das lang ersehnte Ziel, hab' ich gethront auf seiner Höhe, was kümmert's mich, ob Andere es wissen, ob sie es glauben? — Trauriges Geschick des Alpenmatadors, mit dem Beweise seiner That auch ihres Werthes verlustig zu gehen! — Ich blicke, in's Thal zurückgekehrt, zufrieden hinauf nach den verlassenen Zinnen; ich schaue nach Jahren noch vom flachen Lande hinein in die Berge, hin auf die langen Reihen der Zacken und Spitzen, an deren jede eine andere Erinnerung sich knüpft. Wir kennen uns! ....

Der Urbeleskarspitz wurde nicht als erste Ersteigung, wohl aber als sehr lohnende in meinen Aufzeichnungen beschrieben, und ich konnte für künftige Alpenwanderer sogar einen leicht aufzufindenden, höchst tüchtigen Führer zu dieser Besteigung namhaft machen. Die bezügliche Notiz hat auch ihren Weg in die Reisehandbücher seit einigen Jahren bereits gefunden.*) Hat wieder einmal ein Tourist den Urbeleskarspitz bestiegen? —

*) Vgl. Trautwein, Wegw. durch Tirol und Südbayern; Waltenberger, Algäu, Vorarlberg und Westtirol (2. Aufl., S. 231); Amthor, Tirolerführer (3. Aufl., S. 179).

III.

Aus dem Nord-Innthaler Gebirge.

XIV. Das Hohe Brandjoch bei Innsbruck.

(Hierzu Vertikal- und Horizontalprofil No. 14.)

Hast Du die schneeglänzende, spitzzackige Alpenkette schon einmal Dir betrachtet, wie sie am südlichen Saume der schwäbisch-bayerischen Hochebene emportaucht, den Ankömmling aus dem flachen Lande, aus den Waldhügeln Mitteldeutschlands oder gar von den Sandwüsten der Mark, von den trostlosen Ebenen der Lüneburger Haide begrüsst, das erste Wahrzeichen einer neuen, von vielen Tausenden ersehnten Welt? — Hast Du, nachdem Dein Auge lange genug auf dem gewaltigen Eckpfeiler der Zugspitze geruht, dasselbe weiter schweifen lassen, gegen Osten, die Zacken des Wettersteingebirges entlang über den tiefen Durchbruch des Isarthales hinweg zu jener gedrängten Masse von Spitzen, Hörnern, Thürmen, die über den bayerischen Bergen, über der Benediktenwand sich aufbaut, wechselt in ihrer Gruppirung und neue Formen dem Blicke darbietet in dem Masse, als Du Deinen eigenen Standpunkt veränderst? — Hast Du dann ein Panorama Münchens — des Peissenbergs — des Starnberger Sees befragt, welches die Namen, welches die geographischen Stellungen jener Berge seien? — und wenn ja, so wirst Du in gedehnten Lettern über die ganze Gruppe hingeschrieben gefunden haben: „Karawendel-Gebirge"*) — sonst nichts, höchstens für zwei oder drei Spitzen Benennungen, die in der Wirklichkeit mitunter nicht einmal zutreffen. Ein

*) Dieser Name, richtiger Karwendel geschrieben, kommt speciell der nördlichsten der vier Parallelketten der ganzen, grossen Gruppe (über deren Begrenzung s. den Text) und dem an ihrem Südfusse hinlaufenden Thale zu. — Da eine gemeinsame Bezeichnung des ganzen, wohl abgegrenzten Gebirgsstockes an Ort und Stelle durchaus fehlt, eine solche jedoch als höchst wünschenswerth erscheint, so habe ich auf ihre Bezeichnung im Flachlande zurückgegriffen und für denselben den Namen Karwendel-Gruppe in Anwendung gebracht.

gutes Fernrohr zeigt Dir die Spitzenreihe wie sie an den Horizont grenzt, in zwei Ketten aufgelöst, deren zweite die culminirende Gruppe, eine dreifache Gipfelwelle mit östlich hinausgeschwungenem Horne*) trägt. Vor ihnen wogt dunkel bewaldet das bayerische Vorgebirge, die Sojern-Gruppe, die Isarberge bei Wallgau und in der Vorderriss, bis zur Benediktenwand und zum Blomberg bei Tölz. Liegt hinter jenem erhabenen Felskamme nun das Innthal? Schwinge Dich hinüber im Geiste über die schrofigen Zinnen und ihre schneeblinkenden Kare und Du findest Dich in einem öden, wohnungsleeren Thale, an der Wiege des Isarflusses, und im Süden steht Dir ein neuer Grat, steht eine Reihe neuer Felsenhäupter Dir entgegen. Uebersetze auch diese Schranke — und ein ganz ähnliches, einsames Thal, vom Gleirschbache durchrauscht nimmt Dich auf: ein vierter Mauerwall steigt vor Dir empor, von seinen rundklotzigen Gipfeln erst blickst Du hinunter auf die Fluren des Innufer, auf die Hauptstadt Tirols, verfolgst das Dampfross durch die dunkle Furche des Sillthales bis hinauf zum Brennersee und begegnest im Süden den Firnkolossen des Zillerthales, des Stubai....... Doch auch der Bergschuh und das Eisen vermag den Weg zurück zu legen, den hier der Gedanke flüchtig durchmass, vermag die verlassenen, vergessenen Thäler aufzusuchen, die Uebergänge von einem zum anderen zu erspähen, den stolzen Gipfeln sich zu nahen, und siegreich ihre Häupter zu betreten. Oeder, darum unbequemer zu bereisen, in manchen Partieen schwieriger als gewöhnlich in seinen Ersteigungen mag das Karwendel-Gebirge sein, doch beides in nicht so hohem Grade, dass seine völlige Vergessenheit, sein Geschick, von der alpinen Welt in förmlichen Verruf gethan und todtgeschwiegen zu werden, dadurch gerechtfertigt wäre. Werden doch in anderen Gebirgs-Gruppen Jahr für Jahr Touren von hervorragender Bedeutung glücklich zu Ende gebracht und in alpinen Publikationen beschrieben — warum nur in diesem Gebiete Nacht und Schweigen? warum von dort keine Kunde „Erste Ersteigung des N. N., des X. X. Spitzes“? — sie waren noch vor wenig Jahren dort zu holen und minder schwer aufzufinden als in manchem vielbesuchten Gletscher-Gebiete. Ein Grund gibt Antwort hierauf: das Karwendel-Gebirge kennt keine

---

*) Es ist diess der Oedkar- und Birkkarspitz. Seiner auffälligen Erhebung wegen bezeichnen ihn manche Panoramen naiv genug als Grossen Solstein, dessen angebliche gewaltige Höhe von über 9000′ ebensowenig in Wahrheit besteht.

Führer. Selbst sehen, selbst planen, selbst handeln ist hier die Losung.

Wenn ich die Beschreibung einzelner Touren in diesem weit verzweigten Gebiete in zwei Abschnitte „Innthaler Gebirge“ und „Quellengebiet der Isar“ scheide, so ist diese Trennung lediglich touristisch, keineswegs orographisch begründet. Ein anderes Gebirge ist es in der That, welches der Eisenbahn des Innthales seine kalkweissen Mauerpfeiler entgegenstellt, ihre Gipfel über dem dunklen Grün bewaldeter Vorberge vor dem Auge des Reisenden dahinziehen und wieder verschwinden lässt — er kennt sie nicht, weiss nicht wie sie sich nennen, welchen Thälern sie den Ursprung geben; — eine andere Bergwelt nimmt den Wanderer auf, der in die engen Seitenthäler der Riss eindringt, bis er von himmelhohen Wänden den Weg verrammelt sieht; der von Scharnitz aus zur Quelle der Isar emporsteigt und die Gipfelreihen der mächtigsten der beiden Parallelketten in ihrer langsamen Entwickelung sich betrachtet. Lässt er sich aber ein Halt nicht gebieten, forscht er kecken Schrittes hinein bis in's Innerste, so findet er beide, anscheinend so fremde Gebirgsgruppen mit einander innig verknüpft, sieht sich an zahlreichen Punkten vom Gebiete des Innthales zu den Isarquellen und umgekehrt, hinübergeleitet; ein einziger, mächtiger Gebirgsstock, in vier Parallelketten getheilt, die ihrerseits wieder durch hohe, zum Theil gipfeltragende Querjöcher zusammenhängen, ist es, der von den Thaltiefen der Isar, der Riss, des Inn und des Achensees umspannt wird, durch das Plumser Joch mit den nördlich vorgelagerten bayerischen Bergen, durch den Pass Seefeld mit der Gruppe der Leutascher Gebirge zusammenhängt.

Die bis zu ihren Scheiteln hinauf begrünten Gipfel, welche in die Strassen Innsbrucks hineinschauen und eben dieses Mangels an Zacken und schroffen Felspartieen wegen meist in ihrem Frühjahrsschneekleide zur photographischen Aufnahme herhalten müssen, mit der geradlinig abgezeichneten Schneegrenze dann aber noch weit schäbiger aussehen, — die Reihe all' der Kuppen und dreieckigen Gipfel, Manndelspitz, Hafelekarspitz, Seegruben- und Sattelspitzen, sie endet im Westen mit starker Senkung zu tiefem Gebirgseinschnitte, in welchem der allen Besuchern des Innthales wohlbekannte Zahn „Frau Hütt“ steht. Geradlinig erhebt sich weiter westwärts ein felsiger Grat zu mächtiger Höhe, und bildet einen würdigen Schlussstein im Südwesten der grossen Kalkalpen-Gruppe im Norden des Inn. Drei Gipfel ersten Ranges und zwei untergeordnete, im Osten wie im Westen gleichsam Schultern des gewaltigen Felsenkörpers bildend, zieren seinen Scheitel; kahle Steilwände stürzen von ihm nieder auf den Grund schneeerfüllter Kessel und Kare, starke Zweigkämme scheiden die einzelnen Mulden und die grasreichen Becken der Mittelzone des Gebirges. Im äussersten Osten steht das ungleiche Paar der Hohen Brandjochspitzen, ein kleiner, stumpfer Kegel am Endpunkte des vom Frau Hütt-Sattel heraufziehenden Grates, ein grösserer, gebogener Zacken westlich davon. Ein bedeutender Seitenkamm, von ersterem abzweigend und gegen das Innthal sich herabsenkend, über welchem er die bewaldete Kuppe des Achselkopfes bildet, schliesst mit dem östlich ihm gegenüber stehenden Ausläufer der Seegrubenspitzen das weite Becken der Höttinger Alpe ein, in welchem zahllose Wasseradern sich sammeln, als tiefe Felsgräben in die Gebirgsflanke einschneiden und endlich vereinigt das aufgeschüttete Mittelgebirge im Norden Innsbrucks durchbrechen. Dieser Bergrücken führt den Namen Brandjoch, — zur Unterscheidung von dem gleichnamigen Kamme, welcher das Manndel- vom Gleirschthale trennt, wohl auch Hohes Brandjoch; die Spitzen, an welchen er den Grat berührt, werden dem entsprechend als Hohe Brandjochspitzen bezeichnet (7868′ 2558 m. und 7997′ 2599 m. Kataster); ihrer Lage genau über der Gemeinde Hötting wegen werden sie wohl auch mit dem Namen Höttinger Solstein belegt, und in der That correspondirt auch ihre Struktur in ziemlich vielen Einzelheiten mit jener der beiden wirklichen Solsteine am Westende der ganzen Gruppe. Die Mitte des Scheitelgrates nimmt der niedrigste unter den drei Hauptgipfeln ein, die Hohe Warte (ca. 7970′ 2589 m.), eine glockenförmige, felsenkahle Gestalt; im Westen derselben erhebt sich mit gewaltigem, zuletzt fast senkrechtem Aufschwunge der Grat zu seinem Culminationspunkte, dem Kleinen Solstein (8114′ 2636 m. Kataster); er bildet einen unregelmässig trapezförmigen Felskamm, dessen Gipfelgrat, nordwärts ausgebaucht, kraterartig im Halbbogen eine hochgelegene, südwärts sich abtiefende Schuttmulde umspannt, nordwärts dagegen zu bedeutender Tiefe lothrecht abstürzt; an seinen beiden Eckpunkten besitzt derselbe seine bedeutendsten Erhebungen, und zwar in der östlichen derselben seinen eigentlichen Gipfelpunkt. Seine an sich breite Gestalt verändert sich, in der Richtung ihrer geringsten Dicke, von Osten oder Westen aus gesehen, zu einer äusserst schlanken, bald obelisken-, bald rundköpfig-kegelförmigen Felssäule, immer aber mit senkrechtem Absturze gegen Norden. Vom Westfusse des Kleinen

Solstein ab nimmt ein hügeliges Hochplateau den Scheitel des Gebirges ein, und aus diesem erhebt sich mit kurzem, geradlinig gegen Nordwest ansteigenden Kamme das breite Haupt des Grossen Solstein (7804′ 2535 m. Pfaundler)*); ein flacher Sattel verbindet ihn mit einer ähnlich gestalteten, niedrigeren Rundkuppe im Süden und verleiht dem ganzen Bergkörper die schöne wellige Form, in welcher er sich dem Innthale bei Zirl zeigt. Die sanfte Nordwestabdachung fusst auf dem Scheitelsattel zwischen dem bei Zirl in den Inn mündenden Ehebach- und dem zum Wassergebiete des Gleirschthales gehörigen Zirler Christenthale; die Südwestkante senkt sich zum breiten Sattel der Zirler Mähder herab und verbindet dadurch mit dem Massive des Solstein den Höhenberg, dessen gewaltig schroffer Absturz mit der bekannten Grotte in der Martinswand die Innthaler Strasse zwischen Zirl und Kranabitten beherrscht. Den Namen „Grosser Solstein" scheint dem Berge seine breite, imponirende Gestalt eingetragen zu haben, welcher der eigentliche Gipfel, der Kleine Solstein, gleichsam als spitzer Hut erst aufgesetzt erscheint. Ein Irrthum über die relative Höhe beider ist auch innerhalb des beschränkten Verständnisses der einheimischen Bevölkerung, unter welcher die unterscheidende Benennung entstand und noch heutigen Tages gebräuchlich ist, nicht wohl denkbar.

Berg um Berg, Mauer um Mauer, Spitze um Spitze zogen sie vor meinen Blicken am Waggonfenster vorüber, die erhabenen Vorposten des grossen Bergrevieres, als ich am 30. Mai 1870 mit dem Nachmittagszuge das Innthal hinauf, der Hauptstadt Tirols zueilte; es galt ein Licht zu werfen in's Herz dieses verlassenen Gebirgslandes, das von alpinen Beschreibungen, von Panoramen und Karten gleich stiefmütterliche Behandlung bislang erfahren hatte, das eben aus diesem Grunde seit Jahren bereits mir im Sinne gelegen war. Jetzt tauchten sie, coulissenartig hinter einander geschoben, langsam vor mir auf, die altersgrauen Colosse, mit denen ich in den nächsten Tagen und Wochen den Ringkampf bestehen sollte: das Irdeiner und Hintere Sonnwendjoch tritt zurück, am tiefen Thaleinschnitte, der zum Achensee empor leitet, vorüber, betrete ich die Grenze meines Gebietes. Der Doppelkegel der Mittagspitzen, die edle Pyramide des Hoch-Nissel erscheint über dem geradlinigen, bebuschten

*) Pfaundler, einige Höhenmessungen im Gleirsch und Hinteraüthale, publicirt in der Zeitschrift des Ferdinandeums zu Innsbruck.

Rücken des Stanser Jochs; St. Georgenberg zeigt sich hoch über der Schlucht des Stallenthals, und wenige Minuten später gähnt der düstere Schlund des Vomperlochs mir entgegen, einige spitze Felszähne in seinem Hintergrunde — ich kenne sie nicht, und noch kennen sie mich nicht, doch sie werden mich wohl kennen lernen in der Folge. Nun deckt die Tiefe wieder wald- und wiesengrüner Berghang, auf seinem Scheitel die Walderalpe, und drüber steigt der scharfe Zacken des Walderspitzes auf und höher noch und immer höher thürmt sich's empor, bis dass das Speckkargebirge seine ganze gewaltige Wand mit seinen beiden breiten Köpfen und der langen, zerscharteten östlichen Schulter entfaltet hat; weit auf schliesst das Hallthal seine Krummholzbetten und weiten, öden Schutthalden, und wieder zeigen sich kahle Riesengipfel in seinem fernen Hintergrunde. Und nun tritt das Innthaler Gebirge gegen Norden und Osten vor, die lange Reihe formloser Gipfel, grün angeflogen bis zu ihren Scheiteln hinan — die reizen mich nicht besonders, wenngleich ich der Vollständigkeit wegen ein und den andern dieser Kette werde besuchen müssen. Doch da erscheint an ihrem westlichen Abschlusse der lichte Sattel von Frau Hütt mit dem abenteuerlich geformten Zackengebilde und weiter gen Westen schwingt sich der Grat fast geradlinig auf zu neuer, mächtiger Gipfelhöhe; noch kann ich nicht unterscheiden, wo der eigentliche Culminationspunkt liegt, aber ein bedeutender ist hier ohne Zweifel zu suchen, — der Anstieg kann unmittelbar von Innsbruck herauf angetreten werden — eben recht für morgen! — Ueber die letzte Innbrücke, über den Steindamm mit seinen vielen hundert Bogen fährt der Bahnzug in die Station Innsbruck ein; ich lasse ihn die Fahrt über den Brenner allein fortsetzen, und während die Rufe der Wagenführer und Lohnbedienten „Goldene Sonne — Hôtel d'Europe — Oesterreichischer Hof" u. s. w. mir um die Ohren schwirren, belade ich mit meinem Reisekofferchen und Bergstock den Schiebekarren eines Packträgers und trage ihm auf, mich zu einem Wirthshause jenseits des Inn zu führen; habe ich doch alsdann die Berge, die ich besteigen will, unmittelbar vor mir und nicht nöthig, bei Ausmarsch oder Heimkehr zu unbequemer Tagesstunde in meinem wenig eleganten Bergkostüm von ganz Innsbruck mich begaffen zu lassen. — Wir wanderten demnach über die Innbrücke und hielten am Goldenen Greif, welchen mein Dienstmann besonders warm mir anempfohlen hatte. Etwas enttäuscht allerdings betrachtete ich mir das enge, ältliche

Gebäude mit den kleinen Fenstern, der dunklen Thür nach dem Höttinger Wege hinaus und den holperigen Bretterstufen davor; indess „der Schein trügt“ — wenn nicht immer, so doch manchmal, und auch diessmal hatte ich allen Grund, die Wahrheit des Sprichwortes anzuerkennen; ich befand mich während der Zeit, da ich in Innsbruck Standquartier hielt, vortrefflich in dem kleinen Häuschen, welches den bescheidenen Anforderungen eines Bergwanderers in jeder Beziehung gerecht zu werden verstand. — Als mein Gepäck auf's Zimmer geschafft war und ich mich provisorisch eingerichtet hatte, unternahm ich sofort zur vorläufigen Orientirung noch einen Abendspaziergang auf die Terrassenhöhe oberhalb Innsbruck, das sogenannte Innsbrucker Mittelgebirge. Eine eigenthümliche Formation*), aus Sand und Geröllschutt aufgebaute Bergstufe von mehreren hundert Fussen Höhe, ihr Rand in wunderlichen Gestalten ausgebildet, bald halbrunde Bastionen, bald spitze Kegel von mathematisch regelmässiger Gestalt, häufig mit kleinen Häuschen auf ihrem Scheitel besetzt, die steil abschiessenden Flanken grün berast, um so wilder die eingerissenen Gräben, die trümmerführend zwischen ihnen hindurchbrechen. Bald lernte ich auch den wenig anziehenden Charakter der Wege kennen, welche die Südflanke des Innthaler Gebirges durchziehen: Runsen zwischen den Krummholzhügeln, Pfad bei trockener, Bachbett bei nasser Witterung; mit gewaltigen Rollblöcken überworfen, von losgerissenen Aesten und Baumstrünken stellenweise ganz gesperrt, kurz, in jeder Beziehung dem verlassenen Laufe eines Sturzbaches ähnlicher als einem für Menschen und Vieh bestimmten Wege. Ich stieg eine halbe Stunde lang aufwärts bis zu einer freien Terrasse über der Tiefe einer Schlucht, welche bei Ried in den Inn ausmündet. Von hier aus recognoscirte ich den Weg, den ich andern Tages nach den Höttinger Alpen einzuschlagen hatte. Winzig klein erscheinen sie am grünen, vielfach gefurchten Berghange angeklebt, noch eine weite Strecke vom Scheitel des Gebirgsgrates entfernt; eine ausgedehnte, flache, dichtbewaldete Mulde breitet auf der Terrassenhöhe sich aus und hebt sich langsam gegen die Bergflanke hinan, dunkler Wald und Busch bekleidet die rundlichen Zweigrücken zwischen den eingemauerten Schluchten. In ungefähr gleichem Niveau mit dem Frau Hütt-Sattel beginnt am Hohen Brandjoch die Felsregion, hell weisslich-grau schimmert die Kalklehne herab in's tiefe Grün der Gebirgsflanke. Sie culminirt

*) Geologisch zählt dieselbe zu den diluvialen Gebilden der Alpen.

in einer kleinen, rundlichen Kuppe, von welcher ein zerhackter Felsgrat in abenteuerlichen Zackengestaltungen sich fortzieht und, allmählig sanftere Formen annehmend, mit einer gerundeten Bergecke endet; von dieser senkt ein schuttbedeckter, bald mit Grün sich überziehender Berghang ebenflächig sich herab zu breiter Terrasse; der bewaldete Achselkopf mit seiner Abdachung auf das Mittelgebirge bildet den Schluss. Man wird von Innsbruck aus, oder, wie ich am Abende meiner Ankunft es that, noch näher an den Fuss des Gebirges herantretend, sich leicht versucht fühlen, die Gratfortsetzung des Höttinger Solstein — dieser, auch Vorderer Brandjochspitz genannt, bildet den höchst sichtbaren Punkt — als den Hauptgrat zu betrachten und demzufolge auch dessen abschliessende Ecke, welche ein weithin sichtbares Kreuz trägt, in letzteren zu verlegen; ein Spaziergang auf den Berg Isel stellt die wahren Verhältnisse weit richtiger dar und erleichtert die Orientirung. Ich trat, mit dem erwähnten Irrthume behaftet, meine Bergfahrt des folgenden Tages an, und wenn auf deren Resultat dieser Irrthum auch keine Einwirkung zu üben vermochte, so veranlasste derselbe doch mancherlei, zum Theil keineswegs angenehme Täuschungen.

Die Wetterwolken, welche den Nachmittag über drückend auf dem Gebirge gelegen hatten, verstrichen und lösten sich in dem Masse, als die sinkende Sonne ihre Glutstrahlen dem Thale und der tieferen Gebirgszone entzog und von den Felsenkämmen herab der kalte Luftstrom in die Tiefe sich ergoss; in wechselvoller Beleuchtung, theils Abendglanz, theils tiefe Wolkenschatten, lag das reichbevölkerte, fruchtbare Innthal zu meinen Füssen. Schneegefleckt erhebt sich drüben das Glimmerschiefergebirge in seinen weichen Formen, Wildseekopf, Glungezzer und Patscherkofel; die Vorberge des Stubay, die Sailespitz, die schlanke Pyramide der Waldrast, die klotzigen Thürme und zierlichen Nadelspitzen der Kalkkögel. Bei einbrechendem Dunkel stieg ich herab nach meinem kleinen Hôtel, zu Nachtmahl und Ruhe. Das erste Morgengrau erweckte mich, und noch waren die hellsten Sterne am Himmel nicht verblichen, als ich den ersten Fuss an's Nordtiroler Kalkgebirge setzte. . . . . . Es werde Licht!

Die enge Gasse, welche vom Innufer weg zwischen armseligen, schmutzigen Häusern geradlinig aufwärts führt, leitet unmerklich von Innsbruck in den Ort Hötting über, und zeigte nicht eine Tafel die Grenzlinie an zwischen Stadt und Dorf, man möchte wohl schwerlich aus eigener Wahrnehmung sie erkennen. Allmählig aber werden die Häuser ländlicher, stehen nicht mehr in geschlossenen Reihen; um die Höttinger Kirche herum wendet der Weg sich gegen Westen, um gleich darauf wieder östlich abgedreht der sogenannten Hungerburg und den Steinbrüchen zuzuführen, aus deren vortrefflichem Baumateriale, einem röthlichen Conglomerate, der grösste Theil der Stadt Innsbruck erbaut ist. Der Höttinger Weg zweigt hier bereits links ab, nimmt sofort ein Bachbettähnliches Aussehen an und führt, von hohen, lehmig-sandigen Erdabrutschen eingeschlossen, mit gewaltigen Felsblöcken überworfen, zwischen buschigen Schuttkegeln und Kuppen zur Terrasse des Mittelgebirges empor, auf welcher der Ausblick gegen die Höttinger Alpe und gegen die Höhe des Gebirgsgrates sich eröffnet. Durch eine struppige Au leitet der Pfad der nächsten Terrainstufe entgegen, tritt oberhalb derselben auf einen unmittelbar an die bewaldete Hochgebirgsflanke stossenden Wiesenplan aus und erreicht von letzterem weg den schmalen Scheitel eines Schuttrückens, welcher zwei Gräben scheidet; zur Linken liegt nun die tiefe, weite Schlucht des Höttinger Baches, welcher aus mehreren Hauptgräben der mittleren und aus zahllosen Furchen und Rissen der hohen Gebirgszone seine Gewässer sammelt; am Fusse der Steilhänge des Achselkopfs zeigen sich grellrothe Erdabrutsche, welche, gleich der auffällig rothen Lehne unter dem Rumer Joch, im Graben zwischen der Rumer- und Vintl-Alpe, das Durchsetzen der Salzthonschichten des Haller Werkes unter dem ganzen Innthaler Gebirgsstocke verrathen.

In die Sohle des Höttinger Grabens eintretend, erreicht der Weg nach kurzem Laufe die Untere Höttinger Alpe, eine armselige, an den Fels gelehnte Hütte auf steinbesäetem Wiesenboden; an ihr theilen sich die Gräben; der Pfad lässt die geradlinig zur Höhe weisende, vom Bache durchflossene Schlucht beiseite und wendet sich rechts, in die wasserlose Sinke, deren grüner Boden wiederholt von den bauchigen Wandstufen der Gesteinsschichten unterbrochen wird; in den Felsen gehauen umgeht das Steiglein die steilen Abbrüche, bald zeigt sich über dem dicht bewaldeten Berghange zur Linken das Giebeldach der vordersten Hütte der Höttinger Alpe, noch 20 Minuten starken Anstiegs und es öffnet sich die freie Alpweide, auf deren Vorsprung die niedrigen Holzhäuschen, 6—7 an der Zahl, sich angesiedelt haben. Die grüne, mit unzusammenhängendem Krummholzwuchse bestockte Bergflanke hebt sich nordwärts empor zum Hohen Sattel und zur Westlichen Seegrubenspitze; in zahlreiche Einsenkungen und Gräben zertheilt, deren Zwischendämme plötzlich schroff absetzen, erscheint sie von isolirten Pyramiden dunklen Gemäuers überbaut; westwärts, dem Frau Hütt-Sattel zu, reissen die Schluchten tiefer in's Innere des Gebirgskörpers ein, das Weideland spitzt zwischen ihren Furchen in schmalen Zungen sich aus. Auf einem solchen Vorbaue zeigt sich, am Fusse des Hohen Brandjochs, die Schäferhütte der Höttinger Alpe.

Die Bergtouren, welche vom Innthale aus auf die Gipfel der Kalkketten unternommen werden, leiden an dem grossen Uebelstande einer unverhältnissmässig tiefen Lage ihres Ausgangspunktes (Innsbruck 1796′ 583 m. Trinker.). Nach zwei Stunden angestrengten Bergmarsches befindet sich der Wanderer auf der Höttinger Alpe (4707′ 1529 m. Trinker), in einer Höhe erst, von welcher aus unter gewöhnlichen Umständen die Gipfelersteigung schon angetreten zu werden pflegt. Es wäre daher sowohl mit Rücksicht auf die relative Höhe, wie auf die topographische Situation der Höttinger Alpe für manche Hochtour im Innsbrucker Gebirge sehr wünschenswerth, auf ihr Nachtquartier zu beziehen; der mehr als tirolerische Schmutz und der ungastliche Charakter ihrer halbwilden Bewohner jedoch, der nur durch reichliche Branntweinspende zu besänftigen sein soll, lässt ein solches Vorhaben als nicht wohl ausführbar erscheinen. Es wird daher ein künftiger Besucher jener Gebirge besser daran thun, sich für diese Excursionstage eine etwas stärkere Anstrengung zuzumuthen, meinem Beispiele und dem eben beschriebenen Wege folgend, der bei der Tour des 31. Mai allerdings nicht der meinige war; mit den örtlichen Verhältnissen noch nicht genügend vertraut, gerieth ich gleich von der Mittelgebirgsterrasse weg zu weit rechts und erreichte erst nach weitem Irrgange, nach Kreuzung mehrerer Gräben, die Höttinger Alpe; die Unzahl von Pfaden jedoch, welche die ganze Südflanke des Innthaler Gebirges einem Netze gleich überzieht, und welche die Verfolgung der richtigen Spur vielfach erschwert, gestattet dafür auch jederzeit wieder das Ablenken in eine andere Wegerichtung.

Nachdem ich von der Höttinger Alpe weg noch ein beträchtliches Stück Weges in gerader Höhenrichtung zurückgelegt hatte — die vielfache Durchklüftung der Bergflanke erlaubt erst in höherer Zone eine Durchquerung — begann ich der Schäferhütte zuzusteuern, von welcher aus ich den Anstieg nach dem „Höttinger Solstein“ anzutreten gedachte. Bald traf ich auf den getretenen Schafsteig, welcher die ausgeflachte Sinke des Höttinger Grabens kreuzt, in fast horizontalem Laufe der tiefen Felsenklamm sich nähert, deren Ursprung am Fusse der Westlichen Seegrubenspitze liegt und über das Geschröfe ihrer Seitenwandung zu einem erweiterten Trümmerkessel ihrer Sohle hinunterklimmt; dicht nebenan stürzt der Giessbach wieder hinab über die Kante und wühlt sich weiter, durch das harte Gestein. Einige Minuten später trat ich auf die abschüssige Wiesenterrasse hinaus, deren äusserster Vorsprung die Schäferhütte trägt; ein kümmerliches, kaum mannshohes, etwa 12′ im Geviert haltendes Bauwerk. Der verwildert aussehende Hirt begegnete mir, seinen Schafen nachspürend, bereits am Saume der Kluft. Ich richtete einige Fragen an ihn bezüglich der nächstgelegenen Berggipfel und erhielt, wie zu erwarten stand, nur höchst mangelhafte Auskunft; ich deutete endlich auf den Gipfel des Höttinger Solsteins, der mächtig gross im Nordwesten sich emporbaut, fragte nach dessen Ersteigung und bekam zur Antwort „da kommt man gar nicht hinauf ...... dahinter steht noch ein höherer“ ...... damit verabschiedete sich der Sohn der Berge. Die plumpen Klötze, die vom Brandjoch-Grat auf mich niederschauten, mutheten mich vertrauter an, als er.

Ich nahm meinen Anstieg wieder auf; im Anmarsche von der Höttinger Alpe herüber hatte ich bereits den ursprünglichen Plan, vom Frau Hütt-Sattel weg den Haupt-Grat zu verfolgen, fallen gelassen und statt dessen beschlossen, in der Mitte der Südostflanke meinen Weg zu suchen. Dort zeigte das Felsgehänge von zahlreichen Rasenbändern sich durchstrichen, in der Höhe schrofig gebrochen, und versprach eine ziemlich allgemein gangbare Beschaffenheit des Terrains. Eine lange Strecke noch hatte ich Grasboden, der steiler und immer steiler sich hebt, je näher er gegen den Fuss der grauen Mauern hinanrückt. Der Frau Hütt-Sattel mit seinem wunderlichen Felsgebilde, um dessen Sockel der Pfad über den Grat sich hinüberschlingt*) in die Kare der nördlichen Gebirgsseite, durch das waldreiche Hippenthal zur Amtssäge am Gleirschbache hinaus, blieb mir zur Rechten; links deckte die dreiecksförmige Bergschulter mit dem Brandjochkreuze meinen Ausblick, der nur gegen Süden unbehindert blieb, wo aus den Eisgefilden des Stubay die Habichtspitze, scheinbar ohne Rivalen im weiten Umkreise, ihren hohen Kuppelbau emporreckte. Der Gipfel, dem ich zustrebte, war hinter dem

*) Frau Hütt-Sattel tiefster Punkt 6886′ 2237 m. Pfaundler; die Uebergangsstelle am Fusse von Frau Hütt liegt wohl um 50′ höher.

Massive seines eigenen Körpers unsichtbar geworden. Die letzten Weideplätze und Schuttbecken lagen mir im Rücken; aus dem formlosen Felsengerüste, an dessen Fundament ich jetzt herantrat, wölbt eine gelbliche Mauerkuppe, ihrer Lage nach der Richtung zur Gipfelhöhe entsprechend, sich auf, an ihren Steilwänden durch ziehen die letzten Rasenbänder nach der rechten Seite hinüber, die ich in jener hohen Zone nothwendig wieder gewinnen muss. Vorerst gerade aufwärts, je nach der Gangbarkeit des Bodens.

Nicht lange währte es, so traf ich bereits an schrofige Absätze von spärlicher Vegetationsbedeckung und stellenweise enorm steiler Hebung, deren bröckelndes Gestein überdiess nur einen höchst unsicheren Anhalt gewährte; dazwischen wechselten kleine, eingeschobene Grasflecke mit schmalen Rinnen, von Felsrippen eingedämmt, und bald genug befand ich mich mitten im coupirtesten Bergterrain, in welchem wenig mehr Sorge, als die für die nächsten Schritte, zu tragen übrig blieb; obwohl ich keine Ursache hatte, über allzu beschränkte Auswahl in dieser Beziehung mich zu beklagen, so verursachte die allgemeine Steile des ganzen Gehänges doch manche Schwierigkeit, die Nachbarschaft der abstürzenden Wandstufen erheischte Behutsamkeit und festen Tritt, während die Anstrengung im Erklettern der hohen Felsabsätze mit diesen Anforderungen der Sicherheit in fühlbaren Widerspruch sich setzte. Die Folge war ein Aufkeimen und Ueberhandnehmen eines unbestimmten Gefühls von Unbehaglichkeit und Bangigkeit, und, eines weiteren Behelfs zur Lösung der gestellten Aufgabe in hohem Grade bedürftig, begann ich endlich zu überlegen, ob meine Theorie des Nichtgebrauchs von Eisen auf hartem Fels wohl auch in jeder Hinsicht probehaltig sei? — der lange gemiedene Versuch wurde angestellt, und schon die ersten Schritte weiter hinauf hatten mich um eine wichtige Erfahrung auf dem Gebiete des Bergsteigens bereichert. Was ich mit allen möglichen theoretischen Gründen bekämpft und widerlegt, davon empfand ich die unläugbar wohlthätige Wirkung. Wenige Bergzinnen habe ich seit jenem Tage besucht, an deren Bezwingung die spitzen Eisensohlen nicht ihren hervorragenden Antheil gehabt hätten; und ohne ihre, wenigstens passive Begleitung, unternehme ich keine Bergwanderung mehr, stelle sie auch noch so geringe Bedenken in Aussicht.

Nicht gleitenden noch wankenden Tritts, wuchtig an's knirschende Gestein gestossen, gelangte ich nun rasch in höhere Regionen; der geraden Anstiegslinie stellten bald völlig senkrechte Mauern sich entgegen, ein kurzer Quergang nach der linken Seite sollte nach der Höhe mir wieder Luft schaffen. Nicht ohne Schwierigkeit durchkreuzte ich die tiefe, von zackigen Mauern eingesäumte Kluft, welche den Gipfelkörper durchspaltend auf dem Ostgrate endet, wo ein eckiger Felsthurm ihre Ausmündung beherrscht; besser hätte ich dieselbe ganz vermieden, von der Schäferhütte weg entschiedener links mich haltend. Jenseits hatte ich über Felsrippen und plattige Rinnen wieder leidliche Bahn, und bald eröffneten ziemlich ausgedehnte Grasplätze neue Möglichkeit, an Höhe zu gewinnen. — Nicht lange jedoch hatte ich des sicheren Bodens mich zu erfreuen; in die mittlere Zone der Gipfelpyramide eintretend, sah ich ihren Bau in langgestreckte Gürtelstufen sich theilen, ganz nach Art einer wahren, von Menschenhand erbauten Pyramide, nur leider etwas zu hoch, um so ohne Weiteres über sie hinaufzusteigen. Ein eigenthümlicher Felscharakter der Solstein-Gruppe, die Bildung rundklotziger Gestalten, geglätteter, ausgebauchter Steilabsätze, machte in zahlreichen Hindernissen des Aufwärtsdringens sich geltend und manch' lange Strecke musste an den schmalen, rasenbewachsenen Gesimsen in die Quere zurückgelegt werden, um eine passende Stelle zur Bewältigung dieser Stufen zu entdecken. Linkseits blickte ich über die Abkrümmung der Bergflanke weg auf die mauerglatten Wände des Grates, der vom Hohen Brandjoch zum Eckpunkte des Brandjochkreuzes hinausläuft; ein senkrechter Plattenpanzer umhüllt ihren aus gigantischen Pfeilern zusammengefügten Bau, keine Unebenheit, keine Abstufung lässt er gewahren, es sei denn eine und die andere düstere Höhlung, durch eine abgebrochene, daher überhängende Schuppe im jähen Gewände gebildet. Bizarr geformte Zinnen krönen seinen Scheitel, ihre gewaltige Ueberhöhung möchte fast den herrschenden Gipfel in ihrer Reihe vermuthen lassen. Dann freilich hätte der Höttinger Schafhirte Recht, dann lässt kein anderes, als ein geflügeltes Wesen auf dem Höttinger Solstein sich nieder. Stufe um Stufe hinter mir in der Tiefe lassend, sah ich bald auch den gelbwandigen, von den letzten grünen Bändern umgürteten Gipfelkopf unter mir verschwinden, ein ganz ähnlich gestaltetes Felsgebilde ersetzte seine Stelle im beschränkten Ausblicke nach der Höhe, und auch dieses zählte bald genug zu den verschwundenen Dingen. Eine fast völlig mit Schutt überdeckte Schräge that vor mir sich auf, an ihrem oberen Rande sah ich den gangbaren Boden sein Ende erreichen, klotzigen Plattenfels dem weiteren Aufsteigen sich entgegenstemmen. Es war an der Zeit, die Mitte der Süodostflanke zu verlassen und dem bis jetzt gemiedenen östlichen Hauptgrate zuzusteuern. Schuttbänder, hie und da noch mit den letzten Resten der Vegetation besetzt, leiteten am Fusse plattwandiger Stufen um die Bergecke zur Rechten herum; über bröckliges, unzuverlässiges Geschröf klomm ich zum Scheitel der nächsten Zweigrippe empor und verfolgte die Bahn, welche dieser mir vorzeichnete, so lange, als die hohen, schwer anzugreifenden Mauerabsätze diess irgend gestatten wollten. Zu meiner Rechten der stark sich hebende Hauptgrat, zwischen ihm und meinen Standpunkte die Kluft, welche ich bereits in tiefer Zone gekreuzt hatte und die meiner veränderten Anstiegsrichtung nun neuerdings begegnete. Schnee deckt ihre Sohle, steilfallend, um den Fuss der eckigen Zinne auf dem Grat im Viertelsbogen sich wendend, verliert sie sich in's Dunkel eines verborgenen Schlundes. Durch's Gezack ihrer Seitenwandung einen engen, stufenarmen Pfad mir wählend, betrat ich die schlüpfrige Bahn, tief jeden Fusstritt im Schnee ausstossend, arbeitete ich mich zu neuer Höhe empor. Die arge Steile der Firnlehne, in welche ich ohne alle Anstrengung des Bückens bequem mit den Händen eingreifen konnte, veranlasste mich, mit angelegtem Bergstock und Gradbogen ihren Fallwinkel zu messen, und wie erstaunte ich, als diese Messung den auf dem Papier so harmlos sich ausnehmenden Winkel von 45° ergab! — Ob wohl die Neigungswinkel, mit deren hohen Zahlen manche Beschreibungen von Gletscherfahrten so freigebig sind, auch mit Latte und Quadrant bestimmt wurden? Eine Schätzung nach dem Augenmasse ist für solche nicht zulässig.

Die obere Ausmündung der Schneekluft öffnete sich in eine breitere, plattige Felsmulde, allmählig gegen die rechte Seite abweichend, näherte ich mich dem Hauptgrate, und in gespannter Erwartung stieg ich die letzte splitterige Stufe hinan zu seinem Scheitel. Jetzt zum erstenmale sollte ich einen tiefen Blick thun in's Innere jener weiten Gebirgswüste, die des Touristen Fuss nicht gerne betritt oder doch nur auf wenigen, bereits gewohnten Linien flüchtig durcheilt; in die kein Alpen-Verein noch die Leuchte seiner Entdeckungen getragen. Jetzt sollte ich sie schauen vor mir, in Reih' und Glied geordnet, kampfgerüstet, all' die starrköpfigen Recken, unbekannt, ungenannt, der Vergessenheit verfallen und trotzend darauf, dass ein Volk um ihre Zehen kriecht, das stumpfsinnig zu ihren lichten Höhen hinaufglotzt, — sich nicht, und Andern noch viel weniger dorthin zu rathen weiss. Seht her! Von der öden Haidefläche, von den Ebenen, die ihr in grauer Vorzeit mit euerm Schutte übermuhrt, in die ihr jetzt weissblinkend hinausschaut, die schönste, und häufig die einzige Zierde ihrer Landschaft, von dorther naht Einer, den es drängt, das Verborgene zu erspähen! Sein Hoffen steht nicht auf Unterstützung, die er unter eueren Kindern finde; in sich selbst, in sich allein fühlt er sein Können, — drum wagt er es, und tritt in eueren Kreis! — Ueber den Grat tauchen sie auf, ein Meer von Fels, vom Südsturme getriebene, hochgehende Wogen, ihre Kämme emporgeschwungen, in Spitzen zerschnitten, die nordwärts überkippende Brandung drohend. Wo sind sie unter all' diesen Zinnen und Gipfelhörnern, die leichten Schrittes werden erreicht, in genussreich unterhaltlicher Wanderung werden verlassen werden, die bescheiden vor dem mächtigeren Gegner ihre Waffen strecken wollen? Wo stehen, wo lauern sie, mit denen in erbittertem Streite die Entscheidung zum Austrage zu bringen ist, ob lebendige Kraft oder todter Widerstand der Sieger sein, — ob warmes Leben erhalten — ob kalte Grabesruhe ungestört bleiben soll? — Noch ruht's im dunkeln Schosse des Geschicks. Unberührt aber bleibt keiner unter den Gewaltigen von meinem Eisen, so lange noch der Fuss sich regt, die Faust den Bergstock führt; gerichtet wird die Frage: „Du oder ich?" an ihrer Jeden und mit den Felsensplittern, die von der Schneide des Brandjochs in's Hippenthal hinunterklappern, fällt auch der Fehdehandschuh in ihre Mitte.

Noch wenige Schritte, und der kahle Trümmerboden wölbt sich vor mir zur Gipfelkuppe auf (7868' 2558 m. Kataster); 5½ Stunden war ich von Innsbruck aus unterwegs, ich hoffte auf eine baldige und ausgiebige Rast, deren Nothwendigkeit bei dieser ersten Tour des diessjährigen Sommers einigermassen fühlbar auftrat. Alles schien nach Wunsch sich zu gestalten, ein Blick über die linksseitige Gipfelkante hinweg zeigte mir die unangreifbaren Zacken der Gratfortsetzung bereits in tieferem Niveau, schon sah ich die Steinpyramide auf dem Gipfel, welche gegen die, an sich unglaubwürdige Behauptung des Schafhirten gewichtig genug zeugte, auf Zimmerlänge vor mir, das Ziel der Wanderung war erreicht. Im Augenblicke aber, da ich den Fuss auf seine Scheitelfläche setze, taucht übergewaltig ein himmelhoher Felskegel im nahen Nordwesten vor mir auf, mit scheinbar von allen Seiten plattwandigem Mauerfundamente, eine schlanke Signalstange auf seinem glänzend weissen, schuttbedeckten Haupte. Zu seiner Linken erscheint eine seltsame Doppelgestalt, eine breite, aufgestülpte Haube und ein rundköpfiger, nordwärts vorgeneigter Obelisk — Hohe Warte und Kleiner Solstein. Sie beide lagen mir ferner, der Weg, auf welchem sie gewonnen werden sollten, war augenscheinlich nicht der des heutigen Tages. Der neuentdeckte, mächtige Kegel aber, welcher den Culminationspunkt, den ich soeben erreicht, völlig in Schatten stellte, musste unabweislich noch erstiegen werden, sollte mein erster Wanderungstag überhaupt einen befriedigenden Abschluss finden. Ob dieses möglich, — von meinem Standpunkte aus möglich? der Gebirgszusammenhang, die orographische Lage desselben sprach dafür, der Augenschein dagegen. In halber Höhe zeigte der Kegel allerdings gangbares Geschröf, sein Mauersockel aber schien jedes Angriffes zu spotten. Ein kurzer Seitenast, welcher etwa in halber Höhe des Gipfels aus seinem Massive sich ablöst und in den Felskessel an seinem südlichen Fusse sich stellt, bot sich als einzigen Behelf einer Umgehung; doch auch seine Wandung erschien kaum weniger steil als die des Hauptgipfels. Die Erfahrung früherer Jahre hatte mich freilich schon zu wiederholtenmalen darüber belehrt, in welch' unerwarteter Weise oft Schwierigkeiten, die aus geringer Entfernung noch für unbesiegbar gehalten wurden, bei unmittelbarem Angriffe ihre Lösung finden; und ich zauderte auch keinen Augenblick in dem Entschlusse, den Versuch erst mit Constatirung völliger Unausführbarkeit aufzugeben.

Eine viertelstündige Ruhepause benützte ich zur topographischen Orientirung: Ich befand mich auf dem östlichen Eckgipfel der Solsteingruppe, welcher südwärts den zackenreichen Grat zum Brandjochkreuze und weiterhin zum Achselkopf hinab entsendet, nordwärts ungegliederte Steilwände in's höchstgelegene Kar des Hippenthales niedersetzt. Letzteres findet seinen westlichen Abschluss in einem hohen Felsrücken, der Fuchsschwanz benannt, welcher im Nordabsturze des mächtigen, meines Besuches noch harrenden Kegels seinen Ursprung nimmt; dafür entbehrt dieser einer bedeutenderen südlichen Abzweigung, seinen Fuss umgibt ein steilfallender Trümmerkessel, das Schneekar, welches in tieferer Zone sich zusammenschnürt und am Rande unzugänglicher Mauern, hoch über den zusammenhängenden Karen der südlichen Gebirgsflanke endet. Schon diese ersten Beobachtungen wiesen eine auffällige Unrichtigkeit der österreichischen Generalstabskarte nach, welche die beiden Zweigkämme von einem und dem nämlichen Punkte des Hauptgrates ausgehen lässt. Es wäre dieser Fehler auch ohne allzu halsbrecherische Bergbesteigungen wohl zu vermeiden gewesen. — Ostwärts blickte ich über den Frau Hütt-Sattel und die Sattelspitzen, die tief zu meinen Füssen lagen, hinüber auf den wirren Zackenklumpen der Seegrubenspitzen, von welchem zwei starke Nebengrate, beide in nördlicher Richtung, sich abtrennen und in's Manndelthal (das hochgelegene parallele Seitenthal des Gleirschthales) vortreten. An beiden, namentlich aber am Wiedemerkopfe, der mit der Westlichen Seegrubenspitze zusammenhängt, gelangt die Schichtung des Gesteins in fast lothrechter Stellung der Felsblätter zum vollendetsten Ausdrucke und zur grossartig-bizarrsten Gestaltung. Wie mit dem Lineale gezogen, zeichnen die enge aneinandergedrängten Schichtungsklüfte in den Steilwänden sich ab, eckige Bündel zusammenhaltender Schichten härteren Materials, durch tiefe Scharten von ihren Nachbarn getrennt, ragen auf dem Grate empor, hie und da sticht ein einzelnes Schichtblatt, von seiner Schmalseite wie eine abgesprengte Degenklinge anzusehen, in die Luft. Weiter hinab gegen das Manndelthal durchsetzen tiefe Sättel, von deren Firsten beiderseits begrünte Gassen in jähem Falle sich absenken, die glattgeschliffenen Mauerplanken der Wettersteinkalk-Schichten; sie gehören den leichter der Verwitterung erliegenden Mergelschichten des Unteren Muschelkeupers*) an, und geben hier in den gleichen Gestaltungen des Gebirgbaues sich kund, wie sie am Nordfusse des Lafatscher Jochs an den Schliffwänden der Lafatscher, den isolirt stehen gebliebenen Felsbrettern und den tief eingedrückten, grünen Sätteln zwischen ihnen in noch grossartigerem Massstabe auftreten. — Die Thalaussicht im Norden und Süden bot einen merkwürdigen Contrast: hier das sonnige, reich bebaute und bevölkerte Innthal, mit seinen Städten, Märkten und zahllosen Dörfern, mit seinem Strom und seiner Eisenstrasse, überbaut von den breiten, milden Formen der krystallinischen Schiefergebirge, welchen die Gletscherwelt Central-Tirols die schimmernde Krone aufsetzt; dort das wohnungsleere, walddunkle, wasserarme Gleirschthal, umschlossen von Gebirgen wüsten Schutts und starrer, kahler Schrofen, — wo ihre Scharten dem Fernblick freie Bahn eröffnen, waldiges, sich verlierendes Bergland und weiter hinaus noch die nebelverschwommenen Striche der Ebene.

Und nun voran, auch im Westen die Schranken des Aus-

*) Raibler Schichten, oder Schichten der Cardita crenata.

sichtsbildes hinwegzuräumen. Der Abstieg von der Westseite meines Gipfels ging ohne Schwierigkeit in wenig Minuten von Statten, gleich darauf sah ich durch eine überhängende Schneewehe vom Grate mich abgedrängt, dessen steile Abbrüche ohnehin kein langes Verfolgen seines Scheitels erlaubt hätten. An den plattigen, von Schuttstreifen durchzogenen Gehängen des Schneekars bewegte ich mich quer unter den Zacken des Hauptgrates hindurch, der eben auf dieser Strecke eine Gruppe der abenteuerlichsten Felsgebilde aufweist, klotzige, durch tiefe Spalten auseinander gesprengte Pfeiler, Thürme, Kegel und Keulen. Ein klaffender, mächtiger Schacht in den Nordwänden trennt diess Gezacke ab vom senkrecht aufstrebenden Massive des Hinteren Hohen Brandjochspitzes. Wenige Schritte abwärts von dieser Stelle setzt dessen südlicher, östlich abgebogener Zweigrücken seinen Fuss auf den Plattenboden des Schneekars. Wie ich gehofft, so war es gekommen; der Felsen, welcher aus der Entfernung wie stufenlose Wand erschienen war, zeigte eine ziemlich gut gangbare Beschaffenheit, wenngleich beträchtliche Steile. Schmale Abbrüche, enge Reihenfolgen faustgrosser Rasenpäckchen, liessen die Scheitelhöhe des splitternden Geschröfes in wenig Minuten mich gewinnen. Rechts abgeschwenkt ging's ihr entlang nach dem Hauptgrate zurück. Zur Linken hatte ich nun den westlichen Kessel des Schneekars, der eine tiefe Bucht am Fuss der Hohen Warte bildet, von dem Körper dieses dritten Hauptes der Solstein-Gruppe und von dessen südlicher Verzweigung in amphitheatralischem Halbbogen umspannt. Freie Spitzzacken und enggeschlossene Runsen, luftiger Gang auf der Schneide und zwängendes Emporschieben in Mauerrissen wechselten in rascher Folge auf meinem Grat, dessen Verhältnisse indess, je weiter aufwärts, um so günstiger sich gestalteten. Der Kamm gewann an Breite, seine Abstufungen nahmen zu an Zahl und verminderten in gleichem Masse ihre Stärke. Bald hatte ich den Anschluss an den Hauptgrat gewonnen, wieder blickte ich über die grauenhaft zerklüfteten Wände in's Kar von Frau Hütt, in die düstern Waldgründe des Gleirschthales hinab. Ueber Schutt und Schrofen nahte ich unbehindert dem letzten Ziele; Vorsicht erheischten lediglich die dünnen, auf dem Grate hochgehäuften Schneewehen, und übergrosser Ersteigungs-Eifer hätte nahezu im letzten Augenblicke noch eine schlimme Wendung herbeigeführt; der Fuss brach mir durch eine solche Schneewand und fuhr auf die Gegenseite des Grates in die freie Luft hinaus, der stützberaubte Körper sank natürlich nach, und hätte der Rest des durchlöcherten Walles nicht tapfer Stand gehalten, so hätte der Brandjochspitz, und hätte seine ganze ausgebreitete Verwandtschaft wohl Ruhe vor mir gehabt. Indess der nächste Moment hatte die Gleichgewichtslage wieder hergestellt, die folgende Minute sah mich auf dem Gipfel (7997′ 2599 m. Kataster.). Auch dieser trug noch seine winterliche Schneemütze; als breites Plateau deckte sie die Hälfte seines Scheitels und hing als schwerer Rundballen gegen Norden hinab. In respectvoller Entfernung liess ich auf dem rauhen Fels der Kante mich nieder.

Eine Stunde hatte der Uebergang gewährt; die Mittagszeit war bereits vorüber. Dampfendes Gewölk erfüllte das Himmelszelt, im Westen zog sich's in schwarze Massen zusammen. Dorthin war jetzt der Ausblick frei geöffnet, nur der Kleine Solstein, ein gewaltiger schiefer Thurm, machte noch einen geringen Vorrang für sich geltend, die Hohe Warte dagegen, welche völlig die Gestalt einer Jacobinermütze angenommen hatte, war zurückgesunken*); noch tiefer herabgedrückt erschien zur Rechten des Kleinen der breite Scheitel des Grossen Solsteins. Drüber weg traf das Auge auf die kahlen Zinnen des Wetterstein und des Munde-Mieminger Gebirges, welche, wenngleich erst in zweiter Linie, noch zu den Kandidaten des heurigen Sommers zählten; doch hatte erstere Gruppe noch ein weiteres Jahr, die letztere aber volle drei Jahre auf meinen Besuch zu warten. Im Dunkel der Gewitterwolken und der heranziehenden Regenschauer verschwimmend zeichneten die Lechthaler Alpen ihre hörnerreichen Kämme am Horizonte ab und ein lichter Streif im fernsten Westen liess auch einen Theil meiner vorjährigen Bekannten erblicken, die östlichen Algäuer Berge, voran ihr Führer, die krumme Pyramide des Hochvogel. Die Thalaussicht im Süden war fast unverändert geblieben, hatte sich jedoch bis gegen Zirl hin erweitert. Neugierig, das wahre Gefäll der anscheinend so schroff aufragenden Kette zu erkennen, visirte ich von ihrem Scheitelpunkte nach der Thalsohle hinab (Kranabitten an der Landstrasse, 1 St. von Innsbruck) und wieder erhielt ich ein

*) Die augenscheinliche Depression wurde durch die sofort vorgenommene Klinometervisur und durch eine spätere Controlmessung von der Hohen Warte auf den Hinteren Hohen Brandjochspitz herüber bestätigt. Die Höhenangabe Prof. Pfaundler's (Einige Höhenmessungen im Gleirsch- und Hinterauthale) mit 7944′ 2580,5 m. für ersteren unter dem Namen Schneekarkesselspitz und 7945′ 2581 m. für letzteren dürfte hiernach wohl auf einer relativen Unrichtigkeit beruhen.

überraschend geringes Resultat, $23^1/_2{}^0$. Wer möchte, construirt er diesen Winkel sich in geraden Linien, daran glauben, dass seine Bewältigung soviel Anstrengung, ein so langwieriges, fast unausgesetzt steiles Ansteigen koste? — Wahrlich, das alte Sprichwort, dass Vieles in der Wirklichkeit sich anders ausnimmt als auf dem Papier, erweist sich nirgends zutreffender als im Gebirge und in Bezug auf die Verhältnisse seines Aufbaues. — Nordwärts hatte über den scharfen Grat des Fuchsschwanz hinweg der Einblick in's Zirler Christenthal sich geöffnet, eine Verzweigung des Gleirschthales, welche bei dem Jägerhaus „An der Amtssäge" in dasselbe ausmündet; ein einsames Thälchen, waldreich, mit wenigen Alpwiesen und kurzen, mit Schuttkaren abschliessenden Ausbuchtungen unter den Mauern der Solsteinkette. Sein Ende erreicht es auf dem grünen Sattel, welcher den grossen Solstein mit der Seefelder Dolomit-Gruppe, zunächst dem Erlspitze, in Verbindung setzt.

Das drohender heraufziehende Gewitter mahnte zum baldigen Abmarsche, ich verfolgte eben noch einen Lastzug auf dem Schienenwege des Brenner, wie er bald in den Tunnels verschwand, bald zu ihren dunklen Mündungen wieder herausdampfte. Ein dumpfer Krach in meiner nächsten Nachbarschaft störte diese Betrachtungen: die Schneehaube des Gipfels war hinabgebrochen und stäubend schossen ihre Trümmer hinunter über die Wände. Obgleich der Vorfall durchaus keine Gefahr in sich schloss, empfand ich doch einen seltsamen Eindruck davon und blickte fast scheu durch die geöffnete Leere, den zerschellenden Resten des winterlichen Gebildes nach. Zwei Minuten später war der Bergsack gepackt und geschultert, die Fussbewaffnung wieder festgeschnallt, abwärts ging's wieder gen Osten, den Grat entlang. Sein haltloses Gestein erheischte an den steilen Abstufungen noch grössere Vorsicht als im Aufsteigen; doch hielten die Eisenzacken fest in den Ritzen des Felsens und langsam, aber sicher, sah ich die Gipfelhöhe über mir wachsen, den Trümmerboden des Kar's mir näher rücken; da plötzlich, an der steilsten, heikelsten Stelle, wankt der behutsam eingesetzte Fuss, gleitet stolpernd über einen unbekannten Gegenstand, eine rasche Anspannung aller Kräfte bringt mich eben noch rechtzeitig auf den vorigen Standpunkt zurück. Ich sehe am Fusse nach — das Eisen hängt locker am Schuh. Gebrochen? — Nein; dieses häufige Intermezzo von Hochgebirgsfahrten kommt mit Algäuer Eisen nicht vor. Aber der Sporn im Schuh, in welchen der Bügel des Eisens eingehangen wird, war herausgefallen, dieses dadurch des nothwendigsten Haltes beraubt. Was fragt ein Schuhkünstler nach dem Zwecke eines solchen Sporns, — nach den naheliegenden Folgen seiner lüderlichen Arbeit? — Ich zog mir übrigens aus dem Zwischenfall die gute Lehre, der Schusterarbeit in diesem wichtigsten Punkte mich nicht mehr anzuvertrauen; bekomme ich neue Bergschuhe, so treibe ich höchst eigenhändig in jeden der Absätze eine tüchtige Schraube ein — die hält sicher! — Es war kein Leichtes, auf meinem beschränkten Standorte das Eisen wieder in die gehörige Lage zu bringen und mit Spagat nothdürftig zu verschnüren; doch gelang es schliesslich, einen dienstfähigen Zustand wieder herzustellen, und den schroffen Felskegel definitiv zu verlassen. In einer weiteren Viertelstunde war ich auf dem niedrigen, östlichen Gipfel zurück und begann ungesäumt den Abstieg nach der Höttinger Schäferhütte. Auch dieser gestaltete sich weit schwieriger, als das Emporklimmen und namentlich die Schneerinne und der Felsenrücken nebenan gaben viel zu denken und manch' harte Nuss zu knacken. Ueber das stufige Gehänge erreichte ich nach einer starken Stunde die Hütte; erst am Fusse der Gipfelpyramide nahm ich die Eisen ab und schnürte sie wieder auf den Bergsack; heute war ihr Werth mir klar geworden.

Wolken hatten mittlerweile den ganzen Himmel umdüstert, das Gewitter hielt sich jedoch in den Centralalpen und sendete nur einzelne Sprüh-Regen meinem Gebirge zu. Ich überschritt die Kluft, durch welche der Pfad mich herübergeleitet, dachte den weiteren Abstieg jedoch abzukürzen, indem ich alsbald im nächstfolgenden Graben dem Höttinger Bache zuzusteuern begann. Von beherrschender Gipfelhöhe aus gesehen scheinen diese Gräben alle breiten, buschumsäumten Strassen gleich das Berggehänge zu durchziehen, es verbergen sich aber die unterbrechenden, nicht sonderlich hohen, aber meist überhängenden Mauerstufen ihrer Sohlen. So stand ich denn bald genug an der Kante einer unterhöhlten Felswand von 20—30' Höhe, musste auf den eindämmenden Bergrücken zur Linken ausweichen, dort im dichten Gestrüppe einen Weg mir bahnend, bis Gelegenheit zum Eintritte in einen neuen, tieferen Graben sich erbot. Ein schmaler, häufig abgerissener Steig leitete an seinem östlichen Gehänge hinaus, ziemlich hoch über dem rauschenden Gewässer, der stärksten Quellader des Höttinger Baches. Schwarzgestriemte Felsmauern ragen zur Linken auf, höher und immer höher thürmen sie sich gegen den Ausgang der Schlucht, wo finstere, von isolirten

Pfeilern getragene Höhlen ihren Fuss untergraben, das Wildwasser zwischen haushohen Blöcken dahinschiesst, über die vorragenden Felsbänke seines Bettes sich hinabstürzt, und hoch über seinen Strudeln der Pfad an den Graslehnen unter den Wänden, über weisse Schuttriesen dahinzieht. Mit seiner Biegung um eine stumpfe, abgerundete Ecke ändert sich rasch das ganze Bild. Die schroffen, unterwölbten Mauern schliessen den Bergrücken selbst, welcher die Bach-Schlucht von der grünen Sohle des Höttinger Grabens trennt; der Boden verflacht sich zur steinigen Weide der Unteren Höttinger Alpe. Hinaus leitet der Karrenweg auf die Terrassen des Innsbrucker Mittelgebirges. 4 Stunden angestrengten Steigens hatten mich von der Gipfelhöhe des Brandjochs, vom Höttinger Solstein herunter in's Weichbild der Innstadt gebracht. Der buschfreie Scheitel eines der bastionartig vorspringenden Schuttkegel liess mich in ihre Strassen, auf ihre Plätze und Gartenanlagen hinunterschauen, zugleich das Untere wie das Obere Innthal auf weite Entfernungen hin überblicken. Auf dem Berg Isel promenirt die elegante Welt, die abendliche Luftströmung trägt die Musik-Klänge des Kaiserjäger-Regimentes zu mir herüber; die frischen Weisen der „Schönen blauen Donau“ geleiten mich hinab an den Strand des Inn und in's bescheidene Gaststübchen zurückgekehrt, registrire ich die Ergebnisse meiner ersten Gipfelwanderung in seinen Bergrevieren.

XV. Der Grosse Speckkarspitz in der Hallthaler Kette.

(Hierzu Vertikal- und Horizontalprofil No. 15.)

Der Wiener Kataster verzeichnet im Bezirke Hall unter dem Namen „Fallerhochspitz“ eine Höhe von 1437 Wiener Klafter, unmittelbar darauf folgend unter der gleichen Benennung eine Höhe von 1458 Wiener Klafter = 2766 m. oder 8515 Par. Fuss. Auf den gleichen Höhenpunkt weist die Messung Prof. Pfaundlers*) eines „Lavatscherspitz“ mit 8765 W. F. = 8523 Par. F. Im Haller Gebirge also hatte ich die beträchtlichste Höhe meines Berggebietes des Jahres 1870 zu suchen, eine Höhe, die in den Nördlichen Kalkalpen nur von ausnahmsweise hervorragenden Culminationspunkten der Dachstein- und Wettersteingruppe, vom Hohen König auf der Uebergossenen Alp und der Parseyerspitze in den Lechalpen übertroffen wird, welch' letztere jedoch in jenem unbekannten, weitverzweigten Gebirgsstocke wohl noch einige ebenbürtige Nachbarinnen besitzen dürfte. Dass jener Gipfel in der nördlichen Begleitungskette des Hallthales zu suchen sei, dafür bürgte die Ortsbestimmung des Katasters „nördlich der Salzwerke bei Hall“; dagegen vermochte ich keinerlei Andeutung seiner Individualität inmitten jener langen Reihe schroffer, die Höhe von 8000' zum Theile beträchtlich überschreitender Felsenhäupter zu erhalten, bevor ich selbst unter sie mitten hineintrat und, auf der ersten Zinne angelangt, das herrschende Haupt bald genug als solches erkannte. Kein anderes ist es, als der breitköpfige und breitschulterige, mit unermesslich hohen, weissschimmernden Wänden das Innthal überschauende Kalkstock, der für Innsbruck

*) Einige Höhenmessungen im Gleirsch- und Hinterauthale. Zeitschrift des Ferdinandeums zu Innsbruck.

den mächtigen Schlussstein, für Hall das Alles neben sich in Schatten stellende Centrum der Innthaler Hochgebirgskämme bildet, dessen langgestreckter Bau zuletzt bei Schwaz in eine spitze Pyramide zusammengedrängt erscheint, und hinter der Hoch-Nisselkette den Blicken des Eisenbahn-Touristen sich entzieht. An die südöstlichste Ecke des ganzen Bergrevieres ist sein höchster Gipfel abseits gerückt — die Hinterauthaler Kette vermag auch in ihren bedeutendsten Culminationspunkten, Oedkar-, Birkkar-, Kaltwasserspitze, mit jener Höhe nicht völlig in den gleichen Rang zu treten. Das Speckkargebirge — dieser Name ist im ganzen Unter-Innthal für dasselbe der gebräuchlichste — verdient auch, abgesehen von seiner absoluten Erhebung als die bedeutendste Berggestaltung der Gruppe zwischen Achensee und Isar betrachtet zu werden; dem Hallthale als solchem, das um den Ostabfall des Zunderkopfes herum dem Innthale sich entgegenwendet, nicht mehr angehörig, begleitet es die tiefgelegene, breite Sohle des letzteren, durch die niedrige Terrasse des Gnaden-Waldes an seinem Fusse eingesäumt, und gelangt dadurch zur vollen, durch nebenan sich drängende Bergmassen unbeeinträchtigten Entfaltung seiner Grössenverhältnisse; und diese werden noch hervorgehoben durch den regelmässigen Bau, welcher den Mangel einer kühn aufgeschwungenen Spitze durch um so breitere, massigere Formen ersetzt. Dazu die düstere Krummholzbekleidung seines Fusses, das starre Eisen-Grau der senkrecht durchklüfteten Wände, das blendende Weiss der Grat-Zone mit ihren weiten, seicht eingedrückten Karen, den Gipfelkuppen, deren Schutt von langen Gürtelmauern in regelmässigen Abständen durchstrichen wird: all' diess vereinigt, gibt ein Bild, welches, wenn auch in kurzer Spanne Zeit aus dem Rahmen des Waggonfensters wieder entschwunden, doch nachhaltiger als andere seiner Art der Erinnerung des Bergreisenden sich einprägt.

Meine Hochtouren in der Innthaler Kette*) und in ihrem westlichen Anhängsel, der Gruppe des Erl- und Reiterjochspitzes waren bereits in der ersten Hälfte des Juni zum erwünschten Abschlusse gediehen; ich rückte nordwärts in die zweite Schlachtreihe meiner Gegner vor, länger gestreckt, reicher an erhabenen, wohlgerüsteten Kämpen, als die erste es gewesen war. Die Hall-Gleirschthaler Kette dehnt

*) Ich benenne die einzelnen Parallelketten der Karwendel-Gruppe prinzipiell nach den an ihrem Südfusse hinlaufenden Thälern, aus welchen auch, mit seltenen Ausnahmen, die Gipfel erstiegen werden.

sich vom Fusse des Walderrückens bei Schwaz bis zum äussersten, die Klammen des Isar- und des Gleirschbaches scheidenden Strebepfeiler des Hohen Gleirsch bei Scharnitz über eine Länge von 3½ geogr. Meilen, und zwar mit einziger Ausnahme des Walderrückens selbst als unwirthliches Hochgebirge. Ein kurzer Querkamm verbindet sie mit der Innthaler Kette, vom Backofenspitz zum Wildanger hinüber. Auch dieser Querkamm trägt einen Felsengipfel ersten Ranges, den Rosskogel, auf seinem Scheitel, ein ziemlich seltener Ausnahmsfall in den einförmigen, ihre Abzweigungen weitaus dominirenden Parallelketten der Karwendel-Gruppe. Die Einschartung des Stempeljochs (6921′ 2248 m. Trinker) unterbricht diesen Kamm, der unmittelbar darauf sich wieder erhebend an den zackigen Rücken des Wildanger anschliesst; die beiden durch ihn geschiedenen Thäler, Hallthal und Gleirschthal, werden dadurch in eine leicht gangbare Verbindung gesetzt. Die westwärts verlaufende Gleirschthaler Kette erleidet keine weitere Unterbrechung mehr; die Hallthaler Kette dagegen wird durch die tiefe und breite Einsattelung des Lafatscherjoches (6555′ 2129 m. Trinker) sehr deutlich in zwei Hälften geschieden, welche man nach den weiten Einbuchtungen, die sie mit ihren Graten und Gipfeln umspannen, passend als die Backofen — und die Speckkar-Gruppe benennen könnte. In ersterer dominirt der Grosse oder Westliche Lafatscher; der gipfeltragende Kamm biegt am Backofenspitz (dem Knotenpunkte mit der Gleirschthaler Kette) rechtwinkelig gegen Süden um, zum Rosskogel, Stempeljochspitz und Stempeljoch. In der zweitgenannten Hälfte trennen die Ausläufer des Hauptkammes und seiner Gipfel, des Oestlichen oder Kleinen Lafatschers und der Speckkarspitzen, die mehrfachen Mulden des Grossen Speckkars; ihr Culminationspunkt liegt auf der breiten Mauerkuppe, dem Mittelbau der gewaltigen Gebirgsmasse, welche als das Speckkar-Gebirge bereits bezeichnet wurde.

Für den Besuch der Hallthaler Gipfel bot sich mir günstigeres Nachtquartier, als in den Innthaler Bergen, wo die Wahl zwischen den elenden Alphütten am Gebirgshange und den tiefgelegenen Wohnungen der Thalsohle dem Bergwanderer schwer genug ankommt. Das innerste Hallthal birgt in einer Höhe von bereits 4691′ 1517 m. (Trinker) stattliche, mit allen wünschenswerthen Bequemlichkeiten eingerichtete Gebäude, die sogenannten „Herrenhäuser“ des Haller Salzbergwerkes. Gerne wird dem reiselustigen Fremden von den

Herren Beamten, oder in deren Abwesenheit von den Bergknappen Unterkunft gewährt, und wer immer nach den Höhen des Hallthales seine Schritte lenkte, wird dieses der Lage wie der Qualität nach vorzügliche Asyl des Bergwanderers in dankbarer Erinnerung behalten. Dorthin zielte denn auch mein Marsch, als ich in den Abendstunden des 13. Juni die altersgraue Salinen-Stadt Hall in nördlicher Richtung verliess. Schnurgerade und in constanter Steigung läuft die Fahrstrasse, welche nach den Bergwerken hinauf angelegt ist, der dunklen Ausmündung des Hallthales entgegen. Die buschigen, von tiefen Gräben gefurchten Flanken des Zunderkopfes drängen nahe an den Fuss des Speckkar-Gebirges heran; letzteres, beim Austritte aus der Stadt Hall noch in seiner vollen Grösse sichtbar, zieht seine plattengepanzerten, von dünnen, glänzenden Schneelagen quergezeichneten Kuppen zu immer schmäleren Streifen zusammen und lässt sie endlich ganz und gar verschwinden hinter dem Mauerfundamente, welches sie trägt. Unbekannte, seltsam geformte Zacken ragen nun als scheinbar isolirte Gipfel in die klare Luft empor; düstergrau, mit spärlichem Krummholze behangen, erheben sich die Wände der eingeengten Thalsohle, von tiefen, trümmererfüllten Schluchten durchrissen, die theils in finstere, senkrecht eingespaltene Kamine verlaufen, theils in geschlossenen Felsenkellern ihr nahes Ende erreichen. Um den Zunderkopf sich wendend lenkt die Strasse in's eigentliche Hallthal ein; auch an die linke Seite tritt nun Steilwand, an ihrem Fusse von Bergwald umkleidet, ihr lichter Höhensaum von Legföhren überrankt; im Süden entschwinden die Gefilde des Innthales, die breite Terrasse des Gnadenwaldes von St. Martin; im Westen öffnet sich der Einblick in den Thalhintergrund; dort thront die kalkweisse, flache Pyramide des Oestlichen Lafatschers, an ihre Linke reihen sich bei weiterem Vorwärtsschreiten die hohen Zinnen des Backofenkars, und zuletzt der doppelgipfelige, gen Norden senkrecht abgeschnittene Rosskogel. Mit Ausnahme dieses Bildes im Thalhintergrunde, und eines lichten Streifs, welchen die Thalmündung in Südosten auf das Innthaler Gebirge frei lässt, gestatten die umschliessenden Wände einzig und allein den Blick nach der Höhe aus der dunklen, erdrückend grossartigen Felsenenge. — Zur Seite der Strasse, die steil ansteigend um die Bergvorsprünge sich wendet, schäumt der Bach, die gewaltigen, in sein Bett niedergestürzten Blöcke mit brausenden Wirbeln umspülend. Mehrfache Deichleitungen, welche die Salzsoole und andere Gewässer nach der Saline hinabführen, begleiten die Strasse; hier und dort begegnet man einem leer stehenden Hut- oder Vorrathshause, einer Kapelle; Alles trägt einen düsteren, monotonen Anstrich; es ist, als führe man bereits in den Schacht des Bergwerks ein.

Eine starke Stunde von Hall entfernt zweigt von der Strasse ein Fusspfad nach der linken Seite ab, der steil durch Wald und Busch nach St. Magdalena emporführt, ausser dem Salzwerke die einzige, nur aus 2 Häusern und einem Kirchlein bestehende Ortschaft des Thales; eine kurze Strecke horizontalen Weges leitet von dort wieder auf die Strasse hinaus. Auch diese letztere steigt, dem Gefäll der Thalsohle angepasst, stark in die Höhe; zu ihrer Rechten breitet das Gehänge schwärzlich grüner Legföhrendickung sich aus, durchsetzt von ungeheuren Flächen glattgeschliffener, hellgrauer Plattentafeln. Ein niedriger, bewaldeter Bergrücken beginnt nun das Thal zu spalten; seine geradlinige Fortsetzung verläuft in einen buschigen Grund, in welchen kein — oder doch nur ein sehr verborgener Pfad sich fortsetzt; die Strasse biegt links ab in eine seitliche Thalbucht, die bald mit Trümmerfeldern schliesst, von senkrechten Mauern und den von jenen ausstrahlenden Zackenriffen gesperrt. Die Umgebung gemahnt mehr und mehr an die Nähe von Menschenwerk. Der Bach ist in ein enges Bett gezwängt, stürzt in künstlich geregelten Absätzen zu Thal. Hier und dort öffnet sich am Bergfusse ein gezimmerter Stollen, eine breite Schutthalde grünlich-grauen Kalkmergels und Sandsteins vor seiner Ausmündung. Noch einige Biegungen der Strasse und am Berghange zeigen sich die zweistöckigen Gebäude der Herrenhäuser; in weiter Serpentine bewältigt die Strasse den letzten, steilen Anstieg und auch an den Gebäuden selbst ist der Neigungswinkel der hinter ihnen sich erhebenden Bergflanke ein so beträchtlicher, dass man in jedes Stockwerk des Hauses ebenen Fusses hineingehen kann. Ein herrlicher Ausblick öffnet sich von der Terrasse vor dem Gebäude, oder vom eisernen Balcone des 1. Stockes aus gegen Osten. Die bedeutende Höhe, welche mit $2^1/_2$ stündigem Ansteigen gewonnen worden, lässt über die enggeschlossene Pforte des Hallthales hinweg einen grossen Theil des Innthaler Gebirges wieder überschauen, in welchem das Kellerjoch bei Schwaz mit dem Kapellchen auf seinem Gipfel besonders augenfällig hervortritt. Auch in Nordost haben sich die Gipfel — hier die Häupter des nahen Speckkar-Gebirges — wieder frei erhoben und zeigen ihren plattig geschichteten Bau, zeigen die weiten, flachen Schuttbecken, aus denen ihre Grundmauern emporstreben und die gewaltigen Wände, welche vom Rande jener Hochthäler zur Tiefe ihres Sammelthales niederstürzen. Eine eigenthümliche Felsgestaltung zeigt sich, nahe dem Fusse des Gebirges, an diesem Wandmassive; ein ziemlich voluminöser, scharf ausgespitzter Zacken hat sich vom Bergkörper völlig losgerissen und eine breite, beiderseits von senkrechter Mauer eingefasste Kluft gegen jenen gebildet; ein steiles Schuttfeld erfüllt diese Tiefe, welche im Hallthale unter dem Namen Bettelwurf bekannt ist.

Ich meldete mich bei meiner Ankunft sogleich bei dem Herrn Schichtmeister, und es wurde meine Bitte um Herberge für einige Tage behufs Besuches der Hallthaler Gipfel in zuvorkommendster Weise gewährt. Den kurzen Rest des Tages benützte ich noch, die Mineralien- und Petrefaktensammlungen des Bergbaues, sowie die Modelle der einzelnen Werke in Augenschein zu nehmen, welch' letztere in äusserst übersichtlicher und instruktiver Weise ausgeführt sind, und die Eigenthümlichkeit des Haller Salzwerkes, dass seine Schachte und Stollen, statt in die Tiefe niederzugehen, in immer höhere Etagen des Gebirges emporsteigen, zur klaren Anschauung gelangen lassen. Besonderes Interesse brachte ich den Karten entgegen, welche, zum Theil Handzeichnungen, von der Gebirgsumgebung des Bergwerkes sich vorfanden; ich hoffte in denselben einige für meine nächsten Zwecke werthvolle Aufschlüsse zu erhalten, fand jedoch leider die gleiche Unklarheit und stellenweise offenbare Unrichtigkeit der topographischen Darstellung, wie in den publicirten Kartenwerken, von welchen diese Zeichnungen vermuthlich nur vergrösserte Copieen waren.

Bei Zeiten verfügte ich mich zur Ruhe, welche ich hier, in gutem Feldbette, als wirkliche Schlafesruhe geniessen konnte, statt des gewöhnlichen, abspannenden Halbschlummers auf dem Alpenheu; und früh des andern Morgens brach ich wieder auf. Es führte mich dieser Tag über die lange Gipfelreihe des Backofenkars, zunächst auf den Westlichen Lafatscher, von diesem den Grat entlang über den Kälberkar- zum Backofenspitz, von Nordwest auf den Rosskogel, und die zähnestarrende Schneide des letzteren zum Stempeljoch hinab*); diese 8stündige Gratwanderung hatte mir die Erledigung der gesammten westlichen Hälfte der Hallthaler Kette in der nicht geträumten Kürze eines einzigen Tages eingebracht und, wenngleich durch Nebel und Gewitter-

*) Eine ausführliche Beschreibung dieser Tour, siehe Alpenfreund, Bd. VI, H. 4: „Auf den Graten des Hallthales."

wolken vielfach gestört, doch im Ganzen ein meinen Zwecken genügendes Resultat geliefert. Den gesuchten, erhabenen Culminationspunkt des Hallthaler Gebirges hatte ich sofort in der höheren der beiden Kuppen des Speckkar-Stockes erkannt. Diesem war der zweite meiner Wanderungstage im Hallthale bestimmt, und ich gedachte auch diesen zweiten Tag in möglichst gewinnbringender Weise auszunützen, an ihm die östliche Hälfte der Hallthaler Kette, insoweit deren Gipfel mir des Besuches werth erschienen, abzuthun. Mein nächstes Ziel war daher der pyramidale Berggipfel im Osten des Lafatscher Joches.

Etwas später, als am Morgen des vorhergehenden Tages, dessen Strapazen eine längere Rast zur unabweislichen Nothwendigkeit gestempelt hatten, brach ich vom Haller Salzwerke zu neuer Wanderung auf; die Sonne leuchtete bereits auf allen Bergzinnen, im Himmelsblau schwammen auch schon wieder die gewitterverkündenden Nebelflöckchen, als ich um 4 Uhr 45 Min. das gastliche Dach verliess. Wie Tags vorher verfolgte ich die letzte Strecke der steil sich emporwindenden Salzstrasse zu den Mittleren und Oberen Knappenhäusern hinan, und überschritt den bewaldeten Bergrücken gegen das Isstthal, die geradlinige und bis an den Fuss der Sandreissen des Stempeljochs reichende Fortsetzung des Hallthales. In einer halben Viertelstunde senkt der Fahrweg sich hinab zum schmalen Weideboden des Thalgrundes, und theilt sich hier in die Wege zum Stempel- und zum Lafatscherjoch. Heute wandten meine Schritte dem letzteren sich zu. Weit, weit zur Rechten standen mir die beiden Kuppen des Speckkar-Gebirges; wohl harrte meiner ein langer Weg in höherer Bergzone, aber zweifellos bot ein gerader Anstieg noch viel geringere Aussichten auf Erfolg. Ein erfreulicherer Anblick war mir das Backofenkar und waren mir seine Gipfel, die ich zur Linken liess. Schau' ich in d i e s e Wände, in d i e s e Zackenklüfte hinein, verfolgt das Auge den zerspaltenen Grat vom Rosskogel zum Stempeljoch und gleitet an den prallen Mauern nieder, wo gestern ein — freilich nicht völlig durchführbarer Abstieg versucht wurde, so schwindet alles Bangen vor dem, was heute etwa mir bevorstehen mag. Die gebahnte Jochstrasse erleichterte wesentlich meinen ersten Anstieg; in der tiefen und breiten, fast durchweg mit Krummholzdickung bekleideten Einbuchtung zwischen den beiden L a f a t s c h e r n gehalten, zieht sie eine lange Serpentine von einer Bergschranke zur anderen und wieder zurück, und erreicht, abermals gewendet, die Jochhöhe in ungefähr der Mitte des flach eingedrückten Sattels. Ein Bildstöckl verkündet nach Tiroler Sitte die Erreichung des Passüberganges. Kurz vorher endet an der Südseite des Gebirges die Krummholzvegetation, und steiniger Rasenboden tritt an deren Stelle. Den gleichen Charakter zeigt die ganze Scheitelfläche des Jochs, welche ein bedeutend breiteres Areal bietet, als man in einem so ausgeprägten Kettengebirge es erwarten sollte. Ueber eine Viertelstunde lang steigt man vom Joche in sehr geringem Gefälle bergab, eine seichte Mulde und hierauf ein sanftgeneigtes, hügeliges Plateau durchschneidend; auch von dem jenseitigen Gebirge erblickt man beim Betreten des Passes nur die höchsten Kämme, den zerhackten Grat des Suntiger, welcher das Lafatschthal vom Rossloch scheidet, und einige hohe Gipfel der Hinterauthaler Kette. Erst mit dem Randabsturze der Hochfläche gegen Norden erscheint zu Füssen des Bergwanderers die grüne Fläche des Lafatschthales, zu welchem der Saumweg, zum Theil eingehauen in die Felswand, in weit gegen Rechts gezogener Curve hinunterführt.

$1^1/_2$ Stunden nach Aufbruch von den Herrenhäusern hatte ich die Jochhöhe erreicht, im Süden war der Zunderkopf bereits unter mein Niveau herabgedrückt, und über der Doppelwelle seines bebuschten Scheitels stieg das Innthaler Gebirge, stiegen die glänzenden Firnen des Stubay empor. Im Südosten hatte über dem Einschnitte des Stempeljochs das Rumer Joch der Innthaler Kette seinen zu spitzer Pyramide umgestalteten Gipfel erhoben und dehnte der Wildanger seine lange Zackenreihe von der Taurer Jochscharte bis zum Thörl nahe den Herrenhäusern von Hall. Zur Linken und Rechten standen mir die beiden Lafatscher: links, im Westen, der Grosse, oder vielmehr dessen breite, östliche Schulter, die mit dem Gipfelmassive selbst durch einen ziemlich langen, horizontalen Grat zusammenhängt; es wäre diese Schulter vom Joche aus sehr wohl zu erreichen, der Gipfel selbst aber von dieser Seite kaum ersteigbar. Zu meiner Rechten, im Osten, hatte ich den Kleinen Lafatscher, dessen eine Pyramidenkante unmittelbar vom Joche weg in mässiger Steigung zum Gipfel sich erhebt. Gleich seinem Gegenüber kehrt auch er der Hochfläche des Lafatscher Joches ein kreisrundes, vom Hauptgrate und einer kurzen Abzweigung desselben umschlossenes Kesselkar zu. Soweit vom Joche aus der Blick reichte, zeigte die Westkante meines Gipfels sich gut gangbar; doch hatte der gestrige Tag mich belehrt, dass sie in etwa der Mitte ihrer Erhebung eine glattwandige, ziemlich hohe Abstufung berge, deren Umgehung, und zwar der in der Karwendel-Gruppe geltenden Regel zufolge gegen Süden, als unmittelbar geboten erschien. Ich lenkte daher auf der Jochhöhe alsbald vom gebahnten Wege ab und liess den Scheitel des wasserscheidenden Bergrückens zur Linken; immer darauf bedacht, in thunlichst hoher Zone mich zu halten, und nicht weiter, als der beabsichtigten Umgehung halber erforderlich, in die tief zerfurchte Südflanke der Pyramide mich zu verlieren. Mehrfache abgerundete Hügeldämme verlegten die Aussicht nach der Höhe; plattiger, mit grossen, weichen Rasenpäcken besetzter Boden liess mich von einer Terrasse zur anderen ziemlich rasch aufwärts gelangen, nach einer halben Stunde etwa war ich am Fusse des Gewändes angekommen; ich verfolgte genau die Grenzlinie des gangbaren Graswuchses gegen die kahlen Schrofen, bog um einige vortretende Längewellen der Bergflanke und erkannte, nachdem der Ausblick etwas freier geworden war, über den verschobenen, vom Hauptgrate herabziehenden Felskanten alsbald wieder jene stärkere Zweigrippe, welche eben den ungangbaren Absatz auf der Gipfelkante bildet. Auf schmalem Grasbande wandte ich mich um den Mauerfuss ihres plötzlich abbrechenden Massivs; ich fand mich in einem Felsengraben, welcher, wenngleich enge und steil, doch keine besonderen Schwierigkeiten mir in den Weg zu legen versprach, und benützte die Gelegenheit, eine geradere Richtung nach meinem Ziele einzuschlagen, um so lieber, als ich in vertikaler Linie jedenfalls noch weit von demselben entfernt, in horizontaler dagegen möglicherweise schon etwas weiter, als erspriesslich, vorgedrungen war. Gleich im ersten Ansteigen wandte der Graben sich ziemlich entschieden nach der rechten Seite, verlief, nachdem er an seinen engsten Stellen einige plattige Absätze gebildet, in eine seichte, geröllführende Rinne, und berührte als solche einen schrofigen, noch spärlich bewachsenen Gratscheitel. Anfänglich glaubte ich die westliche Gipfelkante selbst gewonnen zu haben, die Betrachtung aber, dass mein Graben zuletzt völlig gegen Osten sich gedreht hatte und die Zeit, während welcher ich im directen Ansteigen begriffen war, auch als viel zu kurz erschien, um dem Gipfel bereits so nahe zu sein, liess mich diese irrige Vermuthung aufgeben, bevor sie noch durch den Augenschein selbst corrigirt wurde. Auf den Scheitel austretend fand ich mich denn in der That auf einer Zweigrippe; über ihren gangbaren Anschluss an den Hauptgrat, sowie darüber, dass die Steilstufe des letzteren mir bereits im Rücken liege, konnte keinerlei Zweifel bestehen. Dagegen hatte unerwartet ein neues Hinderniss auf meinem Wege sich gebildet; jenseits dieses Gratanschlusses durchsetzte eine tiefe Scharte die Gipfelkante, deren Tiefe durch einige aufstarrende Felsnadeln noch ungangbarer erschien, als durch die Steile ihrer Seitenwandungen an sich. Ich vergass der optischen Täuschung, welche das Emporblicken durch eine enggeschlossene Kluft infolge übermässiger Geltendmachung des Vordergrundes nothwendig mit sich bringt, und glaubte einen Ausweg, der jene Scharte vermiede, um jeden Preis suchen zu müssen. Auch schien die Möglichkeit eines solchen nicht allzuferne zu liegen. Jenseits der gewonnenen Zweigrippe befand sich abermals eine, mit Platten ausgelegte Schlucht, ein Eingang in diese liess sich unschwierig finden und sie bildete die unmittelbare Eingrenzung des gerundeten, schräg geschichteten Massivs des rundlichen Gipfelkopfes. Bald stand ich wieder in der Tiefe des Grabens, von Felsmauern enge umsperrt; der Boden erwies sich als plattig, unzureichend gestuft, von höchst unangenehmer, nach der Höhe augenscheinlich noch stark zunehmender Steile. Ich legte die Eisen an, wenngleich es mich ärgerte, für die flache Pyramide des Oestlichen Lafatschers des gleichen Hilfsmittels zu bedürfen, das gestern mich über die zersägten Firste des Backofenkars und Stempeljoch-Grates dahin getragen. Und siehe da, auch dieses Hilfsmittel reichte nicht völlig aus. Immer haltloser wurde der Fels, immer jäher seine Böschung; gangbares Terrain lag weit ab, vielleicht erst auf dem Grate. Da besann ich mich noch rechtzeitig eines Besseren, beschloss die verdächtige Zackenscharte, die, wäre sie wirklich in solcher Bedeutung vorhanden, mir ja früher im Profile des Lafatschers müsste aufgefallen sein, denn doch etwas näher zu untersuchen, und kehrte nach Verlust von 20 Min. Zeit nach dem Scheitel der Zweigrippe zurück; eine halbe Viertelstunde später stand ich auf dem Hauptgrate. Die gefürchtete Scharte hatte zu unbedeutender, flacher Einsenkung sich umgestaltet und die scharfzahnigen Spitzen erwiesen sich als wenig bedenkliches Schrofenwerk; in die Kluft, die ich heraufzuklettern vorhin gesonnen gewesen, hinunterblickend, konnte ich meine Umkehr nur billigen. Den Gipfel dachte ich nunmehr in kurzer Zeit zu erreichen, doch währte das steile Aufsteigen über abgerissene Felstreppen, das Erklimmen und Umgehen scharfer Aufzackungen der Kante noch nahe an eine halbe Stunde. Um 8 Uhr 25 Min. endlich war die letzte Höhe*)

*) Oestliche oder Kleine Lafatscher. Im Hallthale wird auf diesen der Name Speckkarspitz bezogen, und führt unter diesem Namen ihn der Kataster mit 8021′ 2606 m. Höhe auf.

gewonnen; erst in unmittelbarer Nähe des Gipfelscheitels beginnt die westliche Kante sich zu verbreitern und zu verflachen; dieser selbst aber bildet eine sehr ausgedehnte, geröllbedeckte und mit einzelnen, grossen Felstrümmern überworfene Fläche. Die plattige Südost-Abdachung verflacht sich in der Nähe des Gipfels noch einmal zu einer seichten Mulde und dort unten liegt, etwa 50 Schritte vom Scheitelpunkte entfernt, die umgestürzte Stange des trigonometrischen Signals; vielleicht ist mein Nachfolger auf diesem Gipfel minder bequem, als ich es damals war; ich sah hinunter — und liess sie ruhig liegen. Gegen Norden springt der Gipfel mit fast horizontalem Schuttrücken noch etwa 40 Schritte weit vor; von diesem seinem Eckpunkte erst eröffnet er den Ueberblick des grünen Lafatschthales, des Haller Anger und des flachen Passüberganges in's tiefe, pfadlose Vomper-Loch. Die riesigen Steilwände aber, welche in dieser Richtung niederstürzen, die senkrechten, thurmhohen Tafelschliffe, die von einander gespaltenen, drohend die Lafatscher Jochstrasse überragenden Schichtenplatten bleiben dem Auge auch hier verborgen.

Ich hatte nicht eben den besten Weg auf den Gipfel des Lafatschers mir gewählt; späteren Beobachtungen zufolge würde dieser zweifellos von jenseits des Lafatscher Joches, längs des nördlichen Saumes des Schuttkessels hin zu nehmen sein, der gegen die Hochfläche des Joches sich öffnet. Ja sogar vom Haller Anger aus, so unglaublich das klingt, wäre der Oestliche Lafatscher zu ersteigen; eine gangbare, begrünte Lage zieht sich in ansehnlicher Breite hoch über den abgeschliffenen, senkrechten Wänden schräg durch die Bergflanke; die Gratkante, auf welcher sie ihr Ende erreicht, steht ihrerseits wieder in gangbarer Verbindung mit den Plätzen des westlichen Gehänges. Und einen vierten Lafatscherweg hatte ich selbst mir noch zu suchen, den Abstieg an der Ostseite nämlich, um in kürzester Linie meinem zweiten und Hauptziele mich zu nähern. — Ein halbes Stündchen noch widmete ich der Erholung und dem Genusse der Aussicht. Im Norden die lange Reihe der kahlen, mir noch durchaus unbekannten Hochzinnen der Hinterauthaler Kette, im Westen die nah aneinander gerückten Colosse des Backofenkars, die vor noch nicht vollen 24 Stunden meinen eisernen Tritt gefühlt, — im Osten der Speckkarspitz, zur scharfen Pyramide umgestaltet, von langen, dunkeln Wandgürteln durchstrichen. Weite Geröllmulden, von Felsrücken eingedämmt, ziehen unter dem Grate, unter der kleinen Speckkarkuppe hin bis an seinen Fuss; wohl ist's ein weiter Weg, der dorthin mir noch bevorsteht, und schon haben die Nebelflöckchen in der Luft zu compakteren Wolken sich geballt, Vorboten des unvermeidlichen Nachmittagsgewitters. Zur Zeit war der Ausblick noch vollkommen klar, nicht allein die Firnenwelt lag glänzend und scharf gezeichnet vor mir im Süden, sondern weiter sogar, über die breite Thalung des Brenner hinweg, zeigten sich duftig blaue Bergzüge, darunter ein auffällig hoher, flach-pyramidaler Gipfel, der Visirlinie nach in die Gegend des Jaufenpasses gehörig.

Punkt 9 Uhr erfolgte der Aufbruch; in östlicher Richtung ging's vom Gipfel hinunter dem ersten Schuttbecken des Grossen Speckkars entgegen; der Gestalt meines Gipfels zufolge erwartete ich nach dieser Seite hin wenig Schwierigkeiten, zum mindesten keine bedeutenderen, als der Anstieg sie mir geboten. Ich fand mich abermals getäuscht; die Schneide des Hauptgrates war bei aller sanften Neigung ihrer Schärfe und sägenartiger Zerschartung wegen nicht zu verfolgen, und einmal in die südöstliche Flanke der Pyramide abgewichen, wurde ich durch seitliche, unübersteigbare Mauerschranken immer weiter abwärts gedrängt, in plattigen, steilen Rinnen mit schwachen und sehr unzuverlässigen Stufen kletterte ich langsam und mit Mühe hinab, oft minutenlang nach einem folgenden Tritte spähend und erst nach mehrfachen Versuchen endlich wieder einige Zolle Terrain gewinnend. Als schliesslich die Ausmündung des Felsgrabens gegen das Grosse Speckkar erreicht war, befand ich mich bereits so tief, dass eine Umgehung der nächstfolgenden schroffen Abdämmungen der Geröllmulden nur in grösserer Tiefe mehr möglich war. Ohne langes Besinnen fuhr ich das nächste Schneefeld hinab, sprang im losen Geschütte rasch zu Thal, querte Sandreissen und Schneelehnen, wandte mich auf schmalen Grasbändern um steil absetzende Mauerstufen; neue Kessel thaten vor mir sich auf, der Kleine Speckkarspitz, allen weiteren Ausblick verdeckend, war wieder in Sicht getreten, an seinem westlichen Fusse berühren die plattigen, schuttbedeckten Hänge auf weite Strecken hin den Hauptgrat. Tief unten führte mein Weg durch den hügeligen Kesselboden, theils durch Trümmerbecken, theils über wellige Grasplätze, in möglichst gerader Linie dem nächsten Ziele zu, welches indess durch immer neue, nicht geahnte Zwischenstrecken von mir getrennt sich zeigte. Und nun, da ich wieder auf bewachsenem Boden dahinschritt, machte ich die nicht weniger herabstimmende Wahrnehmung, dass ich von luftiger Höhe bereits wieder bis zu den obersten Anfängen der Krummholzregion herabgesunken war.

Ueber Griesfelder hinweg wurde noch ein kleines, grünes Plateau erreicht, dort befand ich mich am abbrechenden Rande der Gräben, welche als steile und glatte Felsrinnen im Gewände oder am Fusse des Kleinen Speckkarspitzes entspringend, allmählig sich vereinigen und als tief eingerissene, in mächtigen Stufen absetzende Schlucht die Sohle des Hallthales erreichen. Ueber die blank gewaschenen Platten vorsichtig hinwegschreitend, drang ich von Furche zu Furche vor; eine hohe Felsrippe, nur spärlich mit Vegetation überflogen, erhob sich vor mir; vom Kleinen Speckkarspitze abzweigend, verbirgt sie mir den Grossen und verbirgt mir die ganze Wegstrecke, die dorthin noch zurückzulegen ist. Ich hatte das langweilige, und doch zu keinem befriedigenden Resultate führende Geradeaus-Gehen, das ewige Abwärts-Ausweichen nachgerade satt, um jeden Preis wollte ich nun an Höhe gewinnen, um wenigstens einmal Klarheit in die Situation zu bringen; denn seit Stunden schon sah ich vor und hinter mir nichts Anderes, als einengende Schuttwälle oder Felsmauern, in der Höhe die zusammengedrängten, formlosen Wandbrüche der Kleinen Speckkar-Kuppe. Ich fasste daher den Zwischenkamm, wie er war und stand, verstieg mich aber in seinem kahlen Geplätt bald dermassen, dass ich nur mit äusserster Kraftanstrengung mich noch aufwärts und zu den bewachsenen Plätzen emporarbeiten konnte, ein Rückweg wäre auf dieser Linie nicht wohl mehr möglich gewesen. Der Boden verflachte sich nun zusehends, ich betrat den grasbewachsenen Scheitel, noch ein paar kleine Terrainwellen wurden überschritten, — und nun war allerdings Klarheit in die Situation gebracht, aber nicht, wie ich sie gewünscht hatte. Zu meinen Füssen lag neuerdings ein tiefes Kar, es reicht bis an's Fundament beider Speckkar-Kuppen hinan, deren Massive, mit gewaltigen, überhängigen Bänken nahe zusammenrückend, nur eine schmale, in unterhöhlten Absätzen zur Scharte emporsteigende Kluft zwischen sich lassen. — Jenseits dieser Mulde, in welche ein Abstieg abermals erst in beträchtlicherer Tiefe zu suchen war, erhebt sich ein neuer begrünter Bergkamm, von der Wurzel der Grossen Speckkar-Kuppe sich ablösend. Auf ihm bis an den Fuss der letzteren vorzudringen, erschien leicht, aber so jäh und glatt zeigten sich die Plattschichten des Gipfels selbst, so steil und unüberwindlich deren scharf abgesetzte, mit überhängenden Kanten vortretende Felsgürtel, dass an einer

Möglichkeit seiner Ersteigung von dieser Seite her stark gezweifelt werden musste.

2 Uhr Nachmittags war vorüber; die Erreichung des Zieles war unter den günstigsten Umständen, das Gelingen auf den ersten Versuch angenommen, nicht unter drei Stunden zu gewärtigen. Pechschwarze Wetterwolken hatten rings umher sich zusammengezogen, eine Entladung derselben war viertelstündlich zu besorgen. Der Angriff auf den mächtigen Beherrscher der Nord-Innthaler Felsenwelt war gescheitert, der Ungunst der Verhältnisse weichend, entschloss ich mich, wenngleich mit schwerem Herzen, zum Rückzuge. Unter grossen Schwierigkeiten kletterte ich den Felsrücken wieder hinab zur Sohle der Plattengräben, querte dieselben zurück und betrat wieder die breite, geröllbedeckte Bergfläche. Um das Mass dieses Tages voll zu machen, verfiel ich auf den abenteuerlichen Gedanken, den langen Rückweg zum Lafatscher Joch durch einen geradlinigen Abstieg in's Hallthal zu vermeiden; die schlimme Lehre, die ich Tags zuvor mit einer ähnlichen Uebereilung am Rosskogel erhalten, hatte augenscheinlich noch immer nicht energisch genug gewirkt. Längere Zeit ging's über den dürren Grasboden, zwischen den zerstreuten Legföhren-Gebüschen hin ganz gemächlich bergab; je tiefer ich aber kam, um so seltener boten sich die freien Plätze, immer dichter tauchte ich in's Krummholz ein, und versank endlich in ein Meer undurchdringlichen Gefilzes, in welchem ich nur in seltenen Zwischenpausen den Kopf aus der glühend heissen, mit betäubendem Harzdufte geschwängerten Atmosphäre über die Spitzen der Nadelholzzweige zu erheben vermochte und dann immer weitergedehnte Felder der schwarz-grünen Dickungen überblickte. Als es mir endlich gelungen war, zur Sohle des vereinigten Felsgrabens hinabzudringen, hemmten jeden Augenblick seine Plattenabschüsse den Hinunterweg, drängten mich zurück in die dichtbestockte Bergflanke und hier gerieth ich zuletzt an den Rand der riesigen Platten, welche in breiten, abgeschliffenen Tafeln, in einer allseitigen Ausdehnung von mehreren hundert Schritten mit 40—45° Neigung zu Thal fallen. Ein Wildschütze soll einstmals, von den verfolgenden Jägern hart bedrängt, die verzweifelte Ausflucht ergriffen haben, über diesen Plattenhang sich hinabgleiten zu lassen, und auch wirklich, ohne bedeutenden Schaden zu nehmen, in den unteren Krummholz-Gebüschen angelangt sein. Ich hatte es nicht so eilig wie jener; auf längeren Kreuz- und Quergängen, bald zurück zum Graben, bald auf engen Bändern und faustgrossen Rasen-

päcken in's schwindelnde Gehänge hinein, nach fingerdicken, in den Ritzen des Gesteins wurzelnden Legföhren-Stämmchen haschend, fand ich denn auch einen minder gewaltsamen Ausweg. Noch eine steile, steinige Grasrinne hinab — und ich hatte nach drei Stunden angestrengten Steigens, mit zerfetzten Kleidern und zerschundenen Händen, die Salzstrasse glücklich wieder erreicht. Das drohende Gewitter war an mehreren Orten des Innthales heftig niedergegangen, hatte dagegen das Hallthal nur mit einigen Strichregen heimgesucht.

Der Plan für den folgenden Tag konnte den Umständen gemäss kein anderer sein, als den Speckkarspitz alsbald zum zweiten Male, auf kürzerem und wenn möglich besserem Wege anzupacken. Einige Auskunft mir zu erholen, obgleich ich hierauf keine allzu bestimmten Hoffnungen baute, stieg ich am jenseitigen Thalgehänge nach St. Magdalena hinauf, wo der mit der Jagdaufsicht betraute Knappe *Franz Posch* seinen Wohnsitz hat. Ich traf denselben glücklich zu Hause und fand in ihm einen rüstigen, ziemlich intelligent aussehenden Mann, welcher auf die ersten Fragen nach dem Hallthaler Gebirge und nach seinen Gipfeln ziemlich genaue Kenntniss desselben verrieth. Die Kuppen des Speckkar-Gebirges bezeichnete er mir als „Bettelkarspitzen"*), setzte mir auseinander, wie man vom Lafatscher Joche her auf bestem Wege an deren Fuss gelange und wie auch die kleinere Kuppe erstiegen werden könne; auf den höchsten Spitz aber komme Niemand, das hätten schon Mehrere, er selbst auch, versucht, aber es ginge durchaus nicht.**) —

*) Der Name „Fallerhochspitzen" des Katasters ist nirgends gebräuchlich; andere Benennungen, die man für das Speckkar-Gebirge zuweilen zu hören bekommt, die aber für dasselbe offenbar nicht passen, sind Walder-Rücken und Haller Salzberg. Im Hallthale ist, wie im Texte erwähnt, der Name Bettelkarspitzen gebräuchlich; der Oestliche Lafatscher heisst hier Speckkarspitz. Da im Innthale der ganze Gebirgsstock unter dem Namen Speckkar-Gebirge bekannt ist, so habe ich die Hallthaler Special-Benennungen fallen lassen zu müssen geglaubt und bezeichne die Gipfel des Speckkar-Gebirges als Speckkarspitzen. Den Hallthaler „Speckkarspitz" adoptirt, wie die ihm beigemessene Höhe von 8021' 2606 m. zeigt, auch der Kataster; die Generalstabskarte schreibt über das ganze Gebirge hin zweimal das Wort „Speckkar", welches indess eigenthümlicher Weise die in der Schraffirung sehr wohl angedeuteten Gipfelkuppen gar nicht trifft.

**) Es war gleichwohl der Grosse Speckkarspitz damals nicht unerstiegen und meine nachfolgend beschriebene Ersteigung ist, wie sich nachträglich herausstellte, nicht als eine erste zu betrachten. Durch

Das war schlimme Auskunft für mich, obgleich dieselbe vorerst nur die Bedeutung hatte, dass ich auf fremden Rath verzichten musste; denn von einem Aufgeben meines Vorhabens konnte natürlich keine Rede sein, so lange ich den Versuch nicht persönlich angestellt, mich überzeugt, ob die Hindernisse wirklich unüberwindlich, und wenn ja, ob sie nicht durch ein einfaches künstliches Hilfsmittel zu beseitigen seien. Auch Posch interessirte sich, besonders nachdem er gehört, dass dieser Spitz der höchste in der ganzen Umgegend sei, lebhaft für mein Vorhaben. Er meinte, ein Steinpickel könnte gute Dienste leisten, Stufen in die Steilabsätze des Gipfelbaues zu brechen (meiner Erfahrung zufolge ist auf Stufenhauen im Felsen durchaus kein Verlass und an einer stufenlosen Wand eben einfach nichts auszurichten); er setzte auf seinen Steinpickel so hohes Vertrauen, dass er vorschlug, vom Kleinen zum Grossen Speckkarspitz auf dem Grate überzugehen. — Ich wies dagegen auf die Mitte seiner breiten Südflanke hin: die schräg von Rechts gegen Links ansteigenden, durch die vorstehenden Köpfe der Plattschichten gebildeten Wandgürtel wurden hier durch eine in entgegengesetzter Richtung in's Gewände hinaufgerissene, mit Schnee angefüllte Kluft in rechten Winkeln durchschnitten; — gelingt es, vom grünen Kamme, der das Speckkar vom Bettelkar scheidet, über die allerdings völlig kahlen untersten Felsabsätze hinauf die Ausmündung dieser Spalte zu erreichen, dann — mit Bestimmtheit sprach ich das jetzt schon aus — dann ist die Sache gewonnen, denn man befindet sich dort in der Zone der minder mächtigen, verwitterten Felsschichten, und Verbindungstreppen müssen an ihren langgestreckten Wandstufen hin nach dem Scheitelgrate sich finden.

Ich schlug Posch vor, sogleich am kommenden Morgen die Expedition anzutreten; das hatte aber sein unübersteigliches Hinderniss an dem morgigen Frohnleichnamsfeste, das ihn hinab zur Kirche rief. Uebermorgen denn — ich will morgen einmal ein wenig recognosciren, auf Wiedersehen Abends in St. Magdalena! — und ich stieg wieder hinauf zu den Herrenhäusern, verzehrte nachdenklich mein Abendmahl und träumte vom Speckkarspitz.

---

meinen Freund, Prof. v. Barth in Innsbruck, wurde mir nämlich die Mittheilung, dass er als Gymnasiast unter Führung eines Wildschützen persönlich den Grossen Speckkarspitz betreten habe. Es scheint daher dessen Ersteigbarkeit, von welcher im Hallthale Niemand etwas wusste, lediglich seit langen Jahren in Vergessenheit gerathen zu sein.

Sonnenhell und duftig blau zog der 16. Juni in's Hallthal herein und trotzig sahen wieder die weissschimmernden Kuppen des Speckkar-Gebirges in seinen beschatteten Grund hernieder. Kurz nach 4 Uhr erfolgte der Aufbruch, zum drittenmale seit 3 Tagen wanderte ich im Frühlichte die steile Fahrstrasse zu den oberen Stollen und Knappenhäusern hinauf, dem einsamen Issthale zu. Rekognoscirung? — die Zaghaftigkeit infolge des Fehlschlagens der gestrigen Expedition, hatte gestern Abends mich wohl veranlassen mögen, vor Rückkehr des Gemsenjägers einen ernsten Angriff nicht mehr zu wagen und in der Mittelzone des Gebirges — wahrscheinlich höchst unerspriessliche — Rekognoscirungen vorzunehmen. Nun aber war ich wieder frisch geworden, wie der junge Tag, der mir zur Höhe leuchtete. Rekognoscirt soll am Speckkarspitze werden, wie ja fast alle meine bisherigen Hochgebirgswanderungen nur Rekognoscirungen gewesen waren, so lange fortgesetzt, bis ich am Ziele selbst stand. Der Baum fällt nicht auf Einen Streich, — und manches Felsenhaupt auch bedarf wiederholter Angriffe, ehe es sich beugt. Unter solchen Gedanken marschirte ich den langgezogenen, steinigen Lafatscher Jochweg hinan, und konnte vor Begierde, mit meinem Gegner Fühlung zu bekommen, das Abzweigen der richtigen, von Posch mir beschriebenen Pfadspur nicht erwarten. Den Weg zu kürzen, begann ich in die erste sich darbietende Krummholzlichtung abzuweichen und verdientermassen begann dieser Tag, wie der vergangene geendet, mit einem schweren Kämpfen und Ringen gegen das zähe Gewirre verschlungener Zweige und Stämme, mit keuchender Anstrengung, das schwankende Strauchwerk auf eines Schrittes Länge aus einander zu theilen, mit stetem Abgleiten von den harzigen Stöcken, Einbrechen in übermooste Löcher, — was half nun alles Verwünschen des Gestrüpps und Zurücksehnen des Jochweges! — dieser hatte sich längst nach der entgegengesetzten Seite gedreht und wäre die Umkehr nach ihm mit gleicher Plage verbunden gewesen. Zudem gewahrte ich bald, dass ich mit solch' vorzeitigem Abweichen nichts gewonnen; enge Lücken des Gestrüpps liessen mich die Nähe der gewaltigen Steilwände erkennen, welche einen weiten, kellerartigen Ausbruch im Fundamente des Oestlichen Lafatschers einrahmen und im Hallthale unter dem Namen der „Hohen Wand“ bekannt sind. Nun hatte ich vor Allem gerade aufsteigend eine grössere Höhe zu gewinnen, steil eingeschnittene Rinnen, schmale Gesimse absetzender Wandstufen leiteten pfadlos meine Schritte empor, meist aber stack ich in der sperrenden Dickung der Legföhre. Länger denn eine Stunde währte diese höchst unerfreuliche Wanderung; endlich wurden die Büsche schwächer und niedriger, liessen Kopf und Arme aus ihrem beweglichen Gitter frei; die geschlossenen Bestände verloren sich, Lichtungen steiniger Grasplätze zogen sich am Berggehänge hinauf und erlaubten nun ein rasches Aufsteigen in höhere, vom Krummholze bald gänzlich verlassene Gebirgszone. Mit Benützung des Jochweges freilich, den ich erst in nächster Nachbarschaft des Lafatscher Joches hätte verlassen sollen, wäre ich dorthin mit etwas geringerem Aufwande an Zeit wie an Mühe gelangt; doch war das Uebel nun einmal geschehen, und ich mochte froh sein, dass es überstanden.

Von Rippe zu Rippe ging es nun beschleunigten Schrittes quer durch, meist über Grasboden, zuweilen durch Plätze zwerghafter Legföhren, hier und da wurde ein niedriger Felswall, eine schmale Runse übersetzt. Den Steinmann, der nach Posch's Angabe den richtigen Weg bezeichnen sollte, konnte ich nirgends entdecken, und das weitere, von ihm angerathene Hülfsmittel, auf die Kritze der Schuhnägel am Gestein zu achten, war mir etwas zu problematisch und zu zeitraubend. Ich hatte bequeme Bahn und konnte allen Umständen gemäss auch mit Sicherheit annehmen, dass ich auf dem richtigen Wege mich befinde. Und als ich auf der Randkante des Lafatschermassivs gegen das Grosse Speckkar angelangt war, sah ich mich in der That auch an der richtigen Uebergangsstelle; ein mässig geneigter Hang kahlen, mit wenig Rasenstufen besetzten Geplätts senkte gegen die Geröllkessel, die begrünten Hügelwellen sich hinab, seine Uebersteigung wurde unschwierig bewerkstelligt und ich befand mich wieder im Speckkar. — Es war 7 Uhr Morgens; die Sonnenstrahlen waren bereits in die innersten Thalwinkel gedrungen, kein Nebelflöckchen trübte noch das reine Himmelsblau. Aus den lachenden Fluren des Innthales aber schnellten da und dort weisse Dampfballen empor, gefolgt von lautem Pöllerknall, der Nah und Fern und auch den unwirthlichen Höhen den Anbruch des Festtages verkündete. Ein feierlicher Empfang fürwahr erwartete mich auf dem bezwungenen Gipfel. Sollte es gelingen? —

Wie gestern durchwanderte ich die Schuttwüste des Speckkars, an Höhe nicht mehr gewinnend, im Gegentheile langsam wieder verlierend; durch die Erfahrungen des vorhergehenden Tages belehrt, liess ich mich durch diesen Umstand nicht weiter beirren; von den hochgelegenen Geröllhalden mich ferne haltend, schritt ich durch kleine Schotterbecken, über sanftgeschwungene Stein- und Grashügel leicht und angenehm dahin. Der Zwischendamm, welcher die beiden Mulden des Grossen Speckkars von einander scheidet, wurde auf grünen Stufen und Gesimsen leicht umgangen, der Kleine Speckkarspitz trat mit seinen mächtigen Mauerabstürzen wieder vor mir in Sicht. Auf dem schwach begrasten, sanft abwärts ziehenden Wellenboden zeigten sich nun in der That die Spuren eines Steiges; diesem folgend liess ich den grünen Terrassenboden vor Beginn der Plattengräben, den ich gestern betreten hatte, etwas links, übersprang eine festverkittete Reisse und durchkreuzte die Plattensohle der ersten Rinne; ein paar weitere seichte Wasserbetten folgten und an den trennenden, niedrigen Felswällen zeigten sich immer wieder die Spuren des Pfades, welche durch ein jedes dieser Couloirs hart oberhalb seines Absturzes und kaminartigen Einschneidens in's Gewände hindurchwiesen. Aus dem letzten und tiefsten Einrisse zog sich diese Fährte quer aufwärts in die Schrofen hinein, bildete sich auf einem engen Bande zu völlig gebahntem Steiglein aus und leitete rasch wieder auf grünen, mit kurzem Krummholze bestockten Boden; der östliche Schlussriegel des Grossen Speckkars war mit unerwarteter Leichtigkeit und Schnelligkeit umgangen.

Wieder ging's abwärts; um die Ecke des breiten, vorgestreckten Seitenkammes biegend, trat ich in die Mulde ein, welche gestern, als ich mich zur Umkehr genöthigt sah, zu meinen Füssen gelegen hatte; hoch blickte ich hinauf in ihre weisslich-grauen Trümmerhalden, von den düstern Felsbänken der Gipfel überragt; ich selbst aber durchschritt den Kessel in weit tieferer Zone, querte Furche um Furche seines Bodens, Streifen alten Schnees wechselten mit Krummholz-überwucherten, sanft gewölbten Zwischendämmen; der Pfad blieb nun fortwährend kennbar, begann auch, zu meiner Befriedigung, endlich wieder leicht aufwärts zu steigen. Dem östlichen Abschlusse des Kares*) nahe gekommen, sah ich mich nach der Wendung um die erste vortretende Bergecke in einer von zackigem Gemäuer geschlossenen, steilgehobenen, grünen Sinke. Links abschwenkend strebte ich auf der vorgezeichneten Bahn geradenwegs dem ersten Höhenziele zu. Mühsam

*) Ein bestimmter Name für dasselbe, welchen es seiner Grösse und Selbstständigkeit zufolge wohl beanspruchen könnte, wurde mir nicht bekannt; man könnte es nicht unpassend als Kleines Speckkar bezeichnen.

gestaltete sich der Anstieg an der schlüpfrigen Lehne, angestrengter noch durch die spannende Erwartung, welcher Ausblick in der Höhe sich eröffnen werde; die Ungewissheit des Erfolges, die immer näher rückende Entscheidung trieb mit unaufhaltsamer Eile vorwärts. Schon blieben die verkümmerten Legföhrensträuche, die leidigen Wahrzeichen der noch nicht überschrittenen unteren Gebirgszone zurück, statt des erdigen, mit langem Grase belegten Bodens fühlte der Fuss bereits die weichen trockenen Polster des hochalpinen Rasens, die enge Gasse schloss in breitere, schwächer geneigte Mulden sich auf; grosse, frisch losgebrochene Trümmer deckten das grau-grüne Gehänge, ein zackiges Felsriff rechts in der Höhe bezeichnete den gesuchten Kamm-Scheitel. Noch liess ich diesen bei Seite, um in grösserer Höhe ihn betretend, sogleich einen vollen und ungestörten Ueberblick der lokalen Verhältnisse, namentlich der für mich wichtigsten Felsbeschaffenheit am Fusse der Grossen Speckkar-Kuppe zu erhalten; die letzten Rasenflächen wurden erstiegen, der First einer in nächster Nähe vom Zweigkamme sich ablösenden Seitenrippe verfolgt und eine Minute später dieser selbst erreicht.

In der neu sich aufschliessenden Tiefe lagerte ein wüstes Schutt- und Trümmerfeld — das Bettelkar; schlauchartig sich verengend stürzt es in gleicher Weise, wie die übrigen Hochmulden des Speckkar-Gebirges, als enge und steile Schlucht zu Thal. Seine jenseitige Absperrung bildet eine zerklüftete, zinnengekrönte Felsmauer, vom östlichen Eckpunkte der Gipfel-Kuppe ausgehend; an den Fuss der letzteren, die mit ihrer östlichen Hälfte dem Bettelkar angehört, lehnt dasselbe sich mit stark geneigten Geröllhalden, welchen der riesige Bau in treppenförmig übereinander geschichteten Plattenlagen entsteigt. Der Bergkamm, den ich eben gewonnen, spitzt sich am Fusse des kahlen Geschröfes mit grünen Plätzen und mit Schuttstreifen aus. Die Kuppe selbst, die meinen Standpunkt noch um mindestens anderthalbtausend Fuss überragen musste, zeigte sich arg zusammengeschrumpft — ein günstiges Zeichen für ihre Ersteigbarkeit; weder von den oberen Plattschichten, noch von der Schneerinne, welche dieselben durchsetzt, war hier etwas zu erblicken; dagegen stand ich dem gefürchteten Mauersockel ihres Fundamentes nun nahe genug, um zu erkennen, dass derselbe aus augenscheinlich gangbaren Felsabsätzen sich zusammenfügt. Der letzte Zweifel über Ziel und Ende der heutigen „Rekognoscirung“ hätte vor diesem Anblicke schwinden müssen. Eine Viertelstunde später stand ich an der Grenze des bewachsenen Bodens gegen die

Felsregion; einige westwärts überhängende Zacken, das Ende des Zweigkammes und dessen Anschluss an das Hauptmassiv des Gebirges bezeichnend, dienten mir zur Bergung des entbehrlichsten Gepäckes. Denn war ich auch des Erfolges bereits ziemlich sicher, so mochten die Stimmen, welche den Grossen Speckkarspitz als unersteiglich bezeichneten, doch vielleicht eine theilweise Berechtigung besitzen. Notizbuch, Karte, Fernrohr und Klinometer, endlich eine Feldflasche mit Wein, waren die einzigen Gegenstände, die auf den Gipfel mich begleiten sollten. Die bewährten Algäuer Steigeisen wurden festgeschnallt, und vorwärts ging's, dem mürrisch niederblickenden Felsriesen keck entgegen. Es war 10 Uhr, als nach 6stündigem Ausweichen und Umgehen endlich Ernst gemacht werden sollte.

Wenige Minuten brachten mich über die Trümmerplätze weg an den Fuss der Schrofen; sofort kamen die Hände in Aktivität, doch gestaltete sich der Anfang günstig genug, es gab allerwärts zureichend Stufen und Abbrüche am Gestein und wollte ja einmal ein glatter Absatz den Weg verlegen, so war er auf schmalen Gesimsen rasch umgangen, eine kleine Felstreppe aufwärts, und das Hinderniss lag im Rücken. Noch war die erste Viertelstunde des Anstiegs nicht völlig verflossen, da betrat ich einen flachen, schuttbedeckten Platz, der gegen rechts aufwärts zur engen, von zerspaltenen Klippen umschlossenen Kluft sich zusammenzieht; noch wenige Schritte an deren Plattensohle hinauf und die ganze, lange Schneeausfüllung lag dem Blicke offen. Von jetzt ab war der Gewinn des ersehnten Gipfels nur mehr Frage der Zeit.

Emsig wurde Tritt um Tritt in die glatte, mit wachsender Steile sich hebende Fläche gestossen; ein paar hundert Fuss hoch mochte ich in ihr gestiegen sein, als ich eine kleine Biegung erreichte, die ihre noch weit hinaufreichende, offenbar sehr stark geneigte Zunge mir bisher verborgen hatte; der geschlossene Bau des Gewändes zu beiden Seiten der Schneekehle liess auf weite Strecke hin keine Möglichkeit ersehen, aus ihrem Innern in's freie Gehänge abzuweichen, dagegen bot sich diese Gelegenheit gerade an der Stelle jener Biegung und ich dachte auch über die starken Wandstufen des Gipfelfundamentes mich genügend erhoben zu haben, um in den schrägen Schuttstreifen mein Glück zu versuchen. — Es war gleichwohl, wie alsbald sich zeigte, etwas zu frühe dazu; schon die erste Abstufnng, die ich des Auslaufens des betretenen Schuttbandes halber bewältigen musste, verursachte Schwierigkeiten; obgleich kaum mannshoch, konnte sie nur in angestrengtestem Aufschwunge bewältigt werden und liess für den Rückweg ein Fragezeichen offen. Ueber ihr traf ich wieder die zerspaltenen Säulen und Thürme, morsche, abblätternde Schrofen, über die ich noch eine Strecke weit, an die Richtung der Schneerinne gehalten, mich emporarbeitete, dann aber definitiv links ausbog und die schmalen, geröllbedeckten Stufenbänder verfolgte. Ich bewegte mich fortan mitten im Gewände, ein freier Ausblick war einzig gegen Süden und in die Tiefe des Kars geöffnet, sonst Nichts als gelbgraue Mauerstufen, vorspringende, zerfressene Felszähne, aufgethürmte Streifwände über mir, zu meinen Füssen splitteriger Gries, in dünner Schichte die Platten überlagernd; von ihrem nahem Rande stürzt die Steilwand zur Tiefe, unsichtbar, aber durch die losgehenden, nach sekundenlanger Stille prasselnd aufschlagenden Steine nur zu deutlich verrathen. Nothgedrungen hielt ich mich immer weiter nach der linken Seite hinüber, die Mauerschranken entlang, an ihren abbröckelnden Vorsprüngen nach zweifelhaften Haltpunkten haschend. Wo immer eine Gelegenheit sich ergab, zu einem nächsthöheren Stufenbande emporzudringen, wurde dieselbe eifrigst benützt, meist fand ich solche Auswege in plattigen, vom Schmelzwasser überrieselten Einfurchungen oder in schneeerfüllten Rissen. Letzteren gab ich den Vorzug, da in ihrer hartgefrorenen Decke sich, wenngleich mit Aufwand einiger Mühe, ein sicherer Stand gewinnen liess, den die geröllbedeckten Platten durchaus versagten. Ueberhaupt dankte ich dem Schnee manche Hilfeleistung bei dieser Ersteigung, sowohl in den Rinnen, als auf den schmalen und schlüpfrigen Querbändern, an welchen er, von der nächsten Steilwandstufe in hohen Lagen abgeschmolzen, nicht selten natürliche Geländer von beträchtlicher Höhe bildete. Zuweilen verfolgte ich Strecken von 15—20 Schritten Länge durch diese engen Gräben, und an einer Stelle half mir der Schneewall recht hübsch über einen schwarz aufgähnenden Spalt hinweg — ein Eisen an der Wand, das andere in der Schneemasse; der Bergstock, von Schritt zu Schritt zwischen beiden eingeklemmt, dient dabei als Geländer.

Ich mochte bereits bis über die Mitte der Bergflanke hinaus gegen Westen vorgedrungen sein, als endlich das mauerversperrte Terrain sich zu lichten begann; einige Schneefelder schräg hinansteigend gelangte ich nun auf breitere Schuttterrassen, nur von einzelnen, niedrigen Gürtelmauern noch durchstrichen. Auch gegen Westen öffnete sich nun freier Ausblick und freudig begrüsste ich das Wiedererscheinen der westlichen Speckkar-Kuppe, deren ausgezackter Kamm bereits tief unter mir lag. Noch war manch' glatter Absatz zu erklettern, noch verrieth häufig genug ein knirschendes Zurückgleiten des eingesetzten Eisens, dass unter der trügerischen Schuttdecke der Boden nicht geheuer, aber breiter dehnt mit jedem Schritte das Gerölle sich aus, loser thürmen Schrofen und abgerissene Trümmer sich über einander, in naher Höhe winkt das gelbe, zerschartete Gemäuer des Gipfelscheitels. Eine letzte Runse zersplitterten Gesteins hinan, und die Zacken erfassend schwinge ich mich empor zum Grat; — drüben stehen in geschlossener Colonne die starren Riesen des Rosslochs und Grubenkars, der nächste, unter dem schweren Fusstritte weichende Stein fliegt bereits zur düstern Tiefe des Vomperthals hinunter. Und nun in eilenden Sprüngen die ostwärts noch steigende Schneide hinan, ihre Blöcke, ihre Thürmchen und Klippen übersetzend, erklimmend, auf engen Galerieen umgehend, — in sicherer Balance aufgewehte Schneefirste überschreitend — jetzt oben! .... nein, noch eine Strecke verwetterter Zacken, abgerissener, geborstener Schrofen, gesprengter Treppenabsätze — will etwa der widerhaarige Geselle auch j e t z t noch gegen das aufgezwungene Joch sich sperren? — Vergebens, unter dem unerbittlichen, kreischenden Einstossen der Eisenklauen sinken seine morschen Bollwerke eins nach dem andern zurück in die Tiefe — ist das wohl endlich dein letztes, Unbezwinglicher? — Die rissige Klippe hinauf — ja, es ist's. Auch jenseits sinkt der Grat, links, rechts, sinken seine Flanken, und rückwärts sinkt die Zackenschneide, die ich heraufgeklommen. Das stolze Felsenhaupt hat sich gebeugt vor seinem Meister; und ein schmetternder Jauchzer fliegt durch die öden Kare und bricht sich hundertfach in den klüftereichen Mauern, und drunten im tiefen Thale knallt noch Pöller um Pöller — als gälte es jetzt m i r, auf der allherrschenden Zinne.

Behaglich lagerte ich mich auf dem etwas verbreiterten, zu einer kleinen Grube eingetieften Culminationspunkte des Grats (8515' 2766 m. Kataster). Just eine Stunde seit Beginn des Felsensteigens war verflossen; die Uhr zeigte die elfte Vormittagsstunde. Die Luft war angenehm warm, das Firmament trotz mehrfacher Wolkenbildungen klar und aussichtsgünstig. Und welch' umfassende Aussicht von diesem erhabenen, frei in's Innthal vorgeschobenen Kalkgipfel! Ueber dem Innthale mit seinen zahllosen Ortschaften, mit seinen grünenden Feldern und der geschlungenen, in weisse Kiesfelder gebetteten Wasserstrasse, die sanftgeschwungenen Züge, die flachen Gipfel des Glimmerschiefer-Gebirges, des Kellerjochs, Rosenjochs, Glungezzer und wie sie alle heissen, die dunklen Vorlagen der Firnenwelt, die mit ihren blinkenden Eishäuptern den Horizont umsäumt. Von den Tauern im Südosten bis zur Silvretta-Gruppe im fernen Südwest ein silberner Kranz, nur unterbrochen durch die tiefe Einsenkung des Brenner. Im Osten niedrige Berggestalten, aus ihnen steigt die wohlbekannte Pyramide der Hohen Salve auf, ragen als isolirte, zerhackte Felsstöcke die Wilden Kaiser empor — aus weiterer Ferne noch winkt das weisse Kalkgebirge des Berchtesgadener Landes. Im Westen bilden die mächtigen Gipfel des innersten Hallthales einen nahen Abschluss des Panoramas, welches über sie hinweg sich nur auf die Scheitelpunkte entlegener Gebirgsgruppen, auf die schneeglänzenden Flächen des Hohen Munde-Gipfels und des Plattacher Ferners, auf die Zinnen des Wetterstein und des Mieminger Kammes erstreckt. Im Norden das wogende Gipfelmeer der Karwendel-Gruppe, mein Excursions-Gebiet. Dort nahm die nahe stehende, und auch — theilweise wenigstens — für die nächste Zeit zum Besuche bestimmte Kette des Vomperlochs meine Aufmerksamkeit vor Allem Anderen in Anspruch; kahle, massive Gestalten, aus weitgedehnten Karen mauersteil emporstrebend, nach der Tiefe sich aneinanderdrängend und mit geschlossener Steilwand zum engen Thalspalt niederstürzend. Im Osten beginnen sie mit den auseinandergeneigten Zacken der Mittagspitzen bei Schwaz, an diese reiht sich die schön geschwungene Pyramide des Hoch-Nissel und unmittelbar an diese der Spitzkegel des Hoch-Glück, welcher die tiefe Einbuchtung des Zwerchbachs und seiner Kare, den Abschnitt der Kette, der nicht die höchsten, wohl aber die gefährlichsten Gipfel des ganzen Revieres, Schafkar- und Lamsenspitze in sich birgt, den Blicken entzieht. Dann folgen westwärts die Felscolosse der Eng', Eiskarl- und Spritzkarspitz, der Grubenkarspitz, an welchem die Kette sich theilt, das Vomperloch und weiter westwärts den Haller Anger und das Lafatschthal mit ihrer Abzweigung begleitet (Kanzel, Gamskarlspitz, Suntiger Grat), den Hauptkamm aber in den bizarren Zacken des Rosslochs und Bockkars fortsetzt. In langer Zeile und immer schwächer ausgeprägteren Formen verläuft endlich die Hinterauthaler Kette gegen Westen bis zu ihrem Eckpfeiler, der Pleisenspitze bei Scharnitz. Ihre prachtvolle centrale Gipfel-Gruppe, Seekar-, Oedkar-,

Birkkar- und Kaltwasserspitze kommt der beträchtlichen Entfernung halber nicht mehr zur gehörigen Geltung, und nur ein berggeübtes Auge wird Höhen in ihnen erkennen, die mit dem eigenen Standpunkte in Rivalität zu treten versuchen. Und nur dieses eine Mal ohne Erfolg; die Klinometer-Visur auf jene Zinnen, die so unveränderlich erhaben über meinen früheren Höhenzielen gestanden hatten, ergab ein schwaches, kaum merkbares Minus.

Noch eine Obliegenheit blieb auf meinem Gipfel mir zu erfüllen übrig, die Herstellung eines Wahrzeichens*) nämlich, welche den Bewohnern des Hallthales dem Jäger in St. Magdalena vor Allen, die Ersteigbarkeit des Grossen Speckkarspitzes bekräftigen und nachfolgenden Touristen dadurch vielleicht den Weg auf den Culminationspunkt der Innthaler Kalkalpen bahnen sollte. Ich wählte zur Errichtung eines Steinmannes den östlichen, vom Gipfel etwa 10 Minuten entfernten und ohne sonderliche Schwierigkeit erreichbaren Eckpunkt des Gipfel-Grates**), und brachte dort, begünstigt durch die plattige Beschaffenheit des Gesteins einen ziemlich soliden, ca. 5' hohen Sockel zu Wege, von welchem ein kurzer Stumpf noch im Jahre 1873 vom Thale aus gesehen werden konnte. Von diesem Punkte genoss ich auch einen vortrefflichen Ueberblick der östlichen Fortsetzung des Speckkar-Gebirges, welches zerklüftete Zweiggrate einerseits als östliche Schranke des Bettelkars, andererseits gegen das Vomperloch hinab entsendet und das östliche Segment des Aussichtsbildes mit einer Gruppe zerrissener, abenteuerlicher Felsgestaltungen erfüllt. Nachdem mein Geschäft besorgt, kehrte ich zum eigentlichen Gipfelpunkte zurück und überliess mich noch eine Weile dem beschaulichen Aussichtsgenusse in behaglicher Ruhe. —

Mittlerweile war die Sonne bereits ziemlich weit über ihren Mittagsstand vorgerückt, auch trübte sich der Himmel mehr und mehr, die vereinzelten Wolkenballen sammelten sich zu schwereren und schwärzeren Massen; es sollte auch dieser Tag nicht ohne sein Gewitter zur Neige gehen. Ich packte daher meine wenigen Ausrüstungs-Gegenstände zu-

*) Weder auf dem Culminationspunkte noch an irgend einer andern Stelle des Grates konnte ich die geringste Spur einer Verrücknng und Zusammenlegung der Steine durch Menschenhand erkennen.

**) Bei der Uebersteigung desselben fand ich zu nicht geringer Verwunderung noch mehrere Exemplare von Linaria alpina (Alpen-Löwenmaul), in neunthalbtausend Fussen Höhe auf dem kahlen Kalkfelsen wurzelnd und augenscheinlich gesund und wohlgenährt.

sammen, fügte ihnen den stereotypen Gipfelstein bei, und begann um 1 Uhr 30 Min. den Abstieg. Die Stelle, an welcher ich den Scheitelgrat betreten hatte, erkannte ich leicht wieder; schwieriger aber gestaltete sich das Zurückverfolgen der Anstiegsrichtung im breitgedehnten Gewände, und ich hatte bald Ursache, zu bereuen, dass übergrosser Ersteigungseifer mich die Vorsicht, Dauben in genügender Anzahl aufzulegen, hatte beiseite setzen lassen. Der plattige, mit dünner Geröllschicht bedeckte Boden, das Absplittern jeglichen Vorsprungs der festen Gesteinsmasse war dem Abklimmen natürlich noch ungünstiger, als dem Aufwärtssteigen; das nach der Tiefe fortwährend zunehmende Gefäll der Bergflanke gestattete nur auf kurze Strecken vorwärts zu blicken, und so konnte ich auch die unteren Schneestreifen nicht gewahr werden, an denen die Linien meiner eingestossenen Tritte wohl zu erkennen gewesen wären. Den steilen Gürtelstufen fortwährend ausweichend kam ich allmählig viel zu weit links ab, und an den Schneeplätzen, denen ich begegnete, merkte ich bald, dass ich hier im Anstiege nicht gewesen sein konnte. Das Wiederauffinden der ursprünglichen Bahn war jedoch kaum mehr zu hoffen, und ich blieb bei dem neu angelegten Plane. Von Stufe zu Stufe mich hinablassend und die Schuttbänder immer nach der linken Seite verfolgend, wobei die hohen Brüstungen abstehender Schneemasse mir wieder vortreffliche Dienste leisteten, gelangte ich zuletzt an eine steil abschiessende, mit Schnee erfüllte Kluft; war ihre untere Ausmündung auch noch nicht abzusehen, so versprach sie mich doch in geradester Linie einer tieferen Zone zuzuführen, und ich nahm daher keinen Anstand, der mauergeschlossenen Hohlgasse mich anzuvertrauen. Tritt für Tritt sorgfältig ausstossend, was im Absteigen, wobei ich die Schritte höchstens ein paar Zolle tief nehmen durfte, eine sehr zeitraubende Arbeit war, kam ich nur langsam vorwärts, erreichte endlich einen schmalen Absatz und das scheinbare Ende der Kluft; um die Schrofenecke biegend sah ich aber den Schneegraben noch weit tiefer sich hinabstrecken und hatte nun augenblicklich in ihm die Bahn meines Anstieges wieder erkannt. Ich hatte vorher lediglich ihre oberste Zunge verfolgt, welche im Anstiege mir zu steil geschienen hatte; meine jüngste Erfahrung bewies das Gegentheil und ein künftiger Ersteiger wird am besten daran thun, der Rinne möglichst weit aufwärts zu folgen, um in die besser gangbaren Plattschichten zu gelangen; ein Mangel ihrer Schneeausfüllung in späterer Jahreszeit wird in ihr eher von Vortheil sein, als dass er Hindernisse bereitete.

Froh, des langwierigen und ängstlichen Umhersuchens überhoben zu sein, hielt ich mich fortan an den bekannten Weg, und hatte nun auch bald den sicheren Geröllboden am Fusse der Kuppe wieder erreicht. Das zurückgelassene Gepäck wurde wieder aufgenommen; es war 3 Uhr Nachmittags, und ich hatte somit eine halbe Stunde länger zum Abstiege als zur Ersteigung gebraucht, ein Missverhältniss, welches in dem fatalen Felscharakter dieser Gebirge seine Erklärung findet und erst bei lange andauernder Uebung etwas ausgeglichen wird. Den grünen Zweigkamm in der Höhe des Bettelkars, die steinigen Grashalden, die eingeschlossene Lehne ging's raschen Schrittes wieder hinab, und dann begann der lange, lange Quergang, durch all' die Kessel und Mulden, an den schroff absetzenden Zwischenmauern vorbei und über die plattigen Runsen bis hinüber an den Fuss des Lafatschers und an seiner gerippten Südflanke hindurch zur Strasse des Lafatscher Joches. Schon kurze Zeit, nachdem ich den Abstieg von der Gipfelkuppe vollendet, hatten da und dort um die Berghäupter die Wetterwolken sich zusammengezogen und die elektrischen Batterien das Frohnleichnamsschiessen übernommen; und während ich die Becken des Grossen Speckkars durchquerte, gestalteten die Verhältnisse sich immer drohender, vom Inn-, vom Gleirsch- und Hinterauthale flog's rabenschwarz über den Grat herein, und über die Speckkar-Kuppen selbst rollten die schweren Gewölke in's Hallthal herunter. Und doch kam's nicht zu einem Ausbruche; einige Regentropfen fielen, und plötzlich war das Wetter fort, — wohin, das konnte Niemand sagen. Um 5 Uhr 30 Min. langte ich an der Jochstrasse an, und um 6 Uhr zog ich bereits in den Herrenhäusern ein; vertilgte dort in Eile einige Flaschen Bier und ersuchte den dienstthuenden Knappen, mir bis zu meiner Rückkehr das Abendessen zu bereiten, ich wolle noch rasch nach St. Magdalena hinunter, um dem Jäger Franz Posch etwas vom Grossen Speckkarspitz zu erzählen. Freundlich sagte er es zu, meinte aber dabei etwas verwundert: „Werden denn Sie gar nie müd'?" —

In 20 Minuten war ich unten in St. Magdalena; Posch war zurückgekehrt und sass vor der Hausthüre. Er fragte nach dem Erfolg meiner Rekognoscirung, und ich erwiderte, es ginge schon so, wie ich gesagt, er solle nur den nächsten Touristen hübsch auf den Speckkarspitz führen, ich für meinen Theil sei schon oben gewesen. Dann reichte ich ihm das Fernglas und wies ihn auf den östlichen Eckpunkt des Scheitelgrates (im Hallthale erscheint dieser als der höchste Punkt der Kuppe), wo der Steinmann mit voller Deutlichkeit zu erblicken war. Wohl machte der Gemsenjäger grosse Augen über den seltsamen Fremden, den dieser Sommer in die Berge des Hallthales hereingeführt hatte; er liess sich indess mit sichtlich grossem Interesse die Einzelnheiten der Besteigung von mir erzählen, und versprach baldigst den Versuch selbst anzustellen, um künftigen Ersteigern als sicherer Führer dienen zu können. — Ein paar Wochen später hörte ich schon von einer zweiten Speckkarspitz-Besteigung; zwei Touristen, die mir am Plumser Joch in der Riss begegneten, erzählten, dass sie dort oben gewesen, und dass kurz vor ihnen ein anderer „Herr" mit Instrumenten hinaufgegangen sei. Den letzteren kannte ich nun freilich ganz genau. — Drei Jahre später aber kam ich wieder in's Hallthal und grüsste wieder den Speckkarspitz und zeichnete vom Zunderkopf aus sein Conterfei, an welchem der Leser dieser Zeilen den Weg ersieht, der mich zu seiner Höhe brachte. Auch den Jäger Posch sah ich wieder. Er hatte den Gipfel besucht und Alles so gefunden, wie ich es ihm beschrieben; er hatte auch zu wiederholtenmalen Touristen nach dem Grossen Speckkarspitz geleitet, Keinen aber weiter gebracht, als bis auf den Scheiderücken gegen das Bettelkar; der Schnee lag nicht mehr in der Kluft, und der Schnee musste und muss vielleicht zur Stunde noch am Grossen Speckkarspitz die Rolle von Kiendl's „Wand'l" an der Dreithorspitze spielen*). — Haben jene Herren am Plumser Joche vielleicht auch zu dieser Art von Speckkarspitz-Besteigern gehört? — Hat wirklich seit dem 16. Juni 1870 kein Bergwanderer mehr sich gefunden, der die eröffnete Bahn nach einem so würdigen Ziele wieder betrat? — Ich wünsche nicht, dass wahr sei, was meine nachträglichen Erkundigungen im Hallthale mir wahrscheinlich machen; und ist es wahr, so wünsche ich, dass es nicht lange mehr so bleibe.

---

*) Vgl. hierüber „die Dreithorspitze im Wetterstein-Gebirge" von H. v. Barth. Zeitschr. d. D. u. Ö. A.-V., Jahrg. III, H. 1.

XVI. Die Lamsenspitze im Stallenthal.

(Hierzu Vertikal- und Horizontalprofil No. 16.)

Unter diesem Namen mit seinem erläuternden Beisatze ist einer der vielen, in den ödesten Winkeln der Innthaler Gebirge verborgenen Gipfel weiterhin bekannt geworden, als seinen, theilweise würdigeren Genossen dieses glückte. „Die Lamsenspitze im Stallenthal" — sie figurirt in Bergbeschreibungen und Reisehandbüchern, wo von der Karwendel-Gruppe, von den Kalkketten im Norden des Inn die Rede, als Symbol jener unbekannten Gipfelschaar, als ihr Wortführer in einem gewaltigen „Noli me tangere!" — Die Lamsenspitze soll unersteiglich sein — so hört und liest man zu München und Innsbruck; zuweilen wird wohl auch beigefügt, dass von einer einstmals erfolgten, nie mehr wiederholten Besteigung derselben die Sage gehe — oder es wird eine andere, als die Stallenthalseite dieses Gipfels vermuthungsweise als die besser ersteigbare bezeichnet. All' das ist müssiges Gerede, welchem vor Allem die Basis einigermassen genauen topographischen Kenntniss fehlt. Die Unkunde der lokalen Verhältnisse gibt schon in der Benennung „Die Lamsenspitze im Stallenthal" sich kund; denn wenngleich dieser Gipfel mächtig den Hintergrund des Stallenthals beherrscht, durch dessen Aufschluss beim Felsenneste St. Georgenberg er von der Eisenbahn zwischen Jenbach und Schwaz aus einige Minuten lang gesehen werden kann, so gehört er doch ausser dem Stallen- noch dreien andern Gebirgsthälern und seiner Stellung in der fortlaufenden Kette nach dem Vomperloch vorzugsweise an; seine Nordflanke fällt in's Thal von Falzthurn, durch dessen Weitung er dem Besucher des Sonnjochs auf der Thalwiese ausserhalb Pertisau und später wieder auf dem Alpboden von Gramai so starr-gewaltig entgegen blickt; nordwestwärts stellt er seinen Fuss in die obersten Kare der Binsalp und gehört daher nach dieser Seite dem Thale der Eng, dem Wassergebiete der Riss an. Schon aus diesen vorläufigen Angaben erhellt, welch' wichtigem Gebirgsknotenpunkte die Lamsenspitze als Markstein dient; und wie sie den verschiedensten Thälern gleichzeitig angehört, so kann sie auch von den verschiedensten Seiten her erstiegen werden — das heisst, der Bergsteiger kann von allen Weltgegenden her sich ihr nahen, an den Fuss des eigentlichen Gipfels auf mannigfachen, ihrer Länge nach nicht viel von einander verschiedenen Wegen gelangen. Der klotzige Bau des Gipfels selbst, die Lamsenspitze im engeren Sinne des Wortes, ist nur von einer Seite, und an einer Stelle allein*) ersteigbar und diese liegt an ihrem Südfusse, im Lamskar, sohin innerhalb der Grenzen des Vomperlochs.

Die Lamsenspitze gehört der Vomperkette an, als dritter bedeutender Gipfel, von Osten her gezählt; sie steht im Mittelpunkt einer tiefen Ausbuchtung gegen Norden, welche dieser östliche Abschnitt der dritten und längsten Parallelkette nördlich des Inn beschreibt und die am Massive und den südlichen Verzweigungen des Hoch-Nissel einerseits, — am langen und starken Zweigkamme des Kaiserkopf- und Huderbankspitzes (vom Hoch-Glück in der Hauptkette ausgehend) andererseits ihre Schranken findet. Drei tiefe Kesselthäler lagern im Innern dieser Bucht, vereinigen sich noch in ziemlich hoher Zone zu einer stark eingeengten Schlucht, und münden als Klamm in die Klamm des Vomper-Baches. Jene Bergkessel führen die Namen Schneepfann' (in der Nordostflanke des Hoch-Glück gelegen), Schafkar und Lamskar; ihre Vereinigung bildet den Zwerchbach**), dessen Thal und Klamm eine wichtige Scheidelinie der Tiefregion des Vomperthales bildet. — Der Hauptgrat trägt über dieser Bucht einen beiderseits durch tief eingebrochene Scharten isolirten Gebirgsstock, dessen höchste, östliche Erhebung, eine rundliche Gipfelwelle mit nochmals aufgeschwungenem Endthurm, die Lamsenspitze bildet.

*) Ich sehe dabei ab von der, durch den Besuch des Schafkarspitzes mir fast zur Gewissheit gewordenen Möglichkeit, zwischen beiden Gipfeln in der Hochzone quer durchzugehen; diess würde allerdings eine zweite Art von Lamsenspitz-Weg ergeben, nämlich mit vorheriger Besteigung des Schafkarspitzes aus dem Schafkar. Letzteres ist jedoch ein so bedenkliches Unternehmen, dass, wenn mir die Obliegenheit einer zweiten Schafkarspitz-Besteigung erwüchse, ich es vorziehen würde, zuerst auf die Lamsenspitze zu gehen und jenen Quergang zu versuchen.

**) Auf den Karten gemeinhin fälschlich als „Werkbach" bezeichnet.

Gen Osten berührt sie mit gebogener, fast lothrechter Sturzlinie die tiefste Einsattelung des Vomper Kammes, die zugleich einen Uebergang vom Falzthurn- oder vom Stallenthal in's Vomperloch ermöglicht. Ich benenne sie als „Lamsscharte“ zum Unterschiede von dem gewöhnlich begangenen Lamsenjoche, dessen Lage alsbald erörtert werden soll, und schätze deren Höhe auf etwa 6800′ 2200 m. In östlicher und allmählich südöstlich ablenkender Richtung erhebt der zackenreiche Grat sich über den Rothwandl- und Steinkarlspitz zum Hoch-Nissel (7853′ 2544 m.). Westwärts setzt von der Lamsenspitze der Gratscheitel, wenig herabgedrückt und noch eine flachgewölbte Zwischenerhebung bildend, zum dreigipfligen, etwas niedrigeren Schafkarspitze sich fort, fällt von diesem um eine bedeutende Stufe herab und stürzt, nachdem er nochmals eine wenig hervorragende Felskuppe aufgetrieben, zur unbenannten Scharte im Hintergrunde des Schafkars*) nieder. Von dieser erhebt sich in südwestlicher Richtung der spitze Gipfel des Hoch-Glück (ca. 8000′ 2600 m.). Weder für die Lamsenspitze noch für den Schafkarspitz wurde eine Höhenmessung mir bekannt, ausgenommen eine Angabe Trinker's für einen „Lamperspitz“ mit 7532′ 2447 m.**), welche jedoch relativ unglaubwürdig erscheint; die Lamsenspitze um 300′ niedriger als den Hoch-Nissel***) und gar für niedriger, als das Sonnjoch zu halten, wird Niemanden einfallen, der von diesen Gipfeln aus sie betrachtet. Oberflächlicher Schätzung zufolge möchte ich ihr eine Höhe von mindestens 7750′ 2518 m., dem Schafkarspitz eine solche von etwa 7700′ 2500 m. zuschreiben.

---

*) Dieselbe würde via Schafkar — Hoch-Glück das Vomperloch mit dem Eng-Thale verbinden. Sie hat ein sehr ungangbares Aussehen, soll jedoch einmal von einem Jäger überstiegen worden sein.

**) Herr *B. Lergetporer* (Die Hoch-Nisselspitze im Vomperthale, Alpenfreund Bd. VI, H. 5) gibt die Höhe der Lamsenspitze mit 7641′ 2482 m. an, und bezeichnet als Quelle die Mittheilungen des i. J. 1871 zu Schwaz stationirten k. k. Mappirungs-Offiziers. Demzufolge würde die Höhe des Schafkarspitzes etwa 7600′ 2470 m. betragen. Ich kann nicht umhin, auch in die relative Richtigkeit dieser Messung (namentlich mit Bezug auf den Hoch-Nissel) einen bescheidenen Zweifel zu setzen. Das gravirendste Moment, dass die Lamsenspitze nicht höher sein solle, als das Sonnjoch, fiele bei ihr allerdings weg.

***) Die gewaltige Ueberhöhung des Hoch-Nissel und seiner Umgebung in der Profil-Skizze rührt davon her, dass diese Gebirgs-Gruppe dem Aufnahmspunkte jenseits der engen Thalschlucht des Vomperlochs unmittelbar gegenübersteht.

Aus der Mitte der Südflanke des Lamsen-Schafkarspitzstockes zweigt der hohe Seitenast des Mitterkarlspitzes*) als Schranke des Lamskars gegen das Schafkar sich ab; die Nordseite des ganzen Stockes fällt geschlossen, mit senkrecht durchspaltenen Mauern, auf eine mässig geneigte, zu flachen Mulden ausgetiefte Bergfläche nieder; aus dieser verlaufen, mit dem Massive des Hauptkammes nur am Fusse der Steilwände zusammenhängend, gegen Nordwest der Kaiser-Grat zwischen Hoch-Glückkar und Binsalp, gegen Nord, zwischen der letzteren und dem Becken von Gramai-Hochläger der Gramai-Kamm, welcher in der Folge zum Sonnjoch sich erhebt. Im Nordosten erreicht das Gehänge um den Mauerfuss der Lamsenspitze seine bedeutendste Verbreiterung und Ausflachung; hier leitet der Saumpfad über einen niedrigen Bergsattel aus dem Falzthurn- in's Stallenthal hinüber; diess ist das bekannte und häufig bewanderte Lamsenjoch, auch kurzweg „Die Lamsen“ oder „Auf der Lamsen“**) genannt; ein Hauptkamm des Gebirges wird sonach auf diesem Wege gar nicht überschritten. Nordöstlich vom Lamsenjoche erhebt sich neuerdings ein felsiger Rücken zum Rauhen Klöl, dem Culminationspunkte der vielverzweigten Gebirgs-Gruppe im Süden des Achensees, die mit dem Stanserjoch bei Schwaz ausläuft. Südlich vom Lamsenjoche gelangt man mit ca. 1000′ Anstieg über Geröll und Getrümmer, zuletzt über steiles Geschröf, hart unter der östlichen Steilwand der Lamsenspitze hindurch zur Lamsscharte hinauf und hinüber in's Lamskar. Da auch aus der Eng, über die Binsalpen ein guter Steig nach dem Lamsenjoche führt, so wird nunmehr erklärlich erscheinen, wie man von allen Seiten her (den Westen allein ausgenommen) die Besteigung der Lamsenspitze antreten könne, alle diese Wege aber auf Einem Punkte, der Lamsscharte nämlich, zusammenlaufen.

*) Auf diesen bezieht sich möglicherweise die oben angeführte Trinker'sche Messung. Der Jäger von Vomperberg erzählte mir wenigstens, dass bei Gelegenheit der Vermessung die Geometer diesen Mitterkarlspitz erstiegen, auf ihm eine (später umgestürzte) Signalstange errichtet und sich eingebildet hätten, auf der Lamsenspitze gewesen zu sein. Diese Messung würde jedoch, die neue Messung der Lamsenspitze zu Grunde gelegt, als zu niedrig erscheinen.

**) 3988′ 1295 m. Trinker, welche Messung jedoch weitaus zu niedrig ist. Der Reymann'schen Karte zufolge liegt die Stallenalpe im Stallenthal, tief unter dem Lamsenjoche, schon 4083′ 1326 m. hoch. Ich schätze die Höhe des Lamsenjoches mit Rücksicht darauf, dass die Lamsscharte von demselben aus in 1 Stunde zu ersteigen ist, auf 5600′ 1819 m.

Mit der im vorigen Kapitel geschilderten Besteigung des Grossen Speckkarspitzes hatten meine Wanderungen auch in der zweiten Parallelkette, soweit sie dem Gebiete des Inn angehört, ihren Abschluss gefunden. Noch gedachte ich jedoch das Innthal nicht zu verlassen, verlegte vielmehr blos mein Standquartier von Innsbruck weiter gegen Nordosten, nach Jenbach, um einerseits dem Riss-Gebiete näher zu sein, andererseits den Vomper Gebirgen noch einen und den anderen Besuch abzustatten. Ein erster Ausflug auf das Sonnjoch im Falzthurnthale, welcher in den nördlichen Abschnitten meines Bergrevieres mich vorläufig informiren sollte, und welcher bei günstiger Witterung mich möglicherweise ziemlich tief in's Innere des Riss-Gebietes geführt haben würde, ergab bei totaler Nebelverhüllung ein sehr ungenügendes Resultat. Doch hatten gelegentliche Lichtungen des Gewölkes mich im Hintergrunde der Gramai-Alp gar wohl den starren Wandbau erkennen lassen, welchen ich der Karte zufolge nur auf die Lamsenspitze beziehen konnte. Das also war die Gefürchtete, — und was ich von ihr sah, liess in der That sie des Fürchtens werth erscheinen. Von den Sennen auf Gramai war keine Auskunft zu erholen, sie wussten nicht mehr, als dass man über's Lamsenjoch nach Schwaz und über die Binsalp in die Riss gelange; dazu brauchte ich ihren Rath nicht. Ich ging am gleichen Nachmittage zurück nach Pertisau und Jenbach, voll Aerger über das schöne Wetter, das nachträglich, als es mir nichts mehr nützen konnte, aus dem nebligen Tage sich entwickelt hatte; und als der folgende Tag (21. Juni) nicht minder sonnenhell sich zeigte, beschloss ich, alsbald eine Tour in's Vomperloch zu unternehmen. So fuhr ich denn Nachmittags mit der Eisenbahn nach Schwaz hinauf, ging nach Dorf Vomp (1641′ 533 m.)*) hinüber und begann die breit vorgeschobene Terrasse emporzusteigen, auf deren Höhe die Karte mir noch eine Ortschaft — Vomperberg mit Namen — wies. Dort wollte ich weitere Erkundigungen einziehen. Am Schlosse Sigmundslust vorüber, dessen neugebackenes Aussehen mit seinen alterthümlichen Formen in nicht sehr harmonischem Einklange steht, leitet die holperige Fahrstrasse zwischen Häusern und Obstbäumen aufwärts, ein kürzerer Waldweg zweigt von ihr links ab und erreicht in mässiger Steigung die Terrasse von Vomperberg ca. 2500′ 812 m.

*) Die Höhenangaben in diesem Capitel, welchen eine andere Quelle nicht beigefügt ist, entnehme ich Herrn B. Lergetporer's Aufsatz „Die Hoch-Nisselspitze im Vomperthale“, Alpenfreund, VI. Bd., 5. H.

Eine leichte Stunde nach Verlassen der Eisenbahn sah ich mich aus dem dunklen Tannenwalde auf eine weite Ebene mit Wiesen, Feldern, im Grün der Obstbäume versteckten Häusergruppen versetzt, mit herrlicher Fernsicht gegen Osten und Süden, während im Westen der nahe Hoch-Nisselkamm seinen dichtbewaldeten Fuss auf ihre Fläche niedersetzt, im Südwest das Speckkar-Gebirge, zu einer einzigen, schlanken Spitz-Pyramide zusammengedrängt, in den Himmel aufragt. Ich wandte mich mit einigen Fragen über das benachbarte Gebirge an begegnende Leute, erhielt zunächst die unerwünschte Auskunft, dass in Vomperberg die bewohnte Welt zu Ende gehe und nur noch eine Stunde thaleinwärts im Vomperloch ein Alphüttchen anzutreffen, das 6 Stunden lange Thal aber sonst gänzlich öde sei; mit meinen Erkundigungen nach den Berggipfeln und ihrer Ersteigung wurde ich an den Jäger verwiesen, dessen Haus ich nach einigen weiteren Nachfragen auch glücklich ausfindig machte; es liegt nahe an der kleinen Kapelle des Ortes. Den Jäger traf ich nicht zu Hause, wohl aber dessen Frau, die mir das Unwirthliche des inneren Vomperlochs bestätigte und mich einlud, in Vomperberg mein Nachtquartier aufzuschlagen und die Rückkunft ihres Mannes abzuwarten; dieser würde mir dann allen verlangten Aufschluss zu ertheilen vermögen. Er kenne das ganze Vomper Gebirge wie seines Hauses Krautgärtchen und sei auch auf der Lamsenspitze einmal gewesen.

Das war mir erwünscht, und ich machte mir's in der saubern Stube denn auch alsbald bequem. Gegen Abend traf der Jäger ein und hiess mich freundlich willkommen; er kam eben aus dem Vomperloch zurück, welches, zum grossen Jagdgebiete des Herzogs von Coburg gehörig, seiner Aufsicht unterstellt ist, und in welchem er sehr eingehende Gebirgskenntnisse besitzt. Der Tourist findet bei ihm nicht allein sehr schätzbaren Rath und Aufschluss, sondern auch gute Nachtherberge, und gerne verbindet er seine Jagdgänge mit der Begleitung eines Bergwanderers nach irgend einem hohen Ziele. Sein Name, *Thomas Oberleitstettner*, wurde erst jüngst wieder in Verbindung mit einem Adlerfange im Vomperloch mehrfach öffentlich genannt. Von meinen Plänen unterrichtet, rieth er mir, zunächst den Hoch-Nissel zu besuchen, wohin er mich zu begleiten und diesen Gang über den ganzen Hoch-Nisselgrat hinweg bis in's Lamskar auszudehnen versprach; dadurch würde ich mit dem östlichen Theile des Gebirges auf's Genaueste bekannt werden. Die tiefer im Innern des Vomperlochs stehenden Gipfel dagegen würde ich besser von der Eng' und vom Grubenkar aus besuchen, da die thaleinwärts führenden Pfade sehr schlecht, die Stellen, an welchen die Thalschlucht überschritten werden könne, sehr spärlich und schwer aufzufinden seien. Also nicht nur keine Wohnung, sondern nicht einmal einen Thalweg gab's in diesem verwünschten Erdenwinkel! Gute Aussichten für die Zukunft, und ich sollte es noch erfahren, dass der Jäger nicht zu schwarz gemalt hatte.

Mit Ueberraschung aber hatte ich vernommen, dass die morgige Excursion mich der berüchtigten Lamsenspitze ganz nahe bringen sollte und lenkte alsbald das Gespräch auf diesen Punkt. Der Jäger sagte mir, allerdings werde die Lamsenspitze aus dem Lamskar erstiegen, es sei auch nicht sonderlich weit hinauf, und er sei vor Jahren wohl einmal oben gewesen — der Einzige, der jemals sich hinaufgewagt*) — er thue es jedoch in seinem Leben nicht wieder. Das war nicht eben sehr befremdlich; wusste mein Gewährsmann ja doch nicht, wie seine neue Bekanntschaft in den Bergen sich qualifizire; das mochte sich morgen schon finden. Wir plauderten noch über Allerlei, und ich liess gelegentlich einige Bemerkungen über früher ausgeführte Bergbesteigungen mit einfliessen; kam ich jedoch auf solchen Umwegen zur Lamsenspitze zurück, dann wurde weiteres Parlamentiren kategorisch mit dem Bedeuten abgeschnitten, die solle ich mir nur aus dem Kopfe schlagen; die morgige Wanderung werde ohnehin mir einige Stellen weisen, die zu beissen gäben. Anders als barfuss komme man da gar nicht durch, — Eisen liess der Jäger absolut nicht gelten.

Wir legten uns endlich zur Ruhe; eine Aufregung, wie ich in Nächten vor bedenklichen Unternehmungen nicht leicht sie gefühlt, liess auch im guten Bette mich nicht schlafen. Mochten viele Dutzende von Spitzen erstiegen, manch' schöne Erfolge in den Bergen schon errungen sein, — morgen sollte ich den Vergleich mit einem gewiegten Steiger in aller Form erst zu bestehen, sollte mir Probe abzulegen haben über

*) Späterhin wurde in der Riss mir gesagt, dass Gemstreiber häufig (?) auf die Lamsenspitze gehen. Es ist auf solche Angaben nicht allzu hoch zu schwören; wenigstens ist es meiner Erfahrung nach Regel, dass man, nach einem scharfen Gipfel verlangend, schwer Jemanden findet, der zur Begleitung auf denselben sich bereit erklärte, dass man dagegen selten einem Sohn der Berge einen derartigen Gipfel, nachdem man ihn bestiegen, nennen wird, ohne sofort die Erwiederung zu provociren: „Da war ich auch schon, den kenn' ich ganz gut.“ Die Wahrheit dürfte meistens in der Mitte liegen.

den Grad meiner Fähigkeit. Und fiel diese Probe auch zur Zufriedenheit aus — die Lamsenspitze, die vielgenannte, ein herrschender Gipfel in meinem Gebiete, sollte doch unerreichbar mir bleiben; ich sollte einmal solch' eine Felsenburg betrachten müssen, sollte wünschen, ich möchte hinauf, auf ihre Zinne, — aber ich kann nicht! .... Wenn der bewährte Gemsenjäger vor dem bekannten Wege zurückschreckt, ein zweites Mal ihn nicht mehr wagt, wie soll mir's gelingen ihn zu finden, auch wenn ich Alles wage! — Und doch, — wenn nicht der Gang in's Lamskar schon mein Unvermögen besiegelt — wenn ich ihm ebenbürtig mich zeigte — warum soll ich nicht wagen, was er gewagt? — Wie kann ich fürderhin den Bergen noch entgegentreten, wenn Einer mir im Rücken steht, der grinsend mich höhnt? — Morgen gilt's! Morgen Lamsenspitze — oder Bergstock und Eisen in die Rumpelkammer! —

Früh weckte der Jäger zum Aufbruche; eine ausgiebige Pfanne Schmarrn wurde gekocht, um 4 Uhr verliessen wir das Haus; es war heller Tag, und durchsichtig blau wölbte über den Bergen sich der Himmel. Auf breitem, in einen Fahrweg einmündenden Pfade ging's zur ersten Waldterrasse empor, von hier leitete uns ein schmaler, aber sehr deutlich ausgeprägter Steig durch Hochwald im Zickzacklaufe empor und kreuzte nach einiger Zeit die erste der trockenen Runsen, welche in grosser Anzahl und nicht selten in beträchtlicher Tiefe die ganze Südflanke des Hoch-Nissel-Gebirges durchziehen. Abwechslungslos und ermüdend steil schlängelte er sich weiter hinauf zwischen Bäumen und Gebüsch, selten gestattete ihre Lichtung einen Ausblick auf die Terrasse von Vomperberg, die immer tiefer uns zu Füssen sank; im Süden, jenseits der Thalspalte des Vomperlochs, stand der niedrige Walderrücken, der östlichste Ausläufer des Speckkar-Gebirges, uns gegenüber, und über seinen geradlinigen Scheitel fingen bereits die rechtseitigen Innthaler Gebirge an, ihre Häupter zu erheben. Das Krummholz hatte bereits völlig die Oberhand über den aufrechten Holzwuchs gewonnen, als unser Pfad, um einige bebuschte Bergrippen sich wendend, in einen ziemlich tiefen Graben einlenkte, seine grasbewachsene Sohle durchquerte und in der Höhe des Gebirges zum erstenmale freies, grünes Gehänge erblicken liess. Wir verliessen jenseits des Grabens den Pfad und stiegen einen steilen, felsigen und mit hohen Legföhren überwucherten Bergvorsprung auf kaum kennbarer Wegspur hinan, erreichten jedoch bald eine Weidelichtung und, 1½ Stunden nach Aufbruch von Vomperberg, eine hochgelegene Terrasse, von welcher ein paar kleine Holzhütten, Heustädel, in's Thal hinunterschauen. Unbehindert traf nun der aufwärts gerichtete Blick auf die zerrissenen Felsenwände des Gebirgsgrates; in gerader Ansteigung hebt sich das Weideland hinauf an den Mauerfuss der Mittagspitzen, westwärts setzt nach tiefer Durchspaltung der Kamm zur edlen Pyramide des Hoch-Nissel sich fort. Ein langer Quergang stand bis an deren Fuss uns noch bevor.

Wir begannen denselben mit Durchkreuzung der Mulde, die noch vom Bärenkopf uns schied. In genau gleicher Gestalt, wie er der Thalsohle sich zeigt, stand er jetzt nahe vor unsern Augen; der flache, begrünte Sattel, mit welchem er vom Körper des Hauptkammes sich ablöst, der eckig-rundliche Kopf, zu dem er sich erhebt und sein gewaltig steiler Niedersturz auf die tieferen Regionen der Bergflanke. Eine deutliche Pfadspur führte uns über Grasboden und zwischen Partieen dichten Krummholzes in etwas sinkender Linie quer über das Gehänge; unter einer schroffen Wandstufe, an welcher ein schwach hervorsickerndes Wässerchen sich findet, hindurch in den ausgeflachten, von einigen breiten Geröllstreifen durchzogenen Boden der Mulde. Wir querten deren rauhes Geschütte in nicht gar grosser Entfernung von den Steilabfällen, an deren Fuss in der Tiefe wieder grüner, von zahlreichen Schluchten durchschnittener Boden sich zeigte; wieder folgte eine Strecke Krummholz und endlich stiegen wir, am jenseitigen Rande der weiten Einbuchtung angekommen, auf abgestuftem, steinigen Grasboden zum grünen Sattel des Bärenkopfes (5976′ 1941 m.) hinan; einige Schritte weiter links brachten uns auf seinen breiten, gerundeten Scheitel, $^1/_2$ St. nachdem wir den Terrassenvorsprung der Heustädel hinter uns gelassen hatten.

Der nächste Gegenstand, der unsere Aufmerksamkeit in Anspruch nahm, war ein Rudel Gemsen, das im Schatten des jenseitigen Gehänges vor der bereits heissbrennenden Morgensonne sich geborgen hielt; die unerwartete Störung trieb sie in eilender Flucht durch die reissigen Wände, über die schneebedeckten Gräben hinweg, nach wenigen Minuten schon hatten sie unsern Blicken sich entzogen. — Im Westen hatte ein neues Bild sich aufgethan; die Pyramide des Hoch-Nissel, seit längerer Zeit durch den Bärenkopf uns verdeckt, war wieder hervorgetreten, deutlich erkannte das freie Auge bereits den Signalpfahl auf ihrer Spitze, doch mass es noch eine beträchtliche, horizontale wie vertikale Weite bis nach jenem erhabenen Ziele. Mit seinem Körper noch scheinbar verschmolzen, zeichnet der grüne Sattel „Am Nieder-Nissel“ in schwachen Contouren sich ab. Wieder trennte eine tiefe und ausgedehnte Bucht in der Bergflanke uns von diesem zweiten kurzen Seitenkamme, über dessen First hinweg wir zum Hoch-Nissel hinauf unseren Weg zu nehmen hatten; minder vegetationsreich als ihre Vorgängerin, barg sie in ihrem schattigen Grunde noch zahlreiche Schneelehnen zwischen den Trümmerriesen und Schrofendämmen, auf welchen jede Pfadspur sich verlor; am berasten, steilen Abfalle des Nieder-Nisselsattels aber erkannte man wieder deutlich die Windungen des Steiges. Am unliebsten war mir die Entdeckung, dass der tief herabreichenden Steilwandstufen halber neuerdings ein stark abwärts greifender Bogen beschrieben werden musste, und ich wäre dem Versuche nicht abhold gewesen, oberhalb jener Wände mitten durch's Gefelse eine gerade Querlinie zu nehmen; mein Begleiter aber erklärte diess Vorhaben als unausführbar, da in weiterer Folge immer tiefere und weiter aufwärts reichende Gräben die Bergflanke durchschnitten; und er hatte, wie die weitere Betrachtung zeigte, auch Recht. So folgten wir denn vom Bärenkopfe weg den letzten Spuren des Steigleins, die über grasige Felsstufen anfangs schwach, dann immer entschiedener abwärts leiteten, querten die stark abschüssigen, noch grossentheils mit Schnee überkleideten Geröllhänge des Kars schräg nach der Tiefe und wandten uns um den Mauerfuss einer tief hinabreichenden Verzweigung, längs deren die getheilten Mulden des Gebirgskessels in enge Klüfte sich ausspitzen. Nun wir den sperrenden Riegel umgangen und den Bergscheitel, dessen nächste Ersteigung es galt, wieder gerade vor uns hatten, gewannen wir im mühsamen Anstiege über Schnee und Getrümmer die verlorene Höhe langsam wieder, gelangten endlich an festes Gestein, und nachdem dessen unterste Steilstufen überklommen waren, auf neuerliche Pfadspuren. In kurzen Zickzacks leiteten diese, die gelbgefärbten, scharfen Abbrüche und Mauervorsprünge umgehend, am starkgeneigten, aber grösstentheils bewachsenen Hange hinauf zur Terrasse des Nieder-Nissel*) (6317′ 2052 m.); die aus-

*) Herr Benedikt Lergetporer in seinem Aufsatze „Hoch-Nissel“, Alpenfreund, Bd. VI, H. 5, glaubt, ich habe in meinem Aufsatze „Ein Tag auf den Spitzen der Hinterauthaler Kette“, Jahrb. d. D. A.-V., Bd. II, H. 1, den Namen Nieder-Nissel auf den Hoch-Nissel bezogen. Diess ist nicht der Fall, vielmehr habe ich an dieser Stelle unter dem Namen Nieder-Nissel die höchste der Mittagspitzen verstanden, auf

gedehnte Grasfläche, welche an der Westseite noch ziemlich weit sich hinabstreckt und dort zu einer grossen Mulde sich aushöhlt, ist ein Lieblingsaufenthalt der Gemsen. Vorsichtiger, als am Bärenkopfe, zur Scheitelhöhe emporsteigend und an der Gegenseite hinabspähend, sahen wir ein starkes Rudel der zierlichen Thiere in unserer unmittelbaren Nachbarschaft grasen, nicht ahnend, dass der Feind aus so drohender Nähe sie beobachte. Den Jagdkalender besassen sie freilich nicht und konnten daher auch nicht wissen, dass unter keinen Umständen ein Leid ihnen drohe — es sei denn von einem Wildschützen, der aber ebenfalls nur ungerne in's Vomperloch seinen Fuss setzt, aus welchem nur wenige und wohlbewachte Ausfluchtpforten sich ihm eröffnen.

Eine dritte Einbuchtung der südlichen Gebirgsflanke lag vor uns geöffnet; ein weit ausgeflachter, plattiger, von einzelnen Schuttstreifen durchstrichener Felsgraben, weit höher gelegen und dem entsprechend auch weit kahler, als die beiden vorhergegangenen Eintiefungen; gegen West und Nordwest schliesst er sich unmittelbar an's Gipfelmassiv der Hoch-Nisselpyramide an. Nochmals ging's von der Stelle, an welcher wir die Mulde betraten, ein Stückchen abwärts; an Rasenbändern und Gesimsen des nicht allzu steilen Gehänges querten wir abwechselnd Plattenrunsen und flachgerundete Dämme, dazwischen einige weit zur Tiefe hinabreichende Geröllströme und gewannen die mittelste, tiefste Sohle des Grabens, welche, obwohl sie nur zu Zeiten der Schneeschmelze oder nach Gewitterregen Gewässer führt, doch die mannigfachsten Wirkungen der Erosion, Schalen, glattpolirte Becken und trichterförmig ausgebohrte Löcher in Ueberfülle aufweist. — Der Vomper Jäger nannte diesen Graben die „Weinklamm“ — weil einst ein Forstbeamter, den er auf den Hoch-Nissel geleitet, hier zu Fall kam und die mitgebrachte Flasche Wein zerbrach. Ob der improvisirte Name weitere Verbreitung gefunden habe, ist mir unbekannt. Wir

welche mir eine Höhenmessung des Wiener Kataster's unter der Bezeichnung „Nieder-Nissel“ zu passen schien. Ich halte jedoch jetzt diese Ansicht ebenfalls für unrichtig und glaube die bezügliche Höhen-Angabe eher auf den Steinkarlspitz beziehen zu sollen. In Bezug auf Benennungen ist ja der Wiener Kataster überhaupt höchst unzuverlässig. Den Doppelgipfel der Mittagspitzen am östlichen Ende des Hoch-Nisselkammes habe ich aus dem Grunde als den „Beherrscher des Innthals“ bezeichnet, weil man von ihm das Innthal bis Kufstein einer-, bis Innsbruck andererseits überblickt und er umgekehrt aus gleich weitem Umkreise gesehen wird; dem Hoch-Nissel dagegen sind in der „Beherrschung des Innthals“ weit engere Schranken gezogen.

stiegen die ausgewaschenen Stufen der Runse eine kurze Weile hinan und betraten hierauf wieder rauhes, mit kleinen Graspäckchen besetztes Geschröf; ich erwartete, dass nunmehr, conform der bisherigen Anstiegsrichtung, der westliche Schlussriegel des Grabens, die südliche Abzweigung der Hoch-Nisselspitze selbst, würde angestiegen werden. Statt dessen hielt der Jäger die gerade Linie nach dem Hauptgrate unverändert inne und wandte sich, nachdem er die Grabensohle verlassen, sogar entgegengesetzt unserer bisherigen Richtung nach der rechten Seite, mitten in's Gefelse hinein. Die Sache sah ziemlich steil sich an, und ich gab anfangs der Vermuthung Raum, mein Begleiter wolle eine vorläufige Steigprobe mit mir abhalten; unterliess es daher auch meine gegentheilige Ansicht über den einzuschlagenden Weg zum Ausdrucke zu bringen, und spazierte schweigend nach. Indessen hatte der Schein getäuscht; nur wenige stufenarme Platten waren zu überschreiten, dann gelangten wir wieder auf schrofiges Terrain, kreuzten später die Runse zum zweitenmale und erreichten über spärlich begrastes Schottergehänge hinauf den Grat. An engem Schartendurchbruche betraten wir seinen Scheitel; gewaltig steil bricht jenseits die geschlossene Nordwand des Gebirges an 2000' tief in's Stallenthal nieder, das noch beschattet zu unsern Füssen lag; Hütten, Vieh und Hüter der Stallenalp erschienen wie Spielzeug auf grünem Teppiche zerstreut. Zu unserer Rechten steht auf dem Grate ein plumper, gelbschrofiger Felsenkopf, links zieht die östliche Gipfelkante zum Hoch-Nissel hinan. Die feingeschwungene Linie, als welche sie von ferne gesehen sich darstellt, hat sich bei unmittelbarer Annäherung in eine Reihe ziemlich scharfer Höcker und Zacken verwandelt, welche in gerader Gesichtslinie über einander sich thürmend, noch steiler aussieht, als sie in der That ist. Vorsichtshalber legte ich die Eisen an, überzeugte mich aber alsbald, dass diese Massregel überflüssig gewesen war; nun ich aber die Zacken unter den Sohlen fühlte, gelangten auch die wenigen vorhandenen Hindernisse mir kaum mehr zur Wahrnehmung. 10 Minuten später betrat ich den Gipfel, und lagerte mich mit dem Jäger nahe dem Vermessungssignal, welches ein Blitzstrahl zu weit aus einander starrenden Spähnen zerspalten hat. — Die Uhr wies 8 Uhr 25 Min., wir hatten sonach von Vomperberg $4\frac{1}{2}$ Stunden bis auf die Spitze benöthigt. — (Hoch-Nissel, 7853' 2544 m. Kataster.)

Vom Stallen- wie vom Vomperthale flogen die Nebel in zerfetzten, halbdurchsichtigen Schleiergestalten herauf und gestatteten vorerst noch wenig Genuss der Aussicht. Doch gab der Witterungscharakter im Allgemeinen keinen Grund zur Besorgniss, und je höher die Sonne stieg, je intensiver sie die Thäler durchwärmte, um so sparsamer wurden auch deren Dunst-Entladungen, und Stück um Stück der Rundschau trat in's Lichte. Meine Aufmerksamkeit war vor Allem Anderen nach Westen gerichtet, wo ich die Lamsenspitze wusste; sie musste ich sehen, mein Urtheil über ihre Beschaffenheit mir bilden, bevor ich für das Schöne nah und fern ein Auge haben konnte. Dort, im weiten Becken des Lamskars qualmen am heftigsten die Nebel; ein Riss zwischen den Rauchsäulen und aus dem Grau tritt gigantisch ein eckig gestuftes krummes Horn — ist das die Lamsenspitze? — „Bewahre, das ist der Steinkarlspitz, über den wir dann hinwegsteigen werden in's Lamskar" — so lautete die Antwort. — Also die Lamsenspitze von noch üblerem Aussehen! — Endlich wurde es hell und heller im Westen. Die Sonne brach durch die Lücken und eine frische Brise trieb die Wolkenballen hinaus in's Falzthurnthal. „Da ist die Lamsenspitze." — — Seltsam; das hatte ich ganz anders mir vorgestellt. Da steht auf dem Grat ein breiter, zu ein paar unbedeutenden Gipfelkuppen aufgetriebener Felsenstock, mit schräger Südabdachung und kurzer, auf die Schuttfelder des Kars niedergesetzter Steilwandstufe. Die Scheitelwelle rechts und noch weiter rechts der kleine Eckspitz, senkrecht abstürzend gegen Osten lässt gleichwohl die Lamsenspitze unzweifelhaft in ihr erkennen. — „Wenn man über der ersten Wand oben ist, kann man ja ganz leicht hinauf?" wandte ich mich an Oberleitstettner. „Ja freilich", lautete die Antwort — „aber eben die Wand, die schieche Wand!" — Ich lugte mit dem Fernrohre aus und konnte in der That nichts als glatte Felsen entdecken; indess die Entfernung ist noch gross und die Ersteigbarkeit eines einzelnen Mauerabsatzes von 100—120' Höhe entscheidet schliesslich das Eisen immer besser als das Glas. — „Dort gibt's nur einen Kamin, durch den man hinaufschlieft", hob der Jäger wieder an, „und dann ein schiefes Band unter dem überhängigen Schrofen hin, wo man niederhocken muss, um durchzukommen, das ist gar das Schiecheste von Allem — — ich mag meiner Lebtage nicht mehr dahin gehen" — damit waren wir wieder auf dem alten Standpunkte angelangt. — Ich wollte auch weiter nicht mehr in ihn dringen, bevor nicht der Gang in's Lamskar zurückgelegt sein würde; aber der Anblick meines Gegners hatte das Vertrauen und die Zuversicht in mir bedeutend gehoben. Das war nicht die erwartete, wandstarre Masse, an der ich rathlos, an aller Möglichkeit eines Gelingens verzweifelnd, zu stehen befürchtet hatte. So waren sie mir schon oft entgegengetreten, die Gipfel, deren höchste Zinnen ich mir zu erobern strebte — an solchen Felsenbauten hatte ich schon oft gesucht und auch gefunden. Warum sollte just die Lamsenspitze eine Ausnahme machen? Die Ausnahmen, die ich an ihr zu sehen vermeinte, — die war sie offenbar nicht.

„Und der abgehackte Thurm mit schiefem Dache, ein grüner Fleck auf seiner östlichen Seite, der hinter der Lamsenspitze aufsteigt?“ — so wandte ich mich fragend wieder an den Jäger. „Das ist der Schafkarspitz; der ist ganz unsteigbar. Ja, mein Herr, da herinnen sind noch viel Unsteigbare.“ — Recht angenehme Aussichten! —

Kommt Zeit, kommt Rath! — Vorerst beschäftigte mich die Betrachtung des Aussichtsbildes, zunächst innerhalb der Gruppe, deren Durchwanderung meine Aufgabe dieses Sommers war. Sie zeigte sich mir von einer neuen Seite und manch' neuer Gipfel war in ihren Rahmen getreten, mancher bereits Bekannte hatte bis zur Unkenntlichkeit sein Aussehen verändert. Den Hintergrund des Vomperthales schloss der hohe Querkamm vom Grubenkarspitz bis zur Hohen Kanzel; der Lafatscherkamm*), welcher mit letzterem anhebt, und dessen Streichen meiner Gesichtslinie entsprach, hatte in eine einzige schlanke Pyramide sich zusammengeschoben. Näher als der Grubenkarspitz war ein schöner, fast regelmässiger Spitzkegel vorgerückt, in dessen Südostflanke ein weiter, schneegefüllter Kessel sich aufthat. Der Gipfel wurde mir vom Jäger als das Hoch-Glück, das Kar als die Schneepfann' bezeichnet. Rechts vom Grubenkarspitz drängen die Gipfelzacken der Rossloch-Hinterauthaler Kette in einen formlosen Klumpen sich aufeinander, aus welchem die schöne Gruppe Kaltwasser-, Birkkar-, Oedkarspitz zu herrschender Höhe sich emporschwingt. Den Nordosten erfüllen die etwas verschobenen Querketten des Riss-Gebietes, Falken, Gamsjoch und Sonnjoch.

*) Der eingeführten Regel zufolge, die Parallelketten der Karwendel-Gruppe nach den jeweils an ihrem Südfusse gelegenen Thälern zu benennen, bezeichne ich den Grat, der an der westlichen Abbiegung der Umfassungskette des Rosslochs beginnend, den Kanzel- und Gamskarlspitz trägt und mit dem Suntiger-Grat endet, als den Lafatscherkamm. Selbstverständlich darf mit diesem, das Latatschthal im Norden begleitenden Kamme nicht jener Abschnitt der Hallthaler Kette verwechselt werden, welcher die beiden Lafatscher (Gipfel) trägt.

Im Südwesten zieht das nahe, gewaltige Speckkar-Gebirge dem Ausblick eine neue Schranke, im Süden und Osten dehnt die eigentliche Fernsicht sich über das Innthaler Gebirge bis an die Firnketten.

Mit Aussichtsbetrachtungen, Notirungen, Kaffeekochen, Plaudern mit meinem Gefährten und gelegentlichem Liebäugeln nach der Lamsenspitze hinüber waren ein paar Stunden bald verflogen; der Himmel hatte sich völlig aufgehellt, alle Nebel des Morgens schwammen als hochgehende Wolkenballen in der Luft. So klar freilich, dass man die Thürme von München hätte erblicken können (von diesen aus ist die Gipfelpyramide des Hoch-Nissel sichtbar) wurde es im Flachlande nicht. Um 10 Uhr 45 Min. brachen wir auf, den Grat der westlichen Hoch-Nisselkette entlang in's Lamskar überzugehen. Jetzt, da wir die schuttbedeckte, breite Westfläche des Gipfels betraten, legte Oberleitstettner seine Eisen an, elende Dingerchen von unzuverlässigem Halt, mit einem einzigen Riemen am Schuh befestigt und keinem anderen Zwecke dienlich, als im scharfen Gerölle die Schuhsohlen vor allzu starker Abnützung zu bewahren. Schnell stiegen und sprangen wir bergab, anfänglich längs des Grates, dann in die Südflanke des Berges ausweichend und schliesslich um einige hundert Fusse unter dessen Scheitellinie herabsinkend. Ein paar schrofige Risse und zackige Rippen wurden übersetzt und umgangen, mit hoher, weit herabgreifender Steilwand sperrte der Steinkarlspitz das weitere Vordringen. Wieder bogen wir in eine Runse ein und stiegen in ihrer Trümmersohle hinan; nur wenige Minuten dauerte es, so betraten wir einen kesselförmig erweiterten Absatz, den etwa 3 Klafter hoch eine völlig glatte Abstufung sperrte. Seitliches Ausweichen war nicht möglich. „Das ist jetzt der Ort; wie gefällt er Ihnen?" meinte der Jäger, setzte sich auf einen Block und begann die Schuhe auszuziehen. Ich schnallte die Eisen an und wartete der Dinge, die da kommen sollten; so recht erklärlich war mir der Aufstieg, namentlich über die unterste Mannshöhe, auch nicht; ich nahm mir aber vor, genau darauf zu achten, wo der Jäger die Zehen einsetzte — dort mussten meine Eisenzacken dann wohl ebenfalls haften. Aber auch damit hatte ich die Rechnung ohne den Wirth gemacht. Als der Jäger mich warten sah, forderte er mich auf, nur immer voran zu steigen, denn sei er voraus und ich käme nicht nach, so müsse er die Stufe wieder herunter, was ihm nicht geheuer dünke. So trete ich denn an die Wand heran, das Gesicht hart am Felsen, und fasse, was eben am Gestein sich fassbar fühlt und bohre das Eisen an die Mauer und, das linke Knie gegen die Wandung gestemmt, reisse ich die Last des Körpers nach — und noch einmal hinauf, wo ein enger Ritz in den Platten sich zeigt — und quer durch die Kluft mich neigend bekomme ich das rechtseitige Riff zu packen, einige hohe Staffeln in angestrengten Tritten erkletternd gewinne ich festen Stand auf zertrümmerten Schrofen und schnappe nach Luft. — — „Nur immer nach, ich bin schon oben; die Steigeisen taugen eben doch!“ — Einige Minuten später war der Jäger auch zur Stelle; ich hatte erfahren, dass ich seinen „Gang“ wohl zu bestehen vermöge; zudem hatte ich mein volles Gepäck mit heraufgeschleppt, während er nur die Bergschuhe im Rucksacke hatte. Oben trafen wir stufigen, geröllbedeckten Felsen, von unzusammenhängenden Wandstufen durchsetzt. Oberleitstettner umging den Gipfel, wie er sagte, nach der besser gangbaren Seite, ich war bereits übermüthig geworden und kletterte nach eigenem Gutdünken geradlinig aufwärts; sass auch schon oben, als er von Norden herauf kam. Wir befanden uns, 1 St. nach Verlassen des Hoch-Nissel, auf dem S t e i n k a r l s p i t z, einem Culminationspunkte zweiten Ranges, aber immerhin keck genug auf dem Grate aufspringend, um sich mit Vergnügen an seinen Besuch zu erinnern, erblickt man von fernen Berghäuptern aus ihn wieder. Seinen Namen verdankt er einer ziemlich ausgedehnten Schutt- und Trümmermulde, welche an seinem Südfusse sich hinlagert und tief in die Südwestflanke der Hoch-Nisselpyramide eingreift. Von letzterer könnte man augenscheinlich in sie herabsteigen; dagegen dürfte zwischen ihr und dem Lamskar wohl kaum eine gangbare Verbindung bestehen. Die Höhe des Steinkarlspitzes wird ziemlich beträchtlich unter jener des Hoch-Nissel bleiben; vielleicht bezieht sich auf ihn die Kataster-Messung unter dem Namen: „N i e d e r - N i s s e l“ mit 7562′ 2456 m.*); sie scheint mir der Wirklichkeit sehr wohl zu entsprechen und auch der Name Nieder-Nissel, obwohl er für diesen Spitz nun einmal nicht gebraucht wird, wäre durchaus nicht unpassend.

Wir verweilten nur ein paar Minuten auf der Spitze; die hohen Blockstufen der westlichen Gratfortsetzung hinab nahmen wir unseren Weg weiter, dem Lamskar und der Lamsenspitze zu, die schon um ein Bedeutendes uns näher stand, als auf

---

*) Herr B. Lergetporer gibt (a. a. O.) nach den Mittheilungen des k. k. Mappirungs-Offiziers die Höhe von 7591′ 2466 m. an, was meine Vermuthung zu bestätigen scheint.

dem Hoch-Nissel. Ich brachte, während ich gemüthlich neben dem Jäger über die Schrofen daher schlenderte und geflissentlich immer einen andern Durchpass mir suchte, als jener ging, sie und ihre Ersteigung wieder auf's Tapet; der gleiche Widerspruch, die gleich entschiedene Abmahnung, gewürzt mit dem Beifügen, die eben erstiegene Wand am Steinkarlspitz sei noch gar Nichts gegen der Lamsenspitze Gefahren. Nun, viel ungünstiger durften die Verhältnisse freilich nicht mehr sein, als dort; einer Fliege gleich an glatter, senkrechter Fläche umherzuspazieren, dazu fühlte ich mich nicht im Stande, und habe bisher auch Niemanden kennen gelernt, der es vermocht hätte. Ueber die schrofigen Grasplätze, die Plattstufen und vorspringenden, zackigen Rippen kamen wir näher und näher den grünen Hügeln, welche das Lamskar umsäumen; wir bewegten uns wieder ziemlich tief unter dem Grate an der Südabdachung des Gebirges, und umgingen hier eine neue Aufgipfelung der Schneide, den Rothwandlspitz*), ohne dass deren Anwesenheit sich uns besonders bemerkbar gemacht hätte. Mehrmals schien stufenlose Steilwand die ganze Bergflanke vor uns zu sperren, eine unmittelbare Annäherung eröffnete jedoch stets wieder Auswege und gangbare Verbindungslinien nach den nächsten grünen Stellen. Einen breitgedehnten Wiesenhang stiegen wir schräg hinab und berührten wieder den stark herabgesunkenen Grat; über zerklüftete Steilwand blickten wir auf die letzten Kare des Stallenthals hinunter, die unmittelbar um den Fuss der Lamsenspitze und ihres Gratanschlusses sich legen. Nadelartige, gabelförmig gespaltene Zacken reihen bis an's südöstliche Fundament des mächtigen Gipfelstockes sich aneinander; über Rasenplätze, gelegentlich von rundlichen Plattenabsätzen unterbrochen, stiegen wir nun geradlinig hinab zum Lamskar; auf einem begrasten Wellenscheitel seines obersten Bodens lagerten wir uns zur Rast. Die Lamsenspitze schaut aus unmittelbarer Nähe auf uns herab.

Ich holte das Fernglas hervor und spekulirte an ihrem Felsensockel herum; fast überall glatt abgeschnittene, unan-

---

*) Nach der von Hrn. B. Lergetporer a. a. O. aufgeführten Mittheilung des k. k. Mappirungs-Offiziers 6794′ 2207 m. hoch. Eine Richtigkeit dieser Messung ist nur schwer denkbar. Die geringste Differenzschätzung zwischen Rothwandlspitz und Lamsscharte möchte sich auf 600′ belaufen, die Lamsenspitze (die Mittheilung des k. k. Mappirungs-Offiziers zu Grunde gelegt) müsste dann von dieser Einsattelung aus noch 1447′ höher sich erheben. Dass ich unter diesen Umständen sie in 3/4 Stunden zu ersteigen vermocht hätte, widerspricht aller Berg-Erfahrung.

greifbare Mauer. Einige Stellen zeigten einen schwachen Anflug von Graspäckchen; eine zusammenhängende Linie nach den oberen, reissigen Gehängen, war nirgends zu entdecken. Nochmals versuchte ich Bresche zu schiessen in des Jägers Entschluss, so starr wie der Fels der Lamsenspitze selbst; ich stellte ihm vor, wie die Hälfte der Gefahr auf Rechnung des ungewissen Suchens gehe, ein Weg, so schwindelnd keck er auch sein möge, wenn nur bekannt, von seinen Schrecken den weitaus grössten Theil verliere; — dass es ja keine Hilfe sei, die ich von ihm verlange, nichts als Gewissheit, dass ich den gleichen Pfad wandle, den gleichen Tritt in die Wand setze, der ihn einstmals auf jene Spitze geführt. Alles vergebens. Nochmals starrte ich mit dem Glas an die Wände, dorthin, wo Thomas mir das Vorhandensein des Kamins bezeichnete — den gelben Felsklumpen, unter dessen überhängender Masse ein kriechender Durchgang nur zu finden — ich mühte mich ab an den blanken Gesimsen den Schatten einer Stufe zu entdecken — Gewissheit konnte ich nicht erlangen; mit verbissenster Entschlossenheit stiess ich die Züge des Fernrohrs in einander. „Und wenn Sie nicht mitgehen, so steige ich allein hinauf!“ — „Dann fallen S' 'runter“, lautete die Antwort. Ich packte den Bergsack auf und begann die Reissen zur Lamsscharte emporzusteigen; Oberleitstettner mir nach. Sollte er sich doch noch besinnen? —

Nach 10 Minuten waren wir auf dem Grat; ein steiles, aber mit Rasenplätzchen ausreichend durchstreutes Plattengehänge tieft von da auf die Schutthalden sich ab, die den Ostfuss der Lamsenspitze umlagern. Mächtige Eisenstangen, am oberen Ende zu Ringen umgebogen, sind in den Felsen eingelassen; wenn Herzog Ernst von Coburg und seine Jagdgäste im Lamskar Gemsjagd halten, so wird durch diese Ringe ein Seil gezogen und dadurch ein sicherndes Geländer hergestellt. Tiefer unten findet sich noch eine Holztreppe über einen besonders steilen Absatz und ein kurzer Steg über eine Kluft. Der ganze Apparat ist zur Ersteigung der Scharte ein grosser Behelf der Bequemlichkeit, aber nicht unbedingt vonnöthen. Ich erwähne diess aus dem Grunde, weil häufig Zweifel ausgedrückt werden, ob der künstliche Steig an der Lamsscharte wohl noch in Ordnung und der Uebergang möglich sei. Ein geübter, schwindelfreier Bergwanderer braucht sich dadurch nicht beirren zu lassen.

Wenige Schritte gingen wir von der Scharte gegen Westen; um den ersten Strebepfeiler der Lamsenspitze biegend, traten wir in eine trümmerführende Kluft ein, die nach der Höhe alsbald in eine dunkle Spalte sich zusammenzog. Der Jäger blieb stehen. „Nun mögen Sie wohl schauen, Sie kehren bald um“, sagte er. — „Also Sie gehen nicht mit?“ — „Nein.“ — Ich entledigte mich des Rucksacks, den ich ihm zurückreichte und sah das Riemwerk der Eisen nach. Alles in Ordnung. — Er ging die Runse hinunter, ich hinauf. Einige Sekunden später hörte ich von ihm nur mehr das Klappern der losgehenden Steine; dann war's still. — 2 Uhr Nachmittags.

Anfänglich hatte ich noch einzelne Stufen in der Sohle des Kamins, doch lagen diese meist einige Fuss weit von einander und waren nur mit Anstrengung zu gewinnen; den Händen fiel vom ersten Beginne an die Hauptarbeit zu. Bald aber verengte der Schlund und glättete seine Rinne sich dermassen, dass ich im wahren Sinne des Wortes als Kaminfeger darin aufzusteigen hatte. Dabei hing die linkseitige Wand etwas über, so dass ich schief in der Spalte lag, was an sich nicht ungünstig gewesen wäre, hätte ich nur zur Rechten feste Haltpunkte und die Steilwand nicht gar so unangenehm nahe gehabt. Alle Kräfte aufbietend, zog ich mich langsam die Rinne hinauf, nach einer vorspringenden Felsenecke linkerseits, die als der erste feste Ruhepunkt mir erschien; ein Schmetterling gaukelte wie spottend vor mir in der Luft herum, während ich schwerfälliges Geschöpf mich abplagte, den Boden, an den ich gefesselt, Fuss um Fuss zu bewältigen; zufrieden noch, wenn's dabei bleibt, und ich nicht auch zu fliegen komme — nicht nach Schmetterlingsart. Endlich hob ich den Kopf über die Felsengalerie, aus dem Düster empor zum Licht. Ich sah mich schon ziemlich hoch, und das Terrain vor mir etwas günstiger; freilich ein Adlersitz inmitten der Wände, auf dem ich einen Augenblick Athem schöpfte, dann eine Daube legte und weiterstieg. Die Runse verlor sich im Felsen, eine Wandschranke starrte aus der Höhe mir entgegen; links hinaus drehte um ihren Fuss sich ein Plattenband. Das war wohl der überhängige Schrofen, von dem der Jäger gesagt! Die Platten erwiesen sich als nicht stufenlos, wie sie geschienen und auch der tiefgebückte Gang machte im Aufwärtssteigen wenig Schwierigkeit. Schlimmer freilich sollte es im Hinabwege werden. In kurzen Intervallen legte ich meine Steinhäufchen, um des Rückweges sicher zu sein. Auf einer vorspringenden Schrofenecke endete das Band. Jenseits ging's etwas abwärts in die Quere, einen Einschnitt der Bergflanke kreuzend hatte ich die zum Lamskar niederbrechenden Steilwände am nächsten, auf kleinen Rasenschöpfen und schmalen Abbrüchen des Gesteins fussend, drängte ich mich am Absturze vorüber, erkletterte noch ein paar jähe Mauerstufen und trat, hoch aufathmend, auf die kleine Grasterrasse über dem Lamskar aus*). Hier wurde noch eine grössere, auf einige Entfernung hin kennbare Steinpyramide errichtet, und dann ging's geradenwegs hinauf zur Spitze.

Ich wusste des Erfolges mich sicher und auch die Wahrnehmung, dass die Gipfelflanke in höherer Region nicht völlig so bequem gangbar sei, wie ich geglaubt, vermochte meine Zuversicht nicht zu beeinträchtigen; nachdem mehrere bröcklige Schrofenabsätze, die noch etwas Graswuchs besassen, erklommen waren, gelangte ich auf die kahlen, schuttbedeckten Plattschichten, zur Rechten hatte ich eine massige Steilwand, die meinen Weg zur Höhe begleitete; links wulstiges Geschröf, das hie und da einen Ausläufer mir in den Weg legte, und allmählig näher an die Steilwände herandrängte. Meine Bahn wurde dadurch bald wieder zum schuttführenden, wiewohl seichten Graben, und dieser fand seinen Abschluss an einer mässig steilen Abstufung, ein Bindeglied zwischen den beiderseitigen Felsmassiven. Eine tiefe Unterhöhlung zeigte sich links in den Schrofenmassen; sie müsste längst eingestürzt sein, trüge nicht ein völlig isolirter Mauerpfeiler ihre äussere Kante. Drinnen sieht es düster und wüst aus; Trümmer, von der Decke herabgestürzt und von Aussen hereingeführt, und ein allseits vom Felsen abgeschmolzener Lawinenrest erfüllen ihren Grund. Ich hätte auf dem mürben Fels zur Rechten leicht die ganze Höhle umgehen können, aber der günstige Verlauf der Ersteigung hatte den Ernst bereits wieder verscheucht, und spasshaft aufgelegt drückte ich mich just durch das Schneeloch zum oberen Eingange hinaus. Nun breiteten die Schuttlager immer zusammenhängender sich vor mir aus; die Steilwände zur Rechten zeigten sich zackig zerrissen, begleiteten in zerklüfteten Mauerreihen tiefe Trümmerfurchen, in der Höhe erschien der niedrig gezahnte Gipfelgrat. Im Eilschritt wurde seine Scheitelhöhe gewonnen, auf der Schneide, die nordwärts lothrecht über tausend Fuss tief in's Falzthurnthal stürzt, rechts abgeschwenkt ihrem höchsten

*) Die ganze, eben beschriebene Wegstrecke ist unbestreitbar von hervorragender Schwierigkeit und nur von einem durchaus felsentüchtigen Steiger zurückzulegen. Grössere Schwierigkeiten jedoch, als der Wandabsatz am Steinkarlspitze, bietet sie nirgends, ich glaube sogar den letzteren als schwieriger bezeichnen zu dürfen, es sind nur die gefährlichen Nebenumstände der Lamsenspitze, welche ihm mangeln. Ein künftiger Lamsenspitz-Ersteiger möchte über diesen Punkt sich daher beruhigen.

Punkte entgegen. Durch die Scharten des Grats, durch die schwarzen Schachte, die kerzengerade die Wand durchschneiden, fielen nur flüchtige, ich möchte sagen, verächtliche Blicke hinunter in die flimmernde Tiefe der Wiesen von Gramai; was hat es ihr genützt, der Spröden, mit Mauerpanzern sich zu umgeben! fand sich ja doch ihre Achillesferse und fand sich Einer, der es wagte, in sie das Eisen zu stossen, und jetzt liegt auch diese Felsenburg mir zu Füssen, und von ihrer Zinne herab grüssen gelle Rufe den Jäger drunten im Kar! — dem mag solch' ein „Stadtherr" wohl verwunderlich vorkommen! — Ein Angedenken soll er doch haben an diesen Tag; in Zeit von einer Viertelstunde waren etliche Blöcke zusammengeschleppt und ein niedliches Männchen errichtet, das ich 3 Jahre später noch an seiner Stelle gesehen habe. Ich hätte ihm keine so lange Haltbarkeit zugetraut.

Nur drei Viertelstunden hatte ich mit Ersteigung der Lamsenspitze (ca. 7750′ 2518 m.) verbracht; Grund zu langem Aufenthalte hatte ich, von körperlicher Erholung abgesehen, keinen, zudem mit sämmtlichem Gepäcke auch der Klinometer hatte zurückbleiben müssen, mit welchem ich gerne einige relative Höhen-Beobachtungen angestellt hätte. Den Schafkarspitz, der mir zunächst im Westen stand, taxirte ich als entschieden niedriger*); seine Stellung und sein Gipfelbau müssen erst noch entscheiden, ob auch er zum Streite mich herausfordert, und ist diess der Fall — ich fürchte auch diesen „Unersteiglichen" nicht mehr. Die Scheitelzone der Lamsenspitze bot wenig Interessantes. Im Westen die flache Erhebungswelle, von welcher der Mitterkarlspitz sich ablöst; bis dorthin steht die Gangbarkeit der Bergflanke in höchster Region ausser Zweifel, und ebenso erscheint die Ostseite des Schafkarspitzes gut ersteiglich; das zwischenliegende Terrain deckt mir eben der Mitterkarlspitz.**) Gen Osten erhebt der Gipfelgrat sich nach kurzer Senkung zu seinem kegelförmigen Eckpunkte. Er wäre von hier aus ganz wohl ersteigbar, aber unzweifelhaft niedriger, reizt er mich weiter nicht. Der Osten vom Hoch-Nissel, der Westen vom Hoch-

*) Ein späterer Besuch desselben erwies auch die Richtigkeit dieser Schätzung nach dem Augenmasse.

**) Der Jäger Oberleitstettner behauptet die entschiedene Unmöglichkeit zwischen beiden Gipfeln durchzudringen; der Besuch des Schafkarspitzes, der eben in diese, für die Lamsenspitze verborgene Partie mir den Einblick eröffnete, macht mir das Gegentheil sehr wahrscheinlich.

Glück geschlossen, an welchem ein schöner Einblick in die Schneepfann' sich eröffnet, während vom Schafkar nur wenig über den Mitterkarlspitzkamm herüberschaut; südlich das mächtige Speckkar-Gebirge, nördlich in nächster Nachbarschaft das Sonnjoch und freier Ausblick auf das Risser und Achensee'r Gebirge, sowie in's flache Land.*)

Während der letzten Minuten meines Aufenthaltes hatte ich die Gesellschaft einer Bergdohle, die ganz unbefangen fünf Schritte weit von mir auf einem Schrofen sich niederliess, und erst, als ich mich erhob, die Schwingen entfaltete, ein paarmal verwundert mich umkreisend. Um 3 Uhr 15 Min. trat ich den Rückweg an, nicht ohne etwas Sorge, wie dessen Ende sich gestalten würde. Rasch war ich über die Geröll-lagen hinweg und wieder bei der Felsenhöhle, die ich diessmal bei Seite liess, langsamer und vorsichtiger klomm ich die steilen Absätze nach den Grasplätzen hinunter und suchte an diesen nach meinem Wahrzeichen. Bald war es gefunden, und einige Schritte weiter zeigte schon wieder eine Daube den Weg durch die Wand an. Ich hatte allen Grund, meiner vorsorglichen Massnahme während des Aufstieges mich zu freuen; ohne die zweifellose Gewissheit, diese Stellen schon einmal überstiegen zu haben, hätte ich an manchem Punkte schweres Bedenken getragen, noch einen Schritt weiter zu thun. Nun passirte ich im heiklen Abklettern, Zoll für Zoll, all' die Steinhäufchen wieder, die vor kaum 2 Stunden von mir aufgerichtet worden waren; die meisten flogen, nachdem sie ihren Dienst geleistet, in's Lamskar hinab, da ich des Raumes, der ihnen Halt gewährt hatte, zum Einsetzen des Fusses bedurfte. Ein paar Schritte aufwärts zur vorspringenden Ecke, auf der wieder eine Daube winkt, — und nun senkt sich vor mir das bedenkliche Plattenband in die Tiefe; sitzend, die Hände eingestemmt und mit den gestreckten Füssen nach Stützpunkten voraustastend, gleite ich verhaltenen Athems unter dem Schrofen hindurch, der unausgesetzt den Körper zur Seite drängt und bei der geringsten unbedachten Bewegung über den Rand des Abgrundes, an welchem die rechte Hand ihren Halt sucht, ihn hinauszudrücken droht. Doch kam ich glücklich darüber weg; froh, wieder auf den gewaffneten Füssen zu stehen, begann ich den geraden Abstieg in der sich verengenden Rinne und befand mich bald

*) Im Gebirgs-Panorama des Flachlandes macht sich die Lamsenspitze durch ihren senkrechten östlichen Absturz sehr augenfällig bemerkbar.

am Eingange des eigentlichen Kamins. Unheimlich genug gähnte die schwarze Spalte mir entgegen, aber hinab musste ich um jeden Preis, von einem Ausweg war hier nicht die Rede. Da ich fortan beider Hände auf's Dringendste bedurfte und der Bergstock mir nun nichts mehr nützen konnte, so warf ich ihn, wenngleich erst nach längerem Zaudern, hinab*). Der hölzerne, klappernde Ton, den er im Sturze von sich gibt, hat beinahe etwas Schreckhaftes, zumal in solchen Situationen, in welchen man zu diesem äussersten Mittel greift; und nicht weniger unbehaglich ist die damit besiegelte Gewissheit, an der bedenklichen Stelle, die dazu zwingt, nunmehr unter allen Umständen absteigen zu müssen; über die etwa versäumte Wahl einer besseren brauchte ich mir allerdings keine Skrupel zu machen. Niederkauernd fasste ich die Randzacken und liess mich in den Felsenschacht hinabsinken; bei seiner Enge und der schiefen Lage, welche anzunehmen die Seitenwand mich nöthigte, konnte ich nicht im Geringsten abwärts sehen und war auf den blossen Tastsinn angewiesen. Einmal war ich nahe genug am Sturz; mehrmaliges Abwärtstasten wollte keinen Stützpunkt mehr ergeben, und der Halt, den die gespreizten Ellenbogen und Kniee gewährten, stand auf dem Punkte, vom Zuge der Schwerkraft überwunden zu werden. Da sehe ich urplötzlich in Brusthöhe vor mir einen handgrossen, frei aus der Wand vorragenden Stein, als hätte ein wohlwollender Berggeist ihn dort hingezaubert; ich weiss es nicht, ob fest er ist, oder lose, aber es drängt die höchste Noth, und mit beiden Händen ihn fassend, lass' ich mich hinunter — er hält und ich fühle Boden unter dem Fuss. Nun war der Spalt bereits weit genug, dass ich mich wenden und Gesicht nach vorn absteigen konnte. Eine Minute später war ich vom Felsen weg auf den Grasstufen, mit einigen Sprüngen im Schuttfelde des obersten Lamskars; dort lag ruhig mein Bergstock und wurde vergnügt wieder aufgenommen. Von der Lamsscharte herüber schritt Oberleitstettner auf mich zu. „Das haben S' gut gemacht", sagte er, aber es klang doch etwas wie ärgerliche Verlegenheit durch seine Worte. — „Ich hab' gleich geglaubt, dass Sie hinaufkommen", fügte er später bei, „wenn Sie ernsthaft anpacken, und ich wär' auch schon mitgegangen,

*) Der Jäger Oberleitstettner, ein ächtes Tiroler Phlegma, sagte mir bei der Rückkunft ganz naiv, er habe den Stock wohl hinunterklappern hören, und sich dabei gedacht: „Jetzt wird der Andere gleich nachkommen." —

wenn mir nicht so viel um's Hosen-Zerreissen gewesen wäre." — Die Begründung dieses Vorgebens will ich nicht weiter untersuchen; soviel ist gewiss, dass das bezügliche, unentbehrliche Bekleidungsstück sich bei mir nicht mehr in intaktem Zustand befand.

Gemeinsam begannen wir nunmehr den Hinunterweg in den Zwerchbach. Die Uhr wies 4 Uhr 20 Min., ich hatte somit an der Lamsenspitze wieder längerer Zeit zum Abstiege als zur Ersteigung benöthigt. Das Lamskar bildet nur in seinen obersten Partieen ein eigentliches Kar, ein gerundetes Becken, mit hügeligem, mehrfach terrassirtem Boden, in tieferer Region verengt es sich zu einem nicht sehr breiten, steilfallenden, doch bedeutenderer Wandstufen entbehrenden Thale. Ein eigentlicher Pfad wird in demselben erst in beträchtlicher Tiefe sichtbar, doch bieten der geradlinigen Wegerichtung sich nirgends bedeutende Hindernisse. Eine Quelle, welche in den Platten-Absätzen der oberen Hügel-Terrassen urplötzlich aus dem Fels entspringt und eben so rasch wieder verschwindet, spendete uns willkommene Labung; sie liegt an der westlichen Seite der Bergbucht und ist unter dem Namen „Das gute Wasser im Lamskar" bekannt; mit dem Schmelzen des letzten Schnees am Fusse der Lamsenspitze aber versiegt auch dieser Born, und mancher Jäger oder Hirte, der im Spätsommer in's Lamskar hinaufstieg, fand sich in seinen Hoffnungen auf diese Quelle bitter getäuscht. — Bald hatten wir Steilwände zu beiden Seiten, links dem Fusse des Rothwandl- und Steinkarlspitzes angehörig, hoch über diesen waren wir einige Stunden zuvor auf grünem Gehänge dahingewandert — rechts zum Scheidekamme gegen das Schafkar emporstrebend. Hier und dort glaubte ich ausgeprägte Steige in diesen Mauern zu erkennen, wurde jedoch vom Jäger darüber belehrt, dass es von Gemsen geschaffene Pfade seien, welche mitunter auch für Menschenfuss ganz gut gangbar sich zeigen, zuweilen aber auch mitten in der Wand ihr Ende erreichen. An der oberen Krummholzgrenze angelangt, trafen wir auf die einzige beträchtlichere Wandstufe des Thalbodens; eine schmale, plattige Rinne, rechts von der Thalmitte in den Felsen eingeschnitten, brachte uns ohne sonderliche Schwierigkeit hinab, nun hatten wir bereits gebahnten Steig, welcher den schwach bewachsenen Trümmerboden schräg nach der linken Seite hinüber durchquerte. Eine endlos lange Sandreisse dehnte sich nun hinab bis zur Ausmündung des Thales; ich glaubte mit dem Ende dieser Geröllfelder auch bereits die Tiefe des Zwerchbaches erreicht zu haben, fand mich jedoch gewaltig getäuscht; nur der Scheidekamm zur Rechten trat zurück und öffnete einen theilweisen Einblick in die herabmündende, düster bebuschte Thalschlucht des Schafkars, überragt von den pyramidalen Gipfel-Gestalten des Kaiserkopfes und Huderbankspitzes, beide dem Seitengrate des Hoch-Glück angehörig. In den Zwerchbach strecken neue, ausgebreitete Schuttlehnen sich hinunter; nach langem, pfadlosem Absteigen erreichten wir wieder bewachsenen Boden, durch Krummholz, Alpenrosen und Heidelbeergestrüppe schlängelte der steinige Pfad sich abwärts, einem von abgerissenen Schutträndern gesäumten, ziemlich tiefen Wasserbette zu. Längst ist, durch die Wendung des Weges nach der rechten Seite, das Lamskar im Rücken entschwunden. Die Wände zur Linken, hier bereits dem Hoch-Nissel angehörig, heben noch gewaltiger und drohender als bisher aus der engen Thalsohle sich empor; aus finsterem Spalt spritzt ein Wasserstrahl hervor und stürzt seinen Schaum über die glatten Mauern hinunter, an deren Fuss er durch Geröll und Trümmerlagen seine Bahn sich weiter wühlt. Gleich darauf vereinigt er sich mit dem Zwerchbache, der mächtigeren Wasserader, welche in tief eingerissener, mit haushohen Blöcken überworfener Schlucht aus dem Schafkar und der Schneepfann' herabbraust. Der Pfad leitet quer an der östlichen Thalseite ziemlich hoch über dem tobenden Gewässer dahin. In seinem eingeengten Felsbette zeigen sich die wundersamsten Produkte vieltausendjähriger Auswaschung, tiefe Trichter, kugelrunde Becken, von blätterdünnen, abgeschliffenen Felstafeln überhangene Höhlen, Alles erfüllt von weissem, sprühenden Gischt, oder wirbelndem Tiefwasser von azurgrüner Farbe. Zuletzt verhallt das Rauschen und Brausen, in dumpfes, sich entfernendes Dröhnen. Der Bach versinkt in die Klamm, und bohrt durch die Felsen seinen Austritt sich in's Vomperloch. Etwas ansteigend leitet der Pfad von seinem Ufer weg zum „Jägerhüttchen im Zwerchbach.“

Auf kleiner Waldlichtung steht ein solides, viereckiges Holzhäuschen, mit kleinen, vergitterten Fenstern. Hier nimmt der Jäger sein Nachtquartier, wenn ein später Gang ihm die Rückkehr nach seiner Heimath nicht mehr erlaubt, oder er schlägt wohl auch für mehrere Tage seinen Wohnsitz dort auf, um den entlegeneren Gegenden seines Revieres, dem Schafkar, Oedkarl, Spitzkar und Grubenkar, dem Innersten des Vomper Lochs, näher zu sein. Südwärts öffnet sich das enge Thal auf seinen Hauptthallauf, jenseits dessen der

Walderrücken als dunkle Aussichtsschranke sich vorschiebt; im Norden tieft die Thalung des Zwerchbachs in die Gebirge sich ein, theilt sich nach der Höhe in die Becken des Lams- und Schafkars, deren obere Terrassenböden flache Wellenlinien gegen den Horizont beschreiben; der Hauptgrat, welcher sie abschliesst, und seine Gipfel bleiben verborgen. Der trennende Zweigkamm des Mitterkarlspitzes aber reckt zwischen beiden Thälern einige wundersam gekrümmte, fingerartige Hörner empor.

In Zeit von $1^1/_2$ Stunden hatten wir von der Lamsscharte herab das Jägerhüttchen erreicht; noch hatten wir von hier aus 2 Stunden Weges nach Vomperberg zurückzulegen. Eine starke Viertelstunde Marsch brachte uns auf die vortretende Bergecke hinaus, an deren Fuss der Zwerchbach mit dem Vomperbach sich vereinigt; ein losgerissener Felsthurm neigt gegen die Schlucht sich hinaus, auf seinem Scheitelplateau, das etwas Buschwerk und einige Bergfichten trägt, gewahrten wir nochmals, in so bedeutender Thaltiefe, einen Gemsbock; ein stattlicher, alter Herr, der vom Getriebe fröhlicher Jugend mürrisch sich abgesondert hat. Dann leitete der enge, aber durchweg gut angelegte Pfad thalaus, immer mehrere hundert Fuss hoch über der Klamm des Vomperbaches, der, selten sichtbar, nur durch dumpfes Brausen sich bemerkbar macht. Nochmals steigt der Weg über eine Viertelstunde lang im Walde aufwärts; wir gelangten auf einen grossen Holz-Schlag, hierauf wieder in Wald und endlich auf die Grasfläche einer kleinen, nur im Frühsommer und Herbste bezogenen Alpe.*) Dieser ziemlich genau gegenüber stürzt von der jenseitigen Thalwand über gelbe Felsplatten ein kräftiger Wasserfall zum Vomperloch hinunter.

In seinem weiteren Verlaufe kreuzt der Steig die mehrfachen, tiefen Gräben, welche wir in den Frühstunden in hoher Bergregion als begrünte Sinken und plattige, breite Kessel durchzogen hatten. So wenig erfreut ich über das stete Auf- und Absteigen des Thalweges war, so nahm ich diese Unbequemlichkeit doch andererseits gerne in Kauf für das frische Wasser, das in den Sohlen dieser Bergschluchten rieselt; denn die Ausdorrung während des ganzen Marsches über den Hoch-Nissel in's Lamskar und der Ersteigung der Lamsenspitze selbst war trotz mehrmaliger, ausgiebiger Libationen an der

*) Die G.-St.-K. nennt dieselbe Schuller-Alpe. Sie dürfte identisch sein mit der von Hrn. B. Lergetporer (a. a. O.) erwähnten Melanser-Alpe (3146′ 1022 m.).

Quelle des Lamskars sowie im Zwergbach noch immer nicht völlig gehoben, und vom Jägerhüttchen ab hatten die dürren Waldgehänge keinen Tropfen Flüssigkeit mehr gespendet. Nicht lange mehr währte es, so befanden wir uns auf einem breiten Holzziehwege, das linkseitige Berggehänge trat zurück und durch die enge, bereits im tiefen Dämmerschatten liegende Thalspalte blickten die grünen Berge des Innthals, voran das Kellerjoch, im goldenen Abendglanze herein. Gegen 8 Uhr erreichten wir die Terrasse von Vomperberg, eine halbe Viertelstunde später das Jägerhaus. Ich beabsichtigte noch eine zweite Nacht bei meinem freundlichen Wirthe zu verbringen, um folgenden Tages die höchste der Mittagspitzen zu ersteigen und von diesem östlichen Endpunkte der Vomper Kette aus Umschau zu halten. — Beim einfachen Abendtische verplauderte ich noch ein Stündchen mit dem Genossen meiner heutigen Tageswanderung, der auch über die Lamsenspitz-Ersteigung um so leichter sich tröstete, als ich die Wichtigkeit einer unzerrissenen Hose ihrem vollen Werthe nach zu schätzen mir den Anschein gab. Und als das Licht herabgebrannt war, und ich die wohlverdiente Ruhe suchte, da scheuchte nicht aufregende Erwartung, nicht fiebernde Sorge mehr den Schlaf von meinem Lager; ein entscheidender Schritt vorwärts war gethan in meinem Leben auf den Alpenhöhen. Ich war nicht mehr der kecke, vom Glück begünstigte Abenteurer; mit dem altgeübten, sicheren Felsenklimmer, an dessen Wiege schon die Berg-Riesen zu Pathen standen, durfte ich fortan in die Schranken treten, durfte kühnlich unternehmen, was er einmal unternommen, und durfte wohl auch versuchen, was ihm unausführbar erschien. Mit selbstbewusstem Vertrauen mochte ich den Zackengraten des Karwendel entgegenblicken, die noch manche Wiederholung mir bringen sollten von der Lamsenspitze. — Heran, wer sich des Widerstands vermisst! — Ich hab's gewagt! —

XVII. Die Obere Platte im Mieminger Gebirge.

(Hierzu Vertikal- und Horizontalprofil No. 17.)

In der Einleitung des ersten Capitels dieses Abschnittes bereits habe ich erwähnt, dass meine Scheidung der Innthaler Berge vom Quellengebiete der Isar keine orographisch begründete sei und in einer vollständigen, orographischen Behandlung dieser Gebirge nicht Platz greifen könnte; dass sie jedoch in touristischer und touristisch-beschreibender Beziehung ihr Recht behauptet, da es in der That andere Berge sind, die der Reisende im Innthale, als die er in der Riss erblickt, andere Wege, andere Thäler, die er nach ihren Gipfelhöhen verfolgt und die erst im fernen Centrum der ganzen Gruppe brüderlich sich die Hand reichen. So mag es denn entschuldbar erscheinen, wenn ich im Innthale noch einen Schritt weiter aufwärts thue und eine Tour des jüngstverflossenen Sommers (1873) als einen Anhang des Abschnittes über die Innthaler Kalkgebirge gebe; die Besteigung des Culminationspunktes einer Gruppe, richtiger gesagt einer Kette, die mit der Karwendel-Gruppe, in deren Süden die vorhergegangenen Capitel einige Streiflichter zu werfen bestimmt waren, in gar keinem Zusammenhange mehr steht, von ihr durch die wahre orographische Grenze des Passes Seefeld und der niedrigen Leutascher Berge getrennt ist, dagegen ziemlich enge verknüpft ist mit der Wetterstein-Gruppe. — Ich meine jene Kette gewaltiger, klotziger Kalkmauern, die den Oberlauf des Inn von Telfs ab begleitet, ihren Fuss auf die Terrasse von Miemingen und Obsteig setzt und durch den Pass Holzleiten mit dem langgestreckten, eingipfligen Tschürgant zusammenhängt; welche ihre getheilten, westlichen Ausläufer einerseits in's Thalbecken von Lermos entsendet und dort die prachtvolle Pyramide des Sonnenspitzes emportreibt, andererseits mit dem Zugspitz-ähnlichen Wanneck auf den

Thalboden von Nassereit niederfällt und durch den Pass Fern mit der Gruppe der Lech-Alpen sich verknüpft. Der östlichste Gipfel dieser Kette, der Hohe Munde*), ist der einzige, welcher bekannt und öfters besucht ist; auch der obengenannte Sonnenspitz bei Lermos erfreut sich eines Namens, der über die nächsten Kare und Thäler seiner Umgebung hinausreicht, und die herrlichen Bergseen an seinem östlichen Fusse sind das Ziel mancher Bergtour**); der Mittelstock, in welchem vier gewaltige Gipfel ersten Ranges und noch ein minder bedeutender Zwischengipfel sich aneinanderreihen, ist kaum dem Namen nach in der alpinen Welt be-

*) Ich halte diese Schreibart für die richtigste; für die gewöhnlich gebräuchliche „Mundi" findet sich im Sprachlaute der Einheimischen durchaus kein Anhaltspunkt. Letzterer klingt in der breiten Tiroler Mundart zuweilen wie „Munda", meist aber als Munt'n — Hohe Munt'n — Telfser Munt'n.

**) Was die Besteigung des Sonnenspitzes selbst anlangt, die man ebenfalls nicht selten als eine gewöhnliche, häufig ausgeführte nennen hört, so ist dieser Punkt mir höchst zweifelhaft, oder vielmehr, ich weiss ziemlich genau, was ich von diesem Punkte zu halten habe. Meiner persönlichen Erfahrung zufolge zählt die Besteigung des Sonnenspitzes zu den schwierigsten in den Nördlichen Kalkalpen überhaupt; wenn sich bei meinem Besuche auch Vieles noch verschlimmerte durch den Umstand, dass ich mitten in die Gewitterwolke gerieth (Eine Beschreibung s. Ausland 1873, No. 41), so glaube ich dennoch in keiner Ueberschätzung der thatsächlich vorhandenen Schwierigkeiten mich zu bewegen, wenn ich den Sonnenspitz unter den Kalkzinnen Nord-Tirols mit in den ersten, nur von wenigen Ausnahmen noch überbotenen Rang stelle und dessen Besteigung als einen Prüfstein für jeden Bergsteiger bezeichne. Die blosse Angabe, dass die Besteigung von halber Gipfelhöhe ab auf der nördlichen, dem Wanderer auf der Strasse von Pass Griesen nach Lermos direct zugewendeten Pyramidenseite vor sich geht, dürfte einigen Beleg für die Richtigkeit meiner Angabe liefern. Wie ein solcher Gipfel in unsern stiefmütterlich behandelten Nördlichen Kalkalpen zu häufigem Touristen-Besuche kommen sollte, ist nicht wohl erklärlich. Auch wurde von den Sennen der Seeben-Alpe mir mitgetheilt, dass nicht selten fremde Herren zu ihnen hinaufkämen, die Absicht aussprächen, den Sonnenspitz zu besteigen, denselben auch anstiegen und nach einigen Stunden zurückkehrten, sagend, sie seien oben gewesen. Gesehen hätten sie auf jenem Gipfel (von welchem allerdings einige notorische Ersteigungen bereits vorliegen) niemals einen dieser Herren und hätten diess der grossen Entfernung zugeschrieben, bei meinem Besuche jedoch sich überzeugt, dass man einen Menschen auf der Spitze von ihrer Hütte aus sehr wohl mit freiem Auge erblicken könne. Der Touristen-Besuch des Sonnenspitzes geht augenscheinlich blos auf die Terrasse am nördlichen Fusse der Pyramide, vielleicht auch noch bis in halbe Höhe der letzteren, wohin von Nordosten her gut gangbarer Grasboden reicht, und wo bei Wendung um die Kante bereits der volle Ausblick gegen Westen, sowie auf das Thalbecken von Ehrwald-Lermos sich eröffnet.

kannt, obgleich die breite Touristenstrasse durch's Oberinnthal nach Arlberg und Finstermünz an ihrem Südfusse — der häufig benutzte Gebirgspass über die Pestkapelle an ihrem Nordfusse vorüberführt, obgleich sie ein mächtig hervorragendes Aussichtsobject der vielbesuchten Zugspitze bilden. Es setzt diese ganze Kette, wie ich bereits andeutete, gegen Süden nicht unmittelbar auf die Thalsohle des Inn, sondern auf jene, fast stundenbreite Terrasse nieder, welche, gegen 800′ über erstere erhoben, die Ortschaften Unter- und Obermiemingen, Wildermiemingen, Barwies und Obsteig nebst einer Anzahl kleinerer Weiler trägt, und über welche die in Telfs bereits sich theilende Poststrasse nach Nassereit — Lermos — Reutte führt. Von dieser „Mieminger Terrasse“ leite ich den Collectivnamen für die ganze Kette her, deren Gipfel, mit Ausnahme des Grünstein*), von Ober- oder Wildermiemingen aus bestiegen werden. Einen fast abgetrennten Stock bildet die breitgeschulterte Bergmasse des Hohen Munde, welcher eben durch diese seine selbstständige Stellung auch eine gewisse Berücksichtigung in Benennung der Gruppe erheischt, welcher er angehört. Ich habe deshalb mich dahin schlüssig gemacht, das Kalkgebirge des Innthals von Telfs bis Nassereit, im Süden des Wettersteingebirges und nur durch das enge Thal des oberen Leutaschlaufes, das Gaisthal, von ihm getrennt, als das Munde-Mieminger Gebirge zu bezeichnen.

Kahlwandig, glänzend weiss, in breitgeformten Massiven treten seine Gipfel dem Wanderer entgegen, der am Ufer des Inn seine Strasse entlang zieht. Wenige und wenig ausgedehnte Kare dringen in den Körper der Bergkette ein; die Gipfelstöcke dachen in der ganzen Breite ihrer Flanken steil gegen Süden ab und stürzen ein- bis zweitausend Fuss unterhalb ihrer Scheitelgrate, mit geschlossenen Steilwänden zur Tiefe. In gleicher Weise brechen die kurzen Seitenarme, welche hier und dort der Hauptgrat entsendet, mauersteil in die Kare nieder; jene Zweigkämme aber, welche die Thalsohle, beziehungsweise die Terrasse am Fusse des Gebirges erreichen, verbinden sich mit dem Hauptmassive des Kammes bereits in dessen halber Höhe und schmal, oft scharfgratig sind die Glieder, welche mit jenem sie verketten, während sie

---

*) Ausgangspunkt für diesen ist die Marienberg-Alpe oder Obersteig (Aufstieg durch den Lehnenberger Bach.). Auch für die Hoch-Wand ist es nicht unbedingt nöthig, von Miemingen auszugehen (Näheres darüber im Verlaufe dieses Capitels), wohl aber für die beiden höchsten Gipfel der Mieminger Kette, Obere Platte und Hohe Griesspitz.

in starker Verbreiterung, wieder mehrfach getheilt, auf die Mieminger Terrasse sich absenken. Erst im westlichen Theile des Gebirges, in der Umgebung des Grünstein, finden wir zwei Thäler, (Marienberg- und Lehnenberger Bach) welche in geradlinigem Verlaufe Scharten des Hauptgrates berühren; ebenso senkt sich die breite Thalung, welche den Hohen Munde vom Mieminger Gebirge im engeren Sinne abtrennt, vom Niedermunde-Sattel auf dem Hauptgrat in ununterbrochenem Verlaufe herab nach Telfs. Die Thäler des Mittelstockes dagegen, Stödlbach und Judenbach, enden als wirkliche Querthäler bereits am Fusse des Gebirges; der erstere am Vereinigungspunkte mehrerer, zum Theil steilwandig abstürzender Kare; der zweitgenannte in einem ächten Cirque, wie er ausgeprägter und grossartiger wohl schwerlich in unsern Kalkalpen zu finden sein dürfte.

Die Nordseite des Mieminger Gebirges zeigt ein von den geschilderten Charakterzügen der Südflanke völlig verschiedenes Aussehen. Wieder unterscheidet sich der isolirte Stock des Hohen Munde auch seinem allgemeinen Baue nach von dem übrigen Gebirgskamme; absatzlos senkt sein Steinmassiv, zu unterst mit dunklem Wald umkleidet, sich auf die Sohle des Gaisthales, und breit zieht aus dieser die Einsenkung zum Sattel des Niedermunde sich hinauf. Im Inneren des Gaisthales aber erblickt der Bergtourist, zur Pestkapelle emporsteigend, an seiner Linken die abgeschnittenen Ränder ausgedehnter, tief in's Gebirg einbuchtender Kare, getrennt von scheinbar isolirten, gewaltig aufragenden, meist pyramidalen Felsgipfeln. Es sind die Nord-Ausläufer des Mieminger Gebirges, welche mit niedrigen, geröllüberdeckten Sätteln an den Fuss der Hauptkette sich anfügen, ihr gegenüber zu ansehnlichen Höhen sich emporschwingen und ebenso plötzlich wieder abstürzen. Der bereits genannte Sonnenspitz bei Lermos ist, genau betrachtet, das Prototyp dieser Ausläufer des Mieminger Gebirges; man kann ihn, da eine weitere Fortsetzung des Hauptkammes gegen Westen nicht mehr vorhanden ist, freilich auch als in einer Umbiegung des letzteren stehend betrachten. Der Hauptgrat der Mieminger Kette wird dem Wanderer im Gaisthale nur wenig, und seiner weit zurückgerückten Lage halber nur in höchst gedrückter Stellung sichtbar; steigt man aber hinauf zur Höhe des Gatterl, wo der Pfad hinüberleitet zum Plattacher Ferner, und hinunter zur Wiege der Partnach — da recken sie sich im Süden empor, die flachgewölbten, tausendfach verzackten Rücken der Mieminger Gipfel; da öffnet sich der tiefe Einblick in ihre weitgespannten Schuttbecken und da ermisst das Auge erst die gewaltige Höhe der Mauern, welche sie an den Saum dieser Geröllmeere niedersetzen. In geschlossener Wand reiht da ein Gipfel sich an den andern, nur die Hebung und Senkung des Gratscheitels unterscheidet sie. Im Mittelstock des Mieminger Kammes und dem jenseits des Gaisthales auf ihn folgenden Wettersteinkamme reproducirt sich die gleiche Gebirgsstruktur, wie in den vierfachen Parallelketten des Karwendel.

Auf einen dieser Gipfel nun, die nie vom Touristenfuss noch betreten, kaum jemals anders, als in weitestem Bogen von ihm umgangen worden sind, wolle der Leser mich begleiten.

Am 6. August 1873 kehrte ich über die Pestkapelle aus dem Wetterstein-Gebirge zurück nach Lermos; fünf Tage hatte ich im Rainthaler Hofe*) mich aufgehalten, und von dort aus die Aufnahme der Skizzen im Wetterstein-Gebirge bethätigt, von welchen ein Theil den fünften Abschnitt dieses Buches illustrirt. Abends 7 Uhr langte ich in meinem bisherigen Standquartiere an und erwartete die durchgehende Malle-Post, um für künftige Bergfahrten nach Telfs überzusiedeln. Mit gewohnter Verspätung fuhr der Eilwagen gegen 10 Uhr vor. Die stereotypen Klagen der Insassen, namentlich der in Lermos verbleibenden Touristen, dass zur Poststunde ausser Wein und den kalten Ueberresten des Tages Nichts mehr zu erhalten, wurden laut (sie könnten aber eher das k. k. Ober-Postamt von Tirol und Vorarlberg zu einer Abänderung der Fahrzeit, als die Post-Wirthschaft in Lermos zu einer solchen ihrer Hausordnung bewegen); ich hatte mich schon frühzeitig vorgesehen und bestieg wohlgenährt das Coupé des nach kurzem Aufenthalte wieder dahinrollenden Wagens. Der Vollmond war über das Gebirge heraufgestiegen und goss seine silberne Helle geisterhaft über die weite Gebirgswelt. Der Riesenbau der Wetterwand, die regelmässige Pyramide des Sonnenspitzes glichen grell beleuchteten Inseln in einem Meere gedämpften, zitternden Schimmers. Der Weissensee mit seinen Felseneilanden, der Blindsee in seinem tiefen

*) Dem Touristen, welcher Bergpartieen im Wetterstein-Gebirge zu machen gedenkt und Partenkirchen mit seiner widerlichen Hôtelwirthschaft (die unbegreiflicherweise vielgerühmte „Post" hier in erster Linie zu nennen) gerne vermeidet, kann der Rainthaler Hof als Standquartier nicht genug empfohlen werden. Materiell entbehrt er, sofern seine Ansprüche nicht über einfache Hausmannskost gehen, dort nichts, da für einen länger verweilenden Gast die Bäuerin gerne Fleisch u. dgl. von Partenkirchen holen lässt.

dunklen Rahmen, gaben aus ihren schwarzen Spiegeln das Licht der Mondesscheibe und der glänzenden Bergschrofen in ungeschwächter Kraft zurück; von Norden schaute der Daniel, das breite Haupt von den Gestirnen des Himmelswagens gekrönt, uns nach, auf der nächtlichen Alpenfahrt. Die Gartnerwand mit ihren krummholzbehangenen Felsstufen zog an unserer Rechten vorüber, das wechselnde Spiel von Licht und scharfen Schatten in ihren Klüften ging zu Ende. Die breite Höhe von Pass Fern öffnete den Ausblick in den silberhellen Duft des Thals von Nassereit, die spitzen Hörner der Heiterwand stiegen über den Waldgründen von Fernstein empor. Im tiefen Schatten des Wanneck rollte unser Wagen die stundenlange Serpentine der neuen Strasse hinunter zur Sigmundsburg mit ihrem alten, halbverfallenen Thorbogen. Wieder blinken Wasserspiegel zu unsern Füssen, aus schwarzem Tannenwald, den funkelnder Wellenschlag umspült, ragt Burggemäuer in's mondhelle Firmament hinein. Vorüber, und wieder bergab — um $^1/_2$1 Uhr rasselt die Post unter Peitschenknall durch die engen Strassen von Nassereit. — Eine Viertelstunde später ging's wieder dahin — langsamen Schrittes den Pass Holzleiten hinauf, in nächtlichem Dunkel. Obsteig, Barwies passirte ich im Halbschlummer; als ich völlig wieder erwachte, hielt der Postwagen in Obermiemingen; im Osten begann der Himmel sich zu lichten. Bald fuhren wir in scharfem Trabe die mässig, aber constant sinkende Strasse hinunter, dem Innthale entgegen. Immer heller, goldener wurde es in seiner Thalweitung, vom blauen Himmelsgewölbe zeichneten die zerhackten Säulen der Kalkkögel, die weichen Formen des Glimmerschiefer-Gebirges, Rosskogel, Hochederspitz, Birkenkogel, in haarscharfen Contouren sich ab, von Norden schauten die breiten, starren Mieminger auf den Ankömmling nieder, im bleichen Dämmerschein des Morgens. Jetzt entwickelte sich auch die massige Gestalt des Hohen Munde, und über der welligen Sattelhöhe von Buchen und Mösern zeigte sich der schlanke Seefelderspitz, die Solstein-Gruppe mit ihren krummen Gipfelhörnern — alte Bekannte aus früheren Jahren. Aus tiefem Felseinschnitte mündet die Strasse hinaus auf die fruchtbaren Fluren des Innufers. Wieder Peitschenknall und Posthornton — wir sind in Telfs. An der grossen Bindfadenfabrik vorüber fahren wir zwischen niedrigen, ärmlichen Häusern, kleinen Mühlen dahin, mit plötzlicher Biegung um die Ecke öffnet sich die Hauptstrasse des Marktes, die ein etwas stattlicheres Ansehen hat. Der Wagen hielt an der Post; ich bezog sofort ein Zimmer, um der mangelhaften Nachtruhe in den Morgenstunden noch etwas nachzuhelfen; mein nächster Bestimmungsort, den ich in mehrwöchentlichem, mitunter lange unterbrochenem Aufenthalte noch recht lieb gewinnen sollte, war erreicht.

Nachdem ich etwas geschlafen und hierauf gut gefrühstückt hatte, spazierte ich Vormittags hinaus nach der Innbrücke und besah mir die Gebirgsumgebung. Da standen sie, gewaltig gross, mauerglatt, in langer Reihe aufmarschirt — ich hatte nur zu wählen, mit welchem unter ihnen ich am folgenden Tage anbinden wolle. Das freie, und noch sicherer das bewaffnete Auge sagte mir, dass ich an jedem der drei Gipfel, die ich in den nächsten Tagen zu ersteigen gedachte, vor Allem auf die, noch stellenweise bewachsenen Plätze der höheren Felsregion gelangen und bezüglich des Weges, der über die unteren Steilstufen mich dorthin emporführe, in den umliegenden Dörfern, eventuell Alpen, mir Rath erholen müsse; dass ich solchen erhalten würde, wenn es mir nur glückte, die geeigneten Persönlichkeiten dazu ausfindig zu machen, stand ziemlich sicher, denn es war kaum daran zu zweifeln, dass diese hochgelegenen Weideplätze noch mit Schafen betrieben würden. Wohin nun zunächst mich wenden? — ich musste wohl auf gut Glück zugreifen und gedachte denn die einzelnen Gipfel der Reihe nach zu nehmen. Den Hoch-Munde kannte ich bereits aus dem Jahre 1871; es traf demnach zunächst die Hochwand*), einen steil trapezförmigen, den Hoch-Munde überragenden Felsstock; auf seinen Besuch mochte dann jener der Oberen Platte folgen, des langgedehnten, schartigen Rückens, den ich als Culminationspunkt der ganzen Kette taxirte, und wie die Folge ergab, auch mit Recht. Der Nachmittag war sohin zu einem vorbereitenden Anstiege in die weite Thalung zu benutzen, welche zwischen die Massive des Hoch-Munde und der Oberen Platte sich ein-

---

*) Die drei Gipfel des Mittelstockes der Mieminger Kette führen von Süd und von Nord verschiedene Namen. Ich glaubte erstere beibehalten zu müssen, da dieselben bereits in die Oesterr. Generalstabskarte übergegangen sind, und der Tourist auch weit eher im Innthale in die Lage kommt, nach diesen Bergen zu fragen, als im Gaisthale. Die synonymen Benennungen mögen hier Erwähnung finden: Hoch-Wand = Nieder-Mundespitz (wohl auch Karkopf, aber fälschlicher Weise, dieser Name bezieht sich auf einen im östlichen Absenkungs-Grate der Hoch-Wand stehenden, ebenfalls signalisirten, viereckigen Nebengipfel). Obere Platte = Schwarzebachspitz (folgt nun ein minder bedeutender, meines Wissens namenloser Zwischengipfel), — Hohe Griesspitz = Hoch-Platte oder auch Obere Platte (vielleicht Resultat einer Verwechselung mit der wirklichen Oberen Platte).

buchtet. Südwestlich umfängt sie in weitem Viertelsbogen der Kamm der Judenköpfeln, der von der südöstlichen Fussecke der Oberen Platte sich abzweigt; in ihre Mitte stellt sich der breite, plötzlich steilabbrechende Körper der Hochwand; von seinem Südfusse zweigt sich, ebenfalls erst in tiefer Region ein niedriger, südöstlich verlaufender Grat ab; dieser theilt, während die Hauptbreite der Thalung geradlinig gegen den Nieder-Mundesattel hin verläuft, deren innere, weit gegen Nordwesten gezogene Bucht abermals in zwei kleine Thäler; arm, wie an Wegen und Wohnungen, ist dies Gebirge auch an Namen; das eine Thal, welches mit einem kesselförmigen Kar im Südostfusse der Hochwand endet, führt kurzweg die Bezeichnung „Im Kar"; das andere, das noch etwas kümmerliche Viehweide und eine Hirtenhütte birgt, und dessen Inneres in mehrfachen Schuttmulden an die Judenköpfeln, an deren Anschlussgrat an die Obere Platte und mit langgezogenen Reissen an die Alplscharte*) zwischen dieser und der Hochwand verläuft, wird unter der ebenso allgemeinen Benennung „Im Alpl" verstanden. Die dünnbewaldeten Wiesen des Thales vor seiner Theilung und geradlinigen Fortsetzung zum Niedermunde-Sattel endlich sind unter dem Namen „In den Mähdern" bekannt.

Ich hatte also zunächst in die Mähder hinaufzusteigen und dort nach einem tauglichen Nachtquartiere mich umzusehen; anderen Tags mochte ich dann die Hochwand ersteigen, was aus dem folgenden Tage werden sollte, blieb in Zweifel gestellt. Der Jäger *Augustin Draxel* in Ober-Leutasch, mit welchem gemeinsam ich vor wenigen Tagen die Arnplattenspitze**) erstiegen, hatte mir gesagt, dass ich von

*) Dieselbe bildet einen — anscheinend nicht ganz leichten — Gebirgsübergang in's Gaisthal, zunächst vom „Alpl" in's Schwarzebachkar.

**) So benannten wir die südwestliche Spitze des Arnnspitzen-Gebirges, die durch ihren schlanken, fingerförmig gekrümmten Bau in der Leutasch sowohl wie in Scharnitz, an letzterem Orte aber namentlich durch die schneeweissen Platten ihrer östlichen Gipfelflanke auffällt. Es mag eine erstmalige Ersteigung gewesen sein, aber weit weniger schwierig, als wir beide erwartet hatten Hier noch ein Wort über den genannten Jäger, in der Leutasch bekannt unter dem Namen „*Augustin*". Er gilt für den besten Steiger der ganzen Gegend, war vor seiner Anstellung als Jäger der verwegenste, keinem Jäger erreichbare Wildschütze und ist sowohl im Wetterstein- als im Munde-Mieminger Gebirge anscheinend wohl bewandert; zudem ein sehr intelligenter und freundlicher Mann, dem Bergwanderer, der ihn um seine Beihilfe zu einer Hochtour ersucht, von grossem Nutzen. Nur möchte ich künftigen Bergsteigern anempfehlen, auf seinen Rath sich nicht allzusehr zu verlassen. Einen bestimmten Weg und zwar natürlich den besten, genau und klar zu der Alplscharte aus unmittelbar auf die Plätze an der Südseite des „Schwarzebach-Spitz“ (Obere Platte) und somit auf dessen Gipfel gelangen könne. Da der Steilwände in tiefer Bergzone halber der Uebergang auf diese Plätze immer ein zweifelhafter Punkt blieb, so war ich nicht abgeneigt, dieser Anweisung Folge zu leisten. Ich hätte besser gethan, von einem günstig gelegenen Punkte am rechten Innufer mir den Centralstock der Mieminger Kette erst etwas anzusehen; mit dem Anstiege nach den Mähdern, um von dort aus mehr als eine Hochtour zu unternehmen, war der erste Fehler bereits gemacht. Ich wanderte am 7. August Nachmittags 3 Uhr zwischen den Maisfeldern der Telfser Flur hinaus nach Emat und begann die breite, steinige Strasse nach der Berghöhe emporzusteigen. Tief schneidet sie in die Wälle und Hügel ein, welche den Gebirgsfuss umlagern, und die tiefen Einschnitte lassen diese Ablagerungen grossentheils als blossen Schutt erkennen, angehäuft von den Gletschern und Fluten längst verwichener Zeit. Nirgends in unsern nördlichen Kalkalpen sind erratische Vorkommnisse krystallinischer Gesteine so häufig, in solcher Ausdehnung vorhanden, wie an der Südseite des Mieminger Gebirges (das freilich auch von erster Hand sie erhielt), nirgends reichen sie zu so bedeutenden Höhen hinauf, wie in diesem. Bis mitten in die Krummholzregion hinein überraschen den Bergwanderer diese irrfahrenden Glimmerschieferplatten und Gneissblöcke, sie begegnen ihn im Bette des Wildbaches, der eben seine Geburtsstätte, das Kar, verlässt, so gut, wie auf dem Gratscheitel des Zweigkammes. — Nach einer starken Viertelstunde des Anstiegs kam ich an einigen Einzelnhäusern vorüber, das kleine Bergdorf St. Veit blieb mir zur Rechten, und weiterhin zeigte sich in dieser Richtung die grüne Hochterrasse von Buchen, über welche der Weg von Telfs nach

beschreiben, das ist eine Fertigkeit, die ihm absolut mangelt. Frägt man ihn um einen Gipfel, so erhält man sofort drei bis vier Ersteigungslinien aufgetischt und weiss soviel als zuvor. In den Mieminger Bergen, an der Oberen Platte namentlich, haben seine Anweisungen mich arg in die Irre geführt. — Bei dieser Gelegenheit möchte ich noch beifügen, dass der genannte Jäger die sämmtlichen Spitzen des Wettersteinkammes, von denen einige in der Folge noch werden beschrieben werden, bereits erstiegen zu haben behauptet, und meine bezüglichen Ersteigungen des Jahres 1871 dadurch den Charakter als Erstlingstouren (auf welchen ich freilich wenig Werth lege) verlieren. Dass er jeden Augenblick sie ersteigen kann, wenn er will, darein setze ich nicht den geringsten Zweifel. Da jedoch auch die Arnnplattenspitze zu seinen Eroberungen zählte, — so lange, bis wir davor standen und an ihr herumspekulirten, so glaube ich mich berechtigt, auch jene früheren Ersteigungen im Wetterstein-Gebirge nicht für vollbewiesen anzunehmen.

Ober-Leutasch und Mittenwald führt. Links sah ich zu wiederholten Malen in die Tiefe der Bergschlucht hinunter, die, zwischen Felswänden immer enger sich zusammenschnürend, ihren Namen „Strassberger Klamm“ zu rechtfertigen beginnt. Der Weg, welcher der Heuabfuhr dient und streckenweise einer wirklich gut planirten Strasse gleicht, zog eintönig durch niedrigen Föhrenwald bergan. $1^1/_2$ Stunden von Telfs entfernt, bog er nach der linken Seite ein, und ich hatte die untere Grenze der Mähder erreicht, saftige Wiesen, von hohen Lärchbäumen beschattet. Zahlreiche Heustädel sind auf ihnen errichtet, und Gruppen arbeitender Leute waren eben mit deren Füllung emsig beschäftigt. Ich richtete einige Fragen an sie betreffs meiner hochzielenden Pläne, fand aber, wie erwartet, geringe Auskunft. Doch erfuhr ich, dass tiefer im Thale noch eine Hirtenhütte stehe, und erhielt den Weg dorthin angewiesen. Derselbe leitete mich nunmehr völlig gegen Westen; die wiesenreiche Thalung nach dem Niedermunde-Sattel blieb hinter mir zurück und verschwand allmählig, von vortretenden Bergkörpern verdeckt. Ein bewaldeter Rücken, an den Fuss der Hochwand anschliessend, schien westwärts das Thal zu sperren und musste umgangen werden. Ueber die schönsten, von krystallklaren Quellen durchrieselten Weidematten führte mein Pfad, leicht ansteigend, über der Ausbuchtung der Strassberger Klamm dahin. Nach Kurzem stiessen wieder Leute zu mir, die in gleicher Richtung meines Weges gingen; ihr Ziel war der Ort Wildermiemingen, dem sie über den Ostabfall des Judenköpfel-Kammes hin zuwanderten. Von der Hochwand wussten sie mir ebenfalls nicht viel zu erzählen; Einer nur meinte, gehört zu haben, dass es ein gar böses Gehen sei. Dagegen erhielt ich nun eine andere Nachricht, die mich nicht wenig überraschte: dass im Innersten des hinteren Thales „Im Alpel“, dessen hügeliger, buschiger Grund, in öde Schuttkare sich verlierend, oben im Nordwesten sich aufzuschliessen begann, ein wohlgebautes Haus sich befinde; ein reicher Bauer von Wildermiemingen, der allerlei seltsame Einfälle habe, sei auf den Gedanken gekommen, sich in dieser Bergeinöde einen Lustsitz zu errichten, beziehe denselben auch zuweilen, habe einmal ein grosses Festschiessen daselbst gegeben mit reichlicher Bewirthung seiner Gäste. Für gewöhnlich allerdings sei das Haus fest verschlossen, indess meinten sie, es werde sich wohl irgend ein Mittel finden lassen, hineinzukommen. Das Requiriren eines Nachtquartiers war mir nichts Neues mehr, und zufrieden mit der gemachten Entdeckung schritt ich weiter. Bald lag das ganze, nun ziemlich rasch steigende Thal dem Blicke offen. Die Hochwand stand wieder frei über den weiten Geröllkesseln, ihr niedriger Südost-Ausläufer war an meine rechte Seite getreten. Im Westen entstiegen den Schuttfeldern die rissigen Wände der Oberen Platte, und die schroffen Mauern der Judenköpfeln, eine tiefe Scharte zwischen sich lassend. Ich überschritt das Trümmerbett eines tief eingewühlten Baches, stieg am steinigen Grashange des jenseitigen Bergrückens schräg hinan, und befand mich bald an der Hirtenhütte, einem ärmlichen, kleinen Holzgebäude. Der Hüter, eben noch beschäftigt, sein Jungvieh mit Salz zu „letzen", machte durch laute Rufe sich bemerkbar. Ich antwortete, und nach wenigen Minuten trafen wir zusammen. Meine Nachfrage wegen Unterkunft ergab kein sehr erfreuliches Resultat; in der Hütte war ein solches nicht zu haben, der Hirt selbst geht des Abends hinab in die Mähder oder auch wohl in's Dorf Wildermiemingen. Und was das Haus betrifft, so erklärte der Hirte es für eine Unmöglichkeit, hineinzugelangen; es sei zu fest verschlossen, er selbst habe es schon mehrmals versucht, aber es ginge nicht. Ich dachte doch erst mir die Sache anzusehen, und der Hirt war auch gerne erbötig, mich zu begleiten. Ein guter Pfad führt von der Hütte quer an der Berglehne durch in die Sohle des Grabens*), der aus dem Kar herabkommt; jenseits steht auf gerundetem Hügelscheitel das verzauberte Schloss, ein nettes, roth angestrichenes, gemauertes Haus mit grünen Fensterläden. Sorgfältig hergestellt zieht ein breiter Steig am buschigen Gehänge in weiten Windungen hinauf, nach einer Viertelstunde befanden wir uns am Ziele. Eine demontirte Drehbank war der erste Gegenstand, der in der Umgebung des Hauses uns in die Augen fiel. An diesem selbst war wenig auszurichten. Die mit Eisenblech beschlagene Thüre war fest gesperrt; die Fenster mit eben so festen Eisenstangen versehen, ein Einschlüpfen nicht möglich. Das Dach zu hoch, um hinaufzugelangen, und daher ein Einsteigen durch dasselbe ebenso unthunlich. Wir spürten rund umher nach einem etwaigen Versteck des Schlüssels, aber umsonst. Da endlich erregten auf der Westseite des Hauses einige, am Boden liegende, mit Steinen beschwerte Bretter unsere Aufmerksamkeit. Wir hoben sie weg und entdeckten, nicht den Schlüssel,

*) Dieses Bachbett ist in besonders auffälligem Masse von Rollblöcken krystallinischer Gesteine erfüllt. Man glaubt sich in ihm geradezu in einen Wasserlauf der Central-Alpen versetzt. Und doch beträgt die Höhe des „Alpel" über der Thalsohle des Inn wohl 2500' (absolute Höhe ca. 4500' 1462 m.).

sondern das offene Kellerloch. „Wenn màn nur wüsste, wie tief es da hinuntergeht“, meinte der Hirt. Nun, dafür war Rath zu schaffen; ich suchte im Bergsack nach Feuerzeug und Kerze und hiess ihn hinableuchten. Es erwies sich, dass die Tiefe nur einige Fusse betrug, und wir liessen uns beide hinabgleiten. — Nun waren wir im Keller. Eine Treppe führte aufwärts, in den Küchenraum; zum Glück hatte sie keine verschlossene Fallthüre. Von der Küche kamen wir dann in's Erdgeschoss nebenan. Wunderlich genug sah's da aus. Lange Tische und zahlreiche Stühle, alle gleichmässig angestrichen, wie in einem Gastzimmer, Leuchter, Flaschen, Teller und anderes Geräthe die schwere Menge; auf einem der Tische ein Malerapparat, aufgeriebene Farben, Pinsel, dazwischen wieder Werkzeuge zum Drechseln und Schnitzen. Wir stiegen dann noch die zweite Treppe hinauf und gelangten unter Dach. Da fand sich noch seltsameres Gerümpel, zum Theil seinem Zwecke nach schwer bestimmbar. Ein Kegelspiel — die Kegelbahn, der es einstmals diente, befindet sich in total ruinosem Zustande —, Schiessscheiben, theilweise schon von Kugeln durchlöchert, theilweise noch intakt im Vorrath, Fahnen und Beleuchtungsapparate, zwei Scheibenfiguren, martialische Tiroler in Joppe und Federhut, die ernst die einsamen Räume bewachen; Krüge, Flaschen, Tassen, Wein- und Schnapsgläser, Töpfe, Holzteller, Stellagen, Laden, Stangen, Schragen und — ein Bett.

Ich war zufriedengestellt; hier hatte ich ein Logis gefunden, wie ich vortheilhafter der Lage und Beschaffenheit nach es kaum wünschen konnte. Nur ein Mangel haftete ihm an: ein Mittel, die Thüre aufzuschliessen, fand sich auch von Innen nicht und für die Communication nach Aussen blieb es definitiv beim Kellerloch. Zwei Nächte und zwei Tage beherbergte mich dies Asyl in der Bergeinsamkeit; früh Morgens zur Bergfahrt ausziehend — des Abends heimkehrend von den Felsenhöhen kam und verschwand ich wie der Fuchs in seinem Bau. Meine einzige Sorge für die nächste Zeit betraf den Proviant. In diesem Artikel hatte die Nachsuche nicht das bescheidenste Resultat ergeben. Ich beauftragte den Hirten, mir am folgenden Tage, wenn er aus civilisirterer Gegend in seine Hochalpe zurückkehre, einen tüchtigen Laib Brod mitzubringen; denn mein Vorrath reichte höchstens für heute Abend und für die morgige Bergtour Auch für Wasser musste gesorgt werden. Das Haus besitzt leider keinen Brunnen und muss die Flüssigkeit aus dem Graben, den der Weg überschreitet, wohl ein paar hundert Fuss tiefer, heraufgeholt werden. Um diesen unfreiwilligen Spaziergang wenigstens nicht wiederholen zu müssen, packte ich gleich einige der leeren Weinflaschen in den Rucksack. Dieser wurde durch's Fenster hinausgesenkt, wir stiegen in den Keller zurück und krochen durch die enge Pforte hinaus in's Freie. Bald waren wir wieder unten im Graben, und ich füllte meine Flaschen mit dem klaren, kalten Bergwasser. Bevor ich vom Hirten mich trennte, richtete ich noch einige Fragen an ihn bezüglich der Oberen Platte und der Hochwand. Letztere betreffend, lautete sein Bescheid dem bereits früher erhaltenen conform. Die einzige, den Uebergang von den unteren auf die oberen grünen Plätze gestattende Stelle sei gar böse, und hätten sich die Schafe dort hinauf verirrt, was bisweilen vorkomme, so getrauten nur wenige Schafhirten sich, sie zurückzuholen. Ueber die Obere Platte wusste er nichts. Als ich aber bemerkte, dass zwischen deren Wänden und dem Anschlusse der Judenköpfeln ein paar Scharten sich befänden, die vom diesseitigen Kar aus gut erreichbar seien, und fragte, ob durch dieselben auf die Grasplätze der Oberen Platte zu gelangen sei, antwortete er mit einem zuversichtlichen „O ja, leicht". — Mein Plan hatte sich plötzlich geändert Der prachtvolle Tag, den der klare Abend mit aller Gewissheit versprach, sollte nun sofort zum Besuche des Culminationspunktes der Mieminger Kette verwendet werden. Was ich erfahren, lautete ganz anders, als der Rath des Leutascher Jägers. Nach diesem hätte ich ja hart unter der Alplscharte, an 2000' höher, diesen Durchgang zu suchen gehabt; und Angesichts der furchtbar steilen und zerrissenen Ostwände der Oberen Platte fing dieser Rath an, stark an Zuverlässigkeit zu verlieren. Und nun liess ich mich durch die Aussage eines Hirten, der die offen vor Augen stehende Hochwand für allzugefährlich erklärte, bestimmen, die Obere Platte von einer Seite anzusteigen, die ich noch gar nicht gesehen, und zu deren Recognoscirung eben ein vorheriger Besuch der Hochwand die beste Gelegenheit geboten hätte. Das war der zweite Fehler.

Mit dem Lebenselemente Wasser schwer beladen stieg ich wieder hinauf zum Hause; durch das vorsorglich offen gelassene Fenster wurden die Flaschen in's Zimmer gestellt, ich selbst folgte auf dem bekannten unterirdischen Umwege nach. Nun begann ich häuslich mich einzurichten. Der Schnellsieder wurde in Activität gesetzt, und bald hatte ich vorzügliche Fleischsuppe*), die in einer gläsernen Kaffeetasse, mit Kaffeelöffel

*) Ich habe im Sommer 1873 begonnen, den bisher üblichen Kaffee durch Mitnahme von Liebig'schem Fleischextract zu ersetzen und diess

versehen, säuberlichst servirt wurde. Mit Zugabe eines abgemessenen Theiles des Brodvorrathes erzielte ich ein ganz leidliches Abendessen, gewürzt durch eine herrliche Aussicht aus den nach drei Weltgegenden sich öffnenden Fenstern. Im Westen ragen die schwarzen Zacken der Judenköpfeln und der Oberen Platte in den goldenen Abendhimmel auf, südlich erschliesst sich das nahe Innthaler Gebirge, durch das östliche Fenster, an welchem ich meinen Sitz genommen, schweift der Blick über die weite Innthaler Ebene hinaus bis Zirl und Innsbruck; — über das grüne Glimmerschiefer-Gebirge, Patscherkofel, Glungezzer, Rosenjoch, bis zum Kellerjoch bei Schwaz, auf welchem das Fernrohr deutlich die Kapelle erkennen lässt; und höher und ferner noch die weissen Schneezelte des Zillerthals, des Hinterdux und Stubay. Immer weiter rücken die Schatten an den starren Wänden des Hochmunde hinauf, die gewaltig im Nordosten sich emporbauend, den goldhellen Abendglanz zurückspiegeln; immer tiefere Töne nimmt die Beleuchtung seiner Felsen an vom Orange zum Roth, bis endlich mit dem letzten Purpurhauch das Licht an ihnen erlischt. Auch an den Ufern des Inn ist's dunkel geworden, zart violette Tinten giessen sich über die Fluren, die Gebirge, nur die Ferner schimmern noch im sanften Rosenscheine. Und auch auf diesen Höhen wird's düster; duftiges Dunkel hebt sich über den östlichen Horizont, in ihm verschwimmen Berg und Himmel. Im tiefen Blau taucht hier und dort ein Sternlein auf. — Und wieder hellt sich's an den Grenzen des Gesichtskreises; und wieder erhebt sich eine Leuchte über den Gebirgen. Die Vollmondscheibe steigt langsam hinter den Kalkkögeln herauf, ihre zackenreiche Silhouette auf glänzender Folie abschattend, bis dass zuletzt der Silberball auf ihren höchsten Zinnen ruht, einer schaukelnden Seifenblase vergleichbar. — Wer mochte denken, dass solch' zauberschönem Abend ein verfehlter, verdorbener Tag folgen würde? —

Und es war ein verfehlter. Ueber die Ereignisse der nächsten beiden Wanderungstage gehe ich rasch hinweg, sie haben mit der Ersteigung der Oberen Platte nichts zu schaffen.

---

als durchaus probat befunden. Der Scherz, auf hohen Berggipfeln zu kochen, bleibt dabei allerdings meist weg (obgleich die Möglichkeit hiezu ebenso gut vorläge), dafür ist der Gewinn an Nahrhaftigkeit ein grosser und namentlich bei mehrtägiger Alpenkost erweist sich der Genuss von Fleischsuppe, wenigstens einmal des Tages, als sehr zuträglich. Zugleich vermindert sich, gegenüber Kaffee, sowohl Volumen als Gewicht des mitzuführenden Gepäckes.

Nur bei dem einsamen Thal und seinem wunderlichen Hause glaubte ich etwas länger verweilen zu müssen. Ich stieg am folgenden Morgen in den innersten Hintergrund des Kars, ich stieg zur Scharte hinauf, die, von einer kirchthurmartigen Felssäule gedoppelt*), mir den Uebertritt auf die Südseite der Oberen Platte gewähren sollte — und sah mich vor der schauerlichen, zerschluchteten, von (zum Theil wirklich mathematisch) senkrechten Wänden umsperrten Tiefe des Judenbachs, — die grünen Plätze, die mir den Weg zum ersehnten Gipfel frei gebahnt haben würden, auf Büchsenschussweite vor mir und über mir — aber zwischen ihnen und mir Steilwand und Steilkluft — sie selbst unerreichbar. Ich stieg herab und hinauf in's Gefelse am Ostabsturz der Oberen Platte, über Plattenbecken, durch lange, geradlinig steile Runsen — an den Wänden quer durch, viel, viel weiter, als der Anblick aus der Tiefe das als möglich ahnen lässt und einen Schneekamin wohl über tausend Fuss hoch hinauf, immer hoffend, nach der linken Seite einen Ausweg auf die Südflanke des Berges zu entdecken, — musste ich ja doch schliesslich die nach Aussage des Leutascher Jägers so hochlaufende Querlinie kreuzen! — und immer von Steilmauer zurückgewiesen — bis ich endlich in der Thorscharte eines Grates stand, links, rechts die Wand, vor mir die Wand zu unabschätzbarer Schluchttiefe, gegenüber ein zweiter Zackengrat und durch seine Scharten ein dritter**) sichtbar — zurück! — —

---

*) Südlich von dieser Scharte, die den nächsten Weg nach den Grasplätzen der Oberen Platte anzuweisen scheint, befindet sich ein niedrigerer, grüner Sattel, auf welchen ein Pfad hinaufweist. Der Hirt behauptete, durch diesen Sattel hätte ich gehen sollen. Das ist ebenso falsch; denn die Tiefe und Weite des Judenbachs, der ihn von jenen Plätzen trennt, ist hier noch viel grösser. Möglich, dass man von dort in den Judenbach absteigen kann, (wie ich nach der Ansicht von der Gegenseite bestätigen kann, jedenfalls nur schwierig). Dann stünde man eben am Fusse des Mitterberges, d. h. nach 3—4 Stunden der anstrengendsten Bergwanderung an dem Punkte, an welchem nach 1 St. fast ebenen Thalmarsches von Ober- oder Wilder-Miemingen aus die Ersteigung der Oberen Platte beginnt. Von einer Ausführbarkeit dieser Ersteigung über den Judenköpfelkamm hinweg kann daher wohl keine Rede sein.

**) Die Ostabsenkung der Oberen Platte längs des Haupt-Grates ist ausserordentlich verworren und zerklüftet. Ich vermag weder bestimmt zu sagen, ob ich auf dem Haupt-Grate gestanden, noch vermochte ich sogar von der Hoch-Wand aus die Linie des Haupt-Grates vom Scheitel der Oberen Platte nach der Alpl-Scharte herunter aus diesem Labyrinthe von Rippen und Schluchten mit Sicherheit herauszufinden. Was die Möglichkeit eines queren Ueberganges von der Alpl-Scharte nach den grünen Plätzen der Südflanke anlangt, so habe ich, obwohl ziemlich

Der folgende Tag sah mich auf der Hochwand*); drohendes Gewitter vertrieb mich, nachdem ich nur die nothwendigsten Aufnahmen bewerkstelligt hatte, von ihrem Gipfel, um 1 Uhr 30 Min. war ich bereits am Hause zurück, welchem ich nunmehr definitiv Lebewohl sagte. Ich hatte mich überzeugt, dass ein Versuch auf die Obere Platte aussichtslos und das Klügste, was ich zu thun habe, dasjenige sei, was ich von Anfang an hätte thun sollen, nämlich die natürliche Anstiegsseite, den Süden, erst mittelst persönlicher Anschauung und eingezogener Erkundigung zu recognosciren. Ich stieg daher nach kurzer Rast den Südost-Abhang der Judenköpfeln entlang nach Dorf Wildermiemingen ab, das ich nach einer Stunde erreichte, während das lange zurückgehaltene Gewitter mit furchtbarer Heftigkeit über dem Innthale sich entlud. — Wildermiemingen liegt auf der bereits öfter erwähnten Terrasse am linken Ufer des Inn, eine starke Viertelstunde von der Poststrasse entfernt. Es ist ein ziemlich häuserreiches Dorf, tief zwischen Obstbäumen versteckt. Das Gasthaus zur Krone, am südöstlichen Ende des Dorfes, bietet dem Touristen einfaches, aber gutes Unterkommen; für die Obere Platte behauptet Wildermiemingen mit Obermiemingen als Ausgangspunkt gleichen Rang; ebenso wäre die Hochwand von dort aus auf directem Wege (über das Haus „Im Alpel") zu ersteigen**). Schon der Hirte, dem ich bei Rückkehr von der Hochwand wieder begegnet war, hatte mir von einem alten,

---

geübt im Beurtheilen kahler Felsmassen, diesen Punkt als einen durchaus zweifelhaften bestehen lassen müssen. Es darf nicht unerwähnt bleiben, dass noch ein zweiter Jäger mir bestätigte, dass man von der Alpl-Scharte auf jene Plätze „ganz leicht" hinüber komme. Es liegt nun hier entweder gleichförmige Nacherzählung desselben Falsums — oder ein Missverständniss bezüglich des Objectes überhaupt vor, oder aber die behauptete Möglichkeit existirt in der That, was ich nicht bestreiten will, da ich den Versuch nicht selbst anstellte. Eins nur bleibt gewiss, dass es nicht der Weg ist, den man zum Besuche der Oberen Platte anzurathen hat.

*) Ihre Ersteigung (4 St. vom Haus) ist im Allgemeinen nicht sonderlich schwierig, mit Ausnahme der leicht ersichtlichen Stelle, welche die unteren mit den oberen grünen Plätzen verbindet. So schlimm, als die Hirten sie darstellen, ist auch sie nicht. Plattiger Boden, mit sparsamen Grasbändern und Stufen, Steile des Gehänges und Nähe der gegen Osten in's „Kar" abstürzenden Steilwand (man wendet sich bei ihrer Ersteigung völlig auf die Ostseite des Zweigkammes) bilden die Momente ihrer Schwierigkeit, die mit schwindelfreiem Kopfe und gutem Eisen (diess besitzen eben die Hirten nicht) ohne allzu grosse Mühe überwunden werden.

**) Für die Touren in der Umgebung des Stödlbachs dagegen ist unbedingt Ober-Miemingen als Nachtquartier zu wählen.

in Wildermiemingen wohnhaften Schafhirten gesagt und mich an ihn, als den gründlichsten Kenner der Mieminger Gebirge verwiesen. Nach einiger Nachfrage war denn der Gesuchte auch zur Stelle gebracht; das Examen bezüglich der Berggipfel ergab sehr negative Resultate, er verwunderte sich gewaltig, dass ich heute auf den oberen Plätzen der Hochwand gewesen und gar bis auf den Gipfel gekommen, fragte angelegentlichst, ob keine Schafe sich in der Höhe befänden, und war sehr erfreut über meine Verneinung. Als besten Weg auf die Schafweiden der Oberen Platte bezeichnete er mir den Mitterberg, jenen Zweigkamm des Mieminger Gebirges, der, an die Südost-Ecke der Oberen Platte anschliessend, den Stödlbach vom Judenbache scheidet. Mehr wusste er freilich nicht, mehr verlangte ich auch nicht zu erfahren. Einmal auf jenen Plätzen, konnte ich der Gipfelzone ziemlich nahe kommen und nach ihren höchsten Zacken wohl einen Weg mir bahnen. Ja, auf einem Spitzchen der langgestreckten Schneide zeigte sich sogar ein Signalpfahl, ich hatte ihn bereits heute Morgens von der Hochwand aus bemerkt. Freilich ist dies nicht der Culminationspunkt, und in horizontaler Linie von jenem weit gegen Osten entlegen; es ist eben jener Punkt des Grates, auf welchen die schönste gangbare Lage aus den Gras- und Geröllplätzen hinaufweist, und einmal auf diesem — kann man nach dem wahren Gipfel wohl nicht mehr zurück. Indess glaubte ich bereits hier, von der Tiefe der Thalsohle aus, den Weg zu entdecken, der mich zum Ziele führen sollte: ein deutlicher Spalt, durch's Plattengewände geschnitten, in der Nachbarschaft des Grates zu einem kleinen Becken sich weitend, das die Ersteigung der nächsten Zacken rechts wie links gleichmässig gestattet. Wo der wahre Gipfel stehe, lässt sich von hier noch nicht wohl entscheiden. Und die Folge gab mir Recht. — Wäre ich doch zuerst nach Wildermiemingen gegangen!

Natürlich ging meine Absicht dahin, am kommenden Morgen den Versuch auf verbesserter Grundlage alsbald in's Werk zu setzen. Doch machte diesmal das Wetter einen Strich durch meine Rechnung, das Gewitter von Tags zuvor hatte einen Regentag mit im Gefolge, ich wanderte Morgens nach Telfs zurück. Aber schon der Nachmittag brachte bessere Aussichten und der Abend sah mich wieder in der Krone zu Wildermiemingen*). Dort bestrebte ich mich vergebens, über

*) Wilder-Miemingen liegt in ungefähr gleicher Höhe, wie Ober-Miemingen 2710' 890 m. (Reymann'sche Karte) an der Poststrasse.

den Weg bis zum Judenbache etwas zu erkunden und war genöthigt, noch eine abendliche Expedition durch das Dorf zu unternehmen, um eine bezügliche Anweisung zu erhalten. Ich glaubte eine solche sehr nöthig zu haben, denn die Generalstabskarte verzeichnet westlich von Wildermiemingen gegen den Judenbach hin drei von tiefen Gräben getrennte Bergrücken und den Judenbach selbst am Fusse eines, der Schraffirung nach immerhin ein paar hundert Fuss hohen Steilabfalls. Der westliche Ausblick von Wildermiemingen lässt es freilich räthselhaft erscheinen, wo all' dies sich befinden möge, und in der That ist auch der ganze Quadratcentimeter der Karte rein aus der Luft gegriffen. Es existirt dort thatsächlich nichts Anderes, als eine ausgedehnte, vom Fusse der Judenköpfeln gegen Obermiemingen hinab sehr sanft abdachende Waldfläche, gegen den Judenbach mit einer Böschung von 15—20′ Höhe abfallend. Die südwestliche Ecke des Judenköpfeln-Kammes steigt aus dieser Fläche ebenso spontan empor, wie der jenseitige Mitterberg.

Früh 4 Uhr weckte mich die freundliche Wirthin und machte sich auch alsbald daran, ein Frühstück mir zu bereiten. So trat ich zu guter Stunde und doch mit wohlversorgtem, gewärmten Magen die Bergfahrt an. Am hellen Morgenhimmel verblichen die Sterne, die noch vor Kurzem ihren funkelnden Schein durch die Fenster der Wirthsstube hereingesendet hatten. Um 4 Uhr 20 Min. setzte ich mich in Marsch. Gleich ausserhalb des Dorfes theilen sich die Wege, sie führen zur Linken in's weite Feld, zur Rechten gerade bergan und in weiterer Rechtsschwenkung hinauf in's Alpl. Ich hielt mich an den ersten abzweigenden Feldweg, hätte jedoch besser gethan, den Hauptweg bis über den Zaungatter am obersten Ende des Dorfes hinaus zu verfolgen. Indess hatte diese erstmalige Abirrung nichts auf sich; die Richtung gegen den Judenbach war mir bekannt genug, und Hindernisse bestehen, wie eben erwähnt, auf dieser Linie nicht. Der niedrige, mit Busch unterwachsene Föhrenwald, welcher vom Saume der Wildermieminger Felder ab die ganze weite Fläche bedeckt, ist nur an wenigen Stellen so dicht, dass man nicht bequem pfadlos durch ihn hindurchschreiten könnte. Wege durchziehen ihn in grosser Anzahl, aber alle in gerader Richtung an's Gehänge der Judenköpfeln hinan, wo sie an Holzriesen endigen. Nach $^3/_4$ Stunden stieg ich die niedrige Böschung am Westrande der Fläche, die offenbar nichts Anderes ist, als ein sehr ausgebreiteter und verflachter alter Schuttkegel, hinab und befand mich nun auf dem Fahrwege, der von Obermiemingen längs des Judenbaches thalein führt. Einige Minuten später überschritt ich das seichte, rauschende Gewässer; ein tiefer Einblick öffnete sich zur Rechten in dessen Ursprungsschlucht und liess die grossartige Felsenwildniss dort bereits ahnen, welche die Höhe des Seitenkammes mir erst völlig erschliessen sollte. Vom jenseitigen Ufer hatte ich nun sofort den Anstieg des steilen, theilweise bewaldeten Mitterberges zu beginnen, um längs des Scheitels desselben den Anschluss an die oberen grünen Plätze zu bewerkstelligen.

Weg zeigte sich keiner; nur die braunen Runsen einzelner Holzschleifen durchziehen geradlinig das grüne Gehänge. Ich wählte daher den unmittelbarsten, geradesten Anstieg, hatte bei ungemein starker Steigung des Waldbodens damit ziemlich viele Mühe, aber geringe Schwierigkeit. Weiter aufwärts traf ich auf manche grasbewachsene Sinke zwischen niedrigen Schrofenabsätzen, hielt mich, so weit die lokalen Verhältnisse das gestatteten, fortwährend gegen Links, hatte bald Spuren eines Pfades unter den Füssen, bald auch wieder keine, sah mich jedoch nach einer leichten Stunde der Alpwiese, die den Scheitel des breitgerundeten Endkopfes bedeckt, ziemlich nahe und wurde nun von ausgeprägtem, fortlaufenden Steige bis auf den Rücken des Berges*) geleitet. Im nahen Westen erhob sich vor mir der massige Stock der Hohen Griesspitzen; zu meinen Füssen rauschte in der Tiefe der Stödlbach aus seinen Karen herab. Ich recognoscirte, soweit es von hier aus möglich war, die Linie, welche mich auf die östliche höchste**) der beiden Spitzen führen sollte. Auch sie baut, gleich den Mieminger Gipfeln allen, ihren Fuss in unangreifbare Steilmauern ein, während breite Kare in ihre obere Zone sich einbuchten und eine schräge Lage gangbaren Geschröfes an ihre höchste Zinne sich hinaufzieht***). In jene oberen Kare zu gelangen, war wieder die schwere Aufgabe, immerhin eröffnete sich hier einige Aussicht auf deren günstige Lösung; ein in den Stödlbach herabreichender, steilflankiger

---

*) Sogar hier, auf dem Bergscheitel noch, fanden sich erratische Geschiebe vor. Auch der Judenbach braust über Gneiss- und Glimmerschiefer-Blöcke und krystallinisches Gerölle dahin, dass man in Central-Tirol sich zu befinden vermeint.

**) Vom Thale aus gesehen, erscheint die westliche als dominirend, infolge ihrer weit vorgerückten Stellung.

***) Die allgemeine Steile dieses Berges ist gleichwohl eine aussergewöhnliche, und wäre sie nicht so merkwürdig gleichmässig vertheilt, so möchte sein Haupt wohl schwer zu erreichen sein. Vom Gipfel herab bis in die Sohle des Stödlbachs, d. h. über ca. 5000' Höhe, ergab die Klinometer-Visur einen allgemeinen Neigungswinkel von 42°.

Bergkegel streckte seine Grasplätze so hoch unter die Wände hinein, dass ich von dort aus mittelst eines Querganges den oberen Kesselboden zu erreichen hoffen durfte. Für heute galt's ein anderes Ziel. —

Durch hohes Krummholz führte mein Pfad auf eine zweite kleine Weidefläche, eine fast horizontale Verbreiterung des Bergscheitels, der unverschmälert von ihrem Rande weg zu neuer Höhenstufe emporstieg; seiner vollen Ausdehnung nach überkleidet ihn die Legföhre, aus deren dichtem Teppiche hie und da die knorrige Gestalt einer Bergfichte emporragt. Nahe dem östlichem, gegen den Judenbach steil abbrechenden Rande führt der Steig, an vielen Stellen vom Krummholzdickichte überwölbt und mitunter sogar gesperrt; einzelne Lücken liessen mich in die Tiefe der Schlucht hinabblicken, und bereiteten mich einigermassen vor auf das Bild, welches die freie Höhe des Bergscheitels mir gewähren sollte. Und in der That, als ich hinaustrat auf die offenen Plätze, die begrast, mit Alpenrosengestrüppe und kurzen Legföhren bewachsen von der linken Seite herauf den Grat berühren, da gähnte rechter Hand eine chaotische Felsscenerie mir entgegen, wie ich grossartig wilder, scharfausgeprägter in allen ihren Formen kaum jemals sie gesehen. Schluchten, Klüfte, Kaminspalten in allen Arten und Grössen, von Wasserstrahlen durchrauscht, von alten Lawinenrestern verstopft, vereinigen sich zu einem finstern, eingeklemmten Grunde, durch welchen der Judenbach seinem Felsenthore entgegenschäumt. Von Thürmen, Zinnen, Zackennadeln, gebrochenen Klingen starren die Riffe, die zwischen den jähen Grüften sich hinabsenken, oft selbst mitten durch gespalten und einen Theil ihrer Masse als isolirte Felsgebirge inmitten des gewaltigen Circus zurücklassend. Scharf abgehackt treten die Ecken seiner Umrandung als senkrecht stürzende Klippen gegen die Tiefe vor; auch die breiteren, geschlossenen Steilwände starren von Spitzen und Höckern, schwarze Risse durchsetzen sie nach allen Richtungen, bald sich verengend und verschwindend im Gemäuer, bald trichterförmig sich weitend zu trümmerführenden Runsen. Am kräftigsten hervorgehoben aber wird die wunderbare Grossartigkeit dieses wilden Felsenthales durch die ausgezeichnete Schichtung, wie durch die eigenthümliche Färbung des Gesteins. Die sogenannten Raibler Schichten oder der Untere Muschelkeuper der Alpen (nach Gümbel) gelangt hier zu einer Entwickelung von seltener Mächtigkeit und zu ausgedehntestem Aufschlusse. Wie im Mieminger Gebirge überhaupt, ist die Schichtenstellung eine fast senkrecht gegen

Süd fallende; so reihen sich hier an den Wettersteinkalkstock der Oberen Platte die Unteren Muschelkeuper-Schichten der Judenköpfeln und des Mitterberg's, vom Judenbach in so gewaltiger Thalklemme durchschnitten. Die scharfgezeichnete, parallele Bänderung prägt durch das ganze, wild zerrissene Gewände auf's allerdeutlichste sich aus. Lichtgraue Mergelschiefer wechseln mit den gelblichen und graubraunen Kalk- und Sandstein-Bänken, welche dem Sammler reiche Ausbeute an Petrefakten gewähren. Ein breites Band tiefbrauner, nach der Mitte in's Kohlschwarze übergehender Schiefer setzt senkrecht durch die Wand, auf beiden Seiten der Schlucht*), und verleiht dem an sich düsteren Bilde einen noch tieferen, finsteren Ton. An vielen Orten sind die weicheren, leichter verwitterten Mergel- und Schieferbänke weggewaschen und die festeren Kalk- nnd Sandsteinschichten ragen als isolirte Felsplanken mit oft wunderlich verzackten Firsten in die Luft. Eine photographische Aufnahme des Judenbachs von günstigen Punkten aus würde jedes geologische, namentlich alpin-geologische Werk vortrefflich illustriren. — Der Bergsteiger hat weniger Grund, mit diesen hochinteressanten geologischen Strukturverhältnissen zufrieden zu sein. Eben jene Muschelkeuperschichten, namentlich die zwischenliegenden schwarzen Schiefer sind es, welche die so fatale Scharte am Anschlusse des Judenköpfelkammes erzeugen, deren relative Unbedeutendheit und doch unüberwindliche Steile hier erst so recht in die Augen fällt. Auch diesseits trennte eine Einsenkung den Mitterberg vom Hauptmassive ab, und vom Thale aus gesehen, wo der vorspringende Eckabsturz der letzten Graterhebung den eigentlichen Sattel verdeckt, scheinen hier gleich ungünstige Verhältnisse zu bestehen, wie „Im Alpel". Die Auffüllung eines

*) Auch auf einzelnen Sätteln vorspringender Riffe findet diese Schicht sich erhalten, ebenso in der Trümmerrunse, durch die man vom Kar „Im Alpel" auf den Grat, nächst dem Massive der Oberen Platte gelangt, und noch einmal mitten in den Wettersteinkalkwänden hoch in der Südostflanke der letzteren, hier zusammen mit knolligem Thoneisenstein. Es wären diese Punkte, die ich auf meinem misslungenen Versuche, die Obere Platte zu gewinnen, berührte, jedem Geologen sehr zu empfehlen, der letztgenannte ist leider etwas schwer zugänglich. Ob unter diesen schwarzen, zum Theil jedenfalls bituminösen Schiefern auch die wirkliche „Schwarzkohle des Alpenkeupers" (Gümbel, Geognosie des bayerischen Alpen-Gebirges, S. 262) sich vorfinde, vermag ich nicht zu entscheiden, da während des Herumkletterns in den Wänden der Oberen Platte das mitgenommene Probestück leider zu Verluste ging. — Der Versteinerungsreichthum ist „Im Alpl" und namentlich in der Umgebung der bezeichneten Scharte weit grösser als jenseits, auf dem Mitterberg.

nahegelegenen, seichten Karbodens mit Schutt des Wettersteinkalkes sichert zum Glücke diese Stelle vor gleich energischer Einwirkung der Erosion und verspricht die Brücke nach der Oberen Platte so lange zu erhalten, bis die Obere Platte selbst dem Zahne der Aeonen zum Opfer gefallen ist.

50—60′ tief stieg ich in den Sattel hinunter und längs der neu sich hebenden Bergkante wieder empor — noch immer auf kennbarem Pfade, der nun auf kurze Strecke an Schuttabrissen vorüber, auf die Judenbach-Seite des Grates hinüberleitete und in unmittelbarster Nähe der prächtigen, isolirten Schichtblätter vorüberführte. Doch nicht lange mehr, so trat ich in eine ältere geologische Formation ein und auch die bergsteigerischen Verhältnisse änderten sich mit dem Betreten des gipfelbauenden Wettersteinkalkes. Steinige, gestufte Grasplätze dehnten sich, in anfangs starkem Neigungswinkel, zur Höhe. Zur Linken hatte ich den nahen Boden einer seichten Zweigbucht des Geröllkares vor mir, das aus der Tiefe des Stödlbaches sich heraufhebt und bis an den Fuss des niedrigen Doppelgipfels zwischen der Oberen Platte und dem Hohem Griesspitz hinanreicht; durch eine Abzweigung des westlichen Kopfes*) des letzteren erhält es seine Abgrenzung gegen das „Hohe Gries“. Zur Rechten sah ich die Schafweideplätze weiter und weiter sich hinausdehnen, ihre völlige Erstreckung über die ganze Breitseite des Gipfelmassivs aber wurde noch weit hinauf durch die letzten Ausbrüche der Judenbachschlucht durchschnitten. Die erste Steile minderte sich bald, ich hatte auf beiläufig eine Stunde völlig freie, hindernisslose Bahn vor mir und konnte mit der Verwendung der ersten drei Stunden des Anstieges zufrieden sein; ich hatte nicht gehofft, in dieser Zeit so weit vorzudringen. Freilich kam ein grosser Theil dieses Gewinnes auf Rechnung des Wetters, welches keineswegs so günstig sich gestaltete, als der sternenhelle Morgen hatte erwarten lassen. Schon kurz nach Sonnenaufgang hatte der Himmel mit weissen Wolkengeweben sich zu überspinnen begonnen und im Verlaufe der Stunden war aus dem Weiss ein trübes Grau geworden, das gleichförmig das ganze Firmament überdeckte, die Gipfel aber bis jetzt noch alle frei liess. Eine leichte Brise wehte von Nordwest, es war bitter kalt. Je höher ich kam, um so mehr bereute ich, meine dicken Hand-

*) Eine etwa gewünschte Ersteigung des östlichen, höheren Kopfes dieses Zwischengipfels wäre aus diesem Kare zu unternehmen. Die Bewältigung der unteren, kahlen Steilhänge des Gipfels würde vermuthlich ziemlich schwierig sein.

schuhe im Vertrauen auf die sommerliche Jahreszeit zurückgelassen zu haben.

Das zerspaltene Plattengewände des Gipfel-Grates stand mir nun nahe genug vor Augen, um die ihren allgemeinen Zügen nach bereits festgestellte Angriffslinie in den letzten Details zu projectiren. Je weiter westlich, um so steiler, unangreifbarer zeigten sich die Felsmauern; je weiter östlich, um so mehr verflachte sich die kahle Scheitelzone und verschmolz mit den grünen Plätzen tieferer Regionen in ein Gehänge von gangbarer Neigung, abgegrenzt durch die Kante, über welche hinaus ich die Wände des Kars „Im Alpel" und der Alpl-Scharte wusste. Eine breite Lage aufgewitterten Geschröfs und Schuttes streicht schräg von links gegen rechts durch die Gipfelflanke und berührt den Grat in seiner östlichen Hälfte; dort erkannte nun das freie Auge den Signalpfahl — aber dort war nicht mein Gipfel! Freilich, wer planlos hineinsteigt in diess Gebirge, wird vermuthlich auf diesen Abweg gerathen. Das Plattwand-Massiv unterhalb des Culminationspunktes, wie ich es vom Thale aus beobachtet, hatte ich auch hier sofort wieder erkannt. Der provisorisch entworfene Plan, in einem weiten, östlich gekrümmten Bogen unter die Gratzacken hineinzusteigen und längs des Fusses ihrer schroff vortretenden Körper wieder eine quere West-Richtung anzunehmen, wurde aufgegeben und als kürzerer Weg die schräg längs der Ostseite des Plattwand-Massivs hinanziehende Kluft bestimmt, in welcher erst in hoher Zone ein wirkliches Hinderniss, in Gestalt einer starken Steilstufe zu erspähen, die Möglichkeit, dasselbe zu umgehen, aber fast mit Gewissheit vorherzusagen war. Im Allgemeinen auch überzeugte ich mich, je näher ich dem Felsen zu Leibe rückte, dass ich es mit einem äusserst gutmüthig beschaffenen Geschröfe zu thun hatte und meine ängstliche Vorsorge im Entwerfen des Planes, die mich gestern ein Dutzendmal auf der Strasse von Telfs nach Wildermiemingen hatte anhalten und das Fernrohr hervorholen lassen, im Grunde höchst überflüssig gewesen war. —

Sobald die Gras- und Schuttplätze an meiner Linken eine grössere Ausdehnung gewonnen hatten, begann ich in eine schräge Anstiegsrichtung abzulenken, überschritt mehrfache, zum Theile ziemlich tief eingerissene Wasserrunsen, welche jedoch nirgends Hindernisse in den Weg legten und gelangte, indem ich die nach dem Signale weisende Bahn allmählig verliess, bereits nach einer starken halben Stunde auf kahlen Trümmerboden, aus welchem alsbald die festen Schrofenterrassen sich zu erheben anfingen. Eine mauergeschlossene Kluft zeigte sich zur Rechten; ihre Querung erschien nicht gerade unausführbar, aber auch nicht wünschenswerth, ich befand mich bereits in directer Linie unter jener höher gelegenen Kluft, die mir den Weg nach dem Gipfel bahnen sollte, und dem geraden Anstiege bis dorthin stand keine erhebliche Schranke entgegen. Der Felsen entbehrte fortan fast jeder Vegetation; einige dürre Grasplätzchen hafteten noch am Gestein, bald verschwanden auch sie. Die vermuthete, allgemeine Gangbarkeit des Geschröfes fand ich bestätigt und der Grund davon, bei immerhin nicht unbeträchtlichem Neigungswinkel, lag deutlich genug vor Augen. Die Schichten fallen alle steil gegen Süden ein, und bieten daher in ihren aufwärts gekehrten Schichtköpfen der Verwitterung günstige Angriffspunkte, dem Fuss sichere Stufen in Ueberzahl. Auch da, wo Platten in grösserer Ausdehnung einen Absatz überkleiden, erweisen sie sich rauh und griffreich, Schnell hatte ich die unterste Steile überwunden, bewegte mich wieder auf freierem, felsgestuften Boden, überschritt nun die Kluft zu meiner Rechten und nahm den weiteren Weg durch die Runse, welche in wechselnder Breite von 1—2 Schritten, schutterfüllt, gegen Rechts aufwärts leitet und vom Fusse des Plattwandmassivs des Gipfels ab in die bereits öfters erwähnte Felsspalte sich zusammenzieht. Bald hatte ich die Plattwände selbst zur Linken, noch immer ging's bequem in der abgestuften Kluftsohle aufwärts, bis dass ich nach einiger Zeit auf ein kleines, vorspringendes Sättelchen hinaustrat. Hier öffnete sich plötzlich eine Leere. Eine zweite, steilere und schroffer umwandete Kluft mündete von der rechten Seite ein, über ihrer Tiefe leitete hart an der Steilwand links ein schmales, mit Neuschnee bestäubtes Geröllband hindurch. Der Quergang war enge, aber nicht sehr schwierig; nach wenig Schritten war ich jenseits wieder in geschlossener Schuttrunse, deren steiler gehobene Sohle ich unverändert aufwärts verfolgte. An der Theilungsstelle der Klüfte hatte ich Vorsichtshalber eine Daube zurückgelassen. —

Die neugewonnene Bahn endete nach Kurzem an der Steilstufe, die mir bereits, tief an der Krummholzgrenze beobachtend, in die Augen gefallen war. Ich hatte richtig gesehen. Sie war im geraden Anstiege nicht zu bewältigen, wohl aber zu umgehen, nöhigenfalls sogar nach beiden Seiten. Ich wählte natürlich den bequemsten Ausweg, der zur Rechten sich bot. Hier erst, kaum eine halbe Stunde unter dem Gipfel, wie in der Folge sich zeigte, fand ich mich veranlasst, die Eisen anzulegen. Der erste hohe und glatte Absatz musste in etwas gewaltsamem Aufschwung gewonnen werden; die Sicherheit der Terrains unterhalb desselben schloss auch hier jedes Bedenken aus. Dann ging's wieder bequem über rauhes, vielfach gestuftes Schrofenwerk hinan. Nach einigen Minuten erreichte ich einen niedrigen, zackigen Gratscheitel zwischen der Kluft, die ich eben verlassen und einer neuen, die im Osten sich aufthat. Luftig zieht die ausgezahnte Schneide zwischen beiden dahin; doch bietet sie völlig sichern Tritt und schon nach 20—30 Schritten verliert sie sich in's schrofige Gehänge. Auch hier blieben einige Dauben zurück. —

Die bekannten Gestalten des Haupt-Grates, aus ferner Tiefe wie feingezeichnete Schnörkel anzusehen, traten nun als mächtige Zinnen und Thürme, jedoch in durchaus bekannter Gestalt, mir entgegen. Zur Rechten erhob sich ein schroffes, dreifach gezacktes Felsmassiv, — eine scharfe Klettertour, sollte hier der Culminationspunkt oder doch ein Rivale desselben sich zeigen. Doch hatte ich guten Grund, denselben links zu suchen, und nahm in dieser Richtung meinen Anstieg durch das ziemlich breite, steilhängige Felsenbecken, welches bis an die schartige Linie des Hauptgrates sich hinanstreckte. Eine seichte und enge, hochstufige Runse erschien mir hier, wo übrigens die Auswahl der Wege eine sehr grosse war, als die geeignetste Anstiegslinie; ich gelangte durch sie bereits nach fünf Minuten auf freies, zackiges Geschröf, wo noch vollständiger, als vorher, der Haupt-Grat mit allen seinen Zinnen vor meinen Augen sich entwickelte; nahm dann die gerade Richtung auf seine mir zunächst gelegene, tiefste Einsenkung und setzte nach kurzem Anstiege den Fuss auf die Schneide. Jäh fiel der Blick an der Gegenseite hinab in die öde Schutttiefe des Schwarzebach-Kar's. Der 1—2' breite Grat, dessen westliche Erhebung nach dem Gipfel mich wies, blieb nur auf wenige Schritte gangbar; scharfes Gezacke und klotzige Auswüchse sperrten auf ihm den Weg, und nöthigten zur Umgehung nach der Südseite. Schmale geröllbedeckte Stufenbänder gestatteten eine solche ohne viel Schwierigkeit, bald stand ich zum zweitenmale auf dem Grat, von welchem ein mit blanker Plattentafel anhebender Spitz mich alsbald wieder vertrieb. Diesmal ging's etwas enger, am plattigen Absturze vorbei in einen trümmererfüllten Ausbruch, und aus diesem links hinaus in eine seichte Schuttmulde, die gar wohl bekannt mir vorkam. Von Südosten stieg ich denjenigen Zacken des Grates an, den ich als den Gipfel der Oberen Platte im Voraus bestimmt hatte. Rückblickend sah ich das dreizinkige Felsgebilde, das vorher meine Bedenken erregte, bereits entschieden unter meinem Niveau. Auf den engen, schuttbedeckten Schrofenscheitel austretend, gewahrte ich dagegen noch einige höhere zerhackte Brocken westlich an ihn gereiht. Ueber den scharfen First wegbalancirend stand ich eine Minute später auf dem Vornehmsten unter ihnen. Ein neuer, anscheinend mindestens gleichhoher Gipfel war, etwa 100 Schritte weit entfernt, im Westen erschienen. Zum Glücke war ich besonnen genug, mich nicht ohne Weiteres auch auf diesen hinüberhetzen zu lassen, sondern vorerst den Klinometer um Rath zu fragen. Dieser ergab eine entschiedene Depression zu Ungunsten des jenseitigen Gipfels, und der bereits abgenommene Bergsack konnte liegen bleiben, wo er lag. Ich war am Ziele.

Beschränkt genug war der Ort meiner Rast. Auf einen Mauerrücken von etwa 1′ Breite sitzend, zwischen dessen Zacken ich die Gepäckstücke, deren ich bedurfte, Fernrohr, Klinometer, Notizbuch, in den Grübchen vorher ausgerissener Steine geborgen hielt — mein Bergsack hing mit den Riemen um einen dünnen Felssplitter geschlungen, einige Schritte von mir entfernt, — hatte ich rücklings, gegen Nord, mathematisch senkrechte, vielleicht sogar überhängende*) Wand auf ca. 100′ Tiefe, dann jähe, zerspaltene Schrofenabstürze in unermessliche Abgründe, — noch immer durch einen fühlbaren Intervall, wahrscheinlich wieder Steilwand andeutend, von den Schutthalden des Schwarzebachkars abstehend. Vor mir, im Süden, senkte sich steil der Schotterboden, der unterhalb meines Sitzes auf der Schneide einige Schritte weit umherzuspazieren gestattete. 20—25′ tiefer verliert dieser Fleck gangbaren Terrains sich in das Dunkel einer Mauerrunse. Ein Zeichen früherer menschlicher Anwesenheit, das übrigens auch nur auf dem um ein paar Fusse niedrigeren östlichen Eckpunkte des Gipfels Raum gefunden haben würde, war nicht zu erspähen. War ich der Erste auf dem wahren und wirklichen Gipfel der Oberen Platte? — War vor mir schon ein Besucher hier gewesen, der es für gleich unnöthig hielt, ein Zeichen seiner Anwesenheit zu hinterlassen, wie ich? — Wer mochte das entscheiden! — Genug, ich sass auf der Oberen Platte, das war's, was ich gewollt. Ich nahm den höchsten Gipfel ein im Reigen der mächtigen Mieminger Ge-

*) Von der Hoch-Wand aus gesehen, zeigt sich einer der höchsten Zacken der Oberen Platte als entschieden nordwärts überhängend. Ob diess der von mir eingenommene Culminationspunkt sei, vermochte ich nicht mit voller Sicherheit zu entscheiden, halte es jedoch für wahrscheinlicher, dass der überhängende Zacken östlich von demselben stehe.

birge — Hohe Munde und Hochwand im Osten, Grünstein und Hohe Griesspitz im Westen, — dort steht noch Einer, der auf mich wartet, und er macht mir wahrhaftig kein freundliches Gesicht. Leider entsprach die Gunst der Witterungsverhältnisse keineswegs dem Range des Aussichtspunktes, den ich einnahm. Immer düsterer hatte das Gewölke sich zusammengeballt, die Zugspitze fing schon an, eine Nebelkappe über ihr Haupt zu ziehen und die Temperatur war so unfreundlich als möglich. Ihr hatte ich auch wohl vorzugsweise die aussergewöhnlich kurze Zeit der Gipfelersteigung, $4^1/_2$ Stunden von Wildermiemingen aus, zu danken. Vom ersten Anstieg des Geschröfes bis zum Betreten der letzten Höhe (9 Uhr 7 Min.) war ich nicht einmal eine volle Stunde unterwegs gewesen. Eine Messung für meinen Gipfel konnte ich, ebenso wie für die Hochwand und den Hohen Griesspitz bisher leider nicht in Erfahrung bringen. Verhält sich die von der Reymann'schen Karte für den Grünstein angegebene Höhe von 8346′ 2711 m. in Richtigkeit — und ich habe nicht Grund, sie anzuzweifeln, — so möchte der Oberen Platte immerhin eine Höhe von ca. 8500′ 2761 m. zukommen, eine Schätzung, welche auch die Klinometervisur nach den Gipfeln des Wetterstein-Gebirges hinüber theilweise bestätigte (freilich ist auf solche bedeutendere Entfernungen das Instrument nicht völlig mehr verlässlich). — Dass wir in den Colossen des Mieminger Gebirges eine der bedeutendsten Erhebungen der Nördlichen Kalkalpen zu erblicken haben, davon mag jeder Zugspitzbesucher überzeugt worden sein, als er, vom Plattacher Ferner sich erhebend, jene schwarzgezackten Wände über die Wetterschrofen heraufsteigen sah.

Jetzt lag mir dieses weite, flache Firnbecken, mit seiner stolzen Gipfelumrandung gerade im Norden gegenüber; frisches Weiss bedeckte die sanfte Wölbung seines breiten Gletschers. In langen Reihen entfaltete vor mir das Wetterstein-Gebirge seine gipfelarmen Kämme. Seine Zweitheilung in eine östliche und westliche Gruppe, welch' letzterer der ganze Rainthaler Kamm*) noch beizuzählen wäre, erscheint von Süden, von den Mieminger Gipfeln aus, nicht minder ausgeprägt, als im Flachlande**), nur noch schärfer hervorgehoben

---

*) Bei Bezeichnung der Kämme im Wetterstein-Gebirge verfolge ich ein ähnliches Princip, wie für jene des Karwendel.

**) Auch hier scheint bekanntlich hinter dem Ende des von der Zugspitze zur Alpspitze verlaufenden Kammes ein ganz neues Gebirge — der mit dem Hoch-Wanner beginnende Wettersteinkamm — hervorzutreten.

durch die tiefe Passeinsenkung des Gatterl; östlich dieses Sattels, in welchen die Gratabsenkung des Hohen Blassen mit dem Hohen Gaif eben noch hineinreicht, hebt ein neuer, gewaltiger Kalkstock an, in welchem, trotz relativ geringerer Höhe, die Dreithorspitze das grosse Wort führt. Am Massenabsturze der Wetterwand vorüber dringt der Blick in's westbayerische und schwäbische Flachland hinaus. Den Westen erfüllen die hörnerreichen Ketten der Lechalpen, die Spitzen des Algäu, aus denen allbeherrschend der Hochvogel als krumme Pyramide aufspringt; auch er behauptet dort seinen Rang als Erster trotz relativ geringerer Höhe unter seinen Nachbarn und bewahrheitet damit den Satz, dass nicht inneres Verdienst, sondern keckes Vordrängen es ist, was in der Welt zur Geltung gelangt. Im Süden die Gletscher Tirols, Vorarlbergs, der Schweiz; die Eismeere des Oetzthales gerade gegenüber, leicht kennbar ihre vorzüglichsten Erhebungen, Weisskugel, Wildspitze, Similaun und wohl noch manche andere stolze Firnwelle, die ich, zu wenig bekannt in jenen Regionen, mir nicht zu benennen vermochte. In nördlicher Tiefe das walddunkle Gaisthal, durchschlungen vom weissen Kiesbette seines Bachlaufes, abschliessend mit dem flachen, versumpften Bergsattel an der Pestkapelle, auf dessen tiefster Stufe eine trübe Lache, der Siglsee lagert. Näher herangerückt an den Fuss der düstern, in all' ihren schattigen Winkeln bereits beschneiten Mauern die Schuttfelder des Schwarzebach — des Siglkars, durch einen Ausläufer der Oberen Platte getrennt, noch weiter westlich das Prentelkar, von dem am Fusse der Hohen Griesspitzen wurzelnden Theilkopf geschlossen, jenseits dessen die herrlichen Spiegel des Drachensee's und Seebensee's ruhen.

Bei klarer Luft und hellem Sonnenschein mag wohl der Fernblick der Oberen Platte zu einem der vorzüglichsten im Bereiche der Nördlichen Kalkalpen zählen. Für mich verdüsterte das Bild sich von Minute zu Minute, schon gürteten die Felsriesen mit Wolkenschleiern ihre Leiber und stürmisch begann's im Luftkreise sich zu regen. Nach allzukurzem Verweilen, um 9 Uhr 55 Min., verliess ich den schönen Gipfel; bald befand ich mich mitten im Nebel und auf's Gemüthlichste fing es an zu schneien. Mich hinderte dies wenig; die Linie des Anstieges war leicht zu verfolgen und wo irgend ein Zweifel sich ergeben mochte, war durch die zurückgelassenen Steinzeichen für dessen Lösung gesorgt. Noch einmal, als ich bereits auf den grünen Plätzen unterhalb der Felsen angelangt war, heiterte der Himmel sich auf und öffnete dem freier umherschweifenden Blicke das Innthal und seine Gebirge. Dann umflorte es sich wieder und wieder stäubte der Schnee, und als ich tiefer kam, wurde aus dem Schnee ein sanfter Regen. In 2 Stunden und 40 Minuten war ich vom Gipfel herab in Wildermiemingen wieder zurück. Das Wetter gab keine Hoffnung auf morgige Besserung, und ich marschirte noch den gleichen Nachmittag in mein Standquartier Telfs ab.

Ich habe mich bei Beschreibung der Oberen Platte etwas länger bei orographischer Schilderung aufgehalten — sie sollte ja hier das Mieminger Gebirge im Ganzen repräsentiren — und etwas eingehender die Momente der Pfadfindung behandelt, als gewöhnlich. Den Grund, besonders in letzterer Beziehung, zu erläutern, mag vielleicht überflüssig sein, wohl mancher Leser dieser Zeilen wird ihn bereits erkannt haben. Das unbekannte, unbesuchte Mieminger Gebirge besitzt in der Oberen Platte seinen Culminationspunkt, und dieser Culminationspunkt, ein Berggipfel hervorragendsten Ranges, eignet sich zu häufigerem Touristenbesuche, wie wenige seiner Genossen im centralen nordtiroler Gebirge. Nicht von einsam abgelegener, kümmerlicher Alphütte, sondern von der Poststrasse, von einem Nachtquartiere in guten Gasthäusern aus, ist seine Zinne in 5—6 Stunden zu erreichen. Geradezu leicht bis auf die letzte Stundenstrecke, bietet sie auch auf dieser nur geringe Hindernisse, und auch die letzten Minuten über den schneidigen Grat sind kaum schwieriger als die analogen Stellen der häufig besuchten Zugspitze. Die Kenntniss des Mieminger Gebirges, dieses bedeutsamen Gliedes der Oberinnthaler Kalkketten, wird durch den Besuch der Oberen Platte in bester Weise vermittelt, während eine Ersteigung des Hohen Munde in dieser Hinsicht fast gänzlich unfruchtbar ist. Sollte nicht auch für das Mieminger Gebirge die Stunde des Morgens erscheinen, nach langer, langer Nacht der Vergessenheit? — Freilich, ein Punkt ist es noch immer, der solch' wiederholtem Besuche entgegensteht. Einen Führer für den leichtest besteigbaren Gipfel des Mieminger Kammes kann ich unter dem Mieminger Volke nicht benennen. Ob unter ihm, wie unter den Partenkirchnern, sich endlich doch ein *Koser* finde, der durch des „Stadtherrn" Wagniss aufgerüttelt aus seiner Lethargie, unternimmt, was längst er hätte unternehmen sollen, bezweifle ich. Muss denn aber ein Gipfel unbesucht bleiben, bis endlich sich ein Führer für ihn findet, und bliebe er's in alle Ewigkeit? — Kann nie ein Anderes als Bergstock und Fuss und Arm, kann nie das Wort der Führer sein? — —

IV.

Aus dem Quellen-Gebiete der Isar.

XVIII. Die Falken in der Riss.

(Hierzu Vertikal- und Horizontalprofil No. 18.)

Bei Sturm und Regen betrat ich am 26. Juni 1870 die Höhe des Plumser Joch's. Im Innthale, im Hallthale, im vorderen Theile des Vomperloch's war ich zu Ende mit meinen Hochtouren; nun sollte das Quellengebiet der Isar, sollte das Gebirge der hinteren Riss an die Reihe kommen, die Riss selbst aber meine definitive Grenze gegen Norden bilden. Nicht zum ersten Male sah ich die stolzen Felsengipfel im Innern des Karwendel. Vor manchen Jahren schon hatte eine vergnügte Herbstferienreise mich in die Thäler der Riss geführt, durch das Johannesthal über die Hochalpe hinunter zum Karwendelbache, nach Scharnitz hinaus — und weiter, rasch nach Partenkirchen, die Zugspitze anzuschauen, und weiter an den Eibsee, nach Lermos, — weiter, weiter .... Wie staunend hatte ich damals emporgeblickt zu den starren Felsenwänden und ihren Gipfelzinnen, wie übergewaltig mutheten sie mich an und mochten doch nicht mich herausfordern, den räthselhaften Zauber mir in der Nähe zu betrachten. „Dazu braucht man die sicheren Führer, — wer weiss, ob überhaupt man dort hinaufkommt, — auf viele sicherlich nicht!“ — Was ich von Bergen je gehört, das betete ich gläubig nach. Wenn freilich da und dort ein Berggehänge schräg geebnet, mit leichtem Grün überflogen sich zeigte, da mochte ich mich wohl fragen, ob dort dem Fusse keine Bahn sich biete, ob Grasboden auf den Bergeshöhen ein anderer sei als an den Seiten des Thales. Aber „oben sieht Alles ganz anders aus“ — so hatte ich ja oft genug vernommen. Nein, das ist Nichts für unser Einen. — Und Passweg und Strasse zog ich genügsam dahin. — Wie lebhaft entsinne ich mich noch des Nachmittages, da nach regnerischem Morgen die Sonne durch die Wolken brach und unsern Abmarsch von Hinterriss beleuchtete! — Da der Coloss im Osten des Johannesthales aus dem qualmenden Nebel sich hervorkämpfte, und der innerste Grund des Thalkessels von Ladiz den Mauerwall seiner phantastisch gestalteten Zinnen vor unseren staunenden Blicken entfaltete; als wir, die Hochalpe nicht mehr erreichend, ein einsames Nachtquartier bezogen auf dem verlassenen Niederläger, im Angesichte der tausendfach zerspaltenen Felsennadeln der Kaltwasserspitze, mit Staunen wahrnehmend, dass in ihren Schattengrüften, kaum höher als unser eigener Standpunkt, Lawinenreste, — kleine Gletscher, meinten wir damals — lagerten! Wer damals prophezeit hätte, dass ich dereinst auf jenen schroffen Zinnen stehen, von ihnen niederblicken würde in die Thäler und weit hinaus in's heimathliche Land, im Glanze himmelblauer Tage wie in Sturm und Wettergraus von Grat zu Grat, von Spitze zu Spitze klettern würde und dort oben mich erinnern an verwichene Zeit! — Wer dem stolzen Beherrscher der Riss, der Jahr für Jahr der Touristen frohe Schaaren an seinem Fusse vorüberziehen sieht, selbstbewusst ihre ehrfurchtsvolle Bewunderung entgegennehmend, — wer dem ungebändigten Falken es gesagt hätte: „Sieh dort hinab, auf jene kleine Truppe, die plaudernd den Saumweg dahin wandert über dem tobenden Bache; dort spaziert er durch's Gebirge, ein harmloser Student, der nach Jahren Deiner Gemsen Pfade ausspähen, den Eisenfuss dir setzen wird in den jungfräulichen Scheitel.“ — —

Bei Sturm und Regen betrat ich das Plumser Joch, und ein neues Gebirge erhob seine Häupter vor mir im Westen; und der erste Felsenstock, der seine Zinnen aus den zerfetzten Wolkenstrichen mir entgegenreckte, war wieder der Falk. Diesmal bekam ich den östlichen Gipfel zu sehen, ein breitbasirtes Wandmassiv mit feinzerscharteter Scheitelkuppe; an seinen nördlichen Eckpunkt lehnt sich eine schmal dreiecksförmige Verflachung des absinkenden Bergrückens, allseits von mauersteilem Fundamente eingebaut. Ob dies der Weg zum Gipfel — ob von jenem ersten Höhenpunkte die Ueberschreitung der nadelstarrenden Scharte möglich? — Weiter zog ich meines Weges dem neuen Standquartiere zu. Der Blaubach, der Laliderer Bach rauschten mir entgegen. Das Falkengebirge hatte seine Gipfel hinter den Massen seines Fundamentes verborgen; eine weite Thalung gähnte aus seinem Inneren mir entgegen, breite Wald- und Buschgehänge, in einen welligen Karboden verlaufend. Das Johannesthal öffnet sich zu meiner Linken und durch seine Lichtung ziehen Kaltwasserspitze — Moserkarspitz — Sonnenspitz vorbei, kühne, wechselvolle Berggestalten. Die Falken stehen mir jetzt im Rücken und in dem Masse, als ich mich von ihrem Fusse entferne, erheben sie auch wieder freier ihre Häupter. Auf der Thalebene des Neuner-Wirthshauses, an der Wendung des Rissbaches gegen Norden angelangt, sah ich den westlichen der Falken, das massive krumme Horn mit gezackter Nord-Gratverlängerung in der gleichen Gestalt wieder emporstreben, wie es in's Land hinausschaut, und wie es dem Einwanderer durch's Isarthal nach jener abgeschiedenen Gebirgswelt als erstes Wahrzeichen von Hinterriss entgegentritt. —

Ich quartierte mich beim „Neuner“*) ein und hatte alle Ursache zur Zufriedenheit mit dem Aufenthaltsorte, der während 17 Tagen, oder vielmehr während der Schlecht-Wetter-Intervalle dieses Zeitraumes mich beherbergte. Nicht materielle Genüsse allein, sondern auch freundliche Aufmerksamkeit der Wirthsleute auf die verschiedenartigen kleinen Bedürfnisse eines Bergwanderers lassen mich das Neuner-Wirthshaus in der Riss in bestem Andenken behalten. — Bereits am Abende meiner Ankunft traf ich mit dem herzoglich coburgischen Oberjäger, Herrn Rieser, zusammen, welchem ich manchen schätzbaren Rath und Aufschluss über das Gebirge der Riss und seine Ersteigungen verdanke, und erfuhr von ihm auch bereits einiges Nähere über die Falken; dass der auf den Karten gemachte Unterschied zwischen einem Grossen und Kleinen Falken sich auf den Sprachgebrauch in der Riss gründe, der jedoch in höchst schwankender Weise den jeweils sichtbaren höchsten Punkt des Falkengebirges als den Grossen, und irgend einen andern hervorragenden Punkt als den Kleinen Falken bezeichne, — sei letzterer nun ein Nebengipfel des ersteren, oder der zweite, vielleicht blos scheinbar niedrigere Hauptgipfel, oder aber der, entschieden niedrigere Spitz, welcher im Falkenkamme südlich der beiden Hauptgipfel stehe, und den ich bei Durchwanderung des Johannesthales bald werde zu sehen bekommen. Er selbst getraue sich nicht, zwischen den beiden Hauptgipfeln des Falkengebirges den Höhenvorrang zu entscheiden; und er hatte darin ganz Recht, es existirt in der That nur eine höchst unbedeutende Differenz zwischen ihnen. — Ihre Besteigung anlangend, glaubte er, von einer solchen des östlichen Gipfels bereits gehört zu haben, dieselbe sei aus dem Laliderer Thale ausgeführt worden; auf den westlichen Falken, welcher die Hinterriss beherrscht, sei seines Wissens noch Niemand gekommen, und gelte das Erklimmen

*) Neunerwirthshaus 2963′ 962 m. Sendtner.

dieses blanken Felskegels auch allgemein für unmöglich. Nun, es war noch nicht gar lange her, dass mir die Lamsenspitze zum Opfer gefallen war, und ich fühlte mich durch die in Aussicht gestellte Unmöglichkeit nicht sonderlich beunruhigt; hielt es jedoch immerhin für besser, erst eine Recognoscirung des angeblich Unerreichbaren vorzunehmen, und machte mich daher am folgenden Morgen, der ganz unerwartet schönes Wetter brachte, auf den Weg nach der Hochalpe, um einen der leicht besteigbaren Gipfel in der östlichen Karwendelkette zu gewinnen. Um 7 Uhr 40 Min. Vormittags aufbrechend, hatte ich um 1 Uhr 25 Min. den Scheitel jenes breit dreiecksförmigen, mit geradflächigem Schuttgehänge vom Sattel der Hochalpe gen Norden aufsteigenden Berges gewonnen, in welchem ich den Karwendelspitz zu finden glaubte, letzteren dagegen im Westen mir gegenüber sah und in ihm unschwer den Culminationspunkt der Osthälfte der Karwendelkette erkannte; ich selbst befand mich auf dem Grubenkarspitz*), einem immerhin ebenfalls des Besuches werthen Punkte. Seine Nachbarn sollten am folgenden Tage erstiegen werden, ein plötzlicher Umschlag des Wetters liess sie jedoch noch einige Tage auf mich warten. Die Falken hatte ich gesehen; vorerst nur von der Westseite, die allerdings für den westlichen Gipfel, den Falken der Riss, geringe Hoffnung auf Erfolg gab. Den östlichen Gipfel hatte ich, durch den Hauptgrat des Falkengebirges verdeckt, nur theilweise zu Gesichte bekommen, und was ich davon gesehen, war einer Ersteigung ziemlich missgünstig. Als daher nach einem Regentage der Himmel sich wieder aufhellte, beschloss ich, durch vorherige Ersteigung des Gamsjoches**) zwischen dem Laliderer und dem Engthale noch eine Recognoscirung von der Ostseite vorzunehmen, dann aber direct den Falken selbst zu Leibe zu rücken.

Ich befand mich nunmehr wieder im nordöstlichen Bezirke des grossen, unter dem Namen Karwendel-Gruppe zusammengefassten Berggebietes, welchem ich seiner auffällig

*) Näheres über diese Gipfel s. im folgenden Capitel und der demselben beigefügten Skizze. Dieser Grubenkarspitz der Karwendel-Kette ist selbstverständlich ein anderer, als der Grubenkarspitz im Rossloch, am Knotenpunkte der Hinterauthaler- und Vomper Kette.

**) Die von Trinker für dasselbe angegebene Höhe von 7431′ 2414 m. darf wohl mit Entschiedenheit als zu niedrig bezeichnet werden. Es besteht mir kaum ein Zweifel darüber, dass das Gamsjoch dem Sonnjoche an Höhe vollkommen ebenbürtig ist, eher noch etwas höher ist, als letzteres. Leider steht mir infolge Nebels bei Besuch beider Gipfel keine Klinometer-Visur zu Gebote, um den ausgesprochenen Zweifel zu belegen.

verkehrten Gebirgsstruktur halber die Collectiv-Bezeichnung „Gruppe der süd-nördlichen Querketten“ vindiciren möchte. Die Regelmässigkeit der langen, von West nach Ost dahingestreckten Bergketten, welche in vierfacher Wiederholung den Bau des ganzen Gebirges weithin beherrscht, bricht in diesem nordöstlichen Winkel plötzlich ab, um der Bildung kurzer, rechtwinkelig an die zweite der grossen Parallelketten stossender Kämme Platz zu machen, die zudem mit letzterer nur durch so niedrige Sattel zusammenhängen, dass sie als selbstständige Gebirge, keineswegs als hochgipfelige Ausläufer erscheinen. Es kann dieser Gebirgsbau als eine Fortsetzung desjenigen betrachtet werden, der bereits im Norden der Karwendelkette sich kundgibt: auch hier kurze, mit verhältnissmässig niedrigen Sätteln an die Nordwände des Hauptkammes anstossende Seitenzweige, zwischen denen kleine Querthäler (Ronnthal und Thorthal) zur Riss hinaus münden. Früher, als die drei südlicher gelegenen Parallelketten, bricht die Karwendelkette im Osten ab, oder biegt sich vielmehr, bedeutend an Höhe einbüssend, gegen Norden (mit dem Stuhlberg) um. Die Bildung der Querkämme rückt an den Fuss der zweiten Parallelkette zurück, diese selbst gelangen dadurch zu erhöhter Entfaltung, und die Querthäler, die sie zwischen sich schliessen, sind die Quellenthäler der Riss: Johannes-, Laliderer-, Eng-Thal; in gleicher Ordnung die Querketten: Falken, Gamsjoch, Sonnjoch. Ihre Anschlüsse an die Hauptkette, tief eingedrückte Sättel, welche die innersten Kessel durch leichte Uebergänge mit einander verbinden, sind: das ganz niedrige Spielistjoch*) als Uebergang zwischen Ladiz und Laliders, das Hohljoch**) ein etwas höherer Uebergang zwischen Laliders und der Eng', der Gramai-Grat, ziemlich hoch, aber sowohl gegen den Hauptkamm, aus dem er entspringt, als gegen den Gipfel, der in der Folge sich aus ihm erhebt, ganz unverhältnissmässig tief herabgedrückt, als östliche Scheidewand des Blaubach-, zunächst des Binsalpenthales. Die Culminationspunkte auf dem Hauptkamme endlich, die jedoch ihren Zusammenhang mit jenen abzweigenden Sätteln kaum durch eine ausgesprochene Felsrippe im starren Gewände kund-

*) Das Ladizer Jöchl, ebenfalls Uebergang zwischen Ladiz und Laliders, überschreitet den Falkenkamm weiter nördlich, auf bedeutend höherem Punkte, am Südfusse des Mahnkopfes.

**) Nicht Hochjoch, wie gemeiniglich auf den Karten geschrieben steht. —

geben, sind der Laliderer spitz*), der Grubenkarspitz und die Lamsenspitze. Oestlich vom Gramai-Grat und dem Sonnjochkamme befindet sich ein viertes grosses Querthal, das jedoch nicht mehr dem Gebiete der Riss, sondern jenem des Achensees angehört: das Falzthurnthal. Die niedrige, den Rauhen Klöl als einzigen bedeutenden Gipfel enthaltende Gebirgsgruppe östlich dieses Thales theilt sich sowohl ihren Kämmen, als ihren Thaleinschnitten nach in beide Streichrichtungen: während der niedrige Anschluss des Rauhen Klöl mit dem Lamsenjoche an das Massiv des Hauptkammes, die Richtung seines eigenen Grates, und die Fortsetzung des Gebirges längs des Falzthurnthales über das Stallenerjoch, Kaserjoch zum Tristkopf als neuer Querkamm, das, allerdings kurze, Tristenthal als fünftes Querthal sich darstellt, sehen wir in den Verzweigungen dieser kleinen Gruppe gegen Osten, in dem langgestreckten Stanserjoch und in dem Bärenkopf am Achensee, im Stallen- und im Weissbachthal wieder unzweifelhafte Spuren der in ihre Rechte zurückgetretenen Parallelstruktur.

Nach dreistündigem Marsche vom Hinterriss hatte ich die Alpe Laliders**) im Hintergrunde des zweiten Quellenthales der Riss erreicht, und staunend blickte ich hinauf an den Riesenwänden der Grubenkar- und Rosskarspitzen. Ein solch' überwältigendes Bild wilder Majestät war mir seit Beginn meiner Wanderungen in den Nördlichen Kalkalpen noch nicht entgegengetreten, und ich habe seither es nicht mehr geschaut, bis dass der jüngst-verwichene Sommer mich wieder auf die Sandreissen von Laliders brachte. Ein freundlicher Alpengrund deckt das Thal, mit dorfartig enge zusammengebauten Alphütten, umrandet von Wiesen und Waldgehängen. Gehäufte, zerschluchtete Wände — der Oestliche Falk und das Gamsjoch begleiten seinen Lauf, während aus seinem innersten Kessel sanfte grüne Joche nach beiden Seiten die Austrittspforte öffnen, die Bergflanken beiderseits mit üppigem Gras und dunklem Gebüsche sich überziehen — westlich der

*) Die namenlosen Zinnen in der Nordumrandung des Rosslochs benannte ich, theils ihrer Gestalt, theils ihrer Stellung Rechnung tragend, vom Grubenkarspitz westwärts, als: Dreizinken-Spitz, Laliderer Wand, Laliderer Spitz. Noch weiter westlich folgt der „Lange Sattel."

**) ca. 4500′ 1462 m. hoch gelegen. Trinker gibt für die „Lodiz-Alpe in der Riss" 4517′ 1467 m. Höhe an, die Laliderer Alpe wird in der Höhe wenig von Ladiz differiren, eher niedriger liegen. Auf letzteres deutet die Trinker'sche Messung der Eng-Alpe mit 3694′ 1200 m.

Mahnkopf mit dem Ladizer Jöchl, östlich das Gumpenkar, überragt von den gelbschrofigen Nebengipfeln des Gamsjoches. Ein Schutt- und Trümmerwall von einem halben Tausend Fussen Höhe lagert dem Süden des Thales als quere Schranke vor; und über ihm steigt die Steilwand der Rosslochzinnen auf. Steilwand — hier mag man sehen, was Steilwand heisst! Ohne Stufe, ohne queren Absatz, von senkrechten, nächtigen Klüften einzig und allein gegliedert, stürzt die ganze Felsenmasse in geschlossener Mauer von ihrer Gipfelhöhe herab — glatte Steilwand von mindestens 3000′. Kaum, dass die ersten Strahlen des Morgens und die letzten des Abends in diesem finsteren Gewände spielen; — fast allezeit hüllen düstere Schatten es ein. Seine kühn gezackten, schlanken Gratgestalten stechen schwarz in den Himmel, durch tief eingesägte Scharten schimmert das helle Blau des Firmaments in's einsame Alpenthal herab. Krachend löst zeitweilig sich eine Felslast aus den Wänden und sendet ihre Geschosse, Alles zerschmetternd, herunter auf die Geröllhalden, die ihren Fuss umlagern. Wehe dem, der zu solchem Augenblicke etwa auf den Reissen sich befände, auf dem Verbindungswege zwischen der Engalpe und Ladiz! *) Die Weidegründe von Laliders freilich vermögen sie nicht mehr zu erreichen. — Und diese Alpenscenerie von unvergleichbarer Grossartigkeit ist dem Bergtouristen auf dem bequemsten, parkähnlich angelegten Wege zugänglich, den Herzog Ernst von Coburg, der Jagdherr der Riss, nach seinem Birschhause in Laliders hat bahnen lassen. Wie gering ist trotzdem, und trotzdem bereits in alpinen Zeitschriften **) auf diese Landschaftsbilder aufmerksam gemacht wurde, ihr Besuch! wie schwer ist doch der touristische Strom aus dem gewohnten Bette abzuleiten!

In den Mittags- und Nachmittagsstunden dieses Tages erstieg ich das Gamsjoch, sass auf seinem Gipfel eine Stunde lang im dicksten Nebel und kehrte unverrichteter Dinge wieder zurück; die beabsichtigte Recognoscirung der Falken war gänzlich missglückt. Abends war ich zurück auf der Lalidererer Alpe und bezog dort Nachtquartier; bei Sonnen-

*) Diess begegnete i. J. 1873 dem Oberen Wirth in Scharnitz, der mit einem Buben und neun Schafen die Reissen überquerte, als eben ein Felsensturz aus der Wand ging. Wie durch ein Wunder kamen Alle, Mensch wie Thier, unversehrt davon. Ich machte einige Tage später den gleichen Weg und sah den schneeweissen Fleck des frischen Gesteins-Anbruches, ca. 1500′ hoch in der Wand, ganz deutlich.

**) Vgl. Zeitschr. d. D. A.-V., Bd. II, H. 1: „Die Alpen Laliders und Ladiz in der Riss“, von dem Verf.

untergang hellte der Himmel sich wieder auf. Gamsjoch und Falken brachen durch die Wolken — ich hatte das Nachsehen. Auch die Zinnen des Rosslochs streiften ihre Hülle ab und aus ihren innersten Klüften rauchten die Nebel hinweg. Sterne schimmerten durch ihre Scharten. Auf den Alpgründen fanden sich die Hirsche zur abendlichen Aesung ein und zogen am Fusse der Trümmerhalden dahin, wenn sie eines lästigen Beobachters gewahr wurden. Am prasselnden Feuer wurde das Abendmahl, eine mächtige Pfanne voll Muss bereitet. Seiner gemeinschaftlichen Verzehrung, an welcher auch ich mit grossem Appetite mich betheiligte, folgte der unvermeidliche Rosenkranz der Hirten, in den erbaulichsten Attitüden der Betenden, von welchen der respondirende Theil das vom Vorbeter begonnene Ave Maria vollendete, während letzterer bereits wieder ein neues begann und mit jenen ziemlich gleichzeitig damit fertig wurde, so dass für Zeitersparniss förderlichste Sorge getragen war; ob die Tiroler Hirten, bei welchen diese Geschäftsvereinfachung durchaus gebräuchlich ist, dabei dem Grundsatze „Zeit ist Geld“ huldigen, weiss ich nicht zu sagen.

Mit Essen und Beten dauerte es denn auch lange genug, bis ich dazu kam, einige Erkundigungen über die Falken-Gipfel bei ihnen einzuziehen; viel erfuhr ich auch hier nicht, doch wurde mir gesagt, dass der Grosse Falk (d. h. in diesem Falle der Oestliche) von Edelweiss-Suchern bereits erstiegen worden sei. Von jenem Falken, der „dahinter stehe“ (dem Westlichen nämlich), wussten sie nichts. Ich gedachte somit am folgenden Tage vorerst den Oestlichen mir anzusehen und den starren Kegel im Westen noch von dieser letzten Seite zu betrachten, bevor ich bezüglich seiner einen definitiven Entschluss fasste.

Der Morgen brach an — wolkig, zweifelhaft, wie der vorhergegangene Tag; bei solchem Nebel, wie gestern auf dem Gamsjoch, war auf dem Falken offenbar nichts zu beginnen; — und als ich von den Hirten mich verabschiedete und quer über den Laliderer Thalboden dem Fusse des Mahnkopfes zuwanderte, an dessen unterem Gehänge das hübsche, herzogliche Jagdhaus steht, dachte ich kaum, dass ich heute noch auf dem Scheitel des einen Falken stehen würde — und, w ü s s t e ich nur den rechten Weg, wohl auch den andern noch mir gewinnen k ö n n t e. Ueber Wiesen und Geröllschütten, auf denen zahlreiche verzweigte Pfade sich kreuzen, erreichte ich nach Kurzem den breit angelegten Reitweg und von dessen langgezogenen Serpentinen bequem aufwärts geleitet, 1 Stunde nach Verlassen der Alpe das grüne Ladizer Jöchl (ca. 5500′ 1787 m.), am südlichen Fusse des Mahnkopfes. Ich stand nun auf dem Scheitel des Falkenkammes, der südlich vom Ladizer Jöchl noch eine niedrige, grüne Bergwelle auftreibt, und dann, wie bereits erwähnt, mit dem niedrigen Spielistjoch (ca. 5000′ 1624 m.) an den Fuss des Hauptkammes anschliesst. Eine ziemlich ausgesprochene, vom Lalidererspitz durch die geschlossenen Wände gegen das Spielistjoch sich herabsenkende Mauerrippe könnte gewissermassen als der Anfang des Falkenkammes auf dem Haupt-Grate betrachtet werden. — Nördlich von mir erhebt sich der Mahnkopf, eine breite und flache, theils begraste, theils mit Krummholz überkleidete Bergkuppe. Seine westliche Abdachung, gegen das Thal von Ladiz, ist ziemlich flach geneigt, während er dem Laliderer Thale mehrstufige, schroffe Abstürze zukehrt. Den nach Ladiz hinabführenden Reitweg verliess ich sofort auf der Jochhöhe und folgte den Pfaden, die mehrfach verzweigt an der Westflanke des Mahnkopfes dahinziehen. Ein schmucker Spielhahn rauschte vor meinen Tritten aus dem Krummholze auf und schwang über die Gräben sich hinweg in waldige Tiefen. Auf freien Weideboden austretend, den zahlreiche Wasserrisse durchfurchen, sah ich die Steige verschwinden, den Mahnkopf bereits nahezu in meinem Rücken, die zweite Jochhöhe aber, welche mit der Fortsetzung des Falkenkammes ihn verbindet, ziemlich hoch über mir gelegen. Als erster Gipfel des letzteren trat mir eine rissige, gelbgraue Pyramide entgegen, auf welcher ich unbewaffneten Auges eine Signalstange zu entdecken vermochte; hart an ihrer linken Seite blickte die plattenweisse, runde Kuppel des Risser Falken*) hervor. Der schartige Gipfel des Oestlichen, dem Laliderer Thale angehörenden Falken dagegen, war mit dem Uebertritte auf die Westseite des Gebirges mir verschwunden. Ich hatte die Wahl, nach dem Joche des Bergkammes und der erst sichtbaren Gipfelpyramide emporzusteigen oder aber meinen bisherigen Quergang fortzusetzen und diese minder bedeutende Spitze zu umgehen — oder ich glaubte vielmehr diese Wahl zu haben und traf sie in letzterem Sinne, um möglichst rasch an die Entscheidung bezüglich der Haupt-Gipfel zu gelangen. Nach-

*) Man kann den Oestlichen und Westlichen Falken, den Thälern entsprechend, welche von ihnen hauptsächlich beherrscht werden, auch wohl passend als den Laliderer und den Risser Falken bezeichnen.

dem ich aber die Weidegehänge eine Strecke weit durchquert hatte, sah ich mich mit Ueberraschung am steilabbrechenden Rande einer ausserordentlich tiefen und weiten, bis zum Grate hinauf den Bergkörper durchschneidenden Schlucht; das war die Erzklamm (so genannt von dem Vorkommen der im Wettersteinkalke unserer Alpen häufigen, jedoch meist unbauwürdigen Bleierze), sie hatte ich bei Entwurf meines Wege-Planes vergessen und wurde nun eindringlich genug daran erinnert. Indess war an Zeit damit nicht viel verloren, ich hatte lediglich längs ihres Randes aufwärts zu steigen, um den Scheitel des Gebirges wieder zu gewinnen; und der Anblick ihrer schaurigen, düsteren Tiefe, in welcher zahllose Seitenklüfte zusammenstrahlen, die zackigen Klippen der Umfassungs-Wände fussen und abgesprengte, ruinenartige Felsgebilde sich erheben, entschädigte reichlich für den kleinen Umweg. Tief unten, im wildesten Geschröf, erspähte mein Fernglas ein einsames Gemsthier, das behutsam, Tritt für Tritt, an den engen Felsenleisten herumkletterte, hie und da ein Kräutchen an der Wand abnagend. Mit einer gewissen Schadenfreude sah ich zu, wie der Meister der Bergsteiger auf eine Klippe hinausspazierte, wo aller Weiterweg ihm abgeschnitten war — und wo er, als diese Aussicht sich ihm eröffnete, in der That wie verlegen stille stand. Aber umgewendet, und einige Zickzacks an der scheinbar spiegelglatten Wand, — und er hatte das Plätzchen erreicht, das er sich in den Kopf gesetzt. Ich dachte an das Sprichwort der Jäger und Gemstreiber: „Wo ein Weizenkörnchen liegen bleibt, da springt ein Gems hin.“

$2^1/_2$ Stunden nach Aufbruch von Laliders betrat ich zum zweitenmale die Scheitelhöhe des Falkengebirges; unmittelbar vor mir erhob sich der pyramidale Vor-Gipfel der Falken, welcher etwa passend als Südlicher Falkenspitz bezeichnet werden könnte. Der bereits vom Ladizer Jöchl eröffnete Ausblick gegen Westen auf die Hinterauthaler Kette mit den kühnen Felsgestalten in der Umfassung des Moserkars, mit den hohen, schuttbedeckten Häuptern der Birkkar-Oedkarspitz-Gruppe, der Einsattelung der Hochalpe und den schrägen Gipfeln der Karwendelkette hatte immer weiter sich erschlossen, zugleich aber durch hereinbrechende, sowie aus den Thälern und Karen emporsteigende Nebel immer mehr sich verdüstert. Auf dem breiten, hügeligen Plateau der Kammhöhe umfing mich bereits wieder dunstiger Schleier, wie gestern; die ursprüngliche Vermuthung, dass die heutige Bergwanderung kein erfreuliches Resultat ergeben würde, begann zur fast völligen Gewissheit zu werden. Am Rande der Scheitelfläche, wo steil das Gehänge nach dem Laliderer Thale sich abdacht, sah ich zwischen niedrigen Legföhren-Gebüschen etwas wie Rauch emporsteigen. Ich nahte mich der Stelle und fand in der That hier noch menschliche Wohnung — wenn man einen Schlupfwinkel aus Stangen und dürren Latschenzweigen aufgerichteten, kaum 8′ in's Gevierte Raum haltend, so zu nennen berechtigt ist.*) Hier hauset einen Theil des Sommers über der Schafhirt von Laliders, während er den andern Theil der Alpzeit drüben auf dem Gamsjoche zubringt. Ich traf ihn in seiner Hütte sitzend und rauchend. Auf die Frage, was aus dem Wetter werden möge, erwiederte er in pythischem Stile: „'s kann gut werden, 's kann regnen auch", worin ich ihm vollkommen beistimmte. Vorerst nahm ich am Herdfeuer Platz und wartete das Weitere geduldig ab.

Es war $^1/_2$7 Uhr Morgens; schwer lastete der Nebel auf dem Boden, vom Winde aufgejagt strich er zuweilen über die Hügel dahin, riss auf, zeigte Berg und Thal im engen Wolkenrahmen und schloss sich wieder, Alles verhüllend. Von meinem ferneren Wege — wenn die Witterung eine Fortsetzung desselben überhaupt gestatten würde — erfuhr ich nun wenigstens so viel, dass ich über den nächsten Gipfel hinweg bis an den Abfall des Falkengebirges gegen das Rissthal, sohin in die unmittelbare Nachbarschaft der beiden Hauptgipfel gelangen könne; wie es mit letzteren selbst bestellt sei, darüber wusste auch der Schafhirte nichts zu sagen, glaubte aber davon gehört zu haben, dass es auf den einen von beiden hinaufgehe. — Nahe an eine Stunde hatte mein Aufenthalt gedauert, als die Nebelmassen getheilter und lichter wurden; das schlanke Horn der Kaltwasserspitze stach wieder durch die Wolken, und der Falkenspitz schaute aus naher Höhe auf die Schäferhütte herab — es mochte sich vielleicht doch noch zum Besseren wenden! Vom Schäfer mich verabschiedend, begann ich in nördlicher Richtung anzusteigen; anfangs führte mein Weg noch über breite Grasplätze, nach Uebersteigung des Schafzaunes zogen diese enger sich zusammen, und von der linken Seite drängte nahe die Steilwand der Erzklamm

*) Gegenwärtig befindet die Hütte sich nicht mehr am Rande des Plateaus, sondern in der Mitte desselben, und ist, aus rohen Steinblöcken aufgerichtet und mit morschen Brettern lückenhaft gedeckt, womöglich noch elender. Sie scheint auch nur mehr als Unterstand, nicht, wie damals, als Wohnung des Hirten benützt zu werden.

heran. Ein ausgetretenes Steiglein schlängelte sich am Saume des gangbaren Terrains dahin; mehrere Scharten-Ausbrüche, die ich passirte, gestatteten wieder den Blick in das Felsenchaos der Tiefe; abgehackte Klippenecken, einsturzdrohende Mauerzacken bauen über den Saum der heraufmündenden Klüfte sich hinaus. Nach einer starken Viertelstunde Anstiegs gelangte ich auf eine Grasfläche, die mit schmalem Streif in die westliche Gebirgsflanke hinüberzugreifen schien; wohl zeigten sich dort Spuren fortlaufender Tritte, doch schien es mir allzu unwahrscheinlich, dass nach der Seite der Erzklamm ein wirklicher Weg bestehen sollte, und ich verfolgte den Grat. Dieser wurde jedoch alsbald pfadlos und schroff, mehrere scharfe Zinnen und Einschartungen wurden mit Mühe überklommen, zuletzt stand ich vor senkrechtem Absturze und fand nur im zerklüfteten Geschröf der Westseite einen schwierigen Abstieg auf den grünen Sattel, der nahe vor meinen Füssen lag. Nicht weit davon erkannte ich im Felsgehänge der Westseite abermals Pfadspuren und mochte daraus mit ziemlicher Gewissheit schliessen, dass ich den, wenn auch der Linie, doch sicherlich nicht der Zeit nach kürzesten Weg mir gewählt hatte. Ich stand nun nahe dem Gipfel, an der weithin sichtbaren Trümmereinlagerung seiner Südseite, die, von glatten Mauern eingefasst, augenscheinlich einem Bergsturze ziemlich jungen Datums ihr Entstehen verdankt. Diese querend und im steilen, aber gut gestuften Schrofenhange der Südwestseite aufsteigend*) erreichte ich nach 10 Minuten (1 Stunde nach Aufbruch von der Schäferhütte) den Falkenspitz**), den südlichsten Gipfel des Falken-Gebirges.

Dieses hatte nunmehr seine ganze Masse vor meinen Blicken entfaltet. Vom Nordfusse des Falkenspitzes, an dessen schroffe Gipfelmauern anschliessend, zieht sich ein hoher Grat weit gegen Norden hinaus, wo er mit schwach erhobener Plattenecke endet. Westwärts bekleiden ihn grüne, vom Geröll durchstrichene Gehänge, deren seichte Sinken nach der Tiefe zu Gräben zwischen Felsabstürzen sich einschnüren; diese Einbuchtung des Gebirges führt den Namen Thalele-

*) Ich habe Grund zu vermuthen, dass der bequemste Weg auf den Gipfel selbst, nachdem man an den Trümmer-Einbruch seiner Südseite gelangt ist, von Osten heraufführen würde.

**) Seine Höhe, für welche eine bestimmte Messung mir nicht bekannt wurde, schätze ich auf ca. 7350' 2388 m. Der Gipfel bildet einen schmalen, schwach gegen NO. sich neigenden Grat.

Kirch*). Gegen Osten bricht er scharf, aber mit unbedeutenden, von mehreren Grabenrissen unterbrochenen Felsabsätzen nieder auf eine kreisrunde, schwach begrünte Schuttmulde, deren geöffneter Ostrand an die Steilwände des Laliderer Thales stösst; dieser vom Falkenspitz, der nördlichen Grat-Fortsetzung und dem Oestlichen Falken eingeschlossene Bergkessel ist unter der Bezeichnung Blausteigkar bekannt. — Vom Ende dieses verhältnissmässig niedrigen, die Kare trennenden Grates gabelt das Gebirge in fast gestrecktem Winkel nach Osten und Westen aus einander: ostwärts schwingt es mit feinzersägtem Grate zum Laliderer Falken sich auf, dessen Haupt, obwohl der nördliche Nebengipfel nun jedenfalls gedeckt sein muss, doch abermals gedoppelt erscheint. Jäh ist sein Absturz, wie der Breitseite nach in's Laliderer Thal, so auch der südöstlichen Gipfelkante entlang, die nicht viel weiter hinausreicht, als der Ostrand des Blausteigkars. Gegen Westen zieht steigend die Plattenschneide zu einer unbedeutenden Erhebung hinaus, bricht hier plötzlich ab, und über ihr strebt der Falke der Riss empor, eine massive Säule mit breit dreieckig eingedecktem Haupte; rechts vom Gipfel ist noch ein Theil des zackigen Felskammes sichtbar, welchen er nordwärts, gegen die Riss hinaus, entsendet. Das also ist der Unbesteigbare! Fürwahr, wenn ein Gipfel hier unbesteigbar sein will, so muss er wohl aussehen! Der dort scheint die Sache ernster zu meinen, als die Lamsenspitze! — Schon an seinen Fuss zu gelangen, erscheint als ein Kunststück. Das Gehänge des Grates, das mit dem Mittelkamme des Gebirges ihn verbindet, ist so blank mit Platten gepflastert, das Grün einzelner Streifbänder und Rasenschöpfe so spärlich darüber hingesäet, dass auch das Eisen schwere Arbeit dort zu haben fürchtet. Auch gegen den Oestlichen Falken hinüber zeigt der Abfall des Verbindungsgrates jäh abschüssige Felstafeln, von feinen Rissen kreuz und quer durchsetzt, in ungeheuerer Ausdehnung; aber an ihren Fuss und an den Fuss des Gipfelmassives selbst stossen die Schuttfelder des Blausteigkars.

Hauptsächlich des drohenden Risser Falken wegen geschah es, dass ich vor Beginn einer eigentlichen Ersteigung noch das Nordende des Grates und den Theilungspunkt zu

*) Die beiden Kare, welche die nördliche Grat-Fortsetzung des Falkenspitzes scheidet, wurden mir als Thalele-Kirch und Blausteigkar bezeichnet, diese beiden Namen jedoch in Ladiz und in der Riss vielfach verwechselt. Ich bin daher nicht ganz sicher, ob sie in dieser Abhandlung richtig gestellt sind.

besuchen beschloss, um beide Gipfel von ihren dem Falkenkar zugekehrten Seiten zu Gesichte zu bekommen. Zu diesem Zwecke hatte ich zunächst auf jenen Scheide-Grat selbst abzusteigen, wurde aber sowohl auf dem Falkenspitz selbst, als auch auf lange Strecke längs seiner westlichen Kante durch eine ununterbrochene, nirgends zu übersteigende Längsstufe von kaum 40' gerader Tiefe daran gehindert. Doch erkannte ich im grünen Boden an ihrem Fusse leicht das fortlaufende Steiglein wieder und erhielt dadurch Hoffnung, doch schliesslich noch auf eine gangbare Verbindung zu treffen. Diess geschah denn auch, wiewohl erst nach Verlust einer nicht unbeträchtlichen Höhe; einem kleinen Einrisse folgend lenkte der Birschpfad am schroffen Gehänge hinab und, mittelst einiger Stufen in der Wand künstlich hergestellt, leitete er auf die Wiesenflächen von Thalele-Kirch hinaus. Nun unter dem wegsperrenden Steilabsatze angelangt, stieg ich längs seiner Mauern wieder hinauf zum Kammscheitel über dem Blausteigkar. In einem zwischen die überhängenden Schrofen der Nordseite eingebrochenen, schutterfüllten Graben hätte ich alsbald in's jenseitige Kar absteigen können, und diess wäre, wie sich in der Folge erwies, für die beabsichtigte Ersteigung des Oestlichen Falken das Vortheilhafteste gewesen. Statt dessen verfolgte ich den Kamm, hatte hier zwar bequem gangbaren Boden, sah mich jedoch, als ich nach kurzem Anstiege über plättigen Schutt den nördlichen End- und Eckpunkt betrat (9 Uhr 30 Min., eine halbe Stunde nach Verlassen des Falkenspitzes), dort völlig abgesperrt auf einem mehrere Schritt im Gevierte haltenden, felsigen Scheitel. Vor meinen Füssen stürzen steile, durchschluchtete Hänge, zu unterst augenscheinlich mit Steilwand endigend, in die düsteren Kessel des Falkenkars, dessen innerster Hintergrund durch kurze Abzweigungen aus der Felsmasse der Gipfel-Fundamente in einige kleinere Trümmermulden getheilt wird. Bald vereinigen dieselben sich zu der weiten, geröllerfüllten Bucht, die in etwas tieferer Zone zu einem schwach begrünten, vom Bächlein durchschlungenen Hügelboden sich umwandelt und sodann in die immer dichter geschlossenen Krummholzhänge übergeht, welche auf die Sohle des Rissthales sich hinabsenken. Die beiden Falken zeigen sich dem von ihnen eingeschlossenen Kare gegenüber schroff, unzugänglich; den Oestlichen durchstreicht eine schräge Lage begrünten Bodens gegen das Kar herab und würde, wenn eine gangbare Verbindung von ihr bis auf den Schuttboden hinunter bestünde (was aber nicht wahrscheinlich ist) auch von Norden her die Ersteigung des Gipfels gestatten. Der Westliche Falk eröffnet von dieser Seite ebensowenig Aussichten auf Erfolg als von allen anderen; glatter Fels, in mächtigen, ausgebauchten Absätzen.

Mit der Durchwanderung des Gebirges war ich zu Ende, seine Configuration*) war mir bekannt. Ich hatte nun über die Ersteigungslinien nach seinen Gipfeln, vorläufig wenigstens nach Einem derselben, endgültigen Beschluss zu fassen. Der Oestliche Falk, obwohl von wenig einladendem Aussehen, bot doch einige Stellen, an denen ein Versuch begonnen werden konnte. Der auf den Scheitel der südöstlichen Gipfelkante hinaufweisende Zusammenhang gangbarer Plätze endet freilich in noch beträchtlicher Entfernung vom Gipfel, und lässt eine Vollendung der Ersteigung erst auf der dem Lalidererthale zugekehrten Seite erhoffen — eine allerdings etwas problematische Aussicht. — Ich begann den Abstieg in's Blausteigkar unmittelbar von der Nordecke des Grates weg durch eine, anscheinend kurze und gut gangbare Plattenrinne, hatte aber mehr als eine halbe Stunde Arbeit in derselben, mit Händen und eisenbewaffneten Sohlen gegen die glatten Wandungen gesperrt, bis ich die Schuttfelder des Kars erreichte. Diese wurden in gerader Linie gegen Osten überquert, nach dem innersten Grunde des Winkels, welchen der Platten-Grat und die südöstliche, das Kar begrenzende Kamm-Abbiegung im Körper des Oestlichen Falken bilden; in diese Ecke schienen die berasten Stellen am weitesten herabzureichen, und von hier ab sollte der Anstieg beginnen.

Die Uhr zeigte 10 Uhr 15 Min., als ich am Fusse des Gewändes anlangte, die im Gerölle etwas lose gewordenen Eisen fester schnallte und — im wahren Sinne des Wortes — Hand an den Falken legte. Ein aufgestörtes Rudel Gemsen sprang vor mir dahin, in langer Zeile wechselten sie durch die schmalen Grasfäden der Platthänge und verschwanden jenseits des Grates über dem Falkenkar. Eine tiefe, geradlinig in den Felsenkörper bis gegen den Gipfel des Falken hinaufschneidende Kluft leitete meinen ersten Anstieg; ihre untersten, sehr steilen Absätze wurden mit kurzer Curve nach

*) Eine Configuration, die allerdings eine etwas andere ist, als die Zeichnung der Karten, der Oesterr. G.-St.-K. vor Allen, diess vermuthen lässt. Von der scharfen Gabelung der Kette ist hier kaum eine Spur wahrzunehmen; der ganze Gebirgsstock sieht auf ihr sich an wie ein breites Hoch-Plateau mit steilen Rand-Abstürzen. Bei Einzeichnung der Gipfel „Grosser und Kleiner Falk“ vollends scheint dem betreffenden Kartographen jeder Begriff davon gefehlt zu haben, wo in diesem Gebirge Gipfel überhaupt möglicherweise stehen könnten.

der rechten Seite umgangen, oberhalb derselben kehrte ich zum Graben zurück, hielt mich bald an seinem Saume an den schwach begrasten Schrofen, bald in seiner glattgewaschenen Plattensohle, einmal, auf wenige Schritte nur, an seiner jenseitigen Wandung. Nochmals stemmten einige völlig kahle Tafelstufen sich meiner Weglinie entgegen; nachdem sie überklommen, fand ich mich auf breiteren und schwächer geneigten, auch etwas ausreichender begrünten und von brüchigen Schrofenrippen durchstrichenen Plätzen; der bis dahin verfolgte Graben, fortan als klaffende Spalte in kaum ersteigbare Wand sich verlierend, blieb zur Linken, mit entschieden rechts gehaltener Schräge-Richtung steuerte ich der nächsten Kammhöhe zu; mein Ziel auf derselben, eine kleine, zackenbesetzte Verflachung des Scheitels, blieb fortwährend vor Augen; ebenso der schmale Grat-Einschnitt, an welchem, soweit hier zu sehen, das gangbare Terrain endete, die weitere Erhebung der Schneide sogar einen Contra-Winkel mir entgegenstellte. Ueber Geröllboden, mit kleinen Rasenschöpfen besetzt, auf den stufigen Rücken einzelner Schrofenreihen, oder, zeigten diese sich allzu stark zerrissen, in langen und engen, schuttführenden Rinnen ging's mühsam, aber ohne bedeutende Schwierigkeiten hinan, kahle Felsmassen drängten die Anstiegslinie immer weiter gegen Rechts hinaus und schliesslich betrat ich den Seitengrat an seiner Verebnung, nahe der kleinen, ihrer Structur nach so fatalen Scharte. Bevor ich noch auf dieser anlangte, machte der Grat bereits Umstände. Ein riesiger, kahler Block auf seinem Scheitel musste umgangen werden, unter höhlenartig überhängender, schwarzer Wandstufe arbeitete ich mich mit Händen und Knieen einen völlig glatten Plattenhöcker hinan, zum zweitenmale auf den Grat. Nun war's aber auf der Westseite definitiv zu Ende, auf der Schneide hatte ich den überhängenden, stumpfen Zahn gegen mich, — der einzige Ausweg öffnete sich jenseits, über den Wänden des Laliderer Thales.

Dort sah's schlimm genug aus; ein paar schmale Grasbänder laufen quer durch die Felsen, von ihrem Rande weg stürzt Steilwand hinunter — wo Wiese, Wald und Bach des Thals in unermesslicher Tiefe verschwimmen; das Felsmassiv, welches den Weg auf dem Grate mir verwehrt, sperrt auch bald genug jene problematischen Pfade. Ein paar Schritte weit in die Ostseite hinaustretend, erspähe ich eine enge, fast senkrecht aufsteigende Spalte, welche den Gewinn des oberen Terrains ermöglichen möchte — aber so glatt strebt der Felsen an, dass kaum Finger und Eisenzinken an ihm finden, woran sich festzukrallen; — und das geringste Zurückgleiten muss über das schmale Gesimse am Fuss der Spalte die Last hinausschleudern — dann leb' wohl, Falk! — Ich suche noch etwas weiter nach rechts, und siehe da, jenseits der Felsenecke treffe ich auf eine ganz hübsche, schutterfüllte Runse, frohen Muthes klettere ich darin empor, zum Lichte, das von Oben winkt, — aber — — welch' böser Kobold hat das gethan? — Ihre obere Mündung ist gesperrt durch einen mächtigen, vom Grate herabgesunkenen Block, ich stehe in der Runse wie in einer Kellertreppe, deren Fallthür geschlossen, — der Falk hat seine Behausung gut verwahrt! — Nun wieder hinunter, zurück, und doch durch die erstbemerkte Spalte hinauf. Es gelang, weil es gelingen musste.

Ich glaubte, damit das letzte Hinderniss beseitigt zu haben; doch wartete meiner oben noch manch' harte Nuss. Nur ein paar Schritte weit vermochte ich auf der zerspaltenen Trümmerschneide mich zu halten, dann ging's wieder hinaus in die Laliderer Seite, an den schmalen Gesimsen entlang, von Ecke zu Ecke, von Kluft zu Kluft, den angewurzelten Graspäckchen mich vertrauend und oft mit langgedehntem Tritte nur sie erhaschend. Zur Rechten dabei stets die schwindelnde Tiefe des Laliderer Thales; zur Linken der Grat, eine Reihe bizarrer, aus Platten aufgeschichteter Felsgebilde. Auf seinen Scheitel nach einer Weile Querganges zurückkehrend, fand ich ihn etwas gangbarer, noch ein ungeschlachter Felsklotz wurde überklettert, und über aufgelöstes, wirres Getrümmer, über niedrige rauhe Höcker der zuletzt fast horizontal verlaufenden Schneide erreichte ich, 11 Uhr 45 Min., den Culminationspunkt des Laliderer Falken; derselbe liegt fast genau am Vereinigungspunkt der Grate, welche die Nord- und Nordostseite des Blausteigkars umfassen.

Imposant stand mir der Risser Falk im Westen gegenüber; er erweist sich seinem östlichen Nachbar als vollkommen ebenbürtig, wenngleich der Klinometer einen kleinen Ausschlag zu Gunsten des letzteren ergibt. Die allgemeine Fernsicht des Falken bietet gegenüber jener des Sonnjochs (und wahrscheinlich auch des Gamsjochs) nicht viel Neues, namentlich ist der Ausblick gegen Norden, über das Gebirge der Riss und des Achensees, das bayerische Voralpenland und die Ebene der gleiche, wie auf jenen Gipfeln. Im Süden dominirt der zinnenreiche Mauerwall der Hinterauthaler Kette, im Westen zeigt über dem Sattel der Hoch-Alpe und den Gipfelgruppen der Karwendelkette sich das ferne Wetterstein-Gebirge. Interessant sind die Detailansichten, welche der Gipfel bietet, namentlich die seiner um ein Bedeutendes niedrigeren Nebengipfel. Er besitzt einen solchen sowohl im Norden als im Westen, daher seine Kuppe, mag sie von welcher Seite immer betrachtet werden, doppelgipfelig gespalten sich zeigt. Der westliche wäre längs einer Schutteinsenkung der Nordflanke leicht erreichbar, nicht so der nördliche, welcher durch eine tiefe, eingemauerte und in ihrem Grunde noch mit einer äusserst scharfen Felsnadel besetzten Scharte von ihm abgetrennt ist. Auf diesen nördlichen Nebengipfel würde man gelangen, erstiege man auf der schuttbedeckten Nordostabdachung, die bei Betrachtung vom Plumser Joche her in die Augen fällt, den Laliderer Falken; im letzten Momente noch würde man daher auf diesem Wege vom eigentlichen Ziele, vom Culminationspunkte des angestiegenen Berges sich abgeschnitten sehen.

Wie es mit früheren Ersteigungen dieses Falken bestellt sein mag, wage ich nicht zu entscheiden; dass Edelweiss-Sucher auf seine Zinne kommen konnten, ist nicht abzustreiten, da an den Grasgesimsen der Laliderer Seite wohl noch die schöne Alpenblume gedeihen mag; ob sie von den besseren und zweifellos reicheren Plätzen der dem Blausteigkar zugekehrten Südwestseite sich dort hinauswagten, zumal ohne Eisen (denn dieses, wenigstens in brauchbarer Form, kennen die Leute jener Gegend nicht) ist eine andere Frage. Spuren früheren Besuches habe ich auf dem Falken nicht gefunden, was freilich die Möglichkeit eines solchen keineswegs ausschliesst.

Die bereits berührte Mangelhaftigkeit in kartographischer Darstellung des Falken-Gebirges erstreckt sich auch auf die Höhenmessungen in seinem Bereiche. Der Kataster bestimmt für den „Grossen Falken" (Oestlichen?) 7600′ 2469 m. Höhe, für den „Kleinen" — (Westlichen?) 7421′ 2412 m., eine ganz unglaubliche Differenz der beiden Hauptgipfel der Gruppe. Lässt man die Höhe von 7600′ (welche indess im Vergleiche mit dem Sonnjoch und Gamsjoch als etwas zu hoch gegriffen erscheint), für den Oestlichen oder Laliderer Falken gelten, so würden sich für den Westlichen oder Risser Falken mindestens 7580′ 2462 m. Höhe berechnen.

Nach mehr als 2stündigem Aufenthalte, um 1 Uhr 55 Min., trat ich den Rückweg an; seine Schwierigkeiten waren selbstverständlich nicht geringer, als die des Aufstieges, dessen Linie mit minutiöser Genauigkeit eingehalten wurde. An der jähen Spalte angelangt sah ich, um beide Hände frei zu erhalten, mich genöthigt, des Stockes mich zu entledigen, und zu diesem Zwecke, da ich ihn doch nicht gern auf Nimmerwiedersehen in's Laliderer Thal wollte hinabfliegen lassen, an einem Schnürchen ihn auf den schmalen Stufenabsatz hinunterzusenken, bevor ich selbst nachfolgte. Der heikle Abstieg ging denn auch glücklich von Statten. Um 3 Uhr befand ich mich wieder im Blausteigkar, eine halbe Stunde später auf dem Grat gegen das Kar Thalele-Kirch. Ein Trupp Gemsen sprang durch die Platten den Grat entlang, dem Risser Falken entgegen; dann abwärts gewendet verschwanden sie in der Tiefe, welche dem Johannesthal sich zusenkt. Wäre der Zufall mir günstig gewesen, wie am folgenden Morgen, ich wäre vielleicht in den Abendstunden noch auf den zweiten Falken gekommen. Nun aber sah ich zweifelnd über das blanke Felsgetäfel dahin — über die Scharte weg, die von ihm den Gipfel abspaltet, und auf dessen festgegründetes Fundament; — da hinüber — da hinauf — wie mag's zugehen? Den ersteigbaren Falken hatte ich kennen gelernt, er hatte nicht allzugut mir gefallen. Nun erst der unersteigliche! — Im günstigsten Falle eine äusserst mühsame und langwierige Tour. Für heute ist's genug!

Den Birschpfad zurück ging ich aus dem Kar Thalele-Kirch wieder auf den Südlichen Falkenspitz über, kam wieder nahe an seinem Gipfel vorbei und achtete nun der Spuren, die bequemer als im Herwege zur Schäferhütte am Mahnkopf mich geleiten sollten. So wenig man den zur Erzklamm abstürzenden, zerfurchten Wänden es ansehen sollte, es führt wirklich ein ganz hübsches Steiglein durch dieselben hindurch, an den steilen Orten sogar mittelst eingehauener Stufen verbessert; es zieht sich, einigen Geröllstreifen folgend, zuerst stark in die Tiefe und steigt längs grasiger Gesimse zum Grate wieder empor, zuletzt über den schmalen, in die Steilwand eingeschobenen Wiesenstreif, an welchem ich schon im Anstiege die abzweigende Fährte beobachtet hatte; an dieser letzten Stelle ziemlich luftig, aber durchaus sicher über der weitaufklaffenden Tiefe der Erzklamm. Kurz nach 4 Uhr war ich an der Schäferhütte zurück, wo ich mit dem Hirten wieder zusammentraf und ihm mittheilte, wie ich auf dem Laliderer Falken gewesen, der Risser aber höchst unzugänglich mir vorgekommen sei: „Wird man auch wohl nicht hinaufkommen" — meinte er phlegmatisch. — Ich muss aber hinauf.

Ohne langen Aufenthalt vollendete ich meinen Abstieg nach der Alpe Ladiz, die auf grünem Mattenteppiche zu meinen Füssen lag. Eine halbe Stunde angenehmer Bergwanderung über begrastes, von einigen Sinken durchzogenes Gehänge brachten mich zu den freundlichen, wohlgebauten Hütten am Ufer eines kleinen, dem Johannesbache zufliessenden Gewässers. Die Ladizalpe 4517′ 1467 m. (Trinker) hoch gelegen, nimmt den südöstlichen Abschlusskessel des Johannes-Thales*) ein; die Felsenscenerie ihres nahen, südlichen Hintergrundes ist kaum minder grossartig, als jene von Laliders. Nur imponiren hier weniger die Massen, als die kühngeschwungenen Gipfelgestalten, welche die Wände krönen. Von Südost blickt über das Spielistjoch noch der massive Stock der Rosslochspitzen herein, an ihn reiht sich der krummgebogene Bockkarlspitz, an diesen der mächtig aufstrebende, flachköpfige Thurm des Nördlichen Sonnenspitzes. Ihm folgt die breite, regelmässige Pyramide des Moserkarspitzes, westlich von ihm verkettet Zinne sich mit Zinne in immer wachsender Höhe und über allen thront das geschwungene Horn, die unvergleichliche Kaltwasserspitze; Birkkar- und Oedkarspitz schliessen in noch bedeutenderer Erhebung, wiewohl in ruhigeren Formen die imposante Reihe ab. Im Norden aber steht der Falk, der Herrscher der Riss; eine silbergraue, von einigen senkrechten Spalten nur schwach gezeichnete Kuppel.

Ich fand in Ladiz freundliche Aufnahme, und, soweit auf einer Alpe, einer Tiroler zumal, dies möglich, gute Bewirthung und Nachtherberge. Auf meine Erkundigungen nach dem Falken, der so stolz auf ihre Hütten herunterschaut, erhielt ich abermals nur negative Auskunft; man komme durchaus nicht hinauf, hiess es, dieser Berg sei „viel zu viel rund“ — eine nicht unpassende Bezeichnung seines massigen, stufenlosen Kegelbaues. Sie meinten, wenn der Schafhirte der Alpe zur Stelle wäre, dieser könnte vielleicht etwas Näheres wissen, er sei jedoch noch nicht aufgezogen. Ich bedauerte seine Abwesenheit nicht besonders, denn von diesen Schafhirten, welchen von den übrigen, in etwas tieferer Zone sich haltenden Aelplern regelmässig eine umfassende Kenntniss des ganzen Gebirges und aller seiner Spitzen nachgerühmt wird, habe ich in fast allen Fällen just das nicht in Erfahrung

*) Dieses Thal, in der Riss zuweilen, jedoch selten, auch Karwendelthal genannt, endet in gerader Richtung gegen Süden auf der zum Theil verschütteten Thalebene unter der Kaltwasserspitze, und empfängt einen, meist intermittirenden Zufluss aus dem Kaltwasserkar herab; südöstlich setzt es sich fort in das Thalbecken von Ladiz, westlich in das breite, sanft ansteigende Filzthal, das auf dem breiten Sattel der Hoch-Alpe culminirt.

bringen können, dessen ich bedurfte. Und so wäre es mit dem Falken vermuthlich auch gewesen.

Der Morgen des 1. Juli brach an, die Sonnenstrahlen spielten an den Wänden, und dicke Nebel dampften wieder aus Thal und Kluft zum Himmel auf; ich eilte nicht mit dem Aufbruche und war überhaupt noch nicht ganz schlüssig, was beginnen. Bei drohender Wetterverschlechterung hätte ich vorgezogen, über die Ladizer Flecken*) in's Hinterauthal hinüberzusteigen und nebenbei den Moserkarspitz mitzunehmen. Aber das Schlussresultat war das gleiche, wie gestern. Die Sonne kämpfte zuletzt siegreich die Nebel nieder, die Bergspitzen streiften ihre Wolkengewänder ab, und auch der Falk thronte wieder kühn über Riss und Ladiz in unverletzlicher Majestät.

Es war beschlossen. — Ich borgte mir noch einen Hammer, hoffend, damit vielleicht in den allzuglatten Plattenlagen etwas nachhelfen zu können**) und verliess um 7 Uhr 10 Min. die Alpe. Die Erwartung beschleunigte meinen Anstieg in ungewohnter Weise; um 8 Uhr war ich bereits an der Schäferhütte, stieg den bekannten Pfad am Falkenspitz hinan, nahe unter seinem Gipfel hindurch und wieder hinab zur Uebergangsstelle in's Kar Thalele-Kirch; kurz vor 9 Uhr stand ich auf der Kante, im unmittelbaren Anblicke des Falken. Kaum jemals habe ich eine Bergtour so völlig planlos, so völlig bar irgend welchen Leitfadens fremden oder eigenen Ursprunges angetreten, wie diese. Gesehen hatte ich meinen Gegner von allen Seiten schon, das Auge, sonst der zuver-

*) So benennt man die breiten, seicht durchfurchten Schutt- und Grasplätze, welche in der Nordseite der Hinterauthaler Kette unter dem Moserkarspitz und westlich desselben sich einlagern, von Ladiz aus durch eine ziemlich weit westwärts greifende Curve zu gewinnen sind und durch die Scharte westlich des Moserkarspitzes den Uebergang in's Hinterauthal gestatten. Im jenseitigen Moserkar leitet ein trefflicher Reitweg zu Thal. Es ist diess in der zweiten Parallelkette der dritte mögliche Uebergangspunkt von der Nord- auf die Südseite, von Osten her gezählt (Lamsscharte, Hoch-Glück, Ladizer Flecken; abgesehen davon, dass die Scharte zwischen Schafkarspitz und Hoch-Glück einmal von einem Jäger überstiegen wurde und ein derartiger Uebergang auch am Nudeltrog — westlich vom Grubenkarspitz — einmal soll ausgeführt worden sein.). Im westlichen Theile des Kammes werden die Uebergangsstellen ungleich häufiger.

**) Ich hatte bei einem späteren Anlasse, am Schafkarspitze, Gelegenheit, das gänzlich Illusorische solcher Erwartung kennen zu lernen. Ein Anderes ist es, auf sicherem Boden stehend, einen vereinzelten, wenn auch grossen Stein, mit Hammerschlägen zu zerschmettern, ein Anderes, an bereits bedenklicher Stelle, auf schmalem Tritte fussend, aus der starren Wandmasse eine Stufe wegarbeiten zu wollen.

lässige, auf weite Strecken dem Eisentritte voraus eilende, ihm bahnweisende Eclaireur, hatte sein Unvermögen erklärt, in dieser Sache noch weiteres zu thun. Res rediit ad triarios, — es galt ein Ringen. Brust gegen die Wand, Faust gegen die Klippe. — Ein Schein eines Planes dämmerte noch, — vom Theilungspunkte der Grate weg wohl oder übel die Plattenschneide zu verfolgen, an die Ostseite des Kegels zu gelangen und hier vielleicht einen Zusammenhang zwischen den einzelnen Grasstreifchen in der Wand zu entdecken. Doch auch dies Unternehmen hatte wenig Aussicht auf Erfolg, und die nächsten Stunden belehrten mich auch über das Fehlerhafte dieses Gedankens; zum Glück, ohne dass er vorher zur wirklichen Ausführung gekommen wäre. — Da plötzlich, während ich sinnend die Kante des Falkenspitzes hinabschreite, an der leicht wiedererkannten Uebergangsstelle um die Felsecke biege und den eingehauenen Pfad betrete, wird's unter mir im Kar lebendig. Ein Rudel von 15—20 Gemsen bricht unter der Mauerstufe, deren Schatten sie gedeckt, hervor und im Carrière geht's durch die schuttgestreiften Rasenhänge dahin, dann links hinaus und mitten durch's Plattengehänge des Verbindungsgrates; — jetzt sind sie an seinem äussersten Rande, hinunter eilt die ganze Schaar gegen das Johannesthal, doch nicht gar lange, so biegen sie über die Kante hinaus und sind verschwunden.... Ein paar Minuten regt sich nichts mehr — dann erscheinen sie oben auf dem Grat, am Ostfusse des Falken. Lustig gaukelnd geht's in die Wände quer hinein, hinauf — hinab, wieder aufwärts und tiefer hinab, quer durch, um die Klippe, und den langen, röthlichen Kamin, der die ganze untere Südostflanke des Kegels spaltet, eine Rinne, anscheinend so glatt*), dass auch das bewusste Weizenkörnchen darin nicht mehr zu haften vermöchte, rasseln sie in eilenden Sätzen hinauf, — verschwinden hinter dem Felsenrücken — und einen Augenblick später tummelt sich die ganze Gesellschaft auf dem Gipfel. — Dank euch, ihr meine Führer! So also ersteigt ihr den

*) Auf den Gedanken, diesen Kamin zu ersteigen, wäre ich zu allerletzt verfallen. Als ich im Sommer 1873 zum Zwecke der Skizzenaufnahmen zu vorliegendem Buche die Gebirge wieder bereiste und vom Südlichen Falkenspitze aus die beiden grossen Falken zeichnete, vermochte ich es nicht zu glauben, dass die Spalte, die ich vor mir sah, meinen einstmaligen Weg bezeichne. Ich glaubte die Anstiegsspalte am Falken für den Gipfel des Falkenspitzes verborgen und stieg hinunter bis zur Uebergangsstelle in's Kar Thalele-Kirch, überzeugte mich jedoch dort von meiner Täuschung.

Falken?! Wollen doch auch einmal nachsehen! Dem Gemsenjäger hab' ich's gleichgethan — sei's nun auch mit den Gemsen selbst versucht! —

Ich erstieg, wie gestern, den Grat gegen das Blausteigkar und verfolgte ihn gegen Nord; doch nicht mehr bis zu seinem Endpunkte. Dem Gemsenwechsel nach wandte ich mich bei Wiederbeginn seiner schwachen Hebung links, zum Quergange durch's Plattengehänge. Vorsichtig liess ich unter einem überhängenden Schrofen den grössten Theil meines Gepäckes wohlgeborgen zurück; mochte es doch bald enge und glatt genug werden auf meinem Pfade und ich an der eigenen Körperlast hinreichend viel zu tragen und zu heben haben. Erleichtert und mit Eisen gewaffnet, übersprang ich die letzte eingeschobene Geröllschütte und stand alsbald am Saume der abgeschliffenen, hell weisslich-grauen Felstafeln; Streifen und Ansammlungen kleiner Rasenpäcke sind an ihnen nicht eben selten, aber auch häufig genug unterbrochen und dem Felscharakter zufolge stellt jede derartige Unterbrechung die Möglichkeit der Wegfortsetzung in Frage. Die Linie einzuhalten, welche ungangbare Lücken völlig vermeide, dazu waren die Gemsen mir behülflich gewesen. Gleich ihnen hielt ich mich auf engen, kaum handbreiten Grasbändern, anfänglich in fast horizontaler Linie, benützte die Erreichung etwas ausgedehnterer, bewachsener Plätze zu schrägem Aufsteigen, wobei kleine, ausgewaschene Rinnen, vorspringende Rippchen mich förderlichst unterstützten. Bald sah ich mich den Zacken der Gratschneide ziemlich nahe, bewegte mich auf günstig geartetem, auch bei mangelnder Vegetationsdecke gangbaren Boden, einige stärkere Schrofenreihen übersetzend trat ich in eine lange Gasse zerbröckelten Geplätts ein und setzte eine Minute später den Fuss auf die Felsenkante. Ein unerwartetes, überraschendes Bild öffnete sich vor mir in der Tiefe: ein langgestrecktes, enges, mit grünem Wiesenboden überzogenes Thal lag vor mir, durch etwa 100′ Steilabsturz von meinem Standpunkte getrennt; mit starker Steigung aus dem Johannesthale sich heraufhebend, berührt es die Gratscharte, unmittelbar am Ostfusse des Falken. Dieser selbst stand nun in greifbarer Nähe mir gegenüber, eine einzige, silbergraue Plattwandmasse, wie aus der Form gegossen und riesengross in die Lüfte emporstrebend. Um Weniges schrofiger und abgesetzter zeigte der Fels sich auf der Linie, die vom Gratsattel weg in den Kamin hineinleiten sollte, und dieser selbst erschien noch immer als die glatte Rinne, die ich vom Falkenspitz herüber gesehen. Indess hatte der unerwartet günstige

Befund des Plattenhanges auf der Linie des Gemsenwechsels meine Zuversicht bereits bedeutend gehoben.

Zunächst hatte ich nun darnach zu trachten, den nahe vor meinen Füssen gelegenen Thalboden zu betreten. Von der Felsenkante aus, auf welche die bisherige Wegerichtung mich hinausgeleitet hatte, war das nicht möglich, näher dem Grate augenscheinlich noch weniger. Waren ja doch auch die Gemsen zu Thal gesprungen, als sie hier angelangt waren! — Ich that desgleichen. Die plättige Reisse hinuntereilend gelangte ich bald auf grasbewachsenen Boden, hielt mich im weiteren Absteigen stets hart an der abbrechenden Kante und trat von Strecke zu Strecke auf Vorsprünge derselben hinaus, hoffend, die Möglichkeit eines Ueberganges zu erspähen: Lange Zeit vergebens; mehr als ein halbes Tausend Fuss Höhe mochte verloren sein, als ich endlich an einer Einschartung des Randes, tiefer als die vorhergehenden, anlangte, eine Auflösung der starren Mauerwand in abgesetztes, immerhin noch steiles Geschröf, und tiefer noch ein querlaufendes, in die Thalsohle ausmündendes Felsband gewahrte. Eine halbe Viertelstunde später stand ich auf dem Grasboden der Rinne, die geradlinig zum Grate des Falken mich hinaufwies. Kaum 60 Schritte weit an meiner Linken fussen die senkrechten Wände des Gipfels. An dem Querbande, namentlich in den Felsrunsen, die es durchkreuzt, hatte ich wieder deutliche Spuren eines Steigleins entdeckt, die indess hier lediglich den Gemsen zuzuschreiben sein dürften.

Die Sohle des Thales, welche ich in langwierigem und ermüdendem Anstiege zum Grate zurück zu verfolgen hatte, zeigte sich keineswegs ebenflächig, sondern von mehrfachen Längsrinnen gefurcht, deren niedrige Zwischendämme mir zum Wege dienten; in höherer Zone weitet sie sich zu schuttbedeckten Mulden und erreicht mit den letzten Gras- und Geröllausspitzungen zwischen der Steilmauer zur Rechten und den von der linken Seite herandrängenden Körpermassen der zunächst an den Falken sich schliessenden Zacken die Schneide. Wieder blickte ich, von verändertem Standpunkte, auf die beschattete Trümmerwüste des Falkenkar's hinab. 1 Stunde war seit meinem Aufbruche vom Grat über Thalele Kirch verflossen.

Wenige Schritte gegen Osten, dem Falken entgegen, führten mich bereits an scharf abgerissene Klötze und ruinenartige Zinnen, unübersteigbare Felsbollwerke; die Umgehung, der Gemsenpfad begann. Ich liess mich etwas hinab auf schmale Geröllplätze der Südseite und wandte mich quer um den Fuss der gratkrönenden Zackengebilde. Der Felshang erwies sich als äusserst glatt und steilplattig; einzelne Grasschöpfe und fingerbreite Gesteins-Abbrüche mussten dem Eisen den nothdürftigsten Halt gewähren und auch sie waren spärlich genug gesäet. In unmittelbarer Nähe drohte die stürzende Wand, das Losreissen einer einzigen Eisenzinke musste unfehlbar verderblich werden. Ja, wer solch' eine Gemse wäre! Wie wird's im Kamin nun erst werden? — — Die gangbare Linie wies anfangs etwas abwärts, dann wieder steigend, nicht lange darauf ein zweites Mal, und nun stärker, hinab; genau so, wie ich die Gemsen hatte springen sehen. Mehrere kleine, vortretende Felsriffe wurden dabei überklettert, ich war fast mehr darüber erstaunt, jenseits solch' sperrender Coulissen immer noch die Möglichkeit weiteren Vordringens zu erspähen, als das Gegentheil hievon mich Wunder genommen hätte; aber aller Vermuthung zuwider wurde das Terrain sogar günstiger, die erste Umgehung über den Plattenabsturz war das Schlimmste gewesen und blieb es auch; der Gedanke, dass etwa die Gemsen auch nicht so gar kletterwüthig seien und sich die relativ besten Pfade aussuchten*), gewann Raum und die etwas herabgestimmte Zuversicht begann von Neuem sich zu regen. — Um den Fuss eines steilwandigen Mauerpfeilers biegend, sah ich mich plötzlich in der gefürchteten Kluft; sie nahm sich viel besser aus, als ich gehofft; zunächst gewährte eine beckenförmige Stufe ihrer Sohle, just an der Stelle, an welcher ich

*) Es ist dem in der That so, und mehrfache spätere Erfahrungen, sowie die Aussagen tüchtiger, kühner Jäger haben es mir als Regel bestätigt: Wo ein ganzes Rudel Gemsen, ohne direct dazu genöthigt zu sein, seinen gewohnten Gang hinnimmt (man erkennt diess daran, dass die einzelnen Thiere nicht sich zersprengen, sondern jedes genau der Fährte seines Vormannes folgt), da darf ein guter Felsenklimmer unbedenklich nachsteigen. In seltenen Ausnahmsfällen kommt es wohl vor, dass auch solch ein gewohnter Wechsel durch ein dem Menschenfusse unbezwingbares Hinderniss unterbrochen wird, z. B. eine Platte, über welche die Gemsen mit einigen grossen Sprüngen wegsetzen; allein, wie gesagt, es sind diess seltene Ausnahmsfälle. Ein Anderes ist es mit den Gängen, die ein gehetzter Trupp Gemsen durch die Wand nimmt, oder auch mit solchen, die ein einzelnes, abgesondertes Stück zu seinem Privatvergnügen vollführt. Dieser Pfade Nachahmung ist nicht in allen Fällen zu wagen. — Es mag hier noch daran erinnert werden, dass man in unseren Kalkalpen nicht selten über besonders schroffe Spitzen die Auskunft erhält, man komme schwerlich hinauf, Gemsen seien wohl öfters oben zu sehen. Man darf in solchem Falle die betreffende Spitze kurzweg für ersteigbar erklären. Ich habe das den Leuten gegenüber stets im Voraus gethan, von denen ich solche Auskunft erhielt, und wurde bis heute noch niemals Lügen gestraft mit meiner Prophezeiung.

sie betrat, eine sehr erwünschte Basis für fernere Operationen; einen Schritt weiter vorwärts freilich schneidet sie wieder brunnenartig enge und steil durch die Wand und stürzt hinab in verschwimmende Tiefe. — Der gerade Aufstieg nahm seinen Anfang; einem ersten, allzu steilen und glatten Plattenabsatze wich ich nach der linken Seite in's Gewände aus, und kehrte nach wenigen Schritten, von querem Gesimse geleitet, in's Innere der Kluft zurück. 10—12 Schritte weit hatte ich nun Schuttboden, dann befand ich mich am Eingange der engsten Stelle des Kamins. Ein ununterbrochenes Platt bildet seinen Boden, stufenloser Fels seine Seitenwandung, die von der rechten Seite her sogar überhängt und das Aufsteigen dadurch erschwert. Indess ist der Neigungswinkel durchaus nicht so entsetzlich steil, als es, aus der Entfernung gesehen, den Anschein hat; Risse und Löcher im schwärzlichen Platt der Sohle gaben sicheren Halt für Hand und Eisen, mit 5—6 grossen, von den Armen gehörig unterstützten Tritten war ich über das Hinderniss hinweg, und weiter hinauf bot mir die Runse stufige, geröllbedeckte, von zackigen Klippen umrandete Bahn; nicht lange mehr, so weitete nach beiden Seiten sich der Boden, ein steiniges Grasplätzchen dehnte sich vor mir zur Höhe, und wieder blickte ich über den Grat in's Falkenkar hinunter. Ich stand auf der Südostkante des Gipfelkegels.

Ei, diese Gemsen! — der Sorge, in etwas unangenehmerer Weise ein zweites Mal mit ihnen zusammen zu treffen, war ich nunmehr überhoben. Während des Aufkletterns durch den Kamin hatte ich wohl ängstlich gelauscht, ob in der Höhe nicht ein unheilverkündendes Geprassel und Gepolter erschalle, — denn was lag näher, als dass das Wild, auf seinem luftigen Standorte beunruhigt und bedrängt, den einzigen Zugang und Ausweg mit Gewalt zurückbrechen würde! Ja, wäre mit diesen Gazellen der Alpen ein verständiges Wort zu wechseln, so würde ich ihnen wohl begreiflich machen, dass wir auf dem Haupte des Falken uns gar wohl vertragen könnten! — Aber Nichts hatte sich geregt, unbeachtet von meinen Wegweisern hatte ich das enge Thor ihrer Felsenresidenz passirt. Sind sie noch dort — und wo sollten sonst sie sein? — so will ich wohl Sorge tragen, dass für den Heimweg mir der Rücken frei bleibt! —

Die Gipfelkante selbst, die ich erreicht, konnte noch nicht auf längere Strecke verfolgt werden; dafür bot die Ostseite des Berges gangbaren, wenngleich etwas steilen Boden. Noch einmal sperrten Plattenlagen mir den Weg; doch auch sie, die ich gestern zu fast gleicher Tagesstunde vom Oestlichen

Falken gesehen und für unersteiglich gehalten hatte, erwiesen sich keineswegs als glatt und stufenlos. Von Furchen durchstrichen, in deren Innerem kleine Rasenpäckchen wurzeln, in Rippchen getheilt, deren Abbrüche schmale Tritte bieten, ist auch dieser letzte Wall in wenigen Minuten überklommen. Aufgelöstes, rauhes Geschröf deckt die Bergflanke, deren Steigung nach dem nahen Gipfelpunkte hin sich nun fühlbar vermindert. Gegen Links abschwenkend erstieg ich zum letzten Male den Grat, einen aus mürben Schrofen und losgerissenen Felsblöcken zusammengewürfelten Rücken, einen Augenblick später stand ich hoch auf dem Gipfel des jungfräulichen Falken und schickte meinen hellen Jauchzer hinunter zur Riss.

Ich zog die Uhr: 10 Uhr 55 Min. — eine unerwartet kurze Zeit für diese Ersteigung; nicht volle 4 Stunden von Ladiz aus, nur 40 Min. zum Erklettern des mächtigen Gipfelkegels*) verwendet. Freilich unter guter Führung des zeitraubenden Suchens überhoben. Und wo waren sie nun, die Gemsen, die dienstbefliessenen, und zuletzt noch gefürchteten? — Fort, dahin, keine Spur von ihnen zu erblicken — oder vielmehr doch mancherlei Spuren, sie hatten nicht verfehlt, dem nachkommenden Besuche ihre unästhetischen Visitenkarten zu hinterlassen. Sie mussten — es blieb keiner anderen Vermuthung Raum, an der Nordseite des Kegels wieder hinunter gesprungen sein. Dort sah ich auch auf grünem Platze, wohl mehr denn tausend Fuss tief unter mir, ein paar Thiere friedlich lagern — sie mochten wohl zu jenem Rudel gehören. Das Gewände dort hinab sieht in der That nicht so gar schlimm sich an, wie sein Anblick von der Riss aus diess vermuthen lassen möchte. Es liesse sich wohl auch von dort her ein Zugang nach dem Falken finden!

Der Gipfelraum ist von beträchtlicher Breite und springt mit fast horizontalem Rücken ungefähr 50 Schritte weit gegen das Johannesthal vor; gegen Süden vertieft er sich zu flacher Mulde, von deren Saum die riesige Steilwand zur grünen Rinne hinabstürzt. Nordwärts zweigt der zackengespickte Grat gegen die Riss sich ab, auf dessen äusserstem, gerundeten Felskopfe eine Signalstange zu erblicken ist. Sie hätte wohl besser auf dem Haupte des Falken ihren Platz gefunden.

*) Die absolute Höhe des Westlichen Falken wäre, die des Oestlichen nach dem Kataster zu 7600′ angenommen, auf ca. 7580′ 2462 m. zu schätzen.

— Im Osten erhebt sich die dunkle Felsmasse des Laliderer Falken, mit seiner durchscharteten Gipfelkuppe, seinen nadelstarrenden Nebengipfeln; dort drüben stand ich vor 24 Stunden und betrachtete mir zweifelnden Auges den Zwillingsbruder; nun kannte ich auch ihn und vermochte mein Parere dahin abzugeben, dass beide Falken, wie (nahezu) an Höhe, so auch an Länge des Weges und an Schwierigkeit der Besteigung sich völlig gleich stehen. Ein gewandter, rüstiger Bergsteiger, mit genügender Kenntniss der einzuschlagenden Wege ausgestattet, könnte leichtlich die beiden Hauptgipfel des Falken-Gebirges (und natürlich auch den Südlichen Falkenspitz) an Einem Tage ersteigen, von Ladiz ausgehend und nach Laliders absteigend oder umgekehrt.

Die Aussicht, welche trotz stark bewölkten, gewitterdrohenden Himmels mir wenigstens in näherem Umkreise völlig ungestört blieb, unterscheidet sich wenig von jener des Oestlichen Falken, öffnet jedoch, der freien Stellung dieses Wartthurmes der Riss entsprechend, einen herrlichen Blick in's Thal bis hinaus in's Wallgau, an den Strand der Isar. Zierlich hebt das herzogliche Jagdschloss und das Klösterlein Hinterriss vom grünen Thalboden sich ab. Weniger gleichgiltig gegen den Beweis einer erstmaligen Ersteigung, als ich späterhin es wurde, plagte ich eine Stunde lang mit Errichtung eines gewaltigen Steinmannes mich ab, dem Völkchen dort unten ein sichtbares Wahrzeichen zu hinterlassen, dass auch der Falk nicht unbezwingbar sei.

Punkt 2 Uhr verliess ich den Gipfel, vermuthlich auf Nimmerwiedersehen. Der Abstieg erforderte behutsame Vorsicht, bot jedoch dem Anstiege gegenüber keine besonders gesteigerten Schwierigkeiten; die vorsorglich gelegten Dauben liessen keinen Zweifel an der genauen Einhaltung der Weglinie aufkommen. Nach drei Viertelstunden war ich in der grünen Rinne, eine Stunde darauf am Grate über Thalele-Kirch zurück. Das Gepäck wurde wieder vervollständigt und über den Falkenspitz ging's weiter zur Schäferhütte am Fusse des Mahnkopfs. Der Hirt betrachtete mich mit grossen Augen; er hatte in den Mittagsstunden auf dem Falken eine Gestalt sich regen sehen, und nun ich aus dieser Richtung zurückkehrte, konnte er sich wohl herausbuchstabiren, wer das gewesen. Um 5 Uhr Abends war ich in Ladiz. Auch hieher war die Kunde, dass der Falk erklommen, mir schon vorausgeeilt durch einen Hüter, der Tags über auf dem Mahnkopf und beim Schäfer gewesen war; und überdiess sah man von der Alpe aus mit freiem Auge deutlich genug den Steinmann*). Die Leute schienen grosses Interesse an der gelungenen Ersteigung zu nehmen; und manchen sah ich den Abend über nachdenklich seine Blicke nach dem Gipfel richten, der „soviel rund“ ist! — Einer der Sennen aber meinte, das solle ich dem Herrn Herzog in der Riss zu wissen thun, „da könnt's leicht ein paar Mass Wein absetzen.“

Bei strömendem Regen kehrte ich des andern Morgens nach Hinterriss zurück. Ich hatte nicht Noth, für das Bekanntwerden meiner Tour von gestern zu sorgen. Auch hier hatte, trotzdem Ladiz der telegraphischen Verbindung entbehrt, wie ein Lauffeuer die Mähr sich verbreitet „es ist Einer auf dem Falken gewesen.“ — Es war Sonntag und die Kirche des Klösterleins war mit Andächtigen überfüllt. Als gegen 11 Uhr der Gottesdienst zu Ende war, und die Leute in's Freie herausströmten, da brach auch der Falk aus dem Wolkenqualm und wer eines scharfen Blickes sich erfreute, der konnte auch von hier aus das Männchen sehen. Ein alter Senne aber, in früheren Jahren als guter Steiger berühmt und ebenfalls Gewährsmann für die Unzugänglichkeit des Falken, soll ganz unwirsch darüber geworden sein, dass schliesslich noch so ein „Stadtfrack“ ihm sollte ein Schnippchen schlagen.

Gemächlich sass ich im Stübchen des Neunerwirthshauses und trug meine Reisenotizen nach. Da erschien zu meiner nicht geringen Ueberraschung Hr. Oberjäger *Rieser* und überbrachte von *Sr. Hoheit Herzog Ernst von Coburg* dem Ersteiger des Falken eine Einladung zur Tafel. Einigermassen in Verlegenheit, da mein Falken-Kostüm der Eigenschaft der Hoffähigkeit in ziemlich bedenklichem Grade ermangelte, verfügte ich mich Abends 5 Uhr in's herzogliche Schloss; auf das Freundlichste empfing Se. Hoheit den irrfahrenden Bergwanderer und liess mit sichtlicher Theilnahme die Einzelnheiten der Ersteigung sich berichten, die den gewaltigen Wächter seines Jagdschlosses aus der Liste der jungfräulichen Berghäupter gestrichen hatte. Und auch er selbst, der Falk, schien in's Unvermeidliche sich zu fügen; vom goldenen Abendschein erhellt, machte er der Riss und ihren Bewohnern und seinem Bezwinger auch, der unter ihnen weilte, ein freundliches Gesicht.

---

*) Noch im Jahre 1873, als ich bei meinen Skizzenaufnahmen die Gegend wiederholt besuchte, erzählte ein Senne auf Ladiz mir mit grosser Emphase von „einem Herrn aus München“, der vor ein paar Jahren auf dem Falken gewesen; — „die Gams hat er ang'schaut und so is er 'naufkommen.“

XIX. Der Grosse Karwendelspitz.

(Hierzu Vertikal- und Horizontalprofil No. 19.)

Einer wenig bedeutenden, in ihren Einzelheiten wenig interessanten Excursion in der ersten, nördlichsten Parallelkette, welche ich dem bereits früher angeführten Principe zufolge als die Karwendelkette bezeichne, gebe ich in der Beschreibung den Vorzug vor andern Gipfeln dieses Kammes, welche in bergsteigerischer Hinsicht einen weit vornehmeren Rang behaupten; und was mich leitet bei dieser Wahl, ist der Wunsch, dass wenigstens mit einem der wenigen Spitzennamen im Quellen-Gebiete der Isar, die in weiteren Kreisen der alpinen Welt ausgesprochen zu werden das Glück haben, eine minder verworrene Vorstellung verbunden werde, als bisher. Wo steht der Karwendelspitz, wie hoch ist er? — Auf diese Frage wird man die verschiedenartigsten, unter sich im grössten Widerspruche stehenden Angaben erhalten; bald mag man erfahren, der Karwendelspitz erhebe sich über Mittenwald, besitze eine Höhe von 7316′, auf seinem Scheitel sei ein Kreuz, das sogenannte Dall'Armi-Kreuz, errichtet; bald heisst es, der Karwendelspitz befinde sich im innersten Hintergrunde des Karwendelthales, an der Hochalpe, und seine Höhe, die bedeutendste im ganzen Karwendelkamme, behaupte noch vor den zackigen Wörnerspitzen den Vorrang. Soweit sind beide Angaben richtig und die Reymann'sche Karte verzeichnet auch (freilich in verschiedener Schreibweise, was gar keine Bedeutung hat) zwei Karwendelspitzen; die Oesterr. G.-St.-K. dagegen gar keinen. Der doppelte Gebrauch des Namens, die verschiedenen Begriffe, die man damit verbindet, sind also zunächst darauf zurückzuführen, dass in der That zwei ganz verschiedene Berge mit dem gleichen Namen belegt werden, davon der eine, in den westlichen Theil der Kette, nahe ihrer südlichen Umbiegung, hinausgestellt, die

Thalfläche von Mittenwald beherrscht und dort unter dem Namen Karwendelspitz exclusive bekannt ist, der andere, bedeutend höher als jener, über dem Pass-Sattel zwischen dem Karwendel- und dem Johannesthale sich erhebt, auf der Hoch-Alpe und im Karwendelthale als Karwendelspitz benannt wird, während umgekehrt man dort einen Karwendelspitz im Kirchelkar (der Umgebung des Mittenwalder Karwendelspitzes) nicht kennt. Aber auch damit sind die Widersprüche und Ungewissheiten noch lange nicht alle gelöst. Zunächst erhebt sich die Frage, ob der Karwendelspitz als Culminationspunkt der Karwendelkette, und in so naher Nachbarschaft der Wasserscheide zwischen beiden, längs ihres Südfusses verlaufenden Thälern zugleich auf dem Hauptgrate die Wasserscheide zwischen Isar und Riss bezeichne. Diese Frage ist zu verneinen, der Grosse Karwendelspitz gehört bereits vollständig, mit seinen beiderseitigen Karen, dem Quell-Gebiete des Karwendelbaches an. Das Bergmassiv des nächstöstlichen Gipfels in der Kette, des Grubenkarspitzes*) senkt mit seiner Westkante geradlinig zur Passhöhe sich herunter und reicht dem grossen, vom Birkkarspitze herabkommenden Zweigkamme die Hand. Die Hochalpe selbst liegt bekanntlich nicht auf der Passhöhe, sondern eine nicht unbeträchtliche Strecke unterhalb derselben, auf der Seite des Karwendelthales. Ein zweiter zweifelhafter Punkt liegt in der Stellung des Grossen Karwendelspitzes zur bayerisch-tirolischen Landesgrenze. Fast alle Karten verzeichnen an der Stelle, an welcher die von Norden nach Süden ziehende Grenze in scharfem Winkel plötzlich westwärts abbiegt, den Karwendelspitz; fast alle aber auch, und die bayerische Generalstabskarte ebenfalls, lassen diese Grenze über die Wechselschneid hinauf demjenigen Punkte des Hauptgrates zulaufen, an welchen die Wechselschneid zunächst sich anschliesst. An Ort und Stelle ist diess aber nicht der Karwendel-, sondern der durch seine breitviereckige Gestalt auch weit draussen im flachen Lande noch auffallende Vogelkarspitz, und es ist daher nicht ungewöhnlich, eben diesen als den Karwendelspitz bezeichnen zu hören. Betrachtet man sich jedoch das grosse kartographische Werk der Grenzbeschreibung zwischen Bayern und Tirol, so wird der Irrthum alsbald klar: man hat es hier wieder mit einem Falle unnatürlicher Grenzziehung zu thun, wahrscheinlich einer althergebrachten Ueberlieferung, welche

*) Es sei wiederholt daran erinnert, dass hier ein anderer Grubenkarspitz als jener zwischen Rossloch und Grubenkar in Rede steht.

eben solch' einzelne Gipfel als Hauptgrenzpunkte festhielt, zu Liebe, wie solche ja auch häufig anderwärts, im Algäu z. B. am Hochvogel und am Hohen Ifen sich vorfindet. Die Grenzlinie, welche aus der Schlucht des Fermersbaches herauf östlich zum Rappenkopfe der Wechselschneid emporsteigt und hierauf diesen letztgenannten Bergrücken verfolgt, springt, dem Hauptkamme bereits ganz nahe gekommen, vom Steinkarspitze ostwärts ab, stürzt in einen Trümmerkessel hinunter und klettert jenseits an den Nordwänden des Karwendelspitzes hinan nach dessen Gipfel. Von dort ab verfolgt sie den Hauptgrat der Karwendelkette bis zum Brunnsteinkopfe bei Scharnitz.

Schärfer als irgend eine der südlich folgenden Parallelketten wird die Karwendelkette durch einen breiten Schartendurchbruch in zwei Hälften, eine östliche und eine westliche geschieden; in ersterer dominirt der Karwendelspitz, in letzterer das weit schroffere Massiv des Wörner, mit seinen auseinander geneigten, durch zackigen Hochsattel verbundenen Felsgipfeln, — ebenfalls eine bekannte Berggestalt des flachen Landes. Zwischen beiden Theilen liegt die Bärnalpelscharte (5474′ 1775 m. Gr.-K.), welche das Niveau des Gebirgskammes bis tief in die Krummholzregion herabdrückt. Wir haben es hier mit der östlichen Hälfte des Karwendelkammes und in dieser speciell mit dem westlichen Abschnitte zu thun, welcher die bedeutendsten Gipfel trägt. Ihre Reihe beginnt, von Osten her zählend, mit dem bereits genannten Grubenkarspitz*); ihm selbst gehen östlich voran zwei unbeträchtliche Gipfel, Thor-Wand und Thalelespitz**), letzterer der Knotenpunkt verzweigter, noch bedeutend an Höhe abnehmender Bergrücken, deren Hauptzug, nordwärts gewendet, das Johannes- vom Thorthale trennt und mit dem Stuhlkopf über Hinterriss endet. So regelmässig die Südostflanke des Grubenkarspitzes in schräger Linie sich abdacht, so jäh und schroff stürzt seine ganze Westbreite nieder in ein enges, langgestrecktes Kar, das Grubenkar. Die Höhe des letzteren umrandet der Hauptgrat, gegen Norden ausgebogen, mit scharf zerhackten Zinnen und schliesst seinen Halbkreis auf dem Gipfel des Grossen Karwendelspitzes (7755′ 2519 m. Gr.-K.). Die Bauart desselben

*) ca. 7560′ 2484 m. Die bei Gümbel (Geogn. Beschr. d. Bayer. Alpen-Gebirges) aufgeführten Messungen für einen Grubenkarspitz mit 7756′ Lamont, für einen Grabenkarspitz 7773′ Lamont und 7790′ Walther beziehen sich augenscheinlich auf den Grossen Karwendelspitz.

**) Nicht Thaleckspitz, wie auf den Karten meist zu lesen.

bietet manche Eigenthümlichkeiten, welche einen starken Wechsel in seiner Gestalt, je nach dem Standorte, von welchem aus man sie betrachtet, bedingen. Im Allgemeinen gleicht seine Südflanke dem Mantel eines Halbkegels; der Grat, welcher in einen östlichen und einen westlichen Theil sie scheidet, ist nur in höchster Zone scharf, in mittlerer schwach und am Fundamente des Gipfelmassivs gar nicht mehr ausgesprochen. Ein schneidiger Rücken löst sich in der Gipfelregion bereits von ihm gegen Osten ab und bricht nach längerer Erstreckung steilwandig in's Grubenkar nieder. Durch ihn entsteht, vom Karwendelspitze und der nordöstlichen Hauptgratfortsetzung umgrenzt, ein neues, sehr hochgelegenes Kar, eigentlich eine westliche Ausweitung des Grubenkars, welche verborgen genug liegt, um von wenig andern Standpunkten, als den Gipfeln selbst, die sie einrahmen, sichtbar zu sein. Am regelmässigsten und ebenflächigsten verbreitet sich die Südwestseite des Karwendelspitzes. Ein faltenloser Mantel hellweisslichen Schutts, allmählig mit schwachem Grün sich überziehend, scheint von dieser Seite her seinen Körper zu decken. Diese weiten Plätze führen bei den Einheimischen den Namen „Der Wank“ oder „Im Wank“, daher der Name Wank, welcher auf der Oesterr. G.-St.-K. an Stelle des Karwendelspitzes fungirt. Der Fuss des ganzen Bergmassivs ist mit Wandstufen von meist bedeutender Mächtigkeit umbaut; sowohl gegen das buschige Gehänge im Norden der Hochalpe, wie gegen das Kar im Westen des Karwendelspitzes bestehen nur wenige Verbindungslinien, welche das Erreichen der höher gelegenen, frei gangbaren Wiesen und Schuttplätze ermöglichen.

Als zweithöchster Gipfel des Karwendelkammes erhebt sich im Westen des Karwendelspitzes, durch tiefe, von den Schuttfeldern des zwischenliegenden Kars erreichte Grateinsattelung von ihm getrennt, der Vogelkarspitz oder Vögelekarspitz (7715′ 2506 m. Gr.-K.). Wie bereits erwähnt, zeichnet derselbe im Gebirge wie im Gebirgspanorama des flachen Landes durch seine regelmässige breite Trapezgestalt sich aus; nur in genauer Streichrichtung seines Scheitelgrates, von Osten oder Westen aus gesehen, verwandelt er diese Trapezgestalt in die einer spitzen Pyramide. In geringer Tiefe unter seinem Gipfel bereits theilt seine Südabdachung sich in zwei mässig breite, wellige Rücken, die zwischen sich eine gerundete Schuttmulde, das Schlichtenkar, fassen. Vom östlichen der beiden Rücken und vom Steilabsturze des Karwendelspitzes andererseits eingesäumt, liegt zwischen beiden

Gipfelkörpern das Vogelkar oder Vögelekar, eine breite, hügelige Thalung. Wie gegen Osten an den Karwendelspitz, so besteht auch gegen Westen, an den Vogelkarspitz hinan, eine gangbare Verbindung des Karbodens mit den Südflanken der Gipfel erst in ziemlich beträchtlicher Tiefe. Der Vogelkarspitz ist Ausgangspunkt der Wechselschneid, welche in nördlichem Verlaufe, die Hölzelköpfe und die Rappenspitze tragend, den Bärnbach vom Ronnthale scheidet. Vom Thorthale wird das Ronnthal getrennt durch den Thorkopf, dessen Rücken aus dem Fusse des Grossen Karwendelspitzes sich löst. Beide Seitenthäler der Riss zeigen ziemlich gleichförmigen Charakter, verengen sich an ihrer Ausmündung und weiten sich, Alpen beherbergend, in ihrem Inneren. Ihr Hintergrund verläuft in Schuttkaren am Fusse der Mauern des Karwendelkammes, die prall, anderthalb bis zweitausend Fuss mächtig, auf sie und ihre Zwischengrate niederstürzen; am Bärnalpel befindet sich die erste mögliche Uebergangsstelle, wiederum die einzige*) bis über den Tiefkarspitz und die Lerchenfleckspitzen hinaus. Im westlichen, südwärts umgebogenen Theile des Kammes erst mehren sich die gangbaren Pässe. Trotz ihrer gewaltigen Steile entbehren diese Wände doch keineswegs einer tiefgreifenden Zertheilung in einzelne Rippen und Strebepfeiler und unterscheiden hiedurch sich wesentlich von den glatten Mauern der Hinterauthaler Kette im Hintergrunde von Laliders und (theilweise) von Ladiz. Wunderliche Zackenformen treten in ihnen auf, und an der Wandkante des Karwendelspitzes namentlich klebt ein krumm gebogener, dünner Zahn, dessen Hinabsturz stündlich bevorzustehen scheint. Aber er steht schon lange so und mag vielleicht noch manches Jahrzehent die Thäler der Ronn und des Thorbaches bedrohen.

Westlich vom Vogelkarspitz erhebt sich auf dem Hauptgrate noch ein, im Vergleiche zu seinen Vorgängern sehr unbedeutender Gipfelhöcker, der Schlichtenkarspitz (7542' = 2450 m. Gr.-K.). Noch weiter gegen Westen verläuft die Scheitellinie des Gebirges fast geradlinig und endet mit dem Bärnalpelspitz (kein Gipfel, sondern blosser Eckpunkt) mit Steilabsturz auf die Bärnalpelscharte. Ausgesprochene Verzweigungen und Thalungen fehlen auf dieser Gebirgsstrecke gänzlich. Grasiger Fels dacht sich gegen Süden, Steilwand fällt gegen Norden ab in den waldreichen Thal-

*) Ein Jäger in Mittenwald behauptete allerdings mir gegenüber die Möglichkeit eines Abstieges vom Wörner auf die Vereins-Alpe.

kessel des Bärnbachs. Die Tiefzone des ganzen Kammabschnittes vom Grubenkarspitz bis zum Bärnalpel nehmen stark bewachsene, mitunter tief durchschluchtete Gehänge ein, die ihren Fuss in's Karwendelthal stellen; die starken Absenker, welche der Karwendel- und der Vogelkarspitz auf sie herabsenden, endigen ziemlich genau an der Krummholzgrenze mit Steilabsturz. Ein guter Pfad durchkreuzt die buschige Bergflanke von der Hochalpe nach der Bärnalpelscharte, der Abstieg von letzterer in den Bärnbach ist jedoch schwer zu finden*).

Den Häuptern des Karwendelkammes steuerte ich zu, als ich nach zwei, auf den Besuch der Falken folgenden Rasttagen am 4. Juli 1870 Morgens 6 Uhr 45 Min. zum dritten Male die Hintere Riss verliess. Der gewohnte Weg führte mich im Johannesthale aufwärts, am Falken vorüber, zu dem ich nunmehr mit frohem Bewusstsein emporsah, auf die Thalebene unter dem Kaltwasserkar und das breite, eintönige Filzthal hinauf in 3 St. zur Hochalpe**). Noch war deren Oberläger nicht bezogen, kalt und einsam lag die geräumige Hütte. Der Karwendelspitz stand nahe zu meiner Rechten, das Grubenkar zeigte mir seine enge, mit Krummholz überwucherte Ausmündung. Von dorther musste ich den Anstieg beginnen, da weiter westwärts die Steilwände des Bergfundamentes eine Annäherung nicht mehr zu gestatten schienen. Mein Ziel war der „Wank“, die Schuttbekleidung der südwestlichen Bergfläche; auf ihr war mir der Weg zum Gipfelgrate hinauf geebnet. Ich lenkte daher an der Hochalpe von dem in's Karwendelthal hinunterführenden Wege ab und wanderte quer über den hügeligen, zerfurchten Boden der Alpweide geradlinig in den grossen Schuttgraben hinein, welcher den Aufschluss des Grubenkars bezeichnet. In diesem

*) Ich suchte denselben im Jahre 1873 vergebens. Die Bärnalpelscharte besteht aus einem völlig geschlossenen Kessel; auf der mit Krummholz bewachsenen nördlichen Umwallung verliert sich der bis dahin kennbare Steig. Der richtige Pfad soll zu äusserst rechts — östlich — den Rücken überschreiten und sein Anfang durch eine, nunmehr umgestürzte Signalstange bezeichnet sein. Auch am äussersten westlichen Rande, hart an den Wänden der Raffel, zeigt sich etwas, das wie ein Pfad aussieht, es ist jedoch ein Gemswechsel, der auf sehr schmalem Bande auf weite Strecke hin quer durch die Wand führt. Er ist jedenfalls schwierig zu verfolgen und seine Endigung auf die Schuttfelder des Bärnbachkars steht in Frage. Mitten in der Scharte, wo die Oesterr. G.-St.-K. den Steig angibt, ist keine Möglichkeit durchzudringen, weder für Mensch noch für Gemse.

**) 5217′ 1695 m. Trinker. Die Passhöhe, östlich der Alpe gelegen, beträgt 5430′ 1764 m. Gümbel.

aufsteigend gewahrte ich an seiner linken Seite bald einen Schafsteig, welcher nach viertelstündigem Laufe längs des trockenen Geröllbettes an eine steile, sehr schwach begrünte, unmittelbar an den Fuss der Felsen stossende Reisse mich leitete. Das Grubenkar weiter zu verfolgen, erschien mir nicht rathsam; soweit ich dessen Hintergrund aus eigener Anschauung kannte, wusste ich denselben von Steilwänden umschlossen, und es lag kein Grund vor, am Abfalle des Karwendelspitzes auf ein günstigeres Verhältniss zu hoffen. Ich erstieg daher die Reisse zur Linken und begann an den Schrofen aufwärts zu klettern. Der Anfang erwies sich, wie zu erwarten stand, als steil, spärlich mit Grasstreifen durchwirkt bot der Felsen allerwärts nur schmale Bahn, luftig zwischen Himmel und Erde; doch war auf den weichen Rasenpolstern der Tritt ein sicherer, Unterbrechungen des gangbaren Bodens in Form kahler Plattstufen begegneten nicht allzu häufig, und wo sie vorkamen, fehlte es auch nicht an eingeschobenen Spalten und Kaminen, ihre Ersteigung zu erleichtern. Soweit das Terrain es gestattete, hielt ich vorwiegend eine links abzielende Schrägerichtung inne, welche den breiten Plätzen des Wank mich näher bringen sollte; auch konnte ich nach einiger Zeit zu meiner Befriedigung wahrnehmen, dass ich meine Wahl gut getroffen, der Boden lichtete sich, die einengenden Mauern nach der Grathöhe sowohl wie nach der Tiefe des Thales traten zurück, grünes, steiniges Gehänge, von flachen Längewellen durchstrichen, breitete gegen Westen sich hin. Ueber seinem abgeschnittenen Rande erschien die pyramidale Felsgestalt des V o g e l k a r s p i t z e s.

Ich hätte nun ohne Beschwer in geradem Anstiege den Scheitel des vom Karwendelspitze sich ablösenden Grates gewinnen und auf ihm meinen Weg fortsetzen können. Eine Wahrnehmung jedoch, die ich von früher erstiegenen Punkten und namentlich vom Falken aus gemacht hatte, liess mich auf eine andere Angriffslinie sinnen. Dieser Grat weist nämlich, in unmittelbarer Nähe des Gipfels, eine Scharte, von überhängendem Felszahne beherrscht, auf welch' letzteren das Verfolgen des Gratscheitels nothwendigerweise mich hinausführen musste; es stand sohin für die letzten Momente der Ersteigung noch ein sperrendes Hinderniss zu besorgen. Durch einen westwärts, in die Schuttfelder des Wank, hineingreifenden Bogen hoffte ich das Zackengebilde zu umgehen und unmittelbar auf den Gipfel oder doch in die Scharte vor demselben zu gelangen. Ich blieb deshalb bei der bisherigen Schräge-Richtung.

Mehrere, den Ausblick theilweise deckende Terrainwellen wurden überschritten, nach einiger Zeit befand ich mich dem abbrechenden Rande des Vogelkars ziemlich nahe und blickte auf seine weissen Schuttfelder hinunter und hinauf zu den wild zerborstenen Mauern ihrer Umsperrung durch den Hauptgrat. Die Flanken des Karwendelspitzes zeigten nach dieser Seite sich völlig ebenflächig, wiewohl von starker Neigung; eine Strecke weit hatte ich noch gut gangbaren Grasboden, allmählig aber gewann das Gerölle die Oberhand und der langwierige, ermüdende Marsch über die haltlosen Schuttfelder nahm seinen Anfang. Ich gewahrte bald, dass die Steigung des Zweiggrates von mir bedeutend unterschätzt worden war, und sein Scheitel jetzt, obgleich ich in meinem Quergange niemals aufgehört hatte, an Höhe zu gewinnen, bedeutend weiter von mir entfernt lag als vorher, bei Verlassen der Felsabsätze. Erst sah ich überhaupt noch Nichts vor mir, als die Abgrenzung des Schuttgehänges durch unbedeutende Unterbrechungen seiner geradlinigen Abdachung, später erschien über den weissen Geröllflächen, als düster gefärbte, niedrige Mauerkrone der Gipfelgrat, noch immer durch eine beträchtliche Höhendifferenz von mir getrennt. Der tiefe Schuttboden wandelte sich nun allmählig in eine Aufeinanderfolge rundlicher, plattiger, mit Gries bedeckter Stufen, ihre Häufung erwies nach der linken Seite sich steiler und glatter und hinderte eine genügende Ausbiegung nach jener Richtung, um mit Bequemlichkeit den Zacken und die Gratscharte zu umgehen. Und anstatt einen Umweg in dieser Richtung mit Schwierigkeit zu forciren, dachte ich vernünftiger Weise doch auf dem Grate erst nachzusehen, ob das Hinderniss in Wahrheit so bedeutend und unüberwindlich sei. — Mit wenigen Schritten über rauhes Geschröf war ich auf dem Scheitel; ich blickte die lange Zeile rissigen, aber durchweg gut gangbaren Felsens zurück gegen Süden und überzeugte mich, dass ein Weg von dort herauf weit leichter und kürzer gewesen wäre, als meine Umgehung nach der Westseite. Ich sah gen Osten hinunter in die flache Mulde, vom Haupt- und Zweiggrat im Bogen umspannt, — auch von hier wäre dem Bergsteiger ein Weg auf den Karwendelspitz gebahnt, denn der Steilabfall dieser Mulde in die Hochregion des Grubenkars erweist sich gleichfalls an mehreren Stellen als gangbar. Die brüchigen Zacken des Grates verfolgte ich gen Nord und gewann nach Kurzem den verdächtigen Zahn; 10′ tief unter mir lag der Boden der Scharte und auf dem rauhen, zerborstenen Gefelse erwies sich eine Umgehung nach beiden

Seiten als ausführbar; ich wählte die Westseite, wo eine ausgeprägte und gut zu fassende Stufe im Steilabsturze den Abschwung erleichterte. Der Gipfel, in weissen Plattenlagen vor mir aufsteigend, war nun binnen fünf Minuten gewonnen; auch an ihm vermittelten zahlreiche Ritze und Abstufungen eine weit grössere Leichtigkeit der Esteigung, als seinem glattplattigen Aussehen nach zu hoffen gewesen war. 2 Stunden nach Aufbruch von der Hochalpe, 5 Stunden nach Verlassen von Hinterriss, um 11 Uhr 45 Min. sass ich auf dem gestreckten, schneidigen Gipfel (7755' 2519 m. Gr.-K.). Auffallend genug trägt derselbe weder ein Signal, noch ist überhaupt eine Spur davon zu erblicken, dass je einmal ein solches dort bestanden habe. Schwierige Ersteigbarkeit bildet für den Karwendelspitz sicherlich keinen Entschuldigungsgrund solcher Vernachlässigung.

Nordwärts blickte ich über gewaltige, fast senkrechte Steilwände hinunter in's Ronnthal. Ich bemerkte, dass der Zweigkamm, der dieses vom Thorthale scheidet, nicht genau unter dem Karwendelspitze aus der Masse des Hauptkammes sich ablöst, sondern etwas weiter östlich. Ein auffälliger, viereckig abgehackter Zacken über dem Grubenkar*) ist als seine wahre Wurzel auf dem Hauptgrate zu betrachten. Sein erster Verlauf, nahe den Wänden des letzteren, ist in die unförmlichsten Klötze und Klippen zerspalten, in ihm tritt auch die fingerförmig gebogene Felssäule auf, deren früher bereits Erwähnung geschah.

Obwohl nicht mehr in früher Morgenstunde, war die Aussicht bei theilweise bewölktem Himmel doch völlig ungetrübt geblieben. Nur in ihrer nördlichen Hälfte besitzt dieselbe eine beträchtliche Ausdehnung und erstreckt sich über das Riss- und Walchensee'r Gebirge hinweg weit über die Ebenen Ober-Bayerns. Im Süden dagegen ist sie beschränkt durch den nahestehenden, mächtigen Wall der Hinterauthaler Berge, doch nicht gering ist das Interesse, welches diese riesigen Gipfelmassen und Kare dem Beschauer darbieten, welches sie mir zumal gewährten, der ich in den nächsten Tagen ihr Gebiet zu betreten gesonnen war. Die Formation geschlossener Steilwände, wie der östliche Theil der Hinterauthaler Kette, seine Fortsetzung in der Rossloch- und Vomperkette so auffällig sie zeigt, weicht vom Birkkarspitze ab der Bildung weitgedehnter, flacher Geröllkare, plattiger Hügelmulden zwischen den Zweiggraten der

*) Siehe das beigegebene Gebirgsprofil.

Gipfel, während die Tiefzone, auf der Sohle des Karwendelthales fussend, meist unzertheilte, schroffe Abstürze zeigt, und manches der Nordkare der Hinterauthaler Kette auf directem Wege gar nicht zu ersteigen gestattet. Schlauchenkar, Grosses Marxenkar, Seekar*), Bockkarl**), Riedlkar, Larchetkar, lagen vor mir aufgeschlossen. Ich bemerkte zu meinem Erstaunen, dass in der Nordseite der Hinterauthaler Kette fast jede Scharte ersteigbar, die Wege nach ihren Gipfeln oder von diesen zurück zur Tiefe daher auch für das Karwendelthal gebahnt seien. Zunächst hatte ich den gewaltigen Stock der Oedkarspitz-Gruppe mir gegenüber und einen tiefen Einblick in das gewundene Schlauchenkar, aus dessen weisser Firndecke der Birkkarspitz seine dunkle, schrofige Gipfelpyramide erhebt. Ich ersah alsbald die Möglichkeit, über jene Schneefelder bis auf den Gratsattel und längs des Grates ostwärts auf den Birkkarspitz — westwärts auf den Oedkarspitz zu gelangen; die Hochalpe als Nachtquartier gewährte mir für diese Tour einen höchst erwünschten, in der Karwendel-Gruppe selten vergönnten Höhen-Vorsprung. Günstige Witterung vorausgesetzt, plante ich diese interessante Hochtour auf die Culminationspunkte des Isar-Quellengebietes für den folgenden Tag. Für den heutigen blieben noch einige werthvolle Stunden zu nützen.

Um 2 Uhr Nachmittags verliess ich den Grossen Karwendelspitz auf dem gleichen Wege, den ich heraufgekommen, und verfolgte die Geröll- und Grasplätze des Wank in gerader Linie abwärts, so lange, bis der Steilabsturz in's Vogelkar mir Einhalt gebot. In geringer Entfernung vom Saume und gelegentlich von vorspringenden Caps desselben rekognoscirend, stieg ich die terrassirten Bergwiesen in südlicher Richtung hinunter; die Wände, welche vom Boden des Vogelkars mich trennten und deren Stärke von Anfang an nicht viel mehr als 150′ betragen mochte, verminderten ihre Höhe zusehends, je tiefer ich am Gehänge des Karwendelspitzes hinabgelangte; ihr mauerschroffer Abfall jedoch wollte den Abstieg in's Kar noch immer nicht gestatten. Ich hatte übrigens wenig Grund, diesem Hindernisse zu grollen; denn die westliche Einfassung des Vogelkars, an welcher ich den

*) Westlich des Grossen Marxenkars; der vom Seekarspitz hergeleitete Name wurde von mir vermuthungsweise auf diesen Kessel bezogen, auf welchen er mir am besten zu passen scheint.

**) Ein anderes Bockkarl befindet sich im Rossloch am Ostfusse des Sonnenjochs.

ersten Anstieg nach dem Gipfel zu bewerkstelligen hatte, zeigte sich ebenfalls erst in beträchtlicher Tiefe gangbar. Endlich, nachdem die Steilstufe zu meiner Rechten bis auf 20—30′ Höhe zusammengeschrumpft war, ersah ich eine brunnenartige Kluft, welche ohne grosse Schwierigkeit mich in die Thalsohle beförderte; auf ihren Plattenhügeln und Geröllstrichen angelangt, bemerkte ich etwas tiefer einen anderen, weit bequemeren Eingang, und an ihm deutliche Spuren eines Steiges, was ich zur Notiz für den Rückweg nahm. — Die klüftigen, fast ebenen Steinflächen des Vogelkars kreuzte ich in gerader Linie nach ihrem jenseitigen Rande; ich war just an der gleichen Stelle in's Kar herabgekommen, an welcher auch die Möglichkeit einer Ersteigung der Ostkante des Vogelkarspitzes sich bot. Die unteren Partieen erwiesen sich, gleichwie am Karwendelspitze, als steil, und der Schwierigkeiten nicht ganz entbehrend. Ein starkgeneigtes, sparsam gestuftes Platt vermittelte den ersten Aufstieg nach schmalen Treppen angewurzelter Rasenschöpfe und rauher Schrofenbrüche, in wenigen Minuten war sodann die breite, allerwärts gangbare Südflanke des Vogelkarspitzes erreicht. Wie ich vom Karwendelspitze herabgekommen, so ging's nun, jenseits der Tiefe des Vogelkars, wieder hinauf; breit, ohne jedwedes Hinderniss, eintönig, ermüdend. Der Grasboden wandelte sich allmählig wieder zu Schutt und schrofigem Gehänge; zu meiner Linken erschien die flache Mulde des S c h l i c h t e n k a r s und verschwand wieder, als ich die breitgeschlossene, kahle Südabdachung des eigentlichen Gipfelmassivs betreten hatte $1^3/_4$ Stunden nach Aufbruch vom Karwendelspitze betrat ich den Scheitel seines westlichen Vis-à-vis, und zwar an seinem östlichen Eckpunkte, welcher eine Signalstange trägt, — die erste in der ganzen Karwendelkette, vom Thalelespitz an gezählt. Den horizontalen Gipfelgrat bis an sein Westende übergehend beobachtete ich, dass die mittlere der drei, äusserst flachen Wellenhebungen, in welche er sich theilt, den eigentlichen Culminationspunkt darstellt, dass dagegen der Ablösungspunkt der W e c h s e l s c h n e i d unter der w e s t l i c h e n Gipfelecke gelegen ist. Auf dieser hielt ich noch kurze Rast. (V o g e l k a r s p i t z 7715′ 2506 m. Gr.-K.).

Die Thalaussicht gegen Norden erstreckte sich nun gleichzeitig über die Thäler der R o n n und des B ä r n b a c h e s, ersteres waldumrahmt, in seinem Grunde jedoch mit breiten Wiesenteppichen belegt und zahlreiche Alphütten beherbergend; letzteres ein durchschluchteter, von dunklen Forsten erfüllter

Kessel. Im Nordwesten zieht das Sojerngebirge seine flach pyramidenförmigen, weisslichen Gipfel, und weiter hinaus gegen das Flachland erscheinen die wohlbekannten Gestalten des Herzogstand und Heimgarten. Zwischen den tiefgrünen Rücken und Bergköpfen des Wallgauergebirges schlummert der Spiegel des Walchensees, seine Bläue verschwimmt fast unmerklich in dem Blaugrün der fernen Berge, so dass ein geübtes Auge dazu gehört, ihn sofort aus ihrer Masse herauszufinden; ich hatte am Karwendelspitze dieses hübsche Aussichtsobjekt gänzlich übersehen und doch muss der Walchensee, theilweise wenigstens, auf dem Karwendelspitze sich zeigen, denn das Umgekehrte ist der Fall: man sieht, auf dem Walchensee fahrend, diesen Gipfel über den Waldbergen der Jachenau. — Südlich hatte ich wieder die Hinterauthaler Kette vor mir und nun war es das Grosse Marxenkar, welches vorzugsweise den Ausblick nach jener Richtung erfüllte, das gedehnte Wellenplateau seiner Mittelzone, die getheilten Schuttbecken seiner Hochregion vor mir entfaltete. Ich ersah deutlich den künstlichen Pfad, der an der Grenze des Krummholzwuchses beginnend in langen Serpentinen, nicht selten in die Wände eingehauen, auf den Thalboden der Karwendelalpe herabführt. Die Gangbarkeit des gesammten Hauptgrates vom Oedkarspitz bis zum Seekarspitz konnte nach der Ansicht desselben, wie sie auf den Häuptern der Karwendelkette mir geworden, nicht mehr in Zweifel stehen, und der Plan für meine erste Exkursion in die Reihen der Hinterauthaler war damit entworfen.

Ein stumpfer Felskegel bildete mein nahes Gegenüber im Westen; seine Gestalt war ebensowenig als sein Rang dazu angethan, mich zu reizen. Doch lag er mir so nahe am Wege, dass ich trotz seiner bescheidenen Verhältnisse einer Aufmerksamkeit ihn würdigen mochte. Ich stieg längs der Südwestkante des Vogelkarspitzes ab, überschritt den Sattel zwischen beiden Gipfeln, von welchem nordwärts die Wand in einen eingesunkenen Trümmerkessel niedersetzt, bevor sie sich zur Tiefe des Bärnbaches stürzt, und stieg am steilen, aber stufenreichen Felsen jenseits wieder hinan; eine halbe Stunde nach Verlassen des Vogelkarspitzes stand ich auf dem breiten, ziemlich stark begrünten, mit einer Steinpyramide versehenen Gipfel des Schlichtenkarspitzes (7542′ 2450 m. Gr.-K.). Die Fernsicht von ihm bot mir nichts Neues und mit der des Vogelkarspitzes verglichen keine weitere Veränderung, als die der Abschwächung. Der sanft gesenkte und sodann auf weite Strecke völlig horizontal verlaufende

Westgrat wäre ohne die geringste Schwierigkeit bis zur Bärnalpelscharte zu verfolgen gewesen.

Es war bereits halb 6 Uhr Abends, als ich von diesem letzten Gipfelpunkte aufbrach, zur Heimkehr. Einen kürzeren Rückweg, als den über den Scheitel des Vogelkarspitzes einzuschlagen, stieg ich vom Schlichtenkarspitz gerade abwärts, wandte mich sodann links und kreuzte einige hochgelegene, plattige Mulden. Am Rande des Schlichtenkars angekommen, fand ich mich durch Steilabstürze wieder aufgehalten und zu tieferem Absteigen genöthigt, wobei ich auch bald eine gangbare Verbindungslinie traf. Nachdem ich auch diese Mulde durchquert, verfolgte ich am südöstlichen Absenker des Vogelkarspitzes, von ihm hinab in's Vogelkar, und quer durch dieses nach dem Fusse des Karwendelspitzes wieder ein Stück meiner früheren Weglinie. An den Wandstufen des Karwendelspitzes aber hielt ich mich alsbald an das im Herüberwege beobachtete Steiglein, welches, um die untersten Ecken der Schrofen sich windend, bequem auf die Südflanke des Bergmassivs mich hinüberleitete. Seine Fortsetzung schien gleichwohl meinen Absichten nicht völlig zu entsprechen, sie wies zu gerade, in zu hochgehaltener Linie in die Wände hinein. Nochmals eine beträchtliche Strecke gerade absteigend, über Geröllriesen und krummholzfreie, steinige Plätze, kreuzte ich einen in tieferer Zone laufenden Pfad, welcher sanft absinkend durch alle Gräben der Bergflanke und zuletzt zur Hochalpe mich zurückführte.

Die Uhr zeigte sieben, die Sonne begann dem Horizonte sich zuzusenken; doch war's kein schöner Untergang und keinen schönen Aufgang versprach dieser; die Tagesgewölke hatten im Westen zu eintönig düstergrauer Wand sich zusammengeschoben, durch ihre Risse nur leuchtete die Glut des Abends hervor. Ich überstieg den flachen Bergsattel und wanderte zum Niederläger hinab, den ich nach einer halben Stunde erreichte. Dem Abendschmause an der gemeinschaftlichen, mit Mehlbrei gefüllten Pfanne folgte im offenen Kuhstalle, dessen Inwohner mit ihren respectiven Halszierden ein heilloses, nimmer endendes Geschelle verübten, eine schlaflose, entsetzlich lange Nacht.

Und der andere Morgen war trüb und regengrau. Ich wartete einige Stunden, rüstete mich aber, da keine Besserung sich wahrnehmen liess, gegen 8 Uhr zum Aufbruche nach Hinterriss. Wer mir, als ich die Alpe verliess, hätte prophezeien wollen, dass ich mein Standquartier noch Wochenfrist erst wieder betreten würde! — Ich war noch keine halbe

Stunde lang abwärts gestiegen, als die Wolkendecke sich zu hellen und zu brechen begann; noch wollte ich an solch' unerwarteten Umschwung nicht glauben, aber kaum war ich in's Johannesthal eingetreten, so schien das Himmelsblau durch die Wolkenlücken, entwischte Sonnenstrahlen spielten an den Gehängen der Berge umher, und die stolzen Felsenhäupter streiften das Dunstgewand in grossen Fetzen von sich. Frevel wäre es gewesen, unter solchen Aspecten in's Thal, in die Stube zurückzukehren. Um 10 Uhr war ich wieder auf dem Niederläger, und der helle Mittag und Nachmittag sah mich auf den östlichen Warten des Karwendelkammes, auf der Thorwand und dem Thalelespitz. Das Nachtmahl nahm ich wieder auf dem Niederläger ein, Nachtruhe aber suchte ich mir diesesmal auf dem Heuschober der einsamen Hochalpe jenseits der Passhöhe. Am 6. Juli stieg ich bei unvergleichlich klarem Himmel durch das Schlauchenkar hinauf zum Birkkarspitz, dem Beherrscher des Quellengebietes der Isar, überwanderte den Grat der Hinterauthalerkette von dem dreigipfeligen Rücken des Oedkarspitzes bis zum Seekarspitz, von welchem das Nachmittagsgewitter rasch mich vertrieb, und stieg durch's Marxenkar hinunter in's Karwendelthal*). Am 7. Juli sass ich auf dem Oestlichen und Westlichen Wörner**), umringt von einer Schaar kleiner, umherziehender Gewitter. Ein 2stündiger Abendmarsch brachte mich hinaus nach Scharnitz, wo ich am 8. Rast hielt, mich, und, was vor Allem nöthig, mein Schuhwerk zu restauriren. Jeder Tag verlief damals genau wie sein Vorgänger, kein Nachmittag, der nicht ein scharfes Hochgewitter mit sich führte, kein Morgen, der nicht Sonnenglanz und blauen Himmel zurückgebracht hätte. Am 9. besuchte ich die Gipfel des südlich abgebogenen Endes der Karwendelkette, Brunnsteinkopf, Rothwandl- und Sitzelklammspitz, am 10. die schroffen Zinnen in der Umrandung des Kirchelkars und der Karwendelgrube: den Westlichen Karwendelspitz, den höchsten und äussersten der Karwendelköpfe***), den Linder-

*) Eine Beschreibung dieser Tour siehe Ztschr. d. D. A.-V., Bd. II, H. 1, S. 75—108: „Ein Tag auf den Spitzen der Hinterauthaler Kette."

**) Der Name Wörner ist bayerisch; tirolerseits heissen die beiden Spitzen Hochkarlspitz und Grosskarspitz.

***) Mit diesem Namen bezeichne ich, Mangels einer bekannten Benennung, die vom Westlichen Karwendelspitz (Dall'Armi-Kreuz) nordwärts vortretenden scharfen Zacken, deren äusserster die Höhe des Karwendelspitzes nahezu erreicht.

stein und das Karwendelkreuz über Mittenwald. An beiden Tagen bezog ich Nachtquartier auf der Larchetalpe im Karwendelthale. Am 11. beschloss ich mit der schwierigen Ersteigung des Tiefkarspitzes*) meine Hochtouren im Karwendelkamme und wanderte am 12. über die Hochalpe in die Riss, am 13. über das Plumserjoch, über welches ich vor 17 Tagen gekommen, zurück an die Ufer des Achensees.

*) Tiroler Benennung; die bayerische Bezeichnung für diesen Gipfel lautet, soferne ich die Mittenwalder Jäger recht verstand „Hinterer Wörner.“ Er zeichnet sich im Panorama des Flachlandes durch seine schön regelmässige Pyramidengestalt aus.

XX. Im Hoch-Glück.

(Hierzu Vertikalprofil No. 20 und Horizontalprofil No. 16.)

Schroff ummauert gleich den Alpenkesseln von Laliders und Ladiz schliesst auch das dritte Quellenthal der Riss, die Eng, vom Blaubache durchflossen. Die gewaltigsten Häupter des Vomperkammes sind es, welche in ihren grünen Grund herunterschauen: Grubenkarspitz, Nudeltrog, Spritzkarspitz — sie setzen die Riesenwände fort, welche die Schranke von Laliders bilden; prall, gliederlos stürzen sie in einer Flucht vom Grat zum Thal. An sie reiht sich ein schönes Gipfelpaar, das zwischen sich eine tiefe Passeinsenkung des Gebirgskammes lässt: die breite, wellige Kuppe des Eiskarlspitzes*) und die schlanke Pyramide des Hoch-Glück. Die Scharte, welche sie zwischen sich lassen und welche durch einen eckigen Thurm in zwei enge Felsenthore getheilt wird, bildet einen der seltenen Uebergänge von der Nord- auf die Südseite des Gebirges, aus dem Blaubachthale in's Vomperloch. Weite, hügelige Mulden, durch niedrige Gratrücken mehrfach getheilt, ziehen sich zwischen den Felsmassiven hinauf bis zum lichten Durchschnitte der Mauer; buschige Gehänge, vereinzelte Alpwiesen, bekleiden ihre tieferen Zonen, die wieder auf einem Fundamente von Steilwand ruhen, von steilwandigen Gürteln durchzogen werden. Spärlicher Graswuchs auf welligem Hügelboden, ödes Plattert in flachen Becken, auf breiten Terrassen, charakterisirt die Mittelzone, die Grenze der Vegetation; noch höher hinauf decken Geröllhalden die tief in die Gipfelkörper hinein-

*) Der Name wurde von mir gegeben; ich erfuhr an Ort und Stelle keine Benennung für diesen Gipfel, und ebensowenig wurde mir aus Karten und sonstigen Behelfen ein anderer Name als Hoch-Glück bekannt, welcher unzweifelhaft dem östlichen Gipfel zukommt.

greifenden Kessel, und im Schatten ihrer feuchten Mauern lagert Schnee und Eis über dem Schutt. Durch zackige Riffe spitzen die schmalen, weissen Zungen sich empor zu den Eintrittspforten des Vomperlochs. Und diese weite Oede, einsamer noch durch das entferntere Zurücktreten der Wände und Grate, durch den freien Raum, den sie der Bewegung, nicht dem Gedeihen des Lebens gewähren, sie führt, wie Ironie, den Namen Im Hoch-Glück! — Ja, Glück braucht's hoch auf jenen Zinnen, will Einer auf ihnen weilen, will er die Wanderung vollenden hinunter, an's Felsenufer des Vomperbachs, durch seinen langgewundenen Schlund hinaus zu menschlicher Wohnung.

Eine, nicht blos in der Karwendel-Gruppe, sondern in den nördlichen Kalkalpen überhaupt seltene Zierde besitzt das Thal der Eng und das Gebirge, welches seinem Boden entsteigt. Westlich der grossen Mulde des Hoch-Glück, im Felsenkörper des Eiskarl- und Spritzkarspitz ausgehöhlt, lagern zwei kleine, durch einen breiten Rücken getrennte Kessel, welche in tieferer Zone sich vereinigen; dort bergen sie noch Schutt und Getrümmer und auf hügeligem Plattenboden kärglichen Graswuchs, wie das Hoch-Glück; die getheilten Kessel aber, von den Wänden der Gipfel gewaltigen Kellern gleich ummauert, geben kleinen Gletschern die zu ihrer Existenz nothwendige Bergung und führen aus den Gräben und Klüften ihrer Felsumwallung allwinterlich ihnen Nahrung zu, sich zu verjüngen. Hell glänzen diese Eisfelder*) herunter auf die Eng-Alpe; durch die Schneedecke schimmert hier und dort lichtblau das blanke Eis hervor. Der Silberfaden eines Bächleins schlingt sich durch die Schuttfelder und Hügelwellen des Kars und hängt als weisser Dunstschleier über den Steilwänden, die noch mehr denn tausend Fuss tief vom Rande des Beckens zu Thal stürzen. Was vom tiefen Grunde aus das Auge nicht erspäht, das eröffnet der Blick aus Gipfelhöhe**): eine Zerschründung dieser kleinen Gletscher, welche jedem Eisfelde der Tiroler Central-Alpen alle Ehre machen würden. Spalte drängt sich an Spalte, blaugrün schillert aus ihrer Tiefe der compacte Firn, halb eingebrochene Schneebrücken überspannen

*) Es erschien mir bemerkenswerth, dass der Alpenwirth in der Eng dieselben mit dem ost-alpinen Ausdrucke „Kees" bezeichnete. Die Generalstabskarte hat diese Bezeichnung falsch verstanden und daraus, da ihr „Käs" für die Alpen-Benennung vermuthlich nicht passend erschien, ein „Kaskar" gemacht.

**) Ich machte diese Beobachtung auf dem Spritzkarspitz am 2. September 1870.

die Grüfte und von ihren vorstehenden Kanten hängen Festons verzackter Eisgebilde in das frostige Düster hinab. Der Zugang zu diesen Becken, welche gemeinsam als die „Eis-karl'n“ bezeichnet werden, führt aus der Mulde Im Hoch-Glück über den niedrigen Wall, der westlich die letztere abschliesst und mit dem Steilabsturze des gesammten Bergmassivs sich verschmilzt, quer hinüber, — ein schmaler, anscheinend nicht ganz leicht zu begehender Steig; von allen andern Seiten ist dieser Gebirgskessel, in welchem man immerhin ein paar Stunden lang umherspazieren könnte, völlig abgesperrt. Wie dieser niedrige Felsrücken im Westen, so schliesst im Osten das „Hoch-Glück“ der Kaiser-Grat, ein ebenfalls nur wenig hervorragender Felskamm, welcher dem Fusse des Schafkarspitzes entspringt; an den Gipfel „Hoch-Glück“ reiht östlich sich das Massiv Schafkar-Lamsenspitze, welches, wie bereits früher erörtert wurde, in nördlicher Richtung den Gramai-Grat als erstes Glied des Sonnjochkammes entsendet, welcher als Wasserscheide zwischen Riss und Achensee das Blaubach- vom Falzthurnthal trennt und durch das Plumser Joch mit dem nördlichen Riss-Achensee'r Gebirge zusammenhängt.

Durch meine Wanderungen in der Riss, welche den Erfahrungsschatz, den ich nach Hause mitzubringen strebte, um die gesammte Karwendelkette, ein ansehnliches Stück der Hinterauthaler Kette und die Querkämme des engeren Riss-Gebietes bereichert hatten, war eine ziemlich lange Stockung in die begonnene Durchstreifung der Vomperloch-Reviere gerathen. Fast volle vier Wochen waren seit glücklicher Ersteigung der Lamsenspitze verflossen, als ich zum zweiten Male ihnen mich nahte, nun aus nördlicher Richtung, um einen Gebirgsübergang mit dem Besuche seiner Gipfel zu verbinden. Die Nacht vom 15. auf den 16. Juli brachte ich in der Hagelhütte am Fusse des Plumser Joches zu. Am verflossenen Tage hatte ich auf den Nebengipfeln des Sonnjochkammes verweilt, einen lieben Freund auf seinen geologischen Aufnahmswanderungen begleitend. Und wieder einen Tag vorher hatten wir gemeinsam zu Pertisau und Jenbach zugebracht. Die heraufziehende Kriegsfurie begann den Saum des Horizontes zu röthen und ihr flackernder Schein fiel auch schon hier und dort in die friedlichen Gebirgsthäler. In der Riss bereits hatte ich bei meiner Rückkehr aus dem Karwendelthale unbestimmte Kunde vernommen von grossen Dingen, die in der weiten Welt sich vorbereiteten; mehr noch, und theilweise abenteuerlich Klingendes genug von den

Touristen, die auf der Rückwanderung über das Plumser Joch mir begegneten. In Pertisau riss man sich um die neuankommenden Zeitungen, und nicht wenige Sommerfrischler rüsteten sich vorsorglich zum Abzuge. Am 14. ging ich mit Freund N. nach Jenbach hinunter; hier brachten die Tagesblätter soeben die Nachricht von dem Verzichte des Prinzen von Hohenzollern, und man hielt die Gefahr, momentan wenigstens, für beschworen. Ruhe breitete sich wieder über die aufgestörten Touristenschwärme und auch ich trat, als der sonnenhelle Abend einen günstigen Witterungswechsel verhiess, unbedenklich eine neue, mehrtägige Bergwanderung an. Vom Bettelkar- und der Lachwaldspitze (im Sonnjochkamme) stieg ich herab zur Hagelhütte, während Freund N. nach Pertisau zurückkehrte; mit den Gesellen des Vomperloches einen Gang auszufechten, dazu musste ich allein bleiben mit meinen Eisen. Nachtquartier erhielt ich in der Hagelhütte und im Morgengrauen des 16. Juli trat ich den Marsch nach der Eng-Alpe an.

Die Wanderung durch das Blaubachthal entbehrt hervorragender Abwechslungen in ihren Aussichtbildern und ist ziemlich eintönig bis in den Hintergrund an der Engalpe, wo fast die ganze Vomperkette in ihren grossartigen Massen und anziehenden Details dem Auge sich erschliesst. Von der Hagelhütte weg führt der fahrbare Weg anfänglich durch Wald, hierauf über eine endlos weite, mit Ahornbäumen besetzte Wiesenebene, auf welcher Pfad und Bach verschwinden, der letztere die Bahn, welche er bei plötzlicher Schwellung der Gewässer zu nehmen pflegt, nur durch ein tief gewühltes Schuttbett, durch Ueberkiesung mancher Strecke Weideland bezeichnet; zur Linken und Rechten streben hohe, mit Krummholz behangene Felsmauern himmelan; hier gehören sie dem Sonnjoch, dort dem Gamsjoch an. Im Hintergrunde entfaltet sich der Gipfelgrat der Vomperberge, die tiefe Einschartung und weite, schneeige Mulde des Hochglück. Nach 1½ Stunden ist die erste Alphütte der Eng*) erreicht, ein einzelnstehendes, sauberes Holzhäuschen, hart an der Ausmündung des Binsalpenthales gelegen. Dicht bewaldete Bergrücken senken sich von dort herab in's Blaubachthal; sie nehmen ihren Ursprung am Gramaigrat, das Sonnjoch liegt dem Wanderer bereits im Rücken. In der Alphütte hat eine kleine Wirthschaft sich etablirt, die, immerhin etwas primitiv, gleichwohl den Aufenthalt in der Eng

*) 3694' 1200 m. Trinker.

weit leidlicher macht, als er auf Alpen sonst zu sein pflegt. Wein, Kaffee und Eier befriedigen materielle Bedürfnisse, welche der Bergtourist in ähnlichen Regionen sonst nothgedrungen hintenanzusetzen gewohnt ist und auch das Nachtlager, obwohl auf Heu, sieht einem Bette ähnlicher als dies beim Hirtenvolke der Berge der Brauch. Die Gruppe der zahlreichen Alphütten liegt eine halbe Viertelstunde weiter thaleinwärts auf freiem Wiesengrunde. Das Thal verengt sich hierauf und biegt gegen Südwesten um, hart unter den Steilwänden der inneren Vomperkette bis an den Nordostfuss des Grubenkarspitzes sich hineinziehend; man nennt diesen abgeschiedenen, schattigen Winkel „Im Grund." Westlich der Engalpe steigen in grünen, theilweise von Fels durchbrochenen Hängen das Hohljoch*), der Hohljoch- und Gumpenkarspitz auf, sämmtlich dem Gamsjochkamme zuzählend, endlich das Gamsjoch selbst mit grasreichem, in seichte, zu Karen sich ausrundende Sinken getheiltem Gehänge, mit dreifach geschwungener Gipfelwelle; dieser aussichtreiche Berg kann, wie von Laliders, so auch von der Eng aus leicht erstiegen, beziehungsweise sein Besuch mit der Durchwanderung beider Thäler verbunden werden.

Um 5 Uhr 35 Min. langte ich am Alpen-Wirthshause in der Eng an, hielt dort Rast und erkundigte mich bei dem Wirthe, einem ausnahmsweise gesprächigen und jovialen Tiroler Aelpler, nach dem Wege in's Vomperloch. Er bestätigte mir, dass die Hoch-Glück-Scharte ohne besondere Schwierigkeiten übersteigbar sei, im Vomperloch selbst, freilich, meinte er, sehe es arg wüst aus und ich würde mich wohl schwer zurechtfinden. Es erschien mir dies nicht allzu glaubhaft. Das Thal einmal erreicht und den Thalweg nicht zu finden, — das dachte ich bei meinem oft bewährten Spürsinne nicht befürchten zu müssen. Um ½7 Uhr brach ich wieder auf und begann, gemäss der erholten Anweisung, den Anstieg in's Hoch-Glück. Anfänglich hatte ich noch Thalweg, einen schwach ausgeprägten Pfad, hart am östlichen Gebirgsfusse sich haltend; nur einige hundert Schritte noch war ich vom prallen Mauerabschlusse entfernt, über welchen das Eiskarl seinen Gletscherabfluss herabsendet, da öffnete zur Linken sich ein Seitenthälchen, welches ein Seitengewässer dem Blaubache

*) Nahe demselben erblickt man eine auffällige, in langer Reihe zusammengebaute Gruppe von Alphütten. Es ist diess der Hoch-Läger von Laliders, welcher während der Hochsommer-Monate (von Mitte Juli bis ca. 1. September) bezogen, wogegen die Alpe Laliders im Thale leer gelassen wird.

zuführt. Im Gebüsche des linkseitigen, von mächtiger Wandstufe überragten Gehänges traf ich alsbald auf ein enges, steiniges und kothiges Steiglein, welches nach einer halben Stunde Anstiegs auf einen flachen Wiesengrund ausmündete. Zwischen moosbedeckten Felsblöcken entspringt hier der Bach; es ist das letzte Wasser, welchem man auf der langen Wanderung nach dem Hoch-Glück begegnet.

Die weiten Becken und Kare der höheren Gebirgszone waren bereits mit Beginn des Anstieges meinem Auge verborgen worden; mächtige Vorstufen mit grün bebuschten Terrassenscheiteln und scharf abgerissenen Mauerabstürzen beherrschten den Vordergrund und wehrten den Ausblick nach der Höhe. Als ich aus dem engen Thaleinschnitte auf den freien Wiesengrund austrat, und den Spuren des Pfades folgend, meine Anstiegsrichtung wieder nach der rechten Seite ablenkte, sah ich mich nach kurzer Zeit auf dem vegetationsreichen Boden eines nach drei Seiten amphitheatralisch abgeschlossenen Thalbeckens. Ueber der hohen Steilwandstufe im Süden verräth sich durch krummholzbedeckte Hügel, aus welchen noch hie und da eine aufrecht stehende Bergtanne aufragt, die zweite, höher gelegene Terrasse der Gebirgsbucht. Zur Linken zeigen über der schroffen Umrandung sich die Felszacken des Kaisergrats. Das Binsalpenthal begleitend, verflacht sich dieser Gebirgszweig allmählig zu grünem, theilweise bewaldeten Bergrücken, und auch auf diesem haben noch zwei kleine Alphütten Platz gefunden.

Ich querte den welligen Boden des Circus in gerader Linie nach seinem Innern und lenkte, vom Fusse seiner Ummauerung nicht weit mehr entfernt, nach der rechten Seite ab; die zu Anfang fast genau östliche Richtung des Anstiegs hatte sich nunmehr in's gerade Gegentheil verändert. Im südwestlichen Winkel des Felsenkellers nämlich zeigte sich eine leichte Möglichkeit, über seine Wandumfassung hinauf zum nächst höheren Terrassenscheitel zu gelangen; zwischen den parallelen, queren Grasbändern im Steilabsturze, waren hier mehrere gangbare Vertikal-Verbindungen bemerkbar und an Ort und Stelle angelangt traf ich auch alsbald wieder auf den verloren gegangenen Steig. 20 Minuten später war ich auf dem oberen Hügelboden angelangt, welcher, nachdem auch zur Linken der steil abbrechende Rand zurückgeblieben, nach allen Seiten hin frei gangbare Bahn eröffnete. Die Wahl meines Weges war fortan, bis in die unmittelbarste Nähe des Grates, durch kein natürliches Hinderniss mehr beschränkt, auch das Krummholz, in einzelne Gebüsche zertheilt und von breiten Lichtungen durchbrochen, bereitete keinerlei Verlegenheiten. Der Anstieg kehrte sich daher in gerader Linie der Kammhöhe zu, die im Süden vor meinen Augen sich emporbaute.

Nicht lange mehr währte es, so betrat ich das echte Plattert der Hochzone, eine Formation, welche im scharfkettigen Karwendel Gebirge auf die ausgebreiteten und verflachten Terrassen der Kare beschränkt ist. Kahlgewaschene Plattenhügel, gerundete Dämme, eingetiefte, geschlossene Gruben, enge, dunkle Spalten umgaben mich in weitem Umkreise und erinnerten für einen Augenblick an die Hoch-Plateaus, die Steinernen Meere des Berchtesgadener Landes. Doch hoch erhoben grenzten daran die Felsenhäupter; der Schafkarspitz war bereits auf meine linke Seite getreten und begann hinter einem Absenker des Hoch-Glück sich zu verbergen; erst auf dem Gipfel sollte ich ihn wiedersehen. Eine grosse Seitenmulde des Hoch-Glück-Kars buchtet nach jener Seite sich ein, eine andere, theilweise übereist, in den Mauerflanken des Eiskarlspitzes; rechts schliesst das Kar der plattige Rücken gegen die Gletscherbecken der Eiskarl'n. Die Scharte im zackigen Grat, mit dem viereckigen Felsthurme in ihrer Mitte, ist um ein Bedeutendes näher gerückt und schon vermag das Glas im rissigen Geschröf nach Linien der Ersteigbarkeit zu spähen. Das westliche Thor, an welches die Schneezunge fast völlig hinanreicht, ist augenscheinlich leicht zu gewinnen; dieses hat auch der Wirth der Eng mir als den Uebergangspunkt in's Vomperloch bezeichnet. Aber nicht einzig jener Uebergang, zugleich auch die Gipfelpunkte, die ihn beherrschen, sind meine Ziele; und wer bürgt mir dafür, ob der Körper des Thurmes in der Scharte jenseits zu umgehen, — ob aus dem jenseitigen Kar überhaupt ein anderer Anstieg an's Hoch-Glück werde möglich sein, als eben längs des gangbar geneigten Haupt Grates? — Je grösser die Sicherheit, um so besser — und im gegenwärtigen Falle ruht die Sicherheit des Gelingens darin, die östliche Scharte zu erklimmen, damit der Thurm mir nicht mehr im Wege stehe. Dort sieht das Gefelse sich schärfer, zackiger an; eine enge Kluft durchspaltet es bis zum Grat und weist mir den Pfad. $3^1/_2$ Stunden nach Aufbruch von der Eng war ich in der höchsten Mulde des Hoch-Glück-Kars angelangt; ihre ebene Sohle bot mir noch feste, völlig vegetationslose Platten, gerundet, zerspalten, zu Hügeln und Thälern in Miniatur ausgewaschen; dann ging's in die Geröllfelder hinein, aus welchen nur hier und dort noch ein schrofiger Felsrücken hervorragt. Die verhältnissmässig noch frühe Jahreszeit liess mich bald an den Rand der Schneefelder gelangen, und in wachsender Steigung, die allmählig das Austreten von Stufen gebot, nahte ich dem Fusse der Wände, den Thurm um Weniges zu meiner Rechten lassend; in Berührung mit dem Felsen an jener Stelle, welche ich als die dem Anstiege günstigste erachtete, sah ich am Körper des Thurmes vorüber noch auf das Schneefeld, das in die westliche Scharte sich hineinzieht; zur Linken stand mir der Körper des Hoch-Glück, dessen Gipfel seit Langem bereits unsichtbar geworden war. Die plattige, stufenarme Beschaffenheit des Felsens nöthigte alsbald zum Anlegen der Eisen; die letzte, in's Gewände sich ausspitzende Schneezunge musste ihrer allzu starken Neigung und der Unsicherheit ihres Bodens halber — sie war an mehreren Stellen bereits eingebrochen — bald verlassen werden, in kurzen Zickzacklinien, auf den schmalen Mauergesimsen ein halbes oder Drittheil Eisen einsetzend, arbeitete ich mich zur Höhe, die, erst ganz nahe erscheinend, immer weiter vor mir zurückrückte. Eine äusserst steile, mit losem, durch den Frost verkitteten Geschiebe angefüllte Runse, die gleiche, welche ich bereits unten im Kar wahrgenommen, bezeichnete mir die Anstieglinie zum Grat. Haltlos und brüchig war hier alles Greifbare und unter der aufgewitterten Oberschicht der blanke, abgeschliffene Fels; wo immer der Arm einen vorspringenden Zahn erfasste, dem stets zurückgleitenden Fusse nachzuhelfen, da brach er aus der Wand wie ein Stück faules Holz, und ich hatte nur dafür zu sorgen, von dem abkollernden Getrümmer nicht getroffen oder gar mitgerissen zu werden. Gerassel, Gepolter, brenzlicher Gestank um mich herum ohne Mass und Ende. Der eventuelle Rückweg durch diese Kluft versprach nicht sehr angenehm zu werden; doch hoffte ich jenseits des Grates bessere Verhältnisse zu treffen, — begann ich ja die Ersteigung von einer im Karwendel-Gebirge überhaupt ungewöhnlichen Seite. Zunächst war ich vollkommen zufriedengestellt, als endlich doch die Spalte sich weitete, lichtete und zu einer Geröllsinke sich ausflachte und ich den Hauptgrat des Vomperkammes betrat; 10 Uhr 30 Min. Vormittags.

Das gewaltige Speckkar-Gebirge hatte nunmehr im Süden sich mir gegenüber gestellt; angelegentlicher jedoch, als nach der Höhe und nach der Fernsicht überhaupt richtete mein Auge sich der nahe gelegenen Tiefe zu. Dort lag eine mässig breite, gerundete Schuttmulde, ihre Thalfortsetzung schien noch mehrere, terrassenförmig abgesetzte Becken zu bilden, und in der tieferen Krummholzregion zur Schlucht sich zusammen zu schnüren; — das Oedkarl*). Hohe, felsig schroffe Bergkämme begleiten seinen Lauf hinab zum Vomperloch; westlich der Ausläufer des Eiskarlspitzes, links jener des Hoch-Glück; ersterer ohne augenfällige Aufgipfelung, letzterer von zwei gewaltigen, völlig kahlen Pyramiden gekrönt — Kaiserkopf und Huderbankspitz. Die günstige Terrain-Beschaffenheit, welche ich von der südlichen Gebirgsflanke erwartet hatte, liess mich völlig im Stich; steiles Gefäll, zu unterst wahrscheinlich Steilabsturz, auch jenseits; das Massiv des Thurmes prall vortretend, die Verbindung zwischen beiden Scharten völlig unterbrechend. Ich hatte allen Grund, mit der vorsorglichen Anlage meines Ersteigungs-Planes zufrieden zu sein, geringeren Anlass, mich der erkundeten Lokal-Verhältnisse zu freuen, denn für den Rückweg blieb nun wohl keine andere Wahl, als die zwischen der eben durchstiegenen Kluft und einem neuen, in höherem Grade noch problematischen Versuch. Indess blieb diese Frage vorerst in zweiter Linie, nach wenig Minuten Umschau wandte ich mich ostwärts und begann die nunmehr gesicherte Ersteigung des Hoch-Glück.

Auf mürbem Schutt des mässig gehobenen, breiten Gratscheitels verlief die erste Viertelstunde des Anstiegs in voller Bequemlichkeit; ein steilerer Absatz nöthigte hierauf zu tief greifender Umgehung, nach ziemlich schwieriger Durchquerung eines Plattengehänges, in welchem nur die ausgespülten Stellen und spärlich vertheilten Rasenpäckchen den nöthigen Halt gewährten, wurden stärkere, plattsohlige Runsen gewonnen, und deren mehrfach verzweigte Linien, je nach den Vorzügen ihrer Gangbarkeit, zum Grate zurück verfolgt. Ich hatte damit die erste seiner beiden Horizontalstufen erreicht, und nun für wenige Minuten fast ebene Bahn; dann hob sich die Felsmasse zu neuer Höhe steil empor in mächtigen, gelbrothen Bänken, schräge durchstrichen von den Linien ihrer deutlich hervortretenden Schichtung, und vertrieb mich wieder von ihrem Scheitel. Noch immer blieb der Gipfel des Hoch-Glück mir verborgen, dafür trat der plattenblanke, gerundete Kaiserkopf immer freier hervor und so gewaltig beherrschte dieser den nahen Südosten, dass ich billigen Zweifel hegte, ob das Hoch-Glück in ihm nicht einen ebenbürtigen Rivalen besitze. Wieder suchte ich die Fortsetzung meines Weges im südlichen Gehänge;

*) Der gleiche Name findet sich an der Südseite der Hinterauthaler Kette, zwischen Oedkar- und Seekarspitz.

seicht gefurchte, mit feinem Gesplitter überdeckte Plattenlagen wechselten mit langgezogenen, nur an wenig Orten ersteigbaren Wandstufen, Schritt für Schritt musste sorgsam gewählt und geprüft werden, allerwärts lauerte unter dem trügerischen Gerölle der harte, blanke Fels. Langsam nur kam ich vorwärts und aufwärts; der Hoch-Glück-Gipfel, dem ich zögernd näher rückte, erwies seine mir zugekehrte Südwestseite als kaum gangbar, dort stieg der Wall der röthlichen, schmalgebänderten Felsmasse mit ihren ausgebauchten Wandstufen und abschüssigen Platten-Gesimsen noch weit steiler empor, und ich war mit ihrem Charakter bereits bekannt genug, um zu wissen, dass starker Neigungswinkel dessen Schwierigkeiten geradezu zu unüberwindlichen mache. Tiefere Furchen, stärkere Längerippen am Fusse des eigentlichen Steilmassivs, führten mich, wiewohl stets mühsam und schwierig, wieder in geraderer Richtung hinauf und zum zweiten Male auf den Scheitel des Hauptgrates; derselbe besitzt hier seine zweite Horizontalstufe und von ihr aus hoffte ich, nachdem ich die Verhältnisse in der Bergflanke als zu ungünstig befunden, längs der Schneide selbst bis zum Gipfel vorzudringen. Doch wurde mir hier eine ebenso erwünschte als unerwartete Hilfe: auf die Nordseite des Berges hinüberblickend fand ich dieselbe von breiten, geröllbedeckten und unter sich in häufigem Zusammenhange verschlungenen Bändern durchzogen, und hatte auch in Bezug auf die Beschaffenheit des Felsens, wo dieser Steilabsätze mir entgegenstellte, den sofort eingegangenen Tausch nicht zu bereuen. Eine ansteigende Querrichtung einhaltend und dabei von natürlichen Hindernissen nur wenig gestört, nahte ich raschen Schrittes dem Ziele; ostwärts traf der Blick auf die gewaltigen Nordmauern des Schafkar-Lamsenspitz-Stockes und mit Spannung beobachtete ich die Entwickelung seiner Gipfel, die von Sekunde zu Sekunde in neue Phasen trat. Vom Hoch-Glück aus musste es sich entscheiden, ob der Schafkarspitz, der unerstiegene, einen Besuch gebieterisch erheische — ob ich mit der Ersteigung der Lamsenspitze allein mich zufrieden geben könne und — der Wahrheit die Ehre! — das Letztere hätte ich vorgezogen! Da erscheint bei Wendung um die nächste Felsenecke eine unbedeutende Gipfelpyramide am Eckpunkte des Grates, der das Schafkar umspannt und von ihr weg alsbald zu mächtigerer Höhe, — zur Lamsenspitze, rede ich mir ein — sich emporschwingt; dieser Schafkarspitz ist in der That das Eisen nicht werth! — und weiter und länger dehnt sich der Grat hervor in gleichem Masse als der nahe Gipfelkopf des Hoch-

Glück an Körper verliert, und jetzt tritt seine culminirende Erhebung in Sicht — eine plumpe Felsensäule, mauerblank in die Trümmerfelder des Schafkars niederbrechend, mit dreifach getheiltem Haupte ihren Umkreis überschauend — das ist nicht die Lamsenspitze! das ist ein neuer Gegner, der dort mir erwächst, und ich weiss, wie er sich nennt! Die Loose sind gefallen, — wir werden uns treffen, Unhold! —

Ein kurzer, eingerissener Trümmergraben leitete mich zuletzt, direkt von Norden her, auf den Gipfel des Hoch-Glück; mehrere Schritte lang, aber kaum einen Schritt breit, besitzt er an seiner östlichen Ecke den eigentlichen Culminationspunkt und verbreitert sich hier um Weniges zu einem trümmerbedeckten Plätzchen, auf welchem man bequem sich niederlassen und sein Gepäck placiren kann. Die Ersteigung hatte $5^1/_2$ Stunden von der Eng aus, $1^1/_2$ Stunden von der Hoch-Glück-Scharte her in Anspruch genommen, möchte sich jedoch in künftigen Fällen vielleicht etwas vermindern, da meine Disposition zum Bergsteigen, namentlich bei Beginn der Partie, an jenem Tage nicht eben die beste war. Die Höhe, welche auf diesem Gipfel des Vomperkammes ich inne hatte, bestimmt der Kataster unter dem Namen „Hoch-Glück" zu 8130′ 2641 m.*), die Hoch-Glück-Scharte wird 7000′ 2274 m. nur wenig übersteigen.

Neu und auch nur von meiner Hochwarte zu gewinnen war mir der direkte Einblick in's Kar „Schneepfann", am Fusse der fast senkrechten Ostwände des Hoch-Glück-Gipfels; es führt seinen Namen mit Recht. Abgesperrt von allen Seiten ist sein tiefer, dabei aber ziemlich geräumiger Grund, erfüllt von Schneemassen, die im Schatten der düsteren Mauerwinkel theilweise vielleicht eines ewigen Bestandes sich erfreuen; öder Schutt, wüstes Blockwerk deckt den Rest. Seine östliche Schranke bildet eine schroffe Abzweigung des vom Hoch-Glück ostwärts sich fortsetzenden Hauptgrates, der von diesem Punkte rechtwinkelig gegen Norden abbiegt, zur

*) Ich kann nicht umhin zu bemerken, dass diese Bestimmung mir als zu hoch gegriffen erscheint, da der Eiskarlspitz entschieden höher ist, als der Hoch-Glück-Gipfel, und seinerseits vom Grubenkarspitz, dessen Höhe nach dem Kataster 8228′ 2673 m. beträgt, nicht unbeträchtlich überragt wird. Es möchte etwa unter dem Hoch-Glück des Katasters der Eiskarlspitz verstanden worden sein, worauf auch der Umstand hinzudeuten scheint, dass in der Umgebung des letzteren, freilich nur auf einem Seitengrate, eine Signalstange sich vorfindet, meines Wissens die einzige auf irgendwelchem Höhenpunkte des inneren Vomperlochs. Dem wahren Hoch-Glück möchte hiernach eine Höhe von wenig über 8000′ 2600 m. zukommen.

Scharte im Hintergrunde des Schafkars niedersinkt, und dann erst zu neuen Gipfelhöhen (Schafkar- und Lamsenspitze) emporsteigt. Der Zweigkamm, der vom Hoch-Glück-Gipfel ausgehend in's Vomperloch vortritt, sinkt in südöstlicher Richtung von letzterem ab zu flachem Sattel und erhebt sich wieder zu einem pyramidalen Nebengipfel, dem bereits genannten Kaiserkopf. So mächtig dieser während der Ersteigung mir gegenüber gestanden war, nun lag er doch tief unter meinem Niveau und vermochte mich weiter nicht mehr zu reizen. Nach oberflächlichem Ueberblicke hielt ich den Uebergang für leicht ausführbar; eine spätere genaue Betrachtung mit dem Fernglase wies mir jedoch auf dem zwar leichtgeneigten, aber äusserst scharfschneidigen Grate mehrere zweifelhafte Stellen und namentlich am Kaiserkopfe selbst einen Plattenabsturz, der kaum ersteigbar — noch weniger zu umgehen schien. Der Aussage des Jägers Oberleitstettner in Vomperberg zufolge zählt auch dieser Kaiserkopf zu den „Unbesteigbaren" des Vomperlochs. Stünde in ihm ein würdiges Ziel in Aussicht, so müsste er einem ernstlichen Angriffe wohl ebensogut weichen, wie der Schafkarspitz, dessen Südwand, wie sie dem Hoch-Glück sich zeigt, auch nichts weniger als einladend erscheint.

Ein schöner Ausblick nach Norden über das grüne Thal der Eng', über das Gamsjoch und das Sonnjoch, das Gebirge der Riss mit dem flachgezogenen Scharfreiter, seine buschigen Flanken von den Linien der kunstvoll angelegten Jagdsteige gleich Fäden eines grossmaschigen Spinngewebes durchkreuzt, vervollständigt das Panorama, welches im Uebrigen, gegen Süden und Westen von höheren Gebirgen gedeckt, wenig Objekte von hervorragender Bedeutung bietet; die genaue Kenntniss der nächsten Umgebung, die unbehinderten Einblicke in die verborgenen Winkel von Hoch-Glück, Oedkarl und Schneepfann' bildeten den eigentlichen Gewinn dieser Hochtour und sie waren es ja auch gewesen, die ich auf dieser Höhe gesucht. Ich grämte mich daher auch wenig des Gewölkes wegen, das, vom Südwesten über den Haller Anger und die Häupter der Lafatscher heraufziehend, allmählig das ganze Firmament in seine grauen Schleier spann. Die Mühsal und Langwierigkeit des Aufstieges erforderte eine längere Rast auf dem Gipfel, und ich fand mich um so weniger veranlasst, diese vorzeitig abzubrechen, als ich überhaupt nicht recht wusste, was mit der Ueberzeit beginnen. Für den Eiskarlspitz, der mächtig aufragend mir im Westen gegenüberstand, war es für heute doch wohl zu spät; wollte ich meinen ursprünglichen Plan, den Uebergang in's Vomperloch zur Ausführung zu bringen, festhalten, so musste auch dieser auf den folgenden Tag verschoben werden, und dann konnte der Eiskarlspitz damit in Verbindung treten; freilich keine sehr erfreuliche Aussicht, den langen, eintönigen Weg von der Engalpe über die Hoch-Glück-Scharte ein zweites Mal zu wandern. Und der Rückweg von meinem eigenen Gipfel zu jener Scharte — besonders anziehend war dieser eben auch nicht, am wenigsten sein Schluss, der jähe Kamin im brüchigen Fels, auf die Schneefelder hinunter. Tief, tief unter dem Gipfelgrate gewahrte ich in den Mauerflanken des Hoch-Glück grüne Plätze von beträchtlicher Ausdehnung, unmittelbar — so schien es — an die Schutthalden des Oedkarls stossend. Wenn es gelänge, dort hinunterzusteigen — dann wäre wohl Manches gewonnen, dann wäre auf kürzester Linie der Boden des südlichen Kares erreicht und Raum geschaffen für weitere Pläne.

Gedacht, gethan. Um 3 Uhr Nachmittags verliess ich den Gipfel des Hoch-Glück, wie ich gekommen, gegen Norden, und begann, nachdem ich über den ersten Kantenabsatz wieder auf die Südseite übergetreten, in gerader Richtung gegen das Oedkarl abwärts zu klimmen. Die ungünstige Felsnatur des Karwendelgebirges machte bald in vollstem Masse sich fühlbar; breit, schuttbedeckt, schrofig gebrochen dehnte das kahle Gehänge vor meinen Augen sich endlos hinab, — wem die specielle Erfahrung mangelte, der musste solches Gebirge als gemächlich gangbar beurtheilen; und doch nirgends sicherer Stand, nirgends fester Widerhalt an den rothbrüchigen Felsen, bei jedem Tritte legt der abrollende Schutt das blanke, rundlich abgeglättete Gestein bloss, jeder Abbruch, jede Stufe, jedes Schüppchen und Plättchen kehrt seine steile Seite nach abwärts und auf der schrägen Platte haftet der Fuss. Nicht vermag der Blick es zu erspähen, wo und warum das Eisen am Felsen angreife und das Gefühl der stramm gespannten Muskeln und Sehnen spricht deutlich genug, dass jener Haft nur ein unsicherer, auf kurze Zeit bemessener sei. Bald vorwärts, bald rücklings, bald rechts, bald links gebogen und niederkauernd, strebt der Bergwanderer den Schritt zu sichern, indem er, der angeborenen Menschenwürde sich begebend, auf allen Vieren den Weg zur Tiefe sucht; doch auch der anklammernden Hand versagt das Gestein den sichernden Halt und Vermehrung der Friction ist das Einzige, was als Gewinn dieser ermüdenden Gangart resultirt. Dazwischen wieder Steilabsätze, die zu Umgehungen, zu Kreuz- und Querzügen nöthigen, bis eine Stelle endlich sich findet, wo Rauhigkeit des Felsens ein Abklettern oder verminderte Mächtigkeit der Stufe einen wohlberechneten Abschwung ermöglicht zu tiefer liegenden Terrassen, auf welchen das heikle Spiel von Neuem beginnt. Ein einmaliges Abgleiten, ein Ausreissen des Eisens oder Abkritzen des Bergstocks, wenn eben die Last des Körpers auf ihm ruht — und dem Verhängniss kann ein Einhalt nicht mehr geboten werden.

Riesengross war mir im Rücken die Bergmasse bereits emporgewachsen, und weite, öde Felder lagen noch immer vor mir, in der Tiefe. Das Niveau der Hoch-Glück-Scharte war bereits überschritten, die Geröllflächen des Oedkarl's lagen mir zur Rechten, und ihre Fortsetzung zeigte sich wieder, am Rande der Bergflanke, soweit diese dem Auge offen lag. Dem Plattengefälle mit seinem täuschenden Griesüberzuge folgte nun allmählig tiefgründiger Schutt, an ihn reihten sich die grünen Plätze, die von der Gipfelhöhe aus ich ersehen, und mir zum nächsten Ziele erkoren hatte. Dass ihr gut gangbarer Boden mit der Schuttsohle des Oedkarl's in direkter Verbindung nicht stehe, das hatte ich, diesen Plätzen mich nähernd, längst erkannt, — auf diese Aussicht hatte ich auch von allem Anfange an eine zu feste Hoffnung nicht gegründet; doch erwartete ich, irgendwo vom Rande weg eine Verbindungslinie, — sei's eine schräge Querlage in der Wand, — sei's eine Kluft, einen Kamin, anzutreffen und dadurch endlich doch das gewünschte Kar zu erreichen. Je deutlicher es sich nun herausstellte, welch' bedeutender Vertikal-Abstand mich noch von jener Tiefe trennte, um so zweifelhafter wurde die Entdeckung eines solchen Ausweges und der erste Vorsprung der grünen Terrasse, auf welchen ich der Orientirung halber meine Schritte hinauslenkte, belehrte mich sofort über die gänzliche Unmöglichkeit eines geraden Abstiegs — ich hatte noch mehrere hundert Fuss absolute Steilwand unter mir, — sowie über die Aussichtslosigkeit eines Versuches, solchen thalabwärts, die schrägen Lagen im Gehänge nach der linken Seite hinunter verfolgend, ausfindig zu machen. Die einzige Möglichkeit blieb die, durch einen rechts gehaltenen Quergang der stark ansteigenden Sohle des Kars entgegen zu kommen, freilich mit geringer Bürgschaft dafür, dass die Steilstufen des Gipfel-Fundamentes nicht auch in dieser Richtung jede Ausflucht versperren möchten. Von Welle zu Welle, flache Sinken durchkreuzend und auf die vorspringenden Spitzen hinauslenkend, um das nächstliegende

Terrain zu rekognosciren, drang ich vor, gegen Westen; mit Befriedigung sah ich die Terrasse, statt anzusteigen, sich senken und dem Kare dadurch um so rascher sich nähern; einige steile Felstreppen ging's in gerader Richtung hinab, wieder folgten grüne Plätzchen, durch schmale Bänder unter sich zusammenhängend, aber rasch verengte sich nun der gangbare Boden, von der Tiefe drängte die Steilwand heran und höhenwärts sperrte Steilwand den Ausweg; mit zunehmend stärkerem Gefälle des geringen Zwischenraumes beider wurden die Reihen und Stufenfolgen kleiner Rasenschöpfe immer spärlicher, und schliesslich stand ich am Rande der glatt abgerissenen Felsmauer. Nur noch 60—80′ vertikale Entfernung trennte mich von dem sicheren Geröllboden des Oedkarls. Die Umkehr vor diesem, allerdings unüberwindlich scheinenden Hindernisse bedingte den vollen Rückweg bis fast zum Scheitelgrate des Hoch-Glück; in der Richtung auf die Hoch-Glück-Scharte verlegten die Steilabstürze der mittleren Gipfelzone mir den Weg.

Ich spähte rathlos umher. Drüben, unter schwarz überwölbender Mauer, zieht sich wohl eine schräge Kluft durch's Gewände und in sie spitzt auch ein Schuttstreifen des Oedkarls sich am weitesten herein. Aber die 20—25 Schritte dort hinüber — jeder Zoll ein Fragezeichen des Lebens. Und doch mochte ich nun einmal nicht mehr umkehren, mochte die Mühsal eines stundenlangen Anstiegs nicht wieder auf mich laden, um im Kamin an der östlichen Hoch-Glück-Scharte vielleicht nicht viel Besseres zu finden; mit vollem Bewusstsein des Wagens, lediglich darauf pochend, dass schon manches Wagestück gelungen, setzte ich das Eisen in die Platten. Langsam, sorgfältig prüfend, rückte ich vor, bald in spannelangen, von den Händen unterstützten Tritten, darauf vertrauend, dass von sechzehn Eisenzacken doch einer wenigstens halten werde, wo dem Auge nun einmal ein Haltpunkt sich nicht zeigen wollte, — bald mit weit vorgreifendem Fusse nach einem entdeckten, sichereren Standort, einem zollbreiten Abbruche, einer Ritze im Gestein haschend. Durch seichte, ausgewaschene Couloirs behutsam mich hinablassend, an vortretenden Rundhöckern mich vorbeidrängend gewann ich nach einer halben Viertelstunde unausgesetzter Gefahr den Rand der Kluft; den letzten Plattenschuss in ihre Sohle hinab liess ich mich sitzend hinuntergleiten, in dieser selbst boten stufige Absätze und ausgespülte Kessel genügende Hilfe und Sicherung. Einige Minuten später sprang ich im Geschütte ihrer breiten Ausmündung hinab und stand, 1¾ St. nach Verlassen des

Hoch-Glück-Gipfels, in der höchstgelegenen Mulde des Oedkarls. Rückgewendet besah ich mir die Wandstufe, an der ich herabgeklommen. Gut, dass dieser Anblick mir erst nachträglich geworden. Auf diesen hin würde ich die Unmöglichkeit des Abstiegs ohne Zaudern beschworen haben.

Nun hatte ich erreicht, was ich gewollt — das Kar der Vomperloch-Seite war betreten. Und was weiter? — Die Erwartung, die westliche Hoch-Glück-Scharte von seinem Schutte erreicht zu sehen, wurde abermals getäuscht. Die Mauern des Grates erheben sich wohl mehr als 100′ hoch über die Geröllfelder und ein einladendes Aussehen besitzen sie keineswegs. Vermuthlich führt der richtige Weg die Kluft an der Westseite des viereckigen Thurmes entlang; doch scheint auch der direkte Anstieg nach der östlichen Scharte ausführbar zu sein. Von dem Standpunkte, den ich im Oedkarl einnahm, durfte ich bis zum Wiederbetreten der Schneide immerhin eine leichte Stunde in Anrechnung bringen — dann hinunter durch's Hoch-Glückkar um bei finsterer Nacht die Eng zu erreichen und am andern Morgen mit dem Frühesten — denn für das Umhersuchen im Vomperloch musste ich einen bedeutenden Zeitposten in den Voranschlag aufnehmen — wieder hinauf den langen, anstrengenden, eintönigen Weg, — — warum nicht lieber hier oben abwarten, bis neues Tageslicht mir scheint zu neuer Wanderung? — Und bin ich denn hier, auf dem Trümmerboden des Oedkarls bereits am Ziele meines Nachtquartieres, — was soll ich mit den drei Stunden Zeit weiter beginnen, die heute mir noch übrig bleiben? Sitzen, und vorzeitig anfangen, zu frieren? Und morgen vielleicht trübes Wetter, das für die Thalwanderung genügen mag, die Tour auf den Gipfel, die ich in Aussicht genommen, mir aber verdirbt? — Der Eiskarlspitz steht mir so hübsch nahe im Westen gegenüber, seine Ersteigungslinie habe ich vom Hoch-Glück längst ausgespäht, und auf den Culminationspunkt des Vomperkammes um 5 Uhr Abends den Marsch anzutreten, ist auch kein alltäglich Ding. Immer voran!

Nach 10 Minuten stand ich am jenseitigen Saume des Oedkarls, am Fusse des starken Zweigkammes, welchen der Eiskarlspitz gen Süden entsendet als Scheide des Oedkarls und des grossen Spritzkars. Eine Lage schräger Schutt- und Grasplätze, von einzelnen Schrofenrippen durchzogen, wies mir den Weg zum Grat, welcher sodann bis auf den Gipfel selbst verfolgt werden sollte. Der erste Anstieg auf diese Plätze, welche ähnlich wie jene des Hoch-Glück auf einem Fundamente von Steilwand ruhen, vermittelte sich um ein

Bedeutendes leichter, als dort; in einem Felsenwinkel reichten die, anfangs etwas schmalen Grasbänder, bis auf den Schuttboden herunter, mit einigen Zickzacks am steilen, aber durchweg gestuften Geschröfe war der Grasboden gewonnen. Erst gings in geschlossener Sinke aufwärts, in höherer Zone breitete sich der Grasboden, von Geröllstreifen durchzogen, in ununterbrochener Fläche hin. Mit sehr geringer Schwierigkeit erreichte ich, 1 Stunde nachdem ich das Oedkarl verlassen, den Zweigkamm des Eiskarlspitzes.

Ein neues Bild erschloss vor mir sich im Westen. Tief zu meinen Füssen lag, bereits dämmernd, das Spritzkar, aus welchem der gleichnamige Gipfel, breitflankig, schuttbedeckt, mit langgezogenem Scheitelgrate sich erhebt. Durch die beiden massigen, kurz abbrechenden Strebepfeiler seines Fusses werden die oberen Regionen des Kars in mehrere Zweigmulden getheilt, deren Schutt- und Trümmerausfüllung an den Mauerfuss der Gipfel sich lehnt. Seine Mittelzone aber, noch über der Krummholzgrenze gelegen, streckt sich, ein grünes, welliges Hügelland, vom Ausläufer des Eiskarlspitzes hinüber bis an den Fuss des Nudeltrogs, durch diesen vom Grubenkar, dem innersten Seitenthale des Vomperlochs, abgeschieden. Und noch tiefer decken dunkle Legföhrendickichte den steiler und immer steiler sich absenkenden Thalboden. Verzweigungen der begrenzenden Kämme greifen breit in sein Inneres herein, das zu Gräben und Schluchten zerspalten das helle Grau der Wände zeigt. Aber auch dort ist des Thales noch kein Ende, wohl aber die Grenze seiner Sichtbarkeit aus der Höhe des Gebirges; es versenkt sich in Dunkel und aus der Tiefe des geheimnissvollen Schlundes tönt drohend dumpf das Brausen des Vomperbaches.

Zur Linken bemerkte ich auf einer schrofigen Doppelspitze des schwach sinkenden Grates eine Signalstange — ein seltenes Zeichen menschlicher Thätigkeit auf den Höhen des Vomperlochs; am seltensten auf den Gipfeln seines Hauptgrates, wie denn auch dieses Wahrzeichen bescheiden auf dem untergeordneten Vorsprunge eines Zweigkammes seinen Platz gefunden. Vom Grubenkarspitze bis zum Hoch-Nissel ist keine der Vomper-Spitzen signalisirt.

In der Richtung auf den Culminationspunkt im Kamme verlief mein Grat eine Strecke weit völlig horizontal; sein Scheitel begann sich zu verengen, die Rasen- und Schuttgehänge der Ostseite wichen steilen Abfällen plattigen Gefelses, von einzelnen mächtigen, abgerundeten Bänken quer durchsetzt; als völlig kahle, abgeschrägte Mauermasse vom charakteristischen Ansehen der Plattschichten des Karwendel, umfängt der Eiskarlspitz die innerste Mulde des Kars, das seinen und des Hoch-Glück südlichen Fuss umlagert. An scharf abgerissener Stufe endigte der geradlinige, schwach gehobene Verlauf des Grates; eine Kalkschicht von hervorragender Festigkeit hat ihren Bestand sich erhalten, während das weichere Material ihrer Unterlage dem Zahne der Erosion erlegen zu sein scheint; infolge dessen bildet sie in ihrer mässig gegen Süd fallenden Lage auf dem Grate einen spitzen Zahn mit etwa 50° starkem Contrawinkel nach vorwärts. Die Höhe des Absturzes beträgt etwa 10′, ein Abspringen ist bei der Schärfe des tiefer gelegenen Grates nicht wohl zu wagen. Zwei bis drei Schritte auf handbreitem Gesimse der Ostseite quer durch die Mauer brachten mich einem Schuttgürtel am Fusse dieser hinderlichen Felsgestaltung nahe genug, um in einem wohlberechneten Abschwunge mich auf ihn hinunter zu befördern, unter der einsturzdrohenden Schrofenmasse mich hindurch- und dem Grate wieder zuzuwenden. Dem Gipfel, welchem mein abendlicher Besuch galt, befand ich mich nun bereits ziemlich nahe, dem entsprechend verschärften sich auch zusehends die Terrain-Verhältnisse. Die Schneide, mässig, aber constant sich hebend, ist aus einer Unzahl schrofiger, plattiger Zacken und Zähne von meist sehr geringer Scheitelfläche zusammengebaut, selten bietet sich mehr als Fussbreite dem Tritte, der in steter Schwebe zwischen den Steilwänden des Spritzkars und den Plattenabschüssen gegen das Eiskarl sich befindet. Und dennoch konnte diese Wanderung, die allerdings Schwindelfreiheit erforderte, wie sie dem Entdeckungs-Touristen in den Nördlichen Kalkalpen unerlässlich ist, nicht schwierig im eigentlichen Sinne des Wortes genannt werden; das Gestein erwies sich stufenreich, meist fest und sicher, grössere Unterbrechungen, Aufzackungen, Durchschartungen, fehlten dem Grate gänzlich. Nach einer Viertelstunde befand ich mich am Fusse des Gipfelkopfes; die stärker sich aufschwingende Kante erschien von den Plattentafeln in mehreren Fussen Breite wie künstlich gepflastert, ihr eisengrauer Spiegel däuchte dem Auge unangreifbar bis in unmittelbarer Annäherung die fingerbreiten Risse des geschliffenen Felsens wahrgenommen, zum Aufklimmen benützt wurden, und bei mässigem, etwa 30° betragenden Neigungswinkel dieses selbst viel leichter von Statten ging, als ich gehofft. Aber behutsam verlangten doch die gebotenen Hilfsmittel erspäht und genützt zu werden.

denn auf Armeslänge nebenan grenzt Luft an's Gestein, stürzt die Wand hinunter in's Spritzkar — in's Oedkarl. Die Plattenstellen wechseln dann wieder mit kurzen Strecken dünnblättriger Spitzschrofen, deren Wipfel der Arm umfängt, während der Fuss in ihre brüchigen Kanten sich bohrt, die finstern Klüfte überschreitend — wenn eine dieser zernagten Ruinen jetzt eben bräche! — Endlich betrat ich den östlichen Eckpunkt des Gipfelgrates, einen schmalbegrenzten Geröllplatz, die Stelle des Anschlusses des Seitenkammes an die Hauptkette. Der Gipfel des Eiskarlspitzes*), dessen breite Kuppen-Gestalt nun wieder in ihre Rechte trat, liegt weiter westwärts, in ungefähr der Mitte ihres Scheitels. Ich säumte nicht, diesem letzten Theile meiner Aufgabe zu genügen und in wenigen Minuten war das Ziel erreicht. Die Gratstrecke war scharfschneidig, wie die ganze Umgebung dieses dünngezimmerten Felsengerüstes; eine 4—5 Schritte lange Stelle erheischte wieder die völlige Unbefangenheit des Auges, die feinstfühlende Sicherheit des eisengepanzerten Trittes. Kaum einer halben Fussbreite gab die Zackenkante Raum, hell klingend sprangen die gelösten Splitter an den Steilwänden hinab, die rechts von mir, im Norden, in die Firnkessel der Eiskarln, links in den Abschluss des Spritzkars ihre Strebepfeiler setzten. Es war ein wirklicher Balance-Gang durch den freien Aether — wie er in Wort und Bild so häufig dargestellt, beschrieben, in der natürlichen Wahrheit so selten an den Bergwanderer seine unerbittliche Anforderung stellt. Auch der Gipfel selbst bildet nur einen schmalen First des aufgewitterten Gemäuers. Steilwand gegen Nord, in die Firnkare und in's Blaubachthal hinunter; gen Süden jäher, überschütteter Plattenhang, in geringer Entfernung an die Wände grenzend; gegen Westen leicht sinkende Fortsetzung des Grates zum äussersten Eckpunkte der Kuppe, welche mit Steilabsturz von einem halben Tausend Fussen oder darüber auf die Kamm-Fortsetzung niederbricht.

Die Uhr zeigte auf nahe halb sieben; $1^1/_2$ St. hatte die Ersteigung aus dem Oedkarl, etwas weniger als die Hälfte

*) Vermuthlich der „Hoch-Glück" des Katasters 8130' 2461 m. — Es ist, wie im Texte bereits bemerkt, der Eiskarlspitz der höchste Gipfel der Vomperthaler Kette. Im nördlichen Profile derselben (vgl. die Skizze) erscheint er vom Spritzkarspitze stark dominirt, infolge der weit gegen Norden vorgerückten Stellung des letzteren. Die südliche Ansicht des Gebirges (vgl. die bezügliche Skizze) lässt augenfällig den Vorrang des Eiskarlspitzes erkennen, welcher überdiess von mir durch zwei correspondirende Klinometer-Visuren ausser jeden Zweifel gestellt wurde.

dieser Zeit die Gratwanderung in Anspruch genommen. Ich liess mich auf dem schmalen Sitze nieder zu kurzer Rast; denn bevor das Dunkel der Nacht noch Gipfel und Kar in seine tiefen Schatten hüllte, musste ich zurück sein im Oedkarl; — auf dem Felsenthrone zu übernachten, wie fast genau ein Jahr vorher auf dem Hochvogel, dazu erschienen die Lokal-Verhältnisse des Eiskarlspitzes als nicht geeignet; nicht einmal zum Niederlegen gewährte er soviel Raum, dass die Gefahr, während des Schlafes in's Abkollern zu gerathen, ausgeschlossen erschiene; von einem Schutze gegen den nächtlichen Sturm erst gar nicht zu reden. Auf dem zerborstenen Grate ruhend, über seine durchklüfteten Abstürze nachlässig weggebeugt, musterte ich die dämmerig-düstere Aussicht; da stand mir im Osten gegenüber das gewaltige Massiv des Hoch-Glück, des Kaiserkopfs und Huderbankspitzes, die rothen Wänden von prachtvoll gezeichneten Schichtbändern durchstreift, — Erinnerung, die wenig Stunden hinter mir liegt und dennoch schon verblasst, von frischeren Eindrücken verdrängt ist. Da liegt tief zu meinen Füssen in schattiger Tiefe die Eng, wo ich vor Tageslänge zum letzten Male bei Menschen geweilt; dünkt's mir doch kaum glaublich, dass ein einziger Sonnenlauf zwischen dem Besuche in der Eng und der letzten Rast auf dem Herrscher unter den Vomper Gipfeln liege. Hart eingezeichnet in's verwaschene Grau ragen die Colosse des Gamsjochs, der Falken zwischen den Ursprungsthälern der Riss empor. Kein freundlicher Abendschimmer vergoldet ihre kahlen Häupter; denn trüb und finster zieht's von Westen heran, wie breite Colonnen eines weltüberschwemmenden Heeres und blutrother Schein leuchtet zwischen ihnen auf, wo das erstickte Tageslicht noch mühsamen Durchbruch sich erzwingt. Aschfahl starren die Ruinen in der Umwallung des Vomperthales, die breite Masse des nahen Spritzkarspitzes, des Grubenkarspitzes und der Zinnen im Rosslochkamme, der schnabelförmig aufgereckten Hoch-Kanzel in den Wolkenhimmel. Nebelverschwommen liegt im Norden Vorgebirge und Flachland, seine Gauen, die bis an den Donaustrand*) dem Blicke sich erschliessen könnten, sie liegen verschleiert wie die Dinge, die in ihnen sich vorbereiten. — Goldroth säumt die letzte Abendhelle die Brüche der wogenden Wolkendecke, eine düstere, eintönig graue Dunstwand deckt das Tagesgestirn

*) Die Gipfel der Vomper Kette sind von München aus deutlich erkennbar.

und verlöscht vorzeitig sein Licht; in kurzen, scharfen Stössen prallt der Abendwind aus den Thälern herauf und rüttelt an den Gipfelmauern; Dunkel erfüllt die Tiefe und geisterbleicher Schein schwebt um die Grate und Gipfel; — fertig zum Rückmarsch! —

Ueber die Felsenschärfen, die Plattenspiegel, die im Hinuntersteigen das Bedenkliche ihrer haltlosen Fläche erst recht fühlbar zur Geltung brachten, gelangte ich bei einbrechender Nacht auf die ebene Strecke des Grates zurück, welche ich im Anstieg aus dem Oedkarl zuerst berührt hatte; das gewohnte Zeichen — drei platte Steine übereinander gelegt — scheuchte auch in der Dämmerung jeden Zweifel über die Richtigkeit des Weges. Im nächsten Augenblicke war das Spritzkar meinen Blicken entschwunden. Ich dachte in der Frühe des kommenden Tages seine grünenden Hügel, seine schutterfüllten Hochmulden wieder zu schauen, sie zu betreten, — der Spritzkarspitz, eventuell noch der Grubenkarspitz war für morgen, — günstige Witterung vorausgesetzt — in Aussicht genommen. Wohl glaubte ich, auf der Schneide noch stehend, grüne Flecke zu erkennen, die westwärts gegen das Spritzkar sich hinabzögen*), ich dachte einen Augenblick daran, in der Hochregion zu übernachten und diesen Abstieg zu versuchen, sobald der neue Tag heranbreche; aber das Gelingen dünkte mir doch gar zu fraglich, aus tieferer Zone des Spritzkars sah ich die Wald- und Krummholzflächen weit in den trennenden Zweigkamm hereingreifen und glaubte mit Sicherheit darauf rechnen zu dürfen, in einer Tiefe von ein- bis anderthalbtausend Fuss eine günstige Querverbindung anzutreffen; ich vollendete daher den Abstieg in's Oedkarl, um dort mir ein Nachtquartier zu suchen. Das letzte Dämmerlicht half mir die untersten Steilstufen des Gehänges auf die Geröllfelder hinabklimmen; im Laufschritt über Schutt, Getrümmer, Schneeflächen und Grashügel verfolgte ich die Thalsohle abwärts, —

*) Wie sich in der Folge herausstellte, wäre diess in der That der richtige, und zwar der einzig richtige Weg gewesen. Wer vom Oedkarl in das Spritzkar überzugehen beabsichtigt, hat den Seitengrat des Eiskarlspitzes in der oben beschriebenen Weise zu ersteigen, diesen von dem Punkte, woselbst der Anstieg ihn berührt, eine beträchtliche Strecke südwärts zu verfolgen, bis dass ein breiter, auf seinem Scheitel begrünter Zweigarm gegen das Spritzkar hinein sich von ihm ablöst. Längs desselben absteigend sieht man sich durch Steilwände zur Rechten — gegen Norden — lange Zeit gehindert, auf den nahe gelegenen Schuttboden des Spritzkars überzutreten, zuletzt aber vermitteln stufig abgesetzte, grasige Felsdämme eine gangbare Verbindung. Der Uebergang von einem Kar in das andere wird stark 2 Stunden beanspruchen.

je weiter ich heute noch vordrang, um so kürzer sollte ja mein Weg für morgen sein! — und je tiefer ich den Punkt des Nachtlagers wählte, um so weniger hatte ich voraussichtlich vom Froste zu leiden. Es war finstere Nacht geworden; die gewaltigen Felswände zu beiden Seiten des Kars zeichneten nur in allgemeinen, schweren Umrissen aus dem Dunkel sich ab; aus der Kluft am Mauerfusse des Kaiserkopfs dröhnte das Rauschen des abstürzenden Schneewassers. Schwarze Legföhrenbüsche zeigten sich in meiner Umgebung, vor mir schien der Boden steiler sich zu senken, in Längsrippen und Schluchten sich zu theilen. Der Tagesarbeit war Genüge geschehen. „Nach der Arbeit ist gut ruhen" — diess Sprichwort musste die heranbrechende Nacht wohl Lügen strafen. Ich suchte mir einen vorspringenden Felsblock aus, vom Krummholz überrankt und so eine kleine Laube als mangelhaften Schutz gegen den Wind bildend; zog, was ich an Bekleidungsstücken im Bergsacke vorfand, über, rollte das Uebrige zu einem Kopfkissen ein — freilich hart und eckig genug; schob es zurecht und streckte mich in's Heidelbeer- und Alpenrosen-Gestrüppe; nagte an einer Brodrinde und versuchte allmählig in Schlaf zu kommen. Rauh und kalt strich die Luft durch's Kar herauf; am schwarzen Firmamente jagten die Wolken zwischen den spärlich blinkenden Gestirnen dahin; stossweise pfiff und heulte der Nachtwind durch die Bergwüsten und in seine Stimme mischte sich das Brausen des Vomperbachs, geheimnissvoll, aus unergründlicher Tiefe.

XXI. Verirrt im Vomperloch.

(Hierzu Vertikalprofil No. 21 und Horizontalprofil No. 16.)

Nacht umhüllt die Bergöde, umhüllt Gipfel und Thal; schwarz zeichnen die gewaltigen Bauten vom schwarzen Himmel sich ab. Dort jagt das Wolkenheer dahin, eine endlose Wiederkehr phantastischer Gestalten; der über die Felsengrate heraufgestiegene Mond scheint Körper und Leben ihnen zu verleihen und wirft seine grellen Lichter in die zerspaltenen Wände. An ihren bleichglänzenden Flächen huschen die Schatten gespenstig vorüber, und der Luftstrom, der sie treibt, prallt gegen die Mauern und bläst in die Aeolsharfen ihrer Klüfte seine rauhen Melodieen. Todt und starr die Welt ringsum und doch ein geheimnissvolles Regen in den Grüften des Gebirges, in der Thäler versunkenem Grunde; ist's doch, als würde das Signal der mitternächtigen Stunde nur erwartet, dass die dunklen Pforten sich sprengten und ausspieen ihre Schreckgestalten und ein höllisches Treiben losbräche in dieser Wolfsschlucht riesengrossen Massstabes — — in *diesen* Schlünden, in *dieser* Umwallung unnahbarer Wände und Zinnen, in *dieser* pfadlosen Welt der Zerstörung wäre wohl des Höllenfürsten würdigste Residenz!

Und hier, fern aller menschlichen Wohnung und Hilfe, habe ich Nachtlager bezogen nach anstrengendem, gefahrvollen Tagemarsche; Eiskarlspitz und Hoch-Glück sehen herab in's einsame Kar, das sie mit mächtigen Felsenarmen umspannen; von ihren Plattenflanken, von ihren schwindelnden Firsten zurückgekehrt, ruhe ich unter dem Dache der Krummholzkiefer. Von Kälte durchschauert, suche ich auf dem struppigen Lager vergebens nach Schlaf; bald zusammengekauert, mit festgeschlossenen Augen, möchte ich Gott Morpheus beschwören, seine wohlthätigen Fittige über mich zu breiten, hasche nach den Ameisen, die über's Gesicht laufen oder knicke einen Nadelzweig, der störend mich berührt; bald wieder, ergeben in das Schicksal einer schlaflosen Nacht, lehne ich erhobenen Hauptes auf dem Bergsack, starre hinüber nach der Cyklopenmauer des Speckkargebirges und hinauf zu den Sternen, die langsam ihre nächtlichen Bahnen beschreiben; — kehre die Uhr gegen das Mondlicht und trachte den Stand ihrer Zeiger zu erkennen, und ist's gelungen, so stecke ich sie missvergnügt wieder ein, nachdem ich mich überzeugt, dass deren Gang nicht in's Stocken gerathen — nein, leider nein; es ist noch nicht später. — Mit nahendem Morgen erst, als des Nachtgestirnes Schimmer zu erbleichen, die Tiefe des Thales mit frostigen Frühnebeln sich zu füllen begann, drückte ein Schlaf vollständiger Erschöpfung für ein paar Viertelstunden mir die Augen zu. Halb erwacht sah ich die Felsumrahmung im trüben Grau der ersten Tageshelle sich abzeichnen, sah dunstschweres Gewölke über die Gipfel dahinziehen und durch seine Lücken ein mattes, regenverkündendes Himmelsblau. Unbeholfen steif erhob ich mich aus dem Strauchwerk der Heidelbeeren und Alpenrosen; der Berganzug wurde marschbereit gemacht, das Gepäck zurecht gerichtet und geschultert, ein Stückchen Brod — die Hälfte eines kärglichen Restes, verzehrt und, kurz vor 4 Uhr, aufgebrochen zu neuem Tagewerke. Die Begeisterung war, ich gestehe dies gerne, nicht gar gross; ich wäre lieber draussen in Vomp und Schwaz gewesen, den materiellen Anforderungen der Natur zu genügen; doch drängte es mich, die Zeit zu nützen, der letzte Vomper-Gipfel*) sollte erstiegen, meine Wanderungen in diesem wildesten Reviere der Karwendel-Gruppe zum definitiven Abschlusse gebracht werden; dann mochte ich ruhigen Bewusstseins in den Abendstunden den Thalweg hinausziehen in bewohnte Gegend. Hinüber denn, in's Spritzkar!

Im raschen Abstiege hatte ich die Gelenkigkeit der Glieder bald wieder gewonnen, springend ging's zu Thal durch die Krummholzhügel, zwischen denen bald tiefe Felsrunsen sich einzuschneiden begannen; auch mehrte das Gefäll der Sohle sich zusehends und es trat allmählig die Aufgabe des Wegesuchens dringender an mich heran. Von einem Ausweichen nach der rechten Seite, von einem Beginne des Querganges in's Spritzkar konnte noch auf weite Strecke keine Rede sein; unangreifbare Mauern bilden die Westschranke

*) Den am Knotenpunkte stehenden Grubenkarspitz von der Bezeichnung als Gipfel der Vomper Kette ausgeschlossen.

des Oedkarls und mehren jeden Austritt aus seinem zusehends sich verengenden Grunde; die flachen, buschigen Lagen, welche ich gestern, in tiefer Abenddämmerung, nahe vor mir zu sehen geglaubt, befanden sich in unerwarteter Tiefe, ihr Zusammenhang, die Brücke, die sie in's jenseitige Hochthal mir schlagen sollten, erschien bedeutend zweifelhafter als Tages vorher. Einige grüne Bänder, die in die sperrende Mauer zur Rechten sich hineinzogen, ihre abgerissene Kante und damit die Grenze eines allgemeiner gangbaren Terrains zu berühren schienen, verlockten mich seitwärts in die Wand hinein. Erst engstufiger Fels, dann zerfurchtes Geplätt, sparsam mit Rasenpäckchen durchsprenkelt, endlich kahles, wildzerrissenes Gewände; ich mochte den einmal begonnenen Versuch nicht aufgeben, bevor seine völlige Unausführbarkeit sich herausgestellt, und gewann denn auch als Resultat die Einsicht der absoluten Unmöglichkeit weiteren Vordringens; ein mächtiger Strebepfeiler war es, der mich getäuscht, der von dem Hauptmassive des Zweigkammes durch eine tiefe, wüste Schlucht sich abgespalten zeigte. Mit langwieriger Mühe, unter mancher Schwierigkeit, hatte ich diesen negativen Erfolg errungen, und grösser noch war die Mühsal, die Beschwer, auf den alten Standpunkt zurückzugelangen. Die Irrfahrt hatte ihr erstes, immerhin noch sehr erträgliches Stadium durchlaufen.

Es blieb nichts weiter übrig, als den gewünschten Uebergang in noch beträchtlich grösserer Tiefe zu suchen; der Thallauf des Oedkarls wurde immer jäher, von einem, auch noch so bescheidenen Steiglein wies sich in ihm nicht die Spur. Jähe Plattengräben erschienen nun auch zur Rechten, am Fusse der Wände, welche ich zu übersteigen getrachtet; die Mitte der Sohle allein gestattete die Fortsetzung des Weges, bald über steiles, in starken Absätzen zu Thal fallendes Geschröf, bald durch dichte Legföhrendickung. Endlich lichtete zur Rechten sich das Terrain; die Wände traten zurück, eine Bucht, zu finsterer Schlucht sich ausspitzend öffnete sich zwischen ihnen; ihre breit verflachte Ausmündung zeigte Haufen von Trümmerwerk, ausgedehnte Schutthalden, in etwas tieferer Zone mit Gebüsche überzogen — sogar mit einzelnen aufrechten Bergfichten bestockt — ein höchst unerfreuliches Wahrzeichen des enormen Verlustes an Höhe. Indess schien nun die Querverbindung gefunden; ich kreuzte den bewachsenen Boden, die Reissen und Plattenrinnen und begann längs des Mauerfusses in westlicher Richtung empor zu steigen. Eine tiefe Sinke, von zertheilten Runsen durchfurcht, leitete meinen Weg zum Scheitel eines niedrigen Höhenrückens — die nahe Grenze des Ausblicks gegen Westen.

Zwei Stunden war ich bereits in Marsch; dem Spritzkar war ich um keines Schrittes Länge noch näher gekommen, und gelang es mir endlich, in seine Tiefe einzudringen, so konnte ich nun auf einen endlos langwierigen Aufstieg nach dem Gipfel rechnen. Auch die Witterungsverhältnisse gestalteten sich trüber und trüber; schwer zogen die Wolkenschichten am Firmamente umher und Nebelkappen deckten die Häupter des Speckkargebirges. Eine halbe Stunde äusserst beschwerlichen, steilen Ansteigens durch Plattrunsen und über festverkittete Griesrutsche, abwechselnd wieder durch Dickung und Gestrüpp, beförderte mich auf den ziemlich buschfreien Scheitel des nahen Bergrückens; hier musste ein Ausweg — sei's, wie gewünscht, in's Spritzkar, sei's äussersten Falles zum Vomperloch hinunter sich eröffnen; das Oedkarl, zur tiefen Schlucht sich zusammenschnürend, konnte meine Bahn nicht länger mehr sein. Und die ersten Aspecten, wie sie der gewonnene Kammscheitel mir bot, waren nicht allzu ungünstig: ein schmales Steiglein sah ich bis zu seinem südöstlichen Eckpunkte sich hinausziehen, durfte darauf rechnen, von ihm auf den Thalweg hinabgeleitet zu werden; der Ausweg aus dem Oedkarl erschien damit vorläufig als gesichert. In hohem Grade zweifelhaft erwies sich dagegen der Uebergang nach dem Spritzkar. Ich befand mich keineswegs auf dem Grate des trennenden Kammes; schroffe Felsenrücken, durch mächtige Gräben getrennt, standen westwärts in doppelt und dreifacher Wiederholung mir gegenüber, als unübersteigliche, ja sogar unnahbare Schranken. Was ich während des langedauernden Abstieges durch's Oedkarl bereits zu besorgen begonnen, dass in so tiefen Regionen der eine Bergrücken sich gespalten, mit vermeinter Umgehung des einen Hindernisses ich mir deren ein halbes Dutzend geschaffen haben möchte, das sah ich nun klar und deutlich vor Augen: und zu spät nun gedachte ich eines Principes in Durchwanderung der Gebirge, dass die Querverbindung zweier Thäler, in je höherer Zone, um so leichter und sicherer sich zu ergeben pflege. Noch wollte ich das Aeusserste nicht unversucht lassen; vielleicht mochte es gelingen, durch schrägen Anstieg die Gräben an den Stellen ihres Ursprungs zu übersetzen, von Rippe zu Rippe vor-, auf den Hauptgrat, und endlich in's Spritzkar einzudringen. Ich begann daher in nordwestlicher Richtung emporzuklimmen, ein steiles, pfadloses Gehänge, kahler Fels mit kaum verwitterter Aussenschicht, vom Krummholze überwuchert, durch dessen Ranken ich mühsam mir Bahn brach; die Grabentiefen zu meiner Linken machten durchaus keine Miene, einen baldigen Uebergang zu gestatten, im Gegentheile drängten neue Verzweigungen derselben immer weiter nach der rechten Seite mich ab, entfernten mich sonach von meinem Ziele. Durchspaltene Mauerabbrüche, Plattenlagen, zahnige Rippen verengten das gangbare Terrain immer mehr; auf schmaler, scharfschrofiger Gratkante, eine wilde Schlucht zu meiner Linken, bewegte ich mich aufwärts, einem Felsenrücken entgegen, der zwischen prallen Thürmen eine kleine Thorscharte offen liess. Vielleicht lässt die nächstnöthige Umgehung sich wieder ostwärts bewerkstelligen ..... Die Mauerschranken zu beiden Seiten wichen zurück, der Fuss betrat die enggeschlossene Pforte — vor ihm stürzt Steilwand zur Tiefe; dort lagert ein ödes Trümmerfeld, mündet hinaus in ein gestrecktes, theilweise überbuschtes Thal, riesige Wände und Gipfel streben jenseits himmelan, und das ganze, hoffnungslose Bild ist mir nur allzuwohl bekannt. In die vor Stunden durchquerte Seitenbucht des Oedkarls, in dieses selbst, wo ich die Nacht über gelagert, blicke ich wieder hinein, nachdem ich einen vollen Halbkreis an der zerfurchten Bergflanke beschrieben. Der Mühsal, des Misserfolges ist es nicht genug; das übelwollende Geschick treibt auch noch seinen Spott mit mir.

Hinunter ging's, zurück auf den Kamm, wo ich den Steig ersehen. Es war bereits hoch am Vormittage; den bittern Aerger auf den höchsten Grad zu steigern, begann nun auch der Himmel sich zu klären, den letzten Trost, dass bei dem trüben Wetter auch bei Gelingen des Ueberganges in's Kar doch nichts wäre anzufangen gewesen, dadurch zu vernichten. Von weiteren hochzielenden Plänen konnte für heute, konnte auch für morgen keine Rede mehr sein; die erschöpfte Natur forderte gebieterisch ihre Rechte, ich musste bis zum Abende menschliche Wohnung wieder erreicht haben. Hinunter zum Vomper-Bach!

20 bis 30 Schritte weit leitete mich der Pfad. Die Bergflanke begann sich dichter mit Gestrüpp, mit Legföhrendickung zu überziehen und die Wegspuren, anstatt nun sich zu sammeln und deutlich sich auszuprägen, verzweigten und verloren sich in dem Masse, als dringender das Bedürfniss nach ihnen sich fühlbar machte*); so ist's in jenem verwunschenen Erden-

*) In der Folge sagte mir der Jäger zu Vomperberg, man solle an dieser Stelle längs des absinkenden Scheitels der Bergrippe (sohin gegen

winkel Sitte und Brauch. Das Gefäll in gerader Linie vor mir erschien mir zu stark, zu häufig unterbrochen, um pfadlos an ihm den Abstieg zu versuchen; ich wandte mich rechts hinein in die breite, krummholzbestockte Bergflanke. Noch einmal schimmerte die Hoffnung auf, in dieser tiefsten Zone einen Querweg in's Spritzkar hinüber zu finden, als ich unter überhängender, nur auf schmalem Bande zu umgehender Wandstufe deutliche Spuren eines Steigleins zu erkennen glaubte, ja an der engsten Stelle, welche den Umschwung um eine vorspringende Felsecke erheischte, sogar eine gut fassbare Höhlung in der Mauer bemerkte, als wäre sie künstlich eingehauen. Aber auch diess war Täuschung, eine Minute später begrub mich wieder das undurchdringliche Gefilze und dankbar mochte ich's noch anerkennen, wenn nur dieses mich nicht im Stiche liess, Grabenspalten in ihm sich aufthaten, Steilabstürze seinen gangbaren Zusammenhang unterbrachen. Auch dies blieb nicht aus; je tiefer ich gelangte, um so häufiger begegnete ich sperrenden Wandstufen, um so ausgedehnter fand ich ihre Erstreckung, um so schwerer wollte es mir glücken, einen Ausweg zu entdecken. Nicht selten musste ich mehrere hundert Schritte wieder zurück zur Höhe steigen, um eine Verbindungslinie zu benützen, die ich im überwucherten Gehänge nicht bemerken, die ich erst dann wahrnehmen konnte, als ich auf freiem Riffeck draussen stand, vor mir die unerreichbare Tiefe. Eine allgemeine Apathie fing an, die Oberhand in mir zu gewinnen, verbunden mit einem unaufhaltsamen, jede ruhigere Ueberlegung ausschliessenden Streben hinab, zu Thal; Entkräftung, Hunger und mehr als beide das entsetzlichste Uebel des Wüstenwanderers in den Alpen, der Durst, trieben gewaltsam mich vorwärts, und das Rauschen des Vomperbaches zog mit dämonischer Macht mich hinunter an den Geröllstrand seiner grünen Wellen. Kaum dass an den bedenklichsten Stellen, an schlüpfrigen Grasgesimsen in den Mauern, auf den bröckelnden Zackenrippen zwischen den Gräben ich einige Aufmerksamkeit dem Tritt, dem Handgriff schenkte; wo einigermassen breites Terrain vor mir lag, liess ich achtungslos mich gehen, gleiten, abkollern — das Gebüsche fing mit seinen schwankenden Armen mich schon wieder auf. Am überrankten Saume der Steilwand hingekauert suchte ich nach den blauen Heidelbeeren unter den Legföhrenstrünken. Nur etwa thurmtief

Links) absteigen, wodurch man, ohne auf grössere Steilabsätze zu treffen, durch Busch und Wald schliesslich auf den Pfad über der Klamm des Vomperbaches gelange.

noch war von der Thalsohle ich entfernt, zu meinen Füssen lag die breite, buschige Au, die vom innersten Abschlusse des Vomperlochs bis an den Eingang der grossen Klamm sich erstreckt; verführerisch trieb dort unten der Bach seine krystallklaren, plätschernden Gewässer dahin. Vor mir Steilwand — kein Tritt weiter möglich; doch jenseits des tiefen Grabens, der mir zur Linken lag, sah ich die Krummholzschnüre durch's Gewände sich herabziehen und den Mauerfuss mit spärlichen Grün angeflogen — hinunter musste ich um jeden Preis, also zurück wieder längs der Kante der Kluft, aufwärts, bis sich die Möglichkeit ergab, die jäh abschiessende Plattenrunse zu durchkreuzen und jenseits hinab, die zähen Ranken des Knieholzes fassend, wo der Fels Stufe und Halt nicht gewähren mochte. Nun stand ich am äussersten, luftigen Vorsprunge, gegen 30' trennten mich noch vom Thalboden. Eine einzige Furche, von abstehender Felskante gegen die Wand gebildet, bot die Möglichkeit eines schrägen Abstieges längs ihres unzusammenhängenden, handbreiten Graswuchses. Ich warf den Bergstock hinab und liess den Rucksack, an eine lange, starke Schnur gebunden, nachfolgen; redete mir ein, die Tiefe vor mir sei zu gering, als dass ein eventueller Sturz mich erheblich beschädigen könnte — eine Präsumtion, die ich, unten angelangt, lebhaft bezweifelte — und gelangte, obwohl von der Steilwand fortwährend zur Seite gedrängt und im Gleichgewichte gestört, doch glücklich auf sicheren Boden. Im nächsten Augenblicke kniete ich am Ufer des Vomperbaches und schlürfte in langen Zügen das erquickende Nass. Die Uhr wies Mittagszeit. 8 Stunden waren im Gewände der Vomperberge verbracht worden, eh' sie den kecken Eindringling in ihre Labyrinthe zu Thal wieder entliessen.

Und nun war ich im Vomperloch. Ich war im Inneren des Thales, aus welchem der Sage nach kein Anderer, als der des Weges seit langen Jahren Kundige sich in die freie Welt wieder hinauszufinden vermöge. Vorerst kümmerte die nächste Zukunft mich wenig. Rast und Stärkung war's vor allem Andern, dessen ich bedurfte. Jenseits des Baches befand sich ein kleiner Auen-Vorsprung, von Bäumen beschattet. Hier lagerte ich am Strande, kochte einen schwarzen Kaffee, sammelte im Hute die massenhaft wachsenden Heidelbeeren, sie und der letzte Rest des Brodes bildeten mein Mittagsmahl. Das Gewölke hatte sich völlig zertheilt und in die Höhe gezogen, stechend brannte die Mittagssonne auf die Wände, auf das Kiesbett des Thales. Auch der Hintergrund des Vomperlochs hatte seiner Nebelverhüllung sich entledigt; der Eckpunkt der umbiegenden Rossloch-Lafatscher Kette, der Kanzelspitz, starrte als riesiger, kegelförmig gerundeter Felspfeiler in's Thal herab, so regelrecht steil gebaut, so makellos plattenblank, wie ein Stahlguss, der frisch die Form verlassen, so dass ich erschreckt zu ihm hinaufsah — auch diess herrschende Haupt sollte ich noch betreten, aber wie? — die Möglichkeit des Gelingens anzunehmen erschien wohl schwer. Die Hoffnung, jene gewaltigen Wächter des Haller Anger, die Gipfel des Suntiger Grates, von ihrer Südseite ersteigbar zu finden, war durch diesen Anblick definitiv ausgeschlossen; und die Nordseite, — auf sie ist im Quellen-Gebiete der Isar ein Plan nur mit geringer Aussicht auf Erfolg zu gründen. Von den eigentlichen Vomper Gipfeln sah ich in der Tiefe des Thales nur wenig und ebensowenig von den weiten Karen, die sie zwischen ihren Körpern, ihren Zweigarmen einschliessen. Dafür lag nun die Ausmündung jener Kessel, zunächst des Spritzkars, dem Blicke offen. Fast allerwärts Steilwand, von tiefen Klüften durchschnitten; nur an vereinzelten Stellen reicht das Krummholz bis auf die Thalsohle des Vomper Baches herab. Aus den Felsspalten sprühen die zertheilten Gewässer in weissschäumenden Strahlen hervor und rechtfertigen den Namen des Kars, welchem sie ihren Ursprung verdanken. An der tief thaleinwärts gelegenen Ausmündung des Grubenkars erkennt man den Anfang eines geschlängelten Steiges*); für das Spritzkar zeigt sich keine, in sein Inneres weisende Weglinie**). Nach dem Inneren der Thalweitung, der sogenannten „Au" des Vomperlochs bis an den Fuss seiner Absperrung unter dem Hochsattel des Haller Anger, treten ebenfalls Pfadspuren bemerkbar hervor, nicht so thalabwärts; die dichtbebuschten und bewaldeten Hänge rücken hier nahe aneinander, der Bach wirft sich mit kurzem, niedrigen Wasserfalle in's Eingangs-

*) Derselbe führt, meist in der Nähe der westlichen Thalwand gehalten, bequem in 2 Stunden bis in die weitgeöffnete, freie Hochregion des Grubenkars. Neben dem Steig, der vom Haller Anger in's Vomperloch herabführt, ist diess der einzige, in seinem ganzen Zusammenhange kennbare Pfad der inneren Thalhälfte (oberhalb der Zwerchbach-Mündung.).

**) Es soll allerdings auch einen direkten Steig in's Spritzkar geben, jedoch einen „schlechten". Für das Vomperloch heisst diess soviel, als dass er absolut unfindbar sei. Das Spritzkar wird am besten aus der Hochzone des Grubenkars durch einen (schwierigen) Quergang an der südlichen Plattenabdachung des Nudeltrogs erreicht.

thor der grossen Klamm, die er bis kurz vor seiner Ausmündung in den Inn nicht mehr verlässt, — eine Länge von ungefähr vier Wegstunden.

Eine Stunde hatte ich der Erholung gewidmet, um 1 Uhr nach Mittag brach ich wieder auf, den zweiten Theil meiner Aufgabe in Angriff zu nehmen. Die Thalsohle, welche, wie eben bemerkt, nach kurzem Verlaufe zur Klamm sich einschnürt, musste verlassen werden; an welcher der beiden Thalseiten der Pfad hinlaufe, diese principielle Frage musste zu allererst ihre Lösung finden und konnte sie nicht wohl anders finden, als durch das Experiment; Kunde besass ich über diesen Punkt keine. Am südlichen Gehänge glaubte ich an breiter Geröllschütte unter den Wänden des Speckkar-Gebirges die Spuren eines Querpfades zu entdecken. Ich stieg im Gerölle aufwärts bis zu jener Linie und begann sie zu verfolgen. Im Krummholze verlor sie sich alsbald; nach viertelstündigem Umherklettern zwischen den mächtigen, am abschüssigen Boden hinziehenden und mit loser Moosdecke überspannten Legföhrenstämmen fand ich mich zur Umkehr veranlasst. Wieder an's linke Ufer übergehend versuchte ich auf diesem mein Glück. Steilwandstufen, bis nahe zur Thalsohle herabreichend, verhinderten hier ein allzu rasches und geradliniges Aufsteigen; ich musste nothgedrungen eine schräge Linie längs ihres Fusses hin verfolgen und bemerkte auch hier bald Spuren, die ungefähr das Aussehen eines Pfades hatten; noch deutlicher erschienen dieselben auf einem etwas höher gelegenen, begrünten Schrofenscheitel und in geringer Entfernung von mir gewahrte ich nun eine niedrige, aus dürren Zweigen und Baumstämmen zusammengeflochtene Hecke. Bereits erfreut über diess erste Wahrzeichen menschlicher Thätigkeit in der Gebirgswüste fand ich meine Befriedigung noch erhöht durch Entdeckung einer breiten, 4- bis 5sprossigen Leiter, welche das Uebersteigen dieser Hecke erleichterte und jenseits traf ich auf ein ganz hübsches, quer durch den Wald hinlaufendes Steiglein, — kein Zweifel mehr, dass ich den verrufenen Thalweg des Vomperlochs somit schönstens ausgefunden hatte. Verrufen — ohne Grund! wie so Manches, so Vieles, was mir als gefahrvolles Wagestück war dargestellt, von mir mit Bangem unternommen worden um gleich im ersten Anlauf fast spielend zu gelingen! — Da komme ich an beliebiger Stelle, auf pfadloser Bahn, wie hereingeschneit, in's Vomperloch, suche, wie jeder vernünftige Mensch es thun müsste, beide Thalseiten nach dem Pfade ab, und nach einem halben Stündchen steht er mir zu Diensten und ich habe weiter nichts zu thun, als gemächlich nach Schwaz hinauszuschlendern. . . . .

Man soll den Tag nicht vor dem Abend loben.

Im schattigen Laubwalde wanderte ich unbesorgt thalaus. Tief unter mir tobte der Vomperbach in seiner Enge, Lichtungen des Gehölzes, mehr noch die luftigen Vorsprünge der vom Pfade umschlungenen Bergecken wiesen die himmelhohe Wand des Speckkar-Gebirges mir in greifbarer Nähe gegenüber; selten nur vermochte ich bis in den Grund der Klamm hinabzusehen, über welchen ich bereits um etwa 300′ mich mochte erhoben haben, und was ich dort sah, war finster zerspaltenes Gemäuer, überworfenes Blockwerk, aufspritzender Gischt und weisslich-grün kochende Wasserwirbel. Durch starkes Krummholz, welches nicht selten eine völlige Ueberwölbung des Pfades nach Art eines Laubdaches bildete, zog dieser eine beträchtliche Strecke abwärts und leitete in eine enge Seitenschlucht ein, um jenseits derselben alsbald wieder an Höhe zu gewinnen. Ein prächtiger Wasserschuss rauscht über steiles Plattenbett herunter und bildet in ausgehöhlten Felsmuscheln zwei kleine, schön bläulich-grüne Gumpen. Nahe dem Rande des abermaligen Wandabsturzes zur Vomper Klamm überschritt ich das zu flachen Schalen ausgewaschene Gestein, die Wasserbahn, die ich hier kreuzte, konnte naturgemäss keine andere sein, als der Abfluss des Oedkarls. Bald verfolgte ich meinen Weg wieder hoch über der Klamm, fortwährend auf gut gebahntem, in den Seitenwänden eines tiefen Flankenspaltes sogar künstlich eingehauenem Pfade — gewiss Alles, was von dem „pfadlosen“ Vomperloch nur zu verlangen! Ich befand mich nunmehr am Abfalle des Huderbankspitzes, dessen bedeutende südöstliche Verbreitung den Raum zwischen der Mündung des Oedkarl- und des Zwerchbaches in's Vomperloch erfüllt. Mir gegenüber verlor sich allmählig der Felsenbau des Speckkar-Gebirges und der niedrige Bergrücken der Walderalpe begann an seine Stelle zu treten. Wechselnd steigend und sinkend zog mein Pfad durch Wald und Busch dahin; ich mochte bereits an drei Viertelstunden ihn verfolgt haben, als eine entschieden sinkende Tendenz in ihm sich fühlbar machte, längere und kürzere Serpentinen führten der Tiefe mich näher; nochmals folgte ein Querlauf durch lichtes Gehänge, über schutterfüllte Rinnen, und wieder ging's stark abwärts durch junge Fichtenwaldung zu tieferer Terrasse des Gehänges, die immer noch an 150′ über dem Spiegel des Vomperbaches gelegen sich erwies; die höchste Erhebung des Pfades über den Grund der Klamm darf demnach kühnlich auf ein halbes Tausend Fuss veranschlagt werden. Wenige Schritte, nachdem der Weg wieder zu ebener Bahn übergegangen, schimmerte durch's Tannendunkel ein grüner Wiesplatz mir entgegen, und ich trat auf eine etwa 50 Schritte breite, grasreiche Lichtung aus; ein verfallener Zaun und neben demselben ein alter Kirschbaum, weist darauf hin, dass hier einstmals die Stätte einer menschlichen Wohnung gewesen sei. Die Hirten des Haller Anger nennen diesen Platz das „G'richt-Alpel"*).

Der helle Sonnenschein war längst erloschen, tiefes Wolkengrau deckte den Himmel und schwarze Wettermassen zogen langsam hinter den Zinnen des Rosslochs herauf; Regentropfen schlugen bereits an die Bäume, als ich aus ihrem Schatten austrat auf die Alpwiese. Da springt, kaum 10 Schritte von mir, aus dem Gebüsch hervor ein stattlicher

*) „Hier theilen sich die Wege", sagen die Hirten des Haller Anger, sagt der Jäger in Vomperberg; „hier ist aller Weg zu Ende", muss ich dem Bergwanderer sagen, den sein Unstern in's Vomperloch oberhalb des Zwerchbaches führt. Wie es an der linken Thalseite mir erging, wo der Weg über die Katzenleiter zum Jägerhütt'l im Zwerchbach führen soll, wird im Folgenden näher beschrieben werden. Hier sei nur bemerkt, dass ich ein zweites Mal, zu eben dem Zwecke, den richtigen Weg zu erkunden, die Durchwanderung des Vomperlochs versuchte. Ich war dieses Mal mit den genauesten Anweisungen versehen, denen zufolge ich vom G'richt-Alpel (für Orthographie dieses Namens kann ich nicht einstehen) sogleich zum Vomperbach abstieg, denselben durchwatete, jenseits den Steig, der völlig verschwunden war, wieder auffand und nach ein paar Minuten ihn abermals verlor. Dass nicht leichtfertige Uebereilung die Schuld hieran trug, wird Jeder, der die nachfolgenden Seiten liest, mir auf's Wort glauben. Es blieb mir nichts übrig, als im steilen Wald- und Buschgehänge der rechten Thalseite so lange gerade aufwärts zu klimmen, bis ich die Walder Alpe, d. h. den Gebirgsscheitel erreicht hatte; der Umweg betrug etwa 3 Stunden und es wäre dieses das einzige Auskunftsmittel, welches ich dem Bergwanderer anempfehlen könnte, der führerlos in diesen verwunschenen Erdenwinkel geräth. — Vergleicht man mit dem Vomperloch das Gebiet der Riss, mit Reitwegen und parkartig angelegten Fusspfaden so verschwenderisch ausgestattet, so dürfte es wohl als erlaubt erscheinen, einem Wunsche Ausdruck zu verleihen: Möchte doch der hohe Jagdherr der Riss, *Herzog Ernst von Coburg*, der ja auch anderwärts so gerne Interessen fördert, welche nicht einzig und allein auf das edle Waidwerk abzielen, auch einmal diesen Theil seines Jagd-Revieres, das Vomperloch, mit einem bescheidenen, aber doch kennbaren Steiglein beschenken! Bei dem Umstande, dass von der Au bis zum G'richt-Alpel der Pfad bereits gebahnt, und eine lange Strecke gebahnten Pfades an der südlichen Thalseite vom Wege nach dem Jägerhütt'l aus deutlich sichtbar ist, dürfte die Herstellung der Zwischenstrecke, just an der Ueberschreitungsstelle des Thales, ohne Schwierigkeit und vermuthlich mit der Arbeit weniger Tage ausführbar sein.

Gemsbock, „schwarz wie der Teufel", sagen die Jäger; mit einem Satze ist er auf einem Felsblock inmitten der Lichtung und sieht sich nach dem Friedensstörer um. Ich mit Halloh ihm nach, bis er im Walde verschwunden ist. — Meinen bösen Dämon hatte ich gejagt; weg ist er, und mit ihm entschwunden ist auch der Weg. Anfänglich machte ich mir darob noch wenig Sorge; auf einer Waldblösse den Pfad zu verlieren, ist dem Bergwanderer nichts Ungewöhnliches, er muss ihn eben von Neuem wieder suchen. Ich spürte den Waldsaum ab, schlug einige Curven durch's Gehänge, in der Hoffnung die Fährte irgendwo zu kreuzen — Nichts mehr! — Ich nahm eine Querlinie durch das ganze mögliche Revier des Pfadlaufes, vom Saume der Schlucht bis hinauf unter die Wände des Huderbankspitzes — keine Spur. Da ich naturgemäss bei diesem Umhersuchen doch in geringem Grade von dem Wunsche, thalauswärts vorzudringen, mich leiten liess, so hatte ich das G'richt-Alpel bereits ziemlich weit im Rücken, als die gänzliche Erfolglosigkeit meiner Bestrebungen zur Evidenz geworden war. Jenseits der Schlucht starrten die Wände mir entgegen; von einem Uebergange auf die Südflanke des Thales konnte nicht mehr die Rede sein, es blieb zu solchem Zwecke keine andere Wahl als die Rückkehr nach dem G'richt-Alpel. Dazu mochte ich wieder nicht gerne mich verstehen; fing auch bereits ein Licht mir aufzudämmern an, was es mit der Pfadlosigkeit des Vomperlochs auf sich habe, so war ich des Bedenklichen meiner Lage mir noch immer nicht klar genug bewusst, um einen radicalen Entschluss zu fassen. Ich entsann mich, vom Jäger *Oberleitstettner* gehört zu haben, dass ein schwer kennbarer Steig vom Jägerhütt'l in das Thal-Innere führe, welcher an der sogenannten Katzenleiter — ein einladender Name! — die Klamm des Zwerchbachs überschreite; an den Zwerchbach aber musste eine Fortsetzung meiner Wegerichtung schliesslich mich führen, und dann, freilich vielleicht erst nach längerem Suchen, musste ich wohl auch die praktikable Uebergangsstelle antreffen. Und äussersten Falles blieb mir noch immer ein Ausweg: der Jäger hatte mir auch berichtet, dass man, soferne man nur das Waten im kalten Wasser nicht scheue, das Bett des Vomperbaches selbst bis an die Ausmündung der Schlucht bei den Häusern von Vomperbach verfolgen könne; die bedeutenden Steilabstürze und Wasserfälle derselben bei Eintritt des Baches aus der Thalweitung der Au seien die einzigen sperrenden Hindernisse in seinem ganzen Verlaufe. Ich blieb also auf der linken Thalseite und bahnte mir den Pfad, so gut es gehen wollte, durch Waldung und Gestrüppe; bald drängten mich Wandstufen, die von der Höhe herabreichten, bald ungewöhnlich hohe Steilmauern der Vomper Klamm aus der horizontalen Querlinie; bald umging ich die Rundung vortretender Bergrippen, bald hatte ich Geröllschütten oder plattig ausgelegte Felsklüfte zu durchkreuzen. Eine steile Runse, von Hochwald eingesäumt, wies mir ein erstesmal den Weg zur Tiefe; in Voraussetzung der Möglichkeit, dass der gebahnte Steig etwa am Bachufer selbst entlang liefe, wo ich ihn noch gar nicht aufgesucht hatte, stieg ich hinab, zwei- bis dreihundert Fuss tief; ohne durch Steilwände aufgehalten zu sein, gelangte ich in der That bis in den Grund der Enge. Da stand ich nun am schmalen Geröllstrande des Vomperbaches, der in leicht rauschendem Wellenschlage zwischen seiner Felseinrahmung dahinzog; es hatte in der That nicht den Anschein, als böte seine Thalsohle besonders hinderliche Unterbrechungen; einer gewundenen Strasse gleich erstreckt sie sich durch's Gebirge, nur auf kurze Strecke jeweils zu überblicken, von den Strebepfeilern des Gewändes bald rechts, bald links zur Hälfte verriegelt und seitwärts gebogen. Ich machte einen kurzen Versuch, in der Tiefe zu bleiben, fand jedoch durch diese seitlichen Absperrungen den Weg abermals verlegt und sah ein, dass nur die Mitte des Bettes selbst, d. h. das Durchwaten des Gewässers, eine ununterbrochene Bahn gewähre. Diese letzte, immerhin nicht ganz angenehme Ausflucht auf den Fall äussersten Bedarfs versparend, stieg ich in einer anderen Runse des Steilgehänges wieder bergan und setzte den Quergang thalauswärts fort. Unausgesetzt behindert, bald auf-, bald abwärts gedrängt, gewann ich nur äusserst langsam und unter mancher Schwierigkeit an Terrain; anstatt sich zu bessern, verschlechterten die Verhältnisse meiner Umgebung sich zusehends; immer geringer wurde die Auswahl in Benützung gangbarer Lagen, immer beschränkter der Boden, auf welchem ich zwischen den Felsabstürzen hin mich bewegte. Dazu kam noch ein entschieden ungünstiger Umschlag der Witterung; die Wetterwolken waren von Westen herübergezogen, fern, aber rasch sich nähernd, grollten ihre Donner; der Regen hatte nach kurzer Ruhepause wieder begonnen, und kräftiger denn vorher rauschten die himmlischen Bäche auf den Felsboden und auf die Gebüsche nieder. Das allgemeine Düster des ohnehin nur zum geringsten Theile aufgeschlossenen Firmamentes liess den Thalschlund noch abschreckender, seine Pfadlosigkeit noch bedrückender erscheinen.

Wiederholt stellte ich Versuche an, das Steiglein auszuspüren, stieg die abschüssigen Gräben hinunter zum Bach und wieder hinauf, bis dass die Wände des Gebirgs-Fundamentes mir Halt geboten, — kein Erfolg, kein Schimmer eines Ariadne-Fadens aus dem Labyrinthe, es seien denn schwache Fährten zweifelhafter Natur, die nach ein paar Minuten Verfolgens wieder verloren gingen. Wie oft ich am Bache, wie oft ich wieder mehrere hundert Fusse an den Thalwänden oben gewesen, vermag ich genau nicht mehr anzugeben. Es trat in meinem Irrgange der Wendepunkt zu einem plan- und hoffnungslosen, instinktiv verzweifelten Vorwärtsbrechen ein und an diesem Punkte verwischen sich auch die Spuren, die im Gedächtnisse davon zurückgeblieben. Ueber zwei Stunden war ich vom G'richt-Alpel entfernt; ob ich im Stande sein würde, dorthin mich zurück zu finden, blieb sehr fraglich; und wenn auch, so stand ich, zu später Abendstunde, vor der Wahl, an der entgegengesetzten Thalseite das problematische Wegesuchen von Neuem zu beginnen, oder aber zum Haller Anger aufzusteigen, ungefähr vier Stunden weit. Beides gleich unausführbar. Das Gewitter entlud sich unterdessen mit furchtbarer Wuth; stromweise stürzte der Regen nieder, grell fuhren die Blitze durch's nächtige Dunkel der Schlucht und Donnerschläge prallten von Fels zu Fels umher, als wollten sie die Enge gewaltsam sprengend erweitern; durch alle Klüfte und Trockenrunsen schäumten kleine Kaskaden, von allen Mauerkanten hingen feuchte Dunstschleier in die Tiefe herab. Durchnässt, wie ich war, konnte mir wenig daran gelegen sein, einen längeren Patschgang im Wasser zu unternehmen; vielmehr ersah ich die nächste Gelegenheit, wieder in die Tiefe der Schlucht hinabzudringen, sie wollte ich fortan verfolgen, bis ihre Mauerbarren sich öffneten auf die Gefilde des Inn. Ein dumpfes Brausen kam von dort mir entgegen, während ich, die Baumstämme, die Krummholzranken umklammernd, über die jähen Absätze des Gehänges mich hinabliess; und am Bache angelangt, vermochte ich an seinen Uferstrand bereits den Fuss nicht mehr zu setzen; zum reissenden Strome, von Wand zu Wand das Thal erfüllend, war das grüne, plätschernde Gewässer angeschwollen, entwurzelte Bäume, abgerissene Aeste und Gesträuche trieb seine lehmgelbe Flut in Menge daher, Zeugen der Verwüstung, die im Inneren des Thales er bereits angerichtet, die er in weiter rasenden Laufe noch zu vollführen gedachte. Und immer neue Zufuhr sendete der erzürnte Himmel herab, in einer Sündflut das ganze Gebirgsthal zu begraben und Brüllen des Sturms, Knall und

Schlag des Donners, Krachen der stürzenden Stämme und Felstrümmer, betäubt, lähmt den Vorwitzigen, der in die Werkstätte der Zerstörung unzeitig eingedrungen. Die schreckliche Aussicht, erschöpft durch Nahrungsmangel und Ueberanstrengung, der Wuth der Elemente schutzlos preisgegeben, eine zweite Nacht im Vomperloch verbringen zu müssen, gewann Fleisch und Bein; noch mochte ich ihn nicht fassen, den Gedanken, der fast gewissen Wahrscheinlichkeit nicht in die Augen sehen, in den Zwerchbach und über den Zwerchbach zum Jägerhütt'l wollte ich den Ausweg mir erzwingen, und sollte ich aus dem Vomperloch auf den Huderbankspitz und von ihm herunter in die Schneepfann' steigen müssen. Mit fiebernder Eile klomm ich den Waldhang wieder hinan, die Fichtenstämme umarmend, da in der schwachen, feuchten Moosdecke des abschüssigen Bodens die Sohlen kaum genügenden Halt fassten. Als ich wieder ein paar hundert Fuss über der Thalsohle war, lichtete vor mir sich der Wald und durch den Rahmen der Nadelzweige blickte ich hinunter, hinaus in ein zweites Vomperloch; eine tiefe, langgestreckte, eingewandete Thalschlucht, verschwommen in Regen, Sturm und Gewitter. Gehetzt und ermattet, jeder ruhigen Ueberlegung beraubt, bedurfte ich einiger Zeit um mich zu fassen und die Erklärung dieser neuen Erscheinung, die doch so nahe lag, zu finden; ich war einfach auf eine aussergewöhnlich stark vortretende Zweigrippe hinaufgestiegen und sah naturgemäss von ihrem Scheitel in's gleiche Thal hinunter, aus dem ich gekommen. Nochmals bergan, um die Querlinie wieder aufzunehmen; ich mochte zuletzt wieder an 600' hoch über dem Vomperbache stehen; in solcher Höhe endlich fand ich das Gehänge gangbar und einen zweifelhaften Pfad, der einige Minuten lang meine Schritte leitete — dann war er wieder dahin. Mich verwunderte, entsetzte das nicht mehr. Langsam steuerte ich durch das Gebüsch und Gestrünke hinaus nach abgerissener, frei vortretender Bergecke; eine weite Leere erblickte ich dort vor mir, und die gleichzeitig aufbrechenden Nebel zeigten tief, tief unter meinen Füssen die Schlucht des Zwerchbaches, mir gegenüber den losgesprengten Thorpfeiler an seiner Ausmündung in's Vomperloch; hoch ummauert die beiden zusammenstossenden Kanäle. Dort unten kochte und tobte es wie in einem Höllenstrudel; mochte es mir auch gelingen, abermals bis in die Thalsohle hinabzudringen*), so hatte ich doch geringe Aussicht

*) Nach Aussage des Jägers von Vomperberg soll sich die „Katzenleiter" in der That unmittelbar an der Ausmündung des Zwerchbaches, sohin in der Tiefe des Thales befinden.

den Katzenleiter-Weg verfolgen zu können, der vermuthlich an ein oder der andern Stelle am Ufer des hoch angeschwollenen Vomperbaches sich hielt. Ich entschloss mich daher, wie bislang das Thalgehänge des Vomperbaches, so nunmehr das des Zwerchbaches zu verfolgen und im Innern der Zwerchbachschlucht, vielleicht erst an der Vereinigungsstelle des Lams- und Schafkars, das jenseitige Ufer und auf ihm das Jägerhütt'l zu gewinnen; von dort an war ich geborgen.

Das Gestrüppe theilend, Schritt für Schritt mühsam mir erringend, drang ich langsam nach dem Inneren der Zwerchbachschlucht vor; in geheimnissvollem Nebelschleier ruhte ihr düsterer Hintergrund, dort musste die Lamsenspitze stehen, die vor Monatsfrist glücklich bezwungene, — wie anders, um wie viel trüber war heute meine Wanderung durch das einsame Thal an ihrem Fusse! Sie selbst sah ich nicht, doch glaubte ich durch Lücken der sturmgepeitschten Wolkenfetzen die buschigen Gründe des Lamskar's, das Fundament des Mitterkarlspitzes zuweilen zu erkennen; jenseits der Schlucht, in deren Tiefe der Zwerchbach toste, sah ich den sicheren Pfad — wäre ich doch erst dort drüben! — Ein mächtiger, breiter Graben, die Bergflanke durchspaltend, trat bald mir hindernd in den Weg; nach einigem Suchen gelang es, eine passende Uebergangsstelle zu finden, das regenschwere Unterholz und Buschwerk durchbrechend erreichte ich die Sohle und den jenseitigen Rand. Abwärts wiesen nun die gangbaren Plätze, wieder enger sich verschnürend, auf einzelne Terrassen und Gesimse von Gras und Krummholz zwischen den Mauerstufen zusammengedrängt, über welche zuweilen nur die zähen Ranken der Legföhren die Verbindung herstellen. Höher herauf reichten die Wände der Zwerchbachklamm, mir zu Häupten drohte die Wand des Huderbankspitzes, an welcher, — so hatte vor Wochen der Jäger mir erzählt — alljährlich ein Adler seinen Horst erbaut. Und nun erschienen vor mir auch die Weidestriche im inneren Zwerchbach, dem Jägerhütt'l gegenüber, aber tief unter meinem Niveau gelegen, von mir getrennt durch eine noch nicht zu überblickende Leere. 20 Schritte weit voran die Bergkante geradlinig abgeschnitten, von gewaltigem Eckthurme des Gewändes überlastet — ob auch dort noch eine Umgehung möglich? ..... Mit der stumpfen Gleichgiltigkeit, die Uebersättigung von Mühsal und Gefahr zuletzt hervorruft, schritt ich die nassen, schlüpfrigen Rasenbänder, von denen jedes Abgleiten der Sohle in den kochenden Schlund mich hinunterstürzen musste, hinaus zum äussersten Altane, wo ein schon windschiefes Fichtenstämmchen den letzten Halt bot — — drüben die Grasböschungen, das Geröll, Getrümmer zur Schlucht hinab, an's Ufer des schäumenden Zwerchbachs, vor mir thurmtiefer Felsriss, zollbreit vor der Fussspitze Steilwand, glatter Absturz, die ganze Breite sperrend ..... mit jähem Aufschrei wandte ich den Blick und das Bäumchen umklammernd sank ich gebrochen zu Boden; — und eintönig rauschte der Regen herab, als sollte er mich decken zum Schlaf, dem kein Erwachen folgt. — —

Und dennoch war der Funken Lebenskraft noch nicht verloschen und dennoch regte er sich nochmals zur That. Ist's wirklich stufenlos blanker Fels, der in der Tiefe sich aufthat? Ist's ganz unmöglich, ihn zu fassen, auch wenn das Aeusserste gewagt würde — und es zu wagen konnte ich mich nicht wohl bedenken. Doch nicht; etwa zehn Klafter tief unter der Kante zieht sich ein grünes, fussbreites Streifchen durch die Wand, verläuft in ein Plattengesimse unter überhängenden Schrofen und scheint mit den Trümmergehängen des Grabens sich zu vereinigen. Das Streifchen gewonnen und verfolgt — und entwischt bin ich dem Vomperloch, wie die Maus aus der Falle! — Längs der Kante abkletternd bewerkstelligte ich in der That, wenngleich auf äusserst engem und bedenklichen Terrain, den Abstieg; das Rasenband zog sich wieder schräg in die Höhe und erleichterte dadurch bedeutend den Gang auf dem beschränkten, schlüpfrigen Raume, auf welchem durch die fast mathemathisch lothrechte Wand zur Linken die freie Bewegung in hohem Grade behindert war. Unterbrechungen zeigte das Gesimse zu allem Glücke nicht; ja stellenweise schien es sogar, als diente es einem nicht selten betretenen Pfade. Zuletzt verlief es unter einer Wölbung schwarzer Mauerschrofen, die Rasenbekleidung wich einem mit feinem weissen Sande bedeckten Platt. Kriechend passirte ich das enge, niedrige Thor, welches kaum genug vertikalen Raum gab, um mich und meinen Bergsack hindurchzulassen. Die rechte Hand fasste die Ecken der Kante, von welcher Steilwand, freilich nur etwa 40′ noch, aber absolut senkrecht, in den Graben abstürzte; in der feinen Beschüttung des Platts erkannte das gesenkte, am Boden hinstreifende Auge die Fährten von Gemsen — ich wusste nun wohl, wessen Weg ich gegangen war. Nur wenige Schritte lang währte die hinderliche Ueberwölbung; ich konnte mich wieder erheben, die Breite des gangbaren Bodens vermehrte sich zusehends, während der Absturz zur Rechten in gleich raschem Masse verschwand. Nach einigen Minuten stand ich hoch aufathmend, in der Sohle des Grabens; eine halbe Viertelstunde später betrat ich das Ufer des Zwerchbachs.

Noch blieb eine letzte, schwere Frage zu lösen — das Wasser zu überschreiten und auf die Höhe des jenseitigen Gehänges zu gelangen. Das Letztere liess sich erreichen, — wenn auch steil, war die linkseitige Eindämmung des Baches an dieser Stelle (auf ziemlich weite Strecke die einzige, an welcher die Kluftsohle überhaupt zu betreten) ersteigbar. Um so mehr Schwierigkeit bereitete mir das Uebersetzen des Baches, — unter gewöhnlichen Umständen ein spielendes Balanciren über irgend einen vorragenden Felsblock, im Falle eines Fehltrittes höchstens mit einem nassen Strumpfe zu büssen. Die Wolkenbrüche aber, die den Vomperbach geschwellt, hatten auch im Lams- und Schafkar alle Runsen und Furchen des Gebirges belebt, hatten die Firnlager der Schneepfann' erweicht und in Fluss gebracht und ihre vereinten Massen führte nun das enge Bett des Zwerchbachs zu Thal. Mit rasender Wuth, mit unwiderstehlicher Gewalt kam das schmutzige Gewässer aus seinem Mauerkanale dahergeschossen um gleich darauf in die finstersten Schlünde der Klamm sich werfend, dort in noch wilderen Wirbeln zu toben. Die Uferstrecke, auf welcher ich den Uebergangspunkt zu wählen hatte, etwa 10 Schritte lang, bot nirgends die Möglichkeit, mit einem einzigen Sprung den jenseitigen Strand zu erreichen. Ein Felsblock inmitten des Bettes, der mir zur Brücke hätte dienen können, war nicht vorhanden, Alles deckte die hochgeschwollene Flut. Von ihr einmal ergriffen und niedergerissen, war an Rettung nicht mehr zu denken. Ein entwurzelter Baumstamm lag nicht weit vom Ufer entfernt, aber meine Kräfte reichten nicht aus, ihn herbeizuschleppen, noch weniger, ihn als Brücke über den Bach zu legen. Nachdem ich eine Viertelstunde rathlos umhergelaufen, musste endlich doch ein Entschluss gefasst werden; ich ersah im Wasserlaufe eine glatte Aufwölbung, sie verrieth mir einen darunter gelegenen Block und die Sonde mit dem Bergstock bestätigte diese Vermuthung. Von der Gestalt dieses Blockes hing es nun freilich ab, ob er dem Tritte genügenden Widerhalt gewähren würde, — aber das Glück war mir günstig, der Fuss haftete inmitten der rasenden Wirbel, und blieb fest, obwohl die Wellen bis an die Hüfte mir heraufschlugen. Mehrmals stiess ich den Bergstock in die Stromschnelle, bis dass es mir gelang, ihn an den Felsengrund zu bohren; und auf ihn gestützt wagte ich den Sprung, der zwar das Wasser nicht völlig übersetzte, doch weit genug, dass die Hand das Felsenufer zu fassen bekam; die letzte Kraft aufbietend arbeitete ich mich daran empor, während morsches Getrümmer unter dem Fusse brach und in den Bach zurückpolterte. Noch einige Sekunden angstvoller Spannung, und ich stand wieder auf grünem, buschigen Boden, stieg noch eine halbe Viertelstunde aufwärts und betrat den Pfad, der mir bekannt. — Das Spiel um's Leben, bis in seine acuteste Krisis getrieben, war schliesslich doch gewonnen worden. Ich kannte nun das Vomperloch. Ich glaubte an seine Pfadlosigkeit. Und ich schwur mir zu — es nie wieder zu betreten? — o nein! ein ander Mal den rechten Weg zu suchen.

Müde, und doch erfrischt durch das Bewusstsein überstandener Gefahr, zog ich hinaus nach Vomperberg; fünf Stunden hatte das Vomperloch mich gefangen gehalten, zwei weitere Stunden hatte ich zu menschlicher Wohnung zurückzulegen. Auch die Elemente schienen ermattet; gleichförmig düster breitete das Gewölke über der Thalschlucht sich hin, der Sturm hatte sich gelegt, feiner Regen träufelte sanft auf die Erde und zuletzt versiegte auch dieser. Nur der Vomperbach brauste und toste mit unverminderter Gewalt. Die weitgedehnten Reservoirs, denen er als einziger Abflusskanal dient, entleeren sich so schleunig nicht, wie die Tausende von Himmelsbächen sie zu füllen vermögen. Bei einbrechender Nacht erreichte ich die Häuser von Vomperberg und lenkte meine Schritte dem Jägerhause zu. *Thomas Oberleitstettner* erstaunte nicht wenig, den „Lamsenspitz-Herrn“ zu so unerwarteter Stunde und in solch' abgerissenem Zustande ankommen zu sehen und vernahm mit herzlicher Theilnahme meine Abenteuer im Vomperloch. Der wackere Mann liess es sich nicht nehmen, zu später Abendzeit noch den über eine halbe Stunde langen Weg nach Vomp hinab zu machen, um von dort Wein zu meiner Stärkung und Wiederherstellung zu holen. Sein Weib bereitete unterdessen das Abendmahl und am Herde sitzend verfiel ich alsbald in tiefen Schlaf. Nach einer Stunde kehrte Oberleitstettner von Vomp zurück und nebst der Weinflasche brachte er von dort die Nachricht: „Der Krieg ist schon übereinand', und morgen — so fügte er bei — ist schon die erst' Schlacht!“ — Das Letztere erlaubte ich mir nun freilich zu bezweifeln, über die Wendung jedoch, welche während meines Umherirrens im Hoch-Glück und Vomperloch die Ereignisse der Welt genommen hatten, war ich damit genugsam orientirt. — Am folgenden Mittage führte der Dampfwagen mich der Ebene, der Heimat zu. Wenngleich vom Vaterlande nicht zu den Fahnen eingerufen, hatte ich doch Abschied von manchem theuren Angehörigen zu nehmen, welcher hinauszog, die Wacht zu halten am Rhein. Und als die Streiter in's Feld gerückt waren und im Schutze ihrer ehernen Mauer die Zurückgebliebenen den Arbeiten des Friedens sich wieder zuwendeten, da ging auch ich zurück an die Vollendung meiner Aufgabe. An den Quellen der Isar ereilte mich die Kunde von dem Siegeslaufe der deutschen Heere, und am gleichen 2. September, der diesen Siegeslauf zum höchsten Gipfel führte, stand ich auf dem letzten Gipfel, im letzten, noch räthselhaften Winkel der Karwendelgruppe und beendete auf ihm die Erforschung eines unbekannten Gebirgsstockes an jener Grenze, die bald die Mark eines mächtigen Reiches zu werden bestimmt war.

XXII. Vom Katzenkopf auf die Jägerkarspitzen.

Aus der Gleirschthaler Kette.

(Hierzu Vertikal- und Horizontalprofil No. 22.)

„Guten Morgen“ — so rief's von Bett zu Bett im kleinen Jägerstübchen der Amtssäge am Gleirschbach. — „Es ist wahrhaftig schon 8 Uhr und wir wollten um fünf aufbrechen — nun, versäumt ist bei dem Wetter, wie heute, Nichts.“ — *Graf Sternberg*, Wildmeister zu Scharnitz*) und ich, der nimmer ruhende Irrgeist in den Bergen, waren es, die am Vormittage des 30. Juli aus dem Kammerfensterchen hinaussahen in die Waldgründe des Gleirschthales, schwer von Wolken überhangen, aus welchen nur in kurzen Augenblicken die Zinne des Wiedemer**) herausstach, um rasch wieder in ihre Schleier sich zu hüllen. Ein anmuthiges Plätzchen von idyllischer Einsamkeit ist diese „Amtssäge“***). Im Schatten hoher Tannen an den Berghang hingeklebt, hart über dem Gleirschbache, der in seinem felsigen Bette dahinrauscht, steht ein kleines, weissgemauertes Häuschen, just gross genug für Küche und Stube. Jenseits des Baches, an welchem die ausser Betrieb gesetzte Sägemühle sich befindet, steht etwas höher das zweite, ebenfalls gemauerte, einstöckige Häuschen, mit der Wohnung der Jäger, ein umzäumtes Gärtchen nebenan und eine Kapelle obenein. Mit Waidmannsheil grüsst

*) Gegenwärtig herzogl. coburgischer Oberst-Jägermeister zu Wallsee in Nieder-Oesterreich.

**) Ein Ausläufer der Seegrubenspitzen in der Innthaler Kette.

***) 3715′ 1207 m. Trinker. Der Name stammt daher, dass vor Zeiten das Holz für das Haller Salzwerk im Gleirschthale gefällt, auf der „Amtssäge“ verarbeitet, dann auf das Stempeljoch geführt und des Winters über die Schneelehne in's Issthal hinuntergestürzt wurde. Die Säge steht noch, ist aber gänzlich ausser Betrieb.

das Schild des Hauses den Ankömmling; die Jagd- und Schweisshunde werden in ihrem Zwinger laut und die geöffnete Thüre lässt an den umher lehnenden Bergstöcken, an den Büchsen, welche die Wände zieren, leicht erkennen, wess' Geschäftes die Inwohner walten. Freundlich ist der irrende Bergfahrer von ihnen aufgenommen und gerne unterstützt in Ausführung seiner Pläne; ein gebanntes Revier, das um der Ruhe hochfürstlichen Wildes willen dem Liebhaber und Forscher der Alpennatur seine Thore versperrt, kennt man im Gleirschthale nicht*). Wer aber gar das Glück hatte, mit Graf Sternberg persönlich die Amtssäge zu besuchen, in seinem Heim die alpine Einfachheit mit häuslichem Comfort im anziehendsten Einklange zu geniessen, der wird solche Tage zu den schönsten, kaum jemals in gleichem Masse wiederkehrenden Sonnenblicken seiner Entdeckungszüge in unbetretenen Gebirgen zählen.

Mit Graf Sternberg gemeinsam war ich des Abends vorher von Scharnitz hereingewandert in's Gleirschthal. Der $2^1/_2$ Stunden lange Weg gehört zu den bequemsten Thalwanderungen der Hochgebirge und auch das Interesse, welches seine Ansichten bieten, ist nicht gering. Eine gute, fahrbare Strasse leitet in's Hinterauthal hinein und überbrückt nach einer Viertelstunde den Karwendelbach, welcher, das Hochplateau, das um den Fuss der Pleisenspitze sich breitet, durchbrechend, aus düsterer Klamm hervorschiesst. In sanfter Steigung hebt sich die Strasse mehrere hundert Fuss hoch über die Klamm der Isar, und erreicht nach einer Stunde den Punkt, an welchem eine zweite Klamm mit jener zusammenstösst, wo Isar und Gleirschbach, einen mächtigen Eckpfeiler umspülend, sich vereinigen. Die Strasse führt geradlinig hinein in's Hinterauthal, dem fürstlich Hohenlohe'schen Jagdhause zu; im fernen Osten zeigen sich die Zinnen, welche das Rossloch umspannen, Grubenkar-, Rosskarspitz, und die weit vortretende Mauer des Suntiger. Jenseits der Thaltiefe gewahrt man am felsigen Gehänge die langen Serpentinen des Weges nach der Amtssäge. Auch dieser ist fahrbar, wenngleich seiner starken Steigungen bei Ueberschreitung des Isar-Thales wegen nicht so gut, wie der Hinterauthaler. Tief hinunter geht's, an das Ufer des grünen Isar-

*) Jagd-Eigenthümer war im Jahre 1870 Graf *Bernstorff*. Seither ist das Revier in den Besitz des *Herzogs Ernst von Coburg* übergegangen. Die Liberalität des hohen Jagdherrn lässt mit Gewissheit darauf vertrauen, dass dieser Wechsel in den touristischen Verhältnissen des Gleirschthales Nichts ändern werde.

baches, den eine Brücke überspannt — jenseits wieder aufwärts zur Bergecke am Fusse des Hohen Gleirsch. Nach 20 Min. ist die Höhe des sogenannten Krapfen erreicht; von hier an beginnt der angenehmste Theil der Wanderung. Eine breite, sorgfältig planirte Strasse ist längs des Gehänges hin in völlig horizontalem Niveau angelegt, die Gräben in langgeschlungenen Bogen umgehend, kleine Bergvorsprünge durchschneidend; wären die starken Curven nicht, man könnte augenblicks Schienen darauf legen und mit der Lokomotive darüber wegfahren. Jenseits der Gleirsch-Schlucht erheben sich die bewaldeten Berge der Seefelder Gruppe, Mittagskopf, Karlgrat und Zirmeskopf, öffnen zwischen ihnen sich die Alpenthäler von Oberbrunn und des Weinger-Baches, blicken über den kahlen Rücken der Fleischbank die Dolomitzinnen des Erlspitzes und Kreuzjoch's herüber. Im südlichen Hintergrunde ragen die Häupter der Solstein-Gruppe auf. — Nach mehr als stundenlangem Laufe berührt die Strasse das Ufer des Gleirschbaches; durch Wald und Wiesen geht's thalein, das Thal dreht gegen Ost sich ab und die Seegrubenspitzen, die Sattelspitzen und Frau Hütt erscheinen über den tannendunklen Bergrücken, welche das Thal von Zirler Christen umsäumen. Mit seiner Ausmündung ist zugleich das heimische Plätzchen der Amtssäge erreicht. Man befindet sich am Südfusse des Hohen Gleirsch. Die Strasse setzt am rechtseitigen Thalgehänge sich fort. Nur 10 Min. weiter, und auf der freien Weidefläche einer Alpe öffnet sich der Blick nach zwei Seiten zugleich: südwärts buchtet das Hippenthal sich in's Gebirge ein, streckt seine Kare hinauf zur schmalen Scharte am Zackengebilde der Frau Hütt, welche den Uebergang in's Innthal, nach der Hauptstadt Tirols vermittelt. Gen Osten öffnet sich weit und licht das Gleirschthal, in seinem fernen Hintergrunde das Stempeljoch und die wohlbekannte Gestalt des Rosskogel. Im Westen stossen die Brandjoch-Solstein- und die Seefelder Gruppe hart aneinander. Kein Felsbild lässt sich denken, das seine Charakterzüge schärfer ausprägte, als diese Doppelgruppe im Glanze der Morgensonne: die weissen Wettersteinkalk-Wände des Grossen Solstein, ihr massiger, nur von den krummen Schichtungslinien gezeichneter Zusammenbau, gegenüber dem schwärzlich düsteren Dolomit der Erlspitze, hundert- und tausendfach zerspalten und zerzackt, mit Thürmchen und Nadeln gespickt, zwischen deren Reihen die Klüfte seiner Flanken bis in's feinste Geäder sich verlieren.

Nichts oder doch nur wenig von allen diesen Gebirgsherrlichkeiten war am Morgen des 30. Juli zu sehen. Mit aller Gemüthsruhe wurde das Frühstück zubereitet und verzehrt, zum Fenster hinaus gesehen, gelegentlich ein Gang um's Haus gemacht und nach dem Wetter spekulirt. Es wollte sich nicht aufhellen und doch zeigte sich auch kein Anzeichen baldigen Regens. Gegen 10 Uhr endlich hing Graf Sternberg die Büchse über die Schulter und brach zu einem Jagdgange auf; ich, nicht recht wissend, was bei dem nebligen Wetter anfangen, gedachte für alle Fälle einen der Wege nach den Hochkaren der Gleirschthaler Kette zu rekognosciren, um bei einer künftigen Besteigung durch langes Umhersuchen nicht aufgehalten zu sein. Einer der Jäger, *Draxel* mit Namen*), war gerne bereit, mich in's Innere des Gleirschthales so weit zu begleiten, um den Beginn des Pfades in's Jägerkar hinauf mir zu weisen. Für heute hoffte ich kaum mehr auf irgend ein hochzielendes Resultat; war die Zeit ja doch schon allzuweit vorgerückt, um noch viel unternehmen zu können. Es hatte ganz den Anschein eines in voller Gemüthlichkeit und auch Berechtigung verbummelten Tages; und als Jäger Draxél und ich das Haus der Amtssäge verliessen und abschlossen, da ahnte ich nicht, dass ich diese Schwelle erst wieder überschreiten würde, nachdem ich auf vier Felsenspitzen des Gleirschthaler Kammes gefusst, nachdem ich zwischen ihnen eine Gratwanderung bewerkstelligt, wie ich noch keine erlebt, keine mehr zu erleben mir wünsche.

Nach einer leichten Viertelstunde hatten wir die Alpe an der Ausmündung des Hippenthales passirt, und schritten durch Hochwald den steinigen, holperigen Fahrweg thalein. Die Thalsohle hebt sich fühlbar, das Rauschen des Baches in ihr ist verstummt; der Gleirschbach versinkt oberhalb der Vereinigung des Samer- und Manndelthales und tritt erst kurz vor der Amtssäge wieder aus dem Boden heraus. Zur Linken hatten wir die kolossalen, glattgrauen Mauern der Mühlwände, welche den Fuss des Katzenkopf-Jägerkarspitzen-Massiv's einbauen und mit etwa tausend Fussen Höhe die schrägen Plätze der Hochzone unterhalb des Grates von den Trümmerschütten am Saume des Thalbodens trennen. Ueber diese Plätze, die sogenannten „Flecken", hatte ich der Angabe des Jägers zufolge meinen Aufstieg nach dem Katzenkopfe zu nehmen; um aber auf diese Flecken zu

*) Ein Bruder des Jägers *Augustin Draxel* in Ober-Leutasch und ebenfalls ein guter, wohlbewanderter Steiger.

gelangen, musste das östlich des ganzen Gipfelstockes gelegene Jägerkar gewonnen werden. Nach einer halben Stunde waren wir am Fusse eines dreieeksförmigen Bergabfalles angelangt, welcher die Breite des Gleirschthales um fast die Hälfte verringert und seine Sohle etwas nördlich abdrängt. Zur Rechten sah man einen Pfad ein ziemlich steiles Waldgehänge sich hinanwinden, welch' letzteres, in geringer Höhe scheinbar geradlinig abgeschnitten, die Oeffnung eines neuen Thales bezeichnete. Wir standen am Eingange des Manndelthales*), am Fusse und Ende des Bergrückens, welcher von der Innthaler Kette nördlich des Rumer Jochs abzweigend, umbiegend und wieder parallel den Hauptkämmen sich richtend, zurückläuft und dadurch das Thal zwischen der Inn- und der Gleirschthaler Kette in seinem Oberlaufe spaltet. Es zeigt daher dieser Bergrücken, welcher mit dem Namen Niederbrandjoch bezeichnet wird, ein der Rossloch-Lafatschthaler Kette genau analoges Verhalten.

Wir hielten uns links, den Hauptthallauf entlang, in welchen der Weg über riesige Schutt- und Trümmerfelder am Fusse der Mühlwände hineinleitet. Obgleich die direkte Fortsetzung des Gleirschthales vorstellend, ändert er hier gleichwohl seinen Namen. Derselbe lautet fortan Samerthal, wohl auch Pfeisthal; diese Thalung ist es, welche bis zum Stempeljoche sich hinauf erstreckt, durch welche der Fahrweg in die enge Scharte des letzteren hineinzieht, um in ihr plötzlich, überraschend zu enden. Nördlich umfassen das Samerthal die bewaldeten, von mächtigen Wänden überragten Gehänge der Gleirschthaler Kette, hauptsächlich des Stockes der Praxmaderkarspitzen, ihrer Culminationspunkte; gegen Süden die hohen Steilabfälle des Niederbrandjochs. An die Innthaler Kette anschliessend gibt dieser Zweigkamm in höherer Zone einer weiten Ausbuchtung des Thales Raum, welche in mehrfach terrassirten, hügeligen Becken unter dem Fusse des Rumerjoch, am Manndel und an den Niederbrandjoch-Spitzen hin, bis an die Arzler Scharte sich verbreitet und den häufig benützten Uebergang nach dem Innthale, zunächst nach Arzl und Mühlau, dadurch vermittelt. In südlicher Richtung, d. h. beim Uebergange aus dem Gleirsch- in's Innthal, ist dieser Weg, ebenso wie jener über das Stempeljoch zum Haller Salzwerk

*) Der Name leitet sich her von dem Manndel = Männchen, einer scharfen Felsspitze in seinem Hintergrunde. Die gewöhnliche Schreibart: Mandelthal ist daher falsch.

sehr angenehm, da man während des Anstieges gute Bahn hat, die losen Reissen dagegen absteigend passirt. Zum Eintritte in das Gleirschthal sind dagegen beide Linien äusserst ermüdend und lästig, und man wählt zu diesem Zwecke weit besser den Uebergang an Frau Hütt, auf welchem fester Boden und Gerölle in umgekehrter Weise vertheilt ist. Auch der Zirler Christen-Sattel zwischen dem Grossen Solstein und der Erlspitze bietet eine bequeme Route sowohl für den Ein- wie für den Austritt; die Ausgangs- beziehungsweise Endpunkte sind für diesen Weg die Amtssäge und der Markt Zirl am Inn.

In's Samerthal eingetreten, hatten wir wieder den Bach zur Seite, hier Samerbach genannt, in der That nichts Anderes, als der Oberlauf des Gleirschbaches. Eine Stunde von der Amtssäge entfernt, langten wir bei der Oberen Säge an, ein altes Holzgerüste, welches seinem ehemaligen Zwecke ebenso wenig mehr dient, als die Amtssäge. Der Weg beginnt nun steiler sich zu heben, um die Hochterrasse der Pfeisalpe zu gewinnen, zur Rechten schäumt der Samerbach, von Felsen eingeengt und sammelt sich, in einem Kessel künstlich abgedämmt, oberhalb der Sägemühle zu einer tiefgrünen Gumpe. Bereits vor Erreichen der Sägemühle waren wir an der flachen Wiesensinke vorübergekommen, mit welcher das Jägerkar zur Thalsohle ausmündet. Nun bezeichnete mir mein Begleiter einen links abzweigenden Pfad als den Steig in's Jägerkar, gab mir noch einige Anweisungen über den Weg, den ich nach den „Flecken“ unterhalb des Katzenkopfs einzuschlagen haben würde, und wir trennten uns, jeder seinem Geschäfte nachgehend. Durch lichten Wald und durch Gebüsche ansteigend trat ich nach einer Viertelstunde in die Sohle des Grossen Jägerkars ein, welche hier eine ziemlich enge, von bewaldeten Bergrücken geschlossene Thalung bildet; der Pfad hält sich zumeist in deren Mitte, welche mit Gras und Alpenrosengebüschen bewachsen, stellenweise mit Geröllschütten überdeckt, seinem Laufe freiere Bahn gibt als die breiten Legföhrendickungen zu beiden Seiten. Nach drei Viertelstunden bereits hatte ich die Grenze des Krummholzes für diesen Thalboden überschritten — an den Berggehängen beiderseits reicht dasselbe noch mehr als tausend Fuss höher hinan — und befand mich auf flachhügeligem, schuttbedeckten Boden. Zur Rechten beobachtete ich die Abzweigung des Steiges in's Kleine Jägerkarl, welche bei Ersteigung der Praxmaderkarspitzen mir zu dienen hatte. Der Hauptweg leitete, stark links gehalten, in die Mitte der immer breiter sich dehnenden Mulde hinein. Steilwand umfasst sie nach beiden Seiten; im Westen sind es die Mauern eines vom Südöstlichen Jägerkarspitze ausstrahlenden Zweiges, im Osten gehören sie dem Jägerkarlspitze an, dem äussersten Gliede des grossen Praxmaderkarspitzen-Stockes. Die Höhengrenze des Thales scheint kaum eine Viertelstunde weit entfernt zu sein; es ist jedoch nur eine scheinbare, und wohl noch an 2 Stunden lang strecken Geröllkare und hügelige, schwach begrünte Becken sich hinauf bis zum culminirenden Sattel auf dem Hauptgrate. Der gangbare Boden berührt in der östlichen Scharte dieses Sattels die Schneide. Nordwärts stürzen die Wände prall auf die Hochterrasse über dem Hinterauthale nieder*).

Die Pfadspuren, welche geradlinig in's Grosse Jägerkar (dasselbe verdient seinen Beinamen hier noch keineswegs, wohl aber erhält derselbe in den höheren Regionen seine Berechtigung) hinaufwiesen, verloren sich nun mehr und mehr, und für dieses Kar hatte ihre Nothwendigkeit auch aufgehört; dagegen querte nun ein breiter, aus der Entfernung schon in die Augen fallender Steig die Schuttgehänge des Beckens gegen West, bis hart an den Fuss der Umfassungsmauern; hier schien er plötzlich abzubrechen. Da an der gleichen Stelle augenscheinlich die einzige Möglichkeit bestand, über den Klippenrand hinaufzugelangen und dadurch die breiten Plätze unter den Jägerkarspitzen und dem Katzenkopf zu erreichen, so verfolgte ich diese Spur und sah mich von ihr in eine Höhlung überhängender Schrofen hineingeleitet, in deren Grunde ein Haufen dürres Krummholz stack. Nicht recht wissend, was diess zu bedeuten habe, suchte ich einen Umweg um den vortretenden Felspfeiler und fand einen solchen, sowie einen Aufstieg nach der oberen Mauerkante, obgleich nicht ohne Schwierigkeit. Breit, mit dunklen Legföhrenbetten überzogen, dehnte die Bergflanke vor mir sich gen Westen. Von den Mühlwänden, die von der Sohle des Gleirschthales sie trennen, war nichts mehr zu erblicken; die obere Bergzone war erreicht, der Weg bis an den Fuss der Gratmauern und ihrer Gipfel mir geebnet. Eine geradlinige Schrägerichtung

*) Der Aussage der Jäger zufolge soll es möglich sein, die Jägerkarscharte (7087′ 2302 m. Pfaundler) zu passiren. Der Gang an den Nordwänden, welcher zunächst zur Alpe Hinteröd auf der Terrasse über dem Hinterauthale führt, ist jedenfalls schwierig und nicht leicht zu finden. Wer denselben suchen wollte, würde jedenfalls von Hinteröd aus anzusteigen haben, statt den umgekehrten Weg vom Jägerkar herüber zu gehen.

nach dem Fusse des Katzenkopf's erlaubte die dichte Bebuschung des Gehänges noch nicht; ich hielt mich aufsteigend längs der Kante, in deren Nachbarschaft ich auch den Steig wieder anzutreffen erwartete. Kaum hatte ich einige Schritte in dieser Richtung zurückgelegt, so sah ich zur Rechten eine steile, grasbewachsene Runse zwischen den Schrofen sich hinabsenken, in ihr deutliche Pfadspuren und in ihrem, vom Gemäuer überwölbten Grunde wieder den Haufen dürres Strauchwerk. Nun war die Sache mir klar; ein Felsenloch, ein natürlicher Tunnel, vermittelt hier die Verbindung zwischen dem Grossen Jägerkar und den Katzenkopf-Flecken, und das Gestrüppe in ihm dient als Zaun für die Schafe, welche den einen oder anderen Weideplatz inne haben. Bald erscholl auch ringsum das widerlich eintönige Blöcken der Wolleträger, welche der Bergwanderer, sehr im Widerspruche mit den Idyllen Arkadiens, zu verabscheuen allen Grund hat, ja, welche ihm geradezu das Ungeziefer der Kare sind. Kaum zeigt sich eine menschliche Gestalt, klirrt ein Bergstock am Felsen, da plärrt es im ganzen Gebirge umher, truppweise kommen sie herangaloppirt und ihrer Begleitung wieder los zu werden hält auch bei Anwendung energischer Mittel nicht so leicht. Belieben die sanftmüthigen Thiere gar, an steilem Gehänge oberhalb des Bergsteigers dahin zu ziehen, so werden sie ihm durch ein Pelotonfeuer abgelassener Steine oft geradezu gefährlich. Nur dann, wenn es ihm gelingt, über die Schafheerde zu kommen — was übrigens die schlauen Bestien meist zu vermeiden wissen, — ist er rasch ihrer ledig; einige Steine in den Trupp hineingesprengt und dahin ist er, auf Nimmerwiedersehen; diese Gefahr der Berghöhen ist auch den Schafen bekannt genug. So war auch ich, als ich nach halbstündigem Anstiege durch's dichte Krummholz, wo noch der Pfad mich leitete, auf die Grasplätze hinaufgelangt war, bald genug von den Vierfüsslern umringt. Statt des zudringlich begehrten Salzes gab's Schläge mit dem Bergstock, aber fort gingen sie nicht eher, als bis ich anfing in's Gewände des Katzenkopfs hineinzusteigen.

Den Letzteren hatte ich nun ziemlich nahe im Westen, sein Felsmassiv erschien steil, aber vielfach durchrissen, die Ersteigbarkeit desselben stand ausser Zweifel. Und, ganz entgegen den Erwartungen, mit welchen ich von der Amtssäge ausgegangen, schien es in der That heute noch zu einer Ersteigung kommen zu sollen; der Himmel hatte sich zwar nicht geklärt, aber das Gewölke ging sehr hoch, liess die Berggipfel frei und fing auch an sich zu theilen, — freilich an andern Stellen dafür um so schwärzer seine Massen zusammenzuziehen. Es mochte wohl ein und das andere Gewitter geben, wer aber durch solche sich abschrecken liesse, käme den Sommer über wohl zu wenigen Gipfeln.

Um an den Fuss des Katzenkopfes zu gelangen und seine Ersteigung von der einzig gangbaren Südostseite zu beginnen, hatte ich die gesammte Breite der „Flecken" zu durchqueren. Es besteht eigentlich kein Grund, diese Schutt- und Grasflächen mit einer anderen, als der in den Gebirgen des Isarquellen-Gebietes gewöhnlichen Bezeichnung „Kar" zu belegen; weder die Umrandung durch Felsenmauern, noch die, wenngleich flache Einsenkung des ganzen Terrains, noch auch das Zusammenstrahlen seiner vielfachen Furchen zu einigen Hauptwasserläufen fehlt, so dass es sein Anrecht auf diese Bezeichnung ausschliessen würde. Wulstige Auftreibungen des Bodens, welche meist mit grünem Kleide überzogen sind, wechseln mit breiten, vegetationslosen Geröll-lehnen, die nach der Tiefe sich ausspitzen, in felsige Schluchten sich verlieren, die ihrerseits wieder in die senkrechten Spalten der Mühlwände des Gleirschthales übergehen. Am östlichen Ende der Flecken erheben sich aufgezackte Felsspitzen, Signalstangen erscheinen auf ihren Häuptern; leicht erkennt ein geübtes Auge die Möglichkeit, zu ihnen emporzusteigen und ich schwankte auch einen Augenblick in dem Entschlusse, meinen ursprünglichen Plan festzuhalten. Doch blieb's bei dem Katzenkopf; — gelangte ich ohne grösseren Aufenthalt zu seiner Höhe und hielt die Witterung sich günstig, so war ja eine zweite Gipfelwanderung auch in den Abendstunden nicht ausgeschlossen. Gen Westen fortwandernd sah ich an den furchtbar zerrissenen Mauern der Hohen Wand hinauf, durch welche der Katzenkopf mit den Jägerkarspitzen zusammenhängt; sah die schmalen, tief eingesägten Scharten und die düstern Zackenthürme, welche sie umsperren; — ich hätte gut daran gethan, diesen Anblick dem Gedächtnisse etwas nachhaltiger einzuprägen. Aber ich merkte mir die Jägerkarspitzen und nicht die Hohe Wand.

Um 1 Uhr Nachmittags stand ich am Fusse des Katzenkopf's; ein über die Geröllfelder etwas erhobener Terrassenscheitel gestattete mir die Annäherung an das Gipfelfundament dort, wo ich als ersteigbar es beurtheilte. Ich erwartete starkes Gefäll und schwieriges Aufklettern und fand beides weit geringer, als ich gedacht. Nicht allein, dass der Neigungswinkel ein keineswegs übermässiger genannt werden konnte, auch die Beschaffenheit des Felsens trug viel dazu bei, die

Ersteigung zu erleichtern. Seine zahlreichen, festen Stufen bieten allerwärts sichern Tritt und eine eigenthümlich luckige Struktur des Kalkgesteins, welche manche Trümmer und Klippen desselben wie grossaugige Käse erscheinen lässt, gewährte der Hand vortreffliche Haltpunkte. Rasch hatte ich über die untersten Steilstufen mich erhoben, lenkte in eine schnurgerade durch's Gehänge hinaufschneidende Rinne ein, deren hochgestufter, freilich mitunter etwas verengter, in starken Plattenabsätzen sich hebender Boden einen raschen Anstieg begünstigte. In höherer Zone traf ich verwittertes Geschröf und Blockwerk, durch welches meine Rinne nur als niedrige, von unbedeutenden Zackenreihen gesäumte Furche sich hinaufzog, und allmählich sich verästelte und verlor. Ueber völlig losen, in ansehnlicher Breite die Bergflanke überdeckenden Schutt erreichte ich schliesslich den Grat, unmittelbar vor seiner Erhebung zum flachpyrmidalen Gipfel des Katzenkopfs.

Jetzt schon blickte ich nordwärts hinunter in's Riegelkar, und staunte über den gewaltig steilen Absturz des ganzen Gebirgsmassivs nach jener Richtung. Im Nordwesten stand der flachgezogene Gipfel des Hohen Gleirsch mir gegenüber. Die letzte Höhe zu gewinnen, wandte ich mich links, verfolgte die schroffen Felsabsätze des Grates, wurde jedoch durch massige, thurmartig aufragende Zacken von seinem Scheitel bald wieder in's Südgehänge des Gipfels abgedrängt und hatte hier noch eine kurze, nicht ganz unschwierige Umgehung zu bestehen. Kurz vor dem Gipfel erreichte ich wieder den Grat, wenige Schritte noch über das wirre Getrümmer brachten mich auf das Haupt des Katzenkopfs (7944' 2581 m. Pfaundler). Die Ersteigung von den Flecken aus hatte genau eine Stunde, der ganze Weg von der Amtssäge bis auf den Gipfel 4 Stunden in Anspruch genommen.

Der 8 – 10 Schritte lange, auf seinem südlichen Eckpunkte die Reste eines trigonometrischen Signals tragende Gipfel gewährt keine sonderlich lohnende Aussicht; weit in's Gleirschthal vorgeschoben eröffnet er einen ziemlich vollständigen Ueberblick der Innthaler Kette und des Manndelthales, welche dafür die Fernsicht auf die Gebirge des rechten Innufers sehr beeinträchtigen. Im Norden ist die Hinterauthaler Kette zu nicht geringem Theile durch den, wenngleich niedrigeren Hohen Gleirsch gedeckt, im Nordost vermehrt die gewaltige Gruppe der Jägerkarspitzen den Ausblick. Frei ist nur der Westen und der Osten bis in den Hintergrund des Gleirschthales an der Pfeisalpe; auch einige Häupter der Hallthaler Kette blicken noch über die Grate des Rosskogel und Backofenspitzes herüber. Um so interessanter ist die orographische Stellung des Katzenkopfs und die Aufschlüsse, welche auf seinem Gipfel mir wurden, entschädigten reichlich für den Entgang an Fernsicht, welche durch Stellung der Gebirge wie durch Umwölkung des Himmels in gleichem Masse behindert war. Die Gleirschthaler Kette verläuft als einfacher Gebirgskamm vom Backofenspitze, über den Sonntagkar-, Kaskar-, den Oestlichen und Westlichen Praxmaderkar-, und den Jägerkar'lspitz zu den Jägerkarspitzen. An dieser dreifachen Gipfelgruppe spaltet sie sich in zwei spitzwinkelig auseinandergehende Aeste, von welchen keiner als direkte Fortsetzung des Hauptkammes, keiner als Ausläufer betrachtet werden kann. Während der zum Hohen Gleirsch (7652' 2486 m. Pfaundler) sich erhebende Theil die gerade Ost-Westlinie und mit den ununterbrochenen Steilwänden der Nordseite des Gebirges die Schranke des Hinterauthales fortführt, auch am weitesten von beiden Aesten gegen West hinausreicht, stellt der andere, in südwestlicher Richtung sich ablösende Zweig, der rasch in's Gleirschthal selbst niederbrechend dort sein Ende erreicht, sowohl der allgemeinen Graterhebung als der Höhe seines Culminationspunktes — des Katzenkopfes — nach, als der vorherrschende sich dar. Wer von Norden, von den Gipfeln der Hinterauthaler Kette, sich das Gleirschthaler Gebirge betrachtet, wird nicht eine Sekunde schwanken, den Hohen Gleirsch in die Hauptkette, den Katzenkopf in den Ausläufer zu verweisen. Die Betrachtung von Süden, sei's auf dem Niederbrandjoch, sei's auf irgend einem anderen Gipfel der Innthaler Kette, welcher das Panorama der Gleirschthaler Berge entwickelt, bringt den genau entgegengesetzten Eindruck hervor. Zwischen beiden Aesten liegt das Riegelkar, ein sehr langgestrecktes, mässig breites, gegen Südwest sich aufschliessendes Schuttthal. An's Ostgehänge des Hohen Gleirsch (der auch von dieser Seite leicht ersteiglich ist) lehnt es sich mit sehr schwach geneigten Geröllabdachungen, wird dagegen von den Jägerkarspitzen und dem Katzenkopf und von der Gratverbindung beider mit Steilwänden von bedeutender Höhe eingeschlossen.

Ein mächtiger, dreigipfliger Felsstock, so standen im Nordosten die Jägerkarspitzen mir gegenüber; der niedrigste, südliche Gipfel zeigte eine Signalstange, der höchste, mittlere ein Kreuz, der nördlichste der dreien dagegen kein Wahrzeichen einer Ersteigung; wie es mit seiner Erreichbarkeit bestellt sein mochte, liess sich von meinem Standorte aus noch nicht mit voller Sicherheit ermitteln. Dafür übersah ich den ganzen, langen Grat, der von meinem Gipfel nach der mittleren Spitze sich hinüberstreckte, und je mehr und je länger ich darüber wegsah, um so fester gestaltete in mir sich die Ueberzeugung, dass ein direkter Uebergang keinen ausserordentlichen Schwierigkeiten würde begegnen können. Vergessen war Alles, was ich auf solchen Graten schon erlebt, vergessen aller Trug, den ich von ihnen jemals erfahren; vergessen endlich der Anblick dieses zackenreichen Bergscheitels selbst, wie er von den Solsteinen, wie er vor wenig Stunden noch von den „Flecken“ am Fusse seiner Mauern sich mir geboten hatte. Immer und immer wieder glitt das Fernglas die trügerisch lockende Bahn entlang, ihre tiefen Durchschartungen ganz unmerklich überhüpfend und sah nichts als schrofigen, gestuften Fels bis wieder das Kreuz auf der mittleren Jägerkarspitze im Gesichtsfelde stand. Die Begierde den Weg zu kürzen, ein neues und interessantes Problem in Lösung zu bringen, keimte auf und schwoll heran zu unzähmbarer Gewalt. Die selbsttäuschenden Gedankenphrasen von blossem Nachsehen und Versuchen, — Umkehren, sobald die Sache zu gefährlich sich anliesse, vollendeten den Rest. Das Verhängniss riss mich fort. —

In wenigen Minuten war ich vom Katzenkopfe herunter und stand wieder im kleinen Gratsattel an seinem nordöstlichen Fusse; ein letzter Blick fiel über die Schuttfelder, die schrofige Runse hinab, die mich sicheren Trittes auf die Grasplätze zurückleiten konnte, von welchen dann ein leichter Weg nach der jenseitigen Gipfelgruppe sich mir eröffnete; doch nein, in schwindelnder Höhe des Grates ist's ja viel luftiger, spannender und kürzer. Der westliche Himmel beginnt mit Gewittern sich zu schwärzen — ein Grund mehr, das verlangte Höhenziel in geradester Linie zu erobern. Kluft und Flecken bei Seite lassend begann ich entschlossen die sanft gehobene Schneide aufwärts zu steigen. Die Uhr zeigte halb drei Nachmittags. —

Der Anfang schien meine Erwartungen zu rechtfertigen; auf weite Strecke hin sah ich schuttbedeckten, ununterbrochenen Felsrücken vor mir, zur Rechten steiles, aber nicht ganz ungangbares Gefäll gegen die Flecken hinab, links die Wände zum Riegelkar; drängten beide einmal sich nahe zusammen, schnürten den Bergscheitel zu engem, luftigen Pfade ein, so bot das mehr Reiz als Schwierigkeit. Bald hatte ich das Höhenniveau des Katzenkopf-Gipfels nahezu wieder erreicht, ein unregelmässig plumper Kegel zeichnete er in meinem Rücken vom düsteren Wolkenhimmel sich ab. Vor meinen Tritten hob die Schneide sich höher und höher, fortwährend in gleich günstiger Gangbarkeit und ein beträchtliches Stück horizontaler Annäherung an die Jägerkarspitzen wurde rasch und ohne die geringste Mühe gewonnen. Nach einer halben Stunde betrat ich den Scheitel der flach gezogenen Gratwelle, die als erste ausgesprochene Erhebung zwischen dem Katzenkopfe und den Jägerkarspitzen sich abzeichnet. —

Bis hieher hatte ich nichts Anderes in Sicht bekommen, als eben diese Erhebung. Nun änderte mit einem Schlage sich die Scenerie und ernster wurden die Aussichten. Ein paar klotzige Thürme stiegen im Nordosten vor mir empor, ihre isolirte Stellung zwischen scharfen Durchrissen des Grates konnte kaum länger mehr in Zweifel gezogen werden. Von Süden reichten nun Steilwände, von dunklen, senkrechten Schachten durchzogen, herauf bis zur Schneide; diese selbst zeigte sich verengt, mit niedrigen, zackigen Höckern besetzt, die nicht, wie bisher, auf Schuttboden bequem umgangen werden konnten Der Grat zog fast horizontal dahin, er nahte aber fühlbar seinem Ende. Nicht lange währte es mehr, so stand ich auf abbrechender Felsenecke hoch zwischen den Wänden der Flecken und des Riegelkars, vor mir ein etwa 50′ tiefer, jäher Durchriss des Bergscheitels. —

Ich befand mich bereits in ungefähr der Mitte der Horizontaldistanz zwischen Katzenkopf und Jägerkarspitzen; umkehren, nach der Scharte am Katzenkopf zurück- und nach den „Flecken" absteigen, hiess auf den zweiten Gipfel für diesen Tag verzichten. Ich glaubte am Felsmassive jenseits eine günstige Ersteigungslinie wahrzunehmen, glaubte bestimmt, dass dieses das letzte grössere Hinderniss sein würde und setzte Alles daran, in die Tiefe des Einrisses hinab zu gelangen. Die Eisen, welche an diesem Tage noch nicht in Dienst getreten waren, begannen ihre Thätigkeit zu entwickeln; in künstlich gewundener Zickzacklinie, von einer Spalte des Gewändes zur anderen hinüberwechselnd, erzwang ich mir einen Eingang und kreuzte eine Plattenfurche, die rasch nach der Tiefe als mächtiger Kamin zwischen den Wänden sich verlor. Jenseits traf ich unerwartete Steile, den harten Fels von knolligen Formen, nur äusserst spärlich gestuft. Ein schwindelnder Quergang führte um die Ecke abstürzender Wand mich auf die Südseite herum und auf deren etwas günstiger geneigtem Boden wieder nach dem Grat. Abgesprengt, fast überhängend starren seine Zacken gegen das Riegelkar hinaus; wenige

Schritte weiter voran ist die Schneide mit dem Fusse nicht mehr zu fassen, so gut es gehen will oder vielmehr gehen muss, suche ich meinen Weg mir wieder an der Südseite. Der Thurm, den ich eben erklommen, verlegte mir bereits ziemlich gebieterisch den Rückweg; das bedingungslose „Vorwärts“ fing an, sein Recht zu behaupten. Nach wenigen Minuten ein neuer Mauerspalt; der Eintritt in seine Sohle ist gestattet, aber jenseits sperren Klippen den Ausgang. Ich recognoscire auf- und abwärts, so weit der beschränkte Raum es mir erlaubt und entschliesse mich endlich für einen ruinenartigen Pfeiler, um dessen Fuss eine schmale Plattenlage sich schlingt. Der Charakter des Felsens hat wieder gewechselt, statt des klotzigen, rundknolligen Gefüges, wie vorher, treffe ich nun wieder das verwitterte Gesplitter, das abbröckelnde Getäfel, den reinen Typus der Karwendelgebirge. Grauenhaft dunkel, wild ragen aus der Tiefe verworrene Riffe, abgespaltene Säulen und Thürme zu mir herauf, ein Riesenrachen, jeden Augenblick bereit, das über ihm hinweggaukelnde Opfer zu verschlingen. Der eisengepanzerte Fuss gleitet kreischend an den griesigen Platten ab, die Hand tappt vergeblich am Felsen nach Halt, fussstarke Trümmer des Gemäuers brechen bei blosser Berührung los wie faules Holz. Den Pfeiler mit ausgespannten Armen umklammernd schwinge ich auf die Gegenseite mich hinüber und im Moment, da diese mir sichtbar wird, erhascht mit dem letzten Aufgebot an Kraft vorwärts gestossen das Eisen einen festen Tritt; und nun der Boden wieder frei, geht's hastig die engstufige, brüchige Treppe hinan zum Grat, fort aus der unheimlichen Nachbarschaft der Hohen Wand; der Bergsack, dessen schwerwiegender Inhalt für solche Touren nicht bestimmt ist, zerrt unangenehm nach der Seite des Abgrundes, der Stock, in der Minute zwanzigmal von Hand zu Hand gewechselt, um Freiheit zur Fassung der Felsen zu gewinnen, hindert mehr und steigert mehr das Bedenkliche der Lage, als dass er nützte; des einen oder andern Gegenstandes mich entledigen hiess aber ihn preisgeben auf Nimmerwiedersehen, und dazu konnte ich mich, so nahe der Verlust der eigenen Existenz auch lag, doch nicht entschliessen. Aber „zurück um keinen Preis!“ — flüsterte ich beklommen an den kalten Fels hin, als die gefährliche Ecke hinter mir geblieben war. Die nächste Minute jedoch stellte diesen nothgedrungenen Vorsatz auf eine fürchterliche Probe. —

Ich stand wieder auf dem Grat, in enger Scharte, Wand links und rechts. Eine kleine, viereckige Erhebung der Schneide gestaltete diese zur absoluten Schärfe um. Nordwärts die Wände zum Riegelkar, gen Süden ein steiles Felsblatt, stufen-, absatzlos; es fusst in trichterförmig verengter Kluft, die durch die Hohe Wand nach den Flecken hinunterschneidet. Was ich zu thun hatte, war auf den ersten Blick klar, aber der Entschluss der Verzweiflung gehörte dazu, es zu thun. Mit den Händen die Mauerschneide fassend arbeitete ich mich, die Füsse frei über dem Abgrunde hängend, auf 4—5 Schritte Entfernung fort, wo an der Aussenkante des verwünschten Gebildes wieder ein stufenförmiger Abbruch sich zeigte. Auch jetzt noch mochte ich den Bergstock, den treuen Gefährten zweier Sommer, nicht dem Sturze preisgeben und indem ich, ihn quer über die Schneide legend, mit der linken Hand diese gleichzeitig mit dem Stocke fasste, gelang es mir auch wirklich uns beide wieder auf sicheren Boden zu bringen; hätte ich geahnt, was eine Stunde später das Schicksal verfügen würde, ich hätte diese Mühe mir erspart.

Und noch war des Schreckens kein Ende, — obwohl mit dem Kletterstück über die schneidige Zinne die Empfindung für Alles, was Schrecken hiess, mir verloren gegangen war; der Herz- und Pulsschlag ging nicht mehr höher, die Gelenke blieben starr und stramm, einzig dem Willen gehorchend, der kalt entschlossen ihnen gebot. Es war ein eigenthümliches Gefühl, inmitten der Gefahr jeder Angst zu entbehren. Ich glaubte in der That keinen Eindruck von solcher mehr zu erhalten — die Nacht, welche auf diese Nachmittagsstunden folgte, welche in ermattendem Halbschlafe die entsetzlichsten Traumbilder mir vorspiegelte, belehrte mich wohl über die hochgradige Nervenzerrüttung, welche die Zinnen der Hohen Wand als Andenken mir in's Gleirschthal mitgegeben hatten. — Kaum war ich wieder auf festem Posten jenseits des Felsblattes, so gähnte die zweite der beiden grossen Gratscharten vor mir auf und der Blick traf auf einen Mauerthurm, so blank und steil, dass, hätte er einem vielumworbenen Gipfel auch angehört, ich kaum gewagt haben würde, ihn zu berühren. Doch nun drängt ein stärkeres Motiv noch, als die Besiegung eines Berghauptes; ich klettere das rissige Gewände hinunter in's enge Mauerthor und klettere die Wand des Thurmes hinauf — wie es gelang, weiss ich nicht zu sagen, darüber konnte ich keine Rechenschaft mir geben, als wenig Wochen später ich auf dem Niederbrandjoch stand und diesen Grat mir wieder betrachtete, keine, als ich nach drei Jahren den gleichen Punkt wieder besuchte und die Skizze des Katzenkopfs und der Jägerkarspitzen aufnahm. Ich weiss nur, dass ich vom Katzenkopf auf die Jägerkarspitzen gegangen — und wenn ich den Grat betrachte, der beide verbindet, so gelange ich zu dem Schlusse, dass Nichts unmöglich ist.

Als ich die Höhe des Thurmes gewonnen hatte, wo ich eine alsbaldige Wiederholung der bisherigen Vorkommnisse mit aller Zuversicht erwartete, fand ich mich nicht wenig überrascht durch ein schrofig gangbares Gehänge, welches den sanft absinkenden Grat südseits begleitet. Die Jägerkarspitzen stiegen nahe vor mir empor, durch eine einzige Eintiefung der Bergflanke noch von mir getrennt. Ohne Schwierigkeit gelangte ich bis an die Ecke ihrer Grenzmauern und sah eine breite und tiefe, von schmutzigen Schneefeldern erfüllte Schlucht sich vor mir aufthun. Auch hier war ein Eingang bald gefunden, ich kreuzte die hartgefrorenen Lawinenreste, steil hob sich vom Gegensaume in zackigen Riffen der Bergkörper, doch seine Ersteigung war nur Spielwerk im Vergleiche mit dem Grate der Hohen Wand. Schon winkten aus der Höhe mir die Signale der Jägerkarspitzen, ein Viertelstündchen noch und der hart verdiente Erfolg ist gewonnen — aber noch war dem Berggeist die Sühne nicht geworden für das Eindringen in's Allerheiligste seines Tempels, noch war er's nicht satt, seine Schreckgestalten gegen mich loszulassen, einzeln, wechselnd nach ihrer Art, als fände er sein Vergnügen daran, zu zeigen, dass er vernichten könnte, ohne wirklich zu vernichten. Mit der Gewalt der trägen Ruhe, mit der Starrheit zurückweisender, für die Ewigkeit gegründeter Bollwerke hatte in der verflossenen Stunde ich gerungen und hatte sie überwältigt. Jetzt kam Leben in den todten Fels und unter meinen Tritten fing der Berg an, sich zu bewegen.

Kaum hatte ich thurmhoch über den Lawinengraben mich erhoben, so traf ich auf eine schräge, stufenlose Plattenlage, unter einer Wandstufe sich hindurchziehend. Mit einigem Zeitaufwand wäre das Hinderniss leicht zu umgehen gewesen, doch bot die Wand an einem vorspringenden Blocke so vortrefflichen Halt, dass ich es nicht für nöthig hielt; griff mit beiden Armen zu, setzte den linken Fuss in die Platten, wo eine kleine Unebenheit sich zeigte, und ein rascher Umschwung soll auf die nächste Schrofenstufe mich hinüber bringen — da bricht die ganze, mehrere Centner schwere Felsmasse aus der Wand, und wälzt auf ihrer abschüssigen Unterlage sich langsam um ...... des Haltes beraubt, gleitet der Fuss alsbald zurück, ich komme auf die Platte zu liegen und der umkippende Block berührt bereits meinen Hut, — ich sehe das Platt gegen rechts hinab sich wölben und schleudere mich im Fallen links, — an mir vorüber, so hart, dass er das Gewand noch streift, der Block, der krachend in mehrere Trümmer zerfällt und über die Wände hinunterpoltert, während ich, ebenfalls abkollernd, am rauhen Felsen bald wieder Halt fasse. Die ganze Katastrophe war das Werk einer Sekunde. — Etwas kleinlaut raffte ich mich zusammen, holte den Bergstock, der etwas tiefer noch hinabgeglitten war, zurück, und nahm den Anstieg wieder auf; eine Viertelstunde später stand ich auf dem Gipfelgrate zwischen der niedrigen südöstlichen und der Mittleren Jägerkarspitze, zu meinen Füssen das Grosse Jägerkar. Dem Haupt-Gipfel zugewendet verfolgte ich die Schneide, wich ihren allzu steilen Absätzen noch einmal in die Westflanke aus und gewann auf dieser die Spitze (8088′ 2628 m. Pfaundler.). Auf dieser steht ein hölzernes Kreuz, doch nicht genau am höchsten Punkte, letzterer liegt einige Schritte weiter nordwärts, auf sehr schmaler, zerborstener Felsschneide. Als ich auf diese den Fuss setzte, tauchte vor mir im Norden die dritte, anscheinend gleich hohe Spitze auf, mein letztes Ziel. Einmal im Zuge hielt ich mich auf dem erstiegenen Gipfel keine Minute lang auf, sondern legte blos den Bergsack nieder und begann die Möglichkeit eines Ueberganges zu recognosciren. Ein tiefer Riss geht zwischen beiden Spitzen durch die Bergmasse; die nördliche Spitze zeigt sich ersteigbar von der Scharte aus, die südliche dagegen fällt mauersteil auf diese nieder. In einiger Tiefe unter dem Grat schienen Querbänder in den Graben und die Scharte hineinzuleiten; das Terrain zu übersehen, trat ich auf einen freien Felsbalkon hinaus und blickte hinunter; sah den gewünschten Durchgang, — im gleichen Moment erhalte ich einen Ruck von deu Zehen bis zum Scheitel, als risse ein Drahtseil durch den ganzen Körper, der Bergstock, von unsichtbarer Gewalt mir aus der Hand geschlagen, fliegt in die Tiefe, unter mir, neben mir kracht und stürzt es, wie Wetterschlag dröhnt's aus dem Abgrunde herauf, Felsenstaub und brenzlicher Gestank erfüllt die Luft — — ich stehe auf dem Schutt des Gipfelhanges und wo ich vor einem Augenblick gestanden, ist Leere; — der ganze Vorbau war gebrochen und gestürzt, und der Mauerpfeiler nebenan war in seinen Ruin mit verwickelt worden. Unbewusst, ohne Zeit zu einem Gedanken, zu einer Willensthätigkeit mir zu lassen, muss ein instinktives Gefühl mich zurückgerissen haben, als der Boden unter dem Fusse zu weichen begann. Lange noch polterte und rasselte es drunten im Riegelkar, bis dass der Verwüstung Genüge geschehen und starre Ruhe sich wieder über die Felsen lagerte. — Ade, mein getreuer Bergstock! — Auf den Spitzen des Algäu, des Innthales, der Riss bewandert und erfahren, muss er im innersten Winkel eines Gleirschthaler Kars seine Ruhestätte finden; mehrmals schon hat er solch' übereilte Fahrten auf eigene Faust unternommen, und immer fanden wir uns glücklich wieder vereinigt; diessmal ist's eine Trennung für immer. Wohl liegt er schon gebrochen auf den Schuttfeldern des Riegelkars, oder er blieb stecken in der Kluft, — dann haben die nachstürzenden Felsen ihn sicherlich zerschmettert. Der Erste ist es nicht, den dieses Schicksal ereilt — auch nicht der Letzte. „Wer mit mir geht, der sei bereit zu sterben!“ —

Der Ausblick war nun geöffnet, die Bahn frei. Einige steile Mauerstufen abwärts und ich traf auf ein queres, 2—3' breites Schuttband, das über der Kluft hinweg in die Scharte mich wies. In seiner Mitte, just an der engsten Stelle, versperrt ein tischgrosser Block den Weg. Die Spalte, die beiderseits von der festen Wand ihn trennt, gäbe Halt genug, um ihn sich herumzuschwingen; aber die doppelte Lection, die ich erhalten, genügte endlich doch, Vorsicht zu gebieten. Fest an die Mauer gestemmt prüfe ich seine Haltbarkeit — richtig, auch dieses Ungeheuer liegt lose; ein zweiter Angriff, und der mächtige Würfel weicht, wiegt sich über die Kante, mit Krach und Schlag verschwindet er in der Tiefe und abermals donnert ein Trümmerstrom hinunter in's Riegelkar. Durch den gesprengten Pass trete ich ein in die Scharte, ein schmales Geröllsättelchen, auf welchem die Kluft zwischen den Körpern der Mittleren und Nördlichen Jägerkarspitze ziemlich breit und seicht beginnt. Ich sah die gleiche Kluft ihrem ganzen Verlaufe nach einige Tage später vom Hohen Gleirsch aus und halte die Möglichkeit, in ihrer Sohle aus dem Riegelkar bis zum Grate emporzusteigen für nicht ausgeschlossen. Es wäre dies eine neue Ersteigungslinie der Jägerkarspitzen und liesse sich sehr hübsch mit einem Abstiege auf die Flecken und in's Grosse Jägerkar verbinden.

Längs des Grates stieg ich zur Nördlichen Jägerkarspitze hinan, deren Scheitel nunmehr in einer halben Viertelstunde erreicht war; nicht ohne dass ein sperrender Klotz auf der Kante, der zum Ausweichen auf die Ostseite, hoch über den Steilwänden des Jägerkars nöthigte, eine letzte Schwierigkeit bereitete. Der Gipfelkamm bildet einen langgestreckten, gegen Nordosten schwach niedersinkenden Schuttrücken. Der Absturz des ganzen Bergmassivs gegen das Hinterauthal ist lange nicht so nahe, als ich es erwartet hatte. Jetzt erst, auf der Nördlichen Jägerkarspitze, stand ich auf dem Grate der fortlaufenden Gleirschthaler Kette, — die ostwärts zur Jägerkarscharte und zum Praxmaderkarspitzen-Stocke sich fortsetzt, westwärts zum Hohen Gleirsch sich erstreckt. Die Mittlere Jägerkarspitze befindet sich bereits in der Abzweigung, und sie ist es, welche dem Grate des Katzenkopfs zum Ausgangspunkte dient; die südöstliche Jägerkarspitze endlich liegt in jenem Kamme, welcher das Grosse Jägerkar unmittelbar begrenzt und von den Flecken unter der Hohen Wand es scheidet. Es ergibt sich daraus, dass die Gruppe der Jägerkarspitzen als Gebirgsknotenpunkt von hoher Bedeutung und es keineswegs ohne Interesse ist, alle drei Gipfel derselben zu besuchen. — Auch die Tiefe des Hinterauthales eröffnete sich mir erst auf der nördlichen Spitze; dort erst erblickte ich, zwei bis dreitausend Fuss tiefer, die grüne Wald- und Alpenterrasse, welche, von Bergrücken und Thälern mannigfach getheilt unter der gliederlosen Mauer der Gleirschthaler Kette, von den Schuttwällen an ihrem Fusse gesäumt, sich hinzieht und ihre östliche Fortsetzung in der hochgelegenen Sohle des Lafatschthales findet. Von der Hinterauthaler Kette war namentlich der Einblick in die tiefe Bucht des Moserkars, von Kaltwasserspitze und Sonnenjoch*) umschlossen, bemerkenswerth; eine bedeutende Fernsicht, welche die Jägerkarspitzen immerhin zu gewähren vermöchten, fand sich vereitelt durch die düstere, gewitterverkündende Bewölkung des Himmels. Auch hatte ich wenig Zeit, mich langen Betrachtungen hinzugeben, der Abend nahte bereits, Unwetter drohte, und ich hatte noch den Abstieg von den Jägerkarspitzen zu suchen, ohne Kenntniss des Pfades und ohne Stock. Um 5 Uhr 30 Min., nach drei Stunden abenteuerlichen Kletterns, hatte ich vom Katzenkopfe aus die Nördliche Jägerkarspitze erreicht, eine Viertelstunde darauf verliess ich ihr Haupt, das nicht, gleich seinen Nachbarzinnen, mit Signal oder sonstigem Wahrzeichen versehen worden ist. Wer mag bis auf diess äusserste, luftige Cap wohl schon hinausgetreten sein? — Vielleicht bin ich sein erster Besucher gewesen; vielleicht auch, für lange Zeit, der letzte.

---

*) Der zweigipflige Felsrücken, dessen nördlicher Culminationspunkt in imposanter Thurmgestalt auf Ladiz hinabschaut; nicht zu verwechseln mit dem Sonnjoch im Falzthurnthale.

Ueber die Mittlere Jägerkarspitze zurückkehrend ging ich längs des Grates auf die bedeutend niedrigere südöstliche hinaus, welche ebenfalls eine Signalstange trägt; von dieser suchte ich meinen Hinunterweg nach den Flecken, und fand ihn ohne irgend welche bedeutende Hindernisse, so dass die Ersteigung der Jägerkarspitzen (bis zur Mittleren) als eine verhältnissmässig leichte Tour gelten kann, wenn nur der richtige Weg eingehalten wird. Die Flanke des Gipfelmassivs bildet von der südöstlichen Spitze nach den Flecken hinab eine sanft eingebuchtete Mulde, deren Mitte durch einen Steilabsatz unterbrochen wird. Man weicht demselben nach der Westseite aus, hält sich im unteren Theile der Mulde in deren Mitte, oberhalb der Steilstufe dagegen längs ihrer Ostseite und geht allmählich auf den Gratscheitel gegen das Jägerkar über, welch' letzteres die Gipfel trägt. Da ich nach Verlust des Stockes zu langsamem Tempo mich bequemen musste, so erreichte ich erst eine Stunde nach Aufbruch vom äussersten Gipfel die Flecken. Es dämmerte bereits, und der umwölkte Himmel sandte hier und dort seine Regenschauer nieder; abermals belästigten mich die Schafe mit ihren Zudringlichkeiten, denen ich nun, abwärtssteigend, daher die nachziehende Heerde stets über mir und ohne Stock, doppelt wehrlos gegenüberstand. Nach einigem Suchen im Krummholze traf ich wieder auf den Steig und, den Tunnel durch's Felsenriff diesmal benützend, hielt ich meinen Einzug in's Grosse Jägerkar. Der letzte Tagesschein leuchtete mir, während ich den steinigen Pfad im scharfen Trabe zum Gleirschthal hinunter verfolgte. Finstere Nacht umhüllte mich dort unten, doch nun leitete die breite Strasse meine Schritte zur gastlichen Behausung zurück. 9 Uhr war längs vorüber, als ich durch's Tannendunkel erleuchtete Fenster schimmern sah und der Weg in kurzem Bogen sich hinunterwandte zur Amtssäge. — *Graf Sternberg* war nach Scharnitz zurückgekehrt, aber der Jäger, der heute Morgen mir den Weg gezeigt, war zu Hause und sass am Feuer, nicht wenig besorgt ob meines langen Ausbleibens und von Herzen erfreut, mich wohlbehalten wieder zurückkehren zu sehen. Und als ich ihm berichtete, wie meine Tageswanderung verlaufen, als er zu hören bekam, dass ich den Grat vom Katzenkopf nach den Jägerkarspitzen gegangen, da starrte er mich an, und schlug ein Kreuz. „Da gehen die Gems' nicht durch“ sagte er, „allemal brechen sie aus in die Flecken!“ — Ich wusste, warum. Hände haben eben die Gemsen nicht, und es gibt Dinge, zu welchen man Hände braucht. — Auch ich fühlte, dass ich zu viel gethan. — Auf der Lamsenspitze hatte ich den Gemsenjäger beschämt, am Falken von den Gemsen mir den Weg zeigen lassen, und heute war ich gegangen, wo selbst die Gemse umkehrt*). — Es war zu viel, zu arg. — Ich wünschte mir keine Steigerung mehr — ich habe auch keine mehr gefunden. —

*) Natürlich soll damit nicht behauptet sein, dass die Gemsen diesen Weg nicht gehen könnten; ein gewagter Sprung von Zimmerlänge, wie man gesprengte Gemsen ja nicht selten solche machen sieht, könnte sie wohl an dem gefährlichen Platt vorbei und auf das jenseitige Geschröf bringen. Die Aussage des Jägers scheint aber nachzuweisen, dass die Gemsen die Schwierigkeit dieser Passage würdigend, ihr womöglich ausweichen, und das spricht hinlänglich für das Bedenkliche des Gratüberganges.

XXIII. Schneesturm auf der Kaltwasserspitze.

(Hierzu Vertikal- und Horizontalprofil No. 23.)

Kahles, den letzten Rest organischen Lebens unter seiner wandernden Schuttdecke begrabendes Gestein, — ein tausendfach geborstenes Gerüste zackiger Mauern, aus eisigen Schlünden gleich erstarrten Flammen der Unterwelt zu unermesslicher Höhe emporzüngelnd, — und eine Dolchklinge darüber, drohend aufgezückt gegen den Himmel, so thront die Kaltwasserspitze über den Weidegründen von Ladiz, im innersten Thalwinkel des Hinteren Riss. Scheuen Blickes zieht der Alpensteiger an dieser schreckenden und doch so unwiderstehlich fesselnden Felsgestalt vorüber, dem Passe der Hoch-Alpe entgegen, in's Karwendelthal, nach Scharnitz hinaus. — Weit abgerückt steht jene Spitze von der Thalsohle ihres Südfusses, von dem Quellenthale der Isar; die Trümmerbecken ausgedehnter Kare umlagern ihr Fundament, das minder hoch, gleich unzugänglich aber, aus ihnen wie aus dem Kaltwasserkar emporzustreben scheint. Der meilenlange Zweigkamm, welcher beide trennt und auf der Kaltwasserspitze mit dem Scheitel der Hinterauthaler Kette sich verknüpft, hebt mit stahlgrauer, glattgescheuerter Plattenwand von der Weitung der Kastenalpe an; in mehrfachen, langgedehnten Terrassenstufen, zuletzt in eine Reihe gebrochener Felszähne zersplittert, reicht er hinauf zum Gipfel. Kann eines Menschen Fuss Halt finden auf der schwindelnden Bahn, die dort sich ihm vorzeichnet? — kann an dieser verwegensten Zinne der Nordtiroler Kalkalpen zur Wahrheit werden die Losung, welche den Sieg verkündet über die trotzigen Bergriesen alle, — „Man kommt überall hinauf?“ —

Ein frostiger Morgen (15. August 1870) sah mich, einsam wie gewohnt, über die thaunassen Wiesen der Kastenalpe thalein wandern, den schmalen Pfad zwischen hohen Legföhrengebüschen ausspähend, der zum Stege über den Rosskarbach führt. Dann noch eine kurze Strecke geradenweges gegen das Rossloch hinein und ablenkend von der ersten Fährte drang ich, von schwächerer Spur geleitet, in's Gestrüppe des Thalgrundes ein. Von den Riedelkarspitzen, die ich von Scharnitz aus erstiegen, hatte ich Tags vorher den Hinunterweg in's Hinterauthal durch das Breite-Grieskár genommen, und bei den Jägern des Hinterauthales Nachtquartier bezogen — ein ungerne gesehener Gast; wussten sie doch, dass mein zweites Erscheinen den nahe bevorstehenden Besuch des Rosslochs bedeute, der geheiligten Ruhestätte fürstlicher Gemsen*). Für heute war dieser Ausflug noch nicht beabsichtigt; ich gedachte vorher die Frage der Kaltwasserspitze zu lösen; gehört hatte ich wohl in der Riss bereits von ihr, hatte vernommen, dass ihre schlanke Gipfelzinne von den Treibern bei Gemsjagden zuweilen erklommen worden sei. Im Hinterauthale sagte man mir das Gleiche, und bezeichnete sogar drei Anstiegslinien als möglich; die geradeste und am leichtesten zu treffende blieb immerhin diejenige längs des Zweiggrates, andererseits freilich ein wenig empfehlenswerthes Unternehmen, im Karwendelgebirge einen über 2 Stunden langen Grat überwandern zu wollen. —

In steiler Doppelbiegung leitete vom Bergfusse mich der Pfad durch rankendes Krummholz hinauf zum Thalboden des Moserkars; zu meiner Rechten dröhnte durch enge Kluft der Wildbach, welcher aus dieser weiten Bergbucht seine Wasseradern sammelt und sie hinausführt in den Rosskarbach und zur jungen Isar. Nach viertelstündigem Anstiege erschloss vor mir sich die Weitung, eine lange, fast ebene, hügelig wellige Fläche, vom Moserkarbache in nunmehr seichtem Bette durchrauscht. Eine engumrahmte Bergwelt ist es, in welche der Wanderer hier eintritt; neu ist, was seinem Auge sich darbietet, und verschwunden, was er vorher gesehen. Der Steilabfall gegen das Hinterauthal deckt jeden Rückblick in dieses und nur die Felskolosse der Lafatscher schauen

*) Freilich kann dieser Besuch nur mit specieller Erlaubniss des Hrn. Oberförsters zu Scharnitz, welchem die Oberaufsicht über das fürstlich Hohenlohe'sche Jagd-Revier übertragen ist, stattfinden. In die Einsamkeit der Berge flüchtet sich gar manches Ueberbleibsel aus alter Zeit. Was Wunder, wenn auch hier und dort ein Stück mittelalterlichen Feudalwesens dem Alpenwanderer begegnet? — Ich habe bereits an einer früheren Stelle (vgl. das 7. Cap. dieses Buches) Anlass genommen, die Verhältnisse im fürstlich Hohenlohe'schen Reviere zu beleuchten, und habe hier nur beizufügen, dass ihnen gegenüber auch die höchst anerkennenswerthe Zuvorkommenheit des Hrn. Oberförsters zu Scharnitz sich als nahezu machtlos erweist.

durch das enge Thor des Südens herein. Links düsteres, buschiges Gehänge, von grauen Mauergürteln durchsetzt, dem Heidenkopfe, dem Zweigkamm der Kaltwasserspitze angehörend; rechts steile Wand, einen rundköpfigen Eckthurm in's Thal vorspreizend: hier nimmt die gewaltige Masse des Südlichen Sonnenspitzes, des Sonnenjochs, der östlichen Schranke des Moserkars ihren Anfang, und in der Kluft, die jenen Thurm von der breiten Wandflanke trennt, beginnt auch die Ersteigung ihrer Gipfel, eine der seltensten im Quellen-Gebiete der Isar. Von der Grenze des flachen, grasreichen Bodens hebt sich circusförmig der Hintergrund des Thales in zertheilten Kesseln und Karen zum Grat. In dessen Mitte lastet als breite, völlig regelmässige Pyramide der Moserkarspitz (7968′ 2599 m. Pfaundler); sein stark vortretender, als breites Steilwanddreieck niedersetzender Zweigkamm bewirkt die erste grosse Theilung des inneren Moserkars in zwei nahezu gleiche Hälften, die ihrerseits wieder in Kare zweiter Ordnung zerfallen: die östliche Hälfte wird durch einen kurzen Absenker des Kühkarlspitzes auf dem Hauptgràt in die beiden Kühkarln getheilt, in der westlichen Hälfte scheidet der Ausläufer eines kecken Zackens, des Rauhkarlspitzes, das Rauhkarl ab, welches als langgedehnte Trümmersinke hart unter den Ostwänden der Kaltwasserspitze hinunterzieht. Die Rahmen der ganzen Weitung, den Mittelgrund derselben an Höhe wie an Schroffheit bedeutend überbietend, wurden bereits genannt: wie im Verlaufe des vereinigten Thales ihre Zweigkämme, so sind es in seinen Ursprungskaren die Gipfel des Hauptgrates selbst, die als gewaltige Wächter ihre Mauern und Zinnen über den Schuttwüsten erheben, mit unangreifbaren Wänden sie umranden. Im Osten, über dem östlichen Kühkarl, thront der Nördliche Sonnenspitz (8136′ 2643 m. Pfaundler), der gleiche, welcher als viereckiger Thurm auf das Alpenthal von Ladiz herniederschaut. Im Westen, über dem Rauhkarl, schwingt die Kaltwasserspitze sich empor (8411′ 2732 m. Kataster). Von ihrem Gipfel herab zieht schartig, in abenteuerlichen Gestaltungen, unter welchen eine viereckige Mauerruine besonders auffällt, der Hauptgrat herunter zum Rauhkarlspitz. Nicht minder zerrissen erscheint in ihrer Umgebung der Zweigkamm längs des Moserkars zum Heidenkopfe; dunkel bebuscht, von mächtigen, langgestreckten Steilwandstufen durchstrichen senkt seine Flanke sich herab in's Moserkar; je weiter thalein, um so geschlossener, mauerschroffer wird ihr Bau. Wüsste ich auch nicht, dass der gebahnte Pfad nach dem Heidenkopfe, dem die Kastenalpe beherrschenden Eckpunkte des Kaltwasserspitzkammes*) hinanführe, es bliebe mir doch keine andere Wahl, als möglichst bald ablenkend, diesen Scheitel zu erstreben; denn bald genug würde eine Schranke von Steilwand das Verlassen der Thalsohle mir verwehren. Dann bleibt freilich der Grat seiner ganzen Länge nach zu übersteigen; und in unseren zerklüfteten Kalkgebirgen gehören solch' lange Gratwanderungen zu den unsichersten Auskunftsmitteln; ich hatte Proben davon bereits in Fülle erhalten.

Für's Erste bot jedoch die Lösung meiner Aufgabe wenig Schwierigkeit oder auch nur Anstrengung; gleich am Eingange des Thales traf ich auf den neuangelegten Birschpfad, welcher in unausgesetzten, mitunter sehr lange gezogenen Windungen zum Grate führt; meist hält sich derselbe im Krummholz, durchläuft streckenweise kleine Grasplätze und Geröllschütten, biegt um scharf vortretende Felsecken und verfolgt im Allgemeinen eine geradlinige, schwach nach der rechten Seite abzielende Richtung zur Höhe. Rasch leitet die geebnete Bahn mich aufwärts, freieren Regionen entgegen. Das Rauschen des Baches verhallt hinter mir, an seine Stelle tritt allmählig das leise, unentwirrbare Flüstern, zu welchem aller von der Tiefe emporsteigende Lärm sich auflöst; der Thalboden entrückt sich dem Auge, welches in freierem Verkehre zu den Felsenbauten hinüberschweift, von denen nur ein Meer von Luft es trennt. Sie ändern langsam ihre verkümmerte Gestalt, welche sie den Niederungen weisen und schwingen sich heraus zu den kühnen Gipfelformen, in denen von ebenbürtiger Höhe aus der Bergwanderer sie zu schauen gewohnt ist; — die breiten Lafatscher mit ihren senkrechten, tafelglatt geschliffenen Wänden, die zertheilten, düsteren Zackengipfel des Gleirschthaler Kammes, mir bereits bekannt, befreundet; die seltsamen Zinnen im eisigen Hintergrunde des Rosskars, die dünne, zahnige Mauer des Suntiger Grates, welcher die Hauptquellenthäler der Isar, Rossloch und Lafatschthal scheidet, mit seinen Gipfelthürmen, die so unvergleichlich gross und wild in's wüste Vomperloch hinunterschauen, — Gesellen, mit welchen ich in den nächsten Tagen mich zu messen haben werde. Mir im Rücken die gestreckte, aufgespaltene Felsmasse des Sonnenjochs, ihre Schneide, hundertfach zersägt, von einer Gipfelkuppe zur andern gespannt, — wie wird ihr Haupt auf dem Grate, wie wird der Wartthurm von Ladiz zu gewinnen sein? —

*) Auf den Karten findet sich derselbe meist fälschlich als „Eisenkopf" aufgeführt.

Unter diesen Betrachtungen geht plötzlich der bequeme Pfad zu Ende, — die Arbeit ist noch nicht zu ihrem Abschlusse gediehen, einige Signalstangen bezeichnen die Richtung, in welcher sie fortgesetzt werden soll, inzwischen wahrscheinlich auch fortgesetzt worden ist. Die Nothwendigkeit, im weiteren Vormarsche den spähenden Blick auf die schwach ausgeprägte Weglinie geheftet zu halten, lässt rasch alle Zukunftspläne verschwinden. Noch eine starke halbe Stunde lang währte mein Anstieg nach dem Kammscheitel, über Streifen steinigen Rasens zwischen den Legföhren, am Fusse niedriger Wandstufen dahin, höher und immer höher — und doch soll vom nächsten Höhenziele die Ersteigung ja eigentlich erst beginnen. Goldgelber Sonnenschein spielt um die Grasplätze und Gebüsche und bricht sich an den Wänden der Gleirscher Kette; die Wolken, welche seit frühestem Morgen den Himmel bedeckt gehalten hatten, theilen sich für einen Augenblick und lassen dem Lichte Raum, und von diesem zeichnet nun um so schwärzer der tiefe Schatten sich ab, den des Sonnenjoch's breiter Wall in's Moserkar hereinwirft. Einen Augenblick scheint der Tagesglanz die Oberhand zu gewinnen, das Gewölke sich zu lösen; doch bald verblasst er wieder, seine letzten bleichen Schimmer erlöschen an den Felsenmauern und dichter kräuselt sich der bleigrau überstrichene Himmel. — 2 Stunden nach Verlassen der Kastenalpe, um 7 Uhr Morgens, betrat ich den Scheitel des Heidenkopfes, ein breites, hügeliges Plateau, das gegen Norden sanft gehoben in den Zweigkamm der Kaltwasserspitze übergeht. Von letzterem ist noch nichts, als der schwach begrünte, dreiecksförmige Abfall der nächsten Terrassenstufe zu sehen, der Gipfel selbst ist weit, weit abgerückt und gedeckt durch den Körper seines Ausläufers. Eine ausgedehnte, schräge Grasfläche senkt gegen Westen sich hinunter in's Birkkar, um hoch über seiner Sohle mit Steilwänden abzubrechen. Dort hinunter jagen zwei aufgescheuchte Gemsen, fliehend vor dem einsamen Bergsteiger, den sie vom Jäger nicht zu unterscheiden wissen; ob sie einen Gang durch die Wand in's Birkkar hinein kennen? — ob sie inmitten der Bergflanke sichere Schlupfwinkel aufsuchen? — ich weiss es nicht. Aber wohl bekannt sind mir die Berge, die auf der Scheitelhöhe des Heidenkopfes den westlichen Gesichtskreis mir erfüllen. Dort stehen die Birkköpfe*),

*) Auf den Karten wird nur ein „Birkkopf" im Zweigkamme des Oedkarspitzes angegeben. Da dieser Kamm mehrere, unter sich wenig verschiedene Aufgipfelungen besitzt, so glaube ich diesen Namen am richtigsten in der Mehrzahl anzuwenden.

die runden, schroffen Gipfel im langen Zweigkamme, der dem Oedkarspitze angehört, in seine silbergrauen, von schwarzen Querbändern gezeichneten Schuttgehänge unmerklich verfliesst. Sanft dachen diese Felder von der dreifach geschwungenen Wellenlinie des Gipfelscheitels ab, des zweithöchsten im Quellen-Gebiete der Isar; und vor ihn drängt sich der höchste, der Birkkarspitz, eine schwarze, in hohen Mauerabsätzen aufgekrümmte Pyramide. Wie anders war es da drüben, als ich vor mehr denn Monatsfrist diese Gratscheitel überwanderte, im heitersten Sonnenglanze, — vom Donaustrande bis zu den Eisgefilden der Centralalpen kein Hinderniss dem Blick im unermesslichen Raume! Jetzt hängen graue Wolkenballen trübe herein in die Felsenwüsten, schleichen um den Fuss der Gipfelhäupter und hüllen sie ab und zu in ihre düsteren Schleier. Vom Wetterstein herüber ziehen sie schaarenweise in's Quellenthal der Isar ein und füllen es mählig an mit ihren feuchten, übereinandergeschichteten Dunstbänken. — Es wäre wohl das Beste, wieder umzukehren, es ist kein Bergwetter heute! Aber man entschliesst sich gar zu ungerne dazu und am allerschwersten an dem Punkte, wo eben die Wanderung Interesse zu gewinnen verspricht. Und es hat ja schon mancher nebelgraue Tag, aller erfahrenen Voraussicht spottend, in heiteren Himmel sich aufgelöst, — wer wagt, gewinnt! ..... zuweilen wenigstens. —

Rechts abschwenkend begann ich den Anstieg längs des Grates. Mehrere seiner hügeligen Terrassen, in deren kurzer Legföhrenbestockung noch die Spur eines Pfades sich wies, blieben hinter mir zurück, und bald bewegte ich mich längs der breiten, dreieckigen Abdachung aufwärts, deren Endigung, ein kuppenförmiger Absatz des Bergscheitels, fortwährend mir vor Augen stand, fortwährend vor meinen Schritten zurückwich. Ich hatte wohl noch lange zu warten, bis Schärfe des Gefelses des Steigens Mühsal rechtfertigend begründen, sie erträglich machen würde. Einförmig langweilig, wie mein Weg, gedrückt und träge, wie Himmel und Luft, die mich umgaben, so war auch meine Wanderung. Langsam gewann ich an Höhe, gleichgiltig sah ich neue Höhe vor mir sich empordehnen. Auf der Bergschulter endlich angelangt, sah ich eine neue schräg aufsteigende Kammfläche, schroffer und rauher als die vorige, sich aufwärts ziehen, nach ihrem Fusse hatte ich eine Strecke von mehreren hundert Schritten Länge auf horizontalem Grate zurückzulegen, der schmal, aber sehr bequem gangbar, ostwärts senkrecht, an manchen Stellen überhängend auf eine schiefe, in den Wänden des Moserkars eingelagerte Schuttterrasse hinunterbricht. War diess mir ein Fingerzeig, dass ich an horizontalem Vordringen doch bereits ein beträchtliches Stück gewonnen, so mass ich an den Gipfeln der Birkköpfe, an den weit zurückliegenden Gestalten des Oedkar- und Birkkarspitzes noch eine grosse Entfernung bis zu meinem Ziele, und welch' bedeutende Höhe von ihm mich noch trennte, darüber belehrte zur Genüge mich der neu auftauchende Trümmer- und Schrofenhang, welcher abermals nur die Basis des eigentlichen Gipfelhornes darstellte, dieses noch immer meinen Blicken verbarg. Doch während ich so meine Bahn über die Scheidewand des Moser- und Birkkars dahin schlenderte und zögernd daran ging, die neue Steigung anzutreten, deren entlegenes Ende noch gar nicht abzuschätzen war, sorgten die Mächte des Luftkreises für etwas Abwechselung in diesem aussergewöhnlich eintönigen Tagewerke. Drüben im Oedkar, auf seinen Randkämmen und in den Thaltiefen der Isar, wurde es lebendig, der Feind dort war in Schlachtordnung aufmarschirt und rückte zum Angriffe vor. Ein Schwarm flüchtiger Nebelgestalten voraus, das Trümmergehänge meines Kammes herauf, über den Grat hinübergaukelnd in's Moserkar, — und hinterdrein folgt das Gros der Armee, eine weisse Dunstwand hat den Oedkarspitz bereits meinen Blicken entzogen, die finstere Birkkarspitz-Pyramide zeichnet noch scharf gegen den hellen Schleier sich ab, und im nächsten Augenblicke wird auch sie von ihm verschlungen. Das Rauschen der Thalgründe schwillt mächtig herauf und aus dem Rauschen wird ein Brausen und Toben, Rauchsäulen qualmen empor von tausend unsichtbaren Herden, in verworrenes Chaos zusammenschmelzend breiten sie nächtliches Dunkel über die Höhen und von heulenden Windstössen getragen wirbelt der Schneesturm um die Zacken des Grats.

Eine recht förderliche Begleitung auf einen Gipfel, wie die Kaltwasserspitze! — Ich wünsche Kaltwasserspitze, Bergwetter und Bergsteigerei zum Geier, — gehe aber doch vorwärts. Verschwommen tauchen engbegrenzte Felspartieen eine um die andere vor mir auf; kaum überschritten, verschwinden sie hinter mir, in's Wolkenmeer. Unabänderlich schräge zieht sich die Linie des Gehänges in's Nebelgrau hinein, endlos, als überbrückte sie einen Ocean; Wandstufen drängen nun auch von der linken Seite heran und aus der bisherigen Kammfläche gestaltet sich allmählig ein ausgeprägter, schrofiger Grat. Nach langem, langem Steigen endlich wieder ein ebener Absatz; zwanzig Schritte weiter hebt sich abermals etwas empor, das ziemlich schroff aussieht, — die

Kaltwasserspitze? — Einen Augenblick lässt nun auch das Unwetter nach, Risse im Gewölk zeigen mir die Kessel des Birkkars und Rauhkarls, in welchen schwarze Wolkenmassen brodeln, zu neuen Wuthausbrüchen sich sammelnd; zeigen mir die beschneiten Flächen des Oedkarspitzes und den Grat, der vor mir nordwärts läuft, auf ihm ein schwarzer Mauerklumpen von unbestimmter Gestalt, — aber nicht die Kaltwasserspitze. Bald hüllt der Dunstkreis auch das Wenige, das ich gesehen, wieder in seine nassen Gewänder.

Eine massige Treppe zerborstener, übereinandergestürzter Felswürfel baut zur neuen Höhe sich auf; von allen Schrofen rieselt und tropft es. Im raschesten Schritte, vergeblich nach Erwärmung suchend, klimme ich sie hinan, die Stufen der Nacht. Wieder heulen die Unholde drüben im Oedkar und gleichzeitig mit meiner Ankunft auf der oberen Gratschneide sind auch sie zur Stelle und schütten ihre kalten Schauer aus über den Eindringling in ein Gebiet, das sie für heute in Besitz genommen. Eine ebene, aber mehrfach zerschartete Felsschneide zeichnet meine Bahn in's sturmbewegte Nebelmeer hinein. Ich kenne sie wohl, die Sägezähne, die hier oben mir entgegen starren; ich befinde mich auf dem letzten, langen Absatze des Kaltwasserspitz-Grates, vor mir im Norden muss der Gipfel jetzt stehen — aber erblicken kann ich ihn nicht. In der Gestaltung der Kammflanken ist ein Wechsel eingetreten, die Birkkarseite hat zu Steilwänden sich zusammengeschlossen, östlich zeigt sich jähes, plattiges, doch bis zu einer gewissen Tiefe gangbares Geschröf. Ein tiefer Einriss wird durchsetzt, je weiter ich vordringe, um so schneidiger verschärft sich der Grat, blätterdünne Felszinnen ragen auf seinem Scheitel empor, sie müssen überklettert oder nach der abschüssigen Ostseite umgangen werden. Zacken auf, Zacken ab, von einem Schärtchen zum andern, vorwärts um jeden Preis, und können die erstarrten Hände auch kaum mehr regelrecht den Bergstock führen. Und in gleichem Masse mit meiner verbissenen Entschlossenheit steigert sich auch die Wuth des Sturmes; nicht wagerecht mehr über den Grat, nein, aus der Tiefe herauf rasen die Schneewirbel gegen mich an. Schwarz überronnene Mauern zu beiden Seiten; sie erscheinen wie ein schwimmendes Riff inmitten der treibenden Wolkenballen. Einen gefehlten Tritt nur auf den übereisten Zacken, und mich trägt's hinunter in's Rauhkarl, eine Flocke unter Millionen andern. Verwaschen, geisterhaft treten jetzt massigere Thürme, abenteuerlicher als bisher gestaltete Klippen aus dem dunstigen Schleier heraus, — es sind die Vorposten der Kaltwasserspitze, und wieder thut eine Scharte sich vor meinen Füssen auf, als wär's der Ringgraben ihrer Burg — und ein Riss durch die wogenden Nebel und entsetzt pralle ich einen Schritt zurück und starre wie gebannt nach der Stelle, über welcher der düstere, nur auf einen Augenblick gelüftete Vorhang sich wieder geschlossen hat; jetzt habe ich sie gesehen! —

Und doch zieht es mich unwiderstehlich weiter, mit dem schwarzen Horne in erbittertem Streite mich zu messen. Hinunter geht's über die Schrofenstufen in den Durchriss, von welchem eine enge, steile Plattenrunse in's Rauhkarl abschiesst. In der Ostflanke des Kammes zeigen sich Gerölleinlagerungen und schuttbedeckte Stufenbänder, dorthin übertretend finde ich mich gegen den Schneesturm gedeckt und gewinne mit wachsendem körperlichen Wohlbehagen eine ruhigere Fassung. Ich entsinne mich, dass ich die Südostseite des Gipfels bereits als gangbar recognoscirte, und dass es sich lediglich um eine kurze Uebersteigung oder Umgehung der nächsten Zackenmassive handle. Unmittelbar jenseits der Scharte zeigen in diesen Vorwerken des Gipfels sich einige Plattenlagen, ich denke auf ihnen den Uebergang zu erzwingen und klettere seitwärts mitten in's Geklippe hinein. Keine Ursache, diese Wahl als eine gut getroffene zu preisen; die jeder grösseren Unebenheit entbehrenden, heute zudem glattgewaschenen Tafeln bieten höchst schlüpfrige, unsichere Bahn, ich selbst muss mich wundern, wie der Tritt an der Stelle zu haften vermag, an welcher ich, Mangels anderer Möglichkeit, ihn hinsetze. Rückwärts kann ich nicht mehr; was unter mir liegt, ist mir verborgen; ein Rosenbett ist es sicher nicht. Ein gewagter Schwung und Sprung um die äusserste Felsenecke und ich stehe auf dem losen Trümmerboden des Gipfelkegels. Die Steilstufen der Schichtköpfe durchstreichen dies Gehänge gürtelartig und erinnern wieder vollständig an die charakteristische Struktur der Gipfel des Isarquellengebietes. Einbrüche und Spalten leiten ohne Schwierigkeit von einem Schuttbande zum anderen empor, langsam entschleiert vor meinem aufwärts gerichteten Blicke sich das Gipfelhaupt. — Zur Rechten stehen mir die zerhackten Felsgestalten des Hauptgrates, schwarzzackige Ruinen, zu ihren Thoren bricht ein wildes Heer zerfetzter Wolkengebilde herein, aus den Klüften brüllt der Sturm ein ohnmächtiges Zurück mir entgegen. Ihm zum Trotz trete ich just hinaus in die Scharte und sehe hinunter in's Johannesthal — nicht auf seinen grünen Boden, auf seine Weidematten unter den Ahornbäumen, nur nebelumwogtes Felsengerüst, durchschüttert von Wind und Wetter. — Ein gerundeter Schuttkessel, kellerartig ausgebrochen zwischen der Theilung des Haupt- und Seitengrates, kaum 20′ unter der höchsten Aufspitzung gelegen, verspricht willkommene Deckung für einen längeren Aufenthalt; noch einige Schritte aufwärts, und auf zersplittertem, knapp genügenden Raum zum Umwenden gewährendem Grate stehe ich auf dem Scheitel der kühnsten Zinne der Riss, des Isarquellengebietes. Senkrecht stürzt vor mir die Wand in's Kaltwasserkar; ein tiefer, finsterer Schacht durchschneidet sie bis herauf, zum Gipfel; durch's graue Gewölk dämmern die Firn- und Lawinenreste, die im Geklüfte tief unten sich angesammelt haben. — 5 Stunden hat die Wanderung von der Kastenalpe herauf gewährt, 3 Stunden lang über den Scheitel des Felsenkammes, über zwei davon in Sturm und winterlichem Graus. —

Die Schneewirbel haben sich erschöpft, um so entfesselter tobt der Orkan um meinen schlanken Wartthurm, — es muss mich Wunder nehmen, dass er nicht zum Wanken gebracht wird. Längs des südlich abzweigenden Grates etwas absteigend finde ich denselben aus mächtigen Blöcken zusammengefügt, die tiefe Spalten zwischen sich lassen. In einer solchen, zwischen massigen, genau kopfhohen Felswürfeln, richte ich mir ein Observatorium zurecht und stelle meinen Compass auf. Bald sind die Gänge von diesem nach dem schützenden Kellereinbruche, von da zur Spitze, zurück zum Observatorium und umgekehrt, Tritt für Tritt, Sprung für Sprung, ausgekundschaftet, — ich bin auf der Kaltwasserspitze zu Hause. Die relative Höhe des Birkkar und Oedkarspitzes, der Spitzen des Sonnenjochs, — dann die horizontale Lage dieser Nachbarpunkte von meinem Standorte aus musste in erhaschten Momenten bestimmt, als Resultat der abenteuerlichen Partie in kaum leserlichen Kratzfüssen dem Notizbuche einverleibt werden. Die Klinometervisuren ergaben ein — schon mit blossem Auge abzuschätzendes — entschieden tieferes Niveau der Sonnenspitzen (Nördlicher 8136′ 2643 m., Südlicher 8194′ 2653 m. Pfaundler), dagegen eine geringe Ueberhöhung des Oedkar- und Birkkarspitzes und sprachen in dieser letzteren Beziehung für die relative Richtigkeit der Katastermessung für die Kaltwasserspitze (Oedkarspitz 8459′ 2748 m., Birkkarspitz demzufolge ca. 8480′ 2755 m., Kaltwasserspitze 8411′ 2732 m.)*); die

*) Obwohl es nicht die Bestimmung dieses Buches sein soll, eine vollständige Orographie derjenigen Gebiete zu liefern, aus welchen ein-

Horizontalvisuren dagegen wiesen ein starkes südliches Heraustreten dieses Gipfels aus der geraden, vom Birkkarspitze zum

---

zelne Hochtouren zur Beschreibung kommen, so möchte ich doch die gebotene Gelegenheit benützen, an einem Beispiele nachzuweisen, welch' arge Verwirrung in den orographischen Verhältnissen unserer Nördlichen Kalkalpen herrscht, mit welch' combinirten Schlüssen der Bergwanderer das gebotene Material mit den Resultaten seiner eigenen Beobachtungen in Einklang bringen muss. Um in der langen Reihe der Hinterauthaler Kette bezüglich der Zugehörigkeit der einzelnen Höhenmessungen zu den betreffenden Spitzen nur einigermassen in's Klare zu kommen, dazu liefern natürlich die Katastral-Angaben mit der Beifügung „zwischen Karwendel- und Hinterauthal" nicht den geringsten Behelf. Dagegen finden wir in der bereits früher citirten Abhandlung Prof. Pfaundler's „Einige Höhenmessungen im Gleirsch- und Hinterauthale" ein Profil der Hinterauthaler Kette, welches, besser als jenes der Gleirschthaler, die charakteristischen Züge der Berggipfel trifft und ihr Erkennen ermöglicht. Leider geräth schon zu allem Anfang eine grosse Verwirrung in diese Profile dadurch, dass — offenbar aus Versehen, denn die Messungen Prof. Pfaundler's geben ganz andere, und mit dem wahren Sachverhalte weit besser stimmende Resultate — der Birkkarspitz als östlicher Gipfel des Oedkarspitzes verzeichnet wurde, seine Benennung auf die Kaltwasserspitze und dieser Name wieder auf den Moserkarspitz zu stehen kam. Rechts vom Moserkarspitze erscheint dann, als mit diesem zusammenhängend, ein zweiter pyramidaler Gipfel, der in der Hinterauthaler Kette gar nicht existirt; es ist diess nichts Anderes, als das dahinter hervortretende Gamsjoch. — Noch verwickelter wird die Sache dadurch, dass; vermuthlich, nachdem die fehlerhafte Zuweisung der Namen bereits geschehen war, die südöstliche Umbiegung des Hauptkammes an den „Birkkarspitz" (recte Kaltwasserspitze) verlegt wurde, während der Wendepunkt am wahren Birkkarspitze (bei Pfaundler „Edkor, östliche Spitze") sich befindet. Der Fehler der österreichischen Generalstabskarte findet sich begreiflicherweise sowohl im Profile als in der Projektionskarte Prof. Pfaundler's. Nun zu den Höhendaten; der Kataster führt zunächst einen „Birkkarspitz" auf, 7795' 2533 m. hoch; für den Birkkarspitz des Hauptkammes ist diese Messung einfach unglaublich, sie bezieht sich vielleicht auf einen der Birkköpfe, im Zweigkamme des Oedkarspitzes (auf welchen, bleibt freilich in Frage.). Prof. Pfaundler bestimmt den Seekarspitz zu 8213' 2668 m., den „Edkor, westliche Spitze" zu 8300' 2697 m., den „Edkor, östliche Spitze" zu 8359' 2716 m., den Birkkarspitz, in richtiger Würdigung seines Vorranges vor beiden zu 8423' 2736 m. Nun aber fällt im Vertikalprofile (nicht in der Horizontalprojektion, welche mit ersterem gar nicht übereinstimmt) der „Edkor, östl. Spitze" mit dem wahren Birkkarspitze zusammen und östlich dieses Gipfels existirt kein höherer mehr. Im Vertikalprofile bekommt die Kaltwasserspitze unter dem Namen „Birkkarspitz" dessen Höhe mit 8423' 2736 m. In der Horizontalprojektion figurirt der gleiche Punkt unter dem Namen „Kaltwasserspitze" mit der Höhe des Moserkarspitzes im Vertikalprofile (7968' 2599 m.). Bezieht man die beiden unter dem Namen „Edkor" aufgeführten Messungen auf den wahren Oedkarspitz, so erscheint ihre Differenz treffend, wenn der westliche Eckpunkt und die Signalpyramide, nicht aber, wenn diese und der östliche, mit einer grossen Steinpyramide signalisirte Gipfelkopf gemeint

Nördlichen Sonnenspitze gezogenen Linie nach. Damit ergab sich eine weitere Unrichtigkeit der österreichischen Generalstabskarte. Den eclatantesten Verstoss derselben wahrzunehmen, welcher den grossen Zweigkamm des Heidenkopfes vom Birkkarspitze ausgehen und das Moserkar unter der Kaltwasserspitze hindurch an den Ostfuss des letzteren reichen lässt — dazu bedurfte ich freilich nicht erst der Ersteigung dieses Gipfels, und hätten auch die Herren Kartographen einer solchen nicht bedurft, um ihn zu vermeiden. Eine aufmerksame Betrachtung und Skizzirung der Hinterauthalerkette von einem günstig gelegenen Punkte der Gleirschthalerkette (z. B. der Jägerkarscharte), ja nur von der Terrasse der Hinteröd- und Jägeralpe aus würde hiezu völlig genügt haben. Das Birkkar, welches in seinem unteren Verlaufe ein ziemlich enges, fast schluchtartiges Thal darstellt, verbreitet in höherer Zone sich zu sehr ausgedehnten Mulden. Durch die kurze, rasch niederbrechende Südabzweigung des Birkkarspitzes wird es hier in zwei grosse Becken getheilt, deren westliches an den Hochsattel zwischen Oedkar- und Birkkarspitz, das östliche an die Grateinsenkung zwischen diesem und der Kaltwasserspitze hinanzieht. Entsprechend der weit tieferen Lage des letzteren, bildet die östliche Mulde flache, hügelige Schuttweitungen, während die westliche steil, in vielfachen, durch hohe Gürtelmauern getrennten Terrassen zur culminirenden

ist. Im ersteren Falle bliebe dieser ohne jede Vertretung. Hier stimmen in gewisser Hinsicht wieder die Kataster-Messungen besser, bezeichnen auch die gemessenen Punkte verständlich als „Oedkarspitz, Signal“ und „Oedkarspitz, Steinmann“, auch die Höhen-Differenz 8448′ 2744 m. und 8459′ 2748 m. erscheint zutreffend, aber falsch ausgetheilt, nicht der „Steinmann“, wie der Kataster angibt, sondern das „Signal“ ist der höhere Punkt. — Ist es zu tadeln, wenn unter diesen Umständen der Bergreisende die Fesseln solch' verworrenen und unzuverlässigen Materials abstreift und auf eigene Faust Hypothesen baut? — Mein Raisonnement ist folgendes: Der Oedkarspitz, als mit grossem Signale versehen, wurde jedenfalls direkt gemessen. Ich beziehe daher die Katastral-Messung „Oedkarspitz“ auf ihn, und zwar von den beiden vorhandenen die höhere auf den wirklich höchsten Punkt, d. i. das Signal; schätze den Birkkarspitz demzufolge auf ca. 8480′ 2755 m.; in diese Combination passt dann einerseits die Pfaundler'sche Messung für den westlichen Nachbar, den Seekarspitz (8213′ 2668 m) — andererseits für den östlichen Nachbar die Katastral-Messung der Kaltwasserspitze mit 8411′ 2732 m. — Wenn übrigens in nächster Umgebung des Oedkarspitzes, der mit einem grossen trigonometrischen Signale versehen, zudem sehr leicht ersteigbar ist, solche Unsicherheit der topographischen Angaben herrscht, was will man dann erst vom Rossloch — von den Karen des Vomperlochs — vom Speckkar-Gebirge — von den Falken erwarten? —

Schneide sich erhebt. Und doch bietet nur diese die Möglichkeit eines Gebirgsüberganges (von der Hochalpe durch das Schlauchenkar ansteigend oder umgekehrt); die Steilwände des Kaltwasserkars verwehren jede Annäherung an den östlich des Birkkarspitzes gelegenen Pass.

Nachdem der geschäftliche Theil der Bergersteigung seine Erledigung gefunden, schlug ich mein Quartier im kellerförmigen Ausbruche östlich unter dem Gipfel auf, gedeckt gegen den Sturm, der über meinem Haupte dahinbraust, die Wolkenschaaren in's Moserkar hinüberpeitscht, — aus ihren durchrissenen Schleiern die Nachbargipfel auf Augenblicke hervortreten lässt; schwarze Felsenschollen, im Nebelmeere treibend. Von Zeit zu Zeit dann ein kurzer Besuch der Gipfelzinne, auf engem Gratzacken niederkauernd den Blick gerichtet in die ungewisse Weite, in die verborgene Tiefe; dort stürzt's hinunter, unergründlich dunkel, in die Schneegrüfte des Kaltwasserkars, auf die Thalweide von Ladiz. Die zerspaltene Zweigrippe, welche der Birkkarspitz zur Hochalpe hinunter entsendet, lässt in hellen Momenten die Firndecke des Schlauchenkars hindurchblicken. Höher gehen die Wogen im Wolkenoceane, breitere Intervalle lassen ihre brandenden Massen, zahlreicher und nachhaltiger werden die Risse in der einförmig düsteren Hülle. Die abgehackten Gipfel der Gleirschthaler Kette, — die gedehnten Schuttflächen des Oedkars, nun in weissem Schneegewande, die geneigten Pyramiden der Karwendelkette, — die Falken der Riss tauchen nach einander aus dem dunstigen Chaos, und wie von unsichtbarer Hand getheilt zeigt sein offener, eng begrenzter Rahmen urplötzlich einen Ausschnitt des Rissthales, Vorgebirge, Flachland — ein Stückchen grüne, sonnige Welt. Nur immer zurück in Sturm und Nebelgrau! Zurück die Scheidewand, die jenes Treiben und Werben und Leben da draussen unüberschreitbar trennt vom Heiligthume der Natur, wo unverkümmert das Naturrecht, das Recht des Stärkeren, noch in Kraft besteht. Baue der Felsenthurm in den Himmel sich hinein, — kleide er sich in starrenden Schrofenharnisch oder in blanke Plattenrüstung, — es gibt einen Tritt von Eisen, der ihn zu zwingen weiss, auf seinem unterjochten Haupte fusst! — Hülle er sich in Nebel und Nacht — ein Auge blickt, das auch in wettergrauser Finsterniss ihn zu erspähen, an seiner schwachen Seite ihn zu fassen versteht, auf seinem Scheitel an geisterhaften Aussichtsbildern sich ergötzt! — Rase der Sturm mit zehnfacher Gewalt, ich schleudere ihm frevelmuthig meine gellenden Jauchzer entgegen! Im

Kampf mit dem entfesselten Element bin i c h der Stärkere — und bin a l l e i n. — —

Vier volle Stunden verflossen mir im Wechsel der mannigfachsten Bilder, der widerspruchvollsten Eindrücke, wie ein Traum auf stürmischem Meere. Mittag war längst vorüber, als ich Abschied nahm von der Kaltwasserspitze, die ich im Leben wohl nicht mehr betreten werde. Vom Gipfel absteigend versuchte ich mit Glück eine Umgehung der plattigen Zacken, die ich heraufgeklommen. Eine Etage tiefer leiteten gut gangbare Schuttlagen an einer schneeerfüllten, von triefendem Dache überwölbten Felsencisterne vorüber und ohne Schwierigkeiten zu begegnen, lenkte ich in die Runse ein, die zum Moserkar hinunterschiesst. Nach wenigen Minuten stand ich wieder oben auf dem Grat. Etwas heller war's in der Tiefe geworden; noch vom Gipfel aus hatte ich die ganze, zur hochgelegenen Mulde des östlichen Birkkars abstürzende Flanke übersehen und mich mit ziemlicher Gewissheit überzeugen können, dass auch in ihren schuttführenden Rissen eine Ersteigung der Kaltwasserspitze sich würde bewerkstelligen lassen. Nun fiel mein Blick auch hinunter in's Moserkar, genauer gesagt in seinen westlichsten Abschnitt, das Rauhkarl. Mit der Behauptung einer Ersteigbarkeit der Kaltwasserspitze von dort aus verhielt es sich etwas zweifelhafter. Steiler zeigten nach dieser Richtung hin sich die Wände und mehr denn doppelt so tief, als das Birkkar, liegt das Rauhkarl unter ihrer Schneide. Eine Kluft im Gewände soll, den Angaben der Jäger zufolge, auch hier den Anstieg ermöglichen. Ich will die Richtigkeit dieser Aussage nicht positiv in Abrede stellen, rathe aber, nachdem andere Wege auf die Kaltwasserspitze sich eröffnen, davon ab, dieselbe zu erproben.

Längs des Grates zog ich den schartigen Scheitel, die langgedehnten Terrassenstufen zum Heidenkopfe hinunter, wie ich in den Morgenstunden heraufgekommen war. Im Hinterauthal lagerten jetzt bleiern, wie ermüdet von ihrem Toben, die Schichten der Wolken. Sie zogen träge hinauf in die oberen Kare, um in der kühleren Abendluft sich zu lösen, einen hellen Morgen und eben so rasch wie heute, wieder Nebel und Sturm zu bringen. Ein Irrgang im Krummholze des Heidenkopfes, bei Wiederaufsuchen des Birschpfades zum Moserkar, bildete das letzte Abenteuer dieses Tages. Es war ein anstrengender in jeder Beziehung gewesen. Ich gedachte am folgenden mir etwas Ruhe zu gönnen, nicht eben zu Hause liegend, sondern in Ausführung einer kurzen, unschwierigen Bergtour. Dazu bot sich auch die beste Gelegenheit; der Moserkarspitz, wenngleich von seinen Nachbarn Kaltwasserspitze und Sonnenspitz hoch überragt, behauptet doch selbständige Stellung genug, einen Besuch zu lohnen. Für diese Ersteigung hatte ich schön geebnete Pfade bis in die obersten Zonen des Moserkars*) und die breite Pyramide des Gipfels versprach eine leichte Ersteigung; ich gab ihr Rendez-vous auf morgen. — Glanz der Abendsonne spielte durch die gebrochenen Wolkenmassen, als ich, $3^1/_2$ Stunden nach Verlassen des Gipfels, den Fuss wieder auf den Thalboden der Isar setzte. Der Senne der Kastenalpe trieb seine Ziegenheerde eben zur Melke heim, vor der Thüre des Jagdhauses sass, die Büchse putzend, ein Jäger. Es mochte ihn verdriessen, den leidigen Störenfried schon wieder im Revier zu wissen, und Hoffnung mochte er setzen auf die Witterung, die meine Pläne mir verdarb. Auf die halb ironisch gestellte Frage, was ich denn heute ausgerichtet, erfolgte die bündige Antwort: „auf der Kaltwasserspitze bin ich gewesen.“

Und fort ging's in gipfelstürmendem Zug, die nächsten Tage durch das Herz der Karwendelgruppe. Der Moserkarspitz beschäftigte mich, wie geplant, den folgenden Morgen und dann ging's hinein in's Rossloch, zwei Nächte im einsamen Birschhäuschen dort innen zu verbringen. Die Tage aber führten mich auf all' die seltsam geformten Zinnen, viertausend Fuss über dem Laliderer Thale, Steilwand auf seinen grünen Boden niedersetzend; und über die gewaltigen Thürme der Hochkanzel und des Gamskarlspitzes, über den zerrissenen Grat des Suntigerkammes hinaus zum Haller-Anger — ein neuer Weg in das so eifersüchtig bewachte

*) Im Moserkar befindet sich auch die Scharte, welche, über die bereits früher genannten Ladizer Flecken, den Abstieg nach der Alpe Ladiz gestattet. Die Birschpfade ziehen ihre Zickzacklinien in beide grosse Mulden des Moserkar hinauf, die der Moserkarspitz mit seiner Körpermasse und seinem kurzen Südausläufer trennt; man täuscht sich aber in der Meinung, diese Pfade, welche die Gratscharten völlig berühren, jenseits fortgesetzt zu finden; sie brechen auf der Schneide urplötzlich ab. Von der Scharte westlich des Moserkarspitzes aber kann man durch Geschröf auf die Reissen und Grasplätze hinunter gelangen und erreicht, im Abstiege über dieselben stets links (westwärts) gehalten, eine vortretende Bastion des Gebirgsfusses, von welcher endlich der Abstieg auf den Thalboden von Ladiz ermöglicht wird. Die Oesterr. G.-St.-K. gibt diesen Steig, — der jedoch kein Pfad, sondern die blosse Möglichkeit, zu steigen, ist, — östlich vom Moserkarspitz (dort Kühkarlspitz genannt) an; wer an diese Angabe sich halten wollte, könnte in arge Klemme gerathen. — Der Moserkarspitz ist sowohl von Osten als von Westen leicht ersteiglich und von theilweise lohnender Aussicht.

Rossloch. — Und wenige Tage später hatte auch der Nördliche Sonnenspitz, der trotzige Wächter von Ladiz, aufgehört, den unerstiegenen Gipfeln zuzuzählen. Und noch einmal tauchte ich auf dem Grate des Solsteingebirges auf, den letzten seiner Gipfel, den ich bei meinem ersten Innsbrucker Aufenthalte vernachlässigt (die Hohe Warte, zwischen den Hohen Brandjochspitzen und dem Kleinen Solstein) mir zu gewinnen; die trauliche Amtssäge im Gleirschthal gab mir zu diesen letzten Ausflügen wieder freundliches Obdach. Am Morgen des 1. September verliess ich sie, um in langer Zeile noch einmal das Gebiet zu durchschneiden, das bald ich das meine nennen durfte, das letzte Felsenhaupt zu zwingen, das einmal bereits mich zurückgewiesen. Durch's Manndelthal, über die Niederbrandjochspitzen, die Pfeisalpe, Stempeljoch, Issthal, Lafatscher Joch zum Haller Anger; hinunter in den innersten Winkel des Vomperlochs, hinauf in's Grubenkar, quer durch die Plattenabdachung des Nudeltrog in's Spritzkar hinüber und auf seinen Gipfel, — das Karwendelgebirge war nicht mehr unbekannt, Einer war nun, der in seinen Felsenwüsten Bescheid wusste. —

Ich hoffte damals, die Zahl seiner Besucher, seiner Kenner rasch sich vermehren zu sehen. — Ich darf nicht behaupten, dass diese Hoffnung sich erfüllt habe.

V.

Aus dem Wetterstein-Gebirge.

XXIV. Ein Tag auf dem Plattacher Ferner.

(Hierzu Vertikal- und Horizontalprofil No. 24.)

Und wieder zog ein Jahr in's Land; und wieder sah ein neuer Sommer mich einziehen in die Gebirge. Mit manchem Traum war auch der Wahn, nutzbringende Entdeckungen zu machen in den Alpen, verschäumt. Ein Karwendel-Gebirge, bis in seine verborgensten Einöden mir erschlossen, bekannt, lies die „entdeckende“ alpine Welt kalt, theilnahmlos, als läg' dort eine Lüneburger Haide. Ich durfte mein verwegenes Gipfelstürmen, meine halsbrecherischen Wagnisse nicht ferner mit dem Flitter mehr behängen, durch sie den Interessen einer wissbegierigen Menschheit zu dienen. Wenn ich mein Leben ferner wollte auf's Spiel setzen, so geschah es auf eigene Rechnung, ohne anderen Grund und Fug als das eigene Vergnügen, die eigene Leidenschaft. — Ich ging wieder in's Gebirge, wieder in unsere Nördlichen Kalkalpen. Nur die Wahl unter ihren Gruppen war unter veränderten Verhältnissen eine veränderte geworden. Die Lechalpen, ein zweites Karwendel-Gebirge, was Ausdehnung des Gebietes, Bedeutung und namenlose Unbekanntheit seiner Gipfel anbelangt, hatten vordem mich angezogen. Jetzt nicht mehr. — Auf das Karwendel-Gebirge sah ich zurück vom heimatlichen Land, auf die herrliche Reihe seiner feingeformten Spitzen — und Alle, Alle grüsste ich dort als meine Bekannten; und sie grüssten heraus aus ihren schneeigen Oeden, den einzigen Bekannten, in der ganzen weiten Welt. Und dieses wechselseitige Grüssen, dieses Bewusstsein, „dort kenn' ich jeden Zacken und Keiner kennt ihn, als ich“ war ja das einzige Resultat meiner Entdeckungszüge dort geblieben. So fiel meine Wahl auf jenen mächtigen Nachbargebirgsstock, der hoch das ganze bayerisch-schwäbische Flachland beherrscht; so fiel die Wahl auf ein Gebirge, das bis in's innerste Herz hinein vom Touristenvolke durchzogen wird, dessen höchster Gipfel zu einer der beliebtesten, vielgenanntesten Alpenpartieen zählt. Statt einer Gruppe, in welcher fast jeder Gipfel, den ich erstieg, erst durch meine Beschreibung bekannt werden konnte, fiel meine Wahl auf eine, welche bekannte, berufene Häupter in ihrem Reigen führte. Zwei vor Allen: die Zugspitze als beliebte, lohnende Hochtour, die Dreithorspitze als unersteiglich. — Zu entdecken gab es im Wettersteingebirge wenig; zu ersteigen mehr, als ich gedacht. Und wunderbar; gerade im Wettersteingebirge, wo meine Touren keinen anderen Zweck verfolgten, als Gipfel um Gipfel zu zwingen, zu keinem anderen Ende, als das souveraine „car tel est notre plaisir", — für Niemand anders, als für mich —, sind meine Unternehmungen nicht unbemerkt geblieben, sie haben Nachahmung gefunden, und manch' neue, interessante und für Bergsteiger wichtige Hochfahrten haben nachträglich sich daran geschlossen*). Das Karwendel-Gebirge liegt heute, nach vier Jahren, noch verlassen und vergessen da, ein Stück alter Zeit, ein Probebild von dem Aussehen unserer Alpen vor einem halben Jahrhundert. In der Hochregion des Wetterstein-Gebirges hat Manches sich geändert seit dem Jahre 1871. Die Beschreibung einer Gruppe von vier gewaltigen Gebirgskämmen, unbekannt und unbenannt, vermochte die Theilnahme der alpinen Welt nicht zu gewinnen, ein treuer Führer auf achtzig in ihren Annalen nicht verzeichnete Kalkzinnen war ihr entbehrlich. — Die Schilderung einer einzigen Gipfelersteigung, aus dem Wetterstein-Gebirge hat ihr Interesse gereizt**), — der Absagebrief, den ihrem Treiben ich geschrieben, wurde ihrer Beachtung für werth befunden. — Seltsame Verkettung! —

*) Eine der bedeutendsten unter diesen ist der von Hrn. *P. Winhart* in München im J. 1872 ausgeführte Abstieg vom östlichen Zugspitz-Gipfel auf den Höllenthalferner, sowie eine Ersteigung der Dreithorspitze vom Ober-Rainthale aus durch cand. jur. *Brower* und Führer *J. Koser* i. J. 1873.

**) Die Dreithorspitze im Wetterstein-Gebirge. Von dem Verfasser. Ztschr. d. D. u. Ö. A.-V., Jahrg. 1872, H. I, S. 78 ff. — In dem neuesten Hefte der Vereins-Publikationen (Jahrg. 1873, H. 2: „Ueber die Zugspitze", von Assess. *F. v. Schilcher* in München) findet neuerdings eine alpine Autorität sich veranlasst, meinen Erfolg an der Dreithorspitze und das hieran geknüpfte Urtheil über die Partenkirchener Führer zu bemängeln. Ich habe bereits zu widerholten Malen Gelegenheit gehabt, über das Gewicht, das ich fremder Anerkennung einer mir gelungenen Gipfel-Ersteigung beimesse, rückhaltslos mich auszusprechen. Ich meinerseits zolle Lob, wo ich zu loben, Tadel, wo ich zu tadeln finde, ohne andere Rücksichten, als die, dass ich solches für verdient erachte; und

So begleite denn der Leser mich in diesem letzten Abschnitte in die Hochgebirge Partenkirchens. Wenn nicht viel Neues, Weniges, das vordem unbekannt, ich aus jener Gegend ihm zu bieten vermag, so findet er vielleicht einigen Ersatz dafür in der Beschreibung der Ersteigung jener Gipfel selbst, die seinen Weg in's hochromantische Rainthal, bis über's Gatterl vielleicht oder gar bis auf die Königin Zugspitze so gewaltig begleiten, deren groteske Formen so unauslöschlich dem Gedächtnisse sich einprägen. Und diess gilt vor Allem für das Thema dieses ersten Kapitels, für den „Plattacher Ferner.“. — „Der Plattacher Ferner — die Zugspitze“; kaum gibt es im Gebiete der Nördlichen Kalkalpen einen Namen, welcher dem Ohre bekannter klänge, kaum einen Ort, der häufiger vom Fusse des Touristen betreten würde; eine Beschreibung des Plattacher Ferners scheint nur Altes und Allbekanntes bieten zu können. Und doch möchte vielleicht aus meiner Beschreibung des Plattacher Ferners ein künftiger Zugspitzbesteiger manche Notiz als leichtes Reisegepäck mit sich zu nehmen vermögen, die er in früheren Schilderungen der gleichen Gebirgsgegend wohl vergeblich aufsuchen würde. Es bedarf wohl kaum der einleitenden Erwähnung, dass mein Bericht mit der Zugspitze selbst, insoweit dieser höchste Gipfel der Nordtiroler Kalkalpen seiner Ersteigung nach in

---

mit voller Anerkennung der trefflichen Rathschläge, die Hr. *Kiendl* auf die Dreithorspitze mir mitgegeben hatte, zu geizen, dazu hatte ich umsoweniger Veranlassung, als ich neben der Dreithorspitze noch einige andere dergleichen Spitzen in meinem Besitze weiss. Hat dem genannten Hrn. Verfasser und seinem Führer *Koser* zur Dreithorspitz-Ersteigung Nichts, als Hrn. Kiendl's Rath gefehlt, so soll mich das nicht verdriessen. Wären sie vor mir auf die Dreithorspitze gelangt, so würde mir diese darum nicht weniger lieb gewesen sein. Was jedoch der kritisirende Hr. Verfasser nicht hätte vergessen sollen, ist, dass durch Unternehmungen, welche einem herrschenden Führer-Vorurtheile zum Trotz zu glücklichem Ende gebracht werden, und durch fühlbare Hinweise in der Oeffentlichkeit auf Mängel des Führerwesens künftigen Bergsteigern, welche den Führer nicht entrathen können, die Wege gebahnt werden. Die Partenkirchener Führer waren durch meine Beschreibung der Dreithorspitze und durch die bald nach deren Erscheinen in die Oeffentlichkeit gedrungene Nachricht über Hrn. *Winhart*'s Zugspitz-Tour in ihrem Rufe compromittirt. Wäre Solches nicht der Fall gewesen, so möchte der Hr. Verfasser im Jahre 1872 an den Zugwänden ebensowohl umgekehrt sein, wie im Jahre 1860 auf dem Dreithorspitz-Grat — weil eben *Koser* umkehrte. — Dass übrigens inhaltlich der Notiz des Hrn. Verfassers der Dreithorspitz-Grat auch nach Kiendl's Besteigung wieder erreicht wurde und daher meine diessbezügliche gegentheilige Angabe (Ztschr. d. D. u. Ö. A.-V., 1872, S. 92) auf einem durch meinen Gewährsmann verschuldeten Irrthume beruhte, sei hier zur Richtigstellung der thatsächlichen Verhältnisse bemerkt.

Betracht kommt, sich nicht zu befassen hat, derselbe hier lediglich als Glied in der Umrandungskette des Plattacher Ferners figurirt; die Nachbarn, die Trabanten der Zugspitze sind es, die ich hier zunächst in's Auge fasse, deren Bekanntschaft ich dem künftigen Besucher dieses Culminationspunktes vermitteln möchte, ohne gerade seine Schritte auf jene Gipfel zweiten Ranges ablenken zu wollen; und auf einen derselben möchte ich sogar die Schritte manchen Zugspitz-Besteigers ablenken.

Die Orographie des Plattacher Ferners und des Platts, an sich der Aufklärungen nicht bedürftig, ist eine einfache: ein sanft gegen Osten geneigtes, schwach längsgefurchtes, welliges Hochplateau, südlich, westlich und nördlich von hohen Gipfeln umrandet, zwischen welchen mehr oder minder tiefe Scharten eingeschnitten sind. Gegen Osten offen, mit breitem Steilabsturze 2000′ tief zu Thal setzend. — Es stellt dieser Hochplateaustock als Knoten und Endpunkt der parallelen ostwestlichen Kettenstruktur sich dar, welche wir in den bayerisch-tirolischen Kalkalpen bisher beobachteten, welche im Westen des Wetterstein-Gebirges, in den Lechalpen, beinahe vollständig verschwindet. Im Wetterstein-Gebirge erkennen wir noch deutliche Reste dieser Parallelbildung in seinen beiden Hauptkämmen, dem Wetterstein- und dem Rainthalerkamm*); der Begleitungszug des Höllenthals weicht bereits stark aus dieser Richtung ab, und alle drei, gegen einen westlichen Endpunkt convergirend, verschmelzen dort gleichsam zu einem Klumpen. Grösser noch wird die Analogie zwischen Wetterstein- und Karwendel-Gebirge, wenn man das erstere nur als Theil einer grösseren Gruppe betrachtet, welche das Munde-Mieminger-Gebirge gleichzeitig umfasst. Es prägt sich die Trennung beider unstreitig schärfer aus, als jene zwischen den Karwendelketten; auch ist nicht zu übersehen, dass das Mieminger Gebirge in gleich innigem — oder besser gesagt, losem Zusammenhange, wie

*) In den Collektiv-Bezeichnungen für die Kämme des Wetterstein-Gebirges verfolge ich ein analoges Princip wie in der Karwendel-Gruppe; benenne daher den das Rainthal nördlich begleitenden, von seiner Sohle aus ersteigbaren Kamm der Höllenthalspitzen, des Hoch-Blassen und der Alpspitze als den Rainthaler Kamm; glaube dagegen auf die beiden anderen Ketten besser Namen, die von Berggipfeln sich herleiten, in Anwendung zu bringen und bezeichne demzufolge den Hauptzug des Wetterstein-Gebirges, der an den Wetterschrofen beginnt und mit der Wettersteinwand endet, als den Wettersteinkamm, die Kette dagegen, welche das Höllenthal im Nordwesten begleitet, als den Waxensteinkamm.

im Nordwesten durch das Joch der Pestkapelle mit dem Wetterstein, so im Westen durch den Pass Fern mit den Vorposten der Lechalpen, im Südwesten durch den Pass der Holzleiten mit dem Einzelstocke das Tschürgant steht. Jedenfalls wird dem Bergwanderer die Trennung weit fühlbarer, wenn er vom Wetterstein- in's Mieminger Gebirge übergeht, als wenn er einen analogen Wechsel in der Karwendelgruppe vollzieht; er empfängt im ersteren Falle weit stärker als in letzterem den Eindruck, ein anderes Gebirge zu besuchen, als vorher. In der Ueberschau der gesammten Massen aus einiger Entfernung gestaltet das Verhältniss sich wieder etwas anders; nicht dass Wetterstein- und Mieminger Gebirge vereinigt erschienen, aber die Gesammtgruppe des Karwendel erscheint in eigenthümlicher Weise getrennt. Der Hochsattel des Haller Anger thut einen Schnitt durch ihren ganzen Complex, so ausgeprägt, dass man im aufstrebenden Speckkargebirge den Beginn eines völlig selbstständigen, von den Quellenthälern der Riss und Isar durchaus getrennten Gebirgsstockes zu erkennen glaubt. Und doch bedarfs nur einer Stunde leichten Anstiegs von jenem scheinbar so scharfscheidenden Durchbruche aus (nach dem Lafatscher Joch), um bereits auf dem Scheitel dieses neuen Gebirges zu stehen, an der Eingangspforte eines seiner innersten Thäler.

Die Oberfläche jenes Hochplateaus im Westende des Wetterstein-Gebirges, in der Sprache der Einheimischen kurzweg das Platt oder Plattach genannt, ist gleichfalls den Alpenwanderern bekannt genug; sie bietet die eigenthümliche Formation regelloser Hügelwellen, je nach der Höhenzone mit Legföhren überkleidet, — mit kurzem Rasen, mit vereinzelten Grasschöpfen bewachsen, endlich kahle Platten mit ausgewaschenen Klüften und Runsen, und wo die höchste, in den Kalkalpen freilich seltene Zone erreicht wird, deckt sie der Firnmantel, dessen breite Zungen formlos auf den flachen Felsenhügeln verlaufen. Ihre eigentliche Heimath hat diese Gebirgsformation in den Ostalpen, wo sie unter dem typischen Namen Steinernes Meer oder Todtes Gebirge bekannt ist; die Bergmassive des Dachstein, des Tennen-Gebirges, die ausgedehnten Hochplateaus der Berchtesgadener Alpen, Haagen-Gebirge, Röth und Steinernes Meer, die isolirten Stöcke der Reitalm, des Latten-Gebirges und des Untersbergs bringen sie zur vollendetsten Gestaltung, zur ausgeprägtesten Anschauung. In den scharfgegliederten Kettengruppen der Nordtiroler Hochalpen, im Karwendel Gebirge zumal, fehlt fast jeder Raum zu ihrer Entwickelung; nur die flachen Mulden einiger Hochkare weisen zuweilen schwache Spuren davon auf. Fast ebenso arm ist das Algäuer-Gebirge an diesen welligen Hochplateaus; man kennt sie dort unter dem Namen Koblad. Ein einziges findet sich, dessen Ausdehnung mit den breiten Bergscheiteln der Ostalpen in die Schranken zu treten vermöchte; es ist das Hochplateau über den Gottesackerwänden, in der Umgebung des Hohen Ifen. Das Wetterstein-Gebirge theilt im Allgemeinen die Verhältnisse seiner Nachbargruppe, des Karwendel; seine Kammfirste, schärfer noch als dort, gestatten häufig kaum dem Fusse, geschweige denn einer welligen Hügelbildung Raum. Aber seine Thäler zeigen eine eigenthümliche Neigung, in ihrem Hintergrunde zu Becken sich zu erweitern und diesen Hintergrund durch einen plötzlichen, schroffen Aufbau, hoch über ihre Sohle, in eine Region hinauf zu erheben, welche die Bildung des typischen Plattert, ja sogar die Gletscherbildung begünstigt. Nicht weniger als dreimal greift in der kleinen Wetterstein-Gruppe die gleiche Formation Platz, in vielen Punkten so gleichförmig, dass man die bezüglichen Lokalitäten auf den ersten Anblick mit einander verwechseln könnte. Es sind dies das Höllenthalkar mit dem Höllenthalferner, das Dreithorspitzplatt, dessen Hintergrund ebenfalls nur äusserst selten schneefrei wird, — und das Platt mit dem Plattacher Ferner. — Wie auf jedem solchen Steinernen Meere, so ist auch auf dem Platt die Vertheilung der Hügel und flachen Terrainwellen eine völlig regellose, höchstens liesse sich eine schwach ausgeprägte Anordnung derselben in Reihen, die nach der Tiefe convergiren, unterscheiden. Von den Einfurchungen, welche in gleichem Sinne das Platt durchziehen, ist die bedeutendste und längste das Brunnthal, doch keineswegs bedeutend genug, um als ein Anfang und Ursprung des Rainthales gelten zu können, zudem es im Steilabfalle gegen den Hintergrund des letzteren fast völlig verschwindet. Auch der Wasserbeitrag, welchen diese Thalung der Partnach spendet, ist ein verschwindender, meist überhaupt Null. Ein einziger bedeutenderer Zufluss ist es, welchen die Partnach überirdisch aus der Höhe der Gebirge erhält: der Giessbach des Gatterl, welcher in der grünen Mulde des Trauchlet, am Fusse des Wandach seine Gewässer sammelt, und über die Gatterlscharte auf den Hintern Anger sich herabstürzt.

Die höchsten Regionen des Platts deckt ewiger Schnee, Firn und Eis. Durch keine Thalung in seinem Laufe bestimmt, breitet dieser Gletscher sich frei über die Hügelfläche hinab, und endet mit langem, geradlinigen Rande an jener Zone, wo Schneefall und Sommerwärme eben das Gleichgewicht sich halten. Natürlich wechselt diese Zone mit jedem Jahre, bleibt sich im Mittel indess doch so weit gleich, dass die Grenze des eigentlichen Gletschers durch eine deutliche Moräne gekennzeichnet wird, ein mässig hoher Wall feinzerriebenen, weissgelblichen Kalkschuttes. Wie seine Umrandung, so hat auch der Gletscher selbst und sein Grenzsaum eine nahezu hufeisenförmige Gestalt. Die breite Masse des Schneefernerkopfes theilt seine oberen Regionen in zwei grosse Firnbecken, deren nördliches längs des Fusses der Zugspitze eine ziemlich weite, plateauartige Erstreckung besitzt und bei deren Ersteigung überschritten wird. Wo die beiden breiten Firnströme zusammenstossen, werfen sie zwischen sich eine kleine Mittelmoräne auf, die ebenfalls durch niedrige Hügel zerriebenen Kalkschotters mitten in den Schneefeldern sich kundgibt. Es fehlt dem Plattacher Ferner demnach nicht an Merkmalen eines wahren Gletschers; nur Klüfte im wahren Sinne des Wortes habe ich in ihm niemals wahrgenommen. Man sagt zwar, dass der schneefreie Gletscher solche von beträchtlicher Tiefe aufweise; es sind aber, wie ich Anfangs August 1873 mich überzeugen konnte, lediglich vom oberflächlich abrinnenden Wasser eingesägte Runsen, deren Entstehung und Wachsthum von der fingerbreiten Furche bis zur tiefen Kluft an hunderten von Beispielen verfolgt werden konnte. Sie liefen denn auch alle im Sinne der Senkung des Gletschers, vom Fusse der Zugspitze nach dem Platt hinunter; keine einzige quer. Auch vom Zugspitz-Gipfel aus konnte ich, so weit ich den Plattacher Ferner übersah, nicht die Spur einer queren Gletscherspalte bemerken. Manche jener Längsfurchen dagegen besassen damals schon eine Tiefe von etwa 20—25′ und bis zu 2′ Breite. Sie mögen in diesem Jahre noch ansehnlich gewachsen, einzelne unter ihnen vielleicht unüberschreitbar geworden sein.

Die Gipfelumrandung des Platts und des Plattacher Ferners ist dem Zugspitzwanderer bekannt genug: Im Norden ist es die Zugspitze selbst, ihre Grat-Fortsetzung bis zur äussersten westlichen Ecke des Felsenkammes einer-, längs des Weissthals zum Brunnthalkopf andererseits. Im geraden Westen, über der Mitte des Ferners, thront der S c h n e e f e r n e r k o p f; zwischen ihm und dem Ende des Zugspitz-Grates lässt der Rand ein breites, vom Firne erreichtes Schartenthor offen. Vom Schneefernerkopf gegen Süden setzt ein niedriger Zackengrat sich fort zum W e t t e r -

wandeck*). Von diesem Eckpunkte senkt der Kamm rasch sich ab zu enger, ebenfalls von Schneefeldern berührter Einschartung und steigt wieder empor zur zahnigen, dreigipfligen Mauer der Wetterschrofen. An diese reihen sich die viel niedrigeren Gatterlköpfe, über deren äusserste, östliche Schulter der Steig nach Ehrwald hinüberführt; der Felsgrat selbst sinkt noch bedeutend tiefer ab zur Gatterlscharte, durch welche der Trauchletbach seinen Abfluss nimmt und steigt wieder empor zum Vorgipfel des Hoch-Wanner. Wir sind der bayerisch-tirolischen Landesgrenze und sind der Grenze der geologischen Formationen — des Wettersteinkalkes gegen jurassische und untercretacische Glieder — nachgegangen. Den Hauptgrat, den wasserscheidenden Kamm, haben wir verlassen. Dieser biegt, kurz oberhalb des Gatterl-Ueberganges sich ablösend, stark gegen Süden aus, erhebt sich in milden, weichen Bergformen gelben Mergelschiefers, von tiefrothen Kalkbänken durchstrichen, im Wandach bis über 7000′ 2275 m. Höhe und schliesst am Vorgipfel des Hoch-Wanner wieder an die Massen des Wettersteinkalkes sich an. Sein Rücken ist der zweite**), welchen der Tourist, der aus dem Rainthale nach Lermos wandert, überschreitet, und er ist merklich höher als der Uebergang „Am Gatterl“. Und eine dritte, noch bedeutendere Grathöhe wartet seiner jenseits dieser Schranke; doch ist diess bereits eine Abzweigung, und kurze Arme von ihr und vom

*) Der Name wurde Mangels einer passenden Bezeichnung von mir gegeben. Die durch ihre genauen Daten ausgezeichnete bayerisch-tirolische Grenzbeschreibungskarte verzeichnet an dieser Stelle einen südöstlichen und einen nordwestlichen Wetterspitz mit beziehungsweise 8290′ 2693 m. und 8407′ 2731 m. Höhe; letztere Messung möchte auf den hohen Felshöcker im Verbindungsgrate nach dem Schneefernerkopf passen, erstere ist für das Wetterwandeck zu gering, da dieses sich höher erweist, als die Wetterschrofen (8306′ 2698 m.). Gänzlich unverständlich wird die Darstellung der Grenzbeschreibungskarte im Vertikalprofile, denn hier erscheint der „Südöstliche Wetterspitz“ als isolirte Spitze, wie eine solche jenseits der Scharte am Westfusse der Wetterschrofen im Rand-Grate thatsächlich nicht existirt. Weit besser passt auf das Wetterwandeck eine Messung Sendtner's unter dem Namen „Wetterspitz, südöstlicher“ 8320′ 2703 m. Der nordwestliche Wetterspitz erreicht nach dieser Quelle die Höhe von 8437′ 2741 m.

**) Es wird auf diese eigenthümliche Complication der Gebirgsstruktur von den Touristen, die über das Gatterl gehen, gewöhnlich zu wenig gemerkt. Sie ärgern sich, nach Ersteigung der ersten Grathöhe noch eine zweite und dann gar noch eine dritte übersteigen zu müssen, das ist Alles. Ich glaubte daher diesen Punkt etwas ausführlicher erörtern zu sollen.

Hauptgrate ausstrahlend umfassen eine hochgelegene Weidemulde, ähnlich dem Trauchlet und schnüren sie rasch zur felsigen Schlucht zusammen; sie mündet geradlinig hinunter in's obere Gaisthal. Erst nachdem dieser dritte Rücken erstiegen, dessen äusserster Kopf prachtvoll ausgeprägte senkrechte Schichtung (Dachsteinkalk) zeigt, breiten vor dem Wanderer die steinigen Wiesenhänge des Hochisenthales sich aus, zur Pestkapelle hinab. Ueber ihm, zur Rechten, streben die Mauern der Gatterlköpfe, der Wetterschrofen empor und bald tritt im Nordwesten als röthlich-gelber Riesenbau die Wetterwand wieder in Sicht.

Meine Excursionen im Wetterstein-Gebirge eröffnete ich in echt touristischer Manier; der erste Tag (22. Juli) fand mich auf der Alpspitze, der zweite auf der Zugspitze. Den üblichen Weg durch den „Kamin" verfehlend, fand ich diese Tour nicht ganz so leicht, als sie zu schildern alpine Mode geworden ist. Und bei späterem Besuche auf dem richtigen Wege überzeugte ich mich, dass auch dieser, wenngleich unschwierig im Sinne des routinirten Bergsteigers, doch von jenen, die ausser der Zugspitze weiter Nichts in unsern Nördlichen Kalkalpen besuchen, nicht mit solcher Emphase als „Spaziergang" bezeichnet zu werden brauchte, wie man diess wohl gelegentlich zu hören bekommt. Der dritte Tag sollte auf die Randgipfel des Plattacher Ferners verwendet und mit den Wetterschrofen an seinem südlichen Saume der Anfang gemacht werden. Wer kennt ihn nicht, den prächtigen, eisenblanken Kegel, der im träumerischen Blau der unteren Partnach-Gumpe sich spiegelt, dem unvergleichlichen Bilde seinen höchsten, ernstesten Reiz verleiht? Wer, der das Platt und seinen Ferner betrat, hätte nicht ehrfurchtsvoll hinübergeblickt nach den Gipfeln in seinem Südrande, mit ihren abgeschliffenen, mehrere Morgen grossen Plattentafeln; auf den Gipfel der Wetterschrofen, der mächtig sie beherrscht, an Höhe wie an Reine seines Plattenpanzers ihnen allen es zuvor thut? — Wer hätte nicht verwundert hinter diesem Kegel, der isolirt, wie aus dem Boden herausgewachsen zu sein scheint, eine schwarzzahnige Mauer sich fort erstrecken, zu einem neuen Gipfel sich erheben sehen, an dessen rippige Flanken die letzten Schnee- und Eiszungen hinauflecken? Das ist der Wetterschrofen, der Wächter des Gaisthales; die Gatterlköpfe leiten seinen Kamm von Osten her ein, sie sind es, deren Tafelstöcke auf die Trümmermulde des südlichen Platts herunterbrechen. Von Süden, aus dem Hoch-Isenthale, sind sie auf stufigem Geschröf und steinigem Rasen leicht zu ersteigen. Nicht so der Gipfelstock des Wetterschrofen selbst; er fusst mit Steilwand auf den Geröllhalden hoch über dem Joch der Pestkapelle. Von dorther ist ihm nicht zu nahen. Sein östliches Haupt, die Reihe der Gatterlköpfe schliessend und beherrschend, wird mit dem Namen Gatterlspitz bezeichnet; sein westliches als Plattspitze*). Zwischen beiden steht auf dem Grat ein doppelköpfiger, abgehackter, schwarzer Höcker.

Dem Wetterschrofen lenkten meine Schritte sich entgegen, als ich in den Morgenstunden des 24. Juli die Knorrhütte auf dem Platt verliess. Ein arger Sonnenbrand, mit dem der Ferner am Tage vorher mich bedacht (ich war vom Rainthaler Hof ausgegangen, hatte erst gegen 10 Uhr die Knorrhütte, um $^1/_2$ 2 Uhr Mittags die Zugspitze erreicht), hatte eine fieberheisse, schlaflose Nacht, einen matten Morgen in seinem Gefolge. Die gedehnten Hügelterrassen des Platts hinan wanderte ich langsam meinem Ziele zu; mehr noch als sonst, ärgerten mich die lästigen Schafe, deren über tausend auf dem Platt weiden. Auf dem gewöhnlichen Wege nach der Zugspitze hat der Tourist wenig von ihnen zu befahren, da sie in's vegetationslose Weissthal nicht leicht hinüberkommen; um so schneller sieht er sich von ihnen umringt, sobald er auf die grasbewachsenen Hügel in der Mitte des Platts einlenkt. Und dieses eben war mein Weg; ich steuerte geradlinig nach der Scharte am westlichen Fusse der Wetterschrofen zu, überschritt daher kurz oberhalb der Knorrhütte das Brunnthal. Nach einer Stunde befand ich mich jenseits der Vegetationsgrenze, in breiten Plattenlagen deckte kahles, welliges Gestein weithin den Boden. Die Zerklüftung und Auswaschung ist hier, in diesem südwestlichen Winkel stärker als in irgend einer anderen Gegend des Platts; auch trifft man nicht selten auf fliessendes Wasser, meist an den steileren Plattenhängen, während im flachen Boden es spurlos wieder versiegt. Der Ferner selbst blieb mir zur Rechten; ich bekam von ihm auf diesem Wege nur wenig zu sehen; um so häufiger und ausgedehnter erwiesen sich die Schneeausfüllungen einzelner Mulden und auf ihren weissen Mantel brannte die Frühsonne wieder mit einer Gewalt, dass ich Kopf und Gesicht mit dem Taschentuch verhing, um das Uebel, von dem ich bereits

*) Es sind diese Benennungen übrigens nicht völlig sicher. Der Name Plattspitze wird wohl auch auf den östlichen Gipfel bezogen, auf welchen er allerdings sehr gut passt. Der Name Gatterlspitz wäre in letzterem Falle gegenstandslos.

befallen war, nicht noch zu verstärken. Der Wetterschrofen, der Gatterlspitz, auf den vor Allem es abgesehen war, stand mir nahe zur Linken; die Schutt- und Schneefelder, welche in den tief eingebuchteten Winkel seiner Nordflanke hineinziehen, öffneten allmählig sich dem Blicke, und, wie ich gestern bereits von der Zugspitze beurtheilen konnte, gaben die Plattwände, die ihrem Höhensaume entstiegen, keine Hoffnung, auf geradem Wege zum Ziele zu gelangen. Dagegen schien der westliche Gipfel, die Plattspitze, ersteigbar zu sein; wie es auf dem Grate aussehen mochte, das freilich blieb im höchsten Grade zweifelhaft. Den Wetterschrofen, die Schutthalden seines Fusses links, — die zertheilten Massen gerundeter Hügeldämme, welche vom Wetterwandeck ausstrahlen und der südwestlichen Mulde des Plattacher Ferners zur Abgrenzung dienen, rechts, trat ich, eine niedrige Terrainwelle übersteigend, in ein abgeschlossenes, ziemlich breites und langgestrecktes Thälchen ein; es endet im Südwesten an der Scharte zwischen Wetterschrofen und Wetterwandeck; sein Hintergrund, etwas erweitert, kleidet mit blendend weissen Firngehängen sich aus, in welche von Nordwest die grauen, plattigen Hügelabsätze des Wetterwandeck, von Südosten die dunkleren Schrofenrippen der Plattspitze sich herabsenken. Ich durchwanderte der Länge nach den einsamen Grund und stand, 3 Stunden nach Aufbruch von der Knorrhütte in der Scharte, am Rand des Plattacher Ferners.

Ich hatte die Hoffnung gehegt, die Südseite des Grates gangbar zu finden; mit dem Augenblicke, da ich den Fuss in die Scharte setzte, war diese Hoffnung entschwunden. Senkrecht stürzen die Wände hinunter zur Pestkapelle und thurmsteil treten die Randzinnen des Platts in sie hinaus, von schwarzen Schachten auseinander gespalten. Jenseits der aufgähnenden Tiefe ersah ich die Gipfel des Mieminger Gebirges, die weiten Thalbecken am Fusse des Sonnenspitzes und des Grünstein, mit ihren herrlich blauen Himmelsaugen. Ueber den Felsenhäuptern aber ballten sich die Wolken, unerträglich heiss war schon zu früher Vormittagsstunde die Luft, über den Schneefernerkopf flogen düstere Nebel herein in's Platt. Eile that Noth, wollte ich den Wetterschrofen noch gewinnen. Ihm zu nahen, blieb keine Wahl, als die steilen Firnflecke längs der Nordseite des Grates der Plattspitze, in höherer Zone dieser Mauerscheitel selbst.

Das Gepäck wurde abgelegt, ich schnallte die Eisen an und begann in sanftgehobener Schrägelinie den Anstieg, welcher, indem er von der Scharte mich entfernte, bald wieder tief unter mir den schneeerfüllten Thalboden zeigte, den ich vorher durchwandert. Bald rauchten alle Klüfte und Schluchten der Wände und durch's Schartenthor herein rollten die schwarzen Nebel über die Firn- und Felsflächen. Auf einem niedrigen Zacken der Gratkante, nicht weit von der Scharte entfernt, gewahrte ich eine Signalstange; sie war vermuthlich dem Wetterschrofen bestimmt, hat aber ihr Ziel nicht erreicht. Es war das Letzte, das ich sah. Dann dunkelte es, die Wolken verschmolzen mit dem Schnee, die Schrofen verschwanden in ihrer Hülle. Steiler und immer steiler ging's bergan, jeder Tritt musste sorgsam ausgestossen werden; wo Fels durch die Firndecke brach, da war er gesäumt mit hartem Eis und seine plattige Fläche gewährte den Zacken der Fusssohle kaum den nöthigsten Halt. Ich glaubte weit genug in die Quere vorgedrungen zu sein und wandte mich immer entschiedener zum Anstiege. Eine Schneerunse, in's Wolkendüster sich verlierend, wies mir den Weg zum Grat. Abschreckend brachen seine Thurmgestalten eine um die andere aus dem Dunkel hervor, ruinenartige Zinnen, so körperschwach, dass noch unterhalb ihres Scheitels runde Löcher ihrer Masse durchbrechen; auf der Einschartung, in welcher die Schneekluft ihr Ende erreichte, stand ich wieder vor den Steilwänden, die im Gewölk zu schwimmen schienen. Noch gab ich mich nicht geschlagen und begann die zahnige Schneide entlang zu klettern; einige Höcker auf-, abwärts, luftig zwischen den Wänden, umraucht von Nebel; zuletzt sass ich rittlings auf bretterdünner Felsschärfe, noch ein paar Schritte, richtiger gesagt, Rutschungen, und aller Weiterweg war versperrt. Der Wetterschrofen hatte den Angriff abgewiesen, ich hatte nur zu sorgen, aus seinem Bereiche mich wieder zu salviren; der Abstieg über das plattige, schlüpfrige Gezack und Gehänge war natürlich schwierig und heikel genug, und lange währte es, bis ich ununterbrochene, weisse Fläche vor mir in die Wolken hinunter sinken sah. Ich setzte den Bergstock ein und fuhr durch's Dunkel hinab; bremste, als ich das Niveau der Scharte erreicht zu haben dachte und wandte mich in die Quere, den Bergsack wieder zu holen. Der lag noch friedlich an seiner Stelle und wieder ging die Schneefahrt hinunter in's Thälchen. — Ueber der ganzen Hochfläche des Platts lagen die Nebel so schwer und dick, dass man nicht auf zehn Schritte vor den Füssen den Boden überschauen konnte; die geringfügigen Kuppen und Hügel bauten wie riesige Gebirge aus der Trübe sich heraus, wie meilenweite Abgründe öffneten sich Kessel, deren Boden ich in der nächsten Minute betrat. Es war das erste Mal, dass ich jene Gegend bereiste, Nichts von ihr war mir bekannt, als was ich gestern und heute Morgen gesehen und was jetzt verschleiert vor meinen Blicken lag; kein Weg über den schroffen Ostabsturz des Platts zum Hinteren Anger, als den ich Tags vorher heraufgekommen und der zudem ein verfehlter gewesen war*). Zunächst musste ich die Knorrhütte wieder finden, ihre Lage war mir durch zwei Richtpunkte bestimmt: tiefer als die Krummholzgrenze durfte ich in's Platt mich nicht einlassen — und ging ich allzu hoch, so musste ich schliesslich an die Mauer der Brunnthalköpfe stossen. Ich warf die bewährte Spürnase in die Luft und steuerte querfeldein, immer schräg abwärts gegen Links, sobald sich Krummholz zeigte, horizontal, — mehrte es sich, aufwärts, bis es verschwunden war. Ein und eine halbe Stunde waren bereits verflossen, ich musste weit vom Gatterl entfernt sein, hatte aber ausserdem keine Ahnung, wo etwa ich mich befinden möchte. Ob ich das Brunnthal bereits überschritten hatte, dass wusste ich nicht; dutzendmale schon war ich in tiefe Furchen hinunter und wieder aufwärts gestiegen, eine davon mochte wohl jene Haupttthalung gewesen sein — oder auch nicht. Für die Nähe des Weissthales sprachen die Verhältnisse ebenfalls nicht; die Hügel waren zu reich begrast, der Schnee zwischen ihnen zu wenig. Da vernahm ich das Rauschen fliessenden Wassers und stand wenige Schritte darauf an einem Bächlein. Ein glücklicher Fund, längst schon hatte der Durst mich gequält. Und ein köstliches Wasser obenein, — über die röthlichen, übermoosten Felsstufen sprudelnd, — ei der Himmel, das ist ja wohl gar das Gute Wasser! Zehn Schritte aufwärts, da stand ich beim Häuschen.

Ich packte die zurückgelassenen Effekten zusammen und begann den Abstieg nach dem Rainthal; erst nachdem ich seiner Sohle bis auf ein halbes Tausend Fuss etwa nahe gekommen war, that das Gewölk sich auf und liess die grüne Ebene des Hinteren Anger frei. Schwarz und schwer lasteten die Wolken, wie auf dem Platt, so auf allen Gipfeln des Wetterstein; der Ausbruch eines Gewitters stand nahe bevor,

*) Ich hatte auf dem Hinteren Anger beim ersten Anstieg schon mich rechts gehalten und eine schmale Schafspur verfolgt, welche, das Brunnthal gänzlich zur linken Seite lassend, direct an die Reissen unter den Brunnthalköpfen und zur Knorrhütte emporführt.

und eiligst strebte ich der Angerhütte zu, die ich auch glücklich zu guter Stunde noch erreichte. Es war 2 Uhr Nachmittags.

In der Hütte, deren primitive Einrichtung selbst für einen kurzen Aufenthalt das Nothwendigste zu wünschen übrig liess, traf ich den Schafhirten des Rainthales, einen stämmigen, etwa zwanzigjährigen Burschen. Als er von mir hörte, dass ich Ersteigungen halber im Wetterstein-Gebirge mich herumtreibe, begann er alsbald als gewaltigen Berghelden sich zu entpuppen und kein Gipfel im Umkreise des Rainthales, auch die Dreithorspitze nicht ausgenommen, schien ihm unbekannt zu sein. Auf meine Frage nach dem Wetterschrofen, beziehungsweise Gatterlspitz, erfolgte bündiger Bescheid: Da komme man gar nicht hinauf, — das heisst, er selbst sei wohl einmal oben gewesen, das sei aber ein gefährlicher Gang, und genau müsse man den Platz wissen, sonst sei ein Gelingen unmöglich; ihm steige überhaupt nicht leicht Einer nach. — Nun, dazu dachte ich Rath zu finden. Aus seinen Beschreibungen, wo der bewusste „Gang“ sich finde, war nicht klug zu werden. Ich richtete endlich entschieden die Frage an ihn, ob er diese Ersteigung zu wiederholen gesonnen sei und zwar mit mir, und erhielt ebenso entschiedene Zusage. Der nächste schöne Tag wurde zur Ausführung verabredet.

Aber nun folgte trübes Wetter, dreimal wanderte ich im Verlaufe einer Woche von Partenkirchen in's Rainthal hinein und ohne Resultat im Regen wieder heraus. Dabei machte ich bald genug die unbefriedigende Wahrnehmung, dass mein Schafhirte, je mehr er aus meinen wiederholten Besuchen sah, dass es vom Worte zur That kommen sollte, um so mehr von seiner anfänglichen Entschiedenheit abliess und alle erdenklichen Schwierigkeiten erhob. Auch im Rainthaler Hofe und von Seite der Jäger von Partenkirchen wurde mir nicht allzu Günstiges über ihn berichtet. Am 29. Juli schien das Wetter sich zu bessern, zum drittenmale wanderte ich nach der Bockhütte im Rainthale, wohin inzwischen die Alpenfamilie von der Angerhütte übergesiedelt war. Mein Schafhirt hatte „unumgänglich nothwendig“ in Partenkirchen zu thun. Ich dachte daher am kommenden Tage die Oberrainthaler Scharte und wenn möglich, den Ober-Rainthaler Schrofen zu ersteigen, aber nach wenigen sonnenhellen Stunden brach das Unwetter wieder herein. Doch hatte ich vorher noch mich mit aller Gewissheit überzeugen können, dass der vom Schafhirten mir angegebene Weg nie und nimmer zum Ziele geführt haben würde*). — Das Bergglück schien mich verlassen zu haben. —

Am 1. August endlich hellte der Himmel sich auf, die Bergspitzen traten aus ihren grauen Hüllen wieder frei hervor, ich setzte mich Nachmittags von Partenkirchen aus in Marsch. Ueber die Partnachklamm wanderte ich zum Rainthaler Hof, nach kurzem Aufenthalte weiter thalein, zur Bockhütte; kurz vorher traf ich am Wege meinen Mann, der die Kühe zur Abendmelke nach der Hütte trieb. „Also morgen Gatterlspitz!“ — Da fingen die Bedenken von vorne wieder an. Es könne ruchbar werden, dass er Fremde führe, dann bekomme er Verdruss von den Leuten, deren Schafe er hüten solle. Antwort: an 1200 Stück Schafe, die er auch zu hüten hat, stehen auf dem Platt, von dort aber ist die Ersteigung des Wetterschrofen, hin und zurück, in ein paar Stunden abgethan. — Weiters, es sei eine gar so „schieche“ Steigerei, — er natürlich komme ganz gut damit zurecht, — aber was solle er anfangen, wenn ich mich nicht mehr weiter getraue? — Antwort, das sei meine Sache, ich verlange von ihm nicht den kleinen Finger. Er solle nur fein hinaufsteigen auf den Gatterlspitz, wie er schon einmal ihn erstiegen, das Uebrige wolle ich schon besorgen. — Weiters, was ich ihm dafür geben wolle, unter fünf Gulden thue er es keinenfalls. — Antwort, das sei zwar unverschämt, aber er solle sie haben. — Endlich, morgen ginge es schon gar nicht, er sei allein auf der Alpe und müsse die Kühe melken. — Antwort, das schadet nichts, ich gehe ausserdem auf den Schneefernerkopf und auf das Wetterwandeck, wozu ich dich nicht brauche; melke immerzu deine Kühe, in drei Stunden bist du von der Bockhütte auf dem Platt, Mittags Zusammentreffen am Fusse des Gatterlspitz. — Abgemacht! — Ich merkte, dass ich den Vogel in meinen Klauen hatte. Dass er an den Unrechten gerathen, der aus seinen, von Manchem bereits angestaunten Erzählungen bitteren Ernst machte, war ihm augenscheinlich höchst unbequem. Ich bedeutete ihm, zu seiner grössten Entrüstung freilich, auch ganz kurz, dass ich seine Ersteigungsgeschichten bis zum faktischen Beweise des Gegentheils für

*) Ich liess den Ausläufer des Ober-Rainthaler Schrofen zur Rechten und stieg an seiner Ostseite aufwärts. Das sehr langgestreckte Kar ist zuletzt von Wänden völlig ummauert. Der richtige Uebergang „An der Stange“ befindet sich westlich des Gipfels und ist nicht allzu schwierig. Im östlichsten der Ober-Rainthaler Kare soll ebenfalls die Möglichkeit eines Ueberganges bestehen, jedenfalls ist dieser weit schwieriger.

Grosssprechereien ansehen müsse, und war auf das, was am andern Tage folgen sollte, schon ziemlich gefasst.

Ich marschirte weiter, dem Inneren des Rainthales zu; an den blauen Gumpen, an den Riesenwänden der Hundsställe, des Hoch-Wanner vorüber, am brausenden Partnachfalle vorbei, hinauf zur Terrasse des Anger. Als ich den breiten Trümmergraben vor der Angerhütte überschritt, dessen Sohle damals noch von Lawinenresten überbrückt war, rasselte es im Geröll und ein stattlicher Hirsch, in der Beschaulichkeit seiner abendlichen Aesung gestört, sprengte über den Schnee dahin und verschwand im Dunkel der Gebüsche. Kurz vor 8 Uhr langte ich an der Angerhütte an. Die Nebel hingen noch tief über die Wände herein, aber durch den Dunst schimmerte hier und dort das Abendgold und im Zenith wurde das Grau allmählig zum Blau und die Sternlein funkelten durch den Schleier. Die Kälte, welche bald nach Sonnenuntergang sich einstellte, versprach einen klaren Morgen. Ich fand die Thüre der Hütte, ohnehin nur sehr schwach aus Rinden zusammengefügt, ausgebrochen, und richtete sie nothdürftig wieder ein. Das Lager fand sich lediglich mit einigen Tannenreisern bedeckt, zum Glücke war Holz im Ueberflusse vorhanden. Ich unterhielt die ganze Nacht ein prasselndes Feuer und sass fast stets am Herde. Von der Kälte hatte ich in dieser Weise wenig zu leiden, freilich fiel der Schlaf dabei höchst mangelhaft aus, und war ich froh, als die erste Morgenhelle durch die Ritzen des Balkenwerkes schien. Es war 4 Uhr; ein durchsichtig lichtblaues Gewölbe der ganze Horizont; ein sanftes Licht spielte um die höchsten Zinnen der Felsriesen, die ernst in's Thal herniederschauen.

Ich löschte das Feuer und verliess meinen Schlupfwinkel. Durch die frostige Kühle ging's thalein, über die Krummholzhügel, am Ufer der krystallgrünen jungen Partnach dahin. In nicht vollen 2 Stunden hatte ich die Knorrhütte auf dem Platt erreicht. Heller, sonniger Tag war geworden. In seinem Silberkleide lag der Ferner vor mir hingebreitet und sein Haupt, der Schneefernerkopf, stand im lichten Glanze des Morgens, seine gelbröthlichen Mauerstockwerke aus dem Gletschersaume erhebend, während von der rechten Seite er eine Falte der eisigen Decke über seinen breiten Scheitel zieht. Drüben aber, jenseits des Hügelmeeres, stemmt trotzig sich der Gatterlspitz herein in seinem Plattenpanzer.

Einiges entbehrliche Gepäck liess ich in der Knorrhütte zurück, die mir in kommender Nacht zur Unterkunft dienen sollte. 5 Min. vor 6 Uhr marschirte ich wieder ab, dem

Plattacher Ferner entgegen. Mein Weg dorthin war der gewöhnliche, bekannte Zugspitzweg, und auch, nachdem ich gegen 7 Uhr die Reissen am Kleinen Schneeferner und den Gletschersaum erreicht, der gleiche, bis nach jenem Punkte, wo über die Geröllabdachung der Anstieg zum Kamin, zum Zugspitz-Grat und Gipfel beginnt. Von hier ab trat ich nicht mehr in die Fussstapfen der Besteiger dieser vielberufenen Herrscherin im Gebiete der Nordtiroler Kalkalpen; ich wanderte fort gen Westen auf der Fläche des Ferners. Seine Neigung ist hier eine äusserst geringe; fast eben breitet er auf weite Strecken sich hin, fast ohne Hebung scheint er an's breite Thor zwischen dem Ende des Zugspitz-Grates und dem Schneefernerkopfe hin auszulaufen. Nur linkerseits fällt in einiger Entfernung der Eismantel steil über eine ausgeprägte Kante, die in sanftem Bogen vom Fusse des Schneefernerkopfes in's Platt hineinzieht. Unterhalb dieser Stufe liegt wieder ein schneeerfülltes Becken, und dieses streckt und dehnt gegen Südwesten bis an's Wetterwandeck sich hinauf, die zweite Hauptmulde des Plattacher Ferners.

Noch etwa 300 Schritte von dem breiten Durchbruche des Grates entfernt bog ich links ab nach dem Fusse des Schneefernerkopfes und begann die Firnlehne seiner Nordostflanke hinan zu steigen. Dieselbe hebt in ihrer zweiten Hälfte sich steil, bis zu etwa 40° und erinnert in mancher Beziehung an den Kalten Winkel am Algäuer Hoch-Vogel; unter Anderem auch dadurch, dass ein unvorsichtig Abgleitender eine höchst ergötzliche Rutschfahrt zu Thal machen würde, ohne die geringste Gefahr, sich zu verletzen. Ich steuerte in einigen Zickzacklinien der flachen Einsenkung zu, mit welcher sie auf dem Scheitel des Schneefernerkopfes zwischen der Hauptmasse des Letzteren und einem vorgeschobenen Felskopfe endet. Dem Grate mich nähernd, erwartete ich, über die Wetterwand fast senkrecht hinabzusehen in's sumpfige Loisachbecken zwischen Ehrwald und Lermos. Wie gross war mein Erstaunen, als ich, auf der Höhe angelangt, ein flaches Schuttkar, von niedrigerem Felsgrate gesäumt, vor meinen Füssen sich ausbreiten sah; und als ich seine terrassirten Mulden längs des Steilwandmassivs des Schneefernerkopfes sich hinunterdehnen sah, so weit und unabsehbar, dass ich im ersten Augenblicke die leichte Möglichkeit eines Abstieges nach Ehrwald, eine neue Verbindungslinie seines Thalbodens mit den eisigen Höhen des Platts entdeckt zu haben glaubte. Eine genauere Beobachtung belehrte mich freilich darüber, dass ein solcher Zusammenhang noch sehr in Frage stehe, und der Abend des folgenden Tages, der mich von der Pestkapelle nach Ehrwald herunterwandern sah, zeigte mir an kritischer Stelle des Gebirgsfusses eine Wand, wohl an tausend Fuss hoch. Gelänge es, diese zu ersteigen, was allerdings als zweifelhaft bezeichnet werden muss, so könnte auch aus entgegengesetzter Richtung der Schneefernerkopf erreicht, über seinen Scheitel hinweg der Weg von Ehrwald nach Partenkirchen genommen werden.

Ueber den rauhen, verwitterten Grat gelangte ich nach weiteren 10 Minuten auf den Gipfel des Schneefernerkopfes; eine weite, hügelige Fläche, von einem Culminationspunkte im eigentlichen Sinne des Wortes ist hier nicht zu reden. An mehreren Punkten sind Signale oder Steinmännchen errichtet, und manchen Spaziergang hat man auf dem Plateau zu unternehmen, um das Aussichtsbild in allen seinen Einzelnheiten von den günstigsten Standorten aus zu geniessen. Ich hatte von der Knorrhütte nach dem Schneefernerkopfe $2^1/_2$ St. benöthigt, war allerdings an diesem Morgen ziemlich rasch gegangen, wie aus den Höhendifferenzen sich ergibt*); in der Regel werden für den Schneefernerkopf, wie für die Zugspitze, 3 Stunden in Anrechnung gebracht werden dürfen. Und dieser Schneefernerkopf, meines Wissens den Alpenwanderern bisher fast unbekannt, wäre in der That ein würdiges Objekt häufigeren Besuches; die günstigen Verhältnisse seiner Ersteigung würden ihn namentlich denjenigen Touristen empfehlen, welchen die Trauben auf der Zugspitze etwas zu hoch hängen, sei es, dass sie der Anstrengung des Felsenkletterns nicht gewachsen sich fühlen, sei es, was am häufigsten vorkommt, dass sie des Erfordernisses der Schwindelfreiheit entbehren. Für diese letzteren ist die Zugspitz-Ersteigung, auch wenn sie, von den Führern gehoben und geschoben, dieselbe erzwingen, völlig werthlos. Der enge Gipfelraum lässt auch, am Ruhepunkt und Ziele angelangt, Ruhe und Behaglichkeit bei ihnen nicht aufkommen, ihr Blick haftet scheu am Fels, statt in unbegrenzte Weiten auszuschweifen. Der Schneefernerkopf bietet, wie eben dargelegt, dem Wanderer breiten und sicheren Boden für die ganze Länge seines Weges und auf seinem Gipfelscheitel, der einer Compagnie zum Exerciren

*) Angerhütte 4182′ 1358 m. Gutes Wasser auf dem Platt (= Knorrhütte) 6312′ 2050 m. Unteres Ende des Ferners 7208′ 2342 m. Anstieg zur Zugspitze (ungefähr gleichbedeutend mit Höhe des oberen Firnplateau's) 8139′ 2644 m. Schneefernerkopf 8880′ 2885 m. Sendtner (nach anderer Messung 8823′ 2866 m., nach der Grenzbeschreibungskarte 8795′ 2857 m.).

hinreichenden Raum gewähren möchte, wird auch der schwindelbefangendste Alpenspaziergänger sich sicher fühlen und sich niederlassen in dem Gefühle „hier ist gut sein.“ — Die Aussicht steht jener von der Zugspitze in keiner Weise nach und übertrifft dieselbe sogar noch in manchen Punkten. In der geraden Verlängerung des Rainthales, in der Mitte des Plattacher Ferners gelegen, eröffnet der Schneefernerkopf gegen Osten einen Ausblick, wie die Zugspitze ihn nicht zu bieten vermag. Die grüne Thalebene des Hinteren Anger, die duftig blauen Spiegel der beiden Gumpen, das Walddunkel in der Gegend der Bockhütte, vom Silberbande der Partnach durchschlungen, liegt dem Auge offen bis an das finstere Thor, welches den Bergbach einzwängt in seine schauerlichen Klammen; mächtig hervorgehoben wird dieses farbenreiche Thalbild durch den Vordergrund um den nahen Fuss des Gipfels, das blendende Weiss des Firns, auslaufend in's graue Geplätt, das unmerklich mit graugrüner Grasdecke, mit schwärzlichem Krummholze sich überzieht. Die gewaltigen Kämme, welche das Rainthal beiderseits begleiten, entfalten sich schöner, formvoller, als von der Zugspitze aus betrachtet; rechts die Colossalwände des Hoch-Wanner, die kurzen, massigen Auszweigungen, welche die Hundsställe, das Obere Rainthal umspannen; dem Ganzen, als Schlussriegel quer vorgelagert, die Dreithorspitz-Gruppe mit ihrem zangenförmigen Hauptgipfel. Links die Häupter des Rainthaler Kammes, die Höllenthalspitzen mit dem gewaltigen Horne, das ihren Reigen gegen Westen schliesst, trotzend der Zugspitze sich gegenüberstellt, deren Erhabenheit es nicht zu erreichen vermag, an Kühnheit der Gestalt aber weit sie überbietet; die Doppelkuppe des Hoch-Blassen mit ihrer langen, zackenreichen Forterstreckung in's Rainthal hinein. Weitgespannte, öde Schuttmulden, von Plattengürteln durchstrichen, lagern zwischen den Zweiggraten, die in starren Eckthürmen enden, stürzen. Im nahen Nordosten aber die Königin Zugspitze selbst, ihre gestreckte Masse etwas zusammengedrängt und dadurch schlanker, schöner anzusehen, mit schneegefleckten Flanken, von den schwarzen Zähnen der Gipfel gekrönt. Ihr gegenüber am Südrande des Ferners der Wetterschrofen, ein Zwerg gegen sie, wie zusammengekauert in seiner Niedrigkeit, im entlegensten Winkel dieses Reiches; aber ein starkknochiger, böswilliger Kobold, der nicht duldet, was seine Gebieterin allsommerlich so oft sich muss gefallen lassen.

Von der näheren Umgebung, von den Häuptern der

Gruppe selbst, welcher der bestiegene Gipfel angehört, schweift der Blick hinaus in die Fremde, die Ferne. Auch dort gibt es zu schauen, zu entdecken genug und Manches zeigt der Schneefernerkopf, was auf der Zugspitze sich verbirgt. Im Osten zwar, auf die zinnenreichen Gipfel des Isarquellengebietes eröffnet der Schneefernerkopf den umfassenden Ausblick minder vollständig, als seine mächtigere Nachbarin. Dafür thut er's im Westen ihr zuvor. Dort liegt das breite, grüne Thal von Ehrwald und Lermos gerade vor den Füssen, und nur die Farbe unterscheidet seine ebene Fläche von einem Seespiegel. Am Ufersaume dieses Sumpfbeckens, das freilich, von mehr als 5000′ Höhe gesehen, den trüben Eindruck keineswegs hervorbringt, welchen der Thalwanderer von ihm empfängt, liegen die Ortschaften Ehrwald, Bieberwier, Lermos. Wie Spielzeug sind ihre weissgetünchten Häuschen am Fusse des Gebirges hin verstreut. Weithin beherrscht das Auge die verquerten Kämme, die Hörner-Gruppen der westtiroler Lechalpen; und weit draussen am Horizont erscheint eine Gesellschaft alter Bekannter — die Algäuer Gebirge, geführt vom Hoch-Vogel, der prachtvoll kühnen Pyramide. Wer sie kennt, diese Höcker und Wellen und Gabelspitzen, wer auf ihren Firsten umhergestiegen, der findet von den Häuptern des Plattacher Ferner leicht jeden einzelnen aus ihnen wieder heraus; dem Unerfahrenen im Quellgebiete der Iller jedoch sind sie ein unentwirrbares Räthsel, nur den Hoch-Vogel und die weit nördlich geschobenen Thürme des Thannheimer Gebirges wird er zu bestimmen vermögen. — Im Südwesten und Süden entfaltet sich die Nordflanke des Mieminger Gebirges, öffnen sich die weiten Becken des Schwarzebach, Sigl- und Prentelkars, zwischen hohen Felsenkämmen am Fusse der unnahbaren Gipfelmauern hingebettet. Im westlichsten dieser Kesselthäler, das von den Hohen Griesspitzen, dem Grünstein und Sonnenspitz umrandet wird, leuchtet tiefblaugrün der Seebensee, azurfarbig der Drachensee in seiner Fassung von Felsenhügeln. Durch die Scharte der Mieminger Berge, über den niedrigen Gratscheitel des Wanneck hinweg trifft der Blick auf die Firnmeere des Oetzthals, des Engadins. Und dort, wo vom Wanneck und von der Gartner Wand herab die Nord- und Westtiroler-Kalkalpen sich die Hand reichen, da dämmern im Schatten dunkler Wälder die Seespiegel des Pass Fern; und eine starke, weisse Linie umschlingt ihre Ufer, die Kunststrasse zum Uebergange nach Nassereit. — Im Nordwesten erscheint zwischen den buschiggrünen Kämmen der Heiterwanger-Gebirge ein blauer Ausschnitt des Plansees. Im Norden verschwimmt das flache Land bis in Fernen, deren letzte Grenze selten einem Auge zu erschauen vergönnt ist. In dieser Richtung möchte man von der Nachbarschaft der höheren Zugspitze am meisten Störung erwarten. Doch steht sie viel zu weit nordöstlich, als dass sie das Aussichtsbild des Flachlandes erheblich beeinträchtigen könnte. Was sie dem Schneefernerkopfe deckt, ist die Gegend östlich von München, ist der Landstrich am unteren Inn, vielleicht bis gegen den Chiemsee hinaus. Und wer jemals einen Höhenpunkt der bayerischen oder Nordtiroler Alpen erstieg, wird kaum Veranlassung gefunden haben, jenem Theile des Panoramas eine besondere Aufmerksamkeit zuzuwenden. Die beiden grossen Seeflächen aber, welche der Flachland-Aussicht des Gebirges ihren eigentlichen Reiz verleihen, Ammer- und Starnbergersee, liegen dem Schneefernerkopfe nicht minder offen als der Zugspitze, auch von seinem Scheitel aus übersieht das Fernglas den Verlauf ihrer hügeligen Ufer, zählt und erkennt ihre Ortschaften und verfolgt die Furche des Dampfbootes. Auch München selbst muss, und zwar hart am absinkenden Grate der Zugspitze sich zeigen, denn jene sanftgeschwungene Welle, die für München über der Zugspitzschulter hervorzutreten scheint, ist eben nichts Anderes, als der Schneefernerkopf. — Und so möchte ich denn zum Schlusse dieser weitschichtigen Aussichtsbeschreibung Allen, die in künftigen Sommern den Plattacher Ferner besuchen, die Frage an's Herz legen, was sie mit einer Gipfeltour eigentlich beabsichtigen? Zieht es sie hinauf in die luftige Höhe, auf den schneidigen Grat, je enger der Tritt, je freier der Umkreis, um so schöner und lieber, — verlangen sie auf unumschränkt herrschender Höhe zu stehen, keinen Stein auf meilenweite Strecken mehr zu erblicken, der sich vermässe höher zu stehen, als sie, dann auf die Zugspitze! — Begehren sie ein aussichtlohnendes Ziel, in den höchsten Regionen der Alpenwelt wohl gelegen, aber mit möglichst geringer Beschwer und Schwierigkeit zu erreichen, sind diese Momente der Zugspitzersteigung ihnen unangenehme Bedingnisse eines gewünschten Zieles, dann mögen sie es einmal mit einem Tausch der gewohnten Route gegen eine noch wenig betretene versuchen; und ich glaube, sie werden nicht unbefriedigt davon zurückkehren*). Habe

---

*) Ein rüstiger Bergsteiger kann natürlich auch sehr wohl den Besuch des Schneefernerkopfes mit dem der Zugspitze verbinden. Von

ich doch im Wettersteingebirge kecken Felsenklimmern schon die Wege gewiesen, vielleicht findet in diesem ausnahmsweise begünstigten Gebiete auch ein Rath an die Touristenwelt seinen Ort. Einer Kategorie freilich vermag ich nicht zu rathen: jener, die um jeden Preis auf die Zugspitze will, um auf der Zugspitze gewesen zu sein. Ein „Schneefernerkopf" genügt ihren Ansprüchen nicht, und sie werden, soferne ihr Begehren das Mass ihrer Fähigkeiten übersteigt, nach wie vor die starken Schultern der Partenkirchener Führer zu Hilfe ziehen müssen.

Zwei und eine halbe Stunde hielt Aussichtsbetrachtung mich auf dem Schneefernerkopfe fest; es war nahezu 11 Uhr, als ich zum Aufbruche mich wieder rüstete, um über das Wetterwandeck die Scharte am Wetterschrofen zu erreichen. — Ob der Schafhirte wohl kommt? — Der Miene tiefstgekränkten Wahrheitsbewusstseins zufolge, die er meinen Zweifeln gegenüber gestern angenommen, sollte ich's denken. — Aber ob er jemals auf dem Wetterschrofen war? Am Ende verstand ich mehr davon, als er! Der Fehler, den ich bei meinem ersten Versuche gemacht, lag klar genug vor meinen Augen; viel zu rasch war ich vom Schneefelde weg gegen den Grat angestiegen, mir graute vor dem zerbröckelnden Gezack dort oben, auf dem ich, einer Mauerschwalbe gleich, gehangen war.

Ich verliess den Schneefernerkopf, wie ich auf ihn gekommen, nach der Nordostseite, fuhr die Schneelehne zum Firnplateau hinunter, schwenkte dort rechts ab nach der Kante gegen den tieferen Schneekessel und zum zweiten Male gab's eine lange und eilende Rutschfahrt. Kaum eine Viertelstunde nach Verlassen des Gipfels stand ich, wohl an tausend Fuss tiefer, am östlichen Fusse des Schneefernerkopfes. Vor mir hatte die südwestliche Firnmulde sich aufgethan, in ihrem Hintergrunde die kleine Felshaube des Wetterwandecks. Langsam erhob ich mich wieder, einen weiten Bogen über die Schneegehänge beschreibend. Die Mittagssonne brannte wieder auf die blendende Fläche und ihre Strahlen prallten von ihr zurück, dass ich nicht ohne Grund einen neuerlichen Verlust meiner erst sehr jungen Gesichtshaut befürchtete. Zur Rechten begleiteten meinen Weg die Zacken im westlichen Rande des Ferners, niedrige, schroffe Höcker, das Wetterwandeck an Höhe überragend, aber in der Nähe des

dem Punkte, an welchem man von der Zugspitze auf den Ferner herabgelangt, erreicht man den Scheitel des Schneefernerkopfes ohne grosse Anstrengung in einer Stunde.

übermächtigen Schneefernerkopfes eine weit weniger freie und selbstständige Stellung behauptend, als dieses. $^3/_4$ Stunden nach Aufbruch vom Schneefernerkopfe befand ich mich am Fusse des Wetterwandeck; die östliche Kante seines Gipfels setzt als Randwelle der grossen Firnmulde weit gegen das Platt hinunter sich fort, und sinkt in mehrfachen Hügelterrassen gegen Süden zum Schneethälchen am Fusse der Wetterschrofen ab. Der gerundete Gipfelkegel selbst ist ziemlich steil, doch ohne Schwierigkeit ersteigbar; längs der Ostkante gehalten, dann seine Flanke kreuzend und auf dem Nordgrate den Anstieg vollendend, hatte ich in einer halben Viertelstunde seine Höhe (8320′ 2703 m. Sendtner) erreicht; der trümmerbedeckte Gipfelraum, nur einige Schritte im Durchmesser haltend, bot mir einen freien, luftigen, aussichtreichen Sitz; hart nebenan stürzt die Wetterwand in unermessliche Tiefen.

Es war Mittagsstunde; ich war an verabredeter Stelle; in 10 Minuten konnte ich unten sein an der Scharte, von welcher der Wetterschrofen sein schneegeflecktes Felsgerüste emporhebt. Weithin überblickte ich das ganze Platt, übersah namentlich seine südlichen, gegen die Gatterlköpfe heraufziehenden Partieen auf das Genaueste. Von dorther sollte der Schafhirte kommen, wollte er seine grosssprecherischen Worte einlösen, — aber Nichts regte sich im weiten Umkreise, meine Signalrufe verhallten in der Oede, vom Echo des Wetterschrofen nur erwiedert. Die Schafheerden, die ich hier und dort auf den begrünten Hügeln weiden sah, zeigten nicht die Spur einer Unruhe oder Aufmerksamkeit, ein sicheres Zeichen, dass Niemand in Annäherung sich befinde. Ich wollte meinem Gewährsmanne noch einige Ueberzeit gönnen, hatte ich ja für meinen Zweck doch nicht zu eilen. Die Witterung war sicher, die Wetterschrofenersteigung nicht minder; freilich nicht ihr Gelingen, aber der Weg, der einzig zum Ziele führen konnte. Wie bei dem früheren Versuche, hatte ich die steilen Schneelehnen nach dem Nordwestgrate der Plattspitze hinanzusteigen; im letzten Drittheile der Höhe zeigte dieses einen breiten, gegen Süd abdachenden Schuttstreifen auf seinem Scheitel und der Gipfel selbst erschien von diesem aus ersteigbar; gelangs, die Schuttlage zu erreichen, so war der Westgipfel des Wetterschrofen gewonnen, der umpanzerte Gatterlspitz konnte ohnehin von keiner andern Seite nahbar sein, als längs des Verbindungsgrates mit der Plattspitze. — So überliess ich mich denn für ein paar Stunden noch der behaglichen Ruhe; ein herrlicher Punkt in der That war's, auf ihm zu rasten. Das Ehrwalder Thal, die Tiefe der Gaisach, die Weidematten der Ehrwalder Alpe und den flachen Bergsattel an der Pestkapelle zu Füssen und gegenüber die Mieminger Berge, die Mauercolosse, vollständiger noch, als vom Schneefernerkopf, zu überschauen, nur der schöne Drachensee leider aus ihrem Rahmen verschwunden, die Zweigrippe des Theilkopfs deckt seinen azurblauen Spiegel. In meinem Rücken haben Schneefernerkopf und Zugspitze sich mächtig emporgebaut, der Rainthaler Kamm entwickelt seine Gipfel und Kare in übersichtlichster Vollständigkeit. Und immer, immer wieder kehrt Auge und Glas zurück zum Wetterschrofen. Dreigipflig steht seine wandstarre Masse vor mir, die nahe Plattspitze perspectivisch herabgedrückt, der gedoppelte Mittelgipfel sie scheinbar überragend und am östlichen Ende der Gatterlspitz, eine stumpfe Pyramide in unvergleichbarer Majestät. Hinübervisirend nach diesen Felsenhäuptern finde ich sie um weniges unter meinem Niveau gelegen — ja, wenn eine Brücke durch die Luft sich dort hinüberspannte, wie schnell, wie leicht wäre das Ziel erreicht! — Dann freilich auch Vielen erreichbar. So ernst, so düster schaute die wilde Felsgestalt auf mich, wie grollend über die Nähe Dessen, der sich unterfing, in schlimmer Absicht an sie heranzutreten; den sie — sie mochte glauben, ein für allemale — zurückgewiesen, in Wolkennacht mit ihren gespenstisch zerfahrenen Gratzinnen geschreckt, und der nun dennoch wieder, als wäre Nichts vorgefallen, herangezogen kam, mit dem Fernglase an ihrem Geklüfte herumspekulirte, als wüsste er nicht schon, wie es dort aussieht. Und eine schadenfrohe Befriedigung mochte sich mischen in dieses zürnende Grollen. „Sieh da, der unumschränkte Herrscher im Felsgebirge, der Zwinger ihrer jungfräulichen Häupter, der unholde Friedensbrecher des Karwendel, dort sitzt er drüben, und wartet auf einen Führer! Warte er immer zu, kehre er des Abends nur heim zum Prahlhans in der Bockhütte, der seine Kühe melkt. Der hat den Wetterschrofen nie gesehen, und auch ihm werden seine Scheitel fremd bleiben.“ — Meinst Du? —

Noch einmal schickte ich einen hellen Jauchzer als Boten hinaus über die Oede des Platts. Ungehört, unerwiedert verhallt er über den Hügeln. — 2½ Uhr vorüber — jetzt kommt der Erwartete sicher nicht mehr, — dacht' ich's doch! — Was schadet's! Hatten nicht so häufig, hatten nicht gerade meine besten, meine glücklichst gelungenen Expeditionen damit begonnen, dass ich einen Führer für nothwendig hielt, einen solchen nicht auffinden konnte oder sonst ein Hinderniss sich ergab und ich durch die Macht der Nothwendigkeit erst auf die eigene Kraft zurückverwiesen wurde? — Die hat mich niemals im Stiche gelassen, wenn ich nur recht fest ihr vertraute — mag sie am Wetterschrofen auch sich messen! — Und auf vom Felsensitze, hinunter über die Mauerstufen, im Fluge die Schneelehnen des Ferners hinab, über die Kante hinaus und von Terrasse zu Terrasse der Plattenhügel, tiefer, tiefer, während mächtig gross der Wetterschrofen vor mir emporwächst. — Nach einer Viertelstunde stand ich in der Scharte. —

Wie bei dem ersten Versuche, so wurde auch diessmal das Gepäck zurückgelassen; nur die Algäuer Eisen wurden vom Bergsacke genommen und an die Sohlen festgeschnallt. Leicht und elastisch wie eine Stahlfeder rücke ich zum Streite mit dem ungeschlachten Riesen vor. Der streckt seine zertheilten Schrofenrippen wie Polypenarme herab in's weisse Schneefeld. Ich spaziere erst gemächlich unter ihnen hin, eine schräge Linie durch die Firnlinie ziehend und packe sie dann in aller Mitte, wo vom Wetterwandeck aus die günstige Stelle ich erspäht. Hier geht's bereits steiler, haltloser, über die plattigen Wülste; wo Schneestreifen zwischen ihnen sich einschieben, da lassen sie enge und tiefe Spalten zwischen sich und den Wandstufen und manchen schlüpfrigen First des aufgeworfenen Schneebrettes überschreite ich langsam, Stufen tretend, den Stock gegen die Mauer gestemmt, schwarze Kluft zwischen Firn und Fels. Oberhalb dieser rippigen Zone gelangte ich wieder auf freien Schnee und eine letzte Ausspitzung dieses Feldes zeigte mir den einzig möglichen Weg nach dem Grate der Plattspitze und ihrem Gipfel. Der Neigungswinkel nahm fühlbar zu, jede Stufe musste sorgsam ausgetreten werden, tief tappten die Hände im Schnee voraus. Ich hatte allen Grund die Wahl der Tageszeit zu dieser Ersteigung, als eine glückliche zu preisen. In den kühlen Morgenstunden, wenn die Schneelehnen noch hart gefroren sind, wäre dieselbe unzweifelhaft weit schwieriger. Bald traten linkerseits die Felsen nahe heran, sie drängten mich in die höchste, den Grat berührende Schneerinne; die Steile überstieg nun bereits 45°, doch war ich dem Ende der Firnfelder nahe. Eine schmale, kesselförmige Ausbuchtung gewährte einen Ruhepunkt hart unterhalb des Grates. Etwa 20′ hoch lag dieser über mir; rechts brach er in senkrechter Stufe ab, in eine Scharte, die etwa 10 Schritte weit von mir entfernt lag. Die Bauart des nächsten, ihr entsteigenden

Zackens liess deutlich genug erkennen, dass dort der Grat unmittelbar in die Steilwände der südlichen Gebirgsflanke übergehe. Ueber mir aber musste ich jetzt das Trümmerfeld haben, ich konnte es nicht sehen, aber ich hatte es gesehen vom Wetterwandeck aus und meine Ueberzeugung, an rechter Stelle zu sein, stand fest wie der Fels, an den ich mein Eisen bohrte. Ich stieg die Steilstufe hinan, wie die spärlich gesäeten, fingerbreiten Anbrüche des Gesteins es erlauben wollten; der letzte Absatz, so hoch wie ich selbst, war senkrecht; ich fühlte oben schütteren Boden, reichte den Bergstock voraus, scharrte mit beiden Händen im Gerölle, bis ich für jede Hand einen festen Halt gefunden, und mit aller verfügbaren Spannkraft der Muskeln — rückwärts durft' es nicht mehr gehen! — wurde die Mauer bewältigt; — ich lag gestreckter Länge auf dem Grat; rechts, einen Schritt weit entfernt, die Wände zur Pestkapelle. Aber getäuscht hatte ich mich nicht. Der Schuttboden, auf dem ich mich befand, war nur die letzte Ausspitzung des Trümmerfeldes, das nach der Höhe rasch an Breite gewann; der Plattspitz ist mein!

Ich erhob mich und schritt fürbass. Nach einigen Minuten kam ich an der Ausmündung eines Kamines vorüber, der weit besser, als die eben erzwungene Stufe, auf die Schneefelder hinabzuleiten schien, eine erwünschte Entdeckung für den Rückweg. Das Schuttgehänge, ziemlich steil, verbreiterte sich bald in solchem Masse, dass seine isolirte Lage, umbaut von unersteiglichen Wänden, fast in Vergessenheit gerieth. In massigen Blockstufen steigt von seinem oberen Rande der Gipfel empor; eine theilweise in Trümmer gesunkene Cyklopentreppe leitete von Südwesten her mich auf die Plattspitze, drei Viertelstunden, nachdem von der Scharte weg ihre Ersteigung begonnen hatte. — Und nun lag vor mir der Wetterschrofengrat. Das erste Gelingen, mein erster Erfolg in diesem Jahre überhaupt, hatte mich keck gemacht, die Lebensgeister waren wieder wach gerufen. Ich trat an die Kante vor mit einem gewissen Bewusstsein der Unüberwindlichkeit und musterte mit überlegenem Blick die Umgebung. Südwärts dacht der Wetterschrofenstock steil, doch nichts weniger als ungangbar, sich ab, ein mauerschroffer Absenker des Mittelgipfels aber sperrt ihn quer und gestattet erst in einiger Tiefe die Umgehung. Wie es jenseits aussehe, vermochte ich nicht zu beurtheilen. Der Grat, soweit er vor mir sichtbar, erwies sich scharf, aber immerhin nicht ganz hoffnungslos. Ohne langes Besinnen wählte ich den Grat selbst zu meinem

Wege. Von der Plattspitze herunter ging's ziemlich bequem, am Ostfusse des Gipfels aber begegneten mir alsbald unübersetzbare Risse und Abstürze auf der Schneide; so unwahrscheinlich die Ansicht des Wetterschrofen vom Platt aus diess hatte erscheinen lassen, es fanden die nöthigen Umgehungen hier wie in weiterem Verlaufe sich gerade an den Steilwänden der Nordseite. Eine schmale Plattenrinne leitete mich einige zwanzig Fuss unter den Grat hinab, ein handbreites Gesimse quer durch die Felstafeln, rauhes Geschröf stieg vor mir wieder zur Höhe; nach einigen Minuten stand ich auf dem westlichen Kopfe des mittleren Wetterschrofengipfels. Vor mir die Kluft, jenseits der andere Kopf, noch wilder, klippiger, als der erste. Wieder wich ich gegen Norden aus, und umging den Körper des erstiegenen Zackens. Nur einzelne, schmale Tritte bot hier der klare Fels und ein paarmal lagen sie so weit aus einander, dass ein kurzbeiniger Bergwanderer nur schwer sie würde zu fassen vermögen. Mit der gegentheiligen Eigenschaft gesegnet, kam ich ohne allzugrosse Anstrengung darüber hinweg und liess mich vorsichtig in die Kluft zwischen beiden Köpfen hinunter. Von hier aus gelang auch die Ersteigung des östlichen, und auf dem zerscharteten, engen Firste glitt ich behutsam herunter zu neuer Einsenkung des Grates. Es war vermuthlich, wie das erste, so auch das letztemal, dass der Mittelgipfel des Wetterschrofen von Menschenfuss betreten wurde.

Nun hatte ich bereits den Gatterlspitz vor mir, aber nun folgte auch die ärgste Zerrissenheit des Grates, mit Thürmchen und Nadeln gespickt sperrte sein Scheitel jeden Weiterweg, auch die Nordseite, in mächtigen, stufenlosen Platten abschiessend, konnte nicht mehr betreten werden. Ich wandte mich nunmehr nach der Südseite, die bis dahin von mir vermieden worden war. Ein wahres Chaos von Spalten, Klüften und Kaminen nahm hier mich auf; kreuz und quer ging's durch zerrissenes Felsgehänge, bald in enger Runse empor, bald wieder ein Stückchen abwärts, um ein zackiges Riff herum in einen Nachbarkamin, bald wieder in den alten zurück, nach den seltenen Durchschartungen der Mauerschranken, den Sättelchen in den sperrenden Felsrippen haschend. Unverdrossen arbeitete ich mich durch diess coupirte Terrain, wusste ich ja doch, dass das erstrebte Ziel mir nicht mehr ferne liegen konnte; und eben diese Zerspaltung bis in's kleinste Detail bürgte für die Abwesenheit grösserer, massigerer Hindernisse. Und endlich kam auch der Augenblick, da ich aus dem letzten Schachte das Haupt erhob, und um die letzte

Klippe mich schwang, hinaus in die Freie. Ein breit rundes, silbergraues Felsmassiv thürmt vor mir sich auf — das ist Er! — und ein Schuttband zieht schräge sich durch die Wand, als wär's ein kunstbeflissen angelegter Pfad. Ja wohl, Glück gehört auch mit zur Ersteigung unersteigbarer Zinnen, — aber es bietet sich das Glück, bietet sich unter den zahlreichsten, mannigfaltigsten Gestalten. Wag' nur es zu fassen, wage sie nur, die That, wage das Glück zu wollen, den Umständen gebieterisch es abzufordern, und du hast das Glück!

Auf die südwestliche Kante leitet die gangbare Linie mich hinaus und eine zerfallene Blocktreppe bahnt mir den Weg zum Gipfel, genau wie drüben auf der Plattspitze. Bald lösen die Felswürfel sich zu verwitterndem Getrümmer, der Boden verbreitert sich und flacht zur Kuppe sich aus. Befriedigt schau ich über den massigen Tafelbau meines Wartthurmes hinunter auf's Platt, hinaus in's walddunkle Rainthal mit den dämmernden Seespiegeln der Blauen Gumpen, hinaus auf den grünen Wiesenplatz der Bockhütte, wo der Schafhirte haust — der grosse Bergsteiger!

Der Uebergang vom Plattspitz zum Gatterlpitz hatte nahezu eine Stunde gewährt; der Rückblick auf ersteren ergab eine geringe, aber doch merkliche Erniedrigung desselben gegen meinen Standpunkt. Dieser ist es, welcher auf der bayerisch-tirolischen Grenzbeschreibungskarte speciell als „Wetterschrofen“ mit der Höhe von 8306′ 2698 m. angibt. Die östlich auf ihn folgenden Gatterlköpfe, deren man vier unterscheiden kann, sind von bedeutend geringerer, unter sich ziemlich gleicher Höhe. Den äussersten derselben benennt die Grenzkarte als Sonnspitz und misst ihn zu 7675′ 2493 m. — Die Aussicht war nicht mehr besonders günstig, der schwüle Tag hatte in den Nachmittagsstunden doch einiges Gewölke zusammengezogen, und die grauen Schichten strichen über das Trauchlet und Gatterl herein und füllten langsam das Rainthal an; ich bezweifelte, ob der kommende Morgen noch eine Hochtour gestatten würde. Bevor ich den Gatterlspitz verliess, gedachte ich auf dem blanken Plattenkegel noch ein sichtbares Zeichen seiner Entthronung zu hinterlassen; raffte die umherliegenden grossen Blöcke zusammen und baute ein Männchen, das allmählig zu 5 Fuss Höhe emporwuchs; dem Schafhirten eine dauernde Mahnung „Trau', schau', wem!“ — Er soll sich diese Mahnung zu Herzen genommen haben, der folgende Sommer fand ihn nicht mehr im Wetterstein-Gebirge. Das Männchen aber hat wacker manchem Sturme Trotz geboten, und es steht heute noch, obwohl nicht so hoch wie vordem, oben auf dem Scheitel des Wetterschrofen; wer von der Knorrhütte aus das Glas dorthin richtet, kann es deutlich erblicken.

Um 5 Uhr rüstete ich mich zur Heimkehr; den Rückweg mochte ich nicht mehr über die Schneide und den gespaltenen Mittelgipfel nehmen, denn nun lag jener Theil des Südgehänges, der auf dem Plattspitze mir verdeckt gewesen, offen vor meinen Augen; und auch ihn erkannte ich als gangbar. Ich hielt mich daher, sobald ich vom Gipfelkörper weg in das Gewirre der Spalten und Mauerklüfte wieder eingetreten war, in diesem möglichst tief und kreuzte den ganzen weiten Ausbruchskessel hinüber nach dem Absenker des Mittelgipfels. Ihre zahlreichen, meist noch mit altem Schnee angefüllten Furchen strahlen nach der Tiefe in ein einziges Hauptrinnsal zusammen und dieses verliert sich in den zum Hoch-Isenthale abstürzenden Wänden. Ueber schroffe Mauerabsätze stieg ich aus dem östlichsten dieser Gräben zu einer Einsattelung der trennenden Rippe hinan; eine zweite Felsecke trat im Westen mir gegenüber, doch minder tief in's Gehänge herabgreifend und eine allmählige Annäherung an den Grat wieder gestattend. Der Boden war durchweg mit plättigem Schutte bedeckt, der Gang auf ihm etwas mühsam, aber durchaus sicher und gefahrlos. Bald sah ich die Plattspitze wieder nahe vor mir, über ein Haufwerk von Blöcken stieg ich zum zerspaltenen Grate wieder empor und kehrte, 1 Stunde nach Aufbruch vom Gatterlspitz, auf den westlichen Wetterschrofen-Gipfel wohlbehalten zurück.

Und nicht minder günstig gestaltete der Abstieg von jenem sich nach der Scharte. Die Beobachtung, die ich im Heraufwege angestellt, hatte mich nicht getäuscht. Das Kaminchen, welches auf den Rand des Trümmerfeldes ausmündet, leitet ohne grosse Schwierigkeit über die nächste Steilstufe hinunter und mit kurzer Wendung links um die Ecke befindet man sich wieder im steilen Schneegraben, der letzten Ausspitzung jener felsdurchsetzten Firnhänge, welche zur Scharte sich hinunterstrecken. Mit diesen beiden Entdeckungen meines Rückweges hatte der Wetterschrofen aufgehört, unter die Ersteigungen von hervorragender Schwierigkeit zu zählen. Einen wohlgeübten Felsenklimmer erfordert er immerhin, ich muss jedoch gestehen, manche Wiederholung einer früheren Hochtour minder bereitwillig unternehmen zu wollen, als jene der Wetterschrofen-Ersteigung.

Um die siebente Abendstunde erreichte ich die Scharte wieder, wo das Gepäck zurückgelassen worden war. In eilender Fahrt ging's zum Schneethälchen hinunter und durch seinen Grund hinaus auf's Platt. Um 7 Uhr Morgens hatte ich den Rand des Ferners betreten, später als die gleiche Stunde des Abends, liess ich die letzten Schneeflecke hinter mir. Ein voller Tag war auf den firnbedeckten Höhen mir verflossen, theils auf den Flächen von Schnee und Eis, theils auf den Felsengipfeln, welche sie beherrschen. Und dieses nicht in den centralen Gruppen Tirols oder der Schweiz, nicht in den vielgenannten Gletscher-Gebieten auf der Wasserscheide gegen die Adria; in den heimischen Gebirgen, nur etliche Stunden von der Ebene entfernt, kann ein Tag mit Durchwanderung eines Gletschers verbracht werden. — Und recht zufrieden, heiter aufgelegt sogar, zog ich über die Plattenhügel hin meinem Nachtquartiere zu; meinen ersten Erfolg im Wetterstein-Gebirge hatte ich errungen — fühlt doch der Bergsteiger nach jedem in Stube und Salon verbrachten Winter sich wieder gewissermassen Neuling in den Bergen, muss erst von Neuem sich überzeugen, dass er noch der Alte, die alte Tüchtigkeit in ihm noch rege sei. Und dieses Selbstvertrauen, schwankend geworden durch die ersten Misserfolge, hatte der heutige Tag in seinen Fundamenten mir wieder befestigt. Ich wusste, dass der Sieg von heute seine Nachfolger, und Nachfolger in kurzer Zeit gewinnen werde. Und so kam es; nur fünf Tage noch, da hatte auch für die gefürchtete Dreithorspitze die letzte Stunde geschlagen.

Es düsterte, als ich in die Knorrhütte*) wieder eintrat. Beim Scheine eines Kerzenstümpchens wurde Kaffee gekocht,

*) Seit jener Zeit ist auf Veranlassung der Section München des Deutschen Alpen-Vereins die Knorrhütte neu gebaut und eingerichtet worden. Sie hat dadurch an Bequemlichkeit bedeutend gewonnen, für den Bergwanderer aber, der einsam auf dem Platt herumschweift oder auf anderen als den gewohnten Wegen dorthin gelangt, ihren Werth verloren, denn sie ist verschlossen. Der Dachboden jedoch, vom übrigen Raume abgetrennt, hat offene Thüre und eine Leiter neben der Hütte ermöglicht seine Ersteigung. So waren die Verhältnisse, als ich Ende Juli 1873 die Knorrhütte besuchte. Ich hege die Erwartung, dass der Ausschluss des Bergsteigers, der andere als die üblichen Touristenpfade verfolgt und auch bezüglich des Gebrauches von Führern sich von den Theorien der Alpen-Vereine entfernt, wenigstens an jener Grenze stehen bleiben und nicht auch noch auf den Dachboden sich erstrecken werde. Der menschenfreundliche erste Erbauer jenes Obdaches in der Felsenwüste hat meines Wissens keinen Unterschied gemacht zwischen Gerechten und Ungerechten, d. h. mit Führern Versehenen und Führerlosen. Ich glaubte dieser Anforderung, welche ich sofort im Zugspitz-Album niederlegte, auch an dieser für die Oeffentlichkeit bestimmten Stelle Raum geben zu sollen.

das letzte Stück Brod bedächtig in zwei Hälften getheilt — für heute, — für morgen. Und der Morgen fand mich auf dem Wege nach dem Gatterl, der Vormittag auf dem Hoch-Wanner, bis gegen Mittag verweilte ich auf seinem aussichtreichen Scheitel. Als ich jedoch von dieser Höhe mich verabschiedete, zum Abstiege über's Gatterl, über die Pestkapelle nach Ehrwald und Lermos mich wandte, da war's nur ein Gedanke, und kein poesiereicher, der mich beseelte, mit fliegender Eile mich vorwärts trieb: „Jetzt geht's zum Essen!“ —

XXV. Der Waxenstein; aus dem Höllenthale an den Eibsee.

(Hierzu Vertikal- und Horizontalprofil No. 25.)

Von den unzugänglichsten Klippenkämmen der nördlichen Kalkalpen überragt und umschlossen, lagert ein enges, verlassenes Thälchen im Herzen des Wetterstein-Gebirges, zu Füssen der Zugspitze; eine stundenlange, schauerliche Klamm öffnet seinen Gewässern den Austritt zur Thalebene der Loisach, in seinem innersten Hintergrunde erst wird seine Sohle das, was man Thal zu nennen pflegt; und dann bald wieder abgesperrt von einer queren, an 600′ hohen Steilwandstufe, über welcher, nur auf weiten Umwegen zugänglich, das hügelwellige Höllenthalkar, der zerschründete Höllenthalferner sich hinzieht. Schmale Pfade längs schroffer Wand, theilweise schwer zu finden und zu begehen, leiten in's Innere der abgeschlossenen Wildniss, welche die Umwohner von Alters her mit dem abschreckenden Namen der Unterwelt bezeichnen. Und wer träumerisch auf schaukelndem Kahne die dunklen Wellen des Eibsee's durchfurcht, von seinen Felseneilanden zum Gezacke der Riffelspitzen und Zugwände hinaufblickt, an welchen das letzte Echo der losgebrannten Pöllerschüsse verhallt, nicht möchte er glauben, dass hier ein Eingangsthor zu jener tiefen Bergöde sich befinde — dass über diese Wände herunter ein Ausweg aus dem Höllenthale zur Welt des Lebens sich eröffne. Der nördlichste Kamm des Wetterstein-Gebirges ist es, welcher dem Eibsee zugewendet seine Mauerflanken entfaltet, welcher das Höllenthal begrenzt und an's verbreiterte Massiv der Alpspitze sich andrängend dem Bache nur die Klamm zum Austritte offen lässt. Aus der Parallelstruktur heraustretend, bildet er einen ziemlich starken Winkel mit dem südwärts folgenden Rainthaler Kamme. Die Reihe seiner Spitzen projicirt sich für das Flachland, für das Loisachthal im Vorgebirge, als stumpfer, oft kaum unterscheidbarer Kegel auf dem breiten, dunklen Hintergrunde der Zugspitze. Bei Partenkirchen sieht man diesen Kegel bereits in einzelne Häupter sich auflösen, vom Hauptmassive des Wetterstein-Gebirges gegen Westen sich abtrennen; und im Weitermarsche nach Garmisch und Grainau entwickelt sich die Ausdehnung und Höhe dieser Gipfelreihe in immer gewaltigerem Massstabe. In ihr herrscht der Waxenstein, und der Name Waxenstein ist auch der einzig bekannte Name in dieser ganzen Kette, auch im Flachlande ist nur diese Collectivbezeichnung für die Vorlage des Zugspitzstockes geläufig und ich bezeichne demnach diese nördlichste Kette des Wetterstein-Gebirges als den Waxensteinkamm. Das Höllenthal bildet ein nicht seltenes Ziel touristischer Ausflüge; sei es der Pfad an der Felsenwand hin zur Brücke seiner Klamm, welche an grossartiger Wildheit jene der Partnach bei Weitem übertrifft, sei es das Höllenthor, — der Pass von der Hochalpe in's Höllenthal. — Wer letzteren überschreitet, der übersieht von günstigem Standorte aus den Waxensteinkamm, wie die Profilskizze dieses Kapitels ihn dem Leser vorführt. Das Innere des Höllenthales wird nur äusserst selten vom Fusse der Alpenfreunde betreten. Ein Gipfel des Waxensteinkammes, sein Culminationspunkt namentlich, der Grosse Waxenstein selbst, hat wohl kaum anderen Besuch noch als den des Jägers und des Schafhirten erfahren. Betrachtet man mit dem Fernglase von Partenkirchen aus diesen Felsenscheitel, erblickt auf ihm die etwas schiefstehende Signalstange und frägt nach der Ersteigung des Waxenstein, so kann oder konnte wenigstens früher man zur Erwiederung bekommen, er sei vor langer, langer Zeit einmal, — seitdem nie mehr erstiegen worden. Und die Schroffheit dieses Kammes, die abgehackte Gestaltung seiner Gipfel verspricht in der That dem Bergwanderer wenig Gutes von solch' einem Versuche.

Ein nebeldunstiger Morgen blickte am 9. August 1871 zu den Fenstern des Rainthaler Hofes (2888' 938 m. Sendtner) herein, in welchem Jagdgehilfe Peter von Partenkirchen und ich die Nacht zugebracht hatten, ersterer, um den folgenden Tag seinen Berufsgeschäften nachzugehen, ich in Absichten auf den Hoch-Blassen, nicht zum ersten- noch auch zum letztenmale, dass diese eigensinnige Doppelkuppe meinen Wünschen unfügsam sich zeigte. Da unter den gegebenen

Witterungsaussichten so gut wie gar nichts anzufangen war, so begleitete ich meinen Schlafgenossen vorerst auf seinem Jagdgange, das Weitere dem Zufalle überlassend. Wir wanderten in's breite, waldreiche Thal der Bodenlahn hinein, zur Linken die Steilabfälle des massigen Felsstockes, welcher die Thalsohle der Partnach zu ihren beiden hinteren Klammen zusammendrängt, und dessen Scheitel die ausgedehnte Weidefläche der Stuiben-Alpe trägt; — zur Rechten und im Hintergrunde die walddunklen, von tiefen, zertheilten Gräben gelber Schuttmassen gezeichneten Flanken des Kreuzjoch-Kammes; hoch über dem Thalgrunde, nur auf Augenblicke aus dem dampfenden Gewölke hervortretend, die schiefe Pyramide der Alpspitze. Der holperige und stellenweise sehr schmutzige Weg erreicht nach $^3/_4$ St. die Untere Bodenlahn-Alpe (3383′ 1099 m. Sendtner), von welcher ein Steig links zur Bernadinhütte und in's Gassenthal hinaufführt, ein anderer dem Hintergrunde des Thales entgegenleitet. Die Hoch-Alpe ist auf beiden mit wenig Zeitunterschied erreichbar. Wir wählten den letzteren, welcher durch das Krummholz des Thalgrundes, längs der schuttführenden, meist trocken liegenden Wasserbetten hin in ziemlich fühlbarer Steigung dem Fusse des Kreuz-Jochs sich nähert. Weithin spannt sich der Abschlusskessel der Bodenlahn, theils felsiges Gezack, theils düsteres Buschwerk bekleidet die Gehänge, in ihnen verlieren zu engen Schluchten sich die auseinanderstrahlenden Geröllstrassen der Sohle. Ein mächtiger, wohl an 50′ hoher Felsblock, aus den morschen Umfassungsmauern herabgestürzt, beherrscht die Mitte des Thalgrundes, einem künstlich aufgerichteten Wartthurme gleich. An ihm vorüber zieht der Pfad, der vorher noch den Ruinen der Oberen Bodenlahn-Alpe (3611′ 1173 m. Gümbel) begegnete, durch Legföhren und Gehölze, vielfach verzweigt und wieder vereinigt*), bis dass endlich die steile Hebung des Kreuz-Joch's beginnt und kurze Windungen des Steigleins in langwierigem, ermüdenden Anstiege den Wanderer aufwärts leiten; doch entschädigt ihn bei jeder Kehre ein herrlicher Rückblick auf das Thal der Bodenlahn, das seinen waldreichen Grund gegen das Partnachthal hinaus eröffnet; tiefer noch dunkelt es da draussen, aber hell glänzen im freien Himmelslichte die Felsenhäupter des Frauenalpl, — die Dreithorspitze.

*) Man achte im Aufsuchen dieses Weges darauf, sich nicht zu weit links zu halten, um nicht in's pfadlose Krummholz zu gerathen; doch erreicht man auch bei verfehltem Anstiege, wenngleich erst nach mancher Mühsal, den queren Pfad nach der Hoch-Alpe.

Ein steiler Graslehner, endlos lang, dehnte sich zuletzt vor uns zum Grate hinauf. Nach seiner Ersteigung standen wir auf dem grünen Scheitel des Kreuzjoch-Kammes, dessen eigentlicher Gipfel (5294′ 1720 m. Lamont) ebenso wie die an seinem Nordwest-Abhange gelegenen Alpen zu unserer Rechten blieb. Wir blickten nun nordwärts hinunter auf die Ebene von Partenkirchen und Garmisch, hinaus auf die grünen Vorgebirge des Ammer- und des Wallgaues; — im Süden zurück, auf die grünen Hochflächen des Schachen und des Stuiben, auf die starrenden Felsstöcke in der Umrandung des Oberrainthales; westwärts auf die plattenhügeligen Becken der Hoch-Alpe, der Gassen- und Bernadin-Alpe, auf die Alpspitze, welche diese Gründe beherrscht; aber von Allem Dem sahen wir nur Bruchstücke, weisser Nebelqualm verbarg das Meiste.

Zwei Stunden hatte bis hierher unser Weg vom Rainthaler Hofe aus gewährt; südwestwärts gewendet verfolgten wir den Pfad nach der Hoch-Alpe, welcher erst auf dem Scheitel des Kreuzjoch-Grates, dann unter denselben herabsinkend, an der dem Bodenlahnthale zugekehrten Bergflanke, hart unter schroffen, von tiefen Höhlungen unterwölbten Felsmauern*) quer durchläuft. Es ist diese halbstündige Wanderung auf fast ebener Bahn ausserordentlich anziehend, der ganze weite Kessel der Bodenlahn, mit seinen zahllosen, radienartig nach den rissigen Umrandungsmauern auseinander strahlenden Schuttströmen und Trümmerschluchten wird nunmehr aus der Vogelperspektive überschaut, und namentlich an der Hochalp-Seite zeigt das Gehänge steilen Fall und stellenweise eine ausserordentliche Zerklüftung, in manchen Partieen fast an die Erd-Pyramidengruppen bei Botzen erinnernd; recht anmuthig zeigen sich die schmalen Häupter der schlank emporstarrenden Felsennadeln mit Büschen von Krummholz und Alpenrosen gekrönt. Gegen 10 Uhr traten wir auf die hügelige, reichbegrünte Terrassenstufe der Hoch-Alpe**) aus, und sprachen

*) Diese Felsen bestehen, ebenso wie ein grosser Theil der Umrandung des Bodenlahnthales aus einem grobkörnigen Conglomerate, ein bemerkenwerthes Vorkommniss auf so bedeutender Höhe.

**) 5215′ 1694 m. Gümbel. Die Hoch-Alpe bietet dem Touristen im Wetterstein-Gebirge einen leicht erreichbaren Aussichtspunkt vorzüglicher Qualität. Namentlich erstreckt sich der Fernblick in's flache Land hinaus über den Starnberger See und die Gegend von München, sowie ostwärts auf die Gebirge der Riss. Eine Ersteigung der Hoch-Alpe (oder des Kreuzjoches) von Partenkirchen aus mit Abstieg in die Bodenlahn und in's Rainthal würde sich für jeden Touristen empfehlen, der auf die Felsenscheitel der Gebirge sich zu verirren keine Lust fühlt.

in der kleinen, niedrigen Hütte bei freundlichen Sennen zu. Für mich begann jetzt die Frage in den Vordergrund zu treten, was an dem heutigen Tage zu beginnen sei; so ungünstig, als es Morgens den Anschein gehabt, hatte das Wetter sich nicht gestaltet, es war und blieb zwar nebeldunstig, aber ich hatte, und das namentlich im Sommer 1871, oft schon unter schlechteren Bedingungen meine Bergtouren angetreten. Dem Uebergangspunkte in's Höllenthal so nahe, konnte meine Wahl kaum auf einen anderen Gegenstand fallen und nicht unangenehm war es mir, in den Sennen der Hoch-Alpe Leute zu finden, die ihr Hirtengewerbe häufig in's Höllenthal hinüberführte und welche dort genauen Bescheid wussten. Einer von ihnen erklärte sich auch gerne bereit, mich bis in's hintere Höllenthal zu begleiten. Ich hatte von den Gipfeln der Zugspitze aus bereits genugsam mir diese wüste Thalklamm, dieses Gewirre von Schluchten und Gräben betrachtet, um wenig Lust zu empfinden, darin einen neuen Versuch in der Art des Vomper-Loch's anzustellen. Auf den freien Bergeshöhen, in den öden Karen der Hochzone, den schroffen Felsenhäuptern Angesicht in Angesicht gegenüber — da mag der geübte Bergwanderer seiner Selbstständigkeit froh im Wettlaufe mit der scheuen Gemse umherschweifen, — anders in den engen, steilwandigen Thalschluchten, mit ihrer tückischen Krummholzbekleidung, welche nur auf wenige Schritte weit das Terrain zu überblicken gestattet und, ist die Wegspur einmal verloren, ihr Opfer in ein unentwirrbares Labyrinth von Hindernissen verstricken.

Ich wechselte also meine Begleitung und wanderte mit dem Sennen der Hoch-Alpe — *Martin Ostler* war sein Name, seine Heimat Hammersbach — der breiten Einsenkung zu, welche westlich der Hoch-Alpe die vielfachen, um den Fuss der Alpspitz-Pyramide sich ausbreitenden Kuppen und Hügel durchschneidet, deren verworrene Gruppirung den Verlauf des Hauptkammes nur schwer zum Ausdrucke gelangen lässt. Nach einer Viertelstunde bereits hatten wir die erste Scheitelhöhe erreicht und blickten nordwärts in ein schmales, wiesenreiches, in mehreren Absätzen sich senkendes Thal, dessen obersten Kesselboden wir, ohne die tiefer gelegene Hammersbach-Alpe zu berühren oder auch nur zu Gesichte zu bekommen, durchquerten und jenseits einen neuerlich sich hebenden grünen Bergwall auf schwach ausgeprägtem Pfade hinanstiegen. Drei viertel Stunden nach Aufbruch von der Hoch-Alpe standen wir auf dem leicht eingedrückten Sattel des von der Alpspitze nördlich abzweigenden, mit dem

Schwarzkopfe endenden Kammes, auf der Hupfleite (5414′ 1759 m. Sendtner), zu unsern Füssen das Höllenthal. Ueberraschend tief liegt die düstere Schlucht vor uns, dumpf dröhnt das Brausen des in der Klamm sich fortwindenden Baches zur Höhe empor. Jenseits ragen in fast greifbarer Nähe die wild zerrissenen Felsflanken des Waxenstein-Kammes auf, gegen den Hintergrund des Thales stark gerippt und mit einer leichten, grünen Färbung angehaucht; unmittelbar über dem Thalschlusse das Gipfelpaar der Riffelspitzen.

Die steile, steinige Grasfläche der Hupfleite hinunter hatten wir bald jede sichtbare Pfadspur verloren und erst, als wir uns, links abschwenkend, mitten in's schroffe Felsgehänge hineinwandten, zeigten sich wieder Andeutungen eines dem Gestein abgerungenen Steiges. Zahllose Risse durchkreuzend, an vortretenden Mauerrippen bald auf-, bald abwärts ziehend, im Allgemeinen jedoch grösserer Tiefe zustrebend, bewerkstelligt er allmählich seinen Anschluss an ein breit in's Höllenthal vortretendes Bergmassiv, an dessen felsigen, aber mässig geneigten Flanken die aufgegebene Höhe langsam wieder gewonnen wird. Zwei terrassenförmige Abstufungen dieses Vorbaues tragen die verfallenden Gebäude des nunmehr aufgegebenen Bleibergwerks; niedrige, gemauerte Häuschen, bereits theilweise Ruinen, Thür- und Fensterstöcke ausgebrochen, im Innern noch traurige Reste einer Einrichtung, die in solch' unzugänglicher Wüstenei eine comfortable genannt werden mochte. Der Boden ringsum ist bestreut mit Klümpchen des einstmals hier gebrochenen Bleierzes, kleine Knollen von Bleiglanz, welche im Kalkgesteine eingesprengt vorkamen; man kann am Eingange eines nahen Stollens solche im harten Felsen festsitzende Knollen unmittelbar beobachten. Der wachsende Verkehr, die gesteigerte Leichtigkeit der Beischaffung von Mineralien aus Gegenden, wo dieselben unter günstigeren Bedingungen gewonnen werden, hat diesem einsamen Bergbaue nach Jahrhunderte langem Bestehen ein Ende gemacht. Auch die Schmelzen in Hammersbach, wo ehedem das Bleierz verhüttet, der nicht ganz unbeträchtliche Silbergehalt aus demselben abgeschieden wurde, stehen still; hieher wurden die den Sommer über zu Tage geförderten Erze während des Winters von den Knappen auf Kraxen und weiterhin mittelst kleiner Handschlitten heruntergeschafft und kaum verging ein Jahr, in welchem nicht ihrer einer auf der steilen, schlüpfrigen Bahn den Halt verlor und in der Höllenthal-Klamm ein schauriges Grab fand.

Wir hatten eine starke Stunde von der Hoch-Alpe zum

Bergwerke*) benöthigt; vor dem Huthause, am Rande der vorspringenden Terrassenstufe, wurde kurze Rast gehalten, in Betrachtung der finsteren Thalschlucht, die 1000' tief zu unseren Füssen lag, in die sich der gewöhnliche Höllenthalweg bis zur deutlich sichtbaren Klammbrücke hinunterschlängelt; — des grünen Bodens im Innern des Thals, der massigen Wandstufe darüber und des schimmernden, zackenumrandeten Höllenthal-Ferners; — des felsenkahlen Waxensteinkammes, der unserem Standpunkte gegenüber in wilder Schroffheit sich emporbaut. Jetzt zum erstenmale dämmerte der Gedanke in mir auf, der heutige Tag könne mich wohl noch auf jener selten betretenen Zinne sehen, zudem mein Gewährsmann mir mittheilte, dass ihm der Gang quer durch die Weideplätze des Waxenstein bekannt sei, wo er schon oftmals die Schafe gehütet habe; war ich aber quer durch diese schwach begrünten Plattenkare nur einmal bis direkt unter den Gipfel gelangt, dann musste ja auch dieser wohl sich zwingen lassen; Menschenfuss hatte ihn bereits betreten, Zeuge davon die Stange auf seinem Haupt; und von welcher Seite sollte jener erste Ersteiger hinaufgekommen sein? vom Eibsee doch sicherlich nicht! —

Wir nahmen unseren Gang wieder auf und wanderten dem hinteren Höllenthale zu; der anfangs noch kennbare Steig verlor sich rasch, ich hatte alle Ursache, froh zu sein, mich in diesem Wirrwarr von Gräben und Felsrunsen, in der undurchdringlichen Dickung, welche sie überkleidet, nicht auf meine eigene Pfadfindekunst angewiesen zu sehen; Schlucht über Schlucht wurde durchkreuzt, bald ging's thalein, bald thalaus, meist abwärts, der immer enger sich zusammenschnürenden Thaltiefe zu, gelegentlich aber auch wieder ein Stück weit aufwärts, eine neue gangbare Lage in der abgerissenen Gebirgsflanke zu gewinnen; dabei fortwährend durch Wald und Buschwerk, selten unterbrochen durch einen freien, dann um so steiler fallenden Felsplatz. Fast eine Stunde währte es, bis das Rauschen des Hammerbaches näher an unser Ohr schlug, und wir bald darauf an seinem schmalen Ufersaume standen; jenseits des schäumenden Wildwassers die Plattenhänge des Waxenstein.

In gerader Richtung thalein wandernd gelangten wir nach wenigen Minuten zur einsamen, verschlossenen Jägerhütte, verborgen unter einer Gruppe hoher Wettertannen. Wir liessen

*) Unterer Stollen 4431' 1439 m., oberes Huthaus 4661' 1514 m. Sendtner.

sie für jetzt beiseite und zogen weiter auf dem rasch an Ausdehnung gewinnenden Thalboden. Ein breites, trockenes Schuttbett durchzieht seine Mitte, hügelig welliger Boden deckt sich mit grünen Weidematten, kleine, lichte Gehölze erfüllen den nahen Hintergrund. Nicht gering war mein Erstaunen, in diesem abgeschiedenen, von aller Welt abgesperrten Thalkessel Schellengeläute zu vernehmen und Rinder auf den Hügeln grasen zu sehen. Es ist diess das Jungvieh der Hoch-Alpe, welches hier im Höllenthal seine Sommerweide hält, doch kann dasselbe nicht auf dem von uns zurückgelegten Steige, über das Bleibergwerk, dahin getrieben werden. Sein Weg geht über einen hochgelegenen Bergsattel, näher dem Fusse der Alpspitze, und hält sich in sehr bedeutender, wohl über 2000′ betragender Höhe über dem Höllenthal; die ausgedehnten Kare am Nordfusse der Alpspitze und des Hoch-Blassen durchziehend sinkt er im Hintergrunde des Höllenthales erst zu dessen Sohle herab. Man sieht diesen sogenannten „Rinderweg“ als helles Zickzackband von der Höhe herunterkommen und würde dieser, allerdings bedeutend weitere Weg einem ohne Führer nach dem Höllenthale gehenden Touristen gleichwohl am meisten zu empfehlen sein.

Es war $^1/_2$1 Uhr Mittags, als wir mit unserer Höllenthalwanderung zu Ende waren; wir standen auf seiner letzten Schuttebene*) — eine senkrecht abgerissene, an 600′ hohe Wandschranke vor uns, über welche der Abfluss des Höllenthal-Ferners in hohem Bogenfalle herabstürzt; zur Linken die jäh abbrechenden, als isolirte Felskegel sich darstellenden Enden der Absenker der Höllenthalspitzen, zur Rechten die steilen, grüngesprenkelten Flanken des Riffelstockes, mit welchem der Waxenstein-Kamm an das Massiv der Zugspitze und ihrer Trabanten sich anschliesst. Die Witterungsverhältnisse hatten sich nicht verändert: dampfende Nebel, zu einzelnen Wolkenhaufen geballt, lichter Zwischenräume nicht ermangelnd. Ich beschloss die Ersteigung des Waxensteins.

An meinen Führer in's Höllenthal, der an der Expedition immer grösseres Interesse zu nehmen begann, stellte ich lediglich die Anforderung, mir den Schafsteig in's Schönkar und weiterhin in die Grasplätze des Waxenstein hinein zu weisen, mit der Ersteigung des letzteren wolle ich dann schon allein zurecht kommen; er erklärte jedoch, mich begleiten zu wollen, so lange es nicht Dreithorspitz-artig zugehe — meine Ersteigung dieses gefürchteten Gipfels war wenige Tage vorher

*) Ich schätze deren absolute Höhe auf ca. 4000′ 1300 m.

ausgeführt und in den Bergen bereits ruchbar geworden — indem er beifügte, dass er noch nie grössere Bergtouren, als sein Geschäft erfordere, unternommen und auch kein Steiger ersten Ranges sei; eine Offenheit und Anspruchslosigkeit, welche gegen das Verhalten der Partenkirchener Führer ebenso vortheilhaft abstach, als seine nachherigen Leistungen gegenüber denen der genannten Innung*). Ueber die untersten, krummholzbewachsenen Stufen, deren Felsmassen nicht selten durch tiefe Spalten sich von einander trennen, leiteten uns noch schwache, häufig sich verlierende Spuren eines Pfades; im buschfreien, berasten Gehänge war bald jede Fährte entschwunden. Wir stiegen das Steilgehänge in möglichst gerader Richtung an, nach Thunlichkeit an die grasreicheren Stellen uns haltend, welche jedoch nicht selten durch gürtelförmige Mauerabsätze völlig unterbrochen werden. Ohne gerade hervorragende Schwierigkeiten zu bieten, da mit seltenen Ausnahmen sichere Tritte in reichlicher Auswahl geboten waren, machte dieser Gang auf eine kleine Stunde lang aufwärts einen ausserordentlich luftigen Eindruck und erinnerte mich mehr als irgend welche andere Bergtour, deren ich mich zu entsinnen wusste, an die Ersteigung der Höfats im Algäu. In ungefähr der Mitte des stärksten Gefälles sperrt eine Mauerschranke von etwa 20 Fuss Höhe das gangbare Terrain in schräger Linie völlig ab; wir verfolgten sie bis in den Winkel, welchen sie, mit einem breiteren Felsmassive zusammenstossend, bildet und trafen hier auf eine eingerissene, schiefe Kluft, welche die Ersteigung ermöglichte. Es ist dies die einzige Stelle, welche einige Vorkenntniss der lokalen Verhältnisse erheischt; im Uebrigen vollzieht sich der Anstieg in völlig natürlicher Weise und wäre von jedem geübten Bergwanderer ohne Schwierigkeit zu finden und auszuführen.

---

*) Die Unwissenheit der Partenkirchen-Garmischer Führer über Alles im Wetterstein-Gebirge, das nicht Alpspitze oder Zugspitze heisst, habe ich in meinem Aufsatze „Die Dreithorspitze“, Zeitschr. d. D. u. Ö. A.-V., Jahrg. III, H. 1, in grellen Zügen beleuchtet. Die Gerechtigkeit erfordert, nunmehr auch hervorzuheben, dass als nächste Folge dieses scharfen Tadels eine grössere Rührigkeit unter die dortige Führerschaft gekommen ist und namentlich *Johannes Koser* von Garmisch einige bedeutendere, zum Theile neue Touren im Wetterstein-Gebirge zur Ausführung gebracht hat. Immerhin bliebe diesen Leuten in den Bergen ihrer allernächsten Nachbarschaft noch viel zu thun übrig und wünschte ich im Interesse der bergsteigenden Welt, dass die Partenkirchener Führer die in meiner Entgegnung auf eine missliebige Redactions-Anmerkung zu meinem erstgenannten Aufsatze (Ztschr d. D. u. Ö. A.-V., Jahrg. III, H. 2) gestellten Fragen sich noch wiederholt vorlegen möchten.

In beträchtlicher Höhe über der Thalsohle erst beginnt die Bergflanke sich zu verflachen und mit zusammenhängendem Vegetationskleide sich zu überziehen. Langgedehnte, schwachgehobene Terrassenstufen wurden von uns in gerader Anstiegslinie überwandert, um die breit vortretende Bergecke uns wendend gelangten wir, 1 Stunde nach Verlassen des Höllenthales, in den flachen Boden des Schönkars. Seine Schutthalden strecken sich hinauf bis zu einer starken Depression des hier fast geradlinigen Kammscheitels. Im Rücken hatten wir die Riffelspitzen gelassen, einen vielrippigen, zackenreichen Felsenstock; vor uns erhob sich, ebenfalls als schroffes, doch nicht absolut felsenkahles, von zahlreichen Runsen durchklüftetes Massiv, der erste der Zacken des Waxensteinkammes, in horizontaler Linie noch weit abstehend vom Gipfelpunkte des Gebirges.

Es begann nun eine Bergwanderung, so eigenthümlich, wie sie weder vor- noch nach diesem Tage mir jemals vorgekommen: ein Quermarsch durch ein förmliches Gruppensystem von Bergen und Thälern im Kleinen, das inmitten einer Gebirgsflanke, die man ihrer Steile wegen für kaum zugänglich ansehen, oder doch denken möchte, dass sie in Einem Schusse zu Thal niedersetze. Nicht weniger als fünf starke Zweigrippen sind es, die aus den Felsenkörpern der Waxensteingipfel sich loslösend an seinen Flanken vortreten und nach kurzer Erstreckung in den allgemeinen Steilabfall der letzteren gegen das Höllenthal sich wieder verlieren.

Am Fusse gelb geflammter, theilweise unterhöhlter Mauern stiegen wir zum begrünten Scheitel des ersten dieser Zweigkämme — wenn der Name „Kamm“ auf solch' einen kaum 500 Schritte langen und doch so deutlich abgetrennten Rücken angewendet werden darf — hinan; vor uns eine tiefe, trümmererfüllte Thalung, weitgespannt in ihrer oberen Zone, zu enger Schlucht in naher Tiefe sich zusammenschnürend. Mit Ausnahme eines kurzen Abstieges vom Bergrücken herunter vermochten wir sie, theils über Geschröf, theils an begrasten Gesimsen hin, in fast ebener Linie zu durchqueren. Jenseits zu einem neuen Kammscheitel empor, ein neues Kar zu unseren Füssen; quer hindurch wie durch das erste, durch plattige Runsen, an zackigen Mauerecken vorüber, immer nahe dem Fusse der Steilwände. Und wieder eine ermüdende Strecke aufwärts zu einem dritten Kamme, dem höchsten, welchen wir bisher betreten, einem geradlinigen, ein paar hundert Schritte langen Grasrücken, der gegen das Höllenthal vortretend noch zu einem kleinen Felskopfe sich aufschwingt.

Wie zu erwarten stand, lag hinter diesem Kamme ein drittes Kar, aber tiefer eingeschnitten, minder zugänglich, als die früheren; wir näherten uns offenbar der Grenze der gangbaren Bergflanke und waren um so geneigter, einer Bahn zu folgen, die nach der Grathöhe in lockendster Weise sich uns vorzeichnete.

Ein breiter, ebenflächiger Graslehner zog dort sich unter mässigem Neigungswinkel empor; an dem Punkte, wo er den Grat berührt, war selbst eine Signalstange auf einer kleinen Erhöhung des Kammscheitels zu erblicken. Ein trotziger Felsgipfel stand hart nebenan auf dem Scheitel des Gebirges, seine doppelklotzige Gestalt legte die Vermuthung nahe, dass kein anderer, als der Grosse Waxenstein selbst es sei, der uns dort entgegen winkt; er mochte wohl seine gangbare Seite uns verbergen, vielleicht wohl gar jenseits des Grates haben. Hinauf, nach dem nahen Ziele! — Eine halbe Stunde später war die Grathöhe gewonnen, der Gipfel, dem wir uns nahten, machte ein immer bedenklicheres Gesicht zu unserem Treiben. Der Senne, um etliche Schritte mir voraus, betrat zuerst die Schneide, prallte augenblicks zurück und hielt die Hand vor die Augen. Ich folgte ihm rasch nach, blickte zwar unverwandt hinunter, fand aber die Verhältnisse gleichfalls höchst unerfreulich: wir standen vor senkrechten Wänden, zu unsern Füssen lag der Eibsee.

Also doch von Süden her auf den wilden Felszacken! Fürwahr, ein wüstes Gemäuer! Ich schnallte die Eisen an, liess meinen Rucksack und meinen klügeren Begleiter zurück, von welchem schon nach wenig Schritten eine jähe Felskluft mich trennte, und begann zu klettern. Ein paar Minuten lang ging es, dann hing ich, den Kopf im Genick, einer Mauerschwalbe gleich am Gestein, das durchaus keinen weiteren Haltpunkt mehr bot. Obwohl ich kaum 25′ hoch gestiegen war, bedurfte ich fast einer Viertelstunde, um den sicheren Graslehner wieder zu gewinnen, den finstern Schacht vor Augen, in welchem die losbröckelnden Felstrümmer mit prasselnden Schlägen verschwanden. Die Möglichkeit, ihnen baldigst nachzufolgen, lag nicht so gar fern. Ostler sass drüben auf dem Grase mit abgekehrtem Gesichte und sagte mir nachher, dass er nicht im Stande gewesen, zuzusehen, und es habe vermeiden wollen, durch ängstliche Zurufe mich in vielleicht gefährlicher Weise zu stören; gewiss eine höchst verständige Rücksicht! Sein schliessliches Resumé lautete dahin, „den Waxenstein solle der Teufel holen“; ich hatte jedoch keineswegs die Hoffnung aufgegeben, die Rolle des betreffenden Teufels selbst zu übernehmen. Der Gipfel, so wild von dieser Seite seiner Erhebung aus dem Grat, konnte ja von der entgegengesetzten wohl zugänglich sein; vor Allem musste die gesammte gewonnene Höhe wieder aufgegeben und von dem Scheitel des letztbetretenen Zweigrückens aus ein neuer Anstieg in veränderter Richtung gesucht werden. Rasch waren wir wieder in der Tiefe; eine Lichtung der Nebel gab Gelegenheit zu weiterer Orientirung, wir sprangen noch eine Strecke weit den Kamm entlang — sahen uns an und lachten uns gegenseitig aus: da stand der wahre Waxenstein noch eine weite Strecke vor uns, drei Kare noch lagen zwischen unserm Standpunkte und seinem starren Felsenkörper; diese Erfahrung hätten wir um leichteren Preis uns erringen können!

In steilen Schuttrinnen hinunter zur tiefen Mulde, quer durch alle Plattenrunsen, die nach dem Centrum des Kares zur trümmererfüllten Schlucht zusammenstrahlen, und wieder hinauf zum Scheitel einer neuen Zweigrippe; jenseits derselben neuerdings eine schmale Einsenkung, geschlossen von einem zackig vorspringenden Felsriffe. Zu neuem Abstiege genöthigt gewinnen wir eine Durchgangsscharte dieses letzteren, wieder tiefer liegt ein wüstes Trümmerbecken, dessen jenseitigem Rande die gewaltige Felsmasse entsteigt, die vom Waxenstein-Gipfel sich herabsenkt, aus welcher abgesprengte Mauerzacken gleich isolirten Thürmen sich abscheiden — hier ist es mit dem Quergange über die Gebirgsflanke unwiderruflich zu Ende. Zu unserer Linken ist das wirre Geklüft und Gezacke zurückgetreten. Ein zusammenhängender, steiler Felshang baut zum Grate am Fusse der Waxenstein-Kuppe sich hinan; ein prüfender Blick über seine schrägen Gesimse, seine Absätze und Terrassenstufen, die Furchen, welche sie durchschneiden — und mein Parere lautet: „Wir kommen hinauf!" —

Noch einmal die bittere Pille des Absteigens, wenn man der Gipfelhöhe zustrebt! Aus dem Trümmerkare am Fusse unseres Felsriffs wird sofort die grösste, mitten durch's Gehänge hinaufschneidende Kluft gefasst, ihre plattige, aber gestufte Sohle bringt uns rasch empor, bis eine Einschnürung derselben, gesperrt von einer blanken, gewölbten Felstafel, uns Halt gebietet und uns auf den plättigen Steilhang zur Rechten hinausdrängt. Hier gab es wohl einige schlechte Stellen zu überwinden, ich forderte auch meinen, nicht mit Eisen versehenen Begleiter wiederholt auf, zurückzubleiben, falls es ihm zu bedenklich werde, davon wollte aber jener durchaus nichts mehr wissen; auch lag das Schlimmste nun bald hinter uns. Rippiges, mit kleinen Grasschöpfen besetztes Terrain, wie wir am Gehänge des Hinteren Höllenthales es getroffen hatten, begünstigte unseren Anstieg; zwischen den Plattenabsätzen und Zackenreihen umher irrend, die engen Längsfurchen des Gefelses bald verfolgend, bald überquerend, kamen wir zuweilen der rechtseitigen Kante des Terrassen-Massivs nahe; in eine schauerlich tiefe Wandkluft blickten wir dort hinab, sie trennte unseren Boden noch von den nahen Gipfelbauten des Waxenstein. Hatte ich gleich das Terrain, auf welchem wir nunmehr uns befanden, mit richtigem Blicke als gangbar beurtheilt, die Durchspaltung des Gebirges war von mir übersehen worden und sie stellte ein letztes Fragezeichen auf die Linie unserer Ersteigung. Doch auch dieses fand seine Lösung; in höchster Zone dreht die Kluft in den Körper des Gipfels selbst sich hinein, die Gras- und Schuttplätze an seinem Fusse stossen unmittelbar an die Plattwände und eine schmale Geröllrinne weist zwischen ihnen hinauf die Bahn. Mühsam, und doch in beschleunigtem Tempo ging's dem Kammscheitel entgegen, zum zweiten Male an diesem Tage erblickten wir das Spiegelbild unseres Felsenkammes im tiefblauen Eibsee; zwei Minuten später standen wir auf dem Gipfel des W a x e n s t e i n (7138′ 2319 m. Walther).*) Es war 4 Uhr Nachmittags.

Die Aussicht, grossentheils nebelverhüllt, namentlich im Inneren des Höllenthales, bot gleichwohl einige freundliche Ausblicke in's sonnenhelle Thal von Grainau und Garmisch. Die Perle in diesem Bilde ist unbestritten der E i b s e e; bekannt sind die überschwänglichen Schilderungen des Eindruckes, welchen sein Erscheinen auf den vom Plattacher Ferner zum Grate heraufklimmenden Zugspitz-Besteiger hervorrufe; sie sind, wie gesagt, höchst übertrieben, passen dagegen wörtlich auf den Anblick des Eibsee's, welchen der Waxensteinkamm, der Waxensteingipfel bietet: hier in der That glaubt man senkrecht in den schimmernden Spiegel hinunterzuschauen, wie auf einer Karte liegt vor den Augen ausgebreitet seine waldumrahmte, tief azurblaue Fläche, die vielgewundenen Ufer gesäumt von hell meergrünem Bande,

*) 6922′ 2249 m. Sendtner, 6952′ 2258 m. Lamont. Namentlich die Vegetations-Verhältnisse des Gipfels, beziehungsweise das Ersterben fast aller Vegetation auf seinem Scheitel bestimmen mich, der höheren Messung den Vorzug zu geben. — Nach letzterer sind auch die Höhen des Hinteren und Vorderen Waxensteins abgeschätzt, wie sie im Profile sich eingezeichnet finden.

ein grüner Ring um jede seiner Felseninseln, grüne Flecken überall, wo Erhebungen des Grundes seine Tiefe verringern. Hart nebenan, in tiefes Tannendunkel verborgen, ruht das saftgrüne Gewässer des Frillensee's.

Nur eine Viertelstunde war uns vergönnt, in stiller Beschaulichkeit der Ruhe zu pflegen; die Zeit mahnte zum Aufbruch, noch einen Blick auf unsern Waxenstein, auf den Kreis seiner Trabanten, die als ungeschlachte Klötze, abgespalten von seiner beherrschenden Kuppe, uns umdrängen, — und bald ragen sie wieder hoch über unsere Häupter empor. Rasch hinunter in's Trümmerkar, den langwierigen Quergang über die fünf Kämme wieder anzutreten. Ostler hatte wenig Lust mehr, den plattigen Hang zur Seite der Kluft wieder hinunter zu klettern und auch mir wäre ein anderweitiger Ausweg nicht unerwünscht gewesen; ich ging daher auf seinen Vorschlag gerne ein, die Kluft, die uns ein Stück weit herauf geleitet, gleich von oben herab zu verfolgen und liess mir sein Argument gefallen, die 15—20' hohe Plattenstufe würde, auch wenn wir in's Rutschen kämen, uns den Hals nicht brechen. Es ging besser, als wir beide gedacht; an die Seitenwandungen uns stemmend kamen wir ohne jede Irregularität ganz unversehrt hinunter. Scheitel um Scheitel der sperrenden Zweigrücken übersteigend, lenkten wir gegen 6 Uhr Abends in's Schönkar wieder ein. Ich hätte gar gerne unmittelbar den Quergang in's Riffelkar und den Abstieg zum Eibsee angetreten, woselbst wir allerdings erst gegen Mitternacht angekommen wären; dem widersprach aber mein Begleiter mit aller Entschiedenheit, indem er erklärte, den Uebergang zwar bereits einmal gemacht zu haben, in dem Nebel aber, der dichter und dichter uns umzog, unmöglich mehr ihn finden zu können. Es blieb sohin keine andere Wahl, als über die steilfallende Bergflanke, die wir heraufgeklommen, zum Hinteren Höllenthale zurückzukehren. Ein tüchtiger Platzregen war das Schluss-Resultat des nebelreichen Tages; bei einbrechender Nacht erreichten wir die einsame Jägerhütte wieder, und dem Spürsinne des Hirten gelang es auch gar bald, den verborgenen Schlüssel ausfindig zu machen; ich wäre gegentheiligen Falles wohl zu gewaltthätiger Quartier-Bereitung geschritten. Wir hatten nun Feuer und Nachtlager; leider fehlte das Dritte im Bunde, ein entsprechendes Nachtmahl; wir mussten mit dem Stücke Brod uns begnügen, das wir von der Hoch-Alpe mitgenommen und mit schwarzem Kaffee, den ich im Bergsacke führte.

Ein heller, klarer, kalter Morgen graute zur engen

Schlucht des Höllenthales herein; mit herzlichem Händedrucke verabschiedete ich mich von dem wackern Ostler, dessen Persönlichkeit meine ziemlich gesunkene Achtung vor dem Bergvolke wieder einigermassen gehoben hatte, freilich mit der Reserve, dass solche Typen eben allzu grosse Seltenheit unter ihm sind. Er stieg den schmalen Pfad zum Bergwerke wieder hinauf, nach seinen Alphütten zurück zu kehren; ich wanderte neuerdings thalein, zum Eibsee hinunter einen Ausweg aus dem Höllenthale mir zu suchen. Als ich auf den Schuttfeldern des Thalhintergrundes, am Fusse der Wasserfall-Wand anlangte, wurde es erst völlig Tag. Wie gestern, erstieg ich das Steilgehänge gegen das Schönkar hinauf, schlug mich aber bald links, an den Grasgesimsen des Riffelstockes hin, in's Riffelkar übergehend. Zu meiner Linken erschienen abenteuerliche Felsgestalten von wildester Schroffheit; sie gehören einem Zweigkamme des Zugspitz-Grates an, welcher das weite Becken des Höllenthalkars mit dem Ferner von dem Riffelkare scheidet; sein am weitesten östlich vorspringender Kegel verschmilzt mit jäher Plattwand in die Mauerumwallung des Hinteren Höllenthals; eine enge Lage gangbarer Stellen zieht sich quer durch diese Felsen hindurch zum Höllthalkar hinüber. Ein glattgewaschener Plattenschuss unterbricht auch diese einzige Verbindung; man erzählt, dass ein verwegener Tiroler diese Stelle mit pechbeschmierten Füssen zu öfteren Malen passirt habe, im Höllenthalkar sich Gemsen zu holen, bis dass den Allzukühnen eines Tages das Geschick ereilte, und Schütze und Wild zerschmettert tief unten im Höllenthale lagen.

Das Riffelkar, in welchem ich hinanstieg, besteht aus einer Anzahl terrassenförmig übereinander gelagerter Mulden, deren unterste ziemlich enge sich schliessen und mit mässig hohen, steilfallenden Querdämmen gegen einander sich abgrenzen. Das nach der ersten Viertelstunde des Anstiegs aus dem Höllenthale zurückgebliebene Krummholz tritt hier plötzlich wuchernd wieder auf, seine schwärzlich-grünen, von Grasplätzen durchlichteten Dickungen verbergen dem Auge den nahen Absturz des abgeschiedenen Hochthales gegen die innerste Weitung des Höllenthals. Hügelig dehnen sich die Becken nach der Höhe; Schutt lagert an ihren Gehängen, kahles Plattenwerk deckt ihre Sohle, während die Flanken der Riffelspitze an ihrer Nordseite noch ziemlich reichlichen Graswuchs zeigen; wildes Gezacke baut im Süden sich himmelan; namenlose Zinnen, seltsam gestaltete Kuppen und Kegelspitzen, wüste Firn- und Trümmerkessel zwischen ihren starren Flanken. Das letzte, innerste Becken des Riffelkars öffnete sich meinen Schritten, hochgehobene Schutthalden im Halbkreise nach dem culminirenden Grate hinaufstrahlend, dessen Mitte ein sanft geschwungener Wellenhügel einnimmt; dort war mein erstes Ziel, dort irgendwo musste die Möglichkeit eines jenseitigen Abstieges sich darbieten, — wo, das wusste ich nicht; mein Begleiter von gestern hatte mir blos die unbestimmte Anweisung zu geben vermocht, „durch einen Sattel, so ziemlich in der Mitte". — Ganz ohne eine Gipfel-Ersteigung wollte ich übrigens meinen Tag nicht hinbringen, betrachtete daher die Frage, wie jenseits hinabzukommen, vorerst als eine offene, und wandte mich rechts hinauf, der Riffelspitze zu. Im leichten Anstiege über welligen Rasenboden, stufiges Geschröf und verwittertes, loses Platten-Getrümmer, hatte ich volle Musse, mir die trotzigen Gesellen jenseits des Kars zu betrachten; ihr äusserster Posten, eine zweizinkige Felsengabel mit firnerfüllter Spalte, zog vornehmlich meine Aufmerksamkeit auf sich, ich hatte nicht übel Lust, es mit ihr heute noch aufzunehmen — es wäre sicherlich ein harter Strauss geworden! Aber während ich noch über Anstiegsrichtung, Zeitberechnung und Aussicht auf Erfolg nachdenke, steigt hinter ihr eine zweite, höhere, wildere Klippenzinne auf und nicht lange nachher hinter dieser eine dritte, — merkwürdig, wie das Gezacke da drüben der Zugspitze ähnlich sieht! — sogar eine Schneemulde hat es, genau wie das Schneekar — und ich steige höher und höher und das Ding drüben hebt sich in gleichem Masse höher und immer luftiger und Alles um sich herum beherrschend — ja, beim Himmel, das ist sie ja selber!! — Die Zacken ihres nördlichen Absenkers sind es, die mein Riffelkar so drohend überragen; da hätte es wohl wenig Zweck, auf ihrer einen hinauf zu klettern. Mag's an der Riffelspitze genug sein! —

Die Schuttflanke hinan, zuletzt über einen rauhen Trümmergrat, hatte ich, 3 Stunden nach Aufbruch von der Jägerhütte, den schmalen Scheitel der Riffelspitze gewonnen (etwas niedriger, als der Grosse Waxenstein, ca. 7050′ 2290 m.). Ich war eben rechtzeitig gekommen; schon flogen wieder die weissen Dunstballen vom Thale herauf, die Gipfelhäupter allmählig verhüllend; noch standen sie mir frei gegenüber, die gewaltigen Häupter des Rainthaler Kammes, die Alpspitze, — der Nördliche Hoch-Blassen-Gipfel als steile Kegelpyramide, hinter ihr lugt der zweite Gipfel kaum bemerklich hervor; — die Höllenthalspitzen, — Euch traue ich auch nichts Gutes zu! — Das zerrissene Felsmassiv der Zugspitze. In nordöstlicher Richtung die aneinander gedrängten Thürme des Waxenstein-Kammes, mir zunächst die schroffe, aber beträchtlich niedrigere Nördliche Riffelspitze. Westlich in der Tiefe der Eibsee — ein entzückendes Bild! — die Wände aber, die nach jener Seite abstürzen, für meine Absichten ziemlich trostlos.

Nach anderthalbstündigem Aufenthalte erfolgte um 9 Uhr Morgens der Aufbruch. Bald war ich vom Gipfel herab auf den Höhenrand des Kars gelangt und trat in die erste Scharte*) ein. Schlechte Aussichten, plattiger Felshang von etwa 60° Neigungswinkel, sein abgerissener Rand, an die in der Tiefe sichtbaren Schuttfelder stossend, schwimmt in der Luft — da ist nichts zu holen! — Um den nächsten Felshöcker herum und in den zweiten Sattel — um Nichts besser als der erste; und nun stehe ich bereits am Fusse der hohen, wellenförmigen Kuppe inmitten des abgrenzenden Kammes, der dritte Sattel liegt in der südwestlichsten Ecke des Kars, weit über seine Mitte hinaus — wo soll denn der verwünschte Pass sich finden? — Ich fange an, einen misslungenen Tag zu befürchten, und soll dann mit hungerigem Magen 6 Stunden weit zum Höllenthale hinaus. — Jedenfalls muss erst noch die vor mir gelegene Kuppe erstiegen werden; ihr vorgerückter Scheitel könnte immerhin einige Klarheit in die Lage bringen.

Auf schwach begrastem, schütteren Abhange stieg ich erwartungsvoll hinan; eine vorgerückte Bergschulter liess mich noch immer nichts als unnahbare Wände jenseits erblicken; in unmittelbarer Nähe des Gipfels aber leitete eine eingesunkene Schuttlage mich fast unmerklich auf die westliche Gebirgsflanke über; unter den düster schwärzlichen Mauern des Kopfes streckt ein Gürtel mässig geneigter, mit vereinzelten Graspäckchen besetzter Platten sich hin. Jenseits des breitrund vortretenden Felsmassivs spitzt die endlose Sandreisse der Riffel-Riss bis zu nahe gleicher Höhe mit meinem eigenen Standpunkte sich herauf. — Nun verstand ich allerdings, um was es sich in vorliegendem Falle handelte: nicht so fast um einen Abstieg über die Wände, als vielmehr um einen Quergang durch dieselben, um die Schuttfelder der Riffel-Riss zu gewinnen**). Die Eisen wurden

---

*) Dieselbe wird auf der Skizze durch die Südliche Riffelspitze verdeckt.

**) Auf den Pass vom Höllenthale nach dem Eibsee, welchen man etwa als das Riffelthor benennen könnte, scheint die Sendtner'sche Messung unter der Angabe „Höllenthalkargrat an der Zugspitze“ 6214′ 2019 m. sich zu beziehen. Zweifelhaft bleibt jedenfalls, ob diese Höhenangelegt, sie erwiesen sich die nächste Viertelstunde hindurch als sehr nützlich, keineswegs aber als unbedingt nothwendig; die kleinen Rasenschöpfe gaben allerwärts sicheren Stand, der weiche, gelbliche Sandboden einzelner Gesimse zeigte sogar häufig Spuren von Fusstritten — ob des Jägers oder seines Feindes, des Wildschützen, musste ich unentschieden lassen, konnte dafür um so gewisser sein, dass die noch viel tieferen Eindrücke, welche mein zackengewaffneter Fuss hinterliess, von dem nächsten, diese Stelle besuchenden Jagdgehilfen mit dem Ausrufe würden begrüsst werden: „Ist schon wieder so ein Malefiz-Lump dagewesen!“ —

Meist in schwach sinkender Querrichtung, gelegentlich im Zickzack gerade absteigend, näherte ich mich rasch den grossen Schuttfeldern zu meiner Linken, bald war mir jeder Zweifel entschwunden, dass sie von dieser Seite zu gewinnen sein würden, während sie gegen die Felsen des Grates hinauf in eine finstere Kluft verlaufen, die, vielleicht nicht höher als 80—100′, gleichwohl kaum zugänglich sein dürfte. Vom jähen Felsgehänge weg blickte ich hinunter auf den Eibsee, auf dem es jetzt eben lebendig zu werden begann, die Sommerfrischler von Partenkirchen kamen über die grünen Matten der Eibsee-Alpe daher gezogen, fuhren hinüber zur grössten der Felseninseln, wo sie Alpenrosen pflückten und für schweres Geld sich etwas vorknallen liessen; ich sah den weissen Rauch der Pöllerschüsse emporschnellen, lange darauf erst drang ihr Schall zu meiner Höhe und brach sich in tausendfältigem Echo an eben den Wänden*), über welche hin mein luftiger Gang mich führte. — Am schrofigen Saume des Bergkörpers abwärts, leitete ein etwas steiler Gang mich gegen 10 Uhr auf den stark geneigten Schuttboden der Riffel-Riss.

In weniger als einer Stunde hatte ich die ungeheure Fläche losen Gerölls und Geschiebes hinter mir; ich war herzlich froh, diess wüste Haufwerk, welches im springenden und rutschenden Hinabwege so bald überwunden war, nicht aufsteigend haben bewältigen zu müssen; es wäre ein saueres Stück Arbeit und würde eine unverhältnissmässig lange Zeit

---

Angabe sich auf die Scharte selbst, oder auf jenen, ca. 100—120′ höher liegenden Punkt beziehe, welcher den Uebertritt auf die Westseite des Gebirges gestattet.

*) Dieselben führen den Namen der Riffelwand. Die hohen Zacken, welche vom Riffelthor südwärts gegen die Zugspitze sich hinanheben, würden demzufolge am richtigsten als die Riffelwandspitzen bezeichnet. Die Steilabstürze des Zugspitz-Massives selbst führen den Namen Zugwände.

in Anspruch nehmen. Im Buschwerk und in der bald daran sich schliessenden Waldregion gab es wohl Pfade genug, die meisten aber verliefen nach der linken Seite gegen den Pass der Thörlen, ein breiterer nach rechts in ein weites, circusförmiges Kar, von Hochwald und dichtem Gebüsche ausgekleidet, nach seinem Höhenrande in steile Trümmerhalden verlaufend und von den zerklüfteten Wänden des Waxenstein überragt; es führt den Namen der Gemssulze.

Da ich mich durch die querlaufenden Steige nicht aus der Richtung bringen liess, so hatte ich, auf kürzestem Wege mein Ziel erreichend, noch eine starke halbe Stunde pfadlos durch Wald und Gestrüppe mich zu schlagen, gelangte endlich auf die versumpfte Alpwiese des Wasserbühl*), von hier endlich auf gebahnten Wegen auf die Weidegründe des Eibsee-Ufers. Dieser selbst lag bereits hinter mir, ich fühlte mich auch nicht veranlasst, meine Schritte nach ihm zurückzulenken; von den Gipfelhöhen des Waxenstein-Kammes hatte ich einen schöneren Anblick desselben genossen, als sein Strand mir zu bieten vermochte; und das in Grainau zu erwartende Mittagsmahl wirkte nicht minder als kräftiger Magnet. Die letzte, ziemlich langweilige Strecke meiner Wanderung vertrieb mir der Spass an den verschiedenen Partenkirchener Sommer-Gesellschaften, denen ich auf meinem Wege begegnete, und an ihren befremdeten Blicken auf mein abgerissenes Aussehen — die Brillen sind eben gar zu verrätherisch. —

Im Försterhause zu Grainau fanden endlich die dringendsten materiellen Bedürfnisse ihre Befriedigung; der bald heimkehrende Förster nahm meine Entschuldigung wegen eigenmächtigen Beziehens der Jägerhütte im Höllenthal gnädig auf und erkundigte sich angelegentlichst nach den Verhältnissen des Steiges an der Riffelwand, da er durch Absprengung desselben den Tiroler Wildschützen das Handwerk zu legen beabsichtige. Ein negativer Alpen-Verein also. — Ich konnte ihm übrigens beruhigt den Rath geben, sich vorher ein recht grosses Pulver-Magazin zu diesem Zwecke anzuschaffen.

---

*) Vermuthlich bezieht sich auf diesen Punkt die Messung Sendtner's: Seealpe, Grainauer, bei Garmisch 4112′ 1336 m. — Der Spiegel des Eibsee's liegt nach der nämlichen Quelle 2995′ 973 m. hoch.

XXVI. Der Hoch-Blassen.

(Hierzu Vertikal- und Horizontalprofil No. 26.)

Neben der Zugspitze ist der letzte Gipfel des Rainthaler Kammes, die Alpspitze, derjenige Culminationspunkt des Wetterstein-Gebirges, welcher am häufigsten des touristischen Besuches sich erfreut; und nicht mit Unrecht. Ein Panorama seltener Grossartigkeit, das Höllenthal mit seinem eisigen, den Zugspitzfuss umkleidenden Hintergrunde zur einen — die riesigen Wände des Wettersteinkammes, die Dreithorspitze, zur anderen Seite, wüste Kare wechselnd mit grünen Alpentriften in anmuthigem Wechsel um's Fundament der Pyramide hingelagert, verbindet sich mit einer leichten, sicheren, wenn auch nicht ganz mühelosen Besteigung. Wer auf der Alpspitze steht, der sieht den Hoch-Blassen; sieht im Südwesten die schwarzzahnige, in zwei gleichförmigen Kuppen sich aufwölbende Mauer, mit ihrer langen Gratfortsetzung hinein in's Rainthal. Er fühlt auch gar wohl, wie gewaltig dieser Nachbargipfel seinen eigenen Standpunkt überragt. Im Wetterstein-Gebirge selbst macht der Hoch-Blassen neben der sich vordrängenden Alpspitze meist nur geringen Effekt, sein schartiger Gipfelgrat erscheint neben der letzteren regelmässig in weit tieferem Niveau; wer von ebenbürtiger Höhe aus die ganze Gruppe sich betrachtet, dem freilich wird über den Vorrang des Hoch-Blassen kein Zweifel mehr bestehen. Und für das Flachland vollends existirt die Alpspitze nicht mehr. Zeichnete nicht ihr östliches Schuttgehänge als helle Linie in den Bergmassen sich ab, keine Spur von ihr wäre zu entdecken. Die Doppelkuppe des Hoch-Blassen ist es, welche für das bayerische Flachland das Hochgebirge, das von der Zugspitze gegen Osten zieht, abschliesst.

In gewisser Beziehung kann auch wirklich der Hoch-Blassen als der letzte Gipfel des Rainthaler Kammes gelten; man kann im Grate, der ostwärts von ihm ausstrahlt, zum Blassenspitz und Hohen Gaif sich erhebt, um vom Gaifenkopfe aus in's Hochplateau der Stuibenalpe sich zu verlieren, die wahre Fortsetzung des Rainthaler Kammes erblicken; denn dieser ist es, welcher das Rainthal begleitet. Der nordöstlich ausbiegende und zunächst zur Alpspitze aufgipfelnde Hauptkamm dagegen verzweigt und verästelt sich von letzterer aus in der mannigfachsten und regellosesten Weise. Das Bodenlahnthal, die Hochalpe, die Joche gegen das Höllenthal, über welche die im vorigen Capitel beschriebene Wanderung nach dem Waxenstein mich führte, haben den Leser mit jenem, ziemlich häufig besuchten Vorgebirge des Wetterstein, bekannt gemacht. Das Kreuzjoch mit seinen breiten, zertheilten Gehängen, begleitet und engt das Rainthal bis zum Rainthaler Hofe. Sobald die Bodenlahnbrücke überschritten ist, hat man bereits Fühlung mit den Dependenzen des Hoch-Blassen. Zunächst ist es das Plateau der Stuibenalpe, dessen Fuss man umkreist; biegt man um den gewaltigen Eckpfeiler, unter dessen senkrechten Wänden die Bockhütte liegt, sieht man das Hintere Rainthal sich öffnen, das Platt, den Ferner und den blanken Kegel des Gatterlspitzes erscheinen, dann hat man rechter Hand die Südflanke des Hoch-Blassenkammes vor sich. Noch sind's die grasdurchstrichenen Steilhänge, die vom Stuibenplateau, von der Scharte „An der Mauer“ und von der Graterstreckung zum Hohen Gaif sich abtiefen; dort in der Höhe, die dem Blicke sich verbirgt, liegen die ausgedehnten Schafweiden des Schönbergs. Oeder und eintöniger werden die Gehänge, Schutt, Plattenlagen, mit sparsamen Gebüschen bewachsen, decken die Bergflanke. Seltsam gebrochene Mauern ragen zackig in der Höhe auf; man möchte sie für Gipfel des Grates halten, sucht unter ihnen vielleicht nach der Doppelkuppe des Hoch-Blassen und findet man sie nicht, so bezieht man diess etwa darauf, dass man, nachdem stundenlange die ihr benachbarte Alpspitze entschwunden, sie bereits im Rücken haben müsse. Mitnichten; ein Blick auf die Karte lehrt, dass der Hoch-Blassen einen westlicher gelegenen Meridian, als selbst der Hoch-Wanner, der westlichste Gipfel des Wettersteinkammes besitze; dass man von der Angerhütte aus erst seinen Gipfel in direkter Höhenrichtung gen Norden zu suchen habe. In rascher Folge drängen dann die Gipfel des Hauptkammes sich aneinander; die kurze Horizontalstrecke, die im Anstiege vom Anger nach der Knorrhütte zurückgelegt wird, bringt uns bereits westlicher als ihr westlichstes Haupt, die Innere Höllenthalspitze (oder Brunnthalkopf). Was bis zum Anger hinein das Rainthal nördlicherseits begleitet, d. h. die Nordschranke fast des ganzen Hinteren Rainthals, ist nicht Hauptkamm, ist blosser Ausläufer des Hoch-Blassen. Die ruinenartigen Mauern, die von der Höhe in die Thalsohle der Partnach herunterschauen, sie sind blosse Abstufungen in seiner Flanke; über ihnen liegen wieder weitgedehnte Flächen und Kare: der Innere Schönberg, das Blassenloch, die Weideplätze „Am Blassen", das Vollkar breiten dort oben sich hin; und ihrem Saume erst entsteigen die Gipfel, die nur von seltenen Punkten des Rainthales aus erblickt, nur von dem kundigen Auge als solche erkannt werden.

Auf meiner ersten Bergtour im Wetterstein-Gebirge, deren Ziel die Alpspitze gewesen war, hatte ich bereits den Hoch-Blassen mir betrachtet, gewünscht, möglichst bald auf diesem mächtigeren Gipfel zu stehen. Von seiner, mir zugewendeten Nordostseite schien er kaum anzugreifen, und auch die Ansichten, die während der nächstfolgenden Wanderungen, vom Gatterl, vom Schachensee, — vom Riffelthor aus mir wurden, trugen nur dazu bei, die Zweifel und die Bedenken zu mehren, keine, auch nur theilweise Lösung der wichtigsten Vorfragen wurde mir durch sie zu Theil. Felsenkahl erschien die ganze Umgebung, mauerschroff der ganze Bau dieses Gipfels. Hatte von der Alpspitze aus sein Nordost-Gehänge mir nicht gefallen, so wies die Südwestseite mir völlige Steilwand; und auch die Profilansicht der Gipfelmasse, wie sie auf der Riffelspitze des Höllenthals sich mir darbot, zeigte dieselbe als schlanke Spitze, östlich etwas minder steil als westlich. Und noch eine zweite Sorge war's, die während dieser Betrachtungen sich mir aufdrängte: Wenn die nördliche, auf dem Hauptgrate stehende Spitze erreicht, — ist dann auch der C u l m i n a t i o n s p u n k t gewonnen? Rivalisirt nicht die südliche Kuppe mit ihr, — überragt sie nicht etwa gar ihre Nachbarin? Ein seltener Fall allerdings in der Kettenstruktur des Nordtiroler Gebirges, dass Gipfel ausserhalb des Hauptkammes liegen; indess bleibt die gegentheilige Regel doch nicht ausnahmslos, im Karwendelgebirge hatte ich das erfahren. Und lag d o r t der Gipfel, dann mochte der Himmel wissen, wie auf ihn gelangen. Eine andere, als die Verbindung des tief durchspaltenen Grates bestand zwischen beiden Häuptern nicht. Die über den Hoch-Blassen eingezogenen Erkundigungen ergaben, wie gewöhnlich, ein negatives

Resultat; obwohl auf der nördlichen Hoch-Blassenspitze seit vielen Jahren eine Signalstange steht, wusste doch Niemand, wer sie hinaufgebracht, und von welcher Seite er hinaufgekommen. Nun, letzteres musste sich wohl finden, stand ich einmal am Fusse des Gipfels selbst, und ich hatte nicht einmal eine Fehltour, einen verlorenen Tag zu besorgen, im Falle ich die falsche Seite traf; denn von der Riffelspitze aus hatte ich wohl erkannt, dass man das Steilmassiv des Gipfels nach der Höllenthalseite in kurzem Bogen zu umgehen vermöge. Ein Aussuchen des Weges jedoch über die weitgespannten, überall von steilen Wandstufen, schroffen Felsrippen durchsetzten Flanken des Schönbergs und der Blassenplätze bis auf den Hauptgrat, erschien als ein höchst zeitraubendes, seinem Erfolge nach sehr unsicheres Unternehmen, zumal da, wie vorhin bemerkt, die Horizontalerstreckung dieses Weges der ganzen Länge des Thalweges von der Bockhütte bis zum Anger gleichkommen sollte. — Eine erste, beabsichtigte Hoch-Blassenersteigung verwandelte sich, wie im vorigen Kapitel beschrieben, in eine Wanderung nach dem Höllenthale; ein zweites Mal gelangte ich bis auf den Grat nächst dem Hohen Gaif, wurde hier ein paar Stunden durch Nebel festgehalten und sah mich schliesslich zur Umkehr genöthigt. Das Wenige, was in lichten Augenblicken sich mir gezeigt, die eingeschobenen Grasplätze zwischen Klippenreihen und Wandstürzen, nicht die Spur eines Pfades auf ihnen zu erspähen, in geringer Entfernung vor mir das Terrain durch's Mauermassiv des Hohen Gaif völlig gesperrt, bestärkte mich in der Ueberzeugung, dass ein Herumexperimentiren in solch' verworrenem Gebirgsbaue, bei so bedeutender Ferne des Hauptzieles, unmöglich anders, als nach mehrfachen Fehlversuchen, das heisst mit unverhältnissmässigem Zeitaufwand zu einem Resultate führen konnte. Ich war daher, im Falle es mir nicht gelänge, einen Rainthaler Schafhirten als Führer in's Vollkar aufzutreiben, ziemlich entschlossen, den Anstieg durch das Grieskar, zwischen Alpspitze und Hoch-Blassen zu nehmen und nöthigenfalls die Nordseite des letzteren zu umgehen.

Am 23. August sprach ich nach längerer Abwesenheit wieder im Rainthaler Hofe zu und verweilte bei zweifelhaftem Wetter auch den folgenden Tag noch dort. Erst kürzlich war ein Sohn des Rainthaler Bauern — *Peter Klaisl* ist sein Name, — nach Hause zurückgekehrt; als Landwehrmann war er im Felde gegen Frankreich gestanden und vor wenigen Wochen in die Einsamkeit seiner Berge wieder entlassen worden.

Frisches Aussehen, robuster Körperbau, heller, intelligenter Blick und ein offenes, gewinnendes Wesen charakterisirt in ihm den Gebirgssohn, wie man ihn malt, aber selten findet. Auch ihn, der von Jugend auf im Wetterstein-Gebirge umhergestreift, consultirte ich über den Hoch-Blassen; es währte einige Zeit, bis wir uns verstanden, und über das Objekt meiner Nachfrage einig waren; der Name Blassen läuft hier als Collektivbezeichnung für die Hochgebirgsregion oberhalb des Hinteren Rainthals und jener Gipfel, den ich im Sinne hatte, und dem auch von Rechts wegen der Name Hoch-Blassen zukommt, war meinem Gewährsmanne als Vollkarspitz bekannt. Ich erfuhr von ihm, dass ein Schafsteig über die Plätze „Am Blassen“ bis in's Vollkar führe, dass der Anstieg in jenem bis auf den Hauptgrat, der den Einblick in's Höllenthal eröffne, wohl möglich sei, und man auf diesem Wege bis hart an den Fuss des Hoch-Blassengipfels gelange. Und mehr noch: er erzählte mir, dass er als ganz junger Bursche mit dabei gewesen sei, als die Signalstange auf dem Hoch-Blassen errichtet wurde; allerdings, fügte er bescheiden hinzu, sei diess viel zu lange her, als dass er sich des Weges genau entsinnen und sich vermessen könne, einen Führer auf den „Vollkarspitz“ abgeben zu wollen. Das aber wisse er gewiss, dass damals vom Vollkar aus angestiegen worden sei. — Seine Aussagen klangen um ein gut Stück verlässiger, als die Grosssprechereien des Schafhirten in der Bockhütte, und gerne nahm ich sein Anerbieten an, mich nächsten Tages in's Vollkar, und, soferne er den Weg wieder ausfinde, auch bis auf den Hoch-Blassen zu begleiten.

So verbrachte ich denn eine zweite Nacht im Rainthaler Hofe; aber frühe des andern Morgens wurde aufgestanden, die Bäuerin bereitete uns noch einen kräftigen Morgenimbiss und gab uns ihre Segenswünsche mit auf den Weg, nicht ohne die Ermahnung: „Ja nöt z'viel wagen!“ — von deren Nichtbefolgung sie selbst wohl innerlich überzeugt war; denn wie ich nachträglich von mehrfacher Seite erfuhr und im Laufe dieses Tages selbst zu erfahren Gelegenheit hatte, gilt ihr Peter für einen der verwegensten Steiger im Wetterstein-Gebirge, und auch von mir hatte man im Rainthale bereits einiges gehört. — Es war 4 Uhr Morgens; tiefes Dunkel herrschte noch im Walde, durch welchen wir dem Bodenlahnthale zuschritten; über den Höhen des Wettersteinwaldes erst röthete sich der Himmel; es war ein klarer, wolkenloser Tag.

Die Morgenkühle beschleunigte unseren Gang; dem Rathe Peter's folgend nahmen wir nicht, wie ich es bei meinem ersten, durch Nebel vereitelten Versuche gethan, den geraden Anstieg zur Stuibenalpe, verfolgten vielmehr das Bodenlahnthal bis zur ersten Alphütte und stiegen von hier aus erst nach der Bernadinalpe an; wir hatten dabei geringere Steile und besseren Weg. Auf gutem Pfade erhoben wir uns rasch über den weitzertheilten, vom Kreuzjoch umspannten Thalkessel; im fernen Osten flimmerte der Himmelssaum über den Spitzen des Karwendel, und kurz bevor wir auf die Alpterrasse von Bernadin austraten, leuchtete die Felsenpyramide der Alpspitze, von intensivster Rosenglut übergossen, durch die Tannenwipfel uns entgegen, — ein Bild unvergleichbar schöner Majestät.

An der kleinen, verlassenen Alphütte (4396′ 1428 m. Sendner) zogen wir vorüber; eine theilweise bewaldete, ziemlich hohe Bergstufe baute vor uns im Südwesten sich auf, schwach ausgeprägt leitete der Pfad ihrem Scheitel entgegen. Wir traten in's Gassenthal ein; zur Linken begleitete unseren Weg eine zackig ausgeschnittene Steilwand, 60—100′ hoch, die Einrandung des Stuibenplateau's, welches von dieser Seite her nur an wenig Stellen mit Schwierigkeit, erst im letzten Abschlusse des Gassenthals auf bequemer Bahn zu betreten ist. Weite, wellige Terrassen dehnen, sobald der erste Absatz erstiegen, zur Rechten sich aus, in tiefer Zone noch mit Krummholz überkleidet, welches bei wachsender Steigung allmählig sich verliert; dort oben liegt im einsamen Felsenbecken der Stuibensee (5964′ 1947 m.) und aus zwei gewaltigen Strebepfeilern, die von seinen Ufern emporsteigen, schliesst sich der Pyramidenbau der Alpspitze zusammen. Allmählig öffnet sich auch das öde Grieskar, der Blick dringt hinauf bis in seine letzten Schuttwüsten, unter dem Gratsattel zwischen der Alpspitze und dem Hochblassen. Und nun ist auch das Ziel selbst wieder in Sicht getreten, das düstere, klüftige Gemäuer, der Doppelkopf des Gipfels — und die südliche Kuppe scheint einen bedenklichen Vorrang zu behaupten! — freilich steht sie uns auch um so viel näher. — Unser Weg führt durch engbegrenzte, saftige Weidegründe, durch hohes Gras und Kraut zwischen gewaltigen Blöcken, die von der Höhe herabgestürzt; der Name „Die Gasse“ ein sehr bezeichnender für dieses schmale, geradlinige Hochthälchen. Sein Hintergrund erst beginnt sich steiler zu heben, der Steig wendet sich linkerseits an die Trümmergehänge unter dem Stuibenspitz*) und biegt in enge

*) Die Höhe desselben mag etwa 6100′ 1982 m., die Höhe der Scharte „An der Mauer“ ca. 6000′ 1950 m. betragen.

Scharte ein, die eine künstlich aufgerichtete Mauer sperrt. Mit Zauberschlag verschwindet vor dem Auge die Schranke der Aussicht, über dem grasigen Felsboden steigen die Colosse des Rainthals, Teufelsgrat und Hoch-Wanner empor, im fernen Südwesten blinkt der Plattacher Ferner. Greifbar nahe erscheinen die Trümmerkessel des Oberrainthals, der Hundsställe; in schattig blauem Dufte dämmert tief unten das Partnachthal.

Und wenden wir uns, da schweift das Auge hinaus, weit über die Ebenen hin bis an die winzigen Wellen der Horizontlinien, welche die Höhen des fränkischen Jura, des bayerischen Waldes bezeichnen. Mit dem Fernglase zeige ich meinem Führer die Thürme Münchens und nachdem wir den Punkt, wo sie erscheinen, genau erkundet, gelingt es sogar dem unbewaffneten Auge, sie zu erkennen. Ein herrlicher Tag zur Ersteigung einer herrschenden Gipfelhöhe! — wenn nur die herrschende auch glücklich erreicht wird!

Der Grat, welcher von hier gen Nordwesten zum Hohen Gaif emporsteigt, ist nur wenige Schritte weit gangbar; man weicht gegen das Gassenthal aus und ersteigt die untersten Steilabfälle auf ziemlich starkgehobenem, engen, aber sicheren Wege; theils bietet der Fels natürliche Stufen, theils sind solche künstlich eingehauen oder doch ausgebessert. Bald liegt die erste Steile im Rücken, über grosspackigen Rasen steigt man zum Grate wieder empor, der nun bald auf längere Strecke einen fast horizontalen Verlauf zeigt; seine Schneide schnürt an einigen Stellen sehr enge sich zusammen, bietet aber nirgends bedeutendere Schwierigkeiten. In weiterem Verlaufe senkt sie sich zu mässig tiefer Scharte, hierauf steigt aus ihr schroff ein Vorbau des Hohen Gaif*) und endlich dieser selbst empor, von hier aus wohl kaum zu gewinnen.

Linker Hand, an der Südseite des Kammes, waren die schroffen Abstürze ziemlich ausgedehnten Grasplätzen gewichen, auf vorspringender Ecke zeigte sich eine windschiefe Signalstange; steilwandige Absenker des Hohen Gaif sperrten in nicht gar weiter Entfernung gegen Westen die Bergflanke bis zu einer schwer abzuschätzenden Tiefe. Wir waren, 3 Stunden nach Aufbruch vom Rainthaler Hofe, an der Stelle angelangt, welche ich vor Wochen bereits betreten hatte, von Nebel umhüllt, kaum besser orientirt, als dass zu meiner Rechten das Gassenthal, vor mir auf dem Grate der Hohe

*) Derselbe trägt zwar eine Signalstange, doch wurde eine Messung für diesen Punkt mir nicht bekannt. Ich schätze seine Höhe auf ca. 7000' 2274 m.

Gaif sich befinden müsse. Waren heute die Witterungsverhältnisse auch ungleich günstiger, war der Ausblick unbehindert bis in die weitesten Fernen, so musste ich mir doch gestehen, dass ich an gleicher Stelle ziemlich eben so rathlos würde gestanden haben, wie damals. Dafür wusste Peter sichere Auskunft: Mit dem Gang auf dem Grat ist's zu Ende, wir müssen hinunter auf den Schönberg, — und zwar weit hinunter! — Ein unerfreulicher Wechsel bei einer Gipfelersteigung; aber unter den gegebenen Verhältnissen augenscheinlich nicht zu vermeiden. Auf dem Rasen des Grates, welcher die vanilleduftende Alpenbraunelle (Nigritella suaveolens, vulgo Gamsrugerl) in Massen hervorbringt, hielten wir noch einige Minuten Rast; die Aussicht hatte gegen jene „an der Mauer“ sich noch erweitert; schon während des Anstieges von dort hatten wir auf die Rainthaler Seite des Blassen-Kammes hinuntergesehen. Mit gewaltiger Steile stürzt hier das ganze Massiv des Stuibenplateau's, des Gaifenkopfes und der Anfänge des Hoch-Blassengrates auf den Weidegürtel des Schönbergs und weiter gegen das Rainthal ab; doch streckt sich manches Rasenband von den Gratscharten, namentlich vom Saume der Stuibenalpe aus, hinunter durch die Wände, mehrere gangbare Verbindungslinien bestehen zwischen dem Schönberg, der Stuibenalpe und dem Gassenthal. Doch nur der geübte Berggeher darf auf diese abschüssigen Gehänge sich hinaus wagen und Schafheerden finden dort, zwischen den Schrofenrippen ihre mühsam zu gewinnende Nahrung; begreiflicherweise gefiele es ihnen besser auf den Wiesenflächen des Stuiben. Die Mauern, welche die Scharten absperren, erfüllen einen doppelten Zweck: das Hornvieh am Uebergange nach der Rainthaler Seite und die Schafe an entgegengesetzter Grenzverletzung zu hindern. Die Stuibenalpe, welche im Communaleigenthum steht, wird von eigens verpflichteten Leuten beaufsichtigt, manchmal begangen, häufiger aber blos aus der Ferne mit dem Perspektiv übersehen; so oft Schafe darauf betroffen werden, kostet es für den Hirten per Stück sechs Kreuzer. Nichts desto weniger sind die Schafhirten ziemlich nachlässig, und auch wir trafen wieder einen Trupp Wollvieh im Gassenthale und sprengten ihn über die Mauer hinaus. Als wir aber ein Stück weit angestiegen waren und die südliche Bergseite besser in Sicht bekamen, zeigte sich eine Unordnung noch weit ärgerer Art, die Peters gerechte Entrüstung wach rief. Drei Stücke Jungvieh hatten die Mauer überschritten und grasten gemächlich auf den schmalen Rasenstufen hart neben dem Steilwandsturze. Ein Fehltritt, das Weichen eines Grasbüschels, und das Stück lag in der Tiefe; zu den guten Bergsteigern zählt das Hornvieh eben nicht.

Unser Abstieg vom Grat führte uns ziemlich geradlinig in die Tiefe, erst bequem über Rasenboden, bald aber äusserst steil, auf dem Scheitel niedriger Längewellen, abwechselnd wieder zwischen den Schrofenrippen hindurch in schüttere oder begrünten Runsen. Trotz des starken Neigungswinkels des Berggehänges war doch keine eigentliche Schwierigkeit vorhanden, die weichen Rasenpolster, fest am Gestein haftend, boten allerwärts sicheren Tritt, sogar die Steigeisen konnte ich hier noch entbehren. Schwache, unzuverlässige Spuren eines Pfades erschienen und verschwanden wieder. Unabsehbar weit lag der Gratscheitel bereits hinter uns zurück und immer noch gings abwärts, als sollten wir auf kürzestem Wege das Rainthal erreichen; über ein halbes tausend Fuss der bereits gewonnenen Höhe musste der Nothwendigkeit eines weiteren horizontalen Vordringens geopfert werden. Mit thurmartigem Steilabfalle setzt endlich die Zweigrippe des Hohen Gaif in's Gehänge nieder und gestattet dem Wege, gegen West sich hinauszuwenden. Schon wuchert wieder kurzes Krummholz auf den bewachsenen Stellen und stärker und länger zeigen sich seine Ranken, je weiter der Pfad sich hinabzieht; bald ist seine gebahnte Linie wieder nothwendig im Gestrüppe und in den plattigen Runsen, welche in grosser Anzahl die Bergflanke durchschneiden. Die anfängliche, unsichere Pfadspur hat nunmehr auch in einen ausgeprägten, auf weite Strecken hin sichtbaren Steig sich umgestaltet; es ist jener, welcher auf dem buschbewachsenen Gürtel zwischen den Steilplatten des Fusses und den Wänden der Mittelzone des Rainthalerkammes, (mit welch' letzteren seine Kare enden) quer hinzieht und am Hinteren Anger auf die Thalsohle niedersinkt. Wer sonach von dort nach der Stuiben- oder der Hochalpe geht, steigt sofort vom Anger aus das Berggehänge an. Der Pfad ist meist gut ausgeprägt, doch am Anger selbst und ebenso an seiner Ausmündung auf den Blassen-Grat schwer zu finden. Wer diese interessante und lohnende Tour zu machen wünscht, wird immerhin gut thun, sich hiezu eines Führers zu bedienen, den er sowohl im Rainthaler Hofe als in der Anger- oder Bockhütte leicht erhält. —

Kaum hatten wir den ersten Absenker des Hohen Gaif umgangen, so dehnte sich wieder steiles, aber gangbares Gehänge rechts in die Höhe. Auf eigenes Experiment angewiesen, hätte ich unfehlbar diese Gelegenheit ergriffen, den Höhenverlust wieder auszugleichen und wäre dadurch in eine Sackgasse gerathen. Peter dagegen verfolgte unverändert den Angersteig, der Hügel auf, Hügel ab, über Wulste und Runsen nach der Quere hinlief, um vorspringende Schrofenecken bog, jenseits aber wenig neuen Ausblick uns eröffnete. In der Höhe zeigte sich formloses, durchklüftetes Gewände, seine zackigen Scheitel liessen unentschieden, ob dort der Hauptgrat, oder ein Zweigkamm, oder aber der blosse Rand einer flacheren Bergstufe sich uns zeige. Vom Grate, der in gleichem Masse sich hob, als wir in die Tiefe uns senkten, waren wir wohl schon weit über tausend Fuss entfernt. Eine Stunde etwa mochten wir gegangen sein, seitdem wir zum letztenmale auf dem Gebirgsfirste gestanden, da endlich trat ein fühlbarer Wechsel in den Terrainverhältnissen unserer nächsten Umgebung ein. Die schroffen Mauern, welche bisher, theils in geschlossener Masse, theils in weit herabgreifenden Abzweigungen unseren Weg begleitet, seine sinkende Richtung auf weite Strecken voraus bestimmt hatten, rückten nun allmählig nach der Höhe zurück, und unser Pfad durchschnitt grünes, theilweise buschiges, nach der Höhe wie nach der Tiefe weithin sich erstreckendes Gelände; felsige Grabenrinnen furchen sich in seinen Boden ein, es sind die Ursprünge der breiten Plattenschluchten, in welche vom Rainthaler Wege aus der Wanderer hinaufsieht, in rasch seinem Auge verschwindende Höhen. Hoch über uns weitet die Bergflanke sich zu einem runden, von Schutthalden umrandeten Kare; und diese Reissen und Trümmerhänge wieder reichen an einer einzelnen Stelle höher und höher hinauf in die Wände und ein Complex zertheilter Schluchten und Felsrunsen schneidet durch sie empor und berührt mit schmaler Ausmündung den sichtbaren Höhenrand der sonst allerwärts unersteiglichen Umwallung. Im Westen stemmt sich eine massig runde Steilwand-Bastion in's Gehänge; von ihrem Fusse breiten die welligen Rippen, die Krummholzfelder sich hinab zum Rainthal. Schmale Mauergürtel durchstreichen ihre einförmig schwärzlichgrüne Decke. Ihnen auszuweichen, sinkt der Angersteig noch tiefer, als bis dahin. Aber nun bildete dieser auch nicht länger mehr unsere Bahn. Rechts abschwenkend gab Peter das Signal zum Anstieg in's Kar, die trichterförmig sich verengenden Gräben, das Blassen-Loch, sollte uns zur Höhe des Blassen führen. Und über den Blassen mussten wir dann hinüber in's Vollkar, und war dieses bis in die höchsten Regionen hinauf durchstiegen, dann mochten wir zusehen, was mit dem Hoch-Blassen anzufangen sei. Ein weites Feld fürwahr, das noch vor uns lag! — Aber endlich, endlich gings doch wieder aufwärts, der angestrengte Schritt näherte uns doch wenigstens dem Ziele! —

Steiler Anstieg führte uns über grünes, buschiges Gehänge, in welchem die trockenen Rinnsale allmählig sich verlieren; ein tiefer Graben blieb zuletzt allein noch übrig, an dessen Saume wir, einer breitgerundeten Aufdämmung entlang, unseren Weg verfolgten. Den Wänden uns wieder nähernd, sahen wir in weitem Halbkreise sie zurücktreten, eine Trümmermulde umschliessend, in welche die verzweigten Felsrisse aus dem Blassen-Loch herab münden, während eben so vielfach verzweigt neue Runsen aus ihrem Grunde sich sammeln. Im Westen schliesst nun das breit thurmartige Massiv des Blassenkopfes jeden Ausblick. Die Sohle des Kars liessen wir zur Linken und hielten uns hart am Fusse der Felsmauern; sehr schwache, häufig unterbrochene Pfadspuren leiteten uns in weitem Bogen der Mitte des Kessels, der Ausmündung des Blassenlochs zu. Das Fundament der Wände zeigte sich nicht selten von mannshohen, ziemlich tiefen Höhlen unterwölbt; eine derselben bezeichnete mir mein Führer als Schlupfwinkel der Wildschützen, wenn sie im Rainthale ihrem gefährlichen Handwerke nachgehen. Im Grunde dieser Höhle findet sich auch ein frisches, selten versiegendes, wiewohl kaum zolltiefes Wässerchen, das auch wir uns zu Nutze machten; der Wasservorrath, von der Bodenlahn bereits mitgetragen, war nahezu erschöpft, wir sahen uns auf die Schneevorräthe des Vollkars angewiesen. Von der Schützengufel (so nennt sich diese Höhle) ziehen die Steilwände sich bald stark nach der Höhe zurück, unser Weg kreuzte ein kahles, von zahlreichen Plattenrinnen gefurchtes Schrofengehänge und entbehrte in den fast stufenlosen Grabensohlen mitunter nicht ganz der Schwierigkeit. Nach Uebersetzung eines letzten, tiefen und breiten, dabei sehr abschüssigen Einrisses begann das Emporsteigen im Blassen-Loch. Die Erwartungen, welche ich dem Anblicke nach von dieser Strecke hegte, bestätigten sich zum Theil, wenn auch nicht in dem vermutheten Masse. Die unteren Stufen sind auf den gebrochenen, mit Graspäckchen besetzten Scheiteln vereinzelter, von Trockenrinnen eingefasster Schrofendämme ziemlich leicht zu bewältigen, in der Mitte gestalten die Verhältnisse sich am schwierigsten, der steilplattige, mit feinem Gries-Schotter überdeckte Fels ermangelt der Vegetation völlig und aus seiner Masse sich aufspitzende

Klippen hemmen jeden Augenblick die gerade Wegerichtung. In höherer Zone ergibt sich wieder besserer Boden, schuttreiche Gesimse leiten quer durch die Mauern dem Hauptgraben zu, welcher bisher als unnahbare Kluft zur Linken gelegen war, von der Steilwand des Blassenkopfes überbaut; in seiner obersten, sandigen Ausflachung stiegen wir zur Höhenkante des Blassenlochs hinan; es war nahe 9 Uhr, als wir dort anlangten; $2^1/_2$ Stunden hatte der Weg vom Grat am Hohen Gaif, 5 Stunden vom Rainthaler Hofe ab gewährt. Die erreichte Höhe mochte an 7000′ 2274 m. betragen.

Unsere Umgebung hatte einen gründlichen Wechsel erfahren. Breite, sanft abgedachte, steinige Grasflächen dehnten vor uns sich aus, berührten zur Rechten den Fuss zackiger Felsgestalten von unbekannten Formen, links streckten sie immer enger zugespitzt sich noch weit hinab, den Scheitel des Blassenkopfes bedeckend, dessen allseitig steilen Absturz sie unserm Auge verbargen. In schräg gehobener Weglinie durchschritten wir die einförmigen Plätze, welchen der Name „Am Blassen“ zukommt; der Tiefe zugewendet fiel der Blick auf die Sohle des Rainthales und erspähte wechselnd die eine und andere der Blauen Gumpen, ein prachtvoll farbenreicher Contrast gegen die Felsenöden der sonstigen Raumerfüllung. Dem Hoch-Wanner stehen wir nunmehr gerade gegenüber, über der Einsenkung des Gatterl steigt in weichen Formen der Wandach empor; im Hintergrunde weitet sich und glänzt der Plattacher Ferner. Unsere Wegerichtung hat mit der Flanke des Kammes gegen Nordwest sich abgekehrt. Eine Reihe niedriger Zacken steht in dieser Richtung uns gegenüber, und nach 20 Minuten, die bei der Eintönigkeit des begangenen Terrains mehr als doppelt so lang uns erscheinen, setzen wir den Fuss auf jene Grenze; sehen die Felsen zerklüftet niederbrechen in die weite, wüste, in gewundenen, schrägliegenden Schichtbändern bis zur Höhe des Hauptgrates reichende Mulde des Vollkars; jenseits die abgehackte Thurmgestalt des Kirchel, im Ausläufer der Aeusseren Höllenthalspitze stehend, die Höllenthalspitze, die Zinnen auf dem Grat zwischen ihr und dem Hoch-Blassen — und rechts, auf dem höchsten Saume des Plattenkessels fussend, ihn selbst, die breite Doppelkuppe, die seit Verlassen des Gassenthals sich uns verborgen hatte; abschreckender als je in ihren senkrecht durchspaltenen Wänden, die nicht die schwache Möglichkeit einer Annäherung nach ihrem Scheitel erkennen lassen.

Wir hielten keine Rast; nur ein Aufenthalt von zwei

Minuten ergab sich, bis ich die Sohlen mit den Eisenzinken gewaffnet. Dann ging's längs der rissigen Kante bergan, eine Kluft zu erspähen, welche den Abstieg auf die Plattenbänder des Vollkars gestatte. Sie war bald gefunden, und Peter wunderte sich, wie leicht und sicher die Algäuer Eisen über den glatten Fels mich hinuntertrugen, an welchem seine breiten, plumpen Bergschuhe so schwer haften wollten und begann den Werth dieses Behelfes zu schätzen. Noch ein paar Zackenrippen standen uns entgegen, bevor wir in's eigentliche Kar, in die Bucht der parallelen Plattstufen, gelangen konnten; ihre Steilabstürze kehrten sich dem Inneren der Mulde zu und wurden jedesmal erst bei Betreten des Scheitels sichtbar; durch Einrisse vermittelte Uebergänge fanden sich allerwärts mit Leichtigkeit und ich unterliess nicht, auf den Höhenkanten der Rippen Steinhäufchen zu legen, um ein langwieriges Umhersuchen im Rückwege zu vermeiden. Die schuttbedeckten, plattigen Gesimse des Kars selbst erwiesen sich als weit besser gangbar, als ihr erster Anblick es hatte erwarten lassen, nur die glattgewaschenen Gräben, welche nicht selten sie durchschneiden, bereiteten zuweilen etwas Schwierigkeit und ebenso musste der Anstieg nach einem nächsthöheren, durch den ausgebauchten Schichtkopf von uns getrennten Stufenbande stets mit einiger Umsicht ausgewählt werden. Wir hielten uns durchweg ziemlich hoch, nur etwa 150—200 Fuss tief vom Fusse der Hochblassen-Wände entfernt, da das Vollkar, wie die Kare des Rainthaler Kammes überhaupt, in höchster Zone am flachesten sich ausbreitet, mit wachsender Tiefe zu immer steilerem Falle übergeht, seine Terrassen durch immer mächtigere Wandabsätze von einander getrennt hält. In diesen hohen Regionen lagerte noch ziemlich viel Schnee, manch' eingeschobenes Feld zwischen den Plattendämmen hatten wir stufentretend zu überschreiten; die hoch am Himmel stehende Sonne machte ihre Wirkung auf die frostige Oede bereits fühlbar geltend, durch all' die Runsen plätscherten Bächlein herunter, wir sahen uns zu grosser Befriedigung wieder überreich mit Wasser versehen, netzten ausgiebig unsere trockenen Kehlen und füllten die Flasche mit frischem Stoff. In der Gratnähe wird der Karboden steiler, dabei zugleich schrofiger, von Zackenrippen hier und dort durchzogen. Der Rundung der Mulde folgend entfernte unser Weg sich wieder vom Hoch-Blassen, gestattete einen freieren Ueberblick seines Gipfelbaues. Bedenklich richtete ich an Peter die Frage, wie wir an diesen Wänden hinaufzukommen gedächten; er gab zu, dass wenig Aussicht des Gelingens sich biete, blieb aber fest bei seiner Aussage, dass er auf dem Signalgipfel gewesen und vom Vollkar aus ihn erstiegen habe; er glaube sich zu erinnern, dass man damals bis auf den Hauptgrat gegangen und dann in einer Kluft urplötzlich einen Anstieg entdeckt habe. — So schritten wir denn tapfer dem Grate zu. Ein mässig breiter, gestufter, zuweilen etwas zackig zerrissener Steindamm leitete uns ziemlich geradlinig zur Höhe. Beiderseits von Klüften eingefasst, verlor er sich in höchster Zone in ein loses Schuttfeld, welches bis an den Gebirgsscheitel reichte; in 10 Minuten mussten wir in's Höllenthal hinabsehen, und sollte das Räthsel des Hoch-Blassen sich lösen. Noch einmal kehrte ich den Blick nach seinem nahe gerückten Gipfelmassive; öffnete nicht im letzten Augenblicke noch ein Zauberstab den Weg durch diese Wände, dann war, von hier aus, die Ersteigung sicher unmöglich. Und die südliche Gipfelkuppe, die verwünschte Rivalin, sie zeigte gar keine Neigung, im Range vor ihrer Schwester zurückzutreten. Ich beruhigte meine Sorge jetzt damit, dass jene uns ferner stehe, zur Entwickelung ihrer Grössenverhältnisse dadurch besser gelange, als der unmittelbar neben uns aufragende Nordgipfel, auf welchem mein Klinometer schliesslich doch vielleicht einen günstigen Entscheid fällen mochte. Um 10 Uhr 20 Min. betraten wir den Grat, sahen die steilen, augenscheinlich aber nicht völlig ungangbaren Felsenhänge in's Höllenthal hinunterschiessen und sahen das Waxenstein-Gebirge in wilden Faltenbrüchen vor uns sich aufrollen. Wir massen ungefähr 8000 2600 m. Höhe und berührten nun, so zu sagen, den Hoch-Blassengipfel. Bis zum letzten Augenblicke hatte er sich starr, unnahbar uns entgegengestemmt. Im Momente jedoch, in welchem wir den Gebirgsscheitel betraten, und über die wandsteile Westflanke der Kuppe hinaus auf ihren Nordabsturz zu blicken vermochten, zeigte sich dort ein völlig losgesprengter, thurmartig vom Hauptmassive abstehender Zacken und zwischen den enge zusammengerückten beiderseitigen Mauern eine schutterfüllte, steile Gasse bis zu lichter Scharte hinauf. Letztere liegt bereits oberhalb des Steilabsturzes der Gipfelkuppe, am Beginne ihrer sanfteren Wölbung. In natürlichster Weise ergab sich somit eine Ersteigung, welche so sehr in Frage gestellt zu sein schien, und deren Erfolg nun plötzlich in zweifellosester Weise gesichert war.

Wir querten eine kleine Trümmersinke nördlich des Kammes und traten in die dunkle Felsspalte ein, in deren losem Geschiebe wir, die Arme gegen die Seitenwandungen gestemmt, uns emporarbeiteten. Ich war völlig in meinem Elemente, auf dem schlüpfrigen Boden trugen die Eisen mich weit rascher vorwärts als meinen Begleiter und, an Bergwandrungen in Gesellschaft nur wenig gewöhnt, hatte ich sorgsamst darauf zu achten, den letzteren nicht durch losgehende Steine zu gefährden. Die grossen Blöcke, welche im Geschiebe eingebettet lagen, geriethen bei leichtestem Anstosse in's Rollen, und waren wir Beide über einen solchen Gesellen hinweg, so leisteten wir seiner Neigung auch gerne Vorschub, um für den Rückweg freiere Bahn uns zu schaffen. Mit dröhnenden Schlägen polterte er dann hinunter durch den dunklen Schacht und tief im Höllenthale erst verrauschte sein Getöse. In der Mitte der Rinne, just an der steilsten Stelle, hatten einige Felstrümmer sich verkeilt und sperrten den Weg; wir wichen auf engen Mauergesimsen nach der rechten Seite aus und gelangten in den oberen Abschnitt der Kluft, welcher, mit feinem Griese erfüllt noch steiler sich hebt, als der untere. Ich trug Bedenken, bis zur Scharte hinanzusteigen, da von ihr aus die Gipfelkante in etwa 10' hoher senkrechter Stufe sich erhob und ich mir von der Ostseite keine günstigen Verhältnisse zur Umgehung versprach; wandte mich daher bei erster Gelegenheit zum Anstiege über das rippige Geschröf rechts der Kluft, Peter mir nach, wir gewannen in steilem Klettern den Grat mit vieler, und wie der Anblick der Gegenseite nachträglich erwies, unnöthiger Mühe. Doch nun waren wir dem Ziele auf wenige Minuten nahe; baute auch die Kante noch in scharfen, steilen Absätzen sich auf, so vermochte sie doch grössere Hindernisse nicht mehr zu bieten. Die Uhr zeigte 10 Uhr 45 Min.; fast 7 Stunden, ohne Rast von nennenswerther Dauer, hatte vom Rainthaler Hofe aus die Ersteigung gewährt. Mit fieberhafter Eile überschritt, übersprang ich das letzte Getrümmer, dem Scheitel entgegen, der noch immer den Ausblick gegen Süden deckte; und nun flacht sich's hinaus und über den zerspaltenen Blöcken hebt sich der Horizont und in sein Blau taucht das Signal des Gipfels. Aber nicht allein steht er, isolirt und herrschend im Himmelsraume, und kein freudiger Jauchzer, — wilde Verwünschung begleitet die Ankunft am langersehnten Ziele. Ein Mächtigerer ist hier zugegen, — auf dem Gipfel des Hoch-Blassen stehen wir nicht! —

Und welche Gestalt war's, die dort uns gegenüber trat! Nie habe ich etwas gleich Gewaltiges, nie einen Fels gesehen, der jede Hoffnung seines Erklimmens so unbarmherzig zu Boden schmetterte. Vergrössere den Steinmann, den Du auf erstiegenem Gipfel baust, in's Hundertfache und Du hast den Gipfel des Hoch-Blassen! — Da brauchte es keines Klinometers mehr, die Inferiorität unseres Standpunktes nachzuweisen; „da ist nie ein Mensch oben gewesen, da kommt auch keiner hinauf“ sagte Peter, indem er, nicht minder verdrossen als ich über die Ungunst der Verhältnisse, neben dem Signal sich niederlies. Ich richtete das Fernglas auf den Riesen hinüber; dass seine Säulengestalt nur scheinbar, dass wir es mit einem gestreckten Mauerrücken, den wir im Profile sahen, zu thun hatten, wusste ich ja. Aber sein Nordabsturz, den er uns zukehrte, war jähe Wand, und wie steil seine Flanken seien, das zeigte eben das Profil, das er uns bot. „Wäre man in halber Höhe, so ginge es auf dem Grat“ — sagte ich zu Peter. „Wohl möglich“ — erwiederte dieser, — „aber so weit kommt man nicht hinauf.“ — „Muss eben probirt werden“ ..... entsetzt sprang Peter von seinem Sitze auf. Das hatte er nicht erwartet. Mit aller Gewalt suchte er mich von dem gefährlichen Vorhaben abzuhalten, das seiner Meinung nach sicher mit einem Unfalle enden musste; aber mit eben so viel Erfolg hätte er den Hoch-Blassengipfel drüben überreden mögen, sich zu erniedrigen, seiner Schwesterkuppe den Vorrang zu gönnen. Ein anderes Verlangen stellte ich an meinen Führer: entweder ganz zurückzubleiben, oder doch nicht weiter mir zu folgen, als seine volle Sicherheit es erlaube. Mir oblag die strengste Verpflichtung zu solcher Anforderung; nicht allein, dass Peters Ausrüstung für eine derartige Tour sehr mangelhaft war, — er hatte weder Steigeisen noch auch nur eine Eisenspitze am Stock — sondern ich wusste auch, dass ich wieder mehr wagen würde, als mit der Sicherheit des Lebens sich vertrüge, und solches gleichfalls zu thun, dazu lag für meinen Begleiter gewiss kein Grund vor. Zurückbleiben und zusehen mochte dieser aber doch nicht; er meinte, nachsehen wolle er schon auch, aber es sei umsonst, auf jenen Spitz zu gelangen sei ja augenscheinlich ein Ding der Unmöglichkeit. Wir legten die Rucksäcke ab und begannen den leichtsinkenden Grat hinabzugehen. Nach wenigen Schritten bereits schnürte dieser sich zu fussbreiter, ausgezackter Schärfe zusammen, bald auf der Schneide, bald links, bald rechts, die Hände auf dem Grat, der Fuss auf engem Gesimse oder einzelnem Tritt in der Wand, wurden die brüchigen Zinnen überklettert, rekognoszirend stieg und rutschte ich auf die äussersten Spitzen hinaus, frei in verschwimmender Luft, vor dem Fusse die Tiefe des Kars und „geht schon noch weiter! — fort auf der Schneid'! — zurück, ein wenig hinunter!" — klangen meine Signalrufe zurück zu Peter, der etwas zögernd nachfolgte und immer wiederholte: „Hören Sie auf, es ist ja doch ganz unmöglich!" — Und der Hoch-Blassengipfel, dem wir näher und näher rückten, machte ein immer bedrohlicheres Gesicht, seine dräuende Mauer schien uns überwölben, auf uns herunterbrechen zu wollen. Die einzige Linie, die ich an ihr als gangbar zu entdecken geglaubt, erwies sich als Täuschung; in diese Wände setzt keine Gemse den Huf. Aber die Gegenseite haben wir noch nicht gesehen! — Rittlings auf der Gratkante sitzend, vor mir in einiger Tiefe ein Geklipp, über das nur Flügel ein lebendes Wesen hinüberzubringen vermögen, im Begriffe auf ein Stufenband mich hinunterzuschwingen und über der schwindelnden Steilwand gegen das Vollkar die einzig denkbare Umgehung zu suchen, wandte ich mich nochmals zurück an Peter und ermahnte ihn dringend, ja nicht mehr zu wagen, als zulässig sei, jeden Tritt sich wohl zu überlegen, aus eigenem Urtheile die Grenze zu bestimmen, wo das Erlaubte aufhöre — für mich waren diese Schranken gefallen und heute nicht zum ersten Mal. — Und dennoch fuhr er fort, mir zu folgen, und an all' seinen Bewegungen ersah ich wohl, dass ich einen gewandten Felsenklimmer mit mir hatte; nur der Mangel seiner Beschuhung machte mir Sorge, die glattgenagelten Sohlen waren ein gar unsicher Ding auf den schmalen, schrägen, schuttbedeckten Plattenbändern. Ein enges stufiges Gesimse führte uns vom Grate weg, in die Wände des Vollkars hinein. Von Ecke zu Ecke schlingt es sich durch ihre Spalten, die einzige dem Fusse Halt gewährende Bahn. Wir stehen bereits fast an der Wurzel des Hoch-Blassen-Gipfels, da bricht vor uns der Boden und eine mächtige Kaminkluft verwehrt die Annäherung — freilich wäre hier auch an eine Ersteigung nicht zu denken. — „Es ist eben doch unmöglich" wiederholt Peter .... „Wenn der letzte Eisenzacken, der letzte Fingernagel aus dem Felsen reisst, dann ist's unmöglich!" — und von den Wänden des Hoch-Blassen gellt das Echo dieses Rufes wie spottend zurück.

Nach dem Grat hinauf ist die Bahn wieder offen — ein paar angestrengte Aufschwünge, da kleben wir wieder auf den Scheitelzinnen, markiren die Stelle mit einem Steinhäufchen, und hinunter über die Schrofen treten wir auf ein Schuttplätzchen aus, das in die Scharte zwischen beiden Gipfeln sich hineinspitzt. Es waren diese letzten Schritte ebensoviel Momente der Ruhe, eines kurzen Nachlasses der physischen wie geistigen Spannung.

„Schön wäre es wohl, wenn wir die Ersten da droben wären“ — meinte Peter, und fügte die Frage bei: „Wird das dann auch bekannt?“ — Der alpine Ehrgeiz begann ihn zu stacheln. — „Gewiss“, erwiderte ich ihm, „wenn's die Leute interessirt, auch aus unsern Bergen von einem Spitz zu hören, auf den hinauf noch Keiner sich getraut, — uns interessirt vor Allem dieser Spitz — der Erste wär's, der Nein sagt, wenn ich ein Ja will!“ ...... und vorwärts stürmte ich, in's Felsenthor hinein, — und „geht noch immer weiter!“ rief ich zurück.

Ein schmales, aber sicheres Schuttband zeigte sich dort, die Plattwände in horizontaler Linie kreuzend und um ihre Falten sich schlingend; wohl auf mehr als 100 Schritte schätzte ich seine Erstreckung, ein geräumiges Terrain zu weiterer Suche. Noch aber hatte ich kaum ein Zehntheil dieser Entfernung zurückgelegt, als ich bei Wendung um die Ecke eines Riffs mauerfest stehen blieb und stumm, mit ausgestrecktem Bergstocke nach Oben wies. Rasch eilte Peter nach, der vielverheissenden Geberde Anlass zu erspähen — und sah, was Keiner von uns vorhersehen, vorher hoffen konnte, ein Glücks-Geschenk wieder, das nur demjenigen in den Schooss fällt, der's zu ertrotzen wagt. Da zieht sich eine stufige, von den Felsen just in bequemer Weite geschlossene Kluft kerzengerade durch die Wand bis hinauf zum Grat, — zum Grat in einer Höhe, die vom Signale aus bereits als gangbar von uns beurtheilt worden war .... „Da treibt man ja eine alte Kuh hinauf!“ rief Peter frohlockend aus, — sein völliger Zuversichtsmangel war mit einem Schlage der übertriebensten Vertrauensseligkeit gewichen. Ich hütete mich wohl, diess neue Stadium im Geringsten zu erschüttern, obwohl ich der Ueberzeugung lebte, dass wir Arme und Beine noch tüchtig würden rühren müssen — kräftiger und gewandter, als eine alte Kuh. —

Ueber schuttbedeckte Blockstufen ging's leicht und rasch empor, dann verengte sich die Runse, die Absätze in ihr wurden höher und spärlicher, zu oberst streckte zwei Klafter hoch ein schiefer Spalt sich zum Grat hinauf. Der Bergstock wäre hier hinderlich, sein Hinaufpracticiren eine harte Nuss für Denjenigen, der allein auf diese Stelle träfe. Wir befanden uns in günstigerer Lage; ich liess meinen Stock in Peters Hand zurück, kletterte den Spalt hinauf, übernahm sodann beide Bergstöcke und Peter folgte nun ebenso leicht mir nach. Die gemeinschaftliche Operation zweier gleichwerthiger Felsenklimmer erleichtert derartige Unternehmungen allerdings bedeutend, und manch' heikler Punkt wird spielend beseitigt, der dem Einzelnen schwer zu schaffen gäbe, — manches, das Einem unmöglich wäre, möchte Zweien vielleicht gelingen. „Herr" und „Führer" dürfen die Zweie freilich nicht sein.

Wir standen nun wieder auf dem Grate, in einem engen Sättelchen, von fussbreiter Schneide gebildet; vor uns erhebt er sich in einer schräg gegen Westen geneigten, gegen 15' hohen Platte. Mit der „alten Kuh" war es gründlich vorbei. Die einzige, sehr mangelhafte Stufenfolge an dieser Felsentafel zu gewinnen, mussten wir uns auf die Westseite hinauslassen und standen nun wieder schwindelnd hoch über den Steilwänden des Vollkars. Meine Eisen hackten sich an den schmalen Abbrüchen sicher an, und mit 5 oder 6 angestrengten Tritten war ich in der Höhe. Für Peter mit seinen plattgenagelten Schuhen hatte ich aber grosse Sorge und würde es lieber gesehen haben, wenn er den Halt am hinabgereichten Stocke angenommen hätte. Ihm aber waren alle Bedenken gewichen, keck trat er in die Platten hinein und eine Minute später waren wir wieder beisammen. Vom oberen Ende der Platte engt der Grat sich plötzlich zu absoluter Schärfe; der letzte Tritt von der Platte weg hebt den linken Fuss über die Schneide hinüber, und rittlings sitzen wir zwischen Voll- und Grieskar. Ueber die luftverschwommene Tiefe blicken wir zurück auf's Hoch-Blassen-Signal und sehen uns bereits gleichhoch — wenn nicht höher als jenes; weit kann es nicht mehr sein! — Nach einigen Rutschungen fassen wir wieder Fuss auf dem Grat, enge noch und zackig, aber bequem im Vergleiche gegen das Vorhergehende, krümmt er zur Gipfelhöhe sich auf. Noch einige verwetterte Höcker, gebrochene Kantenabsätze äffen die Erwartung, aber nur minutenlange mehr, und der Wetterstein-Kamm hebt im Süden seine Wände und Gipfel und der Scheitelgrat des Hoch-Blassen*) liegt als ebener, gestreckter, mit verworfenen Blöcken überdeckter Rücken zu unsern Füssen — und jetzt erst fliegt ein siegesfroher Jauchzer durch die Kare des Rainthals. Muss doch ein jedes ihrer Häupter schliesslich daran glauben, — wie sie da stehen, im weiten Umkreise, sie sind mein, oder sie werden es in den nächsten Tagen, Alle! — Alle! gibt in

*) Die Höhe des Hoch-Blassen wird von Sendtner zu 8308' 2699 m. angegeben; soll hierunter, wie die Klinometer-Visur nach den Höllenthalspitzen mich als wahrscheinlich vermuthen lässt, der höchste Gipfel, die südliche Kuppe, verstanden sein, so werden dem Signalpunkte kaum mehr als 8260' 2683 m. Höhe zukommen.

sich gekehrt die Dreithorspitze zurück. — Alle? fragt da der Ober-Rainthaler Schrofen. — Morgen, Unersteiglicher! —

Eine starke halbe Stunde hatte vom Signal-Gipfel her der Uebergang gewährt; um 11 Uhr 20 Min. lagerten wir uns auf dem fussbreiten Gipfelscheitel. Der Wetterstein-Kamm mit seinen wandumschlossenen Karen stand frei, nur durch die Spalte des Rainthals getrennt, uns gegenüber, und seine wüsten Schuttkessel lagen wie auf einer Landkarte vor unsern Blicken hingebreitet. Da zeigten sich die zertheilten Kare des Ober-Rainthales, vom Dreithorspitzstocke im Osten begleitet, vom Ober-Rainthaler Schrofen, dem starren Trapez mit zersägten Kanten, im mittelsten Hintergrunde beherrscht; der Grosse Hundsstall, ein weiter, welliger Kesselboden, grün bebuscht und begrast, mit einzelnen Trümmerbecken in die Wände des Teufels-Grates hinaufreichend; noch weiter westlich, im gleichen Felsmassive eingegraben, der Kleine Hundsstall, enger, öder, doch noch spärlichen Raum für Weideplätze gebend zwischen unersteiglichen Wänden. Vom Thal wie vom Grate aus unzugänglich stehen diese Kare in der Nordseite des Wetterstein-Kammes nur in querer Verbindung unter sich*). Und noch westlicher, zwischen Hinter-Rainthaler Schrofen und Hoch-Wanner, lagert eine dritte Mulde zwischen den himmelhohen Mauern, Getrümmer, Schnee, und spärlicher Anflug von Grün an einzelnen Stufen. Dort hinein, in's Gams-Angerl, sagte mir Peter, ist noch keines Menschen Fuss gedrungen, man sieht zuweilen die Gemsen dort grasen, auf sicher beschützter Weide**). Dann folgen die Becken, welche vom Scheitel des Hoch-Wanner flach sich

---

*) Diess gilt wenigstens vom Kleinen Hundsstall, der nur aus dem Grossen und auch aus diesem nur schwierig zu erreichen sein soll. Der Grosse Hundsstall soll auch vom Grate aus betreten werden können Zwei Verbindungslinien besitzt er mit dem Oberen Rainthal: eine hochgelegene, in's westliche Kar des letzteren ausmündende, und eine tiefe, doch sehr schwierige, quer durch den dreiecksförmigen Steilwandabsturz gegen die Bockhütte. In früherer Zeit bestand auch ein künstlich, mit Leitern und Stricken, angelegter directer Steig aus dem Rainthale in den Grossen Hundsstall. Derselbe ist jetzt verfallen und hat augenscheinlich Anlass zu der Sage gegeben, dass der Aufstieg in's Ober-Rainthal nur mit solch künstlichen Hilfsmitteln zu bewerkstelligen sei, was durchaus falsch ist.

**) Der herzoglich coburgische Jäger *Augustin Draxel* von Ober-Leutasch, mit welchem ich im Jahre 1873 die Arnnplattenspitze erstieg (vgl. S. 367, Anm. 2), will jedoch dieses Kar, das er „In der Jungfrau" nennt, bei Verfolgung eines angeschossenen Wildes betreten haben. Auch dieser Uebergang soll in der Quere, aus dem Kleinen Hundsstall bewerkstelligt werden.

herabsenken an den Rand der Wände und noch einmal umfangen diese eine schneeerfüllte Schlucht, „Im Fall“, wie Peter sie mir nannte. Ueber dem Gatterl erscheinen die weichgerundeten Formen der Schieferberge, welche das Massiv des Plattacher Ferners mit dem Wetterstein-Kamme verknüpfen; die saftig grüne Mulde des Trauchlet, von den Quellen des Gatterlbaches silbern geädert, darüber der grünlichgelbe, von blutrothen Gesteinslagen durchstriemte Wandach, in seinem flachen Gebreite, mit seinen zertheilten, geradlinigen und doch scharfen Firstkanten einem mit breitem Messer aus butterweicher Masse geschnittenen Berge gleichend. — Im Westen des Plattacher Ferners mit seiner Umrandung; die Zugspitze herrscht hoch über einem verworrenen Knäuel, den die in fast gerader Linie von unserem Standpunkte sich entfernenden Höllenthalspitzen mit einander bilden. — Im Nordosten die streifige Pyramide der Alpspitze, ihr tiefgebeugter Scheitel ragt mitten hinein in's flache Land, das unabsehbar an den nebelduftigen Rand des Firmamentes sich weitet. Im öden, steingrauen Grieskar zu unsern Füssen glänzt schillernd grün der Spiegel des Stuibensee's; und über die Grashügel und Krummholzfelder sinkt tiefer und tiefer das Auge hinab über die Waldgehänge in's dunkle Partnachthal. Und siehe, dort, hart an der Südwestkante der Alpspitze, leuchtet aus dem Walddüster ein sonniger Wiesplatz, winkt, von Obstbäumen beschattet, ein freundliches Haus. Der Rainthaler Hof, mit den ersten Minuten unserer heutigen Wanderung unsern Blicken entschwunden, erscheint uns wieder, auf der Höhe unseres Zieles. Die schartige, schwarze Mauer, die, vom Rainthaler Hofe gesehen, an die Alpspitze sich drängt, hinter ihrer scheinbar weit gewaltigeren Masse verschwindet, ist nichts Anderes als der Haupt-Gipfel des Hoch-Blassen. — „Wenn man uns da drunten nur sehen könnte“, meinte Peter. Das ging nun allerdings schwer an; unsere Rufe konnten so weit nicht hinunterdringen. Aber ein Wahrzeichen ihnen zu hinterlassen von längerer Dauer, als unsere Anwesenheit, dazu wusste ich Rath. Steinblöcke wurden von allen Seiten herbeigeschleppt, bald war auf schmalem Firste ein rundes Fundament sicher gelegt und aus ihm wuchs eine wohlgefügte Steinsäule zu nahe Mannshöhe empor. Gut ist sie gemauert, noch im Sommer 1873 zeigte Peter sie mit Stolz den Besuchern des Rainthals. — Und nun begann ein Treiben wildgewaltigster Art, ein Spiel, würdig übermüthig weltzerstörender Titanen. Peter fand, dass unser Steinmann nicht frei genug sich heraus hebe zwischen den abgewitterten Blöcken, die in der Nachbarschaft den Grat überlagern. Wohlan, wir haben uns zu Herren gemacht auf dieser Warte, und in den Wüsten rings umher ist unser Wille einziges Gesetz. Hinweg, hinunter, was unserm Willen nicht genehm, wir fegen den Gipfel des Hoch-Blassen! — Block um Block wird angegriffen, auf den Stufen des Geschröfes fussend, das hart nebenan zur Tiefe stürzt, stemmen wir mit vereinter Kraft uns gegen seine Masse, bis sie sich wiegt auf ihrer schwachen Unterlage, überkippt, krachend rollt und mit Donnergetöse in die Wände schlägt — ein Augenblick Stille — dann schmettert sie in's Kar nieder und kreischend sprühen ihre Trümmer auseinander, jedes für sich verfolgt seinen polternden Lauf, das Zehn- und Hundertfache seines Eigengewichtes mit in Bewegung setzend, mit sich fortreissend, bis dass rasselnd der Schuttstrom in der Leere sich verliert. Und bis es wieder will Ruhe werden, folgt schon ein neuer Block dem ersten nach. Der in's Vollkar, — der zum Stuibensee, — im Partnachbette könnt nach Jahrhunderten ihr eure Scherben wieder vereinigen! — Es dröhnen die Kare, es zittert die Mauer, auf deren First wir stehen, in weitem Umkreise brüllt das Gebirg. Solchen Schimpf hat keines seiner Häupter noch erfahren, so schwer musste keins noch seine Niederlage büssen! —

Frei, ungestört erhebt unser Signal sich auf kahlem Gratscheitel. Da ist dem Uebermuth Genüge geschehen, und wir wenden uns zurück, zur Heimkehr. Ein Steinchen in der Tasche hinterbleibt als Angedenken an diesen Tag. Den Grat hinunter, — bald sind wir wieder an der bedenklichen Platte. Ich war mit den Eisen voraus, stand wieder auf den fingerbreiten Stufen über den Wänden des Vollkars. Eben setze ich den einen Fuss zu neuem Tritte vor, suche mit Fingern nach einem greifbaren Gegenstand an der Platte, da reissen die Zacken des anderen Eisens unter der Last des Körpers aus, der sofort nachgleitet, — aber nur einen Schuh tief, die treuen Helfer haben bereits einen neuen, gar nicht vorausgesehenen Haft gefunden. Der gefährliche Zwischenfall vollzog sich mit solcher Gedanken-Geschwindigkeit, dass mein Begleiter nicht das Geringste davon merkte, und ich selbst den Eindruck davon erst erhielt, als Alles längst vorüber war und ich wieder in der sichern Scharte mich befand. Peter kam nach, ich suchte durch vorgesetzten Bergstock eine Art Geländer zu schaffen, doch war diese Vorsorge unnöthig. Ich konnte nicht genug mich verwundern über seine Gewandtheit, ohne Eisen und ohne gespitzten Stock in diesem plattigen Gefelse herum zu klettern. Vor Jahren hatte ich meinen

Algäuer Führer in Erstaunen versetzt, indem ich ohne Eisen die Trettachspitze erstieg. Jetzt hatte ich mich an die Eisen gewöhnt, und war an mir die Reihe, zu staunen. — Die „Alte Kuh"-Kluft ging's wieder hinab auf das Schuttband, in die Scharte, und durch's jähe Geklipp zurück auf den Signalgipfel. Hier verweilten wir noch zwei Stunden, ich skizzirte die Nordseite des Wettersteinkammes, von welchem jetzt freilich ein kleiner Abschnitt, just die Dreithorspitz-Gruppe, durch den Südlichen Gipfel verdeckt wurde. Bewundernd ruhte der Blick auf seinem schlanken Thurmbaue. Stünde das steinerne Männchen nicht dort oben, wir glaubten nimmermehr, dass wir selbst auf dieser Säule gethront. — Auch der nördlichen Aussicht wurde noch einige Beachtung geschenkt. Hier war von besonders hervorragendem Interesse der Anblick des tiefen, engen Höllenthals, des Waxensteins und der Riffelspitzen; der furchtbaren Nordwände der Höllenthalspitzen und des Zugspitz-Massivs, sowie des von ihnen eingeschlossenen Höllenthalferners. Es war das erste Mal, dass in sein Tiefinnerstes mir der Blick verstattet wurde; weder der östliche Zugspitzgipfel, noch irgend ein Punkt des Höllenthal-Weges ist hiezu günstig. Nicht wenig erstaunte ich über die gewaltige Zerschründung dieses wohlcharakterisirten Gletschers. Doch sollte ich auf den Höllenthalspitzen diesen Anblick noch umfangreicher, aus unmittelbarer Nähe noch weit deutlicher geniessen.

Um 3 Uhr 15 Min. endlich sagten wir dem Hoch-Blassen Lebewohl; er mag wohl lange auf einen zweiten Besuch zu warten haben. Wir stiegen vom Kuppengrate unterhalb des Gipfels östlich ab und traten durch die Scharte zwischen ihm und den losgesprengten Zacken erst in die Trümmerkluft wieder ein. Schnell genug ging's durch diese hinab und nicht viel langsamer über die Schuttbänder des Vollkars; um 4 Uhr 15 Min. standen wir auf den Weideplätzen des Blassen, eine Viertelstunde darauf unter der Steile des Blassen-Lochs. Dann folgte eine Stunde Quergang und angestrengter Aufstieg zur Stange am Gaïfengrat, wo wir einen Augenblick rasteten; hier war des Morgens mein kleiner Gucker zurückgeblieben, wenigstens vermisste ich ihn auf dem Hoch-Blassen. Er wurde auch glücklich wieder gefunden und die Mühe des Anstieges dadurch gelohnt (wir hätten andernfalls den geraden Abstieg über den Schönberg nach der Bockhütte eingeschlagen). — Kaum dieser erste Verlust ausgeglichen, hätte ein unachtsames Beiseitelegen der dunsttrüben Brille beinahe einen zweiten, weit empfindlicheren herbeigeführt und nicht allein die morgige Bergtour gründlich zu Wasser gemacht, sondern sogar das Herabsteigen zum Gassenthal zu einer höchst problematischen Aufgabe gestaltet. Doch erhaschte Peter das unentbehrliche Instrument noch glücklich an einem Graspäckchen, am Saume der abstürzenden Wände.

In weiteren 10 Minuten waren wir in der Scharte „An der Mauer"; wir gedachten nicht durch's Gassenthal, sondern auf dem für den Abstieg kürzeren Wege, über die Stuiben-Alpe zum Rainthaler Hofe zurückzukehren; wir stiegen daher zwischen Stuibenspitz und Gaifenkopf zum weiten Wiesen-Plateau empor und kreuzten seine schwach gesenkte Fläche zur Alphütte, wo wir um 6 Uhr anlangten und mit Heissgier eine grosse Schüssel Milch verschlangen.

Nach viertelstündigem Aufenthalte wurde die letzte Marschstrecke angetreten. Wir fühlten uns erfrischt und gestärkt und zu übermüthiger Laune war nach dem Tages-Resultate aller Anlass geboten. Kaum aus der Hütte getreten und auf dem Waldwege nach der Bodenlahn, fingen wir an, Sprünge zu machen, zu traben, zu laufen, und als wir gar an der kerzengeraden, steilen Waldschneuse angelangt waren, begann ein so tolles Rennen, wie ich in meinem Leben ein Gleiches nicht vollführt. Unter Gejohl und Gepfeife, von abspringenden Steinchen begleitet, fuhren wir zu Thal, wie ein wildes Heer. Während Peter an langen Sprüngen es mir noch zuvorthat, rasselte ich, unterstützt vom Stock und den griffbeschlagenen Schuhen, die Steilabsätze der Gasse in aller Mitte hinab, und hielt dadurch gleichen Schritt mit ihm. In 40 Minuten hatten wir den Weg von der Stuiben-Alpe nach dem Rainthaler Hofe zurückgelegt. In heiterem Verkehr mit einer auf dem Rückmarsche begriffenen Zugspitz-Gesellschaft, die in mir alsbald den Dreithorspitz-Mann herausgewittert hatte, schloss der ereignissreiche Tag.

Der folgende Morgen sah mich wieder auf Wanderung, einsam, wie gewohnt. Dem Ober-Rainthal lenkten meine Schritte sich zu, in der Hoffnung auf besseren Erfolg, als bei dem ersten Versuche mir zu Theil geworden. Etwas langsam infolge der gestrigen Anstrengung, aber fest und sicher trug der Fuss, der Tags vorher den Hoch-Blassen unter die Eisensohle getreten, mich den alten Paschersteig entlang, durch die Schuttkare und über die Firnlehnen hinauf zur Ober-Rainthaler Scharte, dem Uebergangspunkte in's Leutaschthal. Genau eine Stunde später, als gestern der Südgipfel des Hoch-Blassen erzwungen worden, war ein zweites, der allgemeinen Sage nach nie betretenes Haupt gefallen*). Von den Gipfelzinnen des Ober-Rainthal-Schrofens herunter grüsste ich noch einmal den Rainthaler Hof, den ich in diesem Jahre wohl noch sehen, — nicht aber mehr betreten sollte.

*) Eine kurze Skizze dieser Tour s. Ausland 1873, No. 5. — Ueber den vermuthlichen Charakter meiner Ober-Rainthal-Schrofen-Ersteigung als einer Erstlingstour, vgl. S. 367, Anm. 2.

XXVII. Der Ofelespitz im Berglenthale.

(Hierzu Vertikal- und Horizontalprofil No. 27.)

Vom äussersten Westen des Wetterstein-Gebirges, von den Eisgefilden des Plattacher Ferners und den Schlünden des Höllenthals habe ich den Leser nach einem, dem Herzen der ganzen Gruppe näher gelegenen Gipfel, dem Hoch-Blassen des Rainthaler Kammes geführt. Nunmehr wolle er mich in die östlichen Grenzregionen dieses Bergrevieres, in ihnen abermals auf einen Spitz begleiten, der vor mir wohl kaum betreten wurde — der aber nach mir auch schwerlich bald wieder betreten werden wird. Warum, das werde ich in der Folge ihm erzählen. Nach dem Osten des Wetterstein-Gebirges geht diesesmal die Wanderung, wo in starrer, langgestreckter Wandmasse von Neuem der Name Wetterstein uns entgegentritt, wie drüben im fernen Ehrwald und Lermos. Andere Berge, andere Thäler, andere Menschen. Dem touristenüberschwemmten Partenkirchen, seinem widerlich geschraubten Hôtel- und Führerwesen stellt sich in wenig Stunden Entfernung das minder stark frequentirte, darum anspruchslosere, gemüthlichere Mittenwald gegenüber. Statt des weiten, gerundeten, geschlossenen Thalbeckens des Loisach-Ursprunges haben wir hier, im Osten, das langgedehnte Leutaschthal als Gebirgsgrenze vor uns. Der Saumpfad führt von Mittenwald am Gehänge des Burgberges hinan, dem Rande der Leutaschklamm zu. Es ist die einzige direkte Verbindungsstrasse — wenn der mit schmalen Alpkarren mühsam fahrbare Weg so genannt werden darf — von Mittenwald nach den volkreichen Orten der Leutasch. Blau-weisse und schwarz-gelbe Grenzpfähle und Weiser nach den beiderseitigen Zollämtern sind so ziemlich die einzigen Dinge, welche an einen höheren Rang dieses holperigen, steilen Weges erinnern. Ist die waldige Höhe der Bergterrasse erstiegen, der Rückblick auf die Zacken des Karwendel, auf die Dolomitspitzen der Erlspitz-Kreuzjochgruppe, die Felsenhäupter des Solstein entschwunden, so überrascht den Wanderer bald ein Handweiser mit der Aufschrift „Gefährlicher Weg". Nur dem unverbesserlichen Schwindelmenschen sei er ein rechtzeitiger Warner; jedem Anderen gegentheils der Führer nach der schönsten, genussreichsten Strecke der Leutaschwanderung. Bald zieht an steilen Schuttgehängen, um schrofige Riffe sich schlingend, über Felsenecken, von den Wurzeln der Tannen umklammert, dahin ein schmaler, aber gut angelegter, durchaus gefahrloser Pfad. Tief unten braust in dunklem Spalte die Leutasch. Ein einzelner Punkt am Wege, wo dieser am weitesten an die Kante der Wand hinaustritt, eröffnet dem Auge eine lange Strecke der fast geradlinigen Klamm; in leichten Biegungen sieht man das hellgrünlichblaue Bergwasser zwischen den schwarzen Wänden hindurch seinen Thallauf verfolgen und vermag sich der Ueberzeugung kaum zu verschliessen, dass man es hier nicht so fast mit einem vom Wasser ausgenagten, erzwungenen Ausbruchsthore, als vielmehr mit einer fertig gebildet vorgefundenen, von ihm zum Laufe nur benützten Thalspalte zu thun habe.

Die Herrlichkeiten des Weges sind nun bald zu Ende, man mag das Unglückszeichen sich noch betrachten an der Stelle, wo ein Unvorsichtiger, von heftigem Schwindel plötzlich befallen, in die Schlucht hinunterstürzte. Dann windet der Pfad sich durch Tannengebüsch und überbrückt die Leutasch, welche, eben noch in unergründlicher Tiefe gesehen, plötzlich nahe der Oberfläche der Thalterrasse sich zeigt. In einem schwarzen Kessel dröhnt die schäumende Wasserwucht und eilt in sprühenden Sätzen hinunter zum düstern Grunde. Hier nagt und sägt das Wasser, hier arbeitet es, seinen Klammlauf zu verlängern und in späteren Jahrtausenden vielleicht das Leutaschthal, andern Gebirgsthälern gleich, in zwei schmale, an den beiderseitigen Bergflanken hängende Raine zu trennen. Zur Rechten erscheint der Wetterstein, zunächst sein Vorläufer, der niedrige Horizontalrücken des sogenannten Grünkopfs, über welchen, an der Weissen Wand, der Franzosensteig zum Ferchensee hinüberführt. Die Kriegsgeschichte des ersten Decenniums unseres Jahrhunderts hat hier ihre Monumente, in den zerfallenen Schanzen der Scharnitz, in den Wällen, dem alten Mauerbollwerke des Leutaschthals. Jetzt dient es friedlicheren Zwecken, wenngleich auch diese noch an alte Zeit erinnern, allerdings nur in verwischten Zügen. Unter dem dunklen, hallenden Thorbogen sieht der Wanderer sich einem gemüthlichen, pfeifenschmauchenden österreichischen Grenzwächter gegenüber, der ihm den Bescheid „Nichts Zollbares“ gerne auf sein ehrliches Gesicht hin glaubt. Jenseits der Leutasch-Schanze erst öffnet sich völlig das Thal.

Wir stehen am Fusse des Wetterstein-Gebirges — und doch, wie wenig Eindruck erhalten wir von den gewaltigen Felsmassen, die dort im nahen Westen uns überragen! Welch ein Abstand gegen das Thalbecken von Lermos, mit seiner himmelhohen Ummauerung! — Da liegt vor uns das breite Thal, und breit und formlos setzen auf seine Sohle begrünte Bergrücken ihren Fuss. Die Wetterstein-Wand nur, die inzwischen hervorgetreten, macht in kahlem Gewände etwas Figur. Dann kommt das gedehnte, mit Busch und Wald bekleidete Fundament des Berglenspitzes, dann der völlig gleiche Absenkungsrücken des Gehrenberges, im Duft des Hintergrundes verschwimmend die nicht weniger eintönige Ostkante des Hohen Munde; drei schräge, wie mit dem Lineal nebeneinander gezogene Berglinien in koulissenartigen Abständen. Nur der Hintergrund des Thales reizt das Auge. Da erheben sich schöngeformte Gipfel, deren grünes Unterkleid allmählig in's Violettgrau düsterer Felsenhänge sich verliert; grell zeichnet der Schnee, der ihre Furchen erfüllt, aus der tiefen Färbung ihres Gesteines sich ab. Doch nicht auf dem Leutascher Boden wurzeln jene Gebirge, nicht der Isar spenden sie ihre Gewässer. Wo das Thal am Bergfusse zu enden scheint, da endet es in Wahrheit an kantigem Rande, am Absturze zu neuer, gewaltigerer Tiefe. Dort unten liegt das Innthal, liegt Telfs am Südfuss des Hohen Munde. Und die Berge da drüben, sie gehören unsern Gebieten nicht mehr an; südlich der grossen Grenzlinie der Kalkalpen erheben sie ihre Häupter; krystallinische Schiefer fügen ihre Körpermasse zusammen. Vorläufer sind sie mächtigerer Höhen, der firnverhüllten Weiten des Oetzthaler Gebirges, der wasserscheidenden Centralalpen.

In 1½ Stunden ist von Mittenwald aus Unter-Leutasch, zunächst das Brucker Wirthshaus, erreicht. Hier beginnt die eigentlich fahrbare Strasse, welche die drei Hauptortschaften des Leutaschthals mit einander verbindet; Abzweigungen von ihr münden durch die Thäler des „Boden“ und der „Leutascher Mähder“ auf die Zirl-Seefelder Strasse aus. Wie der Fahrweg begonnen, so endet er im Leutaschthale: über das Kirchviertel hinaus wird aus ihm ein holperiger

Karrenweg und, nur dem unverwüstlichsten Alpenfuhrwerk mehr passirbar, fällt er über Buchen steil hinunter nach Telfs. Die einzige leidliche Strassenverbindung in dieser Gegend besteht zwischen Telfs und Seefeld über Mösern; diese vermeidet jedoch das Leutaschthal gänzlich.

Am 27. August war ich bei Regenwetter durch das Leutaschthal nach Mittenwald hinausgezogen; am folgenden Nachmittage bereits befand ich mich wieder auf Wanderung nach dem Bruckerwirth in Gesellschaft des bekannten und beliebten Alpenschriftstellers *Heinrich Noë*. Der Aufforderung am Schilde des Bruckerwirthshauses

Ich heiss' Andreas Reindl
Hab' wohl a gut's Wein'l
Und auch a gut's Bier.
Ob'st hergehst zu mir! —

leisteten wir getreuliche Folge. Gegend Abend erst trennten wir uns. Dr. Noë ging nach Mittenwald zurück, ich verblieb in der Leutasch. Der morgige Berggang war nicht geeignet, Begleitung für denselben mir zu erwerben. Ein oft gesehener, lange gemiedener, aufgeschobener Gipfel, sollte morgen gezwungen werden. Gelang's, — dann mochte ich Nichts mehr für unmöglich halten. Ein dunkler Flecken war er geblieben in der Erinnerung eines sonst unvergesslich schönen Tages. Der Dreithorspitze entgegenwandernd hatte ich ihn entdeckt, — ein verkleinertes Abbild des Tribulaun im Stubayer Gebirge; eine Scheere, aufklappend, und wie bereit, zermalmend über Dem zusammenzuschlagen, der frevelnd ihr nahe zu treten wagte. So hatte ich vom Platt aus sie gesehen, ihr Gehänge auf den Schutt- und Hügelboden herab als äusserst steil, doch möglicherweise nicht völlig ungangbar beurtheilt; die Gipfelzinnen aber schienen jede Hoffnung auszuschliessen. Ich erwartete Besseres von der Südseite, die aus dem Paitenthale emporstrebt, und fand hier erst völlig unangreifbare Steilwand. Es war und blieb beschlossen, vom Dreithorspitzplatt aus die Ersteigung zu versuchen; und da letzteres zugleich meinen Ausgangspunkt für die Ersteigung der Wettersteinwand zu bilden hatte, so konnten, günstigen Erfolg vorausgesetzt, beide Hochtouren am gleichen Tage zur Ausführung gelangen. Als die Knechte des Bruckerwirthes zum Abendimbiss heimkehrten, erkundigte ich mich bei ihnen nach dem Ofelekopf, der ihnen bekannter unter dem Namen Berglenspitz ist. Ob er ersteigbar? — O ja, ganz gut. — Von welcher Seite? Vom Plattert herauf, oder auch geradenwegs vom Thale aus über den absinkenden Rücken, — vom Söller her (Westseite) ginge es ebenfalls, — ich glaube, Einer wollte auch vom Paitenthale hinaufgegangen sein. — Ob man von dem einen der Gipfelköpfe auf den andern hinübergehen könne? — O ja, ganz leicht. — Ich wusste genug, das heisst ich wusste Nichts, ausgenommen, dass meine Auskunftgeber noch weniger wussten vom Ofelespitz, als mir im Vorneherein schon bekannt war. — Ich gab Auftrag, mich zeitig zu wecken und begab mich zur Ruhe — nicht allzu zuversichtlich dem kommenden Morgen entgegensehend. —

Früher noch, als im Wirthshause irgend Jemand lebendig geworden, war ich auf den Beinen, und da eine Bereitung des Frühstücks mit allzuviel Zeitverlust verknüpft erschien, die Zeche für den gesterigen Verzehr aber vorsorglich schon des Abends berichtigt worden war, so hielt mich nichts weiter fest; von der Tenne, auf welche die Thüre meiner Schlafkammer sich öffnete, gelangte ich unbehindert hinaus in's Freie. Dunkle Nacht deckte noch das Thal, ein Heer von Sternen funkelte über den schwarzen Bergmassen. Es war 3 Uhr 35 Min. Morgens. Raschen Schrittes wanderte ich die schnurgerade, die Wiesenebene des Thales durchziehende Fahrstrasse dahin, erreichte nach einer halben Stunde die Einzelhöfe von Lochten und bog hier auf einem Waldwege rechts ab, den ich mehr fühlte, als sah. Nach einer Viertelstunde trat ich aus dem Walddunkel, wo, wie mir schien, die Pfade mehrfach sich theilten, auf einen breiten, weissen Schuttstrom aus. Ich wusste, dass ich die Ausmündung des Berglenthales vor mir hatte und verfolgte die deutlich vorgezeichnete, freilich nicht allzu bequeme Strasse des Trockenbettes. Allgemach zog nun auch der Morgen herauf, die Gegenstände in meiner Umgebung wurden deutlich erkennbar. Aus der Höhe des Berglenthales herunter leuchtete ein isolirter Felsthurm — ich hielt ihn anfänglich für die Leutascher Dreithorspitze, überzeugte mich jedoch in der Folge, dass es der Musterstein gewesen, ein Gipfel zweiten Ranges zwischen Wettersteinwand und Dreithorspitze, welchem eine beherrschende Stellung, wie er hier sie einzunehmen scheint, in Wirklichkeit gar nicht zukommt. Am schlundartigen Eingange des Berglenthales angelangt, sah ich Pfadspuren nach der rechten Seite sich hinaufziehen und hielt mich an sie, Mangels eines besseren Objectes, obgleich zweifelnd, dass der Thalweg an der Wettersteinwandseite hinaufführe. Bald stand ich denn auch auf waldiger Terrassenstufe über der Klamm, und der damit gewonnene Einblick überzeugte mich zur

Genüge, dass ich von einem weiteren Verfolgen dieser Richtung nichts zu hoffen hatte. Hinunter ging's wieder zum Schuttbette, an den Eingang der Schlucht, in welcher der Bach lebendig floss und schäumte, um eine kurze Strecke weiter spurlos im Gerölle sich zu verlieren. Ich suchte an seinem Ufer, am jenseitigen Gehänge nach dem Pfad — Alles vergebens; kletterte ein Stück aufwärts und hierauf wieder gegen die Schlucht hinunter, die inzwischen zur unnahbaren Klamm sich gestaltet hatte, konnte aber nirgends die Spur eines Pfades entdecken; und die Leute im Reindlwirthshause hatten mir doch gesagt, der Berglen Thalweg entferne sich nicht weit von der Thalsohle. Endlich kehrte ich wieder um und stieg vom Eingange der Schlucht in gerader Linie gegen den Ofelekopf an. Nach einer Viertelstunde raschen Aufsteigens, wohl 400′ hoch über dem Bache, traf ich auf den breit angelegten, sogar fahrbaren Weg, welcher, die Bergflanke querend, offenbar im oberen Leutaschthale ausmündet. Wieder ein Pröbchen tiroler Wegweisekunst. So lange der Weg nicht über den Grat der Wettersteinwand oder des Ofelespitzes führt, ist er „nicht weit vom Bach."

Eine halbe Stunde war mit diesen Kreuz- und Querzügen verloren gegangen. Kaum die Höhe erreicht, sehe ich den Weg thaleinwärts sich senken, einer kleinen Wiesenebene zu, auf welcher lange Holzstösse aufgeklaftert liegen. Hier allein, auf eine Strecke von wenigen hundert Schritten, fliesst der Berglenbach frei über die Thalsohle, in seichtem Geröllbette dahin; sein ganzer übriger Lauf ist von Steilmauern eingekastet, trennt Nord- und Südseite des Berglenthales mit unüberschreitbarer Kluft. Der Thalboden hebt sich steil, in terrassirten, krummholzbehangenen Felsstöcken; sein Hintergrund und Abschluss ist dem Auge vollständig entrückt. Das Berglenthal, das erste Hochthal an der Südseite des Wetterstein-Gebirges, läuft, wie ein Blick auf die Karte zeigt, nicht rechtwinkelig zur Linie des Hauptkammes, sondern parallel demselben, von einem seitlichen Parallelkamme begleitet. Wir finden in ihm, wie in dem ihm nächstbenachbarten Paitenthale wieder unverkennbare Spuren der durchgreifenden ostwestlichen Parallelstruktur der Nordtiroler Kalkalpen. Die Dreithorspitz-Gruppe stellt auf dem Hauptgrate des Wetterstein-Gebirges sich quer, von Nord gegen Süden; von ihrem südlichen Gipfel, der Leutascher Dreithorspitze, setzt der Wettersteinkamm wieder in westlicher, der Ausläufer nicht, wie man erwarten sollte, in südlicher, sondern in östlicher Richtung sich fort; er sinkt, zunächst als blosse Umrandung des Dreithorspitz Platts, zum Söller herab, der Uebergangsstelle in's Paitenthal*) und schwingt sich hierauf zum doppelzahnigen Ofelespitz empor, von dessen Scheitel er, anfänglich steil, von der Waldregion ab gemässigt, auf den Boden der Leutasch sich niedersenkt. Ganz ähnlich verläuft die zweite Südverzweigung des Wettersteinkammes: vom Fusse der Scharnitzspitze löst ein hohes, flaches Joch gegen Süden sich ab, kehrt aber seinen Rücken alsbald gegen Osten und erhebt denselben zum Gehrenberg, der bei Ober-Leutasch absetzt. Das Thal zwischen ihm und dem Ofelespitz, Paitenthal genannt, wird dadurch wieder zum Parallelthale. Auch die weiter westlich noch folgenden Verzweigungen des Wetterstein-Gebirges, der Rossberg, Schönberg und Predigtstuhl zeigen in Erhebung ihrer Culminationspunkte in einiger Entfernung vom Hauptkamme und östlicher Verbreiterung derselben ähnliche Neigungen, die jedoch durch die nahe Längsthalung des von der Pestkapelle herabkommenden Gaisthales rasch abgeschnitten werden; und die Zweigthäler des letzteren, Scharnitz-, Sulzbach-, Leitenbach- und Kothbachthal stellen als wahre, rasch fallende Querthäler des Haupt-Gebirgskammes sich dar.

Der Pfad des Berglenthales wendet sich links, schlängelt einen kleinen Rasenabhang sich hinauf und durch Krummholz und Laubgebüsche bergan, nicht selten steile Felsabsätze erklimmend. Nach einer Viertelstunde hatte ich wieder eine kleine Wiesenterrasse, wiewohl sehr beschränkten Raumes erreicht, und fand mich hart am Rande der Berglenbachklamm. Auf einen Vorsprung ihres Randes hinaustretend sah ich in den Felsenspalt hinunter, welcher, ohne sonderlich tief zu sein, in solch' bizarren Formen ausgenagt sich zeigt, dass man eher einen Gletscherschrund, denn eine Kluft des Felsgebirges vor sich zu haben glaubt. Wieder wandte der herzlich schlechte, holperige Steig sich der Linken zu und tauchte abermals in's Dickicht der breiten Gebüschfelder, welche, von einzelnen Geröllriesen durchstrichen, das Fundament des Ofele-

*) Die Höhe des Passes beträgt 6598' 2143 m. Schlagintweit. Der Uebergangspunkt liegt nicht genau an der tiefsten Stelle, am Westfusse des Ofelespitzes, sondern etwas westlicher. Längs des Randes hingehend erblickt man den Steig, der an einer Stelle durch eine Mauer und einen Schafgatter abgesperrt ist, bald unter sich. Der erste Abstieg gestaltet sich steil, und hält sich, zunächst eine Kluft kreuzend, vorwiegend nach der rechten Seite. Sobald man aber die freien Grasplätze erreicht hat, steige man nicht mehr geradlinig ab, sondern halte sich links. Der Pfad ist meistens, doch nicht überall, kennbar.

spitzes umkleiden. Von letzterem sah ich nicht mehr als die Felspartieen seines Fusses; sie schienen nicht ganz unangreifbar, jedenfalls boten sie in den mannigfachsten Rippen und Runsen eine sehr ausgedehnte Wahl. Das Krummholz blieb allmählig zurück, Geröllschütten querend lief der Steig hart an's Gemäuer des Ofelespitzes hin, einige plattige Felsabsätze wurden überstiegen, ich nahte mich dem Höhenrande, welcher bisher den Ausblick mir verdeckt gehalten hatte. Meine Erwartung, mich nun bereits im Berglen-Plattach zu sehen, fand sich getäuscht. Langgestreckte, steinige Rasenhänge dehnten vor mir sich hin, auf freiem Boden verlor allmählig sich der Pfad. Trümmerfelder spitzen sich links hinauf zwischen die Strebepfeiler der Plattacher Wand*). Ich hatte Musse, zu überlegen, was ich zunächst im Berglenthale beginnen wolle Den Ofelespitz unmittelbar, wie er vor mir stand, anzugreifen, erschien sehr wohl thunlich, doch wusste ich wenig davon, wie über dem untersten Sockel seines Baues die Verhältnisse sich gestalten mochten. Die Wettersteinwand dagegen vermochte mir den ausführlichsten Aufschluss hierüber zu gewähren, von ihrem Scheitel aus mochte ich die Anstiegslinie bis in ihre kleinsten Details feststellen. Und nicht dieser Grund allein war es, welcher mich bewog, die schwierige Tour in die zweite Linie zurückzustellen. Ich habe stets die Erfahrung gemacht, dass derartige Wagestücke weit besser und sicherer von Statten gehen, wenn mehrstündige Bewegung auf kahlem Gefels bereits einige Stumpfheit gegen seine Erscheinungen bewirkt hat, und mit einem gewissen, selbstverständlich nicht zu hohem, Kraft und Gewandtheit nicht beeinträchtigendem Grade von Ermüdung, Ruhe des Planens und Handelns eingetreten ist, welche die Frische und die aufgeregte Spannung der Morgenstunden nicht selten vermissen lässt. Die Wettersteinwand also sollte der Erstling dieses Tages sein — ich hatte während des Aufsteigens durch das Berglenthal Gelegenheit genug gehabt, mir ihre Südflanke zu betrachten. Durch mässig hohe Bergrücken geschieden senken ihre Kare vom Gratscheitel sich herunter, während die Tiefzone steil zum Berglen- und unteren Leutaschthale stürzt. Im inneren Berglenthal trennt ein an Höhe fortwährend abnehmender Steilwandabsatz das mehr verflachte, rippige Gehänge von den Sandreissen der linken Berglenthalseite. Ich hatte zunächst das Berglenthal zu kreuzen, jenseits einen

*) Synonyme Bezeichnung des Ofelespitzes, mehr auf die Felsenhänge, die er dem Plattach zukehrt, als auf seinen Gipfel sich beziehend.

ersten Anstieg zu suchen, sodann in langem, schwach gehobenen Quergange in die Kare unterhalb des Gipfels und dadurch auf diesen selbst zu gelangen. Der Weg versprach wenig Schwierigkeiten.

Eine starke Stunde war seit Verlassen der kleinen Thalwiese, $2^1/_2$ Stunden seit Aufbruch vom Bruckerwirth verflossen. Die letzten, ausblicksperrenden Höhengrenzen waren endlich überwunden, und vor mir breitete die hügelige Plattenfläche sich aus, nach der Höhe in die blendenden Gehänge des Firnkars übergehend, von der zackigen Mauer des Dreithorspitzstockes gekrönt. Regelloses Hügelgewelle breitet sich nach allen Seiten; am jenseitigen Thalrande ersah ich günstige Gelegenheit, nach den Grasplätzen der Wettersteinwand emporzusteigen; ihren Gipfel hatte ich bereits weit im Rücken. Ich schwenkte rechts ab und querte den Hügelboden, fand jedoch ein unerwartetes Hinderniss in Gestalt einer Trockenklamm, welche, ganz ähnlich dem sogenannten Brunnthal im Platt an der Zugspitze, nur viel enger und steiler geschlossen, das Plateau des oberen Berglenthales mitten durchschneidet. Ich sah mich noch zu einigem Ansteigen genöthigt, um eine, den Uebergang ermöglichende Stelle anzutreffen. Von der grasbewachsenen, 6—10 Schritte breiten Sohle der Kluft stieg ich jenseits auf Hügelboden wieder empor, bald verlor sich dieser in Sandreissen, und ich stand am Fusse der Wettersteinwand. Genau über mir befand sich ihre tiefste Einsenkung, welche mit dem Musterstein sie verbindet; eine dunkle Kaminspalte streckt zum zähnestarrenden Grate sich empor; die Südflanke des Musterstein*) setzt aus stufenlosen Steilwänden sich zusammen. Ich wandte diesem unwirthlichen Felsenbau alsbald den Rücken und begann in nordöstlicher Richtung den Anstieg zur Wettersteinwand.

Die erste Strecke desselben gestaltete sich steil, doch waren ihre Schwierigkeiten bald überwältigt, und zusehends verflachte sich der Boden; auch das Krummholz, auf welches ich, nachdem ich im Berglenthale es längst unter mir gelassen,

---

*) Ich entnehme diesen Namen der bayerisch-tirolischen Grenzbeschreibungskarte, welche ihn ohne Höhen-Angabe aufführt. Seine Höhe, entschieden doch nicht um Vieles geringer als die der Wettersteinwand, mag nahe an 7600' 2469 m. betragen. Als Gipfel nimmt dieser Punkt, der Nähe der Dreithorspitze wegen, nur einen untergeordneten Rang ein. Seine Ersteigung halte ich für schwierig, doch ausführbar aus den höchsten Karen ober der Wetterstein-Alpe, längs des Ostgrates; vielleicht auch vom Dreithorspitz-Gatterl her über den Grat.

hier wieder getroffen war, verschwand und lag bald in der Tiefe zu meiner Rechten, über steiniges durchfurchtes Grasgehänge leiteten mich quere Pfadspuren der Schafhirten und ihrer Pflegebefohlenen. Nicht lange währte es, so meldeten die letzteren mit widerlichem Geplärre auch ihre Anwesenheit und den dringenden Wunsch an, nähere Bekanntschaft mit mir zu machen. Sie befanden sich zu gutem Glück unter mir, einige Steine flogen hinab und im Galopp entfernte sich die ungebetene Gesellschaft.

Mein Weg hielt sich nun in völlig östlicher Richtung; die Strecken des Berglenthales, die ich in den Frühstunden durchwandert, zogen in umgekehrter Ordnung zu meinen Füssen wieder vorüber. Mir gegenüber stand jetzt der Ofelespitz, er hatte sich gereckt und ich übersah allmählig alle Verhältnisse seines Baues. Ein Anstieg war möglich, und bis zu beträchtlicher Höhe, ja wahrscheinlich bis in unmittelbare Nähe des Gipfels so gut wie gesichert; dieser selbst nur erregte Bedenken. Das krumme Horn, in wiederholtem Steilabsatze sich emporschwingend, schien jede Annäherung zurückweisen zu wollen; eine Schuttlage zwar spitzte in seinen mittleren und schroffsten Mauergürtel sich hinein, endete jedoch in einem Felsenwinkel, welcher stark den Verdacht senkrechten Absturzes erweckte. Kommt Zeit, kommt Rath! — Vorerst hatte ich mit der Wettersteinwand zu schaffen. Auch diese gab einige Nüsse zu knacken auf. Nicht dass ihre Ersteigung an sich eine schwierige wäre, sie zählt im Gegentheile unter die leichtesten des ganzen Wetterstein-Gebirges. Aber ich hatte zu wenig Geduld, stieg zu rasch und entschieden gegen den Grat an, sah die grünen Plätze auf dem Scheitel einer stärker aus der Flanke sich heraushebenden Bergrippe enden und jenseits Steilmauer, durchklüftet in's Kar niedersetzend. Ich wählte eine passend erscheinende Stelle zum geraden Abstieg, hatte aber viel Mühe, damit zurechte zu kommen, und jetzt bereits gab es — unnöthiger Weise — einige bedenkliche Situationen. Den endlich glücklich erreichten, von plattigen Trockengräben vielfach durchfurchten Kesselboden kreuzte ich wieder gegen Osten und stieg über eine hohe, von den vorragenden, massigen Schichtköpfen gebildete Felstreppe zu neuem Zweigkamme hinan. Bequemer als die erste, leitete dieser mich in das nächstöstliche Kar hinüber, eine flache, theilweise noch begrünte Mulde. In ihrer Sohle und auf dem Scheitel der sie einschliessenden Rücken behielt jedoch bald der Schutt und verwittertes Getrümmer die Oberhand. In der Höhe zeigte der

Grat sich ziemlich formlos, aus zertheilten Schrofenmassen aufgebaut, ich vermochte nicht zu entscheiden, ob ich den Gipfel der Wettersteinwand noch vor mir oder vielleicht schon im Rücken habe. Da voreiliges Ansteigen soeben eine unangenehme Erfahrung mir eingetragen hatte, so setzte ich den Quergang vorläufig noch fort bis nach dem Firste der nächsten Rippe des Berggehänges. Dort sah ich in neue, ziemlich ausgedehnte und meist wandgeschlossene Kare hinunter, sah den Gratscheitel der Wettersteinwand allmählig sich absenken und erkannte die stumpfe Ecke desselben, welche ich als Anschlusspunkt des betretenen Zweigrückens an den Hauptkamm gerade über mir wahrnahm, als die Schulter östlich des Wettersteinwand-Gipfels Ich wusste nunmehr, dass ich den letzteren im Rücken, sogar schon ziemlich weit im Rücken hatte. Der Anstieg nach dem Grate bot keine Schwierigkeiten, ebensowenig das Verfolgen seiner rauhfelsigen, verwitterten Schneide. Bald stieg ich auf wüstem Getrümmer zum Gipfel selbst hinan, schüttere Plattengehänge zu beiden Seiten, nordwärts ziemlich steil abschiessend, zu flacher Bucht sich ausweitend, welche nach der Kämi Alpe sich hinabsenkt; auch von dort aus wäre ein, wiewohl steilerer und mühsamerer Anstieg möglich. Der Gipfel bildet einen langgestreckten, nicht sehr breiten Schuttrücken und trägt die Reste eines trigonometrischen Signals. Seine Höhe beträgt der Grenzbeschreibungskarte zufolge 7622′ 2476 m.

Um 7 Uhr 5 Min. hatte mein Anstieg aus dem Berglen-Plattach begonnen, um 9 Uhr 40 Min. war ich auf dem Gipfel. Die Ersteigung von Unter-Leutasch aus hatte sonach mehr als 6 Stunden gewährt. Ein nicht unbeträchtlicher Theil dieser Zeit entfällt auf die mehrfachen Irrgänge, auch war mein Schritt, in der letzten Stunde namentlich, nicht eben ein rascher mehr zu nennen. 5 Stunden werden unter normalen Umständen zur Ersteigung ausreichend genügen. Die Witterung war nicht ganz so günstig, als der klare, kalte Morgen sie versprochen hatte. Bedeutende Nebelmassen flogen zwischen den Bergen umher, und nur stückweise erhaschte ich die Details des Aussichtsbildes. Da war es vor Allem der zu meinen Füssen gelegene Norden, die breite Vorlage des Wetterstein-Gebirges, welche meine Aufmerksamkeit in Anspruch nahm. Aus dem Fels-Massive der Wettersteinwand treten kurze Verzweigungen, Zirmes- und Kämikopf, plateauartig heraus, um nordwärts steil auf's tiefere Waldgehänge niederzustürzen. Ihre Scheitel, die kurzen Sättel, welche sie mit dem Fusse des Hauptkammes verbinden, tragen engbegrenzte Weideflecke, auch einzelne Alphütten sind auf ihnen sichtbar. Der dritte, westlichste dieser kurzen, nördlichen Ausläufer ist jener, welcher den Thalkessel der Wetterstein-Alpe gegen Osten begrenzt, und welchem westlich wieder in völlig gleichartiger Struktur, der Schachenkopf sich gegenüber stellt. Tiefe Thäler schneiden zwischen diesen Köpfen hinunter und münden theils in den vom Ferchensee, der Wasserscheide gegen die Isar, herabkommenden Ferchenbach, theils in das Ellmauer Thal, welches ostwärts gewendet, den Blick zur sonnigen Thalebene der Ellmau hinausleitet. Weiter links liegt die düstere Hochfläche des Wetterstein-Waldes, und darüber weg trifft das Auge gerade in die schwarze Enge der Grasecker Klamm hinein. Weiter hinaus schweift es über die Thalbucht von Partenkirchen-Garmisch, über das bayerische Vorgebirge hinaus in's Flachland, welchem jene breitschulterige östliche Endkuppe des Wetterstein-Gebirges eine der bekanntesten Berggestalten ist. Im Nordwesten erblickt man in naher Tiefe vor sich die zertheilten Kare ober der Wetterstein-Alpe, in welche der Frauenalpelkopf und seine Nebenzacken ihre Steilabstürze massig hineinspreizen; hart an ihre Wände gereiht erscheint etwas ferner das wald- und wiesenreiche Schachen-Plateau mit dem Königshause auf seinem unvergleichlichen Aussichtspunkte. Im Westen ein prächtiges Paar weitgespannter, von den hervorragendsten Häuptern des Wetterstein-Gebirges ummauerter Hochkessel: in naher Nachbarschaft das Platt, die Schneefelder am Fusse der Dreithorspitz-Gruppe, rechts davon das vier- bis fünfmal weiter entfernte Platt des Plattacher Ferners, mit dem Gatterlspitz, dem Schneefernerkopf und der riesig erhobenen Zugspitze, an deren breiter Hintergrundsmasse die Häupter des Rainthaler Kammes fast ungesehen sich verlieren. — Im Osten die Arnnspitzen und über diese hinweg das endlose Zackenmeer der Karwendel-Gruppe; im Süden Ausblick auf die Gebirge jenseits des Inn, auf die Gletscher-Gruppen von Hinter-Dux und Stubay, die Oetzthaler Ferner, — im Südwesten der Hohe Munde und seine Nachfolger in der Mieminger Kette; unterbrochen wird diess Aussichtsbild durch den nahestehenden, wiewohl merkbar niedrigeren Ofelespitz.

Die bedenkenerregenden Einzelnheiten seiner Gestaltung hatten sich — leider — nicht als Schein, sondern als höchst unerwünschte Wahrheit herausgestellt. An der Steilstufe namentlich unterhalb des Gipfelhornes, vermochte das Fernglas auch nicht die Spur einer Rauhigkeit, eines Absatzes zu entdecken. Es kam auf's Experiment an, und zwar auf ein gewagtes Experiment. Punkt 12 Uhr verliess ich die Wettersteinwand; durch die Erfahrungen des Anstieges belehrt, schlug ich eine passendere Wegelinie als die vormittägige nach dem Berglen-Plattach zurück ein und hatte bis dorthin auch keine Schwierigkeiten zu bestehen. Da ich den Hügelboden geradlinig nach dem Fusse des Ofelespitzes hinüber kreuzen sollte, so hielt ich mich an den Grasgehängen der Wettersteinwand möglichst lange über den Reissen des Berglenthals und betrat, einige plattige Runsen quer durch- und abwärtskletternd, seine Sohle erst in unmittelbarer Nähe der Wände des Mustersteins. Um $^1/_2$ 2 Uhr langte ich auf dem Thalboden an, eine Viertelstunde darauf stand ich an dessen südlichem Saume in unmittelbarer Fühlung mit den Strebepfeilern des Ofelespitzes. Auf den Hügeln des Plattachs war ich noch mit zwei Schafhirten zusammengetroffen, welche ich ebenfalls über den Gipfel befragte. Sie antworteten ziemlich unbestimmt, hinauf komme man schon, aber es sei „schiech“. Ich hatte nicht viel Besseres erwartet, verliess mich überhaupt auf weiter Nichts mehr, als meine guten Eisen.

Zum ersten Anstiege hatte ich einen der östlichsten, vom Massive des Ofelespitzes in's Kar sich herabstreckenden Strebepfeiler zu wählen. Die Entfernung, welche alsdann bis zum Gipfel zu ersteigen übrig blieb, war allerdings in diesem Falle weit beträchtlicher, als wenn ich mitten in der Plattacher Wand angestiegen wäre, dort aber zeigten die Mauersockel sich allzu schroff und unangreifbar. Ich war bereits wieder an die ersten Spuren des Berglenthal-Steiges gelangt, als ich die erlesene Stelle erreichte, rechts ablenkte, eine Trümmerhalde und einen alten, in eine Kluft sich ausspitzenden Schneefleck kreuzte und wenige Minuten darauf mit dem Felsen in Contakt trat Vereinzelte Grasschöpfe haften an seinem steilen Aufbaue, sie erleichtern das Emporklimmen, das gleichwohl bald ziemlich enge und luftig sich gestaltet. Alles Gepäck zurück zu lassen, war im Voraus beschlossene Sache gewesen, da ich jedoch eben mit den Hirten zusammengetroffen war und ihre Blicke mich jedenfalls verfolgten, so hielt ich es für vorsichtiger, den Rucksack nicht allzu sichtlich dem Schutze ihrer Ehrlichkeit zu unterstellen; trug ihn daher noch ein Stück weit aufwärts und barg ihn einer Runse, wo ich zugleich die Eisen anlegte, einen letzten, kräftigen Zug aus der Wasserflasche that und einigen Schnee in dieselbe nachfüllte, um bei der Rückkehr neue Labung vorzufinden.

Fühlbar erleichtert nahm ich den Anstieg wieder auf; die Rinne, in welcher ich das Gepäck zurück gelassen und welche ich, da sie verhältnissmässig gut gangbaren Boden wies, ihrer ganzen Länge nach verfolgte, leitete mich auf ein Sättelchen hinaus, von welchem der Anstieg sich wieder etwas nach der linken Seite kehrte. Ich nahte dadurch der Ostkante des Ofelespitzes und gewann auch häufig rechter Hand den Einblick in die tiefe, zum Kamine sich verengende Kluft, welche den Strebepfeiler an seiner Westseite begleitet. Bald über spärlich begrünte Platt-Felsen, bald im seichten Geschiebe enger Rinnen, bald wieder auf der zackigen Schneide niedriger Felsrippen verfolgte ich eine ziemlich gerade Anstiegsrichtung. Der Gang war steil, schwierig, bot aber durchaus nichts Ungewöhnliches und mein Vertrauen begann zu wachsen. Nach 20 Minuten weitete und verflachte sich das Terrain zu einem gewölbten Schuttplatze, wenige Schritte gegen Links brachten mich an den Rand der Terrasse; ein Schritt weiter in dieser Richtung wäre unmöglich gewesen; senkrecht stürzen die Wände hinunter auf die tiefen, bewaldeten Bergrücken, welche als Fundament des Ofelespitzes in's Leutaschthal sich hineinbreiten.

Ich wusste, dass ich dort nichts zu suchen hatte. Meine Aufgabe bestand darin, die Ostkante des Berges zu verfolgen; ihren Hindernissen und Unterbrechungen auszuweichen, musste auf der Nordwestflanke mir gelingen. Ich bog daher schwach rechts ab und begann am plattigen Gehänge weiter zu klettern. Die Vegetation erreicht bald ihr völliges Ende, in verhältnissmässig geringer absoluter Höhe. Der rastlos sich überschiebende Schotter lässt Leben hier nicht mehr gedeihen. Kahler Fels starrt von allen Seiten mir entgegen, bald als jähes Trümmerfeld, bald als durchfurchte Plattenmasse sich gestaltend, bald scharfzackige Mauerrippen, bald bauchige Wandstufen bildend, welche zu weiter greifenden Umgehungen nöthigen. Die Wände, welche mir nun bereits zu Füssen lagen, wurden infolge der beträchtlichen Ausdehnung des steilschrofigen Gehänges niemals sichtbar, selten nur die zerspaltenen Zacken, die Mauerauftbürmungen der Gratkante über meinem Haupte.

Ein massiger Felsbau des Grates nöthigte mich zuerst zu einer längeren Umgehung nach der Mitte der Bergflanke hinein; auf ziemlich engen, abschüssigen Plattengesimsen bewegte ich mich 20 — 30 Schritte weit in die Quere, vorspringende Rippen und Zacken sperrten oft genug den Weg und erforderten tüchtiges Zugreifen mit den Händen. Während ich vorsichtig meinen Pfad aussuche und verfolge, jenseits der äussersten Mauerecke bereits wieder besser gangbares Terrain wahrnehme, entgleitet, anscheinend ohne alle Ursache, der Hand plötzlich der Bergstock; anfangs fährt er gemächlich hinab über das Geschröf und Geschiebe — aber anhalten will er nicht, so viel ich auch scheltend ihm nachrufe. Einige steile Absätze bringen ihn bald in rascheren Lauf, und da klappert er die Wände hinunter — weiss der Himmel wohin, wie weit. Den bekomme ich nicht mehr zu sehen. Nun stehe ich mitten im Gewände mit leeren Händen; vor mir noch himmelhoch der Ofelespitz und drunten in der Tiefe der Bergstock. — „Wie reimt sich das zusammen?“ mochte da gefragt werden. — Umkehren mochte ich nicht mehr. Ich besann mich, dass ich ja zuweilen wohl bei ausnahmsweise scharfen Klettertouren den Stock geflissentlich zurückgelassen — warum sollte sein zufälliger Verlust ein Hinderniss der Ersteigung sein? — Auf den schuttbedeckten Platten freilich war er schwer zu entbehren; doch nicht unentbehrlich. —

Vorwärts also; will der Stock nicht auf den Ofelespitz, sein Herr kommt auch ohne ihn hinauf. Ueber formloses Geplätt und Geschiebe ging's geradlinig aufwärts, lange und ermüdend; ich glaubte dem Gipfel bereits ziemlich nahe zu sein, als eine scharfe Felsenrippe mir den Weg und Ausblick sperrte; nach einigem Hin- und Hersuchen und dem Befunde, dass es hier wenig zu wählen gebe, arbeitete ich mich in einer schrägen Runse zum Zackenscheitel hinauf, markirte den Punkt mit einer Daube und sah mich weiter um. Von einer Gipfelnähe war noch keine Rede. Weit hin dehnte sich das Gefels, und seine breiten Massen deuteten noch keineswegs auf einen baldigen Zusammenschluss zum Culminationspunkte. Aber seine Gangbarkeitsverhältnisse blieben die gleichen. Geschütt, Plattenbänder, gerundete Wandstufen, ausgewaschene Rinnen in endloser Abwechselung. Die Gratkante, von welcher ich niemals weit mich entfernte, wies mir Reihen der seltsamsten Höcker und Zacken, fremdartig anzusehen, als gehörten sie einer Hunderte von Meilen weit entfernten Gebirgsgruppe an. Ein schmaler Gratsattel, den ich betrat, zeigte mir wieder die wilden Südwände, und alsbald drängte ein steiler Aufschwung der Kante mich neuerdings hinaus in's Gebreite; hier unverändert die griesbedeckten Plattenlagen, die ich bei Mangel des Stockes nur in gebückter Stellung überschreiten durfte, um die Hände zur Nachhülfe rasch bereit zu haben, verlor etwa einmal das Eisen seinen Halt. Sobald es mir gestattet war, lenkte ich wieder zum Grate hinauf. Ich fand ihn mässig geneigt, auf ziemlich weite Strecke gangbar. Vom Gipfel noch immer keine Spur zu sehen. Ein breiter, schräger Schuttrücken, sogar wieder etwas Graswuchs zeigend, hebt sich vor mir empor und wird in wenig Minuten erstiegen, grosse Blöcke setzen seinen westwärts gestreckten Scheitel zusammen, vom letzten Kammhöcker erst eröffnet sich der Ausblick, — ein wildgewaltiges, erschreckendes und doch so mächtig anziehendes Bild: Ein kurzer, stufiger Grat senkt zu flachem Geröllsattel sich nieder, von welchem nordwärts ein tiefer Tobel zum Berglen-Plattach hinunterschneidet. Gen Süden lagert in geringer Tiefe unter dem Grat ein kleines Schuttkar sich ein, an Steilwände anrandend, von Steilwänden überragt. Und jenseits der Scharte erhebt sich die Gipfelspitze in ihrer ganzen Grösse, der ganzen Schärfe ihres dem Angriffe trotzenden Baues. So mühsam, und theilweise schwierig bis hieher der Anstieg gewesen — die weitaus schwerste Arbeit steht noch bevor; das erkannte ich auf den ersten Blick. In drei ausserordentlich massigen, horizontal liegenden Schichten thürmt der Gipfel sich empor, deren scharf abgerissene Köpfe seinen Körper mit halbrunden, die Ost- und Nordseite umfangenden Mauergürteln umgeben, während seine Gegenseite ohnehin völlig steilwandig abstürzt. Zwischen dem untersten und dem mittleren dieser Mauergürtel zieht eine breite, stark abschüssige Schuttterrasse sich hin, welche von Osten her in einen Einbruch der oberen Wandstufe sich hineinspitzt, bis zu deren Höhenrande aber noch einen senkrechten, stufenlosen Zwischenraum von 12—15′ Höhe lässt. Ich hatte bereits von der Wettersteinwand aus ihn beobachtet, in seine Ersteigbarkeit Zweifel gesetzt, und was ich hier, aus unmittelbarer Nähe wahrnahm, zeigte sich um Nichts tröstlicher.

Mit wenigen Schritten war ich unten, im Sattel. Es galt den direkten Versuch. Die obere Ausflachung der nördlichen Felsschlucht kreuzend begann ich wieder an der Nordseite des Berges in die Quere zu laviren, um über den ersten Terrassenabsturz einen Aufstieg zu entdecken. Nach 30—40 Schritten gelang diess auch; eine engstufige Treppe, Leitersteil und nur Dank der vielen Grübchen im Gestein, welche den Händen festen Halt geben, zu erklimmen, führte mich auf die obere Schuttlage. Ein dunkler Streif herabsickernden Wassers kennzeichnet die Stelle; in den Aushöhlungen des Felsens hatte etwas Flüssigkeit sich angesammelt und wurde von mir gierig ausgeschlürft. — Das schräge Trümmerfeld, welches ich nun betrat, stiess unmittelbar an den Fuss der

Gipfelmauern; ich hielt mich alsbald wieder links, den Einbruch an der Ostseite zu untersuchen. Wie ich mit Grund befürchtet, so fand ich es in der That. Im innersten Winkel stehend, sah ich den oberen Terrassenrand kaum zimmerhoch über mir, aber in senkrechter Höhe, nicht zu fassen. Eine Leiter, ein Steigbaum von 5 – 6 Stufen, wäre genügend, hier Rath zu schaffen. Aber ich, allein wie ich bin und hilflos, muss umkehren. — — — Es gibt eben doch Unmögliches! —

Sehr herabgestimmt, umkreise ich vor Beginn des Abstieges noch einmal den Felsenthurm, dessen höchste Zinne mein Ziel gewesen; von dreierlei Seiten wollen die Leute da hinaufkommen! Ich möchte sie wohl hier haben, auf diesem engen Schuttfleck, die Sprecher von gestern! — Die Wände, welche vom Gipfel mich trennen, gewinnen in dem Masse, als ich mich von der natürlichen, aber unerzwingbaren Anstiegsstelle entferne, rasch an Höhe. Die Kante der zweiten Terrasse zieht sich aufwärts, — ich selbst steige auf dem Schuttfelde ab. Völlig auf die Nordseite übergetreten nahe ich mich dem Punkte, an welchem die Suche überhaupt ein Ende hat — bald findet das Eisen keinen Boden mehr. Da öffnet sich links eine Spalte in der Mauer. Ihre untere Weitung zeigt ersteigbare Stufen, dann schnürt sie sich finster zusammen. Untersucht muss sie doch werden! — Zimmerhoch geht's ziemlich leicht und sicher, dann folgen ein paar steile, enge Absätze. An einer vorgespreizten Klippe gabelt die Kluft, aber die Wahl ist eine schwere. Der senkrechte Fels erlaubt keine Bewegung mehr, greifbare Haltpunkte fehlen. Ich versuche es rechts, — unmöglich. Wie ich mich krümmen und wenden mag, hinauf komme ich nicht. Links — das gleiche Resultat. — Noch auf der linken Seite, auf einzelnem Tritte fussend, kehre ich mich nochmals rechts ab, — die vereinigte Kluft ist so schmal, dass sie mit einem Schritte völlig beherrscht wird, — fühle an der trennenden Klippe herum und entdecke jenseits ihrer Kante plötzlich einen einzeln vorragenden Steinzacken. Er scheint fest gefügt, ich fasse ihn mit der linken Hand, lege den Körper schräg durch die Kluft, stosse den linken Fuss vom Felsen ab, stemmme rechts Knie und Ellenbogen gegen die Wand — und oben bin ich, zwischen den Spitzthürmchen und Nadeln, durch welche in einem kurzen Zickzack, einer eingehauenen Gasse gleich, der Spalt zur Höhe hinauf sich fortsetzt. Das obere Schuttband erreicht, rechts ab über hohe Blockstufen, durch eine eingesunkene Trümmergasse hinauf, — der Ofelespitz liegt mir zu Füssen. — Nein, es ist Nichts unmöglich!! —

Der Gipfel, dessen absolute Höhe die Geognostische Karte von Tirol zu 7545′ 2451 m. angibt, bildet einen ebenen, etwa 6 Fuss in's Gevierte haltenden Platz; die Struktur des ganzen Gipfelhornes aus horizontal übereinandergelagerten Schichten macht sich auch auf dem höchsten Kopfe in überraschender Weise bemerkbar; sein Scheitel ist fast trümmerleer und zeigt die harte Platte der Schichtfläche. West- und südwärts stürzen Steilwände ab, kein Schritt kann über die Kante hinaus gethan werden. Wie es mit Ersteigung des westlichen, übrigens bedeutend niedrigeren Kopfes bestellt wäre, darüber will ich ein apodiktisches Urtheil nicht fällen; wohl möglich, dass Ersteigungslinien gleich problematischer Art wie auf das östliche Horn, auch auf jenen leiten. Wer aber behauptet, man komme von dem einen auf den andern so ohne Weiteres hinüber, der war sicherlich auf keinem von beiden. —

Ob vor mir der Ofelespitz bereits betreten worden, bezweifle ich*); und welche Aussichten sein künftiger Besuch habe, erscheint mir nicht minder fraglich**). Um $^1/_2$4 Uhr Nachmittags, nach fast zweistündigem Anstiege aus dem Berglen Plattach, hatte ich seinen Scheitel gewonnen; seine Aussicht bot mir des Neuen nicht viel, nur der Anblick in's Paitenthal, das östliche und südöstliche Panorama der Leutascher, Seefelder und Innthaler Berge war interessant. Ein Stündchen rastete ich auf der Gipfelplatte. Die Mühe, einen Steinmann zu bauen, überliess ich einem etwaigen Nachfolger. Aber ein Steinchen steckte ich in die Tasche, die grosse Gesellschaft zu mehren, die von den Gipfelhöhen, vom Königsbis zum Bodensee, in meinem Schranke sich zusammengefunden hat.

Um $^1/_2$5 Uhr begann ich den Abstieg. Die Kluft, welche ich forcirt hatte, machte mir etwas Sorge, doch nicht allzuviel; ein Fragezeichen auf meinem Rückwege zu wissen, war mir nichts Neues mehr. Ich dachte zwar daran, in den Einbruch an der Ostseite des Gipfels hinunterzuspringen, ging auch bis an die Kante vor, fand jedoch die Situation etwas zu problematisch und kehrte in meine Kluft zurück. Ohne

*) Jäger Augustin Draxel von Ober-Leutasch behauptet allerdings auch ihn erstiegen zu haben. Vgl darüber S. 367, Anm. 2.

**) Würde eine solche beabsichtigt, so wäre es am rathsamsten, wenn eine Gesellschaft sich vereinigte und einen 12—15′ hohen Steigbaum mitnähme — allerdings ein saueres Stück Arbeit. Der Gipfel könnte dann über den Einbruch der zweiten Terrasse hinweg von Osten her erstiegen werden.

Schwierigkeit schob ich durch ihre Windung mich hinunter bis vor die kritische Stelle. Dort sah es freilich übel genug aus. Nirgends ein Halt noch Tritt, — was ich im Anstiege nicht hatte finden können, war natürlich nicht nachgewachsen, während ich auf dem Gipfel sass. Die Steinmasse, an welche ich mich festgeklammert hatte, erkannte ich wieder; sie lag just vor dem ausgestreckten Fusse. Jenseits der sperrenden Klippe konnte ich nichts mehr sehen. Wie hinauf — so hinab, lautete das Gebot der Nothwendigkeit. Ich kehrte das Gesicht gegen die Wand, stemmte mich wieder gegen die rechtsseitige Mauer und rutschte hinab. Die Füsse hingen bereits in der Luft, als ich endlich den Steinzacken zu fassen bekam und, diesen Halt einmal in Händen, behutsam mich weiter hinunterliess. Aber ich fand keinen Boden. Den Tritt drüben, von welchem aus ich mich schräg in die Kluft gelegt, konnte ich nicht mehr erreichen, und einen andern ertastete ich nicht. — Schliesslich hing ich mit ausgestrecktem linken Arme am Zacken, die Füsse tappten in der Leere herum. Die Muskelkraft begann nachzulassen, die nächste Viertelsminute musste mir die Nothwendigkeit aufdrängen, freiwillig meinen Halt preiszugeben — der peinliche Entschluss wurde mir erspart. Ein leises Kricken — der Stein reisst aus der Wand, — und dahin geht der Sturz. Zweimal schlage ich auf Stufen der Kluft auf, noch aufrecht, Gesicht gegen die Mauer, das drittemal werde ich gedreht, der Breite nach auf den Trümmergürtel hinuntergeschmettert, überschlage mich dort ein oder zweimal, komme aber wieder auf den Rücken zu liegen, und Hände und Füsse alsbald spreizend, noch rechtzeitig zum Aufhalt. Zwei Schritte weiter — und ein neuer Steilwandsturz hätte mich unfehlbar in's Berglen Plattach hinunterbefördert.

Das Ganze war das Werk von ein paar Sekunden; gefühlt hatte ich von der ganzen Sache wenig und stimme in dieser Hinsicht vollkommen mit Herrn Whympers Bemerkungen *) überein; ich glaube nicht, dass ein tödtlicher Sturz viel mehr Empfindung hervorrufe. Die Besinnung hatte ich keinen Augenblick verloren, wusste genau wo ich mich befand, und woran meine letzte, durch ein glückliches Geschick auch realisirte Hoffnung hänge. Die Sturzhöhe schätze ich auf etwa 30 Fuss.

Da sass ich auf dem Schuttfelde und rieb mir die Stirn.

---

*) Whymper's, Edward, Berg- und Gletscherfahrten in den Alpen i. d. Jahren 1860—1869. — Braunschweig 1872.

Schon dagewesen, aber lange nicht mehr vorgekommen! — Der Hut hatte merkwürdiger Weise festgehalten und zu allem Glück auch die Brille. Ein Eisen aber hatte in der Gewalt des Sturzes den inneren Vorderzacken und das Ringglied verloren und hing locker am Fusse. Um einen Bergstock, der jedenfalls verloren gegangen wäre, hatte ich mich nicht mehr zu sorgen, der hatte sich früher schon empfohlen. Blutstropfen färbten den Felsboden ringsum mich herum und befleckten meine Kleider, wo nur eine Fingerspitze ihnen nahe kam. Die Hände, welche während des Sturzes nach Halt haschend am Felsen heruntergefahren waren, auf dem Geröll und Geschröf als Bremse hatten dienen müssen, waren in der übelsten Art zerschnitten und aufgeschunden, am rechten Mittelfinger sogar der Nagel ausgeschlitzt. Das wäre noch das Geringste gewesen; ich erhob mich und reckte die Gelenke — es schien Alles noch ziemlich in Ordnung zu sein. Wenige Minuten später aber verspürte ich bereits eine Spannung im rechten Knie, nicht lange dauerte es, so ging ich krumm, und konnte auf diesen einen Fuss nur wenig mehr mich verlassen. Er hatte offenbar die stärksten Prellungen erhalten, an ihm war auch das Eisen zerbrochen. — Und ich brauchte beide Füsse und beide Hände noch höchst nothwendig; die zweite Terrassenstufe befand sich noch unter mir, und das weitere Gehänge der Plattacher Wand war, wenngleich nicht allzu schwierig, doch gerade nicht für einen Lahmen geeignet. Ich hinkte den Terrassenrand entlang und kam wieder an die kleine Runse, die mir den Heraufweg gebahnt hatte. Ebenfalls nahezu senkrecht stürzt die Wand dort hinunter, ihre schmalen Haltpunkte zu fassen gehört die volle frische Muskelkraft, und nun sollte ich, zerschlagen und zitternd wie ich nach dem Sturze war, mit halb lahmen Knie und wunden Händen diese Klettertour bestehen. Ein zweiter Sturz musste, abgesehen davon, dass ich diesesmal viel weniger elastisch und weit ungeschickter fallen würde, mit aller Gewissheit zum Verderben führen; denn unterhalb der Wandstufe begannen die Plattenlagen, an welchen ich wohl keinen Halt mehr gewinnen konnte. Ich machte das gebrochene Eisen nothdürftig wieder fest, indem ich den langen Riemen unter der Sohle durchzog, und suchte Entlassung aus der gefährlichen Felsenburg. Dreimal liess ich auf den Rand der Terrasse mich nieder und streckte den Fuss hinunter, den ersten Tritt zu fassen — dreimal kehrte ich mich entsetzt wieder ab, stemmte auf die Kante mich zurück — ich k a n n nicht hinunter! — — Und wieder suchte ich auf der ganzen

Schuttterrasse umher nach einem besseren Auswege. Umsonst! Der steile Spalt des Aufstieges ist — wenn nicht der einzig mögliche, doch jedenfalls der relativ beste Weg in's breite Gehänge hinunter; und dieser eine Weg ist mir versperrt. Der Ofelespitz hält seinen Bezwinger, der nun sein Opfer geworden, gefangen. Hoch auf ragen rings die Gebirge, goldener Abendschein erleuchtet ihre Gipfel, die Schatten der Dämmerung ziehen bereits in die Thäler ein. Aus ihrem weiten Schneecirkus winken ernst die Zinnen der Dreithorspitze herunter — ja wohl, jetzt, heute, wird sie, die Gewaltige, von einem Kleineren gerächt! — O jener Tag, der mich auf ihren sagenumwobenen Scheitel führte, Vorurtheil brechend und Hindernisse besiegend, ein kühner, unwiderstehlicher Beherrscher der Gebirge! — Dieser Tag hatte mir auch zum ersten Male den Ofelespitz gezeigt. War's mir doch immer wie eine Ahnung zurückgeblieben, das Bild dieser verwünschten Zangenscheere — wie eine Mahnung durch die ganze Kette meiner Erfolge: „Dort ist das Ende!“ ....

.... Besser ein rascher Sturz, als langsames Verschmachten! — Ich trat zum vierten Male vor die Wand, kauerte wieder nieder und taub gegen die Stimme der Angst, die wieder mich zurücktrieb, liess ich mich hinunter und fasste glücklich den ersten Tritt. Und langsam, behutsam, suchte ich die folgenden. Zum Abstiege über nicht viel mehr als Zimmerhöhe bedurfte ich nahezu einer Viertelstunde. Die Grübchen im Gestein haben während meiner Abwesenheit sich wieder mit Sickerwasser gefüllt; längst schon vom Durste gequält, schlürfe ich mit Heissgier die willkommene Labung, und momentan kümmert mich der letzte Tropfen, der auszusaugen bleibt, mehr, als meine ganze Situation zwischen Himmel und Erde; — die Fabel vom „Manne im Syrerland“ in praktischer Illustrirung. — Und wohlbehalten komme ich hinunter auf die Plattengürtel und verfolge längs der Gratkante die Linie meines Anstieges zurück — langsam und lahm. Kein Stock, — schmerzender Fuss, — defektes Eisen — was ist mehr zu verlangen auf schlüpfrigem Felsgetäfel? — Alle weiteren Rücksichten traten zurück vor der einen, möglichst bald und sicher zu Thal zu gelangen. Ganze Strecken weit bewegte ich mich rutschend über den Boden hin, Hände und Füsse gleichzeitig gebrauchend. Endlich zeigte sich wieder etwas Graswuchs, ich nahte dem furchigen Terrain, über welches ich meinen ersten Anstieg genommen, und da lag im Schrofenwinkel noch ungestört der Bergsack, neben ihm die Wasserflasche. Der Schnee in ihr war zerschmolzen

— ich leerte sie auf einen einzigen Zug. Dann ging's völlig hinab. Den Stock, der irgend wo in diesen Klüften stecken mochte, zu suchen, fiel mir natürlich nicht mehr ein; ich hatte Eile, den letzten Rest des Tageslichtes zu nützen, um den steilen Zickzackpfad des Berglenthales hinab bis auf den breiten Weg zu verfolgen. Ein glücklicher Fund — ein Hirtenstock im Gebüsche, den ich unter der Rechtfertigung des Nothstandes sofort mit Beschlag belegte, erleichterte mir die Wanderung, welche immerhin mühsam genug von Statten ging; das geprellte Knie schwoll immer stärker an und mit Sorgen dachte ich an die kommenden Tage. Bei völliger Dunkelkeit bereits erreichte ich die kleine Wiesenebene des Thales, und hielt mich nun an den breiten Holzfahrweg, welchen ich des Morgens entdeckt hatte; er wendet sich nach kurzem Anstiege quer und umkreist den Endabfall des Ofelespitzkammes im Viertelsbogen; senkt sich dann schräge ab, kreuzt ein paar wasserführende Gräben und erreicht bei den Häusern „Am Reidl“ die Strasse des Leutaschthals.

Auf diese Weise dem oberen Leutaschthale nahe zu kommen, war mir nicht unangenehm, denn dort lagen die Ziele meiner weiter beabsichtigten Bergtouren; und da auch, sobald ich wieder guten Weg unter den Füssen hatte, die Schmerzen im Knie sich minderten, so hoffte ich doch wieder, eine Unterbrechung meiner Wanderungen vermeiden zu können. Bei hellem Mondschein verfolgte ich die Thalstrasse, das felsenkahle Massiv des Ofelespitzes sah gespenstisch drohend aus seiner Höhe mir nach. Gegen $^1/_2$10 Uhr, fünf Stunden nach Aufbruch von dem verwünschten Gipfel, erreichte ich die ersten Häuser der „Gasse“, eines nahezu $^1/_2$ Stunde langen Ortes im oberen Leutaschthal. Das Wirthshaus befindet sich an seinem obersten Ende. Ich fand dort gute Unterkunft und freundliche Leute, die theilnehmend den Bericht meines Unfalles vernahmen, was, beiläufig gesagt, bei den Einheimischen des Gebirges nicht allzu häufig ist. In der Regel erregt der verunglückte Bergwanderer, soferne er nur noch auf seinen beiden Beinen steht, mit Erzählung übler Abenteuer und deren augenfälligen Spuren an seinem Körper eine Heiterkeit, welche zwischen Stupidität oder Bosheit ihrer Veranlassung eine unbestimmte Wahl lässt.

Ich stellte mit Speis und Trank meinen innern Menschen so gut wie möglich wieder her und begab mich baldigst zur Ruhe, nachdem ich noch einen kalten Umschlag um das verletzte, hochgeschwollene und etwas blau unterlaufene Knie gelegt. Der folgende Morgen fand mich ziemlich schwach, matt und steif, doch nicht absolut marschunfähig; und da ich meinen Zustand durch langsame Wiedereinübung der Gelenke am besten zu heben dachte, ein Krankenlager in Ober-Leutasch auch nicht zu den beneidenswerthesten Süssigkeiten des Lebens gehören möchte, so brach ich in den Vormittagsstunden wieder auf. Ein Bergstock war unter den gegebenen Verhältnissen unbedingteste Nothwendigkeit; da in der „Gasse" ein solcher nicht aufzutreiben war, so begnügte ich mich mit einem Rechenstiele. Mit diesem stieg ich in's wiesenreiche Paitenthal hinauf und auf den Gehrenberg (ca. 7000′ 2274 m.), ein leichter und aussichtsreicher Spaziergang, so recht geeignet für einen Halb-Invaliden, wie mich. Alle halben Stunden eine Viertelstunde Rast; aber hinauf kam ich schliesslich doch. Ich stieg gegen Westen ab, zur Wang-Alpe und durch das Scharnitzthal zu den Oberen Häusern hinunter, welche an der Ausmündung des Gaisthales in's Leutaschthal gelegen sind. Mein Zustand hatte gegen Abend sich erheblich gebessert, und ich sah mich an dem neuen Orte sogleich nach einem Bergstocke um. Hier erhielt ich denn auch einen solchen von gewünschter Stärke und Länge. Er steht noch in meinem Zimmer und hat mittlerweile auch Einiges gesehen und gelernt. Wer weiss, wann seine Stunde schlägt! —

Tags darauf ging's auf den Hohen Munde, und über seinen zackigen Scheitelgrat hinweg*) auf den Nieder-Mundesattel und zur Tilfus-Alpe im Gaisthal; andern Vormittags machte ich am Hinter-Rainthaler Schrofen bereits wieder meine Sprünge. Am 2. September kehrte ich nach Mittenwald zurück. Für einige Tage wechselt die Scene meiner Bergwanderungen. Ein Freundes-Telegramm aus Bellinzona berief mich zu einer längst verabredeten Tour in's Algäu, als Führer auf den Hoch-Vogel.

*) Der Uebergang vom Mittleren — höchsten — Gipfel des Hohen Munde auf den Westlichen wird durch einen kurzen Abstieg in eine Felsschlucht der Südseite, wodurch der Zackengrat zwischen beiden vermieden wird, in ziemlich schwieriger Weise bewerkstelligt. Auch der Hinabweg an der Westkante des Berges bietet anfänglich noch einige Hindernisse.

XXVIII. Die Höllenthalspitzen.

(Hierzu Vertikal- und Horizontalprofil No. 28.)

Wer vom Flachlande aus das Wetterstein-Gebirge sich betrachtet, der sieht, während der Wetterstein-Kamm getrennt, fast als selbstständige Gebirgs-Gruppe ihm erscheint, das Zugspitz-Massiv weit gegen Osten sich fort erstrecken. Mit der Doppel-Kuppe des Hoch-Blassen schliesst es ab, die Alpspitze verschwindet an diesem breiten Hintergrunde. Die Mitte seines langsam sich hebenden Grates krönt eine Gruppe dreier zierlich geformter, dem Augenscheine nach gleich hoher Zacken. Ueber den Mauern streben sie empor, welche das Höllenthal, den Höllenthalferner umranden; sie haben von ihm den gemeinsamen Namen der Höllenthalspitzen erhalten. Unbedeutend erscheinen diese Zinnen, von der Ebene aus gesehen; der Bergwanderer, welcher dem Wetterstein-Gebirge seine Schritte entgegenlenkt, vermeint nicht, in ihnen würdige Objekte seiner Touren zu entdecken. Auf den Thalboden von Partenkirchen-Garmisch aber schauen sie bereits weit ansehnlicher hernieder, und auf die Südseite des Rainthaler Kammes übergetreten erblickt der Durchforscher der Alpen ein mächtiges Gebirge sich gegenüber, mit hohen, breit geformten Gipfeln, mit weiten Karen und mächtigen ausstrahlenden Zweigkämmen. Auch dort gibt's noch zu entdecken. In diese weiten, öden Schuttmulden setzt selten nur ein Schafhirte, ein Gemsenjäger seinen Fuss; die Gipfel jener Grate, sie werden kaum jemals betreten. Da steht im Westen ein abgespaltener, krummer Höcker, so recht die Charakteristik der Wetterstein-Gipfel; fast körperlos, eine ruinenartige, zerfallende Mauer, auf hohen Bergfirst hingebaut. Senkrecht stürzt sie gegen Westen ab, wohl ein halbes Tausend Fuss tief, der Schlusspfeiler der Gruppe der Höllenthalspitzen.

Von ihrem Fusse erhebt der Zugspitz-Grat in sehr gemässigter Steigung sich zu seiner Gipfelhöhe. Aber weit ist die Strecke bis dorthin; und trotz des geringen Neigungswinkels bewältigt die Gratlinie an 1200′ bis zu ihrer culminirenden Höhe. Ein sattelartiger, durch tiefen Spalt von dem ersten Gipfelhaupte der Höllenthalspitzen-Gruppe getrennter Nebengipfel entsendet den ersten grösseren Ausläufer. In der Gratnähe zu wilden Klippen zerspalten, dann in breitere, gen Westen schräg abgedachte Felsenköpfe übergehend senkt er sich hinunter als Grenzschranke des Platts. Am Fusse seiner durchklüfteten, in schiefen Platten aufgeschichteten Strebepfeiler liegt die Nacht-Station der Zugspitz-Ersteiger, die Knorrhütte; dort quillt aus unsichtbaren Spalten des Gesteins eine geläuterte Wasserader des Plattacher Ferners hervor. Und längs des schuttumlagerten Fundamentes dieser Kette dehnen sich die steilen Trümmerhalden zum Weissthal hinauf. Verfolgen in früher Morgenstunde die Zugspitzwanderer ihren Weg dort hinauf, ziehen sie durch die öde Thalung dem Firnplateau und dem höchsten Gipfel der Nordtiroler Kalkalpen entgegen, und finden sie Zeit und Frische genug, vom ermüdenden Boden der Plattenhügel und Sandreissen den Blick zu erheben und einmal rückwärts zu kehren, da sehen sie über dem Gewirre der Felsmassen langsam eine gewaltige Säule sich emporbauen. Immer höher wächst sie heran, je weiter der Schritt von ihrem Fundamente sich entfernt; und endlich steht zehnfach thurmhoch ein krummes, schwarzes Horn auf dem Rainthaler Grat. Kaum vermag der Gedanke es zu ermessen, dass in wenig Stunden das Auge auf solch gewaltig erhobenen Fels noch tief, tief herunterblicken soll. Aber in *seinem* Kreise herrscht er; herrscht wie wenige Gipfel des Felsen-Gebirges. Das ist das westlichste Haupt der Höllenthalspitzen, zu innerst in die Wüsten des Höllenthalkares gestellt, von den letzten Zungen des Höllenthalferners berührt. *Brunnthalkopf* nennen es die Partenkirchener Führer, da es als äusserste, höchste Zinne in jener Reihe steht, deren vorgerückteste, niedrigste Massen in's Brunnthal hereinragen und unter dem Namen der Brunnthalköpfe bekannt sind. In Karten und Panoramen ist dieser Name übergangen, — nicht mit vollem Rechte; denn erstens schliesst die Reihe der Brunnthalköpfe nicht an ihn, sondern an seinen östlichen Nebengipfel mit dem Hauptgrate sich zusammen, zweitens hat der Gipfel selbst mit dem Brunnthale nicht das Geringste mehr zu schaffen und würde weit besser vom Weissthale seinen Namen herleiten. Dem einmal in den allgemeinen

Gebrauch übergegangenen Namen Brunnthalkopf die gebührende Anerkennung zollend, glaube ich daher auch dem die Zugehörigkeit dieses Gipfels zur Höllenthalspitzen-Gruppe betonenden Synonym Innere Höllenthalspitze einige Berechtigung vindiciren zu dürfen.

Vom Nebengipfel, dem Knotenpunkte gegen die Brunnthalköpfe, senkt der Haupt-Grat sich in langem flachen Sattel und erhebt sich in mehreren Stufen zum zweiten Gipfel der Höllenthalspitzen-Gruppe, der Mittleren Höllenthalspitze; ein unbestimmt geformtes, breitscheiteliges Haupt, daher auch niedriger erscheinend, als der kühn aufstrebende Thurm im Westen; in Wahrheit besteht das umgekehrte Verhältniss. Und wieder folgt eine langgestreckte, fast horizontale Gratlinie; an ihrem östlichen Ende steht ein Pärchen flacher Pyramiden — die Aeussere Höllenthalspitze. Damit hat die Gruppe ihr Ende erreicht. Stärker senkt sich der Grat und schliesst, als Scheitelrand des Vollkars, an den Fuss der Mauer des Hoch-Blassen. In dieser Gegend sind wir bereits bekannt.

Sowohl die Mittlere als die Aeussere Höllenthalspitze entsenden starke Zweigkämme an der südlichen Gebirgsflanke hinab. In jenem der Aeusseren Höllenthalspitze macht eine abgesprengte, isolirte Thurmgestalt von äusserst schroffem Baue sich bemerkbar; sie hat den Namen „das Kirchel" erhalten und diese Benennung überträgt sich auf das Kar, welches von jenem und dem westwärts nächstfolgenden Ausläufer geschlossen wird — diese Nachbarmulde des Vollkars heisst das Kirchelkar. Das Kar zwischen der Mittleren und Inneren Höllenthalspitze führt den Namen Gamskar — wohl als pseudonymen, denn seine Grasplätze werden von Schafen beweidet, und in diese niedrige Gesellschaft begibt sich das Alpenwild nicht gerne. — In tiefer Region des Gebirges enden so Kamm wie Kar; sie verlieren sich in das steilgeböschte, durchfurchte Plattengehänge gegen das Rainthal. —

„Wer wagt es, Rittersmann oder Knapp?" — so rief seit langen Jahren das schwarze Horn den Hunderten entgegen, die es über's Platt zur Zugspitze, über das Gatterl nach Ehrwald, oder zur Einsamkeit des Rainthales zurückwandern sah. Der Sommer 1871 gab ihm Antwort. Wer einen Wetterschrofen, eine Dreithorspitze nicht gescheut, wer auf den Mauerkanten des Hoch-Blassen, des Ober-Rainthalschrofens gethront, aus der Felsenumklammerung des Ofelespitzes sich losgerissen hat, fürchtet die Hölle selbst nicht mehr,

— geschweige denn die Zinne, die ihren Namen trägt. — Vergessen war es nicht, dass dort, im tiefgeborgenen Winkel, umschanzt von Felsenmauern, noch Einer meiner wartete, als ich kurz nach dem Unfalle am Ofelespitz einer Freundes-Aufforderung in's Algäu folgte. Am 7. September standen wir auf dem Gipfel des Hochvogel, wo einstmals ich eine Nacht verlebt; — zwei Jahre nur, und doch eine lange, wechselreiche Zeit. Anders als vordem sah die verwegene Pyramide ihren Scheitel mich betreten, andere Gedanken zogen von ihr in die Weite. — Wir stiegen in's Schwarzwasserthal ab (Freund H. etwas zu schnell, vgl. das 9. Cap.) und waren Abends in Reutte. Am andern Vormittage fuhren wir gemächlich nach Lermos hinüber, assen dort zu Mittag, verplauderten noch ein paar Nachmittagsstündchen — morgen wird's nicht gefährlich, mochte die Höllenthalspitze denken. Um 4 Uhr brachen wir gemeinsam auf; Freund H. nach Partenkirchen und Ammergau — ich auf's Platt. Zwei Stunden vor Sonnenuntergang von Lermos nach der Knorrhütte abmarschiren, ist gewiss kein alltäglicher Fall; aber ich war ja heimisch in den Gebirgen und die Zeit, die Anderen Schrecken und Gefahr bereiten möchte, gewährte mir die Annehmlichkeit einer kühlen Temperatur. Die Leute auf der Ehrwalder Alpe, wo ich noch eine kleine Erfrischung einnahm, machten denn auch grosse Augen, als sie von meiner Absicht hörten, den gleichen Abend noch auf's Platt und nach der Knorrhütte hinüber zu gehen. „Da gibt's ja keinen Weg mehr“ meinten sie, — das wusste ich ganz genau. Es war 6 Uhr, und die Sonne stand fast am Rande des Horizontes, als ich von der Alpe abmarschirte. Schwere Wolken deckten den Himmel, man hätte unter gewöhnlichen Umständen Regen erwarten müssen, aber die Eigenthümlichkeit der damaligen Witterung, jeden Nachmittag mit einem, gar nicht zum Ausbruch kommenden Gewitter zu drohen und schon nach Sonnenuntergang sich wieder zu klären, hatte bereits zu lange angedauert, als dass ich durch solche Auspicien von meinem Vorhaben abgeschreckt worden wäre. Das letzte Dämmerlicht begleitete mich von der Pestkapelle über die steinigen Wiesgründe des Hoch-Isenthales hinauf; als ich den ersten Gratübergang, am Fusse der Gatterlköpfe, betrat — 7 Uhr 45 Min. — war es bereits völlig Nacht. Wie erwartet, fing auch alsbald der Himmel an sich zu klären. Die schweren Gewölke zogen nicht fort, sie lösten sich von selbst in der Luft. Erst schimmerten nur einzelne der hellsten Sterne verwaschen durch ihren Schleier, dann immer schärfer und zahlreicher, bis dass auch kein leiser Dunst mehr den Glanz der Himmelslichter trübte. Helle freilich verbreiteten sie auf meinem Wege nicht; und Luna kündigte im Kalender ihre Ankunft erst für die Morgenstunden an, — ich hatte keine Zeit, auf sie zu warten.

Ich stieg hinunter in den ersten Weidekessel und jenseits zum zweiten, dem eigentlich wasserscheidenden Bergrücken, wieder empor; dann abermals hinab und quer durch die Trümmerschütten. Finsterniss deckte die Gebirge; ½ nach 8 Uhr stand ich am Fusse des eigentlichen Gatterl, die schwierigste Strecke dieser Wanderung. Denn hier schlängelt sich der Pfad nur einige Fusse breit an der Wand hinan und eine Abzweigung desselben führt hinunter zum Grunde des Trauchlet. Ich hatte auch einmal die Spur verloren, fand sie indessen bald wieder. Tritt um Tritt sorgsam sondirend sah ich bald die wohlbekannten Zacken, welche das Gatterl umstehen, aus dem nächtlichen Dunkel sich herausheben; in das Felsenthor einbiegend und den Schafzaun überschreitend sah ich die unbestimmt durch die Finsterniss schimmernde Fläche des Platts und seines Ferners vor mir ausgebreitet und jenseits die schwarze Gratlinie des Rainthaler Kammes mit ihren gigantischen Zinnen in den Sternenhimmel hineinragen. Ob sie mich sieht, die Höllenthalspitze? ob sie unerwartet, mit Schrecken mich morgen so nahe ihrem Fusse erblicken wird? — Ich sehe sie wohl. Morgen zum Opfer mir bestimmt, muss sie heute noch als Meilenzeiger mir dienen. Ihr Gipfel weist mir die Richtungslinie nach meinem Nachtlager, der Knorrhütte.

Die steilen Windungen des Pfades vom Gatterl hinunter in's Platt, zwischen den haushohen Blöcken hindurch, ging die Wanderung noch sehr unbequem und langsam von Statten; einen eigenthümlichen Eindruck erregte es mir, den Fuss just immer da hinzusetzen, wo die schwärzeste Nacht war, — auch nicht die Spur von einem Boden dem forschenden Blicke sich zeigte. Denn dort wusste ich ja die Graspäcke, während heller Schimmer des Bodens mir blanken Fels verrieth. Bald war ich mitten im Platt, Hügel auf, Hügel ab, quer durch all' die Klüfte, Risse und Spalten, zuweilen mit einigem Stolpern, aber doch ohne grösseren Unfall. Die Pupille des Auges dehnte sich allmählig auf's Weitestmögliche aus und auf 6—8 Schritte umher vermochte ich die Gegenstände zu unterscheiden — ob Gras, ob Fels — zuweilen ein Krummholzstrauch, welcher sofort das Signal zu schwacher Linksschwenkung gab. Die schwarzen Kolosse im Norden sah ich langsam mir näher rücken, ihre Körper deckten höher und höher hinauf das Firmament. In meinem Rücken stiegen die runden Kegel der Gatterlköpfe, des Wetterschrofen empor. Breiter thaten die Thäler im felsigen Hügellande vor meinen Füssen sich auf, und eine unergründbar schwarze Tiefe öffnete sich zuletzt vor meinen Tritten. Ich stand am Brunnthal, stieg vorsichtig hinunter über seine eindämmende Mauer und kreuzte die trockene Thalsohle, starrend von zerhackten, ausgespülten Plattenscherben. Dann wieder aufwärts — ich hielt mich nun entschiedener links, um nicht an die Steilhänge unterhalb der Knorrhütte zu gerathen. Erst als ich die Hügelkuppen breiter und zusammenhängender sich aufwärts dehnen sah — oder vielmehr in ihrer Ersteigung dieses fühlte — lenkte ich wieder rechts ab, dem äussersten der Brunnthalköpfe entgegen, der gross und schwarz an meine Seite getreten war. Bald schlug das Murmeln des „Guten Wassers“ an mein Ohr, mit wenigen Schritten stand ich um 9 Uhr 45 Min. an der Thüre des gastlichen Häuschens. Wer's nicht genau gekannt, hätte es wohl für einen Steinblock halten mögen, denen gleich, die es umlagern und seine Schutzwehr bilden gegen fernere Trümmerlawinen. Ich trat ein, und machte Licht; ein Stümpchen der Kerze, die ich ein paar Wochen vorher, bei meiner zweiten Zugspitz-Tour, hieher gebracht und zu Nutz und Frommen Nachfolgender zurückgelassen, fand sich noch vor und diente mir selbst wieder zur Erhellung des einsamen Raumes. Einsam war er — zum Glück; die Möglichkeit, wieder Gäste hier oben zu treffen und eine Nacht wie die vom 22. auf den 23. August zu verbringen, wo 22 Personen die Knorrhütte belagerten, war die grösste Sorge gewesen, die auf meiner nächtlichen Wanderung über das Gatterl mich begleitet hatte. Doch sie verwirklichte sich nicht, — ich war allein. Kaffee wurde gekocht, dann streckte ich mich auf's Strohlager. Gute Nacht! —

Der Tag schien bereits ziemlich hell durch's Fensterchen, als ich mich erhob; ich hatte keinen Grund zur Eile, der Plan der Ersteigung war gemacht — ging es von dieser Seite, so war es rasch geschehen — ging's nicht, so ging es, wenn überhaupt, heute wohl kaum mehr. Um 5 Uhr 35 Min. verliess ich die Hütte (6340′ 2056 m. Sendtner) auf einem Wege, wie sie wohl selten noch einen ihrer Besucher hatte scheiden gesehen. Geradlinig gegen Osten ging es hinaus, schräg abwärts über die Sandreissen unter den Brunnthalköpfen, bis ihr absetzendes Ende erreicht war und ich in die Quere mich wandte. Meine Absicht war, das Gamskar, zwischen der Inneren und Mittleren Höllenthalspitze zu gewinnen; von diesem aus hoffte ich dem Anblicke nach, welchen die Höllenthalspitzenkette vom Hoch-Wanner, Hinterrainthaler Schrofen und Hoch-Munde aus mir geboten, ihre westlichste Zinne, den sogenannten Brunnthalkopf zu gewinnen. Diese hielt ich mit aller Bestimmtheit für die höchste; und da ich den Culminationspunkt des ganzen Stockes zu erreichen strebte, bildete sie meinen Zielpunkt. Enge Grasbänder leiteten hart am geschichteten Mauerabsturze mich hin, von einzelnen vorspringenden Rippen unterbrochen. Thalwärts streckten sich noch einige Gras- und Geröllplätze, die gewaltigen Plattentafeln, welche zum Hinteren Anger abschiessen, wurden jedoch niemals sichtbar. Bald senkten die Steilabsätze tiefer sich hinunter, meine Weglinie führte mitten in's Felsgehänge hinein, wurde dabei aber dennoch immer mehr abwärts gedrängt. Um die äusserste Felsecke biegend sah ich mich vor die Ausmündung des Gamskars gestellt, hier noch eine förmliche, tief eingeschnittene Kluft darstellend; zur Linken thürmen sich, an die Brunnthalköpfe anschliessend, zackige Klippen empor, ihre grösstentheils kahlen Plattschichten fallen gegen die Sohle der Schlucht, — jenseits starrt eine hohe, nur an wenigen Stellen mit Krummholz behangene Steilwand, dem von der Mittleren Höllenthalspitze herabgestreckten Grate angehörig.

Ich verfolgte sorgsam die Lagen abgestuften, meist mit einzelnen Rasenpäckchen bewachsenen Gesteins, übersetzte einige seichte, plattsohlige Zweigrinnsale und hatte bald das sperrende Zackenmassiv im Rücken. Dies Hinderniss einmal beseitigt, hatte ich nichts Eiligeres zu thun, als sofort zum Anstiege überzugehen, fand aber die fast vegetationslosen Steinplatten sehr schlecht gangbar und überzeugte mich, dass ich weit besser gethan hätte, auf dem einmal eröffneten Wege bis in die Hauptsohle der Schlucht einzudringen. Mit mancher Mühe gewann ich den Thalboden, der anfangs noch ziemlich steil, von einzelnen Felsgürteln durchsetzt, sich in die Höhe zog; bald aber ging er in ein zusammenhängendes, steiniges Grasgehänge über, ich war im Gamskar, und für eine Stunde oder länger jeder weiteren Sorge als jener des Geradeaufsteigens überhoben. Die Uhr zeigte 6 Uhr 40 Min.

Der Ausblick war sehr beschränkt durch die Terrassenstufen des Thales selbst, in welchem ich aufwärts wanderte; die erste Terrainwelle, deren Scheitel ich betrat, und von welcher ich Aufschluss über die Beschaffenheit des Hintergrundes, des schliesslich zu ersteigenden Mauerzirkus erwartete, öffnete mir lediglich eine neue Thalstrecke von ungeahnter Längenausdehnung, theils begrünt, theils vom Bergschutte bereits verwüstet; und was dahinter lag, weit, weit noch zurück, blieb nach wie vor ein Räthsel. Links begleiteten meinen hügeligen Thalboden düstergraue, stellenweise gelbgestriemte Mauern, ausserordentlich stark zerspalten und auslaufend in einen zerfressenen, mit den abenteuerlichsten Zinken gespickten Grat. Es ist die Ostflanke der Brunnthalköpfe, die jenseits, auf ihrer dem Platt zugewendeten Abdachung, ziemlich ähnlich, aber doch etwas sanfter geartet erscheinen. Dort hatte ich sogar einen Anstieg in eventuelle Aussicht genommen, würde das Gamskar den vollen Zutritt nach meinem Ziele mir verwehren — immerhin ein höchst zweifelhaftes Auskunftsmittel. Der hohe Gebirgskamm zu meiner Rechten aber nahm an Schroffheit bald merkbar ab, und auch seine Scheitelhöhe schien beträchtlich sich herabzusenken. Ich sah schliesslich am östlichen Rande meines Kars nur einen flachen Geröllsattel mehr, in $^1/_4$ Stunde leicht erreichbar*), und erinnerte mich der Mittheilung meines Führers auf den Hoch-Blassen, dass man, wie in tiefer Zone des Rainthalerkammes vom Schönberg bis zum Anger, so in seiner Hochregion aus dem Vollkar bis zur Knorrhütte gelangen könne. — Der Thalboden, den meine Schritte hinter sich zurückliessen, blieb nur auf kurze Strecke jeweils sichtbar, infolge seines rasch wachsenden Gefälles; von einem Erspähen der Sohle des Rainthales war keine Rede. Die enge, steil eingerahmte südliche Thalöffnung deckte, einem riesigen Felsenbrette gleich, die Nordwand des Hoch-Wanner. Es war ein Bild der vollkommensten Abgeschlossenheit von aller Welt, von allem Leben.

Nach manchen getäuschten Erwartungen bezüglich der Endgrenze des unteren Thalabschnittes betrat ich zuletzt eine leicht aufgeworfene Terrainwelle, welche urplötzlich ein völlig neues Bild mir eröffnete. Das Kar bildet hier eine platthügelige, mehrere hundert Schritte im Durchmesser haltende Horizontalstufe, gewinnt aber, neuerdings in ungeahnter Länge sich empordehnend, gleichzeitig eine Breite, welche die seines

*) Nach meinen im Jahre 1873 aufgenommenen Profilen der Höllenthalspitzen vom Gatterl und von der Hoch-Wand im Mieminger Gebirge aus scheint diess auf Täuschung zu beruhen, und dürfte ich im Kar blos eine Abstufung der Bergflanke gesehen haben. Der Kamm ist jedoch bis zu seiner Scheitelhöhe leicht ersteigbar, und obwohl seine Ostseite steiler fällt, so erlaubt diese Stelle wahrscheinlich dennoch den Uebertritt in's Kirchelkar.

unteren Theiles um mehr als das doppelte übertrifft. Oede Schutthalden, zum grossen Theile von Schneeresten überlagert, erfüllen einen weiten, fast völlig rund geschlossenen Felszirkus, neue, gewaltiger erhobene Gipfelformen werden dem Auge vorgeführt, welches gleichwohl auch hier noch vergebens nach den Zielen der Wanderung, vergebens nach bekannten Gestalten überhaupt sucht. Links der Grat der Brunnthalköpfe, in noch wilderer Zerrissenheit, noch abenteuerlicherer Verzackung, als vorher; rechts, über der flachen Einsenkung im Zweigkamme der Mittleren Höllenthalspitze, steigt riesengross Steilwand empor, mit ihrem Scheitel nordwärts, dem Hauptgrate zustrebend; den Hintergrund schliesst eine querüber gespannte, pralle Mauer von mehreren hundert Fuss Höhe; sie dient als Fundament einem Felsmassive, welches in mässig geneigten Plattschichten breit und einförmig vom Scheitel des Hauptkammes sich herabsenkt. —

Auf diese Schräge hinaufzugelangen war augenscheinlich meine erste Aufgabe, und ihre Lösung mochte nicht zu den leichten zählen; indess war ich von der sperrenden Mauer noch zu weit entfernt, um nicht auf das plötzliche, unerwartete Aufthun eines bahnbrechenden Kamins hoffen zu dürfen. Mehr Sorge empfand ich bezüglich der endlichen Erreichung meines Zieles — ich kannte mich in dieser wüsten Einöde ganz und gar nicht mehr aus. Den ganzen Grat der Brunnthalköpfe bis zu seiner Verkettung mit dem Hauptkamme hatte ich nun zweifellos zur Linken — aber wo stand das kühne Horn, der gewaltige Herrscher des Weissthals? — Nicht Einer war unter allen den Zacken, der solchen Vorrang behaupten mochte — und war es Einer von jenen, die wechselnd, mit dem Wechsel meines eigenen Standpunktes, als Culminationspunkte sich zu präsentiren und zur Ersteigung herauszufordern schienen — wie dann hinaufgelangen zu diesen ausgenagten, gelbschrofigen Zähnen? sieht doch der Ofelespitz noch sanft-gutmüthig aus im Vergleiche mit diesen auseinandergesprengten Klippen! — Das Karrenfeld der Horizontalstufe wurde durchwandert, aufwärts ging's wieder über Schutt, Schnee, und wulstige Schrofenstufen. Ich spekulirte an der näher und näher rückenden Wandschranke umher, nahm eine Reihenfolge kleiner Spalten und Absätze links von ihrer Mitte in eventuelle Aussicht, — entdeckte bald darauf zur Rechten einen tiefen, finsteren Mauerwinkel, dessen Kluft ebenfalls einen Anstieg gestatten mochte und sah endlich, auf hundert Schritte der Mauer nahe gekommen, ihre Felscoulissen sich auseinanderschieben und einen steilgewundenen, stufigen

Graben gerade vor mir in ihre Massen einbrechen. Drei Wege für einen! — ich wählte natürlich den nächsten und besten, — den zuletzt entdeckten. Um 7 Uhr 30 Min. legte ich die Eisen an und trat von Schutt und Schnee auf Felsen über.

Bald nahm der Schlund in seinen kühlen Schatten mich auf; seine Kanten, in wunderliche Thürmchen und Felsnadeln zerspalten, ragen zu beiden Seiten meines Weges empor, der steil, aber gut gestuft und ohne übermässig grosse Schwierigkeiten, aufwärts leitet. Besonders fiel linkerseits eine fast isolirte, gelbrothe Mauernase mir in die Augen, um deren Fuss der Graben eine ziemlich starke Biegung beschrieb. Nach einer Viertelstunde tauchte ich wieder in das Freie hervor, sah mich den oberen Plattschichten nahe, schwenkte links ab, querte Rippen und Runsen des Gehänges, ohne auf sonderliche Schwierigkeiten zu treffen und sah mich bald auf allerwärts gangbarem Schuttboden — die weiten Kessel des Kars hart vor meinen Füssen, der Mauerwall, der beide Lagen trennt, dem unkundigen Auge nur schwer bemerkbar.

Ich hätte nun alsbald nach dem Gratscheitel emporsteigen und in's Höllenthal hinabsehen können, vermied diess jedoch, da der Zusammenschluss des ersteren mit den Brunnthalköpfen von jener Seite her sich etwas zu steil erhebt; von Südosten schien sich die leichteste Annäherung an meinen Zielpunkt zu ergeben. Den Zielpunkt? — kopfschüttelnd betrachtete ich mir das Ding, welches ich dort vor mir sah, und in weniger als einer halben Stunde betreten sollte. Die wilden Zacken, die in der Tiefe des Kars mir gedroht, sie waren alle zurückgesunken in eine mässig fallende Gratlinie. Der flache Schuttsattel zwischen zwei kleinen Rundköpfen, der so unbedeutend neben ihnen erschienen war, — er ist in der That der Erste unter ihnen, auf seinem Scheitel verknüpfen sich die Grate. Aber wie eine Höllenthalspitze sieht dieser nicht aus. Gewaltig war in meinem Rücken die Mittlere Höllenthalspitze emporgestiegen — und wenige Klafterhöhen nur mehr trennten mich von Dem, den ich als ihren Rivalen betrachtete. Ein steiles Platt hinauf — noch einige Schritte über zerbröckelnden Schutt, — im weiten Umkreise hebt sich der Himmelssaum, wie aus dem Nichts hervorgezaubert wachsen nah und ferne die Gipfel empor. Da bricht vor der Sohle der Grat zur Schlucht, — und jenseits steht, in ihrem Felsenbanne, die Innere Höllenthalspitze; ein Obelisk, so plattenblank, so schwindelnd steil, dass bang das Auge an ihm haftet, der rasche Schritt urplötzlich stockt. „Unersteiglich“ — gleitet es zaghaft über die Lippen, — halblaut, dass der Gewaltige drüben es nicht vernehme. Glaube ich's doch selber nicht. Wie der Hoch-Blassen sieht er aus! — In diesem Verdikt liegt Siegesschwere und Siegessicherheit zugleich. Aber von der Hölle führt er den Namen nicht vergeblich! —

Meine topographischen Kenntnisse hatten mit dieser nicht ganz freudig überraschenden Entdeckung eine neue Ausdehnung gewonnen. Dass der „Brunnthalkopf“ in den Grat der Brunnthalköpfe gar nicht gehöre, das hatte ich nicht gewusst. Die Kluft, die von dem nördlichsten derselben ihn trennt, hatte ich auf südlicher gelegenen Gipfeln, dem Hoch-Wanner und Hinterrainthaler Schrofen, übersehen. Wo ich stand, vermochte ich nur in Erinnerung an's Panorama der Riffelspitze zu beurtheilen. Ich befand mich auf dem Nebenzacken der Inneren Höllenthalspitze, der mit scharfer Scharte von ihrem Körper sich abtrennt. Eine tiefe, wilde Schlucht zieht durch die Wände der Südwestflanke hinunter und stürzt als finsterer Mauerspalt in's Weissthal. Diese Abtrennung von meinem Ziele erschien mir weit bedenklicher, als die Bauart des letzteren selbst; dass ich nicht mit dem nadelscharfen Obelisken, wie er mir erschien, dass ich mit einem langgestreckten Mauerrücken es zu thun hatte, wusste ich ja genau. Und ich musste mir schliesslich sagen, dass bei aller Enttäuschung denn doch die richtigste Anstiegslinie von mir gewählt worden war. Die Wände des Höllenthals erlaubten auch nicht den Gedanken einer Annäherung, und die gegen das Platt und Weissthal gaben nicht viel bessere Hoffnung.

Ich begann also in westlicher Richtung den Abstieg; etwa 100 Fuss tief liess ich auf engen Stufen mich unter die Scheitelhöhe hinunter, drückte auf schmalen, unterbrochenen Gesimsen mich am Massive des abgesprengten Zackens vorbei und gewann eine steile Schuttrunse, welche schnurgerade wieder zum Grat emporwies; der erwünschte Ausweg wurde sofort benutzt, und nach wenigen Minuten stand ich wieder in lichter Höhe, unmittelbar am Fusse des Gipfelhornes. Seine Kante vermochte ich der allzustarken Steigung wegen hier noch nicht zu betreten; unerwartet bot nun der Norden, die Höllenthalseite, mir die Möglichkeit zur Umgehung. Ein flaches Schuttbecken lagert hier zwischen die Wände sich ein, und eine Stufenfolge groben Getrümmers begleitet auf ziemlich lange Strecke den Grat an seiner nördlichen Flanke. Ich hielt mich, so lange möglich, auf dieser gangbaren Lage, betrat dann wieder die Schneide, deren stärkster Steilabfall bereits zu meinen Füssen lag. Noch baute sie in ziemlich scharfen Absätzen vor mir zur Höhe sich auf; ein erster wurde in geradem Aufklettern bewältigt, ein zweiter drängte mich vom Firste wieder ab, diessmal auf die Südseite; er war bereits von jenseits der Schlucht durch sein makelloses Silbergrau mir etwas verdächtig erschienen. Doch fand sich Rath; einige fussbreite Schuttbänder leiteten in die Quere, und wieder etwas aufwärts bis vor einen etwa mannshohen Plattensturz; ich reichte den Bergstock voraus, griff mit beiden Händen zu und war rasch wieder auf dem Grat. Dieser wies noch einige scharfe Stufen und Durchrisse; aber seine allgemeine Steigung hatte sich bedeutend vermindert, und nicht lange mehr währte es, so verlief er ganz und gar horizontal. Ein paar mal noch äfften mich 5—6 Fuss hohe Plattenzacken, von deren Scheitel aus ich wieder Fortsetzung des Gipfelgrates erspähte; nach wiederholtem, engen, aber unschwierigem Auf- und Abklettern gewann ich endlich den äussersten und höchsten Punkt, einen gerundeten, etwa 2 Schritte breiten, mit grobem Getrümmer belegten Platz. Die Erwartung, welche ich von der freien Stellung und dem kühnen Baue dieser Zinne hegte, in ähnlichen Fällen nicht selten getäuscht, fand hier sich vollständig bestätigt; unmittelbar vom Gipfelpunkte stürzt die Westseite des schlanken Hornes an 500′ tief auf den Zugspitz-Grat nieder, nicht minder schroff gegen Norden in's Höllenthalkar, an den Saum des Höllenthalferners; ein spiegelblanker Plattenschuss gen Süden, in die dem Weissthale zugekehrte Schlucht, im Osten die gezahnte, messerscharfe Schneide, die ich soeben überstiegen.

Die Ersteigung der Inneren Höllenthalspitze, welche ich mit ziemlicher Bestimmtheit als eine erste ansprechen darf, währte von der Knorrhütte aus 3 Stunden, sohin nicht viel kürzer als die der bedeutend höheren Zugspitze; vom Ende des Gamskars ab dauerte dieselbe 1 Stunde, der Uebergang über die Schlucht und die Ersteigung des eigentlichen Gipfels nur 20 Minuten. Ich stelle diese Strecke bezüglich ihrer Schwierigkeit dem Hauptgipfel des Hoch-Blassen ziemlich gleich, möchte eher dem letzteren in dieser Beziehung einigen Vorrang zugestehen. — An Höhendaten für die Höllenthalspitzen finde ich*) unter dem Namen Brunnthalkopf keine Messung, für eine „Höllenthalspitze" ver-

*) Gümbel, Geognostische Beschreibung des Bayerischen Alpen-Gebirges.

schiedene zwischen 8258′ 2683 m. und 8363′ 2717 m. schwankende Daten*), unter dem Namen „Gamskar im Wetterstein-Gebirge“ **) die Höhe von 8412′ 2733 m. (Walther), welche sich augenscheinlich auf eine der beiden höheren Höllenthalspitzen bezieht und zwar vermuthlich auf die Mittlere, da, wie eben erwähnt, der „Brunnthalkopf“ nicht im Grate der Brunnthalköpfe, daher auch nicht mehr im Gamskar steht. Diese Mittlere Höllenthalspitze ergab die Klinometer-Visur als um Weniges höher — zu meiner grossen Ueberraschung, der ich die schwierige Tour auf die Innere vielleicht gar nicht unternommen haben würde, hätte ich nicht gerade in ihr mit aller Bestimmtheit den Culminationspunkt des ganzen Höllenthalspitzenstockes vermuthet. Nun war die Ersteigung gelungen — um so besser! Der östliche Nachbar soll seines Vorranges nicht lange mehr sich freuen; der ist mir sicher! — Den angeführten Daten zufolge möchte die Innere Höllenthalspitze, deren Ueberragung des Wetterschrofen sehr augenfällig erscheint und welche auch mit fast allen Hochzinnen der Mieminger Kette in Concurrenz tritt, auf etwa 8400′ 2729 m. zu veranschlagen sein.

Da nahm ich nun meinen Sitz auf der Felsenklippe, die ich zur Warte mir auserkoren, schob einige Blöcke zurecht und breitete die wollene Jacke darüber hin, richtete mir's überhaupt so behaglich wie möglich ein. Der Punkt, auf dem ich ruhte, war es wohl werth. Ein Aussichtsbild entfaltet sich da, so gewaltig gross und erhaben, wie keines vielleicht im ganzen Bereiche der Nördlichen Kalkalpen; aber neidisch entzieht es sich den Blicken des Alltagstouristen — wer dieses Bild geniessen will, dess' Eisen muss sich erprobt haben — er muss seinen Rang behaupten in den Reihen der Besten. Ich will nicht sprechen von der weiten Fernsicht, die auf der Inneren Höllenthalspitze sich entfaltet, und von welcher bei durchsichtig klarem Firmamente auch die zartesten Objekte mir sichtbar wurden; nicht von der blinkenden Gletscherkette im Süden von den Tauren bis zum Bernina, — nicht vom Vorgebirge und Flachland im Norden, an dessen

*) Dieselben sind vermuthlich auf die Aeussere Höllenthalspitze zu beziehen und zwar dürfte, dem Vergleiche mit dem Hoch-Blassen zufolge, den höheren unter ihnen die grössere Berechtigung zukommen.

**) Eine andere Angabe a. gl. O. „Gemsenkarberg im Wetterstein-Gebirge“ 8843′ Lamont kann höchstens auf den Schneefernerkopf Bezug haben und entbehrt unter dem aufgeführten Namen jeder Bedeutung.

Saum Schwarzwald und Jura ihre flachen Höhen aufkrümmen. Das Wetterstein-Gebirge selbst, von dem ich scheide, entfaltet vor meinem Auge noch einmal seine ganze Pracht; das westliche Hemiorama, welches seine eigene Masse dem isolirten Wartthurme der Inneren Höllenthalspitze bietet, ist es, welches diese Aussicht so hoch, fast über jeden Vergleich erhebt. Da liegen im Süden, am Saume des Platts, die stahlblanken Plattenmassive der Gatterlköpfe, und hoch überherrscht sie der Kegel des Gatterlspitzes; zahnig, düster setzt der Gratscheitel des Wetterschrofen sich fort — an ihn reihen sich im Südwesten die niedrigen Kuppen und Zinnen des Wetterwandeck und seiner Nachfolger und mächtig überbaut sie die edel geformte Woge des Schneefernerkopfes — ihr Firngehänge, von schwarzem Fels durchwirkt, sieht sich an wie ein Mantel von Hermelin. Dann der Westen — da richtet der Blick sich empor — bewundert — und staunt. Der Grat, auf den der Gipfel seinen Fuss stellt, verschwimmend tief unter seinem erhabenen Scheitel, strebt alsbald wieder empor und vereinigt auf seinem Firste die Felsenmassen von hüben und drüben zum Riesengebäude einer Alpenwelt. Lichtes, streifiges Plattengehänge deckt von Süden her seine Flanke und ragt in hell beleuchteten Vorsprüngen hinaus in beschattetes Dunkel. Dort gen Norden stürzen die Wände des Zugspitz-Grates hinunter in's eisige Grab des Höllenthalferners; und über all' der Finsterniss und Todeswüste herrscht sie selbst im Sonnenglanze, die Königin der bayerisch-tirolischen Alpen, auf ihrer Zinne funkelt golden das Kreuz. Hinauf — hinunter schweift das Auge an den Kanten ihres Mauergerüstes und haftet gebannt immer von Neuem wieder an ihrer Grösse. Und diese Felsenschranke scheidet zwei Thäler von Eis, beide der Innern Höllenthalspitze als Fussteppiche angehörend. Zur Linken das Platt, der Plattacher Ferner; seine weiten, flachen Becken und Wellen, von krummen Parallellinien tausendfach durchfurcht, einem frisch gepflügten Acker gleich — ein Feld, bestimmt, Leben zu decken, nicht zu erzeugen. Wie ein grosses, grosses Leichentuch breitet er sich über die Welt, die ich dort unten weiss, in die ich mit den nächsten Stunden zurückkehren muss. Dort seh' ich wieder grün und fühle warm, — aber den eisigen Gletscherhauch trag' ich mit mir herunter, und wohler ist mir gewesen auf schwindelnder Klippe im Firnenmeer. — Dort, rechts in der Tiefe, ein anderer Eisstrom, der Höllenthalferner. Der versteht es besser, dort ist Leben, ein Leben freilich der Vernichtung. Der regt sich und sperrt sich gegen seine Schranken und verwüstet was seinen breiten Armen erreichbar ist, und kann er's nicht verwüsten und zertrümmern, so bricht und spaltet er in wilder Wuth den eigenen Leib. Der Gletscherbruch am vortretenden Eckpfeiler der Riffelwandspitzen bietet auf kleinstem Raume all' die Wunder der Eisgebilde einer Firnenwelt, die viele Meilen weit entfernt im Süden liegt. Längs- und Querspalten kreuzen sich hier in wildester Verwirrung, halb eingebrochene Schneebrücken spannen sich zwischen den überhängenden Randkanten und mächtige Gebisse von Eiszähnen hängen hinunter in die schwarzblauen Rachen. Ich hatte in der Folge Gelegenheit, einen Blick in die Eiswüsten der Oetzthaler Gebirge zu thun. Was ich dort sah, war gross — doch neu nicht mehr, seitdem ich den Höllenthalferner gesehen.

An den zertheilten Gipfeln des Waxensteins endet der gewaltige Halbkreis. Ich kehrte mich ab gegen Osten — der Betrachtung folgte nun bald wieder thätiges Vorgehen. Die Mittlere Höllenthalspitze, der dreizinnigen Gruppe höchster Punkt, war das Ziel, — das letzte im Wetterstein-Gebirge. Hinunter am Plattenpanzer des Gipfels, durch den Tobel hinüber auf die jenseitige Wand und wieder aufwärts zum losgesprengten Zacken. Ein letzter Blick zurück nach Westen — jetzt gefällt er mir erst, der des Morgens mich erschreckte! und hinab in's streifige Schutt- und Plattengehänge. Der kühne Obelisk ist mit dem ersten Schritt vom Grate weg entschwunden, so plötzlich, wie seine Erscheinung war. Raschen Fusses querte ich die Bergflanke und entfernte mich bald merklich von der Linie, die ich im Anstiege über dieselbe verfolgt; denn die Absicht, einen neuen Gipfel zu ersteigen, liess mit der Höhe mich geizen. Je weiter ich gegen Osten vordrang, um so coupirter wurde das Terrain, zahlreicher und massiger die entgegenstehenden Felsdämme. Manche Klippenreihe wurde umgangen, jenseits deren ich ein sperrendes Hinderniss vermuthete, eine Erwartung, die jedoch jedesmal eine angenehme Täuschung erfuhr. Zuletzt traf ich wieder auf eine tief eingerissene, in plattigen Stufen sich hebende Kluft, ganz ähnlich derjenigen, welche aus dem Gamskar mich heraufgeführt hatte. Ein Stockwerk höher gelangte ich wieder auf Schuttplätze und Plattschichten und querte sie weiter gegen Osten. Bald befand ich mich im innersten Winkel, welchen der Hauptgrat mit dem Ausläufer der Mittleren Höllenthalspitze bildet, eine beckenförmige Trümmereinlagerung, ihrer ganzen Breite nach von einer etwa 50' hohen Mauerstufe geschlossen. Ein enges, aber gut gangbares Gesimse, fast einem künstlich angelegten Wege gleich, beginnt in ungefähr der Mitte des Steilabsatzes und kehrt nach einigen Zickzackzügen schräg nach der rechten Seite sich ab. In wenigen Minuten hatte ich die Höhe gewonnen und sah vom flachen Geröllsattel hinunter in's Kirchelkar; der Grat dacht in dieser Richtung tief und steil, doch nicht ungangbar sich ab.

Nur eine geringe Höhendifferenz trennte mich noch vom Gipfel; ich verfolgte den Gratscheitel, dessen Steigung sich als nicht besonders stark erwies, dagegen bot er nur einen äusserst schmalen First und seine Zerspaltung zu dünnen Plattenzacken nöthigte zu mancher Umgehung nach der Westseite. Als mässig breite Schuttwelle verknüpft er sich schliesslich mit dem Hauptkamme. Noch wenige Schritte gegen Osten, und ich stand auf dem höchsten Punkte der flachgezogenen Gipfelwelle. Wieder lag zu meinen Füssen der düstere Schlund des Höllenthals, mir gegenüber die zerklüftete Flanke des Waxensteins — im Westen wieder die Zugspitze und näher meinem Standpunkte eine schlanke silbergraue Säule, mir wohl bekannt. Hätte ich von diesem Orte aus zuerst sie gesehen, ich hätte wohl schwerlich an ihre Ersteigbarkeit geglaubt.

Um 10 Uhr 55 Min. hatte ich die Innere Höllenthalspitze verlassen, um 12 Uhr 5 Min. die Mittlere erreicht (8412' 2733 m. Walther). In direktem Anstiege vom Gamskar würde sie, wie die erstere, in 1 Stunde, vielleicht, da kein Abstieg, wie bei jener vorkommt, in kürzerer Zeit noch zu gewinnen sein. Ihre Besteigung ist von sehr mässiger Schwierigkeit, der Ausblick, den sie bietet, fast ebenso lohnend als der von der Inneren Höllenthalspitze; namentlich eröffnet sich auf ihr das gleiche interessante Bild des Höllenthalferners, wie dort. Wenn einmal das Zeitalter der Mode-Touren vorüber sein wird, so mag die Mittlere Höllenthalspitze ein geeignetes Excursionsziel für geübtere Alpenwanderer bilden und die Knorrhütte häufiger als bis jetzt ihre Gäste in östlicher Richtung zur Bergfahrt ausziehen sehen.

Der Scheitel der Mittleren Höllenthalspitze bildet einen gestreckten, aber äusserst schmalen Raum; wer auf denselben sich niederlässt, muss diess mit einiger Vorsicht thun, namentlich, wenn er den Blick gen Norden zu kehren beabsichtigt; denn alsdann hat er vom Grate weg, auf dem er Platz genommen, die Füsse unmittelbar über der Tiefe des Höllenthalkars hängen. In östlicher Richtung senkt der Kammscheitel des Gebirges sich äusserst mässig und zieht fast horizontal zur Aeusseren, bedeutend niedrigeren Höllenthalspitze. Ein Uebergang dorthin, den ich Mangels an Zeit und Zweck nicht mehr in Ausführung brachte, würde nicht die geringste Schwierigkeit verursachen. Sehr wahrscheinlicher Weise liesse von der Aeusseren Höllenthalspitze in etwas tieferer Zone ein Uebergang in's Vollkar und eine Querlinie durch letzteres bis an den Fuss des Hoch-Blassen sich entdecken. Es könnte daher ein tüchtiger, ausdauernder Felsenklimmer des Morgens mit der Inneren Höllenthalspitze beginnen und in den ersten Nachmittagsstunden bereits auf dem Hoch-Blassen stehen, nachdem er seinen Weg über die Mittlere und Aeussere Höllenthalspitze genommen; besuchte er dann noch den südlichen Haupt-Gipfel des Hoch-Blassen und kehrte über den Schönberg oder durch das Grieskar*) nach dem Rainthaler Hofe zurück, so wäre diess eine Gratwanderung grossartigsten Massstabes. Vielleicht findet seinerzeit sich Einer, der sie vollführt. Die Wege sind gebahnt, gewiesen; es handelt sich einzig mehr um ihre praktische Verkettung.

Ich aber ruhte auf dem Scheitelpunkte des Grates hoch über dem Höllenthal und sah es in der Tiefe unten kochen und brodeln wie im Höllengrunde selbst. Das klare Wetter hatte sich rasch getrübt, aus allen Thälern dampften die Gewölke und rollten durch die Scharten der Felsenkämme herein, in's Herz des Wetterstein-Gebirges. Noch bevor ich von seinen Häuptern Abschied nahm, verabschiedeten sie sich von mir, in graue Schleier sich verhüllend. Da schwinden sie dahin, einer um den anderen, wie die Tage, die ich auf ihren Höhen verlebt. An den Wänden der Zugspitze rauchen die Nebel empor, bald decken sie ihre Zinnen, und um den breiten Fuss des Schneefernerkopfes lagern sich die Dunstschichten über das Platt und hüllen die Gipfel seines Randes in ihr Düster ein. Felsenriffen gleich schwimmen noch der Wetterschrofen und der Waxenstein im Wolkenmeer, und die scharfe Nadel der Inneren Höllenthalspitze sticht hie und da durch die dampfenden Massen. Starr stehen noch die Kolosse des Rainthals, die Häupter des Wetterstein-Kammes, im Süden; sie weisen die herandrängenden Gewölke von sich und scheinen die allzu nahe ziehenden in ihren Felsenkörpern aufzusaugen. Aber endlich setzen sich die Nebelflocken und Gürtel doch an ihnen fest und sie

---

*) Mit nördlicher Umgehung des nördlichen Hoch-Blassen-Gipfels, die ich mit ziemlicher Bestimmtheit für ausführbar halte.

ranken hinauf zu den Graten und Gipfeln, die kühn geschwungenen, zackigen Linien erlöschen in ihrem trüben Schleier. Hoch-Wanner und Teufelsgrat entschwinden, das Ober-Rainthal ist zum schwarzrauchenden Kessel geworden, die Dreithorspitze selbst, die gewaltige, sieht die Wolkenmassen über ihrem Haupte zusammenschlagen. In der nächsten Minute ist auch der Hoch-Blassen, der letzte, der sich frei erhielt, verschlungen. Graue Dämmerung ist es geworden in der Runde, verwaschen erscheinen die Umrisse des nachbarlichen Gesteins, über das Felsgehänge zieht dahin, kurze Wellen schlagend, der Nebeldunst. Geheimnissvoll rauschen aus unsichtbarer Tiefe die Gewässer des Thals. —

In's Unsichtbare versunken ist die Bergwelt, und der sie gesucht und gefunden und gezwungen, zieht fort aus ihr, ungesehen von ihren Häuptern. In dunkler Sternennacht ist er herangetreten an die letzte, trotzigste der Zinnen, welche an ihn die Frage gerichtet hat, die Frage, auf die er nicht ihr, noch einem ihrer Gesellen die Antwort schuldig blieb. Und wie er kam, so findet er den Weg zurück, wenngleich er ihn nicht gerne geht. Der sichere, übungsreiche Blick findet wieder den verschlungenen Pfad, der Eisentritt den Haft am Fels, liegt auch die nächste Stufe schon im Wolkenschleier. Auf die gastliche Hütte am Platt trifft der Marsch so genau, wie der Seefahrer mit Compass und Steuer den Lauf seines Fahrzeuges nach dem Hafen inne hält. Und durch die Nebelwüste geht's nach Süden, wo die Trümmerhalden sich aufthürmen, aus ihnen die Plattenstöcke der Gipfel am Gatterl sich erheben; — Alles unsichtbar. Aber ich kenne jeden Block, jeden Schrofen; und wie die Gratzacken mir entgegentreten aus dem Wolkengrau, da habe ich auch die enge Scharte vor mir, welche durch sie den Durchpass öffnet. Zweimal noch über die Berge — dann hinunter in's Thal. Bei der Pestkapelle erst verlässt mich die Dunsthülle. Hinter mir liegt das Wetterstein-Gebirge, dem leiblichen Auge dunkel verschlossen, dem geistigen nun offen bis in seine innersten Falten. — Mir allein — und ich glaubte nicht, dass dem Wetterstein eine hellere Zukunft aufgehen sollte, als seinem Nachbar-Gebiete im Osten. — Ob ich den Wetterstein, — ob ich die Berge überhaupt je wieder sehen sollte? — Nie war mir's zweifelhafter als damals, bei meiner letzten Wiederkehr zu Thal. — —

Und ich habe sie wieder gesehen, habe wieder den Firn des Platts betreten, im hellen Sonnenglanze stand ich nach zweimal Jahresfrist wieder auf der höchsten Zinne der

Nordtiroler Alpen. Da grüssten sie mich wohl von Nah und Fern, die Schaaren der alten Bekannten und manch' neuer Freund, den mittlerweile ich gewonnen! — Tagte doch auch in eueren Karen einmal das Licht! — Sähen doch euere Häupter einmal Besuch, — Besuch von schauendem Auge, von fühlendem Herzen, von sinnendem Verstand! — Einer kennt euch, — wie lange noch wird er der Einzige sein? — Oder war's ihm allein gestattet, euch zu nahen, weil er hart geworden, wie euer Fels? —

Ich habe gesucht und gefunden, gerungen und gesiegt; was mir erübrigte, war die Mahnung, der Rath. Ich habe die Zinnen, von denen die Landkarte erzählt, die zierlich gezackt hinausschauen in die Ebene, aufgespürt in ihren verborgensten Winkeln und habe die Pfade erkundet, die zur schwindelnden Höhe emporleiten. Ich habe meine Throne aufgeschlagen zwischen Himmel und Erde und habe geschwelgt im Vollgenusse des Schauens einer weiten, wilden Welt. Den Alpenwanderern kann ich nur zurufen: Das sind Ziele, der Mühe würdig! das sind Berge, nahe und neu! dort sind noch Preise zu erobern! — Der Bergstock ist zur Hand, das Eisen bewehrt die Sohle. Der Steig ist ausgespäht, die Spitze ist genannt, — warum vorüber? —

SCHLUSS.

Ich habe den Leser über die Zinnen der Hoch-Gebirge von einem Ende der deutschen Reichs-Marken zum anderen, habe vom Königssee bis an den Bodensee ihn geführt. In unbekannte Wüsteneien ist er mit mir eingedrungen, wo selten, nie vielleicht noch ein eiserner Tritt der Gemsen Ruhe gestört. Ob er zufrieden seinen Begleiter verlässt, welcher die hohen Ziele ihm gezeigt, auf ihre Zahl ihn hingewiesen, das zu beurtheilen vermag ich nicht. Eins nur wiederhole ich, eine Frage, die schon im Eingange dieses Buches gestellt wurde, werfe zum Schlusse wiederholt und abermals wiederholt ich auf. Wann wird es anders, wann wird es lichter werden in den vaterländischen und den vaterländischen Grenzen benachbarten Gebirgen? — Wie lange noch soll es währen, vom Strome der Alpenfreunde sie förmlich gemieden, ihren Besuch auf einzelne Sommerfrisch-Orte beschränkt zu sehen und auf einige wenige Spitzen unter Hunderten? —

Noch stehen sie da, in reicher Menge, die Gipfel, die Alpen-Gebiete, die vom Touristenfuss noch unberührt, noch unbenannt sind von beschreibender Feder. Warum gilt hier nicht der Reiz des Neuen? warum hier immer und immer auf der alten Bahn? — warum sucht man in den Kalkalpen die neuen, vielleicht noch unerstiegenen Gipfel nicht mit dem gleichen Eifer wie in den Gletscher-Revieren? —

Die Antwort hierauf habe ich in der Einleitung bereits gegeben. Mehr Mühe, und mehr eigene Thätigkeit erfordern die Wanderungen in den Kalk-Gebirgen. Selten ist eine Strecke derselben mit der Gletscherstrasse auch nur in entfernten Vergleich zu bringen. Die Sicherung, die Hilfe von Seiten der Führer, ist eine geringere, auch wenn man solcher sich bedient. Die Culminationspunkte der Gletscher-Gebiete sind häufig — meistens sogar — unerstiegen ihrer entfernten Lage in weiten unbetretenen und wenig bekannten Firnbecken wegen. Wer sich entschliesst, die Schritte einmal ein paar Stunden lang in veränderter Richtung durch die Eiswüsten zu lenken, ersteigt den unerstiegenen Gipfel, oft ohne die geringste Schwierigkeit. Eine Kalkzinne dagegen, die nahe dem Bereiche lebendiger Natur sich rückt, welche der Mensch vom Schauplatze seines Treibens aus, sozusagen, mit Händen greift, — ist sie unbetreten, so hat ihr Ansehen bis heute jeden Besucher, so nachbarlich er auch ihr stand, zurückgehalten*). — Hier gilt es Probe; wer sie gewinnt, hat gethan, was Andere nicht gewagt.

Und nicht der schwache Ruhm allein, gewagt, und mit Erfolg gewagt zu haben, was Anderen unausführbar schien, ist das Ergebniss solchen Thuns. Die Blätter dieses Buches haben dem Leser einige Einblicke eröffnet in die gräuliche Verwirrung alpiner Kartographie. Wie, wenn die Kartographen tüchtige, selbstständige Bergsteiger gewesen wären? — Der Mann der Wissenschaft, habe er Namen wie immer, bereist die Alpen, dieses unerschöpfliche Feld neuer Entdeckungen in seinem Fache. Dem Gebirgssohne sind seine Ziele unverständlich — unverständlicher noch, als der Begehr nach einem unbekannten Gipfel. Wie, wenn er nach eigenem Gutdünken und Plane die Schritte zu lenken vermöchte? — Die Sicherheit der Orientirung, welche bis zu nahe Unfehlbarkeit im Errathen sogar sich steigern, die Achtsamkeit auf das Kleinste, das im grossen Unternehmen von Bedeutung werden kann, die richtige und kaltblütige Ueberlegung in bedenklichen Situationen, getragen von der Macht der Gewohnheit, dem goldenen Worte „Es ist Alles schon dagewesen“ — das Alles sind Eigenschaften, die in den Alpen errungen, und nicht allein nur in den Alpen benützt werden können. Und das Felsengebirge ist ihre Schule. Der Entdeckungsreisende in fernen Welttheilen sogar möchte eine nicht ganz werthlose körperliche und in gewisser Beziehung auch geistige Vorbereitung darin

*) Ich hoffe mit dieser allgemeinen Parallele nicht missverstanden zu werden. Ich weiss sehr wohl, dass auch in Gletscher-Gebieten Gipfel bestanden und noch bestehen, deren gefahrdrohender Anblick von jeder Besteigung bisher abschreckte; und das Umgekehrte kommt wohl auch in weitgedehnten Kalkalpen-Revieren vor, wie z. B. in der Karwendel-Gruppe. Hier fand ich freilich manchen jener Gipfel, für welche eine frühere Ersteigung nicht nachweisbar (allerdings nicht unwahrscheinlich) ist, als ganz leicht zugänglich.

gewinnen, einen Sommer lang oder zwei in den Nördlichen Kalkalpen zu gehen, — nicht sich führen zu lassen. —

Allen freilich — auch wenn ich unter diesen Allen nur alle Bergsteiger verstehe — es zuzumuthen, ohne anderen Behelf als graphisches Material, Fernglas, Stock und Eisen und den geübten Sinn, der das Rechte am rechten Orte verwendet, die Alpen zu bereisen, wäre zu weit gegangen. Die grosse Masse mag im Gegentheile feststehen zu ihrer Gewohnheit, mag von Jenen, die anderer Meinung in Theorie und Praxis sind, nur sagen „Es muss auch solche Käuze geben". — Ja, es muss sie geben und sind ihrer erst mehr, dann wird es heller werden in den Nördlichen Kalkalpen. Und auch die zünftigen Bergsteiger empfinden manchmal einen Nutzen von solcher ablehnend behandelten Ausnahmsthätigkeit. Fünfzehn Jahre lang war die Dreithorspitze verrufen, verfabelt. Im Sommer 1871 musste sie dem Alleinwanderer sich fügen, zwei Jahre später fand er Nachfolger, Neuentdecker, und heute findet der Bergtourist in Partenkirchen-Garmisch Führer auf die Dreithorspitze, die sogar zwischen zwei Wegen ihm die Wahl eröffnen. —

Mannigfaltig, wechselvoll, wie Alles Gewordene, wie das Weltall in seiner Unendlichkeit und die Welt im kleinsten Raume, ist auch das Leben in den Bergen. Ein Jeder richte es nach seinem Sinn, nach seinem Können. Ein Jeder sehe zu, den höchsten Reiz für sich, den nachhaltigsten Nutzen für Andere aus seinem Thun sich entwickeln zu sehen. Vergesse er nie des Ziels, — nie dessen, was das Ziel ihm erreichbar macht. Bedachter Plan und Energie der Ausführung sollen brüderlich sich die Hand reichen. Frisch voran des Morgens den luftigen Höhen entgegen — bedacht zu guter Stunde herab zu Tisch und Obdach, den Wettersturm zu meiden, und was dem Alpenwanderer schlimmer noch, die Nacht. Beispiele bietet dieses Buch nicht blos des siegreichen Erfolges bei gut geplantem, vom Glück, das nie ihm fehlt, getragenen Angriff, — nein, auch des kläglichen Missrathens, verlorener Tage, Stunden des Jammers und Elends, wo unklug mit der Macht der Elemente gerechnet worden war. — Und Vorsicht — Vorsicht auf Stundenweiten voraus und auf Zollbreite vor dem Eisen! — Sein Leben trägt der Mensch hinein in's wilde Getriebe der Natur, und geistesüberlegen zieht aus dem gefährlichen Spiel er seinen Einsatz immer und immer wieder heraus und immer mit neuem Gewinn. — Vorsicht, und Umsicht, und feste, bedachte Entscheidung der Frage „Was nützt?" — Unerschütterlich, ist's beschlossen — überlegt, ist auch die Zeit nur nach Sekunden bemessen. Kühn gewagt, wo Zaudern von Uebel, sorgsam geprüft, wo Zeit und Raum sich beut! Und stets gewärtig des Gedankens, dass eine feindliche Naturmacht ihm gegenübersteht! — —

Und so schliesse ich dieses Buch — nicht im Aufschwunge hochfliegender Phantasie, — nüchtern und kühl, wie in den Bergen und im Leben ich selbst geworden, mit einem goldenen Sprüchlein, das Geltung hat in aller Welt, das auch der Alpenwanderer zu dem seinen machen möge:

Eines schickt sich nicht für Alle;
Sehe Jeder, wie er's treibe,
Sehe Jeder, wo er bleibe
Und wer steht, dass er nicht falle! Goethe.

Ende.

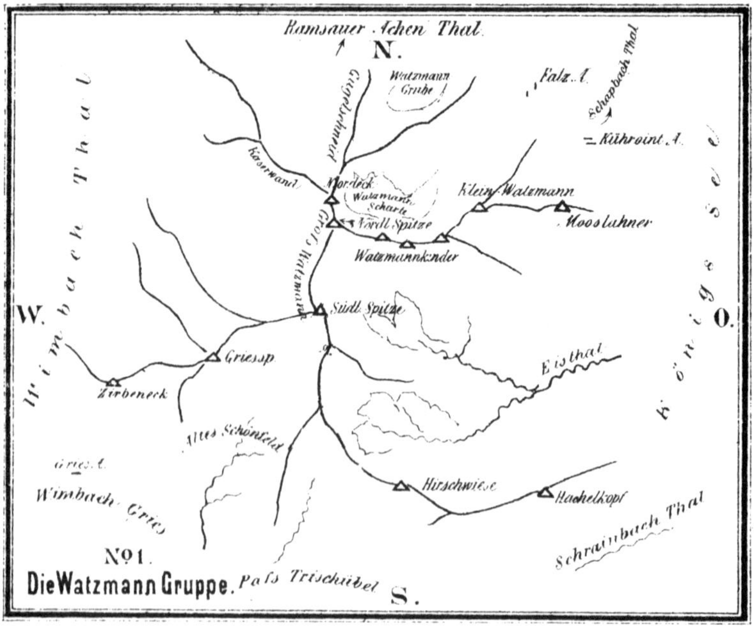

No 1.
Die Watzmann Gruppe.

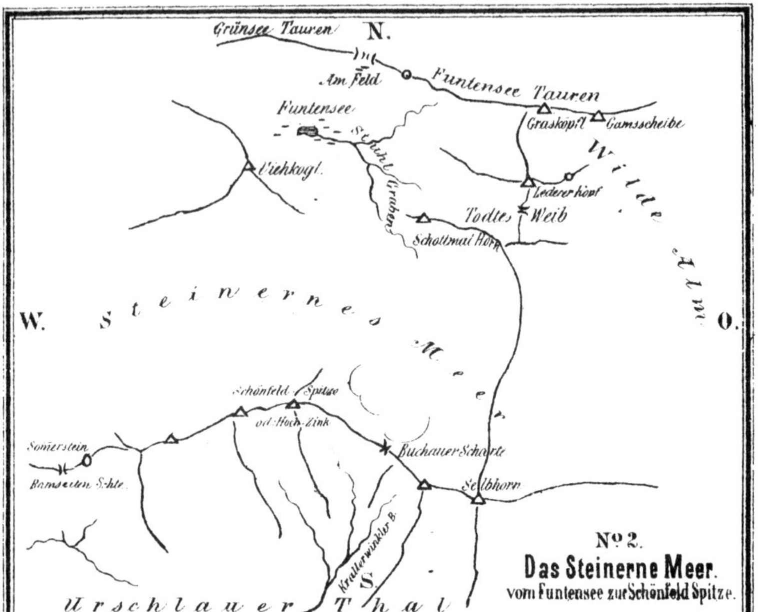

No 2.
Das Steinerne Meer.
vom Funtensee zur Schönfeld Spitze.

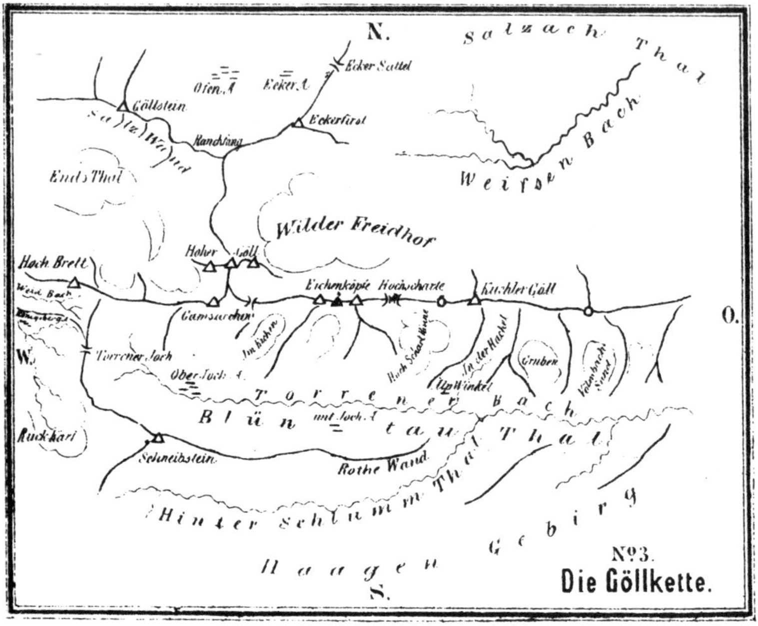

Nº3.
Die Göllkette.

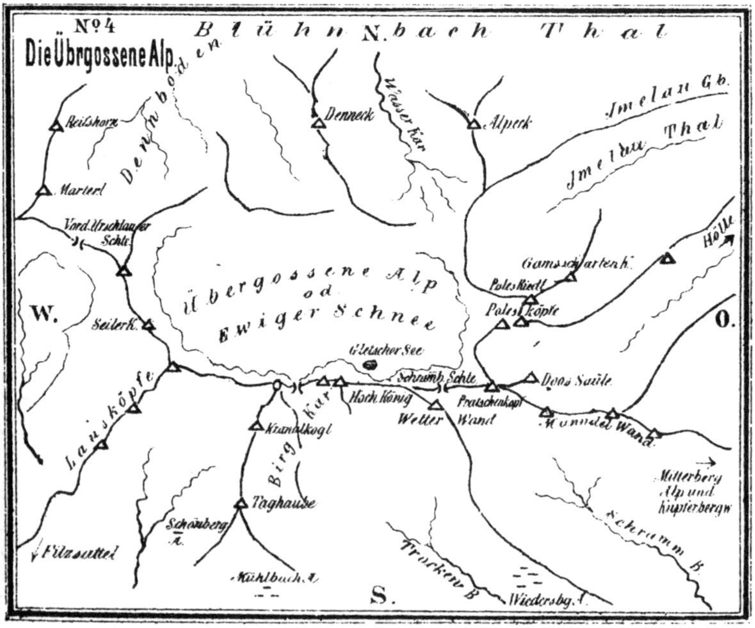

Nº4
Die Übrgossene Alp.

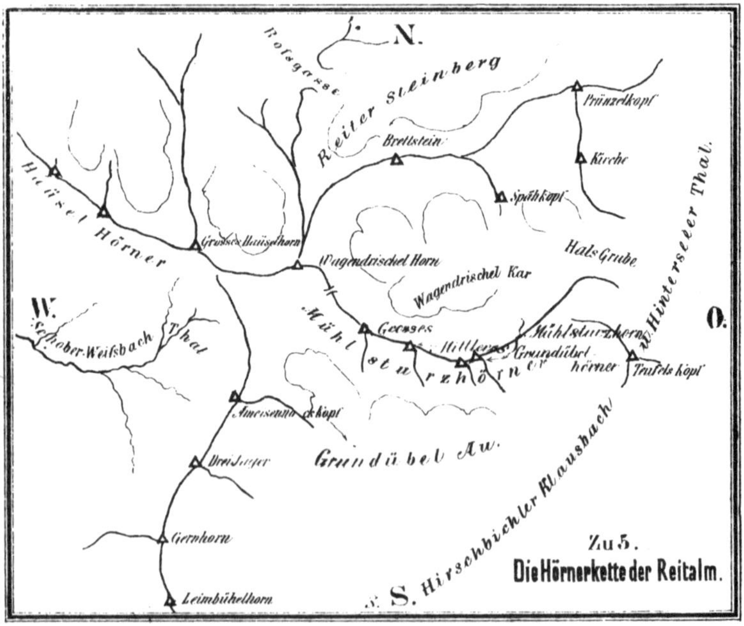

Zu 5.
Die Hörnerkette der Reitalm.

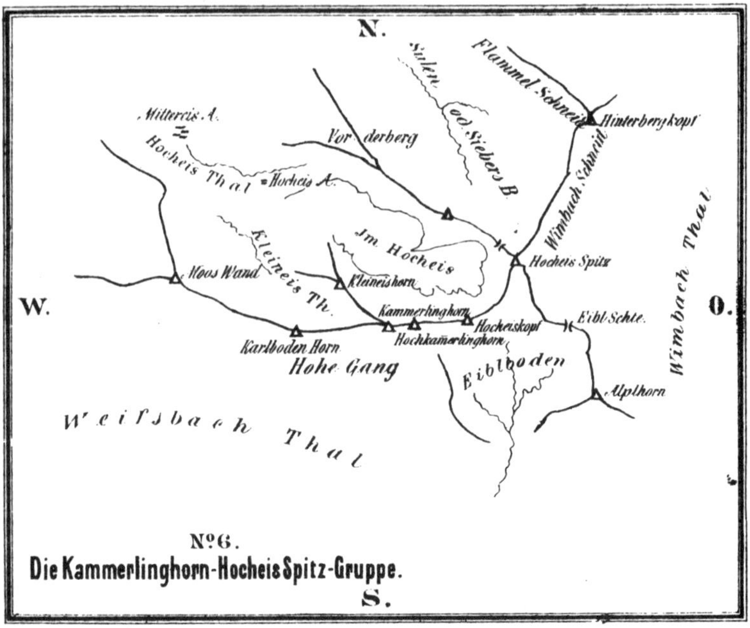

Nº 6.
Die Kammerlinghorn-Hocheis Spitz-Gruppe.

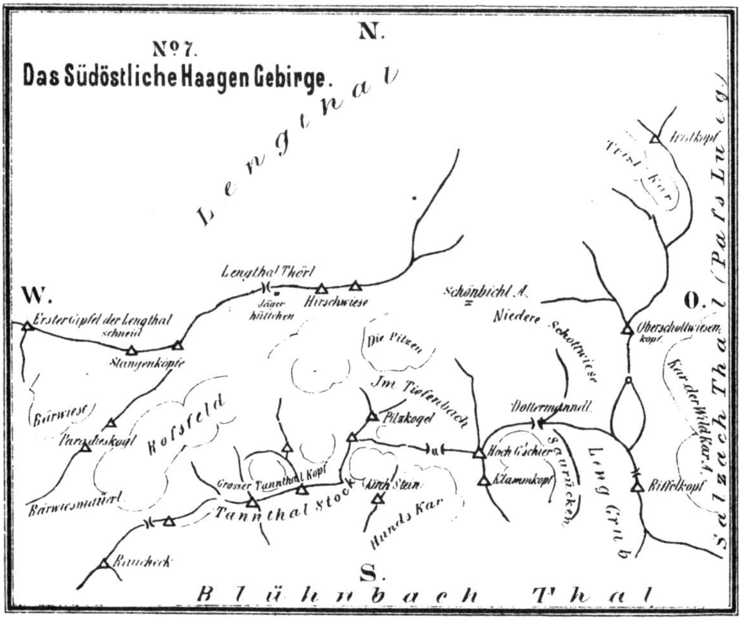

№ 7.
Das Südöstliche Haagen Gebirge.

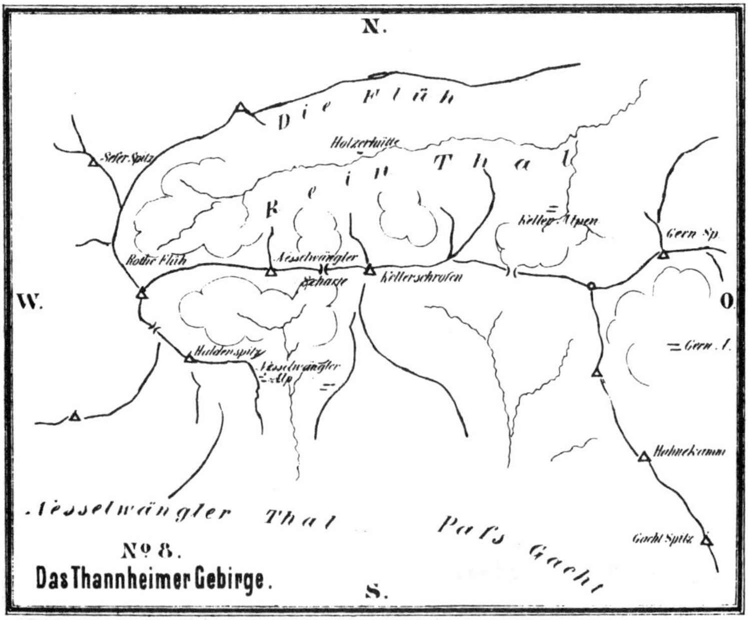

№ 8.
Das Thannheimer Gebirge.

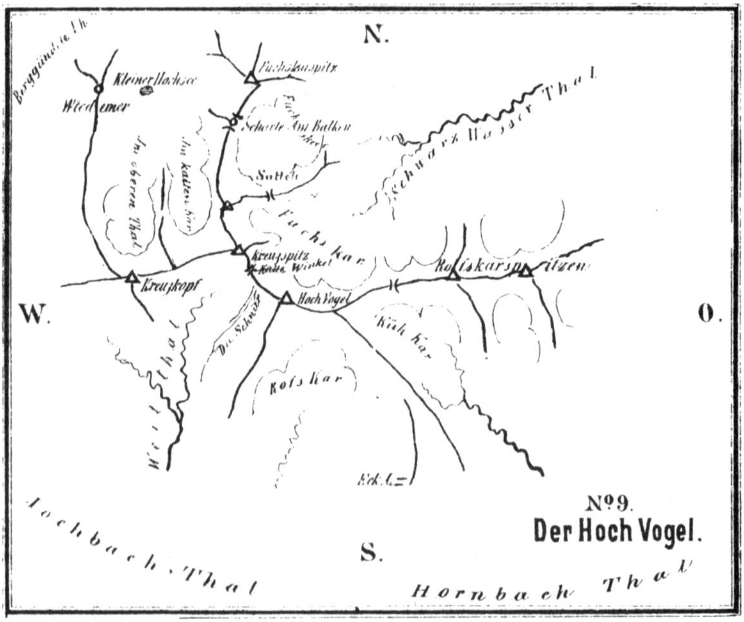

Nº 9.
Der Hoch Vogel.

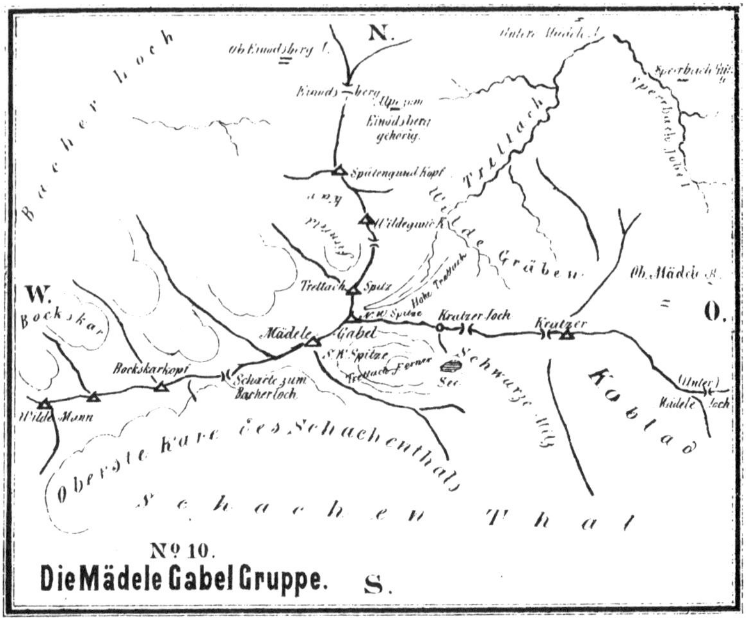

Nº 10.
Die Mädele Gabel Gruppe.

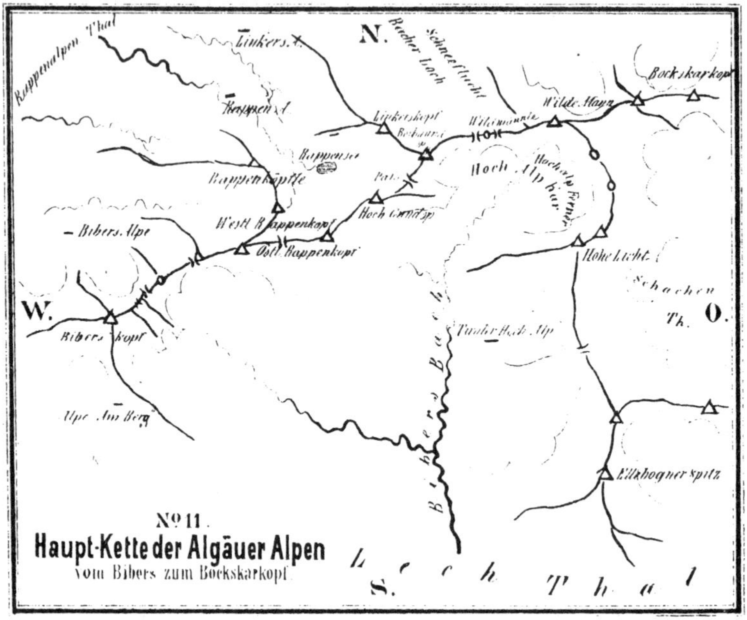

No. 11.

Haupt-Kette der Algäuer Alpen

vom Bibers zum Bockskarkopf.

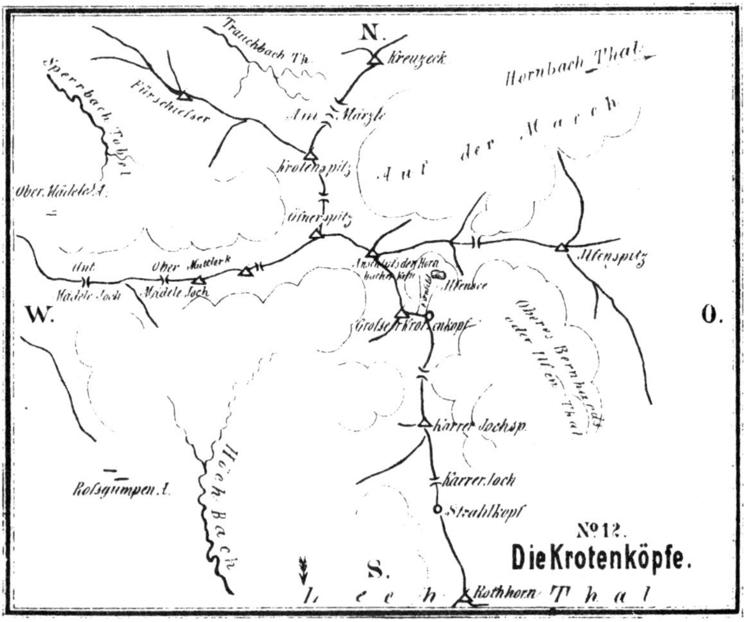

No. 12.

Die Krotenköpfe.

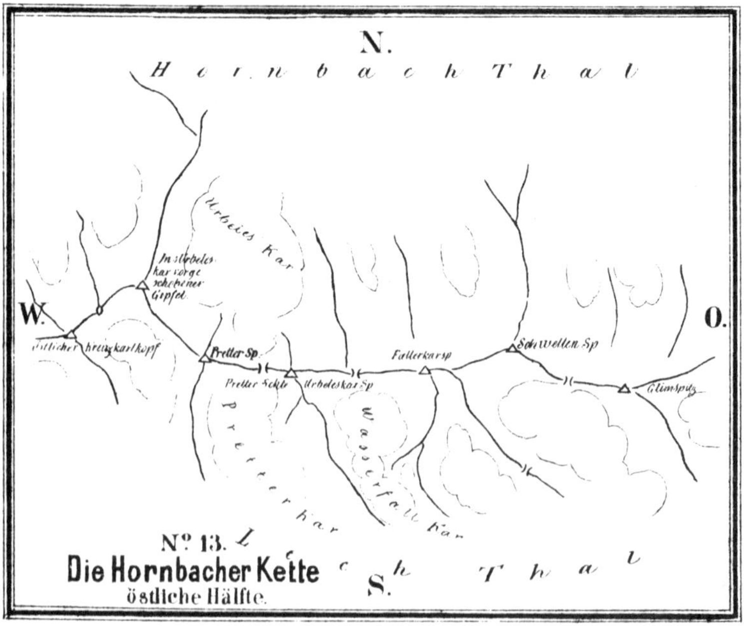

Nº 13.
Die Hornbacher Kette
östliche Hälfte.

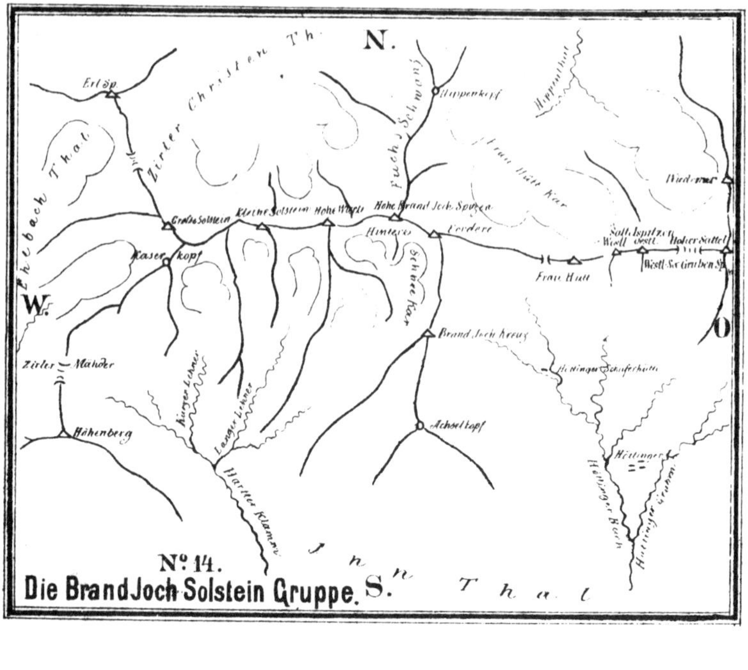

Nº 14.
Die Brand Joch-Solstein Gruppe.

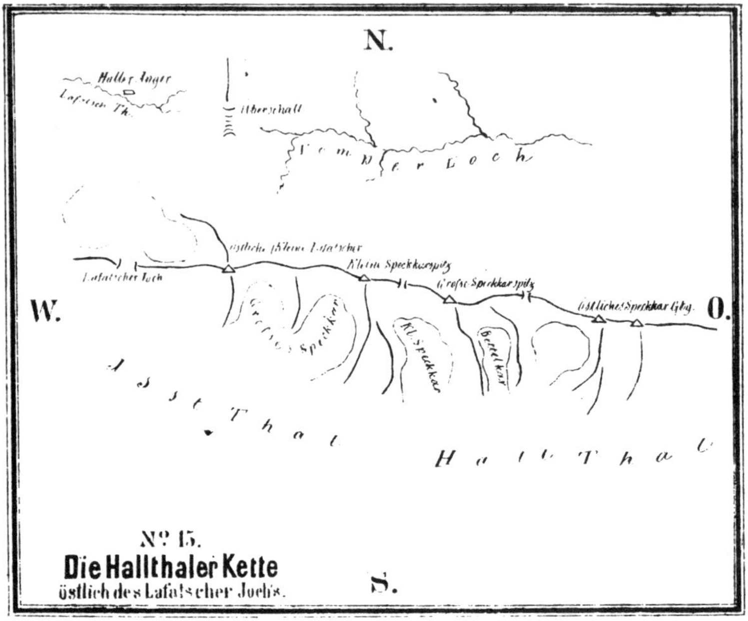

№ 15.
Die Hallthaler Kette
östlich des Lafatscher Joch's.

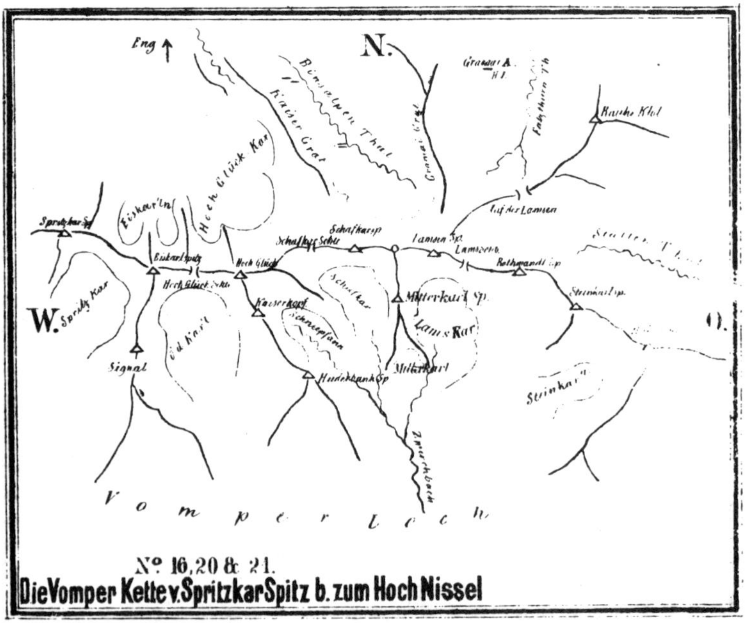

№ 16, 20 & 21.
Die Vomper Kette v. Spritzkar Spitz b. zum Hoch Nissel

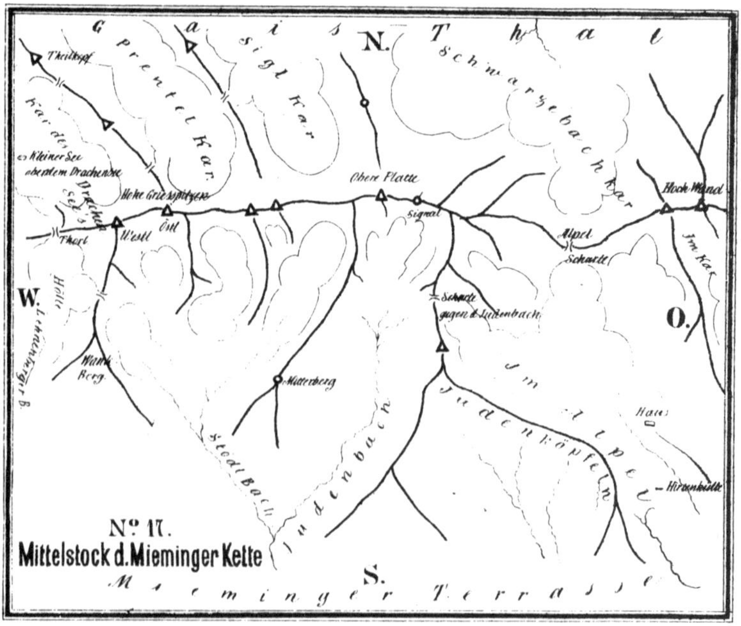

Nº 17.
Mittelstock d. Mieminger Kette

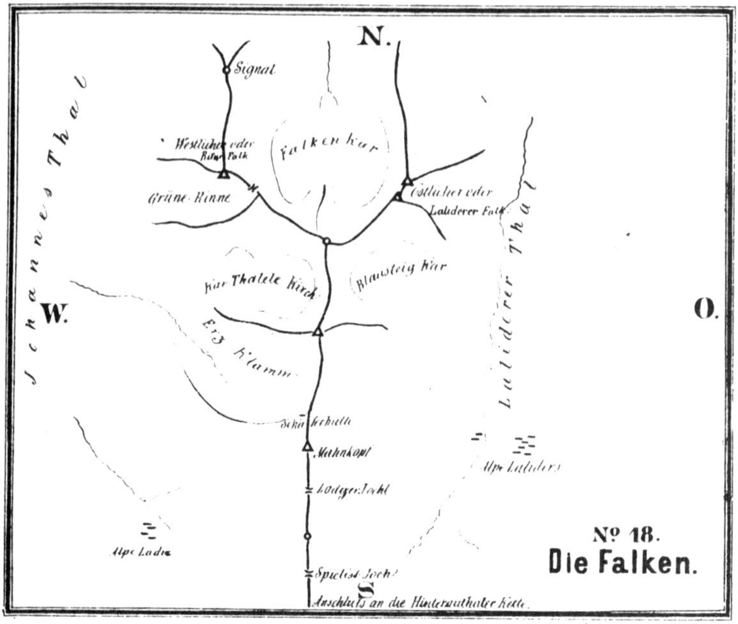

Nº 18.
Die Falken.

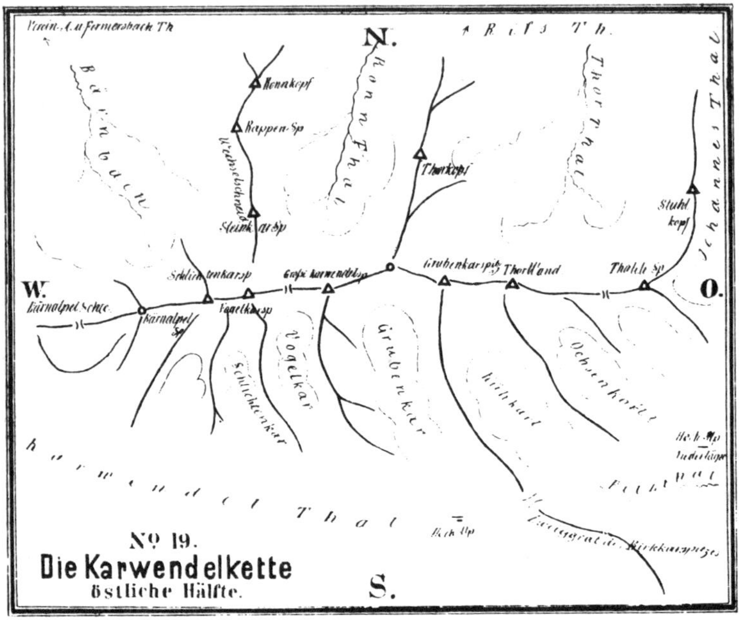

No. 19.
Die Karwendelkette
östliche Hälfte.

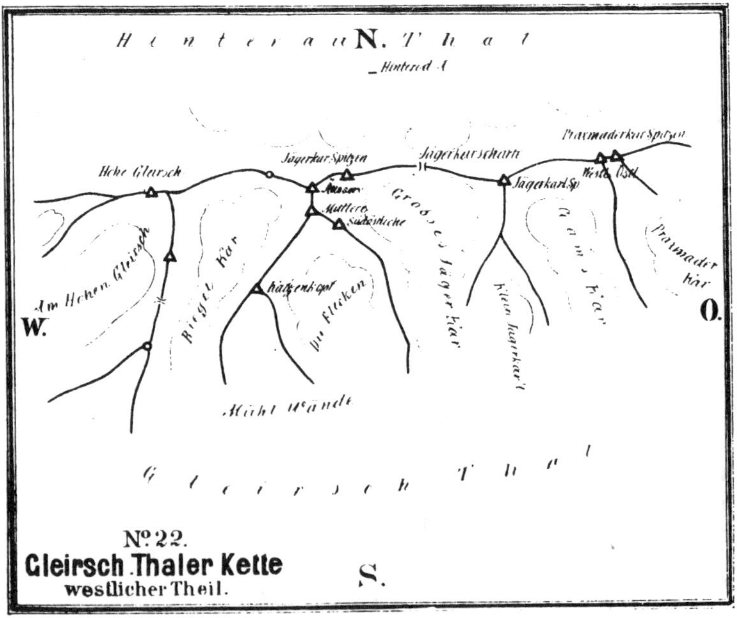

No. 22.
Gleirsch Thaler Kette
westlicher Theil.

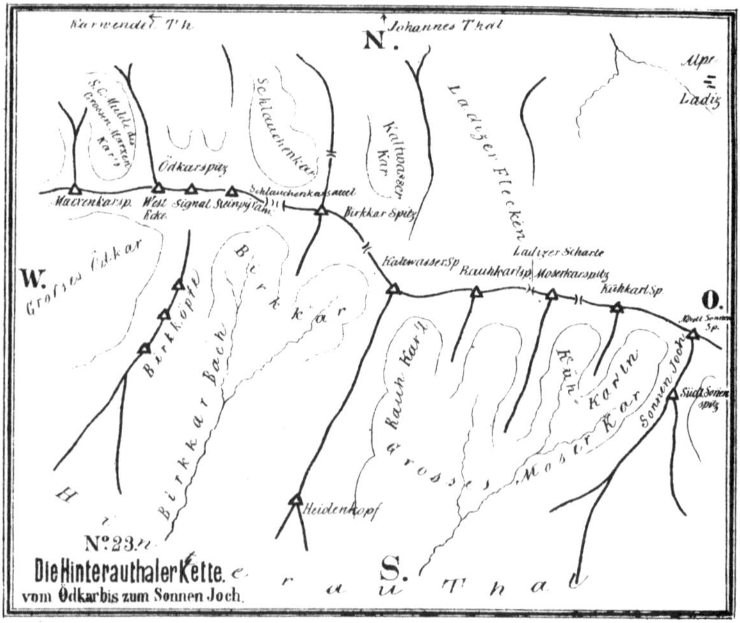

N°. 23.

Die Hinterauthaler Kette.

vom Ödkarbis zum Sonnen Joch.

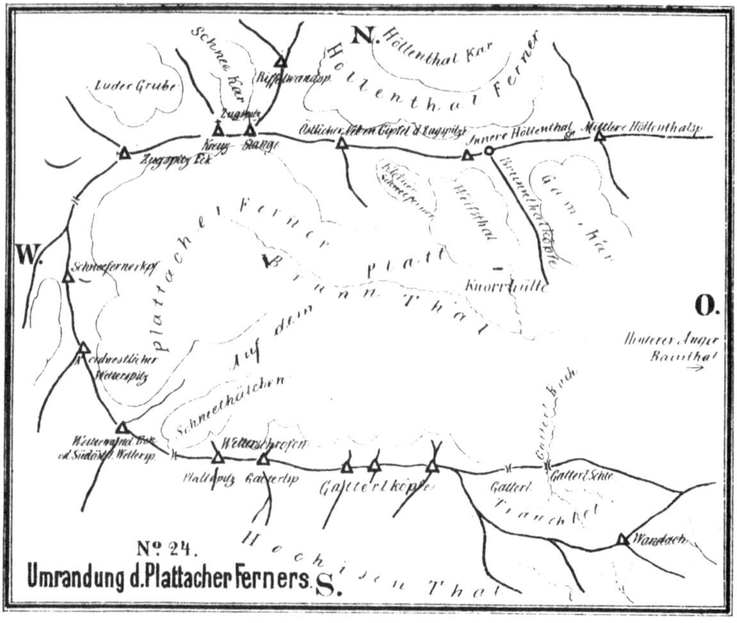

N°. 24.

Umrandung d. Plattacher Ferners.

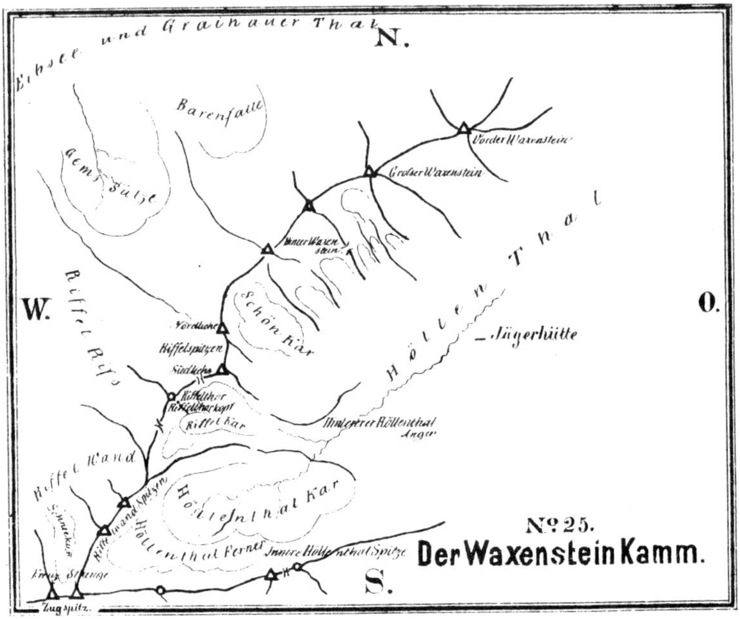

Nº 25.
Der Waxenstein Kamm.

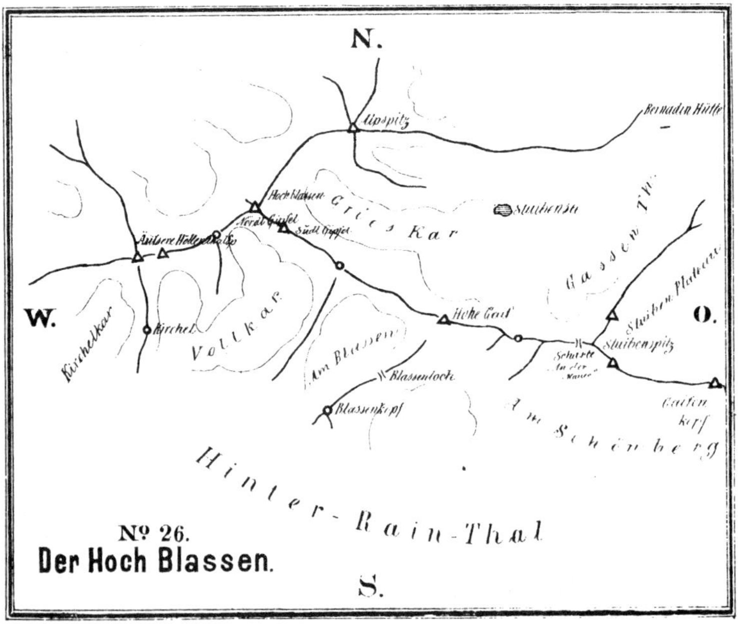

Nº 26.
Der Hoch Blassen.

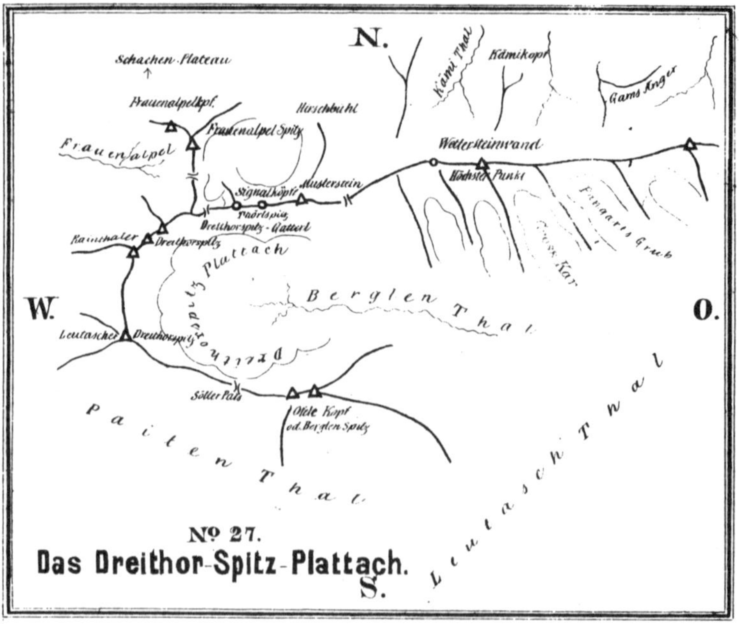

Nº 27.

Das Dreithor-Spitz-Plattach.

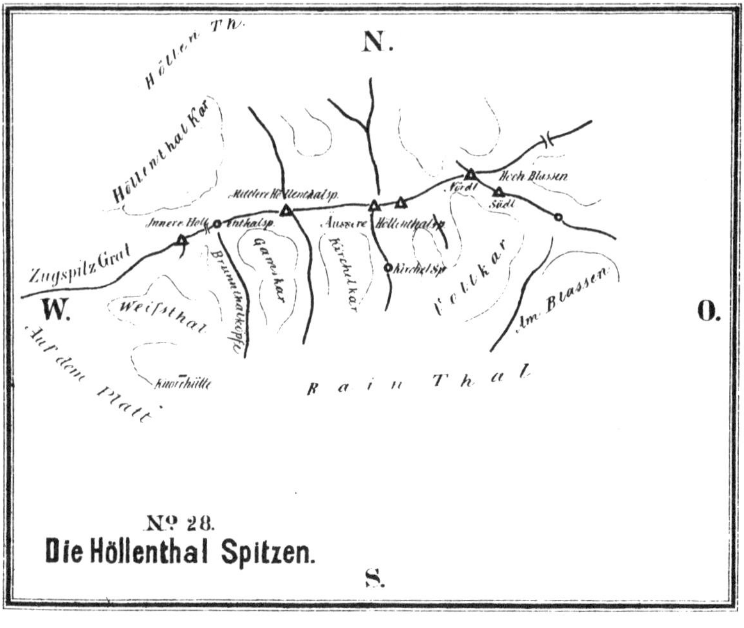

Nº 28.

Die Höllenthal Spitzen.

NACHWORT
VON
ALBERT VON SCHIRNDING

Das kleine Schloß Harmating, im bayerischen Voralpenland auf der östlichen Seite der Isar gelegen, kam 1360, hundert Jahre nach seiner Erbauung, in den Besitz der Barth, die schon seit dem Ende des 13. Jahrhunderts in Kempfenhausen ansässig waren. Die Familie betrachtete den 1210 gestorbenen Deutschordensmeister Hermann von Barth und den gleichaltrigen Hans Barth, »des inneren Rathes zu München«, als ihre Stammväter. Durch Salzhandel und Silberbergbau gelangte das Münchner Patriziergeschlecht zu beträchtlichem Reichtum; im Jahr 1492 ließ Heinrich Barth auf seine Kosten die alte Kesselbergstraße zwischen Kochel- und Walchensee bauen. Mitglieder der Familie bekleideten durch die Jahrhunderte bedeutende weltliche und kirchliche Ämter, deren Bezeichnungen sich auf der Decke eines Harmatinger Zimmers in gemalten Medaillons finden: Bürgermeister von München, Ratsmitglieder, Stadtzeugmeister, Landschaftskommissare, herzoglich-bayerische Hof- und Kammerräte, Domherren zu Köln, Worms, Regensburg, Trient. Die nachgeborenen Söhne wurden meist nach den Heiligen Drei Königen Kaspar, Melchior und Balthasar genannt und schon in der Wiege für den geistlichen Stand bestimmt. Gräber der Barths mit dem sprechenden Wappen des bärtigen Kahlkopfs sind noch heute in der Münchner Peterskirche und im Frauendom zu sehen. Von Kurfürst Maximilian erhielt das Geschlecht die Edelmannsfreiheit und die niedere Gerichtsbarkeit, 1861 wurde es »auf Grund urkundlich nachgewiesener Ritterbürtig- und Stiftmäßigkeit« in die Freiherrenklasse der königlich-bayerischen Adelsmatrikel aufgenommen. Der letzte männliche Nachkomme fiel 1917 in Rumänien. Dieser mit Bayern und seiner Hauptstadt so eng verbundenen altadeligen Familie entstammt der ein gutes Jahrhundert nach seinem Tod (1876) noch immer unvergessene Bergsteiger und Schriftsteller alpiner Literatur Hermann von Barth.

Seinem Großvater war durch Heirat das Schloß Eurasburg bei Wolfratshausen zugefallen. Dort wurde Hermann am 5. Juni 1845 als ältester von vier Brüdern geboren. Nach dem Verkauf von Eurasburg 1858 lebte die Familie in München und auf dem Stammsitz Harmating. 1863 absolvierte Hermann das Münchner Ludwigsgymnasium, vier Jahre später schloß er das juristische Studium mit der theoretischen Prüfung ab. Als er am 1. Mai 1868 bei seinem Onkel, dem Landrichter Ignaz von

Barth-Harmating, den Praktikantendienst in Berchtesgaden antrat, hatte der 23jährige noch keinerlei Bergerfahrung.

Es gehört zum Erstaunlichsten dieses an Erstaunlichkeiten so reichen Lebens, daß die beispiellose Leistung Hermann von Barths das Werk von nur vier Sommern ist. Schon im ersten, vom Mai bis September 1868, hat der »Bergpraktikant« in den Berchtesgadener Alpen 69 Gipfel bestiegen, unter denen zehn bisher unbetreten waren. Sie galten bei den Einheimischen als unzugänglich oder doch als äußerst gefährlich. Wegbeschreibungen und Karten waren, wenn es sie überhaupt gab, weitgehend unbrauchbar. Barths Ausrüstung beschränkte sich auf einen Bergstock und an der Sohle stark genagelte Schuhe, die er sich von einem Berchtesgadener Schuster hatte anfertigen lassen. Erst im Sommer darauf, den Barth am Bezirksamt Sonthofen verbrachte, kamen noch Steigeisen dazu. Seilsicherung lehnte er als »durchaus unstatthaft« ab. 44 erkletterte Gipfel, darunter drei Erstbesteigungen, waren die Bilanz des Allgäuer Sommers.

Den Höhepunkt in Barths kurzer alpiner Laufbahn brachte das folgende Jahr. Nachdem er im Frühjahr seine juristische Ausbildung mit dem praktischen Konkurs beendet und am 26. Mai 1870 an der ersten, in München abgehaltenen Generalversammlung des 1869 gegründeten Deutschen Alpenvereins teilgenommen hatte, eröffnete er am letzten Maitag mit der Besteigung des Hohen Brandjochs von Innsbruck aus die großartige Reihe seiner Karwendeltouren. Die systematische Durchführung der Riesenaufgabe: die Erforschung der damals noch nahezu völlig unbekannten Gebirgsgruppe mit den vier Hauptketten, die erst durch ihn den gemeinsamen Namen erhielt, würde eigentlich auf einen doch eher wissenschaftlich vorgehenden, bedächtig-kühlen Typus schließen lassen; und Barths bergsteigerische Intelligenz und Kaltblütigkeit, sein ausgeprägtes topo- und orographisches Interesse passen in dieses Bild. Er war aber auch das Gegenteil davon: ein Draufgänger von ungeheurer Verwegenheit, den der pure Eroberungsdrang, die Lust am Bezwingen des für unüberwindlich Gehaltenen, der stürmische Wunsch, es sich und aller Welt zu zeigen, wer im Kampf mit der Natur der Stärkere sei, zu seinen atemraubenden Kühnheiten trieben. Zwei für das letzte Drittel des 19. Jahrhunderts tief charakteristische Verhaltensweisen, die sich für gewöhnlich in verschiedenen Individuen gegenüberstanden, trafen in ihm zusammen: die selbstlose Hingabe an die Sache und das Hochgefühl eines vom Willen zur Macht durchdrungenen Selbstvertrauens.

Die Lektüre von Barths Schilderungen läßt an die Namen von zwei fast gleichaltrigen Zeitgenossen denken: Karl May ist 1842, Nietzsche 1844 geboren. Etwas vom Geist und Ungeist des Übermenschentums findet sich auch in dieser Prosa, die der Literatur nicht weniger nahe steht als der alpinen Geographie. Erleben und Beschreiben, Enthusiasmus und Nüchternheit, Subjektivität und Objektivität gehen in ihr eine spezifische Mischung ein.

Während seine drei Brüder in den Krieg gegen Frankreich zogen, führte Hermann, der wegen Kurzsichtigkeit vom Militärdienst befreit war, seinen Ein-Mann-Krieg gegen 88 Gipfel und ihre Verbündeten: Wände und Kämme dieses damals unwegsamsten Gebirges der bayerisch-österreichischen Alpen und das oft miserable Wetter. Hermann von Barth war bei aller Geselligkeit im Umgang mit den Menschen des Flachlands als Bergsteiger ein fanatischer Einzelgänger. Entschieden wandte er sich gegen die verbreitete Auffassung von der Unentbehrlichkeit einheimischer Führer. Mit Recht hat man ihn einen »Anwalt der Führerlosen und Alleingeher« genannt. Der Reiz seiner Schilderungen hat viel mit diesem dezidierten Fürsichbleiben des die Bergwelt herausfordernden Ichs zu tun: Einsamkeit steht gegen Einsamkeit, und zugleich verbinden sich äußere und innere Menschenferne zum Gefühl des All-Ein-Seins, das im Wort ausgedrückt ist. Die Abenteuer, die hier in einer gleichsam vor der Harmatinger Haustür liegenden Wildnis bestanden werden, sind immer auch Abenteuer der Seele, dramatisches Selbstgespräch, zu dem das Gebirge die Kulisse liefert.

Zu Beginn des Abschnitts V seines *Kalkalpen*-Werks spricht Hermann von Barth von dem »Wahn, nutzbringende Entdeckungen zu machen in den Alpen«, der ihn bei seiner Erschließung des Karwendels geleitet habe. Die Enttäuschung über den ausbleibenden Widerhall (ein Versuch, seinen umfangreichen *Wegweiser durch das Karwendel- und Isarquellgebiet* auf dem Subskriptionsweg zu veröffentlichen, war wegen des mangelnden Interesses der Alpenvereinsmitglieder kläglich gescheitert) führte 1871, im vierten Bergsteigersommer, zu einem Abbruch der selbstgestellten Entdeckungsaufgabe; statt in die unbekannten Lechtaler Alpen zog er in das damals am besten erschlossene Gebiet der Nördlichen Kalkalpen: das Wetterstein-Gebirge. Die Doppel-Motivation von Kletterlust und Forschungsdrang trug nicht mehr: »Ich durfte mein verwegenes Gipfelstürmen, meine halsbrecherischen Wagnisse nicht ferner mit dem Flitter mehr behängen, durch sie den Interessen einer wißbegierigen Menschheit zu dienen.« So steht der letzte Teil dieser alpinen Tetralogie (Abschnitt III und IV gehören bio- und topographisch zusammen) im Zeichen einer gewissen Resignation, die andrerseits den Einsamkeits-Charakter von Barths Klettertouren besonders rein hervortreten läßt.

Die Gruppe sei an Zahl der Gipfel weniger ergiebig gewesen, schrieb er am 3. Oktober an seinen Augsburger Freund Lampart, »ich bringe es heuer nur auf 22, auch ist an den Karten dieser Gebirgsgegend nicht viel auszustellen, die Struktur derselben ist auch zu einfach, als daß große Böcke hätten gemacht werden können. Dankbar war mein heuriges Revier in Bezug auf unerstiegene Gipfel, ich darf mit ziemlicher Bestimmtheit 6 Ersteigungen als erste bezeichnen.« Darunter befand sich der bislang als unbezwingbar geltende Mittelgipfel der Dreitorspitze; ein *Hermann-von-Barth-Weg* erinnert noch heute daran. Im Allgäu tragen eine Hütte, im Karwendel ein Gipfel, ein Grat und drei Kamine seinen Namen. Fünf Jahre nach Barths Tod, 1881, errichtete die Alpenvereinssektion Augsburg, der Barth angehört hatte, am Kleinen Ahornboden dem *Erforscher dieses Alpengebiets* ein Denkmal.

Zu den Taten des Bergsteigers kommt die nicht minder außergewöhnliche schriftstellerische Leistung. Jedem Kletter-Sommer entspricht ein Schreib-Winter, in dem Hermann von Barth seine Erfahrungen minutiös nachzeichnete. Die Erschließungsabsicht war dabei von Anfang an maßgebend. So entstand im Winter 1868/69 der *Wegweiser in den Voralpen. Gruppe zwischen Salzach und Saalach (Berchtesgaden).* Alle Bemühungen des Verfassers, das Werk zu veröffentlichen, scheiterten. Bitter schrieb er am 13. Dezember 1869 in einem Brief: »... mein vorjähriges Manuskript über die ganze Berchtesgadener Gebirgsgruppe, welches ich nach Berchtesgaden geschickt hatte, blieb unbenützt liegen, d. h. es wurde wohl gelesen, die Bergpartien alle aber mit Führern gemacht. Dem großen Publikum aber ist, wie ich sehr wohl weiß, meine Schreibweise absolut unzugänglich und ungenießbar.«

Den im April 1870 fertiggestellten, 467 Seiten starken *Wegweiser in den Voralpen. Gruppe zwischen Bregenzer Ache und Lech. Allgäu* ließ der Autor auf eigene Kosten autographieren; er hinterlegte die wenigen Exemplare in Allgäuer Gasthöfen. Das Mißlingen des Subskriptionsunternehmens, das den Druck des umfangreichen Karwendel-Führers (950 engbeschriebene Seiten) ermöglichen sollte, hielt Barth nicht davon ab, auch seine Touren im Wetterstein-Gebirge aufzuzeichnen: Das 587-Seiten-Manuskript blieb ebenfalls unveröffentlicht. Die Aufsätze, die in der *Zeitschrift des Deutschen Alpenvereins* erschienen, die Rezensionen, die er für die wissenschaftliche Zeitschrift *Das Ausland* schrieb, konnten dem Enttäuschten keinen Ersatz bieten; der Pioniergeist des Gipfelstürmers war gebrochen. Im Sommer 1872 unternahm er keine Touren mehr.

Als im Februar des folgenden Jahres der sächsische Verleger Eduard Amthor an Barth mit dem Plan einer umfassenden Darstellung seiner Bergfahrten herantrat, kam er eigentlich zu spät. Barth war aus dem juristischen Staatsdienst ausgeschieden und hatte bei dem bekannten Münchner Professor Karl Zittel ein Studium der Paläontologie und Geologie begonnen. Zum Thema seiner Dissertation hatte er die in den Eozänschichten der Bayerischen Alpen vorkommenden Nummuliten gewählt.

Das Buch über die Kalkalpen, das hier nach seinem Erscheinen im Jahr 1874 zum ersten Mal wieder in unveränderter Form zugänglich gemacht wird – in den *Gesammelten Schriften,* die Carl Bünsch und Max Rohrer 1927 zu Barths 50. Todestag in der Münchner Alpinen Verlagsanstalt herausgaben, sind die *Kalkalpen*-Aufsätze über 1200 großformatige Seiten verteilt, und die 1925 bei Albert Langen erschienenen *Einsamen Bergfahrten* enthalten nur Auszüge –, hat also, obwohl von einem noch nicht Dreißigjährigen verfaßt, etwas von einem Epilog. Freilich begnügte sich Barth nicht damit, aus seinen vier großen Manuskripten eine Auswahl zusammenzustellen; er unternahm im Sommer 1873 eine »Revisionstour« durch das Karwendel, den Wetterstein und die Berchtesgadener Alpen und schloß mit der Überwanderung des Hagengebirges eine Lücke in dem Gebiet, wo er fünf Jahre zuvor begonnen hatte. Im Oktober brachte er in der Harmatinger Abgeschiedenheit – der Adresse »meines sibirischen Aufenthaltes« – das Manuskript seines »Kraxelbuchs« entschieden vorwärts. »Was weiter mit meinen alpinen Materialien geschieht, liegt noch sehr im Dunkeln, vorderhand bin ich froh, wenn Amthors Buch fertig ist. Es nimmt eine heillose Zeit weg«, schrieb er am 18. Oktober an Lampart.

Nach Abschluß des Werks, das ihm, als es 1874 in dem sächsischen Verlag erschienen war, nicht nur den Beifall der Fachpresse, sondern auch das Ritterkreuz II. Klasse des Sachsen-Ernestinischen Hausordens eintrug, kehrte Barth zu seinen wissenschaftlichen Studien zurück. Aber den Ruhelosen schlug bald ein neues, anspruchsvolleres Projekt in seinen Bann. Er drängte nach Ost-Afrika, wo er die Spur seines Namensvetters Heinrich Barth (1821 – 1865), des 1860 am Njassa-See ermordeten Albrecht Roscher, vor allem aber David Livingstones aufnehmen wollte. Der schottische Forscher war 1873 das Opfer der Strapazen eines monatelangen Sumpfmarsches geworden. Das Livingstone-Buch des Verlags Otto Spamer in Leipzig sollte bearbeitet werden; Barth übernahm die Aufgabe – das Ergebnis war ein völlig neu geschriebenes Werk, das 1875 unter seinem Namen und dem Titel *Ostafrika vom Limpopo bis zum Somalilande. Erforschungsreisen im Osten Afrikas mit besonderer Rücksicht auf Leben, Reisen und Tod von David Livingstone* herauskam und es schon im Jahr darauf zu einer zweiten Auflage brachte.

Barth selbst ging dann nach Westafrika. Bevor er die Stelle eines Landesgeologen in den portugiesischen Kolonien Angola und Benguela antrat, unterzog er sich dem Examen im Hauptfach Paläontologie und in den Nebenfächern Geologie und Mineralogie. Die Fertigstellung der Nummuliten-Monographie war ihm erlassen worden. Mit dem Ergebnis »Summa cum laude« wurde ihm im Sommer 1875 die philosophische Doktorwürde verliehen.

Am 20. Januar 1876 schiffte er sich in Hamburg nach Lissabon ein, am 5. Juni, seinem 31. Geburtstag, erreichte er San Paolo de Loanda. Schon die erste Expedition ins Landesinnere, eine vergleichsweise recht unbedeutende Unternehmung, geriet zum Fiasko. »Was ich auf dieser Reise ausgestanden habe, ist nicht zu sagen«, schrieb er, auf dem Wasserweg in völlig entkräftetem Zustand nach Loanda zurückgekehrt, an die Familie. Der letzte Brief stammt vom 27. November: »Es liegt eine totale Erschütterung der ganzen Natur vor.« Am 7. Dezember machte der Fieberkranke durch einen Herzschuß seinem Leben ein Ende. Bei seinen einsamen alpinen Touren hatte zu seiner Ausrüstung stets ein Giftfläschchen gehört, als »letzter Trost« in auswegloser Lage.

Das erstrebte Resultat einer Bergpartie pflegte Barth durch einen Vergleich auszudrücken: Die durchwanderte Gruppe müsse dem Bergsteiger so lebendig vor Augen stehen, daß er sie jeden Augenblick aus einem Klumpen Teig im Relief herausschneiden könne. Die fast unglaubliche Exaktheit in der Beschreibung der von ihm begangenen Routen hat ihm den Ruf eines »Meisters der alpinen Detailschilderung« eingetragen. Der in München geborene Schriftsteller Alfred Andersch nahm unter die 1978 in der Fischer Bücherei erschienenen Texte *Mein Lesebuch* den Bericht von der Besteigung der Öfelespitze aus den *Nördlichen Kalkalpen* auf. Andersch rechnet sich zu den jungen Münchner Bergsteigern der dreißiger Jahre, für die »der Barth« die Bibel gewesen sei. »In der alpinen Literatur gibt es, soweit ich sie kenne, nichts, was die Schilderungen Hermann von Barths überträfe.«

Harmating, im Januar 1984 Albert von Schirnding